Engenharia de Software

Tradução
Francisco Araújo da Costa

Revisão técnica

Reginaldo Arakaki
Professor do Departamento de Engenharia de Computação
e Sistemas Digitais da Escola Politécnica da Universidade de São Paulo (EPUSP).
Mestre e Doutor em Engenharia Elétrica pela Universidade de São Paulo (USP).

Julio Arakaki
Professor Assistente do Departamento de Computação da Pontifícia Universidade
Católica de São Paulo (PUC-SP).
Coordenador do Curso de Ciência da Computação da PUC-SP.
Mestre e Doutor em Engenharia Mecatrônica e Sistemas Mecânicos pela EPUSP.

Renato Manzan de Andrade
Auxiliar de ensino da USP. Pesquisador do Laboratório de Tecnologia de Software (LTS).
Mestre em Engenharia Elétrica pela USP.
Doutorando do Departamento de Engenharia de Computação e Sistemas Digitais da EPUSP.

P934e	Pressman, Roger S.
	    Engenharia de software : uma abordagem profissional / Roger S. Pressman, Bruce R. Maxim ; [tradução: Francisco Araújo da Costa ; revisão técnica: Reginaldo Arakaki, Julio Arakaki, Renato Manzan de Andrade]. – 9. ed. – Porto Alegre : AMGH, 2021.
	    xxxii, 672 p. : il. ; 28 cm.
	
	    ISBN 978-65-5804-010-1
	
	    1. Engenharia de software. 2. Gestão de projetos de softwares. I. Maxim, Bruce R. II. Título.
	
	    CDU 004.41

Catalogação na publicação: Karin Lorien Menoncin – CRB 10/2147

ROGER S. PRESSMAN

BRUCE R. MAXIM

Engenharia de Software

UMA ABORDAGEM PROFISSIONAL

9ª EDIÇÃO

AMGH Editora Ltda.

Porto Alegre

2021

Obra originalmente publicada sob o título *Software engineering: a practitioner's approach*, 9th edition
ISBN 9781259872976 / 1259872971

Original edition copyright © 2020 by McGraw-Hill Global Education Holdings, LLC, New York, New York 10121. All rights reserved.
Portuguese language translation copyright © 2021, by AMGH Editora Ltda., a Grupo A Educação S.A. company. All rights reserved.

Gerente editorial: *Arysinha Jacques Affonso*

Colaboraram nesta edição:

Editora: *Simone de Fraga*

Arte sobre a capa original: *Márcio Monticelli*

Preparação de originais: *Carine Garcia Prates*

Projeto gráfico e editoração: *Clic Editoração Eletrônica Ltda.*

Reservados todos os direitos de publicação à
AMGH EDITORA LTDA., uma parceria entre GRUPO A EDUCAÇÃO S.A. e McGRAW-HILL EDUCATION
Rua Ernesto Alves, 150 – Bairro Floresta
90220-190 – Porto Alegre – RS
Fone: (51) 3027-7000

SAC 0800 703 3444 – www.grupoa.com.br

É proibida a duplicação ou reprodução deste volume, no todo ou em parte, sob quaisquer formas ou por quaisquer meios (eletrônico, mecânico, gravação, fotocópia, distribuição na Web e outros), sem permissão expressa da Editora.

IMPRESSO NO BRASIL
PRINTED IN BRAZIL

Para Barbara, Matt, Mike, Shiri, Adam, Lily e Maya.
—Roger S. Pressman

Para a minha família, que me apoia em tudo que faço.
—Bruce R. Maxim

Os autores

Cortesia de Roger Pressman

Roger S. Pressman é um consultor e autor reconhecido internacionalmente. Por quase cinco décadas, trabalhou como engenheiro de *software*, gerente, professor, escritor, consultor e empresário.

Foi presidente da R. S. Pressman & Associates, Inc., consultoria na qual desenvolveu um conjunto de técnicas e ferramentas que melhoram a prática de engenharia de *software*. É também o fundador e diretor de tecnologia da EVANNEX®, empresa de pós-venda automotivo especializada na criação e fabricação de acessórios para a linha Tesla de veículos elétricos.

É autor de 10 livros, incluindo dois romances, e de ensaios técnicos e gerenciais. Participou da comissão editorial dos periódicos *IEEE Software* e *The Cutter IT Journal* e foi editor da coluna Manager na *IEEE Software*.

É palestrante renomado. Apresentou tutoriais na International Conference on Software Engineering e em diversos outros congressos do setor. Foi associado da ACM, IEEE, Tau Beta Pi, Phi Kappa Phi, Eta Kappa Nu e Pi Tau Sigma.

Michigan Creative/ UM-Dearborn

Bruce R. Maxim trabalhou como engenheiro de *software*, gerente de projeto, professor, escritor e consultor por mais de 30 anos. Sua pesquisa inclui engenharia de *software*, projeto da experiência do usuário, projeto de *games*, inteligência artificial e educação em engenharia.

É professor adjunto de Ciência da Computação e Informação na Universidade de Michigan em Dearborn. Organizou o GAME Lab na Faculdade de Engenharia e Ciência da Computação. Publicou vários artigos sobre algoritmos de computador para animação, desenvolvimento de *games* e educação em engenharia. É coautor de um texto introdutório de sucesso sobre ciência da computação e duas coleções editadas de artigos científicos sobre engenharia de *software*. Como parte de seu trabalho na Universidade de Michigan em Dearborn, supervisionou centenas de projetos de desenvolvimento de *software* industrial.

Sua experiência profissional inclui o gerenciamento de sistemas de pesquisa de informações em uma faculdade de medicina, direção educacional da computação em um *campus* de medicina e atuação como programador estatístico. Trabalhou como diretor-chefe de tecnologia em uma empresa de desenvolvimento de *games*.

Recebeu vários prêmios por distinção no ensino, um por notável serviço comunitário e outro por distinção na governança do corpo docente. É associado da Sigma Xi, Upsilon Pi Epsilon, Pi Mu Epsilon, Association of Computing Machinery, IEEE Computer Society, American Society for Engineering Education, Society of Women Engineers e International Game Developers Association.

Prefácio

Quando um *software* é bem-sucedido – ou seja, quando atende às necessidades dos usuários, opera perfeitamente durante um longo período, é fácil de modificar e mais fácil ainda de utilizar –, ele pode mudar, e de fato muda, as coisas para melhor. Entretanto, quando um *software* é falho – quando seus usuários estão insatisfeitos, quando é propenso a erros, quando é difícil de modificar e mais difícil ainda de utilizar –, coisas desagradáveis podem acontecer, e de fato acontecem. Todos queremos construir *software* que facilite o trabalho, evitando as falhas que se escondem nos esforços malsucedidos. Para termos êxito, precisamos de disciplina no projeto e na construção do *software*. Precisamos de uma abordagem de engenharia.

Já se passaram quase quatro décadas que a primeira edição deste livro foi escrita. De lá para cá, a engenharia de *software* evoluiu de algo obscuro, praticado por um número relativamente pequeno de adeptos, para uma disciplina de engenharia legítima. Hoje, ela é reconhecida como um assunto digno de pesquisa séria, estudo meticuloso e debates acalorados. O engenheiro de *software* tomou o lugar do programador como cargo mais procurado. Modelos de processos de *software* e métodos de engenharia de *software*, bem como ferramentas de *software*, são adotados com sucesso em muitos segmentos industriais.

Embora gerentes e profissionais da área reconheçam a necessidade de uma abordagem mais disciplinada ao *software*, eles continuam a discutir a melhor forma de fazê-lo. Muitos profissionais e empresas desenvolvem *software* de forma desordenada, até na construção de sistemas para avançadas tecnologias. Grande parte dos profissionais e estudantes não está ciente dos métodos modernos, e isso afeta a qualidade do *software* produzido. Continuam também a discussão e a controvérsia sobre a real natureza da abordagem de engenharia de *software*. A engenharia de *software* é um estudo repleto de contrastes. A postura mudou, houve progressos, mas falta muito para essa disciplina atingir a maturidade.

Novidades da 9ª edição

O objetivo desta 9ª edição de *Engenharia de software: uma abordagem profissional* é ser um guia para uma disciplina de engenharia em fase de amadurecimento. Assim como as edições que a precederam, esta é voltada tanto para estudantes quanto para praticantes, servindo também como guia para profissionais da área e como introdução abrangente para estudantes no final do curso de graduação ou no primeiro ano de pós-graduação.

A 9ª edição é muito mais do que uma simples atualização. O livro foi revisado e reestruturado para melhorar seu fluxo pedagógico e enfatizar novos e importantes processos e práticas da engenharia de *software*. Além disso, aprimoramos ainda mais o "sistema de apoio" que acompanha o livro, fornecendo um conjunto complementar de recursos para estudantes, instrutores e profissionais.

Os leitores das edições anteriores de *Engenharia de software: uma abordagem profissional* observarão que o número de páginas foi reduzido. Nosso objetivo foi a concisão. Queríamos fortalecer o livro do ponto de vista pedagógico e torná-lo menos intimidante para o leitor que deseja percorrê-lo de ponta a ponta. Há uma história atribuída a Blaise Pascal, famoso físico e matemático francês, que é mais ou menos assim: Pascal escreveu uma carta muito comprida para um amigo e terminou com a seguinte frase: "Queria ter lhe escrito uma carta mais curta, mas não tive tempo". Trabalhando para tornar a 9ª edição mais concisa, aprendemos a valorizar as palavras de Pascal.

Os 30 capítulos desta 9ª edição estão organizados em cinco partes. Essa organização divide melhor os assuntos e ajuda os professores sem tempo hábil para concluir o livro em um semestre.

A Parte I, *O processo de software*, apresenta diferentes visões, considerando diversas estruturas e modelos de processo importantes e contemplando o debate entre as filosofias de processos ágeis e prescritivos. A Parte II, *Modelagem*, fornece métodos de projeto e análise com ênfase em técnicas orientadas a objetos e modelagem UML. Também são considerados o projeto baseado em padrões e o projeto para aplicativos móveis. A discussão sobre o projeto da experiência do usuário foi expandida nesta seção. A Parte III, *Qualidade e Segurança*, apresenta conceitos, procedimentos, técnicas e métodos que permitem que uma equipe de *software* avalie a qualidade do *software*, revise produtos gerados por engenharia de *software*, realize procedimentos para a garantia de qualidade de *software* (SQA) e aplique estratégias e táticas de teste eficazes. Além disso, apresentamos práticas de segurança de *software* que podem ser inseridas em modelos incrementais de desenvolvimento de *software*. A Parte IV, *Gerenciamento de projetos de software*, aborda tópicos relevantes para aqueles que planejam, gerenciam e controlam um projeto de desenvolvimento de *software*. A Parte V, *Tópicos avançados*, considera o aperfeiçoamento de processos de *software* e tendências da engenharia de *software*. São usadas caixas de texto para apresentar as atribuições de uma equipe (fictícia) de desenvolvimento de *software* e fornecer conteúdo complementar sobre métodos e ferramentas relevantes para os tópicos do capítulo.

A organização em cinco partes permite que o instrutor "agrupe" o conteúdo, considerando o tempo disponível e a necessidade dos alunos. Um curso de um semestre pode ser baseado em uma ou mais das cinco partes. Um curso de pesquisa sobre engenharia de *software* selecionaria capítulos de todas as partes. Um curso de engenharia de *software* que enfatize a análise e o projeto selecionaria tópicos das Partes I e II. Um curso de engenharia de *software* voltado para testes selecionaria tópicos das Partes I e III, com uma breve incursão na Parte II. Um "curso de gerenciamento" enfatizaria as Partes I e IV. Organizado dessa maneira, o livro oferece ao professor diferentes opções didáticas

Recursos adicionais

Diversos recursos estão disponíveis <u>em língua inglesa</u> no *site* do Grupo A para o instrutor. O arquivo *Professional Resources* oferece centenas de referências *online* categorizadas que permitem que os estudantes explorem a engenharia de *software* em maiores detalhes, junto com uma biblioteca de referências com *links* para recursos *online*, o que gera uma fonte de informações avançadas sobre engenharia de *software* de grande profundidade. Também estão incluídos um *Instructor's guide* completo e materiais pedagógicos complementares, além de centenas de *slides* de PowerPoint que podem ser utilizados em aulas e palestras.

O *Instructor's guide to software engineering: a professional approach* apresenta sugestões sobre como realizar diversos tipos de cursos de engenharia de *software*, recomendações para diversos projetos de *software* a serem desenvolvidos em paralelo ao curso, soluções para uma série de problemas e uma grande quantidade de materiais pedagógicos auxiliares úteis.

Aliada ao seu sistema de apoio *online*, esta nona edição de *Engenharia de software: uma abordagem profissional* oferece um nível de flexibilidade e conteúdo aprofundado que seria impossível de produzir apenas com um livro-texto.

Bruce Maxim assumiu a responsabilidade de desenvolver novos conteúdos para a 9ª edição de *Engenharia de software: uma abordagem profissional*, enquanto Roger Pressman atuou como editor-chefe e fez contribuições pontuais.

Agradecimentos

Agradecimentos especiais a Nancy Mead, do Software Engineering Institute, da Carnegie Mellon University, que escreveu o capítulo sobre engenharia de segurança de *software*; Tim Lethbridge, da Universidade de Ottawa, que nos ajudou no desenvolvimento de exemplos em UML e OCL e desenvolveu o estudo de caso que acompanha este livro; Dale Skrien, do Colby College, que desenvolveu o tutorial UML do Apêndice 1; William Grosky, da Universidade de Michigan–Dearborn, que desenvolveu o panorama da ciência de dados do Apêndice 2 ao lado de Terry Ruas, seu aluno; e à nossa colega australiana Margaret Kellow, por atualizar os materiais pedagógicos *online* que acompanham este livro. Além disso, gostaríamos de agradecer a Austin Krauss por seus *insights* sobre desenvolvimento de *software* no setor de *games* a partir da sua perspectiva como engenheiro de *software* sênior.

Agradecimentos especiais

BRM: Estou muito agradecido pela oportunidade de trabalhar com Roger na nona edição deste livro. Enquanto fazia isso, meu filho, Benjamin, se tornou gerente de engenharia de *software*, enquanto Katherine, minha filha, usou sua formação artística para criar as figuras que aparecem neste livro. Estou muito contente de ver os adultos que se tornaram e adoro o meu tempo com as suas filhas (Isla, Emma e Thelma). Agradeço muito à minha esposa, Norma, pelo apoio entusiasmado que me deu quando preenchi meu tempo livre ao trabalhar nesta obra.

RSP: Assim como as edições deste livro evoluíram, meus filhos, Mathew e Michael, cresceram e se tornaram homens. Sua maturidade, caráter e sucesso me inspiraram. Após muitos anos seguindo nossas próprias carreiras, agora nós três trabalhamos juntos na empresa que fundamos em 2012. Nada jamais me deixou tão orgulhoso. Ambos têm suas próprias filhas, Maya e Lily, que dão início a mais uma geração. Por fim, à minha esposa, Barbara, ofereço meu amor e minha gratidão por ter tolerado as várias horas que dediquei ao trabalho e por ter me incentivado a fazer mais uma edição "do livro".

Bruce R. Maxim
Roger S. Pressman

Sumário

Capítulo 1   *Software* e engenharia de *software*........................1

PARTE I   O PROCESSO DE *SOFTWARE*........................**19**

Capítulo 2   Modelos de processo........................20
Capítulo 3   Agilidade e processo........................37
Capítulo 4   Modelo de processo recomendado........................54
Capítulo 5   Aspectos humanos da engenharia de *software*...........74

PARTE II   MODELAGEM........................**83**

Capítulo 6   Princípios que orientam a prática........................84
Capítulo 7   Entendendo os requisitos........................102
Capítulo 8   Modelagem de requisitos: Uma abordagem recomendada . . 126
Capítulo 9   Conceitos de projeto........................156
Capítulo 10   Projeto de arquitetura: Uma abordagem recomendada.....181
Capítulo 11   Projeto de componentes........................206
Capítulo 12   Projeto da experiência do usuário........................233
Capítulo 13   Projeto para mobilidade........................264
Capítulo 14   Projeto baseado em padrões........................289

PARTE III   QUALIDADE E SEGURANÇA........................**309**

Capítulo 15   Conceitos de qualidade........................310
Capítulo 16   Revisões: Uma abordagem recomendada................325
Capítulo 17   Garantia da qualidade de *software*........................339
Capítulo 18   Engenharia de segurança de *software*................356
Capítulo 19   Teste de *software* – Nível de componentes................372
Capítulo 20   Teste de *software* – Nível de integração................395
Capítulo 21   Teste de *software* – Testes especializados para mobilidade . . 412
Capítulo 22   Gestão de configuração de *software*........................437
Capítulo 23   Métricas e análise de *software*........................460

xiv Sumário

PARTE IV · GERENCIAMENTO DE PROJETOS DE *SOFTWARE* **489**

Capítulo 24 Conceitos de gerenciamento de projeto 490

Capítulo 25 Criando um plano de *software* viável 504

Capítulo 26 Gestão de riscos 532

Capítulo 27 Uma estratégia para suporte de *software* 549

PARTE V · TÓPICOS AVANÇADOS **567**

Capítulo 28 Melhoria do processo de *software*. 568

Capítulo 29 Tendências emergentes na engenharia de *software* 583

Capítulo 30 Comentários finais 602

Apêndice 1 Introdução à UML. 611

Apêndice 2 Ciência de dados para engenheiros de *software* 629

Referências 639

Índice 659

Sumário detalhado

CAPÍTULO 1 *SOFTWARE* E ENGENHARIA DE *SOFTWARE* 1

1.1 A natureza do *software* 4

    1.1.1 Definição de *software* 5

    1.1.2 Domínios de aplicação de *software* 7

    1.1.3 *Software* legado 8

1.2 Definição da disciplina 8

1.3 O processo de *software* 9

    1.3.1 A metodologia do processo 10

    1.3.2 Atividades de apoio 11

    1.3.3 Adaptação do processo 11

1.4 A prática da engenharia de *software* 12

    1.4.1 A essência da prática 12

    1.4.2 Princípios gerais 14

1.5 Como tudo começa 15

1.6 Resumo 17

PARTE I O PROCESSO DE *SOFTWARE* 19

CAPÍTULO 2 MODELOS DE PROCESSO 20

2.1 Um modelo de processo genérico 21

2.2 Definição de uma atividade metodológica 23

2.3 Identificação de um conjunto de tarefas 23

2.4 Avaliação e aperfeiçoamento de processos 24

2.5 Modelos de processo prescritivo 25

    2.5.1 O modelo cascata 25

    2.5.2 Modelo de processo de prototipação 26

    2.5.3 Modelo de processo evolucionário 29

    2.5.4 Modelo de Processo Unificado 31

2.6 Produto e processo 33

2.7 Resumo 35

xvi Sumário detalhado

CAPÍTULO 3 AGILIDADE E PROCESSO............................37

3.1 O que é agilidade?..38

3.2 Agilidade e o custo das mudanças.......................................39

3.3 O que é processo ágil?..40

    3.3.1 Princípios da agilidade...40

    3.3.2 A política do desenvolvimento ágil................................41

3.4 *Scrum*..42

    3.4.1 Equipes e artefatos do *Scrum*....................................43

    3.4.2 Reunião de planejamento do *sprint*..............................44

    3.4.3 Reunião diária do *Scrum*...44

    3.4.4 Reunião de revisão do *sprint*.....................................45

    3.4.5 Retrospectiva do *sprint*..45

3.5 Outros *frameworks* ágeis..46

    3.5.1 O *framework* XP..46

    3.5.2 Kanban...48

    3.5.3 DevOps...50

3.6 Resumo...51

CAPÍTULO 4 MODELO DE PROCESSO RECOMENDADO.........54

4.1 Definição dos requisitos..57

4.2 Projeto de arquitetura preliminar...59

4.3 Estimativa de recursos..60

4.4 Construção do primeiro protótipo..61

4.5 Avaliação do protótipo..64

4.6 Decisão *go/no-go*..65

4.7 Evolução do protótipo..67

    4.7.1 Escopo do novo protótipo...67

    4.7.2 Construção de novos protótipos...................................68

    4.7.3 Teste dos novos protótipos..68

4.8 Disponibilização do protótipo...68

4.9 Manutenção do *software*..69

4.10 Resumo...72

CAPÍTULO 5 ASPECTOS HUMANOS DA ENGENHARIA DE *SOFTWARE*...74

5.1 Características de um engenheiro de *software*..........................75

5.2 A psicologia da engenharia de *software*................................75

Sumário detalhado **xvii**

5.3	A equipe de *software*	76
5.4	Estruturas de equipe	78
5.5	O impacto das mídias sociais	79
5.6	Equipes globais	80
5.7	Resumo	81

PARTE II   MODELAGEM ... 83

CAPÍTULO 6   PRINCÍPIOS QUE ORIENTAM A PRÁTICA ... 84

6.1	Princípios fundamentais	85
	6.1.1 Princípios que orientam o processo	85
	6.1.2 Princípios que orientam a prática	86
6.2	Princípios das atividades metodológicas	88
	6.2.1 Princípios da comunicação	88
	6.2.2 Princípios do planejamento	91
	6.2.3 Princípios da modelagem	92
	6.2.4 Princípios da construção	95
	6.2.5 Princípios da disponibilização	98
6.3	Resumo	100

CAPÍTULO 7   ENTENDENDO OS REQUISITOS ... 102

7.1	Engenharia de requisitos	103
	7.1.1 Concepção	104
	7.1.2 Levantamento	104
	7.1.3 Elaboração	104
	7.1.4 Negociação	105
	7.1.5 Especificação	105
	7.1.6 Validação	105
	7.1.7 Gerenciamento de requisitos	106
7.2	Estabelecimento da base de trabalho	107
	7.2.1 Identificação de envolvidos	107
	7.2.2 Reconhecimento de diversos pontos de vista	107
	7.2.3 Trabalho em busca da colaboração	108
	7.2.4 Questões iniciais	108
	7.2.5 Requisitos não funcionais	109
	7.2.6 Rastreabilidade	110

xviii Sumário detalhado

7.3 Levantamento de requisitos 110

    7.3.1 Coleta colaborativa de requisitos 110

    7.3.2 Cenários de uso 113

    7.3.3 Artefatos do levantamento de requisitos.......................... 114

7.4 Desenvolvimento de casos de uso.. 114

7.5 Construção do modelo de análise.. 118

    7.5.1 Elementos do modelo de análise 119

    7.5.2 Padrões de análise... 122

7.6 Negociação de requisitos 122

7.7 Monitoramento de requisitos 123

7.8 Validação de requisitos 123

7.9 Resumo 124

CAPÍTULO 8   MODELAGEM DE REQUISITOS: UMA ABORDAGEM RECOMENDADA 126

8.1 Análise de requisitos 127

    8.1.1 Filosofia e objetivos gerais...................................... 128

    8.1.2 Regras práticas para a análise................................... 128

    8.1.3 Princípios da modelagem de requisitos........................... 129

8.2 Modelagem baseada em cenários.. 130

    8.2.1 Atores e perfis de usuário....................................... 131

    8.2.2 Criação de casos de uso... 131

    8.2.3 Documentação de casos de uso.................................. 135

8.3 Modelagem baseada em classes.. 137

    8.3.1 Identificação de classes de análise................................ 137

    8.3.2 Definição de atributos e operações 140

    8.3.3 Modelos de classe da UML 141

    8.3.4 Modelagem classe-responsabilidade-colaborador 144

8.4 Modelagem funcional 146

    8.4.1 Uma visão procedural 146

    8.4.2 Diagramas de sequência da UML................................. 148

8.5 Modelagem comportamental.. 149

    8.5.1 Identificação de eventos com o caso de uso........................ 149

    8.5.2 Diagramas de estados da UML 150

    8.5.3 Diagramas de atividade da UML 151

8.6 Resumo 154

Sumário detalhado **xix**

CAPÍTULO 9   CONCEITOS DE PROJETO **156**

9.1   Projeto no contexto da engenharia de *software* 157

9.2   O processo de projeto 159

 9.2.1   Diretrizes e atributos da qualidade de *software* 160

 9.2.2   A evolução de um projeto de *software* 161

9.3   Conceitos de projeto 163

 9.3.1   Abstração 163

 9.3.2   Arquitetura 163

 9.3.3   Padrões 164

 9.3.4   Separação por interesses (por afinidades) 165

 9.3.5   Modularidade 165

 9.3.6   Encapsulamento* de informações 166

 9.3.7   Independência funcional 167

 9.3.8   Refinamento gradual. 167

 9.3.9   Refatoração. 168

 9.3.10   Classes de projeto 169

9.4   O modelo de projeto 171

 9.4.1   Princípios da modelagem de projetos 173

 9.4.2   Elementos de projeto de dados 174

 9.4.3   Elementos do projeto de arquitetura 175

 9.4.4   Elementos do projeto de interface 175

 9.4.5   Elementos do projeto de componentes 176

 9.4.6   Elementos do projeto de implantação 177

9.5   Resumo 178

CAPÍTULO 10   PROJETO DE ARQUITETURA:
UMA ABORDAGEM RECOMENDADA **181**

10.1   Arquitetura de *software* 182

 10.1.1   O que é arquitetura? 182

 10.1.2   Por que a arquitetura é importante? 183

 10.1.3   Descrições de arquitetura. 183

 10.1.4   Decisões de arquitetura 184

10.2   Agilidade e arquitetura 185

10.3   Estilos de arquitetura 186

 10.3.1   Uma breve taxonomia dos estilos de arquitetura 187

 10.3.2   Padrões de arquitetura 192

 10.3.3   Organização e refinamento 193

10.4	Considerações sobre a arquitetura	193
10.5	Decisões de arquitetura	195
10.6	Projeto de arquitetura	196
	10.6.1 Representação do sistema no contexto	196
	10.6.2 Definição de arquétipos	197
	10.6.3 Refinamento da arquitetura em componentes	198
	10.6.4 Descrição das instâncias do sistema	200
10.7	Avaliação das alternativas de projeto de arquitetura	201
	10.7.1 Revisões da arquitetura	202
	10.7.2 Revisão de arquitetura baseada em padrões	203
	10.7.3 Verificação de conformidade da arquitetura	204
10.8	Resumo	204

CAPÍTULO 11   PROJETO DE COMPONENTES 206

11.1	O que é componente?	207
	11.1.1 Uma visão orientada a objetos	207
	11.1.2 A visão tradicional	209
	11.1.3 Uma visão relacionada a processos	211
11.2	Projeto de componentes baseados em classes	212
	11.2.1 Princípios básicos de projeto	212
	11.2.2 Diretrizes para o projeto de componentes	215
	11.2.3 Coesão	216
	11.2.4 Acoplamento	218
11.3	Condução de projetos de componentes	219
11.4	Projetos de componentes especializados	225
	11.4.1 Projeto de componentes para WebApps	226
	11.4.2 Projeto de componentes para aplicativos móveis	226
	11.4.3 Projeto de componentes tradicionais	227
	11.4.4 Desenvolvimento baseado em componentes	228
11.5	Refatoração de componentes	230
11.6	Resumo	231

CAPÍTULO 12   PROJETO DA EXPERIÊNCIA DO USUÁRIO 233

12.1	Elementos do projeto da experiência do usuário	234
	12.1.1 Arquitetura da informação	235
	12.1.2 Projeto de interação do usuário	236
	12.1.3 Engenharia de usabilidade	236
	12.1.4 Projeto visual	237

Sumário detalhado **xxi**

12.2 As regras de ouro.. 238

12.2.1 Deixar o usuário no comando 238

12.2.2 Reduzir a carga de memória do usuário........................... 239

12.2.3 Tornar a interface consistente 240

12.3 Análise e projeto de interfaces 241

12.3.1 Modelos de análise e projeto de interfaces........................ 241

12.3.2 O processo.. 242

12.4 Análise da experiência do usuário 243

12.4.1 Pesquisa de usuário.................................... 244

12.4.2 Modelagem de usuários 245

12.4.3 Análise de tarefas....................................... 247

12.4.4 Análise do ambiente de trabalho 248

12.5 Projeto da experiência do usuário 249

12.6 Projeto de interface de usuário.................................... 250

12.6.1 Aplicação das etapas para projeto de interfaces 251

12.6.2 Padrões de projeto de interfaces do usuário........................ 252

12.7 Avaliação de projeto 253

12.7.1 Revisão do protótipo 253

12.7.2 Testes de usuário 255

12.8 Usabilidade e acessibilidade 256

12.8.1 Diretrizes de usabilidade................................. 257

12.8.2 Diretrizes de acessibilidade 259

12.9 UX e mobilidade de *software* convencional............................. 261

12.10 Resumo.. 261

CAPÍTULO 13 PROJETO PARA MOBILIDADE **264**

13.1 Os desafios... 265

13.1.1 Considerações sobre o desenvolvimento.......................... 265

13.1.2 Considerações técnicas................................... 266

13.2 Ciclo de vida do desenvolvimento móvel............................ 268

13.2.1 Projeto de interface de usuário............................ 270

13.2.2 Lições aprendidas...................................... 271

13.3 Arquiteturas móveis 273

13.4 Aplicativos sensíveis ao contexto 274

13.5 Pirâmide de projeto para Web..................................... 275

13.5.1 Projeto de interface de WebApps.......................... 275

13.5.2 Projeto estético....................................... 277

13.5.3 Projeto de conteúdo 277

13.5.4 Projeto de arquitetura 278

13.5.5 Projeto de navegação 280

xxii   Sumário detalhado

13.6   Projeto em nível de componentes 282

13.7   Mobilidade e qualidade do projeto. 282

13.8   Melhores práticas do projeto de mobilidade 285

13.9   Resumo 287

CAPÍTULO 14   PROJETO BASEADO EM PADRÕES **289**

14.1   Padrões de projeto. 290

  14.1.1   Tipos de padrões 291

  14.1.2   *Frameworks* 293

  14.1.3   Descrição de padrões 293

  14.1.4   Aprendizado de máquina e descoberta de padrões 294

14.2   Projeto de *software* baseado em padrões 295

  14.2.1   Contexto do projeto baseado em padrões. 295

  14.2.2   Pense em termos de padrões 296

  14.2.3   Tarefas de projeto. 297

  14.2.4   Construção de uma tabela para organização de padrões 298

  14.2.5   Erros comuns de projeto. 298

14.3   Padrões de arquitetura 299

14.4   Padrões de projeto de componentes. 300

14.5   Antipadrões 302

14.6   Padrões de projeto de interfaces do usuário. 304

14.7   Padrões de projeto de mobilidade 305

14.8   Resumo 306

PARTE III   QUALIDADE E SEGURANÇA **309**

CAPÍTULO 15   CONCEITOS DE QUALIDADE **310**

15.1   O que é qualidade? 311

15.2   Qualidade de *software* 312

  15.2.1   Fatores de qualidade. 312

  15.2.2   Avaliação quantitativa da qualidade. 314

  15.2.3   Avaliação quantitativa da qualidade. 315

15.3   O dilema da qualidade do *software* 315

  15.3.1   *Software* "bom o suficiente". 316

  15.3.2   Custo da qualidade 317

Sumário detalhado **xxiii**

15.3.3 Riscos 319

15.3.4 Negligência e responsabilidade civil 320

15.3.5 Qualidade e segurança 320

15.3.6 O impacto das ações administrativas 321

15.4 Alcançando a qualidade de *software* 322

15.4.1 Métodos de engenharia de *software* 322

15.4.2 Técnicas de gerenciamento de projetos 322

15.4.3 Aprendizado de máquina e previsão de defeitos 322

15.4.4 Controle de qualidade 323

15.4.5 Garantia da qualidade 323

15.5 Resumo 323

CAPÍTULO 16   REVISÕES: UMA ABORDAGEM RECOMENDADA . . . 325

16.1 Impacto de defeitos de *software* nos custos 326

16.2 Amplificação e eliminação de defeitos 327

16.3 Métricas de revisão e seu emprego 327

16.4 Critérios para tipos de revisão 330

16.5 Revisões informais 331

16.6 Revisões técnicas formais 332

16.6.1 A reunião de revisão 332

16.6.2 Relatório de revisão e manutenção de registros 333

16.6.3 Diretrizes de revisão 334

16.7 Avaliações *post-mortem* 336

16.8 Revisões ágeis 336

16.9 Resumo 337

CAPÍTULO 17   GARANTIA DA QUALIDADE DE *SOFTWARE* 339

17.1 Plano de fundo 341

17.2 Elementos de garantia de qualidade de *software* 341

17.3 Processos da SQA e características do produto 343

17.4 Tarefas, metas e métricas da SQA 343

17.4.1 Tarefas da SQA 343

17.4.2 Metas, atributos e métricas 345

17.5 Abordagens formais da SQA 347

xxiv Sumário detalhado

17.6 Estatística da garantia da qualidade de *software* 347

    17.6.1 Um exemplo genérico 347

    17.6.2 Seis Sigma para engenharia de *software* 349

17.7 Confiabilidade de *software* 350

    17.7.1 Medidas de confiabilidade e disponibilidade 350

    17.7.2 Uso da inteligência artificial para modelagem da confiabilidade 351

    17.7.3 Segurança do *software* 352

17.8 Os padrões de qualidade ISO 9000   353

17.9 O plano de SQA 354

17.10 Resumo 355

CAPÍTULO 18 ENGENHARIA DE SEGURANÇA DE *SOFTWARE* **356**

18.1 Por que a engenharia de segurança de *software* é importante 357

18.2 Modelos do ciclo de vida da segurança 357

18.3 Atividades do ciclo de vida do desenvolvimento seguro 359

18.4 Engenharia de requisitos de segurança 360

    18.4.1 SQUARE 360

    18.4.2 O processo SQUARE 360

18.5 Casos de mau uso e abuso e padrões de ataque 363

18.6 Análise de risco de segurança 364

18.7 Modelagem de ameaças, priorização e mitigação 365

18.8 Superfície de ataque 366

18.9 Codificação segura 367

18.10 Medição 368

18.11 Modelos de maturidade e melhoria do processo de segurança 370

18.12 Resumo 370

CAPÍTULO 19 TESTE DE *SOFTWARE* – NÍVEL DE COMPONENTES **372**

19.1 Uma abordagem estratégica do teste de *software* 373

    19.1.1 Verificação e validação 373

    19.1.2 Organizando o teste de *software* 374

    19.1.3 Visão global 375

    19.1.4 Critérios de "Pronto" 377

19.2	Planejamento e manutenção de registros	378
	19.2.1 O papel do *scaffolding*	379
	19.2.2 Eficácia dos custos dos testes	380
19.3	Projeto de caso de teste	381
	19.3.1 Requisitos e casos de uso	382
	19.3.2 Rastreabilidade	383
19.4	Teste caixa-branca	383
	19.4.1 Teste de caminho básico	384
	19.4.2 Teste de estrutura de controle	386
19.5	Teste caixa-preta	388
	19.5.1 Teste de interface	388
	19.5.2 Particionamento de equivalência	389
	19.5.3 Análise de valor limite	389
19.6	Teste orientado a objetos	390
	19.6.1 Teste de conjunto	390
	19.6.2 Teste comportamental	392
19.7	Resumo	393

CAPÍTULO 20 TESTE DE *SOFTWARE* – NÍVEL DE INTEGRAÇÃO ... **395**

20.1	Fundamentos do teste de *software*	396
	20.1.1 Teste caixa-preta	397
	20.1.2 Teste caixa-branca	397
20.2	Teste de integração	398
	20.2.1 Integração descendente	398
	20.2.2 Integração ascendente	399
	20.2.3 Integração contínua	400
	20.2.4 Artefatos do teste de integração	402
20.3	Inteligência artificial e testes de regressão	402
20.4	Teste de integração em contexto orientado a objetos	404
	20.4.1 Projeto de caso de teste baseado em falhas	405
	20.4.2 Projeto de caso de teste baseado em cenários	406
20.5	Teste de validação	407
20.6	Padrões de teste	409
20.7	Resumo	409

xxvi Sumário detalhado

CAPÍTULO 21 TESTE DE *SOFTWARE* – TESTES ESPECIALIZADOS PARA MOBILIDADE....412

21.1 Diretrizes para testes móveis.. 413

21.2 As estratégias de teste 414

21.3 Questões de teste da experiência do usuário.............................. 415

    21.3.1 Teste de gestos.. 415

    21.3.2 Entrada por teclado virtual 416

    21.3.3 Entrada e reconhecimento de voz 416

    21.3.4 Alertas e condições extraordinárias 417

21.4 Teste de aplicações para Web... 418

21.5 As estratégias de teste para a Web... 418

    21.5.1 Teste de conteúdo 420

    21.5.2 Teste de interface... 421

    21.5.3 Testes de navegação.. 421

21.6 Internacionalização.. 423

21.7 Teste de segurança 423

21.8 Teste de desempenho... 424

21.9 Teste em tempo real 426

21.10 Testes para sistemas de inteligência artificial (IA)...................... 428

    21.10.1 Testes estáticos e dinâmicos................................... 429

    21.10.2 Teste baseado em modelo...................................... 429

21.11 Teste de ambientes virtuais 430

    21.11.1 Teste de usabilidade 430

    21.11.2 Teste de acessibilidade.. 432

    21.11.3 Teste de jogabilidade 433

21.12 Teste da documentação e dos recursos de ajuda 434

21.13 Resumo.. 435

CAPÍTULO 22 GESTÃO DE CONFIGURAÇÃO DE *SOFTWARE* 437

22.1 Gerenciamento de configuração de *software* 438

    22.1.1 Um cenário SCM.. 439

    22.1.2 Elementos de um sistema de gestão de configuração 440

    22.1.3 Referenciais 441

	22.1.4	Itens de configuração de *software*	441
	22.1.5	Gestão de dependências e alterações	442
22.2	O repositório de SCM		443
	22.2.1	Características gerais e conteúdo	444
	22.2.2	Características do SCM	444
22.3	Sistemas de controle de versão		445
22.4	Integração contínua		446
22.5	O processo de gestão de alterações		447
	22.5.1	Controle de alterações	448
	22.5.2	Gestão de impacto	451
	22.5.3	Auditoria de configuração	452
	22.5.4	Relatório de *status*	452
22.6	Mobilidade e gestão de alterações ágil		453
	22.6.1	Controle eletrônico de alterações	453
	22.6.2	Gestão de conteúdo	455
	22.6.3	Integração e publicação	455
	22.6.4	Controle de versão	457
	22.6.5	Auditoria e relatório	458
22.7	Resumo		458

CAPÍTULO 23 MÉTRICAS E ANÁLISE DE *SOFTWARE* 460

23.1	Medição de *software*		461
	23.1.1	Medidas, métricas e indicadores	461
	23.1.2	Atributos de métricas de *software* eficazes	462
23.2	Análise de dados de *software*		462
23.3	Métricas de produto		463
	23.3.1	Métricas para o modelo de requisitos	464
	23.3.2	Métricas de projeto para *software* convencional	466
	23.3.3	Métricas de projeto para *software* orientado a objetos	468
	23.3.4	Métricas de projeto de interface de usuário	471
	23.3.5	Métricas para código-fonte	473
23.4	Métricas para teste		474
23.5	Métricas para manutenção		476
23.6	Métricas de processo e de projeto		476

xxviii Sumário detalhado

23.7 Medição de *software* 479

23.8 Métricas para qualidade de *software* 482

23.9 Estabelecimento de um programa de métricas de *software* 485

23.10 Resumo 487

PARTE IV GERENCIAMENTO DE PROJETOS DE *SOFTWARE* 489

CAPÍTULO 24 CONCEITOS DE GERENCIAMENTO DE PROJETO 490

24.1 O espectro de gerenciamento 491

    24.1.1 As pessoas 491

    24.1.2 O produto 491

    24.1.3 O processo 492

    24.1.4 O projeto 492

24.2 As pessoas 493

    24.2.1 Os envolvidos 493

    24.2.2 Líderes de equipe 493

    24.2.3 A equipe de *software* 494

    24.2.4 Questões de comunicação e coordenação 496

24.3 Produto 497

    24.3.1 Escopo do *software* 497

    24.3.2 Decomposição do problema 497

24.4 Processo 498

    24.4.1 Combinando o produto e o processo 498

    24.4.2 Decomposição do processo 498

24.5 Projeto 500

24.6 O princípio W^5HH 501

24.7 Práticas vitais 502

24.8 Resumo 502

CAPÍTULO 25 CRIANDO UM PLANO DE *SOFTWARE* VIÁVEL 504

25.1 Comentários sobre as estimativas 505

25.2 O processo de planejamento do projeto 506

25.3 Escopo e viabilidade do *software* 507

25.4	Recursos		507
	25.4.1	Recursos humanos	508
	25.4.2	Recursos de *software* reutilizáveis	509
	25.4.3	Recursos ambientais	509
25.5	Análise de dados e estimativa do projeto de *software*		509
25.6	Técnicas de estimativa e decomposição		511
	25.6.1	Dimensionamento do *software*	511
	25.6.2	Estimativa baseada em problema	512
	25.6.3	Um exemplo de estimativa baseada em LOC	512
	25.6.4	Um exemplo de estimativa baseada em FP	514
	25.6.5	Um exemplo de estimativa baseada em processo	515
	25.6.6	Um exemplo de estimativa usando pontos de caso de uso	517
	25.6.7	Harmonizando estimativas	518
	25.6.8	Estimativa para desenvolvimento ágil	519
25.7	Cronograma de projeto		520
	25.7.1	Princípios básicos	521
	25.7.2	Relação entre pessoas e esforço	522
25.8	Definição do conjunto de tarefas do projeto		523
	25.8.1	Um exemplo de conjunto de tarefas	524
	25.8.2	Refinamento das tarefas principais	524
25.9	Definição de uma rede de tarefas		525
25.10	Cronograma		526
	25.10.1	Gráfico de Gantt	527
	25.10.2	Acompanhamento do cronograma	528
25.11	Resumo		530

CAPÍTULO 26 GESTÃO DE RISCOS 532

26.1	Estratégias de risco reativas *versus* proativas		533
26.2	Riscos de *software*		534
26.3	Identificação do risco		535
	26.3.1	Avaliação do risco geral do projeto	536
	26.3.2	Componentes e fatores de risco	537
26.4	Previsão de risco		538
	26.4.1	Desenvolvimento de uma tabela de riscos	538
	26.4.2	Avaliação do impacto do risco	540

xxx Sumário detalhado

26.5 Refinamento do risco 542

26.6 Mitigação, monitoramento e gestão de riscos (RMMM) 543

26.7 O plano RMMM 546

26.8 Resumo 547

CAPÍTULO 27 UMA ESTRATÉGIA PARA SUPORTE DE *SOFTWARE* 549

27.1 Suporte de *software* 550

27.2 Manutenção de *software* 552

    27.2.1 Tipos de manutenção 553

    27.2.2 Tarefas de manutenção 554

    27.2.3 Engenharia reversa 555

27.3 Suporte proativo de *software* 557

    27.3.1 Uso de análise de *software* 558

    27.3.2 O papel das mídias sociais 559

    27.3.3 Custo do suporte 559

27.4 Refatoração 560

    27.4.1 Refatoração de dados 561

    27.4.2 Refatoração de código 561

    27.4.3 Refatoração da arquitetura 561

27.5 Evolução de *software* 562

    27.5.1 Análise de inventário 563

    27.5.2 Reestruturação dos documentos 564

    27.5.3 Engenharia reversa 564

    27.5.4 Refatoração de código 564

    27.5.5 Refatoração de dados 564

    27.5.6 Engenharia direta 565

27.6 Resumo 565

PARTE V TÓPICOS AVANÇADOS 567

CAPÍTULO 28 MELHORIA DO PROCESSO DE *SOFTWARE* 568

28.1 O que é SPI? 569

    28.1.1 Abordagens para SPI 569

    28.1.2 Modelos de maturidade 570

    28.1.3 A SPI é para todos? 571

Sumário detalhado **xxxi**

28.2 O processo de SPI 571

    28.2.1 Avaliação e análise de lacunas 572

    28.2.2 Educação e treinamento 573

    28.2.3 Seleção e justificação 573

    28.2.4 Instalação/migração 574

    28.2.5 Avaliação... 575

    28.2.6 Gestão de riscos para SPI 575

28.3 O CMMI.. 576

28.4 Outros *frameworks* SPI 579

    28.4.1 SPICE.. 579

    28.4.2 TickIT Plus 579

28.5 Retorno sobre investimento em SPI 580

28.6 Tendências da SPI.. 580

28.7 Resumo 581

CAPÍTULO 29 TENDÊNCIAS EMERGENTES NA ENGENHARIA DE *SOFTWARE* **583**

29.1 Evolução da tecnologia 584

29.2 A engenharia de *software* como disciplina.................................. 585

29.3 Observação de tendências na engenharia de *software* 586

29.4 Identificação das "tendências leves" 587

    29.4.1 Gestão da complexidade 588

    29.4.2 *Software* aberto.. 589

    29.4.3 Requisitos emergentes 590

    29.4.4 O mix de talentos.. 591

    29.4.5 Blocos básicos de *software* 591

    29.4.6 Mudança na percepção de "valor"................................. 592

    29.4.7 Código aberto 592

29.5 Rumos da tecnologia 593

    29.5.1 Tendências de processo.. 593

    29.5.2 O grande desafio 594

    29.5.3 Desenvolvimento colaborativo..................................... 595

    29.5.4 Engenharia de requisitos... 596

    29.5.5 Desenvolvimento de *software* dirigido por modelo 596

    29.5.6 Engenharia de *software* baseada em busca 597

    29.5.7 Desenvolvimento guiado por teste................................. 598

29.6 Tendências relacionadas a ferramentas...................................... 599

29.7 Resumo 600

xxxii Sumário detalhado

CAPÍTULO 30   COMENTÁRIOS FINAIS...................... 602

30.1   A importância do *software* – revisitada.................................... 603

30.2   Pessoas e a maneira como constroem sistemas........................... 603

30.3   Descoberta de conhecimento 605

30.4   A visão em longo prazo 606

30.5   A responsabilidade do engenheiro de *software* 607

30.6   Comentário final de RSP... 609

Apêndice 1   Introdução à UML 611

Apêndice 2   Ciência de dados para engenheiros de *software* 629

Referências.. 639

Índice 659

1

Software e engenharia de *software*

Depois de me mostrar a construção mais recente de um dos *games* de tiro em primeira pessoa mais populares do mundo, o jovem desenvolvedor riu.

"Você não joga, né?", ele perguntou.

Eu sorri. "Como adivinhou?"

O jovem estava de bermuda e camiseta. Sua perna balançava para cima e para baixo como um pistão, queimando a tensa energia que parecia ser comum entre seus colegas.

Conceitos-chave

domínios de aplicação 7
curvas de defeitos. 5
metodologia 10
princípios gerais 14
software legado 8
princípios. 14
solução de problemas 12
CasaSegura 16
software,
    definição de 5
    natureza do. 4
    processo 9
    perguntas sobre 4
engenharia de *software,*
    definição de 3
    camadas 9
    prática 12
atividades de apoio 11
deterioração. 5

🔍 Panorama

O que é? *Software* de computador é o produto que profissionais de *software* desenvolvem e ao qual dão suporte por muitos anos. Esses artefatos incluem programas executáveis em computador de qualquer porte ou arquitetura. A engenharia de *software* abrange um processo, um conjunto de métodos (práticas) e uma série de ferramentas que possibilitam aos profissionais desenvolverem *software* de altíssima qualidade.

Quem realiza? Os engenheiros de *software* criam e dão suporte a ele, e praticamente todos que têm contato com o mundo industrializado o utilizam. Os engenheiros de *software* aplicam o processo de engenharia de *software*.

Por que é importante? A engenharia de *software* é importante porque nos capacita para o desenvolvimento de sistemas complexos dentro do prazo e com alta qualidade. Ela impõe disciplina a um trabalho que pode se tornar caótico, mas também permite que as pessoas produzam *software* de computador adaptado à sua abordagem, da maneira mais conveniente às suas necessidades.

Quais são as etapas envolvidas? Cria-se *software* para computadores da mesma forma que qualquer produto bem-sucedido: aplicando-se um processo adaptável e ágil que conduza a um resultado de alta qualidade, atendendo às necessidades daqueles que usarão o produto.

Qual é o artefato? Do ponto de vista de um engenheiro de *software*, artefato é um conjunto de programas, conteúdo (dados) e outros artefatos que apoiam o *software* de computador. Porém, do ponto de vista do usuário, o artefato é uma ferramenta ou um produto que, de alguma forma, torna a vida dele melhor.

Como garantir que o trabalho foi realizado corretamente? Leia o restante deste livro, escolha as ideias aplicáveis ao *software* que você desenvolver e use-as em seu trabalho.

"Porque, se jogasse", ele disse, "estaria muito mais empolgado. Você acabou de ver nosso mais novo produto, algo que nossos clientes matariam para ver... sem trocadilhos".

Estávamos na área de desenvolvimento de uma das empresas de *games* mais bem-sucedidas do planeta. Ao longo dos anos, as gerações anteriores do *game* que ele demonstrou venderam mais de 50 milhões de cópias e geraram uma receita bilionária.

"Então, quando essa versão estará no mercado?", perguntei.

Ele encolheu os ombros. "Em cerca de cinco meses. Ainda temos muito trabalho a fazer."

Ele era responsável pela jogabilidade e pela funcionalidade de inteligência artificial de um aplicativo que abrangia mais de três milhões de linhas de código.

"Vocês usam técnicas de engenharia de *software*?", perguntei, meio que esperando sua risada e sua resposta negativa.

Ele fez uma pausa e pensou por uns instantes. Então, lentamente, fez que sim com a cabeça. "Adaptamos às nossas necessidades, mas, claro, usamos."

"Onde?", perguntei, sondando.

"Geralmente, nosso problema é traduzir os requisitos que os criativos nos dão."

"Os criativos?", interrompi.

"Você sabe, os caras que projetam a história, os personagens, todas as coisas que tornam o jogo um sucesso. Temos de pegar o que eles nos dão e produzir um conjunto de requisitos técnicos que nos permita construir o jogo."

"E depois os requisitos são fixados?"

Ele encolheu os ombros. "Precisamos ampliar e adaptar a arquitetura da versão anterior do jogo e criar um novo produto. Temos de criar código a partir dos requisitos, testá-lo com construções diárias e fazer muitas coisas que seu livro recomenda."

"Conhece meu livro?" Eu estava sinceramente surpreso.

"Claro, usei na faculdade. Há muita coisa lá."

"Falei com alguns de seus colegas aqui, e eles são mais céticos a respeito do material de meu livro."

Ele franziu as sobrancelhas. "Olha, não somos um departamento de TI nem uma empresa aeroespacial, então, temos de adaptar o que você defende. Mas o resultado é o mesmo – precisamos criar um produto de alta qualidade, e o único jeito de conseguirmos isso sempre é adaptar nosso próprio subconjunto de técnicas de engenharia de *software*."

"E como seu subconjunto mudará com o passar dos anos?"

Ele fez uma pausa como se estivesse pensando no futuro. "Os *games* vão se tornar maiores e mais complexos, com certeza. E nossos cronogramas de desenvolvimento vão ser mais apertados, à medida que a concorrência surgir. Lentamente, os próprios jogos nos obrigarão a aplicar um pouco mais de disciplina de desenvolvimento. Se não fizermos isso, estaremos mortos."

*****

Software de computador continua a ser a tecnologia mais importante no cenário mundial. E é, também, um ótimo exemplo da lei das consequências não intencionais. Há 60 anos, ninguém poderia prever que o *software* se tornaria uma tecnologia indispensável para negócios, ciência e engenharia; que o *software* viabilizaria a criação de novas tecnologias (p. ex., engenharia genética e nanotecnologia), a extensão de tecnologias existentes (p. ex., telecomunicações) e a mudança radical nas tecnologias mais antigas (p. ex., a mídia); que o *software* se tornaria a força motriz por trás da revolução do computador pessoal; que aplicativos de *software* seriam comprados pelos consumidores por meio de seus dispositivos móveis; que o *software* evoluiria lentamente de produto para serviço, à medida que empresas de *software* "sob demanda" oferecessem funcionalidade imediata (*just-in-time*) via um navegador Web; que uma empresa de *software* se tornaria maior e mais influente do que todas as empresas da era industrial; ou que uma vasta rede comandada por *software* evoluiria e modificaria tudo: de pesquisa em bibliotecas a compras feitas pelos consumidores, de discursos políticos a comportamentos de namoro entre jovens e (não tão jovens) adultos.

Conforme aumenta a importância do *software*, a comunidade da área tenta criar tecnologias que tornem mais fácil, mais rápido e mais barato desenvolver e manter programas de computador de alta qualidade. Algumas dessas tecnologias são direcionadas a um domínio de aplicação específico (p. ex., projeto e implementação de *sites*); outras são focadas em um campo de tecnologia (p. ex., sistemas orientados a objetos ou programação orientada a aspectos); outras, ainda, são de bases amplas (p. ex., sistemas operacionais, como o Linux). Entretanto, nós ainda temos de desenvolver uma tecnologia de *software* que faça tudo isso – e a probabilidade de surgir tal tecnologia no futuro é pequena. Ainda assim, as pessoas apostam seus empregos, seu conforto, sua segurança, seu entretenimento, suas decisões e suas próprias vidas em *software*. Tomara que estejam certas.

Este livro apresenta uma estrutura que pode ser utilizada por aqueles que desenvolvem *software* – pessoas que devem fazê-lo corretamente. A estrutura abrange um processo, um conjunto de métodos e uma gama de ferramentas que chamaremos de *engenharia de software.*

Para desenvolver um *software* que esteja preparado para enfrentar os desafios do século XXI, devemos admitir alguns fatos:

- *Software* está profundamente incorporado em quase todos os aspectos de nossas vidas. O número de pessoas interessadas nos recursos e nas funções oferecidas por determinada aplicação[1] tem crescido significativamente. *É preciso fazer um esforço conjunto para compreender o problema antes de desenvolver uma solução de software.*

- Os requisitos de tecnologia da informação demandados por pessoas, empresas e órgãos governamentais estão mais complexos a cada ano. Hoje, equipes grandes desenvolvem programas de computador. *Software* sofisticado, outrora implementado em um ambiente computacional independente e previsível, hoje está incorporado em tudo, de produtos eletrônicos de consumo a equipamentos médicos e veículos autônomos. *Projetar se tornou uma atividade essencial.*

- Pessoas, negócios e governos dependem, cada vez mais, de *software* para a tomada de decisões estratégicas e táticas, assim como para controle e para operações cotidianas. Se o *software* falhar, as pessoas e as principais empresas poderão ter desde pequenos inconvenientes até falhas catastróficas. *O software deve apresentar qualidade elevada.*

- À medida que o valor de uma aplicação específica aumenta, a probabilidade é de que sua base de usuários e sua longevidade também cresçam. Conforme sua base de usuários e seu tempo em uso forem aumentando, a demanda por adaptação e aperfeiçoamento também vai aumentar. *O software deve ser passível de manutenção.*

Essas simples constatações nos conduzem a uma só conclusão: o *software, em todas as suas formas e em todos os seus domínios de aplicação, deve passar pelos processos de engenharia.* E isso nos leva ao tema principal deste livro – *engenharia de software.*

---

1 Neste livro, mais adiante, chamaremos tais pessoas de "envolvidos".

1.1 A natureza do *software*

Hoje, o *software* tem um duplo papel. Ele é um produto e o veículo para distribuir um produto. Como produto, fornece o potencial computacional representado pelo *hardware* ou, de forma mais abrangente, por uma rede de computadores que podem ser acessados por *hardware* local. Seja localizado em um dispositivo móvel, em um computador de mesa, na nuvem ou em um *mainframe* ou máquina autônoma, o *software* é um transformador de informações – produzindo, gerenciando, adquirindo, modificando, exibindo ou transmitindo informações que podem ser tão simples quanto um único bit ou tão complexas quanto uma representação de realidade aumentada derivada de dados obtidos de dezenas de fontes independentes e, então,- sobreposta ao mundo real. Como veículo de distribuição do produto, o *software* atua como a base para o controle do computador (sistemas operacionais), a comunicação de informações (redes) e a criação e o controle de outros programas (ferramentas de *software* e ambientes).

O *software* distribui o produto mais importante de nossa era – a *informação*. Ele transforma dados pessoais (p. ex., transações financeiras de um indivíduo) de modo que possam ser mais úteis em determinado contexto; gerencia informações comerciais para aumentar a competitividade; fornece um portal para redes mundiais de informação (p. ex., Internet); e proporciona os meios para obter informações sob todas as suas formas. Ele também propicia um veículo que pode ameaçar a privacidade pessoal e um portal que permite a pessoas mal-intencionadas cometer crimes.

O papel do *software* passou por uma mudança significativa no decorrer dos últimos 60 anos. Aperfeiçoamentos consideráveis no desempenho do *hardware*, mudanças profundas nas arquiteturas computacionais, um vasto aumento na capacidade de memória e armazenamento e uma ampla variedade de opções exóticas de entrada e saída – tudo isso resultou em sistemas computacionais mais sofisticados e complexos. Sofisticação e complexidade podem produzir resultados impressionantes quando um sistema é bem-sucedido; porém, também podem trazer enormes problemas para aqueles que precisam desenvolver e projetar sistemas robustos.

Atualmente, uma enorme indústria de *software* tornou-se fator dominante nas economias do mundo industrializado. Equipes de especialistas em *software*, cada equipe concentrando-se numa parte da tecnologia necessária para distribuir uma aplicação complexa, substituíram o programador solitário de antigamente. Ainda assim, as questões levantadas por esse programador solitário continuam as mesmas hoje, quando os modernos sistemas computacionais são desenvolvidos:[2]

- Por que a conclusão de um *software* leva tanto tempo?
- Por que os custos de desenvolvimento são tão altos?
- Por que não conseguimos encontrar todos os erros antes de entregarmos o *software* aos clientes?
- Por que gastamos tanto tempo e esforço realizando a manutenção de programas existentes?
- Por que ainda temos dificuldades de medir o progresso de desenvolvimento e a manutenção de um *software*?

---

2 Em um excelente livro de ensaios sobre o setor de *software*, Tom DeMarco [DeM95] contesta. Segundo ele: "Em vez de perguntar por que o *software* custa tanto, precisamos começar perguntando: 'O que fizemos para que o *software* atual custe tão pouco?' A resposta a essa pergunta nos ajudará a continuar com o extraordinário nível de realização que tem distinguido a indústria de *software*".

Essas e muitas outras questões demonstram a preocupação com o *software* e com a maneira como ele é desenvolvido – uma preocupação que tem levado à adoção da prática da engenharia de *software*.

1.1.1 Definição de *software*

Hoje, a maior parte dos profissionais e muitos outros integrantes do público em geral acham que entendem de *software*. Mas será que entendem mesmo?

Uma descrição de *software* em um livro-texto poderia ser a seguinte:

> *Software* consiste em: (1) instruções (programas de computador) que, quando executadas, fornecem características, funções e desempenho desejados; (2) estruturas de dados que possibilitam aos programas manipular informações adequadamente; e (3) informação descritiva, tanto na forma impressa quanto na virtual, descrevendo a operação e o uso dos programas.

Sem dúvida, poderíamos dar outras definições mais completas, mas, provavelmente, uma definição mais formal não melhoraria a compreensão do que é o *software*. Para conseguir isso, é importante examinar as características do *software* que o tornam diferente de outras coisas que os seres humanos constroem. *Software* é mais um elemento de sistema lógico do que físico. Portanto, o *software* tem uma característica fundamental que o torna consideravelmente diferente do *hardware*: o *software não "se desgasta"*.

A Figura 1.1 representa a taxa de defeitos em função do tempo para *hardware*. Essa relação, normalmente denominada "curva da banheira", indica que o *hardware* apresenta taxas de defeitos relativamente altas no início de sua vida (geralmente, atribuídas

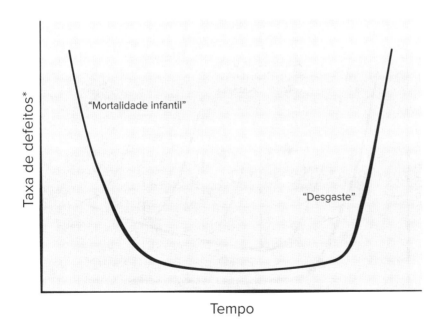

Figura 1.1
Curva de defeitos para *hardware*.

---

* N. de R.T.: Os defeitos do *software* nem sempre se manifestam como falha, geralmente devido a tratamentos dos erros decorrentes desses defeitos pelo *software*. Esses conceitos serão mais detalhados e diferenciados nos capítulos sobre qualidade. Neste ponto, optou-se por traduzir *failure rate* por taxa de defeitos, sem prejuízo para a assimilação dos conceitos apresentados pelo autor neste capítulo.

a defeitos de projeto ou de fabricação); os defeitos são corrigidos, e a taxa cai para um nível estável (espera-se que seja bastante baixo) por certo período. Entretanto, à medida que o tempo passa, a taxa aumenta novamente, conforme os componentes de *hardware* sofrem os efeitos cumulativos de poeira, vibração, impactos, temperaturas extremas e vários outros fatores maléficos do ambiente. Resumindo, o *hardware* começa a se *desgastar*.

O *software* não é suscetível aos fatores maléficos do ambiente que causam o desgaste do *hardware*. Portanto, teoricamente, a curva da taxa de defeitos para *software* deveria assumir a forma da "curva idealizada", mostrada na Figura 1.2. Defeitos ainda não descobertos irão resultar em altas taxas logo no início da vida de um programa. Entretanto, esses defeitos serão corrigidos, e a curva se achata, como mostrado. A curva idealizada é uma simplificação grosseira de modelos de defeitos reais para *software*. Porém, a implicação é clara: *software* não se desgasta. Mas *deteriora!*

Essa aparente contradição pode ser elucidada pela curva real apresentada na Figura 1.2. Durante sua vida,[3] o *software* passará por alterações. À medida que elas ocorrem, é provável que sejam introduzidos erros, ocasionando o aumento da curva de taxa de defeitos, conforme mostrado na "curva real" (Figura 1.2). Antes que a curva possa retornar à taxa estável original, outra alteração é requisitada, aumentando a curva novamente. Lentamente, o nível mínimo da taxa começa a aumentar – o *software* está deteriorando devido à modificação.

Outro aspecto do desgaste ilustra a diferença entre *hardware* e *software*. Quando um componente de *hardware* se desgasta, ele é substituído por uma peça de reposição. Não existem peças de reposição de *software*. Cada defeito de *software* indica um erro no projeto ou no processo pelo qual o projeto foi traduzido em código de máquina executável. Portanto, as tarefas de manutenção de *software*, que envolvem solicitações de mudanças, implicam complexidade consideravelmente maior do que as de manutenção de *hardware*.

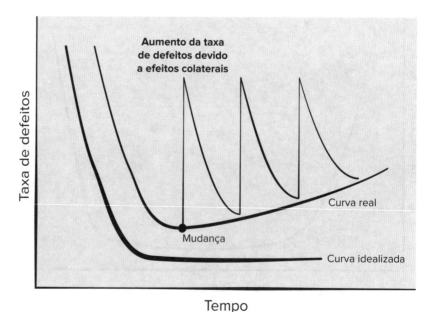

Figura 1.2
Curva de defeitos para *software*.

---

3 De fato, desde o momento em que o desenvolvimento começa, e muito antes de a primeira versão ser entregue, podem ser solicitadas mudanças por uma variedade de diferentes envolvidos.

1.1.2 Domínios de aplicação de *software*

Atualmente, sete grandes categorias de *software* apresentam desafios contínuos para os engenheiros de *software*:

***Software* de sistema.** Conjunto de programas feito para atender a outros programas. Certos *softwares* de sistema (p. ex., compiladores, editores e utilitários para gerenciamento de arquivos) processam estruturas de informação complexas, mas determinadas.[4] Outras aplicações de sistema (p. ex., componentes de sistema operacional, *drivers*, *software* de rede, processadores de telecomunicações) processam dados amplamente indeterminados.

***Software* de aplicação.** Programas independentes que solucionam uma necessidade específica de negócio. Aplicações nessa área processam dados comerciais ou técnicos de uma forma que facilite operações comerciais ou tomadas de decisão administrativas/técnicas.

***Software* de engenharia/científico.** Uma ampla variedade de programas de "cálculo em massa" que abrangem astronomia, vulcanologia, análise de estresse automotivo, dinâmica orbital, projeto auxiliado por computador, hábitos de consumo, análise genética e meteorologia, entre outros.

***Software* embarcado.** Residente num produto ou sistema e utilizado para implementar e controlar características e funções para o usuário e para o próprio sistema. Executa funções limitadas e específicas (p. ex., controle do painel de um forno micro-ondas) ou fornece função significativa e capacidade de controle (p. ex., funções digitais de automóveis, como controle do nível de combustível, painéis de controle e sistemas de freio).

***Software* para linha de produtos.** Composto por componentes reutilizáveis e projetado para prover capacidades específicas de utilização por muitos clientes diferentes. *Software* para linha de produtos pode se concentrar em um mercado hermético e limitado (p. ex., produtos de controle de inventário) ou lidar com consumidor de massa.

Aplicações Web/aplicativos móveis. Esta categoria de *software* voltada às redes abrange uma ampla variedade de aplicações, contemplando aplicativos voltados para navegadores, computação em nuvem, computação baseada em serviços e *software* residente em dispositivos móveis.

***Software* de inteligência artificial.** Faz uso de heurísticas[5] para solucionar problemas complexos que não são passíveis de computação ou de análise direta. Aplicações nessa área incluem: robótica, sistemas de tomada de decisão, reconhecimento de padrões (de imagem e de voz), aprendizado de máquina, prova de teoremas e jogos.

Milhões de engenheiros de *software* em todo o mundo trabalham arduamente em projetos de *software* em uma ou mais dessas categorias. Em alguns casos, novos sistemas estão sendo construídos, mas, em muitos outros, aplicações já existentes estão sendo corrigidas, adaptadas e aperfeiçoadas. Não é incomum um jovem engenheiro de *software* trabalhar em um programa mais velho do que ele! Gerações passadas de pessoal de *software* deixaram um legado em cada uma das categorias discutidas. Espera-se que o legado a ser deixado por esta geração facilite o trabalho dos futuros engenheiros de *software*.

---

4   Um *software* é *determinístico* se a ordem e o *timing* (periodicidade, frequência, medidas de tempo) de entradas, processamento e saídas forem previsíveis. Um *software* é *indeterminístico* se a ordem e o *timing* de entradas, processamento e saídas não puderem ser previstos antecipadamente.

5   O uso de heurísticas é uma abordagem à solução de problemas que emprega um método prático, ou "regrinhas", para o qual não há nenhuma garantia de perfeição, mas que é suficiente para a tarefa do momento.

1.1.3 *Software* legado

Centenas de milhares de programas de computador caem em um dos sete amplos domínios de aplicação discutidos na subseção anterior. Alguns deles são *software* de ponta. Outros programas são mais antigos – em alguns casos, *muito* mais antigos.

Esses programas mais antigos – frequentemente denominados *software legado* – têm sido foco de contínua atenção e preocupação desde os anos 1960. Dayani-Fard e seus colegas [Day99] descrevem *software* legado da seguinte maneira:

> Sistemas de *software* legado... foram desenvolvidos décadas atrás e têm sido continuamente modificados para se adequar às mudanças dos requisitos de negócio e a plataformas computacionais. A proliferação de tais sistemas está causando dores de cabeça para grandes organizações que os consideram dispendiosos de manter e arriscados de evoluir.

Essas mudanças podem criar um efeito colateral extra muito presente em *software* legado – a *baixa qualidade*.[6] Às vezes, os sistemas legados têm projetos inextensíveis, código de difícil entendimento, documentação deficiente ou inexistente, casos de teste e resultados que nunca foram documentados, um histórico de alterações mal gerenciado – a lista pode ser bastante longa. Ainda assim, esses sistemas dão suporte a "funções vitais de negócio e são indispensáveis para ele". O que fazer?

A única resposta adequada talvez seja: *não faça nada*, pelo menos até que o sistema legado tenha que passar por alguma modificação significativa. Se o *software* legado atende às necessidades de seus usuários e funciona de forma confiável, ele não está "quebrado" e não precisa ser "consertado". Entretanto, com o passar do tempo, esses sistemas evoluem devido a uma ou mais das razões a seguir:

- O *software* deve ser adaptado para atender às necessidades de novos ambientes ou de novas tecnologias computacionais.
- O *software* deve ser aperfeiçoado para implementar novos requisitos de negócio.
- O *software* deve ser expandido para torná-lo capaz de funcionar com outros bancos de dados ou com sistemas mais modernos.
- O *software* deve ter a sua arquitetura alterada para torná-lo viável dentro de um ambiente computacional em evolução.

Quando essas modalidades de evolução ocorrem, um sistema legado deve passar por reengenharia para que permaneça viável no futuro. O objetivo da engenharia de *software* moderna é "elaborar metodologias baseadas na noção de evolução; isto é, na noção de que os sistemas de *software* modificam-se continuamente, novos sistemas são construídos a partir dos antigos e... todos devem interagir e cooperar uns com os outros" [Day99].

1.2 Definição da disciplina

O Instituto de engenheiros eletricistas e eletrônicos (IEEE) [IEE17] elaborou a seguinte definição para engenharia de *software*:

> Engenharia de *software*: A aplicação de uma abordagem sistemática, disciplinada e quantificável no desenvolvimento, na operação e na manutenção de *software*; isto é, a aplicação de engenharia ao *software*.

---

6 Nesse caso, a qualidade é julgada em termos da engenharia de *software* moderna – um critério um tanto injusto, já que alguns conceitos e princípios da engenharia de *software* moderna talvez não tenham sido bem entendidos na época em que o *software* legado foi desenvolvido.

Entretanto, uma abordagem "sistemática, disciplinada e quantificável" aplicada por uma equipe de desenvolvimento de *software* pode ser pesada para outra. Precisamos de disciplina, mas também precisamos de adaptabilidade e agilidade.

A engenharia de *software* é uma tecnologia em camadas. Como ilustra a Figura 1.3, qualquer abordagem de engenharia (inclusive engenharia de *software*) deve estar fundamentada em um comprometimento organizacional com a qualidade. A gestão da qualidade total, ou Seis Sigma, e filosofias similares[7] promovem uma cultura de aperfeiçoamento contínuo de processos. É essa cultura que, no final das contas, leva a abordagens cada vez mais eficazes na engenharia de *software*. A pedra fundamental que sustenta a engenharia de *software* é o foco na qualidade.

A base da engenharia de *software* é a camada de *processos*. O processo de engenharia de *software* é a liga que mantém as camadas de tecnologia coesas e possibilita o desenvolvimento de *software* de forma racional e dentro do prazo. O processo define uma metodologia que deve ser estabelecida para a entrega efetiva de tecnologia de engenharia de *software*. O processo de *software* constitui a base para o controle do gerenciamento de projetos de *software* e estabelece o contexto no qual são aplicados métodos técnicos, são produzidos artefatos (modelos, documentos, dados, relatórios, formulários, etc.), são estabelecidos marcos, a qualidade é garantida e as mudanças são geridas de forma apropriada.

Os *métodos* da engenharia de *software* fornecem as informações técnicas para desenvolver o *software*. Os métodos envolvem uma ampla variedade de tarefas, que incluem comunicação, análise de requisitos, modelagem de projeto, construção de programa, testes e suporte. Os métodos da engenharia de *software* se baseiam em um conjunto de princípios básicos que governam cada área da tecnologia e incluem atividades de modelagem e outras técnicas descritivas.

As *ferramentas* da engenharia de *software* fornecem suporte automatizado ou semiautomatizado para o processo e para os métodos. Quando as ferramentas são integradas, de modo que as informações criadas por uma ferramenta possam ser utilizadas por outra, é estabelecido um sistema para o suporte ao desenvolvimento de *software*, denominado *engenharia de software com o auxílio do computador*.

1.3 O processo de *software*

Um *processo* é um conjunto de atividades, ações e tarefas realizadas na criação de algum artefato. Uma *atividade* se esforça para atingir um objetivo amplo (p. ex., comunicar-se com os envolvidos) e é utilizada independentemente do domínio de aplicação, do tamanho do projeto, da complexidade dos esforços ou do grau de rigor com que a engenharia de *software* será aplicada. Uma *ação* (p. ex., projeto de

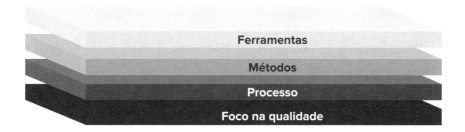

Figura 1.3
Camadas da engenharia de *software*.

---

7 A gestão da qualidade e as metodologias relacionadas são discutidas ao longo da Parte Três deste livro.

10 Engenharia de *software*

arquitetura) envolve um conjunto de tarefas que resultam em um artefato de *software* fundamental (p. ex., um modelo arquitetural). Uma *tarefa* se concentra em um objetivo pequeno, porém bem-definido (p. ex., realizar um teste de unidades), e produz um resultado tangível.

No contexto da engenharia de *software*, um processo *não* é uma prescrição rígida de como desenvolver um *software*. Ao contrário, é uma abordagem adaptável que possibilita às pessoas (a equipe de *software*) realizar o trabalho de selecionar e escolher o conjunto apropriado de ações e tarefas. A intenção é a de sempre entregar *software* dentro do prazo e com qualidade suficiente para satisfazer àqueles que patrocinaram sua criação e àqueles que vão utilizá-lo.

1.3.1 A metodologia do processo

Uma *metodologia (framework) de processo* estabelece o alicerce para um processo de engenharia de *software* completo por meio da identificação de um pequeno número de *atividades metodológicas* aplicáveis a todos os projetos de *software*, independentemente de tamanho ou complexidade. Além disso, a metodologia de processo engloba um conjunto de *atividades de apoio (umbrella activities)* aplicáveis a todo o processo de *software*. Uma metodologia de processo genérica para engenharia de *software* compreende cinco atividades:

Comunicação. Antes que qualquer trabalho técnico possa começar, é de importância fundamental se comunicar e colaborar com o cliente (e outros envolvidos).[8] A intenção é entender os objetivos dos envolvidos para o projeto e reunir requisitos que ajudem a definir os recursos e as funções do *software*.

Planejamento. Qualquer jornada complicada pode ser simplificada com o auxílio de um mapa. Um projeto de *software* é uma jornada complicada, e a atividade de planejamento cria um "mapa" que ajuda a guiar a equipe na sua jornada. O mapa – denominado *plano de projeto de software* – define o trabalho de engenharia de *software*, descrevendo as tarefas técnicas a serem conduzidas, os riscos prováveis, os recursos que serão necessários, os artefatos a serem produzidos e um cronograma de trabalho.

Modelagem. Seja um paisagista, um construtor de pontes, um engenheiro aeronáutico, um carpinteiro ou um arquiteto, trabalha-se com modelos todos os dias. Cria-se um "esboço" para que se possa ter uma ideia do todo – qual será o seu aspecto em termos de arquitetura, como as partes constituintes se encaixarão e várias outras características. Se necessário, refina-se o esboço com mais detalhes, numa tentativa de compreender melhor o problema e como resolvê-lo. Um engenheiro de *software* faz a mesma coisa, ele cria modelos para entender melhor as necessidades do *software* e o projeto que vai atender a essas necessidades.

Construção. O que se projeta deve ser construído. Essa atividade combina geração de código (manual ou automatizada) e testes necessários para revelar erros na codificação.

Entrega. O *software* (como uma entidade completa ou como um incremento parcialmente concluído) é entregue ao cliente, que avalia o produto e fornece *feedback*, baseado na avaliação.

---

8 Um *envolvido* é qualquer pessoa que tenha interesse no êxito de um projeto – executivos, usuários, engenheiros de *software*, pessoal de suporte, etc. Rob Thomsett ironiza: "Envolvido (*stakeholder*) é uma pessoa que segura (*hold*) uma estaca (*stake*) grande e pontiaguda... Se você não cuidar de seus envolvidos, sabe bem onde essa estaca vai parar".

Essas cinco atividades metodológicas genéricas podem ser utilizadas para o desenvolvimento de programas pequenos e simples, para a criação de aplicações para a Internet, e para a engenharia de grandes e complexos sistemas baseados em computador. Os detalhes do processo de *software* serão bem diferentes em cada caso, mas as atividades metodológicas permanecerão as mesmas.

Para muitos projetos de *software*, as atividades metodológicas são aplicadas iterativamente conforme o projeto se desenvolve. Ou seja, comunicação, planejamento, modelagem, construção e entrega são aplicados repetidamente, sejam quantas forem as iterações do projeto. Cada iteração produzirá um *incremento de software* que disponibilizará uma parte dos recursos e das funcionalidades do *software*. A cada incremento, o *software* se torna cada vez mais completo.

1.3.2 Atividades de apoio

As atividades metodológicas do processo de engenharia de *software* são complementadas por diversas *atividades de apoio*. De modo geral, as atividades de apoio são aplicadas por todo um projeto de *software* e ajudam uma equipe de *software* a gerenciar e a controlar o andamento, a qualidade, as alterações e os riscos. As atividades de apoio típicas são:

Controle e acompanhamento do projeto. Possibilita que a equipe avalie o progresso em relação ao plano do projeto e tome as medidas necessárias para cumprir o cronograma.

Administração de riscos. Avalia riscos que possam afetar o resultado ou a qualidade do produto/projeto.

Garantia da qualidade de *software*. Define e conduz as atividades que garantem a qualidade do *software*.

Revisões técnicas. Avaliam artefatos da engenharia de *software*, tentando identificar e eliminar erros antes que eles se propaguem para a atividade seguinte.

Medição. Define e coleta medidas (do processo, do projeto e do produto). Auxilia na entrega do *software* de acordo com os requisitos dos envolvidos; pode ser usada com as demais atividades (metodológicas e de apoio).

Gerenciamento da configuração de *software*. Gerencia os efeitos das mudanças ao longo do processo.

Gerenciamento da capacidade de reutilização. Define critérios para a reutilização de artefatos (inclusive componentes de *software*) e estabelece mecanismos para a obtenção de componentes reutilizáveis.

Preparo e produção de artefatos de *software*. Engloba as atividades necessárias para criar artefatos, como modelos, documentos, *logs*, formulários e listas.

Cada uma dessas atividades de apoio será discutida em detalhes mais adiante.

1.3.3 Adaptação do processo

Anteriormente, declaramos que o processo de engenharia de *software* não é rígido nem deve ser seguido à risca. Em vez disso, ele deve ser ágil e adaptável (ao problema, ao projeto, à equipe e à cultura organizacional). Portanto, o processo adotado

Engenharia de *software*

para determinado projeto pode ser muito diferente daquele adotado para outro. Entre as diferenças, temos:

- Fluxo geral de atividades, ações e tarefas e suas interdependências.
- Até que ponto as ações e tarefas são definidas dentro de cada atividade da metodologia.
- Até que ponto artefatos de *software* são identificados e exigidos.
- Modo de aplicar as atividades de garantia da qualidade.
- Modo de aplicar as atividades de acompanhamento e controle do projeto.
- Grau geral de detalhamento e rigor da descrição do processo.
- Grau de envolvimento com o projeto (por parte do cliente e de outros envolvidos).
- Nível de autonomia dada à equipe de *software*.
- Grau de prescrição da organização da equipe.

A Parte I deste livro examina o processo de *software* com um grau de detalhamento considerável.

1.4 A prática da engenharia de *software*

A Seção 1.3 introduziu um modelo de processo de *software* genérico composto por um conjunto de atividades que estabelecem uma metodologia para a prática da engenharia de *software*. As atividades genéricas da metodologia – **comunicação, planejamento, modelagem, construção** e **entrega** –, bem como as atividades de apoio, estabelecem um esquema para o trabalho da engenharia de *software*. Mas como a prática da engenharia de *software* se encaixa nisso? Nas seções seguintes, você vai adquirir um conhecimento básico dos princípios e conceitos genéricos que se aplicam às atividades de uma metodologia.[9]

1.4.1 A essência da prática

No livro clássico *How to Solve It* (*A Arte de Resolver Problemas*), escrito antes de os computadores modernos existirem, George Polya [Pol45] descreveu em linhas gerais a essência da solução de problemas e, consequentemente, a essência da prática da engenharia de *software*:

1. *Compreender o problema* (comunicação e análise).
2. *Planejar uma solução* (modelagem e projeto de *software*).
3. *Executar o plano* (geração de código).
4. *Examinar o resultado para ter precisão* (testes e garantia da qualidade).

No contexto da engenharia de *software*, essas etapas de bom senso conduzem a uma série de questões essenciais [adaptado de Pol45]:

Compreenda o problema. Algumas vezes, é difícil de admitir; porém, a maioria de nós é arrogante quando um problema nos é apresentado. Ouvimos por alguns

---

9 Você deve rever seções relevantes contidas neste capítulo à medida que discutirmos os métodos de engenharia de *software* e as atividades de apoio específicas mais adiante neste livro.

segundos e então pensamos: "Ah, sim, estou entendendo, vamos começar a resolver este problema". Infelizmente, compreender nem sempre é assim tão fácil. Vale a pena despender um pouco de tempo respondendo a algumas perguntas simples:

- *Quem tem interesse na solução do problema?* Ou seja, quem são os envolvidos?
- *Quais são as incógnitas?* Quais dados, funções e recursos são necessários para resolver apropriadamente o problema?
- *O problema pode ser compartimentalizado?* É possível representá-lo em problemas menores que talvez sejam mais fáceis de ser compreendidos?
- *O problema pode ser representado graficamente?* É possível criar um modelo analítico?

Planeje a solução. Agora você entende o problema (ou assim pensa) e não vê a hora de começar a codificar. Antes de fazer isso, relaxe um pouco e faça um pequeno projeto:

- *Você já viu problemas semelhantes anteriormente?* Existem padrões que são reconhecíveis em uma possível solução? Existe algum *software* que implemente os dados, as funções e as características necessárias?
- *Algum problema semelhante já foi resolvido?* Em caso positivo, existem elementos da solução que podem ser reutilizados?
- *É possível definir subproblemas?* Em caso positivo, existem soluções aparentes e imediatas para eles?
- *É possível representar uma solução de maneira que conduza a uma implementação efetiva?* É possível criar um modelo de projeto?

Leve o plano adiante. O projeto elaborado que criamos serve como um mapa para o sistema que se quer construir. Podem surgir desvios inesperados, e é possível que se descubra um caminho ainda melhor à medida que se prossiga, mas o "planejamento" permitirá que continuemos sem nos perder.

- *A solução é adequada ao plano?* O código-fonte pode ser atribuído ao modelo de projeto?
- *Todas as partes componentes da solução estão provavelmente corretas?* O projeto e o código foram revistos ou, melhor ainda, as provas da correção foram aplicadas ao algoritmo?

Examine o resultado. Não se pode ter certeza de que uma solução seja perfeita; porém, pode-se assegurar que um número de testes suficiente tenha sido realizado para revelar o maior número de erros possível.

- *É possível testar cada parte da solução?* Foi implementada uma estratégia de testes razoável?
- *A solução produz resultados adequados aos dados, às funções e às características necessários?* O *software* foi validado em relação a todas as solicitações dos envolvidos?

Não é surpresa que grande parte dessa metodologia consista em bom senso. De fato, é possível afirmar que uma abordagem de bom senso à engenharia de *software* jamais o levará ao erro.

1.4.2 Princípios gerais

O dicionário define a palavra *princípio* como "uma importante afirmação ou lei básica em um sistema de pensamento". Ao longo deste livro, serão discutidos princípios em vários níveis de abstração. Alguns se concentram na engenharia de *software* como um todo, outros consideram uma atividade de metodologia genérica específica (p. ex., **comunicação),** e outros ainda destacam as ações de engenharia de *software* (p. ex., projeto de arquitetura) ou tarefas técnicas (p. ex., criar um cenário de uso). Independentemente do seu nível de enfoque, os princípios ajudam a estabelecer um modo de pensar para a prática segura da engenharia de *software*. Esta é a razão por que são importantes.

David Hooker [Hoo96] propôs sete princípios que se concentram na prática da engenharia de *software* como um todo. Eles são reproduzidos nos parágrafos a seguir:[10]

Primeiro princípio: *a razão de existir*

Um sistema de *software* existe por um motivo: *agregar valor para seus usuários.* Todas as decisões devem ser tomadas com esse princípio em mente. Antes de especificar um requisito de um sistema, antes de indicar alguma parte da funcionalidade de um sistema, antes de determinar as plataformas de *hardware* ou os processos de desenvolvimento, pergunte a si mesmo: "Isso realmente agrega valor real ao sistema?". Se a resposta for "não", não o faça. Todos os demais princípios se apoiam neste primeiro.

Segundo princípio: *KISS (Keep It Simple, Stupid!, ou seja: não complique!)*

Existem muitos fatores a considerar em qualquer trabalho de projeto. *Todo projeto deve ser o mais simples possível, mas não simplista.* Este princípio contribui para um sistema mais fácil de compreender e manter. Isso não significa que características, até mesmo as internas, devam ser descartadas em nome da simplicidade. De fato, os projetos mais elegantes normalmente são os mais simples. Simples também não significa "gambiarra". Na verdade, muitas vezes são necessárias muitas reflexões e trabalho em várias iterações para simplificar. A contrapartida é um *software* mais fácil de manter e menos propenso a erros.

Terceiro princípio: *mantenha a visão*

Uma visão clara é essencial para o sucesso de um projeto de software. Sem uma integridade conceitual, corre-se o risco de transformar o projeto em uma colcha de retalhos de projetos incompatíveis, unidos por parafusos inadequados. Comprometer a visão arquitetural de um sistema de *software* debilita e até poderá destruir sistemas bem projetados. Ter um arquiteto responsável e capaz de manter a visão clara e de reforçar a adequação ajuda a assegurar o êxito de um projeto.

Quarto princípio: *o que um produz, outros consomem*

Sempre especifique, projete, documente e implemente ciente de que mais alguém terá de entender o que você está fazendo. O público para qualquer produto de desenvolvimento de *software* é potencialmente grande. Especifique tendo como objetivo os usuários. Projete tendo em mente os implementadores. Codifique se preocupando com aqueles que deverão manter e ampliar o sistema. Alguém terá de depurar o código que

---

10 Reproduzidos com a permissão do autor [Hoo96]. Hooker define padrões para esses princípios em http://c2.com/cgi/wiki?SevenPrinciplesOfSoftwareDevelopment.

Capítulo 1 *Software* e engenharia de *software* **15**

você escreveu, e isso o torna um usuário de seu código. Facilitando o trabalho de todas essas pessoas, você agrega maior valor ao sistema.

Quinto princípio: *esteja aberto para o futuro*

Nos ambientes computacionais de hoje, em que as especificações mudam de um instante para outro e as plataformas de *hardware* se tornam rapidamente obsoletas, a vida de um *software*, em geral, é medida em meses em vez de em anos. Contudo, os verdadeiros sistemas de *software* com "qualidade industrial" devem durar muito mais. Para serem bem-sucedidos nisso, esses sistemas precisam estar prontos para se adaptar a essas e outras mudanças. Sistemas que obtêm sucesso são aqueles que foram projetados dessa forma desde seu princípio. *Jamais faça projetos limitados.* Sempre pergunte "e se" e prepare-se para todas as respostas possíveis, criando sistemas que resolvam o problema geral, não apenas o específico.[11]

Sexto princípio: *planeje com antecedência, visando a reutilização*

A reutilização economiza tempo e esforço.[12] Alcançar um alto grau de reutilização é indiscutivelmente a meta mais difícil de ser atingida ao se desenvolver um sistema de *software*. A reutilização de código e projetos tem sido proclamada como uma grande vantagem do uso de tecnologias orientadas a objetos. Contudo, o retorno desse investimento não é automático. *Planejar com antecedência para a reutilização reduz o custo e aumenta o valor tanto dos componentes reutilizáveis quanto dos sistemas aos quais eles serão incorporados.*

Sétimo princípio: *pense!*

Este último princípio é, provavelmente, o mais menosprezado. *Pensar bem e de forma clara antes de agir quase sempre produz melhores resultados.* Quando se analisa alguma coisa, provavelmente ela sairá correta. Ganha-se também conhecimento de como fazer correto novamente. Se você realmente analisar algo e mesmo assim o fizer da forma errada, isso se tornará uma valiosa experiência. Um efeito colateral da análise é aprender a reconhecer quando não se sabe algo, e até que ponto poderá buscar o conhecimento. Quando a análise clara faz parte de um sistema, seu valor aflora. Aplicar os seis primeiros princípios exige intensa reflexão, para a qual as recompensas em potencial são enormes.

Se todo engenheiro de *software* e toda a equipe de *software* simplesmente seguissem os sete princípios de Hooker, muitas das dificuldades enfrentadas no desenvolvimento de sistemas complexos baseados em computador seriam eliminadas.

1.5 Como tudo começa

Todo projeto de *software* é motivado por alguma necessidade de negócios – a necessidade de corrigir um defeito em uma aplicação existente; a necessidade de adaptar um "sistema legado" a um ambiente de negócios em constante transformação; a necessidade de ampliar as funções e os recursos de uma aplicação existente; ou a necessidade de criar um novo produto, serviço ou sistema.

---

11 Esse conselho pode ser perigoso se levado ao extremo. Projetar para o "problema geral" algumas vezes exige comprometer o desempenho e pode tornar ineficientes as soluções específicas.

12 Embora isso seja verdade para aqueles que reutilizam o *software* em projetos futuros, a reutilização poderá ser cara para aqueles que precisarem projetar e desenvolver componentes reutilizáveis. Estudos indicam que o projeto e o desenvolvimento de componentes reutilizáveis podem custar de 25 a 200% mais do que o próprio *software*. Em alguns casos, o diferencial de custo não pode ser justificado.

No início de um projeto de *software*, a necessidade do negócio é, com frequência, expressa informalmente como parte de uma simples conversa. A conversa apresentada no quadro a seguir é típica.

Casa Segura[13]

Como começa um projeto

Cena: Sala de reuniões da CPI Corporation, empresa (fictícia) que fabrica produtos de consumo para uso doméstico e comercial.

Atores: Mal Golden, gerente sênior, desenvolvimento do produto; Lisa Perez, gerente de *marketing*; Lee Warren, gerente de engenharia; Joe Camalleri, vice-presidente executivo, desenvolvimento de negócios.

Conversa:

Joe: Lee, ouvi dizer que o seu pessoal está trabalhando em algo. Do que se trata? Um tipo de caixa sem fio de uso amplo e genérico?

Lee: Trata-se de algo bem legal... aproximadamente do tamanho de uma caixa de fósforos, conectável a todo tipo de sensor, como uma câmera digital – ou seja, se conecta a quase tudo. Usa o protocolo sem fio 802.11n. Permite que acessemos saídas de dispositivos sem o emprego de fios. Acreditamos que nos levará a uma geração inteiramente nova de produtos.

Joe: Você concorda, Mal?

Mal: Sim. Na verdade, com as vendas tão baixas neste ano, precisamos de algo novo. Lisa e eu fizemos uma pequena pesquisa de mercado e acreditamos que conseguimos uma linha de produtos que poderá ser ampla.

Joe: Ampla em que sentido?

Mal (evitando comprometimento direto): Conte a ele sobre nossa ideia, Lisa.

Lisa: Trata-se de uma geração completamente nova na linha de "produtos de gerenciamento doméstico". Chamamos esses produtos de *CasaSegura*. Eles usam uma nova interface sem fio e oferecem a pequenos empresários e proprietários de residências um sistema que é controlado por seus PCs, envolvendo segurança doméstica, sistemas de vigilância, controle de eletrodomésticos e dispositivos. Por exemplo, seria possível diminuir a temperatura do aparelho de ar-condicionado enquanto você está voltando para casa, esse tipo de coisa.

Lee (reagindo sem pensar): O departamento de engenharia fez um estudo de viabilidade técnica dessa ideia, Joe. É possível fazê-lo com baixo custo de fabricação. A maior parte dos componentes do *hardware* é encontrada no mercado. O *software* é um problema, mas não é nada que não possamos resolver.

Joe: Interessante. Mas eu perguntei qual é o ponto principal.

Mal: PCs e *tablets* estão em mais de 70% dos lares nos EUA. Se pudermos acertar no preço, pode ser um aplicativo incrível. Ninguém mais tem nosso dispositivo sem fio... ele é exclusivo! Estaremos dois anos à frente de nossos concorrentes. E as receitas? Algo em torno de US$ 30 a 40 milhões no segundo ano.

Joe (sorrindo): Vamos levar isso adiante. Estou interessado.

Exceto por uma rápida referência, o *software* mal foi mencionado como parte da conversa. Ainda assim, o *software* vai decretar o sucesso ou o fracasso da linha de produtos *CasaSegura*. O trabalho de engenharia só terá êxito se o *software* do *CasaSegura* tiver êxito. O mercado só vai aceitar o produto se o *software* incorporado atender adequadamente às necessidades (ainda não declaradas) do cliente. Acompanharemos a evolução da engenharia do *software CasaSegura* em vários dos capítulos deste livro.

---

13 O projeto *CasaSegura* será usado ao longo deste livro para ilustrar o funcionamento interno de uma equipe de projeto à medida que ela constrói um produto de *software*. A empresa, o projeto e as pessoas são fictícios, porém as situações e os problemas são reais.

1.6 Resumo

Software é o elemento-chave na evolução de produtos e sistemas baseados em computador e é uma das mais importantes tecnologias no cenário mundial. Ao longo dos últimos 60 anos, o *software* evoluiu de uma ferramenta especializada em análise de informações e resolução de problemas para uma indústria propriamente dita. Mesmo assim, ainda temos problemas para desenvolver *software* de boa qualidade dentro do prazo e do orçamento estabelecidos.

O s*oftware* – programas, dados e informações descritivas – contempla uma ampla gama de áreas de aplicação e tecnologia. O *software* legado continua a representar desafios especiais àqueles que precisam fazer sua manutenção.

A engenharia de *software* engloba processos, métodos e ferramentas que possibilitam a construção de sistemas complexos baseados em computador dentro do prazo e com qualidade. O processo de *software* incorpora cinco atividades estruturais: comunicação, planejamento, modelagem, construção e entrega, e elas se aplicam a todos os projetos de *software*. A prática da engenharia de *software* é uma atividade de resolução de problemas que segue um conjunto de princípios básicos. À medida que você aprende mais sobre engenharia de *software*, você começará a entender por que esses princípios devem ser considerados quando iniciamos qualquer projeto de *software*.

Problemas e pontos a ponderar

1.1. Dê, no mínimo, mais cinco exemplos de como a lei das consequências não intencionais se aplica ao *software* de computador.

1.2. Forneça uma série de exemplos (positivos e negativos) que indiquem o impacto do *software* em nossa sociedade.

1.3. Dê suas próprias respostas para as cinco perguntas feitas no início da Seção 1.1. Discuta-as com seus colegas.

1.4. Muitas aplicações modernas mudam frequentemente – antes de serem apresentadas ao usuário e depois da primeira versão ser colocada em uso. Sugira algumas maneiras de construir um *software* para impedir a deterioração decorrente de mudanças.

1.5. Considere as sete categorias de *software* apresentadas na Seção 1.1.2. Você acha que a mesma abordagem em relação à engenharia de *software* pode ser aplicada a cada uma delas? Justifique sua resposta.

1.6. À medida que o *software* invade todos os setores, riscos ao público (devido a programas com imperfeições) passam a ser uma preocupação cada vez maior. Crie um cenário o mais catastrófico possível, porém realista, em que a falha de um programa de computador poderia causar um grande dano em termos econômicos ou humanos.

1.7. Descreva uma metodologia de processo com suas próprias palavras. Ao afirmarmos que atividades de modelagem se aplicam a todos os projetos, isso significa que as mesmas tarefas são aplicadas a todos os projetos, independentemente de seu tamanho e complexidade? Explique.

1.8. As atividades de apoio ocorrem ao longo do processo de *software*. Você acredita que elas são aplicadas de forma homogênea ao longo do processo ou algumas delas são concentradas em uma ou mais atividades da metodologia?

Elemento de design: Ícone de lupa da seção Panorama: © Roger Pressman

Parte

I

O processo de *software*

Nesta parte do livro, você vai aprender sobre o processo que fornece uma metodologia para a prática da engenharia de *software*. Estas questões são tratadas nos capítulos que seguem:

- O que é um processo de *software*?
- Quais são as atividades metodológicas genéricas presentes em todos os processos de *software*?
- Como os processos são modelados e o que são padrões de processo?
- O que são modelos de processo prescritivo e quais são seus pontos fortes e fracos?
- Por que *agilidade* é um lema no trabalho da engenharia de *software* moderna?
- O que é desenvolvimento de *software* ágil e como ele se diferencia dos modelos de processos mais tradicionais?

Respondidas essas questões, você estará mais bem preparado para compreender o contexto no qual a prática da engenharia de *software* é aplicada.

2
Modelos de processo

Conceitos-chave

modelo de processo
evolucionário 29
modelo de processo
genérico 21
avaliação de processos.... 24
fluxo de processo 24
aperfeiçoamento de
processos 24
padrões de processo...... 24
prototipação 26
modelo espiral 29
conjunto de tarefas 21
Processo Unificado....... 31
modelo cascata 25

Construir *software* é um processo de aprendizado social iterativo, e o resultado, algo que Baetjer [Bae98] denominaria "capital de *software*", é a incorporação do conhecimento coletado, filtrado e organizado à medida que se desenvolve o processo.

Mas, do ponto de vista técnico, o que é exatamente um processo de *software*? No contexto deste livro, definimos *processo de software* como uma metodologia para as atividades, ações e tarefas necessárias para desenvolver um *software* de alta qualidade. "Processo" é sinônimo de "engenharia de *software*"? A resposta é "sim e não". Um processo de *software* define a abordagem adotada conforme um *software* é elaborado pela engenharia. Entretanto, a engenharia de *software* também engloba tecnologias que fazem parte do processo – métodos técnicos e ferramentas automatizadas.

Mais importante, a engenharia de *software* é realizada por pessoas criativas e com amplo conhecimento, e que devem adaptar um processo de *software* maduro de modo que fique adequado aos produtos desenvolvidos e às demandas de seu mercado.

 Panorama

O que é? Quando se elabora um produto ou sistema, é importante seguir uma série de passos previsíveis (um roteiro) que ajude a criar um produto de alta qualidade e dentro do prazo. O roteiro é denominado "processo de *software*".

Quem realiza? Engenheiros de *software* adaptam o processo às suas necessidades e então o seguem. Os solicitantes do *software* também têm um papel a desempenhar no processo de definição, construção e teste do *software*.

Por que é importante? O processo propicia estabilidade, controle e organização para uma atividade que pode tornar-se bastante caótica. Entretanto, um processo de engenharia de *software* moderno deve ser "ágil". Ele deve demandar apenas atividades, controles e produtos de trabalho que sejam apropriados para a equipe do projeto e para o produto a ser gerado.

Quais são as etapas envolvidas? O processo adotado depende do *software* a ser desenvolvido. Um processo pode ser adequado para um *software* de uma aeronave, mas pode não funcionar bem para a criação de um aplicativo móvel ou de um *videogame*.

Qual é o artefato? Os artefatos são os programas, os documentos e os dados produzidos pelas atividades e tarefas incluídas no processo.

Como garantir que o trabalho foi realizado corretamente? A qualidade, o cumprimento de prazos e a viabilidade em longo prazo do produto que se desenvolve são os melhores indicadores do sucesso do processo utilizado.

2.1 Um modelo de processo genérico

No Capítulo 1, *processo* foi definido como um conjunto de atividades de trabalho, ações e tarefas realizadas quando algum artefato de *software* deve ser criado. Cada uma dessas atividades, ações e tarefas se aloca dentro de uma metodologia ou modelo que determina sua relação com o processo e uma com a outra.

O processo de *software* está representado esquematicamente na Figura 2.1. De acordo com a figura, cada atividade metodológica é composta por um conjunto de ações de engenharia de *software*. Cada ação é definida por um *conjunto de tarefas*, o qual identifica as tarefas de trabalho que devem ser completadas, os artefatos de *software* que serão produzidos, os fatores de garantia da qualidade que serão exigidos e os marcos utilizados para indicar progresso.

Como discutido no Capítulo 1, uma metodologia de processo genérica para engenharia de *software* estabelece cinco atividades metodológicas: **comunicação, planejamento, modelagem, construção** e **entrega**. Além disso, um conjunto de atividades

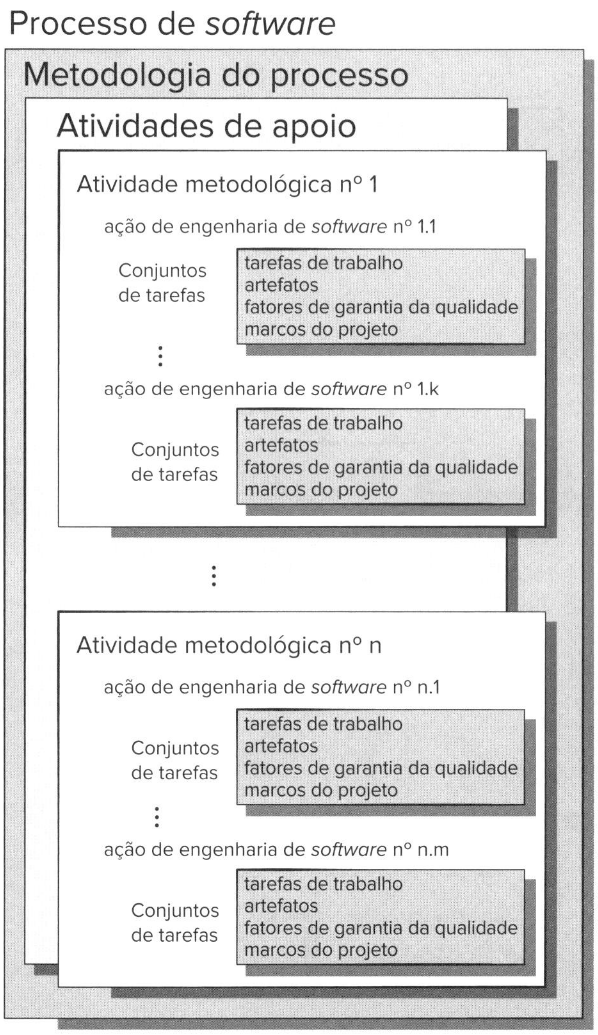

Figura 2.1
Uma metodologia do processo de *software*.

de apoio é aplicado ao longo do processo, como o acompanhamento e o controle do projeto, a administração de riscos, a garantia da qualidade, o gerenciamento das configurações, as revisões técnicas, entre outras.

Um aspecto importante do processo de *software* ainda não foi discutido. Este aspecto – chamado de *fluxo de processo* – descreve como são organizadas as atividades metodológicas, bem como as ações e tarefas que ocorrem dentro de cada atividade em relação à sequência e ao tempo, como ilustrado na Figura 2.2.

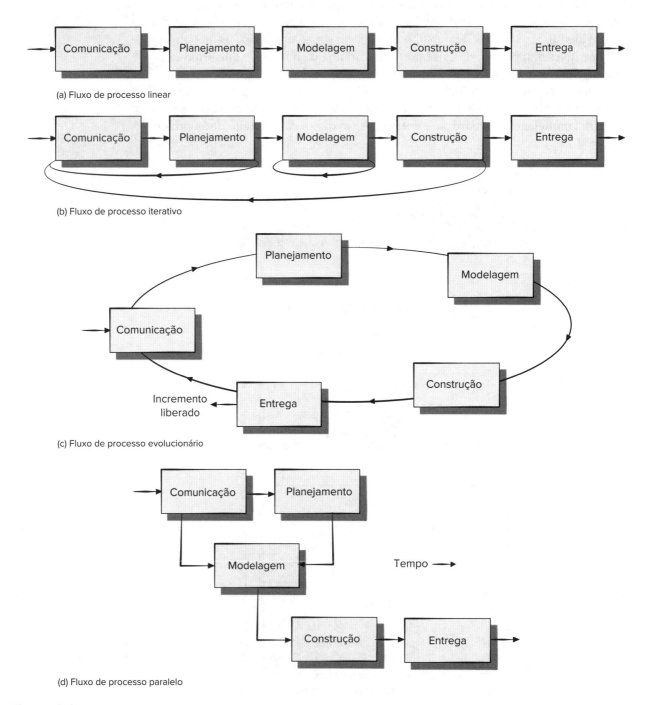

Figura 2.2
Fluxo de processo.

Um *fluxo de processo linear* executa cada uma das cinco atividades metodológicas em sequência, começando com a comunicação e culminando com a entrega (Figura 2.2a). Um *fluxo de processo iterativo* repete uma ou mais das atividades antes de prosseguir para a seguinte (Figura 2.2b). Um *fluxo de processo evolucionário* executa as atividades de forma "circular". Cada volta pelas cinco atividades conduz a uma versão mais completa do *software* (Figura 2.2c). Um *fluxo de processo paralelo* (Figura 2.2d) executa uma ou mais atividades em paralelo com outras (p. ex., a modelagem para um aspecto do *software* poderia ser executada em paralelo com a construção de outro aspecto do *software*).

2.2 Definição de uma atividade metodológica

Embora cinco atividades metodológicas tenham sido descritas e tenha-se fornecido uma definição básica de cada uma delas no Capítulo 1, uma equipe de *software* precisa de muito mais informações antes de poder executar qualquer uma das atividades como parte do processo de *software*. Assim, enfrenta-se uma questão-chave: *Quais ações são apropriadas para uma atividade metodológica, uma vez fornecidos a natureza do problema a ser solucionado, as características das pessoas que farão o trabalho e os envolvidos no projeto?*

Para um pequeno projeto de *software* solicitado por uma única pessoa (em um local distante) com requisitos simples e objetivos, a atividade de **comunicação** pode se resumir a pouco mais de um telefonema ou *e-mail* para o envolvido. Portanto, a única ação necessária é uma *conversa telefônica*, e as tarefas de trabalho (o *conjunto de tarefas*) que essa ação envolve são:

1. Contatar o envolvido via telefone.
2. Discutir os requisitos e gerar anotações.
3. Organizar as anotações em uma breve relação de requisitos, por escrito.
4. Enviar um *e-mail* para o envolvido para revisão e aprovação.

Se o projeto fosse consideravelmente mais complexo, com muitos envolvidos, cada qual com um conjunto de requisitos diferentes (por vezes conflitantes), a atividade de comunicação poderia ter seis ações distintas: *concepção, levantamento, elaboração, negociação, especificação* e *validação*. Cada uma dessas ações de engenharia de *software* conteria muitas tarefas de trabalho e uma série de diferentes artefatos.

2.3 Identificação de um conjunto de tarefas

Voltando novamente à Figura 2.1, cada ação de engenharia de *software* (p. ex., *levantamento*, uma ação associada à atividade de **comunicação**) pode ser representada por vários e diferentes *conjuntos de tarefas* – constituídos por uma gama de tarefas de trabalho de engenharia de *software*, artefatos relacionados, fatores de garantia da qualidade e marcos do projeto. Projetos diferentes exigem conjuntos de tarefas diferentes. Deve-se escolher um conjunto de tarefas mais adequado às necessidades do projeto e às características da equipe. Isso significa que uma ação

Conjuntos de tarefas

Um conjunto de tarefas define o trabalho a ser feito para atingir os objetivos de uma ação de engenharia de *software*. Por exemplo, *levantamento* (mais comumente denominado "levantamento de requisitos") é uma importante ação de engenharia de *software* que ocorre durante a atividade de **comunicação**. A meta do levantamento de requisitos é compreender o que os vários envolvidos esperam do *software* a ser desenvolvido.

Para um projeto pequeno e relativamente simples, o conjunto de tarefas para levantamento dos requisitos seria semelhante a este:

1. Fazer uma lista dos envolvidos no projeto.
2. Fazer uma reunião informal com todos os envolvidos.
3. Solicitar a cada envolvido uma lista com as características e funções necessárias.
4. Discutir sobre os requisitos e elaborar uma lista final.
5. Organizar os requisitos por grau de prioridade.
6. Destacar pontos de incertezas.

Para um projeto de *software* maior e mais complexo, é preciso usar um conjunto diferente de tarefas. Esse conjunto pode incluir as seguintes tarefas de trabalho:

1. Fazer uma lista dos envolvidos no projeto.
2. Entrevistar separadamente cada um dos envolvidos para levantamento geral de suas expectativas e necessidades.
3. Fazer uma lista preliminar das funções e características, com base nas informações fornecidas pelos envolvidos.
4. Agendar uma série de reuniões facilitadoras para especificação de aplicações.
5. Realizar reuniões.
6. Incluir cenários informais de usuários como parte de cada reunião.
7. Refinar os cenários de usuários, com base no *feedback* dos envolvidos.
8. Fazer uma lista revisada dos requisitos dos envolvidos.
9. Empregar técnicas de implantação de funções de qualidade para estabelecer graus de prioridade dos requisitos.
10. Agrupar os requisitos de modo que possam ser entregues em incrementos.
11. Fazer um levantamento das limitações e restrições que serão aplicadas ao sistema.
12. Discutir sobre os métodos para validação do sistema.

Esses dois conjuntos de tarefas atingem o objetivo do "levantamento de requisitos"; porém, são bem diferentes quanto ao seu grau de profundidade e formalidade. A equipe de *software* deve escolher o conjunto de tarefas que possibilite atingir o objetivo de cada ação, mantendo, inclusive, a qualidade e a agilidade.

de engenharia de *software* pode ser adaptada às necessidades específicas do projeto de *software* e às características da equipe.

2.4 Avaliação e aperfeiçoamento de processos

A existência de um processo de *software* não garante que o *software* será entregue dentro do prazo, que estará de acordo com as necessidades do cliente ou que apresentará características técnicas que resultarão em qualidade em longo prazo (Capítulo 15). Os padrões de processo devem ser combinados com uma prática de engenharia de *software* confiável (Parte II deste livro). Além disso, o próprio processo pode ser avaliado para que esteja de acordo com um conjunto de critérios de processo básicos, comprovados como essenciais para uma engenharia de *software* bem-sucedida.[1]

Hoje, o consenso entre a maioria dos engenheiros é que os processos e as atividades de *software* devem ser avaliados utilizando medidas numéricas ou análise de

---

[1] A CMMI-DEV [CMM07] da SEI descreve, de forma extremamente detalhada, as características de um processo de *software* e os critérios para o êxito de um processo.

software (métricas). O seu progresso na jornada em direção a um processo de *software* eficaz definirá o quanto você consegue mensurar a melhoria de forma significativa. O uso de métricas de processos de *software* para avaliar a qualidade do processo é introduzido no Capítulo 17. Uma discussão mais detalhada sobre a avaliação de processos e métodos de melhoria é apresentada no Capítulo 28.

2.5 Modelos de processo prescritivo

Os modelos de processo prescritivo definem um conjunto prescrito de elementos de processo e um fluxo de trabalho de processo previsível. Um modelo de processo prescritivo[2] concentra-se em estruturar e ordenar o desenvolvimento de *software*. As atividades e tarefas ocorrem sequencialmente, com diretrizes de progresso definidas. Mas os modelos prescritivos são adequados para um mundo do *software* que se alimenta de mudanças? Se rejeitarmos os modelos de processo tradicionais (e a ordem implícita) e os substituirmos por algo menos estruturado, tornaremos impossível atingir a coordenação e a coerência no trabalho de *software*?

Não há respostas fáceis para essas questões, mas existem alternativas disponíveis para os engenheiros de *software*. Nas próximas seções, apresentamos uma visão geral da abordagem dos processos prescritivos, nos quais a ordem e a consistência do projeto são questões predominantes. Chamamos esses processos de "prescritivos" porque prescrevem um conjunto de elementos de processo – atividades metodológicas, ações de engenharia de *software*, tarefas, artefatos, garantia da qualidade e mecanismos de controle de mudanças para cada projeto. Cada modelo de processo também prescreve um fluxo de processo (também denominado *fluxo de trabalho*) – ou seja, a forma pela qual os elementos do processo estão relacionados.

Todos os modelos de processo de *software* podem acomodar as atividades metodológicas genéricas descritas no Capítulo 1; porém, cada um deles dá uma ênfase diferente a essas atividades e define um fluxo de processo que invoca cada atividade metodológica (bem como tarefas e ações de engenharia de *software*) de forma diversa. Nos Capítulos 3 e 4, analisamos práticas de engenharia de *software* que buscam acomodar as alterações inevitáveis que surgem durante o desenvolvimento de muitos projetos de *software*.

2.5.1 O modelo cascata

Há casos em que os requisitos de um problema são bem compreendidos – quando o trabalho flui da comunicação à entrega de modo relativamente linear. Essa situação ocorre algumas vezes quando adaptações ou aperfeiçoamentos bem-definidos precisam ser feitos em um sistema existente (p. ex., uma adaptação em *software* contábil exigida devido a mudanças nas normas governamentais). Pode ocorrer também em um número limitado de novos esforços de desenvolvimento, mas apenas quando os requisitos estão bem definidos e são razoavelmente estáveis.

O *modelo cascata*, algumas vezes chamado de *modelo sequencial linear*, sugere uma abordagem sequencial e sistemática[3] para o desenvolvimento de *software*, começando

---

2 Os modelos de processo prescritivo são, algumas vezes, conhecidos como modelos de processo "tradicional".

3 Embora o modelo cascata proposto por Winston Royce [Roy70] previsse os *"feedback loops"*, a vasta maioria das organizações que aplica esse modelo de processo o trata como se fosse estritamente linear.

com a especificação dos requisitos do cliente, avançando pelas fases de planejamento, modelagem, construção e entrega, e culminando no suporte contínuo do *software* concluído (Figura 2.3).

O modelo cascata é o paradigma mais antigo da engenharia de *software*. Entretanto, ao longo das últimas cinco décadas, as críticas a esse modelo de processo fizeram até mesmo seus mais árduos defensores questionarem sua eficácia. Entre os problemas às vezes encontrados quando se aplica o modelo cascata, temos:

1. Projetos reais raramente seguem o fluxo sequencial proposto pelo modelo.
2. Com frequência, é difícil para o cliente estabelecer explicitamente todas as necessidades no início da maioria dos projetos.
3. O cliente deve ter paciência. Uma versão operacional do(s) programa(s) não estará disponível antes de estarmos próximos ao final do projeto.
4. Erros graves podem não ser detectados até o programa operacional ser revisto.

Hoje, o trabalho com *software* tem um ritmo acelerado e está sujeito a uma cadeia de mudanças intermináveis (em características, funções e conteúdo de informações). O modelo cascata é frequentemente inadequado para esse trabalho.

2.5.2 Modelo de processo de prototipação

Frequentemente, o cliente define uma série de objetivos gerais para o *software*, mas não identifica, com detalhes, os requisitos para funções e recursos. Em outros casos, o desenvolvedor se encontra inseguro quanto à eficiência de um algoritmo, quanto à adaptabilidade de um sistema operacional ou quanto à forma em que deve ocorrer a interação homem-máquina. Em situações como essas, e em muitas outras, o *paradigma da prototipação* pode ser a melhor abordagem.

Embora a prototipação possa ser utilizada como um modelo de processo isolado (*stand-alone process*), ela é mais comumente utilizada como uma técnica a ser implementada no contexto de qualquer um dos modelos de processo citados neste capítulo. Independentemente da forma como é aplicado, quando os requisitos estão obscuros, o paradigma da prototipação auxilia os envolvidos a compreender melhor o que está para ser construído.

Por exemplo, um aplicativo de *fitness* desenvolvido usando protótipos incrementais poderia oferecer as telas básicas da interface do usuário necessárias para sincronizar um telefone ao dispositivo de *fitness* e mostrar a data atual; a capacidade de definir metas e armazenar os dados do dispositivo na nuvem seriam incluídas

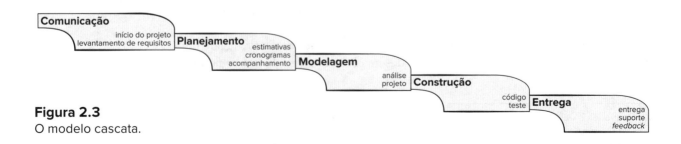

Figura 2.3
O modelo cascata.

no segundo protótipo, que criaria e modificaria as telas da interface do usuário com base no *feedback* dos clientes; e o terceiro protótipo incluiria integração com mídias sociais para permitir que os usuários definissem metas e compartilhassem o seu progresso com os amigos.

O paradigma da prototipação (Figura 2.4) começa com a comunicação. Faz-se uma reunião com os envolvidos para definir os objetivos gerais do *software*, identificar os requisitos já conhecidos e esquematizar quais áreas necessitam, obrigatoriamente, de uma definição mais ampla. Uma iteração de prototipação é planejada rapidamente e ocorre a modelagem (na forma de um "projeto rápido"). Um projeto rápido se concentra em uma representação dos aspectos do *software* que serão visíveis para os usuários (p. ex., o *layout* da interface com o usuário ou os formatos de exibição na tela). O projeto rápido leva à construção de um protótipo. O protótipo é entregue e avaliado pelos envolvidos, os quais fornecem *feedback* que é usado para refinar ainda mais os requisitos. A iteração ocorre conforme se ajusta o protótipo às necessidades de vários envolvidos e, ao mesmo tempo, possibilita a melhor compreensão das necessidades que devem ser atendidas.

Na sua forma ideal, o protótipo atua como um mecanismo para identificar os requisitos do *software*. Caso seja necessário desenvolver um protótipo operacional, pode-se utilizar partes de programas existentes ou aplicar ferramentas que possibilitem gerar rapidamente tais programas operacionais.

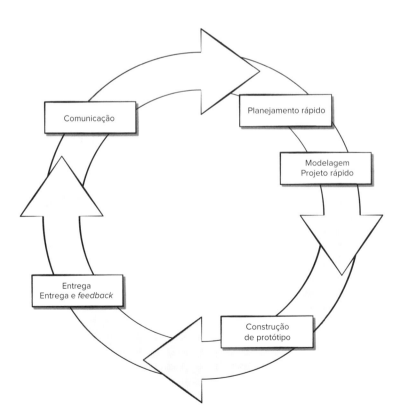

Figura 2.4
O paradigma da prototipação.

Tanto os envolvidos quanto os engenheiros de *software* gostam do paradigma da prototipação. Os usuários podem ter uma ideia prévia do sistema final, ao passo que os desenvolvedores passam a desenvolver algo imediatamente. Entretanto, a prototipação pode ser problemática pelas seguintes razões:

1. Os envolvidos enxergam o que parece ser uma versão operacional do *software*. Eles podem desconhecer que a arquitetura do protótipo (a estrutura do programa) também está evoluindo. Isso significa que os desenvolvedores podem não ter considerado a qualidade global do *software*, nem sua manutenção em longo prazo.
2. O engenheiro de *software* pode ficar tentado a fazer concessões na implementação para conseguir que o protótipo entre em operação rapidamente. Se não tomar cuidado, essas escolhas longe de ideais acabam se tornando uma parte fundamental do sistema.

Casa Segura

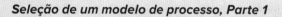

Seleção de um modelo de processo, Parte 1

Cena: Sala de reuniões da equipe de engenharia de *software* da CPI Corporation, empresa (fictícia) que fabrica produtos de consumo para uso doméstico e comercial.

Atores: Lee Warren, gerente de engenharia; Doug Miller, gerente de engenharia de *software*; Jamie Lazar, membro da equipe de *software*; Vinod Raman, membro da equipe de *software*; e Ed Robbins, membro da equipe de *software*.

Conversa:

Lee: Recapitulando. Discuti bastante sobre a linha de produtos *CasaSegura*, da forma como a visualizamos no momento. Sem dúvida, temos muito trabalho a fazer para definir as coisas, mas eu gostaria que vocês começassem a pensar em como vão abordar a parte do *software* desse projeto.

Doug: Acho que fomos bastante desorganizados em nossa abordagem de *software* no passado.

Ed: Eu não sei, Doug, nós sempre conseguimos entregar o produto.

Doug: É, mas não sem grande sofrimento, e esse projeto parece ser maior e mais complexo do que qualquer outro que já fizemos.

Jamie: Não parece assim tão difícil, mas eu concordo... a abordagem improvisada que adotamos em projetos anteriores não dará certo neste caso, principalmente se tivermos um cronograma muito apertado.

Doug (sorrindo): Quero ser um pouco mais profissional em nossa abordagem. Participei de um curso rápido na semana passada e aprendi bastante sobre engenharia de *software*... bom conteúdo. Precisamos de um processo aqui.

Jamie (franzindo a testa): Minha função é desenvolver programas, não ficar mexendo em papéis.

Doug: Dê uma chance antes de dizer não. Eis o que quero dizer. (Doug prossegue descrevendo a metodologia de processo descrita no Capítulo 1 e os modelos de processo prescritivo apresentados até agora.)

Doug: De qualquer forma, parece-me que um modelo linear não é adequado para nós... ele presume que temos todos os requisitos antecipadamente e, conhecendo este lugar, isso é pouco provável.

Vinod: Isso mesmo, e parece orientado demais à tecnologia da informação... provavelmente bom para construir um sistema de controle de estoque ou algo parecido, mas certamente não é adequado para o *CasaSegura*.

Doug: Concordo.

Ed: Essa abordagem de prototipação me parece boa. Bastante parecida com o que fazemos aqui.

Vinod: Isso é um problema. Estou preocupado que ela não nos dê estrutura suficiente.

Doug: Não se preocupe. Temos várias opções e quero que vocês escolham o que for melhor para a equipe e para o projeto.

Capítulo 2   Modelos de processo   **29**

Embora possam ocorrer problemas, a prototipação pode ser um paradigma eficiente para a engenharia de *software*. O segredo é definir as regras do jogo logo no início; ou seja, todos os envolvidos devem concordar que o protótipo é construído para servir como um mecanismo para definição de requisitos. Muitas vezes, é recomendável projetar um protótipo de modo que este possa evoluir e se transformar no produto final. A realidade é que os desenvolvedores podem precisar descartar (pelo menos em parte) um protótipo para melhor atender às novas necessidades do cliente.

2.5.3 Modelo de processo evolucionário

Como todos os sistemas complexos, o *software* evolui ao longo do tempo. Conforme o desenvolvimento do projeto avança, os requisitos do negócio e do produto frequentemente mudam, tornando inadequado seguir um planejamento em linha reta de um produto final. Prazos apertados tornam impossível concluir um produto de *software* abrangente. Pode ser possível criar uma versão limitada do produto para atender às pressões comerciais ou da concorrência e lançar uma versão refinada após um melhor entendimento de todas as características do sistema. Em situações como essa, faz-se necessário um modelo de processo que tenha sido projetado especificamente para desenvolver um produto que cresce e muda.

Originalmente proposto por Barry Boehm [Boe88], o *modelo espiral* é um modelo de processo de *software* evolucionário que une a natureza iterativa da prototipação aos aspectos sistemáticos e controlados do modelo cascata. Tem potencial para o rápido desenvolvimento de versões cada vez mais completas do *software*.

Com o modelo espiral, o *software* será desenvolvido em uma série de versões evolucionárias. Nas primeiras iterações, a versão pode consistir em um modelo ou em um protótipo. Já nas iterações posteriores, são produzidas versões cada vez mais completas do sistema que passa pelo processo de engenharia.

O modelo espiral é dividido em um conjunto de atividades metodológicas definidas pela equipe de engenharia de *software*. A título de ilustração, utilizam-se as atividades metodológicas genéricas discutidas anteriormente.[4] Cada uma dessas atividades representa um segmento do caminho espiral ilustrado na Figura 2.5. Assim que esse processo evolucionário começa, a equipe de *software* realiza atividades indicadas por um circuito em torno da espiral, no sentido horário, começando pelo seu centro. Os riscos (Capítulo 26) são levados em conta à medida que cada revolução é realizada. *Marcos de pontos-âncora* – uma combinação de artefatos e condições satisfeitas ao longo do trajeto da espiral – são indicados para cada passagem evolucionária.

O primeiro circuito em volta da espiral (iniciando na linha de fluxo interna mais próxima ao centro, como mostrado na Figura 2.5) pode resultar no desenvolvimento de uma especificação de produto; passagens subsequentes em torno da espiral podem ser usadas para desenvolver um protótipo e, então, progressivamente, versões cada vez mais sofisticadas do *software*. Cada passagem pela região de planejamento resulta em ajustes no planejamento do projeto. Custo e cronograma são ajustados de acordo com o *feedback* (a realimentação) obtido do cliente após a entrega. Além disso, o gerente de projeto faz um ajuste no número de iterações planejadas para concluir o *software*.

Diferentemente de outros modelos de processo, que terminam quando o *software* é entregue, o modelo espiral pode ser adaptado para ser aplicado ao longo da vida

---

4   O modelo espiral discutido nesta seção é uma variação do modelo proposto por Boehm. Para mais informações sobre o modelo espiral original, consulte [Boe88]. Um material mais recente sobre o modelo espiral de Boehm pode ser encontrado em [Boe98] e [Boe01a].

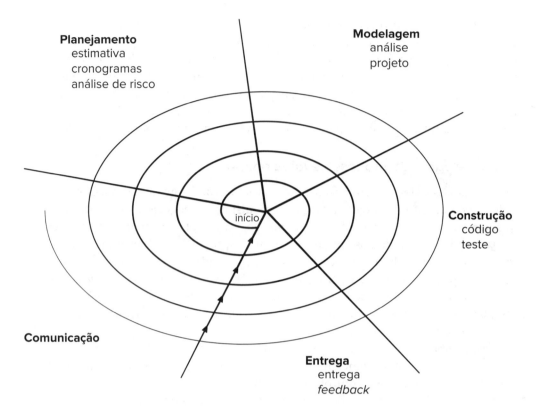

Figura 2.5
Modelo espiral típico.

do *software*. O modelo espiral é uma abordagem realista para o desenvolvimento de sistemas e de *software* em larga escala. Ele usa a prototipação como mecanismo de redução de riscos. O modelo espiral exige consideração direta dos riscos técnicos em todos os estágios do projeto e, se aplicado apropriadamente, reduz os riscos antes destes se tornarem problemáticos.

Como outros paradigmas, esse modelo não é uma panaceia. Pode ser difícil convencer os clientes (particularmente em situações contratuais) de que a abordagem evolucionária é controlável. Ela exige considerável especialização na avaliação de riscos e depende dessa especialização para seu sucesso. Se um risco muito importante não for descoberto e administrado, sem dúvida ocorrerão problemas.

Conforme já mencionado, *software* moderno é caracterizado por contínuas modificações, prazos muito apertados e por uma ênfase na satisfação do cliente-usuário. Em muitos casos, o tempo de colocação de um produto no mercado é o requisito mais importante a ser gerenciado. Se o momento oportuno de entrada no mercado for perdido, o projeto de *software* pode perder o sentido.[5]

O objetivo dos modelos evolucionários é desenvolver *software* de alta qualidade[6] de modo iterativo ou incremental. Entretanto, é possível usar um processo

---

[5] É importante notar, entretanto, que ser o primeiro a chegar ao mercado não é garantia de sucesso. Na verdade, muitos produtos de *software* bem-sucedidos foram o segundo ou até mesmo o terceiro a chegar ao mercado (aprendendo com os erros dos outros que o antecederam).

[6] Neste contexto, a qualidade de *software* é definida de forma bastante abrangente para englobar não apenas a satisfação dos clientes, mas também uma série de critérios técnicos, discutidos na Parte II deste livro.

Casa Segura

Seleção de um modelo de processo, Parte 2

Cena: Sala de reuniões do grupo de engenharia de *software* da CPI Corporation, empresa (fictícia) que fabrica produtos de consumo de uso doméstico e comercial.

Atores: Lee Warren, gerente de engenharia; Doug Miller, gerente de engenharia de *software*; Vinod e Jamie, membros da equipe de engenharia de *software*.

Conversa: (Doug descreve as opções do processo evolucionário.)

Jamie: Agora estou vendo algo de que gosto. Faz sentido uma abordagem incremental, e eu realmente gosto do fluxo dessa coisa de modelo espiral. Isso tem a ver com a realidade.

Vinod: Concordo. Entregamos um incremento, aprendemos com o *feedback* do cliente, reformulamos e, então, entregamos outro incremento. Também se encaixa na natureza do produto. Podemos colocar alguma coisa no mercado rapidamente e, depois, acrescentar funcionalidade a cada versão, digo, incremento.

Lee: Espere um pouco. Você disse que reformulamos o plano a cada volta na espiral, Doug? Isso não é tão legal; precisamos de um plano, um cronograma, e temos de nos ater a ele.

Doug: Essa linha de pensamento é antiga, Lee. Como o pessoal disse, temos de manter os pés no chão. Acho que é melhor ir ajustando o planejamento à medida que formos aprendendo mais e as mudanças forem sendo solicitadas. É muito mais realista. Para que serve um plano se não para refletir a realidade?

Lee (franzindo a testa): Suponho que esteja certo, porém... a alta direção não vai gostar disso... eles querem um plano fixo.

Doug (sorrindo): Então, você terá que reeducá-los, meu amigo.

---

evolucionário para enfatizar a flexibilidade, a extensibilidade e a velocidade de desenvolvimento. O desafio para as equipes de *software* e seus gerentes será estabelecer um equilíbrio apropriado entre esses parâmetros críticos de projeto e produto e a satisfação dos clientes (o árbitro final da qualidade de um *software*).

2.5.4 Modelo de Processo Unificado

Sob certos aspectos, o Processo Unificado (PU) [Jac99] é uma tentativa de aproveitar os melhores recursos e características dos modelos tradicionais de processo de *software*, mas caracterizando-os de modo a implementar muitos dos melhores princípios do desenvolvimento ágil de *software* (Capítulo 3). O Processo Unificado reconhece a importância da comunicação com o cliente e de métodos racionalizados para descrever a visão do cliente sobre um sistema (os casos de uso).[7] Ele enfatiza o importante papel da arquitetura de *software* e "ajuda o arquiteto a manter o foco nas metas corretas, como compreensibilidade, confiança em mudanças futuras e reutilização" [Jac99]. Ele sugere um fluxo de processo iterativo e incremental, proporcionando a sensação evolucionária que é essencial no desenvolvimento de *software* moderno.

---

7 Um *caso de uso* (Capítulo 7) é uma narrativa textual ou um modelo que descreve uma função ou recurso de um sistema do ponto de vista do usuário. Ele é escrito pelo usuário e serve como base para a criação de um modelo de análise mais amplo.

A UML (*unified modeling language*), a *linguagem de modelagem unificada*, foi desenvolvida para apoiar o seu trabalho, contém uma notação robusta para a modelagem e o desenvolvimento de sistemas orientados a objetos e tornou-se um padrão da indústria para o desenvolvimento de *software* de todos os tipos. A UML é usada ao longo da Parte II deste livro para representar tanto modelos de projeto quanto de requisitos. O Apêndice 1 apresenta um tutorial introdutório e uma bibliografia recomendada para aqueles que não conhecem as regras básicas de notações e de modelagem UML.

A Figura 2.6 representa as "fases" do Processo Unificado e relaciona-as às atividades genéricas discutidas na Seção 2.1.

Na *fase de concepção* do PU ocorre a comunicação com o cliente e o planejamento. Requisitos de negócio fundamentais são descritos em um conjunto de casos de uso preliminares (Capítulo 7), descrevendo quais recursos e funções são esperados na arquitetura de *software* por cada categoria principal de usuário. O planejamento

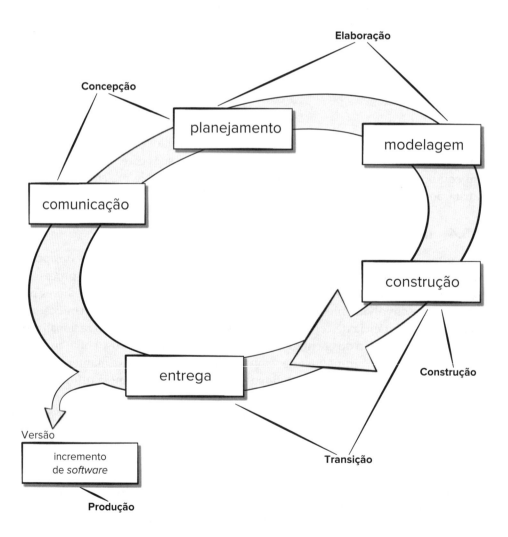

Figura 2.6
O Processo Unificado.

identifica recursos, avalia os principais riscos e define um cronograma preliminar para os incrementos de *software*.

A *fase de elaboração* inclui as atividades de planejamento e modelagem do modelo de processo genérico (Figura 2.6). A elaboração refina e expande os casos de uso preliminares e cria uma base de arquitetura, incluindo cinco diferentes visões do *software*: modelo de caso de uso, modelo de análise, modelo de projeto, modelo de implementação e modelo de entrega.[8] Normalmente, as modificações no planejamento são feitas nesta fase.

A *fase de construção* do PU é idêntica à atividade de construção definida para o processo de *software* genérico. Implementam-se, então, no código-fonte, todos os recursos e funções necessários e exigidos para o incremento de *software* (i.e., para a versão). À medida que os componentes são implementados, desenvolvem-se e executam-se testes de unidade[9] para cada um deles. Além disso, realizam-se atividades de integração (montagem de componentes e testes de integração). Os casos de uso são utilizados para se obter um pacote de testes de aceitação, executados antes do início da fase seguinte do PU.

A *fase de transição* do PU abrange os últimos estágios da atividade de construção genérica e a primeira parte da atividade de emprego genérico: entrega e *feedback*. Entrega-se o *software* aos usuários para testes beta, e o *feedback* dos usuários relata defeitos e mudanças necessárias. Na conclusão da fase de transição, o incremento torna-se uma versão utilizável do *software*.

A *fase de produção* do PU coincide com a atividade de entrega do processo genérico. Durante esta fase, monitora-se o uso contínuo do *software*, disponibiliza-se suporte para o ambiente (infraestrutura) operacional, realizam-se e avaliam-se relatórios de defeitos e solicitações de mudanças.

É provável que, ao mesmo tempo em que as fases de construção, transição e produção estejam sendo conduzidas, já se tenha iniciado o incremento de *software* seguinte. Isso significa que as cinco fases do PU não ocorrem em sequência, mas de forma concomitante e escalonada.

Deve-se observar que nem toda tarefa identificada para um fluxo de trabalho do PU é conduzida em todos os projetos de *software*. A equipe adapta o processo (ações, tarefas, subtarefas e artefatos) para ficar de acordo com suas necessidades.

2.6 Produto e processo

A Tabela 2.1 resume alguns dos pontos fortes e fracos dos modelos de processo analisados. Nas edições anteriores deste livro, examinamos vários outros. A realidade é que nenhum processo é perfeito para todos os projetos. Em geral, a equipe de *software* adapta um ou mais dos modelos de processo analisados na Seção 2.5 ou os modelos de processo ágil discutidos no Capítulo 3 para atender às necessidades do projeto do momento.

---

8 É importante observar que a base da arquitetura não é um protótipo, já que não é descartada. Ao contrário, a base ganha corpo durante a fase seguinte do PU.

9 Uma discussão abrangente sobre testes de *software* (inclusive *testes de unidades*) é apresentada nos Capítulos 19 a 21.

34 Engenharia de *software*

TABELA 2.1 Comparação entre modelos de processo

Prós do modelo cascata	É fácil de entender e planejar. Funciona para projetos pequenos e bem compreendidos. A análise e o teste são simples e diretos.
Contras do modelo cascata	Não se adapta bem a mudanças. O teste ocorre nas fases finais do processo. A aprovação do cliente vem no final.
Prós da prototipação	O impacto das alterações aos requisitos é reduzido. O cliente se envolve bastante e desde o início. Funciona bem para projetos pequenos. A probabilidade de rejeição do produto é reduzida.
Contras da prototipação	O envolvimento do cliente pode causar atrasos. Pode haver a tentação de "embalar" o protótipo. Desperdiça-se trabalho em um protótipo descartável. É difícil de planejar e gerenciar.
Prós do modelo espiral	Há envolvimento contínuo dos clientes. Os riscos de desenvolvimento são gerenciados. É apropriado para modelos grandes e complexos. Funciona bem para artefatos extensíveis.
Contras do modelo espiral	Falhas de análise de risco podem fadar o projeto ao fracasso. O projeto pode ser difícil de gerenciar. Exige uma equipe de desenvolvimento especializada.
Prós do Processo Unificado	A documentação de alta qualidade é enfatizada. Há envolvimento contínuo dos clientes. Adapta-se a alterações aos requisitos. Funciona bem para projetos de manutenção.
Contras do Processo Unificado	Os casos de uso nem sempre são precisos. A integração de incrementos de *software* é complicada. A sobreposição das fases pode causar problemas. Exige uma equipe de desenvolvimento especializada.

Se o processo for fraco, certamente o produto final sofrerá consequências. Porém, uma confiança excessiva e obsessiva no processo é igualmente perigosa. Em um breve artigo, escrito muitos anos atrás, Margaret Davis [Dav95a] tece comentários atemporais sobre a dualidade produto e processo:

A cada 10 anos (com uma margem de erro de cinco anos), aproximadamente, a comunidade de *software* redefine "o problema", mudando seu foco de itens do produto para itens do processo. (…)

Embora a tendência natural de um pêndulo seja a de repousar em um ponto intermediário entre dois extremos, o foco da comunidade de *software* muda constantemente, pois uma nova força é aplicada quando a última oscilação falha. Essas oscilações causam danos para si mesmos e para o ambiente externo, confundindo o profissional típico de *software*, mudando radicalmente o que significava desempenhar bem seu trabalho. Essas oscilações também não resolvem "o problema", pois estão fadadas ao insucesso enquanto produto e processo forem tratados como formadores de uma dicotomia (divisão de um conceito em dois elementos, em geral, contrários) em vez de uma dualidade (coexistência de dois princípios).

(…) Jamais poderemos destrinchar ou compreender o artefato completo, seu contexto, uso, significado e valor se o enxergarmos apenas como um processo ou como um produto.

Todas as atividades humanas podem ser um processo, mas todos nós nos sentimos valorizados quando tais atividades se tornam uma representação ou um exemplo, sendo utilizadas ou apreciadas por mais de uma pessoa, repetidamente, ou então utilizadas num contexto não imaginado. Ou seja, extraímos sentimentos de satisfação na reutilização de nossos produtos, seja por nós mesmos, seja por outros.

Assim, enquanto a assimilação rápida das metas de reutilização no desenvolvimento de *software* aumenta potencialmente a satisfação dos profissionais de *software*, também aumenta a urgência da aceitação da dualidade produto e processo. (...)

As pessoas obtêm satisfação tanto do processo criativo quanto do produto final. Um artista sente prazer tanto com suas pinceladas quanto com o resultado final de seu quadro. Um escritor sente prazer tanto com a procura da metáfora apropriada quanto com o livro finalizado. Como profissional de *software* criativo, você também deve extrair satisfação do processo e do produto final. A dualidade produto e processo é um elemento importante para manter pessoas criativas engajadas, à medida que a engenharia de *software* continua a evoluir.

2.7 Resumo

Um modelo de processo genérico para engenharia de *software* consiste em um conjunto de atividades metodológicas e de apoio, ações e tarefas a realizar. Cada modelo de processo, entre os vários existentes, pode ser descrito por um fluxo de processo diferente – uma descrição de como as atividades metodológicas, ações e tarefas são organizadas, sequencial e cronologicamente. Padrões de processo são utilizados para resolver problemas comuns encontrados no processo de *software*.

Os modelos de processo prescritivos são aplicados há anos, na tentativa de organizar e estruturar o desenvolvimento de *software*. Cada um desses modelos sugere um fluxo de processo um pouco diferente, mas todos realizam o mesmo conjunto de atividades metodológicas genéricas: comunicação, planejamento, modelagem, construção e entrega.

Os modelos de processo sequenciais, como o modelo cascata, são os mais antigos paradigmas da engenharia de *software*. Eles sugerem um fluxo de processo linear que, muitas vezes, é inadequado para os sistemas modernos (p. ex., alterações contínuas, sistemas em evolução, prazos apertados). Entretanto, eles têm aplicabilidade em situações em que os requisitos são bem definidos e estáveis.

Modelos de processo incremental são iterativos por natureza e produzem rapidamente versões operacionais do *software*. Modelos de processo evolucionário reconhecem a natureza iterativa e incremental da maioria dos projetos de engenharia de *software* e são projetados para se adequar às mudanças. Esses modelos, como prototipação e o modelo espiral, produzem rapidamente artefatos de *software* incrementais (ou versões operacionais do *software*). Eles podem ser aplicados em todas as atividades de engenharia de *software* – desde o desenvolvimento de conceitos até a manutenção do sistema em longo prazo.

O Processo Unificado é um processo de *software* "dirigido a casos de uso, centrado na arquitetura, iterativo e incremental" desenvolvido como uma metodologia para os métodos e ferramentas da UML.

Problemas e pontos a ponderar

2.1. Baetjer [Bae98] observa: "O processo oferece interação entre usuários e projetistas, entre usuários e ferramentas em evolução e entre projetistas e ferramentas [de tecnologia] em evolução". Liste cinco perguntas que (1) os projetistas deveriam fazer aos usuários, (2) os usuários deveriam fazer aos projetistas, (3) os usuários deveriam fazer a si mesmos

36 Engenharia de *software*

sobre o produto de *software* a ser desenvolvido, (4) os projetistas deveriam fazer a si mesmos sobre o produto de *software* a ser construído e sobre o processo que será usado para construí-lo.

2.2. Discuta as diferenças entre os vários fluxos de processo descritos na Seção 2.1. Identifique os tipos de problemas que poderiam ser aplicáveis a cada um dos fluxos genéricos descritos.

2.3. Tente desenvolver um conjunto de ações para a atividade de comunicação. Selecione uma ação e defina um conjunto de tarefas para ela.

2.4. Durante a comunicação, um problema comum ocorre ao encontrarmos dois envolvidos com ideias conflitantes sobre como o *software* deve ser. Isto é, há requisitos mutuamente conflitantes. Desenvolva um padrão de processo que trata desse problema e sugira uma abordagem eficaz para ele.

2.5. Dê três exemplos de projetos de *software* que seriam suscetíveis ao modelo cascata. Seja específico.

2.6. Dê três exemplos de projetos de *software* que seriam suscetíveis ao modelo de prototipação. Seja específico.

2.7. À medida que se desloca para fora ao longo do fluxo de processo em espiral, o que pode ser dito em relação ao *software* que está sendo desenvolvido ou sofrendo manutenção?

2.8. É possível combinar modelos de processo? Em caso positivo, dê um exemplo.

2.9. Quais são as vantagens e desvantagens de desenvolver *software* cuja qualidade é "boa o suficiente"? Ou seja, o que acontece quando enfatizamos a velocidade de desenvolvimento em detrimento da qualidade do produto?

2.10. É possível provar que um componente de *software* e até mesmo um programa inteiro está correto? Então, por que todo mundo não faz isso?

2.11. Processo Unificado e UML são a mesma coisa? Justifique sua resposta.

Elemento de design: Ícone de lupa da seção Panorama: © Roger Pressman

3

Agilidade e processo

Em 2001, um grupo composto por desenvolvedores de *software*, autores e consultores de renome [Bec01] assinou o "Manifesto para o desenvolvimento ágil de *software*" ("Manifesto for Agile Software Development"), no qual defendiam "indivíduos e interações acima de processos e ferramentas, *software* operacional acima de documentação completa, colaboração dos clientes acima de negociação contratual e respostas a mudanças acima de seguir um plano".

Conceitos-chave

testes de aceitação 48
Agile Alliance 40
processo ágil 40
agilidade 38
princípios da agilidade ... 40
custo da alteração........ 39
DevOps 50
Extreme Programming – XP (Programação Extrema)... 46
Kanban................. 48
programação em pares ... 48
política do desenvolvimento ágil 41
velocidade de projeto..... 47
refatoração............. 48
Scrum 42

Panorama

O que é? A engenharia de *software* ágil combina filosofia com um conjunto de princípios de desenvolvimento. A filosofia defende a satisfação do cliente e a entrega incremental antecipada; equipes de projeto pequenas e altamente motivadas; métodos informais; artefatos de engenharia de *software* mínimos; e, acima de tudo, simplicidade no desenvolvimento geral. Os princípios de desenvolvimento priorizam a entrega mais do que a análise e o projeto (embora essas atividades não sejam desencorajadas).

Quem realiza? Os engenheiros de *software* e outros envolvidos no projeto (gerentes, clientes, usuários) trabalham conjuntamente em uma equipe ágil – uma equipe que se auto-organiza e que controla seu próprio destino. Uma equipe ágil acelera a comunicação e a colaboração entre todos os participantes (que estão ao seu serviço).

Por que é importante? Os ambientes modernos dos sistemas e dos produtos da área são acelerados e estão em constante mudança. A engenharia de *software* ágil constitui uma alternativa razoável para a engenharia convencional. Ela tem se mostrado capaz de entregar sistemas corretos rapidamente.

Quais são as etapas envolvidas? O desenvolvimento ágil poderia ser mais bem denominado "engenharia de *software light*". As atividades metodológicas básicas – comunicação, planejamento, modelagem, construção e entrega – permanecem. Entretanto, elas se transformam em um conjunto de tarefas mínimas que impulsiona a equipe para o desenvolvimento e para a entrega.

Qual é o artefato? O artefato mais importante é um "incremento de *software*" operacional que seja entregue para o cliente na data combinada. Os documentos mais importantes criados são as histórias de usuário e os casos de teste relacionados.

Como garantir que o trabalho foi realizado corretamente? Se a equipe ágil concorda que o processo funciona e essa equipe produz incrementos de *software* passíveis de entrega e que satisfaçam o cliente, então, o trabalho está correto.

As ideias fundamentais que norteiam o desenvolvimento ágil levaram ao desenvolvimento dos métodos ágeis,[1] projetados para sanar fraquezas, supostas e reais, da engenharia de *software* convencional. O desenvolvimento ágil oferece benefícios importantes; no entanto, não é indicado para todos os projetos, produtos, pessoas e situações. Também *não* é a antítese da prática de engenharia de *software* confiável e pode ser aplicado como uma filosofia geral para todos os trabalhos de *software*.

Na economia moderna, frequentemente é difícil ou impossível prever como um sistema computacional (p. ex., um aplicativo móvel) vai evoluir com o tempo. As condições de mercado mudam rapidamente, as necessidades dos usuários se alteram, e novas ameaças competitivas surgem sem aviso. Em muitas situações, não se conseguirá definir os requisitos completamente antes que se inicie o projeto. É preciso ser ágil o suficiente para dar uma resposta a um ambiente de negócios fluido.

Fluidez implica mudança, e mudança é cara – particularmente se for sem controle e mal gerenciada. Uma das características mais convincentes da metodologia ágil é sua habilidade de reduzir os custos da mudança no processo de *software*.

Em um texto instigante sobre desenvolvimento de *software* ágil, Alistair Cockburn [Coc02] argumenta que o modelo de processo prescritivo, apresentado no Capítulo 2, tem uma falha essencial: *esquece-se das fraquezas das pessoas que desenvolvem o software*. Os engenheiros de *software* não são robôs. Eles apresentam grande variação nos estilos de trabalho e diferenças significativas no nível de habilidade, criatividade, organização, consistência e espontaneidade. Alguns se comunicam bem na forma escrita, outros não. Para que funcionem, os modelos de processos devem fornecer um mecanismo realista que estimule a disciplina necessária ou, então, devem ter características que apresentem "tolerância" com as pessoas que realizam trabalhos de engenharia de *software*.

3.1 O que é agilidade?

Afinal, o que é agilidade no contexto da engenharia de *software*? Ivar Jacobson [Jac02a] argumenta que a difusão da mudança é o principal condutor para a agilidade. Os engenheiros de *software* devem ser rápidos caso queiram assimilar as rápidas mudanças que Jacobson descreve.

Entretanto, agilidade é mais do que uma resposta à mudança. Ela abrange também a filosofia proposta no manifesto citado no início deste capítulo. Ela incentiva a estruturação e as atitudes em equipe que tornam a comunicação mais fácil (entre membros da equipe, entre o pessoal ligado à tecnologia e o pessoal da área comercial, entre os engenheiros de *software* e seus gerentes). Ela enfatiza a entrega rápida do *software* operacional e diminui a importância dos artefatos intermediários (nem sempre um bom negócio); aceita o cliente como parte da equipe de desenvolvimento e trabalha para eliminar a atitude de "nós e eles" que continua a impregnar muitos projetos de *software*; reconhece que o planejamento em um mundo incerto tem seus limites, e que o plano (roteiro) de projeto deve ser flexível.

A agilidade pode ser aplicada a qualquer processo de *software*. No entanto, para alcançá-la, é essencial que o processo seja projetado de modo que a equipe possa adaptar e alinhar (racionalizar) tarefas; possa conduzir o planejamento, compreendendo a fluidez de uma metodologia de desenvolvimento ágil; possa eliminar tudo, exceto os artefatos essenciais, conservando-os enxutos; e possa enfatizar a estratégia

---

1 Os métodos ágeis são, algumas vezes, conhecidos como *métodos light* ou *métodos enxutos (lean methods)*.

de entrega incremental, conseguindo entregar ao cliente, o mais rapidamente possível, o *software* operacional para o tipo de produto e ambiente operacional. Não cometa o erro de supor que a agilidade lhe dará licença para abreviar soluções. Processo é um requisito, e disciplina é essencial.

3.2 Agilidade e o custo das mudanças

O senso comum no desenvolvimento de *software* (baseado em décadas de experiência) é que os custos de mudanças aumentam de forma não linear conforme o projeto avança (Figura 3.1, curva em preto contínua). É relativamente fácil acomodar uma mudança quando a equipe de *software* está reunindo requisitos (no início de um projeto). Talvez seja necessário alterar um detalhamento do uso, ampliar uma lista de funções ou editar uma especificação por escrito. Os custos desse trabalho são mínimos, e o tempo demandado não afetará negativamente o resultado do projeto. Mas, se adiantarmos alguns meses, o que aconteceria? A equipe está em meio aos testes de validação (que ocorrem relativamente no final do projeto), e um importante envolvido está solicitando uma mudança funcional grande. A mudança exige uma alteração no projeto da arquitetura do *software*, projeto e desenvolvimento de três novos componentes, modificações em outros cinco componentes, projeto de novos testes e assim por diante. Os custos crescem rapidamente, e o tempo e os esforços necessários para assegurar que a mudança seja feita sem efeitos colaterais inesperados não serão insignificantes.

Os proponentes da agilidade (p. ex., [Bec99], [Amb04]) argumentam que um processo ágil bem elaborado "achata" o custo da curva de mudança (Figura 3.1, curva em linha azul), permitindo que uma equipe de *software* assimile as alterações, realizadas posteriormente em um projeto de *software*, sem um impacto significativo

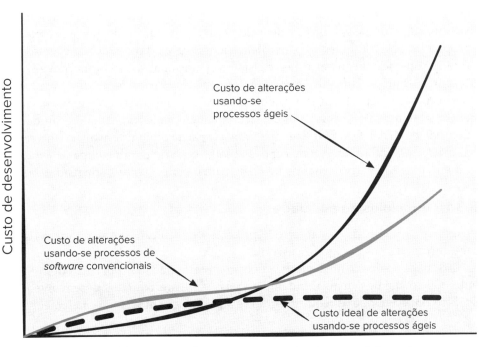

Figura 3.1
Custos de alterações como uma função do tempo em desenvolvimento.

nos custos ou no tempo. Já foi mencionado que o processo ágil envolve entregas incrementais. O custo das mudanças é atenuado quando a entrega incremental é associada a outras práticas ágeis, como testes contínuos de unidades e programação em pares (discutida brevemente na Seção 3.5.1 e em mais detalhes no Capítulo 20). Há evidências [Coc01a] que sugerem ser possível alcançar redução significativa nos custos de alterações, embora haja um debate contínuo sobre qual o nível em que a curva de custos se torna "achatada".

3.3   O que é processo ágil?

Qualquer processo ágil de *software* é caracterizado de uma forma que trate de uma série de preceitos-chave [Fow02] acerca da maioria dos projetos de *software*:

1. É difícil prever quais requisitos de *software* vão persistir e quais sofrerão alterações. É igualmente difícil prever de que maneira as prioridades do cliente sofrerão alterações conforme o projeto avança.
2. Para muitos tipos de *software*, o projeto e a construção são intercalados. Ou seja, ambas as atividades devem ser realizadas em conjunto para que os modelos de projeto sejam provados conforme são criados. É difícil prever quanto de trabalho de projeto será necessário antes que a sua construção (desenvolvimento) seja implementada para avaliar o projeto.
3. Análise, projeto, construção (desenvolvimento) e testes não são tão previsíveis (do ponto de vista de planejamento) quanto gostaríamos que fossem.

Dados esses três preceitos, surge uma importante questão: como criar um processo capaz de administrar a *imprevisibilidade*? A resposta, conforme já observado, está na adaptabilidade do processo (alterar rapidamente o projeto e as condições técnicas). Portanto, um processo ágil deve ser *adaptável*.

Adaptação contínua sem progressos, entretanto, de pouco adianta. Um processo ágil de *software* deve adaptar de modo *incremental*. Para conseguir uma adaptação incremental, a equipe ágil precisa de *feedback* do cliente (de modo que as adaptações apropriadas possam ser feitas). Um catalisador eficaz para o *feedback* do cliente é um protótipo operacional ou parte de um sistema operacional. Dessa forma, deve-se instituir uma *estratégia de desenvolvimento incremental*. Os *incrementos de software* (protótipos executáveis ou partes de um sistema operacional) devem ser entregues em curtos períodos, de modo que as adaptações acompanhem o mesmo ritmo das mudanças (imprevisibilidade). Essa abordagem iterativa capacita o cliente a avaliar o incremento de *software* regularmente, fornecer o *feedback* necessário para a equipe de *software* e influenciar as adaptações feitas no processo para incluir o *feedback* adequadamente.

3.3.1   Princípios da agilidade

A Agile Alliance [Agi17][2] estabelece 12 princípios para alcançar a agilidade, os quais são sintetizados nos parágrafos a seguir.

A satisfação do cliente é alcançada com a oferta de valor por meio do *software* entregue ao cliente o mais rapidamente possível. Para tanto, os desenvolvedores ágeis reconhecem que os requisitos irão se alterar. Eles entregam os incrementos de

---

2   O site da Agile Alliance contém muitas informações úteis: https://www.agilealliance.org/.

software com frequência e trabalham ao lado de todos os envolvidos para que o seu *feedback* sobre as entregas seja rápido e significativo.

Uma equipe ágil é composta por indivíduos motivados, que se comunicam presencialmente e trabalham em um ambiente propício ao desenvolvimento de *software* de alta qualidade. A equipe segue um processo que incentiva a excelência técnica e o bom projeto, enfatizando a simplicidade – "a arte de maximizar o volume de trabalho não realizado" [Agi17]. Um *software* operacional que atenda às necessidades do cliente é o objetivo principal, e o ritmo e a direção do trabalho da equipe devem ser "sustentáveis", permitindo-a trabalhar de forma eficaz por longos períodos.

Uma equipe ágil é uma "equipe auto-organizada" – capaz de desenvolver arquiteturas bem-estruturadas, que levam a projetos sólidos e à satisfação do cliente. Parte da cultura da equipe é considerar o seu trabalho introspectivamente, sempre com a intenção de melhorar a forma como busca o seu objetivo principal.

Nem todo modelo de processo ágil atribui pesos iguais às características descritas nesta seção, e alguns modelos preferem ignorar (ou, pelo menos, minimizar) a importância de um ou mais desses princípios. Entretanto, os princípios definem um *espírito ágil* mantido em cada um dos modelos de processo apresentados neste capítulo.

3.3.2 A política do desenvolvimento ágil

Há debates consideráveis (algumas vezes acirrados) sobre os benefícios e a aplicabilidade do desenvolvimento de *software* ágil, em contraposição aos processos de engenharia de *software* mais convencionais. Jim Highsmith [Hig02a] (em tom jocoso) estabelece extremos ao caracterizar o sentimento do grupo pró-agilidade ("os agilistas"): "Os metodologistas tradicionais são um bando de 'pés na lama' que preferem produzir documentação sem falhas em vez de um sistema que funcione e atenda às necessidades do negócio". Em um contraponto, ele apresenta (mais uma vez em tom jocoso) a posição do grupo da engenharia de *software* tradicional: "Os metodologistas de pouco peso, quer dizer, os metodologistas 'ágeis' são um bando de *hackers* pretensiosos que vão acabar tendo uma grande surpresa ao tentarem transformar seus brinquedinhos em *software* de porte empresarial".

Como todo argumento sobre tecnologia de *software*, o debate sobre metodologia corre o risco de descambar para uma guerra santa. Se for deflagrada uma guerra, a racionalidade desaparecerá, e crenças, em vez de fatos, orientarão a tomada de decisão.

Ninguém é contra a agilidade. A verdadeira questão é: qual a melhor maneira de atingi-la? Lembre-se que *software* ativo é importante, mas não se deve esquecer que ele também deve apresentar uma série de atributos de qualidade, incluindo confiabilidade, usabilidade e facilidade de manutenção. Como desenvolver *software* que atenda às necessidades atuais dos clientes e que apresente características de qualidade que o permitam ser estendido e ampliado para responder às necessidades dos clientes em longo prazo?

Não há respostas absolutas para nenhuma dessas perguntas. Mesmo na própria escola ágil, existem vários modelos de processos propostos (Seções 3.4 e 3.5), cada um com uma abordagem sutilmente diferente a respeito do problema da agilidade. Em cada modelo existe um conjunto de "ideias" (os agilistas relutam em chamá-las de "tarefas de trabalho") que representam um afastamento significativo da engenharia de *software* tradicional. E, ainda assim, muitos conceitos ágeis são apenas adaptações de bons conceitos da engenharia de *software*. Conclusão: pode-se ganhar muito considerando o que há de melhor nas duas escolas e praticamente nada denegrindo uma ou outra abordagem.

3.4 Scrum

Scrum (o nome provém de uma atividade que ocorre durante a partida de *rugby*)[3] é um método de desenvolvimento ágil de *software* bastante popular concebido por Jeff Sutherland e sua equipe de desenvolvimento no início dos anos 1990. Schwaber e Beedle [Sch01b] realizaram desenvolvimentos adicionais nos métodos *Scrum*.

Os princípios do *Scrum* são coerentes com o manifesto ágil e são usados para orientar as atividades de desenvolvimento dentro de um processo que incorpora as seguintes atividades metodológicas: requisitos, análise, projeto, evolução e entrega. Em cada atividade metodológica, ocorrem tarefas realizadas em um período (janela de tempo[4]) chamado de *sprint*. O trabalho realizado dentro de um *sprint* (o número de *sprints* necessários para cada atividade metodológica varia dependendo do tamanho e da complexidade do produto) é adaptado ao problema em questão e definido, e muitas vezes modificado em tempo real, pela equipe *Scrum*. O fluxo geral do processo *Scrum* está ilustrado na Figura 3.2. Boa parte da nossa descrição da metodologia *Scrum* aparece em Fowler e Sutherland [Fow16].[5]

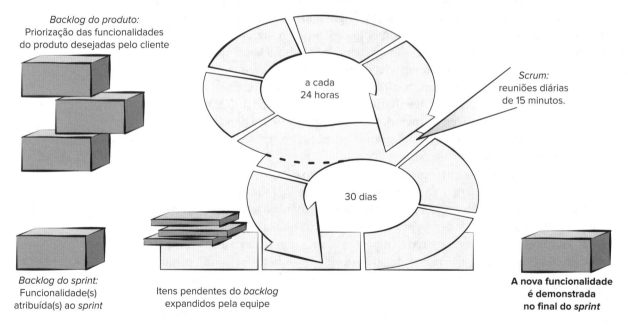

Figura 3.2
Fluxo do processo *Scrum*.

---

3 Um grupo de jogadores faz uma formação em torno da bola, e seus companheiros de equipe trabalham juntos (às vezes, de forma violenta!) para avançar com a bola em direção ao fundo do campo.

4 *Janela de tempo* (*time-box*) é um termo de gerenciamento de projetos (consulte a Parte IV deste livro) que indica um período destinado para cumprir alguma tarefa.

5 O Scrum Guide está disponível em: https://www.Scrum.org/resources/what-is-Scrum.

Casa Segura

Considerando o desenvolvimento de software ágil

Cena: Escritório de Doug Miller.

Atores: Doug Miller, gerente de engenharia de *software*; Jamie Lazar, membro da equipe de *software*; Vinod Raman, membro da equipe de *software*.

Conversa: (Batendo à porta, Jamie e Vinod entram na sala de Doug.)

Jamie: Doug, você tem um minuto?

Doug: Com certeza, Jamie, o que há?

Jamie: Estivemos pensando a respeito da discussão de ontem sobre processos... sabe, qual processo vamos escolher para esse novo projeto *CasaSegura*.

Doug: E?

Vinod: Eu estava conversando com um amigo de outra empresa e ele me falou sobre *Scrum*. É um modelo de processo ágil... já ouviu falar?

Doug: Sim, algumas coisas boas, outras ruins.

Jamie: Bem, pareceu muito bom para nós. Permite que se desenvolva *software* rapidamente, usa algo chamado de *sprints* para entregar incrementos de *software* quando a equipe decide que o produto está pronto... é bem legal, acho.

Doug: Realmente, apresenta um monte de ideias muito boas. Gosto do conceito de *sprint*, da ênfase na criação de casos de teste iniciais e da ideia de que o responsável pelo processo deve fazer parte da equipe.

Jamie: Hã? Quer dizer que o pessoal de *marketing* trabalhará conosco na equipe de projeto?

Doug (confirmando com a cabeça): São envolvidos, mas não a *product owner*. Essa deve ser a Marg.

Jamie: Ótimo. Ela vai filtrar as alterações que o *marketing* vai querer me mandar a cada cinco minutos.

Vinod: Mesmo assim, meu amigo me disse que existem formas de se "aceitar" as mudanças durante um projeto ágil.

Doug: Então, meus amigos, vocês acham que deveríamos usar *Scrum*?

Jamie: Definitivamente vale considerar.

Doug: Concordo. E mesmo que optássemos por um modelo incremental, não há razão para não podermos incorporar muito do que o *Scrum* tem a oferecer.

Vinod: Doug, mas antes você disse "algumas coisas boas, outras ruins". Quais são as coisas ruins?

Doug: O que não me agrada é a maneira como o *Scrum* dá menos importância à análise e ao projeto... diz mais ou menos que a codificação é onde a ação está...

(Os membros da equipe se entreolham e sorriem.)

Doug: Então vocês concordam com a metodologia *Scrum*?

Jamie (falando por ambos): Ela pode ser adaptada às nossas necessidades. Além do mais, escrever código é o que fazemos, chefe!

Doug (rindo): É verdade, mas eu gostaria de vê-los perdendo um pouco menos de tempo codificando para depois recodificar e dedicando um pouco mais de tempo analisando o que precisa ser feito e projetando uma solução que funcione.

Vinod: Talvez possamos ter as duas coisas, agilidade com um pouco de disciplina.

Doug: Acho que sim, Vinod. Na realidade, tenho certeza disso.

3.4.1 Equipes e artefatos do *Scrum*

A equipe (ou "time") *Scrum* é uma equipe interdisciplinar que se auto-organiza, e é composta por um *product owner*, um *Scrum master* e uma pequena *equipe de desenvolvimento* (três a seis pessoas). Os principais artefatos do *Scrum* são o *backlog do produto*, o *backlog do sprint* e o *incremento* de código. O desenvolvimento avança pela divisão do projeto em uma série de períodos de desenvolvimento incremental do protótipo, com duração de 2 a 4 semanas, chamados de *sprints*.

O *backlog* do produto é uma lista priorizada de requisitos ou características do artefato que agregam valor de negócio para o cliente. Itens podem ser adicionados ao *backlog* a qualquer momento com a aprovação do *product owner* e o consentimento da

44 Engenharia de *software*

equipe de desenvolvimento. O *product owner* ordena os itens no *backlog* do produto para cumprir as metas mais importantes de todos os envolvidos. O *backlog* do produto nunca está completo enquanto o produto evolui para atender às necessidades dos envolvidos. O *product owner* é a única pessoa que pode decidir encerrar um *sprint* antecipadamente ou estendê-lo caso o incremento não seja aceito.

O *backlog* do *sprint* é um subconjunto de itens do *backlog* do produto selecionado pela equipe do produto para ser completado na forma do incremento de código durante o *sprint* ativo atual. O incremento representa a união de todos os itens do *backlog* do produto completados nos *sprints* anteriores e todos os itens do *backlog* a serem completados nos *sprints* atuais. A equipe de desenvolvimento cria um plano para entregar um incremento de *software* que contém as características selecionadas, com a intenção de cumprir uma meta importante, como negociado com o *product owner* no *sprint* atual. A maioria dos *sprints* tem uma limitação de tempo (ou seja, são *time-boxed*), e devem ser completados em 3 a 4 semanas. O modo como a equipe de desenvolvimento completa o incremento é deixado para que a própria equipe decida. A equipe de desenvolvimento também decide quando o incremento está pronto e pode ser demonstrado para o *product owner*. Nenhuma nova característica pode ser adicionada ao *backlog* do *sprint* a menos que o *sprint* seja cancelado ou reiniciado.

O *Scrum master* atua como facilitador para todos os membros da equipe *Scrum*. Ele comanda a reunião diária do *Scrum* e é responsável por remover os obstáculos identificados pelos membros da equipe durante a reunião. Ele orienta os membros da equipe de desenvolvimento para que consigam ajudar uns aos outros a completar as tarefas do *sprint* quando têm disponibilidade de tempo. Ele ajuda o *product owner* a identificar técnicas para gerenciar os itens do *backlog* do produto e a garantir que os itens do *backlog* estejam enunciados de forma clara e concisa.

3.4.2 Reunião de planejamento do *sprint*

Antes de iniciar, toda a equipe de desenvolvimento trabalha com o *product owner* e com todos os outros envolvidos para desenvolver os itens no *backlog* do produto. As técnicas para coletar esses requisitos são discutidas no Capítulo 7. O *product owner* e a equipe de desenvolvimento ordenam os itens no *backlog* do produto pela importância das necessidades de negócio do primeiro e a complexidade das tarefas de engenharia de *software* (programação e teste) necessárias para completá-los. Às vezes, o resultado é a identificação de características ausentes que serão necessárias para produzir a funcionalidade exigida para os usuários.

Antes do início de cada *sprint*, o *product owner* enuncia a meta de desenvolvimento para o incremento a ser completado no próximo *sprint*. O *Scrum master* e a equipe de desenvolvimento selecionam os itens a serem transferidos para o *backlog* do *sprint*. A equipe de desenvolvimento determina o que pode ser entregue no incremento dentro dos limites da janela de tempo alocada ao *sprint* e, junto ao *Scrum master*, qual será o trabalho necessário para entregar o incremento. A equipe de desenvolvimento decide quais papéis são necessários e como precisarão ser atendidos.

3.4.3 Reunião diária do *Scrum*

A reunião diária do *Scrum* é um evento de 15 minutos programado no início de cada dia de trabalho para permitir que os membros da equipe sincronizem as suas atividades e se planejem para as próximas 24 horas. O *Scrum master* e a equipe de desenvolvimento sempre participam da reunião diária. Algumas equipes permitem que o *product owner* participe ocasionalmente.

São feitas três perguntas-chave que são respondidas por todos os membros da equipe:

- O que você realizou desde a última reunião de equipe?
- Quais obstáculos está encontrando?
- O que planeja realizar até a próxima reunião da equipe?

O *Scrum master* conduz a reunião e avalia as respostas de cada integrante. A reunião *Scrum*, realizada diariamente, ajuda a equipe a revelar problemas em potencial o mais cedo possível. É responsabilidade do *Scrum master* eliminar os obstáculos apresentados antes da próxima reunião diária, se possível. Não são reuniões de solução de problemas, pois estas ocorrem posteriormente e envolvem apenas as partes afetadas. A reunião diária também leva à "socialização do conhecimento" [Bee99] e, portanto, promove uma estrutura de equipe auto-organizada.

Algumas equipes usam essas reuniões para declarar quais itens do *backlog* do *sprint* estão completos ou prontos. Quando considerar que todos os itens do *backlog* do *sprint* estão completos, a equipe pode decidir marcar uma demonstração ou revisão do incremento completo junto com o *product owner*.

3.4.4 Reunião de revisão do *sprint*

A revisão do *sprint* ocorre no final do *sprint*, quando a equipe de desenvolvimento decidiu que o incremento está completo. Em geral, a revisão do *sprint* é limitada a uma reunião de 4 horas para um *sprint* de 4 semanas. O *Scrum master*, a equipe de desenvolvimento, o *product owner* e alguns envolvidos participam. A atividade principal é uma *demo* (ou demonstração) do incremento de *software* completado durante o *sprint*. É importante notar que a demo pode não ter toda a funcionalidade planejada, mas sim funções que seriam entregues na janela de tempo estipulada para o *sprint*.

O *product owner* pode aceitar o incremento como completo ou não. Se ele não for aceito, o *product owner* e os envolvidos fornecem *feedback* para possibilitar a realização de uma nova rodada de planejamento do *sprint*. É neste momento que novas características podem ser adicionadas ou eliminadas do *backlog* do produto. As novas características podem afetar a natureza do incremento desenvolvido no próximo *sprint*.

3.4.5 Retrospectiva do *sprint*

Em uma situação ideal, antes de começar outra reunião de planejamento do *sprint*, o *Scrum master* marca uma reunião de 3 horas (para um *sprint* de 4 semanas) com a equipe de desenvolvimento, chamada de *retrospectiva do sprint*. Durante essa reunião, a equipe debate:

- O que deu certo no *sprint*.
- O que poderia melhorar.
- Com o que a equipe se compromete em melhorar no próximo *sprint*.

O *Scrum master* lidera a reunião e encoraja a equipe a melhorar as suas práticas de desenvolvimento para se tornar mais eficaz para o próximo *sprint*. A equipe planeja formas de melhorar a qualidade do produto com a adaptação da sua definição de "pronto". Ao final da reunião, a equipe deve ter uma boa ideia sobre as melhorias necessárias no próximo *sprint* e sobre como estar preparada para planejar o incremento na próxima reunião de planejamento do *sprint*.

46 Engenharia de *software*

3.5 Outros *frameworks* ágeis

A história da engenharia de *software* é recheada de metodologias e descrições de processos, métodos e notações de modelagem, ferramentas e tecnologias obsoletas. Todas atingiram certa notoriedade e foram ofuscadas por algo novo e (supostamente) melhor. Com a introdução de uma ampla variedade de *frameworks* de processos ágeis – todos disputando aceitação pela comunidade de desenvolvimento de *software* –, o movimento ágil seguiu o mesmo caminho histórico.[6]

Conforme citado na última seção, o *framework* ágil mais utilizado de todos é o *Scrum*. Porém, muitos outros têm sido propostos e encontram-se em uso no setor. Nesta seção, apresentamos um breve panorama de três métodos ágeis populares: Extreme Programming (XP), Kanban e DevOps.

3.5.1 O *framework* XP

Nesta seção, apresentamos um breve panorama da *Extreme Programming* (XP), uma das abordagens mais utilizadas no desenvolvimento de *software* ágil. Kent Beck [Bec04a] escreveu o trabalho seminal sobre a XP.

A Extreme Programming (Programação Extrema) envolve um conjunto de regras e práticas constantes no contexto de quatro atividades metodológicas: planejamento, projeto, codificação e testes. A Figura 3.3 ilustra o processo XP e destaca alguns conceitos e tarefas-chave associados a cada uma das atividades metodológicas. As atividades-chave da XP são sintetizadas nos parágrafos a seguir.

Planejamento. A atividade de planejamento (também chamada de o *jogo do planejamento*) se inicia com *ouvir*. A atividade de ouvir conduz à criação de um conjunto de "histórias" (também denominadas *histórias de usuário*) que descreve o resultado, as características e a funcionalidade solicitados para o *software* a ser construído. Cada *história de usuário* (descrita no Capítulo 7) é escrita pelo cliente e colocada em uma ficha. O cliente atribui um *valor* (i.e., uma prioridade) à história baseando-se no valor de negócio global do recurso ou da função.[7] Os membros da equipe XP avaliam, então, cada história e atribuem um *custo* – medido em semanas de desenvolvimento – a ela. É importante notar que podem ser escritas novas histórias a qualquer momento.

Clientes e desenvolvedores trabalham juntos para decidir como agrupar histórias para a versão seguinte (o próximo incremento de *software*) a ser desenvolvida pela equipe XP. Conseguindo chegar a um *compromisso* básico (concordância sobre quais histórias serão incluídas, data de entrega e outras questões de projeto) para uma versão, a equipe XP ordena as histórias que serão desenvolvidas em uma de três formas: (1) todas as histórias serão implementadas imediatamente (em um prazo de poucas semanas); (2) as histórias de maior valor serão deslocadas para cima

---

6 Isso não é algo ruim. Antes que um ou mais modelos ou métodos sejam aceitos como um padrão, todos devem competir para conquistar os corações e mentes dos engenheiros de *software*. Os "vencedores" evoluem e se transformam nas boas práticas, enquanto os "perdedores" desaparecem ou se fundem aos modelos vencedores.

7 O valor de uma história também pode depender da presença de outra história.

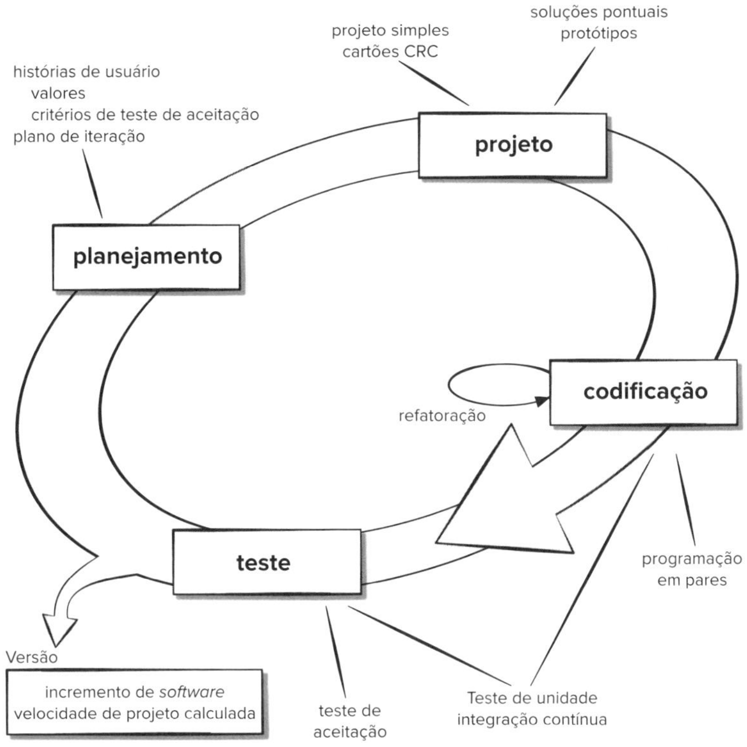

Capítulo 3   Agilidade e processo   **47**

Figura 3.3
O processo da Extreme Programming (XP).

no cronograma e implementadas primeiro; ou (3) as histórias de maior risco serão deslocadas para cima no cronograma e implementadas primeiro.

Depois de a primeira versão do projeto (também denominada incremento de *software*) ter sido entregue, a equipe XP calcula a velocidade do projeto. De forma simples, a *velocidade do projeto* é o número de histórias de clientes implementadas durante a primeira versão. Assim, a velocidade do projeto pode ser utilizada para ajudar a estimar as datas de entrega e o cronograma para versões subsequentes. A equipe XP modifica seus planos para se adaptar a ela.

Projeto. O projeto XP segue rigorosamente o princípio KISS (*keep it simple, stupid!*, ou seja, não complique!). O projeto de funcionalidade extra (pelo fato de o desenvolvedor supor que ele será necessário no futuro) é desestimulado.[8]

A XP estimula o uso de cartões CRC (classe-responsabilidade-colaborador; ver Capítulo 8) como um mecanismo eficaz para pensar o *software* em um contexto orientado a objetos. Os cartões CRC identificam e organizam as classes orientadas a objetos[9] relevantes para o incremento de *software* corrente. Os cartões CRC são o único artefato de projeto produzido como parte do processo XP.

Se for encontrado um problema de projeto difícil, como parte do projeto de uma história, a XP recomenda a criação imediata de um protótipo operacional dessa parte

---

8 Tais diretrizes de projeto devem ser seguidas em todos os métodos de engenharia de *software*, apesar de ocorrerem situações em que terminologia e notação sofisticadas possam constituir obstáculo para a simplicidade.

9 As classes orientadas a objetos são discutidas ao longo da Parte II deste livro.

do projeto. Um aspecto central na XP é o de que a elaboração do projeto ocorre tanto antes *quanto depois* de se ter iniciado a codificação. Refatoração (modificar/otimizar o código sem alterar o comportamento externo do *software* [Fow00]) significa que o "projetar" é realizado continuamente enquanto o sistema estiver em elaboração. Na realidade, a própria atividade de desenvolvimento guiará a equipe XP quanto ao aprimoramento do projeto.

Codificação. Depois de desenvolvidas as histórias e de o trabalho preliminar de elaboração do projeto ter sido feito, a equipe *não* passa para a codificação, mas desenvolve uma série de testes de unidades que exercitarão cada uma das histórias a ser incluída na versão corrente (incremento de *software*).[10] Uma vez criado o teste de unidades[11], o desenvolvedor poderá se concentrar melhor no que deve ser implementado para ser aprovado no teste. Estando o código completo, ele pode ser testado em unidade imediatamente e, dessa forma, fornecer *feedback* para os desenvolvedores instantaneamente.

Um conceito-chave na atividade de codificação (e um dos mais discutidos aspectos da XP) é a *programação em pares*. A XP recomenda que duas pessoas trabalhem juntas em uma mesma estação de trabalho para criar código para uma história. Isso fornece um mecanismo para solução de problemas em tempo real (duas cabeças normalmente funcionam melhor do que uma) e garantia da qualidade em tempo real (o código é revisto à medida que é criado).[12]

Conforme a dupla de programadores conclui o trabalho, o código que desenvolveram é integrado ao trabalho de outros. Essa estratégia de "integração contínua" ajuda a evitar problemas de compatibilidade e de interface precocemente.

Testes. Os testes de unidades criados devem ser implementados usando-se uma metodologia que os capacite a ser automatizados (assim, poderão ser executados fácil e repetidamente). Isso estimula uma estratégia de testes de regressão (Capítulo 20) toda vez que o código for modificado (o que é frequente, dada a filosofia de refatoração da XP). Os *testes de aceitação* da XP, também denominados *testes de cliente*, são especificados pelo cliente e mantêm o foco nas características e na funcionalidade do sistema total que são visíveis e que podem ser revistas pelo cliente. Os testes de aceitação são obtidos de histórias de usuário implementadas como parte de uma versão do *software*.

3.5.2 Kanban

O método *Kanban* [And16] é uma metodologia enxuta que descreve métodos para melhorar qualquer processo ou fluxo de trabalho. O Kanban enfoca a gestão de alterações e a entrega de serviços. A gestão de alterações define o processo por meio do qual uma alteração solicitada é integrada a um sistema baseado em *software*. A entrega de serviços é incentivada com o foco no entendimento das necessidades e expectativas do cliente. Os membros de equipe gerenciam o trabalho e recebem

---

10 Essa abordagem equivale a saber as perguntas de uma prova antes de começar a estudar. Torna o estudo muito mais fácil, permitindo que se concentre a atenção apenas nas perguntas que serão feitas.

11 O teste de unidades, discutido detalhadamente no Capítulo 20, concentra-se em um componente de *software* individual, exercitando a interface, a estrutura de dados e a funcionalidade do componente, em uma tentativa de que se revelem erros pertinentes ao componente.

12 A programação em pares se tornou tão difundida em toda a comunidade de *software* que o tema virou manchete no *The Wall Street Journal* [Wal12].

liberdade para se organizarem de modo a completá-lo. As políticas evoluem quando necessário para melhorar os resultados.

O Kanban nasceu na Toyota, onde era uma série de práticas de engenharia industrial, e foi adaptado ao desenvolvimento de *software* por David Anderson [And16]. O Kanban em si depende de seis práticas fundamentais:

1. Visualizar o fluxo de trabalho utilizando um quadro Kanban (a Figura 3.4 mostra um exemplo). O quadro Kanban é dividido em colunas que representam o estágio de desenvolvimento de cada elemento de funcionalidade do *software*. Os cartões no quadro podem conter histórias de usuário isoladas ou defeitos recém-descobertos em notas adesivas, que a equipe leva da coluna "por fazer" para a "fazendo" e então para a "feito" à medida que o projeto avança.
2. Limitar a quantidade de *estoque em processo* (WIP, do inglês *work in progress*) em um dado momento. Os desenvolvedores são incentivados a completar a sua tarefa atual antes de iniciarem outra. Isso reduz o tempo de ciclo, melhora a qualidade do trabalho e aumenta a capacidade da equipe de fornecer funcionalidades de *software* com maior frequência para os envolvidos.
3. Gerenciar o fluxo de trabalho reduz os desperdícios por meio do entendimento do fluxo de valor atual, pela análise dos pontos em que sofre interrupções, pela definição de mudanças e pela implementação subsequente dessas mudanças.
4. Explicitar as políticas de processo (p. ex., anotar os motivos pelos quais um determinado item foi selecionado para ser trabalhado e os critérios usados para se definir "feito").
5. Enfocar a melhoria contínua com a criação de ciclos de *feedback*, nos quais as alterações são introduzidas com base em dados de processo, e os efeitos da mudança sobre o processo são medidos após as alterações serem realizadas.[13]
6. Alterar o processo colaborativamente e engajar todos os membros de equipe e outros envolvidos quando necessário.

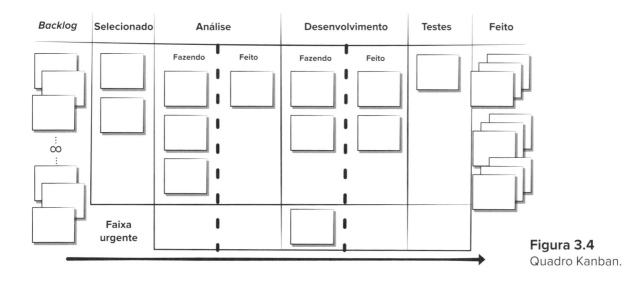

Figura 3.4
Quadro Kanban.

---
13 O uso de métricas de processo é discutido no Capítulo 23.

As reuniões de equipe para o Kanban são semelhantes àquelas realizadas na metodologia *Scrum*. Se o Kanban está sendo introduzido em um projeto existente, nem todos os itens iniciam na coluna do *backlog*. Para colocar os seus cartões na coluna do processo da equipe, os desenvolvedores precisam se perguntar: Onde estão agora? De onde vieram? Aonde vão?

A base para a reunião diária em pé do Kanban (também chamada de *standup meeting*) é uma tarefa conhecida como "caminhar pelo quadro". A liderança dessa reunião muda diariamente. Os membros da equipe identificam os itens ausentes do quadro que estão sendo trabalhados e os adicionam ao quadro. A equipe tenta fazer com que todos os itens possíveis avancem para a coluna de "feito". O objetivo é avançar primeiro os itens com alto valor de negócio. A equipe observa o fluxo e tenta identificar obstáculos à finalização com uma análise da carga de trabalho e dos riscos.

Durante a reunião de retrospectiva semanal, são examinadas medidas de processo. A equipe considera onde podem ser necessárias melhorias de processo e propõe mudanças a serem implementadas. O Kanban pode ser combinado facilmente com outras práticas de desenvolvimento ágil para adicionar um pouco mais de disciplina ao processo.

3.5.3 DevOps

O DevOps foi criado por Patrick DeBois [Kim16a] para combinar Desenvolvimento (*Development*) e Operações (*Operations*). O DevOps tenta aplicar os princípios do desenvolvimento ágil e do enxuto a toda a cadeia logística de *software*. A Figura 3.5 apresenta um panorama do fluxo de trabalho do DevOps. A abordagem envolve diversas etapas que formam ciclos contínuos até que o produto desejado exista de fato.

- **Desenvolvimento contínuo.** Os produtos de *software* são divididos e desenvolvidos em múltiplos *sprint*s, com os incrementos entregues para os membros da garantia da qualidade[14] da equipe de desenvolvimento para serem testados.
- **Teste contínuo.** Ferramentas de teste automatizadas[15] são utilizadas para ajudar os membros da equipe a testar múltiplos incrementos de código ao mesmo tempo para garantir que não há defeitos antes da integração.
- **Integração contínua.** Os elementos de código com a nova funcionalidade são adicionados ao código existente e ao ambiente de execução (*run-time*) e, então, examinados para garantir que não há erros após a entrega.
- **Entrega contínua.** Nesta etapa, o código integrado é entregue (instalado) ao ambiente de produção, que pode incluir múltiplos locais em nível global, que, por sua vez, precisam ser preparados para receber a nova funcionalidade.
- **Monitoramento contínuo.** Os membros da equipe de operações que pertencem à equipe de desenvolvimento ajudam a melhorar a qualidade do *software*, monitorando o seu desempenho no ambiente de produção e buscando proativamente possíveis problemas antes que os usuários os identifiquem.

O DevOps melhora as experiências dos clientes, pois acelera a reação às mudanças nas suas necessidades ou desejos. Isso pode aumentar a fidelidade de marca e a participação de mercado. Abordagens enxutas como o DevOps podem dar às

---

14 A garantia da qualidade é discutida no Capítulo 17.
15 As ferramentas de teste automatizadas são discutidas no Capítulo 19.

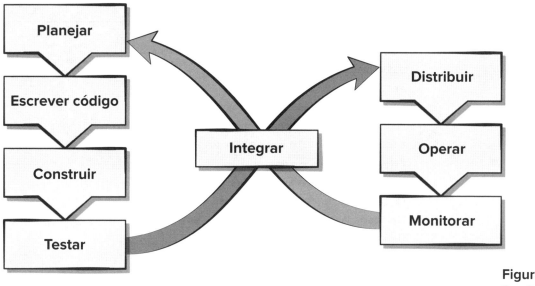

Figura 3.5
DevOps

organizações uma maior capacidade de inovação, pois reduzem o retrabalho e permitem a transição para atividades com maior valor de negócio. Os produtos não geram renda até os consumidores terem acesso a eles, e o DevOps pode reduzir o tempo de entrega para as plataformas de produção [Sha17].

3.6 Resumo

Em uma economia moderna, as condições de mercado mudam rapidamente, as necessidades do cliente e do usuário evoluem e novos desafios competitivos surgem sem aviso. Os profissionais têm de assumir uma abordagem de engenharia de *software* que permita que permaneçam ágeis – definindo processos que sejam manipuláveis, adaptáveis e enxutos, capazes de se adequar às necessidades do mundo dos negócios moderno.

Uma filosofia ágil para a engenharia de *software* enfatiza quatro elementos-chave: a importância das equipes que se auto-organizam, que têm controle sobre o trabalho por elas realizado; a comunicação e a colaboração entre os membros da equipe e entre os desenvolvedores e seus clientes; o reconhecimento de que as mudanças representam oportunidades; e a ênfase na entrega rápida do *software* para satisfazer o cliente. Os modelos de processos ágeis foram feitos para tratar de todas essas questões.

A Tabela 3.1 resume alguns dos pontos fortes e fracos dos modelos de processo ágil analisados. Nas edições anteriores deste livro, examinamos vários outros. A realidade é que nenhum método ágil é perfeito para todos os projetos. Os desenvolvedores ágeis trabalham em equipes autodirigidas e são capacitados para criarem seus próprios modelos de processo.

O *Scrum* enfatiza o uso de um conjunto de padrões de processos de *software* que provaram ser eficazes para projetos com prazos de entrega apertados, requisitos mutáveis e urgência do negócio. Uma equipe *Scrum* pode adotar o uso do quadro Kanban para ajudar a organizar a sua reunião diária de planejamento.

TABELA 3.1 Comparação entre técnicas ágeis

Prós do *Scrum*	O *product owner* define as prioridades.
	A equipe se responsabiliza pela tomada de decisões.
	A documentação é leve.
	Apoia atualizações frequentes.
Contras do *Scrum*	É difícil controlar o custo das mudanças.
	Pode não ser apropriado para equipes de grande porte.
	Exige membros de equipe especializados.
Prós da XP	Enfatiza o envolvimento do cliente.
	Estabelece planos e cronogramas racionais.
	Os desenvolvedores têm alto comprometimento com o projeto.
	A probabilidade de rejeição do produto é reduzida.
Contras da XP	Há a tentação de "embalar" o protótipo.
	Exige reuniões frequentes sobre custos crescentes.
	Pode permitir alterações em excesso.
	Há dependência de membros de equipe altamente qualificados.
Prós do Kanban	Tem requisitos temporais e orçamentários menores.
	Permite a entrega de produtos mais cedo.
	As políticas de processo são explicitadas.
	Há melhoria contínua do processo.
Contras do Kanban	As habilidades de colaboração da equipe determinam o sucesso.
	A má análise de negócio pode fadar o projeto ao fracasso.
	A flexibilidade pode fazer com que os desenvolvedores percam o foco.
	Os desenvolvedores relutam em usar medições.
Prós do DevOps	O tempo de entrega do código é reduzido.
	A equipe possui membros de operações e desenvolvedores.
	A equipe tem responsabilidade pelo projeto de ponta a ponta.
	Há monitoramento proativo do produto entregue.
Contras do DevOps	Há pressão para se trabalhar no código novo e no antigo.
	Há forte dependência de ferramentas automatizadas para ser eficaz.
	A entrega pode afetar o ambiente de produção.
	Exige uma equipe de desenvolvimento especializada.

A Extreme Programming (XP) é organizada em quatro atividades metodológicas: **planejamento, projeto, codificação** e **testes**. A XP sugere várias técnicas poderosas e inovadoras que possibilitam a uma equipe ágil criar versões de *software* com frequência, propiciando recursos e funcionalidade descritos previamente e priorizados pelos envolvidos. Uma equipe XP pode usar técnicas do DevOps para diminuir o tempo de entrega.

Problemas e pontos a ponderar

3.1. Leia o "Manifesto for Agile Software Development" [Bec01] citado no início deste capítulo. Você consegue exemplificar uma situação em que um ou mais dos quatro "valores" poderiam levar a equipe a ter problemas?

Capítulo 3   Agilidade e processo   **53**

3.2. Descreva agilidade (para projetos de *software*) com suas próprias palavras.

3.3. Por que um processo iterativo facilita o gerenciamento de mudanças? Todos os processos ágeis discutidos neste capítulo são iterativos? É possível concluir um projeto com apenas uma iteração e ainda assim permanecer ágil? Justifique suas respostas.

3.4. Tente elaborar mais um "princípio de agilidade" que ajudaria uma equipe de engenharia de *software* a se tornar mais adaptável.

3.5. Por que os requisitos mudam tanto? Afinal de contas, as pessoas não sabem o que elas querem?

3.6. A maior parte dos modelos de processos ágeis recomenda comunicação presencial. Mesmo assim, hoje em dia os membros de uma equipe de *software* e seus clientes podem estar geograficamente separados uns dos outros. Você acredita que isso implique que a separação geográfica seja algo a ser evitado? Você é capaz de imaginar maneiras de superar esse problema?

3.7. Escreva uma história de usuário que descreva o recurso "*sites* favoritos" ou "favoritos" disponível na maioria dos navegadores Web.

3.8. Descreva com suas próprias palavras os conceitos de refatoração e programação em pares da XP.

Elemento de design: Ícone de lupa da seção Panorama: © Roger Pressman

4

Modelo de processo recomendado

Conceitos-chave

definição de requisitos.... 57
estimativa de recursos.... 60
avaliação de protótipos... 64
decisão *go/no-go* 65
manter 69
projeto de arquitetura
preliminar 59
construção do protótipo... 61
evolução do protótipo.... 67
versão candidata ao
lançamento 68
avaliação do risco........ 66
definição do escopo...... 67
testar e avaliar.......... 63

Nos Capítulos 2 e 3, apresentamos breves descrições de diversos modelos de processo de *software* e metodologias de engenharia de *software*. Cada projeto é diferente e cada equipe é diferente. Nenhuma metodologia de engenharia de *software* é apropriada para todo artefato de *software* possível. Neste capítulo, compartilhamos nossas opiniões sobre o uso de um processo adaptável que pode ser ajustado para atender às necessidades de desenvolvedores de *software* que trabalham em produtos dos mais diversos tipos.

Panorama

O que é? Todo artefato de *software* precisa de um "roteiro" ou de um "processo de *software* genérico" de algum tipo. Ele não precisa estar completo, mas é preciso saber o seu objetivo antes de dar o primeiro passo. Qualquer roteiro ou processo genérico deve se basear nas melhores práticas do setor.

Quem realiza? Os engenheiros de *software* colaboram para adaptar um modelo de processo de *software* genérico às suas necessidades e, então, o seguem diretamente. Toda equipe de *software* deve ser disciplinada, mas também flexível e empoderada quando necessário.

Por que é importante? O desenvolvimento de *software* pode facilmente se tornar caótico sem o controle e a organização possibilitados por um processo definido. Como afirmamos no Capítulo 3, uma abordagem de engenharia de *software* moderna deve ser "ágil" e adotar as alterações necessárias para satisfazer os requisitos dos envolvidos. É importante não se focar demais em documentos e rituais. O processo deve incluir apenas atividades, controles e produtos de trabalho apropriados para a equipe do projeto e para o produto a ser gerado.

Quais são as etapas envolvidas? Mesmo que um processo genérico precise ser adaptado para atender às necessidades dos produtos em construção, é preciso garantir que todos os envolvidos tenham um papel na definição, na construção e no teste do *software*. É provável que as atividades metodológicas básicas (comunicação, planejamento, modelagem, construção e entrega) tenham pontos significativos em comum. *Projete um pouco, construa um pouco, teste um pouco, repita* é uma abordagem melhor do que criar documentos e planos de projeto rígidos para a maioria dos projetos de *software*.

Qual é o artefato? Do ponto de vista de uma equipe de *software*, os artefatos são os incrementos de programas operacionais, os documentos úteis e os dados produzidos pelas atividades do processo.

Como garantir que o trabalho foi realizado corretamente? O cumprimento de prazos, a satisfação dos envolvidos, a qualidade geral e a viabilidade em longo prazo do produto que se desenvolve são os melhores indicadores de que o seu processo está funcionando.

Um artigo de Rajagoplan [Raj14] repassa os pontos fracos gerais das abordagens prescritivas do ciclo de vida do *software* (p. ex., o modelo cascata) e contém diversas sugestões que devem ser consideradas durante a organização de um projeto moderno de desenvolvimento de *software*.

1. É arriscado usar um modelo de processo linear sem amplo *feedback*.
2. Nunca é possível ou desejável planejar uma grande coleta de requisitos na fase inicial.
3. A coleta de requisitos na fase inicial pode não reduzir os custos ou prevenir atrasos no cronograma.
4. O gerenciamento de projetos adequado é essencial para o desenvolvimento de *software*.
5. Os documentos devem evoluir com o *software* e não devem atrasar o início da construção.
6. Engaje os envolvidos desde o início e frequentemente no processo de desenvolvimento.
7. Os testadores devem se envolver com o processo antes da construção do *software*.

Na Seção 2.6, listamos os prós e contras de diversos modelos de processo prescritivos. O modelo cascata não é suscetível a alterações que precisam ser introduzidas após os desenvolvedores iniciarem a codificação. Logo, o *feedback* dos envolvidos é limitado ao início e ao fim do projeto. Parte do motivo para isso é que o modelo cascata sugere que todos os artefatos de análise e projeto devem ser completados antes da programação e dos testes ocorrerem, o que dificulta a sua adaptação a projetos com requisitos em evolução.

Uma tentação seria adotar um modelo incremental (Figura 4.1), como o modelo de prototipação ou o *Scrum*. Os modelos de processo incremental envolvem os clientes desde o início e com frequência, o que reduz o risco de criar um artefato que eles não aceitarão. Existe a tentação de incentivar muitas alterações à medida que os envolvidos observam o protótipo e percebem que as funções e características que

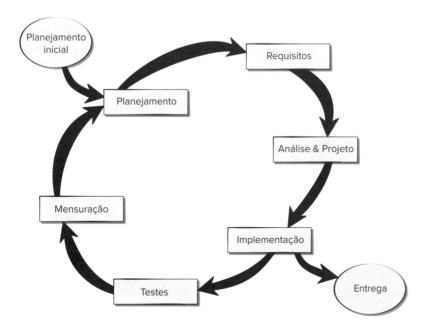

Figura 4.1
Modelo incremental para o desenvolvimento de protótipos.

descobriram ser necessárias não estão presentes. Muitas vezes, os desenvolvedores não se preparam para a evolução do protótipo e criam protótipos descartáveis. Lembre-se que o objetivo da engenharia de *software* é reduzir os esforços desnecessários, então os protótipos precisam ser projetados com a reutilização em mente. Os modelos incrementais oferecem uma base melhor para criar um processo adaptável caso as alterações possam ser gerenciadas de forma inteligente.

Na Seção 3.5, analisamos os prós e contras de diversos modelos de processo ágil além do *Scrum*. Os modelos de processo ágil são muito bons para acomodar conhecimento incerto sobre as necessidades e os problemas reais dos envolvidos. As principais características dos modelos de processo ágil são:

- Os protótipos criados são projetados para serem estendidos em incrementos de *software* futuros.
- Os envolvidos se engajam durante todo o processo de desenvolvimento.
- Os requisitos de documentação são leves, e a documentação deve evoluir junto com o *software*.
- Os testes são planejados e executados no início.

O *Scrum* e o Kanban estendem essas características. Ocasionalmente, o *Scrum* é criticado por exigir muitas reuniões. Contudo, as reuniões diárias fazem com que seja difícil que os desenvolvedores se afastem demais da produção de artefatos que serão úteis para os envolvidos. O Kanban (Seção 3.5.2) cria um sistema de acompanhamento bom e leve para gerenciar o *status* e as prioridades das histórias de usuário.

Tanto o Kanban quanto o *Scrum* permitem a introdução controlada de novos requisitos (histórias de usuário). As equipes ágeis são propositalmente pequenas e podem não ser apropriadas para projetos que exijam grandes quantidades de desenvolvedores, a menos que o projeto possa ser subdividido em componentes pequenos que possam ser alocados de maneira independente. Ainda assim, os modelos de processo ágil oferecem muitas boas características que podem ser incorporadas a um modelo de processo adaptável.

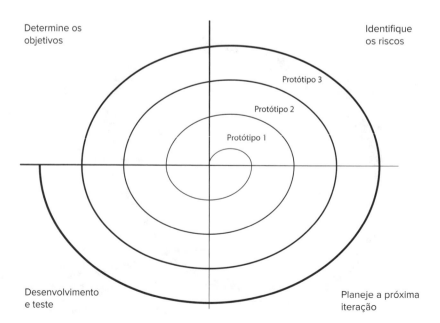

Figura 4.2
Modelo espiral para o desenvolvimento de protótipos.

O modelo espiral (Figura 4.2) pode ser considerado um modelo de prototipação evolucionário com um elemento de avaliação de riscos. Ele depende do engajamento moderado dos envolvidos e foi projetado para equipes e projetos de grande porte. Seu objetivo é criar protótipos extensíveis a cada iteração do processo. Testar logo no início é essencial. A documentação evolui com a criação de cada novo protótipo. O modelo espiral é relativamente diferenciado, pois a avaliação de riscos formal é integrada e usada como base para decisões sobre investir ou não os recursos necessários para criar o próximo protótipo. Há quem defenda que pode ser difícil gerenciar um projeto usando o modelo espiral, pois o escopo pode não ser conhecido no início do projeto. Isso é comum na maioria dos modelos de processo incremental. O modelo espiral é uma boa base para a construção de um modelo de processo adaptável.

Como ficam os modelos de processo ágil em relação aos modelos evolucionários? Resumimos algumas das principais características em um quadro.

Características dos modelos ágeis

Ágil

1. Inadequado para projetos de alto risco ou de missão crítica.
2. Regras mínimas e documentação mínima.
3. Envolvimento contínuo dos testadores.
4. Fácil de acomodar alterações nos artefatos.
5. Depende fortemente da interação com os envolvidos.
6. Fácil de gerenciar.
7. Entrega rápida de soluções parciais.
8. Gestão de riscos informal.
9. Melhoria contínua do processo integrada.

Espiral

1. Inadequado para projetos pequenos e de baixo risco.
2. Várias etapas são necessárias, além da documentação realizada na fase inicial.
3. Envolvimento precoce dos testadores (pode ser realizado por equipe externa).
4. Difícil de acomodar alterações nos artefatos até o protótipo ser completado.
5. Envolvimento contínuo dos envolvidos no planejamento e na avaliação de riscos.
6. Exige gerenciamento de projeto e coordenação formais.
7. O final do projeto nem sempre é óbvio.
8. Boa gestão de riscos.
9. Aperfeiçoamento de processos trabalhado no final do projeto.

Pessoas criativas e capacitadas praticam a engenharia de *software*. Elas adaptam os processos de *software* para adequá-los aos artefatos que produzem e para atender às demandas do mercado. Acreditamos que o uso de uma abordagem como a do modelo espiral, que tem agilidade integrada a cada ciclo, é um bom ponto de partida para muitos projetos de *software*. Os desenvolvedores aprendem muito à medida que avançam no processo de desenvolvimento. Por isso, é importante que eles adaptem o seu processo com a maior rapidez praticável para poderem integrar esses novos conhecimentos.

4.1 Definição dos requisitos

Todo projeto de *software* começa com a equipe tentando entender o problema a ser resolvido e determinando quais resultados são importantes para os envolvidos. Isso inclui entender as necessidades de negócios que motivam o projeto e as questões

58 Engenharia de *software*

técnicas que o limitam. O processo é chamado de *engenharia de requisitos* e será analisado em mais detalhes no Capítulo 7. As equipes que não dedicam uma quantidade de tempo razoável a essa tarefa logo descobrem que o seu projeto contém retrabalho caro, orçamentos estourados, artefatos de baixa qualidade, entregas atrasadas, clientes insatisfeitos e equipes desmotivadas. A engenharia de requisitos não pode ser ignorada e não pode ser deixada em ciclos intermináveis antes que a construção do artefato possa começar.

Seria razoável questionar quais melhores práticas devem ser seguidas para se produzir uma engenharia de requisitos ágil e completa. Scott Ambler [Amb12] sugere diversas melhores práticas para a definição de requisitos ágeis:

1. Corresponda à disponibilidade dos envolvidos e valorize as suas contribuições para encorajar a sua participação ativa.
2. Use modelos simples (p. ex., notas adesivas, rascunhos, histórias de usuário) para reduzir as barreiras à participação.
3. Reserve algum tempo para explicar as suas técnicas de representação de requisitos antes de utilizá-las.
4. Adote a terminologia dos envolvidos e evite o jargão técnico sempre que possível.
5. Use uma abordagem de visão panorâmica ("enxergar a floresta") para obter uma visão geral do projeto antes de se prender aos detalhes.
6. Permita que a equipe de desenvolvimento refine (com a contribuição dos envolvidos) os detalhes dos requisitos no modelo *just-in-time* à medida que a implementação das histórias de usuário se aproxima.
7. Trate a lista de características a serem implementadas como uma lista priorizada e implemente as histórias de usuário mais importantes primeiro.
8. Colabore de perto com os seus envolvidos e documente os requisitos apenas no nível que será útil para todos durante a criação do próximo protótipo.
9. Questione a necessidade de manter modelos e documentos que não serão consultados no futuro.
10. Garanta que você tenha o apoio da gerência para garantir a disponibilidade de recursos e dos envolvidos durante a definição dos requisitos.

É importante reconhecer duas realidades: (1) é impossível que os envolvidos descrevam um sistema completo antes de observarem o *software* operacional; e (2) é difícil que os envolvidos descrevam os requisitos de qualidade necessários para o *software* antes de vê-lo em ação. Os desenvolvedores precisam reconhecer que os requisitos serão adicionados e refinados à medida que os incrementos de *software* são criados. Capturar as descrições dos envolvidos sobre o que o sistema precisa fazer em suas próprias palavras, em uma história de usuário, é um bom ponto de partida.

Se conseguir fazer os envolvidos definirem os critérios de aceitação para cada história de usuário, sua equipe começou muito bem. É provável que os envolvidos precisem ver uma história de usuário codificada e em operação para saber se ela foi implementada corretamente ou não. Assim, a definição de requisitos precisa ser realizada iterativamente e incluir o desenvolvimento de protótipos para a revisão por parte dos envolvidos.

Os protótipos são concretizações dos planos do projeto que podem ser consultados facilmente pelos envolvidos quando estes tentam descrever as mudanças desejadas. Os envolvidos são motivados a discutir as mudanças de requisitos em termos mais concretos, o que melhora a comunicação. É importante reconhecer que os protótipos permitem que os desenvolvedores se concentrem nos objetivos de curto prazo ao enfocarem os comportamentos visíveis dos usuários. Será importante revisar os protótipos com foco em qualidade. Os desenvolvedores precisam estar cientes que usar protótipos pode aumentar a volatilidade dos requisitos caso os envolvidos não estejam concentrados em acertar o trabalho na primeira vez. Também há o risco de criar protótipos antes de desenvolver um bom entendimento sobre os requisitos de arquitetura do *software*, o que pode resultar em protótipos que precisam ser descartados, gerando um desperdício de tempo e de recursos [Kap15].

4.2 Projeto de arquitetura preliminar

As decisões necessárias para o desenvolvimento de um projeto de arquitetura sólido são discutidas no Capítulo 10, mas as decisões de projeto preliminares muitas vezes precisam ocorrer quando os requisitos são definidos. Como mostrado na Figura 4.3, em algum momento, as decisões sobre arquitetura precisarão ser alocadas a incrementos de produtos. De acordo com Bellomo e seus colegas [Bel14], um entendimento inicial sobre as escolhas de arquitetura e requisitos é essencial para gerenciar o desenvolvimento de artefatos de *software* grandes e complexos.

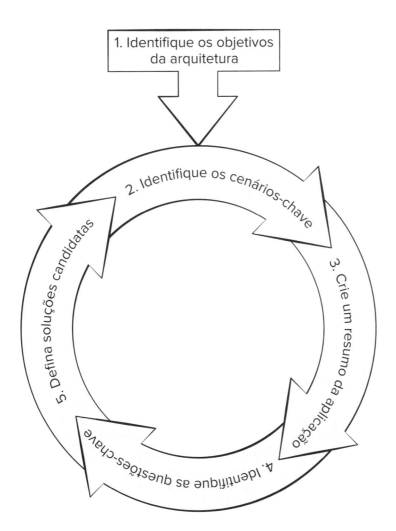

Figura 4.3
Projeto de arquitetura para o desenvolvimento de protótipos.

Os requisitos podem ser utilizados para informar o projeto de arquitetura. Explorar a arquitetura à medida que o protótipo é desenvolvido facilita o processo de detalhamento dos requisitos. É melhor conduzir essas atividades simultaneamente para se atingir o equilíbrio apropriado. O projeto de arquitetura ágil possui quatro elementos fundamentais:

1. Enfoque os atributos fundamentais de qualidade e incorpore-os aos protótipos à conforme estes são construídos.

2. Durante o planejamento dos protótipos, mantenha em mente que artefatos de *software* bem-sucedidos combinam recursos visíveis para os clientes com a infraestrutura que os possibilita.

3. Reconheça que uma arquitetura ágil permite a capacidade do código de ser mantido e de evoluir caso se preste atenção suficiente às decisões sobre arquitetura e questões de qualidade relacionadas.

4. A gestão e a sincronização contínuas de dependências entre os requisitos funcionais e de arquitetura são necessárias para garantir que o alicerce arquitetural em evolução estará pronto a tempo para incrementos futuros.

A tomada de decisões sobre arquitetura de *software* é essencial para o sucesso do sistema de *software*. A arquitetura de um sistema de *software* determina as suas qualidades e impacta o sistema durante todo o seu ciclo de vida. Segundo Dasanayake e colaboradores [Das15], os arquitetos de *software* tendem a cometer erros quando suas decisões são tomadas sob níveis de incerteza. Os arquitetos tomam menos más decisões se utilizam melhor gestão do conhecimento de arquitetura para reduzir essa incerteza. Apesar do fato de as abordagens ágeis desestimularem o excesso de documentação, não registrar decisões de projeto e as suas justificativas desde o início do processo de projeto dificulta o trabalho de revisitá-las durante a criação de protótipos futuros. Documentar as coisas certas pode ajudar as atividades de melhoria de processo. Documentar as suas lições aprendidas é um dos motivos para se conduzir retrospectivas após avaliar o protótipo entregue e antes de iniciar o próximo incremento do programa. A reutilização de soluções para problemas de arquitetura que foram bem-sucedidas no passado também é útil, como será discutido no Capítulo 14.

4.3 Estimativa de recursos

Um dos aspectos mais controversos do uso da prototipação ágil ou espiral é estimar o tempo necessário para completar um projeto quando este não pode ser definido completamente. É importante entender, antes de começar e de aceitar o projeto, se há ou não uma probabilidade razoável de entregar artefatos de *software* a tempo e com custos aceitáveis. As primeiras estimativas correm o risco de estarem incorretas porque o escopo do projeto não está bem definido e tende a mudar após o início do desenvolvimento. As estimativas produzidas quando o projeto está quase terminado não servem para orientar o gerenciamento do projeto. O truque é estimar o tempo de desenvolvimento de *software* no início, com base no que é conhecido naquele momento, e revisar suas estimativas regularmente à medida que requisitos são adicionados ou após incrementos de *software* serem entregues. Discutimos métodos de estimativa do escopo do projeto no Capítulo 25.

Vamos analisar como um experiente gerente de projetos de *software* produziria uma estimativa para um projeto usando o modelo espiral ágil que propusemos.

As estimativas produzidas por esse método precisariam ser ajustadas de acordo com o número de desenvolvedores e o número de histórias de usuário que podem ser completadas simultaneamente.

1. Use dados históricos (Capítulo 23) e trabalhe em equipe para desenvolver uma estimativa de quantos dias serão necessários para completar cada uma das histórias de usuário conhecidas no início do projeto.

2. Organize as histórias de usuário informalmente em conjuntos, cada um dos quais comporá um *sprint*[1] (Seção 3.4) planejado para completar um protótipo.

3. Some o número de dias para completar cada *sprint* de modo a gerar uma estimativa da duração total do projeto.

4. Revise a estimativa à medida que os requisitos são adicionados ao projeto ou os protótipos são entregues e aceitos pelos envolvidos.

Mantenha em mente que dobrar o número de desenvolvedores quase nunca reduz o tempo de desenvolvimento pela metade.

Rosa e Wallshein [Ros17] descobriram que conhecer os requisitos de *software* iniciais no começo do projeto gera uma estimativa adequada, mas nem sempre precisa, do tempo de conclusão do projeto. Para obter estimativas mais precisas, também é importante conhecer o tipo de projeto e a experiência da equipe. Descreveremos técnicas de estimativa mais detalhadas (p. ex., pontos de função ou pontos de caso de uso) na Parte IV deste livro.

4.4 Construção do primeiro protótipo

Na Seção 2.5.2, descrevemos a criação de protótipos como uma maneira de ajudar os envolvidos a passar dos enunciados de objetivos gerais e histórias de usuário para o nível de detalhamento que os desenvolvedores precisarão para implementar essa funcionalidade. Os desenvolvedores podem usar o primeiro protótipo para provar que o seu projeto de arquitetura inicial é uma abordagem viável para a entrega da funcionalidade exigida ao mesmo tempo que atende às restrições de desempenho do cliente. Criar um protótipo operacional sugere que a engenharia de requisitos, o projeto de *software* e a construção procedem todos em paralelo. O processo é mostrado na Figura 4.1. Esta seção descreve os passos que serão usados para criar os primeiros protótipos. Posteriormente, veremos detalhes das melhores práticas de projeto e construção de *software*.

Sua primeira tarefa é identificar as características e funções mais importantes para os envolvidos. Estas ajudarão a definir os objetivos para o primeiro protótipo. Se os envolvidos e os desenvolvedores já criaram uma lista priorizada de histórias de usuário, deve ser fácil confirmar quais são as mais importantes.

A seguir, decida quanto tempo deve ser alocado à criação do primeiro protótipo. Algumas equipes escolhem um período fixo – por exemplo, um *sprint* de 4 semanas – para entregar cada protótipo. Nesse caso, os desenvolvedores analisam a sua estimativa de tempo e recursos e determinam quais histórias de usuário de alta prioridade podem ser concluídas em 4 semanas. A equipe então confirma com os envolvidos que as histórias de usuário selecionadas são as melhores para serem

---

1 O *sprint* foi descrito (Seção 3.4) como um período durante o qual um subconjunto de histórias de usuário do sistema serão entregues ao *product owner*.

incluídas no primeiro protótipo. Uma abordagem alternativa seria pedir para que os envolvidos e desenvolvedores escolhessem juntos uma pequena quantidade de histórias de usuário de alta prioridade para incluir no primeiro protótipo e usar suas estimativas de tempo e recursos para desenvolver o cronograma até a conclusão do primeiro protótipo.

Os engenheiros que trabalham na National Instruments publicaram um artigo que descreve o seu processo para a criação de um primeiro protótipo funcional [Nat15]. As seguintes etapas podem ser aplicadas a diversos projetos de *software*:

1. Faça a transição do protótipo de papel para o projeto de *software*.
2. Crie um protótipo da interface do usuário.
3. Crie um protótipo virtual.
4. Adicione entradas e saídas ao seu protótipo.
5. Desenvolva os seus algoritmos.
6. Teste o seu protótipo.
7. Mantenha a entrega em mente enquanto cria o protótipo.

Consultando esses sete passos, criar um *protótipo de papel* para um sistema é um processo barato e pode ser feito logo no início do processo de desenvolvimento. Os clientes e os envolvidos não costumam ser desenvolvedores experientes. Usuários não técnicos muitas vezes sabem reconhecer rapidamente o que gostam ou não gostam em uma interface do usuário depois que a veem desenhada. A comunicação entre as pessoas é repleta de mal-entendidos. Elas esquecem de dizer umas às outras o que precisam mesmo saber ou supõem que todos estão em sintonia. Criar um protótipo de papel e revisá-lo com o cliente antes de começar a programação pode ajudar a poupar o tempo que seria gasto construindo o protótipo errado. Falaremos sobre diversos diagramas que podem ser utilizados para modelar um sistema no Capítulo 8.

Criar um *protótipo da interface do usuário* como parte do primeiro protótipo funcional é uma boa ideia. Muitos sistemas são implementados na Web ou na forma de aplicativos móveis e dependem muito de interfaces do usuário de toque. Os jogos de computador e os aplicativos de realidade virtual precisam de bastante comunicação com os usuários para que possam operar corretamente. Se tiverem facilidade para aprender e usar um artefato de *software*, os clientes terão maior probabilidade de utilizá-lo de fato.

Muitos mal-entendidos entre desenvolvedores e envolvidos podem ser atenuados se começarmos com um protótipo de papel da interface do usuário. Às vezes, os envolvidos precisam enxergar os elementos básicos da interface do usuário em ação para conseguirem explicar o que gostaram e desgostaram de fato. É mais fácil descartar um projeto inicial de interface do usuário do que terminar o protótipo e tentar implementar uma nova interface do usuário por cima dele. Projetar interfaces do usuário que geram boas experiências ao usuário é algo que discutiremos no Capítulo 12.

Adicionar entradas e saídas ao seu protótipo da interface do usuário é uma maneira fácil de começar a testar o protótipo em evolução. O teste das interfaces de componentes de *software* deve ser realizado antes do teste do código que compõe os algoritmos do componente. Para testar os algoritmos em si, os desenvolvedores muitas vezes utilizam um "*frame* de teste" para garantir que os algoritmos implementados estão funcionando como desejado. Criar um *frame* de teste separado e descartá-lo quase sempre é um desperdício de recursos. Se bem projetada, a interface do usuário pode servir de *frame* de teste para os algoritmos do componente, o que elimina o esforço necessário para a construção de *frames* de teste independentes.

Desenvolver os seus algoritmos se refere ao processo de transformar as suas ideias e os seus rascunhos em código escrito em linguagem de programação. É preciso considerar os requisitos funcionais enunciados na história de usuário e as limitações de desempenho (explícitas e implícitas) ao se projetar os algoritmos necessários. É nesse ponto que a funcionalidade de suporte adicional tende a ser identificada e adicionada ao escopo do projeto, caso já não exista em uma biblioteca de código.

Testar o seu protótipo demonstra a funcionalidade exigida e identifica defeitos ainda não descobertos antes da demonstração para o cliente. Às vezes, pode ser uma boa ideia envolver o cliente no processo de teste antes de o protótipo ser finalizado para evitar o desenvolvimento da funcionalidade errada. O melhor momento para criar casos de teste é durante a coleta de requisitos ou quando os casos de uso foram selecionados para a implementação. As estratégias e táticas de teste são discutidas nos Capítulos 19 a 21.

Manter a entrega em mente enquanto cria o protótipo é muito importante, pois o ajuda a evitar atalhos que levam à criação de *software* que será difícil de manter no futuro. Isso não significa que cada linha de código será parte do artefato de *software* final. Assim como muitas tarefas criativas, o desenvolvimento de um protótipo é iterativo. Rascunhos e revisões fazem parte do processo.

À medida que o desenvolvimento do protótipo ocorre, você deve considerar com cuidado as escolhas que faz sobre arquitetura de *software*. Mudar algumas linhas de código é relativamente barato quando os erros são identificados antes da entrega. Alterar a arquitetura de um aplicativo de *software* após o seu lançamento para usuários pode ser muito caro.

Casa Segura

Projeto de cômodos
Considerando o primeiro protótipo

Cena: Escritório de Doug Miller.

Atores: Doug Miller, gerente de engenharia de *software*; Jamie Lazar, membro da equipe de *software*; Vinod Raman, membro da equipe de *software*.

Conversa: (Batendo à porta, Jamie e Vinod entram na sala de Doug.)

Jamie: Doug, você tem um minuto?

Doug: Com certeza, Jamie, o que há?

Jamie: Estivemos pensando sobre o escopo dessa ferramenta de projeto de cômodos do *CasaSegura*.

Doug: E?

Vinod: Temos muito trabalho pela frente no *back-end* do projeto antes que as pessoas possam começar a colocar sensores de alarme e experimentar *layouts* de móveis.

Jamie: Não queremos passar meses trabalhando no *back-end* e então o projeto ser cancelado porque o *marketing* decidiu que odeia o produto.

Doug: Você já experimentou criar um protótipo de papel e avaliá-lo junto com o grupo de *marketing*?

Vinod: Hã, não. Achamos que seria importante criar um protótipo funcional no computador rapidamente e não queríamos gastar tempo para fazer um no papel.

Doug: Na minha experiência, as pessoas precisam ver a coisa antes de saberem se gostaram ou não.

Jamie: Talvez devêssemos dar um passo para trás, criar um protótipo de papel da interface do usuário e pedir para trabalharem com ela para ver se gostam do conceito.

Vinod: Acho que não seria difícil programar uma interface do usuário executável usando o motor de jogo que estávamos considerando para a versão de realidade virtual do aplicativo.

Doug: Acho que é um bom plano. Experimente essa abordagem e descubra se tem a confiança de que precisa para começar a desenvolver mais o seu protótipo.

64 Engenharia de *software*

4.5 Avaliação do protótipo

O teste é conduzido pelos desenvolvedores enquanto o protótipo é construído e se torna uma parte importante da sua avaliação. O teste demonstra que os componentes do protótipo são operacionais, mas é improvável que os casos de teste identifiquem todos os defeitos. No modelo espiral, os resultados da avaliação permitem que envolvidos e desenvolvedores determinem se continuar o desenvolvimento e criar o próximo protótipo é mesmo desejável. Parte dessa decisão se baseia na satisfação dos usuários e dos envolvidos, e parte é derivada de uma avaliação dos riscos de excesso de custos e de não entregar um artefato operacional no final do projeto. Dam e Siang [Dam17] sugerem diversas dicas de melhores práticas para coletar *feedback* sobre o seu protótipo.

1. Forneça *scaffolding** quando solicitar *feedback* sobre o protótipo.
2. Teste o seu protótipo com as pessoas certas.
3. Faça as perguntas certas.
4. Seja neutro quando apresentar alternativas aos usuários.
5. Adapte durante o teste.
6. Permita que os usuários contribuam com ideias.

Fornecer scaffolding (literalmente, "andaime" ou "estrutura temporária") é um mecanismo que permite que o usuário dê *feedback* de uma maneira que não gera confrontos. Muitas vezes, os usuários relutam em dizer aos desenvolvedores que odiaram o produto que estão usando. Para evitar esse problema, costuma ser mais fácil pedir ao usuário que forneça seu *feedback* usando estruturas do tipo "eu gosto", eu "gostaria", "e se" como forma de melhorar a franqueza e honestidade do *feedback*. Os enunciados do tipo *eu gosto* incentivam os usuários a oferecer *feedback* positivo sobre o protótipo. Os enunciados do tipo *eu gostaria* levam os usuários a compartilhar ideias sobre como melhorar o protótipo e podem gerar *feedback* negativo e críticas construtivas. Os enunciados *e se* incentivam os usuários a sugerir ideias para a equipe explorar durante a criação de protótipos em iterações futuras.

Recrutar as pessoas certas para avaliar o protótipo é essencial para reduzir o risco de desenvolver o artefato errado. Pedir que os membros da equipe de desenvolvimento realizem todos os testes é uma má ideia, pois eles provavelmente não serão representativos da população de usuários pretendida. É importante obter a combinação certa de usuários (p. ex., novatos, típicos e avançados) para que estes forneçam *feedback* sobre o protótipo.

Fazer as perguntas certas sugere que todos os envolvidos estão de acordo em relação aos objetivos do protótipo. Enquanto desenvolvedor, é importante manter a mente aberta e fazer o possível para convencer os usuários que o *feedback* deles é valioso. O *feedback* é o motor do processo de prototipação enquanto você planeja atividades futuras de desenvolvimento de produtos. Além do *feedback* geral, tente fazer perguntas específicas sobre os novos recursos incluídos no protótipo.

Ser neutro quando apresentar alternativas permite que a equipe de *software* evite o problema de causar a impressão de estar tentando convencer os usuários a fazer alguma coisa de uma determinada maneira. Se quiser *feedback* honesto, informe aos

---

* N. de R.T.: passar confiança para que os usuários sejam sinceros e assertivos nos *feedbacks* e sugestões: "bom", "ruim", "a melhorar".

usuários que você não decidiu que só existe uma maneira de fazer as coisas. A *programação sem ego* (*egoless programming*) é uma filosofia de desenvolvimento focada na produção do melhor artefato que a equipe consegue criar para os usuários pretendidos. Criar protótipos descartáveis não é algo desejável, mas a programação sem ego sugere que aquilo que não está funcionando precisa ser consertado ou descartado. Assim, tente não se prender demais às suas ideias enquanto cria os primeiros protótipos.

Adaptar durante o teste significa que é preciso ter uma mentalidade flexível enquanto os usuários trabalham com o protótipo. Isso pode significar alterar o seu plano de teste ou fazer mudanças rápidas no protótipo e então reiniciar o teste. O objetivo é obter o melhor *feedback* possível dos usuários, incluindo observá-los diretamente enquanto interagem com o protótipo. O importante é que você obtenha o *feedback* de que precisa para ajudá-los a decidir se construirão o próximo protótipo ou não.

Permitir que os usuários contribuam com ideias significa exatamente o que diz. Garanta que tem uma maneira de registrar as suas sugestões e perguntas (eletronicamente ou não). No Capítulo 12, discutiremos formas adicionais de conduzir testes de usuário.

Casa Segura

Projeto de cômodos
Avaliando o primeiro protótipo

Cena: Escritório de Doug Miller.

Atores: Doug Miller, gerente de engenharia de *software*; Jamie Lazar, membro da equipe de *software*; Vinod Raman, membro da equipe de *software*.

Conversa: (Batendo à porta, Jamie e Vinod entram na sala de Doug.)

Jamie: Doug, você tem um minuto?

Doug: Com certeza, Jamie, o que há?

Jamie: Trabalhamos com os nossos envolvidos do *marketing* e completamos a avaliação da ferramenta de projeto de cômodos do *CasaSegura*.

Doug: E como foi?

Vinod: Nos concentramos principalmente na interface que permitirá aos usuários posicionar sensores de alarme no cômodo.

Jamie: Ainda bem que os deixamos revisar um protótipo no papel antes de criarmos o protótipo no PC.

Doug: Por quê?

Vinod: Fizemos algumas mudanças, e o pessoal do *marketing* gostou mais do projeto novo, então foi esse que usamos quando começamos a programá-lo.

Doug: Ótimo. Qual é o próximo passo?

Jamie: Completamos a análise de risco e, como não retiramos mais nenhuma história de usuário, achamos que seria razoável trabalhar na criação do próximo protótipo incremental, já que ainda estamos dentro do prazo e do orçamento.

Vinod: Então, se você estiver de acordo, vamos reunir os desenvolvedores e os envolvidos e começar a planejar o próximo incremento de *software*.

Doug: Concordo. Me mantenham informado e tentem limitar o tempo de desenvolvimento do próximo protótipo a seis semanas ou menos.

4.6 Decisão *go/no-go*

Após o protótipo ser avaliado, os envolvidos do projeto decidem se devem continuar ou não o desenvolvimento do artefato de *software*. Consultando a Figura 4.4, vemos que uma decisão ligeiramente diferente baseada na avaliação do protótipo seria

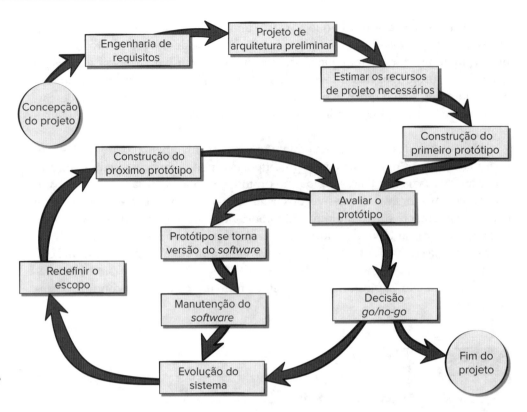

Figura 4.4
Modelo de processo de *software* recomendado

disponibilizá-lo para os usuários e começar o processo de manutenção. As Seções 4.8 e 4.9 discutem essa decisão em mais detalhes. Na Seção 2.5.3, discutimos o uso da avaliação de riscos no modelo espiral como parte do processo de avaliação de protótipos. A primeira volta em torno da espiral poderia ser usada para solidificar os requisitos do projeto. Mas, na verdade, precisamos de mais. No método que estamos propondo aqui, cada volta em torno da espiral desenvolve um incremento significativo do artefato de *software* final. Você pode trabalhar na história de usuário do projeto ou *backlog* de recursos para identificar um subconjunto importante do artefato final a ser incluído no primeiro protótipo e repetir esse ciclo para cada protótipo subsequente.

Após o processo de avaliação, temos uma passagem pela região de planejamento. São propostas estimativas de custo revisadas e alterações ao cronograma com base no que foi descoberto durante a avaliação do protótipo de *software* atual. Isso pode envolver a adição de novas histórias de usuário ou características ao *backlog* do projeto à medida que o protótipo é avaliado. O risco de exceder o orçamento e não atingir o prazo de entrega do projeto é avaliado por meio da comparação das novas estimativas de custo e tempo com as antigas. O risco de não atender às expectativas do usuário também é considerado e discutido com os envolvidos, e até com a alta gerência, em alguns casos, antes de tomarmos a decisão de criar outro protótipo.

O objetivo do processo de avaliação de riscos é obter o compromisso de todos os envolvidos e da gerência da empresa de fornecer os recursos necessários para criar o próximo protótipo. Se o compromisso não se materializar porque o risco de falha do projeto é grande demais, o projeto pode ser encerrado. Na metodologia *Scrum* (Seção 3.4), a decisão *go/no-go* ("prosseguir/não prosseguir") poderia ser tomada durante a reunião de retrospectiva do *Scrum*, realizada entre a demonstração do protótipo e a reunião de planejamento do novo *sprint*. Em todos os casos, a equipe de desenvolvimento apresenta o seu caso para os *product owners* e deixa-os decidir se devem ou não continuar com o desenvolvimento do artefato. O Capítulo 26 apresenta uma discussão mais detalhada dos métodos de avaliação de riscos de *software*.

4.7 Evolução do protótipo

Após o protótipo ter sido desenvolvido e revisado pela equipe de desenvolvimento e por outros envolvidos, é o momento de considerar o desenvolvimento do próximo protótipo. O primeiro passo é coletar todo o *feedback* e os dados da avaliação do protótipo atual. Então, os desenvolvedores e envolvidos começam as negociações para planejar a criação de mais um protótipo. Após chegarem a um acordo sobre as características do novo protótipo, consideram-se as restrições temporais e orçamentárias conhecidas, além da viabilidade técnica de se implementar o protótipo. Se os riscos de desenvolvimento são considerados aceitáveis, o trabalho continua.

O modelo de processo evolucionário de prototipação é usado para integrar as alterações que sempre ocorrem durante o desenvolvimento do *software*. Cada protótipo deve ser projetado de modo a permitir alterações futuras e evitar que ele precise ser jogado fora, com o próximo protótipo começando da estaca zero. Isso sugere favorecer características importantes e compreendidas quando se define as metas para cada protótipo. Como sempre, as necessidades do cliente devem receber a devida importância nesse processo.

4.7.1 Escopo do novo protótipo

O processo de determinar o escopo de um novo protótipo é semelhante ao processo de determinar o escopo do protótipo inicial. Os desenvolvedores: (1) selecionam as características a serem desenvolvidas dentro do tempo alocado ao *sprint* ou (2) alocam tempo suficiente para implementar as características necessárias para cumprir os objetivos estabelecidos pelos desenvolvedores com a colaboração dos envolvidos. Ambas as abordagens exigem que os desenvolvedores mantenham uma lista priorizada de características ou histórias de usuário. As prioridades usadas para ordenar a lista devem ser determinadas pelos objetivos definidos para o protótipo pelos envolvidos e pelos desenvolvedores.

Na Extreme Programming (XP) (Seção 3.5.1), os envolvidos e os desenvolvedores trabalham juntos para agrupar as histórias de usuário mais importantes em um protótipo que se tornará a próxima versão do *software* e determinam a sua data de conclusão. No Kanban (Seção 3.5.2), os desenvolvedores e os envolvidos utilizam um quadro que lhes permite enfocar o *status* de conclusão de cada história de usuário. É uma referência visual que pode ser utilizada para auxiliar os desenvolvedores a usar qualquer modelo de processo de protótipo incremental para planejar e monitorar o progresso do desenvolvimento de *software*. Os envolvidos enxergam facilmente o *backlog* de características e ajudam os desenvolvedores a ordená-lo para identificar as histórias mais úteis necessárias para o próximo protótipo. Provavelmente é mais fácil estimar o tempo necessário para completar as histórias de usuário selecionadas do que encontrar histórias de usuário que se encaixam em um bloco de tempo fixo. Contudo, o conselho de limitar o tempo de desenvolvimento do protótipo a 4 a 6 semanas deve ser seguido para garantir o engajamento e o *feedback* adequado por parte dos envolvidos.

4.7.2 Construção de novos protótipos

Uma história de usuário deve conter uma descrição de como o cliente planeja interagir com o sistema para atingir uma meta específica e uma descrição de qual é a definição de aceitação do cliente. A tarefa da equipe de desenvolvimento é criar componentes de *software* adicionais para implementar as histórias de usuário selecionadas para inclusão no novo protótipo, junto com os casos de teste necessários. Os desenvolvedores precisam continuar a comunicação com todos os envolvidos enquanto criam o novo protótipo.

O que torna esse novo protótipo mais complicado de construir é que os componentes de *software* criados para implementar novas características no protótipo em evolução precisam trabalhar com os componentes usados para implementar as características incluídas no protótipo anterior. O trabalho se torna ainda mais complexo se os desenvolvedores precisam remover componentes ou modificar aqueles que foram incluídos no protótipo anterior devido a alterações nos requisitos. O Capítulo 22 discute estratégias para esses tipos de alterações de *software*.

É importante que os desenvolvedores tomem decisões de projeto que tornarão o protótipo de *software* mais facilmente extensível no futuro. Os desenvolvedores precisam documentar as decisões de projeto de forma que facilitem o entendimento sobre o *software* durante a produção do protótipo seguinte. O objetivo é ser ágil no desenvolvimento e na documentação. Os desenvolvedores precisam resistir à tentação de exagerar no projeto de *software* para acomodar características que podem ou não ser incluídas no produto final. Eles também devem limitar a sua documentação àquilo que precisarão consultar durante o desenvolvimento ou quando alterações precisarem ser realizadas no futuro.

4.7.3 Teste dos novos protótipos

Se a equipe de desenvolvimento criou casos de teste durante o processo de projeto, antes da programação ser concluída, o teste do novo protótipo deve ser relativamente simples e direto. Cada história de usuário deve ter critérios de aceitação associados no momento da sua criação. Esses enunciados de aceitação devem guiar a criação dos casos de teste que ajudarão a verificar se o protótipo atende às necessidades do cliente. O protótipo também precisará ser testado em busca de defeitos e problemas de desempenho.

Uma preocupação adicional em relação a testes para protótipos evolucionários é garantir que a inclusão de novas características não estragará acidentalmente outras que funcionavam corretamente no protótipo anterior. O *teste de regressão* é o processo de verificar que o *software* desenvolvido e testado anteriormente ainda funciona da mesma maneira após ser alterado. É importante usar o seu tempo de teste com inteligência e sabedoria e utilizar casos de teste projetados para detectar defeitos nos componentes com maior probabilidade de serem afetados pelas novas características. O teste de regressão é discutido em mais detalhes no Capítulo 20.

4.8 Disponibilização do protótipo

Quando um processo de prototipação evolucionário é aplicado, os desenvolvedores podem ter dificuldade em saber quando o artefato está acabado e pode ser disponibilizado para os clientes. Os desenvolvedores não querem lançar *software* cheio de *bugs* para os usuários, que então decidiriam que o *software* é de má qualidade. Um protótipo considerado candidato a lançamento deve ser submetido a testes de aceitação do usuário além dos testes funcionais e não funcionais (de desempenho) que seriam conduzidos durante a construção do protótipo.

Os testes de aceitação do usuário se baseiam nos critérios de aceitação concordados e registrados quando cada história de usuário foi criada e adicionada ao *backlog* do produto. Eles permitem que os representantes do usuário confirmem que o *software* se comporta como esperado e coletem sugestões para melhorias futuras. David Nielsen [Nie10] oferece diversas sugestões sobre como conduzir testes de protótipos em contextos industriais.

Durante o teste de uma versão candidata, os testes funcionais e não funcionais devem ser repetidos usando os casos de teste desenvolvidos durante as etapas de construção dos protótipos incrementais. Testes não funcionais adicionais devem ser criados para confirmar que o desempenho do protótipo é consistente com os *benchmarks* escolhidos por consenso para o produto final. Os *benchmarks* de desempenho típicos podem envolver o tempo de resposta do sistema, a capacidade de dados ou a usabilidade. Um dos requisitos não funcionais mais importantes é verificar se a versão candidata rodará em todos os ambientes de execução planejados e em todos os dispositivos-alvo. O processo deve se concentrar em testes limitados aos critérios de aceitação estabelecidos antes de o protótipo ser criado. Os testes não têm como provar que um *software* não tem *bug*, apenas que os casos de teste foram executados corretamente.

O *feedback* dos usuários durante o teste de aceitação deve ser organizado por funções visíveis ao usuário, como representado pela interface do usuário. Os desenvolvedores devem examinar o dispositivo em questão e realizar mudanças à tela da interface do usuário se essas alterações não atrasarem o lançamento do protótipo. Se forem realizadas alterações, estas precisam ser confirmadas por uma segunda rodada de testes antes de avançarmos para a próxima etapa. Não planeje mais de duas iterações de teste de aceitação do usuário.

É importante, mesmo para projetos que usam modelos de processo ágil, usar um sistema de controle de falhas ou de *bugs* (p. ex., Bugzilla[2] ou Jira[3]) para capturar os resultados dos testes. Isso permite que os desenvolvedores registrem as falhas dos testes e facilita a identificação dos casos de teste que precisarão ser rodados novamente para confirmar que o reparo corrige adequadamente o problema descoberto. Em cada caso, os desenvolvedores precisam avaliar se as alterações podem ser implementadas sem estourar o orçamento ou atrasar a entrega. As consequências de não consertar um problema precisam ser documentadas e compartilhadas com o cliente e a alta gerência, que podem, por sua vez, decidir cancelar o projeto em vez de comprometer os recursos necessários para entregar o projeto final.

Os problemas e lições aprendidos com a criação do candidato a lançamento devem ser documentados e considerados pelos desenvolvedores e pelos envolvidos durante a avaliação *postmortem* do projeto. Essas informações devem ser consideradas antes de decidirmos investir no desenvolvimento futuro de um artefato de *software* após a sua disponibilização para a comunidade de usuários. As lições aprendidas com o artefato atual podem ajudar os desenvolvedores a produzir estimativas de custo e de tempo melhores para projetos semelhantes no futuro.

As técnicas para a condução de teste de aceitação do usuário são discutidas nos Capítulos 12 e 20. Uma discussão mais detalhada sobre a garantia da qualidade de *software* é apresentada no Capítulo 17.

4.9 Manutenção do *software*

A *manutenção* é definida como as atividades necessárias para manter o *software* operacional após ele ser aceito e entregue (lançado) no ambiente do usuário. A manutenção

---

2 https://www.bugzilla.org/.

3 https://www.atlassian.com/software/jira.

continua durante toda a vida do artefato de *software*. Alguns engenheiros de *software* acreditam que a maior parte do dinheiro gasto em um artefato será nas atividades de manutenção. A *manutenção corretiva* é a modificação reativa do *software* para consertar problemas descobertos após o *software* ter sido entregue ao consumidor final. A *manutenção adaptativa* é a modificação reativa do *software* após a entrega para mantê-lo utilizável em um ambiente do usuário em mutação. A *manutenção perfectiva* é a modificação proativa do *software* após a entrega para adicionar novos recursos para o usuário, melhor estrutura do código do programa ou melhor documentação. A *manutenção preventiva* é a modificação proativa do *software* após a entrega para detectar e corrigir falhas do artefato antes que sejam descobertas pelos usuários no campo [SWEBOK[4]]. A manutenção proativa pode ser programada e planejada. A manutenção preventiva costuma ser descrita como *apagar incêndios*, pois não pode ser planejada e precisa ser executada imediatamente para sistemas de *software* que são críticos para o sucesso das atividades dos usuários. A Figura 4.5 mostra que apenas 21% do tempo dos desenvolvedores costuma ser dedicado à manutenção corretiva.

Para um modelo de processo evolucionário ágil como aquele descrito neste capítulo, os desenvolvedores disponibilizam soluções parciais com a criação de cada protótipo incremental. Boa parte do trabalho de engenharia realizado é manutenção preventiva ou perfectiva à medida que novas características são agregadas ao sistema de *software* em evolução. É tentador imaginar que a manutenção se resume a planejar outra volta em torno da espiral. Contudo, problemas de *software* nem sempre podem ser previstos, então pode ser necessário realizar consertos rapidamente,

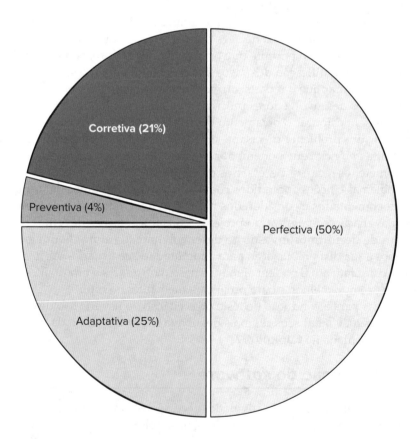

Figura 4.5
Distribuição do esforço de manutenção.

---

4 SWEBOK é a sigla para Software Engineering Body of Knowledge, que pode ser acessado por meio do *link* a seguir: https://www.computer.org/web/swebok/v3.

e os desenvolvedores podem ficar tentados a buscar atalhos quando tentam reparar o *software* estragado. Os desenvolvedores podem não querer dedicar tempo à avaliação de riscos ou ao planejamento. Contudo, eles não podem alterar o *software* sem considerar a possibilidade de que as alterações necessárias para consertar um problema causarão problemas a outras partes do programa.

É importante compreender o código do programa antes de alterá-lo. Se os desenvolvedores documentaram o código, ele se torna mais compreensível caso outras pessoas precisem realizar trabalho de manutenção. Se o *software* é projetado para ser estendido, a manutenção também se torna mais fácil de realizar, além do conserto emergencial de defeitos. Testar o *software* modificado com cuidado é essencial para garantir que as alterações produziram o efeito pretendido e não causaram estragos em outras partes do *software*.

A tarefa de criar artefatos de *software* que facilitam o suporte e a manutenção exige uma engenharia cuidadosa e consciente. O Capítulo 27 apresenta uma discussão mais detalhada da tarefa de manter e suportar *software* após a sua entrega.

Etapas recomendadas do processo de *software*

1. Engenharia de requisitos
   - Colete histórias de usuário de todos os envolvidos.
   - Peça a todos os envolvidos que descrevam as histórias de usuário dos critérios de aceitação.
2. Projeto de arquitetura preliminar
   - Utilize modelos e protótipos de papel.
   - Avalie alternativas utilizando requisitos não funcionais.
   - Documente as decisões de projeto de arquitetura.
3. Estime os recursos de projeto necessários
   - Use dados históricos para estimar o tempo para completar cada história de usuário.
   - Organize as histórias de usuário em *sprints*.
   - Determine o número de *sprints* necessários para completar o produto.
   - Revise as estimativas de tempo à medida que as histórias são adicionadas ou removidas.
4. Construa o primeiro protótipo
   - Selecione o subconjunto de histórias de usuário mais importante para os envolvidos.
   - Crie um protótipo de papel durante o processo de projeto.
   - Projete um protótipo da interface do usuário com entradas e saídas.
   - Desenvolva os algoritmos necessários para os primeiros protótipos.
   - Mantenha a entrega em mente enquanto cria o protótipo.

5. Avalie o protótipo
   - Crie casos de teste enquanto o protótipo está sendo projetado.
   - Teste o protótipo com usuários apropriados.
   - Capture o *feedback* dos envolvidos para usar no processo de revisão.
6. Decisão *go/no-go*
   - Determine a qualidade do protótipo atual.
   - Revise as estimativas de tempo e custo para completar o desenvolvimento.
   - Determine o risco de não cumprir as expectativas dos envolvidos.
   - Obtenha comprometimento com a continuidade do desenvolvimento.
7. Evolução do sistema
   - Defina o escopo do novo protótipo.
   - Construa o novo protótipo.
   - Avalie o novo protótipo e inclua um teste de regressão.
   - Avalie os riscos associados à continuidade da evolução.
8. Lance o protótipo
   - Realize um teste de aceitação.
   - Documente os defeitos identificados.
   - Comunique os riscos de qualidade aos gestores.
9. Manutenção do *software*
   - Entenda o código antes de realizar alterações.
   - Teste o *software* após realizar alterações.
   - Documente as alterações.
   - Comunique os riscos e defeitos conhecidos a todos os envolvidos.

72 Engenharia de *software*

4.10 Resumo

Cada projeto é diferente e cada equipe de desenvolvimento é composta por indivíduos ímpares. Todo projeto de *software* precisa de um roteiro, e o processo de desenvolvimento de *software* exige um conjunto previsível de tarefas básicas (comunicação, planejamento, modelagem, construção e entrega). Contudo, essas tarefas não devem ser realizadas de maneira isolada e podem precisar ser adaptadas para atender às necessidades de cada projeto. Neste capítulo, sugerimos o uso de um processo de prototipação incremental altamente interativo. Acreditamos que é melhor do que produzir planos de produto rígidos e documentos extensos antes de iniciar a programação. Os requisitos mudam. As contribuições e o *feedback* dos envolvidos devem ocorrer desde o início do processo de desenvolvimento e com alta frequência para garantir a entrega de um produto útil.

Sugerimos o uso de um modelo de processo evolucionário que enfatiza o engajamento frequente dos envolvidos na criação e avaliação de protótipos de *software* incrementais. Limitar os artefatos da engenharia de requisitos ao conjunto de modelos e documentos úteis mínimos permite a produção rápida de protótipos e casos de teste. Planejar a criação de protótipos evolucionários reduz o tempo perdido repetindo o trabalho necessário para criar protótipos descartáveis. Recorrer a protótipos de papel no início do processo de projeto também ajuda a evitar artefatos de programação que não satisfazem as expectativas do cliente. Acertar o projeto de arquitetura antes de começar o desenvolvimento em si também é importante para evitar cronogramas atrasados e orçamentos estourados.

O planejamento é importante, mas deve ser feito com rapidez para evitar atrasos ao início do desenvolvimento. Os desenvolvedores devem ter uma ideia geral sobre quanto tempo demorará para completar o projeto, mas precisam reconhecer que provavelmente não conhecerão todos os requisitos do projeto até os artefatos de *software* serem entregues. É melhor evitar planejamento detalhado que se estenda além do planejamento do protótipo atual. Os desenvolvedores e os envolvidos devem adotar um processo para adicionar recursos a serem implementados em protótipos futuros e para avaliar o impacto dessas alterações ao cronograma e ao orçamento do projeto.

A avaliação de riscos e os testes de aceitação são uma parte importante do processo de avaliação do protótipo. Ter uma filosofia ágil em relação à gestão dos requisitos e à agregação de novas características ao produto final também é importante. O maior desafio dos modelos de processo evolucionário para os desenvolvedores é administrar o "aumento do escopo" enquanto entregam um produto que atende às expectativas do cliente, sempre respeitando o prazo de entrega e o orçamento. É isso que torna a engenharia de *software* tão desafiadora e tão gratificante.

Problemas e pontos a ponderar

4.1. Qual é a diferença entre o modelo de Extreme Programming (XP) e o modelo espiral no tratamento dos protótipos incrementais?

4.2. Escreva os critérios de aceitação para a história de usuário que descrevem o uso do recurso "*sites* favoritos" ou "favoritos" na maioria dos navegadores Web que você elaborou no Problema 3.7 do Capítulo 3.

4.3. Como você criaria um projeto de arquitetura preliminar para o primeiro protótipo para um aplicativo móvel que permite que o usuário crie e salve uma lista de compras no seu dispositivo?

4.4. Onde você obteria os dados históricos necessários para estimar o tempo de desenvolvimento para as histórias de usuário em um protótipo antes da sua elaboração?

4.5. Crie uma série de desenhos representando as telas mais importantes de um protótipo de papel para o aplicativo de lista de compras criado no Problema 4.3.

4.6. Como você testaria a viabilidade do protótipo de papel criado para o Problema 4.5?

4.7. Quais dados são necessários para tomar a decisão *go/no-go* durante a avaliação de um protótipo evolucionário?

4.8. Qual a diferença entre a manutenção reativa e a proativa?

Elemento de design: Ícone de lupa da seção Panorama: © Roger Pressman

5
Aspectos humanos da engenharia de *software*

Conceitos-chave

equipe ágil 78
equipes globais 80
equipe consistente 76
psicologia da engenharia
de *software* 75
mídias sociais 79
atributos da equipe 77
estruturas de equipe 78
toxicidade de equipe 77
características de um
engenheiro de *software* ... 75

Em uma edição especial da *IEEE Software*, os editores convidados [deS09] fizeram a seguinte observação:

> A engenharia de *software* tem uma fartura de técnicas, ferramentas e métodos projetados para melhorar tanto o processo de desenvolvimento de *software* quanto o produto final. No entanto, *software* não é simplesmente um produto de soluções técnicas adequadas aplicadas a hábitos técnicos adequados. *Software* é desenvolvido por pessoas, usado por pessoas e dá suporte à interação entre pessoas. Assim, características, comportamento e cooperação humanos são fundamentais no desenvolvimento prático de *software*.

Sem uma equipe habilidosa e motivada, o sucesso é improvável.

Panorama

O que é? Afinal, são *pessoas* que constroem *software* de computador. Os aspectos humanos da engenharia de *software* frequentemente têm tanto a ver com o sucesso de um projeto quanto a melhor e mais recente tecnologia.

Quem realiza? Indivíduos e equipes realizam o trabalho de engenharia de *software*. Em alguns casos, apenas uma pessoa é responsável pela maior parte do trabalho, mas no caso de produção de *software* em nível industrial, uma equipe de pessoas o realiza.

Por que é importante? Uma equipe de *software* só será bem-sucedida se sua dinâmica estiver correta. É fundamental que os engenheiros de *software* de uma equipe trabalhem bem com seus colegas e com outros envolvidos no produto a ser construído.

Quais são as etapas envolvidas? Primeiramente, é preciso entender as características pessoais de um engenheiro de *software* bem-sucedido. Em seguida, você deve compreender a complexa psicologia do trabalho de engenharia de *software* para que possa navegar por um projeto sem riscos. Então, precisa entender a estrutura e a dinâmica de uma equipe de *software*. Por fim, você deve compreender o impacto das mídias sociais, da nuvem e de outras ferramentas colaborativas.

Qual é o artefato? Uma melhor compreensão das pessoas, do processo e do produto.

Como garantir que o trabalho foi realizado corretamente? Passe um tempo observando como os engenheiros de *software* bem-sucedidos fazem seu trabalho e ajuste sua abordagem para tirar proveito dos pontos positivos do projeto deles.

5.1 Características de um engenheiro de *software*

Então você quer ser engenheiro de *software*? Obviamente, você precisa dominar o material técnico, aprender as habilidades exigidas para entender o problema, projetar uma solução eficaz, construir o *software* e testá-lo com a finalidade de produzir a mais alta qualidade possível. Você precisa gerenciar mudanças, comunicar-se com os envolvidos e usar ferramentas adequadas quando necessário. Tudo isso é discutido com detalhes mais adiante neste livro.

Mas existem outras coisas igualmente importantes – os aspectos humanos que o tornarão um engenheiro de *software* competente. Erasmus [Era09] identifica sete características pessoais que estão presentes quando um engenheiro de *software* demonstra comportamento "superprofissional".

Um engenheiro de *software* competente tem um senso de *responsabilidade individual*. Isso implica a determinação de cumprir suas promessas para colegas, para os envolvidos e para a gerência. Significa que ele fará o que precisar ser feito, quando for necessário, executando um esforço adicional para a obtenção de um resultado bem-sucedido.

Um engenheiro de *software* competente tem *consciência aguçada* das necessidades dos outros membros de sua equipe, dos envolvidos que solicitam mudanças a uma solução existente e dos gerentes que têm controle global sobre o projeto. Ele observa o ambiente em que as pessoas trabalham e adapta seu comportamento a ele e às próprias pessoas.

Um engenheiro de *software* competente é *extremamente honesto*. Se ele vê um projeto falho, aponta os defeitos de maneira construtiva, mas honesta. Se instado a distorcer fatos sobre cronogramas, recursos, desempenho ou outras características do produto ou projeto, opta por ser realista e sincero.

Um engenheiro de *software* competente mostra *resiliência sob pressão*. A engenharia de *software* está sempre à beira do caos. A pressão vem em muitas formas – mudanças nos requisitos e nas prioridades, envolvidos exigentes, um gerente autoritário. Um engenheiro de *software* competente é capaz de suportar a pressão de modo que seu desempenho não seja prejudicado.

Um engenheiro de *software* competente tem *elevado senso de lealdade*. De boa vontade, compartilha os créditos com seus colegas. Tenta evitar conflitos de interesse e nunca age no sentido de sabotar o trabalho dos outros.

Um engenheiro de *software* competente mostra *atenção aos detalhes*. Isso não significa obsessão com a perfeição. Ele considera atentamente os critérios mais amplos (p. ex., desempenho, custo, qualidade) que foram estabelecidos para o produto e para o projeto nas suas decisões técnicas diárias.

Por último, um engenheiro de *software* competente é pragmático. Reconhece que a engenharia de *software* não é uma religião na qual devem ser seguidas regras dogmáticas, mas sim uma disciplina que pode ser adaptada de acordo com as circunstâncias.

5.2 A psicologia da engenharia de *software*

Em um artigo seminal sobre a psicologia da engenharia de *software*, Bill Curtis e Diane Walz [Cur90] sugerem um modelo comportamental em camadas para desenvolvimento de *software* (Figura 5.1). No nível individual, a psicologia da engenharia de *software* se concentra no reconhecimento do problema a ser resolvido, nas habilidades

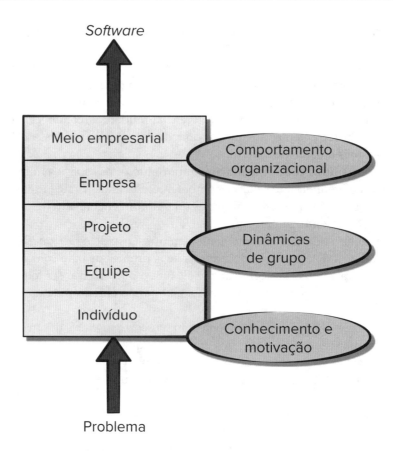

Figura 5.1
Um modelo comportamental em camadas para engenharia de *software* (adaptado de [Cur90]).

Fonte: Adaptada de Curtis, Bill, and Walz, Diane, "The Psychology of Programming in the Large: Team and Organizational Behavior," Psychology of Programming, Academic Press, 1990.

exigidas para solucionar o problema e na motivação necessária para concluir a solução dentro das restrições estabelecidas pelas camadas externas do modelo. Nos níveis da equipe e do projeto, dinâmicas de grupo se tornam o fator dominante. Aqui, a estrutura da equipe e os fatores sociais governam o sucesso. A comunicação, a colaboração e a coordenação do grupo são tão importantes quanto as habilidades dos membros individuais da equipe. Nas camadas externas, o comportamento organizacional governa as ações da empresa e sua resposta para o meio empresarial.

5.3 A equipe de *software*

Em seu livro clássico, *Peopleware*, Tom DeMarco e Tim Lister [DeM98] discutem a coesão de uma equipe de *software*:

> Tendemos a utilizar a palavra *equipe* de forma vaga na área de negócios, denominando qualquer grupo de profissionais designados a trabalhar juntos de "equipe". Muitos desses grupos, porém, não se comportam como equipes. Eles não têm uma definição comum de sucesso nem um espírito de equipe identificável. O que falta é um fenômeno que se denomina *consistência*.
>
> Uma equipe consistente é um grupo de pessoas tão fortemente unidas que o todo é maior do que a soma das partes.
>
> Uma vez que uma equipe começa a ser consistente, a probabilidade de sucesso aumenta muito. A equipe pode se tornar imbatível, um rolo compressor de sucesso... não é preciso gerenciá-la do modo tradicional, e, com certeza, ela não precisará ser motivada. Ela adquire ímpeto.

DeMarco e Lister sustentam que os membros de equipes consistentes são significativamente mais produtivos e mais motivados do que a média. Compartilham um objetivo comum, uma cultura comum e, em muitos casos, um senso de pertencimento a uma equipe de elite que os torna únicos.

Não existe nenhum método infalível para se criar uma equipe consistente. Porém, existem atributos normalmente encontrados em equipes de *software* eficazes.[1] Miguel Carrasco [Car08] sugere que uma equipe de *software* eficiente deve estabelecer um *senso de propósito*. Uma equipe eficaz também deve ter um *senso de envolvimento* que permita a cada membro sentir que suas qualidades e contribuições são valiosas.

Uma equipe eficaz deve promover um *senso de confiança*. Os engenheiros de *software* da equipe devem confiar nas habilidades e na competência de seus colegas e gerentes. A equipe deve estimular um *senso de melhoria*, refletindo periodicamente em sua abordagem de engenharia de *software* e buscando maneiras de melhorar seu trabalho.

As equipes de *software* mais eficazes são diversificadas, no sentido de combinarem uma variedade de diferentes qualidades. Técnicos altamente capacitados são complementados por membros que podem ter menos base técnica, mas compreendem melhor as necessidades dos envolvidos.

Porém, nem todas as equipes são eficazes e nem todas são consistentes. Na verdade, muitas sofrem do que Jackman [Jac98] denomina "toxicidade de equipe". Ela define cinco fatores que "promovem um ambiente em equipe potencialmente tóxico": (1) uma atmosfera de trabalho frenética; (2) alto grau de frustração que causa atrito entre os membros da equipe; (3) um processo de *software* fragmentado ou coordenado de forma deficiente; (4) uma definição nebulosa dos papéis dentro da equipe de *software*; (5) e contínua e repetida exposição a falhas.

Para evitar um ambiente de trabalho frenético, a equipe deve ter acesso a todas as informações exigidas para cumprir a tarefa. Uma vez definidos, os principais objetivos e metas não devem ser modificados, a menos que seja absolutamente necessário. Uma equipe pode evitar frustrações se lhe for oferecida, tanto quanto possível, responsabilidade para tomada de decisão. Um processo inapropriado (p. ex., tarefas onerosas ou desnecessárias ou artefatos mal selecionados) pode ser evitado por meio da compreensão do produto a ser desenvolvido, das pessoas que realizam o trabalho e pela permissão para que a equipe selecione o modelo do processo. A própria equipe deve estabelecer seus mecanismos de responsabilidades (revisões técnicas[2] são excelentes meios para conseguir isso) e definir uma série de abordagens corretivas quando um membro falhar em suas atribuições. E, por fim, a chave para evitar uma atmosfera de derrota consiste em estabelecer técnicas baseadas no trabalho em equipe voltadas para realimentação (*feedback*) e solução de problemas.

Somando-se aos cinco fatores descritos por Jackman, uma equipe de *software* frequentemente despende esforços com as diferentes características de seus membros. Uns coletam informações intuitivamente, destilando conceitos amplos de fatos disparatados. Outros processam informações linearmente, coletando e organizando detalhes minuciosos dos dados fornecidos. Alguns se sentem confortáveis tomando decisões apenas quando um argumento lógico e ordenado for apresentado. Outros são intuitivos, acostumados a tomar decisões baseadas em percepções. Alguns trabalham arduamente para conseguir que as etapas sejam concluídas bem antes da data

---

1 Bruce Tuckman observa que as equipes bem-sucedidas passam por quatro fases (Formação, Ataque, Regulamentação e Execução) no caminho para se tornarem produtivas (http://en.wikipedia.org/wiki/Tuckman%27s_stages_of_group_development).

2 Revisões técnicas são tratadas em detalhes no Capítulo 16.

78 Engenharia de *software*

estabelecida, evitando, portanto, estresse na medida em que a data-limite se aproxima, enquanto outros são energizados pela correria em fazer até o último minuto do prazo. Reconhecer as diferenças humanas, junto com outras diretrizes apresentadas nesta seção, proporciona uma maior probabilidade de se criar equipes consistentes.

5.4 Estruturas de equipe

A "melhor" estrutura de equipe depende do estilo de gerenciamento das organizações, da quantidade de pessoas na equipe e seus níveis de habilidade e do grau de dificuldade geral do problema. Mantei [Man81] descreve vários fatores que devem ser considerados ao planejarmos a estrutura da equipe de engenharia de *software*: (1) dificuldade do problema a ser resolvido; (2) "tamanho" do programa (ou programas) resultante em linhas de código ou pontos de função;[3] (3) tempo que a equipe irá permanecer reunida (tempo de vida da equipe); (4) até que ponto o problema pode ser modularizado; (5) qualidade e confiabilidade exigidas do sistema a ser construído; (6) rigidez da data de entrega; (7) e grau de sociabilidade (comunicação) exigida para o projeto.

Ao longo da última década, o desenvolvimento de *software* ágil (Capítulo 3) tem sido indicado como o antídoto para muitos problemas que se alastraram nas atividades de projeto de *software*. A filosofia ágil enfatiza a satisfação do cliente e a entrega prévia incremental de *software*, pequenas equipes de projeto altamente motivadas, métodos informais, mínimos artefatos de engenharia de *software* e total simplicidade de desenvolvimento.

A pequena e altamente motivada equipe de projeto, também denominada *equipe ágil*, adota muitas das características das equipes de *software* bem-sucedidas, discutidas na Seção 5.3, e evita muito das toxinas geradoras de problemas. Entretanto, a filosofia ágil enfatiza a competência individual (membro da equipe) combinada com a colaboração em grupo como fatores críticos de sucesso para a equipe. A energia da criatividade direcionada para uma equipe de alto desempenho deve ser o objetivo central de uma organização de engenharia de *software*. Cockburn e Highsmith [Coc01a] sugerem que profissionais de *software* "bons" conseguem trabalhar em qualquer metodologia de processo de *software*, enquanto os indivíduos de baixo desempenho terão dificuldade em qualquer lugar. Segundo eles, o resultado final é que "as pessoas importam mais que os processos", mas mesmo bons profissionais podem ser prejudicados por um processo mal definido ou por pouco apoio em termos de recursos. E nós estamos de acordo.

Para uso das competências de cada membro da equipe e para fomentar colaboração efetiva ao longo do projeto, equipes ágeis são *auto-organizadas*. Uma equipe auto-organizada não mantém, necessariamente, uma estrutura de equipe única. A equipe realiza as alterações necessárias à sua estrutura para reagir às mudanças no ambiente de desenvolvimento ou às mudanças na solução do problema de engenharia em evolução.

A comunicação entre os membros de equipe e todos os envolvidos no projeto é essencial. Muitas vezes, as equipes ágeis incluem membros que são representantes dos clientes. Isso promove respeito entre os desenvolvedores e os envolvidos, além de abrir canais para *feedback* frequente e rápido sobre produtos em evolução.

---

3 Linhas de código (LOC, do inglês *lines of code*) e pontos de função são medidas do tamanho de um programa de computador e são discutidas no Capítulo 24.

Casa Segura

Estrutura da equipe

Cena: Escritório de Doug Miller antes do início do projeto do *software CasaSegura*.

Atores: Doug Miller (gerente da equipe de engenharia de *software* do *CasaSegura*), Vinod Raman, Jamie Lazar e outros membros da equipe.

Conversa:

Doug: Vocês deram uma olhada no informativo preliminar do *CasaSegura* que o departamento de *marketing* preparou?

Vinod (balançando afirmativamente a cabeça e olhando para seus companheiros de equipe): Sim, mas temos muitas dúvidas.

Doug: Vamos deixar isso de lado por um momento. Gostaria de conversar sobre como vamos estruturar a equipe, quem será responsável pelo quê...

Jamie: Estou totalmente de acordo com a filosofia ágil, Doug. Acho que devemos ser uma equipe auto-organizada.

Vinod: Concordo. Devido ao cronograma apertado e ao grau de incertezas e pelo fato de todos sermos realmente competentes (risos), parece ser o caminho certo a tomar.

Doug: Tudo bem por mim, mas vocês conhecem o procedimento.

Jamie (sorridente e falando ao mesmo tempo): Tomamos decisões táticas sobre quem faz o que e quando, mas é nossa responsabilidade ter o produto pronto sem atraso.

Vinod: E com qualidade.

Doug: Exatamente. Mas lembrem-se de que há restrições. O *marketing* define os incrementos de *software* a serem desenvolvidos – consultando-nos, é claro.

5.5 O impacto das mídias sociais

E-mail, mensagens de texto e videoconferência se tornaram atividades onipresentes no trabalho de engenharia de *software*. Mas, na verdade, esses mecanismos de comunicação nada mais são do que substitutos ou suplementos modernos para o contato presencial. As mídias sociais são diferentes.

Begel [Beg10] e seus colegas tratam do crescimento e da aplicação de mídias sociais na engenharia de *software* ao escreverem:

> Os processos sociais em torno do desenvolvimento de *software* são... altamente dependentes da capacidade dos engenheiros de encontrar e associar-se a pessoas que compartilhem objetivos semelhantes e habilidades complementares para harmonizar a comunicação e as preferências de cada membro da equipe, colaborar e coordenar durante todo o ciclo de vida do *software* e defender o sucesso de seu produto no mercado.

De certa forma, essa "associação" pode ser tão importante quanto a comunicação presencial. O valor das mídias sociais cresce à medida que o tamanho da equipe aumenta, e é ainda mais ampliado quando a equipe está geograficamente dispersa.

Ferramentas de redes sociais (p. ex., Facebook, LinkedIn, Slack, Twitter) permitem ligações por laços de amizade entre desenvolvedores de *software* e técnicos próximos. Isso permite aos "amigos" em um *site* de rede social conhecer amigos de amigos que podem ter conhecimento ou especialidade relacionada ao domínio de aplicação ou ao problema a ser resolvido. Redes privadas especializadas, baseadas no paradigma das redes sociais, podem ser usadas dentro de uma organização.

É muito importante mencionar que questões de privacidade e segurança não devem ser desprezadas ao se usar mídias sociais no trabalho de engenharia de *software*. Grande parte do trabalho realizado por engenheiros de *software* pode ser propriedade de seus empregadores, e a divulgação poderia ser muito prejudicial. Por isso, os benefícios das mídias sociais devem ser ponderados em relação à possibilidade de revelação descontrolada de informações privativas.

5.6 Equipes globais

No campo do *software*, globalização significa mais do que a transferência de bens e serviços entre fronteiras internacionais. Nas últimas décadas, foi construído um crescente número de importantes produtos de *software* por equipes muitas vezes sediadas em diferentes países. Essas equipes de desenvolvimento de *software* global (GSD, do inglês *global software development*) têm desafios exclusivos, que incluem coordenação, colaboração, comunicação e tomada de decisão especializada. Abordagens de coordenação, colaboração e comunicação são influenciadas pela estrutura de equipe estabelecida. A tomada de decisão em todas as equipes de *software* é complicada por quatro fatores [Gar10a]:

- Complexidade do problema.
- Incerteza e risco associados à decisão.
- A lei das consequências não intencionais (i.e., uma decisão associada ao trabalho tem um efeito colateral sobre outro objetivo do projeto).
- Diferentes visões do problema que levam a diferentes conclusões sobre o caminho a seguir.

Para uma equipe GSD, os desafios associados à coordenação, colaboração e comunicação podem ter um efeito profundo na tomada de decisão. A Figura 5.2 ilustra o impacto da distância sobre os desafios enfrentados por uma equipe GSD. A distância complica a comunicação, mas, ao mesmo tempo, acentua a necessidade de

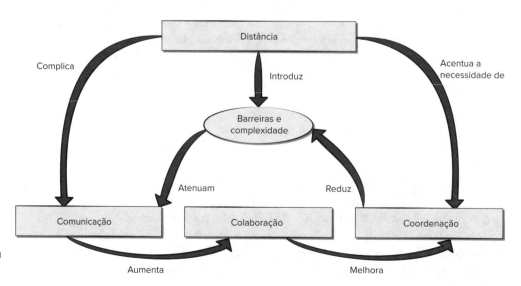

Figura 5.2
Fatores que afetam uma equipe GSD.

Capítulo 5   Aspectos humanos da engenharia de *software*   **81**

coordenação. A distância também introduz barreiras e complexidade, motivadas por diferenças culturais. Barreiras e complexidade enfraquecem a comunicação (i.e., a relação sinal-ruído diminui). Os problemas inerentes a essa dinâmica podem resultar em um projeto instável.

5.7   Resumo

Um engenheiro de *software* de sucesso precisa ter habilidades técnicas. Além disso, deve assumir a responsabilidade por seus compromissos, estar ciente das necessidades de seus colegas, ser honesto em sua avaliação do produto e do projeto, mostrar resiliência sob pressão, tratar seus colegas de modo correto e mostrar atenção aos detalhes.

A psicologia da engenharia de *software* engloba o conhecimento e a motivação individuais, a dinâmica de grupo de uma equipe de *software* e o comportamento organizacional da empresa. Uma equipe de *software* bem-sucedida ("consistente") é mais produtiva e motivada do que a média. Para ser eficaz, uma equipe de *software* deve ter senso de propósito, senso de envolvimento, senso de confiança e senso de melhoria. Além disso, a equipe deve evitar a "toxicidade" caracterizada por uma atmosfera de trabalho frenética e frustrante, um processo de *software* inadequado, uma definição nebulosa dos papéis na equipe e contínua exposição a falhas.

As equipes ágeis endossam a filosofia ágil e geralmente têm mais autonomia do que as equipes de *software* mais convencionais, com papéis fixos para os membros e controle administrativo externo. As equipes ágeis enfatizam comunicação, simplicidade, *feedback*, coragem e respeito.

As ferramentas de mídias sociais estão se tornando parte de muitos projetos de *software*, prestando serviços que melhoram a comunicação e a colaboração de uma equipe de *software*. As mídias sociais e comunicações eletrônicas são particularmente úteis para o desenvolvimento de *software* global, em que a separação geográfica pode criar barreiras para uma engenharia de *software* bem-sucedida.

Problemas e pontos a ponderar

5.1. Com base em sua própria observação de pessoas que são excelentes desenvolvedoras de *software*, cite três qualidades da personalidade que pareçam ser comuns entre elas.

5.2. Como você pode ser "extremamente honesto" e ainda não ser percebido (pelos outros) como insultante ou agressivo?

5.3. Como uma equipe de *software* constrói "fronteiras artificiais" que reduzem sua capacidade de se comunicar com outros?

5.4. Escreva um cenário no qual os membros da equipe do *CasaSegura* utilizam uma ou mais formas de mídias sociais como parte de seu projeto de *software*.

5.5. Com referência à Figura 5.2, por que a distância complica a comunicação? Por que a distância acentua a necessidade de coordenação? Quais tipos de barreiras e complexidades são introduzidos pela distância?

Elemento de design: Ícone de lupa da seção Panorama: © Roger Pressman

Parte

II

Modelagem

Nesta parte do livro, você vai aprender os princípios, conceitos e métodos usados para criar modelos de requisitos e de projeto de alta qualidade. Estas questões são tratadas nos capítulos que seguem:

- Quais conceitos e princípios orientam a prática da engenharia de *software*?
- O que é engenharia de requisitos e quais são os conceitos subjacentes que levam a uma análise de requisitos adequada?
- Como é criado o modelo de requisitos e quais são seus elementos?
- Quais são os elementos de um bom projeto?
- Como o projeto arquitetural estabelece uma estrutura para todas as demais ações de projeto e quais são os modelos utilizados?
- Como projetar componentes de *software* de alta qualidade?
- Quais conceitos, modelos e métodos são aplicados quando uma experiência de usuário é projetada?
- O que é projeto baseado em padrões?
- Quais estratégias e métodos especializados são usados para projetar aplicativos móveis?

Assim que essas perguntas forem respondidas, você estará mais bem preparado para a prática da engenharia de *software*.

6

Princípios que orientam a prática

Conceitos-chave

princípios da codificação . . 96
princípios da
comunicação 88
princípios fundamentais. . . 85
princípios da
disponibilização 98
princípios da
modelagem 92
princípios do
planejamento. 91
prática 85
processo 85
princípios de testes. 96

Uma imagem comum dos engenheiros de *software* é que eles fazem muitas horas extras para cumprir prazos impossíveis, sem se relacionar com as outras pessoas. É uma imagem sombria da prática de engenharia de *software*, não podemos negar. Entretanto, como vimos nos capítulos anteriores, a maioria dos engenheiros de *software* trabalha em equipes e interage frequentemente com os envolvidos. Se buscar pesquisas com profissionais técnicos na Internet, você verá que os engenheiros de *software* aparecem entre aqueles com os maiores índices de satisfação com o seu trabalho.

Panorama

O que é? A prática da engenharia de *software* consiste em uma série de princípios, conceitos, métodos e ferramentas que devem ser considerados no planejamento e desenvolvimento de um *software*. Princípios que direcionam a ação e estabelecem a infraestrutura a partir da qual a engenharia de *software* é conduzida.

Quem realiza? Praticantes (engenheiros de *software*) e seus coordenadores (gerentes) desenvolvem uma variedade de tarefas de engenharia de *software*.

Por que é importante? O processo de *software* propicia a todos os envolvidos na criação de um sistema computacional ou produto para computador um roteiro para conseguir chegar a um destino com sucesso. A prática detalha o necessário para seguir na estrada; aponta onde estão as pontes, as barreiras, as bifurcações; auxilia a compreender os conceitos e princípios que devem ser seguidos para ir com rapidez e segurança; e mostra como dirigir, onde diminuir e onde aumentar a velocidade. No contexto da engenharia de *software*, é o que se faz diariamente, à medida que o *software* evolui da ideia para a realidade.

Quais são as etapas envolvidas? Aplicam-se quatro elementos práticos, independentemente do processo escolhido. São eles: princípios, conceitos, métodos e ferramentas. As ferramentas sustentam a aplicação dos métodos.

Qual é o artefato? A prática engloba as atividades técnicas que produzem todos os artefatos definidos pelo processo de *software* escolhido.

Como garantir que o trabalho foi realizado corretamente? Primeiro, compreenda inteiramente os princípios aplicados ao trabalho (p. ex., projeto) em realização. Em seguida, esteja certo de que escolheu um método apropriado, certifique-se de ter compreendido como aplicá-lo, use ferramentas automatizadas quando forem apropriadas à tarefa e seja inflexível quanto à necessidade de técnicas para garantir a qualidade dos artefatos produzidos. Também é preciso ter agilidade para alterar seus planos e métodos quando necessário.

As pessoas que criam *software* praticam a arte ou o ofício ou a disciplina[1] que é a engenharia de *software*. Mas em que consiste a "prática" de engenharia de *software*? Genericamente, *prática* é um conjunto de conceitos, princípios, métodos e ferramentas aos quais um engenheiro de *software* recorre diariamente. A prática permite que coordenadores (gerentes) gerenciem os projetos e que engenheiros de *software* criem programas de computador. A prática preenche um modelo de processo de *software* com os recursos técnicos e de gerenciamento necessários para realizar o trabalho. Ela transforma uma abordagem desfocada e confusa em algo mais organizado, mais efetivo e mais propenso a ser bem-sucedido.

Diversos aspectos da engenharia de *software* serão examinados ao longo deste livro. Neste capítulo, nosso foco estará nos princípios e conceitos que norteiam a prática da engenharia de *software* em geral.

6.1 Princípios fundamentais

A engenharia de *software* é norteada por um conjunto de princípios fundamentais que ajudam na aplicação de um processo de *software* significativo e na execução de métodos de engenharia de *software* eficazes. No nível do processo, os princípios fundamentais estabelecem uma infraestrutura filosófica que guia uma equipe de *software* à medida que ela desenvolve atividades de apoio e estruturais e cria um conjunto de artefatos de engenharia de *software*. Quanto ao nível relativo à prática, os princípios estabelecem uma série de valores e regras que servem como guia ao se analisar um problema, projetar uma solução, implementar e testar uma solução e, por fim, disponibilizar o *software* para os envolvidos.

6.1.1 Princípios que orientam o processo

Na Parte I deste livro, discutimos a importância do processo de *software* e descrevemos os diferentes modelos de processos propostos para o trabalho de engenharia de *software*. Cada projeto é diferente e cada equipe é diferente. Isso significa que você precisa adaptar o seu processo às suas necessidades. Independentemente do modelo de processo que a sua equipe adota, este contém elementos da metodologia de processo genérica descrita no Capítulo 1. O conjunto de princípios fundamentais apresentados a seguir pode ser aplicado à metodologia e a todos os processos de *software*. A Figura 6.1 contém uma representação simplificada dessa metodologia.

Princípio 1. *Seja ágil.* Não importa se o modelo de processo que você escolheu é prescritivo ou ágil, os princípios básicos do desenvolvimento ágil devem comandar sua abordagem. Todo aspecto do trabalho deve enfatizar a economia de ações – mantenha a abordagem técnica tão simples quanto possível, mantenha os produtos tão concisos quanto possível e tome decisões localmente sempre que possível.

Princípio 2. *Concentre-se na qualidade em todas as etapas.* A condição final de toda atividade, ação e tarefa do processo deve se concentrar na qualidade do produto.

Princípio 3. *Esteja pronto para adaptações.* Processo não é uma experiência religiosa e não há espaço para dogmas. Quando necessário, adapte sua abordagem às restrições impostas pelo problema, pelas pessoas e pelo próprio projeto.

---

1 Certos autores argumentam que um desses termos exclui os outros. Na realidade, a engenharia de *software* se aplica aos três.

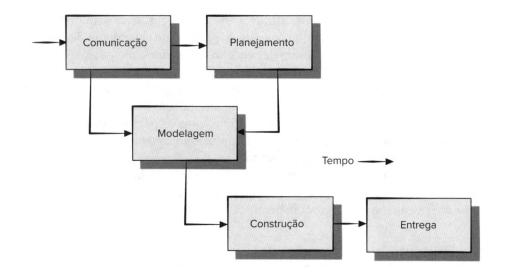

Figura 6.1
Metodologia do processo simplificada.

Princípio 4. *Monte uma equipe eficiente.* O processo e a prática de engenharia de *software* são importantes, mas as pessoas são o fator mais importante. Forme uma equipe que se organize automaticamente, que tenha confiança e respeito mútuos.[2]

Princípio 5. *Estabeleça mecanismos para comunicação e coordenação.* Os projetos falham devido à omissão de informações importantes e/ou devido à falha dos envolvidos na coordenação de seus esforços para criar um produto final bem-sucedido. Esses são itens de gerenciamento e devem ser tratados.

Princípio 6. *Gerencie mudanças.* A abordagem pode ser tanto formal quanto informal, mas devem ser estabelecidos mecanismos para gerenciar a maneira como as mudanças serão solicitadas, avaliadas, aprovadas e implementadas.

Princípio 7. *Avalie os riscos.* Uma série de coisas pode não dar certo quando um *software* estiver sendo desenvolvido. É essencial estabelecer planos de contingência. Alguns desses planos de contingência formarão a base das tarefas de engenharia de segurança (Capítulo 18).

Princípio 8. *Gere artefatos que forneçam valor para outros.* Crie apenas artefatos que proporcionarão valor para outro processo, atividades, ações ou tarefas. Todo artefato produzido como parte da prática da engenharia de *software* será repassado para alguém. Certifique-se de que o artefato contenha a informação necessária, sem ambiguidades ou omissões.

A Parte IV deste livro enfoca os fatores de gerenciamento de projetos e processos e aborda os aspectos variados de cada um desses princípios com certos detalhes.

6.1.2 Princípios que orientam a prática

A prática da engenharia de *software* tem um objetivo primordial único: *entregar dentro do prazo, com alta qualidade, o software operacional contendo funções e características que satisfaçam as necessidades de todos os envolvidos*. Para atingir esse objetivo, deve-se adotar um conjunto de princípios fundamentais que orientem o trabalho técnico. Tais princípios são importantes, independentemente do método de análise ou projeto aplicado, das técnicas de desenvolvimento (p. ex., linguagem de programação,

---

[2] As características das equipes de *software* eficientes foram discutidas no Capítulo 5.

ferramentas para automação) escolhidas ou da abordagem de verificação e validação utilizada. O cumprimento de princípios fundamentais a seguir é essencial para a prática de engenharia de *software*:

Princípio 1. *Divida e conquiste.* De forma mais técnica, a análise e o projeto sempre devem enfatizar a *separação por interesses** (SoCs, do inglês *separation of concerns*). Um problema será mais fácil de resolver se for subdividido em conjuntos de *interesses*.

Princípio 2. *Compreenda o uso da abstração.* Em essência, abstrair é simplificar algum elemento complexo de um sistema comunicando o significado em uma única frase. Quando se usa a abstração *planilha*, presume-se que você compreenda o que vem a ser uma planilha, a estrutura geral de conteúdo que uma planilha apresenta e as funções típicas que podem ser aplicadas a ela. Na prática de engenharia de *software*, usam-se muitos níveis diferentes de abstração, cada um incorporando ou implicando um significado que deve ser comunicado. No trabalho de análise de projeto, uma equipe de *software* normalmente inicia com modelos que representam altos níveis de abstração (p. ex., planilha) e, aos poucos, refina tais modelos em níveis de abstração mais baixos (p. ex., uma *coluna* ou uma função de *soma*).

Princípio 3. *Esforce-se pela consistência.* Seja criando um modelo de análise, desenvolvendo um projeto de *software*, gerando código-fonte ou criando casos de teste, o princípio da consistência sugere que um contexto conhecido facilita o uso do *software*. Consideremos, por exemplo, o projeto de uma interface para o usuário de um aplicativo móvel. A colocação padronizada do menu de opções, o uso padronizado de um esquema de cores e de ícones identificáveis colaboram para criar uma experiência de usuário altamente eficaz.

Princípio 4. *Concentre-se na transferência de informações.* *Software* trata da transferência de informações: do banco de dados para um usuário, de um sistema judiciário para uma aplicação na Web (WebApp), do usuário para uma interface gráfica do usuário (GUI, do inglês *graphic user interface*), de um sistema operacional de um componente de *software* para outro – a lista é quase infinita. Em todos os casos, a informação flui por meio de uma interface, e há a possibilidade de erros, omissões e ambiguidade. A implicação desse princípio é que se deve prestar especial atenção à análise, ao projeto, à construção e aos testes das interfaces.

Princípio 5. *Construa software que apresente modularidade efetiva.* A separação por interesse (Princípio 1) estabelece uma filosofia para *software*. A *modularidade* fornece um mecanismo para colocar a filosofia em prática. Qualquer sistema complexo pode ser dividido em módulos (componentes), porém a boa prática de engenharia de *software* demanda mais do que isso. A modularidade deve ser *efetiva*. Isto é, cada módulo deve se concentrar exclusivamente em um aspecto bem restrito do sistema. Além disso, os módulos devem ser interconectados de uma maneira relativamente simples com outros módulos, fontes de dados e outros aspectos ambientais.

Princípio 6. *Busque padrões.* Os engenheiros de *software* utilizam padrões como forma de catalogar e reutilizar soluções para problemas encontrados no passado. Os padrões de projeto podem ser utilizados em problemas mais amplos de engenharia e de integração de sistemas, permitindo que os componentes de sistemas complexos evoluam independentemente. Os padrões serão discutidos em mais detalhes no Capítulo 14.

---

* N. de R.T.: A palavra *concern* foi traduzida como *interesse* ou *afinidade*. Dividir é uma técnica utilizada para lidar com complexidade. Uma das estratégias para dividir é separar usando critérios como interesses ou afinidade, tanto no domínio do problema quanto no domínio da tecnologia do *software*.

Princípio 7. *Quando possível, represente o problema e sua solução sob perspectivas diferentes.* Ao analisar um problema e sua solução sob uma série de perspectivas diferentes, é mais provável que se obtenha uma melhor visão e, assim, os erros e omissões sejam revelados. A linguagem de modelagem unificada (UML, do inglês *unified modeling language*) fornece uma maneira de descrever uma solução para o problema a partir de múltiplas perspectivas, como descrito no Apêndice 1.

Princípio 8. *Lembre-se de que alguém fará a manutenção do software.* Em longo prazo, à medida que defeitos forem descobertos, o *software* será corrigido, adaptado de acordo com as alterações de seu ambiente e estendido conforme solicitação de novas funcionalidades por parte dos envolvidos. As atividades de manutenção podem ser facilitadas se for aplicada uma prática de engenharia de *software* consistente ao longo do processo.

Esses princípios não constituem tudo que é necessário para a construção de um *software* de alta qualidade, mas estabelecem uma base para os métodos de engenharia de *software* discutidos neste livro.

6.2 Princípios das atividades metodológicas

Nas próximas seções, serão apresentados princípios que têm forte influência sobre o sucesso de cada atividade metodológica genérica definida como parte do processo de *software*. Em muitos casos, os princípios discutidos para cada atividade metodológica são aprimoramentos dos princípios apresentados na Seção 6.1. Eles são apenas princípios fundamentais que se situam em um nível de abstração mais baixo.

6.2.1 Princípios da comunicação

Antes que os requisitos dos clientes sejam analisados, modelados ou especificados, eles devem ser coletados por meio da atividade de comunicação. Um cliente apresenta um problema que pode ser resolvido por uma solução baseada em computador. Você responde ao pedido de ajuda. A comunicação acabou de começar. Entretanto, o percurso da comunicação até o entendimento costuma ser acidentado.

A comunicação efetiva (entre parceiros técnicos, com o cliente, com outros parceiros envolvidos e com gerentes de projetos) constitui uma das atividades mais desafiadoras. Existem muitas maneiras de se comunicar, mas é importante reconhecer que elas não são todas iguais em riqueza ou eficácia (Figura 6.2). Nesse contexto, discutem-se princípios aplicados na comunicação com o cliente. Entretanto, muitos desses princípios são aplicados igualmente a todas as formas de comunicação que ocorrem em um projeto de *software*.

Informações

A diferença entre clientes e usuários

Cliente é a pessoa ou o grupo que: (1) originalmente requisita o *software* a ser construído; (2) define os objetivos gerais do negócio para o *software*; (3) fornece os requisitos básicos do produto; e (4) coordena os recursos financeiros para o projeto. Em uma negociação de sistemas ou de produtos, o cliente, com frequência, é o departamento de *marketing*. Em um ambiente de tecnologia da informação (TI), o cliente pode ser um departamento ou componente da empresa.

Usuário é uma pessoa ou grupo que: (1) vai realmente usar o *software* construído para atingir algum propósito de negócio; e (2) vai definir os detalhes operacionais do *software* de modo que o objetivo seja alcançado. Em alguns casos, o cliente e o usuário final podem ser o mesmo, mas, em muitos projetos, isso não ocorre.

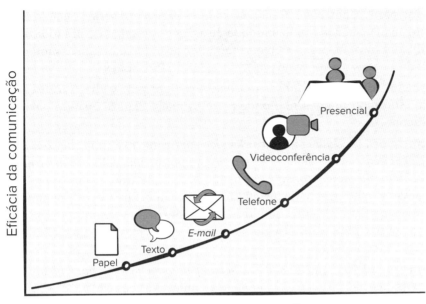

Figura 6.2
Eficácia dos modos de comunicação.

Princípio 1. *Ouça.* Antes de se comunicar, assegure-se de compreender o ponto de vista alheio e suas necessidades. Saiba ouvir. Concentre-se mais em ouvir do que em se preocupar com respostas. Peça esclarecimento, se necessário, e evite interrupções constantes. *Nunca* se mostre contestador, tanto em palavras quanto em ações (p. ex., revirar os olhos ou balançar a cabeça), enquanto uma pessoa estiver falando.

Princípio 2. *Prepare-se antes de se comunicar.* Dedique tempo para compreender o problema antes de se reunir com outras pessoas. Se necessário, faça algumas pesquisas para entender o jargão da área de negócios em questão. Caso seja sua a responsabilidade de conduzir uma reunião, prepare uma pauta com antecedência.

Princípio 3. *Alguém deve facilitar a atividade.* Toda reunião de comunicação deve ter um líder (um facilitador) para manter a conversa direcionada e produtiva, mediar qualquer conflito que ocorra e garantir que outros princípios sejam seguidos.

Princípio 4. *Comunicar-se pessoalmente é melhor.* No entanto, costuma ser mais produtivo quando alguma outra representação da informação relevante está presente. Por exemplo, um participante pode fazer um desenho ou um esboço de documento que servirá como foco para a discussão.

Princípio 5. *Anote e documente as decisões.* As coisas tendem a cair no esquecimento. Algum participante dessa reunião deve servir como "gravador" e anotar todos os pontos e decisões importantes.

Princípio 6. *Esforce-se para conseguir colaboração.* Colaboração e consenso ocorrem quando o conhecimento coletivo dos membros da equipe é usado para descrever funções e características do produto ou do sistema. Cada pequena colaboração servirá para estabelecer confiança entre os membros e chegar a um objetivo comum.

Princípio 7. *Mantenha o foco; crie módulos para a discussão.* Quanto mais pessoas envolvidas, maior a probabilidade de a discussão saltar de um tópico a outro. O facilitador deve manter a conversa modular, abandonando um assunto somente depois de ele ter sido resolvido (veja, entretanto, o Princípio 9).

Princípio 8. *Faltando clareza, desenhe.* A comunicação verbal flui até certo ponto. Um esboço ou um desenho pode permitir maior clareza quando palavras são insuficientes.

Princípio 9. *(a) Uma vez de acordo, siga em frente. (b) Se não chegar a um acordo, siga em frente. (c) Se uma característica ou função não estiver clara e não puder ser elucidada no momento, siga em frente.* A comunicação, assim como qualquer outra atividade da engenharia de *software*, toma tempo. Em vez de ficar andando em círculos, os participantes precisam reconhecer que muitos assuntos exigem discussão (veja o Princípio 2) e que "seguir em frente" é, algumas vezes, a melhor maneira de ser ágil na comunicação.

Princípio 10. *Negociação não é uma competição nem um jogo. Funciona melhor quando as duas partes saem ganhando.* Há muitas ocasiões em que é necessário negociar funções e características, prioridades e prazos de entrega. Se a equipe interagiu adequadamente, todas as partes envolvidas têm um objetivo comum. Mesmo assim, a negociação exigirá concessões de todos.

Casa Segura

Erros de comunicação

Cena: Local de trabalho da equipe de engenharia de *software*.

Atores: Jamie Lazar, membro da equipe de *software*; Vinod Raman, membro da equipe de *software*; Ed Robbins, membro da equipe de *software*.

Conversa:

Ed: O que você ouviu falar sobre o projeto *CasaSegura*?

Vinod: A reunião inicial está marcada para a próxima semana.

Jamie: Já andei investigando, mas não deu muito certo.

Ed: O que você quer dizer?

Jamie: Bem, liguei para Lisa Perez. Ela é a "mandachuva" do *marketing* dessa história.

Vinod: E...?

Jamie: Eu queria que ela me desse informações sobre as características e funções do *CasaSegura*... esse tipo de coisa. Mas, em vez disso, ela começou a me fazer perguntas sobre sistemas de segurança, sistemas de vigilância... Não sou especialista na área.

Vinod: O que isso lhe diz?

(Jamie encolhe os ombros.)

Vinod: Isso quer dizer que o *marketing* precisará de nós como consultores e que é melhor nos prepararmos nessa área de produto antes da primeira reunião. Doug disse que quer que "colaboremos" com nosso cliente; portanto, é melhor aprendermos a fazer isso.

Ed: Provavelmente teria sido melhor ter dado uma passada em seu escritório. Simples telefonemas não funcionam bem para esse tipo de coisa.

Jamie: Vocês dois estão certos. Temos que nos organizar, ou nossos primeiros contatos serão difíceis.

Vinod: Vi o Doug lendo um livro sobre "engenharia de requisitos". Aposto que ele enumera alguns princípios de comunicação eficaz. Vou pedi-lo emprestado amanhã mesmo.

Jamie: Boa ideia... depois você poderá nos ensinar.

Vinod (sorrindo): É isso aí.

6.2.2 Princípios do planejamento

A atividade de planejamento engloba um conjunto de técnicas e práticas gerenciais que permitem à equipe de *software* definir um roteiro à medida que segue na direção de seus objetivos estratégicos e táticos.

Por mais que se tente, é impossível prever com exatidão como um projeto de *software* vai evoluir. Não há uma maneira simples de determinar quais problemas técnicos não previstos serão encontrados, quais informações importantes não serão descobertas até o fim do projeto, quais erros ocorrerão ou quais itens de negócio sofrerão mudanças. Ainda assim, uma boa equipe deve planejar sua abordagem. O planejamento muitas vezes é iterativo (Figura 6.3).

Existem muitas filosofias diferentes de planejamento.[3] Algumas pessoas são "minimalistas", afirmando que alterações frequentemente eliminam a necessidade de um plano detalhado. Outras são "tradicionalistas", afirmando que o plano fornece um roteiro eficaz, e que quanto mais detalhes são apresentados, menos probabilidade a equipe terá de se perder.

O que fazer? Em muitos projetos, planejamento em excesso representa consumo de tempo sem resultado produtivo (mudanças demais); entretanto, pouco planejamento é uma receita para o caos. Como a maioria das coisas na vida, o planejamento deve ser conduzido de forma moderada, o suficiente para servir de guia para a equipe – nem mais, nem menos. Independentemente do rigor com o qual o planejamento é feito, os seguintes princípios sempre se aplicam:

Princípio 1. *Entenda o escopo do projeto.* É impossível usar um mapa se você não sabe aonde está indo. O escopo indica um destino para a equipe de *software*.

Princípio 2. *Inclua os envolvidos na atividade de planejamento.* Os envolvidos definem prioridades e estabelecem as restrições de projeto. Para adequar essas características, os engenheiros muitas vezes devem negociar a programação de entrega, o cronograma e outras questões relativas ao projeto.

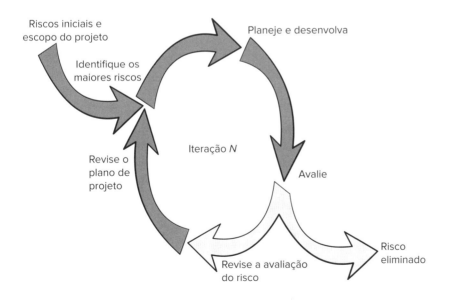

Figura 6.3 Planejamento iterativo.

---

[3] Na Parte IV do livro é apresentada uma discussão detalhada sobre planejamento e gerenciamento de projetos de *software*.

Princípio 3. *Reconheça que o planejamento é iterativo.* Um plano de projeto jamais é "gravado em pedra". Depois que o trabalho se inicia, muito provavelmente ocorrerão alterações. O plano precisará ser ajustado. Os modelos de processos incremental e iterativo incluem tempo para replanejamento após a entrega de cada incremento de *software*, de acordo com os *feedbacks* recebidos dos usuários.

Princípio 4. *Faça estimativas baseadas no que conhece.* O objetivo da estimativa é dar indicações de esforço, custo e prazo para a realização, com base na compreensão atual do trabalho a ser realizado. Se a informação for vaga ou não confiável, as estimativas serão igualmente não confiáveis.

Princípio 5. *Considere os riscos ao definir o plano.* Caso tenha identificado riscos de alto impacto e alta probabilidade, um planejamento de contingência será necessário. O plano de projeto (inclusive o cronograma) deve ser ajustado para incluir a possibilidade de um ou mais desses riscos ocorrerem.

Princípio 6. *Seja realista.* As pessoas não trabalham 100% de todos os dias. Mudanças ocorrem. Até mesmo os melhores engenheiros de *software* cometem erros. Essas e outras realidades devem ser consideradas ao se estabelecer um plano de projeto.

Princípio 7. *Ajuste a granularidade ao definir o plano.* O termo *granularidade* se refere ao nível de detalhamento introduzido conforme o plano de projeto é desenvolvido. Um plano com *alto grau de granularidade* fornece considerável detalhamento de tarefas planejadas para incrementos em intervalos relativamente curtos para que o rastreamento e o controle ocorram com frequência. Um plano com *baixo grau de granularidade* resulta em tarefas mais amplas para intervalos maiores. Em geral, a granularidade varia de alta para baixa, conforme o cronograma de projeto se distancia da data atual. As atividades que não serão realizadas por muitos meses não exigem alto grau de granularidade (muito pode ser alterado).

Princípio 8. *Defina como pretende garantir a qualidade.* O plano deve determinar como a equipe pretende garantir a qualidade. Se forem necessárias revisões técnicas,[4] deve-se agendá-las. Se a programação em pares for utilizada (Capítulo 3), isso deve estar definido explicitamente dentro do plano.

Princípio 9. *Descreva como acomodar as alterações.* Mesmo o melhor planejamento pode ser prejudicado por alterações sem controle. Deve-se identificar como as alterações serão integradas ao longo do trabalho de engenharia. Por exemplo, o cliente pode solicitar uma alteração a qualquer momento? Se for solicitada uma mudança, a equipe é obrigada a implementá-la imediatamente? Como são avaliados o impacto e o custo de uma alteração?

Princípio 10. *Verifique o plano com frequência e faça os ajustes necessários.* Os projetos de *software* atrasam um dia de cada vez. Portanto, é bom verificar diariamente seu progresso, procurando áreas ou situações problemáticas, nas quais o que foi programado não está em conformidade com o trabalho realizado. Ao surgir um descompasso, deve-se ajustar o plano adequadamente.

Para máxima eficiência, todos da equipe de *software* devem participar da atividade de planejamento. Somente assim os membros estarão "engajados" com o plano.

6.2.3 Princípios da modelagem

Criamos modelos para entender melhor o que será construído. Quando a entidade for algo físico (p. ex., um edifício, um avião, uma máquina), podemos construir um

---

4   As revisões técnicas são discutidas no Capítulo 16.

modelo tridimensional (3D) que seja idêntico na forma e no formato, porém em menor escala. Entretanto, quando a entidade a ser construída for *software*, nosso modelo deve assumir uma forma diferente. Ele deve ser capaz de representar as informações que o *software* transforma, a arquitetura e as funções que permitem a transformação, as características que os usuários desejam e o comportamento do sistema à medida que a transformação ocorra. Os modelos devem cumprir esses objetivos em diferentes níveis de abstração – primeiro, descrevendo o *software* do ponto de vista do cliente e, depois, em um nível mais técnico. A Figura 6.4 mostra como a modelagem pode ser utilizada no projeto ágil de *software*.

No trabalho de engenharia de *software*, podem ser criadas duas classes de modelos: de requisitos e de projeto. Os *modelos de requisitos* (também denominados *modelos de análise*) representam os requisitos dos clientes, descrevendo o *software* em três domínios diferentes: o domínio da informação, o domínio funcional e o domínio comportamental (Capítulo 8). Os *modelos de projeto* representam características do *software* que ajudam os desenvolvedores a construí-lo com eficiência: a arquitetura, a interface do usuário e os detalhes dos componentes (Capítulos 9 a 12).

Em seu livro sobre modelagem ágil, Scott Ambler e Ron Jeffries [Amb02] estabelecem um conjunto de princípios de modelagem[5] destinados àqueles que usam o modelo de processos ágeis (Capítulo 3), mas que também podem ser usados por todos os engenheiros de *software* que executam ações e tarefas de modelagem:

Princípio 1. *O objetivo principal da equipe de software é construir software, não criar modelos.* Agilidade significa entregar *software* ao cliente no menor prazo possível. Os modelos que fazem isso acontecer são criações valiosas; entretanto, os que retardam o processo ou oferecem pouca novidade devem ser evitados.

Princípio 2. *Seja objetivo – não crie mais modelos do que precisa.* Todo modelo criado deve ser atualizado quando ocorrem alterações. E, mais importante, todo modelo novo demanda tempo que poderia ser despendido em construção (codificação e

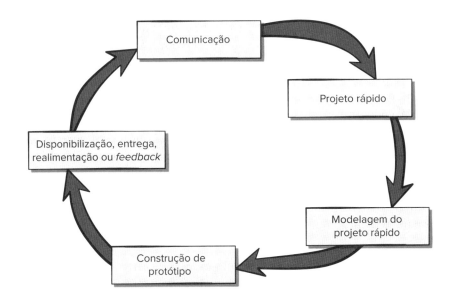

Figura 6.4
A função da modelagem de *software*.

---

5 Os princípios citados nesta seção foram resumidos e reescritos de acordo com os propósitos deste livro.

testes). Portanto, crie somente modelos que facilitem mais e diminuam o tempo para a construção do *software*.

Princípio 3. ***Esforce-se ao máximo para produzir o modelo mais simples possível para descrever o problema ou o software.*** Não exagere no *software* [Amb02]. Ao manter os modelos simples, o *software* resultante também será simples. O resultado será um *software* mais fácil de ser integrado, testado e mantido (alterado). Além disso, modelos simples são mais fáceis de compreender e criticar, resultando em uma forma contínua de *feedback* (realimentação) que otimiza o resultado final.

Princípio 4. ***Construa modelos que facilitem alterações.*** Considere que os modelos mudarão, mas, ao considerar tal fato, não seja relapso. O problema dessa atitude é que, sem um modelo de requisitos razoavelmente completo, será criado um projeto (modelo de projeto) que invariavelmente vai deixar de lado funções e características importantes.

Princípio 5. ***Estabeleça um propósito claro para cada modelo.*** Toda vez que criar um modelo, pergunte se há motivo para tanto. Se você não for capaz de dar justificativas sólidas para a existência do modelo, não desperdice tempo com ele.

Princípio 6. ***Adapte os modelos que você desenvolveu ao sistema em questão.*** Talvez seja necessário adaptar a notação ou as regras do modelo ao aplicativo; por exemplo, um aplicativo de videogame pode exigir uma técnica de modelagem diferente daquela utilizada em um *software* embarcado e de tempo real que controla o piloto automático de um automóvel.

Princípio 7. ***Crie modelos úteis, mas esqueça a construção de modelos perfeitos.*** Ao construir modelos de requisitos e de projetos, um engenheiro de *software* atinge um ponto de retornos decrescentes. Isto é, o esforço necessário para fazer o modelo completo e internamente consistente não vale os benefícios resultantes. Iterar indefinidamente para construir um modelo "perfeito" não supre a necessidade de agilidade.

Princípio 8. ***Não se torne dogmático quanto à sintaxe do modelo. Se ela consegue transmitir o conteúdo, a representação é secundária.*** Embora todos os integrantes de uma equipe devam tentar usar uma notação consistente durante a modelagem, a característica mais importante do modelo reside em transmitir informações que possibilitem a próxima tarefa de engenharia. Se um modelo viabilizar isso com êxito, a sintaxe incorreta pode ser perdoada.

Princípio 9. ***Se os instintos dizem que um modelo não está correto, mesmo parecendo correto no papel, provavelmente há motivos para se preocupar.*** Se você for um engenheiro experiente, confie em seus instintos. O trabalho com *software* nos ensina muitas lições – muitas delas em um nível subconsciente. Se algo lhe diz que um modelo de projeto parece falho, embora não haja provas explícitas, há motivos para dedicar tempo extra examinando o modelo ou desenvolvendo outro diferente.

Princípio 10. ***Obtenha feedback o quanto antes.*** O objetivo de qualquer modelo é transmitir informações. Ele deve ser autoexplicativo. Considere o fato de não estar lá para explicá-lo. Todo modelo deve ser revisado pelos membros da equipe de *software*. O objetivo das revisões é proporcionar *feedback* que seja usado para corrigir erros de modelagem, alterar interpretações errôneas e adicionar características ou funções omitidas inadvertidamente.

6.2.4 Princípios da construção

A atividade de construção abrange um conjunto de tarefas de codificação e testes que geram um *software* operacional pronto para ser entregue ao cliente e ao usuário.

Na moderna atividade de engenharia de *software*, a codificação pode ser: (1) a criação direta do código-fonte na linguagem de programação; (2) a geração automática de código-fonte usando uma representação intermediária semelhante a um projeto do componente a ser construído; ou (3) a geração automática de código executável usando uma linguagem de programação de quarta geração (p. ex., Unreal4 *Blueprints*).[6]

O enfoque inicial dos testes é voltado para componentes, com frequência denominados *testes de unidade*. Outros níveis de testes incluem: (1) *teste de integração* (realizado à medida que o sistema é construído); (2) *teste de validação*, que avalia se os requisitos foram atendidos pelo sistema completo (ou incremento de *software*); e (3) *teste de aceitação* conduzido pelo cliente, com o intuito de empregar todos os fatores e funções requisitados. A Figura 6.5 mostra o posicionamento do projeto de testes e casos de teste nos processos ágeis.

Os testes são considerados em detalhes nos Capítulos 19 a 21. A série de princípios e conceitos fundamentais a seguir é aplicável à codificação e aos testes.

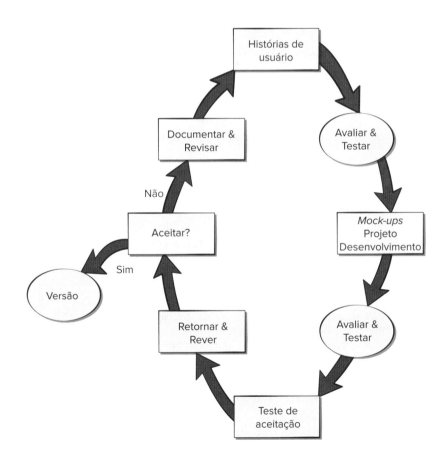

Figura 6.5
Testes em processos ágeis.

---

6   *Blueprints* é uma ferramenta de *script* visual criada pela Epic Games (https://docs.unrealengine.com/latest/INT/Engine/Blueprints/).

Princípios da codificação. Os princípios que regem a codificação são intimamente alinhados ao estilo, às linguagens e aos métodos de programação. Alguns princípios fundamentais podem ser estabelecidos:

Princípios da preparação: Antes de escrever uma linha de código, certifique-se de que:

Princípio 1. *Compreendeu bem o problema a ser solucionado.*

Princípio 2. *Compreendeu bem os princípios e conceitos básicos sobre o projeto.*

Princípio 3. *Escolheu uma linguagem de programação adequada às necessidades do software a ser desenvolvido e ao ambiente em que ele vai operar.*

Princípio 4. *Selecionou um ambiente de programação que forneça ferramentas para tornar seu trabalho mais fácil.*

Princípio 5. *Elaborou um conjunto de testes de unidade que serão aplicados assim que o componente codificado estiver completo.*

Princípios da codificação: Ao começar a escrever código:

Princípio 6. *Restrinja seus algoritmos seguindo a prática de programação estruturada [Boh00].*

Princípio 7. *Pense na possibilidade de usar programação em pares.*

Princípio 8. *Selecione estruturas de dados que atendam às necessidades do projeto.*

Princípio 9. *Domine a arquitetura de software e crie interfaces coerentes com ela.*

Princípios da validação: Após completar a primeira etapa de codificação, certifique-se de:

Princípio 10. *Aplicar uma revisão de código quando for apropriado.*

Princípio 11. *Realizar testes de unidades e corrigir erros ainda não identificados.*

Princípio 12. *Refatorar o código para melhorar a sua qualidade.*

Princípios de testes. Em um livro clássico sobre testes de *software*, Glen Myers [Mye79] estabelece regras que podem servir bem como objetivos da atividade de testes:

1. Teste é um processo de executar um programa com o intuito de encontrar um erro.
2. Um bom pacote de testes é aquele que tem alta probabilidade de encontrar um erro ainda não descoberto.
3. Um teste bem-sucedido é aquele que revela um novo erro.

Para alguns desenvolvedores, esses objetivos representam uma mudança radical de ponto de vista. Eles vão contra a visão comumente difundida de que um teste bem-sucedido é aquele em que nenhum erro é encontrado. Seu objetivo é o de projetar testes que descubram, sistematicamente, diferentes classes de erros, consumindo o mínimo de esforço e tempo.

Como benefício secundário, os testes demonstram que as funções do *software* estão funcionando de acordo com as especificações e que os requisitos relativos ao desempenho e ao comportamento parecem estar sendo atingidos. Além disso, os dados coletados durante os testes fornecem um bom indício da confiabilidade do

Figura 6.6
Os testes nunca estão completos.

software, assim como um indício da qualidade do *software*. Entretanto, os testes não são capazes de mostrar a ausência de erros e defeitos, podendo apenas mostrar que erros e defeitos de *software* estão presentes (Figura 6.6). É importante manter essa afirmação (bastante pessimista) em mente enquanto os testes são aplicados.

Davis [Dav95b] sugere um conjunto de princípios de testes[7] que foram adaptados para este livro; Everett e Meyer [Eve09] sugerem princípios adicionais:

Princípio 1. *Todos os testes devem estar alinhados com os requisitos do cliente.*[8] O objetivo do teste de *software* é descobrir erros. Constata-se que os efeitos mais críticos do ponto de vista do cliente são aqueles que conduzem a falhas no programa quanto a seus requisitos.

Princípio 2. *Os testes devem ser planejados muito antes de serem iniciados.* O planejamento dos testes (Capítulo 19) pode começar assim que o modelo de requisitos estiver concluído. A definição detalhada dos casos de teste pode começar assim que o modelo de projeto tenha sido solidificado. Portanto, todos os testes podem ser planejados e projetados antes que qualquer codificação tenha sido gerada.

Princípio 3. *O princípio de Pareto se aplica a testes de software.* Neste contexto, o princípio de Pareto indica que 80% de todos os erros revelados durante testes provavelmente estarão em cerca de 20% de todos os componentes do programa.

---

[7] Apenas um pequeno subconjunto dos princípios de testes de David é citado aqui. Para maiores informações, veja [Dav95b].

[8] Esse princípio refere-se a *testes funcionais*; por exemplo, testes que se concentram em requisitos. Os *testes estruturais* (testes que se concentram nos detalhes lógicos ou arquiteturais) não podem se referir a requisitos específicos diretamente.

O problema, evidentemente, consiste em isolar os componentes suspeitos e testá-los por completo.

Princípio 4. *Os testes devem começar "no particular" e progredir para o teste "no geral".* Os primeiros testes planejados e executados geralmente se concentram nos componentes individuais. À medida que os testes progridem, o enfoque muda para tentar encontrar erros em grupos de componentes integrados e, posteriormente, no sistema inteiro.

Princípio 5. *Testes exaustivos são impossíveis.* A quantidade de caminhos de execução, mesmo para um programa de tamanho moderado, é excepcionalmente grande. Por essa razão, é impossível executar todas as rotas durante os testes. O que é possível, no entanto, é cobrir adequadamente a lógica do programa e garantir que todas as condições referentes ao projeto no nível de componentes sejam exercidas.

Princípio 6. *Aplique a cada módulo do sistema um teste equivalente à sua densidade de defeitos esperada.* Frequentemente, esses são os módulos mais recentes ou os que são menos compreendidos pelos desenvolvedores.

Princípio 7. *Técnicas de testes estáticos podem gerar resultados importantes.* Mais de 85% dos defeitos de *software* são originados na sua documentação (requisitos, especificações, ensaios de código e manuais de usuário) [Jon91]. Testar a documentação do sistema pode ser vantajoso.

Princípio 8. *Rastreie defeitos e procure padrões em falhas descobertas pelos testes.* O total dos defeitos descobertos é um bom indicador da qualidade do *software*. Os tipos de defeitos descobertos podem ser uma boa medida da estabilidade do *software*. Padrões de defeitos encontrados com o passar do tempo podem projetar os números de falhas esperadas.

Princípio 9. *Inclua casos de teste que demonstrem que o software está se comportando corretamente.* À medida que os componentes do *software* vão sendo mantidos ou adaptados, interações inesperadas causam efeitos colaterais involuntários em outros componentes. É importante ter um conjunto de casos de teste de regressão (Capítulo 19) pronto para verificar o comportamento do sistema depois que alterações forem aplicadas a um produto de *software*.

6.2.5 Princípios da disponibilização

Como mencionado na Parte I deste livro, a disponibilização envolve três ações: entrega, suporte e *feedback*. Como os modernos modelos de processos de *software* são, em sua natureza, evolucionários ou incrementais, a disponibilização não ocorre imediatamente, mas em diversas vezes, à medida que o *software* avança para sua conclusão. Cada ciclo de entrega propicia ao cliente e ao usuário um incremento de *software* operacional que fornece fatores e funcionalidades utilizáveis. Cada ciclo de suporte fornece assistência humana e documentação para todas as funcionalidades e fatores introduzidos durante todos os ciclos de disponibilização até o presente. Cada ciclo de *feedback* fornece à equipe de *software* um importante roteiro que resulta em alteração de funcionalidades, elementos e abordagem adotados para o próximo incremento. A Figura 6.7 ilustra ações de disponibilização típicas.

A entrega de um incremento de *software* representa um marco importante para qualquer projeto de *software*. Alguns princípios essenciais devem ser seguidos enquanto a equipe se prepara para a entrega de um incremento:

Princípio 1. *As expectativas do cliente para o software devem ser gerenciadas.* Muitas vezes, o cliente espera mais do que a equipe havia prometido entregar e

Montar pacote de entrega

Estabelecer o regime de suporte

Administrar as expectativas do cliente

Fornecer materiais instrucionais aos usuários

Figura 6.7
Ações de entrega.

ocorre a decepção. Isso resulta em *feedback* não produtivo e arruína o moral da equipe. Em seu livro sobre gerenciamento de expectativas, Naomi Karten [Kar94] afirma: "O ponto de partida para administrar expectativas consiste em se tornar mais consciente sobre como e o que vai comunicar". Ela sugere que um engenheiro de *software* deve ser cauteloso em relação ao envio de mensagens conflituosas ao cliente (p. ex., prometer mais do que pode entregar racionalmente no prazo estabelecido ou entregar mais do que o prometido para determinado incremento e, em seguida, menos do que prometera para o próximo).

Princípio 2. *Um pacote de entrega completo deve ser montado e testado.* Todo *software* executável, arquivo de dados de suporte, documento de suporte e outras informações relevantes devem ser completamente montados e testados com usuários reais em uma versão beta. Todos os roteiros de instalação e outros itens operacionais devem ser aplicados inteiramente no maior número possível de configurações computacionais (i.e., *hardware*, sistemas operacionais, dispositivos periféricos, disposições de rede).

Princípio 3. *É preciso estabelecer uma estrutura de suporte antes da entrega do software.* Um usuário conta com o recebimento de informações precisas e com responsabilidade caso surja um problema. Se o suporte for improvisado ou, pior ainda, inexistente, imediatamente o cliente ficará insatisfeito. O suporte deve ser planejado, seus materiais devem estar preparados, e mecanismos para manutenção de registros apropriados devem estar determinados para que a equipe de *software* possa oferecer uma avaliação de qualidade das formas de suporte solicitadas.

Princípio 4. *Material instrucional adequado deve ser fornecido aos usuários.* A equipe de *software* deve entregar mais do que o *software* em si. Auxílio em treinamento de forma adequada (se solicitado) deve ser desenvolvido; orientações quanto

Engenharia de *software*

a problemas inesperados devem ser oferecidas; quando necessário, é importante publicar uma descrição sobre as "diferenças existentes no incremento de *software*".[9]

Princípio 5. *Software* com bugs deve ser primeiramente corrigido e, depois, entregue. Sob a pressão do prazo, muitas empresas de *software* entregam incrementos de baixa qualidade, notificando o cliente de que os *bugs* "serão corrigidos na próxima versão". Isso é um erro. Há um ditado no mercado de *software*: "Os clientes esquecerão a entrega de um produto de alta qualidade em poucos dias, mas jamais esquecerão os problemas causados por um produto de baixa qualidade. O *software* os lembra disso todos os dias".

6.3 Resumo

A prática de engenharia de *software* envolve princípios, conceitos, métodos e ferramentas aplicados por engenheiros da área ao longo de todo o processo de desenvolvimento. Cada projeto de engenharia de *software* é diferente. Ainda assim, um conjunto de princípios genéricos se aplica ao processo como um todo e à prática de cada atividade metodológica, seja qual for o projeto ou o produto.

Um conjunto de princípios fundamentais auxilia na aplicação de um processo de *software* significativo e na execução de métodos eficazes de engenharia de *software*. No nível do processo, os princípios fundamentais estabelecem uma base filosófica que orienta a equipe durante essa fase de desenvolvimento. No nível da prática, os princípios estabelecem uma série de valores e regras que servem como guia para analisar um problema, projetar, implementar e testar uma solução e, por fim, disponibilizar o *software* para a sua comunidade de usuários.

Os princípios de comunicação focam na necessidade de reduzir ruído e aumentar a dimensão conforme o diálogo entre o desenvolvedor e o cliente progride. Ambas as partes devem colaborar para que ocorra a melhor comunicação.

Os princípios de planejamento proporcionam roteiros para a construção do melhor mapa para a jornada rumo a um sistema ou produto completo. O plano pode ser projetado para um único incremento de *software* ou definido para o projeto inteiro. Independentemente da situação, o plano deve indicar o que será feito, quem o fará e quando o trabalho estará concluído.

Os princípios de modelagem servem como infraestrutura para os métodos e para a notação utilizados para criar representações do *software*. A modelagem abrange tanto análise quanto projeto, descrevendo representações do *software* que se tornam progressivamente mais detalhadas. O objetivo dos modelos é solidificar a compreensão do trabalho a ser feito e providenciar orientação técnica aos implementadores do *software*.

A construção incorpora um ciclo de codificação e testes no qual o código-fonte de um componente é gerado e testado. Os princípios de codificação definem ações genéricas que devem ocorrer antes da codificação ser feita, enquanto ela está sendo criada e após ela estar concluída. Embora haja muitos princípios de testes, apenas um é dominante: teste consiste em um processo de execução de um programa com o intuito de encontrar um erro.

A disponibilização ocorre à medida que cada incremento de *software* é apresentado ao cliente e engloba a entrega, o suporte e o *feedback*. Os princípios fundamentais

---

9 Durante a atividade de comunicação, a equipe de *software* deve determinar quais recursos de apoio os usuários desejam.

para a entrega consideram o gerenciamento das expectativas dos clientes e o fornecimento ao cliente de informações de suporte apropriadas sobre o *software*. O suporte exige preparação antecipada. O *feedback* permite ao cliente sugerir mudanças que tenham valor agregado e fornecer ao desenvolvedor informações para o próximo ciclo de engenharia de *software*.

Problemas e pontos a ponderar

6.1. Uma vez que o foco na qualidade demanda recursos e tempo, é possível ser ágil e ainda assim manter o foco na qualidade?

6.2. Dos oito princípios básicos que orientam um processo (discutidos na Seção 6.1.1), qual você acredita ser o mais importante?

6.3. Descreva o conceito de *separação por interesses* com suas próprias palavras.

6.4. Por que é necessário "seguir em frente"?

6.5. Pesquise sobre "negociação" para a atividade de comunicação e prepare uma série de etapas concentrando-se apenas na negociação.

6.6. Por que os modelos são importantes no trabalho de engenharia de *software*? Eles são sempre necessários? Existem qualificadores para sua resposta sobre necessidade?

6.7. Em que consiste um teste bem-sucedido?

6.8. Por que o *feedback* é importante para uma equipe de *software*?

Elemento de design: Ícone de lupa da seção Panorama: © Roger Pressman

7

Entendendo os requisitos

Conceitos-chave

modelo de análise. 118
padrões de análise 122
colaboração 108
elaboração 104
levantamento 104
concepção 104
negociação. 105
engenharia de
requisitos 103
levantamento de
requisitos 110
gestão de requisitos 106
monitoramento de
requisitos 123
especificação 105
envolvidos. 107
casos de uso. 113
validação de requisitos . . 123
validação 105
pontos de vista 107
artefatos 114

Entender os requisitos de um problema está entre as tarefas mais difíceis enfrentadas por um engenheiro de *software*. Quando você pensa nisso pela primeira vez, entender claramente a engenharia de requisitos não parece assim tão difícil. Afinal, o cliente não sabe o que é necessário? Os usuários não deveriam ter um bom entendimento das características e funções de que precisam? Surpreendentemente, em muitos casos, a resposta a essas perguntas é "não". E mesmo que os clientes e usuários soubessem explicitar as suas necessidades, estas mudariam ao longo do projeto.

Panorama

O que é? Antes de iniciar qualquer trabalho técnico, é uma boa ideia criar um conjunto de requisitos para todas as tarefas de engenharia. Ao estabelecer um conjunto de requisitos, você obtém um entendimento de qual será o impacto do *software* sobre o negócio, o que o cliente quer e como os usuários vão interagir com o *software*.

Quem realiza? Os engenheiros de *software* e outros envolvidos no projeto (gerentes, clientes e usuários) participam da engenharia de requisitos.

Por que é importante? Para entender o que o cliente quer antes de você começar a projetar e construir um sistema de computador. Construir um programa de computador elegante que resolve o problema errado não adianta nada para ninguém.

Quais são as etapas envolvidas? A engenharia de requisitos começa com a concepção (uma tarefa que define a abrangência e a natureza do problema a ser resolvido). Ela prossegue para o levantamento (uma tarefa de investigação que ajuda os envolvidos a definir o

que é necessário) e, então, para a elaboração (na qual os requisitos básicos são refinados e modificados). À medida que os envolvidos definem o problema, ocorre a negociação (quais são as prioridades, o que é essencial, quando é necessário?). Por fim, o problema é especificado de algum modo e, então, é revisado ou validado para garantir que o seu entendimento sobre o problema e o dos envolvidos coincidam.

Qual é o artefato? A engenharia de requisitos fornece a todas as partes um entendimento escrito do problema. Os artefatos podem incluir: cenários de uso, listas de funções e características e modelos de análise.

Como garantir que o trabalho foi realizado corretamente? Os artefatos da engenharia de requisitos são revisados com os envolvidos para garantir que todos estão em sincronia. Um alerta: mesmo depois de todas as partes terem entrado em acordo, as coisas vão mudar e continuarão mudando ao longo do projeto.

No prefácio de um livro de Ralph Young [You01] sobre práticas de requisitos eficazes, um de nós [RSP] escreveu:

> É o seu pior pesadelo. Um cliente entra em seu escritório, senta-se, olha diretamente nos seus olhos e diz: "Eu sei que você pensa que entendeu o que eu disse, mas o que você não entende é que aquilo que eu disse não era o que eu quis dizer". Invariavelmente, isso acontece no final do projeto, após compromissos de prazos de entrega terem sido estabelecidos, reputações estarem em risco e muito dinheiro estar em jogo.
>
> Quem trabalhou na área de *software* e sistemas por mais do que alguns poucos anos já viveu esse pesadelo; mesmo assim, poucos aprenderam a livrar-se dele. Passamos por muitas dificuldades ao tentar extrair os requisitos de nossos clientes. Temos dificuldades para entender as informações obtidas. Normalmente, registramos os requisitos de forma desorganizada e investimos pouco tempo verificando aquilo que registramos. Deixamos que as mudanças nos controlem, em vez de estabelecermos mecanismos para controlar as mudanças. Em suma, não conseguimos estabelecer uma base sólida para o sistema ou *software*. Todos esses problemas são desafiadores. Quando combinados, o panorama é assustador até mesmo para os gerentes e profissionais mais experientes. Mas soluções existem.

É possível afirmar que as técnicas que discutiremos neste capítulo não são a verdadeira "solução" para os desafios que acabamos de citar. Entretanto, elas fornecem uma abordagem (para compor uma estratégia) confiável para lidar com esses desafios.

7.1 Engenharia de requisitos

Projetar e construir *software* é desafiador, criativo e divertido. Na verdade, construir *software* é tão envolvente, que muitos desenvolvedores querem começar imediatamente, antes de terem um entendimento claro daquilo que é necessário. Eles argumentam que as coisas ficarão mais claras à medida que forem construindo o *software*, que os envolvidos no projeto serão capazes de entender a necessidade apenas depois de examinar as primeiras iterações do *software*, que as coisas mudam tão rápido que qualquer tentativa de entender os requisitos de forma detalhada será perda de tempo, que o primordial é produzir um programa que funcione e que todo o resto é secundário. O que torna esses argumentos tentadores é que eles contêm elementos de verdade. Porém, eles apresentam pontos fracos e podem levar um projeto ao fracasso.

O amplo espectro de tarefas e técnicas que levam a um entendimento dos requisitos é chamado de *engenharia de requisitos*. Do ponto de vista do processo de *software*, a engenharia de requisitos é uma ação de engenharia de *software* importante que se inicia durante a atividade de comunicação e continua na de modelagem. A engenharia de requisitos estabelece uma base sólida para o projeto e para a construção. Sem ela, o *software* resultante tem grande probabilidade de não atender às necessidades do cliente. Ela deve ser adaptada às necessidades do processo, do projeto, do produto e das pessoas que estão realizando o trabalho. É importante entender que cada uma dessas tarefas é realizada de maneira iterativa à medida que a equipe do projeto e os envolvidos continuam a compartilhar informações sobre as suas respectivas preocupações.

A engenharia de requisitos constrói uma ponte entre o projeto e a construção, mas onde começa essa ponte? Alguém pode argumentar que ela inicia com os envolvidos no projeto (p. ex., gerentes, clientes e usuários), em que é definida a necessidade do negócio, são descritos cenários de usuários, delineadas funções e recursos e identificadas restrições de projeto. Outros poderiam sugerir que ela se inicia com uma definição mais abrangente do sistema, em que o *software* é apenas um componente do domínio do sistema mais abrangente. Porém, independentemente do ponto de partida, a jornada pela ponte nos leva bem à frente no projeto, permitindo que examinemos o contexto do trabalho de *software* a ser realizado; as necessidades específicas a que o projeto e a construção devem atender; as prioridades que orientam a ordem na qual o trabalho deve ser concluído; e as informações, funções e comportamentos que terão um impacto profundo no projeto resultante. A engenharia de requisitos abrange sete tarefas distintas: *concepção, levantamento,* * *elaboração, negociação, especificação, validação* e *gestão*. É importante notar que algumas delas ocorrem em paralelo e que todas são adaptadas às necessidades do projeto. É esperado realizar um pouco de projeto durante o trabalho de levantamento de requisitos e um pouco de trabalho de levantamento de requisitos durante o projeto.

7.1.1 Concepção

Como um projeto de *software* é iniciado? Em geral, a maioria dos projetos começa com uma necessidade de negócios identificada ou quando um novo mercado ou serviço em potencial é descoberto. Na concepção do projeto, estabelecemos um entendimento básico do problema, das pessoas que querem uma solução e da natureza da solução desejada. A comunicação entre todos os envolvidos e a equipe de *software* deve ser estabelecida durante essa tarefa para dar início a uma colaboração eficaz.

7.1.2 Levantamento

Certamente parece bastante simples – perguntar ao cliente, aos usuários e aos demais envolvidos quais são os objetivos para o sistema ou produto, o que deve ser obtido, como o sistema ou produto atende às necessidades da empresa e, por fim, como o sistema ou produto deve ser utilizado no dia a dia. Mas isso não é simples – na verdade, é muito difícil.

Uma parte importante do levantamento é entender as metas de negócios [Cle10]. Uma *meta* é um objetivo de longo prazo que um sistema ou produto deve alcançar. As metas podem tratar de preocupações funcionais ou não funcionais (p. ex., confiabilidade, segurança, usabilidade) [Lam09].

Frequentemente, as metas representam uma boa maneira de explicar os requisitos aos envolvidos e, uma vez estabelecidas, podem ser usadas para gerenciar conflitos entre eles. As metas devem ser especificadas com precisão e servir de base para a elaboração, verificação/validação, gerenciamento de conflitos, negociação, explicação e evolução dos requisitos.

Sua tarefa é mobilizar os envolvidos e estimulá-los a compartilhar suas metas honestamente. Uma vez capturadas as metas, estabelece-se um mecanismo de atribuição de prioridades e cria-se um raciocínio lógico para a possível arquitetura do projeto (que atenda às metas dos envolvidos).

A agilidade é um aspecto importante da engenharia de requisitos. A intenção do levantamento é transferir ideias dos envolvidos para a equipe de *software* de forma harmônica e sem atrasos. É altamente provável que novos requisitos continuarão a emergir à medida que o desenvolvimento iterativo do artefato ocorre.

7.1.3 Elaboração

A tarefa de elaboração concentra-se no desenvolvimento de um modelo de requisitos refinado que identifique os diversos aspectos da função, do comportamento e das

---

* N. de R.T.: O termo *elicitation* corresponde a uma investigação, aqui colocado como levantamento para entrevistar, assistir, entender os fluxos impactantes de negócios, de experiência de usuário, de integração técnica e outros aspectos restritivos que direcionam os requisitos do projeto.

informações do *software* (Capítulo 8). A elaboração é guiada pela criação e pelo refinamento de cenários do usuário obtidos durante o levantamento. Tais cenários descrevem como o usuário (e outros atores) vão interagir com o sistema. Cada cenário de usuário é analisado para extrair *classes de análise* – entidades do domínio de negócio visíveis para o usuário. Os atributos de cada classe de análise são definidos, e os serviços exigidos de cada uma são identificados. As relações e a colaboração entre as classes são identificadas. A elaboração é uma coisa boa, porém é preciso saber quando parar. O segredo é descrever o problema de maneira que estabeleça uma base sólida para o projeto e, então, seguir em frente. Não fique obcecado por detalhes desnecessários.

7.1.4 Negociação

Não é raro clientes e usuários pedirem mais do que é possível, dados os recursos limitados do negócio. Também é relativamente comum diferentes clientes ou usuários proporem necessidades conflitantes, argumentando que sua versão é "essencial para nossas necessidades especiais".

É preciso conciliar esses conflitos por meio de um processo de negociação. Devemos solicitar a clientes, usuários e outros envolvidos para que ordenem seus requisitos e discutam sua prioridade. Em uma negociação efetiva não existem ganhadores nem perdedores. Ambos os lados ganham, pois é consolidado um "acordo" que ambas as partes aceitam. Use uma abordagem iterativa que priorize os requisitos, avalie seus custos e riscos e trate dos conflitos internos. Dessa maneira, os requisitos são eliminados, combinados e/ou modificados, de modo que cada parte atinja certo nível de satisfação.

7.1.5 Especificação

No contexto de sistemas baseados em computador (e *software*), o termo *especificação* assume diferentes significados para diferentes pessoas. Especificação pode ser um documento por escrito, um conjunto de modelos gráficos, um modelo matemático formal, um conjunto de cenários de uso, um protótipo ou qualquer combinação dos fatores citados.

Alguns sugerem que um "modelo padrão" [Som97] deve ser desenvolvido e utilizado para a especificação, argumentando que ele leva a requisitos que são apresentados de forma consistente e, portanto, mais compreensível. Entretanto, algumas vezes é necessário permanecer flexível quando uma especificação precisa ser desenvolvida. A formalidade e o formato de uma especificação variam com o tamanho e a complexidade do *software* a ser construído. Para sistemas grandes, um documento escrito, combinando descrições em linguagem natural e modelos gráficos, pode ser a melhor abordagem. Um modelo de documento formal de especificação de requisitos de *software* está disponível em https://web.cs.dal.ca/~hawkey/3130/srs_template-ieee.doc. Entretanto, talvez sejam necessários apenas cenários de uso para produtos ou sistemas menores que residam em ambientes técnicos bem compreendidos.

7.1.6 Validação

Os artefatos produzidos durante a engenharia de requisitos têm sua qualidade avaliada ao longo da etapa de validação. Uma preocupação fundamental no decorrer da validação de requisitos é a consistência. Use o modelo de análise para garantir que os requisitos foram declarados de forma consistente. A validação de requisitos examina a especificação para garantir que todos os requisitos de *software* tenham sido declarados de forma não ambígua; que as inconsistências, as omissões e os erros tenham sido detectados e corrigidos; e que os artefatos estejam de acordo com os padrões estabelecidos para o processo, o projeto e o produto.

O principal mecanismo de validação de requisitos é a *revisão técnica* (Capítulo 16). A equipe de revisão que valida os requisitos é formada por engenheiros de *software*, clientes, usuários e outros envolvidos que examinam a especificação em busca de erros no conteúdo ou na interpretação, de áreas em que talvez sejam necessários esclarecimentos, de informações faltantes, de inconsistências (um problema grave quando são criados produtos ou sistemas grandes), de requisitos conflitantes ou de requisitos irreais (inatingíveis).

Para ilustrar alguns dos problemas que ocorrem durante a validação de requisitos, considere duas necessidades aparentemente inofensivas:

- O *software* deve ser de fácil utilização.
- A probabilidade de invasão não autorizada e bem-sucedida ao banco de dados deve ser menor do que 0,0001.

O primeiro requisito é vago demais para os desenvolvedores testarem ou avaliarem. O que exatamente significa "de fácil utilização"? Para sua validação, isso precisa ser quantificado ou qualificado de algum modo.

O segundo requisito tem um elemento quantitativo ("menor do que 0,0001"), mas o teste de invasões será difícil e demorado. Esse nível de segurança é realmente garantido pelo aplicativo? Outros requisitos complementares associados à segurança (p. ex., proteção com senha, protocolo de interação especializado) podem substituir o requisito quantitativo mencionado?

7.1.7 Gerenciamento de requisitos

Os requisitos para sistemas baseados em computador mudam, e o desejo de mudar os requisitos persiste ao longo da vida de um sistema. A gestão de requisitos é um conjunto de atividades que ajuda a equipe de projeto a identificar, controlar e acompanhar as necessidades e suas mudanças à medida que o projeto prossegue. Muitas dessas atividades são idênticas às técnicas de gerenciamento de configurações de *software* (SCM, do inglês *software configuration management*) discutidas no Capítulo 22.

Informações

Lista de controle para validação de requisitos

Muitas vezes é útil examinar cada requisito em relação a um conjunto de perguntas contidas em uma lista de controle. A seguir, um pequeno subconjunto do que poderia ser aplicado:

1. Os requisitos estão expressos de forma clara? Eles podem ser mal interpretados?
2. A fonte (p. ex., uma pessoa, uma regulamentação, um documento) do requisito foi identificada? A declaração final do requisito foi examinada pela fonte original ou com ela?
3. O requisito está limitado em termos quantitativos?
4. Quais outros requisitos se relacionam a este requisito? Eles estão claramente indicados por meio de uma matriz de referência cruzada ou algum outro mecanismo?
5. O requisito viola quaisquer restrições do domínio do sistema?
6. O requisito pode ser testado? Em caso positivo, podemos especificar testes (algumas vezes denominados critérios de validação) para verificar o requisito?
7. O requisito pode ser rastreado por algum modelo de sistema que tenha sido criado?
8. O requisito pode ser rastreado pelos objetivos globais do sistema e produto?
9. A especificação está estruturada de forma que leve ao fácil entendimento, à fácil referência e à fácil tradução em artefatos mais técnicos?
10. Criou-se um índice para a especificação?
11. Os requisitos associados ao desempenho, ao comportamento e às características operacionais foram declarados de maneira clara? Quais requisitos parecem estar implícitos?

Capítulo 7   Entendendo os requisitos   **107**

7.2   Estabelecimento da base de trabalho

Em um ambiente ideal, os envolvidos e os engenheiros de *software* trabalham juntos na mesma equipe. Nesses casos, fazer a engenharia de requisitos é apenas uma questão de ter conversas proveitosas com membros bem conhecidos da equipe. A realidade, entretanto, muitas vezes é bastante diferente.

Cliente(s) ou usuários podem estar em cidades ou países diferentes, podem ter apenas uma vaga ideia daquilo que é necessário, podem ter opiniões conflitantes sobre o sistema a ser construído, podem ter conhecimento técnico limitado ou, quem sabe, pouco tempo para interagir com o engenheiro que está fazendo o levantamento de requisitos. Nenhuma dessas situações é desejável; contudo, todas são comuns, e muitas vezes você é forçado a trabalhar de acordo com as limitações impostas pela situação.

Nas seções a seguir, discutiremos as etapas necessárias para estabelecer as bases para o entendimento dos requisitos de *software* – para que o projeto possa ser iniciado de modo que avance na direção de uma solução bem-sucedida.

7.2.1   Identificação de envolvidos

Sommerville e Sawyer [Som97] definem *envolvido* (*stakeholder*) como "qualquer pessoa que se beneficie de forma direta ou indireta do sistema que está sendo desenvolvido". Já identificamos os envolvidos "de sempre": gerentes de operações, gerentes de produto, pessoal de *marketing*, clientes internos e externos, usuários, consultores, engenheiros de produto, engenheiros de *software*, engenheiros de suporte e manutenção e outros. Cada envolvido tem uma visão diferente do sistema, obtém diferentes benefícios quando o sistema é desenvolvido com êxito e está sujeito a diferentes riscos caso o trabalho de desenvolvimento venha a fracassar.

No início, devemos criar uma lista das pessoas que vão contribuir com sugestões conforme os requisitos forem obtidos (Seção 7.3). A lista inicial crescerá à medida que os envolvidos forem contatados, pois, para cada um deles, será feita a pergunta: "Com quem mais você acha que eu devo falar?".

7.2.2   Reconhecimento de diversos pontos de vista

Como há muitos envolvidos diferentes, os requisitos do sistema serão explorados sob vários pontos de vista. Por exemplo, o grupo de *marketing* está interessado nos recursos que vão instigar o mercado potencial, facilitando a venda do novo sistema. Os gerentes comerciais estão interessados em um conjunto de recursos que possam ser construídos dentro do orçamento e que estarão prontos para atender às oportunidades de ingresso no mercado definidas. Os usuários podem querer recursos que sejam conhecidos deles e que sejam fáceis de aprender e usar. Os engenheiros de *software* podem estar preocupados com funções invisíveis aos envolvidos não técnicos, mas que possibilitam uma infraestrutura que dê suporte a um maior número de funções e recursos comercializáveis. Os engenheiros de suporte talvez se concentrem na facilidade de manutenção do *software*.

Cada uma dessas partes (e outras) contribuirá com informações para o processo de engenharia de requisitos. À medida que as informações dos diversos pontos de vista são coletadas, requisitos emergentes talvez sejam inconsistentes ou entrem em conflito uns com os outros. As informações de todos os envolvidos (inclusive os requisitos inconsistentes e conflitantes) devem ser classificadas, de maneira que permita aos tomadores de decisão escolher um conjunto internamente consistente de requisitos para o sistema.

Várias coisas podem dificultar a obtenção de requisitos para *software* que satisfaçam seus usuários: metas de projeto imprecisas, diferentes prioridades dos envolvidos, suposições não mencionadas, pessoas envolvidas interpretando significados de formas diferentes e requisitos expressos de um modo que os torna difíceis de verificar [Ale11]. O objetivo da engenharia de requisitos eficaz é eliminar ou pelo menos reduzir esses problemas.

7.2.3 Trabalho em busca da colaboração

Se cinco envolvidos estiverem ligados a um projeto de *software*, talvez tenhamos cinco (ou mais) opiniões diferentes sobre o conjunto de requisitos apropriado. Nos capítulos anteriores, vimos que os clientes (e outros envolvidos) devem colaborar entre si (evitando insignificantes lutas internas pelo poder) e com os profissionais de engenharia de *software*, caso queiram obter um sistema bem-sucedido. Mas como a colaboração é obtida?

A função de um engenheiro de requisitos é identificar áreas em comum (requisitos com os quais todos os envolvidos concordam) e áreas de conflito ou inconsistência (requisitos desejados por um envolvido, mas que estão em conflito com os de outro envolvido). É claro que a última categoria é que representa um desafio.

Colaboração não significa necessariamente que os requisitos são "definidos por um comitê". Em muitos casos, os envolvidos colaboram dando suas visões dos requisitos, mas um "defensor dos projetos" forte (p. ex., um gerente comercial ou um técnico sênior) pode tomar a decisão final sobre quais requisitos serão cortados.

Informações

Usando o "pôquer do planejamento"

Um modo de resolver requisitos conflitantes e, ao mesmo tempo, entender a importância relativa de todas as necessidades é usar um esquema de "votação" baseado nos *pontos de prioridade*. Todos os envolvidos recebem certo número de pontos de prioridade que podem ser "gastos" em um número qualquer de requisitos. É apresentada uma lista de requisitos, e cada envolvido indica a importância relativa de cada um deles (sob o seu ponto de vista), gastando um ou mais pontos de prioridade nele. Pontos gastos não podem ser reutilizados. Uma vez que os pontos de prioridade de um envolvido tenham se esgotado, ele não tem como votar ou priorizar. O total de pontos dados por todos os envolvidos a cada requisito gera um quadro comparativo (*ranking*) da importância global de cada requisito.

7.2.4 Questões iniciais

As perguntas feitas na concepção do projeto devem ser "livres de contexto" [Gau89]. O primeiro conjunto de perguntas livres de contexto foca no cliente e em outros envolvidos, nos benefícios e nas metas de projeto globais. Por exemplo, poderíamos perguntar:

- Quem está por trás da solicitação deste trabalho?
- Quem vai usar a solução?
- Qual será o benefício econômico de uma solução bem-sucedida?
- Há outra fonte para a solução de que você precisa?

Essas perguntas ajudam a identificar todos os envolvidos interessados no *software* a ser criado. Além disso, identificam o benefício mensurável de uma implementação bem-sucedida e possíveis alternativas para o desenvolvimento de *software* personalizado.

O próximo conjunto de perguntas permite entender melhor o problema e possibilita que o cliente expresse suas percepções sobre uma solução:

- Como você caracterizaria uma "boa" saída, que seria gerada por uma solução bem-sucedida?
- Qual(is) problema(s) esta solução vai resolver?
- Você poderia me indicar (ou descrever) o ambiente de negócios em que a solução será usada?
- Aspectos ou restrições de desempenho afetam a maneira com que a solução será abordada?

O conjunto final de perguntas concentra-se na eficiência da atividade de comunicação em si. Gause e Weinberg [Gau89] chamam esse conjunto de "metaperguntas" e propõem a seguinte lista (sintetizada):

- Você é a pessoa correta para responder a estas perguntas? Suas respostas são "oficiais"?
- Minhas perguntas são relevantes para o problema que você tem?
- Estaria eu fazendo perguntas demais?
- Alguma outra pessoa poderia me prestar informações adicionais?
- Deveria eu perguntar-lhe algo mais?

Essas (e outras) perguntas ajudarão a "quebrar o gelo" e a iniciar o processo de comunicação que é essencial para o êxito do levantamento. Uma reunião no formato de perguntas e respostas, entretanto, não é uma abordagem que tem obtido grande sucesso. Na realidade, a sessão de perguntas e respostas deveria ser usada apenas no primeiro encontro e, depois, ser substituída pelo formato de levantamento de requisitos que combina elementos de resolução de problemas, negociação e especificação. Uma abordagem desse tipo é apresentada na Seção 7.3.

7.2.5 Requisitos não funcionais

Um *requisito não funcional* (NFR, do inglês *nonfunctional requirement*) pode ser descrito como um atributo de qualidade, de desempenho, de segurança ou como uma restrição geral em um sistema. Frequentemente, os envolvidos têm dificuldade de articulá-los. Chung [Chu09] sugere a existência de uma ênfase demasiada em relação à funcionalidade do *software*, embora o *software* talvez não seja útil ou aproveitável sem as necessárias características não funcionais.

É possível definir uma abordagem de duas fases [Hne11] que pode ajudar uma equipe de *software* e outros envolvidos na identificação de requisitos não funcionais. Durante a primeira fase, é estabelecido um conjunto de diretrizes de engenharia de *software* para o sistema a ser construído. Isso inclui diretrizes de melhor prática, mas também trata do estilo arquitetural (Capítulo 10) e do uso de padrões de projeto (Capítulo 14). Então, é feita uma lista de NFRs (p. ex., requisitos que tratam de usabilidade, teste, segurança ou manutenção). Uma tabela simples lista NFRs como *rótulos de coluna* e as diretrizes de engenharia de *software* como *rótulos de linha*. Uma matriz de relações compara cada diretriz com todas as outras, ajudando a equipe a avaliar se cada par de diretrizes é *complementar*, *sobreposto*, *conflitante* ou *independente*.

Na segunda fase, a equipe prioriza cada requisito não funcional, criando um conjunto homogêneo de requisitos não funcionais, usando um conjunto de regras que estabelecem quais diretrizes vão ser implementadas e quais vão ser rejeitadas.

7.2.6 Rastreabilidade

Rastreabilidade é um termo da engenharia de *software* que se refere a mapeamentos documentados entre os artefatos de engenharia de *software* (p. ex., requisitos e casos de teste). Uma *matriz de rastreabilidade* permite a um engenheiro de requisitos representar a relação entre os requisitos e outros artefatos da engenharia de *software*. As linhas da matriz de rastreabilidade são rotuladas com os nomes dos requisitos, e as colunas podem ser rotuladas com o nome de um artefato da engenharia de *software* (p. ex., um elemento do projeto ou um caso de teste). Uma célula da matriz é marcada para indicar a presença de um vínculo entre as duas.

As matrizes de rastreabilidade podem dar suporte a uma variedade de atividades de desenvolvimento de engenharia. Elas podem propiciar continuidade para os desenvolvedores à medida que um projeto passa de uma fase para outra, independentemente do modelo de processo que esteja sendo usado. Muitas vezes, as matrizes de rastreabilidade podem ser usadas para garantir que os artefatos de engenharia consideram todos os requisitos.

Conforme o número de requisitos e o número de artefatos aumentam, torna-se cada vez mais difícil manter a matriz de rastreabilidade atualizada. Contudo, é importante criar algumas maneiras de monitorar o impacto e a evolução dos requisitos do produto [Got11].

7.3 Levantamento de requisitos

O *levantamento de requisitos* (também chamado de *elicitação de requisitos*) combina elementos de solução de problemas, elaboração, negociação e especificação. Para estimular uma abordagem colaborativa e orientada a equipes em relação ao levantamento de requisitos, os envolvidos trabalham juntos para identificar o problema, propor elementos da solução, negociar diferentes abordagens e especificar um conjunto preliminar de requisitos da solução [Zah90].

7.3.1 Coleta colaborativa de requisitos

Muitas abordagens para a coleta colaborativa de requisitos foram propostas. Cada uma faz uso de um cenário ligeiramente diferente, porém todas aplicam alguma variação das seguintes diretrizes básicas:

- As reuniões (reais ou virtuais) são conduzidas por e com a participação tanto dos engenheiros de *software* quanto de outros envolvidos.
- São estabelecidas regras para preparação e participação.
- É sugerida uma pauta suficientemente formal para cobrir todos os pontos importantes, mas suficientemente informal para estimular o fluxo livre de ideias.
- Um "facilitador" (pode ser um cliente, um desenvolvedor ou uma pessoa de fora) dirige a reunião.
- É utilizado um "mecanismo de definições" (planilhas, *flip charts*, adesivos de parede ou um boletim eletrônico, salas de bate-papo ou fóruns virtuais).

O objetivo é identificar o problema, propor elementos da solução, negociar diferentes abordagens e especificar um conjunto preliminar de requisitos da solução em uma atmosfera que seja propícia para o cumprimento da meta.

Durante a concepção, um "pedido de produto" de uma ou duas páginas é gerado (Seção 7.2). São escolhidos local, hora e data para a reunião; é escolhido um facilitador; e os membros da equipe de *software* e de outros departamentos envolvidos são convidados a participar. Se um sistema ou produto vai atender a muitos usuários, esteja absolutamente certo de que os requisitos foram extraídos de uma amostra representativa deles. Se apenas um usuário definiu todos os requisitos, o risco de não aceitação é grande (ou seja, pode haver vários outros envolvidos que não aceitarão o produto). A solicitação de produto é distribuída a todos os participantes antes da data da reunião.

Como exemplo, considere o trecho de uma solicitação de produto redigida por uma pessoa do *marketing* envolvida no projeto *CasaSegura*. Essa pessoa escreve a seguinte narrativa sobre a função de segurança domiciliar que faz parte do *CasaSegura:*

> Nossa pesquisa indica que o mercado para sistemas de gestão domiciliar está crescendo a taxas de 40% ao ano. A primeira função do *CasaSegura* a lançarmos no mercado deveria ser a função de segurança domiciliar. A maioria das pessoas está familiarizada com "sistemas de alarme", então, isso seria algo fácil de vender. Também poderíamos considerar a integração de um sistema de controle de voz, usando tecnologias como a Alexa.
>
> A função de segurança domiciliar protegeria e/ou reconheceria uma série de "situações" indesejáveis, como invasão, incêndio, inundação, níveis de monóxido de carbono e outras. Ela vai usar nossos sensores sem fio para detectar cada situação, pode ser programada pelo proprietário e contatará automaticamente um órgão de vigilância e o telefone celular do proprietário quando uma situação for detectada.

Na realidade, outras pessoas contribuiriam para essa narrativa durante a reunião para levantamento de requisitos, e um número consideravelmente maior de informações ficaria disponível. Contudo, mesmo com essas informações adicionais, a ambiguidade está presente, provavelmente existem omissões, e podem ocorrer erros. Por enquanto, a "descrição funcional" anterior será suficiente.

Ao rever a solicitação de produto nos dias que antecedem a reunião, é pedida a cada participante uma lista de objetos que fazem parte do ambiente que cerca o sistema, outros objetos que devem ser produzidos pelo sistema e aqueles usados pelo sistema para desempenhar suas funções. Além disso, cada participante deve fazer outra lista de serviços (processos ou funções) que manipulam ou interagem com os objetos. Por fim, também são desenvolvidas listas de restrições (p. ex., custo, dimensões, regras comerciais) e de critérios de desempenho (p. ex., velocidade, precisão, segurança). Os participantes são informados que as listas não precisam ser exaustivas, mas devem refletir a percepção do sistema de cada pessoa.

Entre os objetos descritos para o *CasaSegura*, poderíamos ter o painel de controle, os detectores de fumaça, os sensores para janelas e portas, os detectores de movimento, um alarme, um evento (p. ex., um sensor foi ativado), um *display*, um *tablet*, os números de telefone, uma ligação telefônica e assim por diante. A lista de serviços poderia incluir *configurar* o sistema, *acionar* o alarme, *monitorar* os sensores, *ligar* para o telefone usando um roteador sem fio, *programar* o painel de controle e *ler* o *display* (note que os serviços atuam sobre os objetos). De maneira similar, cada participante vai criar listas de restrições (p. ex., o sistema tem de reconhecer quando os sensores não estão operando, ser de fácil utilização, conectar-se diretamente a uma linha telefônica comum) e de critérios de desempenho (p. ex., um evento de sensor seria reconhecido em um intervalo de 1 segundo e seria implementado um esquema de prioridade para os eventos).

As listas de objetos poderiam ser fixadas nas paredes da sala de reuniões utilizando-se folhas de papel grandes coladas nas paredes com fitas adesivas, ou poderiam ser escritas em um mural. Também poderiam ser postadas em um fórum do grupo, em um *site* interno ou colocadas em um ambiente de rede social para revisão antes da reunião. De modo ideal, cada entrada deveria ser capaz de ser manipulada separadamente, de modo que as listas pudessem ser combinadas; as entradas, excluídas; e as adições, feitas. Nesse estágio, críticas e polêmicas são estritamente proibidas. Evite o impulso de detonar a sugestão de um cliente classificando-a como "muito cara" ou "inviável". O objetivo aqui é negociar uma lista que seja aceitável para todos. Para tanto, você deve ser receptivo a novas ideias.

Depois que as listas forem apresentadas, o grupo cria uma lista única, eliminando entradas repetidas e acrescentando ideias novas que surjam durante a discussão, mas não excluindo nada. Segue-se então uma discussão (coordenada pelo facilitador). A lista combinada é reduzida, ampliada ou redigida de outra maneira para refletir apropriadamente o produto ou sistema a ser desenvolvido. O objetivo é criar uma lista consensual de objetos, serviços, restrições e desempenho para o sistema a ser construído.

Em muitos casos, um objeto ou serviço descrito em uma lista exigirá mais explicações. Para isso, os envolvidos desenvolvem *miniespecificações* para as entradas nas listas ou criam um caso de uso (Seção 7.4) que envolva o objeto ou serviço. Por exemplo, a miniespecificação para o objeto **Painel de Controle** do *CasaSegura* poderia ser:

> O painel de controle é a unidade que pode ser montada na parede, com tamanho aproximado de 230 × 130 mm. O painel de controle tem conectividade sem fio a sensores e a um *tablet*. A interação com o usuário ocorre por um teclado numérico contendo 12 teclas. Um *display* colorido OLED de 75 × 75 mm fornece o *feedback* do usuário. O *software* fornece *prompts* interativos, eco e funções similares.

As miniespecificações são apresentadas a todos os envolvidos para discussão. Acréscimos, supressões e mais detalhamentos são feitos. Em alguns casos, o desenvolvimento de miniespecificações vai revelar novos objetos, serviços, restrições ou requisitos de desempenho a serem acrescentados às listas originais. Durante todas as discussões, a equipe pode levantar um assunto que não pôde ser resolvido durante a reunião. É mantida uma *lista de questões* pendentes para que essas ideias sejam trabalhadas posteriormente.

Casa Segura

Exemplo de estudo de caso
Realização de uma reunião de levantamento de requisitos

Cena: Uma sala de reunião. A primeira reunião para levantamento de requisitos está em andamento.

Atores: Jamie Lazar, membro da equipe de *software*; Vinod Raman, membro da equipe de *software*; Ed Robbins, membro da equipe de *software*; Doug Miller, gerente da engenharia de *software*; três membros do departamento de *marketing*; um representante da engenharia de produto; e um facilitador.

Conversa:

Facilitador (apontando para uma lousa branca): Então, esta é a lista atual de objetos e serviços para a função segurança domiciliar.

Representante do departamento de *marketing*: Achamos que ela cobre quase todas as funcionalidades.

Vinod: Alguém não mencionou que eles queriam que todas as funcionalidades do *CasaSegura* pudessem ser acessadas via Internet? Isso incluiria a função de segurança domiciliar, não?

Representante do departamento de *marketing*: Sim, você está certo... Teremos de acrescentar essa funcionalidade e os objetos apropriados.

Facilitador: Isso também não acrescentaria restrições?

Jamie: Sim, técnicas e jurídicas.

Representante da engenharia de produto: O que você quer dizer?

Jamie: É melhor termos certeza de que um intruso não conseguirá invadir o sistema, desarmá-lo e roubar o local ou coisa pior. É uma grande responsabilidade da nossa parte.

Doug: Uma grande verdade.

Representante do departamento de *marketing*: Mas ainda assim precisamos disso... apenas certifiquem-se de impedir uma invasão.

Ed: É fácil dizer, o duro é fazer...

Facilitador (interrompendo): Não gostaria de discutir esta questão agora. Anotemos a questão para ser trabalhada no futuro e prossigamos. (Doug, atuando como o secretário da reunião, faz uma anotação.)	**Facilitador:** Tenho a impressão de que ainda há mais coisas a serem consideradas aqui. (O grupo gasta os 20 minutos seguintes refinando e expandindo os detalhes da função segurança domiciliar.)

Muitas preocupações dos envolvidos (p. ex., precisão, acessibilidade dos dados, segurança) formam a base para os requisitos não funcionais do sistema (Seção 7.2). À medida que os envolvidos declaram essas preocupações, os engenheiros de *software* devem considerá-las no contexto do sistema a ser construído. As perguntas que devem ser respondidas [Lag10] são:

- Podemos construir o sistema?
- Esse processo de desenvolvimento nos permitirá superar nossos concorrentes no mercado?
- Existem recursos adequados para construir e manter o sistema proposto?
- O desempenho do sistema vai atender às necessidades de nossos clientes?

7.3.2 Cenários de uso

Conforme os requisitos são reunidos, uma visão geral das funções e características começa a se materializar. Entretanto, é difícil passar para atividades mais técnicas da engenharia de *software* até que se entenda como tais características serão usadas por diferentes classes de usuários. Por isso, os desenvolvedores e usuários podem criar um conjunto de cenários que identifique um roteiro de uso para o sistema a ser construído. Os cenários, normalmente chamados de *casos de uso* [Jac92], fornecem uma descrição de como o sistema será utilizado. Casos de uso são discutidos de forma mais detalhada na Seção 7.4.

Casa Segura

Desenvolvimento de um cenário de uso preliminar

Cena: Sala de reuniões, onde prossegue a primeira reunião de levantamento de requisitos.

Atores: Jamie Lazar, membro da equipe de *software*; Vinod Raman, membro da equipe de *software*; Ed Robbins, membro da equipe de *software*; Doug Miller, gerente da engenharia de *software*; três membros do departamento de *marketing*; um representante da engenharia de produto; e um facilitador.

Conversa:

Facilitador: Andamos conversando sobre a segurança de acesso à funcionalidade do *CasaSegura* que poderá ser acessada via Internet. Gostaria de tentar algo. Vamos desenvolver um cenário de uso para acesso à função segurança domiciliar.

Jamie: Como?

Facilitador: Podemos fazer isso de várias maneiras, mas, por enquanto, gostaria de manter as coisas informais. Conte (ele aponta para um representante do departamento de *marketing*) como você imagina o acesso ao sistema.

Representante do departamento de *marketing*: Hum... bem, esse é o tipo de coisa que eu faria se estivesse fora e tivesse que deixar alguém em casa, por exemplo, uma empregada ou um encanador, que não teriam o código de acesso.

Facilitador (sorrindo): Esse é o motivo... diga como você faria isso realmente.

Representante do departamento de *marketing*: Hum... a primeira coisa de que precisaria seria um PC. Entraria em um *site* que manteríamos para todos os usuários do *CasaSegura*. Forneceria meu nome de usuário e...

Vinod (interrompendo): A página teria de ser segura e criptografada para garantir que estamos seguros e...

Facilitador (interrompendo): Essas são informações adequadas, Vinod, porém técnicas. Concentremo-nos apenas em como o usuário usará essa capacidade, certo?

Vinod: Sem problemas.

Representante do departamento de *marketing*: Bem, como estava dizendo, entraria em um *site* e forneceria meu nome de usuário e dois níveis de senhas.

Jamie: O que acontece se eu esquecer minha senha?

Facilitador (interrompendo): Excelente observação, Jamie, mas não tratemos disso agora. Faremos um registro de sua observação e a chamaremos de *exceção*. Tenho certeza de que existirão outras.

Representante do departamento de *marketing*: Após introduzir as senhas, uma tela representando todas as funções do *CasaSegura* aparecerá. Eu selecionaria a função de segurança domiciliar. O sistema poderia solicitar que eu verificasse quem sou eu, digamos, perguntando meu endereço ou telefone ou algo do gênero. Em seguida, ele exibiria uma imagem do painel de controle do sistema de segurança com uma lista das funções que eu poderia executar – armar o sistema, desarmá-lo, desarmar um ou mais sensores. Suponho que ele também me permitiria reconfigurar zonas de segurança e outros itens similares, mas não tenho certeza disso.

(Enquanto o representante do departamento de *marketing* continua falando, Doug faz anotações de maneira ininterrupta; estas formam a base para o primeiro cenário de uso informal. Como alternativa, poderia ser solicitado ao representante do departamento de *marketing* que escrevesse o cenário, mas isso seria feito fora da reunião.)

7.3.3 Artefatos do levantamento de requisitos

Os artefatos produzidos durante o levantamento de requisitos vão variar dependendo do tamanho do sistema ou produto a ser construído. Para sistemas grandes, entre os artefatos, temos: (1) uma declaração de necessidade e viabilidade; (2) uma declaração da abrangência do sistema ou produto com escopo limitado; (3) uma lista de clientes, usuários e outros envolvidos que participaram do levantamento de requisitos; (4) uma descrição do ambiente técnico do sistema; (5) uma lista dos requisitos (preferivelmente organizada por função) e as restrições do domínio que se aplicam a cada um; e (6) um conjunto de cenários de utilização dando uma ideia do uso do sistema ou produto sob diferentes condições operacionais. Cada um desses artefatos é revisado por todas as pessoas que participaram do levantamento de requisitos.

7.4 Desenvolvimento de casos de uso

Um caso de uso conta uma jornada estilizada sobre como um usuário (desempenhando um de uma série de papéis possíveis) interage com o sistema sob um conjunto de circunstâncias específicas. A jornada poderia ser um texto narrativo (uma *história de usuário*), uma descrição geral das tarefas ou interações, uma descrição baseada em modelos ou uma representação esquemática. Independentemente de sua forma, um caso de uso representa o *software* ou o sistema do ponto de vista do usuário.

O primeiro passo ao escrever um caso de uso é definir o conjunto de "atores" envolvidos na história. *Atores* são as diferentes pessoas (ou dispositivos) que usam o sistema ou produto no contexto da função e do comportamento a serem descritos. Os atores representam os papéis que pessoas (ou dispositivos) desempenham enquanto o sistema opera. Definido de maneira um pouco mais formal, ator é qualquer coisa que se comunica com o sistema ou produto e que é externa ao sistema em si. Todo ator possui uma ou mais metas ao usar o sistema.

É importante notar que ator e usuário não são necessariamente a mesma coisa. O usuário típico poderia desempenhar inúmeros papéis diferentes ao usar um sistema, ao passo que o ator representa uma classe de entidades externas (normalmente, mas não sempre, pessoas) que desempenham apenas um papel no contexto do caso de uso. Como exemplo, consideremos um usuário que interage com o programa que permite experimentar a configuração dos sensores do alarme em um edifício virtual. Após uma revisão cuidadosa dos requisitos, o *software* para o computador de controle exige quatro modos (papéis) diferentes para interação: modo de posicionamento, modo de teste, modo de monitoramento e modo de diagnóstico. Portanto, podem ser definidos quatro atores: editor, testador, monitorador e diagnosticador. Em alguns casos, o usuário pode desempenhar todos os papéis. Em outros, pessoas diferentes podem desempenhar o papel de cada ator.

Como o levantamento de requisitos é uma atividade evolutiva, nem todos os atores são identificados durante a primeira iteração. É possível identificar atores primários [Jac92] durante a primeira iteração e atores secundários quando mais fatos são aprendidos sobre o sistema. Os *atores primários* interagem para atingir a função necessária e obter o benefício desejado do sistema. Eles trabalham com o *software* direta e frequentemente. Os *atores secundários* dão suporte ao sistema para que os primários possam realizar seu trabalho.

Depois de identificados os atores, os casos de uso podem ser desenvolvidos. Jacobson [Jac92] sugere perguntas que devem ser respondidas por um caso de uso:

1. Quem é o ator primário e quem é (são) o(s) ator(es) secundário(s)?
2. Quais são as metas do ator?
3. Quais precondições devem existir antes de uma jornada começar?
4. Quais tarefas ou funções principais são realizadas pelo ator?
5. Quais exceções poderiam ser consideradas à medida que uma jornada é descrita?
6. Quais são as variações possíveis na interação do ator?
7. Quais informações de sistema o ator adquire, produz ou modifica?
8. O ator terá de informar o sistema sobre mudanças no ambiente externo?
9. Quais informações o ator deseja do sistema?
10. O ator gostaria de ser informado sobre mudanças inesperadas?

Relembrando os requisitos básicos do *CasaSegura*, definimos quatro atores: **proprietário** (um usuário), **gerente de ativação** (provavelmente a mesma pessoa que o **proprietário**, porém desempenhando um papel diferente), **sensores** (dispositivos conectados ao sistema) e o **subsistema de monitoramento e resposta** (a estação central que monitora a função de segurança domiciliar do *CasaSegura*). Para os propósitos deste exemplo, consideramos apenas o ator **proprietário**. O ator **proprietário** interage com a função de segurança doméstica de diferentes maneiras, usando o painel de controle de alarme, um *tablet* ou um telefone celular.

O proprietário:

1. Digita uma senha para permitir todas as outras interações.
2. Consulta sobre o *status* de uma zona de segurança.
3. Consulta sobre o *status* de um sensor.
4. Pressiona o botão de pânico em caso de emergência.
5. Ativa e desativa o sistema de segurança.

Considerando a situação em que o proprietário do imóvel usa o painel de controle, o caso de uso básico para ativação do sistema é o seguinte:

1. O proprietário olha o painel de controle do *CasaSegura* (Figura 7.1) para determinar se o sistema está pronto para entrada. Se o sistema não estiver pronto, será

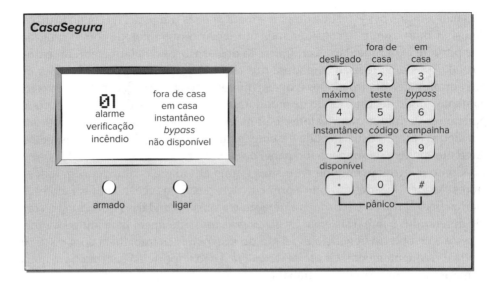

Figura 7.1
Painel de controle do *CasaSegura*.*

mostrada uma mensagem *não disponível* no *display* LCD, e o proprietário terá de fechar manualmente as janelas para que a mensagem *não disponível* desapareça. (A mensagem *não disponível* significa que um sensor está aberto; isto é, que uma porta ou janela está aberta.)

2. O proprietário usa o teclado numérico para introduzir uma senha de quatro dígitos. A senha é comparada com a senha válida armazenada no sistema. Se estiver incorreta, o painel de controle emitirá um bipe uma vez e se reiniciará automaticamente na espera de entrada adicional. Se a senha estiver correta, o painel de controle aguarda por novas ações.
3. O proprietário seleciona e digita *em casa* ou *fora de casa* (ver Figura 7.1) para ativar o sistema. *Em casa* ativa apenas sensores periféricos (os sensores para detecção de movimento interno são desativados). *Fora de casa* ativa todos os sensores.
4. Quando ocorre a ativação, uma luz de alarme vermelha pode ser observada pelo proprietário.

O caso de uso básico apresenta uma história de usuário detalhada que descreve a interação entre o ator e o sistema.

Em muitas ocasiões, os casos de uso são mais elaborados para dar um nível de detalhes consideravelmente maior sobre a interação. Por exemplo, Cockburn [Coc01b] sugere o seguinte modelo para descrições detalhadas de casos de uso:

Caso de uso:	*IniciarMonitoramento*
Ator primário:	Proprietário.
Meta no contexto:	Ativar o sistema para monitoramento dos sensores quando o proprietário deixa a casa ou nela permanece.
Precondições:	O sistema foi programado para uma senha e para reconhecer vários sensores.
Disparador:	O proprietário decide "acionar" o sistema, isto é, ativar as funções de alarme.

---

* N. de R.T.: O termo "disponível" pode ser entendido como "pronto": não disponível – não pronto; disponível – pronto.

Cenário:

1. Proprietário observa o painel de controle.
2. Proprietário introduz a senha.
3. Proprietário seleciona "em casa" ou "fora de casa".
4. Proprietário observa a luz de alarme vermelha para indicar que o *CasaSegura* foi armado.

Exceções:

1. O painel de controle encontra-se no estado *não disponível*: o proprietário verifica todos os sensores para determinar quais estão abertos, fechando-os.
2. Senha incorreta (o painel de controle emite um bipe): o proprietário introduz novamente a senha, desta vez correta.
3. Senha não reconhecida: o subsistema de monitoramento e resposta deve ser contatado para reprogramar a senha.
4. É selecionado *em casa*: o painel de controle emite dois bipes, e uma luz de *em casa* é acesa; os sensores periféricos são ativados.
5. É selecionado *fora de casa*: o painel de controle emite três bipes, e uma luz de *fora de casa* é acesa; todos os sensores são ativados.

Prioridade: Essencial, deve ser implementada

Quando disponível: Primeiro incremento

Frequência de uso: Várias vezes por dia

Canal com o ator: Via interface do painel de controle

Atores secundários: Técnico de suporte, sensores

Canais com os atores secundários:

Técnico de suporte: linha telefônica

Sensores: interfaces *hardwired* e de radiofrequência

Questões em aberto:

1. Existiria um modo de ativar o sistema sem o uso de uma senha ou com uma senha abreviada?
2. Deveria o painel de controle exibir outras mensagens de texto?
3. Quanto tempo o proprietário tem para introduzir a senha a partir do instante em que a primeira tecla é pressionada?
4. Existe alguma maneira de desativar o sistema antes de ser realmente ativado?

Casos de uso para outras interações do **proprietário** seriam desenvolvidos de maneira semelhante. É importante revisar cada caso com cuidado. Se algum elemento da interação for ambíguo, é provável que uma revisão do caso de uso indique um problema. Muitas vezes, os casos de uso são redigidos informalmente, na forma de histórias de usuário. Entretanto, use o modelo aqui mostrado para garantir que você tratou de todas as questões-chave. Isso é importantíssimo para sistemas nos quais a segurança do usuário é uma preocupação para os envolvidos.

Casa Segura

Desenvolvimento de um diagrama de caso de uso de alto nível

Cena: Sala de reuniões, onde prossegue a reunião para levantamento de requisitos.

Atores: Jamie Lazar, membro da equipe de *software*; Vinod Raman, membro da equipe de *software*; Ed Robbins, membro da equipe de *software*; Doug Miller, gerente da engenharia de *software*; três membros do departamento de *marketing*; um representante da engenharia de produto; e um facilitador.

Conversa:

Facilitador: Conversamos por um bom tempo sobre a funcionalidade de segurança domiciliar do *CasaSegura*. Durante o intervalo, esbocei um diagrama de caso de uso para sintetizar os cenários importantes que fazem parte desta função. Deem uma olhada.

(Todos os participantes observam a Figura 7.2.)

Jamie: Estou apenas começando a aprender a notação da UML. Então, a função de segurança domiciliar é representada pelo retângulo grande com as elipses em seu interior? E as elipses representam os casos de uso que redigimos?

Facilitador: Isso. E as figuras de bonecos representam atores – as pessoas ou coisas que interagem com o sistema conforme descrito pelo caso de uso... Ah, eu uso o quadrado legendado para representar um ator que não é uma pessoa... Neste caso, sensores.

Doug: Isso é permitido na UML?

Facilitador: Permissão não é o problema. O ponto é comunicar a informação. Eu acho enganoso o uso de uma figura de boneco para representar um dispositivo. Portanto, adaptei um pouco as coisas. Não creio que isso vai criar problemas.

Vinod: Certo, temos narrativas de casos de uso para cada uma das elipses. Precisamos desenvolver narrativas baseadas nos modelos detalhados sobre os quais li a respeito?

Facilitador: Provavelmente, mas isso pode esperar até que tenhamos considerado outras funções do *CasaSegura*.

Representante do departamento de *marketing*: Espere um pouco. Fiquei observando este diagrama e de repente me dei conta de que deixamos passar algo.

Facilitador: Ah é? Diga o que deixamos passar.

(A reunião continua.)

7.5 Construção do modelo de análise

O objetivo do modelo de análise é fornecer uma descrição dos domínios informacional, funcional e comportamental necessários para um sistema baseado em computador. O modelo é modificado dinamicamente à medida que você aprende mais sobre o sistema a ser construído e os envolvidos adquirem um melhor entendimento sobre aquilo que realmente querem. Por essa razão, o modelo de análise é uma reprodução dos requisitos em determinado momento. É esperado que ele mude.

À medida que o modelo de análise evoluir, certos elementos se tornarão relativamente estáveis, fornecendo uma sólida base para as tarefas posteriores do projeto. Entretanto, outros elementos do modelo podem ser mais voláteis, indicando que os envolvidos ainda não têm um entendimento completo dos requisitos do sistema. Se a sua equipe determinar que não utiliza certos elementos do modelo de análise enquanto o projeto avança para as etapas de elaboração do projeto e construção, tais elementos não devem ser criados no futuro e não devem ser mantidos conforme os requisitos se alteram no projeto atual. O modelo de análise e os métodos usados para construí-lo são apresentados em detalhe no Capítulo 8. Apresentamos uma visão geral nas seções a seguir.

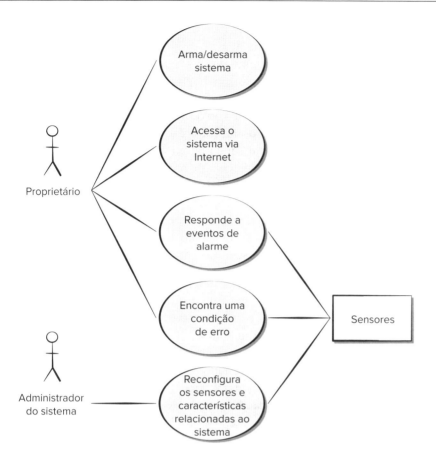

Figura 7.2
Diagrama de caso de uso em UML para a função de segurança domiciliar do *CasaSegura*.

7.5.1 Elementos do modelo de análise

Há várias maneiras de examinar os requisitos para um sistema baseado em computador. Alguns profissionais de *software* argumentam que é melhor selecionar um modo de representação (p. ex., o caso de uso) e aplicá-lo exclusivamente. Outros acreditam que vale a pena usar uma série de modos de representação para representar o modelo de análise. O uso de modos de representação distintos nos força a considerar os requisitos de diferentes pontos de vista – uma abordagem com maior probabilidade de revelar omissões, inconsistências e ambiguidades. É sempre uma boa ideia fazer os envolvidos participarem ativamente. Uma das melhores formas para isso é pedir a cada envolvido para escrever casos de uso que descrevam como o *software* será utilizado. Um conjunto de elementos genéricos é comum à maioria dos modelos de análise.

Elementos baseados em cenários. Os elementos do modelo de requisitos baseados em cenários são, em geral, a primeira parte do modelo a ser desenvolvido. Eles descrevem o sistema do ponto de vista do usuário. Por exemplo, histórias de usuário básicas (Seção 7.4) e seus diagramas de casos de uso correspondentes (Figura 7.2) evoluem para casos de uso mais elaborados baseados em modelos (Seção 7.4). Como tal, servem como entrada para a criação de outros elementos de modelagem.

Elementos baseados em classes. Cada cenário de uso implica um conjunto de objetos manipulados à medida que um ator interage com o sistema. Esses objetos são categorizados em classes – um conjunto de coisas que possuem atributos similares e comportamentos comuns. Por exemplo, um diagrama de classes da linguagem de modelagem unificada (UML, do inglês *unified modeling language*) pode ser utilizado para representar uma classe **Sensor** para a função de segurança do *CasaSegura* (Figura 7.3).

Note que o diagrama enumera os atributos dos sensores (p. ex., nome, tipo) e as operações (p. ex., *identificar, habilitar*) que podem ser aplicadas para modificar tais atributos. Outros elementos de modelagem de análise descrevem o modo pelo qual as classes colaboram entre si e os relacionamentos e interações entre as classes. Uma maneira de isolar classes é procurar substantivos descritivos em um texto de caso de uso. Pelo menos alguns dos substantivos serão candidatos a classes. Os verbos utilizados no texto do caso de uso podem ser considerados métodos candidatos para as classes. Estas e outras técnicas são discutidas em mais detalhes no Capítulo 8.

Elementos comportamentais. O comportamento de um sistema baseado em computador pode ter um efeito profundo sobre o projeto escolhido e a abordagem de implementação aplicada. Portanto, o modelo de análise deve fornecer elementos de modelagem que descrevam comportamento.

O *diagrama de estados* é um método para representar o comportamento de um sistema por meio da representação de seus estados e dos eventos que provocam a mudança de estado do sistema. *Estado* é qualquer modo de comportamento observável. Além disso, o diagrama de estados indica as ações (p. ex., ativação de processos) tomadas quando eventos ocorrem. Estímulos externos provocam transições entre estados.

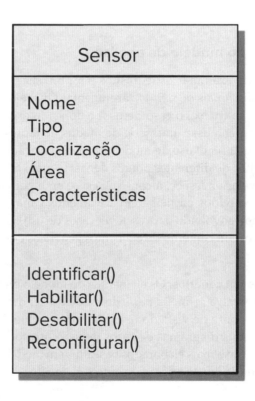

Figura 7.3
Diagrama de classes para sensor.

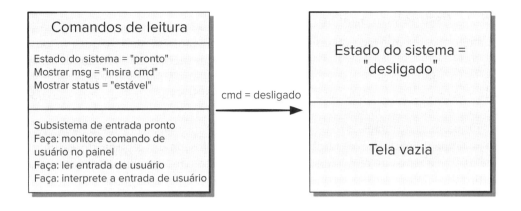

Figura 7.4
Notação de um diagrama de estados da UML.

Para ilustrar o uso de um diagrama de estados, considere o *software* embarcado no painel de controle do *CasaSegura* responsável pela leitura das entradas feitas pelos usuários. A Figura 7.4 mostra um exemplo de diagrama de estados da UML. Uma discussão mais aprofundada sobre modelagem comportamental é apresentada no Capítulo 8.

Casa Segura

Modelagem comportamental preliminar

Cena: Sala de reuniões, onde prossegue a primeira reunião para levantamento de requisitos.

Atores: Jamie Lazar, membro da equipe de *software*; Vinod Raman, membro da equipe de *software*; Ed Robbins, membro da equipe de *software*; Doug Miller, gerente da engenharia de *software*; três membros do departamento de *marketing*; um representante da engenharia de produto; e um facilitador.

Conversa:

Facilitador: Estamos prestes a finalizar nossa discussão sobre a funcionalidade da segurança domiciliar do *CasaSegura*. Antes de fazê-lo, gostaria de discutir o comportamento da função.

Representante do departamento de *marketing*: Não entendi o que você quis dizer com comportamento.

Ed (sorrindo): Trata-se de dar ao produto um "tempo de espera", caso ele se comporte mal.

Facilitador: Não exatamente. Permita-me explicar.

(O facilitador explica os fundamentos da modelagem comportamental à equipe de levantamento de requisitos.)

Representante do departamento de *marketing*: Isso me parece um tanto técnico. Não estou certo se serei de alguma ajuda aqui.

Facilitador: Certamente você pode ajudar. Que comportamento você observa do ponto de vista de usuário?

Representante do departamento de *marketing*: Bem, o sistema estará *monitorando* os sensores. *Lendo comandos* do proprietário. *Mostrando* seu estado.

Facilitador: Viu, você pode ajudar.

Jamie: Ele também vai *indagar* o PC para determinar se há qualquer entrada proveniente dele, como acesso baseado em Internet ou informações de configuração.

Vinod: Sim, de fato, *configurar o sistema* é um estado em si.

Doug: Pessoal, vocês estão com tudo. Pensemos um pouco mais... Existe uma maneira de colocar esta coisa em um diagrama?

Facilitador: Existe, mas adiemos para logo depois da reunião.

7.5.2 Padrões de análise

Qualquer pessoa que tenha feito engenharia de requisitos em mais do que uns poucos projetos de *software* percebe a recorrência de certos problemas em todos os projetos em um domínio de aplicação específico. Esses *padrões de análise* [Fow97] sugerem soluções (p. ex., uma classe, função ou comportamento) no domínio de aplicação que podem ser reutilizadas na modelagem de muitas aplicações.

Os padrões de análise são integrados ao modelo de análise por meio da referência ao nome do padrão. Eles também são armazenados em um repositório, de modo que os engenheiros de requisitos podem usar recursos de busca para encontrá-los e reutilizá-los. Informações sobre um padrão de análise (e outros tipos de padrões) são apresentadas em um modelo padrão [Gey01], discutido de maneira mais detalhada no Capítulo 14. Exemplos de padrões de análise e uma discussão mais ampla sobre esse tópico são apresentados no Capítulo 8.

7.6 Negociação de requisitos

Em um mundo ideal, as tarefas de engenharia de requisitos (concepção, levantamento e elaboração) determinam os requisitos do cliente com detalhes suficientes para prosseguir nas atividades de engenharia de *software* subsequentes. Infelizmente, isso raramente acontece. Talvez você tenha de iniciar *negociações* com um ou mais envolvidos. Na maioria dos casos, solicita-se aos envolvidos contrabalançar funcionalidade, desempenho e outras características do produto ou sistema em função do custo e do tempo para chegar ao mercado. O intuito das negociações é desenvolver um plano de projeto que atenda às necessidades dos envolvidos e, ao mesmo tempo, reflita as restrições do mundo real (p. ex., tempo, pessoal, orçamento) impostas à equipe de *software*.

As melhores negociações buscam ao máximo um resultado "ganha-ganha". Ou seja, os envolvidos ganham obtendo um sistema ou produto que satisfaz a maioria de suas necessidades, e você (como membro da equipe de *software*) ganha trabalhando com prazos de entrega e orçamentos reais e atingíveis.

Fricker [Fri10] e seus colegas sugerem substituir a transferência tradicional de especificações de requisitos para as equipes de *software* por um processo de comunicação bidirecional chamado de *handshake* (aperto de mão). O *handshake* pode ser uma maneira de obter um resultado de ganho mútuo (ganha-ganha/*win-win*). No *handshake*, a equipe de *software* propõe soluções para os requisitos, descreve seu impacto e comunica seus objetivos para representantes do cliente. Os representantes examinam as soluções propostas, concentrando-se nos recursos ausentes e buscando esclarecimento de requisitos novos. Os requisitos serão considerados *bons o suficiente* se os clientes aceitarem a solução proposta. O *handshake* tende a melhorar a identificação, a análise e a escolha de variantes, além de promover uma negociação ganha-ganha.

Casa Segura

O início de uma negociação

Cena: Sala de Lisa Perez após a primeira reunião para levantamento de requisitos.

Atores: Doug Miller, gerente de engenharia de *software*, e Lisa Perez, gerente de *marketing*.

Conversa:

Lisa: Bem, ouvi dizer que a primeira reunião correu muito bem.

Doug: Na verdade, correu, sim. Você mandou bons representantes para a reunião... Eles realmente contribuíram.

Lisa (sorrindo): É, na verdade eles me contaram que se engajaram no processo e que não foi uma "atividade de torrar os miolos".

Doug (rindo): Tomarei cuidado para não usar jargão técnico na próxima vez que eu visitar... Veja, Lisa, acho que vamos ter problemas para entregar toda a funcionalidade para o sistema de segurança domiciliar nas datas que sua gerência está propondo. Eu sei, é prematuro, porém já andei fazendo um planejamento preliminar e...

Lisa (franzindo a testa): Temos de ter isso até aquela data, Doug. De que funcionalidade você está falando?

Doug: Presumo que consigamos ter a funcionalidade de segurança domiciliar completa até a data-limite, mas teremos de postergar o acesso via Internet para a segunda versão.

Lisa: Doug, é o acesso via Internet que dá todo o charme ao *CasaSegura*. Vamos criar toda a campanha de *marketing* em torno disso. Temos de ter esse acesso!

Doug: Entendo sua situação, realmente. O problema é que, para lhes dar o acesso via Internet, teremos de construir e ter funcionando um *site* totalmente seguro. Isso demanda tempo e pessoal. Também precisaremos desenvolver muita funcionalidade adicional para a primeira versão... Não acredito que possamos fazer isso com os recursos que temos.

Lisa (ainda franzindo a testa): Entendo, mas temos de descobrir uma maneira de ter tudo isso pronto. É crítico para as funções de segurança domiciliar e para outras funções também... Estas últimas poderão esperar até a próxima versão... Concordo com isso.

Lisa e Doug parecem ter chegado a um impasse, mas eles têm de negociar uma solução para o problema. Poderiam os dois "ganhar" neste caso? Fazendo o papel de mediador, o que você sugeriria?

7.7 Monitoramento de requisitos

O desenvolvimento incremental é comum. Isso significa que casos de uso evoluem, novos casos de teste são desenvolvidos para cada novo incremento do *software* e ocorre uma contínua integração do código-fonte ao longo de um projeto. O *monitoramento de requisitos* pode ser extremamente útil quando o desenvolvimento incremental é usado. Ele abrange cinco tarefas: (1) a *depuração distribuída* revela erros e determina suas causas; (2) a *verificação em tempo de execução* determina se o *software* atende à sua especificação; (3) a *validação em tempo de execução* estima se o *software* em evolução atende às metas do usuário; (4) o *monitoramento da atividade comercial* avalia se um sistema satisfaz as metas comerciais; e (5) a *evolução e o projeto colaborativo* fornecem informações para os envolvidos à medida que o sistema evolui.

O desenvolvimento incremental implica a necessidade de validação incremental. O monitoramento de requisitos dá suporte à validação contínua por analisar modelos de meta do usuário em relação ao sistema em uso. Por exemplo, um sistema de monitoramento poderia avaliar continuamente a satisfação do usuário e usar *feedback* para guiar aprimoramentos incrementais [Rob10].

7.8 Validação de requisitos

À medida que os elementos do modelo de requisitos são criados, eles são examinados em termos de inconsistência, omissões e ambiguidade. Isso vale até para os modelos de processo ágil, nos quais os requisitos tendem a ser elaborados na forma de histórias de usuário e/ou casos de teste. Os requisitos representados pelo modelo são priorizados pelos envolvidos e agrupados em pacotes de requisitos que serão implementados como incrementos de *software*. Uma revisão do modelo de requisitos trata das seguintes questões:

1. Todos os requisitos estão de acordo com os objetivos globais para o sistema ou produto?
2. Todos os requisitos foram especificados no nível de abstração apropriado? Ou seja, algum dos requisitos fornece um nível de detalhe técnico inadequado no atual estágio?
3. O requisito é realmente necessário ou representa um recurso adicional que talvez não seja essencial para o objetivo do sistema?
4. Cada um dos requisitos é limitado e sem ambiguidade?
5. Cada um dos requisitos possui atribuição? Ou seja, uma fonte (em geral, um indivíduo específico) é indicada para cada requisito?
6. Algum dos requisitos conflita com outros requisitos?
7. Cada um dos requisitos é atingível no ambiente técnico que vai abrigar o sistema ou produto?
8. Cada um dos requisitos pode ser testado, uma vez implementado?
9. O modelo de requisitos reflete, de forma apropriada, a informação, a função e o comportamento do sistema a ser construído?
10. O modelo de requisitos foi "dividido" para expor progressivamente informações mais detalhadas sobre o sistema?
11. Padrões de requisitos foram utilizados para simplificar o modelo de requisitos? Todos os padrões foram validados adequadamente? Todos os padrões estão de acordo com os requisitos do cliente?

Essas e outras perguntas devem ser levantadas e respondidas para garantir que o modelo de requisitos reflita de maneira precisa as necessidades do envolvido e forneça uma base sólida para o projeto.

7.9 Resumo

As tarefas da engenharia de requisitos são conduzidas para estabelecer uma base sólida para o projeto e a construção. A engenharia de requisitos ocorre durante as atividades de comunicação com o cliente e de modelagem que são definidas para o processo genérico de *software*. Os membros da equipe de *software* e os envolvidos conduzem sete atividades de engenharia de requisitos – concepção, levantamento, elaboração, negociação, especificação, validação e gestão.

Na concepção do projeto, os envolvidos estabelecem os requisitos básicos do problema, definem restrições de projeto predominantes e abordam as principais características e funções que precisam estar presentes para que o sistema cumpra seus objetivos. Essas informações são refinadas e expandidas durante o levantamento – uma atividade de reunião de requisitos que faz uso de reuniões com a participação de um facilitador e do desenvolvimento de cenários de uso (histórias de usuário).

A elaboração expande ainda mais os requisitos em um modelo – um conjunto de elementos comportamentais e baseados em cenários, classes e atividades. O modelo pode fazer referência a padrões de análise, características do domínio do problema recorrentes em diferentes aplicações.

À medida que os requisitos são identificados e o modelo de análise é criado, a equipe de *software* e outros envolvidos no projeto negociam a prioridade, a disponibilidade e o custo relativo de cada requisito. O objetivo dessa negociação é desenvolver um plano de projeto realista. Todos os requisitos precisam ser validados em relação às necessidades do cliente para garantir que o sistema correto será construído.

Problemas e pontos a ponderar

7.1. Por que um número muito grande de desenvolvedores de *software* não dedica muita atenção à engenharia de requisitos? Existiria alguma circunstância em que poderíamos deixá-la de lado?

7.2. Você foi incumbido de extrair os requisitos de um cliente que lhe diz que está muito ocupado para poder atendê-lo. O que você deve fazer?

7.3. Discuta alguns dos problemas que ocorrem quando os requisitos têm de ser obtidos de três ou quatro clientes diferentes.

7.4. Seu professor vai dividir a classe em grupos de quatro ou seis alunos. Metade do grupo vai desempenhar o papel do departamento de *marketing* e a outra fará o papel da engenharia de *software*. Sua tarefa é definir os requisitos para a função de segurança do *CasaSegura* descrita neste capítulo. Realize uma reunião para levantamento de requisitos usando as diretrizes apresentadas neste capítulo.

7.5. Desenvolva um caso de uso completo para uma das atividades a seguir:

   a. Fazer um saque em um caixa eletrônico.
   b. Usar seu cartão de débito para uma refeição em um restaurante.
   c. Procurar livros (sobre um assunto específico) usando uma livraria *online*.

7.6. Escreva uma jornada de usuário para uma das atividades listadas na Questão 7.5.

7.7. Considere o caso de uso criado na Questão 7.5 e escreva um requisito não funcional para a aplicação.

7.8. Usando o modelo apresentado na Seção 7.5.2, sugira um ou mais padrões de análise para os seguintes domínios de aplicação:

   a. *Software* de e-mail.
   b. Navegadores para a Internet.
   c. *Software* para criação de aplicativos móveis.

7.9. Qual o significado de *ganha-ganha* no contexto das negociações durante uma atividade de engenharia de requisitos?

7.10. O que você acha que acontece quando uma validação de requisitos revela um erro? Quem será envolvido na correção do erro?

Elemento de design: Ícone de lupa da seção Panorama: © Roger Pressman

8

Modelagem de requisitos: Uma abordagem recomendada

Conceitos-chave

diagrama de atividade. . . 146
classes de análise 137
atributos. 140
modelo comportamental. 149
modelagem baseada em classes 127
colaborações 144
modelagem CRC 144
eventos. 149
caso de uso formal 135
modelo funcional 146
análise sintática. 137
operações. 140
visão procedural. 146
análise de requisitos. 127
modelagem de requisitos 129
responsabilidades. 144
modelagem baseada em cenários 128
diagramas de sequência. . 148
diagramas de estados . . . 150
diagrama de raias. 151
modelos UML. 130
casos de uso. 131
documentação. 135
exceção. 134

A palavra escrita é um maravilhoso veículo de comunicação; porém, não é necessariamente a melhor maneira de representar os requisitos de um *software*. No nível técnico, a engenharia de *software* começa com uma série de tarefas de modelagem que conduzem à especificação dos requisitos e à representação do projeto para o *software* a ser construído. O modelo de requisitos é, na verdade, um conjunto de modelos que compõem a primeira representação técnica de um sistema. Os engenheiros de *software* muitas vezes preferem incluir representações gráficas das relações entre modelos complexos.

Para alguns tipos de *software*, a história de usuário (Seção 7.3.2) poderia ser a única representação de modelagem de requisitos exigida. Para outros, podem ser desenvolvidos casos de uso formais (Seção 7.4) e modelos baseados em classes (Seção 8.3). Os modelos baseados em classes modelam os objetos que o sistema vai

> ## Panorama
>
> **O que é?** A modelagem de requisitos usa uma combinação das formas textual e diagramática para representar os requisitos de maneira relativamente fácil de entender e, mais importante ainda, simples, para fazer a revisão em termos de correção, completude e consistência.
>
> **Quem realiza?** Um engenheiro de *software* (às vezes denominado analista) constrói os modelos usando os requisitos extraídos de vários envolvidos.
>
> **Por que é importante?** Um modelo de requisitos pode ser prontamente avaliado por todos os envolvidos, resultando em *feedback* útil no menor tempo possível. Posteriormente, à medida que o modelo é refinado, ele se torna a base do projeto de *software*.
>
> **Quais são as etapas envolvidas?** A modelagem de requisitos combina três passos: modelagem baseada em cenários, modelagem de classes e modelagem comportamental.
>
> **Qual é o artefato?** Os cenários de uso, chamados de casos de uso, descrevem as funções e a utilização do *software*. Além disso, uma série de diagramas de linguagem de modelagem unificada (UML, do inglês *unified modeling language*) podem ser utilizados para representar o comportamento do sistema, assim como outros aspectos.
>
> **Como garantir que o trabalho foi realizado corretamente?** Os artefatos da modelagem de requisitos devem ser revisados em termos de clareza, correção, completude e consistência.

manipular, as operações (também chamadas de *métodos* ou *serviços*) que serão aplicadas aos objetos para efetuar a manipulação, as relações (algumas hierárquicas) entre os objetos e as colaborações que ocorrem entre as classes definidas. Métodos baseados em classes podem ser utilizados para criar uma representação de uma aplicação que pode ser compreendida pelos envolvidos que não possuem conhecimento técnico.

Em outras situações, requisitos de aplicação complexos poderiam exigir um exame de como uma aplicação se comporta como consequência de eventos internos ou externos. Esses eventos também precisam ser modelados (Seção 8.5). Os diagramas da UML se tornaram o modo padrão de engenharia de *software* de modelar graficamente as relações e os comportamentos entre elementos do modelo de análise. À medida que o modelo de requisitos é refinado e se expande, ele evolui para uma especificação que pode ser usada pelos engenheiros de *software* na criação do projeto de *software*.

Durante a modelagem de requisitos, é importante lembrar de apenas criar os modelos que serão utilizados pela equipe de desenvolvimento. Se os modelos desenvolvidos no início da fase de análise de requisitos de um projeto não forem utilizados durante as fases de projeto e implementação, pode não valer a pena atualizá-los. As seções a seguir apresentam uma série de diretrizes informais que auxiliarão na criação e representação dos modelos de requisitos.

8.1 Análise de requisitos

A análise de requisitos resulta na especificação das características operacionais do *software*, indica a interface do *software* com outros elementos do sistema e estabelece restrições a que o *software* deve atender. Permite ainda que você (independentemente de ser chamado de *engenheiro de software*, *analista* ou *modelador*) elabore os requisitos básicos estabelecidos durante as tarefas de concepção, levantamento e negociação, que são parte da engenharia de requisitos (Capítulo 7).

A atividade de modelagem de requisitos resulta em um ou mais dos seguintes tipos de modelos:

- *Modelos baseados em cenários* de requisitos do ponto de vista de vários "atores" do sistema.
- *Modelos de classes* que representam classes (atributos e operações) e a maneira como as classes colaboram para atender aos requisitos do sistema.
- *Modelos comportamentais* que representam como o *software* reage a "eventos" internos ou externos.
- *Modelos de dados* que representam o domínio de informações para o problema.
- *Modelos orientados a fluxos* que representam os elementos funcionais do sistema e como eles transformam os dados à medida que se movem pelo sistema.

Esses modelos dão ao projetista de *software* informações que podem ser transformadas em projetos de arquitetura, de interfaces e de componentes. Por fim, o modelo de requisitos (e a especificação de requisitos de *software*) fornece ao desenvolvedor e ao cliente os meios para verificar a qualidade assim que o *software* é construído.

Nesta seção, vamos nos concentrar na *modelagem baseada em cenários* – uma técnica que está ficando cada vez mais popular em toda a comunidade de engenharia de *software*. Nas Seções 8.3 e 8.5, trataremos dos modelos baseados em classes e dos modelos comportamentais. No decorrer da década passada, as modelagens de fluxos e de dados foram menos utilizadas, enquanto os métodos baseados em cenários e em classes, complementados com abordagens comportamentais, tornaram-se mais populares.[1]

8.1.1 Filosofia e objetivos gerais

Na modelagem de requisitos, o foco principal está no *que* e não no *como*. Qual tipo de interação com o usuário ocorre, quais objetos o sistema manipula, quais funções o sistema deve executar, quais comportamentos o sistema apresenta, quais interfaces são definidas e quais restrições se aplicam?[2]

Em capítulos anteriores, citamos que a especificação de requisitos completa talvez não seja possível nesse estágio. O cliente pode estar inseguro daquilo que é precisamente necessário para certos aspectos do sistema. O desenvolvedor pode não estar seguro se determinada estratégia vai cumprir as funções e o desempenho esperados de modo adequado. Isso é mitigado em favor de uma abordagem iterativa para a análise e modelagem de requisitos. O analista deve modelar aquilo que é conhecido e usar o modelo como base para o projeto de incremento do *software*.[3]

O modelo de requisitos deve alcançar três objetivos principais: (1) descrever o que o cliente solicita; (2) estabelecer uma base para a criação de um projeto de *software*; e (3) definir um conjunto de requisitos que possa ser validado assim que o *software* estiver construído. O modelo de análise preenche a lacuna entre uma descrição sistêmica do sistema como um todo ou a funcionalidade de negócio (*software*, *hardware*, dados, elementos humanos) e um projeto de *software* (Capítulos 9 a 14) que descreve a arquitetura, a interface do usuário e a estrutura em termos de componentes do *software*. Essa relação está ilustrada na Figura 8.1.

É importante notar que todos os elementos do modelo de requisitos estarão diretamente associados a partes do modelo do projeto. Nem sempre é possível estabelecer uma divisão clara das tarefas de análise e de modelagem do projeto. Invariavelmente, algum projeto ocorre como parte da análise, e alguma análise será realizada durante o projeto.

8.1.2 Regras práticas para a análise

Vale a pena considerar diversas regras práticas [Arl02] ao criar um modelo de análise. Primeiro, enfoque o problema ou domínio de negócio, mas mantenha um alto nível de abstração. Segundo, reconheça que um modelo de análise deve expandir o entendimento sobre o domínio de informação, as funções e o comportamento do *software*. Terceiro, adie a consideração sobre a arquitetura do *software* e os detalhes

---

1 Este capítulo não inclui mais uma apresentação de modelagem orientada a fluxos e de modelagem de dados. Contudo, muitas informações sobre esses métodos de modelagem de requisitos mais antigos podem ser encontradas na Web. Caso tenha interesse, faça uma pesquisa usando a frase "análise estruturada".

2 Deve-se notar que, à medida que os clientes se tornam tecnologicamente mais sofisticados, há uma tendência a especificar o *como* e *o quê*. Entretanto, o enfoque principal deve permanecer no *quê*.

3 Como alternativa, a equipe de *software* poderia optar por criar um protótipo (Capítulo 4) para entender melhor os requisitos do sistema.

Figura 8.1
O modelo de análise como uma ponte entre a descrição do sistema e o modelo de projeto.

não funcionais até momentos posteriores da atividade de modelagem. Também é importante estar ciente dos modos como os elementos do *software* se interconectam com outros elementos (o chamado *acoplamento do sistema*).

O modelo de análise deve ser estruturado de forma a agregar valor para todos os envolvidos e deve ser mantido o mais simples possível sem prejudicar a clareza.

8.1.3 Princípios da modelagem de requisitos

Nas últimas quatro décadas, inúmeros métodos de modelagem de requisitos foram desenvolvidos. Pesquisadores identificaram problemas de análise de requisitos e suas causas e desenvolveram uma série de notações de modelagem e de "heurísticas" correspondentes para resolvê-los. Cada um dos métodos de análise tem um ponto de vista particular. Um conjunto de princípios operacionais relaciona os métodos de análise:

Princípio 1. *O domínio de informações de um problema deve ser representado e compreendido.* O *domínio de informações* engloba os dados constantes no sistema (do usuário, de outros sistemas ou dispositivos externos), os dados que fluem para fora do sistema (via interface do usuário, interfaces de rede, relatórios, gráficos e outros meios) e a armazenagem de dados que coleta e organiza objetos de dados mantidos permanentemente.

Princípio 2. *As funções executadas pelo software devem ser definidas.* As funções do *software* oferecem benefício direto aos usuários e suporte interno para fatores visíveis aos usuários. Algumas funções transformam dados que fluem no sistema. Em outros casos, as funções exercem certo nível de controle sobre o processamento interno do *software* ou sobre elementos de sistema externo.

130 Engenharia de *software*

Princípio 3. *O comportamento do software (como consequência de eventos externos) deve ser representado.* O comportamento de um *software* é comandado por sua interação com o ambiente externo. Dados fornecidos pelos usuários, informações referentes a controles provenientes de um sistema externo ou dados de monitoramento coletados de uma rede fazem o *software* se comportar de maneira específica.

Princípio 4. *Os modelos que representam informação, função e comportamento devem ser divididos de modo a revelar detalhes em camadas (ou de maneira hierárquica).* A modelagem de requisitos é a primeira etapa da solução de um problema de engenharia de *software*. Permite que se entenda melhor o problema e se estabeleçam bases para a solução (projeto). Os problemas complexos são difíceis de resolver em sua totalidade. Por essa razão, deve-se usar a estratégia dividir-e-conquistar. Um problema grande e complexo é dividido em subproblemas até que cada um seja relativamente fácil de ser compreendido. Esse conceito é denominado *particionamento* ou *separação por interesses* e é uma estratégia-chave na modelagem de requisitos.

Princípio 5. *A análise deve partir da informação essencial para os detalhes da implementação.* A modelagem de análise se inicia pela descrição do problema sob o ponto de vista do usuário. A "essência" do problema é descrita sem levar em consideração como será implementada uma solução. Por exemplo, um jogo de videogame exige que o jogador "instrua" seu protagonista sobre qual direção seguir enquanto avança por um labirinto perigoso. Essa é a essência do problema. O detalhamento da implementação (em geral, descrito como parte do modelo de projeto) indica como a essência (do *software*) será implementada. No caso do videogame, talvez fosse usada uma entrada de voz. Por outro lado, poderia ser digitado um comando no teclado, um *joystick* (ou *mouse*) poderia ser apontado em uma direção específica, um dispositivo sensível ao movimento poderia ser agitado no ar ou poderia ser usado um dispositivo que lê diretamente os movimentos do corpo do jogador.

Ao aplicar esses princípios, o engenheiro de *software* aborda um problema de forma sistemática. Mas como os princípios são aplicados na prática? Essa pergunta será respondida no restante deste capítulo.

8.2 Modelagem baseada em cenários

Embora haja muitas maneiras de medir o sucesso de um sistema ou produto baseado em computador, a satisfação do usuário está no topo da lista. Se você entender como os usuários (e outros atores) querem interagir com um sistema, sua equipe de *software* estará mais capacitada a caracterizar, de maneira apropriada, os requisitos e a construir modelos de análise e projeto significativos. Usar a UML[4] para a modelagem de requisitos começa com a criação de cenários na forma de diagramas de casos de uso, diagramas de atividades e diagramas de sequência.

---

4 A UML será usada como notação para modelagem ao longo deste livro. O Apêndice 1 apresenta um breve tutorial para aqueles que talvez não conheçam a notação básica da UML.

8.2.1 Atores e perfis de usuário

Um *ator* da UML modela uma entidade que interage com um objeto do sistema. Os atores podem representar papéis desempenhados pelos envolvidos humanos ou *hardware* externo quando trocam informações e interagem com objetos do sistema. Uma única entidade física pode ser representada por diversos atores caso esta assuma diversos papéis relevantes para a execução de diferentes funções do sistema.

Um *perfil* da UML oferece uma maneira de estender um modelo existente a outros domínios ou plataformas, o que lhe permitiria revisar o modelo de um sistema baseado na Web e modelar o sistema para diversas plataformas móveis. Os perfis também podem ser usados para modelar o sistema a partir da perspectiva de usuários diferentes. Por exemplo, os administradores do sistema podem ter uma visão diferente da funcionalidade de um caixa automático do que os usuários.

8.2.2 Criação de casos de uso

No Capítulo 7, discutimos as histórias de usuário como forma de resumir a perspectiva dos envolvidos em relação a como interagirão com o sistema proposto. Contudo, elas são escritas em português, inglês ou seja qual for o idioma dos envolvidos. Os desenvolvedores precisam de uma forma mais precisa de descrever essa interação antes que comecem a criar o *software*. Alistair Cockburn caracteriza um *caso de uso* como um "contrato de comportamento" [Coc01b]. Como discutido no Capítulo 7, o "contrato" define a maneira como um ator[5] usa um sistema baseado em computador para atingir alguma meta. Em outras palavras, um caso de uso captura as interações que ocorrem entre produtores e consumidores de informação dentro do sistema em si. Nesta seção, examinaremos como os casos de uso preliminares são desenvolvidos como parte da atividade da modelagem de análise.[6]

No Capítulo 7, observamos que um caso de uso descreve um cenário de uso específico em uma linguagem simples sob o ponto de vista de um ator definido. Mas como sabemos (1) sobre o que escrever, (2) quanto escrever a respeito, (3) com que nível de detalhamento fazer uma descrição e (4) como organizar a descrição? Essas são as questões que devem ser respondidas nas situações em que os casos de uso devem prover valor como uma ferramenta da modelagem.

Sobre o que escrever? As duas primeiras tarefas da engenharia de requisitos – concepção e levantamento – fornecem as informações necessárias para começarmos a escrever casos de uso. As reuniões para levantamento de requisitos e outros mecanismos de engenharia de requisitos são utilizadas para identificar os envolvidos, definir o escopo do problema, especificar as metas operacionais gerais, estabelecer as prioridades, descrever todos os requisitos funcionais conhecidos e descrever os itens (objetos) manipulados pelo sistema.

Para começar a desenvolver um conjunto de casos de uso, enumere as funções ou atividades realizadas por um ator específico. Podemos obtê-las de uma lista de funções dos requisitos do sistema, por meio de conversas com envolvidos ou por meio de uma avaliação de diagramas de atividades (Seção 8.4) desenvolvidos como parte da modelagem de requisitos.

---

5 Ator não é uma pessoa específica, mas sim um papel que uma pessoa (ou um dispositivo) desempenha em um contexto específico. Um ator "invoca o sistema para que este realize um de seus serviços" [Coc01b].

6 Os casos de uso são uma parte importante da modelagem de análise para as interfaces do usuário. O projeto e a análise de interfaces são discutidos em detalhes no Capítulo 12.

Casa Segura

Desenvolvendo mais um caso de uso preliminar

Cena: Uma sala de reuniões, durante a segunda reunião para levantamento de requisitos.

Atores: Jamie Lazar, membro da equipe de *software*; Ed Robbins, membro da equipe de *software*; Doug Miller, gerente da engenharia de *software*; três membros do departamento de *marketing*; um representante da engenharia de produto; e um facilitador.

Conversa:

Facilitador: É hora de começarmos a falar sobre a função de vigilância do *CasaSegura*. Vamos desenvolver um cenário de usuário para acesso à função de vigilância.

Jamie: Quem desempenha o papel do ator nisso?

Facilitador: Acredito que a Meredith (uma pessoa do *marketing*) venha trabalhando nessa funcionalidade. Por que você não desempenha o papel?

Meredith: Você quer fazer da mesma forma que fizemos da última vez, não é mesmo?

Facilitador: Correto... da mesma forma.

Meredith: Bem, obviamente a razão para a vigilância é permitir ao proprietário do imóvel verificar a casa enquanto ele se encontra fora, gravar e reproduzir imagens de vídeo que são capturadas... Esse tipo de coisa.

Ed: Usaremos compactação para armazenamento de vídeo?

Facilitador: Boa pergunta, Ed, mas vamos postergar essas questões de implementação por enquanto. Meredith?

Meredith: Certo, então basicamente há duas partes para a função de vigilância... A primeira configura o sistema, inclusive desenhando uma planta – precisamos de ferramentas de realidade aumentada/virtual para ajudar o proprietário do imóvel a fazer isso –, e a segunda parte é a própria função de vigilância. Como o *layout* faz parte da atividade de configuração, vou me concentrar na função de vigilância.

Facilitador (sorrindo): Você tirou as palavras da minha boca.

Meredith: Hummm... quero ter acesso à função de vigilância via dispositivo móvel ou via Internet. Sinto que o acesso via Internet seria mais utilizado. De qualquer maneira, quero exibir visões de câmeras em um dispositivo móvel ou PC e controlar o deslocamento e a ampliação de imagens de determinada câmera. Específico a câmera selecionando-a na planta da casa. Quero, de forma seletiva, gravar imagens geradas por câmeras e reproduzi-las. Também quero ser capaz de bloquear o acesso a uma ou mais câmeras com uma senha específica. Também quero a opção de ver pequenas janelas que mostrem visões de todas as câmeras e então escolher uma que desejo ampliar.

Jamie: Estas são chamadas de visões em miniatura.

Meredith: Certo, então eu quero visões em miniatura de todas as câmeras. Também quero que a interface para a função de vigilância tenha o mesmo aspecto de todas as demais do *CasaSegura*. Quero que ela seja intuitiva, significando que não vou precisar ler todo o manual para usá-la.

Facilitador: Bom trabalho. Agora, vamos nos aprofundar um pouco mais nessa função...

A função de vigilância domiciliar do *CasaSegura* (subsistema) discutida no quadro anterior identifica as seguintes funções (uma lista resumida) realizadas pelo ator **proprietário**:

- Selecionar a câmera a ser vista.
- Solicitar imagens em miniatura de todas as câmeras.
- Exibir imagens das câmeras em uma janela de um dispositivo.
- Controlar deslocamento e ampliação de uma câmera específica.
- Gravar, de forma seletiva, imagens geradas pelas câmeras.
- Reproduzir as imagens geradas pelas câmeras.
- Acessar a vigilância por câmeras via Internet.

Capítulo 8 Modelagem de requisitos: Uma abordagem recomendada **133**

À medida que as conversas com o envolvido (que desempenha o papel de proprietário de um imóvel) forem avançando, a equipe de levantamento de requisitos desenvolve casos de uso para cada uma das funções citadas. Em geral, os casos de uso são escritos primeiramente de forma narrativa informal. Caso seja necessária maior formalidade, o mesmo caso de uso é reescrito usando um formato estruturado similar àquele proposto no Capítulo 7.

Para fins de ilustração, consideremos a função *acessar a vigilância por câmeras via Internet – exibir visões das câmeras* (**AVC-EVC**). O envolvido que faz o papel do ator **proprietário** escreveria a seguinte narrativa:

Caso de uso: Acessar a vigilância por câmeras via Internet – exibir visões das câmeras (AVC-EVC)

Ator: proprietário

Se eu estiver em um local distante, posso usar qualquer dispositivo móvel com navegador apropriado para entrar no *site Produtos do CasaSegura*. Entro com o meu ID (identificador) de usuário e dois níveis de senhas e, depois de validado, tenho acesso a toda funcionalidade para o meu sistema *CasaSegura* instalado. Para acessar a visão de câmera específica, seleciono "vigilância" nos botões das principais funções mostradas. Em seguida, seleciono "escolha uma câmera", e a planta da casa é mostrada. Depois, seleciono a câmera em que estou interessado. Como alternativa, posso ver, simultaneamente, imagens em miniatura de todas as câmeras, selecionando "todas as câmeras" como opção de visualização. Depois de escolher uma câmera, seleciono "visualização", e uma visualização com um quadro por segundo aparece em uma janela de visualização identificada pelo ID de câmera. Se quiser trocar de câmera, seleciono "escolha uma câmera", e a janela de visualização original desaparece e a planta da casa é mostrada novamente. Em seguida, seleciono a câmera em que estou interessado. Surge uma nova janela de visualização.

Uma variação da narrativa do caso de uso apresenta a interação na forma de uma sequência ordenada de ações de usuário. Cada ação é representada como uma sentença declarativa. Voltando à função **AVC-EVC**, poderíamos escrever:

Caso de uso: Acessar a vigilância por câmeras via Internet – exibir visões das câmeras (AVC-EVC)

Ator: proprietário

1. O proprietário do imóvel faz o *login* no *site Produtos do CasaSegura*.
2. O proprietário do imóvel entra com seu ID de usuário.
3. O proprietário do imóvel insere duas senhas (cada uma com pelo menos oito caracteres).
4. O sistema mostra os botões de todas as principais funções.
5. O proprietário seleciona a "vigilância" por meio dos botões das funções principais.
6. O proprietário seleciona "escolher uma câmera".
7. O sistema mostra a planta da casa.
8. O proprietário seleciona um ícone de câmera da planta da casa.
9. O proprietário seleciona o botão "visualização".
10. O sistema mostra uma janela de visualização identificada pelo ID da câmera.
11. O sistema mostra imagens de vídeo na janela de visualização a uma velocidade de um quadro por segundo.

É importante notar que essa apresentação sequencial não leva em consideração quaisquer interações alternativas (a narrativa flui de forma natural e representa um número pequeno de alternativas). Casos de uso desse tipo são algumas vezes conhecidos como *cenários primários* [Sch98].

A descrição de interações alternativas é essencial para um completo entendimento da função a ser descrita por um caso de uso. Portanto, cada etapa no cenário primário é avaliada fazendo-se as seguintes perguntas [Sch98]:

- *O ator pode fazer algo diferente neste ponto?*
- *Existe a possibilidade de o ator encontrar alguma condição de erro neste ponto? Em caso positivo, qual seria?*
- *Existe a possibilidade de o ator encontrar algum outro tipo de comportamento neste ponto (p. ex., comportamento que é acionado por algum evento fora do controle do ator)? Em caso positivo, qual seria?*

As respostas a essas perguntas levam à criação de um conjunto de *cenários secundários* que fazem parte do caso de uso original, mas representam comportamento alternativo. Consideremos, por exemplo, as etapas 6 e 7 do cenário primário apresentado anteriormente:

6. O proprietário seleciona "escolher uma câmera".
7. O sistema mostra a planta da casa.

O ator pode fazer algo diferente neste ponto? A resposta é "sim". Referindo-se à narrativa que flui naturalmente, o ator poderia optar por ver, simultaneamente, imagens em miniatura de todas as câmeras. Portanto, um cenário secundário poderia ser "Visualizar imagens em miniatura para todas as câmeras".

Existe a possibilidade de o ator encontrar alguma condição de erro neste ponto? Qualquer número de condições de erro pode ocorrer enquanto um sistema baseado em computador opera. Nesse contexto, consideramos condições de erro apenas aquelas que provavelmente são resultado direto da ação nas etapas 6 ou 7. Novamente, a resposta à pergunta é "sim". Uma planta com ícones de câmera talvez jamais tenha sido configurada. Portanto, selecionar "escolher uma câmera" resulta em uma condição de erro: "Não há nenhuma planta configurada para este imóvel".[7] Essa condição de erro se torna um cenário secundário.

Existe a possibilidade de o ator encontrar algum outro tipo de comportamento neste ponto? Novamente, a resposta à pergunta é "sim". Enquanto as etapas 6 e 7 ocorrem, o sistema pode encontrar uma condição de alarme. Isso resultaria no sistema exibindo uma notificação de alerta especial (tipo, local, ação do sistema) e dando ao ator uma série de opções relevantes à natureza do alerta. Como o cenário secundário pode ocorrer a qualquer momento para praticamente todas as interações, ele não fará parte do caso de uso **AVC-EVC**. Em vez disso, seria desenvolvido um caso de uso distinto – **Condição de alarme encontrada** – e referido a partir de outros casos de uso, conforme a necessidade.

Essas situações descritas são caracterizadas como exceções do caso de uso. Uma *exceção* descreve uma situação (seja ela uma condição de falha ou uma alternativa escolhida pelo ator) que faz o sistema exibir um comportamento um tanto diferente.

---

7   Nesse caso, outro ator, o **administrador do sistema**, teria de configurar a planta da casa, instalar e inicializar (p. ex., atribuir um ID de equipamento) todas as câmeras e testar cada uma delas para ter certeza de que elas podem ser acessadas pelo sistema e pela planta da casa.

Cockburn [Coc01b] recomenda uma sessão de *brainstorming* para obter um conjunto de exceções relativamente completo para cada caso de uso. Além das três perguntas genéricas sugeridas anteriormente, as questões a seguir também devem ser exploradas:

- *Há casos em que ocorre alguma "função de validação" durante esse caso de uso?* Isso implica que a função de validação é chamada e poderia ocorrer uma condição de erro.
- *Há casos em que uma função de suporte (ou ator) parará de responder apropriadamente?* Por exemplo, uma ação de usuário aguarda uma resposta, porém a função que deve responder entra em condição de *time-out*.
- *Existe a possibilidade de um baixo desempenho do sistema resultar em ações do usuário inesperadas ou impróprias?* Por exemplo, uma interface baseada na Web responde de forma muito lenta, fazendo com que um usuário selecione um botão de processamento várias vezes seguidas. Essas seleções entram em fila de forma inapropriada e, por fim, geram uma condição de erro.

A lista de extensões desenvolvidas a partir das perguntas e respostas deve ser "racionalizada" [Coc01b] por meio dos seguintes critérios: deve ser indicada uma exceção no caso de uso se o *software* for capaz de detectar a condição descrita e, em seguida, tratar a condição assim que esta for detectada. Em alguns casos, uma exceção vai desencadear o desenvolvimento de outro caso de uso (para tratar da condição percebida).

8.2.3 Documentação de casos de uso

Às vezes, os casos de uso informais apresentados na Seção 8.2.2 são suficientes para a modelagem de requisitos. Entretanto, quando um caso de uso envolve uma atividade crítica ou descreve um conjunto complexo de etapas com um número significativo de exceções, uma abordagem mais formal talvez seja mais desejável.

O caso de uso **AVC-EVC** mostrado no quadro segue uma descrição geral típica para casos de uso formais. O *objetivo no contexto* identifica o escopo geral do caso de uso. A *precondição* descreve aquilo que é conhecido como verdadeiro antes de o caso de uso ser iniciado. O *disparador* identifica o evento ou a condição que "faz com que o caso de uso seja iniciado" [Coc01b]. O *cenário* enumera as ações específicas que o ator deve executar e as respostas apropriadas do sistema. As *exceções* identificam as situações reveladas à medida que o caso de uso preliminar é refinado (Seção 8.2.2). Cabeçalhos adicionais poderão ou não ser acrescentados e são relativamente autoexplicativos.

A maioria dos desenvolvedores gosta de criar uma representação gráfica enquanto as histórias de usuário em casos de uso são geradas. Uma representação diagramática pode facilitar a compreensão para todos os envolvidos, particularmente quando o cenário é complexo. Conforme já citado neste livro, a UML oferece recursos de diagramação de casos de uso. A Figura 8.2 representa um diagrama de caso de uso para o produto *CasaSegura*. O diagrama de caso de uso ajuda a mostrar as relações entre os casos de uso no cenário de uso. Cada caso de uso é representado por uma elipse. Nesta seção, foi discutido apenas o caso de uso **AVC-EVC**.

Toda notação de modelagem tem suas limitações, e o caso de uso da UML não é uma exceção. Assim como qualquer outra forma de descrição escrita, a qualidade de um caso de uso depende de seu(s) autor(es). Se a descrição não for clara, o caso de

Casa Segura

Modelo de caso de uso para vigilância

Caso de uso: Acessar a vigilância por câmeras via Internet – exibir visões das câmeras (AVC-EVC)

Iteração: 2, última modificação: 14 de janeiro, feita por V. Raman.

Ator primário: Proprietário.

Meta no contexto: Visualizar imagens de câmeras espalhadas pela casa a partir de qualquer ponto remoto via Internet.

Precondições: O sistema deve estar totalmente configurado; devem ser obtidos nomes de usuário e senhas apropriadas.

Disparador: O proprietário do imóvel decide fazer uma inspeção na casa enquanto se encontra fora.

Cenário:
1. O proprietário do imóvel faz o *login* no *site Produtos do CasaSegura*.
2. O proprietário do imóvel entra com seu ID de usuário.
3. O proprietário do imóvel insere duas senhas (cada uma com pelo menos oito caracteres).
4. O sistema mostra os botões de todas as principais funções.
5. O proprietário seleciona a "vigilância" por meio dos botões das funções principais.
6. O proprietário seleciona "escolher uma câmera".
7. O sistema mostra a planta da casa.
8. O proprietário seleciona um ícone de câmera da planta da casa.
9. O proprietário seleciona o botão "visualização".
10. O sistema mostra uma janela de visualização identificada pelo ID de câmera.
11. O sistema mostra imagens de vídeo na janela de visualização a uma velocidade de um quadro por segundo.

Exceções:
1. O ID ou as senhas são incorretos ou não foram reconhecidos – veja o caso de uso **Validar ID e senhas**.
2. A função de vigilância não está configurada para este sistema – o sistema mostra a mensagem de erro apropriada; veja o caso de uso **Configurar função de vigilância**.
3. O proprietário seleciona "Visualizar as imagens em miniatura para todas as câmeras" – veja o caso de uso **Visualizar as imagens em miniatura para todas as câmeras**.
4. A planta não está disponível ou não foi configurada – exibir a mensagem de erro apropriada e ver o caso de uso **Configurar planta da casa**.
5. É encontrada uma condição de alarme – veja o caso de uso **Condição de alarme encontrada**.

Prioridade: Prioridade moderada, a ser implementada após as funções básicas.

Quando disponível: Terceiro incremento.

Frequência de uso: Rara.

Canal com o ator: Via navegador instalado em PC e conexão de Internet.

Atores secundários: Administrador do sistema, câmeras.

Canais com os atores secundários:
1. Administrador do sistema: sistema baseado em PCs.
2. Câmeras: conectividade sem fio.

Questões em aberto:
1. Quais mecanismos protegem o uso não autorizado deste recurso por parte de funcionários do *Produtos do CasaSegura*?
2. A segurança é suficiente? Acessar este recurso de forma não autorizada representaria uma invasão de privacidade importante.
3. A resposta do sistema via Internet seria aceitável dada a largura de banda exigida para visualizações de câmeras?
4. Vamos desenvolver um recurso para fornecer vídeo a uma velocidade de quadros por segundo maior para quando as conexões de banda larga mais rápidas estiverem disponíveis?

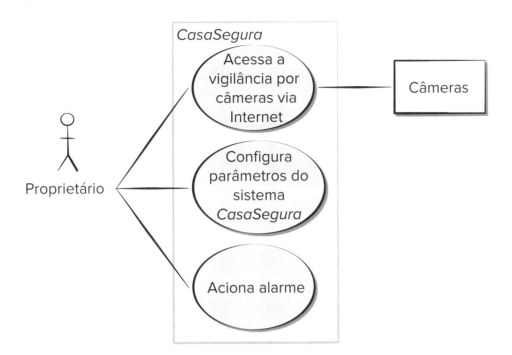

Figura 8.2
Diagrama de caso de uso preliminar para o sistema *CasaSegura*.

uso pode ser enganoso ou ambíguo. Um caso de uso que se concentra nos requisitos funcionais e comportamentais geralmente é inadequado para requisitos não funcionais. Para situações em que o modelo de análise deve ter muitos detalhes e precisão (p. ex., sistemas críticos de segurança), um caso de uso talvez não seja suficiente.

Entretanto, a modelagem baseada em cenários é apropriada para a grande maioria de todas as situações com as quais você vai se deparar como engenheiro de *software*. Se desenvolvido apropriadamente, o caso de uso pode trazer grandes benefícios como ferramenta de modelagem.

8.3 Modelagem baseada em classes

Se olhar para uma sala, você verá que existe um conjunto de objetos físicos que podem ser facilmente identificados, classificados e definidos (em termos de atributos e operações). Porém, quando você "olha em torno" do espaço de problema de uma aplicação de *software*, as classes (e os objetos) podem ser mais difíceis de compreender.

8.3.1 Identificação de classes de análise

Podemos começar a identificar classes examinando os cenários de uso desenvolvidos como parte do modelo de requisitos (Seção 8.2) e realizando uma "análise sintática" [Abb83] dos casos de uso desenvolvidos para o sistema a ser construído. As classes são determinadas sublinhando-se cada substantivo ou frase nominal (que contém substantivos) e introduzindo-as em uma tabela simples. Os sinônimos devem ser anotados. Se for preciso que a classe (substantivo) implemente uma solução, então ela faz parte do domínio da solução; caso contrário, se for necessária uma classe apenas para descrever uma solução, ela faz parte do domínio do problema.

O que devemos procurar uma vez que todos os substantivos tenham sido isolados? As *classes de análise* se manifestam de uma das seguintes maneiras:

- *Entidades externas* (p. ex., outros sistemas, dispositivos, pessoas) que produzem ou consomem informações a serem usadas por um sistema baseado em computador.
- *Coisas* (p. ex., relatórios, exibições, letras, sinais) que fazem parte do domínio de informações para o problema.
- *Ocorrências ou eventos* (p. ex., uma transferência de propriedades ou a finalização de uma série de movimentos de robô) que ocorrem no contexto da operação do sistema.
- *Papéis* (p. ex., gerente, engenheiro, vendedor) desempenhados pelas pessoas que interagem com o sistema.
- *Unidades organizacionais* (p. ex., divisão, grupo, equipe) relevantes para uma aplicação.
- *Locais* (p. ex., chão de fábrica ou área de carga) que estabelecem o contexto do problema e a função global do sistema.
- *Estruturas* (p. ex., sensores, veículos de quatro rodas ou computadores) que definem uma classe de objetos ou classes de objetos relacionadas.

Essa categorização é apenas uma das muitas que foram propostas na literatura.[8] Por exemplo, Budd [Bud96] sugere uma taxonomia de classes que inclui *produtores* (fontes) e *consumidores* (reservatórios) de dados, *gerenciadores de dados, classes de visualização* ou de *observação* e *classes auxiliares*.

Para ilustrar como as classes de análise poderiam ser definidas durante os estágios iniciais da modelagem, considere uma análise sintática (os substantivos são sublinhados; os verbos, colocados em itálico) para uma narrativa[9] de processamento da função de segurança domiciliar do *CasaSegura*.

A função de segurança domiciliar do CasaSegura *permite* que o proprietário do imóvel *configure* o sistema de segurança quando ele é *instalado, monitore* todos os sensores *conectados* ao sistema de segurança e *interaja* com o proprietário do imóvel por meio da Internet, de um PC ou de um painel de controle.

Durante a instalação, o PC do CasaSegura é usado para *programar* e *configurar* o sistema. É atribuído um número e um tipo a cada sensor, é programada uma senha-mestra para *armar* e *desarmar* o sistema, e número(s) de telefone é (são) *introduzido(s)* para *discar* quando um evento de sensor ocorre.

Quando um evento de sensor é *reconhecido*, o *software aciona* um alarme audível ligado ao sistema. Após um tempo de retardo *especificado* pelo proprietário do imóvel durante as atividades de configuração do sistema, o *software* disca um número de telefone de um serviço de monitoramento, *fornece* informações sobre o local, *relatando* a natureza do evento detectado. O número de telefone será *discado novamente* a cada 20 segundos até que a ligação seja *completada*.

---

8 Outra classificação importante, definindo classes de entidades, de fronteira e de controle, é discutida na Seção 10.3.

9 A narrativa de processamento é similar ao caso de uso em estilo, porém com uma finalidade diferente. A narrativa de processamento fornece uma descrição geral das funções a serem desenvolvidas. Não consiste em um cenário escrito a partir do ponto de vista de um ator. No entanto, é importante notar que a busca por substantivos para identificar as classes candidatas pode ser feita para todos os casos de usos desenvolvidos no levantamento de requisitos.

Extraindo os substantivos, podemos propor uma série de possíveis classes:

Classe em potencial	Classificação geral
proprietário	papel ou entidade externa
sensor	entidade externa
painel de controle	entidade externa
instalação	ocorrência
sistema (também conhecido como sistema de segurança)	coisa
número, tipo	não objetos, atributos do sensor
senha-mestra	coisa
número de telefone	coisa
evento de sensor	ocorrência
alarme audível	entidade externa
serviço de monitoramento	unidade organizacional ou entidade externa

O proprietário do imóvel *recebe* informações de segurança por meio de um painel de controle, de um PC ou de um navegador, coletivamente denominados interface. A interface *mostra* mensagens de aviso e informações sobre o estado do sistema no painel de controle, no PC ou na janela do navegador. A interação com o proprietário do imóvel acontece da seguinte forma...

A lista seguiria até que todos os substantivos contidos na narrativa de processamento tivessem sido considerados. Observe que chamamos cada entrada da lista de objeto "em potencial". Temos de considerar cada um deles até que uma decisão final seja tomada.

Coad e Yourdon [Coa91] sugerem seis características de seleção que deveriam ser usadas à medida que se considera cada classe em potencial para inclusão no modelo de análise:

1. **Informações retidas.** A classe em potencial será útil durante a análise apenas se as informações sobre ela tiverem de ser relembradas para que o sistema possa funcionar.
2. **Serviços necessários.** A classe em potencial deve ter um conjunto de operações identificáveis capazes de modificar, de alguma forma, o valor de seus atributos.
3. **Atributos múltiplos.** Durante a análise de requisitos, o foco deve ser nas informações "importantes"; uma classe com um único atributo poderia, na verdade, ser útil durante o projeto, mas provavelmente seria mais bem representada na forma de atributo de outra classe durante a atividade de análise.
4. **Atributos comuns.** Um conjunto de atributos pode ser definido para a classe em potencial, e esses atributos se aplicam a todas as instâncias da classe.
5. **Operações comuns.** Um conjunto de operações pode ser definido para a classe em potencial, e tais operações se aplicam a todas as instâncias da classe.
6. **Requisitos essenciais.** Entidades externas que aparecem no domínio do problema e produzem ou consomem informações essenciais à operação de qualquer solução para o sistema quase sempre serão definidas como classes no modelo de requisitos.

Para ser considerada uma classe legítima para inclusão no modelo de requisitos, um objeto em potencial deve satisfazer quase todas essas características. A decisão para inclusão de classes em potencial no modelo de análise é um tanto subjetiva, e uma avaliação posterior poderia fazer um objeto ser descartado ou reintegrado. Entretanto, a primeira etapa da modelagem baseada em classes é definir as classes e decisões (mesmo aquelas subjetivas). Devemos aplicar as características de seleção da lista de possíveis classes do *CasaSegura*:

Classe em potencial	Número característico que se aplica
proprietário	rejeitado: 1, 2 falham, embora 6 se aplique
sensor	aceito: todos se aplicam
painel de controle	aceito: todos se aplicam
instalação	rejeitado
sistema (também conhecido como sistema de segurança)	aceito: todos se aplicam
número, tipo	rejeitado: 3 falha, atributos de sensor
senha-mestra	rejeitado: 3 falha
número de telefone	rejeitado: 3 falha
evento de sensor	aceito: todos se aplicam
alarme audível	aceito: 2, 3, 4, 5, 6 se aplicam
serviço de monitoramento	rejeitado: 1, 2 falham, embora 6 se aplique

Deve-se notar o seguinte: (1) a lista anterior não é definitiva, outras classes talvez tenham de ser acrescentadas para completar o modelo; (2) algumas das classes em potencial rejeitadas se tornarão atributos para as que foram aceitas (p. ex., número e tipo são atributos de **Sensor**, e senha-mestra e número de telefone talvez se tornem atributos de **Sistema**); e (3) enunciados do problema diferentes talvez provoquem decisões "aceito ou rejeitado" diferentes (p. ex., se cada proprietário de um imóvel tivesse uma senha individual ou fosse identificado pelo seu padrão de voz, a classe **Proprietário** satisfaria as características 1 e 2 e teriam sido aceitas).

8.3.2 Definição de atributos e operações

Atributos descrevem uma classe selecionada para inclusão no modelo de análise. Em essência, são os atributos que definem uma classe – que esclarecem o que a classe representa no contexto do domínio do problema.

Para criarmos um conjunto de atributos que fazem sentido para uma classe de análise, devemos estudar cada caso de uso e escolher as "coisas" que "pertencem" àquela classe. Além disso, a pergunta a seguir deve ser respondida para cada uma das classes: *Quais dados (compostos e/ou elementares) definem completamente esta classe no contexto do problema em questão?*

A título de ilustração, vamos considerar a classe **Sistema** definida para o *CasaSegura*. O proprietário de um imóvel pode configurar a função de segurança para que ela reflita informações sobre os sensores, sobre o tempo de resposta do alarme, sobre ativação/desativação, sobre identificação e assim por diante. Podemos representar esses dados compostos da seguinte maneira:

informação de identificação = ID do sistema + número de telefone para verificação + estado do sistema

informação da resposta do alarme = tempo de atraso + número de telefone

informação de ativação/desativação = senha-mestra + número de tentativas permitidas + senha temporária

Os dados à direita do sinal de igual poderiam ser definidos de forma mais ampla até um nível elementar; porém, para nossos propósitos, eles constituem uma lista de atributos adequada para a classe **Sistema** (Figura 8.3).

Os sensores fazem parte do sistema geral *CasaSegura* e ainda não estão listados como dados ou atributos na Figura 8.3. **Sensor** já foi definido como uma classe, e vários objetos **Sensor** serão associados à classe **Sistema**. Em geral, evitamos definir um item como um atributo, caso mais de um dos itens deva ser associado à classe.

Operações definem o comportamento de um objeto. Embora existam muitos tipos de operações, em geral elas podem ser divididas em quatro grandes categorias: (1) operações que manipulam dados (p. ex., adição, eliminação, reformatação, seleção); (2) operações que efetuam um cálculo; (3) operações que pesquisam o estado de um objeto; e (4) operações que monitoram um objeto quanto às ocorrências de um evento de controle. Tais funções são realizadas operando-se sobre atributos e/ou associações (Seção 8.3.3). Consequentemente, uma operação deve ter "conhecimento" da natureza dos atributos e associações das classes.

8.3.3 Modelos de classe da UML

Como primeira iteração na obtenção de um conjunto de operações para uma classe de análise, podemos estudar novamente uma narrativa de processamento (ou caso de uso) e escolher aquelas operações que pertencem de forma adequada à classe. Para tanto, a análise sintática é mais uma vez estudada, e os verbos são isolados. Alguns dos verbos serão as operações legítimas, e eles podem ser facilmente associados

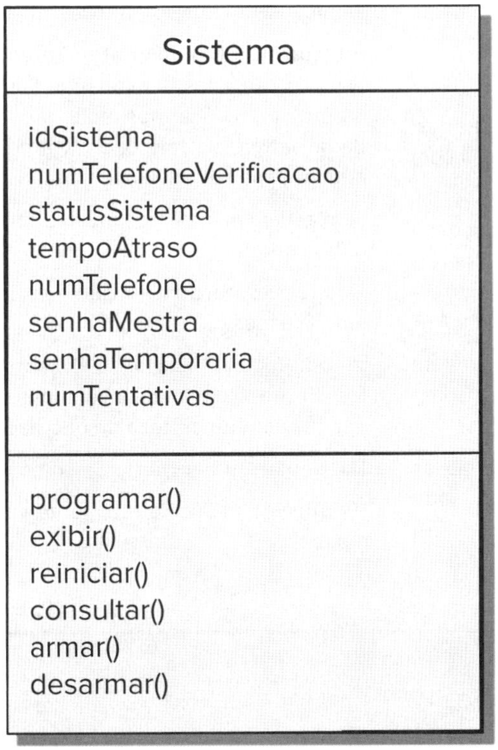

Figura 8.3
Diagrama de classes para a classe Sistema.

a uma classe específica. Por exemplo, da narrativa de processamento do *CasaSegura* apresentada anteriormente neste capítulo, vemos que "é *atribuído* um número e tipo aos sensores" ou "uma senha-mestra é *programada* para *armar e desarmar* o sistema". Essas frases indicam uma série de coisas:

- Que uma operação *atribuir()* é relevante para a classe **Sensor**.
- Que uma operação *programar()* será aplicada à classe **Sistema**.
- Que *armar()* e *desarmar()* são operações que se aplicam à classe **Sistema**.

Casa Segura

Modelos de classe

Cena: Sala do Ed, quando começa o modelamento da análise.

Atores: Jamie, Vinod e Ed — todos membros da equipe de engenharia de *software* do *CasaSegura*.

Conversa:

(Ed vem trabalhando na extração de classes do modelo de casos de uso para o AVC-EVC [apresentado em um quadro anterior deste capítulo] e está mostrando a seus colegas as classes que extraiu.)

Ed: Então, quando o proprietário de um imóvel quiser escolher uma câmera, terá de selecioná-la na planta da casa. Defini uma classe **Planta**. Aqui está o diagrama.

(Eles observam a Figura 8.4.)

Jamie: Então, **Planta** é um objeto formado por paredes, portas, janelas e câmeras. É isso que estas linhas com identificação significam, certo?

Ed: Isso mesmo, elas são chamadas "associações". Uma classe está associada a outra de acordo com as associações que eu mostrei. (As associações são discutidas na Seção 8.3.3.)

Vinod: Então, a planta real é feita de paredes e contém câmeras e sensores colocados nessas paredes. Como a planta da casa sabe onde colocar esses objetos?

Ed: Ela não sabe, mas as outras classes sim. Veja os atributos em, digamos, **TrechoParede**, que é usada para construir uma parede. O trecho de parede tem coordenadas de início e fim, e a operação *desenhar()* faz o resto.

Jamie: E o mesmo acontece com as janelas e portas. Parece-me que a câmera possui alguns atributos extras.

Ed: Exatamente, preciso deles para fornecer informações sobre deslocamento e ampliação de imagens.

Vinod: Tenho uma pergunta. Por que a câmera possui um ID, mas os demais não? Percebi que você tem um atributo chamado **próximaParede**. Como **TrechoParede** saberá qual será a parede seguinte?

Ed: Boa pergunta, mas, como dizem, essa é uma decisão de projeto e, portanto, vou adiá-la até...

Jamie: Dá um tempo... aposto que você já bolou isso.

Ed (sorrindo timidamente): É verdade, vou usar uma estrutura de listas que irei modelar quando chegarmos ao projeto. Se ficarmos muito presos à questão de separar análise e projeto, o nível de detalhe que tenho aqui poderia ser duvidoso.

Jamie: Para mim parece muito bom, mas tenho algumas outras perguntas.

(Jamie faz perguntas que resultam em pequenas modificações.)

Vinod: Você tem cartões CRC para cada um dos objetos? Em caso positivo, deveríamos simular seus papéis, apenas para ter certeza de que nada tenha escapado.

Ed: Não estou bem certo de como fazê-lo.

Vinod: Não é difícil e realmente vale a pena. Vou lhes mostrar.

Capítulo 8 Modelagem de requisitos: Uma abordagem recomendada **143**

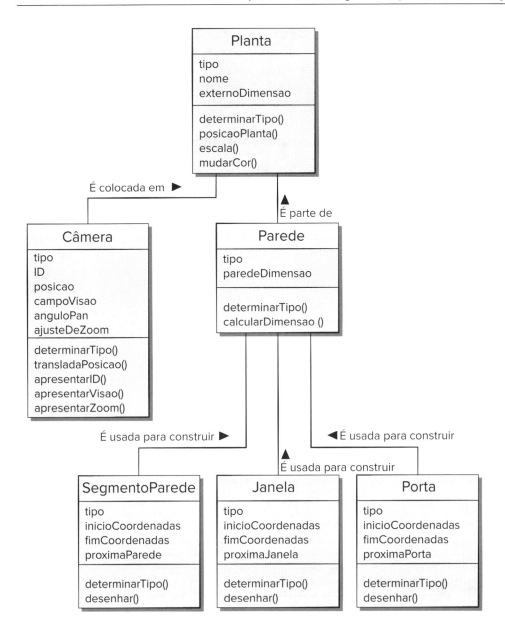

Figura 8.4
Diagrama de classes para Planta (*FloorPlan*) (veja a discussão no quadro).

Após uma investigação mais apurada, é provável que a operação *programar()* seja dividida em uma série de suboperações mais específicas, exigidas para configurar o sistema. Por exemplo, *programar()* implica a especificação de números de telefone, a configuração de características do sistema (p. ex., criar a tabela de sensores, introduzir características do alarme) e a introdução de senha(s). Mas, por enquanto, especificaremos *programar()* como uma única operação.

Além da análise sintática, pode-se ter uma melhor visão sobre outras operações considerando-se a comunicação que ocorre entre os objetos. Os objetos se comunicam passando mensagens entre si. Antes de prosseguirmos com a especificação de operações, exploraremos essa questão com mais detalhes.

Muitas vezes, duas classes de análise estão, de algum modo, relacionadas. Na UML, essas relações são chamadas de *associações*. Novamente na Figura 8.4, a classe **Planta** é definida identificando-se um conjunto de associações entre **Planta** e duas outras classes, **Câmera** e **Parede**. A classe **Parede** é associada a três classes que permitem que uma parede seja construída, **TrechoParede, Janela** e **Porta.**

8.3.4 Modelagem classe-responsabilidade-colaborador

A *modelagem CRC* (classe-responsabilidade-colaborador) [Wir90] é uma maneira simples de identificar e organizar as classes relevantes para os requisitos do sistema ou produto. Um modelo CRC pode ser interpretado como uma coleção de fichas. Cada ficha contém uma lista de responsabilidades no lado esquerdo e as colaborações correspondentes que permitem que as responsabilidades sejam cumpridas no lado direito (Figura 8.5). *Responsabilidades* são os atributos e as operações relevantes para a classe. *Colaboradores* são as classes necessárias para fornecer a uma classe as informações necessárias para completar uma responsabilidade. Um cartão CRC simples para a classe **Planta** está ilustrado na Figura 8.5.

A lista de responsabilidades mostrada no cartão CRC é preliminar e sujeita a acréscimos ou modificações. As classes **Parede** e **Câmera** são indicadas ao lado da responsabilidade que vai exigir sua colaboração.

Classes. Na Seção 8.3.1, foram apresentadas diretrizes básicas para a identificação de classes e objetos.

Responsabilidades. Diretrizes básicas para a identificação das responsabilidades (atributos e operações) foram apresentadas na Seção 8.3.2.

Colaborações. As classes cumprem suas responsabilidades de duas formas: (1) uma classe pode usar suas próprias operações para manipular seus próprios atributos, cumprindo, portanto, determinada responsabilidade; ou (2) uma classe

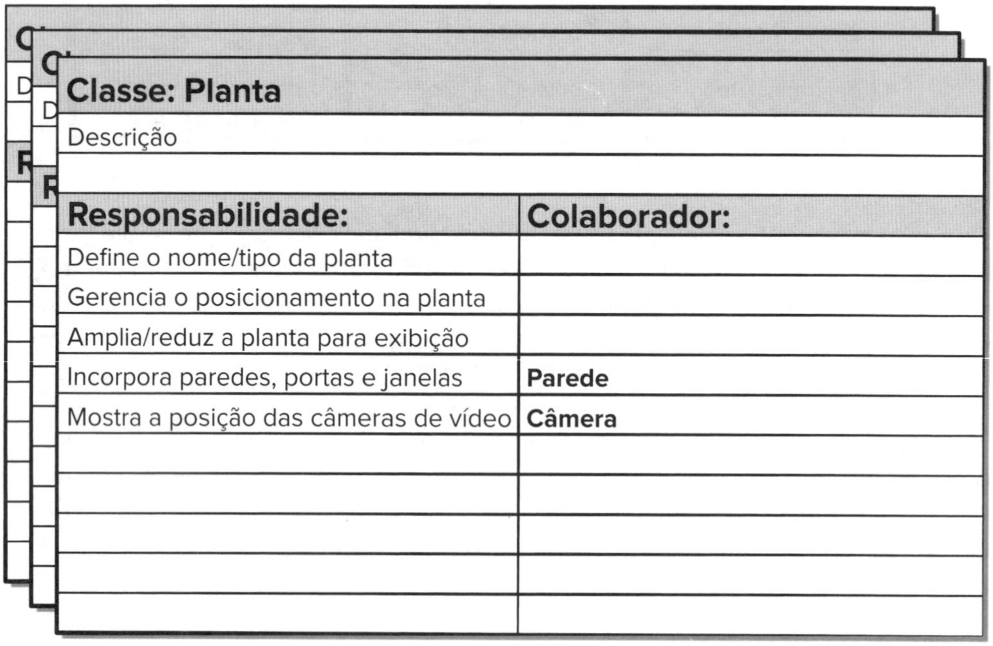

Figura 8.5
Um modelo de cartão CRC.

pode colaborar com outras classes. As colaborações são identificadas determinando se uma classe pode ou não cumprir cada responsabilidade por si só. Caso não possa, ela precisa interagir com outra classe.

Como exemplo, consideremos a função de segurança domiciliar do *CasaSegura*. Como parte do procedimento de ativação, o objeto **PainelDeControle** deve determinar se algum sensor está aberto. A responsabilidade chamada *determinar-estado-sensor()* é definida. Se existirem sensores abertos, **PainelDeControle** tem de ativar um atributo de estado para "não preparado". As informações dos sensores podem ser adquiridas de cada objeto **Sensor**. A responsabilidade *determinar-estado-sensor()* pode ser cumprida apenas se **PainelDeControle** trabalhar em colaboração com **Sensor.**

Quando um modelo CRC completo tiver sido desenvolvido, representantes dos envolvidos poderão revisar o modelo usando a seguinte abordagem [Amb95]:

1. Todos os participantes da revisão (do modelo CRC) recebem um subconjunto dos cartões CRC. Nenhum revisor deve ter dois cartões que colaboram.
2. O líder da revisão lê o caso de uso pausadamente. À medida que o líder da revisão chega a um objeto com nome, ele passa uma ficha para a pessoa que está com o cartão da classe correspondente.
3. Quando a ficha é passada, solicita-se ao portador do cartão da classe que descreva as responsabilidades anotadas no cartão. O grupo determina se uma (ou mais) das responsabilidades satisfaz ao requisito do caso de uso.
4. Se um erro é encontrado, são feitas modificações nos cartões. Elas podem incluir a definição das novas classes (e os cartões CRC correspondentes) ou a revisão das listas de responsabilidades ou colaborações em cartões existentes.

Casa Segura

Modelos CRC

Cena: Sala do Ed, quando se inicia a modelagem de requisitos.

Atores: Vinod e Ed – membros da equipe de engenharia de *software* do *CasaSegura*.

Conversa:

(Vinod decidiu mostrar a Ed como desenvolver cartões CRC por meio de um exemplo.)

Vinod: Enquanto você trabalhava na função de vigilância e Jamie estava envolvido com a função de segurança, trabalhei na função de administração domiciliar.

Ed: E em que ponto você se encontra? O *marketing* vive mudando de ideia.

Vinod: Aqui está o primeiro exemplo do caso de uso da função inteira... refinamos um pouco, mas deve dar uma visão geral...

Caso de uso: A função de administração domiciliar do *CasaSegura*.

Narrativa: Queremos usar a interface de administração domiciliar em um dispositivo móvel ou via Internet para controlar dispositivos eletrônicos que possuem controladores de interface sem fio. O sistema deve permitir que eu ligue e desligue luzes específicas, controle aparelhos que estiverem conectados a uma interface sem fio, configure o meu sistema de aquecimento e ar-condicionado para as temperaturas que eu desejar. Para tanto, quero escolher os dispositivos com base na planta da casa. Cada dispositivo tem de ser identificado na planta da casa. Como recurso opcional, quero controlar todos os dispositivos audiovisuais – áudio, televisão, DVD, gravadores digitais e assim por diante.

Com uma única seleção, quero ser capaz de configurar a casa inteira para várias situações. Uma delas é em casa, a outra é fora de casa, a terceira é viagem de fim de semana e a quarta é viagem prolongada. Todas essas situações terão ajustes de configuração aplicados a todos os dispositivos. Nos estados viagem de fim de semana e viagem prolongada, o sistema deve acender e apagar as luzes da casa em intervalos aleatórios (para parecer que alguém está em casa) e controlar o sistema de aquecimento e ar-condicionado. Devo ser capaz de cancelar essas configurações via Internet com a proteção de uma senha apropriada...

Ed: O pessoal do *hardware* já bolou todas as interfaces sem fio?

Vinod (sorrindo): Eles estão trabalhando nisso; digamos que não há nenhum problema. De qualquer forma, extraí um monte de classes para a administração domiciliar e podemos usar uma delas como exemplo. Vamos usar a classe **InterfaceAdministraçãoResidencial**.

Ed: Certo... então, as responsabilidades são... os atributos e as operações para a classe, e as colaborações são as classes para as quais as responsabilidades apontam.

Vinod: Pensei que você não entendesse sobre CRC.

Ed: Então, analisando o cartão **InterfaceAdministraçãoResidencial**, quando a operação *acessarPlanta()* for chamada, ela colaborará com o objeto **Planta** exatamente como aquela que desenvolvemos para a função de vigilância. Espere, tenho uma descrição dela aqui comigo. (Eles observam a Figura 8.4.)

Vinod: Exatamente. E se quiséssemos rever o modelo de classes inteiro, poderíamos começar com este cartão, depois ir para o cartão do colaborador e a partir deste ponto para um dos colaboradores do colaborador e assim por diante.

Ed: Uma boa forma de descobrir omissões ou erros.

Vinod: Sim.

8.4 Modelagem funcional

O *modelo funcional* lida com dois elementos de processamento da aplicação, cada um representando um nível diferente de abstração procedural: (1) funcionalidade observável pelo usuário, fornecida pela aplicação aos usuários; e (2) as operações contidas nas classes de análise que implementam comportamentos associados à classe.

A funcionalidade observável pelos usuários engloba quaisquer funções de processamento iniciadas diretamente por eles. Por exemplo, um aplicativo móvel financeiro poderia implementar uma variedade de funções financeiras (p. ex., cálculo de pagamento de hipoteca). Essas funções poderiam ser implementadas usando-se operações dentro das classes de análise; porém, do ponto de vista do usuário, a função (mais precisamente, os dados fornecidos pela função) é o resultado visível.

Em um nível de abstração procedural mais baixo, o modelo de requisitos descreve o processamento a ser realizado pelas operações das classes de análise. Essas operações manipulam atributos de classes e estão envolvidas, já que as classes colaboram entre si para cumprir determinado comportamento esperado.

8.4.1 Uma visão procedural

Independentemente do nível de abstração procedural, o diagrama de atividades da UML pode ser utilizado para representar detalhes do processamento. No nível de análise, os diagramas de atividades devem ser usados apenas onde a funcionalidade é relativamente complexa. Grande parte da complexidade de muitos aplicativos móveis ocorre não na funcionalidade fornecida, mas na natureza das informações que podem ser acessadas e nas maneiras pelas quais podem ser manipuladas.

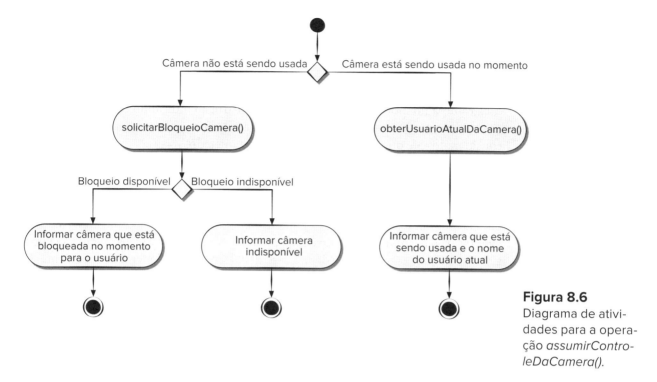

Figura 8.6
Diagrama de atividades para a operação *assumirControleDaCamera()*.

Um diagrama de atividades da UML complementa o caso de uso por meio de uma representação gráfica do fluxo de interação em um cenário específico. Semelhante ao fluxograma, um diagrama de atividades (Figura 8.6) usa retângulos com cantos arredondados para representar determinada função do sistema, setas para representar o fluxo através do sistema, losangos de decisão para representar uma decisão com ramificação (cada seta saindo do losango é identificada), e linhas horizontais cheias indicam as atividades paralelas que estão ocorrendo.

Um exemplo de funcionalidade relativamente complexa para **www.casaseguragarantida.com** é tratado por um caso de uso intitulado *Obter recomendações para a disposição dos sensores no espaço disponível*. O usuário já desenvolveu um *layout* para o espaço a ser monitorado e, nesse caso de uso, escolhe esse *layout* e solicita posições recomendadas para os sensores de acordo com o *layout*. O *site* **www.casaseguragarantida.com** responde com uma representação gráfica do *layout*, com informações adicionais sobre os pontos recomendados para posicionamento dos sensores. A interação é bastante simples, o conteúdo é ligeiramente mais complexo, mas a funcionalidade subjacente é muito sofisticada. O sistema deve empreender uma análise relativamente complexa do *layout* do recinto para determinar o conjunto ótimo de sensores. Ele tem de examinar as dimensões dos ambientes, as posições das portas e janelas e coordená-las com as capacidades e especificações dos sensores. Tarefa nada fácil! Um conjunto de diagramas de atividades pode ser usado para descrever o processamento para esse caso de uso.

O segundo exemplo é o caso de uso *Controlar câmeras*. Nele, a interação é relativamente simples, mas há grande risco de funcionalidade complexa, dado que essa operação "simples" exige comunicação complexa com os dispositivos localizados remotamente e acessíveis via Internet. Outra possível complicação está relacionada com a negociação do controle, quando várias pessoas autorizadas tentam monitorar e/ou controlar um único sensor ao mesmo tempo.

A Figura 8.6 ilustra um diagrama de atividades para a operação *assumirControleDaCamera()* que faz parte da classe de análise **Câmera** usada no caso de uso *Controlar câmeras*. Deve-se notar que duas operações adicionais são chamadas dentro do fluxo procedural: *solicitarBloqueioCamera()*, que tenta bloquear a câmera para esse usuário, e *obterUsuarioAtualDaCamera()*, que recupera o nome do usuário que está controlando a câmera no momento. Os detalhes de construção indicando como essas operações são chamadas, bem como os detalhes da interface para cada operação, não são considerados até que o projeto do *software* seja iniciado.

8.4.2 Diagramas de sequência da UML

O *diagrama de sequência* da UML pode ser usado para modelagem comportamental. Os diagramas de sequência também podem ser usados para mostrar como os eventos provocam transições de objeto para objeto. Uma vez que os eventos tenham sido identificados pelo exame de um caso de uso, o modelador cria um diagrama de sequência – uma representação de como os eventos provocam o fluxo de um objeto para outro em função do tempo. Em resumo, o diagrama de sequência é uma forma abreviada do caso de uso. Ele representa classes-chave e os eventos que fazem o comportamento fluir de classe para classe.

A Figura 8.7 ilustra um diagrama de sequência parcial para a função de segurança do *CasaSegura*. Cada uma das setas representa um evento (derivado de um caso de uso) e indica como o evento canaliza o comportamento entre os objetos do *CasaSegura*. O tempo é medido verticalmente (de cima para baixo), e os retângulos estreitos na vertical representam o tempo gasto no processamento de uma atividade. Os estados poderiam ser mostrados ao longo de uma linha do tempo vertical.

O primeiro evento, *sistema pronto*, é derivado do ambiente externo e canaliza comportamento para o objeto **Proprietário**. O proprietário do imóvel digita uma senha.

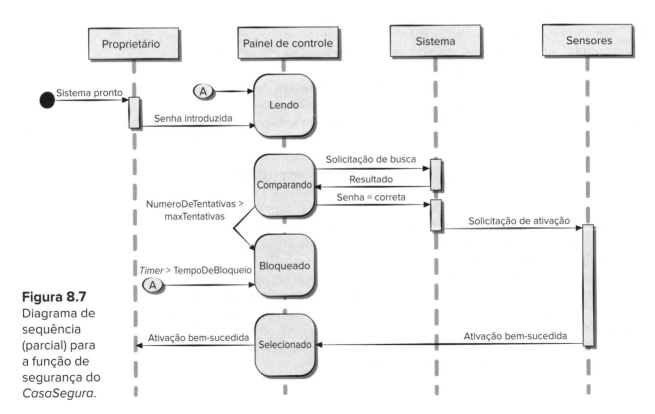

Figura 8.7
Diagrama de sequência (parcial) para a função de segurança do *CasaSegura*.

Um evento *solicitação de busca* é passado para **Sistema**, que busca uma senha em um banco de dados simples e retorna um *resultado* (*encontrada* ou *não encontrada*) para **PainelDeControle** (agora no estado *comparando*). Uma senha válida resulta em um evento *senha=correta* para **Sistema**, o qual ativa **Sensores** com um evento *solicitação de ativação*. Por fim, o controle retorna ao proprietário com o evento *ativação bem-sucedida*.

Assim que um diagrama de sequência completo tiver sido desenvolvido, todos os eventos que provocam transições entre objetos do sistema podem ser reunidos em um conjunto de eventos de entrada e de saída (de um objeto). Essas informações são úteis na criação de um projeto eficaz para o sistema a ser construído.

8.5 Modelagem comportamental

Um *modelo comportamental* indica como o *software* responderá a estímulos ou eventos internos ou externos. As informações são úteis para criar um projeto eficaz do sistema a ser construído. Os diagramas de atividades da UML podem ser usados para modelar como os elementos do sistema respondem a eventos internos. Os diagramas de estados da UML podem ser usados para modelar como os elementos do sistema respondem a eventos externos.

Para criar o modelo, devemos executar as seguintes etapas: (1) avaliar todos os casos de uso para entender completamente a sequência de interação dentro do sistema; (2) identificar eventos que controlam a sequência de interação e entender como esses eventos se relacionam com objetos específicos; (3) criar uma sequência para cada caso de uso; (4) criar um diagrama de estado para o sistema; e (5) examinar o modelo comportamental para verificar exatidão e consistência. Cada uma dessas etapas é discutida nas seções a seguir.

8.5.1 Identificação de eventos com o caso de uso

Na Seção 8.3.3, vimos que o caso de uso representa uma sequência de atividades que envolvem atores e o sistema. Em geral, um evento ocorre toda vez que o sistema e um ator trocam informações. Um evento *não* é a informação que foi trocada, mas sim o fato de que houve uma troca de informações.

Um caso de uso é examinado para encontrar pontos de troca de informação. Para ilustrarmos, reconsideremos o caso de uso de uma parte da função de segurança do *CasaSegura*.

> O proprietário usa o teclado numérico para introduzir uma senha de quatro dígitos. A senha é comparada com a senha válida armazenada no sistema. Se a senha for incorreta, o painel de controle emitirá um bipe e reiniciará para receber novas entradas. Se a senha for correta, o painel de controle aguarda as próximas ações.

Os trechos sublinhados do cenário do caso de uso indicam eventos. Deve-se identificar um ator para cada evento; as informações trocadas devem ser indicadas, e quaisquer condições ou restrições devem ser enumeradas.

Como um exemplo típico de evento, consideremos o trecho sublinhado do caso de uso "proprietário usa o teclado numérico para digitar uma senha de quatro dígitos". No contexto do modelo de requisitos, o objeto **Proprietário**[10] transmite um

---

10 Neste exemplo, supomos que cada usuário (proprietário) que interage com o *CasaSegura* tem uma senha de identificação e, portanto, é um objeto legítimo.

evento para o objeto **PainelDeControle**. O evento poderia ser chamado de *entrada de senha*. As informações transferidas são os quatro dígitos que constituem a senha, mas essa não é parte essencial do modelo comportamental. É importante notar que alguns eventos têm um impacto explícito no fluxo de controle do caso de uso, ao passo que outros não têm impacto direto no fluxo. Por exemplo, o evento *entrada de senha* não muda explicitamente o fluxo de controle do caso de uso, mas os resultados do evento *comparação de senha* (derivado da interação "senha é comparada com a senha válida armazenada no sistema") terão um impacto explícito no fluxo de controle e de informações do *software CasaSegura*.

Uma vez que todos os eventos tenham sido identificados, eles são alocados aos objetos envolvidos. Os objetos podem ser responsáveis pela geração de eventos (p. ex., **Proprietário** gera um evento *entrada de senha*) ou por reconhecer eventos que ocorreram em algum outro ponto (p. ex., **PainelDeControle** reconhece o resultado binário do evento *comparação de senha*).

8.5.2 Diagramas de estados da UML

No contexto da modelagem comportamental, devem ser consideradas duas caracterizações de estados distintas: (1) o estado de cada classe à medida que o sistema executa sua função; e (2) o estado do sistema observado de fora, à medida que o sistema executa sua função.

O estado de uma classe pode assumir tanto características passivas quanto ativas [Cha93]. *Estado passivo* é o estado atual de todos os atributos de um objeto. O *estado ativo* de um objeto indica seu estado atual à medida que passa por uma transformação ou por um processamento contínuo. Deve acontecer um *evento* (algumas vezes denominado *gatilho*) para forçar um objeto a fazer uma transição de um estado ativo para outro.

Diagramas de estados para classes de análise. O componente de um modelo comportamental é um diagrama de estados em UML[11] que representa estados ativos para cada uma das classes e para os eventos (gatilhos) que provocam mudanças entre esses estados ativos. A Figura 8.8 ilustra um diagrama de estados para o objeto **PainelDeControle** na função de segurança do *CasaSegura*.

Cada seta da Figura 8.8 representa a transição de um estado ativo de um objeto para outro. As identificações em cada seta representam o evento que dispara a transição. Embora o modelo de estados ativos dê uma visão proveitosa sobre a "história de vida" de um objeto, é possível especificar informações adicionais para uma maior profundidade no entendimento do comportamento de um objeto. Além de especificarmos o evento que provoca a transição, podemos especificar um guarda e uma ação [Cha93]. *Guarda* é uma condição booleana que deve ser satisfeita para que a transição ocorra. Por exemplo, o guarda para a transição do estado "lendo" para o estado "comparando" na Figura 8.8 pode ser determinado examinando-se o caso de uso:

se (entrada de senha = 4 dígitos) então *compare* com a senha armazenada

Em geral, o guarda para uma transição normalmente depende do valor de um ou mais atributos de um objeto. Em outras palavras, o guarda depende do estado passivo do objeto.

---

11 Caso não conheça a UML, o Apêndice 1 apresenta uma breve introdução a essa importante notação de modelagem.

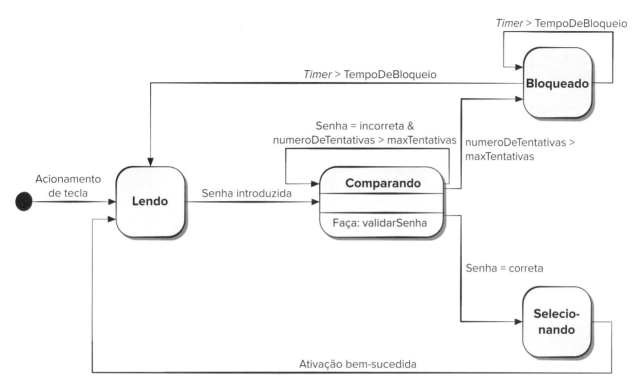

Figura 8.8
Diagrama de estados para a classe PainelDeControle.

Uma *ação* ocorre concomitantemente com a transição de estado ou como consequência dele e geralmente envolve uma ou mais operações (responsabilidades) do objeto. Por exemplo, a ação ligada ao evento *entrada de senha* (Figura 8.8) é uma operação chamada *validarSenha()* que acessa um objeto **senha** e realiza uma comparação dígito por dígito para validar a senha digitada.

8.5.3 Diagramas de atividade da UML

Um diagrama de atividades da UML complementa o caso de uso por meio de uma representação gráfica do fluxo de interação em um cenário específico. Muitos engenheiros de *software* gostam de descrever os diagramas de atividade como uma forma de representar como o sistema reage a eventos internos.

Um diagrama de atividades para o caso de uso **AVC-EVC** aparece na Figura 8.9. É importante observar que o diagrama de atividades acrescenta outros detalhes não mencionados (mas implícitos) pelo caso de uso. Por exemplo, um usuário poderia tentar introduzir **ID de usuário** e **senha** por um número limitado de vezes. Isso é representado pelo losango de decisão abaixo de "*Prompt* para reintrodução de dados".

O diagrama de raias da UML é uma variação útil do diagrama de atividades, permitindo representar o fluxo de atividades descrito pelo caso de uso e indicar qual ator (se existirem vários atores envolvidos em um caso de uso específico) ou classe de análise (Seção 8.3.1) tem a responsabilidade pela ação descrita por um retângulo de atividade. As responsabilidades são representadas como segmentos paralelos que dividem o diagrama verticalmente, como as raias de uma piscina.

152 Engenharia de *software*

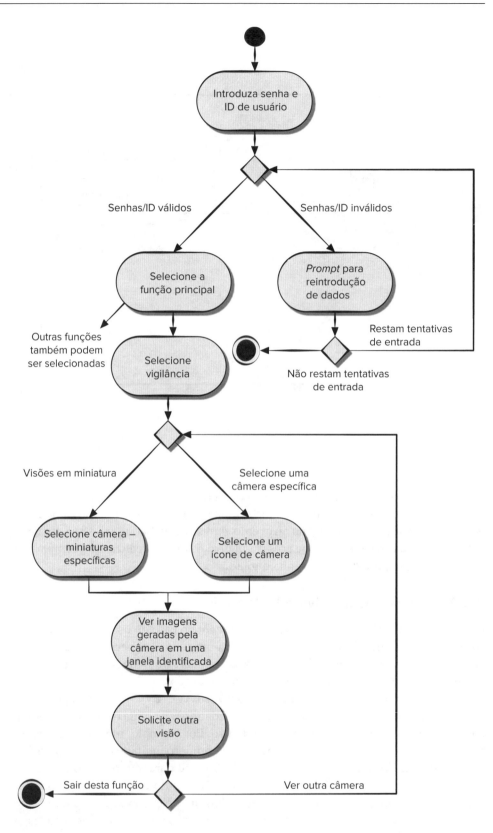

Figura 8.9
Diagrama de atividades para a função "Acessar a vigilância por câmeras via Internet – exibir visões das câmeras".

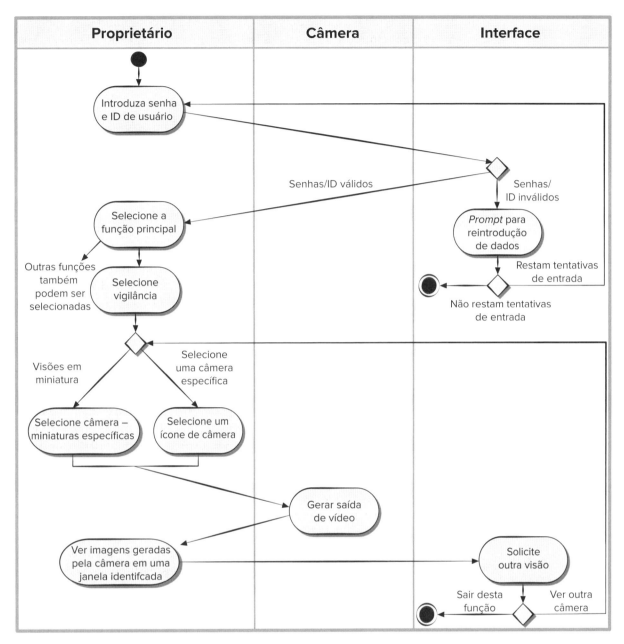

Figura 8.10
Diagrama de raias para a função "Acessar a vigilância por câmeras via Internet – exibir visões das câmeras".

Três classes de análise – **Proprietário, Câmera** e **Interface** – têm responsabilidades diretas ou indiretas no diagrama de atividades representado na Figura 8.9. Na Figura 8.10, o diagrama de atividades é rearranjado de forma que as atividades associadas a uma classe de análise caiam na raia da referida classe. Por exemplo, a classe **Interface** representa a interface do usuário conforme vista pelo proprietário.

154 Engenharia de *software*

O diagrama de atividades indica dois *prompts* que são a responsabilidade da interface – "*prompt* para reintrodução de dados" e "*prompt* para outra visão". Esses *prompts* e as decisões associadas a eles caem na raia da **Interface**. Entretanto, as setas saem dessa raia e voltam para a raia do **Proprietário**, onde ocorrem as ações do proprietário do imóvel.

Os casos de uso e os diagramas de atividades e de raias são orientados a procedimentos. Em conjunto, eles podem ser usados para representar as maneiras como vários atores chamam funções específicas (ou outras etapas procedurais) para atender aos requisitos do sistema.

8.6 Resumo

O objetivo da modelagem de requisitos é criar várias representações que descrevam aquilo que o cliente exige, estabelecer uma base para a criação de um projeto de *software* e definir um conjunto de requisitos que possam ser validados assim que o *software* for construído. O modelo de requisitos preenche a lacuna entre uma descrição sistêmica que define o sistema como um todo ou a funcionalidade de negócio e um projeto de *software* que descreve a arquitetura da aplicação de *software*, a interface do usuário e a estrutura em nível de componentes.

Os modelos baseados em cenários representam os requisitos de *software* sob o ponto de vista do usuário. O caso de uso – uma narrativa ou descrição dirigida por modelos de uma interação entre um ator e o *software* – é o principal elemento da modelagem. Obtido durante o levantamento de requisitos, ele define as etapas fundamentais para uma função ou interação específica. O grau de formalidade dos casos de uso e dos detalhes varia, mas eles fornecem a entrada necessária para as demais atividades da modelagem de análise. Os cenários também podem ser descritos usando-se um diagrama de atividades – uma representação gráfica que representa o fluxo de processamento dentro de um cenário específico. As relações temporais em um caso de uso podem ser modeladas com o uso de diagramas de sequência.

A modelagem baseada em classes usa informações extraídas de casos de uso e outras descrições da aplicação, escritas para identificar classes de análise. Uma análise sintática pode ser usada para extrair classes, atributos e operações candidatos com base em narrativas textuais. São definidos critérios para a definição de uma classe usando os resultados da análise sintática.

Um conjunto de cartões classe-responsabilidade-colaborador pode ser usado para definir relações entre classes. Além disso, uma variedade de notações da modelagem da UML pode ser aplicada para definir hierarquias, relações, associações, agregações e dependências entre as classes.

A modelagem comportamental durante a análise de requisitos representa o comportamento dinâmico do *software*. O modelo comportamental usa entrada de elementos baseados em cenários ou em classes para representar os estados das classes de análise. Para tanto, são identificados os estados, são definidos os eventos que fazem uma classe (ou o sistema) passar por uma transição de um estado para outro, e são identificadas as ações que ocorrem à medida que acontece a transição. Os diagramas de estados, de atividade, de raias e de sequência da UML podem ser utilizados para modelagem comportamental.

Capítulo 8   Modelagem de requisitos: Uma abordagem recomendada   **155**

Problemas e pontos a ponderar

8.1. É possível iniciar a codificação logo depois de um modelo de requisitos ser criado? Justifique sua resposta e, em seguida, argumente ao contrário.

8.2. Uma regra prática para análise é que o modelo "deve se concentrar nos requisitos visíveis dentro do domínio do negócio ou do problema". Que tipos de requisitos *não* são visíveis nesses domínios? Dê alguns exemplos.

8.3. O departamento de obras públicas de uma grande cidade decidiu desenvolver um sistema de tapa-buracos (PHTRS, do inglês *pothole tracking and repair system*) baseado na Web. Segue uma descrição:

> Os cidadãos podem entrar em um *site* e relatar o local e a gravidade dos buracos. À medida que são relatados, os buracos são registrados em um "sistema de reparos do departamento de obras públicas" e recebem um número identificador, armazenado pelo endereço (nome da rua), tamanho (em uma escala de 1 a 10), localização (no meio da rua, meio-fio, etc.), bairro (determinado com base no endereço) e prioridade para o reparo (determinada segundo o tamanho do buraco). Os dados de solicitação de trabalho são associados a cada buraco e incluem a localização e o tamanho do buraco, número de identificação da equipe de obras, o número de operários na equipe, equipamento alocado, horas usadas para o reparo, estado do buraco (trabalho em andamento, reparado, reparo temporário, não reparado), quantidade de material de preenchimento utilizado e custo do reparo (calculado com base nas horas utilizadas, no número de pessoas, no material e no equipamento usado). Por fim, é criado um arquivo de danos para armazenar informações sobre o dano relatado devido ao buraco e que inclui o nome, endereço e telefone do cidadão, tipo de dano e custo financeiro do dano. O PHTRS é um sistema *online*; todas as consultas devem ser feitas interativamente.

Desenhe um diagrama de caso de uso da UML para o sistema PHTRS. Você terá de fazer uma série de suposições sobre a maneira como um usuário interage com esse sistema.

8.4. Escreva dois ou três casos de uso que definam os papéis de vários atores no PHTRS descrito no Problema 8.3.

8.5. Desenvolva um diagrama de atividades para um aspecto do PHTRS.

8.6. Desenvolva um diagrama de raias para um ou mais aspectos do PHTRS.

8.7. Desenvolva um modelo de classe para o sistema PHTRS apresentado no Problema 8.3.

8.8. Desenvolva um conjunto completo de cartões CRC sobre o produto ou sistema que você escolheu como parte do Problema 8.3.

8.9. Realize uma revisão dos cartões CRC com seus colegas. Quantas classes, responsabilidades e colaboradores adicionais são acrescidos como consequência da revisão?

8.10. Como um diagrama de sequência difere de um diagrama de estado? Em que são similares?

Elemento de design: Ícone de lupa da seção Panorama: © Roger Pressman

9

Conceitos de projeto

Conceitos-chave

abstração 163
arquitetura. 163
coesão. 167
projeto de dados 174
princípios da modelagem
de projetos 173
processo de projeto 159
independência
funcional 167
bom projeto 160
encapsulamento de
informações. 166
modularidade 165
padrões 164
atributos de qualidade. . . 160
diretrizes de qualidade. . . 160
refatoração. 168
separação por
interesses 165
projeto de *software* 157
refinamento gradual 167
débito técnico 157

O projeto de *software** abrange o conjunto de princípios, conceitos e práticas que levam ao desenvolvimento de um sistema ou produto de alta qualidade. Os *princípios de projeto* estabelecem uma filosofia que guia o trabalho que você deve desempenhar. Os *conceitos de projeto* devem ser entendidos antes que a mecânica da prática de projeto possa ser aplicada, e a *prática de projeto* conduz à criação de várias representações do *software* que servem como um guia para a atividade de construção que se segue.

---

* N. de R.T.: O termo para "projeto" em inglês é "design". Ele se refere à atividade de engenharia cujo foco é definir "como" os requisitos estabelecidos do projeto devem ser implementados no *software*. É uma fase que se apresenta de maneira similar nas diversas especializações da engenharia, como civil, naval, química e mecânica.

Panorama

O que é? Projeto é o que quase todo engenheiro quer fazer. É o lugar onde a criatividade impera – onde os requisitos e as considerações técnicas se juntam na formulação de um produto ou sistema. O projeto cria uma representação ou um modelo do *software* e fornece detalhes sobre a arquitetura de *software*, estruturas de dados, interfaces e componentes fundamentais para implementar o sistema.

Quem realiza? Os engenheiros de *software* conduzem cada uma das tarefas de projeto enquanto continuam a comunicação com os envolvidos.

Por que é importante? Durante a fase de projeto, você modela o sistema ou produto a ser construído. O modelo de projeto pode ser avaliado em termos de qualidade e aperfeiçoado antes de o código ser gerado, dos testes serem realizados ou de os usuários se envolverem em grande número.

Quais são as etapas envolvidas? O projeto utiliza diversas representações diferentes do *software*. Primeiramente,

a arquitetura do sistema ou do produto tem de ser modelada. Em seguida, são representadas as interfaces que conectam o *software* aos usuários, a outros sistemas e a dispositivos, bem como a seus próprios componentes internos. Por fim, os componentes de *software* usados para construir o sistema são projetados.

Qual é o artefato? Um modelo de projeto que engloba representações de arquitetura, de interface, em nível de componentes e de utilização, é o principal artefato gerado durante o projeto de *software*.

Como garantir que o trabalho foi realizado corretamente? O modelo de projeto é avaliado pela equipe de *software* (incluindo os envolvidos relevantes) em um esforço para determinar se ele contém erros, inconsistências ou omissões, se existem alternativas melhores; e se o modelo pode ser implementado de acordo com as restrições, prazo e orçamento estabelecidos.

A atividade de projeto é crucial para uma engenharia de *software* bem-sucedida. Alguns desenvolvedores ficam tentados a começar a programar após os casos de uso terem sido criados, sem considerar as relações entre os componentes de *software* necessários para implementá-los. É possível executar análise, projeto e implementação de maneira iterativa, por meio da criação de diversos incrementos de *software*. É uma má ideia ignorar as considerações sobre projeto necessárias para criar uma arquitetura adequada para o artefato de *software* em evolução. O *débito técnico* é um conceito em desenvolvimento de *software* que se refere ao custo associado ao retrabalho causado pela escolha de uma "gambiarra" imediata em vez da utilização de uma abordagem melhor, mas que demoraria mais. É impossível não incorrer em uma dívida técnica quando se constrói um artefato de *software* incrementalmente. Contudo, uma boa equipe de desenvolvimento deve tentar pagar esse débito técnico com a refatoração (Seção 9.3.9) regular do *software*. Assim como quando fazemos um empréstimo no banco, podemos esperar até a dívida vencer e pagar uma fortuna em juros ou amortizar o empréstimo aos poucos e pagar menos juros no total.

Uma estratégia para manter o débito técnico sob controle sem atrasar a codificação é utilizar duas práticas de projeto, a diversificação e a convergência. *Diversificação* é a prática de identificar possíveis alternativas de projeto sugeridas pelos elementos do modelo de requisitos. *Convergência* é o processo de avaliar e rejeitar alternativas de projeto que não atendem às restrições impostas pelos requisitos não funcionais definidos para a solução de *software*. Diversificação e convergência combinam (1) intuição e julgamento baseados na experiência de construção de entidades similares; (2) um conjunto de princípios e/ou heurística que orientam a maneira como o modelo evolui; (3) um conjunto de critérios que permitem avaliar a qualidade; e (4) um processo de iteração que, ao fim, leva a uma representação final do projeto. Após uma alternativa de projeto viável ser identificada dessa maneira, os desenvolvedores estão posicionados para criar um incremento de *software* que provavelmente não será apenas um protótipo descartável.

O projeto de *software* muda continuamente à medida que novos métodos, melhor análise e entendimento mais abrangente evoluem.[1] Mesmo hoje em dia, a maioria das metodologias de projeto de *software* carece da profundidade, flexibilidade e natureza quantitativa que normalmente estão associadas às disciplinas mais clássicas de engenharia de projeto. Entretanto, existem métodos para projeto de *software*, critérios para qualidade de projeto estão disponíveis e a notação de projeto pode ser aplicada.

Neste capítulo, exploraremos os conceitos e princípios fundamentais aplicáveis a todos os projetos de *software*, os elementos do modelo de projeto e o impacto dos padrões no processo de projeto. Nos Capítulos 10 a 14 apresentaremos uma série de métodos de projeto de *software* à medida que são aplicados ao projeto da arquitetura, de interfaces e de componentes, bem como as metodologias de projeto baseado em padrões, móvel e de experiência do usuário.

9.1 Projeto no contexto da engenharia de *software*

O projeto de *software* está no núcleo técnico da engenharia de *software* e é aplicado seja qual for o modelo de processos de *software* utilizado. Iniciando assim que os requisitos de *software* tiverem sido analisados e modelados, o projeto de *software* é a última ação da engenharia de *software* na atividade de modelagem e prepara o cenário para a **construção** (geração de código e testes).

---

1 Os leitores curiosos sobre a filosofia do projeto de *software* talvez se interessem pela intrigante discussão de Philippe Kruchen a respeito do projeto "pós-moderno" [Kru05].

Cada elemento do modelo de requisitos (Capítulo 8) fornece as informações necessárias para criar os quatro modelos de projeto exigidos por uma especificação completa. O fluxo de informações durante o projeto de *software* está ilustrado na Figura 9.1. O modelo de requisitos, manifestado por elementos baseados em cenários, baseados em classes e comportamentais, alimenta a tarefa de projeto. Usando a notação de projeto e os métodos de projeto discutidos em capítulos posteriores, são gerados um projeto de dados/classes, um projeto de arquitetura, um projeto de interfaces e um projeto de componentes.

O projeto de dados/classes transforma os modelos de classes (Capítulo 8) em realizações de classes de projeto e nas estruturas de dados dos requisitos necessárias para implementar o *software*. Os objetos e as relações definidos no modelo CRC (classe-responsabilidade-colaborador) e no conteúdo detalhado dos dados representados por atributos de classes e outra notação fornecem a base para a realização do projeto de dados. Parte do projeto de classes pode ocorrer com o projeto da arquitetura de *software*. O projeto de classe mais detalhado ocorre à medida que cada componente de *software* é projetado.

O projeto de arquitetura define as relações entre os principais elementos estruturais do *software*, o estilo arquitetural e os padrões de projeto (Capítulo 14) que podem ser usados para satisfazer os requisitos definidos para o sistema e as restrições que afetam o modo como a arquitetura pode ser implementada [Sha15]. A representação do projeto de arquitetura – a organização da solução técnica de um sistema baseado em computador – é derivada do modelo de requisitos.

O projeto de interfaces descreve como o *software* se comunica com sistemas que operam em conjunto e com as pessoas que o utilizam. Uma interface implica fluxo de informações (p. ex., dados e/ou controle) e um tipo de comportamento específico. Consequentemente, modelos comportamentais e de cenários de uso fornecem grande parte das informações necessárias para o projeto de interfaces.

O projeto de componentes transforma elementos estruturais da arquitetura de *software* em uma descrição procedural dos componentes de *software*. As informações

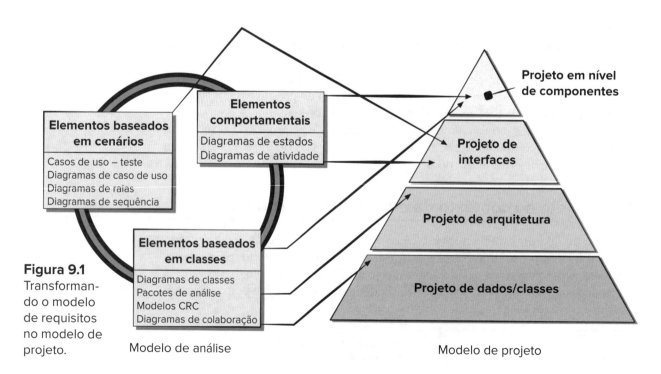

Figura 9.1 Transformando o modelo de requisitos no modelo de projeto.

obtidas dos modelos baseados em classes e dos modelos comportamentais servem como base para o projeto de componentes.

Durante o projeto, tomamos decisões que, em última análise, afetarão o sucesso da construção do *software* e, igualmente importante, a facilidade de manutenção do *software*. Mas por que o projeto é tão importante?

A importância do projeto de *software* pode ser definida em uma única palavra – *qualidade*. Projeto é a etapa em que a qualidade é incorporada à engenharia de *software*. O projeto nos fornece representações do *software* que podem ser avaliadas em termos de qualidade. Projeto é a única maneira pela qual podemos transformar precisamente os requisitos dos envolvidos em um produto ou sistema de *software* finalizado. O projeto de *software* serve como base para todas as atividades de apoio e da engenharia de *software* que se seguem. Sem um projeto, corremos o risco de construir um sistema instável – que falhará quando forem feitas pequenas alterações; que talvez seja difícil de ser testado; cuja qualidade não pode ser avaliada até uma fase avançada do processo de *software*. Ao final do projeto, o tempo já está se esgotando e muito dinheiro já foi gasto.

Casa Segura

Projeto versus codificação

Cena: Sala do Ed, enquanto a equipe se prepara para transformar os requisitos em projeto.

Atores: Jamie, Vinod e Ed – todos membros da equipe de engenharia de *software* do *CasaSegura*.

Conversa:

Jamie: Sabe, Doug (o gerente da equipe) está obcecado pelo projeto. Tenho de ser honesto: o que eu realmente adoro fazer é programar. Dê-me C++ ou Java e ficarei feliz.

Ed: Que nada... você gosta de projetar.

Jamie: Você não está me ouvindo, programar é o canal.

Vinod: Acredito que o que o Ed quis dizer é que, na verdade, você não gosta de programar; você gosta é de projetar e expressar isso em forma de código de programa. Código é a linguagem que você usa para representar um projeto.

Jamie: E o que há de errado nisso?

Vinod: Nível de abstração.

Jamie: Hã?

Ed: Uma linguagem de programação é boa para representar detalhes, como estruturas de dados e algoritmos, mas não é tão boa para representar a colaboração componente-componente ou a arquitetura... Coisas do tipo.

Vinod: E uma arquitetura desordenada pode arruinar até mesmo o melhor código.

Jamie (pensando por uns instantes): Então, você está dizendo que não posso representar arquitetura no código... Isso não é verdade.

Vinod: Certamente você pode envolver arquitetura no código, mas, na maioria das linguagens de programação, é difícil ter uma visão geral rápida da arquitetura examinando-se o código.

Ed: E é isso que queremos antes de começar a programar.

Jamie: Certo, talvez projetar e programar sejam coisas diferentes, mas ainda assim prefiro programar.

9.2 O processo de projeto

O projeto de *software* é um processo iterativo por meio do qual os requisitos são traduzidos em uma "planta" para a construção do *software*. Inicialmente, a planta representa uma visão holística do *software*. O projeto é representado em uma abstração de alto nível – um nível que pode ser associado diretamente ao objetivo específico do sistema e aos requisitos mais detalhados de dados, funcionalidade e comportamento.

160 Engenharia de *software*

À medida que ocorrem as iterações do projeto, o refinamento subsequente leva a representações do projeto em níveis de abstração cada vez mais baixos. Estes ainda podem ser associados aos requisitos, mas a conexão pode não ser óbvia nesses níveis baixos de abstração.

9.2.1 Diretrizes e atributos da qualidade de *software*

Ao longo do processo de projeto, a qualidade do projeto que evolui é avaliada com uma série de revisões técnicas, discutidas no Capítulo 16. McGlaughlin [McG91] sugere três características que servem como guia para a avaliação de um bom projeto:

- O projeto deve implementar todos os requisitos explícitos contidos no modelo de requisitos e deve acomodar todos os requisitos implícitos desejados pelos envolvidos.
- O projeto deve ser um guia legível e compreensível para aqueles que geram código e para aqueles que testam e, subsequentemente, dão suporte ao *software*.
- O projeto deve dar uma visão completa do *software*, tratando os domínios de dados, funcional e comportamental do ponto de vista da implementação.

Cada uma dessas características é uma meta do processo de projeto. Mas como cada uma é alcançada?

Diretrizes de qualidade. Para avaliar a qualidade da representação de um projeto, você e outros membros da equipe de *software* devem estabelecer critérios técnicos para um bom projeto. Na Seção 9.3, discutimos conceitos de projeto que também servem como critérios de qualidade de *software*. Por enquanto, consideremos as seguintes diretrizes:

1. Um projeto deve exibir uma arquitetura que (a) foi criada usando estilos ou padrões de arquitetura reconhecíveis, (b) seja composta por componentes que apresentam boas características de projeto (discutidas mais adiante neste capítulo) e (c) possa ser implementada de uma forma evolucionária,[2] facilitando, portanto, a implementação e os testes.

2. Um projeto deve ser modular; ou seja, o *software* deve ser dividido logicamente em elementos ou subsistemas, de modo que seja fácil de testar e manter.

3. Um projeto deve conter representações distintas de dados, arquitetura, interfaces e componentes.

4. Um projeto deve levar a estruturas de dados adequadas às classes a serem implementadas e baseadas em padrões de dados reconhecíveis.

5. Um projeto deve levar a componentes que apresentem características funcionais independentes (baixo acoplamento).

6. Um projeto deve levar a interfaces que reduzam a complexidade das conexões entre os componentes e o ambiente externo (encapsulamento).

7. Um projeto deve ser obtido usando-se um método repetível, isto é, dirigido por informações obtidas durante a análise de requisitos de *software*.

8. Um projeto deve ser representado usando-se uma notação que comunique seu significado eficientemente.

---

2 Para sistemas menores, algumas vezes o projeto pode ser desenvolvido linearmente.

Essas diretrizes não são atingidas por acaso. Elas são alcançáveis por meio da aplicação de princípios de projeto fundamentais, de metodologia sistemática e de revisão.

> ### Informações
>
> ***Avaliação da qualidade do projeto – a revisão técnica***
>
> O projeto é importante porque permite à equipe de *software* avaliar a qualidade[3] do *software* antes de ele ser implementado – em um momento em que é fácil e barato corrigir erros, omissões ou inconsistências. Mas como avaliar a qualidade durante um projeto? O *software* não pode ser testado, pois não existe nenhum *software* executável para testar. O que fazer?
>
> Durante um projeto, a qualidade é avaliada realizando-se uma série de revisões técnicas (RTs). As RTs são discutidas em detalhes no Capítulo 16,[4] mas vale fazer um resumo neste momento. A revisão técnica é uma reunião conduzida por membros da equipe de *software*. Normalmente duas, três ou quatro pessoas participam, dependendo do escopo das informações de projeto a serem revisadas. Cada pessoa desempenha um papel: um *líder de revisão* planeja a reunião, estabelece uma pauta e conduz a reunião; o *registrador* toma notas de modo que nada seja perdido; e o *produtor* é a pessoa cujo artefato (p. ex., o projeto de um componente de *software*) está sendo revisado. Antes de uma reunião, cada pessoa da equipe de revisão recebe uma cópia do artefato do projeto para ler, procurando encontrar erros, omissões ou ambiguidades. Quando a reunião começa, o intuito é perceber todos os problemas do artefato, de modo que possam ser corrigidos antes de a implementação começar. A RT dura, normalmente, entre 60 e 90 minutos. Após a conclusão, a equipe de revisão determina se outras ações são necessárias por parte do produtor antes do artefato do projeto ser aprovado como parte do modelo de projeto final.

9.2.2 A evolução de um projeto de *software*

A evolução de um projeto de *software* é um processo contínuo que já dura mais de seis décadas. Os trabalhos iniciais concentravam-se em critérios para o desenvolvimento de programas modulares [Den73] e de métodos para refinamento das estruturas de *software* de uma forma *top-down* "estruturada" ([Wir71], [Dah72], [Mil72]). Metodologias de projeto mais recentes (p. ex., [Jac92], [Gam95]) propuseram uma abordagem orientada a objetos para a derivação do projeto. A ênfase mais recente em projeto de *software* tem sido na arquitetura de *software* [Kru06] e nos padrões de projeto que podem ser utilizados para implementar arquiteturas de *software* e níveis de abstração de projeto mais baixos (p. ex., [Hol06] [Sha05]). Tem crescido a ênfase em métodos orientados a aspectos (p. ex., [Cla05], [Jac04]), no desenvolvimento dirigido a modelos [Sch06] e dirigido a testes [Ast04], que enfatizam técnicas para se atingir uma modularidade e uma estrutura arquitetural mais eficiente nos projetos criados.

Nos últimos dez anos, técnicas de engenharia de *software* baseada em busca (SBSE, do inglês *Search-Based Software Engineering*) foram aplicadas a todas as fases do ciclo de vida da engenharia de *software*, incluindo o projeto [Har12]. A SBSE tenta resolver problemas de engenharia de *software* usando técnicas de busca automatizadas, ampliadas por algoritmos de aprendizado de máquina e pesquisa operacional para criar recomendações de projeto para os desenvolvedores. Muitos sistemas de *software* modernos precisam considerar um alto grau de variabilidade, tanto nos seus

---

3 Os fatores de qualidade discutidos no Capítulo 23 podem ajudar a equipe de revisão à medida que eles avaliam a qualidade.

4 Pense na possibilidade de consultar o Capítulo 16 neste momento. As revisões técnicas são parte crítica do processo de projeto e um importante mecanismo para atingir qualidade em um projeto.

ambientes de implantação quanto no número de cenários de uso que devem atender. O projeto de *sistemas de alta variabilidade*[5] exige que os desenvolvedores antecipem mudanças futuras nas características a serem alteradas em versões futuras do artefato que estão projetando hoje [Gal16]. Uma discussão detalhada sobre o projeto de sistemas de alta variabilidade está além do escopo deste livro.

Uma série de métodos de projetos, decorrentes dos trabalhos citados, está sendo aplicada em toda a indústria. Assim como os métodos de análise apresentados no Capítulo 8, cada método de projeto de *software* introduz heurísticas e notação únicas, bem como uma visão um tanto provinciana daquilo que caracteriza a qualidade de um projeto. Mesmo assim, cada um desses métodos possui características em comum: (1) um mecanismo para a transformação do modelo de requisitos em uma representação de projeto; (2) uma notação para representar componentes funcionais e suas interfaces; (3) heurística para refinamento e particionamento; e (4) diretrizes para avaliação da qualidade.

Independentemente do método de projeto utilizado, devemos aplicar um conjunto de conceitos básicos ao projeto de dados, de arquitetura, de interface e de componentes. Tais conceitos são considerados nas seções a seguir.

Conjuntos de tarefas

Conjunto de tarefas genéricas para projeto

Obs.: Essas tarefas muitas vezes são executadas iterativamente e em paralelo. É raro que sejam completadas sequencialmente e isoladas umas das outras, a menos que você esteja seguindo o modelo cascata.

1. Examinar o modelo de informação e projetar estruturas de dados apropriadas para objetos de dados e seus atributos.
2. Usar o modelo de análise, selecionar um estilo de arquitetura (padrão) apropriado ao *software*.
3. Dividir o modelo de análise em subsistemas de projeto e alocá-los na arquitetura:
    - Certificar-se de que cada subsistema seja funcionalmente coeso.
    - Projetar interfaces de subsistemas.
    - Alocar classes ou funções de análise para cada subsistema.
4. Criar um conjunto de classes ou componentes de projeto:
    - Transformar a descrição de classes de análise em uma classe de projeto.
    - Verificar cada classe de projeto em relação aos critérios de projeto; considerar questões de herança.
    - Definir métodos e mensagens associadas a cada classe de projeto.
    - Avaliar e selecionar padrões de projeto para uma classe ou um subsistema de projeto.
    - Rever as classes de projeto e revisar quando necessário.
5. Projetar qualquer interface necessária para sistemas ou dispositivos externos.
6. Projetar a interface do usuário:
    - Revisar os resultados da análise de tarefas.
    - Especificar a sequência de ações baseando-se nos cenários de usuário.
    - Criar um modelo comportamental da interface.
    - Definir objetos de interface e mecanismos de controle.
    - Rever o projeto de interfaces e revisar quando necessário.
7. Conduzir o projeto de componentes. Especificar todos os algoritmos em um nível de abstração relativamente baixo.
    - Refinar a interface de cada componente.
    - Definir estruturas de dados dos componentes.
    - Revisar cada componente e corrigir todos os erros descobertos.
8. Desenvolver um modelo de implantação.

---

5 O termo "sistemas de alta variabilidade" se refere a sistemas que podem exigir a capacidade de automodificação baseada em alterações no ambiente de execução ou famílias de produtos de *software* resultantes de práticas de engenharia de linhas de produtos para a geração de variantes especializadas do produto a partir do *software* existente.

9.3 Conceitos de projeto

Diversos conceitos fundamentais de projeto de *software* evoluíram ao longo da história da engenharia de *software*. Embora o grau de interesse nesses conceitos tenha variado durante os anos, todos resistiram ao tempo. Esses conceitos fornecem ao projetista de *software* uma base a partir da qual podem ser aplicados métodos de projeto mais sofisticados. Cada um deles ajuda a definir critérios que podem ser usados para dividir o *software* em componentes individuais, separar os detalhes da estrutura de dados de uma representação conceitual do *software* e estabelecer critérios uniformes que definam a qualidade técnica de um projeto de *software*. Esses conceitos ajudam os desenvolvedores a projetar o *software* realmente necessário, não apenas se concentrar em criar qualquer programa que funcione.

9.3.1 Abstração

Quando se considera uma solução modular para qualquer problema, muitos níveis de abstração podem ser colocados. No nível de abstração mais alto, uma solução é expressa em termos abrangentes, usando a linguagem do domínio do problema (p. ex., uma história de usuário). Em níveis de abstração mais baixos, é fornecida uma descrição mais detalhada da solução. A terminologia do domínio do problema é associada à terminologia de implementação para definir uma solução (p. ex., caso de uso). Por fim, no nível de abstração mais baixo, a solução técnica do *software* é expressa de maneira que possa ser implementada diretamente (p. ex., pseudocódigo).

Conforme diferentes níveis de abstração são alcançados, a combinação de abstrações procedurais e de dados é usada. Uma *abstração procedural* refere-se a uma sequência de instruções que possuem uma função específica e limitada. O nome de uma abstração procedural indica sua função, porém os detalhes específicos são omitidos. Um exemplo de abstração procedural seria a palavra *usar* para uma câmera no sistema *CasaSegura*. *Usar* implica uma longa sequência de etapas procedurais (p. ex., ativar o sistema *CasaSegura* em um dispositivo móvel, logar-se no sistema *CasaSegura*, selecionar uma câmera para visualização, localizar os controles da câmera na interface do usuário do aplicativo móvel, etc.).[6]

A *abstração de dados* é um conjunto nomeado de dados que descreve um objeto de dados. No contexto da abstração procedural *abrir*, podemos definir uma abstração de dados chamada **câmera**. Assim como qualquer objeto de dados, a abstração de dados para **câmera** englobaria um conjunto de atributos que descrevem a câmera (p. ex., identidade da câmera, localização, visão de campo, ângulo de visão horizontal, *zoom*). Daí decorre que a abstração *usar* faria uso de informações contidas nos atributos da abstração de dados **câmera.**

9.3.2 Arquitetura

Arquitetura de software refere-se "à organização geral do *software* e aos modos pelos quais ela provê integridade conceitual para um sistema" [Sha15]. Em sua forma mais simples, arquitetura é a estrutura ou a organização de componentes de programa (módulos), a maneira como esses componentes interagem e a estrutura de dados que são

---

6 Deve-se notar, entretanto, que um conjunto de operações pode ser substituído por outro, desde que a função implicada pela abstração procedural permaneça a mesma. Consequentemente, as etapas necessárias para implementar *usar* mudariam drasticamente se a câmera fosse automática e ligada a um sensor que ativa um alerta automaticamente no seu dispositivo móvel.

usados pelos componentes. Em um sentido mais amplo, entretanto, os componentes podem ser generalizados para representar os principais elementos de um sistema e suas interações.

Uma das metas do projeto de *software* é derivar uma representação arquitetônica de um sistema. Essa representação serve como uma estrutura a partir da qual atividades mais detalhadas de projeto são conduzidas. Um conjunto de padrões de arquitetura permite a um engenheiro de *software* reutilizar conceitos em nível de projeto.

Shaw e Garlan [Sha15] descrevem um conjunto de propriedades que devem ser especificadas como parte de um projeto de arquitetura. *Propriedades estruturais* definem "os componentes de um sistema (p. ex., módulos, objetos, filtros) e a maneira como esses componentes são empacotados e interagem entre si". *Propriedades extrafuncionais* tratam da maneira "como o projeto da arquitetura atinge os requisitos de desempenho, capacidade, confiabilidade, segurança, adaptabilidade e outras características do sistema (p. ex., requisitos não funcionais do sistema)". *Famílias de sistemas relacionados* "exploram padrões reusáveis comumente encontrados no projeto de famílias de sistemas similares".[7]

Dada a especificação dessas propriedades, o projeto da arquitetura pode ser representado usando-se um ou mais modelos diferentes [Gar95]. Os *modelos estruturais* representam a arquitetura como um conjunto organizado de componentes de programa. *Modelos de framework* aumentam o nível de abstração do projeto, tentando identificar *frameworks* (padrões) de projeto de arquitetura reutilizáveis, encontrados em tipos de aplicações similares. Os *modelos dinâmicos* tratam dos aspectos comportamentais da arquitetura do programa, indicando como a estrutura ou configuração do sistema pode mudar em função de eventos externos. Os *modelos de processos* concentram-se no projeto do processo técnico ou do negócio a que o sistema deve atender. Por fim, os *modelos funcionais* podem ser utilizados para representar a hierarquia funcional de um sistema.

Diferentes *linguagens de descrição de arquitetura* (ADLs, do inglês *architectural description languages*) foram desenvolvidas para representar esses modelos [Sha15]. Embora diversas ADLs tenham sido propostas, a maioria fornece mecanismos para descrever componentes de sistema e os modos pelos quais estão conectados entre si.

Note que há certo debate em torno do papel da arquitetura no projeto. Alguns pesquisadores argumentam que a obtenção da arquitetura de *software* deve ser separada do projeto e ocorre entre as ações da engenharia de requisitos e ações de projeto mais convencionais. Outros acreditam que a obtenção da arquitetura é parte do processo de projeto. Os modos como a arquitetura de *software* é caracterizada e seu papel no projeto são discutidos no Capítulo 10.

9.3.3 Padrões

Brad Appleton define *padrão de projeto* da seguinte maneira: "Padrão é parte de um conhecimento consolidado já existente que transmite a essência de uma solução comprovada para um problema recorrente em certo contexto, em meio a preocupações concorrentes" [App00]. Em outras palavras, um padrão de projeto descreve uma estrutura de projeto que resolve uma categoria de problemas de projeto em particular, em um contexto específico e entre "forças" que direcionam a maneira como o padrão é aplicado e utilizado.

O objetivo de cada padrão de projeto é fornecer uma descrição que permita a um projetista determinar (1) se o padrão se aplica ou não ao trabalho em questão, (2) se

---

7 Essas famílias de produtos de *software* com características em comum são chamadas de *linhas de produtos de software*.

o padrão pode ou não ser reutilizado (e, portanto, poupar tempo), e (3) se o padrão pode servir como um guia para desenvolver um padrão similar, mas funcional ou estruturalmente diferente. Os padrões de projeto são discutidos de forma detalhada no Capítulo 14.

9.3.4 Separação por interesses (por afinidades)

A *separação por interesses* é um conceito de projeto [Dij82] que sugere que qualquer problema complexo pode ser tratado mais facilmente se for subdividido em trechos a serem resolvidos e/ou otimizados independentemente. Um *interesse* se manifesta como uma característica ou um comportamento especificado como parte do modelo de requisitos do *software*. Por meio da separação por interesses em blocos menores e, portanto, mais administráveis, um problema consome menos esforço e tempo para ser resolvido.

A complexidade percebida de dois problemas, quando estes são combinados, normalmente é maior do que a soma da complexidade percebida quando cada um deles é considerado separadamente. Isso nos leva a uma estratégia dividir-para-conquistar – é mais fácil resolver um problema complexo quando o subdividimos em partes gerenciáveis. Isso tem implicações importantes em relação à modularidade do *software*.

A separação por interesses se manifesta em outros conceitos relacionados ao projeto: modularidade, independência funcional e refinamento. Cada um será discutido nas subseções a seguir.

9.3.5 Modularidade

Modularidade é a manifestação mais comum da separação por interesses. O *software* é dividido em componentes separadamente especificados e localizáveis, algumas vezes denominados *módulos*, que são integrados para satisfazer os requisitos de um problema.

Já foi dito que "modularidade é o único atributo de *software* que possibilita um programa ser intelectualmente gerenciável" [Mye78]. *Software* monolítico (i.e., um grande programa composto por um único módulo) não pode ser facilmente entendido por um engenheiro de *software*. O número de caminhos de controle, a abrangência de referências, o número de variáveis e a complexidade geral tornariam o entendimento quase impossível. Em quase todos os casos, devemos dividir o projeto em vários módulos para facilitar a compreensão e reduzir o custo necessário para construir o *software*.

Retomando a nossa discussão sobre separação por interesses, é possível concluir que, se subdividirmos o *software* indefinidamente, o esforço exigido para desenvolvê--lo será muito pequeno! Infelizmente, outros fatores entram em jogo, invalidando essa conclusão. Na Figura 9.2, o esforço (custo) para desenvolver um módulo de *software* individual realmente diminui à medida que o número total de módulos cresce.

Dado o mesmo conjunto de requisitos, mais módulos significa um tamanho individual menor. Entretanto, à medida que o número de módulos aumenta, o esforço (custo) associado à integração dos módulos também cresce. Essas características levam a um custo total ou curva de esforço, como mostrado na Figura 9.2. Existe um número M de módulos que resultaria em um custo de desenvolvimento mínimo, porém não temos a sofisticação suficiente para prever M com certeza.

As curvas da Figura 9.2 nos dão uma útil orientação qualitativa quando a modularidade é considerada. Devemos modularizar, mas tomar cuidado para permanecer nas vizinhanças de M. Devemos evitar modularizar a menos ou a mais. Mas como saber a vizinhança de M? Quão modular devemos fazer com que um *software* seja? As respostas dessas perguntas exigem entendimento de outros conceitos de projeto, considerados nas Seções 9.3.6 a 9.3.9.

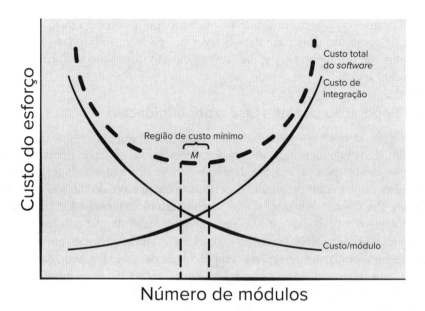

Figura 9.2
Modularidade e custo do *software*.

Modularizamos um projeto (e o programa resultante) de modo que o desenvolvimento possa ser planejado mais facilmente, incrementos de *software* possam ser definidos e entregues, as mudanças possam ser mais facilmente acomodadas, os testes e a depuração possam ser conduzidos de forma mais eficaz e a manutenção em longo prazo possa ser realizada sem efeitos colaterais graves.

9.3.6 Encapsulamento* de informações

O conceito de modularidade conduz a uma questão fundamental: "Como decompor uma solução de *software* para obter o melhor conjunto de módulos?". O princípio de *encapsulamento de informações* [Par72] sugere que os módulos sejam "caracterizados por decisões de projeto que ocultem (cada uma delas) todas as demais". Em outras palavras, os módulos devem ser especificados e projetados de modo que as informações (algoritmos e dados) contidas em um módulo sejam inacessíveis por parte de outros módulos que não necessitam de tais informações, disponibilizando apenas os itens que interessam aos outros módulos.

Encapsulamento implica que uma modularidade efetiva pode ser obtida por meio da definição de um conjunto de módulos independentes que passam entre si apenas as informações necessárias para realizar determinada função do *software*. A abstração ajuda a definir as entidades procedurais (ou informativas) que constituem o *software*. O encapsulamento define e impõe restrições de acesso, tanto a detalhes procedurais em um módulo quanto a qualquer estrutura de dados local usada pelo módulo [Ros75].

O uso de encapsulamento de informações como critério de projeto para sistemas modulares fornece seus maiores benefícios quando são necessárias modificações durante os testes e, posteriormente, durante a manutenção do *software*. Como a maioria dos detalhes procedurais e de dados são ocultos para outras partes do *software*, erros introduzidos inadvertidamente durante a modificação em um módulo têm menor probabilidade de se propagar para outros módulos ou locais dentro do *software*.

---

* N. de R.T.: Encapsulamento é uma técnica de engenharia amplamente utilizada. Por exemplo, um componente de *hardware* digital é projetado da seguinte forma: esconde aspectos que não interessam aos demais componentes e publica aspectos úteis aos demais componentes.

9.3.7 Independência funcional

O conceito de independência funcional é resultado direto da separação por interesses, da modularidade e dos conceitos de abstração e encapsulamento de informações. Em artigos considerados referências sobre projeto de *software*, Wirth [Wir71] e Parnas [Par72] tratam de técnicas de refinamento que aumentam a independência entre módulos. Um trabalho posterior de Stevens, Myers e Constantine [Ste74] solidificou o conceito.

A independência funcional é atingida desenvolvendo-se módulos com função "única" e com "aversão" à interação excessiva com outros módulos. Em outras palavras, devemos projetar *software* de modo que cada módulo atenda a um subconjunto específico de requisitos e tenha uma interface simples, quando vista de outras partes da estrutura do programa.

Por que a independência é importante? *Software* com efetiva modularidade, isto é, com módulos independentes, é mais fácil de ser desenvolvido, pois a função pode ser compartimentalizada e as interfaces são simplificadas (considere as consequências de quando o desenvolvimento é conduzido por uma equipe). Módulos independentes são mais fáceis de serem mantidos (e testados), pois efeitos colaterais provocados por modificação no código ou projeto são limitados, a propagação de erros é reduzida e módulos reutilizáveis são possíveis. Em suma, a independência funcional é a chave para um bom projeto, e projeto é a chave para a qualidade de um *software*. A avaliação do seu modelo de cartões CRC (Capítulo 8) pode ajudar a identificar problemas com a independência funcional. As histórias de usuário que contêm muitas instâncias de palavras como *e* ou *exceto* provavelmente não o incentivarão a projetar módulos com funções de sistema com "foco único".

A independência é avaliada por dois critérios qualitativos: coesão e acoplamento. A *coesão* indica a robustez funcional relativa de um módulo. O *acoplamento* indica a interdependência relativa entre os módulos.

A coesão é uma extensão natural do conceito do encapsulamento de informações descrito na Seção 9.3.6. Um módulo coeso realiza uma única tarefa, exigindo pouca interação com outros componentes em outras partes de um programa. De forma simples, um módulo coeso deve (de maneira ideal) fazer apenas uma coisa. Embora você sempre deva tentar ao máximo obter uma alta coesão (i.e., funcionalidade única), muitas vezes é necessário e recomendável fazer com que um componente de *software* realize várias funções. Entretanto, componentes "esquizofrênicos" (módulos que realizam muitas funções não relacionadas) devem ser evitados caso se queira um bom projeto.

O acoplamento é uma indicação da interconexão entre os módulos em uma estrutura de *software*. Ele depende da complexidade da interface entre os módulos, do ponto onde é feito o acesso a um módulo e dos dados que passam pela interface. Em um projeto de *software*, você deve se esforçar para obter o menor grau de acoplamento possível. A conectividade simples entre módulos resulta em *software* mais fácil de ser compreendido e tem menor probabilidade de propagar erros de um módulo para os outros módulos do sistema.

9.3.8 Refinamento gradual

Refinamento gradual é uma estratégia de projeto descendente (*top-down*) proposta originalmente por Niklaus Wirth [Wir71]. Uma aplicação é desenvolvida refinando-se sucessivamente níveis de detalhes procedurais. É desenvolvida uma hierarquia por meio da decomposição de uma declaração macroscópica da função (uma abstração procedural) de forma gradual até que as instruções da linguagem de programação sejam atingidas.

Refinamento é um processo de *elaboração*. Começamos com um enunciado da função (ou descrição de informações) definida em um nível de abstração alto. O enunciado descreve a função ou as informações conceitualmente, mas não fornece nenhuma indicação do funcionamento interno da função ou da estrutura interna das informações. Em seguida, elaboramos a declaração original, fornecendo cada vez mais detalhes à medida que ocorre cada refinamento (elaboração) sucessivo.

Abstração e refinamento são conceitos complementares. A abstração nos permite especificar procedimentos e dados internamente, mas suprime a necessidade de que "estranhos" tenham de conhecer detalhes de baixo nível. O refinamento nos ajuda a revelar detalhes menores à medida que o projeto avança. Ambos os conceitos permitem que criemos um modelo de projeto completo conforme o projeto evolui.

9.3.9 Refatoração

Uma importante atividade sugerida por diversos métodos ágeis (Capítulo 3), a *refatoração* é uma técnica de reorganização que simplifica o projeto (ou código) de um componente sem mudar sua função ou seu comportamento. Fowler [Fow00] define refatoração da seguinte maneira: "Refatoração é o processo de mudar um sistema de *software* de tal forma que não altere o comportamento externo do código [projeto], embora melhore sua estrutura interna".

Quando um *software* é refatorado, o projeto existente é examinado em termos de redundância, elementos de projeto não utilizados, algoritmos ineficientes ou desnecessários, estruturas de dados mal construídas ou inadequadas ou qualquer outra falha de projeto que possa ser corrigida para produzir um projeto melhor. Por exemplo, uma primeira iteração de projeto poderia gerar um componente que apresentasse baixa coesão (realizar três funções que possuem apenas relação limitada entre si). Após cuidadosa consideração, talvez decidamos que o componente deve ser refatorado em três componentes distintos, cada um apresentando alta coesão. O resultado será um *software* mais fácil de integrar, testar e manter.

Embora a intenção da refatoração seja modificar o código de uma forma que não altere seu comportamento externo, podem ocorrer (e realmente ocorrem) efeitos colaterais involuntários. São utilizadas ferramentas de refatoração [Soa10] para analisar as alterações automaticamente e "gerar um conjunto de testes adequado para detectar mudanças de comportamento".

Casa Segura

Conceitos de projeto

Cena: Sala do Vinod, quando começa a modelagem de projetos.

Atores: Jamie, Vinod e Ed – todos eles membros da equipe de engenharia de *software* do *CasaSegura*. Também participa Shakira, novo membro da equipe.

Conversa:

(Os quatro membros da equipe acabaram de voltar de um seminário intitulado "Aplicação de Conceitos Básicos de Projeto", ministrado por um professor de ciências da computação.)

Vinod: Vocês tiveram algum proveito do seminário?

Ed: Já conhecia grande parte do que foi falado, mas não é má ideia ouvir novamente, suponho.

Jamie: Quando era aluno de ciências da computação, nunca entendi realmente por que o encapsulamento de informações era tão importante como diziam.

Vinod: Porque... basicamente... é uma técnica para reduzir a propagação de erros em um programa. Na verdade, a independência funcional também faz a mesma coisa.

Shakira: Eu não estudei engenharia de *software*; portanto, um monte de coisas que o professor mencionou

Capítulo 9   Conceitos de projeto   **169**

> **é** novidade para mim. Sou capaz de gerar bom código e rapidamente. Não vejo por que isso é tão importante.
>
> **Jamie:** Vi seu trabalho, Shak, e sabe de uma coisa, você já faz naturalmente grande parte do que foi dito... É por isso que seus projetos e códigos funcionam.
>
> **Shakira (sorrindo):** Bem, sempre tento subdividir o código, mantê-lo concentrado em algo, manter as interfaces simples e restritas, reutilizar código sempre que posso... Esse tipo de coisa.
>
> **Ed:** Modularidade, independência funcional, encapsulamento, padrões... está vendo?
>
> **Jamie:** Ainda me lembro do primeiro curso de programação que fiz... Eles nos ensinaram a refinar o código iterativamente.
>
> **Vinod:** O mesmo pode ser aplicado ao projeto, sabe.
>
> **Jamie:** Os únicos conceitos que ainda não havia ouvido falar foram "aspectos" e "refatoração".
>
> **Shakira:** Isso é usado em Extreme Programming, acho que foi isso que ele disse.
>
> **Ed:** Sim. Não é muito diferente do refinamento, apenas que você o faz depois que o projeto ou código está concluído. Acontece uma espécie de otimização no *software*, se você quer saber.
>
> **Jamie:** Retornemos ao projeto *CasaSegura*. Imagino que devamos colocar esses conceitos em nossa lista de controle de revisão à medida que desenvolvermos o modelo de projeto para o *CasaSegura*.
>
> **Vinod:** Concordo. Mas tão importante quanto, vamos todos nos comprometer a pensar neles enquanto desenvolvemos o projeto.

9.3.10   Classes de projeto

O modelo de análise define um conjunto de classes de análise (Capítulo 8). Cada uma dessas classes descreve algum elemento do domínio do problema, concentrando-se nos aspectos do problema visíveis ao usuário. O nível de abstração de uma classe de análise é relativamente alto.

Conforme o modelo de projeto evolui, é definido um conjunto de *classes de projeto* que refina as classes de análise, fornecendo detalhe de projeto que permitirá que elas sejam implementadas e crie um novo conjunto de classes de projeto que implemente uma infraestrutura de *software* que suporte a solução de negócio.

À medida que a arquitetura se forma, o nível de abstração é reduzido, enquanto cada classe de análise (Capítulo 8) é transformada em uma representação de projeto. As classes de análise representam objetos de dados e serviços associados aplicados a eles. Classes de projeto apresentam um detalhe significativamente mais técnico como um guia para a implementação.

Arlow e Neustadt [Arl02] sugerem que cada classe de projeto seja revista para garantir que seja "bem formada". Eles definem quatro características de uma classe de projeto bem formada:

Completa e suficiente. Uma classe de projeto deve ser o encapsulamento completo de todos os atributos e métodos exigidos por uma classe (com base em uma interpretação reconhecível do nome da classe). Por exemplo, a classe **Planta** (Figura 9.3) de *layout* do *CasaSegura* estará completa apenas se contiver todos os atributos e métodos que podem ser razoavelmente associados à criação de uma planta. A suficiência garante que a classe de projeto contenha somente os métodos necessários para atingir a finalidade da classe, nem mais nem menos.

Primitivismo. Os métodos associados a uma classe de projeto deveriam se concentrar na realização de um serviço para a classe. Assim que o serviço tivesse sido implementado com um método, a classe não deveria realizar a mesma coisa de outra maneira. Por exemplo, a classe **Segmento** (Figura 9.3) para o *software* de *layout* de

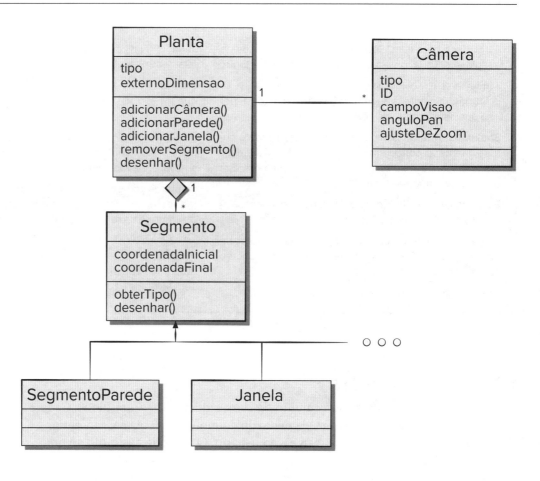

Figura 9.3
Classe de projeto para Planta e agregação composta para a classe (consulte a discussão no quadro).

quartos poderia ter atributos coordenadaInicial e coordenadaFinal para indicar os pontos de início e fim do segmento a ser desenhado. O método *definirCoordenadas()* fornece o único meio para estabelecer os pontos de início e fim do segmento.

Alta coesão. Uma classe de projeto coesa tem um conjunto de responsabilidades pequeno e focado – e, de forma resoluta, aplica atributos e métodos para implementar essas responsabilidades. Por exemplo, a classe **Planta** (Figura 9.3) poderia conter um conjunto de métodos para editar a planta de uma residência. Contanto que cada método se concentre somente em atributos associados à planta, a coesão é mantida.

Baixo acoplamento. No modelo de projeto, é necessário que as classes de projeto colaborem umas com as outras. No entanto, a colaboração deve ser mantida em um nível mínimo aceitável. Se um modelo de projeto for altamente acoplado (todas as classes de projeto colaboram com todas as demais classes de projeto), o sistema é difícil de implementar, testar e manter ao longo do tempo. Em geral, classes de projeto em um subsistema devem ter apenas um conhecimento limitado das outras classes. Essa restrição, chamada *Lei de Demeter* [Lie03], sugere que um método deve enviar mensagens apenas para métodos de classes vizinhas.[8]

---

[8] Uma maneira menos formal de expressar a Lei de Demeter seria: "Cada unidade deve conversar apenas com seus amigos; não converse com estranhos".

Casa Segura

Refinamento de uma classe de análise em uma classe de projeto

Cena: Sala do Ed, quando começa o modelamento de projetos.

Atores: Vinod e Ed – membros da equipe de engenharia de *software* do *CasaSegura*.

Conversa:

(Ed está trabalhando na classe **Planta** [veja discussão no quadro da Seção 8.3.3 e a Figura 8.4] e a refinou para o modelo de projeto.)

Ed: Então, você se lembra da classe **Planta**, certo? Ela é usada como parte das funções de vigilância e gestão da casa.

Vinod (acenando afirmativamente): É isso mesmo, parece que nós a usamos como parte de nossas discussões CRC para gestão da casa.

Ed: Usamos. De qualquer maneira, estou refinando-a para o projeto. Gostaria de mostrar como realmente implementaremos a classe **Planta**. Minha ideia é implementá-la como um conjunto de listas ligadas (uma estrutura de dados específica). Então... eu tinha de refinar a classe de análise **Planta** (Figura 8.4) e, na verdade, simplificá-la.

Vinod: A classe de análise mostrava coisas apenas no domínio do problema; bem, na verdade, na tela do computador, que era visível para o usuário, certo?

Ed: Isso, mas, para a classe de projeto **Planta**, tive de acrescentar algumas coisas específicas da implementação. Precisava mostrar que **Planta** é uma agregação de segmentos – daí a classe **Segmento** – e que a classe **Segmento** é composta por listas de segmentos de parede, janelas, portas e assim por diante. A classe **Câmera** colabora com **Planta**, e, obviamente, podem existir muitas câmeras na planta.

Vinod: Ufa, vejamos uma figura dessa nova classe de projeto **Planta**.

(Ed mostra a Vinod o desenho apresentado na Figura 9.3.)

Vinod: Certo, vejo o que você está tentando fazer. Isso lhe permite modificar facilmente a planta, pois novos itens podem ser acrescentados ou eliminados da lista – a agregação – sem quaisquer problemas.

Ed (acenando afirmativamente): É isso aí, acho que vai funcionar.

Vinod: Eu também.

9.4 O modelo de projeto

A modelagem de projetos de *software* equivale aos planos de um arquiteto para uma casa. Ela começa pela representação do todo a ser construído (p. ex., uma representação tridimensional da casa) e, gradualmente, concentra-se nos detalhes, oferecendo um roteiro para a sua construção (p. ex., a estrutura do encanamento). De modo similar, a modelagem de projetos fornece uma variedade de diferentes enfoques do sistema.

O modelo de projeto pode ser visto em duas dimensões, conforme ilustrado na Figura 9.4. A *dimensão do processo* indica uma evolução do modelo de projeto à medida que as tarefas de projeto são executadas como parte do processo do *software*. A *dimensão da abstração* representa o nível de detalhe à medida que cada elemento do modelo de análise é transformado em um equivalente de projeto e, então, refinado iterativamente. Na figura, a linha tracejada indica o limite entre os modelos de análise e de projeto. Em alguns casos, é possível ter uma clara distinção entre os modelos de análise e de projeto. Em outros, o modelo de análise vai lentamente se misturando ao de projeto, e uma distinção clara é menos evidente.

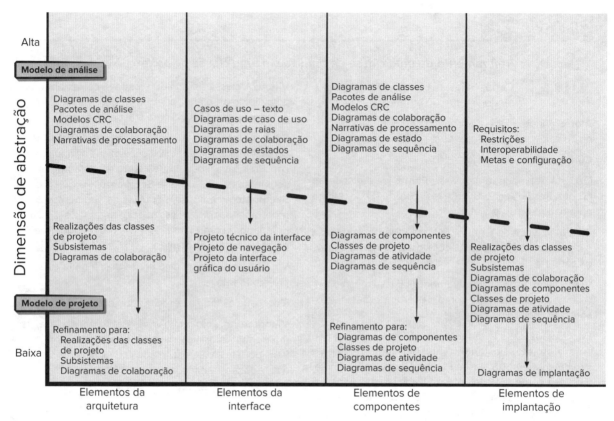

Figura 9.4
Dimensões do modelo de projeto.

Os elementos do modelo de projeto usam vários dos diagramas da linguagem de modelagem unificada (UML, do inglês *unified modeling language*)[9] utilizados no modelo de análise. A diferença é que esses diagramas são refinados e elaborados como parte do projeto; são fornecidos detalhes mais específicos à implementação e enfatizados a estrutura e o estilo da arquitetura, os componentes que residem nessa arquitetura, bem como as interfaces entre os componentes e com o mundo exterior.

Entretanto, os elementos de modelo indicados ao longo do eixo horizontal nem sempre são desenvolvidos de maneira sequencial. Na maioria dos casos, um projeto de arquitetura preliminar prepara o terreno e é seguido pelos projetos de interfaces e projeto de componentes, que normalmente ocorrem em paralelo. O modelo de implantação em geral é postergado até que o projeto tenha sido completamente desenvolvido.

Podemos aplicar padrões de projeto (Capítulo 14) em qualquer ponto durante o projeto. Estes possibilitam a utilização de conhecimentos adquiridos em projetos anteriores para problemas de domínios específicos encontrados e solucionados por outros.

---

9 O Apêndice 1 apresenta um tutorial sobre conceitos básicos e notação da UML.

9.4.1 Princípios da modelagem de projetos

Há muitos métodos para derivar os vários elementos de um modelo de projeto de *software*. Alguns são voltados a dados, permitindo que a estrutura de dados determine a arquitetura do programa e dos componentes de processamento resultantes. Outros são voltados para padrões, usando informações a respeito do domínio do problema (da modelagem dos requisitos) para desenvolver os estilos arquiteturais e os padrões de processamento. Outros, ainda, são voltados a objetos, usando os objetos do domínio do problema como determinantes para a criação dos métodos e das estruturas de dados que os manipularão. Ainda assim, todos englobam uma série de princípios de projeto que podem ser aplicados independentemente do método empregado:

Princípio 1. *O projeto deve ser rastreável para o modelo de requisitos.* O modelo de requisitos descreve a área de informação do problema, funções visíveis ao usuário, desempenho do sistema e um conjunto de classes de requisitos que empacota objetos de negócios com os métodos a que servem. O modelo de projeto traduz essa informação em uma arquitetura, um conjunto de subsistemas que implementam funções mais amplas e um conjunto de componentes que são a concretização das classes de requisitos. Os elementos da modelagem de projetos devem ser rastreáveis para o modelo de requisitos.

Princípio 2. *Sempre considere a arquitetura do sistema a ser construído.* A arquitetura de *software* (Capítulo 10) é a espinha dorsal do sistema a ser construído. Afeta interfaces, estruturas de dados, desempenho e fluxo de controle de programas, a maneira pela qual os testes podem ser conduzidos, a manutenção do sistema resultante e muito mais. Por todas essas razões, o projeto deve começar com as considerações arquiteturais. Só depois de a arquitetura ter sido estabelecida devem ser considerados os elementos relativos aos componentes.

Princípio 3. *O projeto de dados é tão importante quanto o projeto das funções de processamento.* O projeto de dados é um elemento essencial do projeto da arquitetura. A forma como os objetos de dados são percebidos no projeto não pode ser deixada ao acaso. Um projeto de dados bem estruturado ajuda a simplificar o fluxo do programa e torna mais fácil a elaboração do projeto e a implementação dos componentes de *software*, tornando mais eficiente o processamento como um todo.

Princípio 4. *As interfaces (tanto internas quanto externas) devem ser projetadas com cuidado.* A forma como os dados fluem entre os componentes de um sistema tem muito a ver com a eficiência do processamento, com a propagação de erros e com a simplicidade do projeto. Uma interface bem elaborada facilita a integração e auxilia o responsável pelos testes quanto à validação das funções dos componentes.

Princípio 5. *O projeto da interface do usuário deve ser voltado às necessidades do usuário, mas ele sempre deve enfatizar a facilidade de uso.* A interface do usuário é a manifestação visível do *software*. Não importa quão sofisticadas sejam as funções internas, quão amplas sejam as estruturas de dados, quão bem projetada seja a arquitetura; um projeto de interface deficiente leva à percepção de que o *software* é "ruim".

Princípio 6. *O projeto no nível de componentes deve ser funcionalmente independente.* Independência funcional é uma medida para a "determinação" de um componente de *software*. A funcionalidade entregue por um componente deve ser coesa – isto é, concentrar-se em uma, e somente uma, função ou subfunção.

Princípio 7. *Os componentes devem ser fracamente acoplados entre si e ao ambiente externo.* O relacionamento é obtido de várias maneiras – via interface de

Engenharia de *software*

componentes, por meio de mensagens, por meio de dados em geral. À medida que o nível de acoplamento aumenta, a tendência para a propagação do erro também aumenta, e a manutenibilidade geral do *software* diminui. Portanto, a dependência entre componentes deve ser mantida o mais baixo possível.

Princípio 8. *Representações de projetos (modelos) devem ser de fácil compreensão.* A finalidade dos projetos é transmitir informações aos desenvolvedores que farão a codificação, àqueles que irão testar o *software* e a outros que possam vir a dar manutenção futuramente. Se o projeto for de difícil compreensão, não servirá como meio de comunicação efetivo.

Princípio 9. *O projeto deve ser desenvolvido iterativamente.* A cada iteração, o projetista deve se esforçar para obter maior grau de simplicidade. Como todas as atividades criativas, a elaboração de um projeto ocorre de forma iterativa. As primeiras iterações são realizadas para refinar o projeto e corrigir erros; entretanto, as iterações finais devem dirigir esforços para tornar o projeto tão simples quanto possível.

Princípio 10. *A criação de um modelo de projeto não exclui uma abordagem ágil.* Alguns proponentes do desenvolvimento de *software* ágil (Capítulo 3) insistem em dizer que o código é a única documentação de projeto necessária. Contudo, o objetivo de um modelo de projeto é ajudar outros que deverão manter e evoluir o sistema. É extremamente difícil entender o objetivo do nível mais alto de um trecho de código ou de suas interações com outros módulos em um moderno ambiente de execução (*run-time*) e multiprocessos (*multithread*).

A documentação de projeto ágil deve ser mantida em sintonia com o projeto e o desenvolvimento para que, ao final do empreendimento, o projeto esteja documentado em um nível que permita o entendimento e a manutenção do código. O modelo de projeto traz benefícios porque é criado em um nível de abstração isento de detalhes técnicos desnecessários e é fortemente acoplado aos conceitos e requisitos da aplicação. Informações de projeto complementares podem incorporar a razão de ser de um projeto, incluindo as descrições de alternativas arquiteturais rejeitadas.

9.4.2 Elementos de projeto de dados

Assim como ocorre com outras atividades da engenharia de *software*, o projeto de dados (também conhecido como *arquitetura de dados*) cria um modelo de dados e/ou informações que é representado em um nível de abstração elevado (a visão do cliente/usuário dos dados). Esse modelo é, então, refinado em representações cada vez mais específicas da implementação que podem ser processadas pelo sistema baseado em computador. Em muitas aplicações de *software*, a arquitetura dos dados terá uma profunda influência sobre a arquitetura do *software* que deve processá-los.

A estrutura de dados sempre foi uma parte importante do projeto de *software*. No nível dos componentes de programa, o projeto das estruturas de dados e os algoritmos associados necessários para manipulá-los são essenciais para a criação de aplicações de alta qualidade. No nível da aplicação, a transformação de um modelo de dados (obtido como parte da engenharia de requisitos) em um banco de dados é fundamental para atingir os objetivos de negócio de um sistema. No nível de negócio, o conjunto de informações armazenadas em bancos de dados diferentes e reorganizadas em um "depósito de dados" possibilita a mineração de dados (*data mining*) ou a descoberta de conhecimento que pode ter um impacto no sucesso do negócio em si. Em qualquer caso, o projeto de dados desempenha um papel importante. O projeto de dados é discutido de forma mais detalhada no Capítulo 10.

9.4.3 Elementos do projeto de arquitetura

O *projeto de arquitetura* para *software* é o equivalente à planta baixa de uma casa. A planta baixa representa a distribuição dos cômodos; seus tamanhos, formas e relações entre si e as portas e janelas que possibilitam o deslocamento para dentro e para fora dos cômodos. A planta baixa nos dá uma visão geral da casa. Os elementos de projeto de arquitetura nos dão uma visão geral do *software*.

O modelo de arquitetura [Sha15] é obtido de três fontes: (1) informações sobre o domínio de aplicação do *software* a ser construído; (2) elementos específicos do modelo de requisitos, como os casos de uso ou as classes de análise, suas relações e colaborações para o problema em questão; e (3) a disponibilidade de estilos de arquitetura (Capítulo 10) e padrões (Capítulo 14).

O projeto dos elementos de arquitetura é normalmente representado como um conjunto de subsistemas interligados, em geral derivados dos pacotes de análise contidos no modelo de requisitos. Cada subsistema pode ter sua própria arquitetura (p. ex., uma interface gráfica do usuário poderia ser estruturada de acordo com um estilo de arquitetura preexistente para interfaces do usuário). Técnicas para obtenção de elementos específicos do modelo de arquitetura são apresentadas no Capítulo 10.

9.4.4 Elementos do projeto de interface

O projeto de interface para *software* é análogo a um conjunto de desenhos detalhados (e especificações) para portas, janelas e ligações externas de uma casa. Os desenhos detalhados (e especificações) para portas, janelas e ligações externas nos notificam como as coisas e as informações fluem para dentro e para fora da casa e no interior dos cômodos que fazem parte da planta. Os elementos de projeto de interfaces para *software* representam fluxos de informação que entram e saem de um sistema e como eles são transmitidos entre os componentes definidos como parte da arquitetura.

Há três importantes elementos de projeto de interfaces: (1) a interface do usuário (UI, do inglês *user interface*); (2) interfaces externas para outros sistemas, dispositivos, redes ou outros produtores ou consumidores de informação; e (3) interfaces internas entre vários componentes do projeto. Esses elementos do projeto de interfaces possibilitam que o *software* se comunique externamente e que a comunicação interna e a colaboração entre os componentes preencham a arquitetura de *software*.

O projeto da UI (cada vez mais chamado de *UX* ou *projeto de experiência do usuário*) é uma importante ação da engenharia de *software* e é considerado em detalhes no Capítulo 12. O projeto de UX se concentra em garantir a usabilidade do projeto da UI. Um projeto utilizável incorpora elementos estéticos (p. ex., *layout*, cor, imagens, *layout* das informações), elementos ergonômicos (p. ex., mecanismos de interação, posicionamento de informações, metáforas, navegação da UI) e elementos técnicos (p. ex., padrões da UX, componentes reutilizáveis) escolhidos cuidadosamente. Em geral, a UI é um subsistema único da arquitetura geral da aplicação projetado para oferecer uma experiência satisfatória para o usuário.

O projeto de interfaces externas exige informações definitivas sobre a entidade para a qual as informações são enviadas ou recebidas. Em todos os casos, essas informações devem ser coletadas durante a engenharia de requisitos (Capítulo 7) e verificadas assim que o projeto de interface for iniciado.[10] O projeto de interfaces externas deve incorporar verificação de erros e características de segurança apropriadas.

---

10 As características das interfaces podem mudar ao longo do tempo. Consequentemente, é papel do projetista garantir que a especificação para uma interface seja precisa e completa.

O projeto de interfaces internas está intimamente ligado ao projeto dos componentes (Capítulo 11). As realizações de projeto das classes de análise representam todas as operações e os esquemas de troca de mensagens necessários para permitir a comunicação e a colaboração entre as operações em várias classes. Cada mensagem deve ser desenvolvida para acomodar a transferência de informações exigidas e os requisitos funcionais específicos da operação solicitada.

Em alguns casos, uma interface é modelada de forma bastante parecida com a de uma classe. Uma interface é um conjunto de operações que descreve alguma parte do comportamento de uma classe e dá acesso a essas operações.

Por exemplo, a função de segurança do *CasaSegura* faz uso de um painel de controle que possibilita a um proprietário de imóvel controlar certos aspectos da função de segurança. Em uma versão mais avançada do sistema, as funções do painel de controle poderiam ser implementadas por meio de uma plataforma móvel (p. ex., *smartphones* ou *tablets*), e estão representadas na Figura 9.5.

9.4.5 Elementos do projeto de componentes

O projeto de componentes para o *software* equivale a um conjunto de desenhos detalhados (e especificações) para cada cômodo de uma casa. Esses desenhos representam a fiação e o encanamento dentro de cada cômodo, a localização de tomadas e interruptores, torneiras, pias, chuveiros, banheiras, ralos, armários, roupeiros e todos os outros detalhes associados a um cômodo.

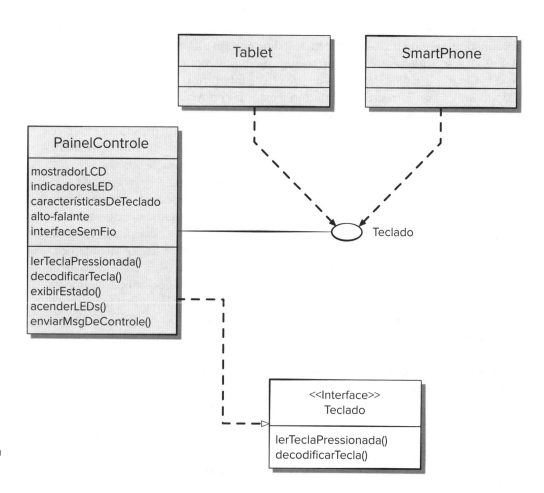

Figura 9.5
Representação da interface para PainelControle.

O projeto de componentes para *software* descreve completamente os detalhes internos de cada componente de *software*. Para tanto, o projeto no nível de componente define estruturas de dados para todos os objetos de dados locais e detalhes algorítmicos para todo o processamento que ocorre em um componente e uma interface que dá acesso a todas as operações de componentes (comportamentos).

No contexto da engenharia de *software* orientada a objetos, um componente é representado na forma de diagramas em UML, conforme mostra a Figura 9.6. Nessa figura, é representado um componente chamado **GestãoDeSensor** (parte da função de segurança do *CasaSegura*). Uma seta pontilhada conecta o componente a uma classe chamada **Sensor** que é atribuída a ele. O componente **GestãoDeSensor** realiza todas as funções associadas aos sensores do *CasaSegura*, incluindo seu monitoramento e configuração. Uma discussão mais abrangente sobre diagramas de componentes é apresentada no Capítulo 11.

Os detalhes de projeto de um componente podem ser modelados em muitos níveis de abstração diferentes. Um diagrama de atividades da UML pode ser utilizado para representar processamento lógico. Os detalhes da estrutura algorítmica para um componente podem ser representados usando pseudocódigo (uma representação semelhante a uma linguagem de programação descrita no Capítulo 11) ou alguma outra forma esquemática (p. ex., fluxograma). Os detalhes das estruturas de dados normalmente são modelados usando pseudocódigo ou a linguagem de programação para implementação.

9.4.6 Elementos do projeto de implantação

Os elementos de projeto de implantação indicam como os subsistemas e a funcionalidade de *software* serão alocados no ambiente computacional físico que vai suportar o *software*. Por exemplo, os elementos do produto *CasaSegura* são configurados para operar dentro de três ambientes computacionais principais – um dispositivo móvel –, nesse caso, um PC, o painel de controle *CasaSegura* e um servidor localizado na CPI Corp. (fornecendo acesso ao sistema via Internet).

Durante o projeto, um diagrama de implantação da UML é desenvolvido e refinado, conforme mostra a Figura 9.7. Na figura, são apresentados três ambientes computacionais (no projeto completo, mais detalhes seriam incluídos: sensores, câmeras e funcionalidade implementada por plataformas móveis). São indicados os subsistemas (funcionalidade) abrigados em cada elemento computacional. Por exemplo, o PC abriga subsistemas que implementam funções de segurança, vigilância, gestão residencial e de comunicação. Além disso, um subsistema de acesso externo foi projetado para gerenciar todas as tentativas de acessar o sistema *CasaSegura* a partir de uma fonte externa. Cada subsistema seria elaborado para indicar os componentes que ele implementa.

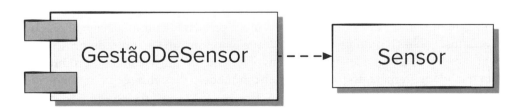

Figura 9.6
Um diagrama de componentes da UML.

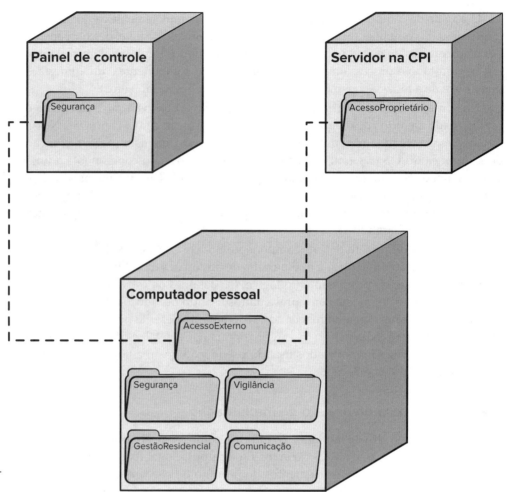

Figura 9.7
Um diagrama de implantação da UML.

O diagrama apresentado na Figura 9.7 se encontra na *forma de descritores*. Isso significa que o diagrama de implantação mostra o ambiente computacional, mas não indica detalhes da configuração explicitamente. Por exemplo, o "computador pessoal" não tem uma identificação adicional. Poderia ser um Mac ou um PC com Windows, um computador com Linux ou uma plataforma móvel com seu sistema operacional associado. Esses detalhes são fornecidos quando o diagrama de implantação é revisitado na *forma de instância*, durante os últimos estágios do projeto ou quando começa a construção. Cada instância da implantação (uma configuração de *hardware* específica, com nome) é identificada.

9.5 Resumo

O projeto de *software* começa quando termina a primeira iteração da engenharia de requisitos. O objetivo do projeto de *software* é aplicar um conjunto de princípios, conceitos e práticas que levem ao desenvolvimento de um sistema ou produto de alta qualidade. A meta do projeto é criar um modelo de *software* que implemente corretamente todos os requisitos do cliente e traga satisfação àqueles que o usarem. Os projetistas de *software* devem examinar completamente muitas alternativas de projeto e convergir para uma solução que melhor atenda às necessidades dos envolvidos no projeto.

O processo de projeto move-se de uma "visão macro" do *software* para uma visão mais estreita que define os detalhes necessários para implementar um sistema. O processo começa focando-se na arquitetura. São definidos subsistemas, estabelecidos mecanismos de comunicação entre os subsistemas, identificados componentes e desenvolvida uma descrição detalhada de cada componente. Além disso, são projetadas interfaces externas, internas e para o usuário ao mesmo tempo.

Os conceitos de projeto evoluíram ao longo dos primeiros 60 anos do trabalho da engenharia de *software*. Eles descrevem atributos de *software* que devem estar presentes, independentemente do processo de engenharia de *software* escolhido, dos métodos de projeto aplicados ou das linguagens de programação usadas. Em essência, os conceitos de projeto enfatizam a necessidade da abstração como mecanismo para a criação de componentes de *software* reutilizáveis; a importância da arquitetura como forma para melhor entender a estrutura geral de um sistema; os benefícios da engenharia baseada em padrões como técnica para o desenvolvimento de *software* com capacidades já comprovadas; o valor da separação por interesses e da modularidade eficaz como forma de tornar o *software* mais compreensível e mais fácil de ser testado e mantido; as consequências do encapsulamento de informações como um mecanismo para reduzir a propagação de efeitos colaterais quando da real ocorrência de erros; o impacto da independência funcional como critério para a construção de módulos eficazes; o uso do refinamento como mecanismo de projeto; a aplicação da refatoração na otimização do projeto obtido; a importância das classes orientadas a objetos e das características a elas relacionadas; a necessidade de usar abstração para reduzir o acoplamento entre os componentes; e a importância do projeto para teste.

O modelo de projeto abrange quatro elementos diferentes. À medida que cada um é desenvolvido, evolui uma visão mais completa do projeto. O elemento arquitetural usa informações extraídas do domínio de aplicação, do modelo de requisitos e de catálogos disponíveis para padrões e estilos para obter uma representação estrutural completa do *software*, seus subsistemas e componentes. Elementos de projeto de interfaces modelam interfaces internas e externas, bem como a interface do usuário. Elementos de componentes definem cada um dos módulos (componentes) que preenchem a arquitetura. Por fim, os elementos de implantação alocam a arquitetura, seus componentes e as interfaces para a configuração física que abrigará o *software*.

Problemas e pontos a ponderar

9.1. Você projeta *software* ao "escrever" um programa? O que torna o projeto de *software* diferente da codificação?

9.2. Se um projeto de *software* não é um programa (e não é mesmo), então o que ele é?

9.3. Como avaliar a qualidade de um projeto de *software*?

9.4. Descreva a arquitetura de *software* com suas próprias palavras.

9.5. Descreva a separação por interesses com suas próprias palavras. Existe um caso em que a estratégia "dividir para conquistar" poderia não ser apropriada? Como um caso desses poderia afetar o argumento da modularidade?

9.6. Discuta a relação entre o conceito de encapsulamento de informações como um atributo da modularidade eficaz e o conceito da independência de módulos.

9.7. Como os conceitos de acoplamento e portabilidade de *software* estão relacionados? Dê exemplos para apoiar sua discussão.

9.8. Aplique uma "metodologia de refinamento gradual" para desenvolver três níveis diferentes de abstrações procedurais para um ou mais dos seguintes programas: (1) desenvolver um preenchedor de cheques que, dada uma quantia numérica, imprima a quantia por extenso como exigido no preenchimento de cheques; (2) encontrar iterativamente as raízes de uma equação transcendente; e (3) desenvolver um algoritmo de agendamento de tarefas simples para um sistema operacional.

9.9. *"Refatoração"* significa que modificamos todo o projeto iterativamente? Em caso negativo, o que significa?

9.10. Descreva brevemente cada um dos quatro elementos do modelo de projeto.

Elemento de design: Ícone de lupa da seção Panorama: © Roger Pressman

10

Projeto de arquitetura: Uma abordagem recomendada

O projeto foi descrito como um processo multietapas no qual as representações de dados e da estrutura do programa, as características das interfaces e os detalhes procedurais são combinados com base nos requisitos de informação. Conforme observamos no Capítulo 9, o projeto é baseado em informações. Os métodos de projeto de *software* são obtidos considerando-se cada um dos três domínios do modelo de análise. As decisões tomadas enquanto consideramos os domínios de dados, funcional e comportamental servem de orientação para a criação do projeto de arquitetura de *software*.

Conceitos-chave

agilidade e arquitetura . . 185
arquétipos 196
considerações sobre
a arquitetura 193
decisões de arquitetura . . . 195
linguagens de descrição
da arquitetura 184
descrições de
arquitetura 184
projeto de arquitetura . . . 196
padrões de arquitetura . . 187
estilos de arquitetura 186
arquitetura 182
verificação de
conformidade da
arquitetura 204
método de análise dos
prós e contras de uma
arquitetura (ATAM) 201
arquiteturas em
camadas 189
refinamento da
arquitetura 198
taxonomia dos estilos
de arquitetura 187

Panorama

O que é? O projeto de arquitetura representa a estrutura de dados e os componentes de programa necessários para construir um sistema computacional. Ele considera o estilo de arquitetura que o sistema assumirá, a estrutura e as propriedades dos componentes que constituem o sistema, bem como as inter-relações que ocorrem entre todos os componentes da arquitetura de um sistema.

Quem realiza? Embora um engenheiro de *software* possa projetar tanto os dados quanto a arquitetura, essa tarefa frequentemente é atribuída a especialistas quando são construídos sistemas grandes e complexos. Um projetista de bancos de dados ou de depósito de dados cria a arquitetura de dados para um sistema. O "arquiteto de sistemas" escolhe um estilo de arquitetura apropriado com base nos requisitos obtidos durante a análise de requisitos.

Por que é importante? Você não tentaria construir uma casa sem uma planta, não é mesmo? Também não desenharia as plantas começando pela distribuição dos encanamentos da casa. Deve-se partir do contexto geral – a casa em si – antes de se preocupar com os detalhes.

É exatamente isso o que faz o projeto de arquitetura – ele dá uma visão geral e garante que você a entendeu corretamente.

Quais são as etapas envolvidas? O projeto de arquitetura começa pelo projeto de dados e então prossegue para a derivação de uma ou mais representações da estrutura da arquitetura do sistema. São analisados estilos ou padrões de arquitetura alternativos para se obter uma estrutura mais adequada aos requisitos do cliente e atributos de qualidade. Uma vez que se tenha escolhido uma alternativa, a arquitetura é elaborada usando-se um método de projeto de arquitetura.

Qual é o artefato? Durante o projeto de arquitetura, é criado um modelo que engloba a arquitetura de dados e a estrutura dos programas. Além disso, são descritas as propriedades e as relações (interações) entre os componentes.

Como garantir que o trabalho foi realizado corretamente? A cada estágio, são revisados os produtos resultantes do projeto de *software* em termos de clareza, correção, completude e consistência com os requisitos e entre si.

Philippe Kruchten, Grady Booch, Kurt Bittner e Rich Reitman [Mic09] sugerem que a arquitetura de *software* identifica os "elementos estruturais [de um sistema] e suas interfaces", além do "comportamento" de componentes e subsistemas individuais. Segundo eles, a função do projeto de arquitetura é criar "representações coerentes e bem planejadas" do sistema e do *software*.

Neste capítulo, serão apresentados os métodos para criar tais representações das camadas de dados e da arquitetura do modelo de projeto. O objetivo é fornecer uma abordagem sistemática para a obtenção do projeto de arquitetura – o esquema preliminar a partir do qual o *software* é construído.

10.1 Arquitetura de *software*

Em seu livro referência sobre o assunto, Shaw e Garlan [Sha15] argumentam que, desde o início da história da programação, "os sistemas de *software* passaram a ter arquiteturas, e os programadores passaram a ser responsáveis pelas interações entre os módulos e as propriedades globais do conjunto". Hoje, arquitetura de *software* eficaz e sua representação explícita e seu projeto tornaram-se temas dominantes em engenharia de *software*.

10.1.1 O que é arquitetura?

Quando consideramos a arquitetura de um edifício, vários atributos diferentes vêm à mente. No nível mais simplista, pensamos na forma geral da estrutura física; mas, na realidade, arquitetura é muito mais do que isso. Ela é a maneira pela qual os vários componentes do edifício são integrados para formar um todo coeso. É o modo como o edifício se ajusta ao seu ambiente e se integra a outros edifícios da vizinhança. É o grau com que o edifício atende a seu propósito declarado e satisfaz às necessidades de seu proprietário. É o sentido estético da estrutura – o impacto visual do edifício – e a maneira como texturas, cores e materiais são combinados para criar a fachada e o "ambiente de moradia". É também os pequenos detalhes – o projeto de iluminação, o tipo de piso, o posicionamento de painéis... a lista é interminável. E, por fim, é uma arte.

Arquitetura também é algo mais. Ela é "milhares de decisões, tanto grandes quanto pequenas" [Tyr05]. Algumas dessas decisões são tomadas logo no início do projeto e podem ter um impacto profundo sobre todas as ações subsequentes. Outras são postergadas ao máximo, eliminando, portanto, restrições que levariam a uma implementação inadequada do estilo arquitetural.

Assim como a planta baixa de uma casa é apenas uma representação do edifício, a representação da arquitetura de *software* não é o *software* operacional. É uma representação que nos permite (1) analisar a efetividade do projeto no atendimento dos requisitos declarados, (2) considerar alternativas de arquitetura em um estágio em que fazer mudanças de projeto ainda é relativamente fácil e (3) reduzir os riscos associados à construção do *software*.

Essa definição enfatiza o papel dos "componentes de *software*" em qualquer representação de arquitetura. No contexto do projeto de arquitetura, um componente de *software* pode ser algo tão simples quanto um módulo de programa ou uma classe orientada a objetos, mas também pode ser ampliado para abranger bancos de dados e "*middleware*" que possibilitem a configuração de uma rede de clientes e servidores. As propriedades dos componentes são as características necessárias para o entendimento de como eles interagem com outros componentes. No nível da arquitetura, não são especificadas as propriedades internas (p. ex., detalhes de um algoritmo).

As relações entre componentes podem ser tão simples quanto a chamada procedural de um módulo a outro ou tão complexas quanto um protocolo de acesso a banco de dados.

Acreditamos que um projeto de *software* pode ser considerado uma instância de uma arquitetura de *software* específica. Contudo, os elementos e estruturas definidos como parte de uma arquitetura são a raiz de todo projeto. Recomendamos que o projeto se inicie com uma consideração da arquitetura de *software*.

10.1.2   Por que a arquitetura é importante?

Em um livro dedicado à arquitetura de *software*, Bass e seus colegas [Bas12] identificaram três razões principais por que a arquitetura de *software* é importante:

- A arquitetura de *software* fornece uma representação que facilita a comunicação entre todos os envolvidos.
- A arquitetura destaca desde o início as decisões de projeto que terão um profundo impacto no trabalho de engenharia de *software* que se segue.
- A arquitetura constitui um modelo relativamente pequeno de como os componentes do sistema estão estruturados e trabalham em conjunto.

O modelo de projeto de arquitetura e os padrões de arquitetura nele contidos são transferíveis. Ou seja, gêneros, estilos e padrões de arquitetura (Seções 10.3 a 10.6) podem ser aplicados ao projeto de outros sistemas e representam um conjunto de abstrações que permitem aos engenheiros de *software* descrever a arquitetura de modo previsível.

Tomar boas decisões durante a definição da arquitetura de *software* é essencial para o sucesso de um produto de *software*. A arquitetura define a estrutura do sistema e determina a sua qualidade [Das15].

10.1.3   Descrições de arquitetura

Todos nós temos uma imagem mental daquilo que a palavra *arquitetura* significa. Assim, os diferentes envolvidos verão uma arquitetura de *software* sob diferentes pontos de vista, orientados por diferentes conjuntos de interesses. Isso implica que uma descrição de arquitetura é, na verdade, um conjunto de artefatos que refletem diferentes visões do sistema.

Smolander, Rossi e Purao [Smo08] identificaram várias metáforas, representando diferentes visões da mesma arquitetura, que os envolvidos utilizam para compreender o termo *arquitetura de software*. A *metáfora de esquemas* parece ser a mais conhecida dos envolvidos que escrevem programas para implementar um sistema. Os desenvolvedores consideram as descrições da arquitetura como um modo de transferir informações explícitas dos arquitetos para os projetistas e engenheiros de *software* encarregados de produzir os componentes do sistema.

A *metáfora da linguagem* vê a arquitetura como facilitadora da comunicação entre grupos de envolvidos. Essa visão é a preferida dos envolvidos que se concentram nos clientes (p. ex., gerentes ou especialistas em *marketing*). A descrição arquitetural precisa ser concisa e fácil de entender, pois forma a base da negociação, particularmente na determinação dos limites do sistema.

A *metáfora da decisão* representa a arquitetura como o produto das decisões que envolve o balanceamento* entre propriedades, como custo, usabilidade, facilidade

---

* N. de R.T.: Balanceamento (*trade-off*) representa o equilíbrio entre um conjunto de fatores que não são totalmente atingíveis simultaneamente.

de manutenção e desempenho. Os envolvidos (p. ex., gerentes de projeto) veem as decisões arquiteturais como a base para alocar recursos de projeto e tarefas para o trabalho. Essas decisões podem afetar a sequência das tarefas e a estrutura da equipe de *software*.

A *metáfora da literatura* é usada para documentar as soluções arquiteturais construídas no passado. Essa visão suporta a construção de artefatos e a transferência de conhecimento entre projetistas e o pessoal de manutenção do *software*. Suporta também os envolvidos cuja preocupação é a reutilização de componentes e projetos.

Uma *descrição arquitetural* (DA) representa um sistema usando múltiplas visões, em que cada *visão* é "uma representação de um sistema inteiro da perspectiva de um conjunto de preocupações (dos envolvidos)". A norma IEEE-Std-42010:2011(E) da IEEE Computer Society, *Systems and software engineering – Architectural description* [IEE11], descreve o uso de pontos de vista, *frameworks* e linguagens descritivas de arquitetura como forma de codificar as convenções e práticas comuns para descrições arquiteturais.

10.1.4 Decisões de arquitetura

Cada visão desenvolvida como parte da descrição arquitetural trata de uma necessidade específica dos envolvidos. Para desenvolver cada visão (e a descrição arquitetural como um todo), o arquiteto de sistemas considera uma variedade de alternativas e, por fim, decide sobre as características de uma arquitetura específica que melhor atendam à necessidade. As próprias decisões de arquitetura podem ser consideradas uma visão de arquitetura. As razões pelas quais as decisões foram tomadas fornecem uma visão sobre a estrutura de um sistema e sua adequação às necessidades dos envolvidos.

Como arquiteto de sistemas, você pode usar o modelo (*template*) sugerido no quadro da página seguinte para documentar todas as decisões importantes. Desse modo, você fornece os fundamentos para o seu trabalho e estabelece um registro histórico que pode ser útil quando mudanças de projeto tiverem de ser feitas. Para os desenvolvedores ágeis, um *documento de decisão de arquitetura* (ADR, do inglês *architectural decision record*) poderia conter simplesmente um título, um contexto (pressupostos e restrições), a decisão (resolução), o *status* (proposto, aceito ou rejeitado) e as consequências (implicações) [Nyg11].

Grady Booch [Boo11a] escreve que, ao começar a construir um produto inovador, muitas vezes os engenheiros de *software* se sentem obrigados a lançar-se imediatamente ao trabalho, construir coisas, corrigir o que não funciona, melhorar o que funciona e, então, repetir o processo. Depois de fazer isso algumas vezes, eles começam a reconhecer que uma arquitetura deve ser definida e as decisões associadas às escolhas arquiteturais devem ser declaradas explicitamente. Talvez não seja possível prever as escolhas corretas antes de construir um novo produto. Contudo, se os inovadores acharem que vale a pena repetir as decisões arquiteturais após testarem seus protótipos no campo, então pode começar a surgir um *projeto dominante*[1] para esse tipo de produto. Sem a documentação do que funcionou e do que não funcionou, é difícil para os engenheiros de *software* decidirem quando devem inovar e quando devem usar uma arquitetura criada anteriormente.

---

1 O *projeto dominante* descreve uma arquitetura ou processo de *software* inovador que se torna um padrão do setor após um período de adaptação e uso bem-sucedidos no mercado.

Informações

Template de descrição de decisões de arquitetura

Cada importante decisão de arquitetura pode ser documentada para posterior revisão pelos envolvidos que queiram entender a descrição da arquitetura proposta. O modelo apresentado neste quadro é uma versão resumida e adaptada de um gabarito proposto por Tyree e Ackerman [Tyr05].

Problema de projeto: Descreva os problemas de projeto de arquitetura que devem ser tratados.

Resolução: Informe a abordagem escolhida para tratar o problema do projeto de arquitetura.

Categoria: Especifique a categoria de projeto que o problema e a resolução tratam (p. ex., projeto de dados, estrutura de conteúdo, estrutura de componentes, integração, apresentação).

Hipóteses: Indique quaisquer hipóteses que ajudem a dar forma à decisão.

Restrições: Especifique quaisquer restrições do ambiente que auxiliaram a dar forma à decisão (p. ex., padrões de tecnologia, padrões disponíveis, questões relacionadas ao projeto).

Alternativas: Descreva brevemente as alternativas de projeto de arquitetura consideradas e por que foram rejeitadas.

Argumento: Explique por que escolheu a decisão em detrimento de todas as outras alternativas.

Implicações: Indique as consequências de projeto ao tomar a decisão. Como a resolução afeta outras questões do projeto de arquitetura? A resolução vai restringir o projeto de alguma forma?

Decisões relacionadas: Que outras decisões documentadas estão relacionadas a essa decisão?

Necessidades relacionadas: Que outros requisitos estão relacionados a essa decisão?

Artefatos: Indique onde essa decisão vai se refletir na descrição da arquitetura.

Notas: Faça referência a quaisquer observações feitas pela equipe ou outra documentação utilizada para tomar a decisão.

10.2 Agilidade e arquitetura

Na visão de alguns proponentes do desenvolvimento ágil, o projeto arquitetural é equiparado a um "projeto grande inicial". Segundo essa visão, isso leva à documentação desnecessária e à implementação de funcionalidades desnecessárias. Contudo, a maioria dos desenvolvedores ágeis concorda [Fal10] que é importante se concentrar na arquitetura do *software* quando um sistema é complexo (i.e., quando um produto tem um grande número de requisitos, muitos envolvidos ou uma grande quantidade de usuários globais). Por isso, é importante integrar novas práticas de projeto arquitetural aos modelos de processo ágeis.

Para tomar decisões arquiteturais no início e evitar o retrabalho exigido para corrigir os problemas de qualidade encontrados quando a arquitetura errada é

186 Engenharia de *software*

escolhida, os desenvolvedores ágeis devem antecipar os elementos arquiteturais[2] e a estrutura implícita que emerge das histórias de usuário coletadas (Capítulo 7). Criando um protótipo da arquitetura (p. ex., um *esqueleto móvel*) e desenvolvendo produtos de trabalho arquitetural explícitos para se comunicar com os envolvidos necessários, uma equipe ágil pode satisfazer a necessidade de um projeto arquitetural.

Usando uma técnica chamada de *storyboarding*, o arquiteto fornece histórias de usuário arquiteturais para o projeto e trabalha junto ao *product owner* para priorizá-las com as histórias de usuário de negócio, à medida que os "*sprints*" (unidades de trabalho) são planejados. O arquiteto trabalha com a equipe durante o *sprint* para garantir que o *software* em evolução continue a exibir alta qualidade arquitetural, como definido pelos requisitos não funcionais do produto. Se a qualidade é alta, a equipe pode continuar o desenvolvimento por conta própria. Caso contrário, o arquiteto se une à equipe durante o *sprint*. Uma vez concluído o *sprint*, o arquiteto examina a qualidade do protótipo funcional, antes que a equipe o apresente para os envolvidos em uma revisão de *sprint* formal. Projetos ágeis bem executados exigem a entrega iterativa de artefatos (incluindo a documentação da arquitetura) a cada *sprint*. Examinar os artefatos e o código, à medida que surgem de cada *sprint*, é uma forma útil de revisão da arquitetura.

Arquitetura orientada a responsabilidades (RDA, do inglês *responsibility-driven architecture*) é um processo que se concentra em quando, como e quem deve tomar decisões de arquitetura em uma equipe de projeto. A abordagem também enfatiza o papel do arquiteto como líder servidor, em vez de tomador de decisões autocrático, e é coerente com a filosofia ágil. O arquiteto atua como facilitador e concentra-se em como a equipe de desenvolvimento trabalha com as preocupações não técnicas dos envolvidos (p. ex., negócio, segurança, usabilidade).

As equipes ágeis normalmente têm liberdade para fazer mudanças à medida que surgem novos requisitos. Os arquitetos querem ter certeza de que as partes importantes da arquitetura foram cuidadosamente consideradas e que os desenvolvedores consultaram os envolvidos adequados. As duas preocupações podem ser atendidas pelo uso de uma prática denominada *aprovação progressiva* (*progressive sign-off*), na qual o produto em evolução é documentado e aprovado conforme cada protótipo sucessivo é concluído [Bla10].

O uso de um processo compatível com a filosofia ágil oferece uma aprovação que pode ser verificada por reguladores e auditores, sem impedir que equipes ágeis tomem as decisões necessárias. Ao final do projeto, a equipe tem um conjunto completo de artefatos, e a qualidade da arquitetura foi examinada conforme evoluiu.

10.3 Estilos de arquitetura

Quando um arquiteto usa a expressão "estilo colonial americano com *hall* central" para descrever uma casa, a maioria das pessoas familiarizadas com casas dos Estados Unidos será capaz de evocar uma imagem geral da aparência da casa e como provavelmente será a sua planta. O arquiteto usou um *estilo arquitetural* como um mecanismo descritivo para diferenciar a casa de outros estilos (p. ex., casa pré-fabricada sobre uma estrutura de madeira em forma de A, rancho montado sobre uma base elevada, Cape Cod). Porém, mais importante ainda, o estilo arquitetural também é um modelo para construção. É preciso definir mais detalhes da casa, especificar suas

---

2 Uma excelente discussão sobre agilidade arquitetural pode ser encontrada em [Bro10a].

Capítulo 10   Projeto de arquitetura: Uma abordagem recomendada   **187**

dimensões finais, características personalizadas podem ser acrescentadas, também devem ser determinados os materiais de construção, mas o estilo – uma casa "colonial americano com *hall* central" – orienta o arquiteto em seu trabalho.

O *software* criado para sistemas computacionais também apresenta um estilo de arquitetura. Cada estilo descreve uma categoria de sistema que engloba (1) um conjunto de componentes (p. ex., um banco de dados, módulos computacionais) que realiza uma função exigida por um sistema, (2) um conjunto de conectores que habilitam a "comunicação, coordenação e cooperação" entre os componentes, (3) restrições que definem como os componentes podem ser integrados para formar o sistema e (4) modelos semânticos que permitem a um projetista compreender as propriedades gerais de um sistema por meio da análise das propriedades conhecidas de suas partes constituintes [Bas12].

Um *estilo arquitetural* é uma transformação imposta ao projeto de um sistema inteiro. O objetivo é estabelecer uma estrutura para todos os componentes do sistema. No caso em que uma arquitetura existente deve sofrer um processo de reengenharia (Capítulo 27), a imposição de um estilo de arquitetura resultará em mudanças fundamentais na estrutura do *software*, incluindo uma nova atribuição da funcionalidade dos componentes [Bos00].

Um *padrão de arquitetura*, assim como um estilo arquitetural, impõe uma transformação no projeto de arquitetura. Entretanto, um padrão difere de um estilo em alguns modos fundamentais: (1) o escopo de um padrão é menos abrangente, concentrando-se em um aspecto da arquitetura e não na arquitetura em sua totalidade; (2) um padrão impõe uma regra sobre a arquitetura, descrevendo como o *software* vai tratar algum aspecto de sua funcionalidade em termos de infraestrutura (p. ex., concorrência) [Bos00]; (3) os padrões de arquitetura (Seção 10.3.2) tendem a tratar de questões comportamentais específicas no contexto da arquitetura (p. ex., como as aplicações em tempo real tratam a sincronização ou as interrupções). Os padrões podem ser usados com um estilo de arquitetura para dar forma à estrutura global de um sistema.

10.3.1 Uma breve taxonomia dos estilos de arquitetura

Embora milhões de sistemas computacionais tenham sido criados nos últimos 60 anos, a vasta maioria pode ser classificada em um número relativamente pequeno de estilos de arquitetura.

Arquiteturas centralizadas em dados. Um repositório de dados (p. ex., um arquivo ou banco de dados) reside no centro dessa arquitetura e é acessado frequentemente por outros componentes que atualizam, acrescentam, excluem ou modificam de alguma outra maneira os dados contidos no repositório. A Figura 10.1 ilustra um estilo centralizado em dados típico. O *software* cliente acessa um repositório central. Em alguns casos, o repositório de dados é passivo. Ou seja, o *software* cliente acessa os dados independentemente de quaisquer alterações nos dados ou das ações de outros *softwares* clientes. Uma variação dessa abordagem transforma o repositório em um "quadro-negro" que envia notificações ao *software* cliente quando os dados de seu interesse mudam.

As arquiteturas centralizadas em dados promovem a *integrabilidade* [Bas12]. Isto é, componentes existentes podem ser alterados e novos componentes clientes podem ser acrescentados à arquitetura sem se preocupar com outros clientes (pois os componentes clientes operam independentemente). Além disso, dados podem ser passados entre os clientes usando o mecanismo de quadro-negro (i.e., o componente quadro-negro serve para coordenar a transferência de informações entre os clientes). Os componentes clientes executam processos de maneira independente.

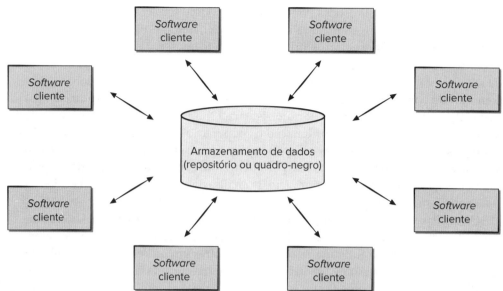

Figura 10.1
Arquitetura centralizada em dados.

Arquiteturas de fluxo de dados. Essa arquitetura se aplica quando dados de entrada devem ser transformados por meio de uma série de componentes computacionais ou de manipulação em dados de saída. Um padrão tubos-e-filtro (Figura 10.2) tem um conjunto de componentes, denominado *filtros*, conectados por *tubos* que transmitem dados de um componente para o seguinte. Cada filtro trabalha de modo independente dos componentes que se encontram acima e abaixo deles, é projetado para esperar a entrada de dados de determinada forma e produz saída de dados (para o filtro seguinte) da forma especificada. Entretanto, o filtro não precisa conhecer o funcionamento interno de seus filtros vizinhos.

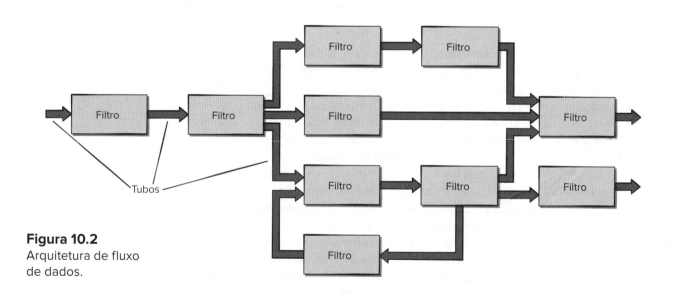

Figura 10.2
Arquitetura de fluxo de dados.

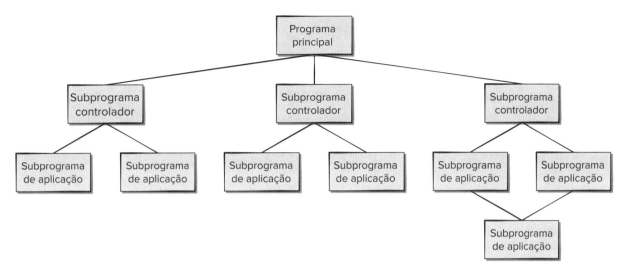

Figura 10.3
Arquitetura de programa principal/subprograma.

Arquiteturas de chamada e retorno. Esse estilo de arquitetura permite-nos obter uma estrutura de programa relativamente fácil de modificar e aumentar. Há dois subestilos [Bas12] dentro dessa categoria:

- *Arquiteturas de programa principal/subprograma.* Essa clássica estrutura de programas decompõe a função em uma hierarquia de controle na qual um programa "principal" invoca uma série de componentes de programa que, por sua vez, pode invocar outros. A Figura 10.3 ilustra uma arquitetura desse tipo.
- *Arquiteturas de chamadas a procedimentos remotos.* Os componentes de uma arquitetura de programa principal/subprograma são distribuídos ao longo de vários computadores em uma rede.

Arquiteturas orientadas a objetos. Os componentes de um sistema encapsulam dados e as operações que devem ser aplicadas para manipular os dados. A comunicação e a coordenação entre componentes são realizadas por meio da passagem de mensagens. A Figura 10.4 contém um diagrama de comunicação da linguagem de modelagem unificada (UML, do inglês *unified modeling language*) que mostra a mensagem passando pela parte de *login* de um sistema implementado usando uma arquitetura orientada a objetos. Os diagramas de comunicação são descritos em mais detalhes no Apêndice 1 deste livro.

Arquiteturas em camadas. A estrutura básica de uma arquitetura em camadas é ilustrada na Figura 10.5. São definidas várias camadas diferentes, cada uma realizando operações que progressivamente se tornam mais próximas do conjunto de instruções de máquina. Na camada mais externa, os componentes atendem às operações da interface do usuário. Na camada mais interna, os componentes fazem a interface com o sistema operacional. As camadas intermediárias fornecem serviços utilitários e funções de *software* de aplicação.

A arquitetura **Modelo-Visão-Controlador** (MVC, do inglês *Model-View-Controller*) [Kra88] é uma de vários modelos de infraestrutura usados no desenvolvimento para a Web. O *modelo* contém todo o conteúdo e a lógica de processamento

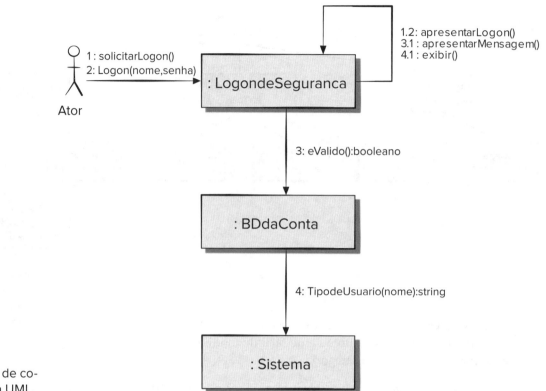

Figura 10.4
Um diagrama de comunicação da UML.

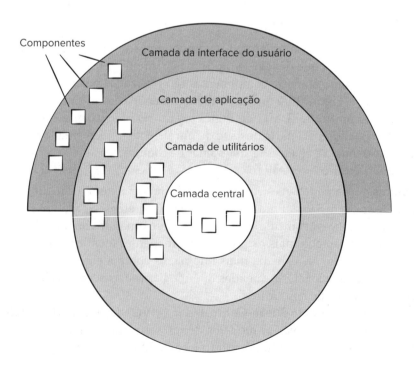

Figura 10.5
Arquitetura em camadas.

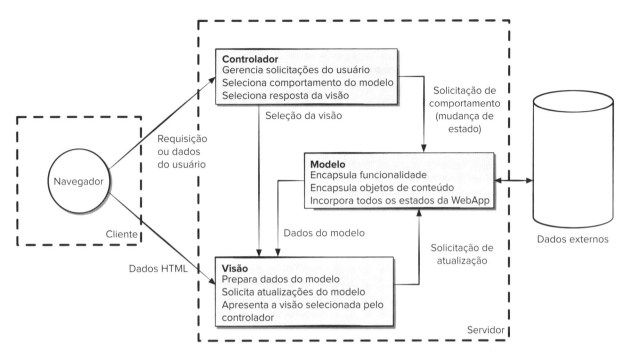

Figura 10.6
A arquitetura MVC.

Fonte: Adaptada de Jacyntho, Mark Douglas, Schwabe, Daniel and Rossi, Gustavo, "An Architecture for Structuring Complex Web Applications," 2002, disponível em http://www-di.inf.puc-rio.br/schwabe/papers/OOHDMJava2%20Report.pdf.

específicos à aplicação. A *visão* contém todas as funções específicas à interface e possibilita a apresentação do conteúdo e lógica de processamento exigido pelo usuário. O *controlador* gerencia o acesso ao modelo e à visão e coordena o fluxo de dados entre eles. Uma representação esquemática da arquitetura MVC é mostrada na Figura 10.6.

Com referência à figura, as solicitações do usuário são manipuladas pelo controlador. O controlador também seleciona o objeto de visão aplicável, de acordo com a solicitação do usuário. Uma vez determinado o tipo de solicitação, é transmitida uma solicitação de comportamento ao modelo, que implementa a funcionalidade ou recupera o conteúdo necessário para atender à solicitação. O objeto-modelo pode acessar dados armazenados em um banco de dados corporativo, como parte de um repositório de dados local ou de um conjunto de arquivos independentes. Os dados desenvolvidos pelo modelo devem ser formatados e organizados pelo objeto de visão apropriado e transmitidos do servidor de aplicações de volta para o navegador instalado no cliente para exibição na máquina do usuário.

Os estilos de arquitetura apresentados são apenas um pequeno subconjunto dos estilos disponíveis.[3] Assim que a engenharia de requisitos revelar as características e restrições do sistema a ser construído, o estilo e/ou combinação de padrões de arquitetura que melhor se encaixar nessas características e restrições pode ser escolhido. Em muitos casos, mais de um padrão poderia ser apropriado, e estilos de arquitetura alternativos podem ser projetados e avaliados. Por exemplo, um estilo em camadas (apropriado para a maioria dos sistemas) pode ser combinado com uma arquitetura centralizada em dados em diversas aplicações de bancos de dados.

---

3 Consulte [Roz11], [Tay09], [Bus07], [Gor06] ou [Bas12] para uma discussão detalhada sobre padrões e estilos de arquitetura.

Casa Segura

Escolha de um estilo de arquitetura

Cena: Sala do Jamie, quando é iniciada a modelagem de projeto.

Atores: Jamie e Ed – membros da equipe de engenharia de *software* do *CasaSegura*.

Conversa:

Ed (franzindo a testa): Modelamos a função de segurança usando a UML... você sabe, classes, relações, esse tipo de coisas. Portanto, imagino que a arquitetura orientada a objetos seja o caminho a seguirmos.

Jamie: Mas...?

Ed: Mas... tenho dificuldade em visualizar o que é uma arquitetura orientada a objetos. Entendo a arquitetura de chamadas e retornos, uma espécie de hierarquia de processos convencional, mas orientada a objetos... eu não sei, ela parece um tanto amorfa.

Jamie (sorrindo): Amorfa, é?

Ed: Isso mesmo... o que eu quis dizer é que não consigo visualizar uma estrutura real, apenas classes de projeto flutuando no ar.

Jamie: Bem, isso não é verdade. Existem hierarquias de classes... pense na hierarquia (agregação) que fizemos para o objeto **Planta** (Figura 9.3). Uma arquitetura orientada a objetos é uma combinação daquela estrutura e as interconexões – sabe, colaborações – entre as classes. Podemos mostrá-la descrevendo completamente os atributos e operações, a troca de mensagens que ocorre e a estrutura das classes.

Ed: Vou gastar uma hora mapeando uma arquitetura de chamadas e retornos; então voltarei e considerarei uma arquitetura orientada a objetos.

Jamie: Doug não terá nenhum problema com isso. Ele me disse que deveríamos considerar alternativas de arquitetura. Por sinal, não há absolutamente nenhuma razão para que essas duas arquiteturas não possam ser usadas de forma combinada.

Ed: Bom. Eu concordo.

Pode ser complicado escolher o estilo arquitetural correto. Frequentemente, os problemas do mundo real seguem mais de uma estrutura de problema, e um modelo arquitetural pode ser uma combinação de diferentes *estruturas*. Por exemplo, a arquitetura modelo-visão-controlador (MVC) utilizada no projeto de WebApp[4] poderia ser vista como a combinação de duas estruturas de problema (comportamento comandado e exibição de informações). Na arquitetura MVC, o comando do usuário é enviado da janela do navegador para um processador de comandos (controlador), o qual gerencia o acesso ao conteúdo (modelo) e instrui o modelo de renderização* de informações (visão) a transformá-lo para exibição pelo *software* do navegador.

10.3.2 Padrões de arquitetura

Conforme o modelo de requisitos for sendo desenvolvido, você poderá perceber que o *software* deve tratar de diversos problemas mais amplos que envolvem toda a aplicação. Por exemplo, o modelo de requisitos para praticamente qualquer aplicação de comércio eletrônico se depara com o seguinte problema: *como oferecer uma ampla variedade de produtos para muitos clientes diferentes e permitir que esses clientes comprem nossos artigos facilmente?*

O modelo de requisitos também define um contexto no qual essa questão deve ser respondida. Por exemplo, uma aplicação de comércio eletrônico que vende equipamentos de golfe para clientes vai operar em um contexto diferente daquele de uma aplicação de comércio eletrônico que vende equipamentos industriais de preço elevado para empresas de médio e grande porte. Além disso, um conjunto de limitações e restrições pode afetar a forma de tratarmos o problema a ser resolvido.

---

* N. de R.T.: Tradução de *rendering*.
4 A arquitetura MVC é vista em mais detalhes no Capítulo 13.

Os padrões de arquitetura lidam com um problema específico de aplicação em um contexto específico e sob um conjunto de limitações e restrições. O padrão propõe uma solução de arquitetura capaz de servir como base para o projeto de arquitetura.

Falamos anteriormente neste capítulo que a maioria das aplicações se enquadra em um domínio ou gênero específico e que um ou mais estilos de arquitetura poderiam ser apropriados para aquele gênero. Por exemplo, o estilo de arquitetura geral para uma aplicação poderia ser de chamadas e retornos ou orientado a objetos. Porém, nesse estilo, encontraremos um conjunto de problemas comuns que poderiam ser mais bem tratados com padrões de arquitetura específicos. Alguns desses problemas e uma discussão mais completa sobre padrões de arquitetura são apresentados no Capítulo 14.

10.3.3 Organização e refinamento

Como o processo de projeto muitas vezes permite várias alternativas de arquitetura, é importante estabelecer um conjunto de critérios de projeto que possam ser usados para avaliar o projeto de arquitetura obtido. As seguintes questões [Bas12] dão uma visão mais clara sobre um estilo de arquitetura:

Controle. Como o controle é gerenciado na arquitetura? Existe uma hierarquia de controle distinta e, em caso positivo, qual o papel dos componentes nessa hierarquia de controle? Como os componentes transferem controle no sistema? Como o controle é compartilhado entre os componentes? Qual a topologia de controle (i.e., a forma geométrica que o controle assume)? O controle é sincronizado ou os componentes operam de maneira assíncrona?

Dados. Como os dados são transmitidos entre os componentes? O fluxo de dados é contínuo ou os objetos de dados são passados esporadicamente para o sistema? Qual o modo de transferência de dados (i.e., os dados são passados de um componente para outro ou os dados estão disponíveis globalmente para serem compartilhados entre os componentes do sistema)? Existem componentes de dados (p. ex., um quadro-negro ou repositório) e, em caso positivo, qual o seu papel? Como os componentes funcionais interagem com os componentes de dados? Os componentes de dados são passivos ou ativos (i.e., o componente de dados interage ativamente com outros componentes do sistema)? Como os dados e controle interagem no sistema?

As respostas a essas questões permitem ao projetista fazer uma avaliação prévia da qualidade do projeto e formam a base para uma análise mais detalhada da arquitetura.

Os modelos de processo evolucionário (Capítulo 2) se tornaram muito populares. Isso significa que as arquiteturas de *software* talvez precisem evoluir à medida que cada incremento do produto for planejado e implementado. No Capítulo 9, descrevemos esse processo como refatoração – melhorar a estrutura interna do sistema sem alterar seu comportamento externo.

10.4 Considerações sobre a arquitetura

Buschmann e Henny [Bus10a, Bus10b] sugerem várias considerações que podem oferecer orientações aos engenheiros de *software* quando são tomadas decisões sobre a arquitetura.

- **Economia.** O melhor *software* é organizado e depende de abstração para reduzir os detalhes desnecessários, evitando a complexidade devida a funções e recursos desnecessários.

- **Visibilidade.** Quando o modelo de projeto é criado, decisões sobre a arquitetura e as razões pelas quais elas foram tomadas devem ser óbvias para os engenheiros de *software* que examinarem o modelo posteriormente. Importantes conceitos de projeto e domínio devem ser comunicados de forma eficaz.
- **Espaçamento.** A separação por interesses (Capítulo 9) em um projeto às vezes é referida como *espaçamento*. Espaçamento suficiente leva a projetos modulares, mas espaçamento demasiado leva à fragmentação e à perda de visibilidade.
- **Simetria.** Simetria arquitetural significa que um sistema tem atributos consistentes e equilibrados. Projetos simétricos são mais fáceis de entender, compreender e comunicar. Como exemplo de simetria arquitetural, considere um objeto **conta de cliente** cujo ciclo de vida é modelado diretamente por uma arquitetura de *software* que exige os métodos *abrir()* e *fechar()*. A simetria arquitetural pode ser tanto estrutural quanto comportamental.
- **Emersão.** Comportamento e controle emergentes e auto-organizados frequentemente são o segredo da criação de arquiteturas de *software* expansíveis, eficientes e econômicas. Por exemplo, muitas aplicações de *software* de tempo real são orientadas a eventos. A sequência e a duração dos eventos que definem o comportamento do sistema é uma qualidade emergente. É muito difícil planejar toda sequência de eventos possível. Em vez disso, o arquiteto do sistema deve criar um sistema flexível que se adapte a esse comportamento emergente.

Essas considerações não são isoladas. Elas interagem umas com as outras e são moderadas por cada uma delas. Por exemplo, o espaçamento pode ser reforçado e reduzido pela economia. A visibilidade pode ser equilibrada pelo espaçamento.

A descrição da arquitetura de um produto de *software* não é explicitamente visível no código-fonte usado para implementá-la. Consequentemente, as modificações feitas no código com o passar do tempo (p. ex., nas atividades de manutenção do *software*) podem causar uma lenta erosão na arquitetura do *software*. O desafio para o projetista é encontrar abstrações convenientes para as informações arquiteturais. Essas abstrações têm o potencial de adicionar uma estrutura que melhora a legibilidade e a facilidade de manutenção do código-fonte [Bro10b].

Casa Segura

Avaliação de decisões sobre a arquitetura

Cena: Sala do Jamie, à medida que a modelagem de projeto continua.

Atores: Jamie e Ed – membros da equipe de engenharia de *software* do *CasaSegura*.

Conversa:

Ed: Terminei meu modelo de arquitetura de chamadas e retornos da função de segurança.

Jamie: Ótimo! Acha que atende às nossas necessidades?

Ed: Ele não introduz características desnecessárias; portanto, parece econômico.

Jamie: E quanto à visibilidade?

Ed: Bem, eu entendo o modelo e não há problemas na implementação dos requisitos de segurança necessários para esse produto.

Jamie: Sei que você entende a arquitetura, mas talvez não seja você o programador dessa parte do projeto. Estou um pouco preocupado com o espaçamento. Talvez esse projeto não seja tão modular quanto um projeto orientado a objetos.

Ed: Talvez, mas isso pode limitar nossa capacidade de reutilizar parte de nosso código quando tivermos de criar a versão baseada na web desse *CasaSegura*.

Jamie: E quanto à simetria?

Ed: Bem, isso é mais difícil de avaliar. Parece-me que o único lugar para simetria na função de segurança é na adição e exclusão de informações de PIN.

Jamie: Isso vai ficar mais complicado quando adicionarmos recursos de segurança remotos ao aplicativo para dispositivos móveis.

Ed: Suponho que seja verdade.

(Ambos fazem uma breve pausa, ponderando os problemas da arquitetura.)

Jamie: O *CasaSegura* é um sistema de tempo real; portanto, será difícil prever a transição de estados e a sequência de eventos.

Ed: É, mas o comportamento emergente desse sistema pode ser tratado com um modelo de estado finito.

Jamie: Como?

Ed: O modelo pode ser implementado com base na arquitetura de chamada e retorno. Interrupções podem ser facilmente tratadas em muitas linguagens de programação.

Jamie: Acha que precisamos fazer o mesmo tipo de análise para a arquitetura orientada a objetos que estivemos considerando inicialmente?

Ed: Suponho que possa ser uma boa ideia, porque é difícil mudar a arquitetura depois de iniciada a implementação.

Jamie: Nessas arquiteturas, também é importante mapearmos os requisitos não funcionais, além da segurança, para termos certeza de que foram completamente considerados.

Ed: Também é verdade.

10.5   Decisões de arquitetura

As decisões sobre a arquitetura do sistema identificam importantes problemas do projeto e o raciocínio por trás das soluções arquiteturais escolhidas. As decisões sobre a arquitetura do sistema incluem a organização do sistema de *software*, a escolha dos elementos estruturais e suas interfaces, conforme definidas por suas colaborações, e a composição desses elementos em subsistemas cada vez maiores [Kru09]. Além disso, também podem ser feitas escolhas de padrões arquiteturais, tecnologias de aplicação, itens de *middleware* e linguagem de programação. O resultado das decisões sobre a arquitetura influencia as características não funcionais do sistema e muitos de seus atributos de qualidade [Zim11], podendo ser documentado com *anotações do desenvolvedor*. Essas anotações registram importantes decisões de projeto junto com sua justificativa, fornecem uma referência para novos membros da equipe de projeto e servem como repositório de lições aprendidas.

Em geral, a prática da arquitetura de *software* se concentra nas visões arquiteturais que representam e documentam as necessidades de vários envolvidos. Contudo, é possível definir uma *visão da decisão* que permeia várias visões de informações contidas nas representações arquiteturais tradicionais. A visão da decisão captura tanto as decisões de projeto de arquitetura quanto as razões que levaram à tomada da decisão.

A modelagem da *decisão de arquitetura orientada a serviços* (SOAD, do inglês *service-oriented architecture decision*)[5] [Zim11] é um *framework* de gestão de conhecimento que fornece suporte para a captura de dependências da decisão de arquitetura, permitindo que elas guiem as futuras atividades de desenvolvimento.

Um *modelo de orientação* SOAD contém informações sobre as decisões de arquitetura exigidas ao se aplicar um estilo arquitetural em um gênero de aplicação em particular. Ele tem por base as informações arquiteturais obtidas a partir de projetos concluídos que empregaram o estilo de arquitetura nesse gênero. O modelo de

---

5   A SOAD é parecida com o uso de padrões de arquitetura discutidos no Capítulo 14.

orientação documenta pontos onde existem problemas de projeto e onde devem ser tomadas decisões sobre a arquitetura, junto com atributos de qualidade que devem ser considerados ao se fazer uma escolha dentre as possíveis alternativas. As soluções alternativas em potencial (com seus prós e contras) de aplicações de *software* anteriores são incluídas para ajudar o arquiteto a tomar a melhor decisão possível.

Um *modelo de decisão* SOAD documenta as decisões sobre arquitetura exigidas e registra as decisões realmente tomadas em projetos anteriores, com suas justificativas. O modelo de orientação alimenta o modelo de decisão da arquitetura em uma etapa de *personalização* que permite ao arquiteto excluir questões irrelevantes, aprimorar as importantes ou acrescentar novos problemas. Um modelo de decisão pode utilizar mais de um modelo de orientação e, depois que o projeto é concluído, fornece *feedback* para o modelo de orientação. Esse *feedback* pode ser obtido pela *coleta* de lições aprendidas a partir de análises feitas após o término do projeto.

10.6 Projeto de arquitetura

No início do projeto de arquitetura, deve-se estabelecer o contexto. Para isso, são descritas as entidades externas (p. ex., outros sistemas, dispositivos, pessoas) que interagem com o *software* e a natureza de sua interação. De modo geral, essa informação pode ser obtida a partir do modelo de requisitos. Uma vez que o contexto é modelado e todas as interfaces de *software* externas foram descritas, podemos identificar um conjunto de arquétipos arquiteturais.

Arquétipo é uma abstração (similar a uma classe) que representa um elemento do comportamento do sistema. O conjunto de arquétipos fornece uma coleção de abstrações que deve ser modelada arquiteturalmente caso o sistema tenha de ser construído, porém os arquétipos em si não fornecem detalhes de implementação suficientes. Consequentemente, o projetista especifica uma estrutura de sistema por meio da definição e do refinamento dos componentes de *software* que implementam cada arquétipo. Esse processo continua iterativamente até que uma estrutura de arquitetura completa tenha sido obtida.

Várias perguntas [Boo11b] devem ser formuladas e respondidas à medida que um engenheiro de *software* cria diagramas arquiteturais significativos. O diagrama mostra como o sistema responde às entradas ou aos eventos? Quais visualizações devem ser consideradas para ajudar a destacar áreas de risco? Como os padrões de projeto de sistema ocultos podem se tornar mais evidentes para outros desenvolvedores? Vários pontos de vista podem mostrar a melhor maneira de refatorar partes específicas do sistema? Os balanceamentos (*trade-offs*) do projeto podem ser representados de uma maneira significativa? Se uma representação esquemática da arquitetura do *software* responde a essas perguntas, ela terá valor para o engenheiro de *software* que a utilizar.

10.6.1 Representação do sistema no contexto

A UML não contém diagramas específicos que representam o sistema em contexto. Os engenheiros de *software* que quisessem se ater à UML e representar o sistema no contexto usariam uma mistura de diagramas de caso de uso, classe, componente, atividade, sequência e colaboração. Alguns arquitetos de *software* podem usar um *diagrama de contexto arquitetural* (ACD, do inglês *architectural context diagram*) para modelar a maneira como o *software* interage com entidades externas às suas fronteiras. A Figura 10.7 mostra um diagrama de contexto arquitetural para as funções de segurança do *CasaSegura*.

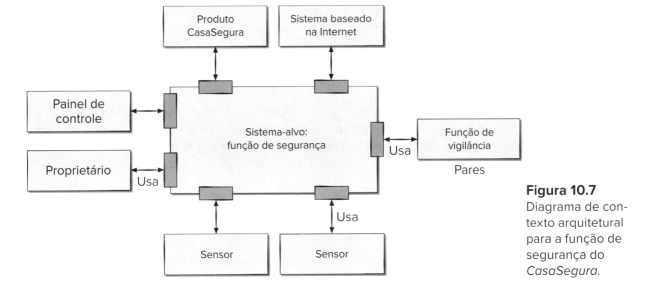

Figura 10.7
Diagrama de contexto arquitetural para a função de segurança do *CasaSegura*.

A título de ilustração do uso do ACD, considere a função de segurança residencial do produto *CasaSegura*, mostrada na Figura 10.7. O controlador geral do produto *CasaSegura* e o sistema baseado na Internet são ambos superiores em relação à função de segurança, sendo mostrados acima da função. A função de vigilância é um *sistema de mesmo nível* e utiliza (é utilizado por) a função de segurança residencial em versões posteriores do produto. O proprietário do imóvel e os painéis de controle são os atores que produzem e consomem as informações usadas/produzidas pelo *software* de segurança. Por fim, são utilizados sensores pelo *software* de segurança e mostrados como subordinados a ele (desenhando-os abaixo do sistema-alvo).

Como parte do projeto de arquitetura, os detalhes de cada interface da Figura 10.7 teriam de ser especificados. Todos os dados que fluem para dentro e para fora do sistema-alvo devem ser identificados nesse estágio.

10.6.2 Definição de arquétipos

Arquétipo é uma classe ou um padrão que representa uma abstração que é crítica para o projeto de uma arquitetura para o sistema-alvo. Em geral, um conjunto relativamente pequeno de arquétipos é necessário para projetar até mesmo sistemas um tanto complexos. A arquitetura do sistema-alvo é composta por esses arquétipos, que representam elementos estáveis da arquitetura, porém podem ser instanciados de várias maneiras tomando como base o comportamento do sistema.

Em muitos casos, os arquétipos podem ser derivados examinando-se as classes de análise definidas como parte do modelo de requisitos. Prosseguindo com a discussão da função de segurança domiciliar do *CasaSegura*, poderíamos definir os seguintes arquétipos:

- **Nó.** Representa um conjunto coeso de elementos de entrada e saída da função de segurança domiciliar. Por exemplo, um nó poderia ser composto por (1) vários sensores e (2) uma variedade de indicadores de alarme (saída).
- **Detector.** Abstração que engloba todos os equipamentos de sensoriamento que alimentam o sistema-alvo com informações.

- **Indicador.** Abstração que representa todos os mecanismos (p. ex., sirene de alarme, luzes intermitentes, campainha) para indicar a ocorrência de uma condição de alarme.
- **Controlador.** Abstração que representa o mecanismo que permite armar ou desarmar um nó. Se os controladores residem em uma rede, eles têm a capacidade de se comunicar entre si.

Cada um desses arquétipos é representado usando-se a notação de UML, conforme indicado na Figura 10.8. Recorde-se que os arquétipos formam a base para a arquitetura, mas são as abstrações que devem ser refinadas à medida que o projeto de arquitetura prossegue. Por exemplo, **Detector** poderia ser refinado em uma hierarquia de classes de sensores.

10.6.3 Refinamento da arquitetura em componentes

Conforme a arquitetura de *software* é refinada em componentes, a estrutura do sistema começa a emergir. Mas como os componentes são escolhidos? Para responder a essa pergunta, começamos pelas classes descritas como parte do modelo de requisitos.[6] Essas classes de análise representam entidades no domínio de aplicação que devem ser tratadas na arquitetura do *software*. Portanto, o domínio de aplicação é uma fonte para derivação e refinamento de componentes. Outra fonte é o domínio da infraestrutura. A arquitetura deve acomodar muitos componentes de infraestrutura que permitem componentes de aplicação, mas que não têm nenhuma relação de negócio com o domínio de aplicação. Por exemplo, componentes de gerenciamento de memória, componentes de comunicação, componentes de bancos de dados e componentes de gerenciamento de tarefas em geral são integrados à arquitetura do *software*.

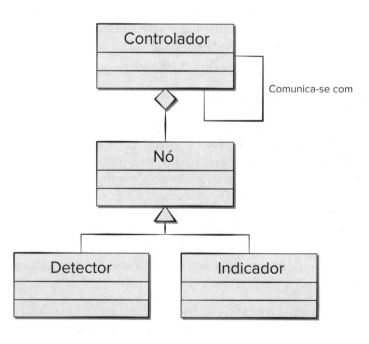

Figura 10.8
Relacionamentos em UML para o arquétipo da função de segurança do *CasaSegura*.

Fonte: Adaptada de Bosch, Jan, Design & Use of *Software* Architectures. Pearson Education, 2000.

---

6 Se for escolhida uma abordagem convencional (não orientada a objetos), os componentes poderão ser extraídos da hierarquia de chamada de subprogramas (ver Figura 10.3).

As interfaces representadas no diagrama de contexto arquitetural (Seção 10.6.1) implicam em um ou mais componentes especializados que processam os dados que fluem pela interface. Em alguns casos (p. ex., uma interface gráfica do usuário), tem de ser projetada uma arquitetura de subsistemas completa, com vários componentes.

Continuando com o exemplo da função de segurança domiciliar do *CasaSegura*, poderíamos definir o conjunto de componentes de alto nível que trata da seguinte funcionalidade:

- *Gerenciamento da comunicação externa.* Coordena a comunicação da função de segurança com entidades externas, como sistemas baseados na Internet e notificação externa de alarme.
- *Processamento do painel de controle.* Gerencia toda a funcionalidade do painel de controle.
- *Gerenciamento de detectores.* Coordena o acesso a todos os detectores conectados ao sistema.
- *Processamento de alarme.* Verifica e atua sobre todas as condições de alarme.

Cada um dos componentes de alto nível teria de ser elaborado de forma iterativa e então posicionado na arquitetura global do *CasaSegura*. Para cada um deles, seriam definidas classes de projeto (com atributos e operações apropriados). É importante notar, no entanto, que os detalhes de projeto de todos os atributos e operações não seriam especificados até se chegar ao projeto de componentes (Capítulo 11).

A Figura 10.9 mostra a estrutura global da arquitetura (representada na forma de um diagrama de componentes da UML). As transações são capturadas pelo *gerenciamento de comunicação externa*, à medida que se deslocam de componentes que processam a interface gráfica do usuário do *CasaSegura* e a interface com a Internet. Tais informações são gerenciadas por um componente executivo do *CasaSegura* que seleciona a função do produto apropriada (neste caso, segurança). O componente *processamento do painel de controle* interage com o proprietário do imóvel para armar/desarmar a função de segurança. O componente *gerenciamento de detectores* faz uma

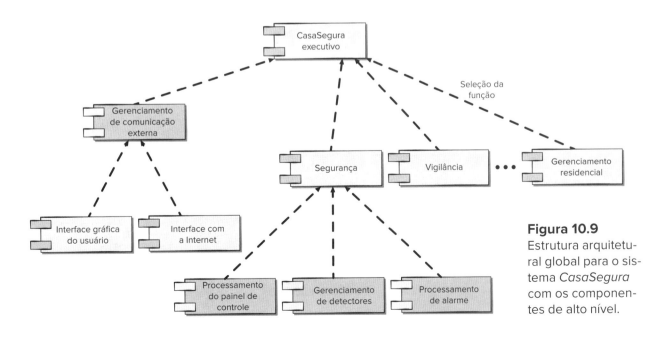

Figura 10.9 Estrutura arquitetural global para o sistema *CasaSegura* com os componentes de alto nível.

sondagem nos sensores para detectar uma condição de alarme, e o componente *processamento de alarme* gera uma saída quando o alarme é detectado.

10.6.4 Descrição das instâncias do sistema

Até este ponto, o projeto de arquitetura modelado ainda é relativamente de alto nível. O contexto do sistema foi representado, arquétipos que indicam importantes abstrações contidas no domínio do problema foram definidos, a estrutura global do sistema está evidente e os principais componentes de *software* foram identificados. Entretanto, um maior refinamento (recorde-se que todo projeto é iterativo) ainda é necessário.

Para tanto, é desenvolvida uma instância real da arquitetura. Queremos dizer com isso que a arquitetura é aplicada a um problema específico com o intuito de demonstrar que a estrutura e os componentes são apropriados.

A Figura 10.10 ilustra uma instância da arquitetura do *CasaSegura* para o sistema de segurança. Os componentes da Figura 10.9 são elaborados para indicar mais detalhes. Por exemplo, o componente *gerenciamento de detectores* interage com o componente de infraestrutura *agendador*, que implementa a sondagem (*polling*) de cada objeto *sensor* usado pelo sistema de segurança. Uma elaboração semelhante é feita para cada um dos componentes representados na Figura 10.10.

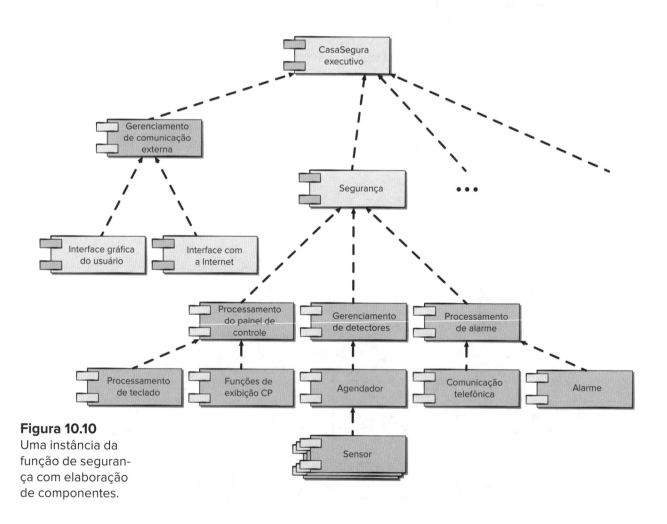

Figura 10.10
Uma instância da função de segurança com elaboração de componentes.

10.7 Avaliação das alternativas de projeto de arquitetura

Em seu livro sobre avaliação de arquiteturas de *software*, Clements e seus colegas [Cle03] afirmam: "Falando claramente, arquitetura é uma aposta, uma aposta no sucesso de um sistema".

A grande questão para o arquiteto de *software* e para os engenheiros de *software* que trabalharão na construção de um sistema é simples: a aposta em arquitetura vai dar certo?

Para ajudar a responder essa pergunta, o projeto de arquitetura deve resultar em uma série de alternativas de arquitetura, cada uma das quais avaliada para determinar qual delas é a mais apropriada para o problema a ser resolvido.

O SEI (Software Engineering Institute) desenvolveu um *método de análise dos prós e contras de uma arquitetura* (ATAM, do inglês *architecture trade-off analysis method*) [Kaz98] que estabelece um processo de avaliação iterativa de arquiteturas de *software*. As atividades de análise de projeto a seguir são realizadas iterativamente:

1. **Coletar cenários.** É desenvolvido um conjunto de casos de uso (Capítulos 7 e 8) para representar o sistema sob o ponto de vista do usuário.

2. **Levantar requisitos, restrições e descrição do ambiente.** Essas informações são exigidas como parte da engenharia de requisitos e usadas para certificar que todas as necessidades dos envolvidos foram atendidas.

3. **Descrever os estilos e padrões de arquitetura escolhidos para lidar com os cenários e requisitos.** O(s) estilo(s) de arquitetura deve(m) ser descrito(s) usando uma das seguintes visões de arquitetura:
   - *Visão de módulos* para a análise de atribuições de trabalho com componentes e o grau que foi atingido pelo encapsulamento de informações.
   - *Visão de processos* para a análise do desempenho do sistema.
   - *Visão de fluxo de dados* para a análise do grau em que a arquitetura atende às necessidades funcionais.

4. **Avaliar atributos de qualidade considerando cada atributo isoladamente.** O número de atributos de qualidade escolhidos para análise é uma função do tempo disponível para revisão e do grau em que os atributos de qualidade são relevantes para o sistema em questão. Entre os atributos de qualidade para avaliação de projetos da arquitetura temos: confiabilidade, desempenho, segurança, facilidade de manutenção, flexibilidade, testabilidade, portabilidade, reusabilidade e interoperabilidade.

5. **Identificar a sensibilidade dos atributos de qualidade em relação a vários atributos de arquitetura para um estilo de arquitetura específico.** Isso pode ser obtido fazendo-se pequenas alterações na arquitetura e determinando-se o quanto um atributo de qualidade é sensível (p. ex., o desempenho) em relação a uma mudança. Quaisquer atributos afetados significativamente por uma variação na arquitetura são denominados *pontos de sensibilidade.*

6. **Criticar arquiteturas candidatas (desenvolvidas na etapa 3) usando a análise de sensibilidade realizada na etapa 5.** O SEI descreve esse método da seguinte maneira [Kaz98]:

   Uma vez determinados os pontos de sensibilidade da arquitetura, encontrar o ponto de balanceamento é simplesmente identificar os elementos da arquitetura para os quais vários atributos são sensíveis. Por exemplo, o desempenho de uma arquitetura cliente/servidor poderia ser altamente sensível ao número de servidores (o desempenho aumenta, dentro de certo intervalo, aumentando-se o número de servidores) (...) O número de servidores é, então, um ponto de balanceamento com relação a essa arquitetura.

Essas seis etapas representam a primeira iteração ATAM. Com base nos resultados das etapas 5 e 6, algumas alternativas de arquitetura podem ser eliminadas, uma ou mais arquiteturas remanescentes podem ser modificadas e representadas de forma mais detalhada e, então, as etapas do ATAM seriam reaplicadas.

Casa Segura

Avaliação de arquiteturas

Cena: Sala de Doug Miller à medida que a modelagem do projeto de arquitetura prossegue.

Atores: Vinod, Jamie e Ed, membros da equipe de engenharia de *software* do *CasaSegura*, e Doug Miller, gerente do grupo de engenharia de *software*.

Conversa:

Doug: Sei que vocês estão derivando algumas arquiteturas diferentes para o produto *CasaSegura*, e isso é bom. Mas aí pergunto, como vamos escolher a melhor delas?

Ed: Estou trabalhando em um estilo de chamadas e retornos, e depois Jamie ou eu obteremos uma arquitetura orientada a objetos.

Doug: Certo, e como fazemos essa escolha?

Jamie: Fiz um curso de projeto no meu último ano de faculdade e recordo-me de que há uma série de maneiras para fazer isso.

Vinod: Realmente, porém elas são um tanto acadêmicas. Veja, acredito que possamos fazer nossa avaliação e escolher a arquitetura correta empregando casos de uso e cenários.

Doug: Isso não é a mesma coisa?

Vinod: Não quando se trata de avaliação de arquiteturas. Já temos um conjunto completo de casos de uso. Então aplicamos cada um deles às duas arquiteturas e verificamos como o sistema reage e como os componentes e conectores funcionam no contexto dos casos de uso.

Ed: É uma boa ideia. Garante que não nos esqueçamos de nada.

Vinod: É verdade, mas eles também nos informam se o projeto de arquitetura é complicado ou não e se o sistema tem ou não de se desdobrar para conseguir realizar sua tarefa.

Jamie: Cenários não é apenas outro nome para casos de uso?

Vinod: Não, neste caso um cenário significa algo diferente.

Doug: Você está se referindo a um cenário de qualidade ou um cenário de mudanças, certo?

Vinod: Sim. O que fazemos é procurar novamente os envolvidos e perguntar a eles como o *CasaSegura* provavelmente vai mudar ao longo dos próximos, digamos, três anos. Sabe, novas versões, recursos, esse tipo de coisa. Construímos um conjunto de cenários de mudanças. Também desenvolvemos um conjunto de cenários de qualidade que definem os atributos que gostaríamos de ver na arquitetura do *software*.

Jamie: E os aplicamos às alternativas.

Vinod: Exatamente. O estilo que se comportar melhor nos casos de uso e cenários será o escolhido.

10.7.1 Revisões da arquitetura

Revisões da arquitetura representam um tipo de análise técnica especializada (Capítulo 16) que proporciona um modo de avaliar a capacidade de uma arquitetura de *software* atender aos requisitos de qualidade do sistema (p. ex., escalabilidade ou desempenho) e identificar quaisquer riscos em potencial. Essas revisões têm o potencial de reduzir custos de projeto por detectar problemas no início.

Ao contrário das revisões de requisitos, que envolvem representantes de todos os envolvidos, as revisões de arquitetura frequentemente envolvem apenas os membros da equipe de engenharia de *software*, complementados por especialistas independentes. Contudo, os sistemas baseados em *software* são construídos por pessoas com necessidades e pontos de vista diferentes. Muitas vezes, os arquitetos se concentram no impacto de longo prazo dos requisitos não funcionais do sistema à medida que a arquitetura é criada. Os gerentes experientes avaliam a arquitetura dentro do contexto das metas e dos objetivos do negócio. Muitas vezes, os gerentes de projeto são induzidos por considerações de curto prazo de datas de entrega e orçamento. Os engenheiros de *software* frequentemente se concentram em seus próprios interesses tecnológicos e na entrega de funcionalidades. Cada um desses (e outros) participantes deve trabalhar no sentido de conseguir um consenso de que a arquitetura do *software* escolhida tem vantagens marcantes sobre quaisquer alternativas. Portanto, um arquiteto de *software* inteligente deve estabelecer um consenso entre os membros da equipe de *software* (e outros envolvidos) para obter a visão arquitetural para o produto de *software* final [Wri11].

As técnicas de revisão de arquitetura mais usadas no setor são: raciocínio baseado na experiência, avaliação de protótipo, revisão de cenário (Capítulo 8) e uso de *checklists*. Muitas revisões de arquitetura ocorrem no início do ciclo de vida do projeto, mas também devem ocorrer depois que novos componentes ou pacotes são adquiridos no projeto baseado em componentes (Capítulo 11). Um dos problemas mais citados para os engenheiros de *software* que realizam revisões de arquitetura é artefatos arquiteturais ausentes ou inadequados, tornando, assim, difícil concluí-las [Bab09].

10.7.2 Revisão de arquitetura baseada em padrões

Revisões técnicas formais (Capítulo 16) podem ser aplicadas à arquitetura de *software* e oferecem um modo de gerenciar atributos de qualidade do sistema, descobrir erros e evitar retrabalho desnecessário. Contudo, nas situações em que as normas são ciclos de construção curtos, prazos finais são apertados, os requisitos são voláteis e/ou as equipes são pequenas, a melhor opção pode ser um processo de revisão de arquitetura leve, conhecido como *revisão de arquitetura baseada em padrões* (PBAR, do inglês *pattern-based architecture review*).

PBAR é um método de avaliação baseado em padrões de arquitetura[7] que aproveita as relações entre os padrões e atributos de qualidade. Uma PBAR é uma reunião de auditoria presencial envolvendo todos os desenvolvedores e outros participantes envolvidos. Também está presente um revisor externo com especialidade em arquitetura, padrões de arquitetura, atributos de qualidade e domínio de aplicação. O arquiteto do sistema é o principal apresentador.

Uma PBAR deve ser agendada após a conclusão do primeiro protótipo ou *esqueleto móvel*[8] funcional. Ela abrange as seguintes etapas iterativas [Har11]:

1. Identificar e discutir os atributos de qualidade mais importantes para o sistema, acompanhando os casos de uso relevantes (Capítulo 8).
2. Discutir um diagrama da arquitetura do sistema em relação aos seus requisitos.

---

7 Um *padrão de arquitetura* é uma solução generalizada para um problema de projeto de arquitetura, com um conjunto específico de condições ou restrições. Os padrões são discutidos de forma detalhada no Capítulo 14.

8 Um *esqueleto móvel* contém uma linha de base da arquitetura que suporta os requisitos funcionais, com as prioridades mais relevantes do processo de negócio e os atributos de qualidade mais desafiadores.

204 Engenharia de *software*

3. Ajudar os revisores a identificar padrões de arquitetura usados e a combinar a estrutura do sistema com a estrutura dos padrões.

4. Usar a documentação existente e casos de uso anteriores, examinar a arquitetura e os atributos de qualidade para determinar o efeito de cada padrão nos atributos de qualidade do sistema.

5. Identificar e discutir todas as questões relacionadas à qualidade levantadas pelos padrões de arquitetura utilizados no projeto.

6. Gerar um breve resumo dos problemas descobertos durante a reunião e fazer as revisões apropriadas no esqueleto móvel.

As PBARs são adequadas para pequenas equipes ágeis e exigem uma quantidade extra e relativamente pequena de tempo e esforço de projeto. Com seu curto tempo de preparação e revisão, a PBAR pode se ajustar a requisitos variáveis e ciclos de construção reduzidos, ao mesmo tempo que ajuda a equipe a entender melhor a arquitetura do sistema.

10.7.3 Verificação de conformidade da arquitetura

À medida que o processo de *software* passa do projeto para a construção, os engenheiros de *software* devem trabalhar no sentido de garantir que o sistema implementado e em evolução seja compatível com sua arquitetura planejada. Muitas coisas (p. ex., requisitos conflitantes, dificuldades técnicas, pressões do prazo final) causam desvios em relação a uma arquitetura definida. Se a conformidade da arquitetura não for verificada periodicamente, desvios não controlados podem causar a *erosão da arquitetura* e afetar a qualidade do sistema [Pas10].

A *análise estática da conformidade da arquitetura* (SACA, do inglês *static architecture-conformance analysis*) avalia se um sistema de *software* implementado é coerente com seu modelo arquitetural. O formalismo (p. ex., UML) usado para modelar a arquitetura do sistema apresenta a organização estática dos seus componentes e como estes interagem. Frequentemente, o modelo arquitetural é usado por um gerente de projeto para planejar e alocar tarefas, assim como para avaliar o andamento da implementação.

10.8 Resumo

A arquitetura de *software* oferece uma visão holística do sistema a ser construído. Ela representa a estrutura e a organização dos componentes de *software*, suas propriedades e as conexões entre eles. Os componentes de *software* incluem módulos de programas e as várias representações de dados manipuladas pelo programa. Consequentemente, o projeto de dados é parte da obtenção da arquitetura de *software*. A arquitetura destaca decisões de projeto iniciais e fornece um mecanismo para considerar os benefícios de estruturas do sistema alternativas.

O projeto de arquitetura pode coexistir com métodos ágeis, aplicando-se um *framework* de projeto arquitetural híbrido que faça uso de técnicas existentes derivadas de métodos ágeis conhecidos. Uma vez desenvolvida a arquitetura, ela pode ser avaliada para garantir a conformidade com metas do negócio, requisitos do *software* e atributos de qualidade.

Diferentes estilos e padrões de arquitetura estão disponíveis para o engenheiro de *software* e podem ser aplicados dentro de um dado gênero de arquitetura. Cada estilo descreve uma categoria de sistema que engloba um conjunto de componentes que realiza uma função exigida por um sistema; um conjunto de conectores que possibilita a comunicação, coordenação e cooperação entre os componentes; restrições que definem como os componentes podem ser integrados para formar o sistema; e modelos semânticos que permitem a um projetista compreender as propriedades gerais de um sistema.

De modo geral, o projeto de arquitetura é realizado em quatro etapas distintas. Primeiramente, o sistema deve ser representado no contexto. Ou seja, o projeto deve definir as entidades externas com as quais o *software* interage e a natureza da interação. Uma vez especificado o contexto, o projetista deve identificar um conjunto de abstrações de alto nível, denominado arquétipos, que representam elementos fundamentais do comportamento ou função do sistema. Depois de as abstrações serem definidas, o projeto começa a se aproximar do domínio da implementação. Os componentes são identificados e representados no contexto de uma arquitetura que os suporta. Por fim, são desenvolvidas instâncias específicas da arquitetura para "provar" o projeto em um contexto do mundo real.

Problemas e pontos a ponderar

10.1. Usando a arquitetura de uma casa ou edifício como metáfora, faça comparações com arquitetura de *software*. Em que sentido as disciplinas da arquitetura clássica e arquitetura de *software* são similares? Como diferem?

10.2. Apresente dois ou três exemplos de aplicações para cada um dos estilos de arquitetura citados na Seção 10.3.1.

10.3. Alguns dos estilos de arquitetura citados na Seção 10.3.1 são hierárquicos por natureza e outros não. Faça uma lista de cada um dos tipos. Como os estilos de arquitetura que não são hierárquicos seriam implementados?

10.4. Os termos *estilo de arquitetura, padrão de arquitetura* e *framework* (não discutido neste livro) são muitas vezes encontrados em discussões sobre arquitetura de *software*. Pesquise e descreva como cada um deles difere de seus equivalentes.

10.5. Escolha uma aplicação com a qual esteja familiarizado. Responda a cada uma das perguntas apresentadas para controle e dados na Seção 10.3.3.

10.6. Pesquise o ATAM (usando [Kaz98]) e apresente uma discussão detalhada das seis etapas indicadas na Seção 10.7.1.

10.7. Caso ainda não tenha feito, complete o Problema 8.3. Use a abordagem de projeto descrita neste capítulo para desenvolver uma arquitetura de *software* para o sistema de tapa-buracos (PHTRS, do inglês *pothole tracking and repair system*).

10.8. Use o modelo de decisão de arquitetura da Seção 10.1.4 para documentar uma das decisões para a arquitetura do PHTRS desenvolvida no Problema 10.7.

10.9. Escolha um aplicativo móvel que você conheça e avalie-o usando as considerações arquiteturais (economia, visibilidade, espaçamento, simetria, emergência) da Seção 10.4.

10.10. Liste os pontos fortes e fracos da arquitetura do PHTRS criada para o Problema 10.7.

Elemento de design: Ícone de lupa da seção Panorama: © Roger Pressman

11

Projeto de componentes

Conceitos-chave

coesão................216
componente...........207
desenvolvimento
baseado em
componentes..........228
projeto de conteúdo.....226
acoplamento...........218
princípio da inversão
da dependência........214
diretrizes de projeto.....215
princípio da segregação
de interfaces...........214
princípio da
substituição de Liskov...214
visão orientada
a objetos..............207
princípio do
aberto-fechado.........212
visão relacionada
a processos............211
componentes
tradicionais...........227
visão tradicional........209
componente
de WebApp...........226

O projeto de componentes ocorre depois que a primeira iteração do projeto da arquitetura tiver sido concluída. Nesse estágio, a estrutura geral dos dados e programas do *software* já foi estabelecida. O intuito é transformar o modelo de projeto em *software* operacional. Porém, o nível de abstração do modelo de projetos existente é relativamente alto, e o nível de abstração do programa operacional é baixo. A transformação pode ser desafiadora, pois é uma porta aberta para a introdução de erros sutis, difíceis de detectar e corrigir em estágios posteriores do processo de *software*. O projeto de componentes serve de ponte entre o projeto de arquitetura e a codificação.

Panorama

O que é? Um conjunto completo de componentes de *software* é definido durante o projeto da arquitetura. Porém, os detalhes de processamento e estruturas de dados internas de cada componente não são representados em um nível de abstração próximo ao código. O projeto de componentes define as estruturas de dados, os algoritmos, as características das interfaces e os mecanismos de comunicação alocados a cada componente de *software*.

Quem realiza? Um engenheiro de *software* realiza o projeto de componentes.

Por que é importante? Você precisa determinar se o *software* vai funcionar ou não antes de construí-lo. O projeto de componentes representa o *software* de maneira que lhe permita revisar os detalhes do projeto em termos de correção e consistência com outras representações de projeto.

Quais são as etapas envolvidas? As representações de projeto de dados, arquitetura e interfaces formam a base para o projeto de componentes. A definição de classes ou a narrativa de processamento para cada um dos componentes é traduzida em um projeto detalhado que faz uso de formas esquemáticas ou baseadas em texto que especificam estruturas de dados internas, detalhes de interfaces locais e lógica de processamento.

Qual é o artefato? O projeto para cada componente, representado em notação gráfica, tabular ou baseada em texto, é o principal artefato durante o projeto de componentes.

Como garantir que o trabalho foi realizado corretamente? É realizada uma revisão do projeto. O projeto é examinado para determinar se as estruturas de dados, interfaces, sequências de processamento e condições lógicas estão corretas.

Capítulo 11   Projeto de componentes   **207**

O projeto de componentes reduz o número de erros introduzidos durante a codificação. Ao transformarmos o modelo de projetos em código-fonte, devemos seguir um conjunto de princípios de projeto que não apenas realizem a transformação, como também não "introduzam *bugs* desde o início".

11.1 O que é componente?

Componente é um bloco construtivo modular para *software* de computador. Mais formalmente, a *Especificação da Linguagem de Modelagem Unificada da OMG* (*OMG Unified Modeling Language Specification* [OMG03a]) define componente como "uma parte modular, possível de ser implantada e substituível de um sistema que encapsula implementação e expõe um conjunto de interfaces".

Conforme discutido no Capítulo 10, os componentes preenchem a arquitetura de *software* e desempenham um papel para alcançar os objetivos e requisitos do sistema a ser construído. Pelo fato de os componentes residirem na arquitetura de *software*, devem se comunicar e colaborar com outros componentes e entidades (p. ex., outros sistemas, dispositivos, pessoas) existentes fora dos limites do *software*.

O verdadeiro significado do termo *componente* diferirá dependendo do ponto de vista do engenheiro de *software* que o utiliza. Nas seções seguintes, examinaremos três importantes visões do que é e como é utilizado um componente à medida que a modelagem de projetos prossegue.

11.1.1 Uma visão orientada a objetos

No contexto da engenharia de *software* orientada a objetos, um componente contém um conjunto de classes colaborativas.[1] Cada classe contida em um componente foi completamente elaborada para incluir todos os atributos e operações relevantes à sua implementação. Como parte da elaboração do projeto, também precisam ser definidas todas as interfaces que permitem que as classes se comuniquem e colaborem com outras classes de projeto. Para tanto, começamos com o modelo de análise e elaboramos as classes de análise (para componentes que se relacionam com o domínio do problema), bem como as classes de infraestrutura (para componentes que dão suporte a serviços para o domínio do problema).

Lembre-se de que tanto a modelagem da análise quanto a modelagem do projeto são ações iterativas. Elaborar a classe de análise original poderia exigir etapas de análise adicionais seguidas, então, por etapas de modelagem de projetos para representar a classe de projeto elaborada (os detalhes do componente). Para ilustrarmos o processo de elaboração de projeto, consideremos o *software* a ser criado para uma sofisticada gráfica. O objetivo geral do *software* é coletar os requisitos do cliente na recepção da loja, orçar um trabalho e, em seguida, passar a tarefa para um centro de produção automatizado. Durante a engenharia de requisitos, foi obtida uma classe de análise denominada **ServiçoDeImpressão**.

Os atributos e operações definidos durante a análise são indicados na parte superior da Figura 11.1. Durante o projeto da arquitetura, **ServiçoDeImpressão** é definida como um componente na arquitetura de *software* e é representada usando notação abreviada de linguagem de modelagem unificada (UML, do inglês *unified modeling language*)[2] no centro à direita da figura. Observe que **ServiçoDeImpressão** possui duas

---

1   Em alguns casos, um componente pode conter uma única classe.

2   Os leitores que não estiverem familiarizados com a notação de UML devem consultar o Apêndice 1.

interfaces: *calcularServiço*, que fornece capacidade para orçar um trabalho, e *iniciarServiço*, que passa adiante a tarefa para o centro de produção. Estas são representadas usando-se os símbolos de "pirulito" exibidos à esquerda do retângulo do componente.

O projeto de componentes se inicia nesse ponto. Os detalhes do componente **ServiçoDeImpressão** devem ser elaborados a fim de fornecer informações suficientes para orientar a implementação.

A classe de análise original é elaborada para dar corpo a todos os atributos e operações necessários para implementar a classe na forma do componente **ServiçoDeImpressão**. Com referência à parte inferior direita da Figura 11.1, a classe de projeto elaborada, **ServiçoDeImpressão**, contém informações de atributos mais detalhadas, bem como uma descrição ampliada das operações necessárias para implementar o componente. As interfaces *calcularServiço* e *iniciarServiço* implicam comunicação e colaboração com outros componentes (não indicados aqui). Por exemplo,

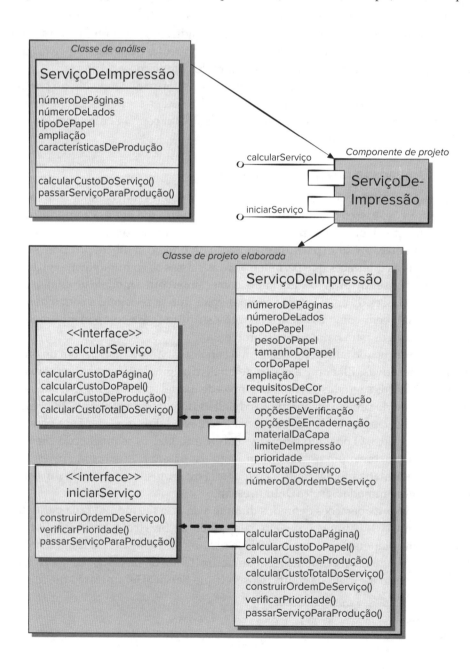

Figura 11.1
Elaboração de um componente de projeto.

a operação *calcularCustoDaPágina()* (parte da interface *calcularServiço*) poderia colaborar com um componente **TabelaDePreço** contendo informações sobre os preços de serviços. A operação *verificarPrioridade()* (parte da interface *iniciarServiço*) poderia colaborar com um componente **FilaDeServiço** para determinar os tipos e prioridades dos serviços atualmente em espera para produção.

A atividade de elaboração é aplicada a todos os componentes definidos como parte do projeto da arquitetura. Uma vez concluída, aplica-se uma maior elaboração a cada atributo, operação e interface. Devem ser especificadas as estruturas de dados apropriadas para cada atributo. Além disso, é desenvolvido o detalhe algorítmico exigido para implementar a lógica de processamento associada a cada operação. Essa atividade de projeto procedural é discutida posteriormente, ainda neste capítulo. Por fim, desenvolvem-se os mecanismos necessários para implementar a interface. Para *software* orientado a objetos, isso poderia englobar a descrição de todas as mensagens necessárias para efetivar a comunicação entre objetos de um sistema.

11.1.2 A visão tradicional

No contexto da engenharia de *software* tradicional, componente é o elemento funcional de um programa que incorpora a lógica de processamento, as estruturas de dados internas necessárias para implementar a lógica de processamento e uma interface que permite chamar o componente e passar dados a ele. Um componente tradicional, também denominado *módulo*, reside na arquitetura de *software* e se presta a um de três importantes papéis: (1) um *componente de controle* que coordena a chamada de todos os demais componentes do domínio do problema; (2) um *componente de domínio do problema* que implementa uma função completa ou parcial solicitada pelo cliente; ou (3) um *componente de infraestrutura* responsável por funções que dão suporte ao processamento necessário no domínio do problema.

Assim como os componentes orientados a objetos, os componentes de *software* tradicionais são obtidos a partir do modelo de análise. Nesse caso, entretanto, o elemento de elaboração de componentes do modelo de análise serve como base para essa obtenção. Cada componente representado na hierarquia de componentes é mapeado (Seção 10.6) em uma hierarquia de módulos. Os componentes de controle (módulos) ficam próximos ao alto da hierarquia (arquitetura de programas), e os componentes de domínio do problema tendem a ficar mais próximos da parte inferior da hierarquia. Para obter modularidade efetiva, conceitos de projeto, como independência funcional (Capítulo 9), são aplicados durante a elaboração dos componentes.

Para ilustrarmos o processo de elaboração de projetos para componentes tradicionais, consideremos novamente o *software* a ser criado para uma gráfica. É produzida uma arquitetura hierárquica, mostrada na Figura 11.2. Cada retângulo representa um componente de *software*. Observe que os retângulos sombreados são equivalentes, em termos funcionais, às operações definidas para a classe **ServiçoDeImpressão** discutidas na Seção 11.1.1. Nesse caso, entretanto, cada operação é representada como um módulo separado, chamado conforme indicado na figura. São usados outros módulos para controlar o processamento, e estes são, portanto, componentes de controle.

Durante o projeto de componentes, é elaborado cada módulo da Figura 11.2. A interface de módulos é definida explicitamente. Ou seja, é representado cada objeto de dados ou de controle que flui através da interface. São definidas as estruturas

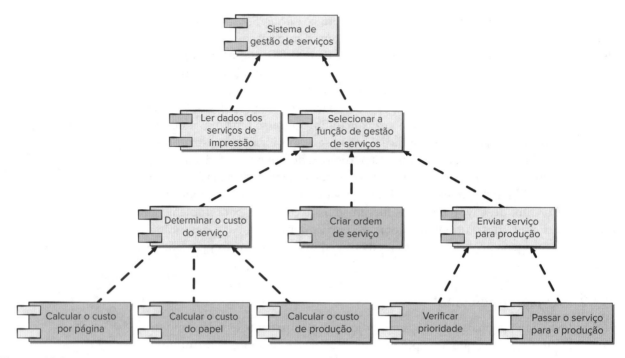

Figura 11.2
Diagrama de estruturas para um sistema tradicional.

de dados utilizadas internamente no módulo. O algoritmo que possibilita ao módulo cumprir sua função é desenhado usando-se o método de refinamento gradual discutido no Capítulo 9. Algumas vezes, o comportamento do módulo é representado usando-se um diagrama de estado.

Para ilustrarmos o processo, consideremos o módulo *CalcularCustoPorPágina*. O intuito é calcular o custo de impressão por página tomando como base as especificações fornecidas pelo cliente. Os dados necessários para realizar essa função são: o número de páginas contidas no documento, o número total de documentos a serem produzidos, impressão frente ou frente e verso, requisitos de cores e requisitos de tamanho. Esses dados são passados para *CalcularCustoPorPágina* via interface do módulo. *CalcularCustoPorPágina* os utiliza para determinar o custo de uma página com base no tamanho e na complexidade do trabalho – uma função de todos os dados passados para o módulo via interface. O custo por página é inversamente proporcional ao tamanho do serviço e diretamente proporcional à complexidade do serviço.

À medida que o projeto para cada componente de *software* é elaborado, o foco passa para o projeto de estruturas de dados específicas e para o projeto procedural para a manipulação de estruturas de dados. A Figura 11.3 representa o projeto de componentes usando uma notação de UML modificada. O módulo *CalcularCustoPorPágina* acessa dados chamando o módulo *obterDadosDoServiço*, o qual possibilita passar todos os dados relevantes para o componente, e uma interface de banco de dados, *acessarBDCustos*, a qual possibilita que o módulo acesse um banco de dados contendo todos os custos de impressão. Conforme o projeto continua, o módulo *CalcularCustoPorPágina* é elaborado para fornecer detalhes algorítmicos e detalhes de interface (Figura 11.3). Os detalhes algorítmicos podem ser representados usando-se o texto em pseudocódigo, mostrado na figura, ou por meio

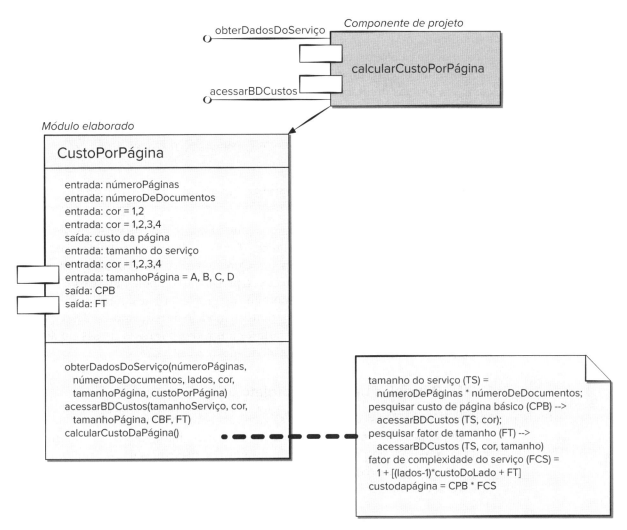

Figura 11.3
Projeto de componentes para *CalcularCustoPorPágina*.

de um diagrama de atividades da UML. As interfaces são representadas como um conjunto de itens ou objetos de dados de entrada/saída. A elaboração do projeto continua até que detalhes suficientes tenham sido fornecidos para orientar a construção do componente. Entretanto, não se esqueça da arquitetura que deve abrigar os componentes ou as estruturas de dados globais que podem servir a vários componentes.

11.1.3 Uma visão relacionada a processos

As visões tradicionais e orientadas a objetos de projeto de componentes apresentadas nas Seções 11.1.1 e 11.1.2 partem do pressuposto de que o componente está sendo projetado a partir do zero. Isto é, sempre temos de criar um componente com base nas especificações obtidas do modelo de requisitos. Existe, obviamente, outra abordagem.

Ao longo das quatro últimas décadas, a comunidade de engenharia de *software* tem enfatizado a necessidade de se construir sistemas que façam uso de componentes de *software* ou de padrões de projeto existentes. Para tanto, é colocado à disposição dos profissionais de *software* um catálogo de projetos ou código de componentes

212 Engenharia de *software*

de qualidade comprovada à medida que o trabalho de projeto prossegue. Conforme a arquitetura de *software* é desenvolvida, escolhemos componentes ou padrões de projeto desse catálogo e os usamos para preencher a arquitetura. Pelo fato de esses componentes terem sido criados tendo a reusabilidade em mente, uma descrição completa de suas interfaces, a(s) função(ões) por eles realizada(s) e a comunicação e colaboração por eles exigidas estarão à nossa disposição. Guardaremos uma discussão sobre os prós e contras da engenharia de *software* baseada em componentes (CBSE, *component-based software engineering*) para a Seção 11.4.4.

11.2 Projeto de componentes baseados em classes

Conforme já citado, o projeto de componentes apoia-se nas informações desenvolvidas como parte do modelo de requisitos (Capítulo 8) e representadas como parte do modelo da arquitetura (Capítulo 10). Quando é escolhida uma abordagem de engenharia de *software* orientada a objetos, o projeto de componentes se concentra na elaboração de classes específicas do domínio do problema e na definição e no refinamento de classes de infraestrutura contidas no modelo de requisitos. A descrição detalhada dos atributos, operações e interfaces utilizados por essas classes é o detalhe de projeto exigido como precursor da atividade de construção.

11.2.1 Princípios básicos de projeto

Quatro princípios básicos de projeto são aplicáveis ao projeto de componentes e têm sido amplamente adotados quando se aplica a engenharia de *software* orientada a objetos. A motivação por trás da aplicação desses princípios é criar projetos mais fáceis de modificar e reduzir a propagação de efeitos colaterais na ocorrência de modificações. Podemos usar tais princípios como guias, à medida que cada componente de *software* for desenvolvido.

Princípio do aberto-fechado (OCP, do inglês *open-closed principle*). *"Um módulo (componente) deve ser aberto para a extensão, mas fechado para modificações"* [Mar00]. Essa afirmação pode parecer uma contradição, mas representa uma das características mais importantes de um bom projeto de componentes. Em outras palavras, devemos especificar o componente para permitir que ele seja estendido (em seu domínio funcional) sem a necessidade de fazer modificações internas (em nível de código ou lógica) no próprio componente. Para tanto, criamos abstrações que servem como um divisor entre a funcionalidade que provavelmente será estendida e a classe de projeto em si.

Por exemplo, suponhamos que a função de segurança do *CasaSegura* faça uso de uma classe **Detector** que deve verificar o estado de cada tipo de sensor de segurança. É provável que, à medida que o tempo for passando, o número e os tipos de sensores de segurança cresçam. Se a lógica de processamento interna for implementada como uma sequência de construções se-então-senão, cada uma delas tratando de um tipo de sensor diferente, a adição de um novo tipo de sensor exigirá lógica de processamento interna adicional (ainda outra construção se-então-senão). Isso é uma violação do OCP.

Uma forma de concretizar o OCP para a classe **Detector** está ilustrada na Figura 11.4. A interface *sensor* apresenta uma visão consistente dos sensores para o componente detector. Se for adicionado um novo tipo de sensor, nenhuma mudança será necessária na classe **Detector** (componente). O OCP é preservado.

Capítulo 11 Projeto de componentes **213**

```
<<interface>>
   Sensor
ler()
habilitar()
desabilitar()
testar()
```

Detector

- SensorJanela/Porta
- SensorFumaça
- Detector-Movimento
- SensorCalor
- SensorCO2

Figura 11.4
Seguindo o OCP.

Casa Segura

O OCP em ação

Cena: Sala do Vinod.

Atores: Vinod e Shakira – membros da equipe de engenharia de *software* do *CasaSegura*.

Conversa:

Vinod: Acabei de receber uma ligação do Doug (o gerente da equipe). Ele me disse que o pessoal do *marketing* quer acrescentar um novo sensor.

Shakira (com um sorriso de superioridade): Outra vez não!

Vinod: Isso mesmo... e você não vai acreditar no que esses caras inventaram.

Shakira: Qual é a surpresa agora?

Vinod (rindo): Algo que eles chamaram de sensor de mal-estar de cachorro.

Shakira: O quê...?

Vinod: Destina-se a pessoas que deixam seus bichinhos de estimação em apartamentos ou condomínios ou casas que são próximas umas das outras. O cachorro começa a latir. O vizinho se irrita e reclama. Com esse sensor, se o cachorro latir por, digamos, mais de um minuto, o sensor ativa um modo de alarme especial que chama o dono no seu celular.

Shakira: Você tá brincando, não é?

Vinod: Não. Doug quer saber quanto tempo levará para acrescentar essa característica à função de segurança.

Shakira (pensando um pouco): Não muito... Veja. (Ela mostra a Vinod a Figura 11.4.) Isolamos as verdadeiras classes de sensores atrás da interface **sensor**. Desde que tenhamos as especificações para o sensor de cachorros, acrescentá-lo deve ser moleza. A única coisa que terei de fazer é criar um componente apropriado... quer dizer, uma classe, para ele. Nenhuma mudança no componente **Detector** em si.

Vinod: Então, vou dizer ao Doug que não é nada de outro mundo.

Shakira: Conhecendo o Doug, ele nos manterá focados e não vai liberar essa coisa até a próxima versão.

Vinod: Isso não é ruim, mas você consegue implementá-lo agora se ele quiser?

Shakira: Sim, o jeito que projetamos a interface me permite fazê-lo sem grandes complicações.

Vinod (pensando um pouco): Você já ouviu falar do princípio do aberto-fechado?

Shakira (encolhendo os ombros): Nunca ouvi falar.

Vinod (sorrindo): Sem problemas.

Princípio da substituição de Liskov (LSP, do inglês *Liskov substitution principle*). *"As subclasses devem ser substitutas de suas classes-base"* [Mar00]. Esse princípio de projeto, originalmente proposto por Barbara Liskov [Lis88], sugere que um componente que usa uma classe-base deve continuar a funcionar apropriadamente caso uma classe derivada da classe-base seja passada para o componente em seu lugar. O LSP exige que qualquer classe derivada de uma classe-base deve honrar qualquer contrato implícito entre a classe-base e os componentes que a utilizam. No contexto desta discussão, um "contrato" é uma *precondição* que deve ser verdadeira antes de o componente usar uma classe-base e uma *pós-condição* que deve ser verdadeira após o componente usar uma classe-base. Ao criar classes derivadas, certifique-se de que elas atendem às precondições e às pós-condições.

Princípio da inversão da dependência (DIP, do inglês *dependency inversion principle*). *"Dependa de abstrações. Não dependa de concretizações"* [Mar00]. Como vimos na discussão sobre OCP, é nas abstrações que um projeto pode ser estendido sem grandes complicações. Quanto mais um componente depender de outros componentes concretos (e não de abstrações, como uma interface), mais difícil será estendê-lo. Mas lembre-se que o código é a concretização suprema. Se você dispensa o projeto e vai direto ao código, você está violando o DIP.

Princípio da segregação de interfaces (ISP, do inglês *interface segregation principle*). *"É melhor usar várias interfaces específicas do cliente do que uma única interface de propósito geral"* [Mar00]. Há diversas ocasiões em que componentes para vários clientes usam uma operação fornecida por uma classe-servidora. O ISP sugere a criação de uma interface especializada para atender cada categoria principal de clientes. Apenas as operações que forem relevantes para determinada categoria de clientes devem ser especificadas na interface para esse cliente. Se vários clientes precisarem das mesmas operações, estas devem ser especificadas em cada uma das interfaces especializadas.

Como exemplo, considere a classe **Planta** usada para as funções de segurança e vigilância do *CasaSegura* (Capítulo 10). Para as funções de segurança, **Planta** é usada apenas durante atividades de configuração e usa as operações *colocarDispositivo()*, *mostrarDispositivo()*, *agruparDispositivo()* e *removerDispositivo()* para inserir, mostrar, agrupar e remover sensores da planta. A função de vigilância do *CasaSegura* usa as quatro operações citadas para segurança, mas também exige operações especiais para gerenciar câmeras: *mostrarFOV()* e *mostrarIDDispositivo()*. Portanto, o ISP sugere que componentes clientes das duas funções do *CasaSegura* tenham interfaces especializadas definidas para eles. A interface para segurança englobaria apenas as operações *colocarDispositivo()*, *mostrarDispositivo()*, *agruparDispositivo()* e *removerDispositivo()*. A interface para vigilância incorporaria as operações *colocarDispositivo()*, *mostrarDispositivo()*, *agruparDispositivo()* e *removerDispositivo()*, juntamente com *mostrarFOV()* e *mostrarIDDispositivo()*.

Embora os princípios de projeto de componentes sejam úteis em termos de orientação, os componentes em si não vivem de forma isolada. Em muitos casos, componentes ou classes individuais são organizados em subsistemas ou pacotes. Faz sentido perguntar como deve ocorrer a atividade de empacotamento. Exatamente de que forma os componentes devem ser organizados à medida que o projeto prossegue? Martin [Mar00] sugere outros princípios de empacotamento que são aplicáveis ao projeto de componentes. Os princípios são os seguintes.

Princípio da equivalência de reutilização de versões (REP, do inglês *reuse/release equivalency principle*). *"A granularidade da reutilização é a granularidade da versão"*

[Mar00]. Quando as classes ou os componentes são projetados tendo em vista a reutilização, é estabelecido um contrato implícito entre o desenvolvedor da entidade reutilizável e quem vai usá-la. O desenvolvedor se compromete a estabelecer um sistema de controle de versões que ofereça suporte e manutenção para as versões mais antigas da entidade, enquanto os usuários vão atualizando gradualmente para a versão mais recente. Em vez de tratar cada uma dessas classes individualmente, em geral é recomendável agrupar classes reutilizáveis em pacotes que possam ser gerenciados e controlados à medida que versões mais recentes evoluam. Projetar componentes para reutilização requer mais do que um bom projeto técnico. Essa atividade também requer mecanismos de controle de configuração eficazes (Capítulo 22).

Princípio do fechamento comum (CCP, do inglês *common closure principle*). *"Classes que mudam juntas devem ficar juntas"* [Mar00]. As classes devem ser empacotadas de forma coesa. Ao serem empacotadas como parte de um projeto, devem tratar da mesma área funcional ou comportamental. Quando alguma característica dessa área tiver de mudar, é provável que apenas as classes contidas no pacote precisem ser modificadas. Isso leva a um controle de mudanças e gerenciamento de versões mais eficiente.

Princípio comum da reutilização (CRP, do inglês *common reuse principle*). *"As classes que não são reutilizadas juntas não devem ser agrupadas juntas"* [Mar00]. Quando uma ou mais classes com um pacote muda(m), o número da versão do pacote muda. Todas as demais classes ou pacotes que dependem do pacote alterado agora precisam ser atualizadas para a versão mais recente do pacote e testadas para garantir que a nova versão opere sem incidentes. Se as classes não forem agrupadas de forma coesa, é possível que uma classe sem nenhuma relação com as demais contidas em um pacote seja alterada. Isso precipitará integração e testes desnecessários. Por essa razão, apenas as classes reutilizadas juntas devem ser incluídas em um pacote.

11.2.2 Diretrizes para o projeto de componentes

Além dos princípios discutidos na Seção 11.2.1, pode-se aplicar um conjunto de diretrizes de projeto pragmáticas à medida que o projeto de componentes prossegue. Tais diretrizes se aplicam aos componentes, suas interfaces e às características de dependência e herança que têm algum impacto sobre o projeto resultante. Ambler [Amb02b] sugere as seguintes diretrizes:

Componentes. Devem-se estabelecer convenções de nomes para componentes especificados como parte do modelo de arquitetura e, então, refiná-los e elaborá-los como parte do modelo de componentes. Os nomes de componentes de arquitetura devem ser extraídos do domínio do problema e ter significado para todos os envolvidos que veem o modelo de arquitetura. Por exemplo, o nome de classe **Planta** é significativo para qualquer um que o leia, independentemente de sua bagagem técnica. Por outro lado, componentes de infraestrutura ou classes elaboradas no nível de componentes devem receber nomes que reflitam significados específicos à implementação. Se uma lista ligada tiver de ser gerenciada como parte da implementação **Planta**, a operação *gerenciarLista()* é apropriada, mesmo que uma pessoa não técnica possa interpretá-la de forma incorreta.[3]

Podemos optar pelo uso de estereótipos para auxiliar na identificação da natureza dos componentes no nível de projeto mais detalhado. Por exemplo, poderíamos

---

3 É pouco provável que alguém da área de *marketing* ou da empresa do cliente (uma pessoa não técnica) examine informações detalhadas do projeto.

usar `<<infrastructure>>` para identificar um componente de infraestruturas; `<<database>>` para identificar um banco de dados que atenda a uma ou mais classes de projeto ou o sistema inteiro; e `<<table>>` poderia ser usado para identificar uma tabela em um banco de dados.

Interfaces. As interfaces nos fornecem importantes informações sobre a comunicação e a colaboração (bem como nos ajuda a alcançar o OCP). Entretanto, a representação totalmente livre de interfaces tende a complicar os diagramas de componentes. Ambler [Amb02c] recomenda o seguinte: (1) a representação "pirulito" de uma interface deve ser usada em conjunto com a abordagem mais formal da UML, que usa retângulos e setas pontilhadas, quando os diagramas se tornam mais complexos; (2) por consistência, as interfaces devem fluir da esquerda para a direita do retângulo do componente; e (3) devem ser mostradas apenas as interfaces relevantes para o componente em consideração, mesmo que outras estejam disponíveis. Tais recomendações destinam-se a simplificar a natureza visual dos diagramas de componentes da UML.

Dependências e herança. Para melhorar a legibilidade, é aconselhável modelar as dependências da esquerda para a direita e as heranças de baixo (classes derivadas) para cima (classes-base). Além disso, as interdependências dos componentes devem ser representadas por meio de interfaces, e não por meio da representação de uma dependência componente-para-componente. Seguindo a filosofia do OCP, isso facilitará a manutenção do sistema.

11.2.3 Coesão

No Capítulo 9, descrevemos coesão como a "determinação" de um componente. No contexto do projeto de componentes para sistemas orientados a objetos, *coesão* implica um componente ou uma classe encapsular apenas atributos e operações que estejam intimamente relacionados entre si e com a classe ou o componente em si. Lethbridge e Laganiére [Let04] definem uma série de tipos diferentes de coesão (enumerados em ordem de nível de coesão):[4]

> **Funcional.** Apresentado basicamente por operações, este nível de coesão ocorre quando um módulo efetua um e apenas um cálculo e então retorna um resultado.
>
> **De camadas.** Apresentado por pacotes, componentes e classes, este tipo de coesão ocorre quando uma camada mais alta acessa os serviços de uma camada mais baixa, porém as camadas mais baixas não acessam as mais elevadas. Consideremos, por exemplo, que a função de segurança do *CasaSegura* precise fazer uma ligação telefônica caso um alarme seja acionado. Seria possível definirmos um conjunto de pacotes em camadas conforme mostra a Figura 11.5. Os pacotes sombreados contêm componentes de infraestrutura. O acesso é do pacote de painel de controle para baixo.
>
> **De comunicação.** Todas as operações que acessam os mesmos dados são definidas em uma classe. Em geral, tais classes se concentram exclusivamente nos dados em questão, acessando-os e armazenando-os.

---

4 Em geral, quanto maior o nível de coesão, mais fácil é implementar, testar e manter um componente.

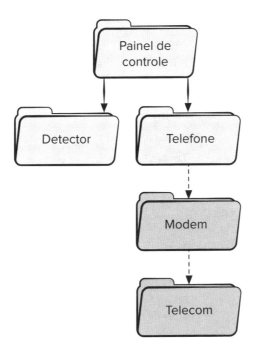

Figura 11.5
Coesão de camadas.

As classes e os componentes que apresentam coesão funcional, de camadas e de comunicação são relativamente fáceis de serem implementados, testados e mantidos. Devemos nos esforçar ao máximo para atingir esses níveis de coesão, sempre que possível. É importante notar, entretanto, que questões pragmáticas de projeto e implementação algumas vezes nos forçam a optar por níveis de coesão mais baixos.

Casa Segura

Coesão em ação

Cena: Sala do Jamie.

Atores: Jamie e Ed – membros da equipe de engenharia de *software* do *CasaSegura* que estão trabalhando na função de vigilância.

Conversa:

Ed: Tenho um projeto preliminar do componente **câmera**.

Jamie: Quer fazer uma rápida revisão?

Ed: Creio que sim... mas, na realidade, gostaria de sua opinião sobre algo.

(Jamie gesticula para que ele continue.)

Ed: Originalmente definimos cinco operações para **câmera**. Olha...

determinarTipo() informa o tipo de câmera;

traduzirLocalização() possibilita que a câmera seja movimentada pela planta;

exibirID() obtém o ID da câmera e o exibe próximo do ícone câmera;

exibirVisão() mostra graficamente o campo de visão da câmera;

exibirZoom() mostra a ampliação da câmera graficamente.

> **Ed:** Projetei cada uma delas separadamente, e são operações bastante simples. Portanto, imagino que seria uma boa ideia combinar todas as operações de exibição em apenas uma chamada *exibirCâmera()* – ela mostrará o ID, a vista e a ampliação. O que você acha?
>
> **Jamie (fazendo uma careta):** Não tenho certeza de que seja uma ideia tão boa assim.
>
> **Ed (franzindo a testa):** Por quê? Todas essas pequenas operações podem nos dar dor de cabeça.
>
> **Jamie:** O problema de combiná-las é que perderemos coesão, sabe, a operação *exibirCâmera()* não será determinada.
>
> **Ed (ligeiramente exasperado):** E daí? O conjunto todo terá menos de 100 linhas de código-fonte, no máximo. Será mais fácil implementá-lo, eu acho.
>
> **Jamie:** E se o *marketing* decidir mudar a maneira como representamos o campo de visão?
>
> **Ed:** Simplesmente mexo na operação *exibirCâmera()* e faço a modificação.
>
> **Jamie:** E os efeitos colaterais?
>
> **Ed:** O que você quer dizer com isso?
>
> **Jamie:** Bem, digamos que você faça a modificação, mas, inadvertidamente, crie um problema na exibição do ID.
>
> **Ed:** Eu não seria tão descuidado assim.
>
> **Jamie:** Talvez não, mas e se daqui a dois anos alguém do suporte tiver de fazer a modificação? Pode ser que não entenda a operação tão bem quanto você e, vai saber, talvez ele seja descuidado.
>
> **Ed:** Então você é contrário a isso?
>
> **Jamie:** Você é o projetista... a decisão é sua... apenas certifique-se de ter compreendido as consequências da baixa coesão.
>
> **Ed (refletindo um pouco):** Talvez seja melhor mesmo fazer duas operações de exibição separadas.
>
> **Jamie:** Ótima decisão.

11.2.4 Acoplamento

Em discussões anteriores sobre análise e projeto, observamos que a comunicação e a colaboração são elementos essenciais de qualquer sistema orientado a objetos. Há, entretanto, o lado sinistro dessa importante (e necessária) característica. Conforme o volume de comunicação e colaboração aumenta (i.e., à medida que o grau de "conexão" entre as classes aumenta), a complexidade do sistema também cresce. E conforme a complexidade aumenta, a dificuldade de implementação, de testes e de manutenção do *software* também aumenta.

O *acoplamento* é uma medida qualitativa do grau com que as classes estão ligadas entre si. Conforme as classes (e os componentes) se tornam mais interdependentes, o acoplamento aumenta. Um objetivo importante no projeto de componentes é manter o acoplamento o mais baixo possível.

O *acoplamento de classes* pode se manifestar de uma série de formas. Lethbridge e Laganiére [Let04] definem um espectro de categorias de acoplamento. Por exemplo, o *acoplamento de conteúdo* ocorre quando um componente "modifica de forma sub-reptícia os dados internos de outro componente" [Let04]. Isso viola o encapsulamento – um conceito de projeto básico. O *acoplamento de controle* ocorre quando a operação $A()$ chama a operação $B()$ e passa um *flag* de controle para B. O *flag* de controle "dirige", então, a lógica de fluxo no interior de B. O problema dessa forma de acoplamento é que uma mudança não relacionada em B pode resultar na necessidade de alterar o significado do *flag* de controle passado por A. Se isso for menosprezado, acontecerá um erro. O *acoplamento externo* ocorre quando um componente se comunica ou colabora com componentes de infraestrutura (p. ex., funções do sistema operacional, capacidade de bancos de dados, funções de telecomunicação). Embora esse tipo de acoplamento seja necessário, deve se limitar a um pequeno número de componentes ou classes em um sistema.

Casa Segura

Acoplamento em ação

Cena: Sala da Shakira.

Atores: Vinod e Shakira – membros da equipe de engenharia de *software* do *CasaSegura* que estão trabalhando na função de segurança.

Conversa:

Shakira: Pensei que tive uma grande ideia... depois refleti um pouco mais a respeito e me pareceu não ser uma ideia tão boa assim. Por fim, a rejeitei, mas pensei que deveria apresentá-la a você.

Vinod: Certamente. Qual é a ideia?

Shakira: Bem, cada um dos sensores reconhece uma condição de alarme de algum tipo, certo?

Vinod (sorrindo): É por isso que os chamamos de sensores, Shakira.

Shakira (exasperada): Sarcasmo, Vinod, você tem que trabalhar suas habilidades interpessoais.

Vinod: Voltando ao que você dizia...

Shakira: Certo, de qualquer modo, imaginei... por que não criar uma operação em cada objeto sensor chamada de *fazerChamada()*, que colaboraria diretamente com o componente **ChamadaExterna**, enfim, com uma interface para o componente **ChamadaExterna**.

Vinod (pensativo): Você quer dizer, em vez de fazer a colaboração ocorrer fora de um componente como **PainelControle** ou algo do gênero?

Shakira: Exato... mas depois pensei que cada objeto sensor será associado ao componente **ChamadaExterna**, e que isso significa que ele está indiretamente acoplado ao mundo exterior e... bem, apenas imaginei que isso tornaria as coisas mais complicadas.

Vinod: Concordo. Nesse caso, é melhor deixar que a interface de sensores passe informações para o **PainelControle** e deixe que ele inicie a chamada telefônica. Além disso, diferentes sensores talvez resultem em diferentes números de telefone. Você não vai querer que o sensor armazene essas informações... se elas mudarem...

Shakira: Parece que isso não está certo.

Vinod: A heurística de projeto para acoplamento nos diz que não é correto.

Shakira: Que seja...

Um *software* deve se comunicar interna e externamente. Consequentemente, acoplamento é uma realidade a ser enfrentada. Entretanto, o projetista deve se esforçar para reduzir o acoplamento sempre que possível e compreender as ramificações do acoplamento elevado, quando este não puder ser evitado.

11.3 Condução de projetos de componentes

No início deste capítulo, citamos que o projeto de componentes é de natureza elaborada. Temos de transformar informações de modelos de arquitetura e requisitos em uma representação de projeto que nos dê detalhes suficientes para orientar a atividade da construção (codificação e testes). As etapas a seguir representam um conjunto de tarefas típico para um projeto de componentes – quando ele é aplicado a um sistema orientado a objetos.

Etapa 1. Identificar todas as classes de projeto correspondentes ao domínio do problema. Usando o modelo de requisitos e de arquitetura, cada classe de análise e componente de arquitetura é elaborada conforme descrito na Seção 11.1.1.

Etapa 2. Identificar todas as classes de projeto correspondentes ao domínio de infraestrutura. Essas classes não são descritas no modelo de requisitos e normalmente não estão presentes no modelo de arquitetura; porém, têm de ser descritas neste ponto. Conforme já dito, entre as classes e componentes dessa categoria temos componentes de interfaces gráficas do usuário (muitas vezes disponíveis na forma de componentes reutilizáveis), componentes de sistemas operacionais e componentes de administração de dados e objetos.

Etapa 3. Elaborar todas as classes de projeto que não são obtidas como componentes reutilizáveis. A elaboração exige que todas as interfaces, atributos e operações necessários para implementar a classe sejam descritos em detalhes. A heurística de projeto (p. ex., coesão e acoplamento de componentes) deve ser considerada à medida que essa tarefa é conduzida.

Etapa 3a. Especificar detalhes de mensagens quando classes ou componentes colaboram entre si. O modelo de requisitos faz uso de um diagrama de colaboração para mostrar como as classes de análise colaboram entre si. À medida que o projeto de componentes prossegue, algumas vezes é útil mostrar os detalhes dessas colaborações especificando a estrutura das mensagens passadas entre objetos de um sistema. Embora essa atividade de projeto seja opcional, pode ser utilizada como precursora da especificação de interfaces que mostra como os componentes em um sistema se comunicam e colaboram entre si.

A Figura 11.6 ilustra um diagrama de colaboração simples para o sistema de impressão discutido anteriormente. Três objetos, **ServiçoDeProdução, OrdemDeServiço** e **FilaDeServiço**, colaboram na preparação de um serviço de impressão a ser submetido ao fluxo de produção. São passadas mensagens entre os objetos, conforme ilustrado pelas setas da figura. Durante a modelagem de requisitos, as mensagens são especificadas conforme mostra a figura. Entretanto, à medida que o projeto prossegue, cada mensagem é elaborada por meio da expansão de sua sintaxe, da seguinte maneira [Ben10a]:

```
[condição de guarda] sequência de expressões (valor de
retorno):= nome da mensagem (lista de argumentos)
```

na qual uma [condição de guarda] é escrita em linguagem de restrição de objetos (OCL, do inglês *object constraint language*)[5] e especifica qualquer conjunto de condições que devem ser atendidas antes de a mensagem poder ser enviada; sequência de expressões é um valor inteiro (ou outro indicador de ordem, p. ex., 3.1.2) que indica a ordem sequencial em que uma mensagem é enviada; (valor de retorno) é o nome das informações retornadas por uma operação chamada pela mensagem; nome da mensagem identifica uma operação a ser chamada; e (lista de argumentos) é a lista de atributos passados para a operação.

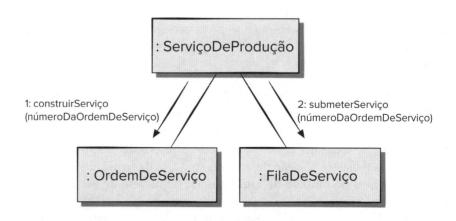

Figura 11.6
Diagrama de colaboração com as mensagens.

---

5 A OCL é discutida brevemente no Apêndice 1.

Etapa 3b. Identificar interfaces adequadas para cada componente. No contexto do projeto de componentes, uma interface de UML é "um grupo de operações externamente visíveis (públicas). A interface não contém nenhuma estrutura interna, nenhum atributo, nenhuma associação…" [Ben10a]. Colocado mais formalmente, interface equivale a uma classe abstrata que fornece uma conexão controlada entre as classes de projeto. A elaboração de interfaces está ilustrada na Figura 11.1. As operações definidas para o diagrama de classes são classificadas em uma ou mais classes abstratas. Todas as operações contidas em uma classe abstrata (a interface) devem ser coesas; ou seja, elas devem apresentar processamento focado em uma função ou subfunção limitada.

Voltando à Figura 11.1, pode-se dizer que a interface *iniciarServiço* não apresenta coesão suficiente. Na realidade, ela realiza três subfunções distintas – criar uma ordem de serviço, verificar a prioridade do serviço e passar um serviço para produção. O projeto de interfaces deve ser refatorado. Uma abordagem poderia ser reexaminar as classes de projeto e definir uma nova classe **OrdemDeServiço** que cuidaria de todas as atividades associadas à montagem de uma ordem de serviço. A operação *construirOrdemDeServiço()* passa a fazer parte dessa classe. De modo similar, poderíamos definir uma classe **FilaDeServiço** que incorporaria a operação *verificarPrioridade()*. Uma classe **ServiçoDeProdução** englobaria todas as informações associadas a um serviço de produção a ser passado para o centro de produção. A interface *iniciarServiço* assumiria, então, a forma indicada na Figura 11.7. A interface *iniciarServiço* agora é coesa, focalizando uma função. As interfaces associadas a **ServiçoDeProdução, OrdemDeServiço** e **FilaDeServiço** são similarmente coesas.

Etapa 3c. Elaborar atributos e definir tipos de dados e estruturas de dados necessárias para implementá-los. Em geral, as estruturas e os tipos de dados utilizados para definir atributos são definidos no contexto da linguagem de programação que será usada para implementação. A UML define o tipo de dados de um atributo usando a seguinte sintaxe:

```
nome : tipo da expressão = valor inicial {string de
propriedades}
```

na qual `nome` é o nome do atributo, `tipo da expressão` é o tipo de dados, `valor inicial` é o valor que o atributo assume quando um objeto é criado, e `string de propriedades` define uma propriedade ou característica do atributo.

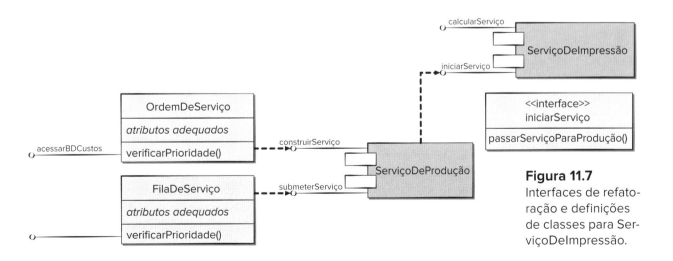

Figura 11.7 Interfaces de refatoração e definições de classes para ServiçoDeImpressão.

Durante a primeira iteração do projeto de componentes, os atributos normalmente são descritos por nomes. Referindo-nos mais uma vez à Figura 11.1, a lista de atributos para **ServiçoDeImpressão** enumera apenas os nomes dos atributos. Entretanto, à medida que a elaboração do projeto prossegue, cada atributo é definido usando-se o formato de atributo da UML citado. Por exemplo, `peso-TipoDoPapel` é definido da seguinte maneira:

```
peso-TipoDoPapel: string = "A" {contém 1 de 4 valores - A,
B, C ou D}
```

que define `peso-TipoDoPapel` como uma variável de *string* inicializada com o valor A que pode assumir qualquer um dos quatro valores do conjunto {A, B, C, D}.

Se um atributo aparece repetidamente ao longo de uma série de classes de projeto e tem uma estrutura relativamente complexa, é melhor criar uma classe separada para acomodá-lo.

Etapa 3d. Descrever detalhadamente o fluxo de processamento contido em cada operação. Isso poderia ser concretizado usando-se um pseudocódigo baseado em linguagem de programação ou por meio de um diagrama de atividades de UML. Cada componente de *software* é elaborado por meio de uma série de iterações que aplicam o conceito de refinamento gradual (Capítulo 9).

A primeira iteração define cada operação como parte da classe de projeto. Em cada caso, a operação deve ser caracterizada de modo a garantir alta coesão; ou seja, a operação deve realizar uma única função ou subfunção determinada. A iteração seguinte faz pouco mais do que expandir o nome da operação. Por exemplo, a operação *calcularCustoPapel()* indicada na Figura 11.1 pode ser expandida da seguinte maneira:

```
calcularCustoPapel (peso, tamanho, cor): numérico
```

Isso indica que *calcularCustoPapel()* exige os atributos `peso`, `tamanho` e `cor` como entrada e retorna um valor numérico (na verdade um valor monetário) como saída.

Se o algoritmo necessário para implementar *calcularCustoPapel()* for simples e amplamente compreendido, talvez não seja necessária maior elaboração de projeto. O engenheiro de *software* que realiza a codificação fornece os detalhes fundamentais para implementar a operação. Entretanto, se o algoritmo for mais complexo ou enigmático, será necessária maior elaboração de projeto nesse estágio. A Figura 11.8 representa um diagrama de atividades de UML para *calcularCustoPapel()*. Quando os diagramas de atividades são usados para a especificação de projeto de componentes, em geral são representados em um nível de abstração ligeiramente maior do que o do código-fonte.

Etapa 4. Descrever fontes de dados persistentes (bancos de dados e arquivos) e identificar as classes necessárias para gerenciá-los. Os bancos de dados e arquivos normalmente transcendem a descrição de projeto de um componente individual. Na maioria dos casos, esses repositórios de dados persistentes são especificados inicialmente como parte do projeto de arquitetura. Entretanto, à medida que a elaboração do projeto prossegue, é útil fornecer detalhes adicionais sobre a estrutura e a organização das fontes de dados persistentes.

Etapa 5. Desenvolver e elaborar representações comportamentais para uma classe ou componente. Diagramas de estados de UML foram usados como parte do modelo de requisitos para representar o comportamento externamente observável do sistema e o comportamento mais localizado de classes de análise individuais. Durante o projeto de componentes, algumas vezes é necessário modelar o comportamento de uma classe de projeto.

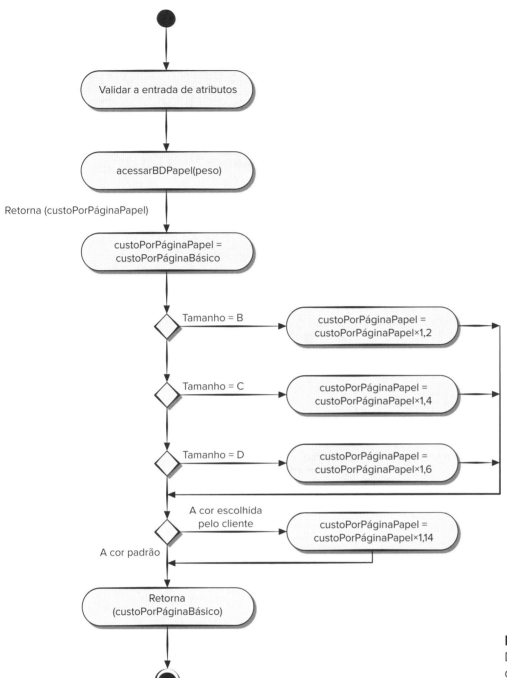

Figura 11.8
Diagrama de atividades de UML para *calcularCustoPapel*.

O comportamento dinâmico de um objeto (uma instanciação de uma classe de projeto à medida que o programa é executado) é afetado por eventos externos a ele e pelo estado atual (modo de comportamento) do objeto. Para compreender o comportamento dinâmico de um objeto, deve-se examinar todos os casos de uso relevantes para a classe de projeto ao longo de sua vida. Estes fornecem informações que ajudam a delinear os eventos que afetam o objeto e os estados em que o objeto reside conforme o tempo passa e os eventos ocorrem. As transições entre estados (dirigidos por eventos) são representadas usando-se um diagrama de estado de UML [Ben10a], ilustrado na Figura 11.9.

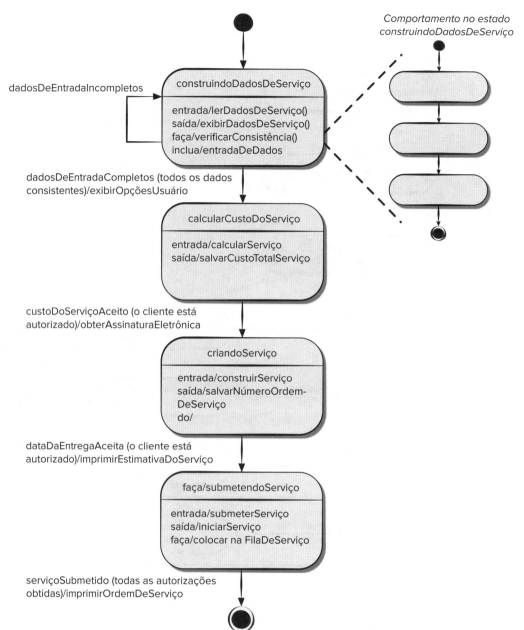

Figura 11.9
Fragmento de um diagrama de estados para a classe ServiçoDe-Impressão.

A transição de um estado (representado por um retângulo com cantos arredondados) para outro ocorre após um evento que assume a seguinte forma:

```
nome-evento (lista-parâmetros) [condição-de-guarda] /
expressão de ação
```

em que `nome-evento` identifica o evento, `lista-parâmetros` incorpora dados associados ao evento, `condição-de-guarda` é escrito em OCL e especifica uma condição que deve ser atendida antes de o evento poder ocorrer, e `expressão de ação` define uma ação que ocorre à medida que a transição ocorre.

Com referência à Figura 11.9, cada estado poderia definir ações *entrada/* e *saída/* que acontecem, respectivamente, conforme ocorre a transição para dentro e para fora do estado. Na maioria dos casos, essas ações correspondem a operações relevantes à classe que está sendo modelada. O indicador *faça/* fornece um mecanismo para indicar atividades que ocorrem enquanto se encontram em determinado estado, ao passo que o indicador *inclua/* fornece um meio para elaborar o comportamento por meio da incorporação de mais detalhes de diagramas de estados na definição de um estado.

É importante notar que o modelo comportamental contém informações que não são óbvias em outros modelos de projeto. Por exemplo, o exame cuidadoso dos diagramas de estado da Figura 11.9 indica que o comportamento dinâmico da classe **ServiçoDeImpressão** é dependente de duas aprovações do cliente, à medida que dados de custo e cronograma para o serviço de impressão são obtidos. Sem as aprovações (a condição de controle garante que o cliente é autorizado para aprovar), o serviço de impressão não pode ser submetido, pois não há nenhuma maneira de atingir o estado *submetendoServiço*.

Etapa 6. Elaborar diagramas de implantação para fornecer detalhes de implementação adicionais. Os diagramas de implantação (Capítulo 9) são usados como parte do projeto da arquitetura e representados na forma de descritores. Nesta forma, funções importantes do sistema (representadas como subsistemas) são representadas no contexto do ambiente computacional que vai abrigá-los.

Durante o projeto de componentes, os diagramas de implantação podem ser elaborados para representar a localização de pacotes de componentes fundamentais. Entretanto, em geral os componentes não são representados individualmente em um diagrama de componentes. A razão para tal é evitar a complexidade dos diagramas. Em alguns casos, os diagramas de implantação são elaborados na forma de instância naquele momento. Isso significa que o(s) ambiente(s) de sistema operacional e de *hardware* específico(s) utilizado(s) é(são) especificado(s), e a localização de pacotes de componentes nesse ambiente é indicada.

Etapa 7. Refatorar toda representação de projetos de componentes e sempre considerar alternativas. Ao longo deste livro, enfatizamos que projeto é um processo iterativo. O primeiro modelo no nível de componentes que criamos não será tão completo, consistente ou preciso quanto o da *n*-ésima iteração aplicada ao modelo. É essencial refatorar à medida que o trabalho de projeto é conduzido.

Além disso, não se deve ter uma visão restrita. Sempre há soluções de projeto alternativas, e os melhores projetistas consideram todas (ou quase todas) elas antes de se decidirem pelo modelo de projeto final. Desenvolva alternativas e considere cuidadosamente cada uma delas, usando os princípios e conceitos apresentados no Capítulo 9 e neste capítulo.

11.4 Projetos de componentes especializados

Existem muitas linguagens de programação e muitas maneiras de criar os componentes necessários para implementar um projeto de arquitetura de *software*. Os princípios descritos neste capítulo representam conselhos gerais para se projetar componentes. Muitos artefatos de *software* exigem o uso de ambientes especializados de desenvolvimento de programas para permitir a sua implantação em dispositivos específicos dos usuários, como telefones celulares ou assistentes digitais. Nesta seção, apresentamos resumos de algumas técnicas de projetos de componentes especializados.

11.4.1 Projeto de componentes para WebApps

A fronteira entre conteúdo e função normalmente fica indistinta quando se consideram sistemas e aplicações baseadas na Web (WebApps). Consequentemente, podemos perguntar: o que é um componente de WebApp?

No contexto deste capítulo, um componente de WebApp é (1) uma função coesa bem definida que manipula conteúdo ou fornece processamento computacional ou de dados para um usuário ou (2) um pacote coeso de conteúdo e funcionalidade que fornece ao usuário alguma capacidade exigida. Consequentemente, o projeto de componentes para WebApps em geral incorpora elementos de projeto de conteúdo e de projeto funcional.

O projeto de conteúdo no nível de componentes focaliza os objetos de conteúdo e as maneiras como eles podem ser empacotados para apresentação ao usuário de uma WebApp. A formalidade do projeto de conteúdo para componentes deve ser ajustada às características da WebApp a ser construída. Em muitos casos, os objetos de conteúdo não precisam ser organizados como componentes e podem ser manipulados individualmente. Entretanto, à medida que o tamanho e a complexidade (da WebApp, dos objetos de conteúdo e suas inter-relações) forem crescendo, talvez seja necessário organizar o conteúdo para permitir uma manipulação de projeto e referência mais fácil.[6] Além disso, se o conteúdo for altamente dinâmico (p. ex., o conteúdo para um *site* de leilões *online*), é importante estabelecer um claro modelo estrutural que incorpore os componentes de conteúdo.

Um bom exemplo de componente que poderia ser parte de uma WebApp de comércio eletrônico é o "carrinho de compras" (*shopping cart*). Um carrinho de compras oferece aos clientes do serviço de comércio eletrônico uma forma conveniente de armazenar e revisar os itens selecionados antes de finalizarem as suas compras. Com isso, eles podem pagar pelas suas seleções usando uma única transação final da sua sessão. Um carrinho de compras projetado com cuidado pode ser reutilizado em diversas aplicações de comércio eletrônico com a simples edição do seu modelo de conteúdo.

A funcionalidade da WebApp é fornecida por meio de uma série de componentes desenvolvidos em paralelo com a arquitetura da informação para garantir a consistência. O componente de carrinho de compras descrito acima contém elementos de conteúdo e algorítmicos. Partimos da consideração do modelo de requisitos, bem como da arquitetura da informação inicial e, em seguida, examinamos como a funcionalidade afeta a interação do usuário com a aplicação, com as informações apresentadas e com as tarefas realizadas por ele.

Durante o projeto da arquitetura, o conteúdo e a funcionalidade da WebApp são combinados para criar uma arquitetura funcional. *Arquitetura funcional* é uma representação do domínio funcional da WebApp e descreve os componentes funcionais fundamentais da WebApp e como eles interagem entre si.

11.4.2 Projeto de componentes para aplicativos móveis

Os aplicativos móveis normalmente são estruturados com arquiteturas de várias camadas, incluindo uma camada de interface do usuário, uma camada de negócio e uma camada de dados. Caso esteja construindo um aplicativo móvel como um cliente fino baseado na Web, os únicos componentes residentes em um dispositivo móvel são aqueles exigidos para implementar a interface do usuário. Alguns aplicativos móveis podem incorporar os componentes necessários para implementar as

---

6 Os componentes de conteúdo também podem ser reutilizados em outras WebApps.

camadas de negócio e/ou de dados no dispositivo móvel, sujeitando essas camadas às limitações das características físicas do dispositivo.

Considerando primeiro a camada de interface do usuário, é importante reconhecer que uma área de tela pequena exige que o projetista seja mais seletivo na escolha do conteúdo (texto e elementos gráficos) a ser exibido. Pode ser útil personalizar o conteúdo para um (ou mais) grupo de usuários específico e exibir somente o que cada grupo precisa. As camadas de negócio e de dados frequentemente são implementadas pela composição de componentes de serviços Web ou da nuvem. Se os componentes que fornecem os serviços do negócio e de dados residirem totalmente no dispositivo móvel, os problemas de conectividade não serão uma preocupação significativa. Ao se projetar componentes que exigem acesso aos dados do aplicativo atual que residem em um servidor da rede, deve-se considerar a conectividade intermitente (ou ausente) com a Internet.

Se um aplicativo de *desktop* está sendo portado para um dispositivo móvel, os componentes da camada de negócio talvez precisem ser revistos para saber se atendem aos requisitos não funcionais (p. ex., segurança, desempenho, acessibilidade) exigidos pela nova plataforma. O dispositivo móvel de destino pode não ter a velocidade de processador, memória ou área útil na tela necessária. O projeto de aplicativos móveis é discutido com mais detalhes no Capítulo 13.

Um exemplo de componente em um aplicativo móvel seria a interface do usuário (UI, do inglês *user interface)* de tela cheia e janela única projetada para telefones e *tablets*. Com a devida atenção ao projeto, é possível permitir que o aplicativo móvel saiba as características da tela do dispositivo móvel e adapte sua aparência para garantir que o texto, os elementos gráficos e os controles da UI funcionarão corretamente em diversos tipos de tela. Isso permite que o aplicativo móvel funcione de maneiras similares em todas as plataformas sem precisar ser reprogramado.

11.4.3 Projeto de componentes tradicionais

Os fundamentos do projeto de componentes para componentes de *software* tradicionais foram formados no início dos anos 1960 e solidificados com o trabalho de Edsger Dijkstra ([Dij65], [Dij76b]) e outros (p. ex., [Boh66]). Um componente de *software* tradicional implementa um elemento de processamento que trata uma função ou subfunção no domínio do problema ou alguma capacidade no domínio da infraestrutura. Em geral, esses componentes tradicionais são denominados funções, módulos, procedimentos ou sub-rotinas. Os componentes tradicionais não encapsulam dados da mesma forma que os componentes orientados a objetos. A maioria dos programadores utiliza bibliotecas de funções e modelos de estruturas de dados quando desenvolve novos artefatos de *software*.

No final dos anos 1960, Dijkstra e outros propuseram o uso de um conjunto de construções lógicas restritas a partir das quais qualquer programa poderia ser formado. As construções enfatizavam "a manutenção do domínio funcional". Ou seja, cada construção possuía uma estrutura lógica previsível e entrava-se nela pela parte superior e saía-se pela inferior, possibilitando a um leitor seguir mais facilmente o fluxo procedural.

As construções são sequência, condição e repetição. A *sequência* implementa etapas de processamento essenciais na especificação de qualquer algoritmo. A *condição* fornece a facilidade para processamento seletivo baseado em alguma ocorrência lógica, e a *repetição* possibilita o *loop*. Essas três construções são fundamentais para a *programação estruturada* – uma importante técnica para projetos de componentes.

As construções estruturadas foram propostas para limitar o projeto procedural de *software* a um pequeno número de estruturas lógicas previsíveis. As métricas de complexidade (Capítulo 23) indicam que o uso de construções estruturadas reduz a complexidade dos programas e, consequentemente, facilita a legibilidade, a realização de testes e a manutenção. O uso de um número limitado de construções lógicas também contribui para o processo de compreensão humana chamado pelos psicólogos de *agrupamento*. Para compreender esse processo, considere a maneira como você está lendo esta página. Não lemos as letras individualmente, mas reconhecemos padrões ou grupos de letras que formam as palavras ou frases. As construções estruturadas são grupos lógicos que permitem a um leitor reconhecer elementos procedurais de um módulo, em vez de ter de ler o projeto ou código linha por linha. A compreensão aumenta quando são encontrados padrões lógicos reconhecíveis.

Qualquer programa, independentemente da área de aplicação ou de sua complexidade técnica, pode ser projetado e implementado usando-se apenas as três construções estruturadas. Entretanto, deve-se frisar que o uso dogmático apenas dessas construções pode, algumas vezes, provocar dificuldades práticas.

11.4.4 Desenvolvimento baseado em componentes

Na engenharia de *software*, a reutilização é uma ideia ao mesmo tempo antiga e nova. Os programadores têm reutilizado ideias, abstrações e processos desde os primórdios da computação, mas a abordagem inicial para a reutilização era improvisada. Hoje em dia, sistemas computacionais complexos e de alta qualidade devem ser construídos em prazos muito curtos e exigem uma abordagem mais organizada para a reutilização.

A *engenharia de software baseada em componentes* (CBSE, do inglês *component-based software engineering*) é um processo que enfatiza o projeto e a construção de sistemas baseados em computadores usando "componentes" de *software* reutilizáveis (Figura 11.10). Considerando essa descrição, surge uma série de questões. É possível construir sistemas complexos montando-os por meio de um catálogo de componentes de *software* reutilizáveis? Isso pode ser realizado de maneira eficaz em termos de custo e tempo? Podem ser estabelecidos incentivos apropriados para estimular os engenheiros de *software* à reutilização em vez de reinventar? A gerência está disposta a incorrer na despesa adicional associada à criação de componentes de *software* reutilizáveis? A biblioteca de componentes necessários para a reutilização pode ser criada para torná-la acessível aos que precisam dela? Os componentes existentes podem ser encontrados por aqueles que precisam deles? Cada vez mais, a resposta a cada uma dessas questões é "sim".

A Figura 11.10 mostra as etapas principais na CBSE. Começamos com os requisitos do sistema e os apuramos até os componentes necessários serem identificados. A seguir, os desenvolvedores realizam buscas nos repositórios para determinar quais componentes já existem. Cada componente possui suas próprias pré- e pós-condições. Aqueles cujas pós-condições correspondem a um requisito do sistema são identificados, e as pré-condições de cada componente são verificadas. Se as pré-condições são atendidas, o componente é selecionado para inclusão na versão atual. Quando nenhum componente é selecionado, os desenvolvedores precisam decidir se modificam os requisitos ou se modificam o componente que mais se aproxima dos

Figura 11.10
Projeto de *software* baseado em componentes.

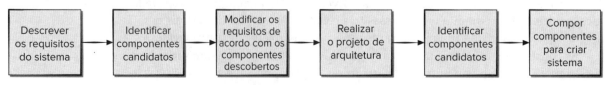

requisitos originais. Em geral, trata-se de um processo iterativo, que continua até ser possível implementar o projeto de arquitetura usando um misto de componentes preexistentes ou recém-criados.

Considere a tarefa de desenvolver veículos autônomos, na vida real ou em um videogame. Normalmente, o *software* para esses sistemas complexos é criado pela combinação de diversos componentes reutilizáveis, com cada um prestando serviços modulares distintos. Em geral, eles incluiriam muitos componentes de *software*: um que gerencia a detecção de obstáculos, um de planejamento ou navegação, um de inteligência artificial para gerenciar a tomada de decisões e algum tipo de componente para controlar os movimentos do veículo ou a frenagem. Já que esses tipos de módulo de *software* têm o potencial de serem usados em muitos veículos diferentes, seria bom poder armazená-los em uma biblioteca de componentes.

Como utiliza componentes preexistentes, a CBSE pode encurtar o tempo de desenvolvimento e aumentar a qualidade. Muitos praticantes [Vit03] atribuem as seguintes vantagens à CBSE:

- **Tempo de ciclo reduzido.** É mais fácil construir aplicativos completos a partir de um conjunto de componentes que já existem.
- **Maior retorno sobre investimento (ROI, do inglês *return on investment*).** Às vezes, é possível economizar com a compra de componentes prontos em vez de redesenvolver a mesma funcionalidade internamente.
- **Alavancagem dos custos de desenvolvimento de componentes.** Reutilizar componentes em múltiplos aplicativos permite que os custos sejam divididos entre múltiplos projetos.
- **Maior qualidade.** Os componentes são reutilizados e testados em muitos aplicativos diferentes.
- **Manutenção de aplicativos baseados em componentes.** Com uma engenharia cuidadosa, pode ser relativamente fácil substituir componentes obsoletos usando outros, novos ou melhorados.

O uso de componentes na CBSE tem seus riscos, incluindo [Kau11]:

- **Riscos de seleção de componentes.** É difícil prever o comportamento de componentes de caixa-preta, ou o mapeamento dos requisitos dos usuários em relação ao projeto de arquitetura do componente pode ser ruim.
- **Riscos de integração de componentes.** Faltam padrões de interoperabilidade entre componentes, o que muitas vezes exige a criação de "códigos empacotadores" (*wrapper codes*) para a interface entre eles.
- **Riscos de qualidade.** As suposições de projeto desconhecidas adotadas para os componentes dificultam o seu teste, o que pode afetar a segurança, o desempenho e a confiabilidade do sistema.
- **Riscos de segurança.** Um sistema pode ser utilizado de maneiras que não se pretendia, e a integração de componentes em combinações não testadas pode causar vulnerabilidades do sistema.
- **Riscos de evolução do sistema.** Componentes atualizados podem ser incompatíveis com os requisitos dos usuários ou podem conter características não documentadas adicionais.

Um dos desafios enfrentados pela reutilização ampla é a *divergência arquitetural* [Gar09a] – incompatibilidades entre as suposições sobre os componentes e seus ambientes operacionais.[7] Muitas vezes, essas suposições se concentram no modelo de controle do componente, na natureza das conexões do componente (interfaces), na própria infraestrutura arquitetural e na natureza do processo de construção.

Se as suposições dos envolvidos forem documentadas explicitamente, poderá ocorrer a detecção antecipada da divergência arquitetural. Além disso, o uso de um modelo de processo orientado a riscos enfatiza a definição de protótipos arquiteturais antecipados e aponta para áreas de divergência. Frequentemente, é muito difícil reparar uma divergência arquitetural sem o uso de mecanismos como empacotadores ou adaptadores.[8] Às vezes é necessário reformar completamente uma interface de componentes ou o próprio componente para eliminar problemas de acoplamento.

11.5 Refatoração de componentes

Conceitos de projeto, como abstração, encapsulamento, independência funcional, refinamento e programação estruturada, juntamente com métodos, testes e garantia da qualidade de *software* (SQA, do inglês *software quality assurance*) orientados a objetos, contribuem para a criação de componentes de *software* que serão mais fáceis de refatorar. A maioria dos desenvolvedores concordaria que a refatoração de componentes para melhorar a qualidade é uma boa prática. Muitas vezes, é difícil convencer a gerência sobre a importância de dedicar recursos para o conserto de componentes que estão funcionando corretamente em vez de adicionar novas funcionalidades a eles.

Neste livro, nos concentramos no projeto e na entrega incrementais de componentes de sistemas. Apesar de não haver uma relação quantificável que descreva os efeitos de mudanças de código na qualidade da arquitetura, a maioria dos engenheiros de *software* concorda que, com o tempo, grandes quantidades de alterações a um sistema podem levar à criação de estruturas problemáticas na base do código. Ignorar esses problemas aumenta a dívida técnica (Capítulo 9) associada ao sistema de *software*. Reduzir essa dívida técnica muitas vezes envolve refatoração da arquitetura, o que os desenvolvedores normalmente consideram caro e arriscado. Não se pode simplesmente dividir componentes grandes em muitos pequenos e esperar um aumento automático na coesão e uma redução no acoplamento para reduzir a dívida técnica.

Sistemas de *software* de grande porte podem ter milhares de componentes. Usar técnicas de mineração de dados para identificar oportunidades de refatoração pode ser bastante positivo para esse trabalho. Ferramentas automatizadas podem analisar o código-fonte dos componentes do sistema e fazer recomendações sobre refatoração para os desenvolvedores com base em regras de projeto genéricas sabidamente associadas a problemas de arquitetura. Contudo, ainda é responsabilidade dos desenvolvedores e dos seus gerentes decidir quais mudanças aceitar e quais ignorar [Lin16].

Acontece que muitos dos componentes sujeitos a erros em sistemas de *software* estão conectados arquiteturalmente uns aos outros. Essas conexões de arquitetura problemáticas tendem a propagar os defeitos entre si e acumulam altos custos de manutenção. Se fosse possível identificar automaticamente a dívida técnica presente no sistema e os custos de manutenção associados, seria mais fácil convencer os desenvolvedores e gerentes a dedicar algum tempo à refatoração desses componentes.

---

7   Este pode ser o resultado de diversas formas de acoplamento que devem ser evitadas sempre que possível.

8   Um *adaptador* é um dispositivo de *software* que permite a um cliente com uma interface incompatível acessar um componente, transformando uma solicitação de serviço em uma forma que possa acessar a interface original.

Esse tipo de trabalho exige que examinemos os históricos de alterações dos componentes do sistema [Xia16]. Por exemplo, se dois ou três componentes sempre são retirados do repositório de código para manutenção ao mesmo tempo, o fato pode sugerir que os componentes têm um defeito de projeto em comum.

11.6 Resumo

O processo para projeto de componentes abrange uma sequência de atividades que reduz lentamente o nível de abstração com o qual um *software* é representado. Em última análise, o projeto de componentes representa o *software* em um nível de abstração próximo do código.

Podem ser adotadas três visões diferentes de projeto de componentes, dependendo da natureza do *software* a ser desenvolvido. A visão orientada a objetos se concentra na elaboração de classes de projeto provenientes tanto do domínio do problema quanto do de infraestrutura. A visão tradicional refina três tipos diferentes de componentes ou módulos: módulos de controle, módulos do domínio do problema e os módulos de infraestrutura. Em ambos os casos, são aplicados conceitos e princípios básicos de projeto que levam a um *software* de alta qualidade. Quando considerado a partir do ponto de vista de processos, o projeto de componentes faz uso de componentes de *software* reutilizáveis e padrões de projeto que são elementos fundamentais da engenharia de *software* baseada em componentes.

Uma série de importantes princípios e conceitos orienta o projetista à medida que as classes são elaboradas. Ideias englobadas pelo princípio do aberto-fechado e da inversão da dependência, além de conceitos como acoplamento e coesão, orientam o engenheiro de *software* na construção de componentes de *software* que podem ser testados, implementados e mantidos. Para conduzir projetos de componentes nesse contexto, são elaboradas classes por meio da especificação de detalhes de mensagens, identificação de interfaces apropriadas, elaboração de atributos e definição de estruturas de dados para implementá-las, descrevendo o fluxo de processamento em cada operação e representando o comportamento em termos de componentes ou classes. Em todos os casos, a iteração (refatoração) do projeto é uma atividade essencial.

O projeto de componentes tradicional exige a representação de estruturas de dados, interfaces e algoritmos para um módulo de programa em detalhes suficientes para nos orientar na geração de código-fonte em uma linguagem de programação. Para tanto, o projetista usa uma série de notações de projeto que representam detalhes no nível de componentes, em formato gráfico, tabular ou com base em texto.

O projeto de componentes para WebApps considera tanto o conteúdo quanto a funcionalidade fornecidos por um sistema baseado na Web. O projeto de conteúdo no nível de componentes se concentra nos objetos de conteúdo e nas maneiras pelas quais eles podem ser empacotados para apresentação ao usuário de uma WebApp. O projeto funcional para WebApps concentra-se nas funções de processamento que manipulam conteúdo, efetuam cálculos, processam consultas em banco de dados e estabelecem interfaces com outros sistemas. Todos os princípios e diretrizes de projeto de componentes se aplicam.

O projeto de componentes para aplicativos móveis utiliza uma arquitetura de várias camadas que inclui uma camada de interface do usuário, uma camada de negócio e uma camada de dados. Se o aplicativo móvel exige o projeto de componentes que implementam as camadas de negócio e/ou de dados no dispositivo móvel, as limitações das características físicas do dispositivo se tornam importantes restrições de projeto.

Programação estruturada é uma filosofia de projeto procedural que restringe o número e o tipo de construções lógicas usadas para representar detalhes algorítmicos. O intuito da programação estruturada é auxiliar o projetista na definição de algoritmos que sejam menos complexos e, consequentemente, mais fáceis de serem lidos, testados e mantidos.

A engenharia de *software* baseada em componentes identifica, constrói, cataloga e dissemina um conjunto de componentes de *software* em um domínio de aplicação. Esses componentes são, então, qualificados, adaptados e integrados para uso em um novo sistema. Os componentes reutilizáveis devem ser projetados em um ambiente que estabeleça estruturas de dados, protocolos de interface e arquiteturas de programa-padrão para cada domínio de aplicação.

Problemas e pontos a ponderar

11.1. O termo *componente* é, algumas vezes, difícil de definir. Forneça inicialmente uma definição genérica e, a seguir, definições mais explícitas para *software* tradicional e orientado a objetos. Por fim, escolha três linguagens de programação que você conheça e ilustre como cada uma define um componente.

11.2. Por que componentes de controle são necessários em *software* tradicional e em geral não o são em *software* orientado a objetos?

11.3. Descreva o OCP com suas próprias palavras. Por que é importante criar abstrações que sirvam como interface entre componentes?

11.4. Descreva o DIP com suas próprias palavras. O que poderia acontecer se um projetista criasse uma dependência muito grande nas concretizações?

11.5. Selecione três componentes que você desenvolveu recentemente e avalie os tipos de coesão que cada um apresenta. Caso tivesse de definir o principal benefício da coesão elevada, qual seria?

11.6. Selecione três componentes que você desenvolveu recentemente e avalie os tipos de acoplamento que cada um apresenta. Caso tivesse de definir o principal benefício de um baixo acoplamento, qual seria?

11.7. Desenvolva: (1) uma classe de projeto elaborada; (2) descrições de interface; (3) um diagrama de atividades para uma das operações contidas na classe; e (4) um diagrama de estados detalhado para uma das classes do *CasaSegura* já discutidas em capítulos anteriores.

11.8. O que é um componente de WebApp?

11.9. Selecione o código de um pequeno componente de *software* e represente-o usando um diagrama de atividades.

11.10. Por que a ideia de "agrupamento" é importante durante o processo de revisão em projetos de componentes?

Elemento de design: Ícone de lupa da seção Panorama: © Roger Pressman

12

Projeto da experiência do usuário

Vivemos em um mundo de produtos de alta tecnologia, e praticamente todos eles – produtos eletrônicos de consumo, equipamentos industriais, automóveis, sistemas corporativos, sistemas militares, aplicativos móveis, videogames e simulações de realidade virtual – exigem interação humana. Para que um produto de *software* seja bem-sucedido, ele deve apresentar boa experiência do usuário (UX, do inglês *user experience*). O produto precisa demonstrar boa *usabilidade* – uma medida qualitativa da facilidade e eficiência com as quais um ser humano consegue empregar as funções e os recursos oferecidos pelo produto de alta tecnologia. O produto deve incorporar considerações de *acessibilidade*, como tecnologias assistivas, quando seus usuários especificados incluem pessoas com diversas deficiências em um determinado contexto de uso.

Conceitos-chave

acessibilidade 237
diretrizes de acessibilidade 259
atribuição de nomes a comandos 260
mapa da jornada do cliente 244
tratamento de erros 260
regras de ouro 234
recursos de ajuda 260
arquitetura da informação 235
análise de interfaces 243
consistência da interface . . 240
projeto de interfaces 250
internacionalização 260
carga de memória 239
tempo de resposta 259
storyboard 261
análise de tarefas 247
diretrizes de usabilidade 257
análise da experiência de usuários 243
projeto de interação do usuário 236
cenário de usuário 261
projeto visual 237

Panorama

O que é? O projeto de UX é o processo de aumentar a satisfação do cliente com um artefato por meio da criação de uma interação utilizável, acessível e prazerosa entre o artefato e os seus usuários.

Quem realiza? Um engenheiro de *software* projeta a experiência do usuário e a interface do usuário com o auxílio de envolvidos experientes.

Por que é importante? Se um *software* for difícil de ser utilizado, se ele o compele a incorrer em erros ou frustra seus esforços de atingir suas metas, você não gostará dele, independentemente do poder computacional apresentado, do conteúdo fornecido ou da funcionalidade oferecida. A experiência do usuário deve ser correta, pois molda a percepção do *software* por parte do usuário.

Quais são as etapas envolvidas? O projeto de interfaces do usuário se inicia pela identificação do usuário, das tarefas e dos requisitos do ambiente. Estes formam a base para a criação do *layout* da tela e percursos de navegação por meio da arquitetura da informação.

Qual é o artefato? São criados cenários e personas de usuário com base na jornada do cliente desejada. Protótipos de baixa fidelidade e protótipos de interfaces digitais são desenvolvidos, avaliados e modificados de forma iterativa.

Como garantir que o trabalho foi realizado corretamente? Os usuários fazem um *test-drive* da interface, e o *feedback* desse teste é usado para a próxima modificação iterativa do protótipo.

Engenharia de *software*

Nas três primeiras décadas da era computacional, a usabilidade não era uma preocupação dominante entre aqueles que construíam *software*. Em seu clássico livro sobre projeto, Donald Norman [Nor88] argumentou que já era tempo de uma mudança de atitude: "Para criar tecnologia que se adapte ao ser humano, é necessário estudá-lo. Mas hoje temos a tendência de estudar apenas a tecnologia. Como consequência, exige-se que as pessoas se adaptem à tecnologia. É chegada a hora de inverter a tendência, de fazer a tecnologia se adaptar às pessoas".

À medida que os tecnólogos passaram a estudar a interação humana, surgiram duas questões preponderantes. Em primeiro lugar, identificou-se um conjunto de *regras de ouro* (discutidas na Seção 12.2). Estas se aplicavam a toda interação humana com produtos tecnológicos. Em segundo lugar, definiu-se um conjunto de *mecanismos de interação* para permitir aos projetistas de *software* construir sistemas que implementassem as regras de ouro de forma apropriada. Os mecanismos de interação, coletivamente denominados *interface do usuário*, eliminaram parte dos diversos problemas atrozes associados às interfaces humanas. Mas mesmo hoje, todos nós encontramos interfaces do usuário difíceis de assimilar, difíceis de usar, confusas, contrárias à intuição, pouco flexíveis e, em muitos casos, totalmente frustrantes. Mesmo assim, alguns gastam tempo e energia construindo cada uma dessas interfaces, e é pouco provável que seus construtores tenham criado os problemas propositadamente.

O *projeto da experiência do usuário* é um conjunto de atividades de processo incrementais que ajudam a equipe de desenvolvimento e os envolvidos do projeto a criar uma experiência positiva para os usuários do artefato de *software*. O projeto de UX é mais amplo que o projeto de interface do usuário e de engenharia de usabilidade e acessibilidade. Ele precisa começar logo no início do ciclo de vida do projeto para ser eficaz. Os desenvolvedores que esperam até o final do projeto para adicionar a funcionalidade de interface do usuário provavelmente não criarão uma experiência prazerosa para os usuários.

Neste capítulo, enfocaremos os problemas de projeto da interface do usuário no contexto do projeto da experiência do usuário. Os leitores que se interessarem por uma cobertura mais detalhada sobre UX devem consultar os livros de Shneiderman [Shn16], Nielsen [Nei93] e Norman [Nor13].

12.1 Elementos do projeto da experiência do usuário

O *projeto da experiência do usuário* tenta garantir que nenhum aspecto do seu *software* aparecerá na versão candidata a lançamento final sem a decisão explícita da equipe de desenvolvimento e outros envolvidos de incluí-lo. Isso significa levar em conta todas as ações e expectativas razoáveis do usuário durante cada passo do processo de desenvolvimento. Para facilitar o gerenciamento da tarefa de elaborar uma experiência do usuário positiva, Garrett [Gar10] sugere dividi-la em seus elementos de componentes: estratégia, escopo, estrutura, esqueleto e superfície. A Figura 12.1 representa as relações entre esses elementos de componentes e subcomponentes.

A organização de Garrett do projeto de UX pode ser interpretada da seguinte maneira para o desenvolvimento de artefatos de *software*:

- **Estratégia.** Identifica as necessidades do usuário e os objetivos de negócio do cliente que formam a base de todo o trabalho de projeto da UX (Seção 12.4).
- **Escopo.** Inclui os requisitos funcionais e de conteúdo (p. ex., informações, mídias, serviços) necessários para concretizar um conjunto de características consistente com a estratégia do projeto.

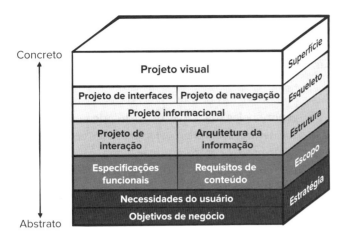

Figura 12.1
Elementos do projeto da experiência do usuário.

- **Estrutura.** Consiste no projeto de interação (p. ex., como o sistema reage em resposta às ações dos usuários [Seção 12.1.2]) e na arquitetura da informação (p. ex., a organização dos elementos de conteúdo [Seção 12.1.1]).
- **Esqueleto.** Composto por três componentes: projeto informacional (p. ex., apresentação do conteúdo de forma a torná-lo compreensível para o usuário), projeto de interface (p. ex., organizar os objetos na tela da interface para que o usuário consiga trabalhar com a funcionalidade do sistema [Seção 12.5]) e projeto de navegação (p. ex., o conjunto de elementos da tela que permite que os usuários se localizem na arquitetura da informação).
- **Superfície.** Apresenta o projeto visual ou a aparência do projeto acabado para os seus usuários (Seção 12.1.4).

Diversos aspectos entrecruzados do projeto de UX são especialmente relevantes para os engenheiros de *software*: arquitetura da informação, projeto de interação do usuário, engenharia de usabilidade e projeto visual.

12.1.1 Arquitetura da informação

Como projetistas da arquitetura, temos de identificar a arquitetura da informação (conteúdo) e a arquitetura do *software*. O termo *arquitetura da informação* é usado para conotar estruturas que levam a uma melhor organização, atribuição de nomes, navegação e busca de objetos de conteúdo. A arquitetura do conteúdo focaliza a maneira pela qual objetos de conteúdo (ou objetos compostos, como telas ou *widgets*) são estruturados para apresentação e navegação. A arquitetura do *software* lida com a maneira pela qual a aplicação é estruturada para administrar a interação com o usuário, tratar tarefas de processamento interno, navegação efetiva e apresentação de conteúdo.

O projeto de arquitetura (Capítulo 10) está ligado aos objetivos estabelecidos para um artefato de *software*, ao conteúdo a ser apresentado, aos usuários que visitarão a página e à filosofia de navegação estabelecida. Na maioria dos casos, o projeto de arquitetura é conduzido em paralelo com os projetos da interface, estético e de conteúdo. Como a arquitetura do *software* pode ter uma forte influência sobre a navegação, as decisões tomadas durante as etapas de projeto influenciarão o trabalho conduzido durante o projeto de navegação. Em muitos casos, é preciso chamar um especialista na área para ajudar os envolvidos do projeto a organizar os itens de conteúdo para a assimilação e navegação eficiente por parte dos usuários do artefato.

12.1.2 Projeto de interação do usuário

O *projeto de interação* enfoca a interface entre um artefato e o seu usuário. Até poucos anos atrás, a única maneira de interagir com um sistema de computador era digitar em um teclado e ler o resultado em uma tela. Hoje, os modos de entrada e saída são bastante variados e podem incluir entrada por voz, geração de voz, entrada por toque, impressão 3D, experiências imersivas de realidade aumentada e rastreamento de sensores de usuários dentro do ambiente. Dispositivos como esses são necessários para dar aos usuários formas de controlar um sistema. Muitas vezes, esses dispositivos de interação interferem na capacidade do artefato de gerar uma experiência natural e prazerosa para o usuário.

A interação do usuário deve ser definida pelos envolvidos nas histórias de usuário (Capítulo 7) criadas para descrever como os usuários podem realizar seus objetivos usando o artefato de *software*. Isso sugere que o projeto de interação do usuário também deve incluir um plano sobre como as informações devem ser apresentadas no sistema e como permitir que o usuário entenda essas informações. É importante lembrar que o objetivo da interface do usuário é apresentar apenas informações suficientes para ajudar o usuário a decidir qual deve ser a sua próxima ação para atingir a sua meta e como realizá-la.

Descreveremos o processo de projeto da interface do usuário em mais detalhes na Seção 12.5, mas, inicialmente, os projetistas de interação do usuário precisam responder algumas perguntas importantes quando elaboram as interfaces do usuário:[1]

- O que os usuários podem fazer com um *mouse*, dedo ou caneta eletrônica para interagir com a interface diretamente?
- Quais aspectos da aparência (p. ex., cor, forma, tamanho) dão aos usuários dicas sobre como funciona a interação com ele?
- Quais informações você fornece para informar os usuários sobre o que acontecerá antes de realizarem uma ação?
- Quais limitações foram adotadas para ajudar a prevenir erros?
- As mensagens de erro oferecem uma maneira para os usuários corrigirem o problema ou explicam por que o erro ocorre?
- Qual o *feedback* que os usuários recebem após uma ação ser realizada?
- O tamanho dos elementos da interface é razoável para facilitar as interações?
- Quais formatos familiares ou padrões devem ser utilizados para apresentar informações e aceitar entradas?

12.1.3 Engenharia de usabilidade

A *engenharia de usabilidade* é a parte do trabalho de projeto de UX que define a especificação, o projeto e o teste da interação homem-computador de um artefato de *software*. Essa ação de engenharia de *software* enfoca a elaboração de interfaces humano-computador de alta usabilidade. A engenharia de usabilidade oferece métodos estruturados para se produzir eficiência e elegância no projeto de interface. Termos como *facilidade de utilização* não ajudam a nos orientar aqui, pois muitas vezes representam uma avaliação bastante subjetiva. Se os desenvolvedores se concentram em tornar um artefato fácil de aprender, usar e lembrar com o tempo, a usabilidade pode ser medida quantitativamente e testada em termos de melhorias.

---

1 Consulte https://www.usability.gov/what-and-why/interaction-design.html.

A acessibilidade é outro aspecto da engenharia de usabilidade que deve ser considerada quando projetamos interações dos usuários com o *software*. A *acessibilidade* é o nível no qual pessoas com necessidades especiais (p. ex., deficientes visuais, surdos, idosos, pessoas com deficiências cognitivas) recebem meios de perceber, entender, navegar e interagir com artefatos de computador. O objetivo do projeto de acessibilidade é fornecer ferramentas de *hardware* e de *software* capazes de eliminar barreiras que podem impedir que os usuários sejam bem-sucedidos e completem as tarefas suportadas pelo *software*. A usabilidade e a acessibilidade são discutidas em mais detalhes na Seção 12.7.

12.1.4 Projeto visual

O *projeto visual*, também chamado de projeto estético ou *design* gráfico, é o esforço artístico que complementa os aspectos técnicos do projeto da experiência do usuário. Sem ele, um artefato de *software* poderia ser funcional, mas não atraente. Com ele, o artefato atrai seus usuários para um mundo que os envolve em um nível físico e intelectual.

Mas o que é estética? Há um velho ditado que diz: "A beleza está nos olhos de quem vê". Isso é particularmente apropriado quando se considera o projeto estético de muitos jogos e aplicativos móveis. Para realizar um projeto estético eficaz, retorne à hierarquia de usuários desenvolvida como parte do modelo de requisitos (Capítulo 8) e pergunte: Quem são os usuários do artefato e que "visual" eles desejam?

O *design* gráfico considera todos os aspectos visuais de uma WebApp ou de um aplicativo móvel. O processo de *design* gráfico começa com o *layout* da tela e prossegue com a consideração de combinações de cores gerais, tipografias, tamanhos e estilos de texto, o uso de mídia complementar (p. ex., áudio, vídeo, animação) e todos os demais elementos estéticos de uma aplicação. Nem todo engenheiro de *software* tem talento artístico. Caso se enquadre nessa categoria, contrate um *designer* gráfico experiente para realizar a tarefa de projeto estético.

Casa Segura

Design gráfico

Cena: Escritório de Doug Miller, após a primeira revisão do protótipo de interface do *layout* do *CasaSegura*.

Atores: Doug Miller, gerente de projeto de engenharia de *software* do *CasaSegura*, e Vinod Raman, membro da equipe de engenharia de *software* do *CasaSegura*.

Conversa:

Doug: Que impressão você teve do novo *design* do *layout* do quarto?

Vinod: Gosto dele, mas o mais importante é nossos clientes gostarem.

Doug: A *designer* gráfica que pedimos emprestada ao *marketing* ajudou?

Vinod: Na verdade, muito. A Marg é ótima em *layout* de páginas e sugeriu um tema gráfico incrível para as telas do aplicativo. Muito melhor do que o nosso.

Doug: Isso é bom. Algum problema?

Vinod: Ainda precisamos criar telas alternativas para levar em conta as questões de acessibilidade para alguns de nossos usuários deficientes visuais. Mas precisaríamos fazer isso para todo projeto de aplicativo de que necessitamos.

Doug: Podemos usar a Marg para esse trabalho também?

Vinod: Claro, ela tem um bom entendimento sobre usabilidade e acessibilidade.

Doug: Certo, vou marcar tudo com o *marketing* e pedi-la emprestada por mais um tempo.

238 Engenharia de *software*

12.2 As regras de ouro

Em seu livro sobre projeto de interfaces, Theo Mandel [Man97] cunha três *regras de ouro:*

1. Deixar o usuário no comando.
2. Reduzir a carga de memória do usuário.
3. Tornar a interface consistente.

Essas regras de ouro formam, na verdade, a base para um conjunto de princípios para o projeto de interfaces do usuário que orienta esse importante aspecto do projeto de *software.*

12.2.1 Deixar o usuário no comando

Durante uma sessão para levantamento de requisitos para um importante e novo sistema de informação, perguntou-se a um usuário-chave sobre os atributos da interface gráfica orientada a janelas.

"O que eu realmente gostaria", disse o usuário solenemente, "é de um sistema que leia minha mente. Ele saberia o que quero fazer antes mesmo de eu ter de fazê--lo, e isso me facilitaria tremendamente a vida. Isso é tudo, apenas isso".

Sua primeira reação poderia ser sacudir a cabeça e sorrir; porém, reflita por um momento. Não havia absolutamente nada de errado com a solicitação do usuário. Ele queria um sistema que reagisse às suas necessidades e o ajudasse a concretizar suas tarefas. Ele queria controlar o computador, e não que o computador o controlasse.

A maioria das limitações e restrições de interface impostas por um projetista destina-se a simplificar o modo de interação. Mas para quem?

Como projetistas, talvez sejamos tentados a introduzir restrições e limitações para simplificar a implementação da interface. O resultado pode ser uma interface fácil de ser construída, mas frustrante sob o ponto de vista do usuário. Mandel [Man97] define uma série de princípios de projeto que permitem a um usuário manter o controle:

Defina modos de interação para não forçar o usuário a realizar ações desnecessárias ou indesejadas. Modo de interação é o estado atual da interface. Por exemplo, se a *autocorreção* é selecionada no menu de um aplicativo de mensagens de texto, o *software* executa a autocorreção continuamente. Não há nenhuma razão para forçar o usuário a permanecer no modo de autocorreção. O usuário deve ser capaz de entrar e sair desse modo com pouco ou nenhum esforço.

Proporcione interação flexível. Pelo fato de diferentes usuários terem preferências de interação diversas, deve-se fornecer opções. Por exemplo, um *software* poderia permitir a um usuário interagir por meio de comandos de teclado, movimentação do *mouse*, caneta digitalizadora, tela multitoque ou por comandos de reconhecimento de voz. Mas nem toda ação é suscetível a todo mecanismo de interação. Considere, por exemplo, a dificuldade de usar comandos via teclado (ou entrada de voz) para desenhar uma forma complexa.

Possibilite que a interação de usuário possa ser interrompida e desfeita. Mesmo quando envolvido em uma sequência de ações, o usuário deve ser capaz de interromper a sequência para fazer alguma outra coisa (sem perder o trabalho que já havia feito). O usuário também deve ser capaz de "desfazer" qualquer ação ou sequência linear de ações.

Simplifique a interação à medida que os níveis de competência avançam e permita que a interação possa ser personalizada. Geralmente, os usuários constatam que realizam a mesma sequência de interações repetidamente. Vale a pena criar um mecanismo de "macros" que permita a um usuário avançado personalizar a interface para facilitar sua interação.

Oculte os detalhes técnicos de funcionamento interno do usuário casual. A interface do usuário deve levá-lo ao mundo virtual da aplicação. O usuário não deve se preocupar com o sistema operacional, as funções de arquivos ou com alguma outra tecnologia computacional enigmática.

Projete para interação direta com objetos que aparecem na tela. O usuário tem uma sensação de controle quando lhe é permitido manipular os objetos necessários para realizar uma tarefa de maneira similar ao que ocorreria caso o objeto fosse algo físico. Por exemplo, a interface de uma aplicação que permita a um usuário arrastar um documento para o "lixo" é uma implementação de manipulação direta.

12.2.2 Reduzir a carga de memória do usuário

Uma interface do usuário bem projetada não sobrecarrega sua memória, pois quanto mais o usuário precisar lembrar, mais propensa a erros será a interação. Sempre que possível, o sistema deve "se lembrar" de informações pertinentes e auxiliar o usuário em um cenário de interação que o ajude a recordar-se. Mandel [Man97] define princípios de projeto que possibilitam a uma interface reduzir a carga de memória do usuário:

Reduza a demanda de memória recente. Quando os usuários estão envolvidos em tarefas complexas, a demanda de memória recente pode ser significativa. A interface deve ser projetada para reduzir a exigência de recordar ações, entradas e resultados passados. Isso pode ser obtido pelo fornecimento de pistas visuais que permitam a um usuário reconhecer ações passadas, em vez de ter de se recordar delas.

Estabeleça *defaults* significativos. O conjunto de parâmetros iniciais (*defaults*) deve fazer sentido para o usuário comum, porém um usuário também deve ser capaz de especificar suas preferências individuais. Entretanto, deve-se fornecer uma opção "*reset*" que permita o restabelecimento dos valores-padrão originais.

Defina atalhos intuitivos. Quando forem usados mnemônicos para realizar alguma função de sistema (p. ex., ctrl-C para chamar a função de *copiar*), esse mnemônico deve estar ligado à ação de uma forma que seja fácil de ser memorizada (p. ex., a primeira letra da tarefa a ser solicitada).

O *layout* visual da interface deve se basear na metáfora do mundo real. Por exemplo, um sistema de pagamento de contas deve usar uma metáfora de talão de cheques e registro de cheques para orientar o usuário pelo processo de pagamento de uma conta. Um aplicativo de *layout* de quartos deve permitir que os usuários arrastem móveis de um catálogo visual e organize-os na tela usando uma interface de toque. Isso permite ao usuário se apoiar em indicações visuais bem compreensíveis, em vez de ter de memorizar uma sequência de interações misteriosa.

Revele as informações de maneira progressiva. A interface deve ser organizada hierarquicamente. As informações sobre uma tarefa, um objeto ou algum comportamento devem ser apresentadas inicialmente em um alto nível de abstração. Mais detalhes devem ser apresentados após o usuário demonstrar interesse.

Casa Segura

Violação de uma regra de ouro de uma interface do usuário

Cena: Sala do Vinod, quando é iniciado o projeto da interface do usuário.

Atores: Vinod e Jamie, membros da equipe de engenharia de *software* do *CasaSegura*.

Conversa:

Jamie: Estive pensando sobre a interface da função de vigilância.

Vinod (sorrindo): Pensar faz bem.

Jamie: Creio que talvez possamos simplificar um pouco as coisas.

Vinod: O que você quer dizer?

Jamie: Bem, que tal se eliminássemos totalmente a planta. Ela é atraente, porém vai nos dar muito trabalho de projeto. Em vez disso, poderíamos apenas solicitar ao usuário para que especifique a câmera que deseja ver, e, então, exibir o vídeo em uma janela de vídeo.

Vinod: Como o proprietário vai se lembrar de quantas câmeras estão configuradas e onde se encontram?

Jamie (levemente irritado): Ele é o proprietário do imóvel; ele deve saber essas coisas.

Vinod: Mas e se não souber?

Jamie: Ele deve.

Vinod: Essa não é a questão... e se ele se esquecer?

Jamie: Poderíamos fornecer-lhe uma lista de câmeras em operação e suas posições.

Vinod: Isso é possível, mas por que ele deveria ter de solicitar uma lista?

Jamie: Certo, nós fornecemos a lista se ele pedir ou não.

Vinod: Melhor. Pelo menos não terá de se lembrar de coisas que podemos dar a ele.

Jamie (pensando por um instante): Mas você gosta da planta, não é mesmo?

Vinod: Sim, sim, especialmente quando criamos o aplicativo de *layout* do quarto em um produto relacionado.

Jamie: Qual delas você acha que o pessoal do *marketing* vai gostar?

Vinod: Tá brincando, não é mesmo?

Jamie: Não.

Vinod: Sei lá... aquela com efeito piscante... Eles adoram características chamativas para o produto... Eles não estão interessados em qual é a mais fácil de ser construída.

Jamie (suspirando): Certo, talvez possamos fazer um protótipo para ambas.

Vinod: Boa ideia... depois deixamos o cliente decidir.

12.2.3 Tornar a interface consistente

A interface deve apresentar e obter informações de forma consistente. Isso implica: (1) todas as informações visuais são organizadas de acordo com regras de projeto mantidas ao longo de todas as exibições de telas; (2) mecanismos de entrada são restritos a um conjunto limitado que é usado de forma consistente por toda a aplicação; e (3) mecanismos de navegação para passar de uma tarefa a outra são definidos e implementados de maneira consistente. Mandel [Man97] define um conjunto de princípios de projeto que ajudam a tornar a interface consistente:

Permita ao usuário inserir a tarefa atual em um contexto significativo. Muitas interfaces implementam camadas de interações complexas com dezenas de imagens de tela. É importante fornecer indicadores (p. ex., títulos para as janelas, ícones gráficos, sistema de cores padronizado) que possibilitem ao usuário saber o contexto do trabalho em mãos. Além disso, o usuário deve ser capaz de determinar de onde ele veio e quais alternativas existem para a transição para uma nova tarefa.

Mantenha a consistência em uma linha de produtos completa. Uma família de aplicações (i.e., linha de produtos) deve implementar as mesmas regras de projeto de modo que a consistência seja mantida para toda a interação.

Se modelos interativos anteriores tiverem criado expectativa nos usuários, não faça alterações a menos que haja uma forte razão para isso. Uma vez que determinada sequência interativa tenha se tornado um padrão de fato (p. ex., o uso de alt-S para salvar um arquivo), o usuário pressupõe que isso vai ocorrer em qualquer aplicação que vá utilizar. Uma mudança (p. ex., usar alt-S para chamar uma função de escala) vai causar confusão.

Os princípios de projeto para interfaces discutidos nesta seção e em seções anteriores dão uma orientação básica. Nas seções seguintes, veremos o processo de projeto da experiência do usuário em si.

12.3 Análise e projeto de interfaces

Embora o projeto de UX não gire apenas em torno da interface do usuário, o projeto da interface do usuário é um bom ponto de partida para entender o processo de UX. O processo geral para análise e projeto de uma interface do usuário se inicia com a criação de diferentes modelos de funções do sistema (segundo uma percepção do mundo externo). Começamos pelo delineamento das tarefas orientadas à interação homem-máquina necessárias para alcançar a função do sistema e, em seguida, consideramos as questões de projeto que se aplicam a todos os projetos de interface. São usadas ferramentas para prototipação e, por fim, a implementação do modelo de projeto para o resultado ser avaliado pelos usuários em termos de qualidade.

12.3.1 Modelos de análise e projeto de interfaces

Quatro modelos distintos entram em cena ao se analisar e projetar uma interface do usuário. Um engenheiro humano (ou o engenheiro de *software*) estabelece um *modelo de usuário*, o engenheiro de *software* cria um *modelo de projeto*, o usuário final desenvolve uma imagem mental em geral chamada de *modelo mental* do usuário ou *percepção do sistema*, e os implementadores do sistema criam um *modelo de implementação*. Infelizmente, cada um dos modelos pode diferir significativamente. O papel de um projetista de interfaces é harmonizar as diferenças e obter uma representação consistente da interface.

O modelo de usuário estabelece o perfil dos usuários do sistema. Para construir uma interface do usuário efetiva, "todo projeto deve começar com um entendimento dos usuários pretendidos, incluindo seus perfis de idade, gênero, habilidades físicas, educação, formação cultural ou origem étnica, motivação, metas e personalidade" [Shn16]. Além disso, os usuários podem ser classificados como novatos; entendidos, usuários intermitentes e com conhecimento; ou usuários frequentes e com conhecimento. Muitos projetistas de UX gostam de montar perfis de usuário ou personas (Seção 12.4.2) como forma de capturar o que se sabe sobre cada classe de usuário.

O *modelo mental* (percepção do sistema) do usuário é a imagem do sistema que os usuários trazem em suas mentes. Por exemplo, se fosse solicitado ao usuário de um aplicativo móvel que classifica restaurantes para que descrevesse sua operação, a percepção do sistema orientaria a resposta. A precisão da descrição vai depender do perfil do usuário (p. ex., novatos dariam no máximo uma resposta muito superficial) e da familiaridade geral com o *software* no domínio de aplicação. Um usuário que entenda completamente de aplicativos de classificação de restaurantes, mas que trabalhou com um aplicativo específico apenas algumas vezes, talvez seja capaz de dar uma descrição mais completa de sua função do que o novato que investiu dias tentando usar o aplicativo eficientemente.

O *modelo de implementação* combina a manifestação externa do sistema computacional (a aparência e a percepção da interface) com todas as informações de apoio (livros, manuais, fitas de vídeo, arquivos de ajuda) que descrevem a sintaxe e a semântica da interface. Quando o modelo de implementação e o modelo mental do usuário são coincidentes, em geral os usuários sentem-se à vontade com o *software* e o utilizam de maneira eficaz. Para conseguir tal "amálgama" dos modelos, o modelo de projeto deve ter sido desenvolvido levando em conta as informações contidas no modelo de usuário, e o modelo de implementação deve refletir precisamente as informações sintáticas e semânticas sobre a interface.

12.3.2 O processo

O processo de análise e projeto para interfaces do usuário é iterativo e pode ser representado por meio de um modelo semelhante ao discutido no Capítulo 4. De acordo com a Figura 12.2, o processo de análise e projeto de interfaces do usuário começa no interior da espiral e engloba quatro atividades estruturais distintas [Man97]: (1) análise e modelagem de interfaces, (2) projeto de interfaces, (3) construção de interfaces e (4) validação de interfaces. A espiral da Figura 12.2 indica que cada uma dessas tarefas ocorrerá mais de uma vez; cada volta em torno da espiral representa a elaboração adicional dos requisitos e do projeto resultante. Na maioria dos casos, a atividade de construção envolve prototipação – a única maneira prática de validar o que foi projetado.

A *análise de interfaces* se concentra no perfil dos usuários que vão interagir com o sistema. O nível de habilidades, o conhecimento da área e a receptividade geral em

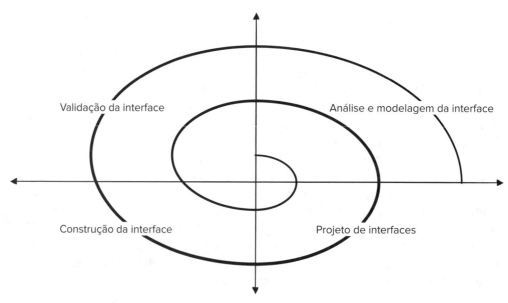

Figura 12.2
O processo de projeto de interface do usuário.

relação ao novo sistema são registrados, e categorias de usuários são definidas. Para cada categoria de usuário, é feito o levantamento de requisitos. Em essência, trabalhamos para compreender a percepção do sistema (Seção 12.4.2) para cada classe de usuário.

Uma vez definidos os requisitos gerais, é realizada uma *análise de tarefas* mais detalhada. As tarefas que o usuário realiza para alcançar os objetivos do sistema são identificadas, descritas e elaboradas (ao longo de uma série de passagens iterativas pela espiral). A análise de tarefas é discutida de forma mais detalhada na Seção 12.4.3. Por fim, a análise do ambiente do usuário concentra-se nas características do ambiente de trabalho físico (p. ex., local, iluminação, restrições posicionais).

As informações coletadas como parte da ação de análise são usadas para criar um modelo de análise para a interface. Usando esse modelo como base, a atividade de projeto se inicia.

A meta do *projeto da interface* é definir um conjunto de objetos e ações de interface (e suas representações na tela) que permitam a um usuário realizar todas as tarefas definidas para atender a todas as metas de usabilidade estabelecidas para o sistema. O projeto de interfaces é discutido de forma mais detalhada na Seção 12.5.

A *construção da interface* em geral se inicia com a criação de um protótipo que permite a avaliação de cenários de uso. À medida que o processo de projeto iterativo prossegue, um *kit* de ferramentas de interfaces do usuário pode ser usado para completar a construção da interface.

A *validação da interface* se concentra: (1) na capacidade de a interface implementar corretamente todas as tarefas de usuário, levar em conta todas as variações de tarefas, bem como atender a todos os requisitos gerais dos usuários; (2) no grau de facilidade de uso e aprendizado da interface; e (3) na aceitação do usuário da interface como uma ferramenta útil no seu trabalho.

Conforme já citado, as atividades descritas nesta seção ocorrem iterativamente. Consequentemente, não há necessidade de tentar especificar todos os detalhes (para modelo de análise ou de projeto) na primeira passagem. Passagens subsequentes ao longo do processo elaboram detalhes de tarefas, informações de projeto e características operacionais da interface.

12.4 Análise da experiência do usuário[2]

Um princípio fundamental de todos os modelos de processos de engenharia de *software* é o seguinte: *entender o problema antes de tentar desenvolver uma solução*. No caso do projeto da experiência do usuário, entender o problema significa entender: (1) as pessoas (os usuários) que vão interagir com o sistema por meio da interface; (2) as tarefas que os usuários devem realizar para completar seus trabalhos; (3) o conteúdo que é apresentado como parte da interface; e (4) o ambiente onde essas tarefas serão conduzidas. Nas seções a seguir, examinaremos cada um dos elementos da análise da UX com o objetivo de estabelecer uma sólida base para as tarefas de projeto de interface que se seguem.

---

2 Esta seção poderia estar no Capítulo 8, já que questões de análise de requisitos são discutidas lá. Ela foi inserida aqui porque a análise e o projeto da experiência do usuário estão intimamente ligados entre si, e a fronteira entre os dois em geral é imprecisa.

12.4.1 Pesquisa de usuário

A expressão *interface do usuário* provavelmente é a única justificativa necessária para despendermos algum tempo para entender o usuário antes de nos preocuparmos com as questões técnicas. Citamos anteriormente que cada usuário tem uma imagem mental do *software*, a qual pode ser diversa da imagem mental desenvolvida por outros usuários. Além do mais, a imagem mental do usuário pode ser muito diferente do modelo de projeto do engenheiro de *software*. A única maneira para se fazer com que a imagem mental e o modelo de projeto convirjam é tentar entender os próprios usuários, bem como as pessoas que usam o sistema. Informações de uma ampla variedade de fontes (entrevistas com o usuário, dados de vendas, dados de *marketing*, dados do suporte) podem ser usadas para concretizar isso.

Muitos desenvolvedores de UX criam um *mapa da jornada do cliente* (Figura 12.3) como forma de delinear seus planos e objetivos para o artefato de *software*. O mapa da jornada do cliente mostra como será a experiência do artefato para os usuários, semelhante a uma viagem física com pontos de contato (marcos), obstáculos e formas de monitorar o seu progresso. Christensen [Chr13] sugere os passos a seguir para criar um mapa da jornada do cliente:

1. **Reúna os envolvidos.** Localize todas as partes afetadas necessárias para garantir a inclusão de perspectivas diversas no mapa da jornada do cliente.
2. **Pesquise.** Colete todas as informações que puder sobre tudo (ideias, sentimentos, ações, motivações, expectativas, objetivos, necessidades, pontos problemáticos,

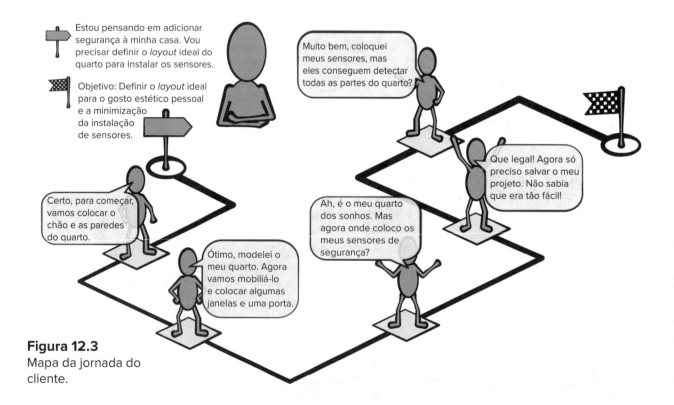

Figura 12.3
Mapa da jornada do cliente.

barreiras, perguntas) que os usuários podem vivenciar enquanto usam o artefato e defina suas fases do cliente. As fases do cliente se tornarão os seus pontos de contato e aparecem como quadrados na Figura 12.3.

3. **Construa o modelo.** Crie uma visualização dos marcos (qualquer interação entre o usuário e o produto), canais (dispositivos de interação ou fluxos de informações) e ações adotadas pelo cliente (usuário).

4. **Refine o projeto.** Recrute um projetista para tornar o produto visualmente atraente e garantir que as fases do cliente estão claramente identificadas.

5. **Identifique as lacunas.** Observe quaisquer lacunas na experiência do cliente ou pontos de atrito ou problema (locais com sobreposição de informações ou má transição entre as fases).

6. **Implemente os seus achados.** Defina os responsáveis por preencher as lacunas e resolver os pontos problemáticos identificados.

12.4.2 Modelagem de usuários

Em capítulos anteriores, vimos que um caso de uso descreve a maneira como um ator (no contexto do projeto de interfaces com o usuário, um ator é sempre uma pessoa) interage com um sistema. Quando usada como parte da análise de tarefas, a história de usuário é refinada para se tornar um caso de uso formal e mostrar como um usuário realiza alguma tarefa relacionada a algum trabalho específico. Na maioria das vezes, o caso de uso é redigido em estilo informal (um parágrafo simples) em primeira pessoa. Suponhamos, por exemplo, que uma pequena empresa de *software* queira construir um sistema de projeto apoiado por computador explicitamente para arquitetos de interiores. Para se ter uma ideia de como eles realizam seus trabalhos, solicita-se a arquitetos de interiores que descrevam uma função de projeto específica. Ao ser indagado: "Como você decide onde colocar o mobiliário em uma sala?", um arquiteto de interiores escreveu o seguinte caso de uso informal:

> Começo esboçando a planta baixa da sala, as dimensões e a localização das janelas e portas. Preocupo-me muito com a iluminação do ambiente, com a vista das janelas (caso seja bonita, quero que sobressaia), com o comprimento total livre de uma parede e com o fluxo de movimento pelo ambiente. Então, examino a lista de móveis escolhidos por meu cliente e por mim... Em seguida, crio um *rendering* (uma figura 3-D) do ambiente para que meu cliente tenha uma noção de como ele ficará.

Essa história de usuário fornece uma descrição básica de uma importante tarefa para o sistema de projeto com auxílio de computador. Por meio dele, podemos extrair tarefas, objetos e o fluxo geral da interação. Além disso, também poderiam ser concebidas outras características do sistema que agradariam o arquiteto de interiores. Por exemplo, poderíamos tirar uma foto digital da vista de cada janela do ambiente. Quando o ambiente passar pelo processo de *rendering*, a vista externa real poderia ser representada através de cada janela. Contudo, se houver mais de um tipo de usuário, pode ser importante definir mais de um conjunto de objetivos do usuário para o sistema descrito pelas histórias de usuário.

Muitos projetistas de experiência do usuário criam personas de usuários fictícios para resumir os pressupostos sobre os diferentes tipos de usuário. Uma *persona de usuário* é uma representação dos objetivos e comportamentos de um grupo hipotético de usuários. Em geral, as personas são sintetizadas a partir dos dados coletados

Figura 12.4
Exemplo de persona.

durante entrevistas com usuários. A Figura 12.4 mostra um exemplo de persona de usuário. As personas são muito usadas para melhorar a capacidade dos projetistas do artefato de ver o mundo pelos olhos dos usuários-alvo [Hil17].

Lene Nielsen [Nie13] descreve quatro tarefas que ocorrem durante o processo geral de criar e usar personas para orientar o processo de projeto da experiência do usuário:

- **Coleta e análise de dados.** Os envolvidos coletam tantas informações quanto puderem sobre os usuários pretendidos do artefato para determinar os grupos de usuários e começam a enfatizar o que cada grupo precisa.
- **Descrição de personas.** Os desenvolvedores precisam decidir quantas personas seria razoável criar, se criarão mais de uma e qual será o seu foco principal. Os desenvolvedores criam e batizam cada persona, incluindo detalhes sobre a sua educação, estilo de vida, valores, objetivos, necessidades, limitações, desejos, atitudes e padrões de comportamento.
- **Desenvolvimento de cenários.** Cenários são histórias de usuário sobre como as personas usarão o artefato que está sendo desenvolvido. Eles se concentram nos pontos de contato e obstáculos descritos na jornada do cliente. Eles devem mostrar como as personas superariam os problemas usando os recursos do sistema se fossem usuários reais.
- **Aceitação pelos envolvidos.** Em geral, essa etapa significa validar os cenários usando uma técnica de revisão ou demonstração chamada de *revisão cognitiva*.[3] Os envolvidos assumem o papel definido pela persona e executam um cenário usando um protótipo do sistema.

---

3 A revisão cognitiva é um método que avalia se a ordem de sinais e *prompts* em um sistema apoia o modo como as pessoas processam as tarefas e antecipa os "próximos passos" de um sistema ao fazer com que os usuários verbalizem o seu processo de tomada de decisão enquanto utilizam uma representação do sistema para completar um objetivo do usuário.

Casa Segura

Casos de uso para o projeto de interfaces do usuário

Cena: Sala do Vinod, enquanto prossegue o projeto de interface do usuário.

Atores: Vinod e Jamie, membros da equipe de engenharia de *software* do CasaSegura.

Conversa:

Jamie: Fiz com que nosso contato do *marketing* redigisse uma história de usuário para a interface de vigilância.

Vinod: Do ponto de vista de quem?

Jamie: Do proprietário do imóvel. Quem mais poderia ser?

Vinod: Há também o papel do administrador do sistema, mesmo que o próprio proprietário esteja desempenhando a função, é um ponto de vista diferente. O administrador ativa o sistema, configura as coisas, faz o *layout* da planta, posiciona as câmeras...

Jamie: Em suma, desempenha o papel do proprietário quando ele quiser assistir ao vídeo.

Vinod: Tudo bem. Esse é um dos principais comportamentos da interface da função de vigilância. Mas também teremos de examinar o comportamento do administrador do sistema.

Jamie (irritado): Você está certo.

(Jamie sai em busca da pessoa do *marketing*. Ele retorna algumas horas mais tarde.)

Jamie: Tive sorte, encontrei-a e repassamos juntos a história de usuário do administrador usando a persona do proprietário do imóvel. Basicamente, vamos definir "administração" como uma função que se aplica a todas as demais funções do CasaSegura. Eis a conclusão a que chegamos.

(Jamie mostra a história de usuário a Vinod.)

História de usuário: Quero ser capaz de estabelecer ou editar o *layout* do sistema a qualquer momento. Ao configurar o sistema, seleciono uma função administrativa. Ele me pergunta se quero fazer uma nova configuração ou editar uma já existente. Caso opte por uma nova configuração, o sistema exibe uma tela de desenho que me permitirá desenhar a planta em uma grade de pontos. Existirão ícones para as paredes, janelas e portas para facilitar o desenho. Tenho simplesmente que "esticar" os ícones até atingirem os comprimentos apropriados. O sistema vai mostrar os comprimentos em pés ou metros (posso escolher o sistema de medidas). Posso escolher de uma biblioteca de sensores e câmeras e colocá-los na planta. Tenho de dar nome a cada um deles ou deixar que o sistema faça isso automaticamente. Posso estabelecer ajustes para os sensores e câmeras por meio de menus apropriados. Caso opte por editar, poderei movimentar os sensores ou as câmeras, acrescentar novos(as) ou eliminar algum(a) existente, editar a planta, bem como fazer os ajustes de configuração para as câmeras e os sensores. Em cada um dos casos, espero que o sistema realize testes de consistência e me ajude a não cometer erros.

Vinod (após ler o cenário): Certo, provavelmente existem alguns padrões de projeto úteis (Capítulo 14) ou componentes reutilizáveis para interfaces gráficas do usuário para programas de desenho. Aposto 50 pratas que conseguimos implementar parte ou a maior parte da interface de administrador utilizando-os.

Jamie: De acordo. Verificarei isso.

12.4.3 Análise de tarefas

A meta do usuário é realizar uma ou mais tarefas usando o artefato de *software*. Para tanto, a interface do usuário deve fornecer mecanismos que permitam ao usuário atingir sua meta. O objetivo da análise de tarefas ou de cenários é responder às seguintes questões:

- Que trabalho o usuário vai realizar em circunstâncias específicas?
- Quais tarefas e subtarefas serão realizadas à medida que o usuário desenvolve seu trabalho?

- Quais os objetos do domínio de problema específicos que o usuário vai manipular à medida que o trabalho é desenvolvido?
- Qual a sequência de tarefas – o fluxo de trabalho?
- Qual é a hierarquia das tarefas?

Para responder a essas questões, deve-se fazer uso das técnicas discutidas anteriormente neste livro, mas, nesse caso, elas são aplicadas à interface do usuário.

No Capítulo 8, discutimos a elaboração gradual (também denominada decomposição funcional ou refinamento gradual) como um mecanismo para refinar as tarefas de processamento necessárias para o *software* realizar alguma função desejada. A análise de tarefas para projeto de interfaces usa uma abordagem de refinamento que ajuda a entender as atividades humanas a que uma interface do usuário deve atender.

Primeiro, devemos definir e classificar as tarefas humanas exigidas para atingir o objetivo do sistema ou aplicação. Reconsideremos, por exemplo, o sistema de projeto auxiliado por computador para arquitetos de interiores, discutido anteriormente. Observando o trabalho de um arquiteto de interiores, percebemos que o projeto do interior compreende uma série de atividades principais: *layout* do mobiliário (note a história de usuário discutida anteriormente), escolha de tecidos e materiais, escolha de papéis de parede e acabamentos para janelas, apresentação (para o cliente), custo e compras. Cada uma das tarefas principais pode ser elaborada em subtarefas. Por exemplo, usando informações contidas no caso de uso, o *layout* do mobiliário pode ser refinado nas seguintes tarefas: (1) desenhar uma planta nas dimensões do ambiente; (2) colocar as janelas e as portas nos locais apropriados; (3a) usar gabaritos de mobiliário para desenhar contornos de mobiliário em escala na planta; (3b) usar gabaritos de acessórios para desenhar acessórios em escala na planta; (4) movimentar contornos de mobiliário e de acessórios para obter o melhor posicionamento; (5) identificar todos os contornos de mobiliário e acessórios; (6) indicar as dimensões para mostrar as posições; e (7) desenhar uma vista em perspectiva para o cliente. Poderia ser usada uma abordagem semelhante para cada uma das principais tarefas.

As subtarefas 1 a 7 podem ser refinadas ainda mais. As subtarefas 1 a 6 serão realizadas por meio da manipulação das informações e da realização de ações em uma interface do usuário. Por outro lado, a subtarefa 7 pode ser realizada automaticamente no *software* e resultará em pouca interação direta com o usuário.[4] O modelo de projeto da interface deve considerar cada uma das tarefas de maneira consistente com o modelo de usuário (o perfil de um "típico" arquiteto de interiores) e a percepção do sistema (o que o arquiteto de interiores espera de um sistema automatizado).

12.4.4 Análise do ambiente de trabalho

Hackos e Redish [Hac98] discutem a análise do ambiente de trabalho da seguinte maneira: "As pessoas não realizam seus trabalhos de forma isolada. São influenciadas pela atividade em torno delas, pelas características físicas do local de trabalho, pelo tipo de equipamento utilizado e pelas relações de trabalho que têm com outras pessoas". Em algumas aplicações, a interface do usuário para um sistema baseado em computador é colocada em uma "posição de fácil utilização pelo usuário" (p. ex.,

---

4 Entretanto, talvez esse não seja o caso. O arquiteto de interiores talvez queira especificar a perspectiva a ser desenhada, a escala, o uso de cores e outras informações. O caso de uso relacionado ao desenho de vistas em perspectiva com efeito de *rendering* forneceria as informações necessárias para lidar com essa tarefa.

iluminação apropriada, altura adequada da tela, fácil acesso ao teclado); porém, em outras (p. ex., no chão de fábrica ou no *cockpit* de um avião), talvez a iluminação não seja tão adequada, o ruído pode ser um fator importante, um teclado, *mouse* ou tela de toque talvez não seja uma opção, ou o posicionamento da tela talvez seja abaixo do ideal. O projetista de interfaces talvez esteja restrito por fatores que reduzem a facilidade de uso.

Além dos fatores ambientais físicos, a cultura do local de trabalho também entra em cena. A interação do sistema será medida de alguma maneira (p. ex., tempo por transação ou precisão de uma transação)? Duas ou mais pessoas terão de compartilhar informações antes de uma opinião poder ser fornecida? Como será oferecido suporte aos usuários do sistema? Essas e muitas outras questões relacionadas devem ser respondidas antes de o projeto de interface iniciar.

12.5 Projeto da experiência do usuário

Como ocorre com todos os processos iterativos, não há uma divisão clara entre análise e projeto. A Figura 12.5 ilustra a prática de alternar entre pesquisa de usuário e projeto e entre projeto e construção. A ênfase está em criar protótipos incrementais e testá-los com usuários reais.

A Google definiu um *sprint* de cinco dias para projeto de UX ([Kna16], [Goo18], [DXL18]). As etapas estão descritas abaixo, com um dia alocado para cada uma delas.

- **Entender.** Abrange as atividades de pesquisa do usuário nas quais a equipe coleta as informações sobre o problema a ser resolvido (necessidades do usuário e objetivos de negócio) para o artefato de *software*; uma maneira de fazer isso é ter uma série de palestras-relâmpago (apresentações de 10-15 minutos) ministradas

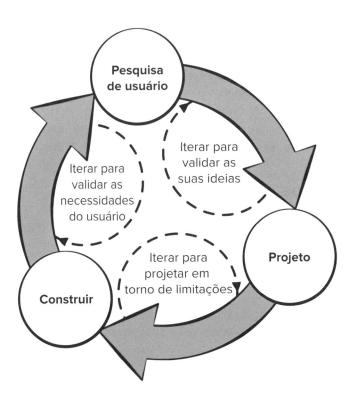

Figura 12.5
Processo iterativo de projeto de UX.

por especialistas em tópicos, como o caso de negócio, produtos concorrentes e perfis de usuários. As informações são capturadas em quadros-brancos (p. ex., na forma de mapas da jornada do cliente, personas ou fluxogramas de tarefas do usuário) e ficam postadas para consulta imediata durante todo o *sprint*.

- **Desenhar.** Membros de equipe individuais (incluindo todos os envolvidos) recebem o tempo e o espaço de que precisam para inventar soluções para os problemas descobertos durante a fase de entendimento. A melhor maneira de fazer isso é no papel, com imagens visuais rápidas. Desenhos e anotações no papel são fáceis de gerar e modificar e são muito baratos. Essa fase gera muitas ideias, pois os participantes não ficam restritos enquanto criam as suas soluções.

- **Decidir.** Cada envolvido apresenta o seu desenho da solução, e a equipe vota para determinar as soluções que devem ser trabalhadas nas atividades de prototipação subsequentes. Se não houver um consenso claro após a votação, a equipe de desenvolvimento pode decidir considerar suposições que envolvem as restrições representadas pelo orçamento, pelos perfis de usuários, recursos disponíveis (humanos e tecnológicos) e objetivos de negócio do produto.

- **Prototipar.** O protótipo criado durante esta fase pode ser um produto minimamente viável baseado na solução selecionada na fase de desenho ou pode ser baseado nas partes do mapa da jornada do cliente ou do *storyboard* que você quer avaliar junto aos usuários em potencial durante a fase de validação. Imagine que o seu protótipo é um experimento desenvolvido para testar uma hipótese. Isso significa que a equipe deve desenvolver casos de teste baseados nas histórias de usuário enquanto o protótipo é construído. Não é preciso criar um *backend* plenamente funcional para esse protótipo da interface do usuário. O melhor seria construir um protótipo digital usando uma ferramenta simples (p. ex., o Keynote[5]). Em alguns casos, pode ser desejável criar um protótipo de papel usando um dos desenvolvedores para gerar sequências de tela para os usuários caso uma ferramenta de prototipação não esteja disponível.

- **Validar.** Observar os usuários experimentando e testando o seu protótipo é a melhor forma de descrever grandes problemas com o projeto de UX, o que, por sua vez, permite que você inicie a próxima iteração imediatamente. Em um *sprint* de um projeto de UX, todos os membros da equipe de desenvolvimento observam as sessões de validação, não apenas o especialista em UX ou o projetista do caso de teste. Isso é essencial para capturar oportunidades de aprendizado em potencial, pois expõe os decisores em relação ao artefato a um *feedback* dos usuários em tempo real. Falaremos mais sobre revisões de protótipos e testes de usuário na Seção 12.7.

12.6 Projeto de interface de usuário

A definição dos objetos da interface e as ações aplicadas a eles é uma importante etapa no projeto. Para concretizar isso, cenários de usuário são analisados sintaticamente, quase da mesma forma descrita no Capítulo 9. Ou seja, é escrito um caso de uso. Os substantivos (objetos) e os verbos (ações) são isolados para criar uma lista de objetos e ações do sistema.

Assim que os objetos e ações tiverem sido definidos e elaborados iterativamente, eles são classificados por tipo. Identificam-se objetos de destino, origem e aplicação.

---

5 Consulte https://keynotopia.com/.

Um *objeto de origem* (p. ex., um ícone de sensor) é arrastado e solto sobre um *objeto de destino* (p. ex., um local de tela). A implicação dessa ação é criar uma planta do quarto. Um *objeto de aplicação* representa dados específicos à aplicação que não são diretamente manipulados como parte da interação de tela. Por exemplo, o código usado para simular a cobertura dos sensores do quarto nos permite testar o posicionamento dos sensores. O código seria associado com cada sensor usando algum tipo de ligação lógica quando o objeto fosse colocado na tela, mas o código em si não seria arrastado e solto por meio de interação com o usuário.

Quando estiver satisfeito com todas as ações e objetos importantes definidos (para uma iteração de projeto), realize o *layout* da tela. Assim como outras atividades do projeto de interfaces, o *layout* da tela é um processo interativo no qual são realizados o projeto gráfico e o posicionamento dos ícones, a definição de texto de tela descritivo, a especificação e a colocação de títulos para as janelas, bem como a definição de itens de menu principais e secundários. Se uma metáfora do mundo real for apropriada para a aplicação, ela é especificada nesse momento, e o *layout* é organizado para complementar tal metáfora.

12.6.1 Aplicação das etapas para projeto de interfaces

Para darmos um breve exemplo de como o projeto procederia para criar um protótipo de uma interface do usuário, consideremos um cenário de usuário para o sistema *CasaSegura* (discutido em capítulos anteriores). Segue uma história de usuário preliminar (redigida pelo proprietário do imóvel) para a interface:

> **História de usuário preliminar:** Quero ter acesso ao meu sistema *CasaSegura* de qualquer ponto remoto via Internet. Por meio de um navegador instalado no meu dispositivo móvel (enquanto estou no trabalho ou viajando), posso determinar o estado do sistema de alarme, armar ou desarmá-lo, reconfigurar zonas de segurança e ver diferentes ambientes da casa via câmeras de vídeo pré-instaladas.
>
> Para acessar o *CasaSegura* de um ponto remoto, forneço um identificador de usuário e uma senha. Esses dados definem níveis de acesso (p. ex., nem todo usuário poderá reconfigurar o sistema) e dão segurança. Uma vez validados, posso verificar o estado do sistema e alterá-lo, armando ou desarmando o *Casa-Segura*. Posso reconfigurar o sistema exibindo uma planta da casa, vendo cada um dos sensores de segurança, exibindo cada zona configurada atualmente e modificando as zonas conforme necessário. Posso ver o interior da casa via câmeras de vídeo estrategicamente posicionadas. Posso deslocar e ampliar a imagem de cada câmera para ter visões diferentes do seu interior.

Tomando como base essa história de usuário, são identificados os seguintes objetos, dados e tarefas do proprietário do imóvel:

- *Acessa* o sistema *CasaSegura*.
- *Introduz* um **ID** e **senha** para permitir acesso remoto.
- *Verifica o* **estado do sistema.**
- *Arma* ou *desarma* o sistema *CasaSegura*.
- *Exibe* **planta** e **localização dos sensores.**
- *Exibe* **zonas** na planta.
- *Altera* **zonas** na planta.
- *Exibe* **localização das câmeras de vídeo** na planta.

- *Seleciona* **câmera de vídeo** para visualização.
- *Visualiza* **imagens de vídeo** (quatro quadros por segundo).
- *Desloca* ou *amplia* o foco da **câmera de vídeo.**

Os objetos (em negrito) e as ações (em itálico) são extraídos da lista de tarefas do proprietário do imóvel. A maioria dos objetos citados é composta por objetos de aplicação. Entretanto, **localização das câmeras de vídeo** (um objeto de origem) é arrastado e solto sobre **câmera de vídeo** (um objeto de destino) para criar uma **imagem de vídeo** (uma janela com exibição de vídeo).

É criado um esboço preliminar do *layout* da tela para monitoramento de vídeo (Figura 12.6).[6] Para chamar a imagem de vídeo, é selecionado um ícone de localização de câmera de vídeo, C, localizado na planta exibida na janela de monitoramento. Nesse caso, a localização da câmera na sala de estar (SE) é então arrastada e solta sobre o ícone de câmera de vídeo no canto superior esquerdo da tela. Surge a janela de imagem de vídeo, mostrando *streaming* de vídeo da câmera localizada na SE. Os controles deslizantes para comandar a ampliação e o deslocamento são usados para controlar a ampliação e a direção da imagem de vídeo. Para selecionar uma vista de outra câmera, o usuário apenas arrasta e solta um ícone de localização de câmera diferente sobre o ícone de câmera no canto superior esquerdo da tela.

O esboço do *layout* teria de ser complementado com uma expansão de cada item de menu contido na barra de menus, indicando as ações disponíveis para o modo (estado) de monitoramento de vídeo. Um conjunto completo de esboços para cada tarefa do proprietário do imóvel citada no cenário de usuário seria criado durante o projeto de interfaces.

12.6.2 Padrões de projeto de interfaces do usuário

As interfaces gráficas do usuário tornaram-se tão comuns que surgiu uma ampla variedade de padrões de projeto de interfaces. Um *padrão de projeto* é uma abstração que prescreve uma solução de projeto para um problema de projeto específico e bem delimitado.

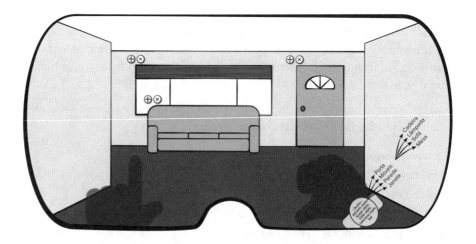

Figura 12.6
Layout preliminar da tela.

---

[6] Observe que ele difere ligeiramente da implementação desses recursos em capítulos anteriores. Esse poderia ser considerado um projeto preliminar baseado no novo aplicativo de *layout* de quartos.

Como exemplo de problema comumente encontrado no projeto de interfaces, consideremos a situação em que um usuário tem de introduzir uma ou mais datas, às vezes com meses de antecedência. Existem várias soluções possíveis para esse problema simples e uma série de padrões diferentes que poderiam ser propostos. Laakso [Laa00] sugere um padrão denominado **FaixaDeCalendário**, que produz um calendário – contínuo e que rola – no qual a data atual é destacada e datas futuras podem ser selecionadas indicando-as no calendário. A metáfora de calendário é bem conhecida de todo usuário e oferece um mecanismo eficiente para colocar uma data futura no contexto.

Ao longo das últimas décadas, foram propostos vários padrões de projeto de interfaces.[7] Uma discussão mais detalhada sobre padrões de projeto de interfaces do usuário é apresentada no Capítulo 14. Além disso, Punchoojit [Pun17] oferece uma análise sistemática de muitos padrões de projeto de interface do usuário para dispositivos móveis (p. ex., *zoom*, acesso lateral, revelação de informações no contexto, controle e conformação).

12.7 Avaliação de projeto

Assim que um protótipo operacional de interface do usuário for criado, ele deve ser avaliado para determinar se atende aos requisitos do usuário. A avaliação pode abranger um espectro de formalidade que vai de um *test-drive* informal (em que um usuário fornece *feedback* imediato) até um estudo formalmente projetado que usa os métodos estatísticos para a avaliação de questionários preenchidos por uma população de usuários.

O ciclo de avaliação de interfaces do usuário assume a forma indicada na Figura 12.7. Após a finalização do modelo de projeto, cria-se um protótipo de primeiro nível. O protótipo é avaliado pelo usuário,[8] o qual nos fornece comentários diretos sobre a eficácia da interface. Além disso, se forem usadas técnicas de avaliação formais (p. ex., questionários, formulários de avaliação), podemos extrair informações desses dados (p. ex., 80% de todos os usuários não gostam do mecanismo para salvar arquivos de dados). São feitas modificações de projeto com base nas informações fornecidas pelos usuários, e é criado o protótipo do nível seguinte. O ciclo de avaliação continua até que nenhuma modificação adicional seja necessária para o projeto de interfaces. No Capítulo 21, discutimos técnicas especializadas para teste e revisão de protótipos para interfaces gráficas do usuário.

12.7.1 Revisão do protótipo

A abordagem de prototipação é eficaz, mas é possível avaliar a qualidade de uma interface do usuário antes de um protótipo ser construído?[9] Se forem identificados e corrigidos possíveis problemas precocemente, o número de laços realizados no ciclo de avaliação será reduzido, e o tempo de desenvolvimento será abreviado. Se um

---

7　Sugestões úteis de *sites* que tratam sobre padrões de interface do usuário se encontram em https://www.interaction-design.org/literature/article/10-great-sites-for-ui-design-patterns.

8　É importante notar que os especialistas em ergonomia e projeto de interfaces também podem realizar revisões da interface. Essas revisões são denominadas *avaliações heurísticas* ou *revisões cognitivas.*

9　Alguns engenheiros de *software* preferem desenvolver uma maquete de baixa fidelidade da interface do usuário (IU), denominada protótipo em papel, para permitir que os envolvidos testem o conceito da IU antes de entregar quaisquer recursos de programação. O processo está descrito aqui: http://www.paperprototyping.com/what_examples.html.

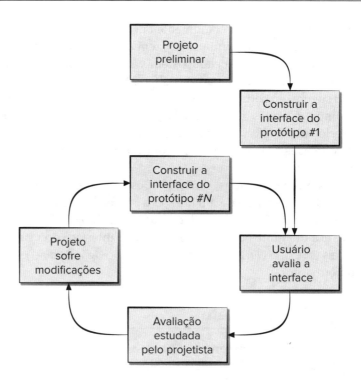

Figura 12.7
O ciclo de avaliação de projeto de interfaces.

modelo de projeto de interface tiver sido criado (histórias de usuário, *storyboard*, personas, etc.), uma série de critérios de avaliação [Mor81] poderá ser aplicada durante revisões de projeto precoces:

1. A duração e a complexidade do modelo de requisitos ou a especificação por escrito do sistema e sua interface dão uma indicação do volume de aprendizado exigido dos usuários do sistema.
2. O número de tarefas de usuário especificado e o número médio de ações por tarefa indicam o tempo de interação e a eficiência geral do sistema.
3. O número de ações, tarefas e estados do sistema indicados pelo modelo de projeto sugere a carga de memória necessária por parte dos usuários do sistema.
4. O estilo da interface, os recursos de ajuda e o protocolo de tratamento de erros dão uma indicação geral da complexidade da interface e do grau de aceitação por parte dos usuários.

Casa Segura

Revisão de projeto de interfaces

Cena: Escritório de Doug Miller.

Atores: Doug Miller (gerente do grupo de engenharia de *software* do CasaSegura) e Vinod Raman, membro da equipe de engenharia de *software* do produto CasaSegura.

Conversa:

Doug: Vinod, você e a equipe tiveram a chance de revisar o protótipo de interface para comércio eletrônico **CasaSeguraGarantida.com**?

Vinod: Sim... todos nós navegamos nele a partir do ponto de vista técnico, e tenho um bocado de comentários. Ontem, enviei-os por e-mail a Sharon (gerente da equipe de WebApps do fornecedor terceirizado para o *site* de comércio eletrônico *CasaSegura*).

Doug: Você e a Sharon podiam se reunir e discutir os pequenos detalhes... Entregue-me um resumo das questões importantes.

Vinod: Em termos gerais, eles fizeram um bom trabalho. Nada de revolucionário, porém é uma interface típica para comércio eletrônico. Estética aceitável, *layout* razoável, cobriram todas as funções importantes...

Doug (sorrindo tristemente): Mas?

Vinod: Bem, há algumas coisinhas...

Doug: Como...?

Vinod (mostrando a Doug a sequência de *storyboards* para o protótipo de interface): Aqui está o menu das funções principais que é apresentado na *homepage*:

> **Conheça o *CasaSegura*.**
>
> **Descreva sua casa.**
>
> **Obtenha recomendações de componentes para o *CasaSegura*.**
>
> **Compre um sistema *CasaSegura*.**
>
> **Obtenha suporte técnico.**

O problema não é essas funções. Todas estão corretas, mas o nível de abstração não.

Doug: Todas são funções importantes, não é mesmo?

Vinod: São, mas aqui está o principal... é possível comprar um sistema apenas entrando com uma lista de componentes... Não há necessidade de descrever a casa se não quiser fazê-lo. Sugeriria apenas quatro opções de menu na *homepage*:

> **Conheça o *CasaSegura*.**
>
> **Especifique o sistema *CasaSegura* de que você precisa.**
>
> **Compre um sistema *CasaSegura*.**
>
> **Obtenha suporte técnico.**

Ao selecionar **Especifique o sistema *CasaSegura* de que você precisa**, você terá então as seguintes opções:

> **Selecionar Componentes do *CasaSegura*.**
>
> **Obtenha recomendações de componentes para o *CasaSegura*.**

Se você for um usuário experiente, escolherá componentes de um conjunto de menus *pull-down* classificados por sensores, câmeras, painéis de controle, etc. Se precisar de ajuda, você solicitará uma recomendação que exigirá que descreva sua casa. Imagino que seja um pouco mais lógico.

Doug: Concordo. Você conversou com a Sharon sobre isso?

Vinod: Não, queria discutir isso primeiro com o *marketing*; depois telefonaria para ela.

12.7.2 Testes de usuário

Assim que o primeiro protótipo tiver sido construído, podemos coletar uma variedade de dados qualitativos e quantitativos que vão auxiliar na avaliação da interface. Para a coleta de dados qualitativos, podemos distribuir questionários para permitir que os usuários avaliem o protótipo da interface. Se forem desejados dados quantitativos, pode ser realizada uma espécie de análise de estudo de tempos. Os usuários são observados durante a interação, e dados – como uma série de tarefas corretamente completadas durante um período padrão, frequência de ações, sequência de ações, tempo gasto "observando" a tela, número e tipos de erros, tempo de recuperação de erros, tempo gasto usando o sistema de ajuda e o número de referências de ajuda por período de tempo padrão – são coletados e usados como um guia para modificação da interface.

A tarefa de testar ambientes virtuais é discutida em mais detalhes no Capítulo 21. Contudo, uma análise completa dos métodos de avaliação de interfaces estaria além do escopo deste livro. Para mais informações, consulte [Gao14], [Hus15], [Hac98] e [Sto05].

12.8 Usabilidade e acessibilidade

Toda interface do usuário – seja ela projetada para uma WebApp, um dispositivo móvel, um aplicativo de *software* tradicional, um produto de consumo ou para um dispositivo industrial – deve apresentar as características de usabilidade discutidas no quadro sobre usabilidade. Dix [Dix99] diz que as interfaces de aplicativos móveis respondem a três perguntas básicas: *Onde me encontro? O que posso fazer agora? Onde estive e aonde posso ir?* As respostas dessas perguntas permitem que o usuário entenda o contexto e navegue com mais eficiência pela aplicação.

Informações

Usabilidade

Em um artigo esclarecedor sobre usabilidade, Larry Constantine [Con95] faz uma pergunta que tem relevância significativa sobre o tema: "O que os usuários querem, afinal de contas?". Ele responde da seguinte maneira:

> O que os usuários realmente querem são boas ferramentas. Todos os sistemas de *software*, de sistemas operacionais e linguagens a aplicações de entrada de dados e de apoio à decisão, são apenas ferramentas. Os usuários querem das ferramentas que criamos para eles praticamente o mesmo que esperamos das ferramentas que utilizamos. Eles querem sistemas fáceis de aprender e que os ajude a realizar seu trabalho. Querem *software* que não os retarde, não os engane nem os confunda, que não facilite a prática de erros ou dificulte a finalização de seus trabalhos.

Constantine argumenta que a usabilidade não é derivada da estética, de mecanismos de interação de última geração ou de inteligência incorporada às interfaces. Ao contrário, ela ocorre quando a arquitetura da interface atende às necessidades das pessoas que a usarão.

Uma definição formal de usabilidade é um tanto ilusória. Donahue e seus colegas [Don99] a definem da seguinte maneira: "Usabilidade é uma medida de quanto um sistema computacional... facilita o aprendizado; ajuda os aprendizes a se lembrarem daquilo que aprenderam; reduz a probabilidade de erros; permite que se tornem eficientes; e os deixa satisfeitos com o sistema".

A única maneira de determinar se existe ou não "usabilidade" em um sistema que estamos construindo é realizar a avaliação ou o teste de usabilidade.

Observe os usuários interagirem com o sistema e faça-lhes as seguintes perguntas [Con95]:

- O sistema é utilizável sem necessidade de ajuda ou aprendizado contínuo?
- As regras de interação ajudam um usuário experiente a trabalhar eficientemente?
- Os mecanismos de interação se tornam mais flexíveis à medida que os usuários se tornam mais capacitados?
- O sistema foi ajustado para o ambiente físico e social em que será usado?
- O usuário está ciente do estado do sistema? O usuário sempre sabe onde se encontra?
- A interface é estruturada de maneira lógica e consistente?
- Os mecanismos de interação, ícones e procedimentos são consistentes por toda a interface?
- A interação antecipa erros e ajuda o usuário a corrigi-los?
- A interface é tolerante com erros cometidos?
- A interação é simples?

Se cada uma dessas questões for respondida positivamente, é provável que a usabilidade tenha sido atingida.

Entre os muitos benefícios mensuráveis obtidos de um sistema utilizável, temos [Don99]: aumento nas vendas e na satisfação do cliente, vantagem competitiva, melhores avaliações por parte da mídia, melhor recomendação boca a boca, menores custos de suporte, aumento da produtividade do usuário, redução nos custos de treinamento e de documentação e menor probabilidade de litígio com clientes descontentes.

Capítulo 12   Projeto da experiência do usuário   **257**

12.8.1 Diretrizes de usabilidade

A interface do usuário de um artefato de *software* é sua "primeira impressão". Independentemente do valor de seu conteúdo, da sofisticação de seus recursos e serviços de processamento, bem como do benefício geral da própria aplicação, uma interface malfeita decepcionará o usuário em potencial e talvez faça com que ele, de fato, procure outra opção. Devido ao grande número de WebApps e aplicativos móveis concorrentes em praticamente qualquer área de aplicação, a interface tem de "atrair" imediatamente um possível usuário.

Evidentemente, existem importantes diferenças entre aplicativos convencionais e móveis. Devido às restrições físicas impostas pelos dispositivos móveis pequenos (p. ex., *smartphones*), o projetista de interface para aplicativos móveis deve compactar a interação de forma orientada. Contudo, os princípios básicos discutidos nesta seção continuam válidos.

Bruce Tognozzi [Tog01] define um conjunto de princípios de projeto fundamentais que conduzem a uma melhor usabilidade:[10]

Antecipação. *Uma aplicação deve ser projetada para prever o próximo passo do usuário.* Por exemplo, um usuário solicitou um objeto de conteúdo que apresenta informações sobre um *driver* de impressora para uma nova versão de um sistema operacional. O projetista da WebApp deve prever que o usuário pode vir a solicitar um *download* do *driver* e oferecer recursos de navegação que permitam que isso aconteça diretamente.

Comunicação. *A interface deve comunicar o estado de qualquer atividade iniciada pelo usuário.* A comunicação deve ser óbvia (p. ex., uma mensagem de texto) ou sutil (p. ex., a imagem de uma folha de papel deslocando-se pela impressora para indicar que a impressão está em andamento).

Consistência. *O uso de controles de navegação, menus, ícones e estética (p. ex., cor, forma, layout) deve ser consistente.* Por exemplo, se um aplicativo móvel utiliza um conjunto de quatro ícones (para representar funções importantes) na parte inferior da tela, esses ícones devem aparecer em todas as telas e não devem ser movidos para sua parte superior. O significado dos ícones deve ser evidente no contexto do aplicativo.

Autonomia controlada. *A interface deve facilitar a movimentação do usuário pela aplicação, mas deve fazê-lo de forma que faça valer as convenções de navegação estabelecidas para a aplicação.* Por exemplo, a navegação para conteúdo que exige acesso controlado deve acontecer por meio de identificação e senhas de usuário, e não deve existir nenhum mecanismo de navegação que possibilite a um usuário burlar tais controles.

Eficiência. *O projeto de uma aplicação e sua interface deve otimizar a eficiência de trabalho do usuário, e não a eficiência do desenvolvedor que a projeta e constrói ou o ambiente cliente/ servidor que a executa.* Tognozzi [Tog01] discute isso ao escrever: "Esta simples verdade é a razão de ser tão importante para todos... Perceberem a importância de fazer com que a produtividade do usuário seja a primeira meta e compreender a diferença vital entre construir uma (aplicação) eficiente e dar poderes a um usuário eficiente".

Flexibilidade. *A interface deve ser flexível o bastante para permitir que alguns usuários cumpram tarefas diretamente, ao passo que outros devem explorar a aplicação de maneira um tanto aleatória.* Em todos os casos, ela deve permitir ao usuário compreender onde ele

---

10 Os princípios de Tognozzi originais foram adaptados e estendidos para uso neste livro. Veja [Tog01] para uma discussão mais ampla sobre esses princípios.

se encontra e lhe dar um recurso para desfazer erros e refazer caminhos de navegação mal escolhidos.

Foco. *A interface (e o conteúdo apresentado) deve permanecer focada na(s) tarefa(s) do usuário em questão.* Esse conceito é particularmente importante para aplicativos móveis, que podem se tornar muito congestionados pelas tentativas do projetista de fazer coisas demais.

Objetos de interface humana. *Desenvolveu-se uma vasta biblioteca de objetos de interface humana reutilizáveis para WebApps e aplicativos móveis. Utilize-a.* Qualquer objeto de interface que possa ser "visto, ouvido, tocado ou de alguma outra forma percebido" [Tog01] por um usuário pode ser obtido de qualquer uma das várias bibliotecas de objetos.

Redução da latência. *Em vez de fazer com que o usuário espere por alguma operação interna completar (p. ex., baixar uma imagem complexa), a aplicação deve usar multitarefas de uma forma que deixe o usuário prosseguir com seu trabalho como se a operação tivesse sido completada.* Além de reduzir a latência, os atrasos devem ser reconhecidos para que o usuário entenda o que está ocorrendo. Isso inclui: (1) fornecer *feedback* de áudio quando uma seleção não resultar em uma ação imediata pela aplicação; (2) exibir uma animação de relógio ou barra de progresso para indicar que o processamento está em andamento; e (3) fornecer algum entretenimento (p. ex., uma apresentação de texto ou animação) enquanto ocorre processamento moroso.

Facilidade de aprendizagem. *A interface de uma aplicação deve ser projetada para minimizar o tempo de aprendizagem e, uma vez aprendida, minimizar a reaprendizagem necessária quando a aplicação for reutilizada.* Em geral, a interface deve enfatizar um projeto simples e intuitivo que organiza conteúdo e funcionalidade em categorias óbvias para o usuário.

Metáforas. *Uma interface que usa uma metáfora de interação é mais fácil de aprender e usar, desde que a metáfora seja apropriada para a aplicação e para o usuário.* Metáforas são uma excelente ideia, pois espelham a experiência do mundo real. Apenas certifique-se de que a metáfora escolhida seja bem conhecida pelos usuários. A metáfora deve invocar imagens e conceitos da experiência do usuário, mas não precisa ser uma reprodução exata de uma experiência do mundo real.

Legibilidade. *Todas as informações apresentadas em uma interface devem ser legíveis por jovens e idosos.* O projetista de interfaces deve dar prioridade a estilos de tipos e tamanhos de fontes controláveis pelo usuário e fundos coloridos que aumentem o contraste.

Acompanhar o estado da interação. *Quando apropriado, o estado da interação de usuário deve ser acompanhado e armazenado de modo que um usuário possa sair do sistema e retornar mais tarde, prosseguindo do ponto onde parou.* Em geral, podem ser projetados *cookies* para armazenar informações de estado. Entretanto, os *cookies* são uma tecnologia controversa, e outras soluções de projeto talvez sejam mais aceitáveis para alguns usuários.

Navegação visível. *Uma interface bem projetada fornece "a ilusão de que os usuários se encontram no mesmo lugar, com o trabalho sendo levado até eles"* [Tog01]. Quando é usada essa abordagem, a navegação não é uma preocupação para o usuário. Ao contrário, o usuário recupera objetos de conteúdo e seleciona funções que são exibidas e executadas através da interface.

Nielsen e Wagner [Nie96] sugerem algumas "proibições" pragmáticas para projeto de interfaces (baseadas na experiência dos autores na reformulação de uma importante WebApp). Elas oferecem um excelente complemento aos princípios sugeridos anteriormente nesta seção.

- Não force o usuário a ler toneladas de texto, particularmente quando o texto explica a operação da WebApp ou auxilia na navegação.
- Não faça os usuários descerem até o fim da página, a não ser que seja absolutamente inevitável.
- Não dependa de funções do navegador para ajudar na navegação.
- Não permita que a estética suplante a funcionalidade.
- Não obrigue o usuário a ficar procurando na tela para determinar como fazer o *link* para outros conteúdos ou serviços.

Uma interface bem projetada aumenta a percepção do usuário do conteúdo ou dos serviços fornecidos pelo *site*. Ela não precisa, necessariamente, ser chamativa, mas sempre deve ser bem estruturada e ergonomicamente sólida. Para conselhos adicionais sobre a mensuração da usabilidade, consulte [Gao14] e [Hus15].

12.8.2 Diretrizes de acessibilidade

À medida que o projeto de uma interface do usuário evolui, quatro questões de projeto comuns quase sempre vêm à tona: tempo de resposta do sistema, recursos de ajuda ao usuário, informações de tratamento de erros e atribuição de nomes a comandos. Todas podem levar a problemas de acessibilidade para todos os usuários, não apenas àqueles com necessidades especiais. Infelizmente, muitos projetistas não tratam desses problemas até um ponto relativamente avançado do processo de projeto (algumas vezes, a primeira pista de um problema não ocorre até que um protótipo operacional esteja disponível). Em geral, decorrem iterações desnecessárias, atrasos de projeto e frustração por parte do usuário. É muito melhor estabelecer cada um desses como um problema de projeto a ser considerado no início do projeto de *software*, quando as mudanças são fáceis e custam pouco.

Acessibilidade da aplicação. Conforme as aplicações de computador se tornam comuns, os engenheiros de *software* devem garantir que o projeto de interfaces englobe mecanismos que permitam fácil acesso para aqueles com necessidades especiais. A *acessibilidade* para usuários (e engenheiros de *software*) que podem vir a ser desafiados fisicamente é um imperativo por razões éticas, jurídicas e comerciais. Uma grande variedade de diretrizes de acessibilidade (p. ex., [W3C18]) – muitas projetadas para aplicações Web, mas em geral aplicáveis a todos os tipos de *software* – dão sugestões detalhadas para projeto de interfaces que atingem níveis de acessibilidade variados. Outros (p. ex., [App13], [Mic13a] e [Zan18]) apresentam orientações específicas para "tecnologia assistiva" que lida com as necessidades daqueles com problemas visuais, auditivos, motores, de fala e de aprendizado.

Tempo de resposta. O tempo de resposta do sistema apresenta duas importantes características: duração e variabilidade. Se a resposta do sistema for muito longa, frustração e estresse por parte do usuário serão inevitáveis. A *variabilidade* refere-se ao desvio do tempo de resposta médio e, em vários aspectos, é a característica de tempo de resposta mais importante. Baixa variabilidade permite ao usuário estabelecer um ritmo de interação, mesmo que o tempo de resposta seja relativamente longo.

Por exemplo, uma resposta de 1 segundo a um comando normalmente é preferível a uma resposta que varia de 0,1 a 2,5 segundos. Quando a variabilidade é significativa, o usuário sempre se desequilibra, sempre conjecturando se algo "diferente" ocorreu ou não nos bastidores.

Recursos de ajuda. Quase todo usuário de um sistema computacional interativo exige ajuda de vez em quando. O *software* moderno deve fornecer recursos de ajuda *online* que permitem ao usuário obter a resposta para determinada questão ou resolver um problema sem ter de abandonar a interface.

Tratamento de erros. Em geral, toda mensagem de erro ou alerta produzida por um sistema interativo deve apresentar as seguintes características:

1. Descrever o problema em um jargão que o usuário consiga entender.
2. Fornecer conselhos construtivos para recuperação do erro.
3. Indicar quaisquer consequências negativas do erro (p. ex., arquivos de dados provavelmente corrompidos), de modo que o usuário possa fazer uma verificação para garantir que não tenham ocorrido (ou corrigi-las, caso tenham ocorrido).
4. Ser acompanhada por algum sinal audível ou visual.
5. Jamais colocar a culpa no usuário.

Atribuição de nomes a comandos e menus. O comando digitado já foi o modo mais comum de interação entre o usuário e um *software* de sistema e era usado comumente para aplicações de todo tipo. Hoje em dia, o uso de interfaces orientadas a janelas e apontar-e-clicar reduziu a dependência de comandos digitados, mas alguns usuários com maior conhecimento ainda preferem um modo de interação orientado a comandos. Surge uma série de problemas de projeto quando são fornecidos comandos digitados ou identificadores de menus como modo de interação:

- Toda opção de menu terá um comando correspondente?
- Qual a forma a ser assumida pelos comandos? As opções incluem uma sequência de controle (p. ex., alt-P), teclas de função ou uma palavra digitada.
- Qual será o grau de dificuldade para aprender e lembrar-se dos comandos? O que pode ser feito se um comando for esquecido?
- Os comandos podem ser personalizados ou abreviados pelo usuário?
- Os identificadores de menus são autoexplicativos no contexto da interface?
- Os submenus são consistentes com a função sugerida por um item de menu principal?
- Foram estabelecidas convenções apropriadas para a utilização de comandos em toda uma família de aplicações?

Internacionalização. Os engenheiros de *software* e seus gerentes invariavelmente subestimam o esforço e as capacidades necessárias para criar interfaces do usuário que levem em conta as necessidades de diferentes localidades e idiomas. Muitas vezes, as interfaces são projetadas para um país e idioma e então improvisadas para funcionar em outros. O desafio para os projetistas de interfaces é criar um *software* "globalizado". Isto é, as interfaces do usuário devem ser projetadas para atender um núcleo genérico de funcionalidade que possa ser entregue a todos que usam o *software*. Recursos de *localização* permitem que a interface seja personalizada para um mercado específico.

Uma grande variedade de diretrizes de internacionalização (p. ex., [IBM13]) se encontra disponível para os engenheiros de *software*. Tais diretrizes tratam de uma ampla variedade de questões de projeto (p. ex., os *layouts* de tela talvez difiram em

Capítulo 12   Projeto da experiência do usuário   **261**

vários mercados) e problemas de implementação diferenciados (p. ex., diferentes alfabetos talvez criem exigências especiais de atribuição de nomes e espaçamento). O padrão *Unicode* [Uni03] foi desenvolvido para tratar do intimidante desafio de gerenciar dezenas de linguagens naturais com centenas de caracteres e símbolos.

12.9 UX e mobilidade de *software* convencional

No início deste capítulo, citamos que o projeto de interfaces do usuário começa com a identificação dos requisitos do usuário, de tarefas e dos ambientes. Uma vez que as tarefas de usuário tenham sido identificadas, cenários de usuário (casos de uso) são criados e analisados para definir um conjunto de ações e objetos de interface.

Informações contidas no modelo de requisitos formam a base para a criação de um *layout* de tela que representa o *design* gráfico e o posicionamento de ícones, a definição de texto de tela descritivo, a especificação e a colocação de títulos para as janelas, bem como a especificação de itens de menu principais e secundários. Então, são usadas ferramentas para prototipação e, por fim, a implementação do modelo de projeto para interface.

Ao projetar para mobilidade, os desenvolvedores precisam prestar mais atenção às diferenças em tamanhos de tela e dispositivos de interação dos usuários. Os usuários de dispositivos móveis tendem a esperar que o artefato de *software* seja mais facilmente customizável às suas preferências e a aproveitar as mudanças no local físico do usuário enquanto utilizam o aplicativo ativamente. O projeto para dispositivos móveis será o foco do Capítulo 13.

12.10 Resumo

A interface do usuário é discutivelmente o elemento mais importante de um produto ou sistema computacional. Se a interface for mal projetada, a capacidade de o usuário aproveitar todo o poder computacional e conteúdo de informações de uma aplicação pode ser seriamente afetada. Na realidade, uma interface fraca pode fazer com que uma aplicação, em outros aspectos bem projetada e solidamente implementada, falhe.

Três importantes princípios orientam o projeto de interfaces do usuário eficazes: (1) deixar o usuário no comando; (2) reduzir a carga de memória do usuário; e (3) tornar a interface consistente. Para obter uma interface que observe esses princípios, deve ser realizado um processo de projeto organizado.

O desenvolvimento de uma interface do usuário começa com uma série de tarefas de análise. A análise dos usuários define personas para os perfis de vários usuários e é reunida com base em uma série de fontes técnicas e comerciais. A análise do usuário permite que os desenvolvedores criem um mapa da jornada do cliente que serve de representação visual dos objetivos do artefato. A análise de tarefas define as tarefas e ações de usuários usando uma abordagem de refinamento ou orientada a objetos, aplicando casos de uso, elaboração de tarefa e objetos, análise de fluxos de trabalho e representações hierárquicas de tarefas para entender completamente a interação homem-computador. A análise do ambiente identifica as estruturas físicas e sociais em que a interface deve operar.

Após a análise dos cenários de uso, são criados objetos e ações de interface que fornecem uma base para a criação de um *layout* de tela que represente o *design* gráfico e o posicionamento de ícones, a definição de texto de tela descritivo, a especificação e a colocação de títulos para as janelas, bem como a especificação de itens de menu principais e secundários. Pode ser criado um *storyboard* para ilustrar a navegação pelas telas desenvolvidas para o produto de modo a realizar tarefas específicas. Questões de projeto, como tempo de resposta, estrutura de comandos e ações, tratamento de erros e recursos de ajuda, são consideradas à medida que o modelo de projeto é refinado. Uma grande variedade de ferramentas de implementação é usada para construir um protótipo para avaliação por parte do usuário.

Assim como ocorre no projeto de interfaces para *software* convencional, o projeto de interfaces para aplicativos móveis descreve a estrutura e a organização de uma interface do usuário e abrange a representação do *layout* de tela, a definição dos modos de interação e a descrição de mecanismos de navegação. Um conjunto de princípios para o projeto de interfaces e um fluxo de trabalho para projeto de interfaces orientam o projetista de aplicativos móveis quando o *layout* e os mecanismos de controle da interface são projetados.

A interface do usuário é a janela para o *software*. Em muitos casos, ela molda a percepção do usuário quanto à qualidade de um sistema. Se a "janela" estiver embaçada, ondulada ou quebrada, o usuário poderá rejeitar um sistema computacional que, de outra forma, seria considerado poderoso. Problemas de usabilidade e acessibilidade na interface também podem fazer os usuários procurarem um produto alternativo, mais apto a atender suas necessidades e expectativas.

Problemas e pontos a ponderar

12.1. Descreva a pior interface com a qual você já tenha trabalhado até hoje e critique-a em relação aos conceitos introduzidos neste capítulo. Descreva a melhor interface com a qual você já tenha trabalhado até hoje e critique-a em relação aos conceitos introduzidos neste capítulo.

12.2. Considere uma das seguintes aplicações interativas (ou uma aplicação designada por seu professor):

    a. Um sistema de editoração eletrônica
    b. Um sistema de projeto auxiliado por computador
    c. Um sistema de projeto de interiores (conforme descrito na Seção 12.4.2)
    d. Um sistema automatizado de matrículas para uma universidade
    e. Um sistema de gerenciamento de bibliotecas
    f. Uma urna eletrônica baseada na Internet para eleições públicas
    g. Um sistema de *home banking*
    h. Uma aplicação interativa designada por seu professor

Desenvolva um modelo de usuário, um modelo de projeto, um modelo mental e um modelo de implementação para qualquer um desses sistemas.

12.3. Realize uma análise detalhada das tarefas para qualquer um dos sistemas enumerados no Problema 12.2.

12.4. Crie um mapa da jornada do cliente para um dos sistemas listados no Problema 12.2.

12.5. Continuando o Problema 12.2, defina objetos e ações de interface para a aplicação que você escolheu. Identifique cada tipo de objeto.

12.6. Desenvolva um conjunto de *layouts* de tela e organize-os em um *storyboard* para o sistema que escolheu no Problema 12.2.

12.7. Use uma ferramenta de prototipação como o Keynote para criar um protótipo interativo para o *storyboard* que criou no Problema 12.6.

12.8. Descreva sua abordagem para recursos de ajuda ao usuário para o modelo de projeto de análise de tarefas e para a análise de tarefas realizada como parte dos Problemas 12.3, 12.4 e 12.5.

Capítulo 12   Projeto da experiência do usuário   **263**

12.9. Dê alguns exemplos que ilustrem por que a variabilidade no tempo de resposta pode ser um problema.

12.10. Desenvolva uma abordagem que integraria automaticamente mensagens de erro e um recurso de ajuda ao usuário. Isto é, o sistema reconheceria automaticamente o tipo de erro e forneceria uma janela de ajuda com sugestões para corrigi-lo. Realize um projeto de *software* razoavelmente completo que considere estruturas de dados e algoritmos apropriados.

12.11. Desenvolva um questionário para avaliação de interfaces contendo 20 perguntas genéricas que se aplicariam à maioria das interfaces. Faça com que 10 colegas de classe completem o questionário para um sistema interativo que todos usarão. Sintetize os resultados e relate-os à sua turma.

Elemento de design: Ícone de lupa da seção Panorama: © Roger Pressman

13

Projeto para mobilidade

Conceitos-chave

projeto estético 277
projeto de arquitetura . . . 278
desafios 265
computação em nuvem . . 273
projeto em nível de
componentes 282
arquitetura de conteúdo . . 279
projeto de conteúdo 277
objetos de conteúdo 277
aplicativos sensíveis
ao contexto 274
projeto
    melhores práticas. 285
    erros. 272
    pirâmide 275
    qualidade 282
design gráfico. 277
arquiteturas móveis 273
ciclo de vida do
desenvolvimento móvel . . 268
modelo-visão-
-controlador. 279
projeto de navegação 280
lista de controle
(*checklist*) de qualidade . . 285
considerações técnicas. . . 266
projeto da interface
de usuário 270
arquitetura da WebApp . . 279

Os dispositivos móveis – *smartphones, tablets*, dispositivos vestíveis e outros produtos especializados – se tornaram a nova face da computação. De acordo com o Pew Research Center [Pew18], nos Estados Unidos, 77% das pessoas têm um *smartphone* e 50% têm algum tipo de *tablet*. A computação móvel se tornou uma força dominante.

Em seu respeitado livro sobre projeto para Web, Jakob Nielsen [Nie00] afirma: "Existem, essencialmente, duas abordagens básicas para projeto: o ideal artístico de

---

Panorama

O que é? O projeto para dispositivos móveis abrange as seguintes atividades técnicas e não técnicas: estabelecer a percepção e a aparência do aplicativo (incluindo aplicativos móveis, WebApps, realidade virtual e jogos); criar o *layout* estético da interface do usuário; estabelecer o ritmo da interação do usuário; definir a estrutura arquitetural geral; desenvolver o conteúdo e a funcionalidade residentes na arquitetura; e planejar a navegação que ocorre no produto.

Quem realiza? Engenheiros de *software*, *designers* gráficos, desenvolvedores de conteúdo e outros envolvidos participam na criação de um modelo de projeto de um aplicativo móvel.

Por que é importante? O projeto permite criar um modelo que pode ser avaliado em termos de qualidade e aperfeiçoado antes de os códigos e conteúdos serem gerados, de os testes serem realizados e de muitos usuários se envolverem. É no projeto que se estabelece a qualidade de um aplicativo móvel.

Quais são as etapas envolvidas? O projeto de aplicativos móveis abrange seis etapas principais, orientadas por informações obtidas durante a modelagem de requisitos, que são descritas neste capítulo.

Qual é o artefato? Um modelo de projeto abrangendo questões de conteúdo, estética, arquitetura, interface, navegação e de projeto de componentes é o principal artefato gerado durante o projeto de um aplicativo móvel.

Como garantir que o trabalho foi realizado corretamente? Cada elemento do modelo de projeto é revisado na tentativa de se descobrir erros, inconsistências ou omissões. Além disso, são consideradas soluções alternativas e é avaliado o grau com que o modelo de projeto atual vai levar a uma implementação efetiva em diversas plataformas de *software* e dispositivos.

se expressar e o ideal de engenharia de resolver um problema para um cliente". Durante a primeira década de desenvolvimento de aplicativos móveis, o ideal artístico foi a abordagem que muitos desenvolvedores escolheram. O projeto ocorria de maneira assistemática e normalmente era feito à medida que o código HTML era gerado. O projeto se desenvolveu a partir de uma visão artística que evoluiu junto com a construção de páginas Web.

Mesmo hoje, muitos desenvolvedores usam aplicativos móveis como a representação perfeita de um "projeto limitado". Eles argumentam que o imediatismo e a volatilidade do mercado móvel jogam contra o processo de projeto formal; que o projeto evolui à medida que uma aplicação é construída (implementada); e que relativamente pouco tempo deve ser gasto na criação de um modelo de projeto mais detalhado. Esse argumento tem seus méritos, mas apenas para aplicativos relativamente simples. Quando o conteúdo e a funcionalidade são complexos, quando o tamanho do aplicativo móvel engloba centenas ou milhares de objetos de conteúdo, funcionalidades e classes de análise, e quando o sucesso do aplicativo terá um impacto direto no sucesso do negócio, o projeto não pode e não deve ser tratado de maneira superficial. Essa realidade nos leva à segunda abordagem de Nielsen: "o ideal da engenharia de resolver um problema para um cliente".

13.1 Os desafios

Embora os dispositivos móveis tenham muitas características em comum, frequentemente seus usuários têm percepções muito diferentes dos recursos que esperam encontrar. Alguns esperam os mesmos recursos fornecidos em seus computadores pessoais. Outros dirigem a atenção à liberdade proporcionada pelos dispositivos portáteis e aceitam de bom grado a funcionalidade reduzida da versão móvel de um produto de *software* conhecido. Outros, ainda, esperam experiências únicas, impossíveis na computação tradicional ou em aparelhos de entretenimento. Para o usuário, a percepção de "eficácia" pode ser mais importante do que qualquer uma das dimensões técnicas da qualidade do produto móvel em si.

13.1.1 Considerações sobre o desenvolvimento

Como todos os dispositivos de computação, as plataformas móveis se diferenciam pelo *software* que apresentam – uma combinação do sistema operacional (p. ex., Android ou iOS) e um pequeno subconjunto das centenas de milhares de artefatos de *software* móveis que fornecem uma ampla variedade de funcionalidades. Novas ferramentas permitem que pessoas com pouco treinamento formal criem e vendam aplicativos ao lado de outros aplicativos desenvolvidos por grandes equipes de desenvolvedores de *software*.

Mesmo que aplicativos possam ser desenvolvidos por amadores, muitos engenheiros de *software* acham que os aplicativos móveis estão entre os sistemas de *software* mais desafiadores em construção na atualidade [Voa12]. As plataformas móveis são muito complexas. Os sistemas operacionais Android e iOS contêm mais de 12 milhões de linhas de código cada um. Muitas vezes, os dispositivos móveis têm mininavegadores que não exibem todo o conjunto de conteúdo disponível em uma página Web. Diferentes dispositivos móveis utilizam diferentes sistemas operacionais e ambientes de desenvolvimento dependentes da plataforma. Os dispositivos móveis tendem a ter tamanhos de tela menores e mais variados do que os computadores

266 Engenharia de *software*

pessoais. Isso pode exigir maior atenção aos problemas de projeto de interface do usuário, incluindo decisões de limitar a exibição de algum conteúdo. Os aplicativos móveis devem ser projetados levando em conta a interrupção intermitente da conectividade, limitações da vida da bateria e outras restrições dos dispositivos[1] [Whi08].

Nos ambientes de computação móvel, é provável que os componentes do sistema mudem de lugar enquanto os aplicativos móveis estão executando. Para manter a conectividade em redes nômades,[2] devem ser desenvolvidos mecanismos de coordenação para descoberta de dispositivos, troca de informações, manutenção da segurança e da integridade da comunicação e sincronismo de ações. Sempre existe um balanceamento entre a segurança e outros elementos do projeto de aplicativos móveis.

Além disso, os engenheiros de *software* devem identificar o balanceamento de projeto correto entre o expressivo poder do aplicativo móvel e as preocupações com a segurança por parte dos envolvidos. Os desenvolvedores devem tentar descobrir algoritmos (ou adaptar os já existentes) que sejam eficientes com relação à energia para preservar a carga da bateria, quando possível. Talvez seja necessário criar *middleware* para permitir que diferentes tipos de dispositivos móveis se comuniquem nas mesmas redes móveis [Gru00].

Os engenheiros de *software* devem produzir uma experiência de usuário que tire proveito das características do dispositivo e de aplicativos sensíveis ao contexto. Os requisitos não funcionais (p. ex., segurança, desempenho, usabilidade) são um pouco diferentes dos que se aplicam a WebApps ou aplicativos de *software* de *desktop*. O teste de artefatos de *software* móveis (Capítulo 21) oferece desafios adicionais, pois o usuário espera trabalhar em muitos ambientes fisicamente diferentes. A portabilidade representa outro desafio para os engenheiros de *software*, pois existem diversas plataformas de dispositivos populares. Desenvolver e dar suporte para aplicativos em diversas plataformas é um processo dispendioso [Was10].

13.1.2 Considerações técnicas

O baixo custo envolvido na adição de recursos Web em dispositivos comuns, como telefones, câmeras e TVs, está transformando a maneira de acessar informações e usar serviços de rede [Sch11]. Dentre as muitas considerações técnicas a serem tratadas pelos aplicativos móveis, estão as seguintes:

Diversas plataformas de *hardware* e *software*. Não é difícil um aplicativo móvel ser executado em muitas plataformas diferentes (tanto móveis quanto fixas) com uma variedade de níveis de funcionalidade. Em parte, os motivos para essas diferenças são o *hardware* e o *software* disponíveis, que diferem muito de um dispositivo para outro. Isso aumenta o custo e o tempo de desenvolvimento. Além disso, pode dificultar o gerenciamento da configuração (Capítulo 22).

Muitas estruturas de desenvolvimento e linguagens de programação. Atualmente, os artefatos móveis estão sendo escritos em diversas linguagens de programação e de *script* diferentes (p. ex., HTML5, JavaScript, Java, Swift e C#) para inúmeros *frameworks* de desenvolvimento populares (p. ex., Android, iOS, Xamarin, Windows, AngularJS). Poucos dispositivos móveis permitem desenvolvimento direto no próprio aparelho. Em vez disso, os desenvolvedores de aplicativos móveis utilizam emuladores, executando em sistemas de desenvolvimento

---

1 Disponível em http://www.devx.com/SpecialReports/Article/37693.
2 As *redes nômades* têm conexões variáveis para dispositivos ou servidores móveis.

no *desktop*. Esses emuladores podem ou não refletir com precisão as limitações do dispositivo em si. Frequentemente, é mais fácil portar aplicativos clientes finos para vários dispositivos do que aplicativos projetados para executar exclusivamente no dispositivo móvel.

Muitas lojas de aplicativos com diferentes regras e ferramentas. Cada plataforma móvel tem sua própria loja de aplicativos e seus próprios padrões para aceitar aplicativos (p. ex., Apple,[3] Google,[4] Microsoft[5] e Amazon[6] publicam seus próprios padrões). O desenvolvimento de um aplicativo móvel para várias plataformas deve ocorrer separadamente, e cada versão do aplicativo precisa de seu próprio especialista em padrões.

Ciclos de desenvolvimento muito curtos. O mercado de produtos móveis é bastante competitivo; assim, os engenheiros de *software* utilizam processos de desenvolvimento ágeis ao construir aplicativos móveis, na tentativa de reduzir o tempo de desenvolvimento [Was10].

Limitações da interface do usuário e complexidades da interação com sensores e câmeras. Os dispositivos móveis têm telas menores do que os computadores pessoais e um conjunto de possibilidades de interação mais rico (toque, gesto, câmera, etc.), além de cenários de uso baseados no reconhecimento do contexto. O estilo e a aparência da interface do usuário muitas vezes são impostos pela natureza das ferramentas de desenvolvimento específicas da plataforma [Rot02]. A possibilidade de dispositivos inteligentes interagirem com espaços inteligentes oferece o potencial para se criar plataformas de aplicativo personalizadas, ligadas em rede e de alta fidelidade, como as que surgem por meio da fusão de *smartphones* e sistemas de entretenimento informativo de automóveis.[7]

Uso eficiente do contexto. Os usuários esperam que os aplicativos móveis apresentem experiências personalizadas, de acordo com o local físico de um dispositivo em relação aos recursos de rede disponíveis. O projeto de interfaces do usuário e os aplicativos sensíveis ao contexto são discutidos com mais detalhes na Seção 13.4.

Gerenciamento de energia. Muitas vezes, a vida da bateria é uma das restrições mais limitantes em muitos dispositivos móveis. Iluminação traseira, leitura e escrita na memória, uso de conexões sem fio, uso de *hardware* especializado e velocidade do processador: tudo isso tem impacto sobre a utilização de energia e precisa ser levado em conta pelos desenvolvedores de *software* [Mei09].

Modelos e políticas de segurança e privacidade. É difícil proteger a comunicação sem fio contra escuta clandestina. Aliás, impedir *ataques de homem do meio* (MITM, do inglês *man-in-the-middle*)[8] em aplicativos automotivos pode ser crítico para a segurança dos usuários [Bos11]. Dados armazenados em um dispositivo móvel estão sujeitos a roubo, caso o dispositivo seja perdido ou seja baixado um aplicativo mal-intencionado. Políticas de *software* que aumentam o nível de confiança na

---

3 https://developer.apple.com/appstore/guidelines.html.

4 http://developer.android.com/distribute/googleplay/publish/preparing.html.

5 http://msdn.microsoft.com/en-us/library/ff941089%28v=vs.92%29.aspx.

6 https://developer.amazon.com/apps-and-games/app-submission/android.

7 Quando usados no cenário automotivo, os dispositivos inteligentes devem ser capazes de restringir o acesso a serviços que possam distrair o motorista e permitir operação com viva-voz quando o veículo estiver em movimento [Bos11].

8 Esses ataques envolvem um terceiro interceptando a comunicação entre duas fontes confiáveis e a personificação de uma ou de ambas as partes.

segurança e na privacidade de um aplicativo móvel frequentemente reduzem a utilização do aplicativo e a espontaneidade da comunicação entre os usuários [Rot02].

Limitações computacionais e de armazenamento. Há muito interesse no uso de dispositivos móveis para controlar ambientes domésticos e serviços de segurança. Quando aplicativos móveis podem interagir com dispositivos e serviços em seus ambientes, é fácil sobrecarregar o dispositivo móvel (armazenamento, velocidade de processamento, energia consumida) com o enorme volume de informações [Spa11]. Talvez os desenvolvedores precisem procurar atalhos de programação e meios de reduzir as demandas impostas ao processador e aos recursos de memória.

Aplicativos dependentes de serviços externos. A construção de clientes finos móveis sugere a necessidade de contar com provedores de *Web service* e recursos de armazenamento na nuvem. Isso aumenta a preocupação com acessibilidade e segurança tanto de dados quanto de serviços [Rot02].

Complexidade do teste. Os aplicativos móveis executados inteiramente em um dispositivo móvel podem ser testados com métodos de teste de *software* tradicionais (Capítulos 19 e 20) ou com emuladores rodando em computadores pessoais. É particularmente desafiador testar aplicativos clientes finos móveis. Eles apresentam muitos dos mesmos desafios encontrados nas WebApps, mas trazem preocupações adicionais associadas à transmissão de dados por meio de *gateways* da Internet e de redes telefônicas [Was10]. O teste de aplicativos móveis será discutido no Capítulo 21.

13.2 Ciclo de vida do desenvolvimento móvel

Burns [Bur16] e seus colegas da Microsoft descrevem uma recomendação para um ciclo de vida de desenvolvimento de *software* (SDLC, do inglês *software development life cycle*) móvel iterativo que contém cinco etapas principais:

Concepção. As metas, os recursos e as funções do aplicativo móvel são identificados para determinar a abrangência e o tamanho do primeiro incremento ou protótipo de viabilidade. Os desenvolvedores e os envolvidos devem estar conscientes das atividades humanas, sociais, culturais e organizacionais que podem revelar aspectos ocultos das necessidades dos usuários e afetar as metas de negócio e a funcionalidade do aplicativo móvel proposto.

Projeto. Envolve projeto arquitetural, projeto de navegação, projeto da interface e projeto do conteúdo. Os desenvolvedores definem a experiência do usuário do aplicativo usando representações das telas e protótipos de papel para ajudar a criar um projeto de interface do usuário adequado, que leve em conta diferentes capacidades e tamanhos de tela, além das capacidades de cada plataforma.

Desenvolvimento. O *software* móvel é programado em seus aspectos funcionais e não funcionais. São criados e executados casos de teste, e as avaliações de usabilidade e acessibilidade são conduzidas à medida que o artefato evolui.

Estabilização. A maior parte dos produtos móveis passa por uma série de protótipos: o protótipo de viabilidade, que deve servir como prova de conceito, possivelmente com apenas um caminho lógico pelo aplicativo; o protótipo alfa, que contém a funcionalidade para o produto viável mínimo; o protótipo beta, que é quase completo e contém a maioria das funcionalidades testadas; e, por fim, o candidato a lançamento, que contém todas as funcionalidades exigidas, para o qual todos os testes agendados foram completados e que está pronto para ser revisado pelo *product owner*.

Entrega. Depois de estabilizado, o produto móvel é revisado pela loja de aplicativos comercial e disponibilizado para venda e *download*. Para aplicativos destinados apenas para uso interno de empresas, a revisão do *product owner* pode ser o último passo necessário antes da entrega.

O desenvolvimento de aplicativos móveis utiliza um modelo de processo de engenharia ágil em espiral. As fases não são completadas em ordem, como se o processo utilizasse o modelo cascata. As etapas descritas acima são revisitadas inúmeras vezes à medida que os desenvolvedores e envolvidos entendem melhor as necessidades dos usuários e os objetivos de negócio do produto.

Casa Segura

Formulando requisitos de dispositivos móveis

Cena: Uma sala de reunião. A primeira reunião para identificar os requisitos de uma versão móvel da WebApp *CasaSegura*.

Atores: Jamie Lazar, membro da equipe de *software*; Vinod Raman, membro da equipe de *software*; Ed Robbins, membro da equipe de *software*; Doug Miller, gerente da engenharia de *software*; três membros do departamento de *marketing*; um representante da engenharia de produto; e um facilitador.

Conversa:

Facilitador (apontando para um quadro branco): Então, esta é a lista atual de objetos e serviços para a função segurança domiciliar presente na WebApp.

Vinod (interrompendo): As pessoas querem que a funcionalidade do *CasaSegura* também esteja acessível a partir de dispositivos móveis... inclusive a função de segurança domiciliar?

Representante do departamento de *marketing*: Sim, é isso mesmo... teremos de adicionar essa funcionalidade e tentar torná-la sensível ao contexto para ajudar a personalizar a experiência do usuário.

Facilitador: Sensível ao contexto em que sentido?

Representante do departamento de *marketing*: Talvez as pessoas queiram usar um *smartphone*, em vez do painel de controle, e não ter de fazer *logon* em um *site* quando estiverem na garagem de casa. Ou, então, talvez não queiram que todos os membros da família tenham acesso ao painel de controle mestre do sistema a partir de seus telefones.

Facilitador: Você tem dispositivos móveis específicos em mente?

Representante do departamento de *marketing*: Bem, todos os *smartphone*s seria ótimo. Teremos uma versão Web pronta, então o aplicativo móvel não vai funcionar em todos eles?

Jamie: Não exatamente. Se adotarmos a abordagem do navegador do celular, poderemos reutilizar grande parte das nossas funcionalidades de WebApps. Mas lembre-se: o tamanho da tela dos *smartphones* varia, e eles podem ou não ter todos os mesmos recursos de toque. Portanto, no mínimo, teríamos de criar um *site* para dispositivo móvel que levasse em conta os recursos do dispositivo.

Ed: Talvez devêssemos construir a versão móvel do *site* primeiro.

Representante do departamento de *marketing*: Certo, mas uma solução de *site* móvel não era o que tínhamos em mente.

Vinod: Cada plataforma móvel também parece ter seu próprio ambiente de desenvolvimento exclusivo.

Representante da engenharia de produto: Podemos restringir o desenvolvimento do aplicativo móvel a apenas um ou dois tipos de *smartphones*?

Representante do departamento de *marketing*: Acho que pode funcionar. A menos que eu esteja errado, o mercado de *smartphones* é dominado por duas plataformas atualmente.

Jamie: Há também a questão da segurança. É melhor termos certeza de que um intruso não conseguirá entrar no sistema, desarmá-lo e roubar o local ou coisa pior. Além disso, um telefone pode ser perdido ou roubado com mais facilidade do que um *laptop*.

Doug: Uma grande verdade.

Representante do departamento de *marketing*: Mas ainda precisamos do mesmo nível de segurança... também deve ser garantido que um estranho não possa ter acesso com um telefone roubado.

Ed: É fácil dizer, o duro é fazer...

Facilitador (interrompendo): Não vamos nos preocupar com esses detalhes ainda.

(Doug, atuando como o secretário da reunião, faz uma anotação.)

Facilitador: Como ponto de partida, podemos identificar quais elementos da função de segurança da WebApp são necessários no aplicativo móvel e quais precisarão ser criados? Então, poderemos decidir quantas plataformas móveis vamos suportar e quando poderemos ir adiante nesse projeto.

(O grupo gasta os 20 minutos seguintes refinando e expandindo os detalhes da função segurança domiciliar.)

13.2.1 Projeto de interface de usuário

Os usuários de dispositivos móveis esperam que o mínimo de tempo de aprendizado seja necessário para dominar um aplicativo móvel. Para isso, os projetistas utilizam representações e posicionamento padrão de ícones entre várias plataformas. Além disso, eles devem ser sensíveis à expectativa de privacidade do usuário com relação à exibição de informações pessoais na tela do dispositivo móvel. Interfaces de toque e gesto e reconhecimento facial, junto com entrada de voz sofisticada, estão amadurecendo rapidamente [Shu12] e já fazem parte da caixa de ferramentas do projetista de interface de usuário.

A pressão jurídica e ética para fornecer acesso a todas as pessoas sugere que as interfaces de dispositivos móveis precisam levar em conta diferenças de marca, diferenças culturais, diferenças na experiência de computação, usuários idosos e usuários com necessidades especiais (p. ex., visuais, auditivas, motoras). Os efeitos de uma capacidade de utilização insatisfatória podem significar que os usuários não conseguiram concluir suas tarefas ou não ficaram satisfeitos com os resultados. Isso sugere a importância das atividades de projeto centrado no usuário em cada uma das áreas de utilização (interface do usuário, interface acessória externa e interface de serviço). A acessibilidade é uma questão de projeto importante e deve ser considerada quando se aplica o projeto centrado no usuário.

Para atender às expectativas de utilização dos envolvidos, os desenvolvedores de aplicativos móveis devem tentar responder às perguntas a seguir para avaliar a imediata prontidão do dispositivo:

- A interface do usuário é consistente entre aplicativos?
- O dispositivo pode operar em conjunto com diferentes serviços de rede?
- O dispositivo é aceitável, em termos dos valores dos envolvidos[9] no mercado-alvo?

Eisenstein [Eis01] afirma que o uso de modelos abstratos, neutros quanto à plataforma, para descrever uma interface de usuário facilita muito o desenvolvimento de interfaces consistentes, multiplataforma, para dispositivos móveis. Três modelos são particularmente úteis. Um *modelo de plataforma* descreve as restrições impostas por cada plataforma a ser suportada. Um *modelo de apresentação* descreve a aparência da interface do usuário. O *modelo de tarefa* é uma representação estruturada das tarefas

---

9   Marca, preferências éticas, preferências morais, crenças cognitivas.

que o usuário precisa executar para atingir suas metas. No melhor caso, o projeto baseado em modelo (Capítulo 9) envolve a criação de bancos de dados que contêm os modelos e tem o suporte de ferramentas para gerar automaticamente interfaces de usuário para vários dispositivos. A utilização de técnicas de projeto baseado em modelo também pode ajudar os projetistas a reconhecer e adaptar os contextos exclusivos e as mudanças de contexto presentes na computação móvel. Sem uma descrição abstrata de uma interface de usuário, o desenvolvimento de interfaces móveis é propenso a erros e demorado.

Informações

Considerações sobre o projeto de interface de usuário de aplicativos móveis

As escolhas de projeto afetam o desempenho e devem ser examinadas no início do processo do projeto da interface do usuário. Ivo Weevers [Wee11] divulgou várias práticas de projeto de interface de usuário móvel que se mostraram úteis no projeto de aplicativos móveis:

- **Defina assinaturas de marca da interface do usuário.** Diferencie o aplicativo de seus concorrentes. Torne os elementos básicos da assinatura da marca os mais responsivos possível, pois os usuários os utilizarão repetidamente.
- **Concentre-se no portfólio de produtos.** Tenha como alvo as plataformas mais importantes para o sucesso do aplicativo e da empresa. Nem todas as plataformas têm o mesmo número de usuários.
- **Identifique histórias de usuário básicas.** Utilize técnicas que exigem que os envolvidos priorizem suas necessidades para reduzir uma longa lista de requisitos e considerar os recursos restritos dos dispositivos móveis.
- **Otimize fluxos e elementos da interface do usuário.** Os usuários não gostam de esperar. Identifique gargalos em potencial no fluxo de trabalho do usuário e certifique-se de que o usuário receba uma indicação do andamento, quando ocorrerem atrasos. Verifique se o tempo de exibição de elementos de tela é justificado, em termos de benefícios para o usuário.
- **Defina regras de escala.** Determine as opções que serão utilizadas quando a informação a ser exibida for grande demais para a tela. O gerenciamento da funcionalidade, da estética, da utilização e do desempenho é um ato contínuo de equilíbrio.
- **Use um painel de desempenho.** Utilizado para comunicar o estado atual de conclusão do produto (p. ex., o número de histórias de usuário implementadas), seu desempenho relativo às suas metas e, talvez, comparações com seus concorrentes.
- **Promova habilidades especiais de engenharia de interface de usuário.** É importante entender que a implementação de *layout*, elementos gráficos e animação têm implicações no desempenho. Técnicas para intercalar a representação de itens na tela e a execução do programa podem ser úteis.

13.2.2 Lições aprendidas

Os autores de Sá e Cariço [Des08] afirmam que há diferenças importantes entre o desenvolvimento de *software* convencional e de aplicativos móveis. Os engenheiros de *software* não podem continuar a usar as mesmas técnicas convencionais de sempre e esperar que sejam bem-sucedidos. Os autores sugerem três abordagens para o projeto de aplicativos móveis:

Cenários de utilização. Descritos no Capítulo 12, os cenários de utilização devem considerar as variáveis contextuais (localização, usuário e dispositivo) e as transições entre os cenários contextuais (p. ex., o usuário sai do banheiro e entra na cozinha ou troca a caneta eletrônica pelo dedo). de Sá e Cariço identificaram um conjunto de tipos de variável que devem ser considerados no desenvolvimento de cenários de usuário – localizações e ambientes, movimento e postura, dispositivos e utilizações, volumes de trabalho e distrações, preferências do usuário.

Observação etnográfica.[10] É um método amplamente usado para reunir informações sobre usuários representativos de um produto de *software* quando ele está sendo projetado. Muitas vezes, é difícil observar os usuários quando eles mudam os contextos, pois o observador precisa segui-los por longos períodos – o que pode suscitar preocupações em relação à privacidade.[11] Um fator complicador é que, às vezes, os usuários executam tarefas em ambientes privados e sociais de formas diferentes em cada caso. Os mesmos usuários talvez precisem ser observados executando tarefas em vários contextos, enquanto se monitora transições e se registra suas reações às mudanças.

Protótipos de papel de baixa fidelidade (p. ex., fichas ou etiquetas adesivas). É uma abordagem de avaliação de usabilidade com boa relação custo-benefício no projeto de interface do usuário que pode ser aplicada antes da programação sequer iniciar. É importante que esses protótipos tenham tamanhos e pesos semelhantes e que o seu uso seja permitido em uma ampla variedade de contextos. Também é importante preservar a fidelidade do tamanho dos desenhos e textos para que o produto final tenha alta qualidade. O posicionamento e o tamanho dos *widgets* da interface do usuário (p. ex., botões e barras de rolagem) devem ser projetados de modo que não desapareçam quando os usuários ampliarem parte da tela com a função de *zoom*. O tipo de interação (p. ex., caneta eletrônica, *joystick*, tela sensível ao toque) precisa ser emulado no protótipo de baixa fidelidade (p. ex., com uma caneta colorida ou tachinhas) para verificar posições e facilidade de uso. Então, protótipos posteriores podem ser criados para serem executados nos dispositivos móveis pretendidos quando os problemas de *layout* e posicionamento estiverem resolvidos.

Informações

Erros de projeto de aplicativos móveis

Joh Koester [Koe12] publica vários exemplos de práticas de projeto de aplicativo móvel que devem ser evitadas:

- **Miscelânea.** Não adicione recursos demais ao aplicativo e *widgets* demais à tela. Simples é inteligível. Simples é comercializável.
- **Inconsistência.** Para evitar isso, defina padrões para navegação de páginas, uso de menus, botões, guias e outros elementos de interface de usuário. Prefira uma aparência e um comportamento uniformes.
- **Projeto demasiado.** Seja implacável ao projetar um aplicativo. Remova elementos desnecessários e elementos gráficos que causam muito consumo. Não caia na tentação de adicionar elementos apenas porque você acha que deve.
- **Falta de velocidade.** Os usuários não se importam com restrições de dispositivo – eles querem ver as coisas rapidamente. Carregue previamente o que for possível. Elimine o que não for necessário.
- **Verbosidade.** Menus e exibições de tela desnecessariamente longos e prolixos são indicações de um produto móvel que não foi testado com usuários e de desenvolvedores que não passaram tempo suficiente entendendo a tarefa do usuário.
- **Interação não padronizada.** Um motivo para ter uma plataforma como alvo é aproveitar a experiência do usuário com o modo de fazer as coisas nela. Onde existirem padrões, utilize-os. Isso precisa ser equilibrado com a necessidade de fazer um aplicativo parecer e se comportar da mesma maneira em vários dispositivos, quando possível.
- **"Ajudites e perguntites".** Adicionar ajuda *online* não é a maneira de reparar uma interface de usuário mal projetada. Certifique-se de ter testado seu aplicativo com os usuários da plataforma-alvo e de ter reparado os defeitos identificados.

---

10 *Observação etnográfica* é uma maneira de determinar a natureza de tarefas de usuário, observando-os em seus ambientes de trabalho.

11 Talvez seja suficiente os usuários preencherem questionários anônimos, quando não for possível uma observação direta.

13.3 Arquiteturas móveis

A computação de serviços[12] e a computação em nuvem[13] permitem o desenvolvimento rápido de aplicativos distribuídos em larga escala com base em projetos de arquitetura inovadores [Yau11]. Esses paradigmas da computação tornaram mais fácil e econômico criar aplicativos em muitos dispositivos diferentes (p. ex., computadores pessoais, *smartphones* e *tablets*). Os dois paradigmas permitem a terceirização de recursos e a transferência de informações do gerenciamento da tecnologia da informação para provedores de serviço, ao mesmo tempo que reduzem o impacto das limitações de recursos em alguns dispositivos móveis. Uma arquitetura voltada para serviços fornece o estilo arquitetural (p. ex., REST),[14] os protocolos padronizados (p. ex., XML[15] e SOAP[16]) e as interfaces (p. ex., WSDL)[17] necessários para o desenvolvimento de aplicativos móveis. A computação em nuvem permite o acesso de rede conveniente e sob demanda a um *pool* compartilhado de recursos de computação que podem ser configurados (servidores, armazenamento, aplicativos e serviços).

A *computação de serviço* desobriga os desenvolvedores de aplicativos móveis a integrar código-fonte de serviço no cliente que está sendo executado em um dispositivo móvel. Em vez disso, o serviço é executado fora do servidor do provedor e é pouco acoplado aos aplicativos que o utilizam por meio de protocolos de troca de mensagens. Um serviço típico fornece uma interface de programação de aplicação (API, do inglês *application programming interface*) para permitir que seja tratado como uma caixa preta abstrata.

A *computação em nuvem* permite que o cliente (um usuário ou um programa) solicite recursos de computação de acordo com a necessidade, além dos limites da rede, em qualquer lugar ou a qualquer momento. A arquitetura da nuvem tem três camadas, cada uma das quais podendo ser chamada como um serviço (Figura 13.1). A camada *software como serviço* consiste em componentes de *software* e aplicativos hospedados por outros provedores de serviço. A camada *plataforma como serviço* fornece uma plataforma de desenvolvimento colaborativo para dar suporte ao projeto, à implementação e aos testes feitos por membros da equipe distribuídos geograficamente. A *infraestrutura como serviço* fornece recursos de computação virtuais (armazenamento, poder de processamento, conectividade de rede) na nuvem.

Os dispositivos móveis podem acessar serviços da nuvem a partir de qualquer lugar, a qualquer momento. Os riscos de roubo de identidade e sequestro de serviços exigem que os provedores de serviços móveis e de computação em nuvem empreguem técnicas de engenharia de segurança rigorosas para proteger seus usuários (Capítulo 18).

Taivalsaari [Tai12] mostra que fazer uso de armazenamento na nuvem pode tornar possível que qualquer dispositivo móvel ou recursos de *software* sejam atualizados

---

12 A *computação de serviços* se concentra no projeto arquitetural e permite o desenvolvimento de aplicativos por meio de descoberta e composição de serviços.

13 A *computação em nuvem* se concentra na distribuição efetiva de serviços para os usuários por meio de virtualização flexível e escalável de recursos e do balanceamento de carga.

14 *Representation State Transfer* descreve um estilo arquitetural Web em rede onde a representação do recurso (p. ex., uma página Web) coloca o cliente em um novo estado. O cliente muda ou transfere o estado com cada representação de recurso.

15 A *Extensible Markup Language*, XML, foi projetada para armazenar e transportar dados, enquanto a HTML foi projetada para exibir dados.

16 *Simple Object Access Protocol* é uma especificação de protocolo para troca de informações estruturadas na implementação de serviços Web em redes de computador.

17 *Web Services Description Language* é uma linguagem baseada na XML projetada para descrever serviços Web e como acessá-los.

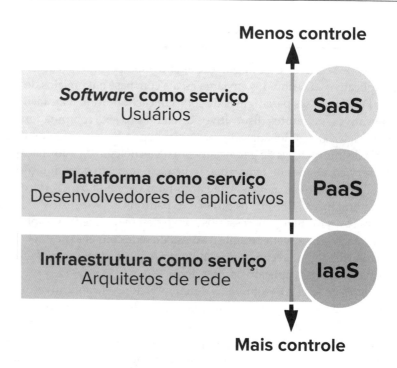

Figura 13.1
Camadas de computação em nuvem.

facilmente em milhões de dispositivos em todo o mundo. Na verdade, é possível virtualizar toda a experiência do usuário móvel, de modo que todos os aplicativos sejam baixados da nuvem.

13.4 Aplicativos sensíveis ao contexto

O contexto permite a criação de novos aplicativos baseados no local do dispositivo móvel e da funcionalidade a ser apresentada por ele. O contexto também pode ajudar a personalizar aplicativos de computador pessoal para dispositivos móveis (p. ex., baixar informações sobre um paciente em um dispositivo transportado por um profissional de saúde domiciliar quando ele chega à casa da pessoa).

Usar interfaces contextuais altamente adaptáveis é uma boa maneira de lidar com as limitações do dispositivo (p. ex., tamanho da tela e memória). Facilitar o desenvolvimento de interação de usuário sensível ao contexto exige o suporte de arquiteturas de *software* correspondentes.

Em uma discussão sobre aplicativos sensíveis ao contexto, Rodden [Rod98] assinala que a computação móvel mescla os mundos real e virtual, fornecendo funcionalidade que permite a um dispositivo ser sensível à sua localização, ao seu tempo e a outros objetos próximos. O dispositivo poderia estar em um local fixo, como um sensor de alarme, incorporado a um dispositivo autônomo ou ser transportado por uma pessoa. Como pode ser projetado para ser usado por indivíduos, grupos ou pelo público, o dispositivo deve detectar a presença e a identidade do usuário, assim como os atributos do contexto relevantes ou permitidos para esse usuário (mesmo que o usuário seja outro dispositivo).

Para reconhecerem o contexto, os sistemas móveis precisam produzir informações confiáveis na presença de dados incertos e rapidamente mutantes de uma variedade de fontes heterogêneas. É um desafio extrair informações de contexto relevantes pela combinação de dados de vários sensores, devido a problemas de ruído, calibração errada, desgaste, danos e clima. É preferível usar comunicação baseada em eventos no gerenciamento de fluxos contínuos de dados de alto nível de abstração em aplicativos sensíveis ao contexto [Kor03].

Em ambientes de computação ubíquos, vários usuários trabalham com uma ampla diversidade de dispositivos. A configuração dos dispositivos deve ser flexível o suficiente para mudar com frequência, devido às práticas da maneira móvel de trabalhar. É importante que a infraestrutura de *software* suporte diferentes estilos de interação (p. ex., gestos, voz e caneta eletrônica) e os armazene em abstrações que possam ser facilmente compartilhadas.

Há ocasiões em que um usuário quer trabalhar com mais de um dispositivo simultaneamente no mesmo produto (p. ex., usar um dispositivo *touch-screen* para editar uma imagem em um documento e um teclado pessoal para editar o texto do documento). É desafiador integrar dispositivos móveis que nem sempre estão conectados na rede e têm restrições diversas [Tan01]. Os jogos multijogadores têm de lidar com esses problemas, armazenando o estado do jogo em cada dispositivo e compartilhando as informações sobre alterações entre os dispositivos de outros jogadores em tempo real.

13.5 Pirâmide de projeto para Web

No contexto da engenharia para Web, o que é projeto? Essa simples pergunta é mais difícil de responder do que se possa imaginar. Pressman e Lowe [Pre08] discutem isso ao escreverem:

> Tipicamente, a criação de um projeto eficaz exigirá um conjunto de habilidades diversas. Às vezes, para pequenos projetos, um único desenvolvedor precisaria ter vários talentos. Para projetos maiores, talvez seja prudente e/ou viável recorrer à experiência de especialistas: engenheiros Web, *designers* gráficos, desenvolvedores de conteúdo, programadores, especialistas em banco de dados, arquitetos de informação, engenheiros de rede, especialistas em segurança e testadores. Fazer uso dessas diversas capacidades permite a criação de um modelo que pode ser avaliado em termos de qualidade e aperfeiçoado *antes* de o conteúdo e o código serem gerados, os testes serem realizados e os usuários envolverem-se em grande número. Se análise é o momento em que *se estabelece a qualidade de uma WebApp*, então projeto é o momento em que *a qualidade é realmente incorporada*.

A combinação apropriada de habilidades de projeto vai variar dependendo da natureza da WebApp. A Figura 13.2 apresenta uma pirâmide de projeto para WebApps. Cada nível da pirâmide representa uma ação de projeto descrita nas seções a seguir.

13.5.1 Projeto de interface de WebApps

Quando um usuário interage com um sistema computacional, aplica-se um conjunto de princípios fundamentais e diretrizes de projeto primordiais. Estes foram discutidos no Capítulo 12.[18] Embora as WebApps apresentem alguns desafios especiais no projeto da interface do usuário, as diretrizes e os princípios básicos se aplicam.

Um dos desafios no projeto da interface para WebApps é a natureza indeterminada do ponto de entrada do usuário. Ou seja, o usuário pode entrar na WebApp em um local "*home*" (p. ex., a *homepage*) ou, por meio de um *link*, pode entrar em algum nível mais específico da arquitetura da WebApp. Em alguns casos, a WebApp pode ser projetada para redirecionar o usuário a um local *home*, mas, se isso for

---

18 A Seção 12.1 é dedicada ao projeto da interface do usuário, parte do projeto de experiência do usuário. Caso ainda não tenha feito, leia-a agora.

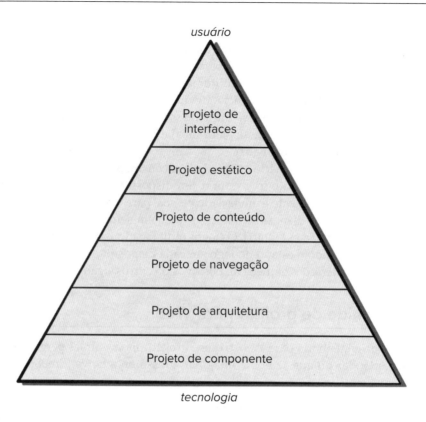

Figura 13.2
Uma pirâmide de projeto para WebApps.

indesejável, o projeto da WebApp deve fornecer recursos de navegação de interface que acompanhem todos os objetos de conteúdo e estejam disponíveis independentemente de como o usuário entre no sistema.

Os objetivos de uma interface para WebApp são: (1) estabelecer uma janela para o conteúdo e a funcionalidade fornecidos pela interface; (2) guiar o usuário com uma série de interações com a WebApp; e (3) organizar as opções de navegação e conteúdo disponíveis para o usuário. Para obtermos uma interface sólida, devemos primeiro usar o projeto visual (Seção 12.1) para estabelecer um "aspecto" coerente. Isso abrange várias características, mas deve enfatizar o *layout* e a forma dos mecanismos de navegação. Para orientarmos a interação com o usuário, podemos fazer uso de uma metáfora[19] apropriada que permita ao usuário ter um entendimento intuitivo da interface. Para implementar opções de navegação, podemos selecionar *menus de navegação* posicionados de modo padrão em páginas Web, *ícones gráficos* representados de uma maneira que permita ao usuário reconhecer que o ícone é um elemento de navegação e/ou *imagens gráficas* que forneçam um *link* para um objeto de conteúdo ou para uma funcionalidade da WebApp. É importante notar que um ou mais desses mecanismos de navegação devem ser fornecidos em todos os níveis da hierarquia de conteúdo.

Toda página Web tem uma quantidade limitada de "terreno" que pode ser usado para dar suporte à estética não funcional, aos recursos de navegação, ao conteúdo de informação e à funcionalidade dirigida ao usuário. O desenvolvimento desse terreno é planejado durante o projeto estético.

---

19 Nesse contexto, *metáfora* é uma representação (extraída da experiência real do usuário) que pode ser modelada no contexto da interface. Um exemplo simples poderia ser um controle deslizante usado para controlar o volume do áudio de um arquivo MP4.

13.5.2 Projeto estético

O projeto estético, também chamado de projeto visual ou *design gráfico*, é o esforço artístico que complementa os aspectos técnicos do projeto de WebApps. O projeto visual foi discutido na Seção 12.1.4. O *layout* da página é um aspecto do projeto estético que pode afetar a utilidade (e a usabilidade) de uma WebApp.

Não há regras absolutas quando se desenvolve o *layout* de uma página Web. Entretanto, vale a pena considerarmos uma série de diretrizes gerais para *layout*:

Não tenha medo de espaços abertos. É desaconselhável preencher com informação cada centímetro de uma página Web. O congestionamento visual resultante torna difícil para o usuário identificar as informações ou os recursos necessários e cria um caos visual desagradável.

Enfatize o conteúdo. Afinal de contas, essa é razão para o usuário estar lá. Nielsen [Nie00] sugere que o uso de página Web típico deve ter 80% de conteúdo e o espaço restante dedicado à navegação e a outros recursos.

Organize os elementos do *layout* da parte superior esquerda para a inferior direita. A grande maioria dos usuários percorrerá uma página Web de uma forma muito parecida ao que faz ao ler a página de um livro – da parte superior esquerda para a inferior direita.[20] Se os elementos do *layout* tiverem prioridades específicas, os de alta prioridade devem ser colocados na parte superior esquerda do espaço da página.

Agrupe a navegação, o conteúdo e as funções geograficamente dentro da página. Os seres humanos buscam padrões em quase tudo. Se não existirem padrões discerníveis em uma página Web, a frustração do usuário provavelmente aumentará (devido a buscas infrutíferas por informação necessária).

Não estenda seu espaço com a barra de rolagem. Embora muitas vezes a rolagem seja necessária, a maioria dos estudos indica que os usuários preferem não ficar rolando a página. Frequentemente, é melhor reduzir o conteúdo da página Web ou apresentar o conteúdo necessário em várias páginas.

Considere a resolução e o tamanho da janela do navegador ao elaborar seu *layout*. Em vez de definir tamanhos fixos em um *layout*, o projeto deve especificar todos os itens de *layout* como uma porcentagem do espaço disponível [Nie00]. Com o crescente uso de dispositivos móveis com diferentes tamanhos de tela, esse conceito se torna cada vez mais importante.

13.5.3 Projeto de conteúdo

O projeto de conteúdo foi apresentado na Seção 12.1.1. No projeto de WebApps, um objeto de conteúdo tem maior alinhamento com um objeto de dados para *software* tradicional. Um *objeto de conteúdo* possui atributos que incluem informações específicas de conteúdo (normalmente definidas durante a modelagem de requisitos da WebApp) e atributos de implementação exclusivos, especificados como parte do projeto.

Consideremos, por exemplo, uma classe de análise, **ComponenteDoProduto**, desenvolvida para o sistema de comércio eletrônico do *CasaSegura*. O atributo da classe de análise, `descrição`, é representado como uma classe de projeto chamada

---

20 Existem exceções que se baseiam em questões culturais e do idioma usado, mas tal regra se aplica à maioria dos usuários.

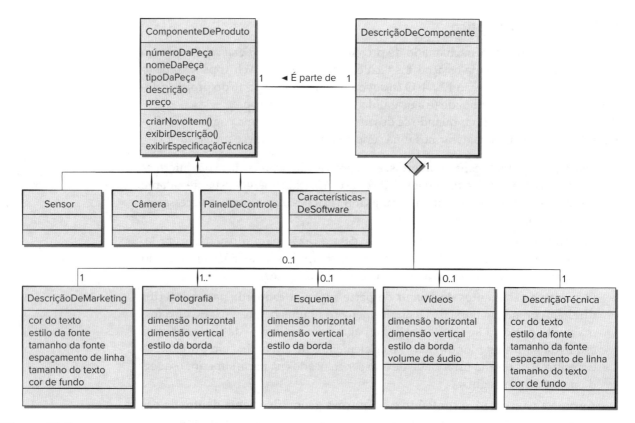

Figura 13.3
Representação de projeto dos objetos de conteúdo.

DescriçãoDeComponente, composta por cinco objetos de conteúdo: **Descrição-Marketing, Fotografia, DescriçãoTécnica, Esquema** e **Vídeos**, mostrados como objetos sombreados na Figura 13.3. As informações contidas no objeto de conteúdo são indicadas na forma de atributos. Por exemplo, **Fotografia** (uma imagem .jpg) possui os atributos `dimensão horizontal, dimensão vertical` e `estilo da borda`.

Agregação[21] e associação da linguagem de modelagem unificada (UML, do inglês *unified modeling language*) podem ser usadas para representar relações entre os objetos de conteúdo. Por exemplo, a associação da UML da Figura 13.3 indica que é usada uma classe **DescriçãoDeComponente** para cada instância da classe **ComponenteDoProduto**. **DescriçãoDeComponente** é composta pelos cinco objetos de conteúdo mostrados. Entretanto, a notação de multiplicidade indica que **Esquema** e **Vídeos** são opcionais (é possível que não haja nenhuma ocorrência), uma **DescriçãoDeMarketing** e uma **DescriçãoTécnica** são necessárias, e que são usadas uma ou mais instâncias de **Fotografia**.

13.5.4 Projeto de arquitetura

O projeto de arquitetura está ligado aos objetivos estabelecidos para uma WebApp, ao conteúdo a ser apresentado, aos usuários que visitarão a página e à filosofia de navegação estabelecida. Como projetistas da arquitetura, temos de identificar a arquitetura do conteúdo e a arquitetura da WebApp. A *arquitetura do conteúdo*[22] foca-

---

[21] Essas duas representações são discutidas no Apêndice 1.
[22] O termo *arquitetura da informação* também é usado para conotar estruturas que levam a uma melhor organização, atribuição de nomes, navegação e busca de objetos de conteúdo.

liza a maneira pela qual objetos de conteúdo (ou objetos compostos, como páginas Web) são estruturados para apresentação e navegação. A *arquitetura das WebApps* lida com a maneira pela qual a aplicação é estruturada para administrar a interação com o usuário, tratar tarefas de processamento interno, navegação efetiva e apresentação de conteúdo.

Na maioria dos casos, o projeto de arquitetura é conduzido em paralelo com os projetos da interface, estético e de conteúdo. Como a arquitetura da WebApp pode ter uma forte influência sobre a navegação, as decisões tomadas durante as etapas de projeto influenciarão o trabalho conduzido durante o projeto de navegação.

A arquitetura da WebApp descreve uma infraestrutura que permite a um sistema ou aplicação baseados na Web atingir os objetivos de seu domínio de aplicação. Jacyntho e seus colegas [Jac02b] descrevem as características básicas dessa infraestrutura da seguinte maneira:

> As aplicações devem ser construídas usando-se camadas em que diferentes preocupações são levadas em conta; em particular, os dados da aplicação devem ser separados do conteúdo da página (nós de navegação) e, por sua vez, os conteúdos devem estar claramente separados dos aspectos da interface (páginas).

Os autores sugerem uma arquitetura de projeto em três camadas que não associe a interface da navegação e o comportamento da aplicação. Eles argumentam que manter a interface, a aplicação e a navegação separadas simplifica a implementação e aumenta a reutilização.

A arquitetura *Modelo-Visão-Controlador* (MVC, do inglês *Model-View-Controller*) [Kra88][23] é um modelo popular de arquitetura para WebApps que separa a interface do usuário da funcionalidade e do conteúdo de informações. O *modelo* (algumas vezes conhecido como "objeto-modelo") contém todo o conteúdo e a lógica de processamento específicos à aplicação, inclusive todos os objetos de conteúdo, acesso a fontes de dados/informações externas e toda a funcionalidade de processamento específica para a aplicação. A *visão* contém todas as funções específicas à interface e possibilita a apresentação do conteúdo e lógica de processamento, inclusive todos os objetos de conteúdo, acesso a fontes de dados/informações externas e toda a funcionalidade de processamento exigida pelo usuário. O *controlador* gerencia o acesso ao modelo e à visão e coordena o fluxo de dados entre eles. Em uma WebApp, "a visão é atualizada pelo controlador com dados do modelo baseados nas informações fornecidas pelos usuários" [WMT02]. Uma representação esquemática da arquitetura MVC aparece na Figura 13.4.

Com referência à figura, as solicitações ou os dados do usuário são manipulados pelo controlador. O controlador também seleciona o objeto de visão aplicável, de acordo com a solicitação do usuário. Uma vez determinado o tipo de solicitação, é transmitida uma solicitação de comportamento ao modelo, que implementa a funcionalidade ou recupera o conteúdo necessário para atender à solicitação. O objeto-modelo pode acessar dados armazenados em um banco de dados corporativo, como parte de um repositório de dados local ou de um conjunto de arquivos independentes. Os dados desenvolvidos pelo modelo devem ser formatados e organizados pelo objeto de visão apropriado e transmitidos do servidor de aplicações de volta para o navegador instalado no cliente para exibição na máquina do usuário.

---

23 Deve-se observar que a MVC é, na verdade, um padrão de projeto de arquitetura desenvolvido para o ambiente Smalltalk (consulte www.smalltalk.org) e pode ser usado para qualquer aplicação interativa.

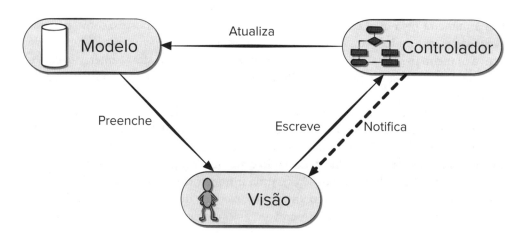

Figura 13.4
A arquitetura MVC.

Em muitos casos, a arquitetura da WebApp é definida no contexto do ambiente de desenvolvimento em que a aplicação será implementada. Caso tenha maior interesse, consulte [Fow03] para uma discussão sobre os ambientes de desenvolvimento e seus papéis no projeto de arquiteturas para aplicações para Web.

13.5.5 Projeto de navegação

Assim que a arquitetura da WebApp tiver sido estabelecida – e os componentes (páginas, *scripts*, *applets* e outras funções de processamento) da arquitetura, identificados –, temos de definir os percursos de navegação que permitirão aos usuários acessarem o conteúdo e as funções da WebApp. Para tanto, identificamos a semântica de navegação para diferentes usuários do *site* e definimos a mecânica (sintaxe) para obter a navegação.

Assim como muitas atividades de projeto para WebApps, o projeto de navegação começa considerando-se a hierarquia dos usuários e casos de uso relativos (Capítulo 8) desenvolvidos para cada categoria de usuário (ator). Cada ator pode usar a WebApp de forma ligeiramente distinta e, portanto, apresentar diferentes necessidades de navegação. Além disso, os casos de uso desenvolvidos para cada ator vão definir um conjunto de classes englobando um ou mais objetos de conteúdo ou funções de WebApp. À medida que o usuário interage com a WebApp, encontra uma série de *unidades semânticas de navegação* (NSUs, do inglês *navigation semantic units*) – "um conjunto de informações e estruturas de navegação relacionadas que colaboram no cumprimento de um subconjunto de requisitos de usuário relacionados" [Cac02]. Uma NSU descreve os requisitos de navegação para cada caso de uso. Basicamente, a NSU mostra como um ator se movimenta pelos objetos de conteúdo ou funções da WebApp.

Uma NSU é composta por um conjunto de elementos de navegação denominado *modos de navegação* (WoN, do inglês *ways of navigating*) [Gna99]. Um WoN representa o melhor percurso de navegação para atingir uma meta de navegação para um tipo de usuário específico. Cada WoN é organizado como um conjunto de *nós de navegação* (NN, do inglês *navigational nodes*) interligados por *links* de navegação. Em alguns casos, um *link* de navegação pode ser outra NSU. Consequentemente, a estrutura geral de navegação para uma WebApp pode ser organizada como uma hierarquia de NSUs.

Para ilustrarmos o desenvolvimento de uma NSU, consideremos o caso de uso **Selecionar Componentes do CasaSegura:**

Caso de uso: *Selecionar Componentes do CasaSegura*

A WebApp vai recomendar componentes de produto (p. ex., painéis de controle, sensores, câmeras) e outras características (p. ex., funcionalidade baseada em PC implementada por *software*) para cada cômodo e para a entrada externa. Se eu solicitar alternativas, a WebApp vai fornecê-las, caso existam. Serei capaz de obter informações descritivas e de preços para cada componente do produto. A WebApp criará e exibirá uma lista de materiais à medida que for selecionando vários componentes. Serei capaz de dar um nome à lista de materiais e salvá-la para referência futura (veja o caso de uso **Salvar Configuração**).

Os itens sublinhados na descrição do caso de uso representam classes e objetos de conteúdo que serão incorporados em uma ou mais NSUs, as quais possibilitarão a um novo cliente representar o cenário descrito no caso de uso **Selecionar Componentes do CasaSegura**.

A Figura 13.5 representa uma análise semântica parcial da navegação implícita no caso de uso **Selecionar Componentes do CasaSegura**. Usando a terminologia introduzida anteriormente, a figura também representa uma forma de navegação (WoN) para a WebApp **CasaSeguraGarantida.com**. São mostradas importantes classes de domínio do problema com objetos de conteúdo selecionados (nesse caso, o pacote de objetos de conteúdo chamado DescriçãoDeComponente, um atributo da classe **ComponenteDeProduto**). Esses itens são nós de navegação. Cada uma das setas representa um *link* de navegação[24] e é rotulada com a ação iniciada pelo usuário que faz com que o *link* ocorra.

Podemos criar uma NSU para cada caso de uso associado ao papel de cada usuário. Por exemplo, um **novo cliente** do **CasaSeguraGarantida.com** poderia ter casos de uso diferentes, todos resultando no acesso a diferentes informações e funções de WebApp. É criada uma NSU para cada objetivo.

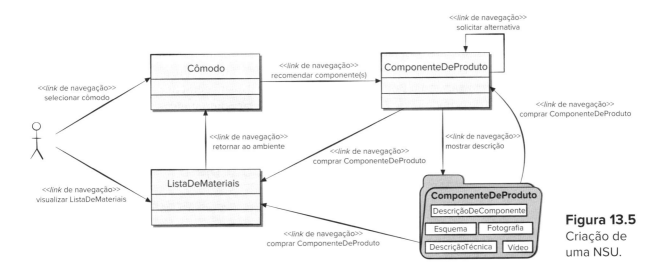

Figura 13.5 Criação de uma NSU.

---

24 Esses são, algumas vezes, conhecidos como *links de semântica de navegação* (NSL, do inglês *navigation semantic links*) [Cac02].

Durante os estágios iniciais do projeto de navegação, a arquitetura do conteúdo da WebApp é avaliada para determinar um ou mais WoNs para cada caso de uso. Conforme citado, um WoN identifica nós de navegação (p. ex., conteúdo) e *links* que possibilitam a navegação entre eles. Os WoNs são organizados em NSUs.

À medida que o projeto prossegue, sua tarefa é definir a mecânica de navegação. A maioria dos *sites* utiliza uma ou mais das opções de navegação a seguir para implementar cada NSU: *links* de navegação individuais, barras de navegação horizontais ou verticais (listas), guias ou acesso a um mapa completo do *site*. Se um mapa do *site* é definido, este *site* deve ser acessível a partir de qualquer página. O mapa em si deve ser organizado de modo que a estrutura de informações da WebApp esteja prontamente visível.

Além de escolhermos a mecânica de navegação, também podemos estabelecer convenções e ferramentas de ajuda de navegação adequadas. Por exemplo, ícones e *links* gráficos devem ter um aspecto "clicável" por meio de elevação das arestas para conferir à imagem um aspecto tridimensional. Deve-se implementar *feedback* sonoro ou visual para dar ao usuário uma indicação de que a opção de navegação foi escolhida. Para navegação baseada em elementos textuais, devem-se usar cores para indicar *links* de navegação e fornecer uma indicação dos *links* já navegados. Essas são apenas algumas das dezenas de convenções de projeto que tornam a navegação mais fácil.

13.6 Projeto em nível de componentes

Os aplicativos móveis oferecem funções de processamento cada vez mais sofisticadas que: (1) executam processamento localizado para gerar recursos de navegação e conteúdo de forma dinâmica; (2) fornecem recursos de cálculo ou processamento de dados apropriados para a área de negócios do aplicativo; (3) fornecem sofisticadas consultas e acesso a bancos de dados; e (4) estabelecem interfaces de dados com sistemas corporativos externos. Para alcançarmos essas (e muitas outras) capacidades, temos de projetar e construir componentes de programa que sejam idênticos em sua forma aos componentes para *software* tradicional.

Os métodos de projeto discutidos nos Capítulos 11 e 12 se aplicam aos componentes móveis com poucas modificações, ou até nenhuma. O ambiente de implementação, as linguagens de programação e os padrões de projeto, estruturas e *software* podem variar um pouco, mas a estratégia de projeto geral permanece a mesma. Para fins de economia de custos, você pode projetar componentes móveis de forma que possam ser utilizados sem modificações em diversas plataformas móveis diferentes.

13.7 Mobilidade e qualidade do projeto

Todo mundo tem opinião formada sobre o que faz um aplicativo móvel ser "bom". Os pontos de vista individuais variam muito. Alguns usuários adoram imagens chamativas, outros querem apenas texto. Alguns exigem informações detalhadas, outros desejam uma apresentação resumida. Alguns preferem ferramentas analíticas sofisticadas ou acesso a bancos de dados, outros preferem a simplicidade. Na realidade, a percepção do usuário de "excelência" (e a resultante aceitação ou rejeição do aplicativo móvel como consequência) talvez seja mais importante do que qualquer discussão técnica sobre a qualidade dos aplicativos móveis. Os atributos de qualidade do projeto de aplicativos móveis são praticamente idênticos às características de qualidade das WebApps.

Mas como a qualidade de um aplicativo móvel é percebida? Quais atributos devem ser apresentados para atingir a excelência segundo a visão dos usuários e, ao mesmo tempo, apresentar as características técnicas de qualidade que tornará possível corrigir, adaptar, melhorar e dar suporte ao aplicativo móvel em longo prazo?

Na realidade, todas as características técnicas da qualidade de projetos discutidas no Capítulo 12 e os atributos de qualidade gerais apresentados no Capítulo 19 se aplicam aos aplicativos móveis. Entretanto, os atributos de qualidade gerais mais relevantes – usabilidade, funcionalidade, confiabilidade, eficiência e facilidade de manutenção – fornecem uma base útil para se avaliar a qualidade de sistemas móveis. Andreou [And05] sugere que a satisfação do usuário com um aplicativo móvel é determinada pelos mesmos fatores de qualidade – funcionalidade, confiabilidade, usabilidade, eficiência e facilidade de manutenção –, mas adiciona a portabilidade à lista.

Olsina e seus colegas [Ols99] prepararam uma "árvore de requisitos de qualidade" identificando um conjunto de atributos técnicos – usabilidade, funcionalidade, confiabilidade, eficiência e facilidade de manutenção – que levam a WebApps de alta qualidade.[25] A Figura 13.6 sintetiza o trabalho desses pesquisadores. Os critérios citados na figura são de particular interesse, caso você tenha de projetar, construir e manter aplicativos móveis em longo prazo.

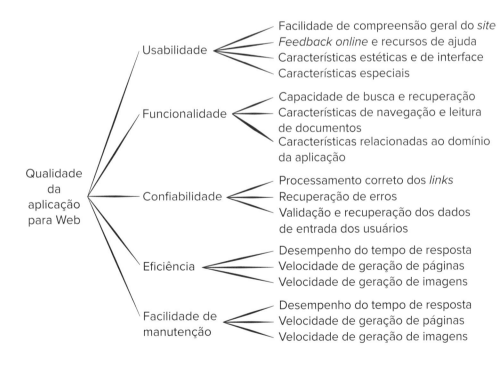

Figura 13.6
Árvore de requisitos de qualidade.

Fonte: Olsina, Luis, Lafuente, Guillermo and Rossi, Gustavo, "Specifying Quality Characteristics and Attributes for Web Sites," Proceedings of the 1st International Conference on Software Engineering Workshop on Web Engineering, ACM, Los Angeles, May 1999.

---

25 Esses atributos de qualidade são muito parecidos com os apresentados nos Capítulos 9 e 15. A implicação: características de qualidade são universais para todo *software*.

Offutt [Off02] amplia os cinco principais atributos de qualidade citados na Figura 13.6, acrescentando os seguintes atributos:

Segurança. Os artefatos de *software* móveis se tornaram altamente integrados a bancos de dados críticos, como os corporativos e os governamentais. Aplicações de comércio eletrônico extraem e depois armazenam informações confidenciais de clientes. Por essas e muitas outras razões, a segurança móvel é primordial em várias situações. A principal medida de segurança é a capacidade de o aplicativo móvel e seu ambiente de servidor rejeitarem acesso não autorizado e/ou frustrarem um ataque mal-intencionado. A engenharia de segurança é discutida no Capítulo 18. Para mais informações sobre segurança de WebApps e aplicativos móveis, consulte [Web13], [Pri10], [Vac06] e [Kiz05].

Disponibilidade. Até mesmo o melhor produto móvel não atenderá às necessidades dos usuários caso esteja indisponível. Em um sentido técnico, disponibilidade é a medida da porcentagem de tempo que um recurso móvel baseado na Web está disponível para uso. Mas Offutt [Off02] sugere que "as características de uso disponíveis em apenas um navegador ou uma plataforma" tornam o produto móvel indisponível para aqueles que usam um navegador/plataforma diferente. O usuário invariavelmente vai procurar uma alternativa.

Escalabilidade. O produto móvel e seus servidores podem ser dimensionados para atender 100, 1.000, 10.000 ou 100.000 usuários? O aplicativo e os sistemas integrados conseguem lidar com variação significativa de volume ou sua capacidade de resposta cairá significativamente (ou cessará de vez)? É importante projetar um ambiente móvel capaz de acomodar as responsabilidades inerentes ao sucesso (i.e., um número significativamente maior de usuários) e se tornar cada vez mais bem-sucedido.

Tempo para colocação no mercado (*time-to-market*). Embora o tempo para colocação de um produto no mercado não seja um verdadeiro atributo de qualidade no sentido técnico, é uma medida de qualidade do ponto de vista comercial. O primeiro produto móvel a atender determinado segmento de mercado em geral captura um número grande de usuários.

Qualidade do conteúdo. Bilhões de páginas Web se encontram disponíveis para quem busca informações. Mesmo as buscas na Web bem direcionadas resultam em uma avalanche de conteúdo. Com tantas fontes de informação à escolha, como o usuário pode avaliar a qualidade (p. ex., veracidade, precisão, completude, oportunidade) do conteúdo apresentado em um produto móvel? Isso é parte do problema que a ciência de dados tenta resolver. Os fundamentos da ciência de dados são apresentados no Apêndice 2 deste livro.

Tillman [Til00] sugere um conjunto útil de critérios para avaliar a qualidade dos conteúdos. O escopo e a profundidade do conteúdo podem ser facilmente determinados para garantir que atendam às necessidades dos usuários? A experiência e a confiabilidade dos autores do conteúdo podem ser facilmente identificadas? É possível determinar a atualidade do conteúdo, a última atualização e o que foi atualizado? O conteúdo e sua localização são estáveis (i.e., permanecerão na URL referida)? O conteúdo é confiável? O conteúdo é exclusivo? O produto móvel fornece algum benefício para aqueles que o usam? O conteúdo tem valor desejado pela comunidade de usuários? O conteúdo é bem organizado? É indexado? É facilmente acessível? Essas perguntas representam apenas uma pequena amostra das questões que devem ser tratadas à medida que o projeto de um produto móvel evolui.

> **Informações**
>
>
>
> ### Produto móvel – checklist de qualidade
>
> A *checklist* a seguir fornece um conjunto de perguntas que ajudarão os engenheiros de *software* e os usuários a avaliarem a qualidade global de um produto móvel:
>
> - Opções de conteúdo e/ou funcionalidade e/ou navegação podem ser ajustadas às preferências dos usuários?
> - O conteúdo e/ou funcionalidade podem ser personalizados para a largura de banda em que o usuário se comunica? O aplicativo leva em conta sinais fracos ou perda de sinal de maneira aceitável?
> - Opções de conteúdo e/ou função e/ou navegação podem se tornar sensíveis ao contexto de acordo com as preferências dos usuários?
> - Foi dada consideração adequada à disponibilidade de energia no(s) dispositivo(s)-alvo?
> - Elementos gráficos, mídia (áudio, vídeo) e outros serviços Web ou da nuvem foram usados apropriadamente?
> - O projeto geral de páginas é fácil de ler e navegar? O aplicativo leva em conta as diferenças de tamanho de tela?
> - A interface do usuário é adequada aos padrões de exibição e interação adotados para o dispositivo (ou dispositivos) móvel pretendido?
> - O aplicativo atende às expectativas de confiabilidade, segurança e privacidade de seus usuários?
> - Quais provisões foram feitas para garantir que um aplicativo permaneça atualizado?
> - O produto móvel foi testado em todos os ambientes-alvo do usuário e para todos os dispositivos pretendidos?

13.8 Melhores práticas do projeto de mobilidade

Existem várias diretrizes para o desenvolvimento de produtos móveis[26] e de aplicativos para plataformas específicas, como iOS[27] da Apple ou Android do Google.[28] Schumacher [Sch09] reuniu muitas ideias de melhores práticas e divulgou várias especialmente adaptadas ao projeto de aplicativos móveis e páginas Web. Algumas considerações importantes ao se projetar aplicativos móveis *touch screen*, listadas por Schumacher, incluem:

- **Identificar seu público.** O aplicativo deve ser escrito tendo-se em mente as expectativas e as experiências de seus usuários. Usuários experientes querem fazer as coisas rapidamente. Os menos experientes gostarão de uma abordagem guiada ao usarem o aplicativo pela primeira vez.
- **Projetar tendo em vista o contexto de uso.** É importante considerar como o usuário vai interagir com o mundo real enquanto utiliza o produto móvel. O ato de assistir a um filme em um avião exige uma interface de usuário diferente de uma utilizada para verificar o clima antes de sair do escritório.
- **Há uma linha tênue entre simplicidade e preguiça.** Criar uma interface de usuário intuitiva em um dispositivo móvel é muito mais difícil do que simplesmente remover recursos encontrados na interface de usuário do aplicativo em execução em um dispositivo maior. A interface do usuário deve fornecer toda a informação que permita a ele tomar sua próxima decisão.
- **Usar a plataforma como uma vantagem.** Navegação *touch screen* não é intuitiva e deve ser aprendida por todos os novos usuários. Esse aprendizado será mais

---

26 Consulte http://www.w3.org/TR/mwabp/.
27 Consulte https://developer.apple.com/design/human-interface-guidelines/.
28 Consulte http://developer.android.com/guide/components/index.html.

fácil se os projetistas da interface do usuário obedecerem aos padrões definidos para a plataforma.

- **Tornar as barras de rolagem e o realce de seleção mais salientes.** Barras de rolagem frequentemente são difíceis de localizar em dispositivos de toque, pois são pequenas demais. Certifique-se de que as bordas de menus ou ícones sejam largas o suficiente para mudanças de cor, para chamar a atenção dos usuários. Ao usar codificação em cores, certifique-se de haver contraste suficiente entre as cores de primeiro e segundo plano para permitir que sejam distinguidas por usuários daltônicos.

- **Aumentar a capacidade de descoberta de funcionalidade avançada.** Às vezes, teclas de atalho e outros atalhos são incluídos em produtos móveis para permitir que usuários experientes concluam suas tarefas com maior rapidez. Você pode aumentar a capacidade de descoberta de recursos como esses incluindo dicas de *design* visual na interface do usuário.

- **Usar rótulos limpos e coerentes.** Os rótulos de *widget* devem ser reconhecidos por todos os usuários do aplicativo, independentemente dos padrões utilizados por plataformas específicas. Use abreviações de forma cautelosa e, se possível, evite-as.

- **Nunca se deve desenvolver ícones inteligentes à custa do entendimento do usuário.** Muitas vezes, os ícones só fazem sentido para seus projetistas. Os usuários devem ser capazes de saber seus significados rapidamente. É difícil garantir que os ícones sejam significativos em todos os idiomas e grupos de usuários. Uma boa estratégia para melhorar o reconhecimento é adicionar um rótulo textual embaixo de um ícone novo.

- **Atender às expectativas do usuário quanto a personalização.** Os usuários de dispositivos móveis esperam ser capazes de personalizar tudo. No mínimo, os desenvolvedores devem permitir que os usuários definam seus locais (ou o detectem automaticamente) e selecionem opções de conteúdo que possam estar disponíveis nesses locais. É importante indicar para os usuários quais recursos podem ser personalizados e como eles podem personalizá-los.

- **Formulários longos abrangem várias telas em dispositivos móveis.** Os usuários de dispositivo móvel experientes querem todas as informações em uma única tela de entrada, mesmo que isso exija rolagem. Os usuários iniciantes frequentemente se tornam experientes rapidamente e se aborrecem com várias telas de entrada.

O desenvolvimento de aplicativos nativos para várias plataformas de dispositivo pode ser dispendioso e demorado. Os custos de desenvolvimento podem ser reduzidos pelo uso de tecnologias conhecidas dos desenvolvedores Web (p. ex., JavaScript, CSS e HTML) para criar produtos móveis que serão acessados com um navegador Web no dispositivo móvel.

Não há nenhuma garantia de que um aplicativo de *desktop* ou uma WebApp possa ser facilmente adaptado para implementação como um produto móvel. Contudo, muitas das práticas da engenharia de *software* ágil (Capítulo 3), utilizadas para criar aplicativos de computador *desktop*, podem ser usadas para criar aplicativos independentes ou *software* cliente móvel, e muitas das práticas utilizadas para criar WebApps de qualidade se aplicam à criação de serviços Web usados pelos produtos móveis.

Muitas vezes, a decisão de projeto arquitetural mais importante é se vai ser construído um "cliente fino" ou "cliente espesso". A arquitetura MVC, estudada na Seção

13.3, é comumente usada em produtos móveis. Como a arquitetura do aplicativo móvel tem forte influência sobre a navegação, as decisões tomadas durante as etapas de projeto influenciarão o trabalho conduzido durante o projeto de navegação. O projeto arquitetural deve levar em conta os recursos do dispositivo (armazenamento, velocidade do processador e conectividade de rede). O projeto deve incluir provisões para serviços e dispositivos móveis que podem ser descobertos.

Testes de utilização e distribuição ocorrem durante cada ciclo do desenvolvimento do protótipo. Revisões de código centradas em problemas de segurança devem constar como parte das atividades de implementação. Essas revisões devem ter como base os objetivos de segurança apropriados e as ameaças identificadas nas atividades de projeto do sistema. O teste de segurança é uma parte rotineira do teste do sistema (Capítulo 21).

13.9 Resumo

A qualidade de um produto móvel – definida em termos de funcionalidade, confiabilidade, usabilidade, eficiência, segurança, facilidade de manutenção, escalabilidade e portabilidade – é introduzida durante o projeto. Um bom produto móvel deve ter como base as seguintes metas de projeto: simplicidade, ubiquidade, personalização, flexibilidade e localização.

O projeto da interface descreve a estrutura e a organização da interface do usuário e abrange uma representação do *layout* da tela, uma definição dos modos de interação e uma descrição dos mecanismos de navegação. Além disso, a interface de um bom produto móvel promoverá a assinatura da marca e se concentrará em sua plataforma (ou plataformas) de dispositivo pretendida. Para eliminar funcionalidades desnecessárias do aplicativo, a fim de gerenciar seus requisitos de recursos, utiliza-se um conjunto de histórias de usuário básicas. Os dispositivos sensíveis ao contexto utilizam serviços que podem ser descobertos para ajudar a personalizar a experiência do usuário.

O projeto do conteúdo é criticamente importante e leva em conta a tela e outras limitações dos dispositivos móveis. O projeto estético, também denominado *design* gráfico, descreve "o aspecto" do produto móvel e inclui combinação de cores, *layout* gráfico, o uso de elementos gráficos e decisões estéticas relacionadas. O projeto estético também deve considerar as limitações do dispositivo.

O projeto de arquitetura identifica a estrutura de hipermídia geral do produto móvel e engloba tanto a arquitetura de conteúdo quanto a arquitetura móvel. É fundamental determinar quanto da funcionalidade móvel vai residir no dispositivo móvel e quanto será fornecido por serviços Web ou serviços da nuvem.

O projeto de navegação representa um fluxo de navegação entre objetos de conteúdo e para todas as funções móveis. A sintaxe de navegação é definida pelos *widgets* disponíveis no dispositivo (ou dispositivos) móvel pretendido, e a semântica frequentemente é determinada pela plataforma móvel. O agrupamento do conteúdo deve levar em conta interrupções intermitentes do serviço e as demandas do usuário por um desempenho rápido.

O projeto de componentes desenvolve a lógica de processamento detalhada para implementar os componentes utilizados para construir uma função de aplicativo móvel completa. As técnicas de projeto descritas no Capítulo 12 podem ser aplicadas à criação de componentes para aplicativos móveis.

Problemas e pontos a ponderar

13.1. Explique por que optar por desenvolver um aplicativo móvel para vários dispositivos pode ser uma decisão de projeto dispendiosa. Há uma maneira de reduzir os riscos de dar suporte para a plataforma errada?

13.2. Neste capítulo, listamos muitos atributos de qualidade para produtos móveis. Escolha os três que você acredita serem os mais importantes e defenda um argumento que explique por que cada um deve ser enfatizado no trabalho de projeto de produtos móveis.

13.3. Você é projetista de aplicativos móveis da *Project Planning Corporation*, uma empresa que constrói *software* de produtividade. Você quer implementar o equivalente a um fichário digital que permita aos usuários de *tablet* organizar e classificar documentos eletrônicos de vários tipos sob guias definidas por eles. Por exemplo, um projeto de remodelagem da cozinha poderia exigir um catálogo em PDF, um desenho de *layout* em JPEG, uma proposta no MS Word e uma planilha do Excel armazenada sob uma guia Carpintaria. Uma vez definido, o fichário e seu conteúdo em guias podem ser armazenados no *tablet* ou em algum armazenamento na nuvem. O aplicativo precisa fornecer cinco funções importantes: definição do fichário e das guias, aquisição de documento digital de um local na Web ou do dispositivo, funções de gerenciamento de fichário, funções de exibição de página e uma função de anotações para permitir a adição de notas adesivas em qualquer página. Desenvolva um projeto de interface para o aplicativo de fichário e implemente-o como um protótipo em papel.

13.4. Qual foi o aplicativo móvel mais esteticamente atraente que você usou até hoje e por quê?

13.5. Crie histórias de usuário para o aplicativo de fichário descrito no Problema 13.3.

13.6. O que poderia ser considerado para se transformar o aplicativo de fichário em um aplicativo móvel sensível ao contexto?

13.7. Reconsiderando o aplicativo de fichário da *Project Planning* descrito no Problema 13.3, selecione uma plataforma de desenvolvimento para o primeiro protótipo funcional. Discuta a razão para ter feito tal escolha.

13.8. Pesquise mais sobre a arquitetura MVC e decida se seria ou não a arquitetura de aplicativo móvel apropriada para o fichário discutido no Problema 13.3.

13.9. Descreva três recursos sensíveis ao contexto que poderiam ser adicionados a um aplicativo móvel *CasaSegura*.

13.10. Você é projetista de WebApps da FutureLearning Corporation, uma empresa de ensino a distância. Você pretende implementar um "mecanismo de ensino" baseado na Internet que deixará à disposição conteúdo de cursos para os alunos. O mecanismo de ensino fornece a infraestrutura básica para transmissão de conteúdo didático sobre qualquer tema (os projetistas de conteúdo prepararão o conteúdo apropriado). Desenvolva um protótipo de projeto da interface para o mecanismo de ensino.

Elemento de design: Ícone de lupa da seção Panorama: © Roger Pressman

14

Projeto baseado em padrões

Todos nós já nos deparamos com um problema de projeto e, silenciosamente, pensamos: *será que alguém já desenvolveu uma solução para esse problema?* A resposta é quase sempre *sim!* O problema é encontrar a solução; garantir que, de fato, adapte-se ao problema em questão; entender as restrições que talvez limitem como a solução é aplicada; e, por fim, traduzir a solução proposta para seu ambiente de projeto.

Conceitos-chave

antipadrões 302
padrões de arquitetura . . . 299
padrões comportamentais 292
padrões de projeto de componentes 300
padrões criacionais 292
erros de projeto 298
padrões de projeto 290
frameworks 293
tipos de padrões 291
aprendizado de máquina 294
linguagens de padrões . . . 297
tabela para organização de padrões 298
padrões estruturais 292
sistema de forças 290
padrões de projeto para interfaces do usuário 304

Panorama

O que é? O projeto baseado em padrões cria uma nova aplicação por meio da busca de um conjunto de soluções comprovadas para um conjunto de problemas claramente delineados. Cada problema (e sua solução) é descrito por um padrão de projeto que foi catalogado e investigado por outros engenheiros de *software*, que se depararam com o problema e implementaram a solução ao projetarem outras aplicações.

Quem realiza? Um engenheiro de *software* examina cada problema que surge para uma nova aplicação e tenta encontrar uma solução relevante por meio de pesquisa em um ou mais repositórios de padrões.

Por que é importante? Você já ouviu a expressão "reinventar a roda"? Ela ocorre toda hora em desenvolvimento de *software* e é uma perda de tempo e energia. Ao usarmos padrões de projeto, podemos encontrar uma solução comprovada para um problema específico. À medida que cada padrão é aplicado, são integradas soluções, e a aplicação a ser construída se aproxima cada vez mais de um projeto completo.

Quais são as etapas envolvidas? O modelo de requisitos é examinado para isolar o conjunto hierárquico de problemas a serem resolvidos. O espaço de problemas é subdividido de modo que subconjuntos de problemas associados a funções e características de *software* específicas possam ser identificados. Os problemas também podem ser organizados por tipo: de arquitetura, de componentes, algorítmicos, de interfaces do usuário, etc. Uma vez definido um subconjunto de problemas, pesquisam-se um ou mais repositórios de padrões para determinar se existe um padrão de projeto representado em um nível de abstração apropriado.

Qual é o artefato? É desenvolvido um modelo de projeto que representa a estrutura da arquitetura, a interface do usuário e detalhes em nível de componentes.

Como garantir que o trabalho foi realizado corretamente? À medida que cada padrão de projeto é traduzido em algum elemento do modelo de projeto, os artefatos são revistos em termos de clareza, correção, completude e consistência em relação aos requisitos e entre si.

Mas e se a solução fosse codificada de alguma forma? E se existisse uma maneira padronizada de descrever um problema (de tal forma que pudéssemos pesquisá-lo) e um método organizado para representar a solução para o problema? Os problemas de *software* seriam codificados e descritos usando-se um modelo padronizado e seriam propostas soluções (com restrições) para eles. Denominado *padrões de projeto*, esse método codificado para descrição de problemas e suas soluções permite que os profissionais da engenharia de *software* adquiram conhecimento de projeto para que ele seja reutilizado.

O início da história dos padrões de *software* não começa com um cientista da computação, mas com um arquiteto, Christopher Alexander, que reconheceu o fato de ser encontrado um conjunto de problemas recorrentes toda vez que um edifício era projetado. Ele caracterizou esses problemas recorrentes e suas soluções como *padrões*, descrevendo-os da seguinte maneira [Ale77]: "Cada padrão descreve um problema que ocorre repetidamente em nosso ambiente e então descreve o cerne de uma solução para aquele problema para podermos usá-la repetidamente um milhão de vezes sem jamais ter de fazer a mesma coisa duas vezes". As ideias de Alexander foram traduzidas inicialmente para o mundo do *software* em livros como os de Gamma [Gam95], Buschmann [Bus07] e seus colegas.[1] Hoje, existem dezenas de repositórios de padrões, e projetos baseados em padrões podem ser aplicados em diversos domínios de aplicação.

14.1 Padrões de projeto

Um *padrão de projeto* pode ser caracterizado como "uma regra de três partes que expressa uma relação entre um contexto, um problema e uma solução" [Ale79]. Para projeto de *software*, o *contexto* permite ao leitor compreender o ambiente em que o problema reside e qual solução poderia ser apropriada nesse ambiente. Um conjunto de requisitos, incluindo limitações e restrições, atua como um *sistema de forças* que influencia a maneira pela qual o problema pode ser interpretado em seu contexto e como a solução pode ser aplicada eficientemente.

A maioria dos problemas possui várias soluções, porém uma solução é eficaz somente se for apropriada no contexto do problema existente. É o sistema de forças que faz um projetista escolher uma solução específica. O intuito é fornecer uma solução que melhor atenda ao sistema de forças, mesmo quando essas forças são contraditórias. Por fim, toda solução tem consequências que poderiam ter um impacto sobre outros aspectos do *software*, e ela própria poderia fazer parte do sistema de forças para outros problemas a serem resolvidos no sistema mais amplo.

Um padrão de projeto eficaz (1) captura uma solução específica a um problema limitado, (2) oferece uma solução que funcionou comprovadamente na prática, (3) identifica uma abordagem não óbvia a um problema, (4) identifica as relações entre o projeto e outros elementos da arquitetura e (5) é elegante na sua abordagem e na sua utilidade.

Um padrão de projeto evita que tenhamos de "reinventar a roda" ou, pior ainda, inventar uma "nova roda" que não será perfeitamente redonda, será muito pequena

---

1 Existem discussões mais antigas sobre padrões de *software*, porém esses dois livros clássicos foram os primeiros tratados coesos sobre o assunto. Forças são as características do problema e os atributos de uma solução que restringem a maneira como o projeto pode ser desenvolvido.

Capítulo 14 Projeto baseado em padrões **291**

para o uso pretendido e muito estreita para o terreno onde irá rodar. Os padrões de projeto, se usados de maneira eficiente, invariavelmente o tornarão um melhor projetista de *software*.

14.1.1 Tipos de padrões

Uma das razões para os engenheiros de *software* se interessarem (e ficarem intrigados) por padrões de projeto é o fato de os seres humanos serem inerentemente bons no reconhecimento de padrões. Se não fôssemos, teríamos parado no tempo e no espaço – incapazes de aprender com a experiência, desinteressados em nos aventurarmos devido à nossa incapacidade de reconhecer situações que talvez nos levassem a correr altos riscos, transtornados por um mundo que parece não ter regularidade ou consistência lógica. Felizmente, nada disso acontece porque efetivamente reconhecemos padrões em quase todos os aspectos de nossas vidas.

No mundo real, os padrões que reconhecemos são aprendidos ao longo de toda uma vida de experiências. Reconhecemos instantaneamente e compreendemos inerentemente seus significados e como eles poderiam ser usados. Alguns desses padrões nos dão uma melhor visão do fenômeno da recorrência. Por exemplo, você está voltando do trabalho para casa na rodovia interestadual quando seu sistema de navegação (ou o rádio do carro) informa que um grave acidente ocorreu na interestadual no sentido oposto. Você se encontra a 6 quilômetros do acidente, porém já começa a perceber tráfego lento, reconhecendo um padrão que chamaremos de **RubberNecking** (olhar com curiosidade). Os motoristas deslocando-se na pista expressa em sua direção estão diminuindo de velocidade, para ter uma melhor visão do que aconteceu no sentido contrário. O padrão **RubberNecking** produz resultados notavelmente previsíveis (um congestionamento), mas nada mais faz do que descrever um fenômeno. No jargão dos padrões, ele poderia ser denominado padrão *não generativo*, pois descreve um contexto e um problema, mas não fornece nenhuma solução explícita.

Quando são considerados padrões de projeto de *software*, faz-se um esforço para identificar e documentar padrões *generativos*. Ou seja, identificamos um padrão que descreve um aspecto importante e repetível de um sistema e que nos dá uma maneira de construir esse aspecto em um sistema de forças que são únicas em determinado contexto. Em um ambiente ideal, um conjunto de padrões de projeto generativos poderia ser usado para "gerar" uma aplicação ou um sistema computacional cuja arquitetura permitisse que se adaptasse à mudança. Algumas vezes chamada de *generatividade*, "a aplicação sucessiva de vários padrões, cada um deles encapsulando seu próprio problema e forças, desdobra-se em uma solução mais ampla que emerge indiretamente como resultado das soluções menores" [App00].

Os padrões de projeto abrangem um amplo espectro de abstração e aplicação. Os *padrões de arquitetura* descrevem problemas de projeto de caráter amplo e diverso, resolvidos usando-se uma abordagem estrutural. Os *padrões de dados* descrevem problemas orientados a dados recorrentes e as soluções de modelagem de dados que podem ser usadas para resolvê-los. Os *padrões de componentes* (também conhecidos como *padrões de projeto*) tratam de problemas associados ao desenvolvimento de subsistemas e componentes, da maneira pela qual eles se comunicam entre si e de seu posicionamento em uma arquitetura maior. Os *padrões de projeto para interfaces* descrevem problemas comuns de interfaces do usuário e suas soluções, com um sistema de forças que inclui as características específicas dos usuários. Os *padrões para*

WebApp tratam de um conjunto de problemas encontrados ao se construir WebApps e, em geral, incorporam muitas das demais categorias de padrões que acabamos de mencionar. Os *padrões móveis* descrevem os problemas comumente encontrados ao se desenvolver soluções para plataformas móveis. Em um nível de abstração mais baixo, os *idiomas* descrevem como implementar todos ou parte de um algoritmo específico ou a estrutura de dados para um componente de *software* no contexto de uma linguagem de programação específica. Não imponha um padrão, mesmo que ele atenda ao problema em questão. Se o contexto e as forças estiverem errados, procure outro padrão.

Em seu livro seminal sobre padrões de projeto, Gamma e seus colegas[2] [Gam95] focalizam três tipos de padrões particularmente relevantes para projetos orientados a objetos: padrões criacionais, padrões estruturais e padrões comportamentais.

Informações

Padrões criacionais, estruturais e comportamentais

Foi proposta uma ampla variedade de padrões de projeto que se encaixam nas categorias criacional, estrutural e comportamental, e eles podem ser encontrados na Web. A seguir, apresentamos uma amostra de padrões para cada tipo. Descrições detalhadas de cada um desses padrões podem ser obtidas via *links* em www.wikipedia.org.

Padrões criacionais
- **Padrão de fábrica abstrata (*abstract factory pattern*).** Centraliza a decisão de que fábrica instanciar.
- **Padrão de métodos de fábrica (*factory method pattern*).** Centraliza a criação de um objeto de um tipo específico escolhendo uma de várias implementações.
- **Padrão construtor (*builder pattern*).** Separa a construção de um objeto complexo de sua representação de modo que o mesmo processo de construção possa criar diferentes representações.

Padrões estruturais
- **Padrão adaptador (*adapter pattern*).** "Adapta" uma interface de uma classe para uma que um cliente espera.
- **Padrão de agregação (*aggregate pattern*).** Uma versão do padrão de composição com métodos para agregação de objetos filhos.
- **Padrão de composição (*composite pattern*).** Uma estrutura de objetos em forma de árvore em que cada objeto possui a mesma interface.

- **Padrão contêiner (*container pattern*).** Cria objetos com o propósito exclusivo de conter outros objetos e gerenciá-los.
- **Padrão proxy (*proxy pattern*).** Uma classe atuando como uma interface para outra.
- **Tubos e filtros (*pipes and filters*).** Uma cadeia de processos em que a saída de cada processo é a entrada do seguinte.

Padrões comportamentais
- **Padrão de cadeia de responsabilidades (chain of *responsability pattern*).** Objetos e comandos são manipulados ou passados para outros objetos por meio de objetos de processamento com lógica.
- **Padrão de comandos (*command pattern*).** Objetos de comando encapsulam uma ação e seus parâmetros.
- **Padrão iterador (*iterator pattern*).** Os iteradores são usados para acessar sequencialmente os elementos de um objeto agregado sem expor sua representação subjacente.
- **Padrão mediador (*mediator pattern*).** Fornece uma interface unificada para um conjunto de interfaces em um subsistema.
- **Padrão visitante (*visitor pattern*).** Uma forma de separar um algoritmo de um objeto.
- **Padrão visitante hierárquico (*hierarchical visitor pattern*).** Fornece uma forma de visitar todos os nós em uma estrutura de dados hierárquica como, por exemplo, uma árvore.

---

2 Gamma e seus colegas [Gam95] são normalmente conhecidos como a "Gang of Four" (GoF) na literatura sobre padrões.

Os *padrões criacionais* se concentram na "criação, composição e representação" de objetos e dispõem de mecanismos que facilitam a instanciação de objetos em um sistema e que impõem "restrições sobre o tipo e número de objetos que podem ser criados em um sistema" [Maa07]. Os *padrões estruturais* focalizam problemas e soluções associadas a como classes e objetos são organizados e integrados para construir uma estrutura maior. Os *padrões comportamentais* tratam de problemas associados à atribuição de responsabilidade entre objetos e a maneira como a comunicação é afetada entre objetos.

14.1.2 *Frameworks*

Os próprios padrões talvez não sejam suficientes para desenvolver um projeto completo. Em alguns casos, pode ser necessário fornecer uma infraestrutura mínima específica para implementação, chamada *framework*. *Framework* é uma "miniarquitetura" reutilizável que serve como base para e a partir da qual outros padrões de projeto podem ser aplicados. Podemos selecionar uma "*miniarquitetura reutilizável que fornece a estrutura genérica e o comportamento para uma família de abstrações de software*, juntamente com um contexto... que especifica sua colaboração e uso em um domínio de dados" [Amb98].

Esse *framework* não é um padrão de arquitetura, mas sim um esqueleto com um conjunto de "pontos de conexão" (também chamados de *ganchos* e *encaixes*) que permitem que esse esqueleto seja adaptado a um domínio de problemas específico.* Os pontos de conexão possibilitam que integremos ao esqueleto classes ou funcionalidades específicas de um problema. Em um contexto orientado a objetos, um *framework* é um conjunto de classes que cooperam entre si.

Gamma e seus colegas [Gam95] observam que os padrões de projeto são mais abstratos do que os *frameworks*. Os *frameworks* podem ser "incorporados ao código", enquanto o padrão normalmente independe do código. Em geral, um *framework* abrange mais de um único padrão e, logo, é um elemento de arquitetura maior do que um padrão. Por fim, um *framework* reside em um determinado domínio de aplicação, mas os padrões podem ser aplicados em qualquer domínio no qual encontramos o problema a ser trabalhado.

O projetista de um *framework* de uso de padrão argumentará que uma miniarquitetura reutilizável se aplica a todo *software* a ser desenvolvido em um domínio de aplicação limitado. Para serem mais eficientes, esses *frameworks* são aplicados sem nenhuma alteração. Podem-se acrescentar outros elementos de projeto, mas apenas por meio de pontos de conexão que permitem ao projetista dar corpo ao esqueleto desses *frameworks*.

14.1.3 Descrição de padrões

O projeto baseado em padrões começa com o reconhecimento de padrões na aplicação que se pretende construir, continua com a pesquisa para determinar se outros trataram do padrão e termina com a aplicação de um padrão apropriado para o problema em questão. Em geral, a segunda dessas três tarefas é a mais difícil. Como encontrar padrões que atendam às nossas necessidades?

A resposta deve depender da comunicação efetiva do problema de que o padrão trata, do contexto em que o padrão reside, do sistema de forças que molda o contexto e da solução proposta. Para transmitir essas informações de forma inequívoca, é

---

* N. de R.T.: Um *framework* inclui aspectos estáticos/estruturais e dinâmicos/comportamentais que dão suporte ao uso dos padrões de projeto.

necessário um formulário ou modelo padronizado para descrições de padrão. Embora tenham sido propostos vários modelos de padrão distintos, quase todos contêm um subconjunto principal do conteúdo sugerido por Gamma e seus colegas [Gam95]. No quadro a seguir, é mostrado um modelo de padrão simplificado.

Informações

Modelo de padrões de projeto

Nome do padrão. Descreve a essência do padrão em um nome curto, mas expressivo.

Problema. Descreve o problema de que o padrão trata.

Motivação. Dá um exemplo do problema.

Contexto. Descreve o ambiente onde o problema reside, incluindo o domínio de aplicação.

Forças. Enumera o sistema de forças que afetam a maneira como o problema deve ser resolvido; inclui uma discussão das limitações e restrições que devem ser consideradas.

Solução. Fornece uma descrição detalhada de uma solução proposta para o problema.

Objetivo. Descreve o padrão e o que ele faz.

Colaborações. Descrevem como outros padrões contribuem para uma solução.

Consequências. Descrevem os possíveis prós e contras que devem ser considerados quando o padrão é implementado e as consequências do uso do padrão.

Implementação. Identifica questões especiais que devem ser consideradas ao se implementar o padrão.

Usos conhecidos. Dá exemplos de usos práticos do padrão de projeto em aplicações reais.

Padrões relacionados. Remetem a padrões de projeto relacionados.

Os nomes de padrões de projeto devem ser escolhidos com cuidado. Um dos principais problemas técnicos em projeto baseado em padrões é a incapacidade de encontrar padrões existentes quando há centenas ou milhares de candidatos. A busca pelo padrão "correto" é tremendamente facilitada por um nome de padrão significativo.

Um modelo de padrões fornece um meio padronizado para descrição de padrões de projeto. Cada uma das entradas do modelo representa características do padrão de projeto que podem ser pesquisadas (p. ex., por um banco de dados) e a maneira como o padrão apropriado pode ser encontrado.

14.1.4 Aprendizado de máquina e descoberta de padrões

Alguns padrões de *software* podem ser descritos como soluções de melhores práticas para problemas conhecidos. As informações sobre onde os padrões de projeto foram implementados em um projeto de *software* são úteis para os desenvolvedores durante a criação ou manutenção de um sistema de *software*. Infelizmente, essas informações se perdem devido às más práticas de documentação dos desenvolvedores originais. Nos últimos anos, surgiu um interesse significativo em usar técnicas automáticas para identificar novos padrões presentes, mas nunca documentados, em artefatos de *software* existentes [Alh12].

Um modo de fazer isso é criar um sistema de inteligência artificial (IA) capaz de reconhecer padrões de projeto após analisar muitos sistemas de *software* semelhantes. O mesmo padrão de *software* pode ser implementado de diversas maneiras. As técnicas de *aprendizado de máquina*[3] oferecem uma maneira de ensinar um sistema

---

[3] O aprendizado de máquina é uma técnica de IA que utiliza técnicas estatísticas para permitir que um sistema aprenda com exemplos e melhore o seu desempenho sem ser programado explicitamente. Para os leitores interessados em estudar o assunto em mais detalhes, consultar [Kub17].

a reconhecer a presença de um padrão no código-fonte do *software*. O sistema de aprendizado de máquina examina repetidamente um conjunto de treinamento que contém bons e maus exemplos de padrões de *software* utilizando critérios quantitativos específicos de exemplos "bons" e "ruins". O processo continua até o sistema ter aprendido a reconhecer a maioria dos padrões bons no conjunto de treinamento. Em geral, tais conjuntos são derivados a partir de grandes sistemas de *software* de código aberto disponíveis na Internet [Zan15].

Uma vez treinada, a ferramenta pode ser utilizada para identificar padrões de *software* em novos sistemas, ausentes do conjunto de treinamento. Para serem úteis, os padrões de *software* são reunidos em um repositório. Em um mundo ideal, podemos realizar buscas nesse repositório e identificar padrões que se aplicam aos problemas que os desenvolvedores precisam resolver [Amp13].

14.2   Projeto de *software* baseado em padrões

Os melhores projetistas de qualquer área têm uma habilidade extraordinária de vislumbrar padrões que caracterizam um problema e padrões correspondentes que podem ser combinados para criar a solução. Ao longo do processo de projeto, devemos buscar toda oportunidade de aplicar padrões de projeto existentes (quando atenderem às necessidades do projeto), em vez de criar novos.

14.2.1   Contexto do projeto baseado em padrões

O projeto baseado em padrões não é utilizado isoladamente. Os conceitos e as técnicas discutidas para projeto da arquitetura, de componentes e para interfaces do usuário (Capítulos 10 a 12) são usados em conjunto com uma abordagem baseada em padrões.

No Capítulo 9, citamos que um conjunto de diretrizes e atributos de qualidade serve como base para todas as decisões de projeto de *software*. As próprias decisões são influenciadas por um conjunto de conceitos de projeto fundamentais (p. ex., separação por interesses, refinamento gradual, independência funcional) que são obtidos usando-se heurísticas que evoluíram ao longo de várias décadas e práticas melhores (p. ex., técnicas, notação de modelagem) propostas para fazer o projeto ser mais fácil de ser realizado e mais efetivo como base para a construção.

O papel do projeto baseado em padrões está ilustrado na Figura 14.1. Um projetista de *software* inicia com um modelo de requisitos (explícito ou implícito) que apresenta uma representação abstrata do sistema. O modelo de requisitos descreve o conjunto de problemas, estabelece o contexto e identifica o sistema de forças dominantes. Talvez sugira o projeto de maneira abstrata, mas o modelo de requisitos faz pouco para representar o projeto explicitamente.

Ao iniciar seu trabalho como projetista, é sempre importante manter os atributos de qualidade (Capítulo 9) em mente. Esses atributos estabelecem uma maneira de avaliar a qualidade do *software*, mas pouco fazem para ajudar a obtê-la. Consequentemente, devemos aplicar técnicas comprovadas para traduzir as abstrações contidas no modelo de requisitos dessa maneira mais concreta que é o projeto de *software*. Para tanto, usaremos os métodos e as ferramentas de modelagem disponíveis para projeto da arquitetura, de componentes e para interfaces. Mas apenas quando nos depararmos com um problema, um contexto e um sistema de forças que ainda não foram resolvidos anteriormente. Se já existir uma solução, utilize-a! E isso significa aplicar uma abordagem de projeto baseado em padrões.

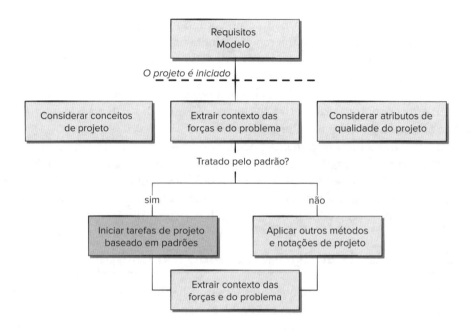

Figura 14.1
Contexto do projeto baseado em padrões.

14.2.2 Pense em termos de padrões

O projeto baseado em padrões implica uma "nova maneira de pensar" [Sha05] que começa considerando o contexto – o quadro geral. Quando o contexto é avaliado, extraímos uma hierarquia de problemas que devem ser resolvidos. Alguns desses problemas serão de natureza global, enquanto outros tratarão de características e funções específicas do *software*. Todos serão afetados por um sistema de forças que vai influenciar a natureza de uma solução proposta.

Shalloway e Trott [Sha05] sugerem a seguinte abordagem[4] que permite a um projetista pensar em termos de padrões:

1. Certifique-se de ter entendido o quadro geral – o contexto em que o *software* a ser construído reside. O modelo de requisitos deve comunicar isso a você.
2. Examine o quadro geral, extraia os padrões presentes nesse nível de abstração.
3. Inicie seu projeto com os padrões do "quadro geral" que estabeleçam um contexto ou esqueleto para trabalho de projeto posterior.
4. "Trabalhe em direção à essência, partindo do contexto" [Sha05], buscando padrões em níveis de abstração mais baixos que contribuam para a solução do projeto.
5. Repita os passos 1 a 4 até que o projeto completo ganhe corpo.
6. Refine o projeto, adaptando cada padrão às especificidades do *software* que você está tentando construir.

É importante notar que os padrões não são entidades independentes. Os padrões de projeto que estão presentes em nível de abstração elevado influenciarão invariavelmente a maneira pela qual outros padrões serão aplicados em níveis de abstração mais baixos. Além disso, os padrões em geral colaboram entre si. A implicação é que, ao se selecionar um padrão de arquitetura, ele poderá influenciar os padrões de projeto escolhidos no nível de componentes. Da mesma forma, ao selecionar um padrão de projeto específico para interfaces, muitas vezes você se vê forçado a usar outros padrões que colaboram com ele.

---

4 Baseada no trabalho de Christopher Alexander [Ale79].

Para ilustrar, consideremos a WebApp **CasaSeguraGarantida.com**. Se considerarmos o quadro geral, a WebApp deve tratar de como fornecer informações sobre os produtos e serviços do *CasaSegura*, como vender aos clientes os produtos e serviços *CasaSegura* e como estabelecer o monitoramento e o controle baseados na Internet de um sistema de segurança instalado. Cada um desses problemas fundamentais pode ser refinado ainda mais em um conjunto de subproblemas.

Por exemplo, *Como vender* via Internet implica um padrão *e-commerce* (de comércio eletrônico) que por si só implica muitos padrões em níveis de abstração mais baixos. O padrão *e-commerce* (provavelmente um padrão de arquitetura) implica mecanismos para configurar uma conta de cliente, exibir os produtos a serem vendidos, selecionar produtos para compra e assim por diante. Portanto, se pensarmos em padrões, é importante determinar se um padrão para configurar uma conta existe ou não. Se **ConfigurarConta** estiver disponível como um padrão viável para o contexto do problema, talvez ele colabore com outros padrões como **CriarFormulárioDeEntrada, GerenciarPreenchimentoDeFormulários** e **ValidarPreenchimentoFormulários**. Cada um desses padrões delineia problemas a serem resolvidos e soluções que possam ser aplicadas.

14.2.3 Tarefas de projeto

As tarefas de projeto a seguir são aplicadas quando se adota uma filosofia de projeto baseado em padrões:

1. **Examine o modelo de requisitos e desenvolva uma hierarquia de problemas.** Descreva cada problema e subproblema isolando o problema, o contexto e o sistema de forças que se aplicam. Trabalhe inicialmente em problemas mais abrangentes (nível de abstração elevado), indo depois para subproblemas menores (em níveis de abstração mais baixos).

2. **Determine se uma linguagem de padrões confiável foi desenvolvida para o domínio do problema.** Uma *linguagem de padrões* engloba um conjunto de padrões, cada qual descrito por meio do uso de um modelo de padrões (Seção 14.1.3) e inter-relacionados para mostrar como esses padrões colaboram para solucionar problemas em um domínio de aplicação. A equipe de *software* do *CasaSegura* procuraria uma linguagem de padrões desenvolvida especificamente para produtos de segurança domiciliar. Se esse nível de especificidade de linguagem de padrões não pudesse ser encontrado, a equipe subdividiria o problema de *software CasaSegura* em uma série de domínios de problemas genéricos (p. ex., problemas de monitoramento de dispositivos digitais, problemas de interfaces do usuário, problemas de gerenciamento de vídeo digital) e buscaria linguagens de padrões apropriadas.

3. **Iniciando com um problema abrangente, determine se um ou mais padrões de arquitetura se encontram disponíveis para ele.** Se existir um padrão de arquitetura, certifique-se de examinar todos os padrões colaboradores. Se o padrão for apropriado, adapte a solução de projeto proposta e construa um elemento de modelo de projeto que o represente adequadamente. Por exemplo, um problema abrangente para a WebApp **CasaSeguraGarantida.com** é tratado com um padrão *e-commerce* (de comércio eletrônico) (Seção 14.2.2). Esse padrão sugerirá uma arquitetura específica para lidar com os requisitos de comércio eletrônico.

4. **Use as colaborações fornecidas para o padrão de arquitetura, examine problemas de subsistemas ou de componentes e procure padrões apropriados para tratar deles.** Talvez seja necessário pesquisar outros repositórios de padrões, bem como a lista de padrões que corresponde à solução de arquitetura. Se for encontrado um padrão apropriado, adapte a solução de projeto proposta e construa

um elemento de modelo de projeto que o represente adequadamente. Certifique--se de aplicar o passo 7.

5. **Repita os passos 2 a 4 até que todos os problemas mais amplos tenham sido tratados.** A implicação é começar com o quadro geral e elaborar para resolver problemas em níveis cada vez mais detalhados.

6. **Se os problemas de projeto para interfaces do usuário tiverem sido isolados (quase sempre esse é o caso), pesquise os vários repositórios de padrões de projeto para interfaces do usuário em busca de padrões apropriados.** Prossiga de maneira similar para os passos 3 a 5.

7. **Independentemente de seu nível de abstração, se uma linguagem de padrões e/ou repositório de padrões ou padrão individual se mostrar promissor, compare o problema a ser resolvido em relação ao(s) padrão(ões) existente(s) apresentado(s).** Certifique-se de examinar o contexto e as forças para garantir que o padrão forneça, de fato, uma solução suscetível para o problema.

8. **Certifique-se de refinar o projeto à medida que ele é obtido de padrões usando critérios de qualidade de projeto como guia.**

Embora essa abordagem de projeto seja fundamentalmente descendente (*top-down*), Gillis [Gil06] sugere que "é mais orgânica que isso, mais indutiva do que dedutiva, mais ascendente do que descendente". Além disso, a abordagem baseada em padrões deve ser usada em conjunto com outros conceitos e técnicas de projeto de *software*.

14.2.4 Construção de uma tabela para organização de padrões

À medida que o projeto baseado em padrões prossegue, talvez encontremos problemas para organizar e classificar prováveis padrões contidos em vários repositórios e linguagens de padrões. Para auxiliar a organizar nossa avaliação de prováveis padrões, a Microsoft [Mic13b] sugere a criação de uma *tabela para organização de padrões* que assume a forma geral indicada na Figura 14.2.

Uma tabela para organização de padrões pode ser implementada como um modelo de planilha, usando o formato mostrado na figura. Uma lista resumida dos enunciados dos problemas, organizados por tópicos como dados e conteúdo, arquitetura, componentes e interfaces do usuário, é apresentada na coluna mais à esquerda (sombra mais escura). Quatro tipos de padrão – bancos de dados, aplicação, implementação e infraestrutura – são listados ao longo da linha superior. Os nomes de prováveis padrões são indicados nas células da tabela.

Para fornecermos entradas para a tabela organizadora, pesquisaremos várias linguagens e repositórios de padrões em busca de padrões que atendam a determinado enunciado de problema. Quando são encontrados um ou mais prováveis padrões, estes são introduzidos na linha correspondente ao enunciado do problema e na coluna correspondente ao tipo de padrão. O nome do padrão é introduzido como um *hiperlink* para o URL do endereço Web que contém uma descrição completa do padrão.

14.2.5 Erros comuns de projeto

Uma série de erros comuns ocorre quando se usa projeto baseado em padrões. Em alguns casos, não se dedicou tempo suficiente para entender o problema subjacente e seu contexto e forças e escolhe-se um padrão que parece correto, mas que, na verdade, é inadequado para a solução exigida. Assim que o padrão incorreto é escolhido,

	Banco de dados	Aplicação	Implementação	Infraestrutura
Dados/Conteúdo				
Enunciado do problema...	Nome(s)do(s)Padrão(ões)		Nome(s)do(s)Padrão(ões)	
Enunciado do problema...		Nome(s)do(s)Padrão(ões)		Nome(s)do(s)Padrão(ões)
Enunciado do problema...	Nome(s)do(s)Padrão(ões)			Nome(s)do(s)Padrão(ões)
Arquitetura				
Enunciado do problema...		Nome(s)do(s)Padrão(ões)		
Enunciado do problema...		Nome(s)do(s)Padrão(ões)		Nome(s)do(s)Padrão(ões)
Enunciado do problema...				
Componentes				
Enunciado do problema...		Nome(s)do(s)Padrão(ões)	Nome(s)do(s)Padrão(ões)	
Enunciado do problema...				Nome(s)do(s)Padrão(ões)
Enunciado do problema...		Nome(s)do(s)Padrão(ões)	Nome(s)do(s)Padrão(ões)	
Interface do usuário				
Enunciado do problema...		Nome(s)do(s)Padrão(ões)	Nome(s)do(s)Padrão(ões)	
Enunciado do problema...		Nome(s)do(s)Padrão(ões)	Nome(s)do(s)Padrão(ões)	
Enunciado do problema...		Nome(s)do(s)Padrão(ões)	Nome(s)do(s)Padrão(ões)	

Figura 14.2
Uma tabela para organização de padrões.
Fonte: Adaptada de Microsoft, "Prescriptive Architecture: Integration and Patterns," MSDN, May 2004.

recusamo-nos a admitir o erro e forçamos a adequação do padrão. Em outros casos, o problema possui forças não consideradas pelo padrão escolhido, resultando em uma adequação deficiente ou errônea. Algumas vezes, um padrão é aplicado de forma demasiadamente literal, e as adaptações necessárias para o espaço do problema não são implementadas.

Esses erros poderiam ser evitados? Na maioria dos casos, a resposta é "sim". Todo bom projetista pede uma segunda opinião e aceita revisões em seu trabalho. As técnicas de revisão discutidas no Capítulo 16 podem ajudar a garantir que o projeto baseado em padrões que desenvolvemos resulte em uma solução de alta qualidade para o problema de *software* a ser resolvido.

14.3 Padrões de arquitetura

Se um engenheiro civil decide construir uma casa colonial com *hall* central, existe um único estilo arquitetônico a ser aplicado. Os detalhes do estilo (p. ex., número de lareiras, fachada da casa, posição das portas e janelas) podem variar consideravelmente, mas, uma vez tomada a decisão sobre a arquitetura geral da casa, o estilo é imposto sobre o projeto.[5]

Os padrões de arquitetura são um pouco diferentes. Por exemplo, toda casa (e todo estilo arquitetônico para casas) usa um padrão **Kitchen** (cozinha). O padrão **Kitchen** e padrões com os quais ele colabora atendem a problemas associados ao

---

5   Isso significa que haverá um *hall* central e um corredor, que as salas serão colocadas à esquerda e à direita do *hall*, que a casa terá dois (ou mais) pisos, que os quartos da casa estarão no piso de cima e assim por diante. Essas "regras" são impostas uma vez tomada a decisão de adotar o estilo colonial com *hall* central.

armazenamento e à preparação de alimentos, aos utensílios necessários para cumprir essas tarefas e às regras para a colocação dos utensílios em relação ao fluxo no ambiente. Além disso, o padrão poderia atender a problemas associados a balcões, iluminação, interruptores, uma ilha central, pisos e assim por diante. Obviamente, há mais de um projeto para uma cozinha, em geral ditado pelo contexto e pelo sistema de forças. Mas todo projeto pode ser concebido no contexto da "solução" sugerida pelo padrão **Kitchen**.

Uma arquitetura de *software* pode ter uma série de padrões de arquitetura que tratam de questões como concorrência, persistência e distribuição. Antes que um padrão de arquitetura possa ser escolhido em um domínio específico, ele deve ser avaliado em termos de sua adequação para a aplicação e estilo de arquitetura geral, bem como o contexto e o sistema de forças que ele especifica.

14.4 Padrões de projeto de componentes

Os padrões de projeto de componentes nos dão soluções comprovadas que tratam de um ou mais subproblemas extraídos do modelo de requisitos. Em muitos casos, os padrões de projeto desse tipo se concentram em algum elemento funcional de um sistema. Por exemplo, a aplicação **CasaSeguraGarantida.com** deve tratar do seguinte subproblema de projeto: *Como podemos obter especificações de produtos e informações relacionadas para qualquer dispositivo do CasaSegura?*

Tendo enunciado o subproblema que deve ser resolvido, devemos considerar agora o contexto e o sistema de forças que afetam a solução. Examinando-se o caso de uso do modelo de requisitos apropriado, constataremos que o consumidor usa a especificação para um dispositivo do *CasaSegura* (p. ex., um sensor ou uma câmera de segurança) para fins de informação. Entretanto, outras informações relacionadas à especificação (p. ex., determinação de preços) poderiam ser empregadas quando a funcionalidade de comércio eletrônico fosse selecionada.

A solução para o subproblema envolve uma pesquisa. Já que pesquisar é um problema muito comum, não deve ser nenhuma surpresa a existência de muitos padrões relacionados à pesquisa. Pesquisando uma série de repositórios de padrões, descobriremos os seguintes padrões, juntamente com o problema que cada um resolve:

AdvancedSearch. Os usuários precisam encontrar um item específico em um grande conjunto de itens.

HelpWizard. Os usuários precisam de ajuda sobre certo tópico relativo ao *site* ou quando precisam encontrar uma página específica dentro desse *site*.

SearchArea. Os usuários precisam encontrar uma página Web.

SearchTips. Os usuários precisam saber como controlar o mecanismo de busca.

SearchResults. Os usuários têm de processar uma lista de resultados de uma busca.

SearchBox. Os usuários têm de encontrar um item ou informações específicas.

Para **CasaSeguraGarantida.com**, o número de produtos não é particularmente grande, e cada um deles possui uma classificação relativamente simples, de modo que **AdvancedSearch** e **HelpWizard** provavelmente não sejam necessários. Da mesma forma, a busca é relativamente simples para não precisar de **SearchTips**. A descrição de **SearchBox**, entretanto, é dada (em parte) como:

Search Box

(*Adaptado de* www.welie.com/patterns/showPattern.php?patternID=search)

Problema: Os usuários precisam encontrar um item ou informações específicos.

Motivação: Qualquer situação em que uma busca com palavra-chave é aplicada em um conjunto de objetos de conteúdo organizados na forma de páginas Web.

Contexto: Em vez de usar navegação para obter informações ou conteúdo, o usuário quer fazer uma busca direta em conteúdo contido em várias páginas Web. Qualquer *site* que já possui recursos primários de navegação. O usuário talvez queira procurar um item numa categoria. Ele talvez queira especificar uma consulta de forma mais detalhada.

Forças: O *site* já possui recursos primários de navegação. Os usuários talvez queiram procurar um item de determinada categoria. Eles talvez queiram especificar uma consulta de forma mais detalhada, por meio de operadores booleanos simples.

Solução: Oferecer funcionalidade de busca formada por um identificador de busca, um campo para palavra-chave, um filtro (se aplicável) e um botão "avançar". Pressionar a tecla Enter tem a mesma função que selecionar o botão Avançar. Também fornece Dicas de Busca e exemplos em uma página separada. Um *link* para essa página é colocado próximo à funcionalidade de busca. A caixa de edição para o termo de pesquisa é suficientemente grande para acomodar três consultas de usuário típicas (normalmente, por volta de 20 caracteres). Se o número de filtros for maior que 2, use uma caixa de combinação para seleção de filtros ou um botão de seleção. Os resultados da pesquisa são apresentados em uma nova página, com um identificador claro contendo pelo menos "Resultados da busca" ou algo similar. A função de busca é repetida na parte superior da página, com as palavras-chave anteriormente introduzidas, de modo que os usuários saberão quais eram elas.

A descrição de padrões continua com outras entradas conforme descrito na Seção 14.1.3.

O padrão prossegue para descrever como os resultados da busca são acessados, apresentados, correspondidos e assim por diante. Com base nisso, a equipe do **CasaSeguraGarantida.com** pode projetar os componentes necessários para implementar a busca ou (mais provavelmente) obter componentes reutilizáveis existentes.

Casa Segura

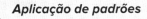

Aplicação de padrões

Cena: Discussão informal durante o projeto de um incremento do *software* que implementa controle de sensores via Internet para o **CasaSeguraGarantida.com**.

Atores: Jamie, responsável pelo projeto, e Vinod, arquiteto-chefe do sistema **CasaSeguraGarantida.com**.

Conversa:

Vinod: Então, como está indo o projeto da interface para controle de câmeras?

Jamie: Nada mal. Já projetei a maior parte da capacidade de conexão com os verdadeiros sensores sem grandes problemas. Já comecei também a pensar sobre a interface para os usuários poderem movimentar, deslocar e ampliar as câmeras de um dispositivo remoto, porém ainda não estou certo de tê-la feito corretamente.

Vinod: Qual sua ideia?

Jamie: Bem, entre os requisitos, o controle de câmeras precisa ser altamente interativo – à medida que o usuário movimenta o controle, a câmera deve se movimentar o quanto antes possível. Portanto, estava imaginando um conjunto de botões dispostos como uma câmera comum; porém, ao clicá-los, o usuário controlaria a câmera.

Vinod: Huumm. Sim, isso funcionaria, mas não estou certo de que esteja correto – para cada clique de um controle precisaríamos esperar que ocorresse toda a comunicação cliente/servidor e, portanto, não teríamos a sensação de uma resposta imediata.

Jamie: Foi isso que imaginei – é por isso que não estou muito satisfeito com a abordagem, mas não sei exatamente como poderia fazê-lo de outra forma.

Vinod: Bem, por que não usa simplesmente o padrão **InteractiveDeviceControl**?

Jamie: Hummm – o que é isso? Creio nunca ter ouvido falar dele.

Vinod: Basicamente, trata-se de um padrão destinado exatamente para o problema que você está me descrevendo. A solução que ele propõe é criar uma conexão de controle do servidor com o dispositivo, por meio da qual comandos de controle poderiam ser enviados. Dessa maneira, não seria preciso enviar solicitações HTTP normais. E o padrão ainda indicaria como implementar isso usando algumas técnicas AJAX simples. Temos alguns JavaScripts simples no cliente que se comunicam diretamente com o servidor e transmitem os comandos assim que o usuário fizer alguma coisa.

Jamie: Legal! Era exatamente isso que eu precisava para resolver essa questão. Onde posso encontrá-lo?

Vinod: Ele se encontra à disposição em um repositório *online*. Eis o URL.

Jamie: Vou verificar isso.

Vinod: Sim – mas lembre-se de verificar as consequências do padrão. Lembro de haver algo lá sobre tomar cuidado com questões de segurança. Acho que tem a ver com o fato de você criar um canal de controle separado e, portanto, contornar os mecanismos de segurança comuns da Web.

Jamie: Excelente observação. Provavelmente não teria atentado a esse fato! Obrigado.

14.5 Antipadrões

Os padrões de projeto oferecem soluções comprovadas que trabalham um ou mais dos problemas extraídos do modelo de requisitos. Os *antipadrões* descrevem soluções comuns a problemas de projeto que, em geral, têm efeitos negativos na qualidade do *software*. Em outras palavras, eles descrevem más soluções aos problemas de projeto ou, no mínimo, descrevem a consequência de se aplicar um padrão de projeto no contexto errado. Os antipadrões podem dar aos desenvolvedores ferramentas para ajudá-los a reconhecer quando esses problemas existem e até planos detalhados para reverter as causas do problema subjacente e implementar soluções melhores a esses problemas [Bro98]. Os antipadrões podem ser valiosos em orientar os desenvolvedores enquanto eles buscam maneiras de refatorar artefatos de *software* para melhorar a sua qualidade. Além disso, eles podem ser utilizados por revisores técnicos (Capítulo 16) para descobrir áreas preocupantes.

Brown e seus colegas [Bro98] apresentam as seguintes comparações entre descrições de padrões e de antipadrões. Os padrões de projeto normalmente são escritos de baixo para cima. A descrição de um padrão de projeto começa com uma solução recorrente a um problema e então adiciona as forças, os sintomas e elementos contextuais da situação na qual a solução será aplicada. Os antipadrões são escritos de cima para baixo. Uma descrição de antipadrão parte de um problema de projeto recorrente, ou de uma má prática de desenvolvimento, e então lista os seus sintomas e consequências negativas. Com isso, é possível incluir um procedimento recomendado para se reduzir as consequências documentadas no antipadrão. O antipadrão *The Blob* ("A Bolha" ou "A Bolha Assassina") é apresentado no exemplo a seguir.

The Blob ("A Bolha")

(*Adaptado de* http://antipatterns.com/briefing/sld024.htm)

Problema:

Única classe com grande quantidade de atributos, operações ou ambos.

Sintomas e consequências:

- Um conjunto díspar de atributos e operações não relacionados encapsulado em uma única classe.
- A falta geral de coesão dos atributos e operações é típica de *The Blob*.
- Uma única classe de controle com classes de objetos de dados simples associadas.
- Uma única classe de controle encapsula toda a funcionalidade, como um programa principal procedural.
- *The Blob* limita a capacidade de modificar o sistema sem afetar a funcionalidade de outros objetos.
- Modificações a outros objetos no sistema também tendem a impactar a classe de *The Blob*.
- A classe de *The Blob* normalmente é complexa demais para ser reutilizada e testada.
- A classe de *The Blob* pode ser cara demais para carregar na memória e utiliza recursos em excesso.

Causas típicas:

- Falta de arquitetura orientada a objetos.
- A equipe pode não ter as habilidades de abstração apropriadas.
- Falta de arquitetura de *software* definida.
- Falta de suporte da linguagem de programação para o projeto de arquitetura.
- Em projetos iterativos, os desenvolvedores tendem a adicionar pequenas funcionalidades a classes existentes.
- Definir a arquitetura do sistema durante a análise dos requisitos muitas vezes leva a *The Blob*.

Solução:

- A solução envolve uma forma de refatoração.
- O segredo é afastar o comportamento de *The Blob*.
- Realoque comportamentos para outros objetos de dados de modos que tornem *The Blob* menos complexo.

Uma discussão completa sobre antipadrões está além do escopo deste livro. Diversos antipadrões, com seus nomes inusitados e descritivos, aparecem no quadro a seguir. Suspeitamos que, nos nomes de diversos antipadrões, você reconhecerá práticas de desenvolvimento as quais foi ensinado a evitar quando aprendeu a programar.

> **Informações**
>
>
>
> *Alguns antipadrões*
>
> Uma ampla variedade de antipadrões de projeto foi identificada para ajudar os desenvolvedores a tomar decisões de refatoração. Descrições detalhadas de cada um desses padrões podem ser obtidas via *links* em **https://en.wikipedia.org/wiki/Anti-pattern**.
>
> - *Big ball of mud* (**"grande bola de lama"**). Um sistema sem estrutura reconhecível.
> - *Stovepipe system* (**"sistema chaminé"**). Um conjunto de componentes mal relacionados e difícil de manter.
> - *Boat anchor* (**"âncora do barco"**). Manter parte de um sistema que não tem mais utilidade.
> - *Lava flow* (**"fluxo de lava"**). Manter código indesejável (redundante ou de baixa qualidade) porque removê-lo seria caro demais ou teria consequências imprevisíveis.
> - *Spaghetti code* (**"código espaguete"**). Programa cuja estrutura é quase incompreensível, especialmente devido ao mau uso das estruturas de código.
> - *Copy and paste programming* (**"programação por copiar e colar"**). Copiar código existente várias vezes em vez de criar soluções genéricas.
> - *Silver bullet* (**"bala de prata"**). Pressupor que uma solução técnica favorita sempre resolverá um processo ou problema maior.
> - *Programming by permutation* (**"programação por permutação"**). Tentar abordar uma solução pela modificação sucessiva do código para ver se funciona.

14.6 Padrões de projeto de interfaces do usuário

Foram propostas centenas de padrões para interfaces do usuário (UI, do inglês *user interface*) nos últimos anos. A maior parte deles cai em uma das dez categorias de padrões, conforme descrito por Tidwell [Tid11] e vanWelie [Wel01]. A seguir, algumas categorias representativas (discutidas com um exemplo simples[6]):

Toda a interface do usuário. Fornece orientação para estrutura de alto nível e navegação por toda a interface.

Padrão:	*Top-level navigation*
Descrição:	Usada quando um *site* ou uma aplicação implementa uma série de funções principais. Oferece um menu de alto nível, geralmente acoplado a um logotipo ou a uma imagem identificadora, que possibilita a navegação direta para qualquer uma das principais funções do sistema.
Detalhes:	Funções principais (em geral limitadas a quatro a sete nomes de função) são listadas na parte superior da tela (formatos de colunas verticais também são possíveis) em uma linha horizontal de texto. Cada nome fornece um *link* para uma fonte de informações ou função apropriada. Geralmente, é usada com o padrão **BreadCrumbs** discutido posteriormente.
Elementos de navegação:	Cada nome de função/conteúdo representa um *link* para a função ou conteúdo apropriado.

---

6 Um modelo padrão sintetizado é usado aqui. Descrições de padrões completas (juntamente com dezenas de outros padrões) podem ser encontradas em [Tid11] e [Wel01].

Layout **da página.** Trata da organização geral das páginas (para *sites*) ou exibições em tela distintas (para aplicações interativas).

Padrão:	*Card stack*
Descrição:	Usado quando uma série de subfunções ou categorias de conteúdo específicas relacionadas a um recurso ou função deve ser selecionada em ordem aleatória. Dá a aparência de uma pilha de fichas indexadoras, cada uma delas selecionável com um clique de *mouse* e cada qual representando subfunções ou categorias de conteúdo específicas.
Detalhes:	As fichas indexadoras são uma metáfora bem compreendida e fácil para o usuário manipular. Cada ficha indexadora (separador) pode ter um formato ligeiramente diverso. Algumas poderão exigir entrada de dados e possuir botões ou outros mecanismos de navegação; outras podem ser informativas. Poderiam ser combinadas com outros padrões, como **drop-down list, fill-in-the-blanks** e outros.
Elementos de navegação:	Um clique de *mouse* em uma guia faz com que a ficha apropriada apareça. Os recursos de navegação contidos na ficha também poderiam estar presentes; porém, em geral, esses deveriam iniciar uma função relacionada aos dados da ficha, e não provocar um *link* real para alguma outra tela.

E-commerce. Específicos para *sites*, esses padrões implementam elementos recorrentes de aplicações para comércio eletrônico.

Padrão:	*Shopping cart*
Descrição:	Fornece uma lista de itens selecionados para compra.
Detalhes:	Lista informações de itens, quantidade, código de produto, disponibilidade (disponível, esgotado), preço, informações para entrega, custos de remessa e outras informações de compra relevantes. Também oferece a capacidade de editar (p. ex., remover, modificar quantidade).
Elementos de navegação:	Contém a capacidade de prosseguir com a compra ou sair para encerrar as compras.

Cada um dos exemplos de padrões anteriores (e todos os padrões em cada categoria) também teria um projeto completo de componentes, incluindo classes de projeto, atributos, operações e interfaces. Caso tenha maior interesse, consulte [Cho16], [Gas17], [Kei18], [Tid11], [Hoo12] e [Wel01] para mais informações. O papel dos antipadrões e seus efeitos no projeto de experiência do usuário se encontram em [Sch15] e [Gra18].

14.7 Padrões de projeto de mobilidade

Ao longo deste capítulo, vimos que há diferentes tipos de padrões e várias maneiras distintas de classificá-los. Por natureza, os aplicativos móveis se resumem à interface. Em muitos casos, os padrões para interface do usuário móvel [Mob12] são representados como uma coleção do "que há de melhor" em termos de imagens de tela para aplicativos, em diversas categorias diferentes. Exemplos típicos poderiam incluir:

Telas de registro. Como faço o registro a partir de um local específico, como faço um comentário e compartilho comentários com amigos e seguidores em uma rede social?

Mapas. Como exibo um mapa no contexto de um aplicativo que trata de algum outro assunto? Por exemplo, analisar um restaurante e representar sua localização em uma cidade.

Popovers. Como represento uma mensagem ou informação (do aplicativo ou de outro usuário) que surge em tempo real ou como consequência de uma ação do usuário?

Fluxos de assinatura. Como forneço um modo simples de assinar ou de registrar para obter informações ou funcionalidade?

Navegação personalizada em guias. Como represento uma variedade de objetos de conteúdo diferentes de um modo que permita ao usuário escolher o que ele deseja?

Convites. Como informo ao usuário que ele deve participar de alguma ação ou diálogo? Exemplos típicos incluiriam o uso de uma caixa de diálogo, dica de contexto ou vídeo de demonstração com reprodução automática.

Mais informações sobre padrões para interfaces do usuário de aplicativos móveis podem ser encontradas em [Nei14], [Hoo12], [McT16], [Abr17] e [Pun17]. Além dos padrões para interfaces do usuário, Meier e seus colegas [Mei12] propõem diversas descrições de padrão mais gerais para aplicativos móveis.

14.8 Resumo

Os padrões de projeto fornecem um mecanismo codificado para descrever problemas e suas soluções de maneira que a comunidade da engenharia de *software* possa adquirir conhecimento de projeto que possa ser reutilizado. Um padrão descreve um problema, indica o contexto que permite ao usuário compreender o ambiente em que o problema reside e lista um sistema de forças que indicam como o problema pode ser interpretado no seu contexto e como uma solução pode ser aplicada. No trabalho de engenharia de *software*, identificamos e documentamos padrões generativos. Esses padrões descrevem um aspecto importante e repetível de um sistema, dando-nos então uma forma de construir esse aspecto em um sistema de forças que seja único em determinado contexto.

Os padrões de arquitetura descrevem problemas de projeto abrangentes, resolvidos usando-se uma abordagem estrutural. Os padrões de dados descrevem problemas recorrentes orientados a dados e as soluções de modelagem de dados que podem ser usadas para resolvê-los. Os padrões de componentes (também conhecidos como padrões de projeto) tratam de problemas associados ao desenvolvimento de subsistemas e componentes, a maneira pela qual eles se comunicam entre si e seu posicionamento em uma arquitetura mais ampla. Os antipadrões de *software* descrevem soluções comuns a um problema que levam à criação de artefatos de *software* de baixa qualidade. Os padrões de projeto para interfaces descrevem problemas comuns de interfaces do usuário e suas soluções com um sistema de forças que inclui as características específicas dos usuários. Os padrões para aplicativos móveis

Capítulo 14   Projeto baseado em padrões   **307**

tratam da natureza única da interface e da funcionalidade móvel e controlam elementos específicos para as plataformas móveis.

Um *framework* fornece a infraestrutura em que padrões podem residir, e idiomas descrevem detalhes de implementação específicos de uma linguagem de programação para toda ou parte de uma estrutura de dados ou algoritmo específico. Um formulário ou modelo padrão é usado para descrições de padrões. Uma linguagem de padrões engloba um conjunto de padrões, cada qual descrito por meio do uso de um modelo de padrões e inter-relacionado para mostrar como esses padrões colaboram para solucionar problemas em um domínio de aplicação.

O projeto baseado em padrões é usado com métodos de projeto de arquitetura, de componentes e de interfaces do usuário. A abordagem de projeto começa com um exame do modelo de requisitos para isolar problemas, definir o contexto e descrever o sistema de forças. Em seguida, buscam-se linguagens de padrões para o domínio do problema, a fim de determinar se há padrões para os problemas que foram isolados. Uma vez encontrados padrões apropriados, eles são usados como um guia de projeto.

Problemas e pontos a ponderar

14.1. Discuta as três "partes" de um padrão de projeto e dê um exemplo concreto de cada uma delas, de algum outro campo que não seja o de *software*.

14.2. Qual a diferença entre um padrão e um antipadrão?

14.3. Como os padrões de arquitetura diferem dos padrões de componentes?

14.4. O que é um *framework* de uso de padrões e como ele difere de um padrão? O que é um idioma e como ele difere de um padrão?

14.5. Usando o modelo de padrões de projeto apresentado na Seção 14.1.3, desenvolva uma descrição de padrão completa para um padrão sugerido por seu professor.

14.6. Desenvolva uma linguagem de padrões estrutural para um esporte com o qual você esteja familiarizado. Você pode começar lidando com o contexto, o sistema de forças e os problemas abrangentes que um técnico e a equipe devem solucionar. É preciso não apenas especificar os nomes de padrão, mas também elaborar uma descrição em uma sentença para cada padrão.

14.7. Quando Christopher Alexander diz "um bom projeto de *software* não pode ser alcançado simplesmente juntando-se peças operantes", o que você acha que ele quer dizer com isso?

14.8. Usando as tarefas para projeto baseado em padrões citadas na Seção 14.2.3, desenvolva um esboço de projeto para o "sistema de *design* de interiores" descrito na Seção 12.3.2.

14.9. Construa uma tabela para organizar os padrões utilizados no Problema 14.8.

14.10. Usando o modelo de padrões de projeto apresentado na Seção 14.1.3, desenvolva uma descrição completa para o padrão **Kitchen** mencionado na Seção 14.3.

Elemento de design: Ícone de lupa da seção Panorama: © Roger Pressman

Parte

III

Qualidade e segurança

Nesta parte do livro, serão vistos os princípios, as técnicas e os conceitos aplicados ao gerenciamento e ao controle da qualidade de *software*. Estas questões são tratadas nos capítulos que seguem:

- Quais são as características genéricas de um *software* de alta qualidade?
- Como revisar a qualidade e como realizar revisões eficazes?
- O que é garantia da qualidade de *software*?
- Quais são as estratégias aplicáveis aos testes de *software*?
- Quais métodos são usados para projetar casos de teste eficazes?
- Existem métodos práticos para garantir que um *software* está correto?
- Como gerenciar e controlar mudanças que sempre ocorrem quando um *software* é criado?
- Quais medidas e métricas podem ser usadas para avaliar a qualidade dos modelos de requisitos e de projeto, código-fonte e casos de teste?
- Como garantir que as preocupações com segurança para um produto estão sendo consideradas e trabalhadas durante o ciclo de vida do *software*?

Respondidas essas questões, você estará mais bem preparado para a produção de *software* de alta qualidade.

15

Conceitos de qualidade

Conceitos-chave

custo da qualidade 317
"bom o suficiente" 316
responsabilidade civil . . . 320
aprendizado de máquina. . 322
ações administrativas . . . 321
qualidade. 311
dilema da qualidade 315
dimensões de qualidade . . 314
fatores de qualidade. 312
avaliação quantitativa
da qualidade 315
riscos 319
segurança. 320

A campanha pela maior qualidade de *software* surgiu realmente a partir do momento que o *software* ficou cada vez mais integrado a todas as atividades de nossas vidas. Na década de 1990, as principais empresas reconheciam que bilhões de dólares por ano eram desperdiçados em *software* que não apresentava as características e as funcionalidades prometidas. Pior ainda, tanto o governo quanto as empresas estavam cada vez mais preocupados com o fato de que uma falha grave de *software* poderia inutilizar importantes infraestruturas, aumentando o custo em dezenas de bilhões. Na virada do século, a *CIO Magazine* anunciou a manchete: "Chega de desperdiçar US$ 78 bilhões por ano", lamentando o fato de que "as empresas americanas gastavam bilhões em *software* que não fazia o que supostamente deveria fazer" [Lev01]. Infelizmente, ao menos um levantamento sobre o estado das práticas de qualidade de *software*, realizado em 2014, sugere que as atividades de manutenção e evolução de *software* representam até 90% do total dos custos de desenvolvimento de *software* [Nan14]. A baixa qualidade de *software* causada pela pressa em lançar produtos sem testes adequados continua a ser um problema enorme para a indústria de *software*.

Hoje, a qualidade de *software* continua a ser um problema, mas quem é o culpado? Os clientes culpam os desenvolvedores, argumentando que práticas descuidadas

---

Panorama

O que é? A resposta não é tão simples quanto se imagina. Sabe-se o que é qualidade ao vê-la e, mesmo assim, pode ser algo difícil de definir. Porém, para *software* de computador, qualidade é algo que tem de ser definido, e é isso o que é feito neste capítulo.

Quem realiza? Todos os participantes – engenheiros de *software*, gerentes, envolvidos – da produção de *software* são responsáveis pela qualidade.

Por que é importante? Ou você faz certo da primeira vez ou faz tudo de novo. Se uma equipe de *software* buscar a qualidade em todas as atividades de engenharia de *software*, a quantidade de retrabalho será reduzida. Isso resulta em custos menores e, mais importante, menor tempo para disponibilização do produto no mercado.

Quais são as etapas envolvidas? Para obter *software* de alta qualidade, devem ocorrer quatro atividades: processo e prática comprovados de engenharia de *software*, gerenciamento consistente de projetos, controle global de qualidade e a presença de uma infraestrutura para garantir a qualidade.

Qual é o artefato? *Software* que atenda às necessidades do cliente, tenha um desempenho preciso e confiável e gere valor para todos que o utilizam.

Como garantir que o trabalho foi realizado corretamente? Acompanhando a qualidade com a verificação dos resultados de todas as atividades de controle de qualidade e medindo a qualidade com a verificação de erros antes da entrega e de defeitos que acabaram escapando e indo para a produção.

levam a um *software* de baixa qualidade. Os desenvolvedores de *software* culpam os clientes (e outros envolvidos), argumentando que datas de entrega absurdas e um fluxo contínuo de mudanças os obrigam a entregar o *software* antes de ele estar completamente validado. Quem está com a razão? *Ambos* – e esse é o problema. Neste capítulo, a qualidade de *software* é vista como um conceito, e também se examina por que vale a pena considerá-la seriamente toda vez que as práticas de engenharia de *software* forem aplicadas.

15.1 O que é qualidade?

Em seu livro místico *Zen e a Arte da Manutenção de Motocicletas*, Robert Pirsig [Pir74] comentou sobre aquilo que denominamos *qualidade*:

> Qualidade… sabemos o que ela é, embora não saibamos o que ela é. Mas essa afirmação é contraditória. Mas algumas coisas são melhores do que outras; ou seja, elas têm mais qualidade. Mas quando tentamos dizer o que é qualidade, separando-a das coisas que a têm, tudo desaparece como num passe de mágica! Não há nada a dizer a respeito. Obviamente, algumas coisas são melhores do que outras… mas o que quer dizer "melhor"?… E por aí vai (andando em círculos), girando rodas mentais e em nenhum lugar encontrando um ponto de tração. Mas o que é mesmo qualidade? O que é?

De fato – o que é isso?

Em um nível mais pragmático, David Garvin [Gar84], da Harvard Business School, sugere que "qualidade é um conceito complexo e multifacetado" que pode ser descrito segundo cinco pontos de vista diferentes. A *visão transcendental* sustenta (assim como Pirsig) que qualidade é algo que se reconhece imediatamente, mas não se consegue definir explicitamente. A *visão do usuário* enxerga a qualidade em termos das metas específicas de um usuário. Se um produto atende a essas metas, ele apresenta qualidade. A *visão do fabricante* define qualidade em termos da especificação original do produto. Se o produto atende às especificações, ele apresenta qualidade. A *visão do produto* sugere que a qualidade pode ser ligada às características inerentes (p. ex., funções e recursos) de um produto. Finalmente, a *visão baseada em valor* mede a qualidade tomando como base o quanto um cliente estaria disposto a pagar por um produto. Na realidade, qualidade engloba todas essas visões e outras mais.

Qualidade de projeto refere-se às características que os projetistas especificam para um produto. A qualidade dos materiais, as tolerâncias e as especificações de desempenho, todos são fatores que contribuem para a qualidade de um projeto. Quanto mais materiais de alta qualidade forem usados, tolerâncias mais rígidas e níveis de desempenho maiores forem especificados, mais aumentará a qualidade de projeto de um produto se ele for fabricado de acordo com essas especificações.

No desenvolvimento de *software*, a qualidade de um projeto engloba o grau de atendimento às funções e características especificadas no modelo de requisitos. A *qualidade de conformidade* focaliza o grau em que a implementação segue o projeto e que o sistema resultante atende às suas necessidades e às metas de desempenho.

Mas qualidade de projeto e qualidade de conformidade são as únicas questões que os engenheiros de *software* devem considerar? Robert Glass [Gla98] sustenta que o indicado é uma relação mais "intuitiva":

satisfação do usuário = produto compatível + boa qualidade + entrega dentro do orçamento e do prazo previsto

Ou seja, Glass argumenta que a qualidade é importante, mas se o usuário não estiver satisfeito, nada mais importa. DeMarco [DeM98] reforça esse ponto de vista ao afirmar: "A qualidade de um produto é função do quanto ele transforma o mundo para melhor". Essa visão de qualidade sustenta que se um produto de *software* fornece benefício substancial a seus usuários, é possível que eles estejam dispostos a tolerar problemas ocasionais de confiabilidade ou desempenho. Uma visão moderna sobre qualidade de *software* tanto exige atenção à satisfação do cliente quanto à conformidade com os requisitos do produto [Max16].

15.2 Qualidade de *software*

Até mesmo os desenvolvedores de *software* mais experientes concordarão que *software* de alta qualidade é um objetivo importante. Mas como definir a qualidade de *software*? No sentido mais geral, a qualidade de *software* pode ser definida como: *uma gestão de qualidade efetiva aplicada de modo a criar um produto útil que forneça valor mensurável para aqueles que o produzem e para aqueles que o utilizam.*

Não há dúvida nenhuma de que essa definição pode ser modificada ou estendida e debatida interminavelmente. Para os propósitos deste livro, a definição serve para enfatizar três pontos importantes:

1. Uma *gestão de qualidade efetiva* estabelece a infraestrutura que dá suporte a qualquer tentativa de construir um produto de *software* de alta qualidade. Os aspectos administrativos do processo criam mecanismos de controle e equilíbrio de poderes que ajudam a evitar o caos no projeto – um fator-chave para uma qualidade inadequada. As práticas de engenharia de *software* permitem ao desenvolvedor analisar o problema e elaborar uma solução consistente – aspectos críticos na construção de *software* de alta qualidade. Finalmente, as atividades de apoio, como o gerenciamento de mudanças e as revisões técnicas, têm muito a ver com a qualidade, assim como qualquer outra parte da prática de engenharia de *software*.

2. Um *produto útil* fornece o conteúdo, as funções e os recursos que o usuário deseja; além disso, e não menos importante, deve fornecer confiabilidade e isenção de erros. Um produto útil sempre satisfaz às exigências definidas explicitamente pelos envolvidos. Além disso, ele satisfaz a um conjunto de requisitos implícitos (p. ex., facilidade de uso) que se espera de todo *software* de alta qualidade.

3. Ao *agregar valor tanto para o fabricante quanto para o usuário* de um produto de *software*, um *software* de alta qualidade gera benefícios para a empresa de *software* e para a comunidade de usuários. A empresa fabricante do *software* ganha valor agregado pelo fato de um *software* de alta qualidade exigir menos manutenção, menos correções de erros e menos suporte ao cliente. Isso permite que os engenheiros de *software* despendam mais *tempo* criando aplicações novas e menos tempo em manutenções. A comunidade de usuários ganha um valor agregado, pois a aplicação fornece a capacidade de agilizar algum processo de negócio. O resultado final é: (1) maior receita gerada pelo produto de *software*; (2) maior rentabilidade quando uma aplicação suporta um processo de negócio; e/ou (3) maior disponibilidade de informações cruciais para o negócio.

15.2.1 Fatores de qualidade

A literatura sobre engenharia de *software* contém propostas de uma série de normas e modelos de qualidade de *software*. David Garvin [Gar84] escreve que a qualidade é um fenômeno multifacetado e que exige o uso de múltiplas perspectivas para ser

Figura 15.1
Fatores de qualidade de *software* de McCall.

avaliada. McCall e Walters [McC77] propuseram uma forma útil de refletir sobre e organizar os fatores que afetam a qualidade de *software*. Seus fatores de qualidade de *software* (mostrados na Figura 15.1) se concentram em três aspectos dos produtos de *software*: características operacionais, capacidade de serem alterados e adaptabilidade a novos ambientes. Os fatores de qualidade de McCall servem de base para uma engenharia de *software* que produz altos níveis de satisfação do usuário por se concentrar na experiência do usuário geral propiciada pelo produto de *software*. Isso seria impossível se os desenvolvedores não garantissem que a especificação dos requisitos está correta e que os defeitos foram removidos no início do processo de desenvolvimento de *software* [Max16].

O modelo de qualidade ISO 25010 é a mais nova norma (criada em 2011 e revisada em 2017).[1] Esta norma define dois modelos de qualidade. O modelo da *qualidade em uso* descreve cinco características apropriadas quando consideramos utilizar o produto em um determinado contexto (p. ex., o uso do produto em uma plataforma específica por um ser humano). O modelo da *qualidade de produto* descreve oito características que enfocam a natureza dinâmica e a estática dos sistemas de computador.

- **Modelo da qualidade em uso**
  - **Eficácia.** Precisão e completude com as quais os usuários atingem suas metas.
  - **Eficiência.** Recursos despendidos para atingir completamente os objetivos dos usuários com a precisão desejada.
  - **Satisfação.** Utilidade, confiança, prazer, conforto.
  - **Ausência de riscos.** Mitigação de riscos econômicos, de saúde, de segurança e ambientais.
  - **Cobertura do contexto.** Completude, flexibilidade.
- **Qualidade de produto**
  - **Adequação funcional.** Completo, correto, apropriado.
  - **Eficiência de desempenho.** Tempestividade, utilização de recursos, capacidade.
  - **Compatibilidade.** Coexistência, interoperabilidade.
  - **Usabilidade.** Adequabilidade, facilidade de aprendizagem, operabilidade, proteção contra erros, estética, acessibilidade.
  - **Confiabilidade.** Maturidade, disponibilidade, tolerância a falhas, facilidade de recuperação.

---

1 A norma ISO 25010 está disponível em https://www.iso.org/standard/35733.html.

314　Engenharia de *software*

- **Segurança.** Confidencialidade, integridade, responsabilidade, autenticidade.
- **Facilidade de manutenção.** Modularidade, reusabilidade, modificabilidade, testabilidade.
- **Portabilidade.** Adaptabilidade, instalabilidade, facilidade de substituição.

A adição do modelo de qualidade em uso ajuda a enfatizar a importância da satisfação do cliente na avaliação da qualidade do *software*. O modelo de qualidade de produto destaca a importância de avaliarmos tanto os requisitos funcionais quanto os não funcionais do produto de *software* [Max16].

15.2.2　Avaliação quantitativa da qualidade

As dimensões e os fatores de qualidade apresentados na Seção 15.2.1 se concentram no produto de *software* completo e podem ser usados como uma indicação genérica da qualidade de uma aplicação. A equipe de *software* pode desenvolver um conjunto de características de qualidade e questões associadas que investigaria o grau em que cada fator foi satisfeito.[2] Por exemplo, a norma ISO 25010 identifica a *usabilidade* como um importante fator de qualidade. Se lhe fosse solicitado para revisar uma interface do usuário e avaliar sua usabilidade, como você procederia?

Embora seja tentador criar medidas quantitativas para os fatores de qualidade citados na Seção 15.2.1, também podemos criar uma lista de verificação simples dos atributos que dão uma sólida indicação de que o fator está presente. Poderíamos começar com as subcaracterísticas sugeridas para a usabilidade na norma ISO 25010: adequabilidade, facilidade de aprendizagem, operabilidade, proteção contra erros, estética e acessibilidade. Você e sua equipe poderiam decidir criar um questionário para os usuários e um conjunto de tarefas estruturadas para eles realizarem. Você poderia observar os usuários enquanto eles realizam essas tarefas e pedir que completem o questionário no final. Discutiremos os testes de usabilidade em mais detalhes no Capítulo 21.

Para fazer sua avaliação, você e sua equipe precisariam lidar com atributos específicos, mensuráveis (ou, pelo menos, reconhecíveis) da interface. Suas tarefas poderiam se concentrar em encontrar respostas para as seguintes perguntas:

- Com que velocidade os usuários determinam se o produto de *software* pode ou não ser usado para ajudá-los a completar a sua tarefa? (adequabilidade)
- Quanto demora para os usuários aprenderem a usar as funções do sistema necessárias para completar a sua tarefa? (facilidade de aprendizagem)
- O usuário consegue lembrar como usar as funções do sistema em sessões de teste subsequentes sem precisar reaprendê-las? (facilidade de aprendizagem)
- Quanto demora para os usuários completarem suas tarefas usando o sistema? (operabilidade)
- O sistema tenta impedir os usuários de cometer erros? (previsão de erros)
- O sistema permite que os usuários desfaçam operações que poderiam resultar em erros? (previsão de erros)
- As respostas oferecem reações favoráveis a perguntas sobre a aparência da interface do usuário? (estética)
- A interface se conforma às expectativas estabelecidas pelas regras de ouro do Capítulo 12? (acessibilidade)
- A interface do usuário se conforma aos itens da lista de verificação de acessibilidade exigidos para os usuários pretendidos? (acessibilidade)

2　Essas características e questões podem ser abordadas como parte de uma revisão de *software* (Capítulo 16).

Enquanto o projeto de interface é desenvolvido, a equipe de *software* revisaria o protótipo de projeto e faria as perguntas citadas. Se a resposta a essas perguntas for "sim", é provável que a interface com o usuário apresente alta qualidade. Um conjunto de perguntas similares seria desenvolvido para cada fator de qualidade a ser avaliado. No caso da usabilidade, é sempre importante observar usuários representativos interagindo com o sistema. Para outros fatores de qualidade, pode ser importante testar o *software* no mundo real (ou, no mínimo, no ambiente de produção).

15.2.3 Avaliação quantitativa da qualidade

Nas subseções anteriores, apresentamos um conjunto de fatores qualitativos para a "medição" da qualidade de um *software*. A comunidade da engenharia de *software* se esforça ao máximo para desenvolver medidas precisas para a qualidade de *software* e algumas vezes é frustrada pela natureza subjetiva da atividade. Cavano e McCall [Cav78] discutem essa situação:

> A subjetividade e a especialização (...) se aplicam na determinação da qualidade do *software*. Para ajudar a solucionar esse problema, é necessária uma definição mais precisa da qualidade de *software*, bem como uma maneira de obter medidas quantitativas da qualidade de *software* para uma análise objetiva (...) Como não existe conhecimento absoluto sobre isso, não se deve ter a expectativa de medir a qualidade de *software* com exatidão, já que cada medida é parcialmente imperfeita.

Diversos defeitos de projeto de *software* podem ser detectados usando métricas de *software*. O processo consiste em encontrar fragmentos de código que sugiram a presença de, por exemplo, alto acoplamento e níveis desnecessários de complexidade. Os atributos de código internos podem ser descritos quantitativamente usando métricas de *software*. Sempre que valores de métricas de *software* computados para um fragmento de código ficam fora da faixa de valores aceitáveis, isso sinaliza a existência de um problema de qualidade que precisa ser investigado [Max16].

No Capítulo 23, apresentaremos um conjunto de métricas de *software* que podem ser aplicadas para a avaliação quantitativa da qualidade de *software*. Em todos os casos, as métricas representam medidas indiretas; isto é, jamais medimos realmente a *qualidade*, mas alguma manifestação dessa qualidade. O fator complicador é a relação precisa entre a variável medida e a qualidade de *software*.

15.3 O dilema da qualidade do *software*

Em uma entrevista [Ven03] publicada na Internet, Bertrand Meyer discute o que chamamos de *dilema da qualidade:*

> Se produzimos um sistema de *software* de péssima qualidade, perdemos porque ninguém vai querer comprá-lo. Se, por outro lado, gastamos um tempo infinito, um esforço extremamente grande e grandes somas de dinheiro para construir um *software* absolutamente perfeito, então ele levará muito tempo para ser concluído, e o custo de produção será tão alto que iremos à falência. Ou perdemos a oportunidade de mercado ou então simplesmente esgotamos todos os nossos recursos. Assim, os profissionais desta área tentam encontrar aquele meio-termo mágico em que o produto é suficientemente bom para não ser rejeitado logo de cara, como, por exemplo, durante uma avaliação, mas também não é objeto de tamanho perfeccionismo e trabalho que levaria muito tempo ou que seria demasiadamente caro para ser finalizado.

É válido afirmar que os engenheiros de *software* devem se esforçar para produzir sistemas de alta qualidade. Muito melhor seria aplicar boas práticas na tentativa de obter essa alta qualidade. Porém, a situação discutida por Meyer é a realidade e representa um dilema até mesmo para as melhores organizações de engenharia de *software*. Ao se deparar com o dilema da qualidade (e todo mundo se depara com ele uma hora ou outra), tente alcançar o equilíbrio – esforço suficiente para produzir qualidade aceitável sem "enterrar" o projeto.

15.3.1 *Software* "bom o suficiente"

Falando claramente, se concordarmos com o argumento de Meyer, é aceitável produzir *software* "bom o suficiente"? A resposta a essa pergunta deve ser "sim", pois as empresas de *software* agem dessa forma todos os dias [Rod17]. Elas criam *software* com erros (*bugs*) conhecidos e ele é entregue a vários usuários. Elas reconhecem que algumas funções e características disponibilizadas na versão 1.0 podem não ser da melhor qualidade e planejam melhoramentos para a versão 2.0. Elas fazem isso mesmo sabendo que alguns clientes vão reclamar; entretanto, reconhecem que o tempo de colocação do produto no mercado pode superar uma qualidade melhor, desde que o produto fornecido seja "bom o suficiente".

O que é exatamente "bom o suficiente"? *Software* bom o suficiente fornece funções e características de alta qualidade que os usuários desejam, mas, ao mesmo tempo, fornece outras funções e características mais obscuras ou especializadas que contêm erros conhecidos. O fornecedor de *software* espera que a grande maioria dos usuários ignore os erros pelo fato de estarem muito satisfeitos com as outras funcionalidades oferecidas pela aplicação.

Essa ideia pode ter um significado especial para muitos leitores. Se você for um deles, pedimos para considerar alguns dos argumentos contra *software* "bom o suficiente". É verdade que *software* "bom o suficiente" pode funcionar em alguns domínios de aplicação e para algumas grandes empresas de *software*. Afinal de contas, se uma empresa tiver um grande orçamento para o *marketing* e conseguir convencer um número suficiente de pessoas a comprar a versão 1.0, ela conseguiu capturá-los. Conforme citado anteriormente, pode-se argumentar que a qualidade será melhorada nas próximas versões. Ao entregar a versão 1.0 boa o suficiente, a empresa já monopolizou o mercado.

Caso trabalhe em uma pequena empresa, não confie nessa filosofia. Ao entregar um produto bom o suficiente (com erros), você corre o risco de arruinar permanentemente a reputação da empresa. Talvez jamais tenha a chance de entregar a versão 2.0, pois, devido à má propaganda resultante dessa filosofia, as vendas podem despencar e, consequentemente, a empresa falir.

Caso trabalhe em certos domínios de aplicação (p. ex., *software* embarcado para aplicações em tempo real) ou crie *software* de aplicação integrado com o *hardware* (p. ex., *software* para a indústria automotiva, *software* para telecomunicações), entregar *software* com erros conhecidos pode ser negligente e expõe sua empresa a litígios dispendiosos. Em alguns casos, pode constituir crime. Ninguém quer *software* bom o suficiente no seu avião! Segundo Ebert, o modelo de processo de *software* deve fornecer critérios claros que orientam os desenvolvedores a determinar o que é mesmo "bom o suficiente" para o domínio de aplicação pretendido [Ebe14].

Portanto, proceda com cautela caso acredite que "bom o suficiente" seja um atalho capaz de resolver seus problemas de qualidade de *software*. Pode ser que funcione, mas apenas para poucos casos e em um conjunto limitado de domínios de aplicação.[3]

---

3 Uma interessante discussão dos prós e contras do *software* "bom o suficiente" pode ser encontrada em [Bre02].

15.3.2 Custo da qualidade

A discussão prossegue mais ou menos assim: *sabemos que a qualidade é importante, mas ela nos custa tempo e dinheiro – tempo e dinheiro demais para obter o nível de qualidade de software que realmente desejamos.* Dessa forma, o argumento parece sensato (veja os comentários de Meyer no início desta seção). Não há dúvida de que a qualidade tem um preço, mas a falta de qualidade também tem um preço – não apenas para os usuários, que terão de conviver com um *software* com erros, mas também para a organização de *software* que o criou e, além de tudo, terá de fazer a manutenção. A verdadeira questão é a seguinte: *com qual custo devemos nos preocupar?* Para responder a essa pergunta, devemos entender tanto o custo para obter alta qualidade quanto o custo de *software* de baixa qualidade.

O *custo da qualidade* inclui todos os custos necessários para a busca de qualidade ou para a execução de atividades relacionadas à qualidade, assim como os custos causados pela falta de qualidade. Para compreender esses custos, uma organização deve reunir métricas para prover uma base para o custo corrente da qualidade, identificar oportunidades para reduzir esses custos e fornecer uma base normalizada de comparação. O custo da qualidade pode ser dividido em custos associados à prevenção, avaliação e falhas.

Os *custos de prevenção* incluem: (1) o custo de atividades de gerenciamento necessárias para planejar e coordenar todas as atividades de controle e garantia da qualidade; (2) o custo de atividades técnicas adicionais para desenvolver modelos completos de requisitos e de projeto; (3) os custos de planejamento de testes; e (4) o custo de todo o treinamento associado a essas atividades. Não tenha medo de incorrer em custos significativos de prevenção. Esteja seguro de que esse investimento possibilitará um excelente retorno.

Os *custos de avaliação* incluem atividades para a compreensão aprofundada da condição do produto "pela primeira passagem por" cada processo. Entre os exemplos de custos de avaliação, temos: (1) o custo da realização de revisões técnicas (Capítulo 16) nos artefatos de engenharia de *software*; (2) o custo da coleta de dados e avaliação de métricas (Capítulo 23); e (3) o custo dos testes e depuração (Capítulos 19 a 21).

Os *custos de falhas* são aqueles que desapareceriam caso não surgisse nenhum erro antes ou depois da entrega de um produto aos clientes. Esses custos podem ser subdivididos em custos de falhas internas e custos de falhas externas. Os *custos de falhas internas* ocorrem quando se detecta um erro em um produto antes de ele ser entregue. Eles abrangem: (1) o custo necessário para realizar reformulações (reparos) para corrigir um erro; (2) o custo que ocorre quando reformulações geram, inadvertidamente, efeitos colaterais que devem ser reduzidos; e (3) os custos associados à reunião de métricas de qualidade que permitam a uma organização avaliar os modos de falha. Os *custos de falhas externas* estão associados a defeitos encontrados após o produto ter sido entregue ao cliente. Exemplos de custos de falhas externas são a solução de reclamações, a devolução e a substituição de produtos, o suporte por telefone/*e-mail* e custos de mão de obra associados à garantia do produto. Uma má reputação e a consequente perda de negócios é outro custo de falhas externas difícil de ser quantificado, mas bastante real. Coisas negativas acontecem quando se produz *software* de baixa qualidade.

Em uma censura aos desenvolvedores de *software* que se recusam a considerar os custos de falhas externas, Cem Kaner [Kan95] afirma:

> Muitos dos custos de falhas externas, assim como sua reputação no mercado, são difíceis de ser quantificados, e, consequentemente, muitas empresas os ignoram no cálculo das relações custo-benefício. Outros custos de falhas externas podem ser reduzidos (p. ex., o fornecimento de suporte pós-venda mais barato e de menor qualidade ou cobrando o suporte dos clientes) sem aumentar a satisfação do cliente. Ao ignorar os custos de produtos ruins para nossos clientes, os engenheiros de qualidade estimulam tomadas de decisão relacionadas à qualidade que penalizam nossos clientes, em vez de satisfazê-los.

Como era de esperar, os custos relativos para descobrir e reparar um erro ou defeito aumentam drasticamente à medida que avançamos dos custos de prevenção para custos de detecção de falhas internas e para custos de falhas externas. A Figura 15.2, fundamentada em dados coletados por Boehm e Basili [Boe01b] e ilustrada pela Cigital Inc. [Cig07], exemplifica esse fenômeno.

O custo médio da indústria de *software* para corrigir um defeito durante a geração de código é de aproximadamente US$ 977 por erro. O custo médio para corrigir o mesmo erro caso ele tenha sido descoberto durante os testes do sistema passa a ser de US$ 7.136 por erro. A Cigital Inc. [Cig07] considera uma grande aplicação em que foram introduzidos 200 erros durante a codificação:

> De acordo com os dados médios do setor, o custo para descobrir e corrigir defeitos durante a fase de codificação é de US$ 977 por defeito. Portanto, o custo total para corrigir os 200 defeitos "críticos" durante essa fase (200 × US$ 977) é de aproximadamente US$ 195.400.
>
> Os dados médios do setor mostram que o custo para descobrir e corrigir defeitos durante a fase de testes é de US$ 7.136 por defeito. Nesse caso, supondo que a fase de testes do sistema tenha revelado aproximadamente 50 defeitos críticos (ou apenas 25% daqueles encontrados pela Cigital na fase de codificação), o custo para descobrir e corrigir esses defeitos (50 × US$ 7.136) teria sido de aproximadamente US$ 356.800. Isso teria resultado em 150 erros críticos sem ser detectados e corrigidos. O custo para descobrir e corrigir esses 150 defeitos remanescentes na fase de manutenção (150 × US$ 14.102) teria sido de US$ 2.115.300. Portanto, o custo total para descobrir e corrigir os 200 defeitos após a fase de codificação teria sido de US$ 2.472.100 (US$ 2.115.300 + US$ 356.800).

Mesmo que sua organização de *software* possua custos equivalentes à metade da média do setor (a maioria não tem a mínima ideia de quanto são seus custos!), a economia de custos associados a atividades iniciais de controle com garantia da qualidade (conduzidas durante a análise de requisitos e projeto) é considerável.

Figura 15.2
Custo relativo para correção de erros e defeitos.

Fonte: Boehm, Barry and Basili, Victor R., "Software Defect Reduction Top 10 List," IEEE Computer, vol. 34, no. 1, January 2001.

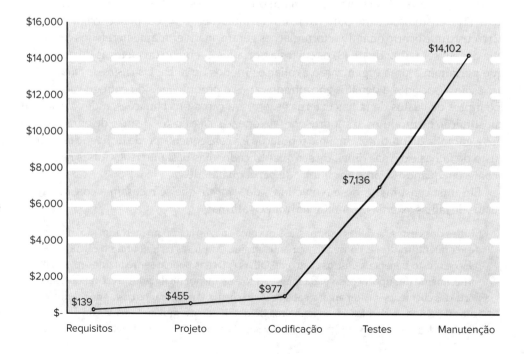

Casa Segura

Questões de qualidade

Cena: Escritório de Doug Miller no início do projeto de *software CasaSegura*.

Atores: Doug Miller (gerente da equipe de engenharia de *software* do *CasaSegura*) e outros membros da equipe de engenharia de *software* do produto.

Conversa:

Doug: Eu estava vendo um relatório da indústria sobre os custos para reparar defeitos de *software*. Eles dão o que pensar.

Jamie: Já estamos trabalhando no desenvolvimento de casos de teste para cada requisito funcional.

Doug: Isso é bom, mas notei que o custo para reparar um defeito descoberto nos testes é oito vezes maior do que se o defeito for detectado e reparado durante a codificação.

Vinod: Estamos usando programação em pares; portanto, deveremos detectar a maioria dos defeitos durante a codificação.

Doug: Acho que você não está entendendo. Qualidade é mais do que simplesmente remover erros de codificação. Precisamos examinar os objetivos de qualidade do projeto e garantir que os produtos de *software* em evolução os atinjam.

Jamie: Você quer dizer coisas como usabilidade, segurança e confiabilidade?

Doug: Sim, isso mesmo. Precisamos realizar verificações no processo de *software* para monitorar nosso progresso no sentido de atingir nossas metas de qualidade.

Vinod: Não podemos terminar o protótipo primeiro e então verificar a qualidade?

Doug: Temo que não. Devemos estabelecer uma cultura de qualidade no início do projeto.

Vinod: O que você quer que façamos, Doug?

Doug: Acho que precisamos encontrar uma técnica que nos permita monitorar a qualidade dos produtos do *CasaSegura*. Vamos pensar a respeito e rever isso novamente amanhã.

15.3.3 Riscos

No Capítulo 1, dissemos que "as pessoas apostam seus empregos, seu conforto, sua segurança, seu entretenimento, suas decisões e suas próprias vidas em *software*. Tomara que estejam certas". A implicação disso é que *software* de baixa qualidade aumenta os riscos tanto para o desenvolvedor quanto para o usuário.[4] Na subseção anterior, discutimos um desses riscos (custo). Mas o lado negativo de aplicações mal projetadas e implementadas nem sempre resulta apenas em altos custos e mais tempo. Um exemplo [Gag04] extremo pode servir como ilustração.

Ao longo do mês de novembro de 2000, em um hospital no Panamá, 28 pacientes receberam doses maciças de raio gama durante tratamento para uma série de tipos de câncer. Nos meses seguintes, cinco desses pacientes morreram por contaminação radioativa, e outros 15 desenvolveram sérias complicações. O que provocou essa tragédia? Um pacote de *software*, desenvolvido por uma companhia norte-americana, foi modificado por técnicos do hospital para calcular doses alteradas de radiação para cada paciente.

Os três médicos panamenhos com especialização em física, que ajustaram o *software* para aumentar a capacidade funcional, foram processados por homicídio

---

4 Em seu artigo "And the 'Most Shocking Software Failure' Award Goes To . . ." Chelsea Frischnecht oferece alguns exemplos do que pode dar errado. O artigo está disponível em https://www.tricentis.com/blog/2017/03/01/software-fail-awards/.

Engenharia de *software*

doloso, mas sem premeditação. A empresa norte-americana enfrentou litígios graves em dois países. Gage e McCormick comentam:

> Não se trata de um conto com fundo moral para técnicos em medicina, muito embora eles possam lutar para manter-se fora da prisão, caso tenham interpretado ou usado uma tecnologia de forma errada. Não se trata também de um conto sobre como seres humanos podem ser feridos ou sofrer algo ainda mais grave por *software* mal projetado ou documentado, embora existam muitos exemplos que o comprovem. Trata-se de um alerta para qualquer criador de programas de computador: a qualidade de *software* é importante, as aplicações têm de ser infalíveis – independentemente de estarem embutidas no motor de um carro, em um braço mecânico em uma fábrica ou em um aparelho médico em um hospital – e o código mal-empregado pode matar.

A baixa qualidade induz a riscos, alguns muito sérios.[5]

15.3.4 Negligência e responsabilidade civil

A história é bastante comum. Um órgão do governo ou empresa contrata uma grande empresa de consultoria ou desenvolvedora de *software* para analisar os requisitos e então projetar e construir um "sistema" baseado em *software* para apoiar alguma atividade importante. O sistema poderia oferecer suporte a uma importante função corporativa (p. ex., administração de aposentadorias) ou alguma função governamental (p. ex., administração do sistema de saúde ou de segurança do território nacional).

O trabalho inicia com as melhores das intenções de ambas as partes, mas, na época em que o sistema é entregue, as coisas não andam bem. O sistema é lento, não fornece os recursos e funções desejados, é suscetível a erros e não tem a aprovação do usuário. Segue-se um litígio.

Na maioria dos casos, o cliente alega que o desenvolvedor foi negligente (na maneira de aplicar as práticas de *software*) e, portanto, não tem direito a receber seu pagamento. Normalmente, o desenvolvedor alega que o cliente mudou repetidamente os requisitos e subverteu a parceria de desenvolvimento de outras formas. Em todos os casos, a questão é a qualidade do sistema entregue.

15.3.5 Qualidade e segurança

À medida que o caráter crítico das aplicações e dos sistemas móveis baseados na Internet aumenta, a segurança da aplicação tem se tornado cada vez mais importante. Ou seja, *software* que não apresente alta qualidade é mais fácil de ser copiado ("pirateado"), e, como consequência, o *software* de baixa qualidade pode aumentar indiretamente o risco de segurança, assim como todos os problemas e custos associados.

Em uma entrevista à revista *ComputerWorld*, o autor e especialista em segurança Gary McGraw comenta [Wil05]:

> A segurança de *software* se relaciona inteira e completamente à qualidade. Devemos nos preocupar com a segurança, a confiabilidade, a disponibilidade e a fidelidade – nas fases iniciais, de projeto, de arquitetura, de testes e de codificação, ao longo de todo o ciclo de vida (qualidade) de um *software*. Até mesmo pessoas cientes do problema da segurança têm se concentrado em coisas relacionadas ao ciclo de vida do *software*. Quanto antes descobrirmos um problema de *software*, melhor. E existem dois tipos de problemas de *software*. Os primeiros são os *bugs*, que são problemas de implementação. Os demais são falhas de *software* – problemas de arquitetura do projeto. As pessoas prestam muita atenção aos *bugs*, mas não o suficiente às falhas.

---

5 No início de 2019, um erro no *software* de controle de voo produzido por uma grande indústria aeronáutica foi ligado diretamente a dois desastres aéreos e à morte de 346 pessoas.

Para construir um sistema seguro, temos de focar na qualidade, e esse foco deve iniciar durante o projeto. Os conceitos e os métodos discutidos na Parte II deste livro nos conduzem a uma arquitetura de *software* que reduz "falhas". Uma discussão mais detalhada sobre engenharia de segurança é apresentada no Capítulo 18.

15.3.6 O impacto das ações administrativas

A qualidade de *software* normalmente é influenciada tanto pelas decisões administrativas quanto pelas decisões técnicas. Até mesmo as melhores práticas de engenharia de *software* podem ser subvertidas por decisões de negócios inadequadas e ações questionáveis de gerenciamento de projeto.

Na Parte IV deste livro, discutiremos o gerenciamento de projetos no contexto da gestão da qualidade. Quando cada tarefa de projeto é iniciada, um líder de projeto toma decisões que podem ter um impacto significativo sobre a qualidade do produto.

Decisões de estimativas. Raramente uma equipe de *software* pode se dar ao luxo de fornecer uma estimativa para um projeto *antes* das datas de entrega serem estabelecidas e um orçamento geral ser especificado. Em vez disso, a equipe realiza um "exame de sanidade" para garantir que as datas de entrega são racionais. Em muitos casos, existe uma enorme pressão de colocação do produto no mercado que obriga uma equipe a aceitar datas de entrega impraticáveis. Como resultado, são tomados atalhos, as atividades que produzem um *software* de maior qualidade talvez sejam deixadas de lado, e, assim, a qualidade do produto sofre as consequências. Se uma data de entrega for absurda, é importante manter-se firme. Explique por que você precisa de mais tempo ou, como alternativa, sugira um subconjunto de funcionalidades que possa ser entregue (com alta qualidade) no tempo alocado.

Decisões de cronograma. Quando um cronograma de projeto de *software* é estabelecido (Capítulo 25), as tarefas são sequenciadas tomando-se como base as dependências. Por exemplo, como o componente **A** depende do processamento que ocorre nos componentes **B, C** e **D**, o componente **A** não pode ser agendado para testes até que os componentes **B, C** e **D** sejam completamente testados. O cronograma de um projeto deve refletir essa situação. Mas se o tempo for muito curto e **A** tem de estar disponível para outros testes críticos, talvez se opte por testar **A** sem seus componentes subordinados (que estão ligeiramente atrasados em relação ao cronograma), de modo a torná-lo disponível para outros testes que devem ser feitos antes da entrega. Afinal de contas, o prazo final se aproxima. Dessa forma, **A** pode ter defeitos que estão ocultos e que seriam descobertos muito mais tarde. A qualidade sofre as consequências.

Decisões orientadas a riscos. A administração de riscos (Capítulo 26) é um dos atributos fundamentais de um projeto de *software* bem-sucedido. Precisamos realmente saber o que poderia dar errado e estabelecer um plano de contingência caso isso aconteça. Um número muito grande de equipes de *software* prefere um otimismo cego, estabelecendo um cronograma de desenvolvimento sob a hipótese de que nada vai dar errado. Pior ainda, eles não têm um método para lidar com as coisas que dão errado. Consequentemente, quando um risco se torna realidade, reina o caos, e, à medida que o grau de loucura aumenta, o nível de qualidade invariavelmente cai.

O dilema da qualidade de *software* pode ser mais bem sintetizado enunciando-se a lei de Meskimen – *Nunca há tempo para fazer a coisa certa, mas sempre há tempo para fazê-la de novo.* Nosso conselho: tomar o tempo necessário para fazer certo da primeira vez quase nunca é uma decisão errada.

Engenharia de *software*

15.4 Alcançando a qualidade de *software*

A qualidade de *software* não aparece simplesmente do nada. Ela é o resultado de um bom gerenciamento de projeto e uma prática consistente de engenharia de *software*. O gerenciamento e a prática são aplicados no contexto de quatro atividades amplas que ajudam uma equipe de *software* a atingir alto padrão de qualidade de *software*: métodos de engenharia de *software*, técnicas de gerenciamento de projetos, ações de controle de qualidade e garantia da qualidade de *software*.

15.4.1 Métodos de engenharia de *software*

Se nossa expectativa é construir *software* de alta qualidade, temos de entender o problema a ser resolvido. Temos também de ser capazes de criar um projeto que seja adequado ao problema e, ao mesmo tempo, que apresente características que levem a um *software* com as dimensões e os fatores de qualidade discutidos na Seção 15.2.

Na Parte II deste livro, apresentamos uma ampla gama de conceitos e métodos capazes de levar a um entendimento relativamente completo do problema e a um projeto abrangente que estabeleça uma base sólida para a atividade de construção. Se aplicarmos esses conceitos e adotarmos os métodos de análise e projeto apropriados, a probabilidade de criarmos *software* de alta qualidade aumentará substancialmente.

15.4.2 Técnicas de gerenciamento de projetos

O impacto de decisões de gerenciamento inadequadas sobre a qualidade de *software* foi discutido na Seção 15.3.6. As implicações são claras: se (1) um gerente de projeto usar estimativas para verificar que as datas de entrega são plausíveis, (2) as dependências de cronograma forem entendidas e a equipe resistir à tentação de usar atalhos, e (3) o planejamento de riscos for conduzido de modo que problemas não gerem caos, a qualidade do *software* será afetada de forma positiva.

Além disso, o plano de projeto deve incluir técnicas explícitas para gerenciamento de mudanças e qualidade. Técnicas que levam a práticas ótimas de gerenciamento de projeto são discutidas na Parte IV deste livro.

15.4.3 Aprendizado de máquina e previsão de defeitos

A *previsão de defeitos* [Mun17] é uma parte importante da identificação de componentes de *software* que podem ter problemas de qualidade. Os modelos de previsão de defeitos usam técnicas estatísticas para examinar as relações entre combinações de métricas de *software* e componentes de *software* que contêm defeitos conhecidos. Eles podem ser uma forma eficiente e eficaz para os desenvolvedores identificarem rapidamente classes com maior probabilidade de apresentar defeitos e podem reduzir os custos e os tempos de desenvolvimento [Mal16].

O *aprendizado de máquina* é uma aplicação de técnicas de inteligência artificial (IA) que geram sistemas com a capacidade de aprender e melhorar com a experiência sem a necessidade de programá-los explicitamente. Em outras palavras, o aprendizado de máquina se concentra em desenvolver programas de computador capazes de acessar dados e de usar os dados para aprender por si. As técnicas de aprendizado de máquina podem ser utilizadas para automatizar o processo de descobrir relações preditivas entre métricas de *software* e componentes defeituosos [Ort17], [Li16], [Mal16].

Os sistemas de aprendizado de máquina processam grandes conjuntos de dados que contêm combinações representativas de métricas referentes a componentes de *software* com e sem defeitos. Tais dados são utilizados para refinar os algoritmos de classificação. Após o sistema montar um modelo de previsão usando esse tipo de treinamento, ele pode ser utilizado para avaliações de qualidade e previsão de defeitos em dados associados com produtos de *software* futuros. A construção de classificadores desse tipo representa boa parte do que os cientistas de dados modernos fazem. O Apêndice 2 deste livro apresenta mais discussões sobre o uso da ciência de dados e engenharia de *software*.

15.4.4 Controle de qualidade

O controle de qualidade engloba um conjunto de ações de engenharia de *software* que ajudam a garantir que cada produto resultante atinja suas metas de qualidade. Os modelos são revistos de modo a garantir que sejam completos e consistentes. O código poderia ser inspecionado de modo a revelar e corrigir erros antes de os testes começarem. Aplica-se uma série de etapas de teste para descobrir erros na lógica de processamento, na manipulação de dados e na comunicação da interface. Uma combinação de medições e *feedback* permite a uma equipe de *software* ajustar o processo quando qualquer um desses artefatos deixa de atender às metas estabelecidas para a qualidade. As atividades de controle de qualidade são discutidas em detalhe ao longo do restante da Parte III deste livro.

15.4.5 Garantia da qualidade

A garantia da qualidade estabelece a infraestrutura que suporta métodos sólidos de engenharia de *software*, gerenciamento racional de projeto e ações de controle de qualidade – todos fundamentais para a construção de *software* de alta qualidade. Além disso, a garantia da qualidade consiste em um conjunto de funções de auditoria e de relatórios que possibilita uma avaliação da efetividade e da completude das ações de controle de qualidade. O objetivo da garantia da qualidade é fornecer ao pessoal técnico e administrativo os dados necessários para serem informados sobre a qualidade do produto, ganhando, portanto, entendimento e confiança de que as ações para atingir a qualidade desejada do produto estão funcionando. Obviamente, se os dados fornecidos pela garantia da qualidade identificarem problemas, é responsabilidade do gerenciamento tratar desses problemas e aplicar os recursos necessários para resolver os problemas de qualidade. A garantia da qualidade de *software* é discutida em detalhe no Capítulo 17.

15.5 Resumo

A preocupação com a qualidade de sistemas de *software* cresceu à medida que o *software* ficou cada vez mais integrado a cada aspecto da vida cotidiana. No entanto, é difícil desenvolver uma descrição completa sobre qualidade de *software*. Neste capítulo, a qualidade foi definida como uma gestão de qualidade efetiva aplicada de modo a criar um produto útil que forneça valor mensurável para aqueles que o produzem e para aqueles que o utilizam.

Uma grande variedade de dimensões e fatores para qualidade de *software* foi proposta ao longo dos anos. Todos tentam definir um conjunto de características que, se atingidas, levarão a um *software* de alta qualidade. Os fatores de qualidade de McCall e da ISO 25010 estabelecem características como confiabilidade, usabilidade, facilidade de manutenção, funcionalidade e portabilidade como indicadores de que a qualidade existe.

Todas as organizações envolvidas com *software* se deparam com o dilema da qualidade de *software*. Basicamente, todos querem construir sistemas de alta qualidade, mas o tempo e o esforço necessários para produzir um *software* "perfeito" não existem em um mundo orientado ao mercado. A pergunta passa a ser: devemos construir *software* "bom o suficiente"? Embora muitas empresas façam exatamente isso, há uma grande desvantagem que deve ser considerada.

Independentemente da estratégia escolhida, a qualidade tem, de fato, um custo que pode ser discutido em termos de prevenção, avaliação e falha. Os custos de prevenção incluem todas as ações de engenharia de *software* desenvolvidas para, em primeiro lugar, evitar defeitos. Os custos de avaliação estão associados às ações que avaliam os artefatos resultantes para determinar sua qualidade. Os custos de falhas englobam o preço de falhas internas e os efeitos externos que a má qualidade gera.

A qualidade de *software* é atingida por meio da aplicação de métodos de engenharia de *software*, práticas administrativas consistentes e controle de qualidade completo – todos suportados por uma infraestrutura de garantia da qualidade de *software*. Nos capítulos seguintes, o controle e a garantia da qualidade são discutidos com maior nível de detalhamento.

Problemas e pontos a ponderar

15.1. Descreva como você avaliaria a qualidade de uma universidade antes de se candidatar a ela. Quais fatores seriam importantes? Quais seriam críticos?

15.2. Usando a definição de qualidade de *software* proposta na Seção 15.2, você acredita que seja possível criar um produto útil que gere valor mensurável sem usar um processo eficaz? Justifique sua resposta.

15.3. Usando os subatributos citados na Seção 15.2.1 para o fator de qualidade "facilidade de manutenção" da ISO 25010, desenvolva um conjunto de perguntas que explore se esses atributos estão presentes ou não. Siga o exemplo mostrado na Seção 15.2.2.

15.4. Descreva o dilema da qualidade de *software* com suas próprias palavras.

15.5. O que é *software* "bom o suficiente"? Cite uma empresa específica e produtos específicos que você acredita terem sido desenvolvidos usando essa filosofia.

15.6. Considerando cada um dos quatro aspectos do custo da qualidade, qual você acredita ser o mais caro? Por quê?

15.7. Faça uma busca na Internet e encontre três outros exemplos de "riscos" para o público que podem ser diretamente atribuídos à baixa qualidade de *software*. Pense em iniciar sua pesquisa em http://catless.ncl.ac.uk/risks.

15.8. *Qualidade* e *segurança* são a mesma coisa? Explique.

15.9. Explique por que muitos de nós continuamos a viver da lei de Meskimen. Como isso se aplica a um negócio de *software*?

Elemento de design: Ícone de lupa da seção Panorama: © Roger Pressman

16

Revisões: Uma abordagem recomendada

As revisões de *software* são como um "filtro" para a gestão de qualidade. Um número muito pequeno de revisões e o fluxo será "sujo". Um número muito grande de revisões e o fluxo diminui muito e vira um gotejamento. Elas são aplicadas em várias etapas durante o processo de engenharia de *software* e servem para revelar erros e defeitos que podem ser eliminados. As revisões de *software* "purificam" os artefatos da engenharia de *software*, até mesmo os modelos de requisitos e de projeto, dados de teste e código. Usando métricas, você pode determinar quais revisões funcionam e enfatizá-las, ao mesmo tempo que elimina do fluxo as revisões ineficazes para acelerar o processo.

Diversos tipos de revisão podem ser realizados como parte do processo de engenharia de *software*. Cada um deles tem sua função. Um encontro informal ao lado da

Conceitos-chave

bugs 326
eficácia dos custos 329
amplificação de defeitos . . 327
defeitos 326
densidade de erros 328
erros 326
revisões informais 331
manutenção de registros . . 333
relatórios de revisão 333
revisões técnicas 326

Panorama

O que é? À medida que desenvolvemos o trabalho de engenharia de *software*, cometemos erros. Não há motivo para se envergonhar disso – desde que tentemos, com muita dedicação, encontrar e corrigir os erros antes que sejam passados para os usuários. As revisões técnicas são o mecanismo mais eficaz para descobrir erros logo no início da gestão de qualidade.

Quem realiza? Os engenheiros de *software* realizam as revisões técnicas, também chamadas de revisões paritárias, com seus colegas. Como discutido nos Capítulos 3 e 4, pode ser uma boa ideia incluir outros envolvidos nessas revisões.

Por que é importante? Ao se descobrir um erro logo no início do processo, fica menos caro corrigi-lo. Além disso, os erros podem aumentar à medida que o processo prossegue. Portanto, um erro relativamente insignificante sem tratamento no início do processo pode ser amplificado e se transformar em um conjunto de erros graves para a sequência do projeto. Por fim, as revisões minimizam o tempo, devido à redução do número de reformulações que serão necessárias ao longo do projeto.

Quais são as etapas envolvidas? A abordagem em relação às revisões vai variar dependendo do tipo de revisão escolhido. Em geral, são empregadas seis etapas, embora nem todas sejam usadas para todo tipo de revisão: planejamento, preparação, estruturação da reunião, anotação de erros, realização das correções (feita fora da revisão) e verificação se as correções foram feitas apropriadamente.

Qual é o artefato? O artefato de uma revisão é uma lista de problemas e/ou erros que foram descobertos. Além disso, também é indicado o estado técnico do produto resultante.

Como garantir que o trabalho foi realizado corretamente? Primeiramente, escolha o tipo de revisão apropriado para o seu ambiente de desenvolvimento. Siga as diretrizes que levam a revisões bem-sucedidas. Se as revisões realizadas conduzirem a *software* de maior qualidade, elas foram feitas corretamente.

máquina de café é uma forma de revisão, caso sejam discutidos problemas técnicos. Uma apresentação formal da arquitetura do *software* para um público formado por clientes, pessoal técnico e gerencial também é uma forma de revisão. Neste livro, entretanto, focaremos nas *revisões técnicas* ou *paritárias*, exemplificadas por *revisões informais, walkthroughs* e *inspeções*. Uma revisão técnica (RT) é o filtro mais eficiente do ponto de vista de controle da qualidade. Conduzida por engenheiros de *software* e outros envolvidos para todos os membros de equipe do projeto, a RT é um meio eficaz para revelar erros e aumentar a qualidade do *software*.

16.1 Impacto de defeitos de *software* nos custos

No contexto da gestão da qualidade, os termos *defeito* e *falha* são sinônimos. Ambos indicam um problema de qualidade que é descoberto *depois* que o *software* é liberado para os usuários (ou para outra atividade estrutural dentro da gestão de qualidade). Em capítulos anteriores, usamos o termo *erro* para indicar um problema de qualidade que é descoberto por engenheiros de *software* (ou outros) *antes* de o *software* ser liberado para o usuário final (ou para outra atividade estrutural dentro da gestão de qualidade).

Informações

Bugs, erros e defeitos

O objetivo do controle da qualidade de *software* e da gestão da qualidade em geral é, em sentido mais amplo, eliminar problemas de qualidade no *software*. Tais problemas são conhecidos por diversos nomes – *bugs, falhas, erros* ou *defeitos*, apenas para citar alguns. Esses termos são sinônimos ou existem diferenças sutis entre eles?

Neste livro, é feita uma distinção clara entre *erro* (um problema de qualidade encontrado *antes* de o *software* ser liberado para os usuários finais) e *defeito* (um problema de qualidade encontrado apenas *depois* de o *software* ter sido liberado para os usuários finais).[1] Essa distinção é feita porque os erros e os defeitos podem acarretar impactos econômicos, comerciais, psicológicos e humanos muito diferentes. Os engenheiros de *software* têm a missão de encontrar e corrigir o maior número possível de erros antes dos clientes e/ou usuários finais encontrá-los. Devem-se evitar defeitos – pois (de modo justificável) criam uma imagem negativa do pessoal de *software*.

É importante notar, entretanto, que a distinção temporal entre erros e defeitos feita neste livro *não* é um pensamento dominante. O consenso na comunidade de engenharia de *software* é que defeitos e erros, falhas e *bugs* são sinônimos. Ou seja, o momento em que o problema foi encontrado não tem nenhuma influência no termo usado para descrevê-lo. Parte do argumento a favor desta visão é que, muitas vezes, fica difícil fazer uma distinção clara entre pré e pós-entrega (p. ex., consideremos um processo incremental usado no desenvolvimento ágil).

Independentemente da maneira escolhida para interpretar esses termos ou do momento em que um problema é descoberto, o que importa efetivamente é que os engenheiros de *software* devem se esforçar – *muitíssimo* – para encontrar problemas antes que seus clientes e usuários finais o façam.

---

[1] Se considerarmos o aperfeiçoamento na gestão de qualidade, um problema de qualidade que se propaga a partir de uma atividade estrutural do processo (p. ex., **modelagem**) para outra (p. ex., **construção**) também pode ser chamado de "defeito", pois o problema deveria ter sido descoberto antes de um artefato (p. ex., um modelo de projeto) ter sido "liberado" para a atividade seguinte.

O principal objetivo de uma revisão técnica formal (RTF) é encontrar erros antes que eles passem para outra atividade de engenharia de *software* ou sejam liberados para o usuário. A vantagem evidente das revisões técnicas é a descoberta precoce de erros, a fim de que não sejam propagados para a próxima etapa no processo de *software*.

Diversos estudos e análises sobre o tema indicam que as atividades de projeto introduzem de 50 a 65% de todos os erros (e, em última instância, todos os defeitos) durante o processo de *software*. Entretanto, técnicas de revisão demonstraram ser até 75% eficazes [Jon86] na descoberta de falhas de projeto. Detectando e eliminando um grande percentual desses erros, o processo de revisão reduz substancialmente o custo das atividades subsequentes no processo de *software*. Sabemos disso há décadas, mas muitos desenvolvedores ainda não acreditam que o tempo dedicado a revisões quase sempre é menor que o tempo necessário para reescrever código de má qualidade [Yad17].

16.2 Amplificação e eliminação de defeitos

O conceito de *amplificação de defeitos* foi proposto originalmente há quase quatro décadas [IBM81]. Ele ajuda a justificar o esforço dedicado a revisões de *software*. Basicamente, o argumento da amplificação de defeitos é o seguinte: um erro introduzido no início do fluxo de trabalho de engenharia de *software* (p. ex., durante a modelagem de requisitos), se não for detectado, pode ser, e muitas vezes realmente é, amplificado, levando a múltiplos erros durante o projeto. Se os erros não são descobertos (por meio de revisões eficazes), estes também são amplificados, produzindo ainda mais erros durante a codificação. Um único erro introduzido nas fases iniciais, se não for descoberto e corrigido, pode se amplificar e gerar múltiplos erros posteriormente no processo. O termo *propagação de defeitos* é usado para descrever o impacto de um erro não descoberto sobre os comportamentos ou atividades de desenvolvimento no futuro [Vit17].

À medida que a equipe de desenvolvimento avança no processo de *software*, o custo de descobrir e consertar erros aumenta. Essa simples realidade é exacerbada pela amplificação e propagação de defeitos, pois um único erro pode se transformar em vários posteriormente. O custo de encontrar e consertar um único erro pode ser significativo, mas o custo de encontrar e consertar múltiplos erros propagados pelo erro isolado anterior é significativamente maior.

Para fazer as revisões, é preciso investir tempo e esforço, e a empresa de desenvolvimento tem de disponibilizar recursos financeiros. Contudo, a realidade da amplificação e propagação de defeitos não deixa nenhuma dúvida de que podemos pagar agora ou então pagar muito mais no futuro. É disso que trata a *dívida técnica* (Capítulo 11) [Xia16] [Vit17].

16.3 Métricas de revisão e seu emprego

As revisões técnicas representam uma das muitas ações exigidas como parte de uma prática de engenharia de *software* adequada. Cada ação exige dedicação de nossa parte. Já que o esforço disponível para o projeto é finito, é importante para uma organização de engenharia de *software* compreender a eficácia de cada ação definindo um conjunto de métricas (Capítulo 23) que podem ser usadas para avaliar sua eficácia.

Engenharia de *software*

Apesar de poderem ser definidas muitas métricas para as revisões técnicas, um subconjunto relativamente pequeno pode nos dar uma boa ideia da situação. As métricas a seguir podem ser reunidas para cada revisão a ser realizada:

- **Esforço de preparação,** E_p. O esforço (em pessoas/hora) exigido para revisar um artefato antes da reunião de revisão.
- **Esforço de avaliação,** E_a. O esforço (em pessoas/hora) que é despendido durante a revisão em si.
- **Esforço de reformulação,** E_r. O esforço (em pessoas/hora) dedicado à correção dos erros revelados durante a revisão.
- **Esforço de revisão,** $E_{\text{revisão}}$. Representa a soma das medidas de esforços para revisões:

$$E_{\text{revisão}} = E_p + E_a + E_r$$

- **Tamanho do artefato de *software* (TAS).** Uma medida do tamanho do artefato de *software* que foi revisto (p. ex., o número de modelos de linguagem de modelagem unificada [UML, do inglês *unified modeling language*], o número de páginas de documento ou o número de linhas de código).
- **Erros secundários encontrados,** Err_{sec}. O número de erros encontrados que podem ser classificados como secundários (exigindo menos para serem corrigidos do que algum esforço pré-especificado).
- **Erros graves encontrados,** $\text{Err}_{\text{graves}}$. O número de erros encontrados que podem ser classificados como graves (exigindo mais para serem corrigidos do que algum esforço pré-especificado).
- **Total de erros encontrados,** Err_{tot}. Representa a soma dos erros encontrados:

$$\text{Err}_{\text{tot}} = \text{Err}_{\text{sec}} + \text{Err}_{\text{graves}}$$

- **Densidade de erros.** Representa os erros encontrados por unidade do artefato de *software* revisto:

$$\text{Densidade de erros} = \frac{\text{Err}_{\text{tot}}}{\text{TAS}}$$

Como essas métricas seriam utilizadas? Por exemplo, se um modelo de requisitos for revisado para revelar erros, inconsistências e omissões, seria possível calcular a densidade de erros de diferentes maneiras. Suponha que o modelo de requisitos contém 18 diagramas de UML como parte de um total de 32 páginas de material descritivo. A revisão revela 18 erros secundários e 4 erros graves. Consequentemente, $\text{Err}_{\text{tot}} = 22$. A densidade de erro é de 1,2 erro por diagrama de UML ou 0,68 erro por página de modelo de requisitos.

Se as revisões forem realizadas para diferentes tipos de artefatos (p. ex., modelo de necessidades, modelo de projeto, código e casos de teste), a porcentagem de erros revelados para cada revisão pode ser calculada em relação ao número total de erros encontrados para todas as revisões. Além disso, podemos calcular também a densidade de erros para cada artefato.

Uma vez coletados os dados de várias revisões realizadas durante vários projetos, os valores médios da densidade de erros permitem estimar o número de erros a serem encontrados em um novo documento antes de ele ser revisado. Se, por exemplo, a densidade média de erros para um modelo de requisitos for de 0,68 erro por página, e um novo modelo de requisitos tiver 40 páginas, uma estimativa grosseira sugeriria que a equipe de *software* vai encontrar aproximadamente 27 erros durante a revisão do documento. Se encontrados apenas 9 erros, fizemos um trabalho extremamente bom no desenvolvimento do modelo de requisitos, ou então a estratégia de revisão não foi suficientemente completa.

É difícil medir, em tempo real, a eficácia dos custos de qualquer revisão técnica. Uma empresa de engenharia de *software* pode avaliar a eficácia das revisões e seu custo-benefício apenas após as revisões terem sido completadas, as métricas de revisão terem sido reunidas e os dados médios terem sido calculados. E, por fim, a partir desse ponto, medir a qualidade do *software* (por meio de testes).

Voltando ao exemplo anterior, determinou-se que a densidade média de erros para os modelos de requisitos foi de 0,68 por página. Verificou-se que o esforço necessário para corrigir um erro secundário do modelo (imediatamente após a revisão) exige 4 pessoas/hora. Verificou-se que o esforço necessário para corrigir um erro grave era de 18 pessoas/hora. Examinando-se os dados coletados na revisão, determina-se que os erros secundários ocorrem com uma frequência aproximada 6 vezes maior do que a de erros graves. Consequentemente, podemos estimar que o esforço médio para encontrar e corrigir um erro de requisitos durante uma revisão é de cerca de 6 pessoas/hora.

Os erros relacionados aos requisitos, revelados durante os testes, exigem uma média de 45 pessoas/hora para serem encontrados e corrigidos (não há dados disponíveis sobre a gravidade relativa do erro). Usando as médias observadas, obtemos:

$$\text{Esforço poupado por erro} = Err_{testes} - Err_{revisões}$$
$$= 45 - 6 = 39 \text{ pessoas/hora/erro}$$

Como foram encontrados 22 erros durante a revisão do modelo de requisitos, obteríamos uma economia aproximada de 858 pessoas/hora de esforço de testes. E essa economia refere-se apenas aos erros relacionados ao modelo de requisitos. Os erros associados ao projeto e à codificação aumentariam ainda mais o benefício geral.

Em suma – o esforço poupado nos leva a ciclos de entrega mais curtos e a menor tempo de colocação do produto no mercado. O exemplo apresentado nesta seção indica que isso pode ser verdade. Mais importante ainda, foram coletados dados do setor para revisões de *software* por mais de três décadas, os quais estão sintetizados de forma qualitativa nos gráficos da Figura 16.1.

Em relação à figura, o esforço despendido quando revisões são empregadas aumenta efetivamente no início do desenvolvimento de um módulo de *software*, mas esse investimento inicial para revisões rende dividendos, pois o esforço de testes e

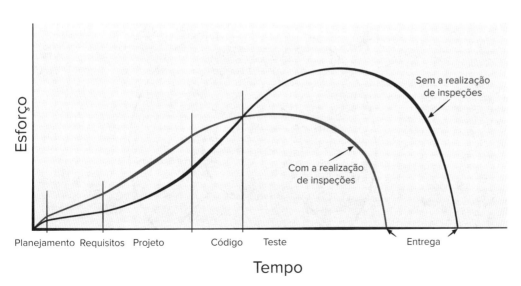

Figura 16.1
Esforço despendido com e sem o emprego de revisões.

Fonte: Fagan, Michael E., "Advances in Software Inspections," IEEE Transactions on Software Engineering, vol. SE-12, no. 7, July 1986, 744–751.

correções é reduzido. É importante observar que a data de entrega/distribuição para o desenvolvimento com revisões é anterior àquela sem o uso de revisões. As revisões não gastam tempo, elas poupam!

16.4 Critérios para tipos de revisão

As revisões técnicas devem ser classificadas em formais, informais ou algo entre esses dois extremos. O nível de formalidade é escolhido para corresponder ao produto a ser construído, à cronologia do projeto e às pessoas que estão realizando o trabalho. A Figura 16.2 mostra um modelo de referência para revisões técnicas [Lai02] que identifica quatro características que contribuem para a formalidade com a qual uma revisão é conduzida.

As características do modelo de referência ajudam a definir o nível da formalidade da revisão. A formalidade de uma revisão aumenta quando: (1) são definidos explicitamente os papéis distintos para os revisores; (2) há um nível suficiente de planejamento e preparação para a revisão; (3) é definida uma estrutura distinta para a revisão (incluindo tarefas e artefatos internos); e (4) ocorre o acompanhamento pelos revisores para qualquer correção realizada.

Um elemento não apresentado neste modelo é a frequência das revisões em si. Se você estiver usando um modelo de prototipação ágil (Capítulo 4) que contém *sprints* relativamente curtos, sua equipe poderá optar por revisões menos formais, pois são realizadas com uma certa frequência. Em geral, isso significa que os defeitos são detectados mais cedo e mais frequentemente.

Para entender o modelo de referência, vamos supor que decidimos revisar o projeto da interface para o **CasaSeguraGarantida.com**. Isso pode ser feito de várias formas, que vão desde relativamente informal a extremamente rigorosa. Caso ache que a abordagem informal é a mais apropriada, solicite a alguns colegas (pares) para que examinem o protótipo da interface em uma tentativa de descobrir problemas em potencial. Todos os participantes decidem que não haverá nenhuma preparação prévia, mas que você vai avaliar o protótipo de forma razoavelmente estruturada – verificando primeiramente o *layout*, em seguida a estética, depois as opções de navegação e assim por diante. Na qualidade de projetista, você decide fazer algumas anotações, mas nada formal.

Figura 16.2
Modelo de referência para revisões técnicas.

O que acontece se a interface for fundamental para o sucesso do projeto inteiro? E se vidas humanas dependerem de uma interface ergonomicamente consistente? Será necessária uma abordagem mais rigorosa. Deverá ser formada uma equipe de revisão. Cada membro da equipe deve ter um papel específico a ser desempenhado – liderar a equipe, registrar as descobertas, apresentar o material e assim por diante. Cada revisor deve ter acesso ao artefato de *software* (neste caso, o protótipo da interface) antes da revisão e gastar tempo procurando erros, inconsistências e omissões. Um conjunto de tarefas específicas necessita ser conduzido tomando como base uma agenda desenvolvida antes de a revisão ocorrer. Os resultados da revisão precisam ser registrados formalmente, e a equipe deve decidir sobre a situação do artefato de *software* com base na revisão. Os membros da equipe de revisão também podem verificar se as correções foram feitas de forma apropriada.

Neste livro, consideramos duas grandes categorias de revisão técnica: revisões informais e revisões técnicas mais formais. Dentro de cada categoria, podem ser escolhidas várias abordagens distintas. Elas são apresentadas nas próximas seções.

16.5 Revisões informais

As revisões informais incluem um teste de mesa simples de um artefato de engenharia de *software* (com um colega), uma reunião informal (envolvendo mais de duas pessoas) com a finalidade de revisar um artefato, ou os aspectos orientados a revisões da programação em pares (Capítulo 3).

Um *teste de mesa* simples ou uma *reunião informal* realizada com um colega é uma revisão. Entretanto, por não haver planejamento ou preparação antecipados, cronograma ou estrutura de reuniões e acompanhamento sobre os erros encontrados, a eficiência dessas revisões é consideravelmente menor do que as abordagens mais formais. Mas um simples teste de mesa pode realmente revelar erros que, de outra forma, poderiam se propagar ainda mais na gestão de qualidade.

Uma forma de aumentar a eficácia de uma revisão do tipo teste de mesa é desenvolver um conjunto de listas de verificação simples[2] para cada artefato produzido pela equipe de *software*. As questões levantadas na lista de verificação são genéricas, mas servirão como guia para os revisores verificarem o artefato. Por exemplo, vamos reexaminar um teste de mesa do protótipo da interface para **CasaSeguraGarantida.com**. Em vez de simplesmente ficar testando o protótipo na estação de trabalho do projetista, o projetista e um colega examinam o protótipo usando uma lista de verificação para interfaces:

- O *layout* é projetado usando convenções padronizadas? Da esquerda para a direita? De cima para baixo?
- A apresentação precisa de barra de rolagem?
- A cor e o posicionamento, o tipo e o tamanho dos elementos são usados eficientemente?
- Todas as opções de navegação ou funções representadas estão no mesmo nível de abstração?
- Todas as opções de navegação são claramente identificadas?

---

2 Uma busca na *web* revela literalmente centenas de listas de verificação técnicas. Por exemplo, uma lista de verificação para revisões de código está disponível em https://courses.cs.washington.edu/courses/cse403/12wi/sections/12wi_code_review_checklist.pdf.

332 Engenharia de *software*

E assim por diante. Qualquer erro ou problema verificado pelos revisores é registrado pelo projetista para ser solucionado posteriormente. Poderiam ser programados testes de mesa de forma improvisada, ou eles seriam compulsórios, como parte da boa prática de engenharia de *software*. Em geral, a quantidade de material a ser revisada é relativamente pequena e o tempo total gasto em um teste de mesa é de uma ou duas horas.

No Capítulo 3, descrevemos a *programação em pares* da seguinte maneira: a Extreme Programming (XP) recomenda que duas pessoas trabalhem juntas em uma mesma estação de trabalho para criar código para uma história. Isso disponibiliza um mecanismo para a solução de problemas em tempo real (duas cabeças normalmente funcionam melhor do que uma) e a garantia da qualidade em tempo real.

A programação em pares (Seção 3.5.1) pode ser caracterizada como um teste de mesa contínuo. Em vez de agendar um momento para a revisão ser realizada, a programação em pares estimula a revisão contínua enquanto um artefato de *software* (projeto ou código) é criado. A vantagem é a descoberta imediata de erros e maior qualidade do artefato final.

Alguns engenheiros de *software* sustentam que a redundância inerente da programação em pares é um desperdício de recursos. Afinal de contas, por que alocar duas pessoas para um trabalho que apenas uma é capaz de realizar? A resposta a essa pergunta pode ser encontrada na Seção 16.3. Se a qualidade do artefato da programação em pares for significativamente melhor do que o trabalho individual, as economias relacionadas à qualidade são plenamente capazes de justificar a "redundância" implícita na programação em pares.

16.6 Revisões técnicas formais

A *revisão técnica formal* (RTF) é uma atividade de controle da qualidade de *software* realizada por engenheiros de *software* (e outros profissionais). Os objetivos de uma RTF são: (1) descobrir erros na função, lógica ou implementação para qualquer representação do *software*; (2) verificar se o *software* que está sendo revisado atende aos requisitos; (3) garantir que o *software* foi representado de acordo com padrões predefinidos; (4) obter *software* que seja desenvolvido de maneira uniforme; e (5) tornar os projetos mais gerenciáveis. Além disso, a RTF serve como base de treinamento, possibilitando que engenheiros mais novos observem diferentes estratégias para análise, projeto e implementação de *software*. A RTF também serve para promover respaldo e continuidade, pois muitas pessoas conhecem partes do *software* que, de outra maneira, jamais teriam visto.

Na verdade, RTF é uma classe de revisões que inclui *walkthroughs* e *inspeções*. Cada RTF é realizada como uma reunião e será bem-sucedida somente se for apropriadamente planejada, controlada e tiver a participação de todos os envolvidos. Nas seções a seguir, são apresentadas orientações similares àquelas para um *walkthrough* na forma de uma revisão técnica formal representativa. Caso tenha interesse em inspeções de *software*, bem como queira informações adicionais sobre *walkthrough*, consulte [Rad02], [Wie02] ou [Fre90].

16.6.1 A reunião de revisão

Seja qual for o formato de RTF escolhido, cada reunião de revisão deve observar as seguintes restrições:

• Devem estar envolvidas de três a cinco pessoas em uma revisão (normalmente).

Capítulo 16 Revisões: Uma abordagem recomendada **333**

- Deve ocorrer uma preparação antecipada, porém não deve exigir mais do que duas horas de trabalho de cada pessoa.
- A duração da reunião de revisão deve ser de menos de duas horas.

Dadas essas restrições, deve ser óbvio que uma RTF se concentre em uma parte específica (e pequena) do *software*. Por exemplo, em vez de tentar revisar um projeto inteiro, os *walkthroughs* são realizados para cada componente ou para um pequeno grupo de componentes. Afunilando-se o foco, a RTF terá maior probabilidade de revelar erros.

O foco da RTF é um artefato (p. ex., parte de um modelo de requisitos, o projeto detalhado de um componente, o código-fonte de um componente). O indivíduo que desenvolveu o artefato – o *produtor* – informa ao líder de projeto que o artefato está concluído e que é necessário fazer uma revisão. O líder de projeto contata um *líder de revisão*, que avalia o artefato em termos de completude, gera cópias dos materiais resultantes e as distribui para dois ou três *revisores* para preparação prévia. Espera-se que cada revisor passe de uma a duas horas revisando o artefato, tomando notas e familiarizando-se com o trabalho realizado. Ao mesmo tempo, o líder da reunião de revisão também revisa o artefato e estabelece uma agenda para a reunião de revisão, que normalmente é marcada para o dia seguinte.

Uma reunião de revisão tem a participação de um líder de revisão, todos os revisores e o produtor. Um dos revisores assume o papel de *registrador*, isto é, o indivíduo que registra (por escrito) todas as questões importantes surgidas durante a revisão. A RTF começa com uma introdução da agenda e uma breve introdução por parte do produtor. Então, o produtor "repassa" (*walkthrough*) o artefato, explicando o material, enquanto os revisores levantam questões com base em sua preparação prévia. Quando são descobertos problemas ou erros válidos, o registrador toma nota de cada um deles. Não aponte erros de forma áspera. Uma maneira gentil é fazer uma pergunta que possibilite ao produtor descobrir o próprio erro.

Ao final da revisão, todos os participantes da RTF devem decidir se: (1) aceitam o artefato sem as modificações adicionais; (2) rejeitam o artefato devido a erros graves (uma vez corrigidos, outra revisão deve ser realizada); ou (3) aceitam o artefato provisoriamente (foram encontrados erros secundários que devem ser corrigidos, mas não haverá nenhuma outra revisão). Após uma tomada de decisão, todos os participantes da RTF assinam um documento de aprovação, indicando sua participação na revisão e sua concordância com as descobertas da equipe de revisão.

16.6.2 Relatório de revisão e manutenção de registros

Durante a RTF, um revisor (o registrador) registra ativamente todos os problemas levantados. Eles são sintetizados ao final da reunião de revisão e é produzida uma *lista de problemas de revisão*. Além disso, um *relatório sintetizado da revisão técnica formal* é completado. O relatório sintetizado de revisão deve responder a três questões:

1. O que foi revisado?
2. Quem revisou?
3. Quais foram as descobertas e as conclusões?

O relatório sintetizado da revisão é um formulário de uma página (com possíveis anexos). Ele torna-se um registro histórico do projeto e pode ser distribuído ao líder do projeto e a outras partes envolvidas.

A lista de problemas de revisão atende a dois propósitos: (1) identificar áreas problemáticas no artefato e (2) servir como uma lista de verificação de itens de ação que orienta o produtor à medida que são feitas as correções. Normalmente é anexada uma lista de problemas ao relatório sintetizado.

Devemos estabelecer um procedimento de acompanhamento para garantir que os itens contidos na lista de problemas tenham sido corrigidos apropriadamente. Caso isso não seja feito, é possível que problemas levantados possam "ficar para trás". Uma das estratégias é atribuir a responsabilidade pelo acompanhamento (*follow-up*) ao líder da revisão.

16.6.3 Diretrizes de revisão

Devem-se estabelecer previamente diretrizes para a realização de revisões técnicas formais, distribuídas a todos os revisores, ter a anuência de todos e, então, segui-las à risca. Uma revisão não controlada muitas vezes pode ser pior do que não fazer revisão. A seguir, apresentamos um conjunto mínimo de diretrizes para revisões técnicas formais:

1. **Revisar o produto, não o produtor.** Uma RTF envolve pessoas e egos. Conduzida de forma apropriada, a RTF deve deixar todos os seus participantes com uma agradável sensação de dever cumprido. Conduzida de forma imprópria, a RTF pode assumir a aura de uma inquisição. Os erros devem ser apontados gentilmente; o clima da reunião deve ser descontraído e construtivo; o intuito não deve ser o de causar embaraços ou menosprezo. O líder da revisão deve conduzir a reunião de revisão de forma a garantir que o clima seja mantido e as atitudes sejam apropriadas; além disso, deve interromper imediatamente uma revisão que começou a sair do controle.

2. **Estabelecer uma agenda e mantê-la.** Um dos principais males de reuniões de todos os tipos é desviar do foco. Uma RTF deve ser mantida em seu rumo e prazo estabelecidos. O líder da revisão tem a responsabilidade de manter o cronograma da reunião e não deverá ficar receoso em alertar quando alguém estiver saindo do foco.

3. **Limitar debates e refutação.** Quando uma questão é levantada por um revisor, talvez não haja um acordo universal sobre seu impacto. Em vez de perder tempo debatendo a questão, o problema deve ser registrado para posterior discussão, fora da reunião.

4. **Enunciar as áreas problemáticas, mas não tentar resolver todo problema registrado.** Uma revisão não é uma sessão para solução de problemas. A solução de um problema pode, muitas vezes, ser realizada pelo próprio produtor ou com a ajuda de apenas outro colega. A solução de problemas deve ser deixada para depois da reunião de revisão.

5. **Tomar notas.** Algumas vezes é uma boa ideia o registrador fazer apontamentos em um quadro, de modo que os termos e as prioridades possam ser avaliados por outros revisores à medida que as informações são registradas. Como alternativa, as anotações podem ser digitadas diretamente em um *notebook*.

6. **Limitar o número de participantes e insistir na preparação antecipada.** Duas cabeças funcionam melhor do que uma, mas catorze cabeças não funcionam, necessariamente, melhor do que quatro. Mantenha o número de pessoas envolvidas no mínimo necessário. Entretanto, todos os membros da equipe de revisão devem se preparar com antecedência.

7. **Desenvolver uma lista de verificação para cada artefato que provavelmente será revisado.** A lista de verificação ajuda o líder da revisão a estruturar a RTF e auxilia cada revisor a se concentrar nas questões importantes. As listas de verificação devem ser desenvolvidas para análise, projeto, código e até mesmo para o teste dos artefatos.

8. **Alocar os recursos e programar o tempo para as RTFs.** Para as revisões serem eficazes, elas devem ser programadas como tarefas durante a gestão de qualidade. Além disso, deve-se programar o tempo para as inevitáveis modificações que ocorrerão como resultado de uma RTF.
9. **Realizar treinamento significativo para todos os revisores.** O treinamento deve enfatizar tanto questões relacionadas a processos quanto o lado psicológico das revisões.
10. **Revisar revisões iniciais.** Um interrogatório pode ser benéfico na descoberta de problemas no próprio processo de revisão. Os primeiros artefatos a serem revisados devem ser as próprias diretrizes de revisão.

Já que muitas variáveis (p. ex., o número de participantes, o tipo de artefatos resultantes, o *timing*, ou tempo adequado e a duração, a abordagem de revisão específica) causam impacto sobre uma revisão bem-sucedida, uma organização de *software* deve fazer experimentos para determinar qual abordagem funcionará melhor em um contexto local.

Em um ambiente ideal, todo artefato de engenharia de *software* passaria por uma revisão técnica formal. No mundo real dos projetos de *software*, os recursos são limitados, e o tempo é escasso. Como consequência, as revisões são muitas vezes esquecidas, muito embora seu valor como mecanismo de controle de qualidade seja reconhecido. Contudo, os recursos completos da RTF devem ser direcionados apenas para os artefatos com maior probabilidade de serem suscetíveis a erro.

Casa Segura

Questões de qualidade

Cena: Escritório de Doug Miller no início do projeto de *software CasaSegura*.

Atores: Doug Miller (gerente da equipe de engenharia de *software* do *CasaSegura*) e outros membros da equipe de engenharia de *software* do produto.

Conversa:

Doug: Sei que não investimos tempo para desenvolver um plano de qualidade para este projeto, mas nós já estamos nele e temos de considerar a qualidade... certo?

Jamie: Com certeza. Já decidimos que, enquanto desenvolvermos o modelo de requisitos (Capítulo 8), Ed se comprometeu a desenvolver um procedimento de testes para cada requisito.

Doug: Isso é realmente interessante, mas não vamos esperar até que os testes avaliem a qualidade, não é mesmo?

Vinod: Não! Obviamente, não. Temos revisões programadas no plano de projeto para esse incremento de *software*. Começaremos o controle da qualidade com as revisões.

Jamie: Estou um pouco preocupado, pois acredito que não teremos tempo suficiente para realizar todas as revisões. Na realidade, eu sei que não teremos.

Doug: Huumm. Então o que você sugere?

Jamie: Acho que devemos escolher os elementos mais críticos dos modelos de requisitos e de projeto e os revisarmos.

Vinod: Mas e se deixarmos alguma coisa de lado em uma parte do modelo em que não fizemos uma revisão?

Jamie: Talvez... mas não estou certo se teremos tempo até mesmo para amostrar cada elemento dos modelos.

Vinod: O que você quer que façamos, Doug?

Doug: Usemos algo da Extreme Programming (Programação Extrema) (Capítulo 3). Desenvolveremos os elementos de cada modelo em pares – duas pessoas – e faremos uma revisão informal de cada um deles à medida que prosseguimos. Em seguida, separaremos elementos "críticos" para uma revisão mais formal em equipe, mas manteremos essas revisões em um número mínimo. Dessa forma, tudo será examinado por mais de uma pessoa, mas ainda manteremos nossas datas de entrega.

Jamie: Isso significa que teremos de revisar o cronograma.

Doug: Que assim seja. A qualidade prevalece sobre o cronograma nesse projeto.

16.7 Avaliações *post-mortem*

Muitas lições podem ser aprendidas se uma equipe de *software* dedicar tempo para avaliar os resultados de um projeto de *software* depois que o *software* tiver sido entregue aos usuários finais. Baaz e seus colegas [Baa10] sugerem o uso de uma *avaliação post-mortem* (PME, do inglês *postmortem evaluation*) como mecanismo para determinar o que deu certo e o que deu errado, quando o processo e a prática de engenharia de *software* são aplicados em um projeto específico.

Ao contrário de uma RTF, que se concentra em um artefato específico, a PME é mais parecida com uma retrospectiva *Scrum* (Seção 3.4.5). Uma PME examina o projeto de *software* inteiro, focalizando tanto as "*excelências* (i.e., realizações e experiências positivas) quanto os *desafios* (problemas e experiências negativas)" [Baa10]. Frequentemente realizada em forma de *workshop*, os participantes de uma PME são os membros da equipe de *software* e os envolvidos. A intenção é identificar as excelências e os desafios e extrair as lições aprendidas de ambos. O objetivo é sugerir aprimoramentos tanto no processo quanto na prática futuros. Muitos engenheiros de *software* consideram os documentos da PME alguns dos mais valiosos itens guardados nos arquivos do projeto.

16.8 Revisões ágeis

Não surpreende que alguns engenheiros de *software* hesitem em incluir qualquer tipo de revisão em processos de desenvolvimento ágil. Contudo, não detectar defeitos antecipadamente pode ser caro em termos de tempo e recursos. Ignorar a dívida técnica não a faz sumir. Os desenvolvedores ágeis têm a mesma necessidade de encontrar defeitos antecipadamente (e com frequência) que todos os desenvolvedores de *software*. Sim, é verdade, pode ser um pouco mais difícil convencer os desenvolvedores ágeis a utilizar métricas, mas muitas delas são coletadas discretamente e sem atrapalhar ninguém.

Analisando mais de perto a metodologia *Scrum* (Seção 3.4), há vários pontos em que ocorrem revisões formais e informais. Durante a reunião de planejamento do *sprint*, as histórias de usuário são revisadas e priorizadas antes de selecionarmos quais serão incluídas no próximo *sprint*. A reunião diária é uma maneira informal de garantir que os membros de equipe estão todos trabalhando nas mesmas prioridades e de identificar defeitos que possam impedir o *sprint* de ser completado a tempo. Os desenvolvedores ágeis utilizam bastante a programação em pares, outra técnica de revisão informal. A reunião de revisão do *sprint* muitas vezes é conduzida com diretrizes semelhantes àquelas discutidas para uma revisão técnica formal. Os produtores de código repassam as histórias de usuário selecionadas para o *sprint* e demonstram para o *product owner* que todas as funcionalidades estão presentes. Ao contrário do que acontece na RTF, o *product owner* tem a última palavra sobre aceitar ou não o protótipo do *sprint*.

Quando observamos a etapa de avaliação do protótipo do nosso modelo de processo recomendado (Seção 4.5), essa tarefa também tende a ser conduzida na forma de uma revisão técnica formal, agregada à avaliação do risco de desenvolvimento. Anteriormente (Seção 16.7), mencionamos que a reunião de retrospectiva do *sprint* é muito parecida com a reunião *post-mortem* do projeto, pois a equipe de desenvolvimento também está tentando capturar as suas lições aprendidas. Um aspecto importante da garantia da qualidade de *software* é ser capaz de repetir os seus sucessos e evitar repetir os mesmos erros de antes.

16.9 Resumo

O objetivo de qualquer revisão técnica é encontrar erros e revelar problemas que teriam um impacto negativo sobre o *software* a ser entregue. Quanto antes um erro for descoberto e corrigido, menor a probabilidade de que ele se propague a outros artefatos de engenharia de *software*, amplificando o problema e gerando um esforço maior para corrigi-lo.

Para determinar se as atividades de controle da qualidade estão funcionando, é preciso reunir um conjunto de métricas. As métricas de revisão focam-se no esforço necessário para conduzir uma revisão e nos tipos e gravidade dos erros descobertos durante a revisão. Assim que os dados sobre métricas tiverem sido coletados, eles poderão ser usados para avaliar a eficácia das revisões realizadas. Os dados do setor indicam que as revisões geram um retorno significativo sobre o investimento.

Um modelo de referência da formalidade de uma revisão identifica os papéis desempenhados pelas pessoas, o planejamento e a preparação, a estrutura das reuniões, a abordagem e a verificação da correção como indicadores do nível de formalidade com que uma revisão é conduzida. As revisões informais são superficiais por natureza, mas ainda assim podem ser eficientes na descoberta de erros. As revisões formais são mais estruturadas e têm maior probabilidade de resultar em *software* de alta qualidade.

As revisões informais caracterizam-se por planejamento e preparação mínimos e poucos registros. Os testes de mesa e a programação em pares se enquadram na categoria de revisão informal.

Uma revisão técnica formal é uma reunião estilizada que se mostrou extremamente eficaz na descoberta de erros. As revisões técnicas formais estabelecem papéis definidos para cada revisor, estimulam o planejamento e a preparação antecipada, exigem a aplicação de diretrizes de revisão já definidas e tornam compulsórios a manutenção de registros e o relatório de estado das revisões.

Problemas e pontos a ponderar

16.1. Explique a diferença entre *erro* e *defeito.*

16.2. Por que não podemos simplesmente aguardar até que os testes terminem para descobrir e corrigir todos os erros de *software*?

16.3. Suponha que tenham sido introduzidos 10 erros no modelo de requisitos e que cada erro será amplificado no projeto detalhado por um fator de 2:1, e que outros 20 erros de projeto sejam introduzidos e então amplificados na razão de 1,5:1 no código em que mais 30 erros são introduzidos. Suponha ainda que todos os testes de unidades encontrarão 30% de todos os erros, a integração descobrirá 30% dos erros remanescentes, e os testes de validação encontrarão 50% dos erros restantes. Não é realizada nenhuma revisão. Quantos erros serão liberados para os usuários?

16.4. Reconsidere a situação descrita no Problema 16.3, mas suponha agora que sejam efetuadas as revisões de requisitos, de projeto e de código e que elas terão uma eficiência de 60% na descoberta de todos os erros nessa etapa. Quantos erros chegarão ao campo?

16.5. Reconsidere a situação descrita nos Problemas 16.3 e 16.4. Se cada um dos erros que chega aos usuários custar US$ 4.800 para ser encontrado e corrigido, e cada erro encontrado na revisão custar US$ 240 para ser encontrado e corrigido, quanto é poupado em termos monetários com a realização das revisões?

16.6. Descreva com suas próprias palavras o significado da Figura 16.1.

16.7. Você seria capaz de imaginar alguns casos em que um teste de mesa poderia criar problemas em vez de gerar benefícios?

16.8. A revisão técnica formal é eficaz apenas se todos estiverem preparados com antecedência. Como se reconhece um participante da revisão que não se preparou? O que você faria caso fosse o líder da revisão?

16.9. Como a dívida técnica é trabalhada em modelos de processos ágeis?

16.10. Considerando-se as diretrizes para a revisão apresentada na Seção 16.6.3, o que você acha que é mais importante e por quê?

Elemento de design: Ícone de lupa da seção Panorama: © Roger Pressman

17

Garantia da qualidade de *software*

A abordagem de engenharia de *software* descrita neste livro tem um único objetivo: produzir *software* de alta qualidade no prazo condizente com as necessidades dos envolvidos. Mesmo assim, muitos leitores vão se sentir desafiados pela pergunta: "O que é qualidade de *software*?".

Conceitos-chave

inferência bayesiana 351
elementos da
garantia da qualidade
de *software* 341
abordagens formais 347
algoritmos genéticos 352
metas 346
padrão ISO 9001:2015 . . . 354
Seis Sigma 349
confiabilidade
do *software* 350
segurança do *software* 352
plano da SQA 354
tarefas da SQA 343
estatística da garantia de
qualidade de *software* 347

Panorama

O que é? Não basta dizer simplesmente que a qualidade do *software* é importante. É preciso: (1) definir explicitamente o seu significado, o que realmente se quer dizer com "qualidade de *software*"; (2) criar um conjunto de atividades que ajude a garantir que todo artefato resultante da engenharia de *software* apresente alta qualidade; (3) realizar atividades de garantia e controle da qualidade do *software* em todos os projetos de *software*; (4) usar métricas para desenvolver estratégias para aperfeiçoar o processo de *software* e, consequentemente, a qualidade do produto final.

Quem realiza? Todos os envolvidos no processo de engenharia de *software* são responsáveis pela qualidade.

Por que é importante? Ou você faz certo da primeira vez ou faz tudo de novo. Se uma equipe de *software* buscar a qualidade em todas as atividades de engenharia de *software*, a quantidade de retrabalho será reduzida. Isso resulta em custos menores e, mais importante, menor tempo para disponibilização do produto no mercado.

Quais são as etapas envolvidas? Antes das atividades de garantia de qualidade de *software* (SQA, do inglês *software quality assurance*) iniciarem, é importante definir *qualidade de software* em diferentes níveis de abstração. A partir do momento em que se entende o que é qualidade, a equipe de *software* deve identificar um conjunto de atividades de SQA para filtrar erros do artefato antes que estes sejam passados adiante.

Qual é o artefato? É criado um Plano de Garantia de Qualidade de *Software* para definir a estratégia de SQA de uma equipe de *software*. Durante a modelagem e a codificação, o artefato principal da SQA é o resultado das revisões técnicas (Capítulo 16). Durante os testes (Capítulos 19 a 21), são produzidos procedimentos e planos de testes. Também podem ser gerados outros produtos associados ao aperfeiçoamento do processo.

Como garantir que o trabalho foi realizado corretamente? Encontrando erros antes de se tornarem defeitos! Ou seja, trabalhando para melhorar a eficiência da remoção dos defeitos (Capítulo 23), reduzindo, portanto, a quantidade de retrabalho que a equipe de *software* terá de realizar.

Philip Crosby [Cro79], em seu livro histórico sobre qualidade, fornece uma resposta sarcástica a essa pergunta:

> O problema da gestão da qualidade não é o que as pessoas não sabem a seu respeito, mas sim o que elas pensam que sabem...
>
> Nesse aspecto, a qualidade tem muita semelhança com o sexo. Todo mundo é a favor. (Sob certas condições, é claro.) Todo mundo acha que entende. (Mesmo que não queira explicá-lo.) Todo mundo pensa que a consumação é apenas uma questão de seguir as inclinações naturais. (Afinal, nos entendemos de algum modo.) E, é claro, a maioria das pessoas acha que os problemas nessas áreas são causados pelas outras pessoas. (Se ao menos tiverem paciência para fazer as coisas direito.)

De fato, qualidade é um conceito desafiador – que foi apresentado em detalhes no Capítulo 15.[1]

Alguns desenvolvedores de *software* continuam a acreditar que a qualidade do *software* é algo com que começamos a nos preocupar depois que o código é gerado. Nada poderia estar mais distante da verdade! A *garantia de qualidade de software* (muitas vezes denominada *gestão da qualidade*) é uma atividade universal (Capítulo 2) aplicada em todo processo do *software*.

A SQA abrange (Figura 17.1): (1) um processo de SQA; (2) tarefas específicas de garantia e controle da qualidade (inclusive revisões técnicas e uma estratégia de testes multicamadas); (3) prática efetiva de engenharia de *software* (métodos e ferramentas); (4) controle de todos os artefatos de *software* e as mudanças feitas nesses produtos (Capítulo 22); (5) um procedimento para garantir a conformidade com os padrões de desenvolvimento de *software* (quando aplicáveis); e (6) mecanismos de medição e de geração de relatórios.

Este capítulo concentra-se em problemas de gerenciamento e em atividades específicas de processos que permitem garantir a uma organização de *software* fazer "as coisas certas, no momento certo e da maneira certa".

Figura 17.1
Garantia de qualidade de *software*.

---

1 Caso não tenha lido o Capítulo 15, você deve fazê-lo agora.

17.1 Plano de fundo

A garantia e o controle da qualidade são atividades essenciais para qualquer empresa de produtos a serem usados por terceiros. Antes do século XX, o controle de qualidade era responsabilidade exclusiva do artesão que construía um produto. À medida que o tempo foi passando e técnicas de produção em massa tornaram-se comuns, o controle de qualidade tornou-se uma atividade realizada por outras pessoas, e não por aquelas que constroem o produto.

A primeira função formal da garantia e do controle da qualidade foi introduzida no Bell Labs em 1916 e difundiu-se rapidamente no mundo da manufatura. Durante os anos 1940, foram sugeridas abordagens de controle de qualidade mais formais. Elas contavam com medições e aprimoramento contínuo do processo [Dem86] como elementos-chave da gestão de qualidade.

A história da garantia da qualidade no desenvolvimento de *software* é análoga à história da qualidade na fabricação de *hardware*. Durante os primórdios da computação (décadas de 1950 e 1960), a qualidade era responsabilidade exclusiva do programador. Padrões para a garantia da qualidade foram introduzidos no desenvolvimento de *software* por parte de empresas terceirizadas pela indústria militar durante a década de 1970 e difundiram-se rapidamente para o desenvolvimento de *software* no mundo comercial [IEE17]. Estendendo a definição apresentada anteriormente, a garantia de qualidade de *software* é um "padrão de ações planejado e sistematizado" [Sch01] que é exigido para garantir alta qualidade no *software*. O escopo da responsabilidade da garantia da qualidade poderia ser mais bem caracterizado parafraseando-se um famoso comercial de uma indústria automobilística: "A Qualidade é a Tarefa n° 1". A implicação para a área de *software* é que os elementos distintos têm as suas responsabilidades sobre a garantia da qualidade de *software* – engenheiros de *software*, gerentes de projeto, clientes, vendedores e os indivíduos que trabalham em um grupo de SQA.

O grupo de SQA funciona como um serviço de defesa do cliente. Ou seja, as pessoas que realizam a SQA devem examinar o *software* sob o ponto de vista do cliente. O *software* atende adequadamente aos fatores de qualidade citados no Capítulo 15? As práticas de engenharia de *software* foram conduzidas de acordo com padrões preestabelecidos? As disciplinas técnicas desempenharam apropriadamente seus papéis como parte da atividade de SQA? O grupo de SQA tenta responder a essas e outras perguntas para garantir que a qualidade do *software* seja mantida.

17.2 Elementos de garantia de qualidade de *software*

A garantia de qualidade de *software* engloba um amplo espectro de preocupações e atividades que se concentram na gestão da qualidade de *software*. Elas podem ser sintetizadas da seguinte maneira [Hor03]:

Padrões. O Instituto de Engenheiros Eletricistas e Eletrônicos (IEEE), a ISO e outras organizações de padronizações produziram uma ampla gama de padrões para engenharia de *software* e documentos relacionados. Os padrões podem ser adotados voluntariamente por uma organização de engenharia de *software* ou impostos pelo cliente ou outros envolvidos. O papel da SQA é garantir que os padrões que tenham sido adotados sejam seguidos e que todos os produtos resultantes estejam em conformidade com eles.

Revisões e auditorias. As revisões técnicas são uma atividade de controle de qualidade realizada por engenheiros de *software* para engenheiros de *software*

(Capítulo 16). Seu intuito é o de revelar erros. Auditorias são um tipo de revisão realizada pelo pessoal de SQA com o intuito de assegurar que as diretrizes de qualidade estejam sendo seguidas no trabalho de engenharia de *software*. Por exemplo, pode ser realizada uma auditoria do processo de revisão para garantir que as revisões estejam sendo feitas de maneira que conduza à maior probabilidade de descoberta de erros.

Testes. Os testes de *software* (Capítulos 19 a 21) são uma função de controle de qualidade com um objetivo principal: encontrar erros. O papel da SQA é garantir que os testes sejam planejados apropriadamente e conduzidos eficientemente de modo que se tenha a maior probabilidade possível de alcançar seu objetivo primário.

Coleta e análise de erros/defeitos. A única forma de melhorar é medir o nosso desempenho. A SQA reúne e analisa dados de erros e defeitos para melhor compreender como os erros são introduzidos e quais atividades de engenharia de *software* são as mais adequadas para sua eliminação.

Gerenciamento de mudanças. As mudanças são um dos aspectos mais disruptivos de qualquer projeto de *software*. Se não forem administradas apropriadamente, podem gerar confusão, e confusão quase sempre leva a uma qualidade inadequada. A SQA garante que práticas adequadas de gerenciamento de mudanças (Capítulo 22) tenham sido instituídas.

Educação. Toda organização de *software* quer melhorar suas práticas de engenharia de *software*. Um fator fundamental para o aperfeiçoamento é a educação dos engenheiros de *software*, seus gerentes e outros envolvidos. A organização de SQA assume a liderança no processo de aperfeiçoamento do *software* (Capítulo 28) e é um proponente fundamental e patrocinador de programas educacionais.

Gerência dos fornecedores. Adquirem-se três categorias de *software* de fornecedores externos de *software* – *pacotes comerciais prontos* (p. ex., Microsoft Office), um *shell personalizado* [Hor03] que fornece um esqueleto estrutural básico, personalizado de acordo com as necessidades do comprador, e *software sob encomenda*, que é projetado e construído de forma personalizada a partir de especificações fornecidas pela empresa-cliente. O papel do grupo de SQA é garantir *software* de alta qualidade por meio da sugestão de práticas específicas de garantia da qualidade, que o fornecedor deve (sempre que possível) seguir, e incorporar exigências de qualidade como parte de qualquer contrato com um fornecedor externo.

Administração da segurança. Com o aumento dos crimes cibernéticos e novas regulamentações governamentais referentes à privacidade, toda organização de *software* deve instituir políticas que protejam os dados em todos os níveis, estabelecer proteção por meio de *firewalls* para os aplicativos móveis e garantir que o *software* não tenha sido alterado internamente sem autorização. A SQA garante o emprego de processos e tecnologias apropriados para se ter a segurança de *software* desejada (Capítulo 18).

Proteção. Em razão de o *software* ser quase sempre um componente fundamental de sistemas que envolvem vidas humanas (p. ex., aplicações na indústria automotiva ou aeronáutica), o impacto de defeitos ocultos pode ser catastrófico. A SQA pode ser responsável por avaliar o impacto de falhas de *software* e por iniciar as etapas necessárias para redução de riscos.

Gestão de riscos. Embora a análise e a redução de riscos (Capítulo 26) sejam preocupações dos engenheiros de *software*, o grupo de SQA garante que as atividades de gestão de riscos sejam conduzidas apropriadamente e que planos de contingência relacionados a riscos tenham sido estabelecidos.

Capítulo 17   Garantia da qualidade de *software*   **343**

Além de cada uma dessas preocupações e atividades, a SQA trabalha para garantir que atividades de suporte ao *software* (p. ex., manutenção, suporte *online*, documentação e manuais) sejam realizadas ou produzidas tendo a qualidade como preocupação dominante.

17.3   Processos da SQA e características do produto

Ao iniciarmos uma discussão sobre garantia da qualidade de *software*, é importante observar que os procedimentos e abordagens da SQA que funcionam em um ambiente de *software* podem não funcionar tão bem em outro. Mesmo dentro de uma empresa que adota uma abordagem consistente[2] de engenharia de *software*, diferentes produtos de *software* podem exibir diferentes níveis de qualidade [Par11].

A solução para esse dilema é entender os requisitos de qualidade específicos de um produto de *software* e então selecionar o processo e as ações e tarefas de SQA específicas que vão ser usadas para atender a esses requisitos. Os padrões CMMI (*capability maturity model integration* – modelo de maturidade em capacitação – integração) do Software Engineering Institute (SEI) e ISO 9000 são as metodologias de processo mais comumente usadas. Cada um propõe "uma sintaxe e uma semântica" [Par11] que levarão à implementação de práticas de engenharia de *software* que melhoram a qualidade do produto. Em vez de utilizar uma ou outra metodologia em sua totalidade, uma empresa de *software* pode "harmonizar" os dois modelos, selecionando elementos das duas metodologias e fazendo-os corresponder aos requisitos de qualidade de um produto.

17.4   Tarefas, metas e métricas da SQA

A garantia de qualidade de *software* é composta por uma série de tarefas associadas a dois elementos distintos – os engenheiros de *software* que realizam o trabalho técnico e um grupo de SQA que é responsável pelo planejamento, supervisão, manutenção de registros, análise e relatórios referentes à garantia da qualidade.

Como mostra a Figura 17.2, a garantia de qualidade de *software* moderna normalmente é orientada pelos dados. Os envolvidos definem metas e medidas de qualidade, áreas problemáticas são identificadas, indicadores são medidos, e determina-se se alterações ao processo são ou não necessárias. Os engenheiros de *software* tratam da qualidade (e realizam atividades de controle de qualidade) por meio da aplicação de medidas e métodos técnicos consistentes, conduzindo as revisões técnicas e realizando testes de *software* bem planejados.

17.4.1   Tarefas da SQA

A prerrogativa do grupo de SQA é ajudar a equipe de *software* a obter um produto final de alta qualidade. O SEI recomenda um conjunto de atividades de SQA que tratam do planejamento, da supervisão, da manutenção de registros, da análise e de relatórios relativos à garantia da qualidade. Essas atividades são realizadas (ou facilitadas) por um grupo de SQA independente que:

Prepara um plano de SQA para um projeto. O plano é desenvolvido como parte do planejamento do projeto e é revisado por todos os envolvidos. As atividades de garantia da qualidade executadas pela equipe de engenharia de *software* e

---

2   Por exemplo, processos e práticas definidos pelo CMMI (Capítulo 28).

Figura 17.2
Garantia de qualidade de *software*.

pelo grupo de SQA são governadas pelo plano. O plano identifica as avaliações, auditorias e revisões a serem realizadas, padrões aplicáveis ao projeto, procedimentos para relatório e acompanhamento de erros, produtos resultantes produzidos pelo grupo de SQA e o *feedback* que será fornecido à equipe de *software*.

Participa no desenvolvimento da descrição da gestão de qualidade do projeto. A equipe de *software* seleciona um processo para o trabalho a ser realizado. O grupo de SQA revisa a descrição de processos para conformidade com a política organizacional, padrões internos de *software*, padrões impostos externamente (p. ex., ISO 9001) e outras partes do plano de projeto de *software*.

Revisa as atividades de engenharia de *software* para verificar sua conformidade com a gestão de qualidade definida. O grupo de SQA identifica, documenta e acompanha desvios do processo e verifica se as correções foram feitas.

Audita os artefatos de *software* designados para verificar sua conformidade com aqueles definidos como parte da gestão de qualidade. O grupo de SQA revisa os artefatos selecionados; identifica, documenta e acompanha os desvios; verifica se as correções foram feitas; e, periodicamente, relata os resultados de seu trabalho para o gerente de projeto.

Garante que os desvios no trabalho de *software* e artefatos sejam documentados e tratados de acordo com um procedimento documentado. Podem ser encontrados desvios no plano de projeto, na descrição do processo, nos padrões aplicáveis ou nos artefatos da engenharia de *software*.

Registra qualquer não conformidade e relata à alta direção. Itens com problemas (que não atendem às especificações) são acompanhados até que tais problemas sejam resolvidos.

Além dessas atividades, o grupo de SQA coordena o controle e o gerenciamento de mudanças (Capítulo 22) e ajuda a coletar e analisar métricas de *software*.

Casa Segura

Garantia de qualidade de software

Cena: Escritório de Doug Miller no início do projeto de *software CasaSegura*.

Atores: Doug Miller (gerente da equipe de engenharia de *software* do *CasaSegura*) e outros membros da equipe de engenharia de *software* do produto.

Conversa:

Doug: Como estão as coisas nas revisões informais?

Jamie: Estamos realizando revisões informais dos elementos críticos do projeto em pares, à medida que codificamos, mas antes dos testes. Está indo mais rápido do que imaginava.

Doug: Isso é bom, mas quero que o grupo de SQA de Bridget Thorton faça auditorias de nossos artefatos para termos certeza de que estamos seguindo nossos processos e atingindo nossas metas de qualidade.

Vinod: Eles já não estão fazendo a maior parte dos testes?

Doug: Sim, estão. Mas QA é mais do que testar. Precisamos ter certeza de que nossos documentos estão evoluindo junto com nosso código e de que não estamos introduzindo erros ao integrarmos novos componentes.

Jamie: Não quero ser avaliado com base no que eles encontrarem.

Doug: Não se preocupe. As auditorias se concentram na adaptação de nossos artefatos aos requisitos e às atividades de processo que definimos. Vamos usar os resultados da auditoria apenas para tentar aprimorar nossos processos e nossos produtos de *software*.

Vinod: Sou obrigado a pensar que isso vai ocupar mais de nosso tempo.

Doug: No final das contas, vamos economizar tempo quando encontrarmos defeitos antecipadamente. Também custa menos corrigir defeitos detectados no início.

Jamie: Então isso parece muito bom.

Doug: Também é importante identificar as atividades onde foram introduzidos defeitos e acrescentar tarefas de revisão para capturá-los no futuro.

Vinod: Isso nos ajudará a determinar se estamos experimentando cuidadosamente com nossas atividades de revisão.

Doug: Acho que as atividades de SQA nos tornarão uma equipe melhor em longo prazo.

17.4.2 Metas, atributos e métricas

As atividades de SQA descritas na seção anterior são realizadas para atingir um conjunto de metas pragmáticas:

Qualidade dos requisitos. A correção, a completude e a consistência do modelo de requisitos terão forte influência sobre a qualidade de todos os produtos seguintes. A SQA deve assegurar-se de que a equipe de *software* tenha revisto apropriadamente o modelo de requisitos para a obtenção de um alto nível de qualidade.

Qualidade do projeto. Todo elemento do modelo de projeto deve ser avaliado pela equipe de *software* para garantir que apresente alta qualidade e que o próprio projeto esteja de acordo com os requisitos. A SQA busca atributos do projeto que sejam indicadores de qualidade.

Qualidade do código. O código-fonte e os artefatos relacionados (p. ex., outras informações descritivas) devem estar em conformidade com os padrões locais de codificação e apresentar características que facilitem a manutenção. A SQA deve isolar os atributos que permitem uma análise razoável da qualidade do código.

346 Engenharia de *software*

Eficácia do controle de qualidade. A equipe de *software* deve aplicar os recursos limitados de forma a obter a maior probabilidade possível de atingir um resultado de alta qualidade. A SQA analisa a alocação de recursos para revisões e testes para verificar se eles estão ou não sendo alocados da maneira mais efetiva.

A Tabela 17.1 (adaptada de [Hya96]) identifica os atributos indicadores da existência de qualidade para cada uma das metas discutidas. Também são mostradas as métricas que podem ser utilizadas para indicar a força relativa de um atributo.

TABELA 17.1   Metas, atributos e métricas para qualidade de *software*

Meta	Atributo	Métrica
Qualidade dos requisitos	Ambiguidade	Número de modificadores ambíguos (p. ex., muitos, grande, de fácil utilização)
	Completude	Número de TBA, TBD
	Compreensibilidade	Número de seções/subseções
	Volatilidade	Número de mudanças por requisito
		Tempo (por atividade) quando é solicitada a mudança
	Rastreabilidade	Número de requisitos não rastreáveis ao projeto/código
	Clareza do modelo	Número de modelos UML
		Número de páginas descritivas por modelo
		Número de erros UML
Qualidade do projeto	Integridade da arquitetura	Existência do modelo de arquitetura
	Completude dos componentes	Número de componentes mapeados no modelo de arquitetura
		Complexidade do projeto procedural
	Complexidade da interface	Número médio de cliques para chegar a uma função ou conteúdo típico
		Adequação do *layout*
	Padrões	Número de padrões usados
Qualidade do código	Complexidade	Complexidade ciclomática
	Facilidade de manutenção	Fatores de projeto
	Compreensibilidade	Porcentagem de comentários internos
		Convenções de atribuição de variáveis
		Porcentagem de componentes reutilizados
	Reusabilidade	Porcentagem de componentes reutilizados
	Documentação	Índice de legibilidade
Eficiência do controle de qualidade	Alocação de recursos	Porcentagem de horas de pessoal por atividade
	Taxa de completude	Tempo de conclusão real *versus* previsto
	Eficácia da revisão	Ver métricas de revisão
	Eficácia dos testes	Número de erros encontrados e gravidade
		Esforço exigido para corrigir um erro
		Origem do erro

Fonte: Adaptada de Hyatt, L., and Rosenberg, L., "A Software Quality Model and Metrics for Identifying Project Risks and Assessing Software Quality," NASA SATC, 1996.

17.5 Abordagens formais da SQA

Nas seções anteriores, dissemos que a qualidade de *software* é tarefa de todos e que ela pode ser atingida por meio da prática competente de engenharia de *software*, bem como da aplicação de revisões técnicas, uma estratégia de testes multicamadas, melhor controle dos artefatos de *software* e das mudanças nele feitas, e da aplicação dos padrões aceitos de engenharia de *software* e de metodologias de processo. Além disso, a qualidade pode ser definida em termos de uma ampla gama de atributos de qualidade e medida (indiretamente) usando-se uma variedade de índices e métricas.

Ao longo das últimas três décadas, um segmento pequeno, mas eloquente, da comunidade de engenharia de *software* sustentava que era necessária uma abordagem mais formal para garantir a qualidade do *software*. Pode-se dizer que um programa de computador é um objeto matemático. Pode-se definir uma sintaxe e uma semântica rigorosas para todas as linguagens de programação, e está disponível uma rigorosa abordagem para a especificação dos requisitos do *software*. Se o modelo de requisitos (especificação) e a linguagem de programação podem ser representados de maneira rigorosa, deve ser possível aplicar uma prova matemática da correção para demonstrar a adequação exata de um programa às suas especificações.

Tentativas de provar que os programas são corretos não são novas. Dijkstra [Dij76a] e Linger, Mills e Witt [Lin79], entre outros, defenderam provas da correção de programas e associaram-nas ao uso dos conceitos de programação estruturada. Embora os métodos formais interessem alguns pesquisadores da área de engenharia de *software*, atualmente, os desenvolvedores comerciais quase nunca os adotam.

17.6 Estatística da garantia da qualidade de *software*

A estatística da garantia da qualidade reflete uma tendência crescente em toda a indústria de *software* de tornar mais quantitativa a análise da qualidade. Para *software*, a estatística da garantia da qualidade implica as seguintes etapas:

1. Informações sobre erros e defeitos de *software* são coletadas e classificadas.
2. É feita uma tentativa de associar cada erro e defeito à sua causa subjacente (p. ex., a não adequação às especificações, erros de projeto, violação de padrões, comunicação inadequada com o cliente).
3. Usando o princípio de Pareto (80% dos defeitos podem ser associados a 20% de todas as possíveis causas), são isolados os 20% (as poucas *causas vitais*).
4. Assim que as poucas causas vitais tiverem sido identificadas, prossegue-se para a correção dos problemas que provocaram os erros e defeitos.

Esse conceito relativamente simples representa um importante passo para a criação de um processo de *software* adaptável em que mudanças são feitas para melhorar os elementos do processo que introduzem erros.

17.6.1 Um exemplo genérico

Para ilustrar o uso de métodos estatísticos para a engenharia de *software*, suponhamos que uma organização de engenharia de *software* reúna informações sobre erros e defeitos durante 1 ano. Alguns desses erros são revelados à medida que o *software* for desenvolvido. Outros defeitos são encontrados após o *software* ter sido liberado para

348 Engenharia de *software*

os usuários. Embora sejam encontrados centenas de problemas diferentes, todos podem ser associados a uma (ou mais) das seguintes causas:

- Especificações incompletas ou errôneas (IES, do inglês *incomplete or erroneous especifications*);
- Má interpretação da comunicação do cliente (MCC, do inglês *misinterpretation of customer communication*);
- Desvio intencional das especificações (IDS, do inglês *intentional deviation from especifications*);
- Violação dos padrões de programação (VPS, do inglês *violation of programming standards*);
- Erro na representação de dados (EDR, do inglês *error in data representation*);
- Interface inconsistente de componentes (ICI, do inglês *inconsistent component interface*);
- Erro na lógica do projeto (EDL, do inglês *error in design logic*);
- Testes incompletos ou errôneos (IET, do inglês *incomplete or erroneous testing*);
- Documentação imprecisa ou incompleta (IID, do inglês *inaccurate or incomplete documentation*);
- Erro na tradução do projeto para linguagem de programação (PLT, do inglês *error in programming language translation of design*);
- Interface homem-máquina ambígua ou inconsistente (HCI, do inglês *ambiguous or inconsistent human/computer interface*);
- Outros (MIS, do inglês *miscellaneous*).

Para aplicar a estatística da SQA, é construída uma tabela (ver Tabela 17.2). A tabela indica que IES, MCC e EDR são as poucas causas vitais responsáveis por 53% de todos os erros. Deve-se notar, entretanto, que IES, EDR, PLT e EDL seriam escolhidas como as poucas causas vitais se fossem considerados apenas os erros graves. Uma vez determinadas as poucas causas vitais, a organização de engenharia de *software* pode começar a ação corretiva. Por exemplo, para corrigir a MCC, talvez fosse preciso implementar as

TABELA 17.2 Coleta de dados para estatística da SQA

	Total		Grave		Moderado		Secundário	
Erro	Nº	%	Nº	%	Nº	%	Nº	%
IES	205	22%	34	27%	68	18%	103	24%
MCC	156	17%	12	9%	68	18%	76	17%
IDS	48	5%	1	1%	24	6%	23	5%
VPS	25	3%	0	0%	15	4%	10	2%
EDR	130	14%	26	20%	68	18%	36	8%
ICI	58	6%	9	7%	18	5%	31	7%
EDL	45	5%	14	11%	12	3%	19	4%
IET	95	10%	12	9%	35	9%	48	11%
IID	36	4%	2	2%	20	5%	14	3%
PLT	60	6%	15	12%	19	5%	26	6%
HCI	28	3%	3	2%	17	4%	8	2%
MIS	56	6%	0	0%	15	4%	41	9%
Totais	942	100%	128	100%	379	100%	435	100%

técnicas de reunião de requisitos (Capítulo 7) para melhorar a qualidade da comunicação do cliente e das especificações. Para melhorar o EDR, pode-se adquirir ferramentas para modelagem de dados e realizar revisões mais rigorosas do projeto de dados.

É importante notar que a ação corretiva se concentra basicamente nas poucas causas vitais. À medida que as poucas causas vitais são corrigidas, novos candidatos vão para o topo da lista.

As técnicas de estatística da garantia da qualidade para *software* proporcionaram um aperfeiçoamento significativo da qualidade (p. ex., [Rya11], [Art97]). Em alguns casos, as organizações de *software* atingiram uma redução de 50% por ano nos defeitos após a aplicação dessas técnicas.

A aplicação de estatística de SQA e o princípio de Pareto podem ser sintetizados em uma única frase: *Invista seu tempo concentrando-se em coisas que realmente importam, mas, primeiramente, certifique-se de ter entendido aquilo que realmente importa!*

17.6.2 Seis Sigma para engenharia de *software*

Seis Sigma é a estratégia para a estatística da garantia da qualidade mais utilizada na indústria atual. Originalmente popularizada pela Motorola, na década de 1980, a estratégia Seis Sigma "é uma estratégia de gestão projetada para melhorar a qualidade dos produtos do processo por meio da minimização das variações e causas de defeitos nos processos, sendo um subconjunto da metodologia de gestão da qualidade total (TQM, *total quality management*), com forte foco em aplicações estatísticas para reduzir os custos e melhorar a qualidade" [Voe18]. O termo *Seis Sigma* é derivado de seis desvios-padrão – 3,4 ocorrências (defeitos) por milhão – implicando um padrão de qualidade extremamente elevado. A metodologia Seis Sigma define três etapas essenciais:

- *Definir* os requisitos do cliente e os artefatos a serem entregues, bem como as metas de projeto, por meio de métodos bem definidos da comunicação com o cliente.
- *Medir* o processo existente e seu resultado para determinar o desempenho da qualidade atual (coletar métricas de defeitos).
- *Analisar* as métricas de defeitos e determinar as poucas causas vitais.

Se já existir uma gestão de qualidade e for necessário um aperfeiçoamento, a estratégia Seis Sigma sugere duas etapas adicionais:

- *Melhorar* o processo por meio da eliminação das causas básicas dos defeitos.
- *Controlar* o processo para garantir que trabalhos futuros não reintroduzam as causas dos defeitos.

Essas etapas essenciais e adicionais são, algumas vezes, conhecidas como método DMAIC (definir, medir, analisar, aperfeiçoar [*improve*] e controlar).

Se uma organização estiver desenvolvendo uma gestão de qualidade (e não aperfeiçoando uma já existente), nas etapas essenciais são incluídas:

- *Projetar* o processo para (1) evitar as causas básicas dos defeitos e (2) atender aos requisitos do cliente.
- *Verificar* se o modelo de processos vai, de fato, evitar defeitos e atender aos requisitos do cliente.

Essa variação é algumas vezes denominada método DMADV (definir, medir, analisar, projetar [*design*] e verificar).

É melhor deixarmos uma discussão completa sobre Seis Sigma para fontes dedicadas ao assunto. Caso tenha maior interesse, consulte [Voe18], [Pyz14] e [Sne18].

17.7 Confiabilidade de *software*

Não há nenhuma dúvida de que a confiabilidade de um programa de computador é um elemento importante de sua qualidade global. Se um programa falhar frequentemente e repetidas vezes, pouco importa se outros fatores da qualidade de *software* sejam aceitáveis.

A confiabilidade do *software*, diferentemente de outros fatores de qualidade, pode ser medida diretamente e estimada usando-se dados históricos e de desenvolvimento. A *confiabilidade de software* é definida em termos estatísticos como "a probabilidade de operação sem falhas de um programa de computador em dado ambiente por determinado tempo" [Mus87]. Para ilustrarmos esse conceito, estima-se que o programa X tenha uma confiabilidade de 0,999 depois de decorridas oito horas de processamento. Em outras palavras, se o programa X tiver de ser executado 1.000 vezes e precisar de um total de oito horas de tempo de processamento (tempo de execução), é provável que ele opere corretamente (sem falhas) 999 vezes.

Toda vez que discutimos confiabilidade de *software*, surge uma questão fundamental: qual o significado do termo *falha*? No contexto de qualquer discussão sobre qualidade de *software* e confiabilidade, falha é a falta de conformidade com os requisitos de *software*. Mesmo dentro dessa definição existem variações. As falhas podem ser apenas problemáticas ou até catastróficas. Determinada falha pode ser corrigida em segundos, enquanto outras necessitarão de semanas ou até mesmo meses para serem corrigidas. Para complicar ainda mais o problema, a correção de uma falha pode, na realidade, resultar na introdução de outros erros que resultarão em outras falhas.

17.7.1 Medidas de confiabilidade e disponibilidade

Os primeiros trabalhos sobre confiabilidade de *software* tentaram extrapolar a matemática da teoria da confiabilidade de *hardware* para a previsão da confiabilidade de *software*. A maioria dos modelos de confiabilidade relacionada com *hardware* tem como base falhas devido a desgaste, e não falhas devido a defeitos de projeto. Em *hardware*, as falhas devido a desgaste físico (p. ex., os efeitos decorrentes de temperatura, corrosão, choque) são mais prováveis do que uma falha relacionada ao projeto. Infelizmente, a recíproca é verdadeira para *software*. Na realidade, todas as falhas de *software* podem ser associadas a problemas de projeto ou de implementação; o desgaste (ver Capítulo 1) não é um fator relevante.

Há um debate contínuo sobre a relação entre conceitos-chave na confiabilidade de *hardware* e sua aplicabilidade ao *software*. Embora ainda seja preciso estabelecer uma associação irrefutável, consideram-se alguns conceitos simples que se aplicam aos elementos de ambos os sistemas.

Se considerarmos um sistema computacional, uma medida de confiabilidade simples é o *tempo médio entre falhas* (MTBF, do inglês *mean time between failure)*:[3]

$$MTBF = MTTF + MTTR$$

em que os acrônimos MTTF e MTTR são, respectivamente, *tempo médio para falhar* (*mean time to failure*) e *tempo médio para reparar*[4] (*mean time to repair)*.

---

3 É importante notar que o MTBF e as medidas relacionadas se baseiam em tempo de máquina e não em tempo de relógio tradicional.

4 Embora a depuração (e correções relacionadas) possa ser necessária após uma falha, em muitos casos o *software* funcionará adequadamente depois de um reinício, sem nenhuma outra mudança.

Muitos pesquisadores defendem que o MTBF é uma medida mais útil do que quaisquer outras métricas de *software* relacionadas com a garantia da qualidade discutidas no Capítulo 23. De maneira simples, um usuário se preocupa com falhas e não com o número total de defeitos. Como cada defeito contido em um programa não tem a mesma taxa de falhas, o número total de defeitos fornece pouca indicação da confiabilidade de um sistema. Por exemplo, considere um programa que esteve em operação por 3.000 horas de processamento sem nenhuma falha. Vários defeitos neste programa podem não ser detectados por dezenas de milhares de horas antes de serem descobertos. Com esses erros obscuros, o MTBF poderia ser de 30.000 ou até mesmo 60.000 horas de processador. Outros defeitos, embora ainda não descobertos, poderiam ter uma taxa de falhas de 4.000 ou 5.000 horas. Mesmo se cada um dos erros da primeira categoria (aqueles com MTBF longo) fosse eliminado, o impacto sobre a confiabilidade do *software* seria desprezível.

Entretanto, o MTBF pode ser problemático por duas razões: (1) ele projeta um período entre falhas, mas não fornece uma projeção da taxa de falhas; e (2) o MTBF pode ser mal interpretado como tempo de vida médio, muito embora *não* seja esse o significado.

Uma medida de confiabilidade alternativa é *falhas ao longo do tempo* (FIT, do inglês *failures in time)* – uma medida estatística de quantas falhas um componente terá ao longo de 1 bilhão de horas de operação. Consequentemente, 1 FIT equivale a uma falha a cada bilhão de horas de operação.

Além de uma medida da confiabilidade, deve-se também desenvolver uma medida de disponibilidade. *Disponibilidade de software* é a probabilidade de que um programa esteja operando de acordo com os requisitos em dado instante e é definida da seguinte forma:

$$\text{Disponibilidade} = \frac{\text{MTTF}}{\text{MTTF} + \text{MTTR}} \times 100\%$$

A medida de confiabilidade MTBF é igualmente sensível ao MTTF e ao MTTR. A medida de disponibilidade é ligeiramente mais sensível ao MTTR, uma medida indireta da facilidade de manutenção do *software*. Obviamente, alguns aspectos da disponibilidade não têm a ver com falha. Por exemplo, programar a parada do sistema (para funções de suporte) deixa o *software* indisponível. Para uma ampla discussão sobre medidas de confiabilidade de *software*, consulte [Laz11].

17.7.2 Uso da inteligência artificial para modelagem da confiabilidade

Alguns engenheiros de *software* consideram que a ciência de dados é a aplicação de técnicas de inteligência artificial (IA) à solução de problemas de engenharia de *software*. Uma das ações dos métodos de inteligência artificial é tentar criar soluções razoáveis para problemas para os quais os dados necessários podem ser incompletos. A *confiabilidade do software* é definida como a probabilidade da operação de *software* sem falhas por um determinado período e em um ambiente específico. Isso significa que nunca sabemos o momento exato em que um artefato de *software* falhará, pois nunca temos os dados completos necessários para calcular a probabilidade.

Os engenheiros de *software* utilizam técnicas estatísticas baseadas no teorema de Bayes[5] em situações de tomada de decisões quantitativas há muitos anos. A *inferência*

---

5 O teorema de Bayes para probabilidades condicionais é P(A|B) = (P(B|A) * P(A)) / P(B). Para mais detalhes, consulte http://www.statisticshowto.com/bayes-theorem-problems/.

352 Engenharia de *software*

bayesiana é um método de inferência estatística no qual o teorema de Bayes é usado para atualizar a probabilidade de uma hipótese (como a confiabilidade do sistema) à medida que mais evidências ou informações são disponibilizadas. A inferência bayesiana pode ser usada para estimar quantidades probabilísticas usando dados históricos mesmo quando algumas informações estão ausentes. O uso de técnicas bayesianas permitiu a criação de soluções em tempo real para problemas de estimativa de probabilidades que estão além da capacidade de raciocínio humana [Tos17].

A previsão de falha proativa usando aprendizado de máquina foi discutida rapidamente na Seção 15.4.3. Seria bom se pudéssemos prever falhas de sistema em *sprints* subsequentes antes de entregarmos o protótipo em desenvolvimento no *sprint* atual. O uso de análise preditiva de dados, como um modelo de regressão envolvendo MTBF, foi utilizado para estimar onde e quais tipos de defeitos poderão ocorrer em protótipos futuros [Bat18].

Um *algoritmo genético* é um método de busca heurística usado em inteligência artificial e computação que é aplicado para se obter soluções quase-ótimas a problemas de busca com base na teoria da seleção natural e da biologia evolucionária. Os algoritmos genéticos podem ser usados para expandir os modelos de confiabilidade com a descoberta de relações nos dados históricos do sistema. Esses modelos foram usados para identificar componentes de *software* que podem vir a falhar no futuro. Às vezes, esses modelos são criados com base em métricas estimadas a partir de modelos de UML antes que o código seja produzido [Pad17]. Esse tipo de trabalho é importantíssimo para desenvolvedores interessados na refatoração de artefatos de *software* ou na reutilização de componentes de *software* em outros produtos.

17.7.3 Segurança do *software*

Segurança do software é uma atividade de garantia da qualidade de *software* que se concentra na identificação e na avaliação de possíveis problemas que podem afetar negativamente um *software* e provocar falha em todo o sistema. Se os problemas podem ser identificados precocemente na gestão de qualidade, as características para eliminar ou controlar esses problemas podem ser especificadas no projeto do *software*.

Um processo de modelagem e análise é efetuado como parte da segurança do *software*. Inicialmente, os problemas são identificados e classificados pelo caráter crítico e pelo risco. Por exemplo, problemas associados a um controle computadorizado de um automóvel podem: (1) provocar uma aceleração descontrolada que não pode ser interrompida; (2) não responder ao acionamento do pedal do freio (por meio de uma desativação); (3) não operar quando a chave é ativada; e (4) perder ou ganhar velocidade lentamente. Uma vez identificados esses perigos em nível de sistema, técnicas de análise são utilizadas para atribuir gravidade e probabilidade de ocorrência.[6] Para ser eficaz, o *software* deve ser analisado no contexto de todo o sistema. Por exemplo, um erro sutil cometido pelo usuário na entrada de dados (as pessoas são componentes do sistema) talvez seja ampliado por uma falha de *software* e produza dados de controle que posicionem um dispositivo mecânico de forma inadequada. Se e somente se um conjunto de condições ambientais externas for atendido, a posição imprópria do dispositivo mecânico provocará uma falha desastrosa. Análises técnicas [Eri15], como a análise da árvore de falhas, lógica em tempo real e modelos em redes de Petri, podem ser usadas para prever a cadeia de eventos que podem causar problemas e a probabilidade de cada um dos eventos ocorrer para criar a cadeia.

---

6 Essa abordagem é similar aos métodos de análise de riscos descritos no Capítulo 26. A diferença fundamental é a ênfase em problemas de tecnologia, em vez de tópicos relacionados ao projeto.

Uma vez identificados e analisados os problemas, os requisitos relacionados à segurança podem ser especificados para o *software*. Ou seja, a especificação pode conter uma lista de eventos indesejáveis e as respostas desejadas do sistema para esses eventos. O papel do *software* em administrar eventos indesejáveis é, então, indicado.

Embora a confiabilidade e a segurança do *software* estejam relacionadas, é importante entender a diferença sutil entre elas. A confiabilidade do *software* usa análise estatística para determinar a probabilidade de ocorrência de uma falha de *software*. Entretanto, a ocorrência de uma falha não resulta, necessariamente, em um problema ou contratempo. A segurança do *software* examina as maneiras pelas quais as falhas resultam em condições que podem levar a um contratempo. Ou seja, as falhas não são consideradas isoladamente, mas avaliadas no contexto de todo o sistema computacional e seu ambiente.

Uma discussão completa sobre segurança de *software* vai além dos objetivos deste livro. Caso tenha maior interesse no tema segurança de *software* e em questões relacionadas, consulte [Fir13], [Har12a] e [Lev12].

17.8 Os padrões de qualidade ISO 9000[7]

Um *sistema de garantia da qualidade* pode ser definido como a estrutura organizacional com responsabilidades, procedimentos, processos e recursos para implementação da gestão da qualidade [ANS87]. Os sistemas de garantia da qualidade são criados para ajudar as organizações a garantir que seus produtos e serviços satisfaçam às expectativas do cliente por meio do atendimento às suas especificações. Tais sistemas cobrem uma grande variedade de atividades, englobando todo o ciclo de vida de um produto, incluindo planejamento, controle, medições, testes e geração de relatórios e melhorando os níveis de qualidade ao longo de todo o processo de desenvolvimento e fabricação. A ISO 9000 descreve elementos de garantia da qualidade em termos gerais que podem ser aplicados a qualquer empresa, independentemente do tipo de produtos ou serviços oferecidos.

Para obter a certificação em um dos programas de garantia da qualidade contidos na ISO 9000, as operações e o sistema de qualidade de uma empresa são examinados por auditores independentes para verificação de sua conformidade ao padrão e para operação efetiva. Após aprovação, um organismo representado pelos auditores emite um certificado para a empresa. Auditorias de inspeção semestrais garantem conformidade contínua ao padrão.

Os requisitos delineados pelos tópicos da ISO 9001:2015 são: responsabilidade administrativa, um sistema de qualidade, revisão do contrato, controle de projeto, controle de dados e documentos, identificação e rastreabilidade de produtos, controle de processos, inspeções e testes, ações preventivas e corretivas, registros de controle de qualidade, auditorias de qualidade interna, treinamento, manutenção e técnicas estatísticas. Para que uma organização de *software* seja certificada com a ISO 9001:2015, ela tem de estabelecer políticas e procedimentos para atender a cada um dos requisitos que acabamos de citar (e outros) e, depois, ser capaz de demonstrar que tais políticas e procedimentos estão sendo seguidos. Caso deseje maiores informações sobre a ISO 9001:2015, consulte [ISO14].

---

7 Esta seção, escrita por Michael Stovsky, foi adaptada de *Fundamentals of ISO 9000*, um livro desenvolvido para *Essential Software Engineering*, um programa de estudos em vídeo desenvolvido pela R. S. Pressman & Associates, Inc. Reimpresso com permissão.

Informações

O padrão ISO 9001:2015

A descrição a seguir define os elementos básicos do padrão ISO 9001:2015. Informações completas sobre o padrão podem ser obtidas da International Organization for Standardization (**www.iso.ch**) e de outras fontes na Internet (p. ex., **www.praxiom.com**).

Estabelecer os elementos de um sistema de gestão da qualidade.

    Desenvolver, implementar e aperfeiçoar o sistema.

    Definir uma política que enfatize a importância do sistema.

Documentar o sistema de qualidade.

    Descrever o processo.

    Produzir um manual operacional.

    Desenvolver métodos para controlar (atualizar) documentos.

    Estabelecer métodos para manutenção de registros.

Dar suporte ao controle e à garantia da qualidade.

    Promover a importância da qualidade entre todos os envolvidos.

    Concentrar-se na satisfação do cliente.

Definir um plano de qualidade que atenda aos objetivos, às responsabilidades e à autoridade.

Definir mecanismos de comunicação entre os envolvidos.

Estabelecer mecanismos de revisão para um sistema de gestão da qualidade.

    Identificar métodos de revisão e mecanismos de *feedback*.

    Definir procedimentos de acompanhamento.

Identificar recursos de qualidade, incluindo elementos de pessoal, treinamento e infraestrutura.

Estabelecer mecanismos de controle.

    Para planejamento.

    Para requisitos do cliente.

    Para atividades técnicas (p. ex., análise, projeto, testes).

    Para monitoramento e gerenciamento de projeto.

Definir métodos de reparo.

    Avaliar dados e métricas de qualidade.

    Definir a abordagem para processos e aperfeiçoamento contínuos da qualidade.

17.9 O plano de SQA

O *plano de SQA* fornece um roteiro para instituir a garantia de qualidade de *software*. Desenvolvido pelo grupo de SQA (ou pela equipe de *software*, caso não exista um grupo de SQA), o plano serve como um modelo para atividades de SQA instituídas para cada projeto de *software*.

Foi publicado pela IEEE [IEE17] um padrão para planos de SQA. O padrão recomenda uma estrutura que identifique: (1) o propósito e o escopo do plano; (2) uma descrição de todos os artefatos de engenharia de *software* (p. ex., modelos, documentos, código-fonte) que caem na alçada da SQA; (3) todos os padrões e práticas aplicados durante a gestão de qualidade; (4) as ações e tarefas da SQA (incluindo revisões e auditorias) e sua aplicação na gestão de qualidade; (5) as ferramentas e os métodos que dão suporte às ações e tarefas da SQA; (6) procedimentos para gestão de configuração do *software* (Capítulo 22); (7) métodos para montagem, salvaguarda e manutenção de todos os registros relativos à SQA; e (8) papéis e responsabilidades dentro da organização relacionados à qualidade do produto.

17.10 Resumo

A garantia de qualidade de *software* é uma atividade universal da engenharia de *software* que é aplicada a cada etapa da gestão de qualidade. A SQA abrange procedimentos para a aplicação efetiva de métodos e ferramentas, a supervisão de atividades de controle de qualidade, como revisões técnicas e testes de *software*, procedimentos para o gerenciamento de mudanças e procedimentos para garantir a conformidade a padrões, bem como mecanismos para medição e geração de relatórios.

Para realizar a garantia da qualidade de *software* de forma apropriada, devem ser reunidos, avaliados e disseminados os dados sobre o processo de engenharia de *software*. A estatística da SQA ajuda a melhorar a qualidade do produto e da própria gestão de qualidade. Os modelos de confiabilidade de *software* estendem as medidas obtidas, possibilitando que dados de defeitos coletados sejam extrapolados para projeção de taxas de falhas e previsões de confiabilidade.

Em suma, devemos observar as palavras de Dunn e Ullman [Dun82]: "A garantia da qualidade de *software* é o mapeamento dos preceitos da gestão e das disciplinas de projeto da garantia da qualidade para a área gerencial e tecnológica da engenharia de *software*". A capacidade de garantir a qualidade é a medida de uma engenharia disciplinada e madura. Quando esse mapeamento é realizado com sucesso, o resultado é uma engenharia de *software* com maturidade.

Problemas e pontos a ponderar

17.1. Algumas pessoas dizem que "o controle das variações é o cerne do controle de qualidade". Já que todo programa criado é diferente de qualquer outro programa, quais são as variações que buscamos e como controlá-las?

17.2. É possível avaliar a qualidade do *software* se o cliente ficar alterando continuamente aquilo que o *software* supostamente deveria fazer?

17.3. Qualidade e confiabilidade são conceitos relacionados, mas, fundamentalmente, são diferentes em uma série de aspectos. Discuta as diferenças.

17.4. Um programa pode ser correto e ainda assim não ser confiável? Explique.

17.5. Um programa pode ser correto e ainda assim não apresentar boa qualidade? Explique.

17.6. Por que normalmente existe tensão entre um grupo de engenharia de *software* e um grupo de garantia de qualidade de *software* independente? Isso é salutar?

17.7. Você foi incumbido da responsabilidade de melhorar a qualidade do *software* na organização. Qual é a primeira coisa a ser feita? E a seguinte?

17.8. Além da contagem de erros e defeitos, existem outras características contáveis de *software* que impliquem a qualidade? Quais são? Elas podem ser medidas diretamente?

17.9. O conceito de MTBF para *software* está sujeito a críticas. Justifique.

17.10. Considere dois sistemas críticos de proteção que são controlados por computador. Enumere pelo menos três perigos de cada um deles que podem ser associados diretamente a falhas de *software*.

Elemento de design: Ícone de lupa da seção Panorama: © Roger Pressman

18

Engenharia de segurança de *software*

Contribuição de Nancy Mead
Carnegie Mellon University Software Engineering Institute

Conceitos-chave

padrões de ataque 363
superfície de ataque 366
modelos de maturidade . . 370
medida 368
casos de mau uso
e abuso 363
engenharia de
requisitos 360
codificação segura 367
atividades do ciclo de
vida do desenvolvimento
seguro 359
modelos do ciclo de
vida da segurança 357
melhoria do processo
de segurança 370
análise de risco
de segurança 364
engenharia de
segurança de *software*,
importância da 357
modelagem de
ameaças, priorização
e mitigação 365

Pare um instante, olhe ao seu redor. Onde você vê *software* sendo usado? Sim, claro, no seu *laptop*, *tablet* e celular. Mas e os seus eletrodomésticos – geladeira, lavadora de louças e assim por diante? E no seu carro? Transações financeiras – caixa eletrônico, *site* do banco, *software* financeiro, *software* de gestão tributária? A companhia elétrica? Está usando *software*, com certeza. Você está com algum dispositivo vestível? Um Fitbit? Talvez tenha algum dispositivo médico, como um marca-passo. O fato é que o *software* está por toda volta, está ao nosso redor, às vezes está até dentro de nós. Todo produto de *software* tem o potencial de ser hackeado, às vezes, com consequências terríveis. É por isso que nós, enquanto engenheiros de *software*, precisamos nos preocupar com a segurança de *software*.

Panorama

O que é? A engenharia de segurança de *software* abrange um conjunto de técnicas que pode melhorar a segurança do *software enquanto* ele está em desenvolvimento.

Quem realiza? Os engenheiros de *software* não precisam se transformar em especialistas em segurança, mas ainda precisam colaborar com esses profissionais. Os especialistas em segurança podem ser membros da equipe de *software*, trabalhar em uma equipe especializada independente ou atuar como consultores externos.

Por que é importante? A mídia noticia constantemente casos de invasão (*hacks*), sejam eles realizados por criminosos, concorrentes corporativos, países inimigos ou outros agentes mal-intencionados. As consequências para a infraestrutura crítica, instituições financeiras, serviços de saúde e todos os aspectos da vida moderna são significativas.

Quais são as etapas envolvidas? Diversas ações podem ser adotadas para garantir que o *software* esteja seguro, como veremos a seguir. Também daremos dicas de recursos para mais estudos.

Qual é o artefato? Como veremos, muitos artefatos são desenvolvidos no processo de engenharia de *software* segura. O artefato final é, obviamente, o *software* que você desenvolveu utilizando as práticas de engenharia de *software* segura.

Como garantir que o trabalho foi realizado corretamente? Tudo que discutiremos como métodos para melhorar a segurança de *software*, tanto no nível organizacional quanto no de projeto, pode e deve ser repassado pelas partes interessadas. Além disso, os processos de desenvolvimento seguro podem ser melhorados, caso necessário.

Capítulo 18   Engenharia de segurança de *software*   **357**

18.1 Por que a engenharia de segurança de *software* é importante

A segurança de *software* envolve muito mais do que proteger o *software* operacional usando *firewalls*, senhas fortes e criptografia. Ela também trata de uma forma mais segura de desenvolver o *software* desde o início. Hoje, temos técnicas disponíveis que ajudam a desenvolver *software* significativamente mais seguro do que seria possível no passado.

Neste capítulo, vamos analisar alguns dos modelos e técnicas que podem nos ajudar a produzir maior segurança de *software*. Primeiro, analisaremos os modelos de processo de segurança. A seguir, examinaremos atividades de processo específicas, incluindo engenharia de requisitos, casos de mau uso ou abuso, análise de risco de segurança, modelagem de ameaças, superfície de ataque, codificação segura e medição. Também consideraremos modelos de melhoria do processo de segurança. Por fim, apresentaremos um resumo e uma lista de referências para que você possa se aprofundar mais em cada um desses assuntos.

A engenharia de segurança de *software* é uma área bastante fértil. Neste livro, apresentamos apenas um resumo dos métodos e ferramentas que apoiam essa prática no mundo real. Muitos livros (p. ex., [Mea16], [Shu13] e [Hel18]) e outros recursos se dedicam exclusivamente à engenharia de segurança de *software*, alguns dos quais serão indicados para você.

18.2 Modelos do ciclo de vida da segurança

O Microsoft Security Development Lifecycle (SDL – ciclo de vida do desenvolvimento da segurança) [Mea16] [Mic18] é um processo de segurança de *software* líder no setor. O SDL é uma iniciativa que abrange toda a empresa e é política obrigatória dentro dela desde 2004, permitindo que a Microsoft integre segurança e privacidade ao seu *software* e à sua cultura. O SDL introduz a segurança e a privacidade no início do trabalho e em todas as fases do processo de desenvolvimento, sendo, sem dúvida alguma, o modelo do ciclo de vida do desenvolvimento da segurança mais conhecido e mais utilizado.

A Microsoft definiu um conjunto de princípios chamados de *Seguro por Design, Seguro por Padrão (Default), Seguro na Implantação (Deployment) e Comunicações* (SD3+C) para ajudar a determinar onde os esforços de segurança são necessários. São eles [Mic10]:

Seguro por *Design*
Arquitetura, projeto e estrutura seguros. Os desenvolvedores consideram as questões de segurança parte do projeto de arquitetura básico do desenvolvimento de *software*. Eles revisam projetos detalhados em busca de possíveis problemas de segurança e projetam e desenvolvem mitigações para todas as ameaças.
Modelagem de ameaças e mitigação. São criados modelos de ameaças; as mitigações de ameaças estão presentes em todas as especificações funcionais e de projeto.
Eliminação de vulnerabilidades. Nenhuma vulnerabilidade de segurança conhecida que representaria um risco significativo ao uso esperado do *software* permanece no código após a revisão. A revisão inclui o uso de ferramentas de análise e de testes para eliminar classes de vulnerabilidades.
Melhorias na segurança. Códigos e protocolos de legado menos seguros são depreciados e, quando possível, os usuários recebem alternativas seguras consistentes com os padrões do setor.

358 Engenharia de *software*

Seguro por Padrão (*Default*)

Privilégios mínimos. Todos os componentes rodam com o menor número possível de permissões.

Defesa em profundidade. Os componentes não dependem de uma única solução de mitigação de ameaças que deixa os usuários vulneráveis em caso de falha.

Configurações de padrões conservadoras. A equipe de desenvolvimento está ciente da superfície de ataque do produto e minimiza-a na configuração padrão.

Evitar alterações arriscadas de padrões. Os aplicativos não alteram os padrões do sistema operacional ou das configurações de segurança caso tais alterações reduzam a segurança do *host* (computador hospedeiro). Em alguns casos, como para os produtos de segurança, é aceitável que um programa fortaleça (aumente) as configurações de segurança do *host*. As violações mais comuns desse princípio são os jogos que abrem portas no *firewall* sem informar o usuário ou instruem os usuários a abrirem portas no *firewall* sem informá-los sobre os possíveis riscos dessa ação.

Serviços menos usados desabilitados por padrão. Se menos de 80% dos usuários de um programa usam um recurso, este não deve ser ativado por padrão. Medir os 80% de utilização em um produto quase sempre é difícil, pois os programas são projetados para muitas personas diferentes. Pode ser útil considerar se um recurso está envolvido em um cenário de uso fundamental/primário para todas as personas. Em caso positivo, ele também pode ser chamado de recurso P1.

Seguro na Implantação (*Deployment*)

Guias de implantação. Guias de implantação prescritivos definem como implantar cada recurso de um programa com segurança, incluindo fornecer aos usuários informações que lhes permitam avaliar o risco de segurança criado pela ativação de opções não padrões (e, logo, aumentar a superfície de ataque).

Ferramentas de análise e gestão. As ferramentas de análise e gestão de segurança permitem que os administradores determinem e configurem o nível de segurança ideal para uma versão de *software*.

Ferramentas de implantação de *patches*. As ferramentas de implantação ajudam na distribuição de *patches*.

Comunicações

Resposta de segurança. As equipes de desenvolvimento respondem imediatamente a relatos sobre vulnerabilidades de segurança e comunicam informações sobre atualizações de segurança.

Envolvimento da comunidade. As equipes de desenvolvimento se envolvem proativamente com os usuários para responder perguntas sobre vulnerabilidades de segurança, atualizações de segurança ou mudanças no âmbito da segurança.

A Figura 18.1 contém uma representação do modelo de processo de desenvolvimento seguro de *software*.

A documentação do Microsoft SDL descreve o que arquitetos, projetistas, desenvolvedores e testadores devem fazer para cada uma das 16 práticas recomendadas. Os dados que a Microsoft coletou após implementar o SDL mostram uma redução

Figura 18.1

O modelo de processo de desenvolvimento seguro de *software* na Microsoft.

Adaptada de Shunn, A., et al. Strengths in Security Solutions, Software Engineering Institute, Carnegie Mellon University, 2013. Disponível em http://resources.sei.cmu.edu/library/asset-view.cfm?assetid=77878.

Treinamento	Requisitos	Projeto	Implementação	Verificação	Versão	Resposta
Requisitos de segurança estabelecidos	Treinamento de fundamentos de segurança	Requisitos de projeto estabelecidos	Usar ferramentas aprovadas	Análise dinâmica	Plano de resposta a incidentes	Executar plano de resposta a incidentes
	Criar *quality gates/bug bars*	Analisar a superfície de ataque	Depreciar funções inseguras	Testes aleatórios (*Fuzzing*)	Revisão de segurança final	
	Avaliação do risco de segurança e privacidade	Modelagem de ameaças	Análise estática	Revisão da superfície de ataque	Arquivo de versões	

significativa nas vulnerabilidades, o que levou à necessidade de menos *patches* e, logo, economias significativas nos custos. Recomendamos que você navegue pelo *site* do SDL para aprender mais sobre essas práticas. Desde que o SDL foi desenvolvido, foram criados inúmeros artigos, livros, treinamentos e outros itens para acompanhar o modelo SDL.[1]

18.3 Atividades do ciclo de vida do desenvolvimento seguro

Uma abordagem diferente, independente do modelo de ciclo de vida, é a dos pontos de contato para segurança de *software* [McG06], segundo a qual as *atividades* (pontos de contato) são o que importa, não o modelo. As atividades podem ser incorporadas a qualquer modelo de ciclo de vida e, logo, são consideradas agnósticas em relação ao processo. Os pontos de contato formaram posteriormente a base para o BSIMM, um modelo de maturidade que discutiremos posteriormente neste capítulo. Algumas organizações consideram os pontos de contato como o conjunto mínimo de atividades que devem ser realizadas no desenvolvimento seguro de *software*. A Figura 18.2 oferece uma representação pictórica dos pontos de contato. No diagrama, as atividades de segurança recomendadas aparecem acima da atividade de desenvolvimento de *software*, ou fase do ciclo de vida.

Com o SDL e os pontos de contato em mente, vamos analisar algumas atividades importantes de desenvolvimento seguro de *software* associadas a eles.

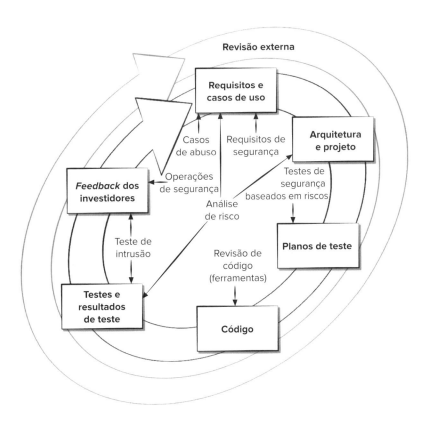

Figura 18.2
Pontos de contato de segurança de *software*.

---

1 Mais recentemente, a Microsoft demonstrou que as atividades de SDL podem ser integradas com uma abordagem de desenvolvimento ágil: https://www.microsoft.com/en-us/SDL/Discover/sdlagile.aspx.

18.4 Engenharia de requisitos de segurança

Apesar de os requisitos de segurança serem uma parte importante do desenvolvimento seguro de *software*, na prática, eles costumam ser negligenciados. Quando existem, muitas vezes são uma preocupação secundária, copiados de uma lista genérica de recursos de segurança. A engenharia de requisitos necessária para obter um conjunto melhor de requisitos de segurança quase nunca ocorre de fato [All08].

Em geral, a prática da engenharia de requisitos trabalha as características desejadas dos usuários. Logo, dá-se atenção à funcionalidade do sistema a partir da perspectiva do usuário, mas pouca atenção ao que o sistema *não* deve fazer [Bis02]. Os usuários esperam que os sistemas sejam seguros, e essas suposições precisam ser integradas aos requisitos de segurança dos sistemas de *software* antes de eles serem desenvolvidos, não depois. Muitas vezes, as suposições dos usuários sobre segurança são ignoradas porque os recursos e características do sistema são o foco principal.

Além dos modelos de ciclo de vida, existem muitos outros modelos de processo específicos aos requisitos de segurança, incluindo: artefatos dos requisitos fundamentais de segurança [Mof04], *Software Cost Reduction* (SCR – redução dos custos de *software*) [Hei02], SQUARE (*Security QUAlity Requirements Engineering* – engenharia de requisitos da qualidade de segurança) [Mea05] e *Security Requirements Engineering Process* (SREP – processo de engenharia de requisitos de segurança) [Mel06]. No restante desta seção, nos concentraremos no SQUARE, considerado um exemplo representativo dos modelos de ciclo de vida de segurança.

18.4.1 SQUARE

O SQUARE é um exemplo representativo do modelo de processo de engenharia de requisitos de segurança, mas é importante manter em mente que se você já tem um modelo de processo de desenvolvimento, como aquele apresentado no Capítulo 4, é possível simplesmente adotar algumas etapas do SQUARE para fortalecer e aprimorar o seu modelo existente. Não é preciso desenvolver um processo completamente novo para trabalhar a segurança nas suas atividades de desenvolvimento de *software*. Sugerimos que você adicione definições de segurança ao seu glossário; realize análises de risco, incluindo a identificação de possíveis ataques por meio de casos de mau uso ou modelagem de ameaças; desenvolva estratégias de mitigação; e categorize e priorize os possíveis requisitos de segurança.

O modelo de processo SQUARE considera o levantamento, a categorização e a priorização dos requisitos de segurança para sistemas de *software* intensivo, com foco na integração dos conceitos de segurança aos estágios iniciais do ciclo de vida de desenvolvimento. Ele também pode ser utilizado em sistemas em campo e naqueles que estão passando por melhorias e modificações. O processo é mostrado na Tabela 18.1, seguido por breves descrições de cada etapa.

18.4.2 O processo SQUARE

A melhor forma de aplicar o processo SQUARE é por meio dos engenheiros de requisitos e especialistas em segurança, com o apoio dos envolvidos e dos gestores executivos. A seguir, vamos analisar as etapas do processo.[2]

Etapa 1. Chegue a um acordo sobre as definições. Para que não haja confusão semântica, esta etapa é um pré-requisito necessário para a engenharia de

---

2 Para se aprofundar, consulte os recursos disponíveis no *site* deste livro (em inglês).

TABELA 18.1 O processo SQUARE

Número	Etapa	Entrada	Técnicas	Participantes	Produto
1	Chegue a um acordo sobre as definições.	Definições candidatas do IEEE e outros padrões	Entrevistas estruturadas, grupo focal	Envolvidos, equipe de requisitos	Definições concordadas
2	Identifique ativos e objetivos de segurança.	Definições, objetivos e ativos candidatos, fatores de negócios, políticas e procedimentos, exemplos	Sessão de trabalho facilitada, questionários, entrevistas	Envolvidos, engenheiro de requisitos	Ativos e objetivos de segurança
3	Desenvolva artefatos para apoiar a definição dos requisitos de segurança.	Artefatos em potencial (p. ex., cenários, casos de mau uso, modelos, formulários)	Sessão de trabalho	Engenheiro de requisitos	Artefatos necessários: cenários, casos de mau uso, modelos, formulários
4	Realize a avaliação do risco (de segurança).	Casos de mau uso, cenários, objetivos de segurança	Método de análise de risco, análise de risco esperado contra tolerância organizacional ao risco, incluindo análise de ameaças	Engenheiro de requisitos, especialista em riscos, envolvidos	Resultados da avaliação do risco
5	Selecione técnicas de levantamento.	Objetivos, definições, técnicas candidatas, conhecimento especializado de envolvidos, estilo organizacional, cultura, nível de segurança necessário, análise da relação custo-benefício, etc.	Sessão de trabalho	Engenheiro de requisitos	Técnicas de levantamento selecionadas
6	Levante os requisitos de segurança.	Artefatos, resultados da avaliação do risco, técnicas selecionadas	Método de requisitos acelerados (ARM, do inglês *Accelerated Requirements Method*), desenvolvimento conjunto da aplicação (JAD, do inglês *Joint Application Development*), entrevistas, questionários, análise baseada em modelos, listas de verificação, listas de tipos de requisitos reutilizáveis, revisões de documentos	Envolvidos facilitados por engenheiro de requisitos	Primeiro rascunho dos requisitos de segurança
7	Categorize os requisitos em termos de nível (sistema, *software*, etc.) e se são requisitos ou outros tipos de restrições.	Requisitos iniciais, arquitetura	Sessão de trabalho usando conjunto padrão de categorias	Engenheiro de requisitos, outros especialistas quando necessário	Requisitos categorizados
8	Organize os requisitos por grau de prioridade.	Requisitos categorizados e resultados da avaliação do risco	Métodos de priorização, como processo de análise hierárquica (AHP, do inglês *Analytical Hierarchy Process*), triagem, ganha-ganha, etc.	Envolvidos facilitados por engenheiro de requisitos	Requisitos priorizados
9	Inspecione os requisitos.	Requisitos priorizados, técnica de inspeção formal candidata	Método de inspeção, como Fagan e revisões por pares	Equipe de inspeção	Requisitos selecionados iniciais, documentação do processo de tomada de decisão e justificativa

requisitos de segurança. Os membros de equipe tendem a ter definições em mente baseadas na sua experiência prévia, mas tais definições muitas vezes são diferentes umas das outras [Woo05]. Fontes como o Instituto de engenheiros eletricistas e eletrônicos (IEEE) e o *Software* Engineering Body of Knowledge (SWEBOK) oferecem uma série de definições que podem ser selecionadas ou adaptadas [SWE14].

Etapa 2. Identifique ativos e objetivos de segurança. Esta etapa ocorre no nível organizacional do projeto e é necessária para apoiar o desenvolvimento do *software*. Envolvidos diferentes normalmente se preocupam com ativos diferentes e, logo, têm objetivos diferentes. Por exemplo, um envolvido do departamento de recursos humanos pode estar preocupado em preservar a confidencialidade das informações do pessoal, enquanto os envolvidos na área de pesquisa podem estar preocupados em garantir que as informações do projeto de pesquisa não serão acessadas, modificadas ou roubadas.

Etapa 3. Desenvolva artefatos. Esta etapa é necessária para apoiar todas as atividades subsequentes de engenharia de requisitos de segurança. Muitas vezes, as organizações não têm os documentos críticos necessários para apoiar a definição dos requisitos, ou então estes podem estar desatualizados. Isso significa que muito tempo pode ser gasto voltando atrás para tentar obter documentos ou a equipe pode precisar atualizá-los antes de avançar.

Etapa 4. Realize a avaliação do risco. Esta etapa exige um especialista em métodos de avaliação do risco, o apoio dos envolvidos e o apoio de um engenheiro de requisitos de segurança. Existe uma série de métodos de avaliação do risco, mas, independentemente de qual você escolher, os resultados da avaliação podem ajudá-lo a identificar os riscos de segurança de alta prioridade.

Etapa 5. Selecione técnicas de levantamento. Esta etapa se torna importante quando há diversidade de envolvidos. Uma técnica de levantamento mais formal, como o ARM [Hub99], o JAD [Woo89] ou entrevistas estruturadas, pode ter sucesso em superar os problemas de comunicação quando os envolvidos vêm de culturas diferentes. Em outros casos, o levantamento pode simplesmente consistir em reunir-se com um envolvido primário para tentar entender as suas necessidades em termos de requisitos de segurança.

Etapa 6. Levante os requisitos de segurança. Esta etapa abrange o processo de levantamento em si, usando a técnica selecionada. A maioria das técnicas de levantamento oferece orientações detalhadas sobre como realizar o levantamento, partindo dos artefatos desenvolvidos nas etapas anteriores.

Etapa 7. Categorize os requisitos. Esta etapa permite que o engenheiro de requisitos de segurança diferencie os requisitos essenciais dos objetivos (requisitos desejados) e restrições arquiteturais que podem estar presentes. Essa categorização também ajuda na atividade de priorização subsequente.

Etapa 8. Organize os requisitos por grau de prioridade. Esta etapa depende do passo anterior e pode também envolver a realização de uma análise da relação custo-benefício para determinar quais requisitos de segurança têm uma boa contrapartida em relação ao seu custo. Obviamente, a priorização também pode depender de outras consequências das violações de segurança, como mortes, perda de reputação e perda da confiança do consumidor.

Etapa 9. Inspecione os requisitos. Esta atividade de revisão pode ser realizada com diversos níveis de formalidade, como discutido no Capítulo 16. Após a

Capítulo 18   Engenharia de segurança de *software*   **363**

inspeção estar completa, a equipe do projeto deve ter em mãos um conjunto inicial priorizado de requisitos de segurança que pode ser revisitado posteriormente no projeto, se necessário.

18.5   Casos de mau uso e abuso e padrões de ataque

Os casos de *mau uso* (ou *abuso*) podem ajudá-lo a enxergar o seu *software* pelos olhos dos invasores. Ao pensar sobre eventos negativos, você entende melhor como desenvolver *software* seguro. Um caso de mau uso pode ser imaginado como um caso de uso iniciado pelo invasor.

Um dos objetivos dos casos de mau uso [Sin00] é decidir desde o início como o *software* deve reagir a ataques em potencial. Você também pode utilizar casos de mau uso e casos de uso normais para conduzir análises de ameaças e imprevistos [Ale03].

Sugerimos usar sessões de *brainstorming* para desenvolver os casos de mau uso. Uma equipe que combine especialistas em segurança com especialistas na área permite que você trabalhe uma área muito maior mais rapidamente. Durante as sessões de *brainstorming,* os especialistas em segurança de *software* fazem muitas perguntas aos desenvolvedores para ajudar a identificar quais serão os pontos fracos mais prováveis do *software*. O processo envolve uma análise cuidadosa de todas as interfaces do usuário e considera eventos que os desenvolvedores pressupõem serem impossíveis, mas que os invasores podem provocar de fato.

As perguntas que precisamos considerar incluem: como o sistema diferencia dados de entrada válidos dos inválidos? Ele sabe se um pedido está vindo de uma aplicação legítima ou de uma aplicação ilegítima? Um usuário interno pode causar o mau funcionamento do sistema? Tentar responder essas perguntas ajuda os desenvolvedores a analisar suas suposições e permite que consertem os problemas de antemão.

Os casos de mau uso podem ser apresentados em forma de tabela ou de diagrama. A Figura 18.3 oferece um exemplo de caso de mau uso que mostra como o *malware* DroidCleaner consegue atacar telefones celulares usando um aplicativo de *e-mail* de código aberto chamado K-9. O exemplo foi extraído de um relatório muito maior que você pode considerar interessante [Ali14].

Neste caso de mau uso, o usuário mantém o *e-mail* na área de armazenamento externo do telefone. O invasor compromete o sistema operacional do telefone para acessar o seu armazenamento. Uma forma comum de ter acesso ao telefone é enganar o usuário e convencê-lo a instalar um cavalo de Troia (Trojan), ao qual o usuário, sem saber, concede acesso ao *drive* durante o processo de instalação. Com isso, o invasor consegue usar o cavalo de Troia para fazer *download* de arquivos, incluindo o conteúdo do *e-mail*.

Os padrões de ataque podem ser úteis ao fornecerem um plano básico para a criação de um ataque. Por exemplo, um tipo de exploração de segurança é o transbordamento de dados (também conhecido como "estouro do *buffer*" ou "*buffer overflow*"), no qual os invasores se aproveitam de um transbordamento para usar passos semelhantes [OWA16]. Os padrões de ataque documentam esses passos (p. ex., *timing*, recursos, técnicas) e as práticas que os desenvolvedores de *software* podem utilizar para impedir o seu sucesso ou atenuar os seus efeitos [Hog04]. Quando tentamos desenvolver casos de mau uso e abuso, os padrões de ataque podem ser úteis.

Os casos de mau uso precisam ser priorizados enquanto são gerados. Além disso, eles precisam encontrar o ponto de equilíbrio entre custo e benefício. O orçamento do projeto pode não ser suficiente para que a equipe de *software* implemente todas

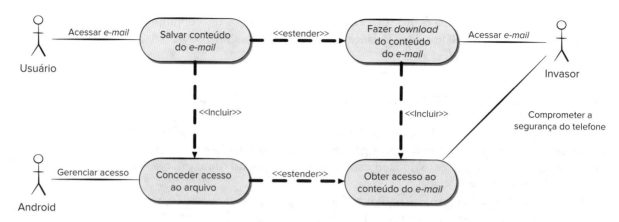

Figura 18.3
Caso de mau uso (explorado pelo DroidCleaner): dados em um *e-mail* armazenados no *smartphone* são roubados.

as estratégias de mitigação definidas ao mesmo tempo. Nesses casos, as estratégias podem ser priorizadas e implementadas de forma incremental. A equipe também pode excluir determinados casos, considerados extremamente improváveis.

Diversas fontes de referência fornecem modelos de casos de mau uso e abuso, que podem ser textos ou diagramas e podem ser apoiados por ferramentas. Os materiais de Sindre e Opdahl [Sin01] e Alexander [Ale02] incluem boas fontes de modelos.

18.6 Análise de risco de segurança

Foram propostos diversos métodos de avaliação do risco de segurança. Dois exemplos típicos são o método Security Engineering Risk Analysis (SERA – análise do risco de engenharia da segurança), do SEI CERT,[3] e o Risk Management Framework (RMF – metodologia de gestão de riscos), do National Institute of Standars and Technology (NIST – Instituto Nacional de Padrões e Tecnologia).[4]

O RMF se tornou uma abordagem amplamente utilizada e oferece diretrizes e orientações para os usuários. As etapas de segurança do RMF são:

- **Categorizar** o sistema de informação e as informações processadas, armazenadas e transmitidas pelo sistema com base em uma análise de impacto.
- **Selecionar** um conjunto inicial de controles de segurança básicos para o sistema de informação com base na categorização de segurança; usando uma avaliação organizacional das condições locais e do risco, adaptar e complementar os controles de segurança básicos, se necessário.
- **Implementar** os controles de segurança e descrever como estes são empregados no sistema de informação e no seu ambiente operacional.
- **Avaliar** os controles de segurança utilizando procedimentos de avaliação apropriados para determinar até que ponto os controles são implementados corretamente, operam como pretendido e produzem o resultado desejado com relação aos requisitos de segurança do sistema.

---

3 Consulte https://resources.sei.cmu.edu/library/asset-view.cfm?assetid=485410.
4 Consulte https://csrc.nist.gov/publications/detail/sp/800-37/rev-1/final.

Capítulo 18   Engenharia de segurança de *software*   **365**

- **Autorizar** a operação do sistema de informação com base em uma determinação de que o risco às operações e aos ativos organizacionais, aos indivíduos ou a outras organizações (incluindo a defesa nacional) é aceitável.
- **Monitorar** continuamente os controles de segurança no sistema de informação, incluindo avaliar a eficácia do controle, documentar alterações no sistema ou no seu ambiente de operações, conduzir análises de impacto na segurança das alterações associadas e informar o estado da segurança do sistema aos representantes organizacionais designados.

É importante observar que o NIST também oferece um conjunto de controles de segurança que podem ser selecionados, o que simplifica o trabalho de avaliação do risco. Mais recentemente, o RMF foi modificado para levar em conta preocupações relacionadas à privacidade.

18.7   Modelagem de ameaças, priorização e mitigação

Um método de modelagem de ameaças (TMM, do inglês *threat modeling method*) é uma abordagem para criar uma abstração de um sistema de *software* com o objetivo de identificar as habilidades e os objetivos dos invasores e utilizar essa abstração para gerar e catalogar possíveis ameaças que o sistema deve mitigar [Shu16].

O STRIDE (um acrônimo de seis categorias de ameaças) é representativo de diversos métodos de modelagem de ameaças [Mea18] e é o TMM mais tradicional, representando o estado de arte da prática. Fundamentalmente, o STRIDE requer a divisão do sistema em seus diversos elementos componentes, a avaliação de cada um deles em termos de vulnerabilidade a ameaças e, então, a mitigação dessas ameaças [Her06]. Na prática, uma implementação típica do STRIDE inclui a modelagem de um sistema usando diagramas de fluxos de dados (DFDs),[5] o mapeamento dos elementos do DFD em relação às seis categorias de ameaça, a determinação de ameaças específicas usando listas de verificação ou árvores de ataque e a documentação das ameaças e das suas respectivas medidas de prevenção [Sca15]. O STRIDE pode ser implementado manualmente; contudo, uma ferramenta gratuita do Microsoft Secure Development Lifecycle (SDL), o Threat Modeling Tool [Mic17], também pode ser utilizada. A Tabela 18.2 identifica a propriedade de segurança associada com cada uma das seis categorias de ameaça.

TABELA 18.2   Categorias de ameaça e propriedades de segurança

Ameaça	Propriedade de segurança
Falsificação (*spoofing*)	Autenticação
Violação (*tampering*)	Integridade
Repúdio	Não repúdio
Divulgação de informações (*information disclosure*)	Confidencialidade
Negação de serviço (*denial of service*)	Disponibilidade
Elevação de privilégio	Autorização

---

5   Um breve tutorial sobre diagramas de fluxos de dados está disponível em https://ratandon.mysite. syr.edu/cis453/notes/DFD_over_Flowcharts.pdf.

366 Engenharia de *software*

TABELA 18.3 Categorias de ameaça dos elementos do sistema do DFD

Elemento	Falsificação (*spoofing*)	Violação (*tampering*)	Repúdio	Divulgação de informações (*information disclosure*)	Negação de serviço (*denial of service*)	Elevação de privilégio
Fluxos de dados		X		X	X	
Repositórios de dados		X		X	X	
Processos	X	X	X	X	X	X
Entidade externa	X		X			

Os DFDs são projetados para mostrar como um sistema funciona usando símbolos padrões para representar graficamente a interação entre repositórios de dados (p. ex., bancos de dados, arquivos, registros), processos (p. ex., DLLs, serviços Web), fluxos de dados (p. ex., chamadas de função, chamadas a procedimentos remotos) e entidades externas (p. ex., pessoas, outros sistemas) [Sho14]. Uma vez completos, cada um desses elementos de sistema pode então ser associado a uma ou mais categorias de ameaça relevantes, como representado na Tabela 18.3.

Na próxima etapa, o usuário típico do STRIDE repassa uma lista de verificação (que pode assumir a forma de uma árvore de ataque) de ameaças específicas associadas com cada correspondência entre um elemento do DFD e uma categoria de ameaça. Essas listas de verificação estão disponíveis em livros de referência e ferramentas de STRIDE.

Após as ameaças serem identificadas, as estratégias de mitigação podem ser desenvolvidas e priorizadas. Em geral, a priorização se baseia em considerações sobre custos e valor. Considerar o custo de se implementar a estratégia de mitigação é importante, mas é igualmente importante considerar o custo de *não* implementá-la, o que se reflete no valor. Lembre-se que os riscos realizados resultam em custos que não se expressam apenas em termos monetários, pois também podem causar prejuízo à reputação, perda de confiança e até mortes.

18.8 Superfície de ataque

A *superfície de ataque* pode ser definida[6] da seguinte maneira:

A superfície de ataque descreve todos os diferentes pontos nos quais um invasor pode entrar em um sistema e dos quais ele poderia extrair dados.

A superfície de ataque de uma aplicação é:

1. a soma de todos os caminhos de dados/comandos para dentro e para fora da aplicação;
2. o código que protege tais caminhos (incluindo autenticação e conexão de recursos, autorização, *logs* de atividades, validação de dados e codificação);
3. todos os dados valiosos usados na aplicação, incluindo segredos e chaves, propriedade intelectual, dados de negócio críticos, dados pessoais e IPI; e
4. o código que protege esses dados (incluindo criptografia e *checksums*, auditoria de acesso e controles de segurança operacional e de integridade dos dados). [OWA18]

---

6 Consulte https://github.com/OWASP/CheatSheetSeries/blob/master/cheatsheets/Attack_Surface_Analysis_Cheat_Sheet.md.

Capítulo 18 Engenharia de segurança de *software* **367**

Segundo a OWASP Foundation [OWA18], a análise da superfície de ataque é:

> (...) direcionada para o uso por desenvolvedores para entenderem e gerenciarem os riscos de segurança quando projetam e alteram aplicativos, assim como por especialistas em segurança de aplicativos que realizam avaliações de riscos de segurança. O foco está em proteger o aplicativo de ataques externos, sem levar em conta ataques aos usuários ou operadores do sistema (p. ex., injeção de *malware*, ataques de engenharia social), e há menos foco em ameaças internas, ainda que os princípios continuem os mesmos. A superfície de ataque interna tende a ser diferente da superfície de ataque externa, e alguns usuários podem ter amplo acesso.
>
> A análise da superfície de ataque trata de mapear quais partes do sistema precisam ser analisadas e testadas em busca de vulnerabilidades de segurança. A ideia da análise da superfície de ataque é entender as áreas de risco de um aplicativo e conscientizar os desenvolvedores e especialistas em segurança sobre quais partes do aplicativo estão expostas a ataques, encontrar maneiras de minimizar essa situação e perceber quando e como a superfície de ataque muda e o que isso significa a partir da perspectiva dos riscos.

18.9 Codificação segura

A *codificação segura* é exatamente o que o nome sugere – a elaboração de código de forma que não sejam inseridas vulnerabilidades devido a erros de codificação. Não surpreende que a maioria das vulnerabilidades de *software* ocorre em razão de práticas errôneas e desleixadas de codificação, muitas das quais são fáceis de evitar.

Por exemplo, a condição conhecida como *transbordamento de dados* é o resultado de um dos erros de codificação mais comuns e mais conhecidos. A OWASP[7] o descreve da seguinte maneira:

> A condição de transbordamento de dados existe quando um programa tenta colocar mais dados no *buffer* do que este suporta ou quando um programa tenta colocar dados em uma área de memória além do *buffer*. Neste caso, o *buffer* é uma seção sequencial da memória alocada para conter uma informação qualquer, desde uma sequência de caracteres a uma matriz de números inteiros. Gravar fora dos limites do bloco de memória alocada pode corromper os dados, causar pane no programa ou levar à execução de códigos mal-intencionados.

O transbordamento de dados é apenas um exemplo dos erros de codificação que podem resultar em vulnerabilidades. Felizmente, hoje existem diversos padrões que servem como diretrizes para a codificação segura. O *site* do SEI/CERT[8] fornece uma lista das dez melhores práticas de codificação segura:

1. **Valide as entradas.** Valide as entradas de todas as fontes de dados não confiáveis.
2. **Preste atenção nos avisos do compilador.** Compile o código usando o mais alto nível de aviso disponível para o seu compilador e modifique o código para eliminar tais avisos.
3. **Pratique arquitetura e projeto para políticas de segurança.** Crie uma arquitetura de *software* e projete seu *software* para implementar e aplicar as políticas de segurança.
4. **Descomplique.** Mantenha o projeto tão simples e pequeno quanto puder.
5. **Negue por padrão.** Baseie as decisões sobre acesso em permissões, não em exclusões.

---

7   Consulte https://www.owasp.org/index.php/Buffer_overflow_attack.

8   Consulte https://wiki.sei.cmu.edu/confluence/display/seccode/Top+10+Secure+Coding+Practices.

368 Engenharia de *software*

6. **Siga o princípio do privilégio mínimo.** Todo processo deve ser executado com o conjunto mínimo de privilégios necessários para completar o serviço.

7. **Higienize dados enviados para outros sistemas.** Higienize todos os dados repassados para subsistemas complexos, como *shells* de comando, bancos de dados relacionais e componentes de *software* comercial de prateleira (COTS, do inglês *commercial off-the-shelf*).

8. **Pratique a defesa em profundidade.** Use múltiplas estratégias defensivas para gerenciar os riscos.

9. **Use técnicas eficazes de garantia de qualidade.**

10. **Adote um padrão de codificação segura.**

A SEI/CERT e outras organizações também publicam padrões de codificação segura.[9] Além de usar um padrão de codificação segura, você deve realizar inspeções em busca de erros de codificação que levem a vulnerabilidades. É um passo adicional natural ao seu processo de revisão e inspeção de código normal (Capítulo 16). As *ferramentas de análise estática*[10] são usadas para analisar automaticamente o código e representam outro mecanismo para detectar vulnerabilidades causadas por erros de codificação.

18.10 Medição

Desenvolver medidas adequadas de segurança de *software* é um problema difícil, para o qual existem diversos pontos de vista. Por um lado, podemos analisar os processos de desenvolvimento seguidos e avaliar se o *software* resultante tende ou não a ser seguro. Por outro lado, podemos observar a incidência de vulnerabilidades e invasões bem-sucedidas e medi-las de forma a avaliar a segurança do *software*. Contudo, nenhuma dessas abordagens de medições nos permite afirmar com certeza que o nosso *software* é seguro. Quando adicionamos *software* de apoio, como sistemas operacionais e sistemas interoperacionais externos, a medição da segurança de *software* se torna ainda mais difícil. Todavia, o progresso até o momento não foi nulo.

As medidas de qualidade do *software* representam um passo importante na medição da segurança de *software*. Mais especificamente, as vulnerabilidades sempre apontam para defeitos de *software*. Nem todos os defeitos de *software* são problemas de segurança, mas as vulnerabilidades do *software* em geral são o resultado de algum tipo de defeito, esteja ele nos requisitos, na arquitetura ou no código. Por consequência, medidas como contagem de defeitos e de vulnerabilidades [Woo14] podem ser úteis. A Microsoft utiliza medidas, como a análise da superfície de ataque, e tenta minimizar a superfície de ataque (pontos nos quais o *software* pode ser comprometido).

Assim como o uso de modelos de maturidade, como o CMMI (*capability maturity model integration* – modelo de maturidade em capacitação – integração) (Capítulo 28), sugere que o resultado será a produção de *software* de melhor qualidade, processos de desenvolvimento de segurança mais maduros, como aqueles enfatizados pelo Building Security in Maturity Model (BSIMM),[11] resultam em *software* mais seguro. Em alguns casos, as organizações são incentivadas a identificar o conjunto específico de métricas de segurança relevante para elas. Tanto o BSIMM quanto o Software Assurance Maturity Model (SAMM) fazem referência a esse conceito.[12]

---

9 Consulte https://wiki.sei.cmu.edu/confluence/display/seccode/SEI+CERT+Coding+Standards.

10 Uma lista de todas as ferramentas disponíveis comercialmente pode ser encontrada em https://en.wikipedia.org/wiki/List_of_tools_for_static_code_analysis.

11 Consulte https://www.bsimm.com/.

12 Consulte https://www.owasp.org/index.php/OWASP_SAMM_Project.

É importante observar que nenhuma das características de medição sugeridas pelos diversos modelos de maturidade é perfeita. Seguir bons processos de desenvolvimento seguro de *software* garante que o *software* produzido será seguro? Não! Se encontrar várias vulnerabilidades, isso significa que a maioria foi encontrada ou que ainda há mais escondidas, pois você está analisando um *software* particularmente ruim? Não temos respostas simples. Contudo, para avaliar vulnerabilidades e a segurança de *software* associada, coletamos dados para que possamos analisar padrões ao longo do tempo. Se não coletarmos dados sobre segurança de *software*, nunca conseguiremos medir a sua melhoria.

As Tabelas 18.4 e 18.5 apresentam exemplos de como avaliar a segurança do *software* durante cada fase do ciclo de vida. As tabelas completas e a discussão sobre elas podem ser encontradas em [Mea17] e [Alb10].

TABELA 18.4 Exemplos de medidas de fases do ciclo de vida

Fase do ciclo de vida	Exemplo de medidas de segurança de *software*
Engenharia de requisitos	Porcentagem dos princípios de segurança de *software* relevantes refletidos em ações específicas aos requisitos (supondo que os princípios de segurança essenciais para um determinado projeto de desenvolvimento foram selecionados).
	Porcentagem dos requisitos de segurança que foram sujeitados à análise (risco, viabilidade, custo-benefício, prós e contras para desempenho) antes de serem incluídos nas especificações.
	Porcentagem dos requisitos de segurança abrangidos por padrões de ataque, casos de mau uso e abuso e outros meios específicos de análise e modelagem de ameaças.
Arquitetura e projeto	Porcentagem dos componentes de arquitetura e de projeto sujeitos à medição e análise da superfície de ataque.
	Porcentagem dos componentes de arquitetura e de projeto sujeitos à análise do risco de arquitetura.
	Porcentagem de controles de segurança de alto valor abrangidos por um padrão de projeto de segurança.

TABELA 18.5 Exemplos de medidas baseadas nos sete princípios de evidências

Princípio	Descrição
Risco	Número de ameaças ativas e latentes, categorizadas.
	Incidentes informados por categoria da ameaça.
	Probabilidade de ocorrência para cada categoria de ameaça.
	Estimativa de impacto financeiro e/ou humano para cada categoria de ameaça.
Dependências confiáveis	Número de níveis de terceirização na cadeia logística (em outras palavras, os terceirizados também terceirizam? E até onde vai essa atividade?).
	Número de fornecedores por nível.
	Dependências hierárquicas e paritárias entre fornecedores por nível.
	Número de fornecedores confiáveis (investigados e aprovados) na cadeia logística por nível.

18.11 Modelos de maturidade e melhoria do processo de segurança

Existem diversos modelos de maturidade e de melhoria de processos para o desenvolvimento de *software* em geral, como o CMMI.[13] Para a maturidade da cibersegurança, o CMMI Institute oferece um novo produto, a plataforma Cyber Capability Maturity Management.[14] A OWASP oferece o SAMM.[15] O SAMM é um *framework* aberto para ajudar organizações a formularem e implementarem uma estratégia de segurança de *software* adaptada aos riscos específicos enfrentados pela organização.

Uma discussão completa sobre esses modelos vai além do escopo deste livro. Para uma visão simples e resumida, considere o objetivo geral do SAMM:

- Avaliar as práticas de segurança de *software* existentes da organização.
- Criar um programa de garantia da segurança de *software* equilibrada em iterações bem-definidas.
- Demonstrar melhorias concretas no programa de garantia da segurança.
- Definir e medir atividades relacionadas à segurança em toda a organização.

Um dos modelos de maturidade mais conhecidos entre aqueles desenvolvidos especificamente para a segurança de *software* é o BSIMM. O BSIMM tem novas versões periódicas, geralmente a cada um ou dois anos. O modelo BSIMM e os seus recentes resultados de avaliação resumidos estão disponíveis para *download* no *site* do BSIMM.[16] De acordo com os desenvolvedores do BSIMM, este foi produzido para ser usado por quem pretende criar e executar uma iniciativa de segurança de *software*.

Todos os modelos de maturidade mencionados acima (e outros) têm seus benefícios, e os elementos essenciais dos modelos estão disponíveis gratuitamente. Contudo, às vezes, a avaliação é realizada por entidades externas. É possível realizar autoavaliações internas e definir o programa de melhoria associado, mas isso exige recursos e esforços exclusivos. Por outro lado, algumas dessas organizações têm programas de avaliação, o que oferece uma visão externa dos pontos fortes e das áreas de melhoria em uma organização de *software*.

18.12 Resumo

Todos os engenheiros de *software* devem ter uma ideia sobre o que é preciso para desenvolver um *software* seguro. Os passos necessários para melhorar a segurança dos seus produtos de *software* são relevantes em todas as atividades do processo de *software*, seja qual for o modelo de processo utilizado.

Apesar de ainda haver muitas perguntas sem resposta e tecnologias que precisam de mais pesquisas, hoje temos muitos recursos disponíveis para ajudar com esse desafio. Para cada atividade que normalmente ocorre no processo de *software*, tente incorporar aspectos de segurança. Modelos como Microsoft SDL e o SQUARE podem ser avaliados para determinar quais etapas você poderia incorporar ao seu processo de desenvolvimento.

---

13 Consulte https://cmmiinstitute.com/.
14 Consulte https://cmmiinstitute.com/products/cybermaturity.
15 Consulte https://www.owasp.org/index.php/OWASP_SAMM_Project.
16 Consulte https://www.bsimm.com/.

Adicione segurança à atividade de análise de riscos, especialmente usando as orientações detalhadas que o NIST disponibiliza. Dada a quantidade de padrões de codificação segura que já existem, certamente seria possível que qualquer um aprendesse a produzir código de maneira segura. Inspecione o seu código em busca das vulnerabilidades que ainda restam. Aprenda a identificar brechas na segurança e desenvolva e priorize estratégias de mitigação. Realize testes de análise estática com o seu código. Visite os sites da OWASP e do BSIMM, entre outros, para aprender mais sobre maturidade na engenharia de segurança de *software*.

À medida que o *software* se torna mais onipresente, o número de vulnerabilidades e de casos de invasão bem-sucedidos também cresce. Todos precisaremos lutar juntos para conter essa maré de ataques, mas muitas das ferramentas necessárias para enfrentar o problema já existem. As consequências de ignorar a segurança de *software* são graves, mas os benefícios do desenvolvimento de *software* seguro são enormes.

Problemas e pontos a ponderar

18.1. Qual é a coisa mais importante que uma equipe de *software* pode fazer para melhorar a segurança do *software*?

18.2. Se fosse recomendar à sua organização uma atividade para melhorar a segurança de *software*, qual seria? Se fosse recomendar múltiplas atividades, quais seriam? E quais seriam as prioridades, considerando que é improvável que todas sejam implementadas ao mesmo tempo?

18.3. Como você incorporaria a segurança de *software* ao seu modelo de processo existente ou a um novo modelo de processo?

18.4. Reúna-se com um colega e identifique riscos de segurança em um projeto de *software* em desenvolvimento. Crie estratégias de mitigação e priorize-as.

18.5. Você está coletando dados de medições que poderiam ser utilizados ou reaproveitados para ajudar a medir a segurança do *software*? Se não, há dados que poderiam ser coletados facilmente com essa finalidade?

18.6. Use a Internet para encontrar os detalhes necessários para criar um padrão de ataque por *phishing*.

18.7. Explique alguns dos problemas que podem ser encontrados se você trabalhar no risco à segurança depois de concluído um sistema.

18.8. Use a Internet para determinar o custo médio para o consumidor de uma única incidência de roubo de identidade.

18.9. Considere um aplicativo móvel que você utiliza no seu telefone celular pessoal. Liste três a cinco riscos de segurança que os desenvolvedores devem considerar quando desenvolvem aplicativos semelhantes a ele.

18.10. Determine os requisitos de segurança de um aplicativo móvel do tipo carteira para pagamento de contas.

Elemento de design: Ícone de lupa da seção Panorama: © Roger Pressman

19

Teste de *software* – Nível de componentes

Conceitos-chave

teste do caminho básico. . 384
teste caixa-preta 388
análise de valor limite . . . 389
teste de conjunto. 390
teste de estrutura de
controle 386
complexidade
ciclomática. 385
depuração 373
particionamento de
equivalência 389
grupo independente
de teste. 375
teste de integração 375
teste de interface. 388
teste orientado
a objetos 390
scaffolding 379
teste de sistema. 376
métodos de teste. 373
estratégias de teste 373
teste de unidade 376
teste de validação 376
verificação 373
teste caixa-branca 383

O teste de componentes de *software* incorpora uma estratégia que descreve os passos a serem executados como parte do teste, define quando esses passos são planejados e então executados e quanto trabalho, tempo e recursos serão necessários. Dentro dessa estratégia, o teste de componentes de *software* implementa um conjunto de táticas de teste de componentes que envolve planejamento dos testes, projeto de casos de teste, execução dos testes e coleta e avaliação dos dados resultantes. Este capítulo considera ambas as estratégias e as táticas de teste de componentes.

Para ser eficaz, uma estratégia de teste de componentes deve ser flexível o bastante para promover uma estratégia de teste personalizada, mas rígida o bastante

---

Panorama

O que é? O *software* é testado para revelar erros cometidos inadvertidamente quando ele foi projetado e construído. Uma estratégia de teste de componentes de *software* considera o teste de componentes individuais e a sua integração a um sistema em funcionamento.

Quem realiza? Uma estratégia de teste de componentes de *software* é desenvolvida pelo gerente de projeto, pelos engenheiros de *software* e pelos especialistas em testes.

Por que é importante? O teste muitas vezes exige mais trabalho de projeto do que qualquer outra ação da engenharia de *software*. Se for feito casualmente, perde-se tempo, fazem-se esforços desnecessários, e, ainda pior, erros passam sem ser detectados.

Quais são as etapas envolvidas? O teste começa pelo "pequeno" e passa para o "grande". Ou seja, os testes iniciais focam em um único componente ou em um pequeno grupo de componentes relacionados e descobrem erros nos dados e na lógica de processamento que foram encapsulados pelo(s) componente(s). Depois de testados, os componentes devem ser integrados até que o sistema completo esteja pronto.

Qual é o artefato? A *especificação do teste* documenta a abordagem da equipe de *software* para o teste, definindo um plano que descreve uma estratégia global e um procedimento e designando etapas específicas de teste e os tipos de casos de teste que serão feitos.

Como garantir que o trabalho foi realizado corretamente? Um plano e um procedimento de teste eficazes levarão a uma construção ordenada do *software* e à descoberta de erros em cada estágio do processo de construção.

Capítulo 19 Teste de *software* – Nível de componentes **373**

para estimular um planejamento razoável e o acompanhamento à medida que o projeto progride. O teste de componentes ainda é responsabilidade dos engenheiros de *software* individuais. Quem realiza o teste, de que forma os engenheiros comunicam os seus resultados uns para os outros e quando os testes são realizados são fatores determinados pela abordagem de integração de *software* e pela filosofia de projeto adotadas pela equipe de desenvolvimento.

Essas "abordagens e filosofias" são chamadas de *estratégia e tática*, assuntos que serão apresentados neste capítulo. No Capítulo 20, discutimos as técnicas de teste de integração que acabam definindo a estratégia de desenvolvimento da equipe.

19.1 Uma abordagem estratégica do teste de *software*

Teste é um conjunto de atividades que podem ser planejadas com antecedência e executadas sistematicamente. Por essa razão, deverá ser definido, para o processo de *software*, um modelo para o teste – um conjunto de etapas no qual podem ser empregadas técnicas específicas de projeto de caso de teste e métodos de teste.

Muitas estratégias de teste de *software* já foram propostas na literatura [Jan16] [Dak14] [Gut15]. Todas elas fornecem um modelo para o teste e todas têm as seguintes características genéricas:

- Para executar um teste eficaz, faça revisões técnicas eficazes (Capítulo 16). Fazendo isso, muitos erros serão eliminados antes do começo do teste.
- O teste começa no nível de componente e progride em direção à integração do sistema computacional como um todo.
- Diferentes técnicas de teste são apropriadas para diferentes abordagens de engenharia de *software* e em diferentes pontos no tempo.
- O teste é realizado pelo desenvolvedor do *software* e (para grandes projetos) por um grupo de teste independente.
- O teste e a depuração são atividades diferentes, mas a depuração deve ser associada a alguma estratégia de teste.

Uma estratégia de teste de *software* deve acomodar testes de baixo nível, necessários para verificar se um pequeno segmento de código fonte foi implementado corretamente, bem como testes de alto nível, que validam as funções principais do sistema de acordo com os requisitos do cliente. Uma estratégia deve fornecer diretrizes para o profissional e uma série de metas para o gerente. Como os passos da estratégia de teste ocorrem no instante em que as pressões pelo prazo começam a aumentar, deve ser possível medir o progresso no desenvolvimento, e os problemas devem ser revelados o mais cedo possível.

19.1.1 Verificação e validação

O teste de *software* é um elemento de um tema mais amplo, muitas vezes conhecido como verificação e validação (V&V). *Verificação* refere-se ao conjunto de tarefas que garantem que o *software* implemente corretamente uma função específica. *Validação* refere-se ao conjunto de tarefas que asseguram que o *software* foi criado

374 Engenharia de *software*

e pode ser rastreado segundo os requisitos do cliente. Boehm [Boe81] define de outra maneira:

> Verificação: "Estamos criando o produto corretamente?"
> Validação: "Estamos criando o produto certo?"

A definição de V&V abrange muitas atividades de garantia da qualidade do *software* (Capítulo 19).[1]

A verificação e a validação incluem uma ampla gama de atividades de garantia de qualidade de *software* (SQA, do inglês *software quality assurance*): revisões técnicas, auditorias de qualidade e configuração, monitoramento de desempenho, simulação, estudo de viabilidade, revisão de documentação, revisão de base de dados, análise de algoritmo, teste de desenvolvimento, teste de usabilidade, teste de qualificação, teste de aceitação e teste de instalação. Embora a aplicação de teste tenha um papel extremamente importante em V&V, muitas outras atividades também são necessárias.

O teste proporciona o último elemento a partir do qual a qualidade pode ser estimada e, mais pragmaticamente, os erros podem ser descobertos. Mas o teste não deve ser visto como uma rede de segurança. Como se costuma dizer, "Você não pode testar qualidade. Se a qualidade não está lá antes de um teste, ela não estará lá quando o teste terminar". A qualidade é incorporada ao *software* por meio do processo de engenharia de *software*, e os testes não podem ser simplesmente aplicados no final do processo para consertar tudo. A aplicação correta de métodos e ferramentas, de revisões técnicas eficazes e de um sólido gerenciamento e avaliação conduzem todos à qualidade que é confirmada durante o teste.

19.1.2 Organizando o teste de *software*

Para todo projeto de *software*, há um conflito de interesses inerente que ocorre logo que o teste começa. As pessoas que criaram o *software* são agora convocadas para testá-lo. Isso parece essencialmente inofensivo; afinal, quem conhece melhor o programa do que os seus próprios desenvolvedores? Infelizmente, esses mesmos desenvolvedores têm interesse em demonstrar que o programa é isento de erros e funciona de acordo com os requisitos do cliente – e que será concluído dentro do prazo e do orçamento previstos. Cada um desses interesses vai contra o teste completo.

Do ponto de vista psicológico, a análise e o projeto de *software* (juntamente com a sua codificação) são tarefas construtivas. O engenheiro de *software* analisa, modela e então cria um programa de computador e sua documentação. Como qualquer outro construtor, o engenheiro de *software* tem orgulho do edifício que construiu e encara com desconfiança qualquer um que tente estragar sua obra. Quando o teste começa, há uma tentativa sutil, embora definida, de "quebrar" aquela coisa que o engenheiro de *software* construiu. Do ponto de vista do construtor, o teste pode ser considerado (psicologicamente) destrutivo. Assim, o construtor vai, calmamente, projetando e executando testes que demonstram que o programa funciona, em vez de descobrir os erros. Infelizmente, no entanto, os erros estão presentes. E, se o engenheiro de *software* não os encontrar, o cliente encontrará!

---

1 Deve-se observar que há uma forte divergência de opinião sobre quais tipos de testes constituem "validação". Algumas pessoas acreditam que *todo* teste é verificação e que a validação é realizada quando os requisitos são examinados e aprovados – e, mais tarde, pelo usuário, com o sistema já em operação. Outras pessoas consideram o teste de unidade e de integração (Capítulos 19 e 20) como verificação e o teste de ordem superior (Capítulo 21) como validação.

Frequentemente, há muitas noções incorretas que podem ser inferidas a partir da discussão apresentada: (1) que o desenvolvedor de *software* não deve fazer nenhum teste; (2) que o *software* deve ser "atirado aos leões", ou seja, entregue a estranhos que realizarão testes implacáveis; e (3) que os testadores se envolvem no projeto somente no início das etapas do teste. Todas essas declarações são incorretas.

O desenvolvedor do *software* é sempre responsável pelo teste das unidades individuais (componentes) do programa, garantindo que cada uma execute a função ou apresente o comportamento para o qual foi projetada. Em muitos casos, o desenvolvedor também faz o *teste de integração* – uma etapa de teste que leva à construção (e ao teste) da arquitetura completa do *software*. Somente depois que a arquitetura do *software* está concluída é que o grupo de teste independente se envolve.

O papel de um *grupo independente de teste* (ITG, do inglês *independent test group*) é remover problemas inerentes associados ao fato de deixar o criador testar aquilo que ele mesmo criou. O teste independente remove o conflito de interesses que, de outra forma, poderia estar presente. Afinal, o pessoal do ITG é pago para encontrar erros.

No entanto, você não entrega simplesmente o programa para o pessoal do ITG e vai embora. O desenvolvedor e o pessoal do ITG trabalham juntos durante todo o projeto de *software* para garantir que testes completos sejam realizados. Enquanto o teste está sendo realizado, o desenvolvedor deve estar disponível para corrigir os erros encontrados.

O ITG faz parte da equipe de desenvolvimento de *software*, pois se envolve durante a análise e o projeto e permanece envolvido (planejando e especificando procedimentos de teste) durante o projeto inteiro. No entanto, em muitos casos, o ITG se reporta à organização de garantia de qualidade do *software*, adquirindo, assim, um grau de independência que poderia não ser possível se fizesse parte da equipe de engenharia de *software*.

19.1.3 Visão global

O processo de *software* pode ser visto como a espiral ilustrada na Figura 19.1. Inicialmente, a engenharia de sistemas define o papel do *software* e passa à análise dos requisitos de *software*, na qual são estabelecidos o domínio da informação, a função, o comportamento, o desempenho, as restrições e os critérios de validação para o

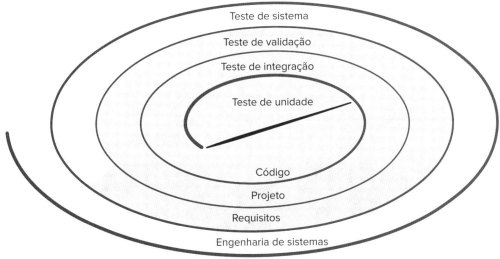

Figura 19.1
Estratégia de teste.

software. Deslocando-se para o interior da espiral, chega-se ao projeto e, por fim, à codificação. Para desenvolver *software* de computador, percorre-se a espiral para o interior ao longo de linhas que indicam a diminuição do nível de abstração a cada volta.

Uma estratégia para teste de *software* pode também ser vista no conceito da espiral (Figura 19.1). O *teste de unidade* começa no centro da espiral e se concentra em cada unidade (p. ex., componente, classe ou objeto de conteúdo de WebApp) do *software*, conforme implementado no código-fonte. O teste prossegue movendo-se em direção ao exterior da espiral, passando pelo *teste de integração*, em que o foco está no projeto e na construção da arquitetura de *software*. Continuando na mesma direção da espiral, encontramos o *teste de validação*, em que requisitos estabelecidos como parte dos requisitos de modelagem são validados em relação ao *software* criado. Por fim, chegamos ao *teste do sistema*, no qual o *software* e outros elementos são testados como um todo. Para testar um *software* de computador, percorre-se a espiral em direção ao seu exterior, ao longo de linhas que indicam o escopo do teste a cada volta.

Considerando o processo de um ponto de vista procedimental, o teste dentro do contexto de engenharia de *software* é, na realidade, uma série de quatro etapas implementadas sequencialmente. As etapas estão ilustradas na Figura 19.2. Inicialmente, os testes focalizam cada componente individualmente, garantindo que ele funcione adequadamente como uma unidade. Daí o nome *teste de unidade*. O teste de unidade usa intensamente técnicas de teste, com caminhos específicos na estrutura de controle de um componente para garantir a cobertura completa e a máxima detecção de erros. Em seguida, o componente deve ser montado ou integrado para formar o pacote de *software* completo. O teste de integração cuida de problemas associados a aspectos duais de verificação e construção de programa. Técnicas de projeto de casos de teste que focalizam entradas e saídas são mais predominantes durante a integração, embora técnicas que usam caminhos específicos de programa possam ser utilizadas para segurança dos principais caminhos de controle. Depois que o *software* foi integrado (construído), é executada uma série de *testes de ordem superior*. Os critérios de validação (estabelecidos durante a análise de requisitos) devem ser avaliados. O teste de validação proporciona a garantia final de que o *software* satisfaz a todos os requisitos funcionais, comportamentais e de desempenho.

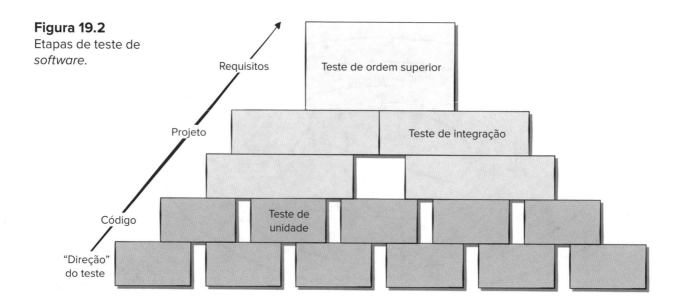

Figura 19.2
Etapas de teste de *software*.

A última etapa de teste de ordem superior extrapola os limites da engenharia de *software*, entrando em um contexto mais amplo de engenharia de sistemas de computadores (discutida no Capítulo 21). O *software*, uma vez validado, deve ser combinado com outros elementos do sistema (p. ex., *hardware*, pessoas, base de dados). O teste de sistema verifica se todos os elementos se combinam corretamente e se a função e o desempenho globais do sistema são obtidos.

Casa Segura

Preparando-se para o teste

Cena: No escritório de Doug Miller, quando o projeto no nível de componente está em andamento e começa a construção de certos componentes.

Atores: Doug Miller, gerente de engenharia de *software*; Vinod, Jamie, Ed e Shakira – membros da equipe de engenharia de *software* do *CasaSegura*.

Conversa:

Doug: Parece-me que não dedicamos tempo suficiente para falar sobre o teste.

Vinod: É verdade, mas nós estávamos todos um tanto ocupados. Além disso, estivemos pensando sobre isso... Na verdade, mais do que pensando.

Doug (sorrindo): Eu sei... todos nós estamos sobrecarregados, mas ainda temos de pensar adiante.

Shakira: Eu gosto da ideia de projetar testes de unidades antes de começar a codificar qualquer um de meus componentes – e é o que estou tentando fazer. Tenho um arquivo grande de testes a serem executados logo que o código dos meus componentes estiver completo.

Doug: Esse é o conceito de Extreme Programming (um processo ágil de desenvolvimento de *software*; veja o Capítulo 3), não é mesmo?

Ed: É. Apesar de não estarmos usando Extreme Programming diretamente, decidimos que seria uma boa ideia projetar testes unitários antes de criar o componente – o projeto nos dá todas as informações de que precisamos.

Jamie: Eu já fiz a mesma coisa.

Vinod: E eu assumi o papel de integrador, de forma que, todas as vezes que um dos rapazes passar um componente para mim, vou integrá-lo e executar uma série de testes de regressão (ver Seção 20.3 para uma discussão sobre testes de regressão) no programa parcialmente integrado. Estive trabalhando para projetar uma série de testes apropriados para cada função do sistema.

Doug (para Vinod): Com que frequência você fará os testes?

Vinod: Todos os dias... até que o sistema esteja integrado... Bem, quero dizer, até que o incremento de *software* que pretendemos fornecer esteja integrado.

Doug: Vocês estão mais adiantados do que eu!

Vinod (rindo): Antecipação é tudo no negócio de *software*, chefe.

19.1.4 Critérios de "Pronto"

Uma questão clássica surge todas as vezes que se discute teste de *software*: "Quando podemos dizer que terminamos os testes – como podemos saber que já testamos o suficiente?". Infelizmente, não há uma resposta definitiva para essa pergunta, mas há algumas respostas pragmáticas e algumas tentativas iniciais e empíricas.

Uma resposta é: "O teste nunca termina; o encargo simplesmente passa do engenheiro de *software* para o usuário". Todas as vezes que o usuário executa o programa no computador, o programa está sendo testado. Esse fato destaca a importância de outras atividades de garantia da qualidade do *software*. Outra resposta (um tanto cínica, mas, ainda assim, exata) é: "O teste acaba quando o tempo ou o dinheiro acabam".

Embora alguns profissionais possam argumentar a respeito dessas respostas, o fato é que é necessário um critério mais rigoroso para determinar quando já foram executados testes em número suficiente. A abordagem de *estatística da garantia da qualidade* (Seção 17.6) sugere técnicas de uso estatísticas [Rya11] que executam uma série de testes derivados de uma amostragem estatística de todas as execuções possíveis do programa por todos os usuários em uma população escolhida. Coletando métricas durante o teste do *software* e utilizando modelos estatísticos existentes, é possível desenvolver diretrizes significativas para responder à questão: "Quando terminamos o teste?".

19.2 Planejamento e manutenção de registros

Muitas estratégias podem ser utilizadas para testar um *software*. Em um dos extremos, pode-se aguardar até que o sistema esteja totalmente construído e então realizar os testes no sistema completo na esperança de encontrar erros. Essa abordagem, embora atraente, simplesmente não funciona. Ela resultará em um *software* cheio de erros que decepcionará todos os envolvidos. No outro extremo, você pode executar testes diariamente, sempre que uma parte do sistema for construída.

Uma estratégia de teste escolhida por muitas equipes de *software* (e que recomendamos) está entre os dois extremos. Ela assume uma visão incremental do teste, começando com o teste das unidades individuais de programa, passando para os testes destinados a facilitar a integração de unidades (às vezes diariamente) e culminando com testes que usam o sistema concluído à medida que evolui. O restante deste capítulo se concentrará no teste no nível de componentes e no projeto de casos de teste.

O teste de unidade focaliza o esforço de verificação na menor unidade de projeto do *software* – o componente ou módulo de *software*. Usando como guia a descrição de projeto no nível de componente, caminhos de controle importantes são testados para descobrir erros dentro dos limites do módulo. A complexidade relativa dos testes e os erros que os testes revelam são limitados pelo escopo restrito estabelecido para o teste de unidade. Esse teste enfoca a lógica interna de processamento e as estruturas de dados dentro dos limites de um componente. Esse tipo de teste pode ser conduzido em paralelo para diversos componentes.

Até a mesmo a melhor estratégia fracassará se não for resolvida uma série de problemas e obstáculos. Tom Gilb [Gil95] argumenta que uma estratégia de teste de *software* terá sucesso somente quando os testadores de *software*: (1) especificarem os requisitos do produto de uma maneira quantificável muito antes de começar o teste; (2) definirem explicitamente os objetivos do teste; (3) entenderem os usuários do *software* e desenvolverem um perfil para cada categoria de usuário; (4) desenvolverem um plano de teste que enfatize o "teste do ciclo rápido";[2] (5) criarem *software* "robusto" que seja projetado para testar-se a si próprio (o conceito de antidefeito [*antibugging*] é discutido na Seção 9.3); (6) usarem revisões técnicas eficazes como filtro antes do teste; (7) realizarem revisões técnicas para avaliar a estratégia de teste e os próprios casos de teste; e (8) desenvolverem abordagem de melhoria contínua (Capítulo 28) para o processo de teste.

Esses princípios também se refletem no teste de *software* ágil. No desenvolvimento ágil, o plano de teste deve ser estabelecido antes da primeira reunião do *sprint* e deve ser revisado pelos envolvidos. O plano apenas descreve um cronograma

---

2 Gilb [Gil95] recomenda que uma equipe de *software* "aprenda a testar em ciclos rápidos (2% do trabalho de projeto) de incrementos de funcionalidade e/ou melhora da qualidade úteis ao cliente, ou pelo menos passíveis de experimentação no campo". O retorno gerado por esses testes de ciclo rápido pode ser usado para controlar os níveis de qualidade e as correspondentes estratégias de teste.

Capítulo 19 Teste de *software* – Nível de componentes **379**

aproximado, padrões e ferramentas a serem usados. Os casos de teste e as orientações para o seu uso são desenvolvidos e revisados pelos envolvidos enquanto o código necessário para implementar cada história de usuário é criado. Os resultados dos testes são compartilhados com todos os membros de equipe assim que isso é viável para permitir mudanças no desenvolvimento do código existente do código futuro. Por esse motivo, muitas equipes escolhem usar documentos *online* para a manutenção de registros dos seus testes.

A manutenção de registros de testes não precisa ser onerosa. Os casos de teste podem ser registrados* em uma planilha do Google Docs que descreve rapidamente o caso de teste, contém um *link* para o requisito sendo testado, inclui o resultado esperado dos dados do caso de teste ou os critérios para o sucesso, permite que os testadores indiquem se o teste resultou em aprovação ou reprovação e registra a data em que o caso de teste foi executado, além de ter espaço para comentários sobre os motivos da reprovação para ajudar na depuração. Formulários *online* desse tipo podem ser consultados, quando necessário, para fins de análise, e são fáceis de resumir durante as reuniões da equipe. A Seção 19.3 discute questões relativas ao projeto de casos de teste.

19.2.1 O papel do *scaffolding*

O teste de componente normalmente é considerado um auxiliar para a etapa de codificação. O projeto dos testes de unidade pode ocorrer antes de a codificação começar ou depois que o código-fonte tiver sido gerado. Um exame das informações de projeto fornece instruções para estabelecer casos de teste que provavelmente revelarão os erros. Cada caso de teste deverá ser acoplado a um conjunto de resultados esperados.

Como um componente não é um programa independente, é necessário algum tipo de *scaffolding* (literalmente, "andaime" ou "estrutura temporária") para criar um *framework* de teste. Muitas vezes, como parte desse *framework*, deve ser desenvolvido um pseudocontrolador (*driver*) e/ou um pseudocontrolado (*stub*) para cada teste de unidade. O ambiente de teste de unidade está ilustrado na Figura 19.3. Em muitas aplicações, um *pseudocontrolador* nada mais é do que um "programa principal" que aceita dados do caso de teste, passa esses dados para o componente (a ser testado) e imprime resultados relevantes. Os *pseudocontrolados* servem para substituir módulos subordinados (chamados pelo) ao componente a ser testado. Um *pseudocontrolado*, ou "pseudosubprograma", usa a interface dos módulos subordinados, pode fazer uma manipulação de dados mínima, fornece uma verificação de entrada e retorna o controle para o módulo que está sendo testado.

Pseudocontroladores e pseudocontrolados representam despesas indiretas.** Isto é, ambos são *softwares* que devem ser codificados (projeto formal normalmente não é aplicado), mas que não são fornecidos com o produto de *software* final. Se os pseudocontroladores e pseudocontrolados são mantidos simples, as despesas reais indiretas são relativamente baixas. Infelizmente, muitos componentes não podem ser adequadamente testados no nível de unidade de modo adequado com *software* adicional simples. Em tais casos, o teste completo pode ser adiado até a etapa de integração (em que os pseudocontroladores e pseudocontrolados também são usados).

---

* N. de RT.: Evoluindo para automação: o teste como código, como ativo de *software* e controlado por protocolos (p. ex, GIT) tem potencial.

** N. de RT.: Uma maneira de amenizar o aspecto da despesa é "ativá-los ". Fazem parte do *software* e são úteis em testes de regressão.

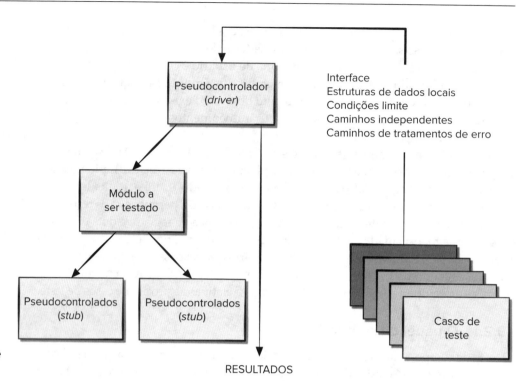

Figura 19.3
Ambiente de teste de unidade.

19.2.2 Eficácia dos custos dos testes

Testes exaustivos exigem que todas as combinações possíveis de valores de entrada e ordens de casos de teste sejam processadas pelo componente sendo testado (p. ex., considere o *gerador de lances* em um jogo de xadrez para computador). Em alguns casos, isso exigiria a criação de um número quase infinito de conjuntos de dados. O retorno sobre testes exaustivos muitas vezes não vale a pena, pois os testes não são suficientes em si para provar que um componente foi implementado corretamente. Há situações em que não temos os recursos necessários para testes de unidades abrangentes. Nesses casos, os testadores devem selecionar módulos cruciais para o sucesso do projeto e aqueles para os quais suspeita-se haver maior probabilidade de erros (devido às suas métricas de complexidade) para que sejam o foco do seu teste de unidades. As Seções 19.4 a 19.6 discutem algumas das técnicas usadas para minimizar o número de casos de teste necessários para se fazer um bom trabalho nesse sentido.

Informações

Teste exaustivo

Considere um programa de 100 linhas em linguagem C. Após algumas declarações básicas de dados, o programa contém dois laços aninhados que executam de 1 a 20 vezes cada um, dependendo das condições especificadas na entrada. Dentro do ciclo, são necessárias 4 construções se-então-senão (*if-then-else*). Há aproximadamente 10^{14} caminhos possíveis que podem ser executados nesse programa!

Para colocar esse número sob perspectiva, vamos supor que um processador de teste mágico ("mágico" porque não existe tal processador) tenha sido desenvolvido para teste exaustivo. O processador pode desenvolver um caso de teste, executá-lo e avaliar os resultados em um milissegundo. Trabalhando 24 horas por dia, 365 dias por ano, o processador gastaria 3.170 anos para testar o programa. Isso, sem dúvida, tumultuaria qualquer cronograma de desenvolvimento.

Portanto, pode-se afirmar que o teste exaustivo é impossível para grandes sistemas de *software*.

19.3 Projeto de caso de teste

Não é má ideia projetar casos de teste de unidade antes de desenvolver o código para um componente. Isso assegura que você desenvolverá um código que passará nos testes, ou pelo menos nos testes que já considerou.

Os testes de unidade estão ilustrados esquematicamente na Figura 19.4. A interface do módulo é testada para assegurar que as informações fluam corretamente para dentro e para fora da unidade de programa que está sendo testada (Seção 19.5.1). A estrutura de dados local é examinada para garantir que os dados armazenados temporariamente mantenham sua integridade durante todos os passos na execução de um algoritmo. Todos os caminhos independentes da estrutura de controle são usados para assegurar que todas as instruções em um módulo tenham sido executadas pelo menos uma vez (Seção 19.4.2). As condições limite são testadas para garantir que o módulo opere adequadamente nas fronteiras estabelecidas para limitar ou restringir o processamento (Seção 19.5.3). Por fim, são testados todos os caminhos de manipulação de erro.

O fluxo de dados por meio da interface de um componente é testado antes de iniciar qualquer outro teste. Se os dados não entram e saem corretamente, todos os outros testes são discutíveis. Além disso, estruturas de dados locais deverão ser ensaiadas, e o impacto local sobre dados globais deve ser apurado (se possível) durante o teste de unidade.

O teste seletivo de caminhos de execução é uma tarefa essencial durante o teste de unidade. Casos de teste devem ser projetados para descobrir erros devido a computações errôneas, comparações incorretas ou fluxo de controle inadequado.

O teste de fronteira é uma das tarefas mais importantes do teste de unidade. O *software* frequentemente falha nas suas fronteiras. Isto é, os erros frequentemente ocorrem quando o n-ésimo elemento de um conjunto n-dimensional é processado,

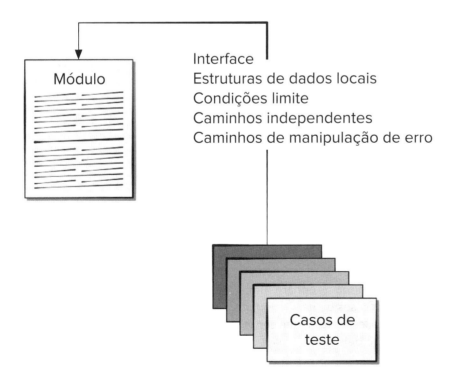

Figura 19.4
Teste de unidade.

quando a *i*-ésima repetição de um laço com *i* passadas é chamada, ou quando o valor máximo ou mínimo permitido é encontrado. Casos de teste que utilizam estrutura de dados, fluxo de controle e valores de dados logo abaixo, iguais ou logo acima dos máximos e mínimos têm grande possibilidade de descobrir erros.

Um bom projeto prevê condições de erro e estabelece caminhos de manipulação de erro para redirecionar ou encerrar ordenadamente o processamento quando ocorre um erro. Yourdon [You75] chama essa abordagem de *antidefeitos*. Infelizmente, há uma tendência de incorporar manipulação de erro no *software* e nunca testá-la. Projete testes para executar todos os caminhos de manipulação de erro. Se não fizer isso, o caminho pode falhar quando for solicitado, piorando uma situação já incerta.

Entre os erros em potencial que devem ser testados quando a manipulação de erro é avaliada, estão: (1) descrição confusa do erro; (2) o erro apontado não corresponde ao erro encontrado; (3) a condição do erro causa intervenção do sistema antes da manipulação do erro; (4) o processamento exceção-condição é incorreto; ou (5) a descrição do erro não fornece informações suficientes para ajudar na localização da causa do erro.

Casa Segura

Projetando testes únicos

Cena: Sala de Vinod.

Atores: Vinod e Ed – membros da equipe de engenharia de *software* do *CasaSegura*.

Conversa:

Vinod: Então, esses são os casos de teste que você pretende usar para a operação *validaçãoDeSenha*.

Ed: Sim, eles devem abranger muito bem todas as possibilidades para os tipos de senhas que um usuário possa digitar.

Vinod: Então, vamos ver... você notou que a senha correta será 8080, certo?

Ed: Certo.

Vinod: E você especifica as senhas 1234 e 6789 para testar o erro no reconhecimento de senhas inválidas?

Ed: Certo, e testo senhas semelhantes à senha correta, veja... 8081 e 8180.

Vinod: Essas parecem OK, mas eu não vejo muito sentido em testar 1234 e 6789. Elas são redundantes... testam a mesma coisa, não é isso?

Ed: Bem, são valores diferentes.

Vinod: Verdade, mas se 1234 não revela um erro... em outras palavras... a operação *validacaoDeSenha* nota que essa é uma senha inválida, é improvável que 6789 nos mostre algo novo.

Ed: Entendo o que você quer dizer.

Vinod: Não estou tentando ser exigente... É que nós temos um tempo limitado para testar, portanto é uma boa ideia executar testes que tenham alta possibilidade de encontrar erros novos.

Ed: Sem problemas... Vou pensar um pouco mais sobre isso.

19.3.1 Requisitos e casos de uso

Na engenharia de requisitos (Capítulo 7), sugerimos iniciar o processo de coleta de requisitos trabalhando com os clientes para gerar histórias de usuário que os desenvolvedores poderiam refinar e transformar em casos de uso formais e modelos de análise. Esses casos de uso e modelos podem ser usados para orientar a criação sistemática de casos de teste que conseguem testar bem os requisitos funcionais de cada componente de *software* e oferecem um bom nível geral de cobertura do teste [Gut15].

Os artefatos da análise não revelam muito sobre a criação de casos de teste para requisitos não funcionais (p. ex., usabilidade ou confiabilidade). É aqui que os enunciados de aceitação do cliente, incluídos nas histórias de usuário, podem formar a base para a elaboração de casos de teste para os requisitos não funcionais associados com os componentes. Os desenvolvedores de casos de teste utilizam informações adicionais, com base na sua experiência profissional, para quantificar os critérios de aceitação e torná-los testáveis. O teste de requisitos não funcionais pode exigir o uso de métodos de testes de integração (Capítulo 20) ou outras técnicas de teste especializadas (Capítulo 21).

O propósito principal dos testes é ajudar os desenvolvedores a descobrir defeitos antes desconhecidos. Executar casos de teste que demonstram que o componente está rodando corretamente quase nunca é o suficiente. Como mencionamos anteriormente (Seção 19.3), é importante elaborar casos de teste que exercitam as capacidades de manipulação de erros do componente. Mas para descobrir novos defeitos, também é importante produzir casos de teste que testem que o componente não faz algo que não deveria fazer (p. ex., acessar fontes de dados privilegiadas sem as permissões apropriadas). Estes podem ser enunciados formalmente em *antirrequisitos*[3] e podem precisar de técnicas especializadas de teste de segurança (Seção 21.7) [Ale17]. Chamados de *casos de teste negativos*, estes devem ser incluídos para garantir que os componentes se comportam de acordo com as expectativas do cliente.

19.3.2 Rastreabilidade

Para garantir que o processo de teste pode ser auditado, cada caso de teste precisa ser rastreado de volta aos requisitos ou antirrequisitos funcionais ou não funcionais. Muitas vezes, os requisitos não funcionais precisam remontar a requisitos de negócio ou de arquitetura específicos. Muitos desenvolvedores ágeis resistem ao conceito de rastreabilidade, considerado um ônus desnecessário para os desenvolvedores. Contudo, muitas falhas em processos de teste estão ligadas a ausências de caminhos de rastreabilidade, dados de teste inconsistentes ou cobertura de teste incompleta [Rem14]. Os testes de regressão (discutidos na Seção 20.3) exigem o reteste de componentes selecionados que podem ser afetados por alterações a outros componentes de *software* com os quais colaboram. Esta costuma ser considerada uma questão mais relevante nos testes de integração (Capítulo 20), mas garantir que os casos de teste podem ser ligados aos requisitos é um primeiro passo importante e é algo que precisa ser feito nos testes de componentes.

19.4 Teste caixa-branca

O teste caixa-branca, também chamado de teste da caixa-de-vidro ou teste estrutural, é uma filosofia de projeto de casos de teste que usa a estrutura de controle descrita como parte do projeto no nível de componentes para derivar casos de teste. Usando métodos de teste caixa-branca, o engenheiro de *software* pode criar casos de teste que (1) garantam que todos os caminhos independentes de um módulo foram exercitados pelo menos uma vez, (2) exercitem todas as decisões lógicas nos seus estados verdadeiro e falso, (3) executem todos os ciclos em seus limites e dentro de suas fronteiras operacionais e (4) exercitem estruturas de dados internas para assegurar a sua validade.

---

3 Ocasionalmente, os antirrequisitos são descritos durante a criação de casos de abuso que descrevem uma história de usuário da perspectiva de um usuário mal-intencionado e são parte da análise de ameaças (discutida no Capítulo 18).

19.4.1 Teste de caminho básico

O teste de caminho básico é uma técnica de teste caixa-branca proposta por Tom McCabe [McC76]. O teste de caminho básico permite ao projetista de casos de teste derivar uma medida da complexidade lógica de um projeto procedimental e usar essa medida como guia para definir um conjunto-base de caminhos de execução. Casos de teste criados para exercitar o conjunto-base executam com certeza todas as instruções de um programa pelo menos uma vez durante o teste.

Antes de apresentarmos o método do caminho básico, deve ser introduzida uma notação simples para a representação do fluxo de controle, chamada de grafo de fluxo (ou grafo de programa).[4] Um grafo de fluxo somente deve ser desenhado quando a estrutura lógica de um componente for complexa. O grafo de fluxo permite seguir mais facilmente os caminhos de um programa.

Para ilustrar o uso de um grafo de fluxo, considere a representação do projeto procedimental da Figura 19.5a. É usado um fluxograma para mostrar a estrutura de controle do programa. A Figura 19.5b mapeia o fluxograma em um grafo de fluxo correspondente (considerando que os losangos de decisão do fluxograma não contêm nenhuma condição composta). Na Figura 19.5b, cada círculo, chamado de *nó do grafo de fluxo*, representa um ou mais comandos procedurais. Uma sequência de retângulos de processamento e um losango de decisão podem ser mapeados em um único nó. As setas no grafo de fluxo, chamadas de *arestas* ou *ligações*, representam fluxo de controle e são análogas às setas do fluxograma. Uma aresta deve terminar em um nó, mesmo que esse nó não represente qualquer comando procedural (p. ex., veja o símbolo do diagrama de fluxo para a construção se-então-senão [*if-then-else*]). As áreas limitadas por arestas e nós são chamadas de *regiões*. Ao contarmos as regiões, incluímos a área fora do grafo como uma região.

Um *caminho independente* é qualquer caminho através do programa que introduz pelo menos um novo conjunto de comandos de processamento ou uma nova condição. Quando definido em termos de um grafo de fluxo, um caminho independente

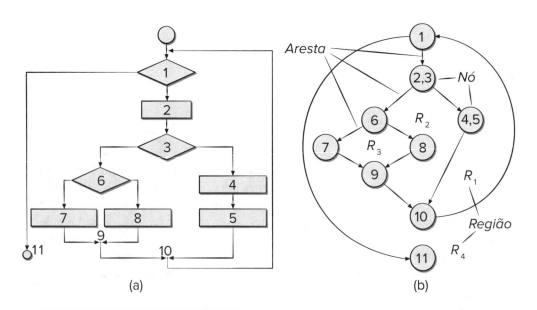

Figura 19.5
(a) Fluxograma e
(b) grafo de fluxo.

---

4 Na realidade, o método do caminho básico pode ser executado sem o uso de grafos de fluxo. No entanto, eles servem como uma notação útil para entender o fluxo de controle e ilustrar a abordagem.

Capítulo 19   Teste de *software* – Nível de componentes   **385**

deve incluir pelo menos uma aresta que não tenha sido atravessada antes de o caminho ser definido. Por exemplo, um conjunto de caminhos independentes para o grafo de fluxo ilustrado na Figura 19.5b é

Caminho 1: 1-11

Caminho 2: 1-2-3-4-5-10-1-11

Caminho 3: 1-2-3-6-8-9-10-1-11

Caminho 4: 1-2-3-6-7-9-10-1-11

Note que cada novo caminho introduz uma nova aresta. O caminho

1-2-3-4-5-10-1-2-3-6-8-9-10-1-11

não é considerado um caminho independente porque é simplesmente uma combinação dos caminhos já especificados e não atravessa nenhuma nova aresta.

Os caminhos de 1 a 4 constituem um *conjunto base* para o grafo de fluxo da Figura 19.5b. Isto é, se testes podem ser projetados para forçar a execução desses caminhos (conjunto base), cada comando do programa terá sido executado com certeza pelo menos uma vez, e cada condição terá sido executada em seus lados verdadeiro e falso. Deve-se notar que o conjunto-base não é único. De fato, vários conjuntos-base diferentes podem ser derivados para um dado projeto procedimental.

Como sabemos quantos caminhos procurar? O cálculo da complexidade ciclomática fornece a resposta. *Complexidade ciclomática* é uma métrica de *software* que fornece uma medida quantitativa da complexidade lógica de um programa. Quando usada no contexto do método de teste de caminho básico, o valor calculado para a complexidade ciclomática define o número de caminhos independentes no conjunto base de um programa, fornecendo um limite superior para a quantidade de testes que devem ser realizados para garantir que todos os comandos tenham sido executados pelo menos uma vez.

A complexidade ciclomática tem um fundamento na teoria dos grafos e fornece uma métrica de *software* extremamente útil. A complexidade é calculada por uma de três maneiras:

1. O número de regiões do grafo de fluxo corresponde à complexidade ciclomática.
2. A complexidade ciclomática $V(G)$ para um grafo de fluxo G é definida como

   $$V(G) = E - N + 2$$

   em que E é o número de arestas do grafo de fluxo e N é o número de nós do grafo de fluxo.
3. A complexidade ciclomática $V(G)$ para um grafo de fluxo G é definida como

   $$V(G) = P + 1$$

   em que P é o número de nós predicados contidos no grafo de fluxo G.

Examinando mais uma vez o diagrama de fluxo da Figura 19.5b, a complexidade ciclomática pode ser calculada usando cada um dos algoritmos citados anteriormente:

1. O grafo de fluxo tem quatro regiões.
2. $V(G) = 11$ arestas $- 9$ nós $+ 2 = 4$.
3. $V(G) = 3$ nós predicados $+ 1 = 4$.

Portanto, a complexidade ciclomática para o grafo de fluxo da Figura 19.5b é 4.

E o mais importante: o valor para $V(G)$ fornece um limite superior para o número de caminhos independentes que podem formar o conjunto-base e, como consequência, um limite superior sobre o número de testes que devem ser projetados e executados para garantir a abrangência de todos os comandos do programa. Assim, neste caso, precisaríamos definir no máximo quatro casos de teste para exercitar cada caminho lógico independente.

Casa Segura

Usando a complexidade ciclomática

Cena: Sala da Shakira.

Atores: Vinod e Shakira — membros da equipe de engenharia de *software* do *CasaSegura* que estão trabalhando no planejamento de teste para as funções de segurança.

Conversa:

Shakira: Olha... sei que deveríamos fazer o teste de unidade em todos os componentes da função de segurança, mas eles são muitos, e, se você considerar o número de operações que precisam ser exercitadas, eu não sei... talvez devamos nos esquecer o teste caixa-branca, integrar tudo e começar a fazer os testes caixa-preta.

Vinod: Você acha que não temos tempo suficiente para fazer o teste dos componentes, realizar as operações e então integrar?

Shakira: O prazo final para o primeiro incremento está se esgotando mais rápido do que eu gostaria... sim, estou preocupada.

Vinod: Por que você não aplica testes caixa-branca pelo menos nas operações que têm maior probabilidade de apresentar erros?

Shakira (desesperada): E como posso saber exatamente quais são as que têm maior possibilidade de erro?

Vinod: V de G.

Shakira: Hein?

Vinod: Complexidade ciclomática — V de G. Basta calcular $V(G)$ para cada uma das operações dentro de cada um dos componentes e ver quais têm os maiores valores para $V(G)$. São essas que têm maior tendência a apresentar erro.

Shakira: E como calculo V de G?

Vinod: É muito fácil. Aqui está um livro que descreve como fazer.

Shakira (folheando o livro): OK, não parece difícil. Vou tentar. As operações que tiverem os maiores $V(G)$ serão as candidatas aos testes caixa-branca.

Vinod: Mas lembre-se de que não há garantia. Um componente com baixo valor $V(G)$ pode ainda estar sujeito a erro.

Shakira: Tudo bem. Isso pelo menos me ajuda a limitar o número de componentes que precisam passar pelo teste caixa-branca.

19.4.2 Teste de estrutura de controle

A técnica de teste de caminho base descrita na Seção 19.4.1 é uma dentre várias técnicas para teste de estrutura de controle. Embora o teste de caminho base seja simples e altamente eficaz, ele sozinho não é suficiente. Nesta seção, são discutidas outras variações do teste de estrutura de controle. Elas ampliam a abrangência do teste e melhoram a qualidade do teste caixa-branca.

Teste de condição [Tai89] é um método de projeto de caso de teste que exercita as condições lógicas contidas em um módulo de programa. O *teste de fluxo de dados* [Fra93] seleciona caminhos de teste de um programa de acordo com a localização de definições e usos de variáveis no programa.

O *teste de ciclo* é uma técnica de teste caixa-branca que se concentra exclusivamente na validade das construções de ciclo. Podem ser definidas duas diferentes classes de ciclos [Bei90]: ciclos simples e ciclos aninhados (Figura 19.6).

Ciclos simples. O seguinte conjunto de testes pode ser aplicado a ciclos simples, onde n é o número máximo de passadas permitidas através do ciclo.

1. Pular o ciclo inteiramente.
2. Somente uma passagem pelo ciclo.
3. Duas passagens pelo ciclo.
4. m passagens através do ciclo onde $m < n$.
5. $n - 1, n, n + 1$ passagens através do ciclo.

Ciclos aninhados. Se fôssemos estender a abordagem de teste de ciclos simples para ciclos aninhados, o número de testes possíveis cresceria geometricamente à medida que o nível de aninhamento aumentasse. O resultado seria um número impossível de testes. Beizer [Bei90] sugere uma abordagem que ajudará a reduzir o número de testes:

1. Comece pelo ciclo mais interno. Coloque todos os outros ciclos nos seus valores mínimos.
2. Faça os testes de ciclo simples para o ciclo mais interno mantendo, ao mesmo tempo, os ciclos externos em seus parâmetros mínimos de iteração (p. ex., contador do ciclo). Acrescente outros testes para valores fora do intervalo ou excluídos.
3. Trabalhe para fora, fazendo testes para o próximo ciclo, mas mantendo todos os outros ciclos externos nos seus valores mínimos e outros ciclos aninhados com valores "típicos".
4. Continue até que todos os ciclos tenham sido testados.

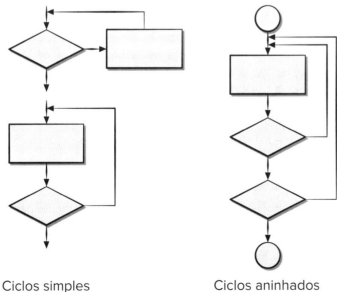

Ciclos simples   Ciclos aninhados

Figura 19.6
Classes de ciclos.

19.5 Teste caixa-preta

Teste caixa-preta, também chamado de *teste comportamental* ou *teste funcional*, focaliza os requisitos funcionais do *software*. As técnicas de teste caixa-preta permitem derivar séries de condições de entrada que utilizarão completamente todos os requisitos funcionais para um programa. O teste caixa-preta não é uma alternativa às técnicas caixa-branca. Em vez disso, é uma abordagem complementar, com possibilidade de descobrir uma classe de erros diferente daquela obtida com métodos caixa-branca.

O teste caixa-preta tenta encontrar erros nas seguintes categorias: (1) funções incorretas ou ausentes; (2) erros de interface; (3) erros em estruturas de dados ou acesso a bases de dados externas; (4) erros de comportamento ou de desempenho; e (5) erros de inicialização e término.

Diferentemente do teste caixa-branca, que é executado antecipadamente no processo de teste, o teste caixa-preta tende a ser aplicado durante estágios posteriores do teste. Devido ao teste caixa-preta propositadamente desconsiderar a estrutura de controle, a atenção é focalizada no domínio das informações. Os testes são feitos para responder às seguintes questões:

- Como a validade funcional é testada?
- Como o comportamento e o desempenho do sistema são testados?
- Quais classes de entrada farão bons casos de teste?
- O sistema é particularmente sensível a certos valores de entrada?
- Como as fronteiras de uma classe de dados são isoladas?
- Quais taxas e volumes de dados o sistema pode tolerar?
- Combinações específicas de dados terão quais efeitos sobre a operação do sistema?

Com a aplicação de técnicas de caixa-preta, é extraído um conjunto de casos de teste que satisfazem aos seguintes critérios [Mye79]: casos de teste que reduzem, de um valor maior que 1, o número de casos de teste adicionais que devem ser projetados para se obter um teste razoável; e casos de teste que dizem alguma coisa sobre a presença ou ausência de classes de erros, em vez de um erro associado somente ao teste específico que se está fazendo.

19.5.1 Teste de interface

O *teste de interface* é utilizado para verificar que o componente do programa aceita informações repassadas na ordem apropriada e nos tipos de dados apropriados e retorna informações na ordem e no formato de dados apropriados [Jan16]. O teste de interface costuma ser considerado parte do teste de integração. Como a maioria dos componentes não é independente, é importante se assegurar que, quando o componente é integrado ao programa em evolução, ele não estraga a versão. É aqui que o uso de pseudocontrolados (*stubs*) e pseudocontroladores (*drivers*) (Seção 19.2.1) se torna importante para quem testa componentes.

Às vezes, os pseudocontrolados e pseudocontroladores incorporam casos de teste a serem repassados para o componente ou acessados por ele. Em outros casos, o código de depuração pode precisar ser inserido no componente para verificar que os dados repassados foram recebidos corretamente (Seção 19.3). Em outros casos, ainda, o *framework* de teste deve conter código para verificar que os dados retornados pelo componente são recebidos corretamente. Alguns desenvolvedores ágeis preferem realizar o teste de interface usando uma cópia da versão de produção do programa em evolução tendo agregado parte desse código de depuração.

19.5.2 Particionamento de equivalência

Particionamento de equivalência é um método de teste caixa-preta que divide o domínio de entrada de um programa em classes de dados a partir das quais podem ser criados casos de teste. Um caso de teste ideal descobre, sozinho, uma classe de erros (p. ex., processamento incorreto de todos os dados de caracteres) que poderia, de outro modo, exigir a execução de muitos casos de teste até que o erro geral aparecesse.

O projeto de casos de teste para particionamento de equivalência tem como base a avaliação das *classes de equivalência* para uma condição de entrada. Usando conceitos introduzidos na seção anterior, se um conjunto de objetos pode ser vinculado por relações simétricas, transitivas e reflexivas, uma classe de equivalência estará presente [Bei95]. Uma classe de equivalência representa um conjunto de estados válidos ou inválidos para condições de entrada. Tipicamente, uma condição de entrada é um valor numérico específico, um intervalo de valores, um conjunto de valores relacionados ou uma condição booleana. Classes de equivalência podem ser definidas de acordo com as seguintes regras:

1. Se uma condição de entrada especifica um intervalo, são definidas uma classe de equivalência válida e duas classes de equivalência inválidas.
2. Se uma condição de entrada exige um valor específico, são definidas uma classe de equivalência válida e duas classes de equivalência inválidas.
3. Se uma condição de entrada especifica um membro de um conjunto, são definidas uma classe de equivalência válida e uma classe de equivalência inválida.
4. Se uma condição de entrada for booleana, são definidas uma classe válida e uma inválida.

Aplicando as diretrizes para a derivação de classes de equivalência, podem ser desenvolvidos e executados casos de teste para o domínio de entrada de cada item de dado. Os casos de teste são selecionados de maneira que o máximo de atributos de uma classe de equivalência seja exercitado ao mesmo tempo.

19.5.3 Análise de valor limite

Um número maior de erros ocorre nas fronteiras do domínio de entrada e não no "centro". É por essa razão que foi desenvolvida a *análise do valor limite* (BVA, do inglês *boundary value analysis)* como uma técnica de teste. A análise de valor limite leva a uma seleção de casos de teste que utilizam valores limites.

A análise de valor limite é uma técnica de projeto de casos de teste que complementa o particionamento de equivalência. Em vez de selecionar qualquer elemento de uma classe de equivalência, a BVA conduz à seleção de casos de teste nas "bordas" da classe. Em vez de focalizar somente nas condições de entrada, a BVA obtém casos de teste também a partir do domínio de saída [Mye79].

As diretrizes para a BVA são similares, em muitos aspectos, àquelas fornecidas para o particionamento de equivalência:

1. Se uma condição de entrada especifica um intervalo limitado por valores a e b, deverão ser projetados casos de teste com valores a e b imediatamente acima e abaixo de a e b.
2. Se uma condição de entrada especifica um conjunto de valores, deverão ser desenvolvidos casos de teste que usam os números mínimo e máximo. São testados também valores imediatamente acima e abaixo dos valores mínimo e máximo.
3. Aplique as diretrizes 1 e 2 às condições de saída. Por exemplo, suponha que um programa de análise de engenharia precisa ter como saída uma tabela de

temperatura *versus* pressão. Deverão ser projetados casos de teste para criar um relatório de saída que produza o número máximo (e mínimo) permitido de entradas da tabela.

4. Se as estruturas de dados internas do programa prescreveram fronteiras (p. ex., uma tabela tem um limite definido de 100 entradas), não se esqueça de criar um caso de teste para exercitar a estrutura de dados na fronteira.

Até certo ponto, a maioria dos engenheiros de *software* executa intuitivamente a BVA. Aplicando essas diretrizes, o teste de fronteira será mais completo, tendo, assim, uma possibilidade maior de detecção de erro.

19.6 Teste orientado a objetos

Quando consideramos o *software* orientado a objetos, o conceito de unidades se modifica. O encapsulamento controla a definição de classes e objetos. Isso significa que cada classe e cada instância de uma classe (objeto) empacotam atributos (dados) e as operações que manipulam esses dados. Uma classe encapsulada é usualmente o foco do teste de unidade. No entanto, operações (métodos) dentro da classe são as menores unidades testáveis. Como uma classe pode conter um conjunto de diferentes operações, e uma operação em particular pode existir como parte de um conjunto de diferentes classes, a tática aplicada ao teste de unidade precisa ser modificada.

Não podemos mais testar uma única operação isoladamente (a visão convencional do teste de unidade), mas sim como parte de uma classe. Para ilustrar, considere uma hierarquia de classes na qual uma operação X é definida para a superclasse e é herdada por várias subclasses. Cada subclasse usa uma operação X, mas é aplicada dentro do contexto dos atributos e operações privadas definidas para a subclasse. O contexto no qual a operação X é usada varia de maneira sutil; desse modo, é necessário testar a operação X no contexto de cada uma das subclasses. Isso significa que testar a operação X isoladamente (a abordagem de teste de unidade convencional) normalmente é ineficaz no contexto orientado a objetos.

19.6.1 Teste de conjunto

O teste de classe para *software* orientado a objetos é equivalente ao teste de unidade para *software* convencional. Ao contrário do teste de unidade para *software* convencional, que tende a focalizar o detalhe algorítmico de um módulo e os dados que fluem por meio da interface do módulo, o teste de classe para *software* orientado a objetos é controlado pelas operações encapsuladas pela classe e pelo comportamento de estado da classe.

Para uma breve ilustração desses métodos, considere uma aplicação bancária na qual uma classe **Conta** tem estas operações: *abrir(), estabelecer(), depositar(), retirar(), obterSaldo(), resumir(), limiteDeCrédito()* e *fechar()* [Kir94]. Cada operação pode ser aplicada para **Conta**, mas certas restrições (p. ex., primeiro a conta precisa ser aberta, para que as outras operações possam ser aplicadas, e fechada depois que todas as operações são concluídas) são implícitas à natureza do problema. Mesmo com essas restrições, há muitas permutações das operações. O histórico de comportamento mínimo de uma instância de **Conta** inclui as seguintes operações:

```
abrir•estabelecer•depositar•retirar•fechar
```

Isso representa a sequência mínima de teste para **Conta**. No entanto, pode ocorrer uma ampla variedade de outros comportamentos nessa sequência:

```
abrir•estabelecer•depositar•[depositar|retirar|
obterSaldo|resumir|limiteDeCrédito]ⁿ•retirar•fechar
```

Uma variedade de diferentes sequências de operações pode ser gerada aleatoriamente. Por exemplo:

Casos de teste r_1:
```
abrir•estabelecer•depositar•obterSaldo•resumir•retirar•
fechar
```

Casos de teste r_2:
```
abrir•estabelecer•depositar•retirar•depositar•
obterSaldo•limiteDeCrédito•retirar•fechar
```

Esses e outros testes de ordem aleatória podem ser usados para exercitar diferentes históricos de duração de instância de classe. O uso do particionamento de equivalência de teste (Seção 19.5.2) pode reduzir o número de casos de teste necessários.

Casa Segura

Teste de classe

Cena: Sala da Shakira.

Atores: Jamie e Shakira – membros da equipe de engenharia de *software* que estão trabalhando no projeto de um caso de teste para função de segurança do *CasaSegura*.

Conversa:

Shakira: Desenvolvi alguns testes para a classe **Detector** (Figura 11.4) – você sabe, aquela que permite acesso a todos os objetos **Sensor** para a função de segurança. Conhece?

Jamie (rindo): Claro, é aquela que você usou para acrescentar o sensor "mal-estar de cachorro".

Shakira: Essa mesma. Bem, ela tem uma interface com quatro operações: *ler()*, *habilitar()*, *desabilitar()* e *testar()*. Para que um sensor possa ser lido, ele primeiro tem de ser habilitado. Uma vez habilitado, pode ser lido e testado. Ele pode ser desabilitado a qualquer instante, exceto se uma condição de alarme estiver sendo processada. Assim, defini uma sequência simples de teste que vai simular sua história comportamental.

(Ela mostra a Jamie a seguinte sequência.)

```
#1: habilitar•testar•ler•desabilitar
```

Jamie: Vai funcionar, mas você terá de fazer mais testes do que isso.

Shakira: Eu sei, eu sei. Aqui estão algumas outras sequências que eu descobri. (Ela mostra a Jamie as seguintes sequências.)

```
#2: habilitar•testar•[ler]ⁿ•
    testar•desabilitar
```

```
#3: [ler]ⁿ
```

```
#4: habilitar•desabilitar•[testar | ler]
```

Jamie: Bem, deixe-me ver se entendi o objetivo dessas sequências. #1 acontece de maneira trivial, assim como um uso convencional. #2 repete a operação de leitura *n* vezes, e esse é um cenário provável. #3 tenta ler o sensor antes de ele ser habilitado... Isso deve produzir uma mensagem de erro de algum tipo, certo? #4 habilita e desabilita o sensor e então tenta lê-lo. Isso não é o mesmo que o teste #2?

Shakira: Na verdade, não. Em #4, o sensor foi habilitado. O que #4 realmente testa é se a operação de desabilitar funciona como deveria. Um *ler()* ou *testar()* após *desabilitar()* deve gerar uma mensagem de erro. Se isso não acontecer, temos um erro na operação desabilitar.

Jamie: Certo. Lembre-se de que os quatro testes têm de ser aplicados a cada tipo de sensor, já que todas as operações podem ser sutilmente diferentes dependendo do tipo de sensor.

Shakira: Não se preocupe. Está planejado.

19.6.2 Teste comportamental

O uso dos diagramas de estado como um modelo que representa o comportamento dinâmico de uma classe é discutido no Capítulo 8. O diagrama de estado de uma classe pode ser usado para ajudar a derivar uma sequência de testes que vão simular o comportamento dinâmico da classe (e as classes que colaboram com ela). A Figura 19.7 [Kir94] ilustra um diagrama de estado para a classe **Conta** discutida anteriormente. Na figura, as transações iniciais movem-se para os estados *conta vazia* e *conta estabelecida*. A maior parte do comportamento para instâncias da classe ocorre ainda no estado *conta ativa*. Uma retirada final e o fechamento da conta fazem a classe **Conta** transitar para os estados *conta inativa* e *conta "morta"*, respectivamente.

Os testes a serem projetados deverão cobrir todos os estados. Isto é, as sequências de operação deverão fazer a classe **Conta** fazer a transição por todos os estados permitidos:

Caso de teste s_1: abrir•estabelecerConta•fazerDepósito
   (inicial)•fazerRetirada (final)•fechar

Acrescentando as sequências de teste adicionais à sequência mínima,

Caso de teste s_2: abrir•estabelecerConta•fazerDepósito
   (inicial)•fazerDepósito•obterSaldo•
   obterLimiteDeCrédito•fazerRetirada
   (final)•fechar

Caso de teste s_3: abrir•estabelecerConta•fazerDepósito
   (inicial)•fazerDepósito•fazerRetirada•
   informaçãoDaConta•fazerRetirada (final)•fechar

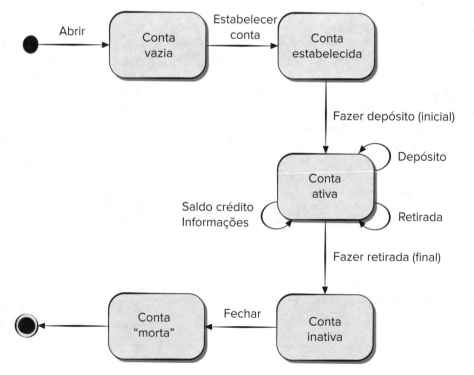

Figura 19.7
Diagrama de estados para a classe Conta.

Fonte: Kirani, Shekhar and Tsai, W. T., "Specification and Verification of Object-Oriented Programs," Technical Report TR 94-64, University of Minnesota, December 1994, 79.

Capítulo 19   Teste de *software* – Nível de componentes   **393**

Mais casos de teste poderiam ser criados para garantir que todos os comportamentos da classe fossem adequadamente simulados. Em situações nas quais o comportamento da classe resulta em uma colaboração com uma ou mais classes, são usados diagramas de estados múltiplos para acompanhar o fluxo comportamental do sistema.

O modelo de estado pode ser percorrido de uma maneira "primeiro-em-largura" [McG94]. Nesse contexto, primeiro-em-largura implica que um caso de teste simula uma única transição, e que, quando uma nova transição deve ser testada, somente as transições testadas anteriormente são usadas.

Considere um objeto **CartãoDeCrédito** que faz parte do sistema bancário. O estado inicial de **CartãoDeCrédito** é *indefinido* (i.e., não foi fornecido nenhum número de cartão de crédito). Após ler o cartão de crédito durante uma venda, o objeto assume um estado *definido*; isto é, os atributos `número do cartão` e `data de validade,` juntamente com identificadores específicos do banco, são definidos. O cartão de crédito é *submetido* (enviado) ao ser enviado para autorização e é *aprovado* quando a autorização é recebida. A transição de um estado para outro de **CartãoDeCrédito** pode ser testada derivando casos de teste que fazem a transição ocorrer. Uma abordagem primeiro-em-largura para esse tipo de teste não simularia *submetido* antes de simular *indefinido* e *definido*. Se o fizesse, faria uso de transições que não foram testadas previamente e, portanto, violaria o critério primeiro-em-largura.

19.7   Resumo

O teste de *software* absorve a maior parte do esforço técnico em um processo de *software*. Independentemente do tipo de *software* criado, uma estratégia para planejamento sistemático de teste, execução e controle começa considerando pequenos elementos do *software* e se encaminha para fora no sentido de abranger o programa como um todo.

O objetivo do teste de *software* é descobrir erros. Para o *software* convencional, esse objetivo é atingido com uma série de etapas de teste. Testes de unidade e de integração (discutidos no Capítulo 20) concentram-se na verificação funcional de um componente e na incorporação dos componentes na arquitetura de *software*. A estratégia para teste de *software* orientado a objetos começa com testes que exercitam as operações dentro de uma classe e depois passa para o teste baseado em sequências de execução para integração (discutido na Seção 20.4.1). Sequências de execução são conjuntos de classes que respondem a uma entrada ou a um evento.

Os casos de teste devem remontar aos requisitos de *software*. Cada etapa de teste é realizada com uma série de técnicas sistemáticas que auxiliam no projeto dos casos de teste. Em cada etapa, o nível de abstração com o qual o *software* é considerado é ampliado. O principal objetivo do projeto de caso de teste é derivar uma série de testes que tenha a mais alta probabilidade de descobrir erros no *software*. Para conseguir esse objetivo, são usadas duas categorias de técnicas de projeto de caso de teste: teste caixa-branca e teste caixa-preta.

Os testes caixa-branca focam na estrutura de controle do programa. São criados casos de teste para assegurar que todas as instruções do programa foram executadas pelo menos uma vez durante o teste e que todas as condições lógicas foram exercitadas. O teste de caminho base, uma técnica caixa-branca, usa diagramas de programa (ou matrizes de grafo) para derivar o conjunto de testes linearmente independentes que garantirão a cobertura. O teste de condições e de fluxo de dados exercita mais a lógica do programa, e o teste de ciclos complementa outras técnicas

394 Engenharia de *software*

caixa-branca, fornecendo um procedimento para exercitar ciclos com vários graus de complexidade.

Os testes caixa-preta são projetados para validar requisitos funcionais sem levar em conta o funcionamento interno de um programa. As técnicas caixa-preta focam o domínio de informações do *software*, derivando casos de teste e particionando o domínio de entrada e saída de um programa de forma a proporcionar uma ampla cobertura do teste. O particionamento de equivalência divide o domínio de entrada em classes de dados que tendem a usar uma função específica do *software*. A análise de valor limite investiga a habilidade do programa para manipular dados nos limites do aceitável.

Diferentemente do teste (uma atividade sistemática, planejada), a depuração pode ser vista como uma arte. Começando com a indicação sintomática de um problema, a atividade de depuração deve rastrear a causa de um erro. Em alguns casos, os testes podem ajudar a identificar a causa fundamental do erro, mas, em geral, o recurso mais valioso é o conselho de outros membros da equipe de engenharia de *software*.

Problemas e pontos a ponderar

19.1. Usando as suas próprias palavras, descreva a diferença entre verificação e validação. Ambas usam métodos de projeto de caso de teste e estratégias de teste?

19.2. Liste alguns dos problemas que podem ser associados à criação de um grupo de teste independente. Um ITG e um grupo de SQA são formados pelas mesmas pessoas?

19.3. Por que um módulo altamente acoplado é difícil de testar em unidade?

19.4. O teste de unidade é possível ou até mesmo desejável em todas as circunstâncias? Dê exemplos para justificar a sua resposta.

19.5. Você consegue pensar em objetivos de teste adicionais que não foram discutidos na Seção 19.1.1?

19.6. Selecione um componente de *software* que você tenha projetado e implementado recentemente. Projete um conjunto de casos de teste que garantirão que todos os comandos foram executados usando teste de caminho base.

19.7. Myers [Mye79] usa o seguinte programa como uma autoavaliação para a sua habilidade em especificar um teste adequado. Um programa lê três valores inteiros. Os três valores são interpretados como representantes dos comprimentos dos lados de um triângulo. O programa imprime uma mensagem que diz se o triângulo é escaleno, isósceles ou equilátero. Desenvolva um conjunto de casos de teste que você acha que testará adequadamente esse programa.

19.8. Projete e implemente o programa (com manipulação de erro onde for apropriado) especificado no Problema 19.7. Crie um grafo de fluxo para o programa e aplique teste de caminho base para desenvolver casos de teste que garantirão que todos os comandos no programa foram testados. Execute os casos e mostre seus resultados.

19.9. Dê pelo menos três exemplos nos quais o teste caixa-preta pode dar a impressão de que "está tudo OK", enquanto os testes caixa-branca podem descobrir um erro. Dê pelo menos três exemplos nos quais o teste caixa-branca pode dar a impressão de que "está tudo OK", enquanto os testes caixa-preta podem descobrir um erro.

19.10. Com suas próprias palavras, descreva por que a classe é a menor unidade adequada para teste em um sistema orientado a objetos.

Elemento de design: Ícone de lupa da seção Panorama: © Roger Pressman

20

Teste de *software* – Nível de integração

Um desenvolvedor isolado pode conseguir testar componentes de *software* sem envolver outros membros de equipe. Essa condição não vale para os testes de integração, nos quais um componente precisa interagir corretamente com componentes desenvolvidos por outros membros. Os testes de integração revelam os muitos pontos fracos dos grupos de desenvolvimento de *software* que não formaram uma equipe coesa e consistente. O teste de integração apresenta um dilema interessante para os engenheiros de *software*, que são, por natureza, pessoas construtivas. Na verdade, ele requer que o desenvolvedor descarte noções preconcebidas da "corretividade" do *software* recém-desenvolvido e passe a trabalhar arduamente projetando casos de teste para "quebrar" o *software*. Isso significa que os membros de equipe precisam ser capazes de aceitar as sugestões dos colegas de que o seu código não está se comportando corretamente quando testado como parte do último incremento de *software*.

Beizer [Bei90] descreve um "mito do *software*" enfrentado por todos os testadores quando escreve: "Há um mito de que, se fôssemos realmente bons em programação, não precisaríamos caçar erros (...) Existem erros, diz o mito, porque somos

Conceitos-chave

inteligência artificial	403
teste caixa-preta	397
integração ascendente	399
integração contínua	400
teste de classe	404
teste baseado em falhas	405
teste de integração	398
teste de partição de múltiplas classes	405
padrões	409
teste de regressão	402
teste baseado em cenários	407
teste fumaça	400
teste baseado em sequências de execução	404
integração descendente	398
teste de validação	407
teste caixa-branca	397

🔍 Panorama

O que é? O teste de integração monta os componentes de forma a permitir o teste de funções de *software* cada vez maiores, com a intenção de descobrir erros à medida que o *software* é montado.

Quem realiza? Durante os primeiros estágios do teste, um engenheiro de *software* executa todos os testes. Porém, à medida que o processo de teste avança, especialistas podem participar, além de outros envolvidos.

Por que é importante? É preciso utilizar técnicas disciplinadas para projetar os casos de teste de modo a garantir que os componentes foram integrados de forma correta em um produto de *software* completo.

Quais são as etapas envolvidas? A lógica interna do programa é exercitada usando técnicas de projeto

de caso de teste "caixa-branca", e os requisitos de *software* são exercitados usando técnicas de projeto de caso de teste "caixa-preta".

Qual é o artefato? Um conjunto de casos de teste projetados para exercitar a lógica interna, interfaces, colaborações entre componentes e os requisitos externos é projetado e documentado, os resultados esperados são definidos, e os resultados obtidos são registrados.

Como garantir que o trabalho foi realizado corretamente? Quando você começar o teste, mude o seu ponto de vista. Tente "quebrar" o *software*! Projete casos de teste de maneira disciplinada e reveja os casos que você criou para que sejam completos.

Engenharia de *software*

ruins no que fazemos; e se somos ruins no que fazemos, devemos nos sentir culpados por isso".

O teste deve realmente insinuar culpa? O teste é realmente destrutivo? A resposta a essas questões é "Não!".

No início deste livro, salientamos que o *software* é apenas um elemento de um grande sistema de computador. No final, o *software* é incorporado a outros elementos do sistema (p. ex., *hardware*, pessoas, informações), e são executados *testes de sistema* (uma série de testes de integração e validação). Esses testes estão fora do escopo do processo de *software* e não são executados somente por engenheiros de *software*. No entanto, as etapas executadas durante o projeto de *software* e o teste podem aumentar muito a probabilidade de uma integração de *software* bem-sucedida em um sistema maior.

Neste capítulo, discutimos técnicas para estratégias de testes de integração de *software* aplicáveis à maioria das aplicações de *software*. O Capítulo 21 discute estratégias especializadas de teste de *software*.

20.1 Fundamentos do teste de *software*

O objetivo dos testes é encontrar erros, então um bom teste é aquele com alta probabilidade de achar um erro. Kaner, Falk e Nguyen [Kan93] sugerem os seguintes atributos para um "bom" teste:

Um bom teste tem alta probabilidade de encontrar um erro. Para atingir esse objetivo, o testador deve entender o *software* e tentar desenvolver uma imagem mental de como ele pode falhar.

Um bom teste não é redundante. O tempo e os recursos de teste são limitados. Não faz sentido realizar um teste que tenha a mesma finalidade de outro teste. Cada teste deve ter uma finalidade diferente (mesmo que seja sutilmente diferente).

Um bom teste deve ser "o melhor da raça" [Kan93]. Em um grupo de testes com finalidades similares, as limitações de tempo e recursos podem induzir à execução de apenas um subconjunto dos testes que tenha a maior probabilidade de revelar uma classe inteira de erros.

Um bom teste não deve ser nem muito simples nem muito complexo. Embora algumas vezes seja possível combinar uma série de testes em um caso de teste, os possíveis efeitos colaterais associados a essa abordagem podem mascarar erros. Em geral, cada teste deve ser executado separadamente.

Qualquer produto de engenharia (e muitas outras coisas) pode ser testado por uma de duas maneiras: (1) conhecendo-se a função especificada para a qual um produto foi projetado para realizar, podem ser feitos testes que demonstrem que cada uma das funções é totalmente operacional, embora ao mesmo tempo procurem erros em cada função; (2) conhecendo-se o funcionamento interno de um produto, podem ser realizados testes para garantir que "tudo se encaixa" – isto é, que as operações internas foram realizadas de acordo com as especificações e que todos os componentes internos foram adequadamente exercitados. A primeira abordagem de teste usa uma visão externa e é chamada de *teste caixa-preta*. A segunda estratégia exige uma visão interna e é chamada de *teste caixa-branca*.[1] Ambas são úteis nos testes de integração [Jan16].

20.1.1   Teste caixa-preta

O *teste caixa-preta* faz referência a testes de integração realizados pelo exercício das interfaces do componente com outros componentes e com outros sistemas. Um teste caixa-preta examina alguns aspectos fundamentais de um sistema, com pouca preocupação em relação à estrutura lógica interna do *software*. Em vez disso, o foco está em garantir que o componente execute corretamente dentro da versão de *software* maior quando os dados de entrada e o contexto de *software* especificado pelas suas precondições estão corretos e que se comporte de acordo com as maneiras especificadas pelas suas pós-condições. Obviamente, é importante garantir que o componente se comporte corretamente quando as suas pré-condições não são satisfeitas (p. ex., que consegue lidar com entradas incorretas sem entrar em pane).

O teste caixa-preta se baseia em requisitos especificados nas histórias de usuário (Capítulo 7). Os autores de casos de teste não precisam esperar que o código de implementação do componente seja escrito após a interface do componente ser definida. Diversos componentes que cooperam entre si podem precisar ser desenvolvidos para implementar a funcionalidade definida por uma única história de usuário. O teste de validação (Seção 20.5) muitas vezes define casos de teste caixa-preta em termos de ações de entrada visíveis para o usuário e comportamentos de saída observáveis, sem nenhum conhecimento sobre como os componentes em si foram implementados.

20.1.2   Teste caixa-branca

O *teste caixa-branca*, também chamado de *teste da caixa-de-vidro* ou *teste estrutural*, é uma filosofia de teste de integração que usa o conhecimento sobre implementação da estrutura de controle descrita como parte do projeto no nível de componentes para derivar casos de teste. O teste caixa-branca fundamenta-se em um exame rigoroso do detalhe procedimental e dos detalhes da implementação da estrutura de dados. Testes caixa-branca só podem ser projetados depois que o projeto no nível de componente (ou código-fonte) existir. Os detalhes lógicos do programa devem estar disponíveis. Os caminhos lógicos do *software* e as colaborações entre componentes são o foco do teste de integração caixa-branca.

À primeira vista, poderia parecer que um teste caixa-branca realizado de forma rigorosa resultaria em "programas 100% corretos". Tudo o que seria preciso fazer seria definir todos os caminhos lógicos, desenvolver casos de teste para exercitá-los e avaliar os resultados, ou seja, gerar casos de teste para exercitar a lógica do programa de forma exaustiva. Infelizmente, o teste exaustivo apresenta certos problemas logísticos. Mesmo para programas pequenos, o número de caminhos lógicos possíveis pode ser muito grande. No entanto, o teste caixa-branca não deve ser descartado como impraticável. Os testadores devem selecionar um número limitado de caminhos lógicos a serem exercitados após a integração do componente. A validade de estruturas de dados importantes também deve ser testada após a integração do componente.

---

1   Os termos *teste funcional* e *teste estrutural* às vezes são usados em lugar de teste caixa-preta e teste caixa-branca, respectivamente.

20.2 Teste de integração

Um novato no mundo do *software* pode levantar uma questão aparentemente legítima quando todos os módulos tiverem passado pelo teste de unidade: "Se todos funcionam individualmente, por que você duvida que funcionem quando estiverem juntos?". O problema, naturalmente, é "colocá-los todos juntos" – fazer interfaces. Dados podem ser perdidos através de uma interface; um componente pode ter um efeito inesperado ou adverso sobre outro; subfunções, quando combinadas, podem não produzir a função principal desejada; imprecisão aceitável individualmente pode ser amplificada em níveis não aceitáveis; estruturas de dados globais podem apresentar problemas. Infelizmente, a lista não acaba.

O teste de integração é uma técnica sistemática para construir a arquitetura de *software*, ao mesmo tempo em que se realizam testes para descobrir erros associados às interfaces. O objetivo é construir uma estrutura de programa determinada pelo projeto a partir de componentes testados em unidade.

Muitas vezes, há uma tendência de tentar a integração não incremental; isto é, construir o programa usando uma abordagem *"big bang"*. Todos os componentes são combinados antecipadamente, e o programa inteiro é testado como um todo. E, normalmente, o resultado é o caos! Os erros são encontrados, mas a correção é difícil porque o isolamento das causas é complicado pela vasta extensão do programa inteiro. Adotar o método *"big bang"* é uma abordagem ineficaz, destinada a fracassar.

A integração incremental é o oposto da abordagem *"big bang"*. O programa é construído e testado em pequenos incrementos, em que os erros são mais fáceis de isolar e corrigir; as interfaces têm maior probabilidade de serem testadas completamente; e uma abordagem sistemática de teste pode ser aplicada. Integrar incrementalmente e ir testando pelo caminho é uma estratégia com melhor relação custo-benefício. Discutimos diversas estratégias comuns de testes de integração incremental no restante deste capítulo.

20.2.1 Integração descendente

Teste de integração descendente (*top-down*) é uma abordagem incremental para a construção da arquitetura de *software*. Os módulos (também chamados de "componentes" neste livro) são integrados deslocando-se para baixo por meio da hierarquia de controle, começando com o módulo de controle principal (programa principal). Módulos subordinados ao módulo de controle principal são incorporados à estrutura de uma maneira primeiro-em-profundidade ou primeiro-em-largura (*depth-first* ou *breadth-first*).

Na Figura 20.1, a *integração primeiro-em-profundidade* integra todos os componentes em um caminho de controle principal da estrutura do programa. A seleção de um caminho principal é, de certa forma, arbitrária e depende das características específicas da aplicação (p. ex., os componentes que precisam ser implementados em um caso de uso). Por exemplo, selecionando o caminho da esquerda, os componentes M_1, M_2 e M_5 seriam integrados primeiro. Em seguida, seria integrado o M_8 – ou, se necessário para o funcionamento apropriado de M_2, o M_6. Depois, são criados os caminhos de controle central e da direita. A *integração primeiro-em-largura* incorpora todos os componentes diretamente subordinados a cada nível, movendo-se através da estrutura horizontalmente. Pela figura, os componentes M_2, M_3 e M_4 seriam integrados primeiro. Em seguida, vem o próximo nível de controle, M_5, M_6 e assim por diante. O processo de integração é executado em uma série de cinco passos:

1. O módulo de controle principal é utilizado como um testador (*test driver*), e todos os componentes diretamente subordinados ao módulo de controle principal substituem os pseudocontrolados (*stubs*).

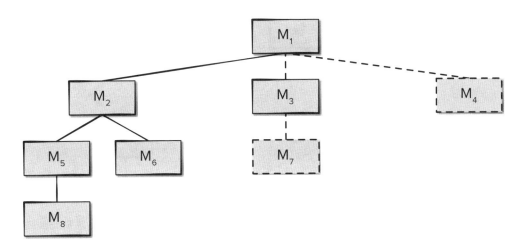

Figura 20.1
Integração descendente (*top-down*).

2. Dependendo da abordagem de integração selecionada (i.e., primeiro-em-profundidade ou primeiro-em-largura), componentes pseudocontrolados (*stubs*) subordinados são substituídos, um de cada vez, pelos componentes reais.
3. Os testes são feitos à medida que cada componente é integrado.
4. Ao fim de cada conjunto de testes, outro pseudocontrolado é substituído pelo componente real.
5. O teste de regressão (discutido mais adiante nesta seção) pode ser executado para garantir que não tenham sido introduzidos novos erros.

O processo continua a partir do passo 2 até que toda a estrutura do programa esteja concluída.

A estratégia de integração descendente (*top-down*) verifica os principais pontos de controle ou decisão antecipada no processo de teste. Em uma estrutura de programa bem construída, a tomada de decisão ocorre nos níveis superiores da hierarquia e, portanto, é encontrada primeiro. Se existirem problemas de controle principal, um reconhecimento prévio é essencial. Se for selecionada a integração primeiro-em-profundidade, uma função completa do *software* pode ser implementada e demonstrada. A demonstração antecipada da capacidade funcional é um gerador de confiança para todos os envolvidos.

20.2.2 Integração ascendente

O *teste de integração ascendente* (*bottom-up*), como o nome diz, começa a construção e o teste com *módulos atômicos* (i.e., componentes nos níveis mais baixos na estrutura do programa). A integração ascendente elimina a necessidade de pseudocontrolados complexos. Como os componentes são integrados de baixo para cima, a funcionalidade proporcionada por componentes subordinados a determinado nível está sempre disponível, e a necessidade de pseudocontrolados é eliminada. Uma estratégia de integração ascendente pode ser implementada com os seguintes passos:

1. Componentes de baixo nível são combinados em agregados (*cluster* – módulos) que executam uma subfunção específica de *software*.
2. Um *pseudocontrolador* (um programa de controle para teste) é escrito para coordenar entrada e saída do caso de teste.
3. O módulo, como um conjunto de componentes, é testado.
4. Os pseudocontroladores (*drivers*) são removidos, e os agregados são combinados movendo-se para cima na estrutura do programa.

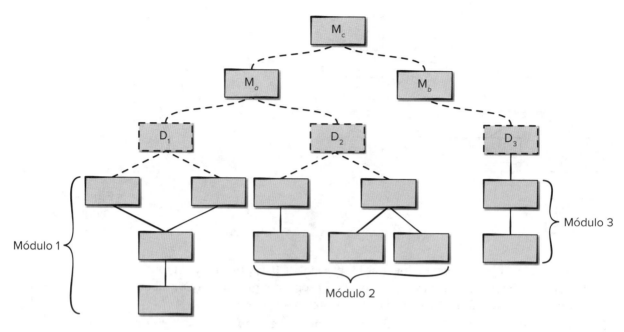

Figura 20.2
Integração ascendente (*bottom-up*).

A integração segue o padrão ilustrado na Figura 20.2. Os componentes são combinados para formar os agregados (*módulos*) 1, 2 e 3. Cada um dos agregados é testado usando um pseudocontrolador (mostrado como um bloco tracejado). Componentes nos agregados 1 e 2 são subordinados a M_a. Os pseudocontroladores D_1 e D_2 são removidos, e os agregados fazem interface diretamente com M_a. De forma semelhante, o pseudocontrolador D_3 para o agregado 3 é removido antes da integração com o módulo M_b. M_a e M_b serão finalmente integrados ao componente M_c e assim por diante.

À medida que a integração se move para cima, a necessidade de pseudocontroladores de testes separados diminui. Na verdade, se os níveis descendentes da estrutura do programa forem integrados de cima para baixo, o número de pseudocontroladores pode ser bastante reduzido, e a integração de agregados fica bastante simplificada.

20.2.3 Integração contínua

Integração contínua é a prática de fundir componentes com o incremento de *software* em evolução uma ou mais vezes ao dia. É uma prática comum para equipes que seguem práticas de desenvolvimento ágil, como XP (Seção 3.5.1) ou DevOps (Seção 3.5.2). O teste de integração deve ocorrer rápida e eficientemente se a equipe está tentando, como parte da entrega contínua, sempre ter um programa funcional implementado. Às vezes, é difícil executar a manutenção de sistemas com o uso de ferramentas de integração contínua [Ste18]. Os problemas de manutenção e integração contínua são discutidos em mais detalhes na Seção 22.4.

Teste fumaça é uma abordagem de teste de integração que pode ser usada quando produtos de *software* são desenvolvidos por uma equipe ágil usando tempos curtos para a construção de incrementos, e pode ser caracterizada como uma estratégia de integração contínua ou móvel. O *software* é recriado (com novos componentes acrescentados), e o teste fumaça é realizado todos os dias. É projetado como um mecanismo de marca-passo para projetos com prazo crítico, permitindo que a equipe de *software* avalie o projeto frequentemente. Em essência, a abordagem do teste fumaça abrange as seguintes atividades:

1. Componentes de *software* que foram traduzidos para um código são integrados em uma "*construção*" (*build*). Uma construção inclui todos os arquivos de dados, bibliotecas, módulos reutilizáveis e componentes necessários para implementar uma ou mais funções do produto.

2. Uma série de testes é criada para expor erros que impedem a construção de executar corretamente sua função. A finalidade deve ser descobrir erros "bloqueadores" (*show-stoppers*) que apresentam a mais alta probabilidade de atrasar o cronograma do *software*.

3. A construção é integrada a outras construções, e o produto inteiro (em sua forma atual) passa diariamente pelo teste fumaça. A abordagem de integração pode ser descendente ou ascendente.

A frequência diária dos testes dá, tanto aos gerentes quanto aos profissionais, uma ideia realística do progresso do teste de integração. McConnell [McC96] descreve o teste fumaça da seguinte maneira:

> O teste fumaça deve usar o sistema inteiro de fim-a-fim. Ele não precisa ser exaustivo, mas deve ser capaz de expor os principais problemas. O teste fumaça deve ser bastante rigoroso, de forma que, se a construção passar, você pode supor que ele é estável o suficiente para ser testado mais rigorosamente.

O teste fumaça proporciona muitos benefícios quando aplicado a projetos de engenharia de *software* complexos e de prazo crítico:

- **O risco da integração é minimizado.** Como os testes fumaça são feitos diariamente, as incompatibilidades e outros erros bloqueadores são descobertos logo, reduzindo, assim, a probabilidade de impacto sério no cronograma quando os erros são descobertos.

- **A qualidade do produto final é melhorada.** Como a abordagem é orientada para a construção (integração), o teste fumaça pode descobrir erros funcionais, bem como erros de arquitetura e de projeto no nível de componente. Se esses erros forem corrigidos logo, isso resultará em melhor qualidade do produto.

- **O diagnóstico e a correção dos erros são simplificados.** Como todas as abordagens de teste de integração, os erros descobertos durante o teste fumaça provavelmente estarão associados aos "novos incrementos do *software*" – ou seja, o *software* que acaba de ser acrescentado à(s) construção(ões) é uma causa provável de um erro que acaba de ser descoberto.

- **É mais fácil avaliar o progresso.** A cada dia que passa, uma parte maior do *software* já está integrada e é demonstrado que ele funciona. Isso melhora a moral da equipe e dá aos gerentes uma boa indicação de que houve progressos.

Em alguns aspectos, o teste fumaça lembra o teste de regressão (discutido na Seção 20.3), que ajuda a garantir que os componentes recém-integrados não irão interferir com os comportamentos dos componentes existentes testados anteriormente. Para tanto, é uma boa ideia reexecutar um subconjunto de casos de teste que foram rodados com o componente de *software* existente antes dos novos componentes serem agregados. O esforço necessário para reexecutar os casos de teste não é trivial, e os testes automatizados podem ser utilizados para reduzir o tempo e o esforço

402 Engenharia de *software*

necessários para executá-los novamente [Net18]. Uma discussão completa sobre testes automatizados iria além do escopo deste capítulo, mas *links* para ferramentas representativas estão disponíveis nas páginas Web que suplementam este livro.[2]

20.2.4 Artefatos do teste de integração

Um plano global para integração do *software* e uma descrição dos testes específicos são documentados em uma *especificação de teste*. Esse artefato incorpora um plano de teste e um documento de teste e torna-se parte da configuração do *software*. O teste é dividido em fases e construções que tratam de características funcionais e comportamentais específicas do *software*. Por exemplo, o teste de integração para o sistema de segurança *CasaSegura* pode ser dividido nas seguintes fases de teste: interação com o usuário, processamento do sensor, funções de comunicação e processamento do alarme.

Cada uma dessas fases de teste de integração representa uma categoria funcional ampla dentro do *software* e geralmente pode ser relacionada a um domínio específico dentro da arquitetura do *software*. Portanto, são criados incrementos de *software* para corresponder a cada fase.

Um cronograma para a integração, o desenvolvimento de *software* de *scaffolding* (Seção 19.2.1) e tópicos relacionados também são discutidos como parte do plano de teste. São estabelecidas as datas de início e fim para cada fase e são definidas "janelas de disponibilidade" para módulos submetidos a teste de unidade. Durante o desenvolvimento do cronograma do projeto, é preciso considerar como a integração ocorre para que os componentes estejam disponíveis quando necessário. Uma breve descrição do *software* de *scaffolding* (pseudocontroladores e pseudocontrolados) concentra-se nas características que poderiam exigir dedicação especial. Por fim, são descritos o ambiente e os recursos de teste. Configurações de *hardware* não usuais, simuladores exóticos e ferramentas ou técnicas especiais de teste são alguns dos muitos tópicos que também podem ser discutidos.

Em seguida, é descrito o procedimento de teste detalhado necessário para realizar o plano de teste. São descritos a ordem de integração e os testes correspondentes em cada etapa de integração. É incluída também uma lista de todos os casos de teste (anotados para referência subsequente) e dos resultados esperados. No mundo ágil, esse nível de descrição dos casos de teste ocorre quando o código para implementar a história de usuário está sendo desenvolvido para que o código possa ser testado assim que estiver pronto para a integração.

Um histórico dos resultados reais do teste, problemas ou peculiaridades é registrado em um *relatório de teste* que pode ser anexado à *especificação de teste*. Em geral, a melhor forma de implementar o relatório de teste é usar um documento Web compartilhado para dar a todos os envolvidos acesso aos resultados mais recentes dos testes e ao estado atual do incremento de *software*. As informações contidas nesse documento *online* podem ser essenciais para os desenvolvedores durante a manutenção do *software* (Seção 4.9).

20.3 Inteligência artificial e testes de regressão

Cada vez que um novo módulo é acrescentado como parte do teste de integração, o *software* muda. Novos caminhos de fluxo de dados são estabelecidos, podem ocorrer novas entradas e saídas (I/O, do inglês *input/output*) e nova lógica de controle é

---

2 Consulte o *site* deste livro (em inglês).

chamada. Os efeitos colaterais associados a essas alterações podem causar problemas em funções que antes funcionavam corretamente. No contexto de uma estratégia de teste de integração, o *teste de regressão* é a reexecução do mesmo subconjunto de testes que já foram executados, para assegurar que as alterações não tenham propagado efeitos colaterais indesejados. Execute testes de regressão toda vez que for feita uma alteração grande no *software* (incluindo a integração de novos componentes). O teste de regressão ajuda a garantir que as alterações (devido ao teste ou por outras razões) não introduzam comportamento indesejado ou erros adicionais.

O teste de regressão pode ser executado manualmente, reexecutando um subconjunto de todos os casos de teste ou usando ferramentas automáticas de captura/reexecução. *Ferramentas de captura/reexecução* permitem que o engenheiro de *software* capture casos de teste e resultados para reexecução e comparação subsequentes. O *conjunto de teste de regressão* (o subconjunto de testes a serem executados) contém três classes diferentes de casos de teste:

- Uma amostra representativa dos testes que usam todas as funções do *software*.
- Testes adicionais que focalizam as funções de *software* que podem ser afetadas pela alteração.
- Testes que focalizam os componentes do *software* que foram alterados.

À medida que o teste de integração progride, o número de testes de regressão pode crescer muito. Portanto, o conjunto de testes de regressão deve ser projetado de forma a incluir somente aqueles testes que tratam de uma ou mais classes de erros em cada uma das funções principais do programa.

Yoo e Harman [Yoo13] escrevem sobre os usos em potencial da inteligência artificial (IA) na identificação de casos de teste para uso em conjuntos de teste de regressão. Uma ferramenta de *software* poderia analisar as dependências entre os componentes no incremento de *software* após os novos componentes terem sido adicionados e gerar casos de teste automaticamente para serem utilizados nos testes de regressão. Outra possibilidade seria usar técnicas de aprendizado de máquina para selecionar conjuntos de casos de teste que otimizariam a descoberta de erros de colaboração entre componentes. O trabalho é promissor, mas ainda exige um nível significativo de interação humana para analisar os casos de teste e a sua ordem de execução recomendada.

Casa Segura

Testes de regressão

Cena: Sala de Doug Miller, enquanto testes de integração estão sendo executados.

Atores: Doug Miller, gerente de engenharia de *software*; Vinod, Jamie, Ed e Shakira — membros da equipe de engenharia de *software* do CasaSegura.

Conversa:

Doug: Parece-me que não estamos dedicando tempo suficiente para retestar os componentes de *software* após integrarmos novos componentes.

Vinod: Acho que isso é verdade, mas não é suficiente que estejamos testando as interações dos novos componentes com aqueles com os quais devem colaborar?

Doug: Nem sempre. Alguns componentes causam alterações inesperadas aos dados utilizados por outros componentes. Sei que estamos ocupados, mas é importante descobrir esse tipo de problema o quanto antes.

Shakira: Até temos um repositório de casos de teste que temos utilizado. Talvez pudéssemos selecionar aleatoriamente vários casos de teste para serem rodados usando o nosso *framework* de teste automatizado.

Doug: É um bom começo, mas talvez devêssemos ser mais estratégicos na seleção dos nossos casos de teste.

404 Engenharia de *software*

> **Ed:** Acho que poderíamos usar a nossa tabela de rastreabilidade de requisitos/casos de teste e usar nosso modelo de cartões CRC para confirmar.
>
> **Vinod:** Tenho usado integração contínua, o que significa que integro cada componente assim que um dos desenvolvedores me passa ele. Tento executar uma série de testes de regressão no programa parcialmente integrado.
>
> **Jamie:** Tenho tentado projetar um conjunto de testes apropriados para cada função do sistema. Talvez eu
>
> devesse identificar alguns dos mais importantes para que o Vinod os use no teste de regressão.
>
> **Doug (para Vinod):** Com que frequência você executa os testes de regressão?
>
> **Vinod:** Todos os dias em que integro um novo componente, uso os casos de teste de regressão... até decidirmos que o incremento de *software* está pronto.
>
> **Doug:** Vamos experimentar usar os casos de teste de regressão do Jamie à medida que são criados e ver o que acontece.

20.4 Teste de integração em contexto orientado a objetos

Devido ao *software* orientado a objetos não ter uma estrutura óbvia de controle hierárquico, as estratégias tradicionais de integração descendente e ascendente (Seção 20.2) têm pouco significado. Além disso, integrar operações uma de cada vez em uma classe (a abordagem convencional de integração incremental) frequentemente é impossível devido "às interações diretas e indiretas dos componentes que formam a classe" [Ber93].

Há duas estratégias diferentes para teste de integração de sistemas orientados a objetos [Bin99]: teste baseado em sequências de execução e testes baseados em uso. A primeira, *teste baseado em sequência de execução* (*thread-based testing*), integra o conjunto de classes necessárias para responder a uma entrada ou um evento do sistema. Cada sequência de execução é integrada e testada individualmente. O teste de regressão é aplicado para garantir que não ocorram efeitos colaterais. Uma estratégia importante para integração de *software* orientado a objetos é o teste com base em sequência de execução (*thread*). Sequências de execução são conjuntos de classes que respondem a uma entrada ou evento.

A segunda abordagem de integração, *teste baseado em uso* (*use-based testing*), inicia a construção do sistema testando as classes (chamadas de *classes independentes*) que usam poucas (ou nenhuma) classes *servidoras*. Depois que as classes independentes são testadas, testa-se a próxima camada de classes, chamadas de *classes dependentes*, que usam as classes independentes. Essa sequência de camadas de teste de classes dependentes continua até que todo o sistema seja construído. Testes baseados em uso focalizam classes que não colaboram intensamente com outras classes.

O uso de *software* de *scaffolding* também muda quando é executado o teste de integração de sistemas orientados a objetos. Pseudocontroladores podem ser utilizados para testar operações no nível mais baixo e para o teste de grupos inteiros de classes. Um pseudocontrolador também pode ser usado para substituir a interface de usuário, de maneira que os testes da funcionalidade do sistema podem ser conduzidos antes da implementação da interface. Pseudocontrolados podem ser usados em situações nas quais é necessária a colaboração entre classes, mas uma (ou mais) das classes colaboradoras ainda não foi totalmente implementada.

O *teste de conjunto* (*cluster testing*) é uma etapa no teste de integração de *software* orientado a objetos. Nesse caso, um agregado de classes colaboradoras (determinado examinando-se os modelos CRC e o modelo objeto-relacionamento) é exercitado projetando-se casos de teste que tentam descobrir erros nas colaborações.

20.4.1 Projeto de caso de teste baseado em falhas[3]

O objetivo do *teste baseado em falhas* dentro de um sistema orientado a objetos é projetar testes que tenham grande probabilidade de descobrir falhas plausíveis. Como o produto ou sistema deve satisfazer os requisitos do cliente, o planejamento preliminar necessário para realizar o teste baseado em falhas começa com o modelo de análise. A estratégia para o teste baseado em falhas é formular uma hipótese de uma série de falhas possíveis e criar testes para provar cada uma das hipóteses. O testador procura por falhas plausíveis (i.e., aspectos da implementação do sistema que podem resultar em defeitos). Para determinar se essas falhas existem, projetam-se casos de teste para exercitar o projeto ou código.

Sem dúvida, a eficiência dessas técnicas depende de como os testadores consideram uma falha plausível. Se falhas reais em um sistema orientado a objetos são vistas como não plausíveis, essa abordagem não é melhor do que qualquer técnica de teste aleatório. Por outro lado, se os modelos de análise e projeto puderem proporcionar conhecimento aprofundado sobre o que provavelmente pode sair errado, o teste baseado em falhas pode encontrar uma quantidade significativa de erros com esforço relativamente pequeno.

O teste de integração procura por falhas plausíveis em chamadas de operação ou conexões de mensagem. Três tipos de falhas encontram-se nesse contexto: resultado inesperado, uso de operação/mensagem errada e invocação incorreta. Para determinar as falhas plausíveis quando funções (operações) são invocadas, o comportamento da operação deve ser examinado.

O teste de integração se aplica tanto a atributos quanto a operações. Os "comportamentos" de um objeto são definidos pelos valores atribuídos a seus atributos. O teste deve exercitar os atributos para determinar se ocorrem os valores apropriados para tipos distintos de comportamento de objeto.

É importante observar que o teste de integração tenta encontrar erros no objeto-cliente, não no servidor. Em termos convencionais, o foco do teste de integração é determinar se existem erros no código chamador, não no código chamado. A chamada da operação é usada como um indício, uma maneira de encontrar os requisitos de teste que usam o código chamador.

A abordagem para teste de partição de múltiplas classes é similar à usada para teste de partição de classes individuais. Uma classe simples é particionada conforme discutido na Seção 19.6.1. No entanto, a equivalência de teste é expandida para incluir operações chamadas via mensagens para classes colaboradoras. Uma abordagem alternativa particiona os testes com base nas interfaces para uma classe em particular. Conforme a Figura 20.3, a classe **Banco** recebe mensagens das classes **ATM** e **Caixa**. Os métodos da classe **Banco** podem, portanto, ser testados particionando-os naqueles que servem **ATM** e naqueles que servem **Caixa.**

Kirani e Tsai [Kir94] sugerem a seguinte sequência de passos para gerar casos de teste aleatórios de múltiplas classes:

1. Para cada classe cliente, use a lista de operações de classe para gerar uma série de sequências aleatórias de teste. As operações enviarão mensagens para outras classes servidoras.

---

3 As Seções 20.4.1 e 20.4.2 foram adaptadas de um artigo de Brian Marick originalmente postado na Internet no grupo comp.testing. Essa adaptação foi incluída com permissão do autor. Para mais informações sobre esses tópicos, veja [Mar94]. Deve-se notar que as técnicas discutidas nas Seções 20.4.1 e 20.4.2 também são aplicáveis para *software* convencional.

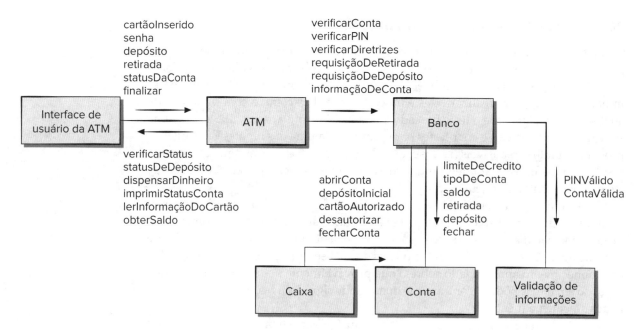

Figura 20.3
Diagrama de colaboração de classe para a aplicação bancária.

Fonte: Kirani, Shekhar and Tsai, W. T., "Specification and Verification of Object-Oriented Programs," Technical Report TR 94-64, University of Minnesota, December 4, 1994, 72.

2. Para cada mensagem gerada, determine a classe colaboradora e a operação correspondente no objeto servidor.
3. Para cada operação no objeto servidor (que foi chamado por mensagens enviadas pelo objeto cliente), determine as mensagens que ela transmite.
4. Para cada uma das mensagens, determine o próximo nível de operações chamadas e incorpore-as na sequência de teste.

Para ilustrar [Kir94], considere uma sequência de operações para a classe **Banco** relativas a uma classe **ATM** (caixa eletrônico) (Figura 20.3):

verificarConta•verificarPIN•[[verificarDiretrizes•
requisiçãoDeRetirada] | requisiçãoDeDepósito|requisiçãoDe
InformaçãoDeConta]^n

Um caso de teste aleatório para a classe **Banco** poderia ser

Caso de teste r_3 = verificarConta•verificarPIN•requisiçãoDeDepósito

Para as colaborações envolvidas nesse teste, são consideradas as mensagens associadas a cada uma das operações citadas no caso de teste r_3. **Banco** deve colaborar com **informaçãoDeValidação** para executar a *verificarConta()* e *verificarPIN()*. **Banco** deve colaborar com **Conta** para executar *requisiçãoDeDepósito()*. Daí, um novo caso de teste que exercita essas colaborações é

Caso de teste r_4 = verificarConta [Banco:contaVálidaInformação
              DeValidação]•verificarPIN [Banco: PINVálido
              InformaçãoDeValidação]•requisiçãoDeDepósito
              [Banco: depósitoConta]

20.4.2 Projeto de caso de teste baseado em cenários

O teste baseado em falhas omite dois tipos principais de erros: (1) especificações incorretas e (2) interações entre subsistemas. Quando ocorrem erros associados a uma especificação incorreta, o produto não realiza o que o cliente deseja. Ele pode fazer

Capítulo 20   Teste de *software* – Nível de integração   **407**

alguma coisa errada ou omitir uma funcionalidade importante. Mas, em qualquer circunstância, a qualidade (conformidade com os requisitos) é prejudicada. Erros associados à interação de subsistemas ocorrem quando o comportamento de um subsistema cria circunstâncias (p. ex., eventos, fluxo de dados) que fazem outro subsistema falhar.

Testes baseados em cenários indicarão erros que ocorrem quando qualquer ator interage com o *software*. O teste baseado em cenários concentra-se naquilo que o usuário faz, não no que o produto faz. Isso significa detectar as tarefas (por meio de casos de uso) que o usuário tem de executar e aplicá-las, bem como suas variantes, como testes.

Esses testes descobrem erros de interação. Mas, para tanto, os casos de teste devem ser mais complexos e realistas do que os testes baseados em falhas. Os testes baseados em cenários tendem a usar vários subsistemas em um único teste (os usuários não se limitam ao uso de um subsistema de cada vez).

O projeto de caso de teste torna-se mais complicado quando começa a integração do sistema orientado a objetos. É nesse estágio que o teste de colaborações entre classes deve começar. Para ilustrar a "geração de caso de teste entre classes" [Kir94], vamos expandir o exemplo bancário apresentado na Seção 19.6 para incluir as classes e colaborações da Figura 20.3. As direções das setas na figura indicam a direção das mensagens, e os rótulos indicam as operações chamadas como consequência das colaborações sugeridas pelas mensagens.

Como o teste de classes individuais, o teste de colaboração entre classes pode ser feito com a aplicação de métodos aleatórios e de particionamento, bem como teste baseado em cenários e teste comportamental.

20.5   Teste de validação

Como todas as etapas de teste, a validação tenta descobrir erros, mas o foco está no nível de requisitos – em coisas que ficarão imediatamente aparentes para o usuário. O teste de validação começa quando termina o teste de integração, quando os componentes individuais já foram exercitados, o *software* está completamente montado como um pacote e os erros de interface já foram descobertos e corrigidos. No nível de validação ou de sistema, a distinção entre diferentes categorias de *software* desaparece. O teste focaliza ações visíveis ao usuário e saídas do sistema reconhecíveis pelo usuário.

A validação pode ser definida de várias maneiras, mas uma definição simples (embora rigorosa) é que a validação tem sucesso quando o *software* funciona de uma maneira que pode ser razoavelmente esperada pelo cliente. Nesse ponto, um desenvolvedor de *software* veterano pode protestar: "Quem ou o que é o árbitro para decidir o que são expectativas razoáveis?". Se uma *especificação de requisitos de software* foi desenvolvida, ela descreve cada história de usuário, todos os atributos do *software* visíveis ao usuário e os critérios de aceitação do cliente para cada um. Os critérios de aceitação do usuário formam a base para uma abordagem de teste de validação.

A validação de *software* é conseguida por meio de uma série de testes que demonstram conformidade com os requisitos. Um plano de teste descreve as classes de testes a serem realizados, e um procedimento de teste define casos de teste específicos destinados a garantir que todos os requisitos funcionais sejam satisfeitos, todas as características comportamentais sejam obtidas, todo o conteúdo seja preciso e adequadamente apresentado, todos os requisitos de desempenho sejam atendidos, a documentação esteja correta e a usabilidade e outros requisitos sejam cumpridos (p. ex., transportabilidade, compatibilidade, recuperação de erro, facilidade de manutenção). Se for descoberto um desvio em relação à especificação, é criada uma *lista de deficiências*. Deve ser estabelecido um método para solucionar deficiências (aceitável para os envolvidos). Os métodos de teste especializados para esses requisitos não funcionais são discutidos no Capítulo 21.

Um elemento importante do processo de validação é a *revisão da configuração*. A finalidade da revisão é garantir que todos os elementos da configuração do *software* tenham sido adequadamente desenvolvidos, estejam catalogados e tenham os detalhes necessários para amparar as atividades de suporte. A revisão de configuração, também chamada de auditoria, é discutida em mais detalhes no Capítulo 22.

Casa Segura

Preparando-se para a validação

Cena: Escritório de Doug Miller, onde continua o projeto no nível de componente e a criação de certos componentes.

Atores: Doug Miller, gerente de engenharia de *software*; Vinod, Jamie, Ed e Shakira – membros da equipe de engenharia de *software* do *CasaSegura*.

Conversa:

Doug: O primeiro incremento estará pronto para validação em... cerca de três semanas?

Vinod: Certo. A integração está indo bem. Estamos fazendo o teste fumaça diariamente, encontrando alguns erros, mas nada que não se possa resolver. Até agora, tudo bem.

Doug: Fale sobre a validação.

Shakira: Bem, usaremos como base para nosso projeto de teste todos os casos de uso. Ainda não comecei, mas desenvolveremos testes para todos os casos de uso pelos quais sou responsável.

Ed: A mesma coisa aqui.

Jamie: Eu também, mas temos de juntar as nossas ações para teste de aceitação e para testes alfa e beta, não?

Doug: Sim. Na verdade, estive pensando que poderíamos contratar alguém para nos ajudar na validação. Tenho verba disponível no orçamento... e teríamos um novo ponto de vista.

Vinod: Eu acho que temos tudo sob controle.

Doug: Estou certo de que sim, mas um ITG nos dará uma visão independente sobre o *software*.

Jamie: Estamos com o tempo apertado aqui, Doug. Não temos tempo suficiente para pajear qualquer um que você trouxer aqui.

Doug: Eu sei, eu sei. Mas se um ITG trabalhar a partir dos requisitos e casos de uso, não será necessário muito acompanhamento.

Vinod: Eu ainda acho que temos tudo sob controle.

Doug: Eu sei, Vinod, mas vou insistir nisso. Vamos marcar uma reunião com o representante do ITG ainda esta semana. Vamos dar o pontapé inicial e ver até onde eles chegam.

Vinod: Ok, talvez eles possam aliviar a carga.

No nível de validação ou de sistema, os detalhes das conexões de classes desaparecem. A validação de *software* orientado a objetos enfoca as ações visíveis pelo usuário e as saídas do sistema reconhecíveis por ele. Para ajudar na criação de testes de validação, o testador deve fundamentar-se nos casos de uso (Capítulos 7 e 8) que fazem parte do modelo de requisitos. O caso de uso proporciona um cenário com grande possibilidade de detectar erros em requisitos de interação de usuário. Os métodos convencionais de teste caixa-preta (Capítulo 19) podem ser usados para controlar testes de validação. Além disso, pode-se optar por criar casos de teste com base no modelo de comportamento de objeto criado como parte da análise orientada a objetos.

20.6 Padrões de teste

O uso de padrões como um mecanismo para descrever soluções para problemas de projeto específicos foi discutido no Capítulo 15. Mas os padrões também podem ser usados para propor soluções para outras situações de engenharia de *software* – nesse caso, o teste de *software*. Os *padrões de teste* descrevem problemas comuns de teste e soluções que podem ajudar a lidar com eles.

Grande parte do teste de *software*, inclusive durante a década passada, tem sido uma atividade improvisada. Se os padrões de teste podem ajudar uma equipe de *software* a se comunicar sobre testes de forma mais eficaz, a entender as forças motivadoras que conduzem a uma abordagem específica para o teste e a encarar o projeto de testes como uma atividade evolucionária, na qual cada iteração resulta em um conjunto mais completo de casos de teste, então os padrões realmente dão uma grande contribuição.

Os padrões de teste são descritos de maneira muito semelhante aos padrões de projeto (Capítulo 15). Já foram propostas dezenas de padrões de teste na literatura (p. ex., [Mar02]). Os três padrões a seguir (apresentados apenas de uma forma superficial) fornecem exemplos representativos:

Nome do padrão: **testeEmDupla**

Resumo: Um padrão orientado a processo, o **teste em dupla** descreve uma técnica que é análoga à programação em pares (Capítulo 3), na qual dois testadores trabalham em conjunto para projetar e executar uma série de testes que podem ser aplicados a atividades de teste de unidade, integração ou validação.

Nome do padrão: **interfaceDeTesteSeparada**

Resumo: Há necessidade de testar todas as classes em um sistema orientado a objetos, incluindo "classes internas" (i.e., classes que não expõem qualquer interface fora do componente que as utilizou). O padrão **interfaceDeTesteSeparada** descreve como criar "uma interface de teste que pode ser usada para descrever testes específicos em classes que são visíveis somente internamente a um componente" [Lan01].

Nome do padrão: **testeDeCenário**

Resumo: Uma vez feitos os testes de unidade e de integração, é necessário determinar se o *software* se comportará ou não de maneira que satisfaça aos usuários. O padrão **testeDeCenário** descreve uma técnica para exercitar o *software* do ponto de vista do usuário. Uma falha nesse nível indica que o *software* deixou de atender aos requisitos visíveis para o usuário [Kan01].

Uma discussão abrangente sobre os padrões de teste está fora dos objetivos deste livro. Se você estiver interessado em mais detalhes, consulte [Bin99], [Mar02], [Tho04], [Mac10] e [Gon17] para informações adicionais sobre esse importante assunto.

20.7 Resumo

O teste de integração constrói a arquitetura de *software* ao mesmo tempo em que se realizam testes para descobrir erros associados às interfaces. O objetivo é construir uma estrutura de programa determinada pelo projeto a partir de componentes testados em unidade.

Desenvolvedores de *software* experientes muitas vezes afirmam: "O teste nunca termina, ele apenas se transfere de você (o engenheiro de *software*) para o seu cliente.

Toda vez que um cliente usa o programa, um teste está sendo realizado". Aplicando o projeto de caso de teste, você pode obter um teste mais completo e, assim, descobrir e corrigir o maior número de erros antes que comecem os "testes do cliente".

Hetzel [Het84] descreve o teste caixa-branca como "teste no pequeno" (para o que é particular). Sua implicação é que os testes caixa-branca que foram considerados neste capítulo são aplicados tipicamente a pequenos componentes de programas (p. ex., módulos ou pequenos grupos de módulos). O teste caixa-preta, por outro lado, amplia o seu foco e pode ser chamado de "teste no grande" (para o que é amplo).

O teste caixa-preta se baseia em requisitos especificados nas histórias de usuário ou em alguma outra representação de modelagem da análise. Os autores de casos de teste não precisam esperar que o código de implementação do componente seja lido, desde que entendam os requisitos da funcionalidade sendo testada. O teste de validação muitas vezes é realizado com casos de teste caixa-preta que produzem ações de entrada visíveis para o usuário e comportamentos de saída observáveis.

O teste caixa-branca exige um exame rigoroso do detalhe procedimental e dos detalhes da implementação da estrutura de dados para os componentes sendo testados. Testes caixa-branca só podem ser projetados depois que o projeto no nível de componente (ou código-fonte) existir. Os caminhos lógicos do *software* e as colaborações entre componentes são o foco do teste de integração caixa-branca.

O teste de integração do *software* orientado a objetos pode ser feito com uma estratégia baseada em sequências de execução ou baseada em uso. O teste baseado em sequências de execução integra o conjunto de classes que colaboram para responder a uma entrada ou um evento. O teste baseado em uso constrói o sistema em camadas, começando com as classes que não fazem uso de classes servidoras. Métodos de projeto de caso de teste de integração também podem fazer uso de testes aleatórios e de partição. Além disso, testes baseados em cenário e derivados de modelos comportamentais podem ser usados para testar uma classe e suas colaboradoras. Uma sequência de teste acompanha o fluxo de operações por meio das colaborações de classe.

Teste de validação orientado a objetos é um teste orientado a caixa-preta e pode ser realizado aplicando-se os mesmos métodos caixa-preta discutidos para *software* convencional. Entretanto, o teste baseado em cenários domina a validação de sistemas orientados a objeto, tornando o caso de uso um pseudocontrolador primário para teste de validação.

O teste de regressão é o processo de reexecutar um determinado caso de teste após qualquer alteração a um sistema de *software*. Os testes de regressão devem ser executados sempre que novos componentes ou alterações são adicionados a um incremento de *software*. O teste de regressão ajuda a garantir que as alterações não introduzam comportamento indesejado ou erros adicionais.

Os padrões de teste descrevem problemas comuns de teste e soluções que podem ajudar a lidar com eles. Se os padrões de teste podem ajudar uma equipe de *software* a se comunicar sobre testes de forma mais eficaz, a entender as forças motivadoras que conduzem a uma abordagem específica para o teste e a encarar o projeto de testes como uma atividade evolucionária, na qual cada iteração resulta em um conjunto mais completo de casos de teste, então os padrões realmente dão uma grande contribuição.

Problemas e pontos a ponderar

20.1. Como o cronograma de projeto pode afetar o teste de integração?

20.2. Quem deve executar o teste de validação – o desenvolvedor do *software* ou o usuário do *software*? Justifique a sua resposta.

20.3. Poderá o teste exaustivo (mesmo que seja possível para programas muito pequenos) garantir que um programa está 100% correto?

20.4. Por que o "teste" deve começar com análise e projeto de requisitos?

20.5. Os requisitos não funcionais (p. ex., segurança e desempenho) deveriam ser parte dos testes de integração?

20.6. Por que temos de testar novamente as subclasses instanciadas de uma classe existente se a classe existente já foi completamente testada?

20.7. Qual a diferença entre estratégias baseadas em sequências de execução e estratégias baseadas em uso para teste de integração?

20.8. Desenvolva uma estratégia de teste completa para o sistema *CasaSegura* discutido anteriormente neste livro. Documente-a em uma *especificação de teste*.

20.9. Escolha uma das histórias de usuário do sistema *CasaSegura* para embasar os testes baseados em cenários e construa um conjunto de casos de testes de integração necessários para realizar tais testes para a história de usuário escolhida.

20.10. Para os casos de teste elaborados no Problema 20.9, identifique um subconjunto de casos de teste que você usará para o teste de regressão de componentes de *software* adicionados ao programa.

Elemento de design: Ícone de lupa da seção Panorama: © Roger Pressman

21

Teste de *software* – Testes especializados para mobilidade

Conceitos-chave

teste de acessibilidade . . . 432
teste alfa 430
teste beta 430
teste de
compatibilidade 414
teste de conteúdo 420
teste de documentação . . 434
internacionalização 423
teste de carga 425
teste baseado em
modelo 429
teste de navegação 421
teste de desempenho 424
teste em tempo real 426
teste de recuperação 417
teste de segurança 423
teste de esforço (*stress*) . . . 425
testes para sistemas
de IA 428
diretrizes de teste 413
estratégias de teste para
aplicativos móveis 413
estratégias de teste
para WebApps 418
teste de usabilidade 430

O mesmo senso de urgência que orienta os projetos de aplicativos móveis também se aplica a todos os projetos de mobilidade. Os envolvidos estão preocupados em não perder uma oportunidade do mercado e fazem pressão para lançar o aplicativo móvel no mercado. As atividades técnicas que muitas vezes ocorrem mais tarde no processo, como testes de desempenho e segurança, algumas vezes são negligenciadas. O teste de usabilidade, que deve ocorrer durante a fase de projeto, pode acabar sendo adiado para pouco antes da distribuição. Esses erros podem ser catastróficos. Para evitar essa situação, os membros da equipe precisam assegurar que cada artefato tenha alta qualidade, ou os usuários darão preferência a um produto concorrente [Soa11].

Os requisitos e os modelos de projeto do aplicativo móvel não podem ser testados unicamente com casos de teste executáveis. A equipe deve realizar revisões

---

Panorama

O que é? O teste de mobilidade é um conjunto de atividades relacionadas com um único objetivo: descobrir erros no conteúdo, na função, na usabilidade, na navegabilidade, no desempenho, na capacidade e na segurança do aplicativo móvel.

Quem realiza? Os engenheiros de *software* e outros envolvidos no projeto (gerentes, clientes e usuários), todos participam do teste de mobilidade.

Por que é importante? Se os usuários encontrarem erros ou dificuldades dentro do aplicativo móvel, vão procurar o conteúdo e a função personalizados de que precisam em outro lugar.

Quais são as etapas envolvidas? O processo de teste de mobilidade começa focando os aspectos visíveis do

aplicativo móvel ao usuário e passa para os testes de tecnologia e infraestrutura.

Qual é o artefato? Frequentemente é produzido um plano de teste para o aplicativo móvel. É desenvolvida uma série de casos de teste para cada etapa e é mantido um arquivo dos resultados para uso futuro.

Como garantir que o trabalho foi realizado corretamente? Embora nunca se possa ter certeza de ter executado todos os testes necessários, é possível verificar se erros foram apontados (e corrigidos). Além disso, se foi estabelecido um plano de teste, é aconselhável certificar-se de que todos os testes planejados foram realizados.

Capítulo 21   Teste de *software* – Testes especializados para mobilidade   **413**

técnicas (Capítulo 16) que testem a usabilidade (Capítulo 12) e o desempenho e a segurança do aplicativo móvel.

Existem várias perguntas importantes a fazer ao se criar uma estratégia de teste de aplicativos móveis [Sch09]:

- É preciso construir um protótipo totalmente funcional antes de testar com os usuários?
- Você deve testar com o dispositivo do usuário ou fornecer um dispositivo para teste?
- Quais dispositivos e grupos de usuários devem ser incluídos no teste?
- Quais são as vantagens e desvantagens dos testes de laboratório em relação aos testes remotos?

Tratamos de cada uma dessas questões ao longo deste capítulo.

21.1   Diretrizes para testes móveis

Aplicativos móveis executados inteiramente em um dispositivo móvel podem ser testados com métodos de teste de *software* tradicionais (Capítulos 19 e 20) ou com emuladores rodando em computadores pessoais. A situação se torna mais complicada quando é preciso testar aplicativos móveis clientes finos[1]. Eles apresentam muitos dos mesmos desafios encontrados em WebApps (Seção 20.2), mas trazem preocupações adicionais associadas à transmissão de dados por meio de *gateways* da Internet e de redes telefônicas [Was10].

Em geral, usuários esperam que os aplicativos móveis sejam sensíveis ao contexto e apresentem experiências personalizadas, de acordo com o local físico de um dispositivo em relação aos recursos de rede disponíveis. Mas é difícil, se não impossível, testar aplicativos móveis em um ambiente dinâmico de rede *ad hoc* usando todas as configurações de rede e dispositivo disponíveis.

Espera-se que os aplicativos móveis apresentem grande parte da complexa funcionalidade e confiabilidade encontradas nos aplicativos de PC, mas eles residem em plataformas móveis, com recursos relativamente limitados. As diretrizes a seguir oferecem uma base para o teste de aplicativos móveis [Kea07]:

- Entenda o cenário do dispositivo e da rede antes de testar, a fim de identificar gargalos (Seção 21.6).
- Realize testes em condições reais, sem controle (testes de campo, Seção 21.8).
- Escolha a ferramenta de teste de automação correta (Seção 21.11).
- Use o método da matriz de plataformas de dispositivo com valores ponderados (WDPM, do inglês *weighted device platform matrix*) para identificar a combinação de *hardware*/plataforma mais crítica a testar (Seção 21.8).
- Pelo menos uma vez, verifique o fluxo funcional de um extremo ao outro em todas as plataformas possíveis (Seção 21.10).

---

1   Em geral, os aplicativos clientes finos têm *software* para a interface do usuário executado no dispositivo móvel (ou *software* de navegador Web) e têm integração com uma aplicação acessada pela Internet ou armazenamento de dados baseado na nuvem.

414   Engenharia de *software*

- Realize testes de desempenho, de interface gráfica do usuário e de compatibilidade utilizando dispositivos reais (Seções 21.8 e 21.11).
- Avalie o desempenho somente em condições realistas de tráfego de rede sem fio e carga de usuários (Seção 21.8).

21.2 As estratégias de teste

A estratégia de teste de aplicativos móveis adota os princípios básicos de todo teste de *software*. Contudo, a natureza única dos aplicativos móveis exige considerar várias questões especializadas:

- **Teste da experiência do usuário.** Os usuários são incluídos no início do processo de desenvolvimento para garantir que o aplicativo móvel cumpra as expectativas de usabilidade e acessibilidade dos envolvidos em todos os dispositivos suportados (Seção 21.3).
- **Teste de compatibilidade de dispositivo.** Os testadores verificam se o aplicativo móvel funciona corretamente em todas as combinações de *hardware* e *software* exigidas (Seção 21.9).
- **Teste de desempenho.** Os testadores verificam os requisitos não funcionais exclusivos dos dispositivos móveis (p. ex., tempos de *download*, velocidade do processador, capacidade de armazenamento, disponibilidade de energia) (Seção 21.8).
- **Teste de conectividade.** Os testadores verificam se o aplicativo móvel consegue acessar quaisquer redes ou serviços Web necessários e se pode tolerar acesso à rede fraco ou interrompido (Seção 21.6).
- **Teste de segurança.** Os testadores verificam se o aplicativo móvel não compromete os requisitos de privacidade ou segurança de seus usuários (Seção 21.7).
- **Teste em condições naturais.** O aplicativo é testado sob condições realistas em dispositivos reais, em uma variedade de ambientes de rede em todo o mundo (Seção 21.9).
- **Teste de certificação.** Os testadores verificam se o aplicativo móvel atende aos padrões estabelecidos pelas lojas de aplicativo que vão distribuí-lo.

Apenas tecnologia não é suficiente para garantir o sucesso comercial de um aplicativo móvel. Os usuários abandonam aplicativos móveis rapidamente se estes não funcionam bem ou não atingem as expectativas. É importante lembrar que o teste tem dois objetivos fundamentais: (1) criar casos de teste que revelem defeitos no início do ciclo de desenvolvimento e (2) verificar a presença de atributos de qualidade importantes. Os atributos de qualidade de aplicativos móveis têm por base aqueles estabelecidos na ISO 2050:2011 [ISO17] e abrangem funcionalidade, confiabilidade, usabilidade, eficiência, facilidade de manutenção e portabilidade (Capítulo 17).

O desenvolvimento de uma estratégia de teste de aplicativo móvel exige entender os testes de *software* e os desafios que tornam os dispositivos móveis e sua infraestrutura de rede únicos [Kho12a]. Além de um conhecimento completo das abordagens de teste de *software* convencionais (Capítulos 19 e 20), um testador de aplicativos móveis deve conhecer bem os princípios das telecomunicações e reconhecer as diferenças e capacidades das plataformas de sistemas operacionais móveis. Esse conhecimento básico deve ser complementado com um entendimento completo dos diferentes tipos de testes móveis (p. ex., teste de aplicativo móvel, de telefone celular, de *site* móvel), com o uso de simuladores, ferramentas de automação de teste e serviços de acesso remoto a dados (RDA, do inglês *remote data access*). Cada um desses assuntos será discutido mais adiante neste capítulo.

21.3 Questões de teste da experiência do usuário

Em um mercado abarrotado, no qual os produtos oferecem a mesma funcionalidade, os usuários escolherão o aplicativo móvel mais fácil de usar. A interface do usuário e seus mecanismos de interação são visíveis para os usuários de aplicativos móveis. É importante testar a qualidade da experiência do usuário fornecida pelo aplicativo móvel para garantir que ele atenda às expectativas de seus usuários.

Quais características da usabilidade dos aplicativos móveis se tornam o foco dos testes e quais objetivos específicos são tratados? Muitos dos procedimentos usados para avaliar a usabilidade de interfaces de usuário de *software*, discutidos nos Capítulos 12 e 13, podem ser utilizados para avaliar aplicativos móveis. Do mesmo modo, muitas das estratégias usadas para avaliar a qualidade de WebApps (Seção 21.5) podem ser usadas para testar a parte relativa à interface de usuário do aplicativo móvel. Construir uma boa interface de usuário para aplicativos móveis envolve mais do que apenas reduzir o tamanho da interface de usuário de um aplicativo de PC já existente.

21.3.1 Teste de gestos

Touch screens são onipresentes em dispositivos móveis e, como consequência, os desenvolvedores têm adicionado gestos multitoque (p. ex., deslizar, aproximar e afastar, rolar, selecionar) como uma maneira de aumentar as possibilidades de interação do usuário sem perder espaço útil na tela. A Figura 21.1 mostra diversos gestos comuns em aplicativos móveis. Infelizmente, interfaces que utilizam muito os gestos apresentam vários desafios para testes.

Não é possível usar protótipos em papel, às vezes desenvolvidos como parte do projeto, para testar gestos adequadamente. Quando o teste é iniciado, é difícil usar ferramentas automatizadas para testar ações de toque ou gesto na interface. A localização de objetos na tela é afetada pelo tamanho e pela resolução, assim como por ações anteriores do usuário, o que dificulta o teste preciso dos gestos. E mesmo

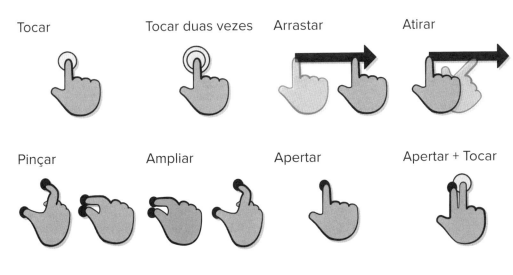

Figura 21.1 Gestos em aplicativos móveis.

Engenharia de *software*

enquanto os testes são conduzidos, é complicado registrar gestos precisamente para reprodução.

Em vez disso, os testadores precisam criar programas (*frameworks*) de teste que chamem funções para simular eventos de gesto. Tudo isso é caro e demorado.

O teste de acessibilidade para usuários deficientes visuais é desafiador, pois as interfaces de gesto normalmente não fornecem retorno táctil ou auditivo. O teste de usabilidade e acessibilidade para gestos se torna muito importante para dispositivos onipresentes, como os *smartphones*. Pode ser importante testar o funcionamento do dispositivo quando não houver operações de gesto.

De maneira ideal, as jornadas de usuário ou os casos de uso são escritos com detalhes suficientes para permitir sua utilização como base para *scripts* de teste. É importante recrutar usuários representativos e incluir todos os dispositivos pretendidos, a fim de levar em conta as diferenças de tela ao testar gestos com um aplicativo móvel. Por fim, os testadores devem garantir que os gestos obedeçam aos padrões e contextos definidos para o dispositivo ou plataforma móvel.

21.3.2 Entrada por teclado virtual

Como um teclado virtual pode ocultar parte da tela de exibição quando ativado, é importante testar o aplicativo móvel para garantir que informações essenciais da tela não sejam ocultadas enquanto o usuário digita. Se as informações da tela precisam ser ocultadas, é importante testar a capacidade do aplicativo móvel de permitir que o usuário troque de página sem perder dados digitados [Sch09].

Normalmente, os teclados virtuais são menores do que os teclados de computador pessoal e, portanto, é difícil digitar com os 10 dedos. Como as próprias teclas são menores e mais difíceis de pressionar, além de não fornecerem retorno táctil, o aplicativo móvel deve ser testado para verificar se permite fácil correção de erros e se pode gerenciar palavras digitadas de forma errada sem falhar.

Tecnologias preditivas (i.e., função autocompletar para palavras digitadas parcialmente) são frequentemente utilizadas com teclados virtuais para ajudar a acelerar a entrada do usuário. É importante testar a exatidão das palavras completadas para a linguagem natural escolhida pelo usuário, caso o aplicativo móvel seja projetado para um mercado global. Também é importante testar a usabilidade de qualquer mecanismo que permita ao usuário ignorar um "completar" automático sugerido.

Os testes de teclados virtuais frequentemente são realizados no laboratório de usabilidade, mas alguns devem ser realizados em condições naturais. Se os testes do teclado virtual descobrirem problemas significativos, a única alternativa pode ser garantir que o aplicativo móvel possa aceitar entrada de outros dispositivos, que não um teclado virtual (p. ex., um teclado físico ou entrada de voz).

21.3.3 Entrada e reconhecimento de voz

A entrada de voz se tornou um método bastante comum para entrada de dados e comandos em situações em que se está com as mãos e os olhos ocupados. A entrada de voz pode assumir várias formas, com diferentes níveis de complexidade de programação exigida para processar cada uma delas. A entrada de caixa postal ocorre quando uma mensagem é simplesmente gravada para reprodução posterior. O reconhecimento de palavras separadas pode ser usado para permitir que os usuários selecionem verbalmente itens de um menu com um pequeno número de escolhas. O reconhecimento de voz contínuo traduz a fala ditada em sequências de textos com significados. Cada tipo de entrada de voz tem seus próprios desafios de teste.

Capítulo 21   Teste de *software* – Testes especializados para mobilidade   **417**

De acordo com Shneiderman [Shn09], todas as formas de entrada e processamento de fala são atrapalhadas pela interferência de ambientes barulhentos. O uso de comandos de voz para controlar um dispositivo impõe uma maior carga cognitiva sobre o usuário, em comparação com apontar para um objeto na tela ou pressionar uma tecla. O usuário precisa pensar na(s) palavra(s) correta(s) para fazer o aplicativo móvel executar a ação desejada. Contudo, a quantidade e a precisão dos sistemas de reconhecimento de fala estão evoluindo rapidamente, e é provável que o reconhecimento de voz se torne a forma dominante de comunicação em muitos aplicativos móveis.

Testar a qualidade e a confiabilidade da entrada e do reconhecimento de voz deve levar em conta as condições ambientais e a variação das vozes individuais. Os usuários do aplicativo móvel cometerão erros, assim como partes do sistema que processa a entrada. O aplicativo móvel deve ser testado para garantir que uma entrada inválida não cause a falha do aplicativo móvel ou do dispositivo. Grandes quantidades de ambientes e usuários devem ser envolvidas para garantir que o aplicativo trabalhe com uma taxa de erros aceitável. É importante registrar os erros para ajudar os desenvolvedores a aprimorar a capacidade do aplicativo móvel de processar entrada de voz.

21.3.4   Alertas e condições extraordinárias

Quando um aplicativo móvel executa em um ambiente de tempo real, existem fatores que podem ter impacto em seu comportamento. Por exemplo, um sinal de Wi-Fi pode ser perdido, ou uma mensagem de texto, ligação telefônica ou alerta de calendário podem ser recebidos enquanto o usuário está trabalhando com o aplicativo móvel.

Esses fatores podem interromper o fluxo de trabalho do usuário do aplicativo, apesar de muitos usuários optarem por permitir alertas e outras interrupções enquanto trabalham. O ambiente de teste de aplicativo móvel deve ser capaz de simular esses alertas e condições. Além disso, você deve testar a capacidade do aplicativo móvel de tratar os alertas e condições no ambiente de produção em dispositivos reais (Seção 21.9).

Parte do teste do aplicativo móvel deve se concentrar nas questões de usabilidade relacionadas a alertas e mensagens *pop-up*. O teste deve examinar a clareza e o contexto dos alertas, a conveniência de sua localização na tela de exibição do dispositivo e, quando estiverem envolvidos outros idiomas, verificar se a tradução de um idioma para outro está correta.

Muitos alertas e condições podem ser disparados de formas diferentes em vários dispositivos móveis ou por mudanças de rede ou de contexto. Embora muitos dos processos de tratamento de exceção possam ser simulados com um equipamento de teste de *software*, você não deve depender unicamente do teste no ambiente de desenvolvimento. Novamente, isso enfatiza a importância de testar o aplicativo móvel em condições naturais, em dispositivos reais.

Muitos sistemas de computador devem se recuperar de falhas e retomar o processamento em pouco ou nenhum tempo de parada. Em alguns casos, um sistema tem de ser tolerante a falhas; ou seja, falhas no processamento não devem causar a paralisação total do sistema. Em outros casos, uma falha no sistema deve ser corrigida dentro de determinado período; caso contrário, poderão ocorrer sérios prejuízos financeiros.

Teste de recuperação é um teste do sistema que obriga o *software* a falhar de várias formas e verifica se a recuperação é executada corretamente. Se a recuperação for automática (executada pelo próprio sistema), a reinicialização, os mecanismos de verificação, recuperação de dados e reinício são avaliados quanto à correção. Se a recuperação exige intervenção humana, o tempo médio para reparar (MTTR, do inglês *mean time to repair*) é avaliado para determinar se está dentro dos limites aceitáveis.

418 Engenharia de *software*

21.4 Teste de aplicações para Web

Muitas práticas de teste para a Web também são apropriadas para testar aplicativos móveis clientes finos e simulações interativas. A estratégia para teste de WebApp adota os princípios básicos para todo o teste de *software* e aplica táticas usadas em sistemas orientados a objetos. Os passos a seguir resumem a abordagem:

1. O modelo de conteúdo para a WebApp é revisto para descobrir erros.
2. O modelo de interface é revisto para garantir que todos os casos de uso possam ser acomodados.
3. O modelo de projeto para a WebApp é revisto para descobrir erros de navegação.
4. A interface com o usuário é testada para descobrir erros nos mecanismos de apresentação e/ou navegação.
5. Para cada componente funcional é feito o teste de unidade.
6. É testada a navegação por toda a arquitetura.
7. A WebApp é implementada em uma variedade de configurações ambientais diferentes e testada quanto à compatibilidade com cada configuração.
8. São executados testes de segurança na tentativa de explorar vulnerabilidades na WebApp ou em seu ambiente.
9. São realizados testes de desempenho.
10. A WebApp é testada por uma população de usuários finais controlados e monitorados. Os resultados da interação desses usuários com o sistema são avaliados quanto a erros.

Já que muitas WebApps evoluem continuamente, o processo de teste é uma atividade contínua, conduzido pelo pessoal de suporte que usa testes de regressão derivados dos testes de desenvolvimento quando a WebApp foi desenvolvida inicialmente. Os métodos de teste para WebApp são considerados na Seção 21.5.

21.5 As estratégias de teste para a Web

O teste é um processo pelo qual se experimenta o *software* com a intenção de encontrar (e, por fim, corrigir) erros. Essa filosofia fundamental, apresentada inicialmente no Capítulo 20, não muda para as WebApps. Na verdade, pelo fato de os sistemas e aplicações baseados na Web residirem em uma rede e interoperarem com muitos sistemas operacionais, navegadores (ou outros dispositivos de comunicação), plataformas de *hardware*, protocolos de comunicação e aplicações "de retaguarda" diferentes, a procura dos erros representa um desafio significativo para os engenheiros.

A Figura 21.2 justapõe o processo de teste de mobilidade com a pirâmide de projeto para WebApps (Capítulo 13). Observe que, enquanto ocorre o fluxo do teste da esquerda para a direita e de cima para baixo, os elementos do projeto da WebApp visíveis para o usuário (elementos do topo da pirâmide) são testados primeiro, seguidos pelos elementos de projeto da infraestrutura.

Como muitos aplicativos evoluem continuamente, o processo de teste é uma atividade contínua, executada por pessoal de suporte que usa testes de regressão derivados dos testes desenvolvidos quando o aplicativo foi criado inicialmente.

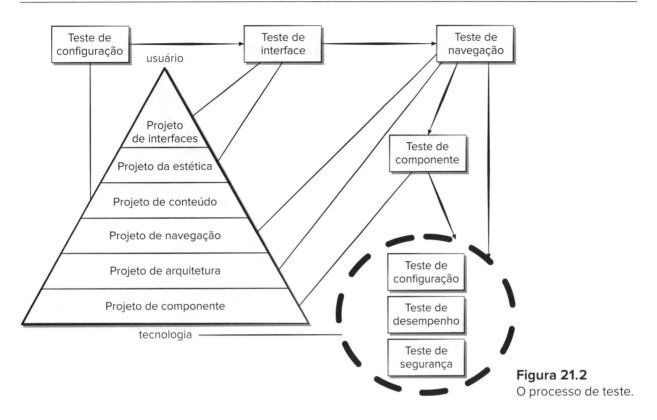

Figura 21.2
O processo de teste.

Casa Segura

Teste de WebApp

Cena: Escritório de Doug Miller.

Atores: Doug Miller, gerente do grupo de engenharia de *software* do *CasaSegura*, e Vinod Raman, membro da equipe de engenharia de *software* do produto.

Conversa:

Doug: O que você acha da WebApp de *e-commerce* **CasaSeguraGarantida.com** V0.0?

Vinod: O prestador de serviço do fornecedor fez um bom trabalho. Sharon (gerente de desenvolvimento do fornecedor) disse-me que estão testando conforme conversamos.

Doug: Gostaria que você e os demais membros da equipe fizessem um pequeno teste informal no *site* de *e-commerce*.

Vinod (resmungando): Pensei que iríamos contratar uma empresa de teste terceirizada para validar a WebApp. Ainda estamos tentando liberar esse artefato.

Doug: Vamos contratar um fornecedor para testar o desempenho e a segurança. Nosso fornecedor terceirizado já está fazendo testes. Apenas pensei que outro ponto de vista seria útil e, além disso, precisamos manter os custos dentro dos limites, portanto...

Vinod (suspirando): O que você está procurando?

Doug: Quero ter certeza de que a interface e toda a navegação estão sólidas.

Vinod: Suponho que podemos começar com os casos de uso para cada uma das principais funções de interface:

Conheça o *CasaSegura*.

Especifique o sistema *CasaSegura* de que você precisa.

Compre um sistema *CasaSegura*.

Obtenha suporte técnico.

> **Doug:** Bom. Mas percorra os caminhos de navegação até o fim.
>
> **Vinod (examinando um caderno de casos de uso):** Sim, quando você seleciona **Especifique o sistema CasaSegura de que você precisa**, isso vai levá-lo a:
>
> > **Selecionar componentes do CasaSegura.**
> >
> > **Obtenha recomendações de componentes para o CasaSegura.**
>
> Podemos exercitar a semântica de cada caminho.
>
> **Doug:** Aproveite para verificar o conteúdo que aparece em cada nó de navegação.
>
> **Vinod:** Claro... E os elementos funcionais também. Quem está testando a usabilidade?
>
> **Doug:** Humm... O fornecedor de teste coordenará o teste de usabilidade. Nós contratamos uma empresa de pesquisa de mercado para selecionar 20 usuários típicos para o estudo de usabilidade, mas se vocês descobrirem quaisquer problemas de usabilidade...
>
> **Vinod:** Eu sei, passamos para eles.
>
> **Doug:** Obrigado, Vinod.

21.5.1 Teste de conteúdo

Erros no conteúdo da WebApp podem ser tão triviais quanto pequenos erros tipográficos ou muito significativos, como informações incorretas, organização inadequada ou violação de leis de propriedade intelectual. O *teste de conteúdo* tenta descobrir esses e muitos outros problemas antes que eles sejam encontrados pelos usuários.

O teste de conteúdo tem três importantes objetivos: (1) descobrir erros de sintaxe (p. ex., erros ortográficos, erros gramaticais) em documentos de texto, representações gráficas e outras mídias; (2) descobrir erros de semântica (i.e., erros na exatidão ou integralidade das informações) em qualquer objeto de conteúdo apresentado quando ocorre a navegação; e (3) encontrar erros na organização ou estrutura do conteúdo apresentado ao usuário.

O teste de conteúdo combina tanto revisões quanto geração de casos de testes executáveis. Embora as revisões técnicas não façam parte do teste, a de conteúdo deve ser executada para garantir que o conteúdo tenha qualidade para descobrir erros semânticos. O teste executável é usado para descobrir erros de conteúdo que podem ser atribuídos a conteúdo extraído dinamicamente, controlado por dados adquiridos de um ou mais banco de dados.

Para atingir o primeiro objetivo, usam-se verificadores automáticos de ortografia e gramática. Porém, muitos erros de sintaxe fogem à detecção dessas ferramentas e devem ser descobertos por um revisor humano (testador). De fato, um *site* grande pode contratar os serviços de um revisor profissional para descobrir erros de ortografia, erros de gramática, erros na coesão do conteúdo, erros em representações gráficas e erros de referência cruzada.

O teste de semântica concentra-se nas informações apresentadas em cada objeto de conteúdo. O revisor (testador) deve responder às seguintes questões:

- As informações são efetivamente precisas?
- As informações são concisas e direcionadas ao assunto?
- É fácil para o usuário entender o *layout* do objeto de conteúdo?
- As informações contidas em um objeto de conteúdo podem ser encontradas facilmente?
- Foram fornecidas referências apropriadas para todas as informações derivadas de outras fontes?
- As informações apresentadas são coesas internamente e coerentes com as informações apresentadas em outros objetos de conteúdo?

Capítulo 21   Teste de *software* – Testes especializados para mobilidade   **421**

- O conteúdo é ofensivo, confuso ou dá margem a litígio?
- O conteúdo desrespeita os direitos autorais ou de marcas registradas existentes?
- O conteúdo contém *links* que complementam o conteúdo existente? Os *links* estão corretos?
- O estilo estético do conteúdo está em conflito com o estilo estético da interface?

Obter respostas para cada uma dessas perguntas para uma WebApp grande (contendo centenas de objetos de conteúdo) pode ser uma tarefa assustadora. No entanto, se não forem descobertos os erros de semântica, será abalada a confiança do usuário na WebApp, e isso pode levar ao fracasso da aplicação.

21.5.2   Teste de interface

O teste de interface experimenta mecanismos de interação e valida aspectos estéticos da interface de usuário. A estratégia geral é (1) descobrir erros relacionados a mecanismos específicos da interface (p. ex., erros na execução apropriada de um *link* de menu ou na maneira como os dados são colocados em um formulário) e (2) descobrir erros na maneira como a interface implementa a semântica de navegação, funcionalidade da WebApp ou exibição de conteúdo. Com exceção de aspectos específicos orientados para a WebApp, a estratégia de interface observada aqui é aplicável a todos os tipos de *software* cliente-servidor. Para essa estratégia, há uma série de objetivos a serem atingidos:

- Características da interface são testadas para garantir que as regras de projeto, estética e conteúdo visual relacionado estejam disponíveis para o usuário sem erro.
- Mecanismos individuais da interface são testados de maneira análoga ao teste de unidade. Por exemplo, são projetados testes para experimentar todos os formulários, *scripts* no lado do cliente, HTML dinâmico, *scripts*, conteúdo concatenado e mecanismos de interface específicos da aplicação (p. ex., um carrinho de compras para uma aplicação de *e-commerce*).
- Cada mecanismo da interface é testado de acordo com o contexto de um caso de uso ou de uma unidade semântica de navegação (NSU, do inglês *navigation semantic unit*) (Capítulo 13), para uma categoria de usuário específica.
- A interface completa é testada em relação aos casos de uso selecionados e NSUs para descobrir erros na semântica da interface. É nesse estágio que uma série de testes de usabilidade é executada.
- A interface é testada segundo uma variedade de ambientes (p. ex., navegadores) para assegurar que sejam compatíveis.

21.5.3   Testes de navegação

Um usuário navega por uma WebApp de maneira muito semelhante a um visitante que caminha por uma loja ou um museu. Podem ser trilhados muitos caminhos, podem ser feitas muitas paradas, muitas coisas a aprender e observar, atividades a iniciar e decisões a tomar. Esse processo de navegação é previsível no sentido de que cada visitante tem uma série de objetivos quando chega. Ao mesmo tempo, o processo de navegação pode ser imprevisível porque o visitante, influenciado por alguma coisa que vê ou aprende, pode escolher um caminho ou iniciar uma ação que não é típica para o objetivo original. A tarefa do teste de navegação é (1) garantir que os mecanismos que permitem ao usuário navegar pela WebApp estejam todos

Engenharia de *software*

em funcionamento e (2) confirmar que cada NSU possa ser alcançada pela categoria apropriada de usuário.

A primeira fase do teste de navegação começa realmente durante o teste da interface. Os mecanismos de navegação (*links* e âncoras de todos os tipos, redirecionamentos,[2] marcadores de página [*bookmarks*], molduras e conjunto de molduras [*frames* e *frame sets*], mapas de *site* e a precisão de recursos de busca interna) são verificados para garantir que cada um execute sua função planejada. Alguns dos testes citados podem ser executados por ferramentas automáticas (p. ex., verificação de *link*), enquanto outros são projetados e executados manualmente. O objetivo geral é garantir que os erros em mecanismos de navegação sejam encontrados antes que a WebApp entre no ar.

Cada NSU (Capítulo 13) é definida por um conjunto de caminhos de navegação (chamados de "jornada do usuário") que conectam nós de navegação (p. ex., páginas Web, objetos de conteúdo ou funcionalidade). Considerada como um todo, cada NSU permite ao usuário satisfazer requisitos específicos definidos por um ou mais casos de uso para uma categoria de usuário. Se não foram criadas NSUs como parte da análise ou projeto de WebApp, você pode aplicar casos de uso para o projeto de casos de teste de navegação. Você deve responder às seguintes perguntas à medida que cada NSU é testada:

- A NSU é obtida em sua totalidade sem erro?
- Cada nó de navegação (definido por uma NSU) é acessível no contexto dos caminhos de navegação definidos para a NSU?
- Se a NSU pode ser atendida usando mais de um caminho de navegação, todos os caminhos relevantes foram testados?
- Se forem fornecidas instruções pela interface de usuário para ajudar na navegação, as instruções são corretas e inteligíveis à medida que a navegação ocorre?
- Existe algum mecanismo (que não seja a seta "de retorno" do navegador) para voltar a um nó de navegação anterior e ao início do caminho de navegação?
- Os mecanismos de navegação em um nó grande de navegação (i.e., uma longa página Web) funcionam corretamente?
- Se uma função deve ser executada em um nó e o usuário opta por não fornecer entrada, o restante da NSU pode ser completado?
- Se uma função é executada em um nó e ocorre um erro no processamento da função, a NSU pode ser completada?
- Há uma maneira de interromper a navegação antes que todos os nós tenham sido alcançados, mas depois retornar ao ponto onde a navegação foi interrompida e continuar a partir dali?
- Todos os nós podem ser acessados do mapa do *site*? Os nomes dos nós têm significado para os usuários?
- Se um nó em uma NSU é alcançado a partir de uma origem externa, é possível processar o próximo nó no caminho de navegação? É possível retornar ao nó anterior no caminho de navegação?
- O usuário entende sua localização dentro da arquitetura de conteúdo à medida que a NSU é executada?

---

2 Quando um pedido do servidor é encaminhado para um URL inexistente.

Capítulo 21   Teste de *software* – Testes especializados para mobilidade   **423**

O teste de navegação, como os testes de interface e de usabilidade, deverá ser feito por diferentes clientes, quando possível. Os engenheiros da Web têm a responsabilidade pelos primeiros estágios do teste de navegação, mas os estágios posteriores devem ser testados por outros envolvidos no projeto, por uma equipe de teste independente e, por último, por usuários não técnicos. O objetivo é exercitar a navegação da WebApp completamente.

21.6   Internacionalização

Internacionalização é o processo de criar um produto de *software* de modo que ele possa ser usado em vários países e com vários idiomas, sem exigir alterações de engenharia. *Localização* é o processo de adaptar um *software* aplicativo para uso em determinadas regiões do globo, adicionando-se requisitos específicos para a localidade e traduzindo-se elementos textuais para os idiomas apropriados. Além das diferenças nos idiomas, o trabalho de localização pode exigir levar em consideração a moeda, a cultura, os impostos e padrões (tanto técnicos como jurídicos) de cada país [Sla12]. Seria insensato lançar um aplicativo móvel em muitas partes do mundo sem testá-lo.

Como pode ser muito dispendioso construir instalações de teste internas em cada país para o qual está planejada a localização, muitas vezes é mais econômico terceirizar o teste para fornecedores locais em cada país [Reu12]. Contudo, o uso de uma estratégia de terceirização corre o risco de degradar a comunicação entre a equipe de desenvolvimento do aplicativo móvel e aqueles que estão realizando os testes de localização.

A *colaboração em massa* (*crowdsourcing*) tem se tornado popular em muitas comunidades *online*.[3] Reuveni [Reu12] sugere que ela poderia ser usada para empregar testadores de localização dispersos pelo mundo, fora do ambiente de desenvolvimento. Para isso, é importante encontrar uma comunidade que se orgulhe de sua reputação e tenha antecedentes de sucessos. Uma plataforma em tempo real e fácil de utilizar permite que os membros da comunidade se comuniquem com os tomadores de decisão do projeto. Para proteger a propriedade intelectual, só podem participar membros confiáveis da comunidade que estejam dispostos a assinar contratos de confidencialidade.

21.7   Teste de segurança

Qualquer sistema de computador que trabalhe com informações sigilosas ou que cause ações que podem inadequadamente prejudicar (ou beneficiar) indivíduos é um alvo para acesso impróprio ou ilegal. As invasões abrangem uma ampla gama de atividades: *hackers* que tentam invadir sistemas por diversão, funcionários desgostosos que tentam invadir por vingança, indivíduos desonestos que tentam invadir para obter ganhos pessoais ilícitos.

O *teste de segurança* tenta verificar se os mecanismos de proteção incorporados ao sistema vão, de fato, protegê-lo contra acesso indevido. Com tempo e recursos suficientes, um teste de segurança completo conseguirá invadir o sistema mais cedo ou mais tarde. O papel do criador do sistema é tornar o custo da invasão maior do que o valor das informações que poderiam ser obtidas. O teste de segurança e a engenharia de segurança são discutidos com mais detalhes no Capítulo 18.

---

3   *Colaboração em massa* (*crowdsourcing*) é um modelo de solução de problemas distribuído, em que os membros da comunidade trabalham em soluções para problemas postados no grupo.

Segurança móvel é um assunto complexo que deve ser muito bem entendido antes de se realizar um teste de segurança efetivo.[4] Os aplicativos móveis e os ambientes cliente e servidor nos quais estão alojados representam um alvo atraente para invasores (*hackers*) externos, funcionários insatisfeitos, concorrentes desonestos e qualquer outro que queira roubar informações sigilosas, modificar conteúdo de forma mal intencionada, degradar o desempenho, desabilitar funcionalidade ou atrapalhar uma pessoa, organização ou negócio.

Os testes de segurança são projetados para investigar vulnerabilidades no ambiente do lado do cliente, comunicações de rede que ocorrem quando os dados são passados do cliente para o servidor e vice-versa, e no ambiente do lado do servidor. Cada um desses domínios pode ser atacado, e é tarefa do testador de segurança descobrir os pontos fracos que podem ser explorados por aqueles que têm a intenção de fazer isso.

No lado do cliente, as vulnerabilidades podem ser atribuídas muitas vezes a erros preexistentes em navegadores, programas de *e-mail* ou *software* de comunicação. No lado do servidor, as vulnerabilidades incluem ataques que causam recusa de serviço e *scripts* mal-intencionados que podem ser passados para o lado do cliente ou usados para desabilitar operações do servidor. Além disso, bancos de dados do servidor podem ser acessados sem autorização (roubo de dados).

Para a proteção contra essas vulnerabilidades (e muitas outras), podem ser usados *firewalls*, autenticação, criptografia e técnicas de autorização. Os testes de segurança devem ser projetados para investigar cada uma dessas tecnologias de segurança em um esforço para descobrir brechas na segurança.

O projeto real de testes de segurança exige profundo conhecimento do funcionamento interno de cada elemento de segurança e de uma ampla gama de tecnologias de rede. Se o aplicativo móvel ou WebApp é muito importante para os negócios, contém dados sigilosos ou é um alvo em potencial para invasores, é aconselhável terceirizar o teste de segurança com um prestador de serviço especializado.

21.8   Teste de desempenho

Para sistemas em tempo real e embutidos, um *software* que execute a funcionalidade necessária, mas que não esteja em conformidade com os requisitos de desempenho, é inaceitável. O teste de desempenho é projetado para testar o desempenho em tempo de execução do *software* dentro do contexto de um sistema integrado. O teste de desempenho é feito em todas as etapas no processo de teste. Até mesmo em nível de unidade, o desempenho de um módulo individual pode ser avaliado durante o teste. No entanto, o verdadeiro desempenho de um sistema só pode ser avaliado depois que todos os elementos do sistema estiverem totalmente integrados.

Nada é mais frustrante do que um aplicativo móvel que leva muitos minutos para carregar o conteúdo, quando aplicativos concorrentes fazem *download* de conteúdo similar em segundos. Nada é mais desgastante do que tentar entrar em uma WebApp e receber uma mensagem do tipo "servidor ocupado", sugerindo que você tente mais tarde. Nada é mais desconcertante do que um aplicativo móvel ou uma WebApp que responde instantaneamente em algumas situações e depois parece entrar em um estado de espera infinita em outras. Todas essas ocorrências acontecem diariamente na Web e todas estão relacionadas ao desempenho.

---

4   Livros de Bell et al. [Bel17], Sullivan e Liu [Sul11] e Cross [Cro07] fornecem informações úteis sobre esse assunto.

O *teste de desempenho* é usado para descobrir problemas de desempenho que podem resultar da falta de recursos no lado do servidor, largura de banda na rede inadequada, recursos de banco de dados inadequados, recursos deficientes do sistema operacional, funcionalidade da WebApp mal projetada e outros problemas de *hardware* e *software* que podem causar degradação de desempenho cliente-servidor. A intenção é dupla: (1) entender como o sistema responde quando a *carga* (i.e., número de usuários, número de transações ou volume geral de dados) aumenta e (2) reunir métricas que conduzirão a modificações de projeto para melhorar o desempenho.

Os testes de desempenho muitas vezes são acoplados ao teste de esforço e usualmente exigem instrumentação de *hardware* e *software*. Isto é, frequentemente é necessário medir a utilização dos recursos (p. ex., ciclos de processador) de forma precisa. Instrumentação externa pode monitorar intervalos de execução, *log* de eventos (p. ex., interrupções) à medida que ocorrem e verificar os estados da máquina regularmente. Monitorando o sistema com instrumentos, o testador pode descobrir situações que levam à degradação e possível falha do sistema.

Alguns aspectos do desempenho do aplicativo móvel, pelo menos como são observados pelo usuário, são difíceis de testar. A carga da rede, as excentricidades do *hardware* de interface de rede e problemas similares não são facilmente testados no nível do cliente ou do navegador. Os testes de desempenho móvel são projetados para simular situações de carga do mundo real. À medida que cresce o número de usuários simultâneos do aplicativo, o número de transações *online* ou a quantidade de dados (*download* ou *upload*), o teste de desempenho ajudará a responder as seguintes questões:

- O tempo de resposta do servidor degrada a um ponto em que se torna notável e inaceitável?
- Em que ponto (em termos de usuários, transações ou carga de dados) o desempenho se torna inaceitável?
- Quais componentes do sistema são responsáveis pela degradação de desempenho?
- Qual o tempo médio de resposta para usuários sob uma variedade de condições de carga?
- A degradação do desempenho tem um impacto sobre a segurança do sistema?
- A confiabilidade ou precisão do aplicativo é afetada quando a carga no sistema aumenta?
- O que acontece quando são aplicadas cargas maiores do que a capacidade máxima do servidor?
- A degradação de desempenho tem impacto sobre os lucros da empresa?

Para obter respostas a essas perguntas, são feitos dois diferentes testes de desempenho: (1) o *teste de carga* examina cargas reais em uma variedade de níveis e em uma variedade de combinações; e (2) o *teste de esforço* (*stress*) força o aumento de carga até o ponto de ruptura para determinar com que capacidade o ambiente do aplicativo consegue lidar.

A finalidade do teste de carga é determinar como a WebApp e seu ambiente do lado do servidor responderá a várias condições de carga. À medida que é feito o teste, permutações das variáveis a seguir definem uma série de condições de teste:

N, número de usuários concorrentes

T, número de transações *online* por usuários por unidade de tempo

D, carga de dados processados pelo servidor por transação

Em cada caso, as variáveis são definidas de acordo com os limites de operação normal do sistema. Enquanto ocorre cada uma das condições de teste, coletam-se uma ou mais das seguintes medidas: resposta média do usuário, tempo médio para o *download* de uma unidade padronizada de dados ou tempo médio para processar uma transação. Devem-se examinar essas medidas para determinar se uma diminuição repentina no desempenho pode ser atribuída a uma combinação específica de N, T e D.

O teste de carga também pode ser usado para avaliar a velocidade de conexão recomendada para usuários da WebApp. O resultado geral, P, é calculado da seguinte maneira:

$$P = N \times T \times D$$

Como exemplo, considere um *site* popular de notícias esportivas. Em dado momento, 20 mil usuários concomitantes enviam uma solicitação (uma transação, T) a cada 2 minutos, em média. Cada transação exige que a WebApp faça o *download* de um novo artigo que, em média, tem um tamanho de 3K bytes. Portanto, o resultado pode ser calculado como:

$$P = \frac{20.000 \times 0,5 \times 3Kb}{60}$$
$$= 500 \text{ Kbytes/segundo} = 4 \text{ megabits por segundo}$$

A conexão de rede do servidor teria, portanto, de suportar essa taxa de transferência de dados e deveria ser testada para assegurar que fosse capaz disso.

O *teste de esforço* (*stress*) de aplicativos móveis tenta encontrar erros que vão ocorrer sob condições operacionais extremas. Além disso, oferece um mecanismo para determinar se o aplicativo móvel vai degradar discretamente, sem comprometer a segurança. Dentre as muitas ações que poderiam gerar condições extremas estão: (1) executar vários aplicativos móveis no mesmo dispositivo; (2) infectar o *software* de sistema com vírus ou *malware*; (3) tentar assumir o controle de um dispositivo e utilizá-lo para espalhar *spam*; (4) obrigar o aplicativo móvel a processar desordenadamente grandes quantidades de transações; e (5) armazenar volumes excessivamente grandes de dados no dispositivo. Quando essas condições são encontradas, o aplicativo móvel é conferido para verificar se os serviços que utilizam muitos recursos (p. ex., *streaming* de mídia) são tratados corretamente.

21.9   Teste em tempo real

A natureza assíncrona, dependente do tempo, de muitas aplicações em tempo real acrescenta um elemento novo e potencialmente difícil ao conjunto de testes – o tempo. O projetista do caso de teste tem de considerar não apenas os casos de teste convencionais, mas também a manipulação de eventos (i.e., o processamento de interrupção), a temporização dos dados e o paralelismo das tarefas (processos) que manipulam os dados. Em muitas situações, dados de teste fornecidos quando o sistema em tempo real está em um estado resultarão em um processamento correto, enquanto os mesmos dados fornecidos quando o sistema está em um estado diferente podem resultar em erro. Além disso, a relação íntima existente entre um *software* em tempo real e seu ambiente de *hardware* também pode causar problemas de teste. Testes de *software* devem levar em consideração o impacto das falhas do *hardware* sobre o processamento do *software*. Essas falhas podem ser extremamente difíceis de simular realisticamente.

Muitos desenvolvedores de aplicativos móveis defendem o *teste em condições naturais*, ou teste nos ambientes nativos dos usuários, com as versões de lançamento de

TABELA 21.1 Matriz de plataformas de dispositivo ponderada

		SO1	SO2	SO3
	Classificação	3	4	7
Dispositivo 1	7	N/D	28	49
Dispositivo 2	3	9	N/D	N/D
Dispositivo 3	4	12	N/D	N/D
Dispositivo 4	9	N/D	36	63

produção dos recursos do aplicativo [Soa11]. O teste em condições naturais é projetado para ser ágil e responder às mudanças à medida que o aplicativo móvel evolui [Ute12].

Algumas das características do teste em condições naturais incluem ambientes adversos e imprevisíveis, navegadores e *plug-ins* obsoletos, *hardware* exclusivo e conectividade imperfeita (tanto Wi-Fi quanto operadora de celular). Para espelharem as condições do mundo real, as características demográficas dos testadores devem corresponder às dos usuários-alvo, assim como às de seus dispositivos. Além disso, você deve incluir casos de uso envolvendo poucos usuários, navegadores menos conhecidos e um conjunto diversificado de dispositivos móveis. O teste em condições naturais é sempre um pouco imprevisível, e os planos de teste devem ser adaptados à medida que o teste progride. Para mais informações, Rooksby e seus colegas identificaram temas que estão presentes em estratégias bem-sucedidas para teste em condições naturais [Roo09].

Muitas vezes, os aplicativos móveis são desenvolvidos para vários dispositivos e projetados para serem usados em muitos contextos e locais diferentes. Uma WDPM ajuda a garantir que a cobertura do teste inclua cada combinação de dispositivo móvel e variáveis de contexto. A WDPM também pode ser usada para ajudar a priorizar as combinações de dispositivo/contexto para que os mais importantes sejam testados primeiro.

As etapas de construção da WDPM (Tabela 21.1) para vários dispositivos e sistemas operacionais são: (1) listar as variantes importantes do sistema operacional como os rótulos de coluna da matriz; (2) listar os dispositivos-alvo como os rótulos de linha da matriz; (3) atribuir uma classificação (p. ex., de 0 a 10) para indicar a importância relativa de cada sistema operacional e de cada dispositivo; e (4) calcular o produto de cada par de classificações e inserir cada produto como entrada de célula na matriz (use ND para combinações que não estejam disponíveis).

O trabalho de teste deve ser ajustado de modo que as combinações de dispositivo/plataforma com as classificações mais altas recebam a máxima atenção para cada variável de contexto sob consideração.[5] Na Tabela 21.1, **Dispositivo 4** e **SO3** têm a classificação mais alta; portanto, receberiam atenção de alta prioridade durante o teste.

Os dispositivos móveis reais têm limitações inerentes, acarretadas pela combinação de *hardware* e *firmware* neles existentes. Se a variedade de plataformas de dispositivo em potencial é grande, fica caro e demorado realizar testes de aplicativos móveis.

Os dispositivos móveis não são feitos tendo-se testes em mente. O poder de processamento e a capacidade de armazenamento limitados talvez não permitam carregar o *software* de diagnóstico necessário para registrar o desempenho do caso de teste. Muitas vezes, dispositivos emulados são mais fáceis de gerenciar e permitem

---

5 *Variáveis de contexto* são aquelas associadas à conexão atual ou à transação atual que o aplicativo móvel vai usar para orientar seu comportamento visível para o usuário.

aquisição de dados de teste mais fácil. Cada rede móvel (existem centenas mundo afora) utiliza sua própria infraestrutura única para suportar a Web móvel. Os emuladores frequentemente não conseguem emular os efeitos e o *timing* de serviços de rede, e você pode não ver os problemas que os usuários terão ao executar o aplicativo móvel em um dispositivo real.

Criar ambientes de teste internos é um processo dispendioso e propenso a erros. Um teste baseado na nuvem pode oferecer uma infraestrutura padronizada e imagens de *software* previamente configuradas, isentando a equipe do aplicativo móvel da necessidade de se preocupar com a descoberta de servidores ou adquirir suas próprias licenças para *software* e ferramentas de teste [Goa14]. Os provedores de serviços de nuvem fornecem aos testadores acesso a laboratórios virtuais escalonáveis e prontos para usar, com uma biblioteca de sistemas operacionais, ferramentas de gerenciamento de teste e execução e armazenamento necessários para a criação de um ambiente de teste que corresponde bem ao mundo real [Tao17].

O teste baseado na nuvem tem alguns problemas: ausência de padrões, questões de segurança em potencial, questões de localização de dados e integridade, suporte de infraestrutura incompleto, utilização incorreta de serviços e problemas de desempenho são apenas alguns dos desafios comuns enfrentados pelas equipes de desenvolvimento que utilizam a estratégia da nuvem.

Por fim, é importante monitorar o consumo de energia especificamente associado ao uso do aplicativo móvel em um dispositivo móvel. A transmissão de informações de dispositivos móveis consome mais energia do que o monitoramento do sinal de uma rede. Processar *streaming* de mídia consome mais energia do que carregar uma página Web ou enviar uma mensagem de texto. A avaliação precisa do consumo de energia deve ser feita em tempo real, no dispositivo real e em condições naturais.

21.10   Testes para sistemas de inteligência artificial (IA)

Como discutido no Capítulo 13, os usuários de dispositivos móveis esperam que produtos como aplicativos móveis, sistemas de realidade virtual e jogos sejam sensíveis ao contexto. Esteja o produto de *software* reagindo ao ambiente do usuário [Abd16], adaptando a interface do usuário automaticamente com base em comportamentos prévios do usuário [Par15] ou criando um personagem não jogável (NPC, do inglês *nonplaying character*) em uma situação de jogo [Ste16], o processo envolve técnicas de inteligência artificial (IA). Muitas vezes, essas técnicas usam recursos como aprendizado de máquina, mineração de dados, estatística, programação heurística ou sistemas baseados em regras que estão além do escopo deste livro. O teste desses sistemas tem diversos problemas em comum que podem ser trabalhados com as técnicas que discutimos.

As técnicas de IA utilizam informações obtidas de especialistas humanos ou resumidas de grandes quantidades de observações armazenadas em alguma espécie de repositório de dados. Esses dados precisam ser organizados de algum jeito para que possam ser acessados e atualizados eficientemente caso o produto de *software* seja sensível ao contexto ou autoadaptativo. As heurísticas para utilizar esses dados no auxílio à tomada de decisões no *software* normalmente são descritas por seres humanos em casos de uso ou fórmulas obtidas pela análise de dados estatísticos. Parte do que torna esses sistemas difíceis de testar é a grande quantidade de interações entre os dados que precisam ser considerados pelo *software*, mas cuja ocorrência é difícil de prever. Os engenheiros de *software* muitas vezes precisam confiar em técnicas de simulação ou baseadas em modelo para testar os sistemas de IA.

Capítulo 21   Teste de *software* – Testes especializados para mobilidade   **429**

21.10.1 Testes estáticos e dinâmicos

O *teste estático* é uma técnica de verificação de *software* focada na revisão, não em testes executáveis. É importante garantir que especialistas humanos (envolvidos que entendem do domínio de aplicação) concordem com os modos como os desenvolvedores representaram as informações e o seu uso no sistema de IA. Assim como todas as técnicas de verificação de *software*, é importante garantir que o código do programa representa as especificações de IA, o que significa que a correspondência entre as entradas e saídas do caso de uso se reflete no código.

O *teste dinâmico* para sistemas de IA é uma técnica de validação que exercita o código-fonte com casos de teste. A intenção é mostrar que o sistema de IA se conforma com os comportamentos especificados por especialistas humanos. No caso da descoberta de conhecimento ou da mineração de dados, o programa pode ter sido projetado para descobrir novas relações que os especialistas humanos desconhecem. Esses seres humanos devem validar as novas relações antes que elas sejam usadas em produtos de *software* com segurança crítica [Abd16] [Par15].

Muitas das questões de teste em tempo real discutidas na Seção 21.9 se aplicam ao teste dinâmico dos sistemas de IA. Mesmo que casos de teste simulados gerados automaticamente sejam utilizados, não é possível testar todas as combinações de eventos que o *software* encontrará em condições naturais. Muitas vezes, é melhor integrar mecanismos que permitam que os usuários especifiquem que não estão contentes com as decisões tomadas pelo programa e que coletem informações sobre o estado do programa para que os desenvolvedores possam adotar ações corretivas no futuro.

21.10.2 Teste baseado em modelo

Teste baseado em modelo (MBT, do inglês *model-based testing*) é uma técnica de teste caixa-preta que usa informações contidas no modelo de requisitos (especialmente nas histórias de usuário) como base para a geração de casos de teste [DAC03]. Em muitos casos, as técnicas baseadas em modelo usam diagramas de estado da linguagem de modelagem unificada (UML, do inglês *unified modeling language*), um elemento do modelo comportamental (Capítulo 8), como base para o projeto de casos de teste.[6] A técnica MBT requer cinco passos:

1. **Analise um modelo comportamental existente para o *software* ou crie um.** Lembre-se de que o *modelo comportamental* indica como o *software* responderá a eventos ou estímulos externos. Para criar o modelo, você deverá executar os passos discutidos no Capítulo 8: (1) avaliar todos os casos de uso para entender completamente a sequência de interação dentro do sistema; (2) identificar eventos que controlam a sequência de interação e entender como esses eventos se relacionam com objetos específicos; (3) criar uma sequência para cada caso de uso; (4) criar um diagrama de estado da UML para o sistema (p. ex., veja a Figura 8.8); e (5) rever o modelo comportamental para verificar exatidão e consistência.

2. **Percorra o modelo comportamental e especifique as entradas que forçarão o *software* a fazer a transição de um estado para outro.** As entradas vão disparar eventos que farão a transição ocorrer.

3. **Reveja o modelo comportamental e observe as saídas esperadas à medida que o *software* faz a transição de um estado para outro.** Lembre-se de que cada

---

6 O teste baseado em modelo também pode ser usado quando os requisitos de *software* são representados por tabelas de decisões, gramáticas ou cadeias de Markov [DAC03].

430 Engenharia de *software*

transição de estado é disparada por um evento e que, em consequência da transição, alguma função é chamada, e saídas são criadas. Para cada conjunto de entradas (casos de teste) especificadas no passo 2, especifique as saídas esperadas, conforme caracterizadas no modelo comportamental.

4. **Execute os casos de teste.** Os casos de teste podem ser executados manualmente, ou pode ser criado um *script* de teste para ser usado por uma ferramenta de teste automatizada.

5. **Compare os resultados real e esperado e tome a ação corretiva necessária.**

O MBT ajuda a descobrir erros no comportamento do *software* e, consequentemente, é extremamente útil ao testar aplicações acionadas por eventos, como aplicativos móveis sensíveis ao contexto.

21.11   Teste de ambientes virtuais

É praticamente impossível para um desenvolvedor de *software* prever como o cliente realmente usará um programa. As instruções de uso podem ser mal interpretadas, combinações estranhas de ações de entrada podem ser usadas, *feedback* que parecia claro para o testador pode ser confuso para um usuário no campo. Os projetistas de experiência do usuário estão perfeitamente cientes da importância de se obter *feedback* de usuários reais no início do processo de prototipagem para não criar um *software* rejeitado pelos usuários.

Testes de aceitação são uma série de testes específicos conduzidos pelo cliente na tentativa de descobrir erros no problema antes de aceitar o *software* do desenvolvedor. Conduzido pelo usuário e não por engenheiros de *software*, um teste de aceitação pode variar desde um *test drive* informal até uma série de testes roteirizados que são planejados e sistematicamente executados.

Quando um produto de *software* é construído para um cliente, é razoável que essa pessoa conduza uma série de testes para validar todos os requisitos. Se um *software* é uma simulação virtual ou um jogo desenvolvido como um produto para ser usado por muitos clientes, é impraticável executar testes formais de aceitação para cada cliente. Muitos construtores de *software* usam um processo chamado de teste alfa e beta para descobrir erros que somente o usuário parece ser capaz de encontrar.

O *teste alfa* é realizado na instalação do desenvolvedor por um grupo representativo de usuários finais. O *software* é usado em um cenário natural, com o desenvolvedor "espiando por cima dos ombros" dos usuários, registrando os erros e os problemas de uso. Os testes alfa são conduzidos em um ambiente controlado.

O *teste beta* é realizado nas instalações de um ou mais usuários finais. Diferentemente do teste alfa, o desenvolvedor geralmente não está presente. Portanto, o teste beta é uma aplicação "ao vivo" do *software* em um ambiente que não pode ser controlado pelo desenvolvedor. O cliente registra todos os problemas (reais ou imaginários) encontrados durante o teste beta e relata esses problemas para o desenvolvedor em intervalos regulares. Como resultado dos problemas relatados durante o teste beta, os desenvolvedores fazem modificações e então preparam a liberação do *software* para todos os clientes.

21.11.1   Teste de usabilidade

Os *testes de usabilidade* avaliam o grau com o qual os usuários podem interagir efetivamente com o aplicativo e o grau com que este dirige as ações do usuário, proporciona uma boa realimentação e reforça uma abordagem de interação coerente. Em vez de concentrar-se intencionalmente na semântica de algum objetivo interativo, as revisões e os testes de usabilidade são projetados para determinar o grau com o qual a interface do aplicativo facilita a vida do usuário.[7]

Os desenvolvedores contribuem para o projeto dos testes de usabilidade, mas, em geral, os testes são conduzidos pelos usuários. O teste de usabilidade pode ocorrer em diferentes níveis de abstração: (1) pode ser investigada a usabilidade de um mecanismo específico da interface (p. ex., um formulário); (2) pode ser investigada a usabilidade de uma interface virtual completa (abrangendo mecanismos de interface, objetos de dados e funções relacionadas); ou (3) pode ser considerada a usabilidade da aplicação de mundo virtual completa.

O primeiro passo no teste de utilidade é identificar uma série de categorias de usabilidade e estabelecer objetivos para cada uma das categorias. As seguintes categorias de teste e objetivos (escritos na forma de perguntas) ilustram tal abordagem:[8]

Interatividade. Os mecanismos de interação (p. ex., menus *pull-down*, botões, *widgets*, entradas) são fáceis de entender e usar?

Layout. Os mecanismos de navegação, conteúdo e funções são colocados de maneira que permita ao usuário encontrá-los rapidamente?

Clareza. O texto é bem escrito e fácil de ser entendido?[9] As representações gráficas são fáceis de entender?

Estética. O *layout*, a cor, o tipo de letra e as características relacionadas facilitam o uso? Os usuários se sentem "confortáveis" com a aparência e o comportamento do aplicativo?

Características da tela. O aplicativo otimiza o uso do tamanho e da resolução da tela?

Sensibilidade ao tempo. Características importantes, funções e conteúdo podem ser usados ou acessados no tempo oportuno?

Feedback. Os usuários recebem *feedback* significativo sobre suas ações? O trabalho do usuário pode ser interrompido e recuperado quando uma mensagem de sistema é apresentada?

Personalização. O aplicativo se adapta a necessidades específicas de diferentes categorias de usuário ou de usuários individuais?

Ajuda. Os usuários têm facilidade para acessar opções de ajuda e suporte?

Acessibilidade. O aplicativo é acessível a pessoas com necessidades especiais?

Credibilidade. Os usuários são capazes de controlar como as informações pessoais são compartilhadas? O aplicativo usa informações pessoais sem a permissão do usuário?

Em cada uma dessas categorias é projetada uma série de testes. Em alguns casos, o "teste" pode ser uma revisão visual das telas do aplicativo. Em outros, testes de semântica da interface podem ser executados novamente, mas nesse caso os problemas de usabilidade são essenciais.

---

7 O termo *de fácil utilização* tem sido usado nesse contexto. O problema, naturalmente, é que a percepção de um usuário sobre uma interface "amigável" pode ser radicalmente diferente da de outro usuário.

8 Para mais informações sobre usabilidade, consulte o Capítulo 12.

9 O FOG Readability Index e outros podem ser usados para dar uma visão quantitativa da clareza.

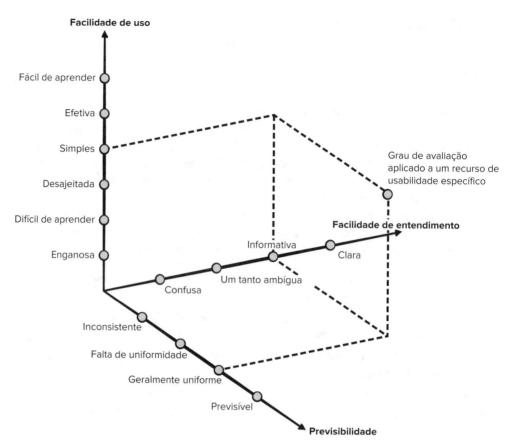

Figura 21.3
Avaliação qualitativa da usabilidade.

Como exemplo, consideramos a avaliação da usabilidade para mecanismos de interação e interface. A seguinte lista de características de interface poderia ser revista e testada quanto à usabilidade: animações, botões, cores, controle, gráficos, rótulos, menus, mensagens, navegação, mecanismos de seleção, texto e monitor de alertas (HUD, do inglês *heads-up user display*).[10] À medida que cada característica é avaliada, ela é classificada em uma escala qualitativa pelos usuários que estão fazendo o teste. A Figura 21.3 mostra um conjunto possível de "graus" de avaliação que podem ser selecionados pelos usuários. Esses graus são aplicados a cada característica individualmente, para uma tela do aplicativo ou para o aplicativo como um todo.

21.11.2 Teste de acessibilidade

O *teste de acessibilidade* é o processo de verificar o quanto todas as pessoas conseguem usar um sistema de computador, sejam quais forem as necessidades especiais do usuário. As necessidades especiais consideradas com mais frequência em termos de acessibilidade de sistemas de computador são deficiências visuais, auditivas, de movimento e cognitivas [Zan18]. Muitas dessas necessidades especiais evoluem à medida que as pessoas envelhecem. Enquanto profissão, o desenvolvimento de ambientes virtuais não fez um bom trabalho na criação de sistemas de acesso com interfaces gráficas ricas que dependem bastante de interações por toque [Dia14]. Os problemas apenas são transferidos com a adoção de assistentes pessoais ativados por voz, como

---

10 Jogos e aplicativos móveis frequentemente incluem elementos gráficos que informam o *status* do usuário, mensagens do sistema, data de navegação e opções do menu na tela do dispositivo ou no HUD.

a Alexa® ou a Siri®. Imagine tentar operar o seu *smartphone* sem usar a sua visão, audição, tato ou fala.

No Capítulo 13, discutimos as diretrizes[11] para se projetar produtos de *software* acessíveis. Uma estratégia de projeto eficaz deve garantir que todas as interações importantes com o usuário sejam apresentadas usando mais de um canal de informações. A seguir, listamos alguns exemplos de áreas de foco para os testes de acessibilidade [Zan18] [Dia14]:

- Garantir que todos os objetos de tela não textuais também sejam representados por uma descrição baseada em texto.
- Confirmar que cores não são usadas exclusivamente para comunicar informações para o usuário.
- Demonstrar que opções de alto contraste e magnificação estão disponíveis para usuários idosos e com deficiências visuais.
- Garantir que alternativas de entrada de fala foram implementadas para acomodar usuários que podem não ser capazes de manipular um teclado tradicional, teclado numérico ou *mouse*.
- Demonstrar que se evita o conteúdo piscante, rolante ou com atualização automática de modo a acomodar usuários com dificuldades para a leitura.

É provável que *software* móvel e baseado na nuvem passe a dominar muitas das coisas que os usuários precisam fazer no seu cotidiano (p. ex., serviços bancários, declarações de impostos, reservas em restaurantes, planejamento de viagens) e, por consequência, a necessidade por *software* acessível irá apenas crescer. Junto com revisões por especialistas e o uso de ferramentas automatizadas para avaliar a acessibilidade, uma estratégia de teste de acessibilidade abrangente ajuda a garantir que todos os usuários, sejam quais forem os seus desafios, serão atendidos.

21.11.3 Teste de jogabilidade

Jogabilidade é quanto um jogo ou simulação é divertido de jogar e pode ser usado pelo jogador/usuário. O termo foi concebido originalmente como parte do desenvolvimento de jogos de videogame. A jogabilidade é afetada pela qualidade do jogo: usabilidade, narrativa, estratégia, mecânica, realismo, gráficos e som. Com o advento das simulações de realidade virtual/aumentada, cuja intenção é proporcionar oportunidades de entretenimento ou educacionais (p. ex., em simulações de solução de problemas), faz sentido usar os testes de jogabilidade como parte dos testes de usabilidade para um ambiente virtual criado pelo aplicativo móvel [Vel16].

A revisão por especialistas pode ser usada como parte do teste de jogabilidade, mas a menos que os usuários especialistas sejam o seu público-alvo enquanto grupo de usuários, pode não ser possível obter deles o *feedback* necessário para que o aplicativo móvel seja bem-sucedido no mercado. A revisão por especialistas deve ser complementada por testes de jogabilidade conduzidos com usuários representativos, como em um teste beta ou um teste de aceitação. Em um teste típico, o usuário receberia instruções gerais sobre como usar o aplicativo e os desenvolvedores apenas observariam os jogadores usando o jogo, sem interrompê-los. Após terminarem o teste, os jogadores poderiam responder um questionário sobre a sua experiência [Hus15].

---

11 O *link* a seguir é um exemplo de *checklist* de acessibilidade de *software* usada pelo Departamento de Justiça dos Estados Unidos: https://www.justice.gov/crt/software-accessibility-checklist.

Os desenvolvedores poderiam gravar a sessão de jogo ou simplesmente fazer anotações. Os desenvolvedores buscam pontos na sessão em que o jogador não sabe o que fazer a seguir (em geral, marcados por uma parada súbita nas ações do jogador). Os desenvolvedores devem anotar onde o jogador está no fluxo de trabalho do aplicativo quando esse evento acontece. Após o fim do teste, os desenvolvedores poderiam conversar sobre por que o jogador empacou e como conseguiu seguir em frente (se é que conseguiu). Isso sugere que os testes de jogabilidade também podem ser úteis para avaliar a acessibilidade de um ambiente virtual.

21.12 Teste da documentação e dos recursos de ajuda

O termo *teste de usabilidade* passa a imagem de grande quantidade de casos de teste preparados para exercitar programas de computador e os dados que eles manipulam. Mas erros nos recursos de ajuda ou na documentação do programa podem ser tão devastadores para a aceitação dos programas quanto os erros nos dados ou no código-fonte. Nada é mais frustrante do que seguir exatamente um guia do usuário ou um recurso de ajuda e obter resultados ou comportamentos que não coincidem com aqueles previstos pela documentação. É por isso que o teste da documentação deve ser parte importante de todo plano de teste de *software*.

O teste da documentação pode ser feito em duas fases. A primeira fase, a revisão técnica (Capítulo 16), examina o documento quanto à clareza de edição. A segunda fase, o teste ao vivo, usa a documentação em conjunto com o programa real.

Surpreendentemente, um teste ao vivo para documentação pode ser feito usando técnicas análogas a muitos métodos de teste caixa-preta discutidos anteriormente. Teste baseado em diagrama pode ser usado para descrever o uso do programa; particionamento de equivalência e análise de valor limite podem ser usados para definir várias classes de entradas e interações associadas. O MBT pode ser usado para garantir que o comportamento documentado e o comportamento real coincidam. O uso do programa é, então, acompanhado com base na utilização da documentação.

Informações

Teste de documentação

As seguintes questões devem ser respondidas durante o teste de documentação e/ou recurso de ajuda:

- A documentação descreve com precisão como proceder em cada modo de utilização?
- A descrição de cada sequência de interação é precisa?
- Os exemplos são precisos?
- A terminologia, as descrições dos menus e as respostas do sistema estão de acordo com o programa real?
- É relativamente fácil localizar diretrizes dentro da documentação?
- A solução de problemas pode ser obtida facilmente com a documentação?
- O sumário e o índice do documento são bons, exatos e completos?

- O estilo do documento (*layout*, fontes, recuos, gráficos) conduz ao entendimento e à rápida assimilação das informações?
- Todas as mensagens de erro do *software* que aparecem para o usuário estão descritas em mais detalhes no documento? As ações a serem tomadas em consequência de uma mensagem de erro estão claramente delineadas?
- Se forem usadas ligações de hipertexto, elas são precisas e completas?
- Se for usado hipertexto, o estilo de navegação é apropriado para as informações exigidas?

A única maneira viável de responder a essas questões é por meio de uma consultoria independente (p. ex., usuários escolhidos) para testar a documentação no contexto do uso do programa. Todas as discrepâncias são anotadas, e as áreas do documento que apresentam ambiguidade ou deficiências são marcadas para serem reescritas.

Capítulo 21 Teste de *software* – Testes especializados para mobilidade **435**

21.13 Resumo

O objetivo do teste de aplicativos móveis é experimentar cada uma das muitas dimensões da qualidade do *software* para aplicações móveis com a finalidade de encontrar erros ou descobrir problemas que podem levar a falhas de qualidade. O teste se concentra nos elementos da qualidade, como conteúdo, função, estrutura, usabilidade, uso do contexto, navegabilidade, desempenho, gerenciamento de energia, compatibilidade, operação conjunta, capacidade e segurança. Ele incorpora revisões e avaliações de usabilidade que ocorrem quando o aplicativo móvel é projetado e testes feitos depois que o aplicativo é implantado e distribuído em um dispositivo real.

A estratégia de teste para aplicativos móveis verifica cada dimensão da qualidade examinando inicialmente "unidades" de conteúdo, funcionalidade ou navegação. Uma vez validadas as unidades individuais, o foco passa para os testes que experimentam o aplicativo como um todo. Para tanto, são criados muitos testes sob a perspectiva do usuário e controlados por informações contidas em casos de uso. Um plano de teste para aplicativos móveis é desenvolvido e identifica as etapas do teste, os artefatos finais (p. ex., casos de teste) e os mecanismos para a avaliação dos resultados. O processo de teste abrange vários tipos diferentes de teste.

O teste de conteúdo (e revisões) concentra-se nas várias categorias de conteúdo. O objetivo é examinar erros que afetam a apresentação do conteúdo para o usuário. O conteúdo precisa ser examinado quanto a problemas de desempenho impostos pelas restrições dos dispositivos móveis.

O teste da interface examina os mecanismos de interação que definem a experiência do usuário fornecida pelo aplicativo móvel. O objetivo é descobrir erros resultantes quando o aplicativo móvel não leva em conta o contexto do dispositivo, do usuário ou da localização.

O teste de navegação é baseado em casos de uso, produzidos como parte da atividade de modelagem. Os casos de teste são projetados para examinar cada cenário de utilização em relação ao projeto de navegação dentro da estrutura arquitetural utilizada para implantar o aplicativo móvel. O teste de componente experimenta as unidades funcionais e de conteúdo do aplicativo móvel.

O teste de desempenho abrange uma série de testes projetados para avaliar o tempo de resposta e a confiabilidade do aplicativo móvel quando aumenta a demanda de recursos do servidor.

O teste de segurança incorpora uma série de testes projetados para explorar vulnerabilidades no aplicativo móvel e seu ambiente. A finalidade é encontrar brechas de segurança no ambiente operacional do dispositivo ou nos serviços Web acessados.

Por fim, o teste de aplicativos móveis deve tratar de problemas de desempenho, como utilização de energia, velocidade de processamento, limitações da memória, capacidade de recuperação em caso de falhas e problemas de conectividade.

O teste de navegação aplica casos de uso, criados como parte da atividade de modelagem, no projeto de casos de teste que testam cada cenário de uso em relação ao projeto de navegação. Os mecanismos de navegação são verificados para assegurar que quaisquer erros que impeçam a realização de um caso de uso sejam identificados e corrigidos. O teste de componente testa as unidades de conteúdo e funcional do aplicativo móvel.

Problemas e pontos a ponderar

21.1. Existem situações nas quais o teste do aplicativo móvel em dispositivos reais pode ser desconsiderado?

21.2. É correto dizer que a estratégia geral de teste para mobilidade começa com elementos visíveis para o usuário e passa para os elementos de tecnologia? Há exceções a essa estratégia?

21.3. Descreva os passos associados ao teste da experiência do usuário para um aplicativo.

21.4. Qual o objetivo do teste de segurança? Quem executa essa atividade de teste?

21.5. Suponha que você está desenvolvendo um aplicativo móvel para acessar uma farmácia *online* (`YourCornerPharmacy.com`) que atende idosos. A farmácia tem funções típicas, mas também mantém um banco de dados de cada cliente para que possa fornecer informações sobre medicamentos e alertar sobre interações de certos medicamentos. Discuta quaisquer testes especiais de usabilidade para esse aplicativo móvel.

21.6. Suponha que você implementou um serviço Web que fornece uma função de verificação–interação medicamentosa para `YourCornerPharmacy.com` (consulte o Problema 21.5). Discuta os tipos de testes em nível de componente que teriam de ser feitos no dispositivo móvel para garantir que o aplicativo móvel acesse essa função corretamente.

21.7. É possível testar cada configuração que um aplicativo móvel provavelmente vai encontrar no ambiente de produção? Se não, como você seleciona um conjunto significativo de testes de configuração?

21.8. Descreva um teste de segurança que talvez precise ser realizado para o aplicativo móvel YourCornerPharmacy (Problema 21.5). Quem deve realizar esse teste?

21.9. Qual é a diferença entre teste associado aos mecanismos de interface e teste que cuida da semântica da interface?

21.10. Qual é a diferença entre teste de sintaxe de navegação e teste de semântica de navegação?

Elemento de design: Ícone de lupa da seção Panorama: © Roger Pressman

22

Gestão de configuração de *software*

Mudanças são inevitáveis quando o *software* de computador é construído e podem causar confusão quando os membros de uma equipe de *software* estão trabalhando em um projeto. A confusão surge quando as mudanças não são analisadas antes de serem feitas, não são registradas antes de serem implementadas, não são relatadas àqueles que precisam saber ou não são controladas de maneira que melhorem a qualidade e reduzam os erros. Babich [Bab86] sugere uma abordagem que minimiza a confusão, melhora a produtividade e reduz o número de erros quando afirma: "A gestão de configuração é a arte de identificar, organizar e controlar modificações no *software* que está em construção por uma equipe de programação. O objetivo é maximizar a produtividade minimizando os erros".

Conceitos-chave

referenciais 441
controle de alterações . . . 448
gestão de alterações, de mobilidade e ágil. 453
processo de gestão de alterações 447
auditoria de configuração 452
gestão de configuração, elementos da 440
objetos de configuração. . 441
gestão de conteúdo 455
integração contínua 446
identificação 452
integração e publicação. . 455
repositório 453
processo SCM 448
itens de configuração de *software* 438
relatório de *status* 452
controle de versão 445

Panorama

O que é? Durante a criação de *software*, mudanças acontecem. E, por isso, precisamos gerenciá-las eficazmente. O gerenciamento de configuração de *software* (SCM, do inglês *software configuration management*), também chamado de gestão de alterações, é um conjunto de atividades destinadas a gerenciar as alterações.

Quem realiza? Todas as pessoas envolvidas na gestão da qualidade estão envolvidas com a gestão de alterações até certo ponto, mas muitas vezes são criadas funções de suporte especializadas para gerenciar o processo SCM.

Por que é importante? Se você não controlar as alterações, elas controlarão você – e isso nunca é bom. É muito fácil uma sequência de alterações não controladas transformar um bom *software* em um caos. Como consequência, a qualidade do *software* é prejudicada, e a entrega atrasa.

Quais são as etapas envolvidas? Já que muitos artefatos são produzidos quando o *software* é criado, cada um deles deve ser identificado de forma única. Feito isso, podem ser estabelecidos mecanismos para controle de versão e alteração.

Qual é o artefato? Um plano de gerenciamento de configuração de *software* define a estratégia de projeto para a gestão das alterações. As alterações resultam em artefatos de *software* que precisam ser retestados e documentados, sem interferir no cronograma do projeto ou nas versões de produção dos artefatos.

Como garantir que o trabalho foi realizado corretamente? Quando cada artefato pode ser levado em conta, rastreado, controlado e analisado; quando todos aqueles que precisam saber sobre as alterações já foram informados, você fez tudo certo.

O gerenciamento de configuração de *software* é uma atividade de apoio aplicada a toda a gestão da qualidade. A Figura 22.1 mostra o fluxo de trabalho típico do SCM. Como as mudanças podem ocorrer a qualquer instante, as atividades de SCM são desenvolvidas para (1) identificar a alteração, (2) controlar a alteração, (3) assegurar que a alteração esteja sendo implementada corretamente e (4) relatar as alterações a outros envolvidos.

É importante fazer uma distinção clara entre suporte de *software* e gerenciamento de configuração de *software*. Suporte (Capítulo 27) é um conjunto de atividades de engenharia que ocorrem depois que o *software* é fornecido ao cliente e posto em operação. Gerenciamento de configuração é um conjunto de atividades de rastreamento e controle iniciadas quando um projeto de engenharia de *software* começa e terminadas apenas quando o *software* sai de operação.

Um dos principais objetivos da engenharia de *software* é incrementar a facilidade com que as alterações podem ser acomodadas e reduzir o esforço necessário quando alterações tiverem de ser feitas. Neste capítulo, discutiremos as atividades específicas que permitem gerenciar a mudança.

22.1 Gerenciamento de configuração de *software*

O processo de *software* resulta em informações que podem ser divididas em três categorias principais: (1) programas de computador (tanto na forma de código-fonte quanto na forma executável), (2) produtos que descrevem os programas de computador (focados em vários envolvidos) e (3) dados ou conteúdo (contidos nos programas ou externos a ele). No projeto para Web ou desenvolvimento de jogos, a gestão de alterações a itens de conteúdo de multimídia pode ser mais trabalhosa do que a gestão de alterações ao *software* ou à documentação. Os itens que compõem todas as informações produzidas como parte do processo de *software* são chamados coletivamente de *configuração de software*.

À medida que o trabalho de engenharia de *software* avança, cria-se uma hierarquia de *itens de configuração de software* (SCIs, do inglês *software configuration items*) – um elemento de informação com nome, que pode ser tão pequeno quanto um simples diagrama de linguagem de modelagem unificada (UML, do inglês *unified modeling language*) ou tão grande quanto um documento de projeto completo. Se cada SCI simplesmente conduzir a outros SCIs, resultará em pouca confusão. Infelizmente, outra variável entra no processo – *alteração*. A alteração pode ocorrer a qualquer momento e por qualquer razão. De fato, a *Primeira Lei da Engenharia de Sistemas* [Ber80]

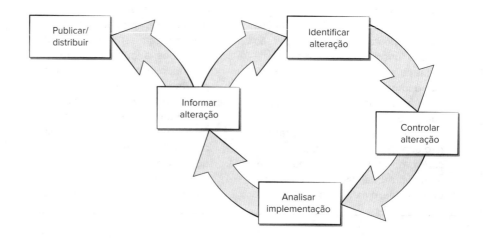

Figura 22.1
Fluxo de trabalho do gerenciamento de configuração de *software*.

Capítulo 22 Gestão de configuração de *software* **439**

diz: "Não importa onde você esteja no ciclo de vida do sistema, o sistema mudará, e o desejo de alterá-lo persistirá por todo o ciclo de vida".

Qual é a origem dessas alterações? A resposta a essa pergunta é variada, assim como as próprias alterações. No entanto, há quatro fontes fundamentais de alterações:

- Novos negócios ou condições de mercado ditam mudanças nos requisitos do produto ou nas regras comerciais.
- Novas necessidades dos envolvidos demandam modificação dos dados produzidos pelos sistemas de informação, na funcionalidade fornecida pelos produtos ou nos serviços fornecidos por um sistema baseado em computador.
- Reorganização ou crescimento/enxugamento causa alterações em prioridades de projeto ou na estrutura da equipe de engenharia de *software*.
- Restrições orçamentárias ou de cronograma causam a redefinição do sistema ou produto.

O gerenciamento de configuração de *software* é um conjunto de atividades desenvolvidas para gerenciar alterações ao longo de todo o ciclo de vida de um *software*. O SCM pode ser visto como uma atividade de garantia de qualidade do *software* aplicada em todo o processo do *software*. Nas seções a seguir, descrevemos as principais tarefas do SCM e os conceitos importantes que podem nos ajudar a gerenciar as alterações.

22.1.1 Um cenário SCM

Esta seção foi extraída de [Dar01].[1]

Um cenário operacional de gestão de configuração (CM) típico inclui diversos envolvidos: um gerente de projeto encarregado de um grupo de *software*, um gerente de configuração encarregado dos procedimentos e políticas CM, os engenheiros de *software* responsáveis pelo desenvolvimento e manutenção do artefato e o cliente que usa o produto. No cenário, suponha que o produto seja um item pequeno, envolvendo aproximadamente 15 mil linhas de código, que está sendo desenvolvido por uma equipe ágil com quatro desenvolvedores. (Note que são possíveis outros cenários com equipes menores ou maiores, mas, essencialmente, há problemas genéricos que cada um desses projetos enfrenta em relação à CM.)

No nível operacional, o cenário envolve vários papéis e tarefas. Para o gerente de projeto ou líder de equipe, o objetivo é garantir que o produto seja desenvolvido em certo prazo. O gerente monitora o progresso do desenvolvimento e reconhece e reage aos problemas. Isso é feito gerando e analisando relatórios sobre o estado do sistema de *software* e fazendo revisões no sistema.

As metas do gerente de configuração (que, em uma equipe pequena, pode ser o gerente de projeto) são garantir que sejam seguidos os procedimentos e políticas para criar, alterar e testar o código, bem como tornar acessíveis as informações sobre o projeto. Para implementar técnicas para manter controle sobre as mudanças de código, esse gerente introduz mecanismos para fazer solicitações oficiais de alterações, avaliar as alterações propostas junto à equipe de desenvolvimento e garantir que as mudanças sejam aceitáveis para o *product owner*. Além disso, o gerente coleta dados estatísticos sobre os componentes do sistema de *software*, como, por exemplo, informações determinando quais componentes do sistema são problemáticos.

---

1 A permissão especial para reproduzir "Gama de Funcionalidade no Sistema CM" por Susan Dart [Dar01], ©2001 pelo Carnegie Mellon University, foi concedida pelo Software Engineering Institute.

Para os engenheiros de *software*, o objetivo é trabalhar eficazmente. Deve haver um mecanismo para assegurar que alterações simultâneas ao mesmo componente sejam adequadamente rastreadas, gerenciadas e executadas. Isso significa que os engenheiros não interferem uns com os outros de forma desnecessária na criação e no teste do código e na produção de artefatos de suporte. Mas, ao mesmo tempo, eles tentam se comunicar e coordenar eficientemente. Os engenheiros usam ferramentas que ajudam a criar artefatos consistentes. Eles se comunicam e se coordenam notificando uns aos outros sobre as tarefas necessárias e as tarefas concluídas. As alterações são propagadas por meio do trabalho dos outros mesclando arquivos. Existem mecanismos que asseguram que, para componentes submetidos a alterações simultâneas, há uma maneira de resolver conflitos e mesclar alterações. É mantido um histórico da evolução de todos os componentes do sistema, juntamente com um registro (*log*) com os motivos das alterações e um registro do que realmente foi alterado. Os engenheiros têm seu próprio espaço de trabalho para criar, alterar, testar e integrar o código. Em certo ponto, o código é transformado em referencial, com base no qual o desenvolvimento continua e por meio do qual são criadas variações para as máquinas de destino.

O cliente usa o produto. Como o produto está sob o controle da gestão de configuração (CM, do inglês *configuration management*), o cliente segue procedimentos formais para solicitar alterações e para indicar erros no produto.

No caso ideal, um sistema de CM usado nesse cenário deveria suportar todos esses papéis e tarefas; isto é, os papéis determinam a funcionalidade exigida para um sistema de CM. O gerente de projeto vê a CM como um mecanismo de auditoria; o gerente de configuração a vê como um mecanismo de controle, rastreamento e criador de políticas; o engenheiro de *software* a vê como um mecanismo de alteração, criação e controle de acesso; e o cliente a vê como um mecanismo de garantia de qualidade.

22.1.2 Elementos de um sistema de gestão de configuração

Em sua publicação sobre gestão de configuração de *software*, Susan Dart [Dar01] identifica quatro importantes elementos que devem existir quando um sistema de gestão de configuração é desenvolvido:

- **Elementos de componente.** Conjunto de ferramentas acopladas em um sistema de gestão de arquivos (p. ex., um banco de dados) que possibilita acesso à gestão de cada item de configuração de *software*.

- **Elementos de processo.** Coleção de procedimentos e tarefas que definem uma abordagem eficaz de gestão de alterações (e atividades relacionadas) para todas as partes envolvidas na gestão, engenharia e uso do *software*.

- **Elementos de construção.** Conjunto de ferramentas que automatizam a construção do *software*, assegurando que tenha sido montado o conjunto apropriado de componentes validados (i.e., a versão correta).

- **Elementos humanos.** Conjunto de ferramentas e características de processo (abrangendo outros elementos de CM) usado pela equipe de *software* para implementar um SCM eficaz.

Esses elementos (discutidos com mais detalhes em seções posteriores) não são mutuamente exclusivos. Por exemplo, elementos de componente funcionam em conjunto com elementos de construção à medida que o processo do *software* evolui. Elementos de processo guiam muitas atividades humanas relacionadas ao SCM e, portanto, podem também ser consideradas como elementos humanos.

22.1.3 Referenciais

A mudança ou alteração é um fato normal no desenvolvimento de *software*. Clientes querem modificar requisitos. Desenvolvedores querem modificar a abordagem técnica. Gerentes querem modificar a abordagem do projeto. Por que todas essas modificações? A resposta é realmente muito simples. À medida que o tempo passa, todas as partes envolvidas sabem mais (sobre o que precisam, qual será a melhor abordagem e como conseguir que seja feito e ainda ganhar dinheiro). Muitas alterações de *software* são justificadas; portanto, não faz sentido reclamar delas. Em vez disso, esteja certo de ter os mecanismos prontos para cuidar delas.

Uma *referência* é um conceito de gerenciamento de configuração de *software* que ajuda a controlar alterações sem obstruir seriamente as alterações justificáveis. O Instituto de engenheiros eletricistas e eletrônicos (IEEE) [IEE17] define uma referência como:

> Uma especificação ou produto que tenha sido formalmente revisado e acordado, que depois serve de base para mais desenvolvimento e pode ser alterado somente por meio de procedimentos formais de controle de alteração.

Para que um item de configuração de *software* se torne uma referência para o desenvolvimento, as alterações devem ser feitas rápida e informalmente. No entanto, uma vez estabelecida uma referência, podem ser feitas alterações, mas deve ser aplicado um processo específico e formal para avaliar e verificar cada alteração.

No contexto da engenharia de *software*, uma referência é um marco no desenvolvimento de *software*. Uma referência é marcada pelo fornecimento de um ou mais itens de configuração de *software* que foram aprovados em consequência de uma revisão técnica (Capítulo 16). Por exemplo, os elementos de um modelo de projeto foram documentados e revisados. Erros foram encontrados e corrigidos. Uma vez que todas as partes do modelo foram revisadas, corrigidas e, então, aprovadas, o modelo do projeto torna-se uma referência. Outras alterações na arquitetura do programa (documentadas no modelo de projeto) podem ser feitas apenas depois que cada uma tenha sido avaliada e aprovada. Embora as referências possam ser definidas em qualquer nível de detalhe, as referências de *software* mais comuns estão na Figura 22.2.

A sequência de eventos que levam a uma referência também está ilustrada na Figura 22.2. Tarefas de engenharia de *software* produzem um ou mais SCIs. Depois que os SCIs são revisados e aprovados, eles são colocados em um *banco de dados de projeto* (também chamado de *biblioteca de projeto* ou *repositório de software* e discutido na Seção 22.5). Certifique-se de que o banco de dados de projeto seja mantido em um local centralizado e controlado. Quando um membro de uma equipe de engenharia de *software* quer fazer uma modificação em um SCI que se tornou referencial, ele é copiado do banco de dados de projeto para o espaço de trabalho privado do engenheiro. Porém, esse SCI extraído só pode ser modificado se os controles de SCM (discutidos mais adiante neste capítulo) forem seguidos. As setas na Figura 22.2 ilustram o caminho de modificação para um SCI referencial.

22.1.4 Itens de configuração de *software*

Já definimos que um item de configuração de *software* é uma informação criada como parte do processo de engenharia de *software*. Em um caso extremo, um SCI poderia ser considerado uma única seção de uma grande especificação ou um caso de teste em um grande conjunto de testes. Em uma visão mais realista, um SCI é todo ou parte de um artefato (p. ex., um documento, um conjunto inteiro de casos de teste, um programa ou componente com nome, um ativo de conteúdo multimídia ou uma ferramenta de *software*).

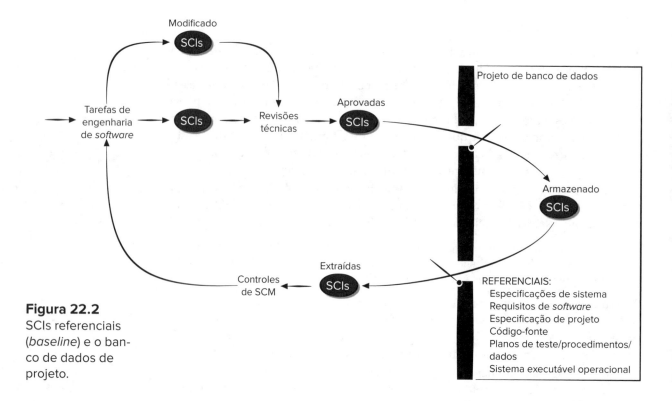

Figura 22.2
SCIs referenciais (*baseline*) e o banco de dados de projeto.

Na realidade, os SCIs são organizados para formar objetos de configuração que podem ser catalogados no banco de dados do projeto com um nome único. Um *objeto de configuração* tem um nome, atributos e é "conectado" a outros objetos por relações. De acordo com a Figura 22.3, os objetos de configuração, **DesignSpecification, DataModel, ComponentN, SourceCode** e **TestSpecification** são definidos separadamente. No entanto, cada um dos objetos está relacionado aos outros, como mostram as setas. Uma seta curva indica uma relação de composição. Isto é, **DataModel** e **ComponentN** fazem parte do objeto **DesignSpecification**. Uma seta reta bidirecional indica uma inter-relação. Se for feita uma alteração no objeto **SourceCode**, as inter-relações permitem determinar quais outros objetos (e SCIs) podem ser afetados.[2]

22.1.5 Gestão de dependências e alterações

Apresentamos a noção de rastreabilidade e o uso de matriz de rastreabilidade na Seção 7.2.6. A matriz de rastreabilidade é um modo de documentar dependências entre requisitos, decisões de arquitetura (Seção 10.5) e causas de defeito (Seção 17.6). Essas dependências precisam ser levadas em conta ao se determinar o impacto de uma alteração proposta e orientar a escolha dos casos de teste que devem ser usados para teste de regressão (Seção 20.3). Segundo de Sousa e Redmiles, ver a gestão de dependências como gestão de impacto[3] ajuda os desenvolvedores a se concentrarem no modo como as alterações feitas afetam seu trabalho [Sou08].

A *análise de impacto* se concentra no comportamento organizacional e nas ações individuais. A gestão de impacto envolve dois aspectos complementares:

---

2 Essas relações são definidas no banco de dados. A estrutura do banco de dados (repositório) é discutida em mais detalhes na Seção 22.2.
3 A gestão de impacto é discutida com mais detalhes na Seção 22.5.2.

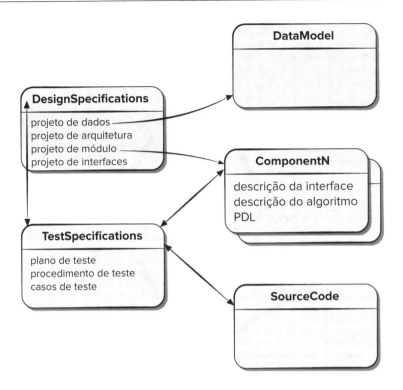

Figura 22.3
Objetos de configuração.

(1) garantir que os desenvolvedores de *software* empreguem estratégias para minimizar o impacto das ações de seus colegas em seu próprio trabalho; e (2) estimular os desenvolvedores de *software* a usar práticas que minimizem o impacto de seu trabalho no de seus colegas. É importante observar que, quando um desenvolvedor tenta minimizar o impacto de seu trabalho sobre o de outros, ele também está diminuindo o trabalho necessário para minimizar o impacto de seu próprio trabalho no deles [Sou08].

É importante manter os artefatos de *software* para garantir que os desenvolvedores estejam cientes das dependências entre os SCIs. Os desenvolvedores precisam estabelecer uma disciplina ao verificar itens dentro e fora do repositório de SCM e ao fazer alterações aprovadas, conforme discutido na Seção 22.2.

22.2 O repositório de SCM

O repositório de SCM é um conjunto de mecanismos e estruturas de dados que permitem a uma equipe de *software* gerenciar alterações de maneira eficaz. Ele fornece as funções óbvias de um sistema moderno de gestão de banco de dados, garantindo a integridade dos dados, compartilhamento e integração. Além disso, o repositório de SCM proporciona um centralizador (*hub*) para a integração das ferramentas de *software*, está no centro do fluxo do processo de *software* e pode impor estrutura e formato uniformes para os artefatos.

Para tanto, o repositório é definido em termos de um metamodelo. O *metamodelo* determina como as informações são armazenadas no repositório, como os dados podem ser acessados pelas ferramentas e visualizados pelos engenheiros de *software*, quão bem podem ser mantidas a segurança e a integridade dos dados e com que facilidade o modelo existente pode ser estendido para satisfazer a novas necessidades.

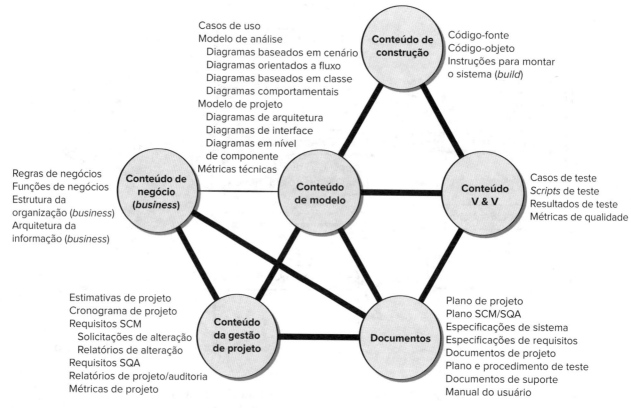

Figura 22.4
Conteúdo do repositório.

22.2.1 Características gerais e conteúdo

As características e o conteúdo do repositório são mais bem compreendidos quando observados a partir de duas perspectivas: o que tem de ser armazenado no repositório e quais são os serviços específicos fornecidos pelo repositório. A Figura 22.4 mostra uma divisão detalhada dos tipos de representações, documentos e outros produtos que são armazenados no repositório.

Um repositório robusto fornece duas classes diferentes de serviços: (1) os mesmos tipos de serviços que podem ser esperados de qualquer sistema sofisticado de gerenciamento de banco de dados e (2) serviços específicos ao ambiente de engenharia de *software*.

Um repositório que sirva a uma equipe de engenharia de *software* deve também (1) integrar ou suportar diretamente as funções de gestão de processo, (2) suportar regras específicas que governam a função SCM e os dados mantidos no repositório, (3) fornecer uma interface para outras ferramentas de engenharia de *software* e (4) acomodar o armazenamento de objetos de dados sofisticados (p. ex., texto, gráficos, vídeo, áudio).

22.2.2 Características do SCM

Para suportar o SCM, o repositório deve ser capaz de manter SCIs relacionados a muitas versões diferentes do *software*. Mais importante ainda, deve fornecer os mecanismos para montagem desses SCIs em uma configuração específica da versão. O conjunto de ferramentas do repositório deve oferecer suporte para as características a seguir.

Versões. À medida que um projeto avançar, serão criadas muitas versões (Seção 22.5.2) dos artefatos individuais. O repositório deve ser capaz de salvar todas essas versões para possibilitar uma gestão eficaz das versões do produto e permitir aos desenvolvedores retroceder a versões anteriores durante o teste e a depuração.

O repositório deve poder controlar uma grande variedade de tipos de objetos, incluindo texto, gráficos, *bitmaps*, documentos complexos e objetos especiais, como definições de tela e relatório, arquivos de objeto, dados de testes e resultados. Um repositório maduro rastreia versões de objetos com níveis arbitrários de granularidade; por exemplo, podem ser rastreados uma definição de dados especial ou um conjunto de módulos.

Acompanhamento de dependências e gestão de alterações. O repositório gerencia uma grande variedade de relações entre os elementos de dados nele armazenados. Isso inclui relações entre entidades e processos corporativos, entre as partes do projeto de uma aplicação, entre componentes de projeto e arquitetura de informações corporativas, entre elementos de projeto e outros artefatos e assim por diante. Algumas dessas relações são meramente associações, e outras são relações de dependência ou de obrigatoriedade.

A capacidade de manter o controle de todas essas relações é crucial para a integridade das informações armazenadas no repositório e para a geração de outros produtos nele baseados, e é uma das contribuições mais importantes do conceito de repositório para o aperfeiçoamento do processo de desenvolvimento de *software*. Por exemplo, se um diagrama de classes da UML é modificado, o repositório pode detectar se as classes relacionadas, as descrições de interface e os componentes de código também exigem modificações e podem chamar a atenção do desenvolvedor para os SCIs afetados.

Controle de requisitos. Essa função especial depende da gestão de *links* e proporciona a capacidade de controlar todos os componentes de projeto e construção e outros produtos que resultam de uma especificação especial de requisitos (acompanhamento adiante). Além disso, proporciona a capacidade de identificar quais requisitos geraram determinado produto (acompanhamento retroativo).

Gestão de configuração. O recurso de gestão de configuração mantém controle de uma série de configurações representando marcos de projeto específicos ou versões de produção.

Pistas de auditoria. Uma pista de auditoria estabelece informações adicionais sobre quando, por que e por quem foram feitas as alterações. As informações sobre a origem das alterações podem ser colocadas como atributos de objetos específicos no repositório. Um mecanismo de disparo de repositório é útil para avisar o desenvolvedor ou a ferramenta que está sendo usada para iniciar a aquisição de informações de auditoria (p. ex., a razão de uma alteração) sempre que um elemento de projeto for modificado.

22.3 Sistemas de controle de versão

O controle de versão combina procedimentos e ferramentas para gerenciar diferentes versões dos objetos de configuração criados durante o processo de *software*. Um sistema de controle de versão implementa ou está diretamente integrado a quatro recursos principais: (1) um banco de dados de projeto (*repositório*) que armazena todos os objetos de configuração relevantes; (2) um recurso de *gestão de versão* que armazena todas as versões de um objeto de configuração (ou permite que qualquer versão seja construída usando diferenças das versões anteriores); (3) uma *facilidade de construir* que permite coletar todos os objetos de configuração relevantes e construir uma versão específica do *software*. Além disso, os sistemas de controle de versão e controle de alteração muitas vezes implementam um recurso chamado *acompanhamento de tópicos* (também conhecido como *acompanhamento de bug*), que permite à equipe de *software* registrar e acompanhar o *status* de todos os problemas pendentes associados a cada objeto de configuração.

Alguns sistemas de controle de versão criam um *conjunto de modificações* – uma coleção de todas as alterações (em relação a alguma configuração referencial) necessárias para criar uma versão específica do *software*. Dart [Dar91] observa que um conjunto de modificações "captura todas as alterações em todos os arquivos da configuração, juntamente com a razão para aquelas alterações e os detalhes de quem as fez e quando".

Alguns conjuntos de modificações que receberam denominação podem ser identificados para uma aplicação ou sistema. Isso permite construir uma versão do *software* especificando os conjuntos de modificações (pelo nome) que devem ser aplicados à configuração referencial. Para isso, aplica-se uma abordagem de *modelagem de sistema*. O modelo de sistema contém: (1) um *gabarito* que inclui hierarquia de componentes e uma "ordem de construção" para os componentes, descrevendo como o sistema deve ser construído; (2) regras de construção; e (3) regras de verificação.[4]

Com o passar dos anos, foram propostas muitas abordagens automáticas diferentes para o controle de versão.[5] A principal diferença entre as abordagens é a sofisticação dos atributos usados para construir versões específicas e variantes de um sistema e os mecanismos do processo de construção.

22.4 Integração contínua

As melhores práticas do SCM incluem: (1) minimizar o número de variantes de código; (2) testar desde o início e com frequência; (3) integrar desde o início e com frequência; e (4) usar ferramentas para automatizar o teste, a construção e a integração do código. A *integração contínua* (CI, do inglês *continuous integration*) é importante para os desenvolvedores ágeis que seguem o fluxo de trabalho do DevOps (Seção 3.5.3). A CI também agrega valor ao SCM ao garantir que todas as alterações são imediatamente integradas ao código-fonte do projeto, compiladas e testadas automaticamente. A CI oferece às equipes de desenvolvimento diversas vantagens concretas [Mol12]:

Feedback **acelerado.** Notificar os desenvolvedores imediatamente quando a integração não dá certo permite que os consertos ocorram enquanto o número de alterações realizadas é pequeno.

Maior qualidade. Criar e integrar *software* sempre que necessário gera confiança sobre a qualidade do produto desenvolvido.

---

4 É possível também consultar o modelo do sistema para avaliar como uma alteração em um componente afeta outros componentes.

5 Github (https://github.com/), Perforce (https://www.perforce.com/) e Apache Subversion, também conhecido como SVN (http://subversion.apache.org/), são sistemas populares de controle de versão.

Capítulo 22   Gestão de configuração de *software*   **447**

Menor risco. Integrar os componentes com antecedência evita o risco de uma fase de integração longa, pois as falhas de projeto são descobertas e consertadas antes.

Melhores relatórios. Fornecer informações adicionais (p. ex., métricas de análise de código) permite uma contabilidade de *status* de configuração mais precisa.

A CI está se tornando uma tecnologia crítica à medida que as organizações de *software* adotam processos de desenvolvimento mais ágeis. A melhor maneira de executar a CI é com ferramentas especializadas.[6] A CI permite que gerentes de projeto, gerentes de garantia da qualidade e engenheiros de *software* melhorem a qualidade do *software* ao reduzirem a probabilidade dos defeitos se espalharem além dos limites da equipe de desenvolvimento. A captura de defeitos nas fases iniciais sempre reduz os custos de desenvolvimento, pois permite a criação de consertos mais baratos em etapas anteriores do cronograma do projeto.

22.5   O processo de gestão de alterações

O processo de gestão de alterações de *software* define uma série de tarefas que têm quatro objetivos principais: (1) identificar todos os itens que coletivamente definem a configuração do *software*; (2) gerenciar alterações de um ou mais desses itens; (3) facilitar a construção de diferentes versões de uma aplicação; e (4) assegurar que a qualidade do *software* seja mantida à medida que a configuração evolui com o tempo.

Um processo que atinja esses objetivos não precisa ser burocrático e pesado, mas deve ser caracterizado de maneira que permita à equipe de *software* desenvolver respostas a várias questões complexas:

- Como uma equipe de *software* identifica os elementos discretos de uma configuração de *software*?
- Como uma organização lida com as várias versões de um programa (e sua documentação) de maneira que venha a permitir que a alteração seja acomodada eficientemente?
- Como uma organização controla alterações antes e depois que o *software* é entregue ao cliente?
- Como uma organização avalia o impacto das alterações e gerencia o impacto efetivamente?
- Quem tem a responsabilidade de aprovar e classificar as alterações solicitadas?
- Como podemos assegurar que as alterações foram feitas corretamente?
- Qual mecanismo é usado para alertar outras pessoas sobre as alterações feitas?

A partir dessas questões, são definidas cinco tarefas SCM – identificação, controle de versão, controle de alteração, auditoria de configuração e relatos –, ilustradas na Figura 22.5.

De acordo com a figura, as tarefas SCM podem ser vistas como camadas concêntricas. Os SCIs fluem para fora através dessas camadas por toda a sua vida útil, tornando-se, por fim, parte da configuração do *software* de uma ou mais versões da

---

6   Puppet (https://puppet.com/), Jenkins (https://jenkins.io/) e Hudson (http://hudson-ci.org/) são exemplos de ferramentas de CI. O Travis-CI (https://travis-ci.org/) é uma ferramenta de CI projetada para sincronizar projetos hospedados no Github.

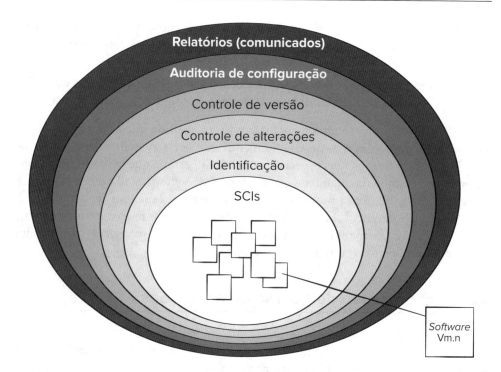

Figura 22.5
Camadas do processo SCM.

aplicação ou sistema. À medida que um SCI se move através de uma camada, as ações deduzidas por cada tarefa SCM podem ou não ser aplicáveis. Por exemplo, quando um novo SCI é criado, ele deve ser identificado. No entanto, se não forem solicitadas alterações para o SCI, a camada de controle de alteração não se aplica. O SCI é atribuído a uma versão específica do *software* (aqui entram em ação os mecanismos de controle de versão). É mantido um registro do SCI (seu nome, data de criação, designação da versão, etc.) para fins de auditoria da configuração e relato para aqueles que precisam ter conhecimento. Nas próximas seções, examinaremos cada uma dessas camadas de processo SCM em mais detalhes.

22.5.1 Controle de alterações

Em um projeto de *software* grande, alterações não controladas levam rapidamente ao caos. Para projetos assim, o controle de alterações combina procedimentos humanos e ferramentas automatizadas, proporcionando um mecanismo para o controle de alterações. O processo de controle de alterações está ilustrado esquematicamente na Figura 22.6. Uma *solicitação de alteração* é apresentada e avaliada para determinar o mérito técnico, os efeitos colaterais em potencial, o impacto global sobre outros objetos de configuração e funções do sistema e o custo projetado da alteração. Os resultados da avaliação são apresentados como um *relatório de alterações* usado por uma *autoridade de controle de alterações* (CCA, do inglês *change control authority*) – uma pessoa ou um grupo de pessoas que toma a decisão final sobre o *status* e a prioridade da alteração. Uma *ordem de alteração de engenharia* (ECO, do inglês *engineering change order*) é gerada para cada alteração aprovada. A ECO descreve a alteração a ser feita, as restrições que devem ser respeitadas e o critério para revisar e auditar.

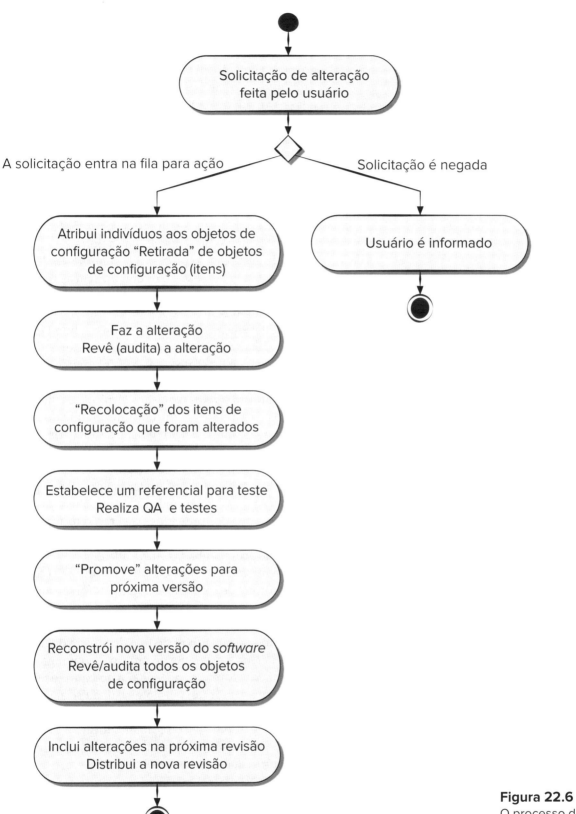

Figura 22.6
O processo de controle de alterações.

Os objetos a serem alterados podem ser colocados em um diretório que é controlado apenas pelo engenheiro de *software* que está fazendo a alteração. Um sistema de controle de versão (consulte o quadro "Ferramentas de *software*" sobre CVS) atualiza o arquivo original logo que a alteração foi feita. Como alternativa, os objetos a serem alterados podem ser "retirados" do banco de dados do projeto (repositório), a alteração é feita, e são aplicadas as atividades SQA apropriadas. Os objetos são então "colocados" no banco de dados e são usados mecanismos de controle de versão apropriados (Seção 22.3) para criar a próxima versão do *software*.

Esses mecanismos de controle de versão, integrados ao processo de controle de alterações, implementam dois elementos importantes da gestão de alterações – controle de acesso e controle de sincronização. O *controle de acesso* determina quais engenheiros de *software* têm autoridade para acessar e modificar um objeto de configuração específico. O *controle de sincronização* ajuda a assegurar que alterações paralelas, executadas por duas pessoas diferentes, não sobrescrevam uma à outra.

O nível de burocracia gerado pela descrição do processo de controle de alteração mostrado na Figura 22.6 pode incomodar. Essa sensação é comum. Sem as condições de segurança apropriadas, o controle de alterações pode retardar o progresso e criar barreiras desnecessárias. Grande parte dos desenvolvedores de *software* que usam mecanismos de controle de alterações (infelizmente, muitos não usam nenhum) já criou uma série de camadas de controle para ajudar a evitar os problemas mencionados aqui.

Antes de um SCI se tornar um referencial, só é necessário usar o *controle informal de alteração*. O desenvolvedor do objeto de configuração (SCI) em questão pode fazer todas as alterações justificáveis pelo projeto e pelos requisitos técnicos (desde que as alterações não afetem requisitos mais amplos do sistema que estejam fora do escopo de trabalho do desenvolvedor). Uma vez que o objeto tenha passado pela revisão técnica e tenha sido aprovado, pode ser criado um referencial.[7] Uma vez que um SCI se torna um referencial, é implementado o *controle de alterações em nível de projeto*. Agora, para fazer uma alteração, o desenvolvedor precisa ter novamente a aprovação do gerente de projeto (se a alteração for "local") ou da CCA, se a alteração afetar outros SCIs. Em alguns casos, o desenvolvedor prescinde da geração formal de pedidos de alteração, relatórios de alterações e ECOs. No entanto, é feita a avaliação de cada alteração e todas as alterações são acompanhadas e revisadas.

Quando o artefato de *software* é liberado para os clientes, institui-se o *controle formal de alterações*. O procedimento formal de controle de alterações foi resumido na Figura 22.6.

A autoridade de controle de alterações desempenha um papel ativo no segundo e terceiro níveis de controle. Dependendo do tamanho e do tipo de projeto de *software*, a CCA pode ser composta por uma pessoa – o gerente de projeto – ou um grupo de pessoas (p. ex., representantes do *software*, *hardware*, engenharia do banco de dados, suporte, *marketing*). O papel da CCA é assumir uma visão global, ou seja, avaliar o impacto das alterações além do SCI em questão. Como a alteração afetará o *hardware*? Como a alteração afetará o desempenho? Como a alteração modificará a percepção do cliente com relação ao produto? Como a alteração afetará a qualidade e a confiabilidade do produto? Essas e muitas outras questões são resolvidas pela CCA.

---

7 Um referencial também pode ser criado por outras razões. Por exemplo, quando são criadas "construções diárias", todos os componentes verificados por determinado tempo se tornam o referencial para o trabalho do dia seguinte.

Casa Segura

Problemas de SCM

Cena: Escritório de Doug Miller no início do projeto de *software CasaSegura*.

Atores: Doug Miller (gerente da equipe de engenharia de *software* do *CasaSegura*) e Vinod Raman, Jamie Lazar e outros membros da equipe.

Conversa:

Doug: Sei que ainda é cedo para isso, mas precisamos falar sobre gestão de alterações.

Vinod (rindo): Nem um pouco! O pessoal do *marketing* ligou hoje de manhã e eles tinham pensado melhor e estavam com algumas "dúvidas". Nada importante, mas é só o começo.

Jamie: Fomos muito informais sobre a gestão de alterações em projetos anteriores.

Doug: Eu sei, mas este é maior e mais importante, e pelo que me lembro...

Vinod (acenando afirmativamente): Nós nos matamos por causa de alterações descontroladas no projeto de controle de luz ambiental... lembro dos atrasos...

Doug (franzindo a testa): Um pesadelo de que prefiro não lembrar.

Jamie: Então o que faremos?

Doug: Acho que devemos fazer três coisas. Primeiro, temos que desenvolver – ou pegar emprestado – um processo de controle de alterações.

Jamie: Você quer dizer "o modo como as pessoas solicitam alterações"?

Vinod: Sim, mas também como avaliamos a alteração, como decidimos quem faz (se é que nós decidimos isso) e como mantemos os registros do que é afetado pela alteração.

Doug: Segundo, precisamos realmente arranjar uma boa ferramenta de SCM para controle de versão e alteração.

Jamie: Podemos criar um banco de dados para todos os nossos artefatos.

Vinod: Nesse contexto, elas são chamadas de SCIs, e há muitas ferramentas boas que proporcionam suporte para isso.

Doug: É um bom começo, agora temos que...

Jamie: Ei, Doug, você disse que eram três coisas...

Doug (sorrindo): Terceiro: todos nós temos que seguir os processos de gestão de alterações e usar as ferramentas. Custe o que custar, ok?

22.5.2 Gestão de impacto

Uma teia de interdependências de artefatos de *software* precisa ser considerada sempre que uma alteração é feita. A gestão de impacto abrange o trabalho exigido para se entender corretamente essas interdependências e controlar seus efeitos sobre outros SCIs (e as pessoas responsáveis por eles).

A gestão de impacto é realizada com três ações [Sou08]. Primeiro, uma rede de impacto identifica os membros de uma equipe de *software* (e outros envolvidos) que podem afetar ou ser afetados pelas alterações feitas no *software*. Uma definição clara da arquitetura do *software* (Capítulo 10) ajuda muito na criação de uma rede de impacto. Em seguida, a gestão de impacto adiante (*forward impact management*) avalia o impacto das alterações feitas por você sobre os membros da rede de impacto e, então, informa-os sobre o impacto dessas alterações. Por último, a gestão de impacto retroativo (*backward impact management*) examina as alterações feitas por outros membros da equipe e o impacto sobre o seu trabalho e incorpora mecanismos para reduzir o impacto.

452 Engenharia de *software*

22.5.3 Auditoria de configuração

Identificação, controle de versão e controle de alterações ajudam a manter a ordem naquilo que, de outra forma, seria uma situação caótica. No entanto, até mesmo os melhores mecanismos de controle rastreiam uma alteração somente até que seja gerada uma ECO. Como a equipe de *software* pode assegurar que a alteração foi implementada corretamente? A resposta é dupla: (1) revisões técnicas e (2) a auditoria de configuração de *software*.

A revisão técnica (Capítulo 16) focaliza a exatidão técnica do objeto de configuração modificado. Os revisores avaliam o SCI para determinar a consistência com outros SCIs, omissões ou efeitos colaterais em potencial. Deve ser feita uma revisão técnica para todas as alterações, exceto as mais triviais.

Uma *auditoria de configuração de software* complementa a revisão técnica avaliando o objeto de configuração quanto a características que em geral não são consideradas durante a revisão. A auditoria propõe e responde às seguintes questões:

1. Foi feita a alteração especificada na ECO? Alguma modificação adicional foi incorporada?
2. Foi feita uma revisão técnica para avaliar a exatidão técnica?
3. Seguiu-se o processo do *software*, e os padrões de engenharia de *software* foram aplicados adequadamente?
4. A alteração foi "destacada" no SCI? A data e o autor da alteração foram especificados? Os atributos do objeto de configuração refletem a alteração?
5. Seguiram-se os procedimentos do SCM para anotar, registrar e relatar a alteração?
6. Todos os SCIs relacionados foram adequadamente atualizados?

Em alguns casos, as perguntas de auditoria são formuladas como parte da revisão técnica. No entanto, quando o SCM é uma atividade formal, a auditoria de configuração é conduzida separadamente pelo grupo de garantia de qualidade. Essas auditorias de configuração formais também asseguram que os SCIs corretos (por versão) tenham sido incorporados em uma construção específica e que toda a documentação esteja atualizada e consistente com a versão construída.

22.5.4 Relatório de *status*

O *relatório de status de configuração* (CSR, do inglês *configuration status reporting*) (às vezes chamado de *contabilidade de status*) é uma tarefa do SCM que responde às seguintes questões: (1) O que aconteceu? (2) Quem fez? (3) Quando aconteceu? (4) O que mais será afetado?

O fluxo de informações para o CSR está ilustrado na Figura 22.6. No mínimo, desenvolva uma lista do tipo "precisa saber" para todo objeto de configuração e mantenha-a atualizada. Quando for feita uma alteração, certifique-se de que todos os que estão na lista sejam notificados. A cada vez que é atribuída uma identificação nova ou atualizada a um SCI, faz-se uma entrada no CSR. Cada vez que uma alteração é aprovada pela CCA (i.e., é gerada uma ECO), é feita uma entrada no CSR. Cada vez que se executa uma auditoria de configuração, os resultados são relatados como parte da tarefa do CSR. A saída do CSR pode ser colocada em um banco de dados *online* ou em um *site*, de forma que os desenvolvedores de *software* ou pessoal de suporte possam acessar as informações de alterações por categoria de palavra-chave. Além disso, é gerado um relatório do CSR regularmente; ele se destina a manter a gerência e os profissionais informados sobre alterações importantes.

Capítulo 22 Gestão de configuração de *software* **453**

22.6 Mobilidade e gestão de alterações ágil

Anteriormente neste livro, discutimos a natureza especial das WebApps e dos aplicativos móveis e os métodos especializados[8] necessários para criá-los. Os desenvolvedores de jogos enfrentam desafios semelhantes, assim como todas as equipes de desenvolvimento ágil. Dentre as muitas características que diferenciam essas aplicações do *software* tradicional está a natureza onipresente da alteração.

Os desenvolvedores de aplicativos móveis e jogos muitas vezes usam um modelo de processo iterativo, incremental, que aplica muitos princípios derivados do desenvolvimento ágil de *software* (Capítulo 4). Por meio dessa abordagem, uma equipe de engenharia muitas vezes desenvolve um incremento em um período muito curto usando uma abordagem focada no cliente. Incrementos subsequentes adicionam conteúdo e funcionalidade, e cada um deles tende a implementar alterações que levam a um conteúdo aperfeiçoado e melhor usabilidade, estética, navegação, desempenho e segurança. Portanto, no mundo ágil do desenvolvimento de jogos e aplicativos, a alteração é vista de forma um tanto diferente.

Se você é membro de uma equipe de *software* que constrói aplicativos móveis ou jogos, tem de adotar as alterações. Ainda assim, uma equipe ágil típica evita todas as coisas que parecem ser cheias de processos, burocráticas e formais. A gestão de configuração de *software* é com frequência vista (embora incorretamente) como detentora dessas características. Essa contradição é remediada não pela rejeição dos princípios, práticas e ferramentas de SCM, mas sim moldando-as para satisfazerem às necessidades especiais dos projetos de aplicativos móveis.

22.6.1 Controle eletrônico de alterações

O fluxo de trabalho associado ao controle de alterações para *software* convencional (Seção 22.5.1) em geral é muito pesado para o desenvolvimento de *software* para WebApps e aplicativos móveis. É pouco provável que a solicitação de alteração, o relato da alteração e a sequência de ordem de mudança de engenharia possam ser conseguidos de forma ágil que seja aceitável para muitos dos projetos de desenvolvimento de jogos e aplicativos móveis. Como podemos, então, controlar um fluxo contínuo de alterações de conteúdo e funcionalidade solicitadas?

Para implementar um gerenciamento efetivo de alterações segundo a filosofia "codifique e vá em frente" que continua a dominar grande parte do desenvolvimento de aplicativos móveis e jogos, o processo convencional de controle de alterações pode ser modificado. Cada alteração deve ser classificada em uma dentre quatro classes:

Classe 1. Alteração de conteúdo ou função que corrige um erro ou melhora o conteúdo ou a funcionalidade local.

Classe 2. Alteração de conteúdo ou função que tenha impacto sobre outros objetos de conteúdo ou sobre os componentes funcionais.

Classe 3. Alteração de conteúdo ou função que tenha um amplo impacto em uma aplicação (p. ex., extensão ou funcionalidade principal, melhora significativa ou redução em conteúdo, alterações importantes necessárias na navegação).

Classe 4. Uma alteração importante de projeto (p. ex., alteração na abordagem de projeto da interface ou na estratégia de navegação) que será notada imediatamente por uma ou mais categorias de usuário.

---

8 Consulte [Pre08] para ver uma discussão simples dos métodos de engenharia para Web.

Estando a solicitação de alteração classificada, ela pode ser processada de acordo com o algoritmo mostrado na Figura 22.7 para WebApps, mas serve igualmente para aplicativos e jogos.

De acordo com a figura, as alterações classe 1 e classe 2 são tratadas informalmente e manipuladas de modo ágil. Para uma alteração classe 1, você avaliaria o

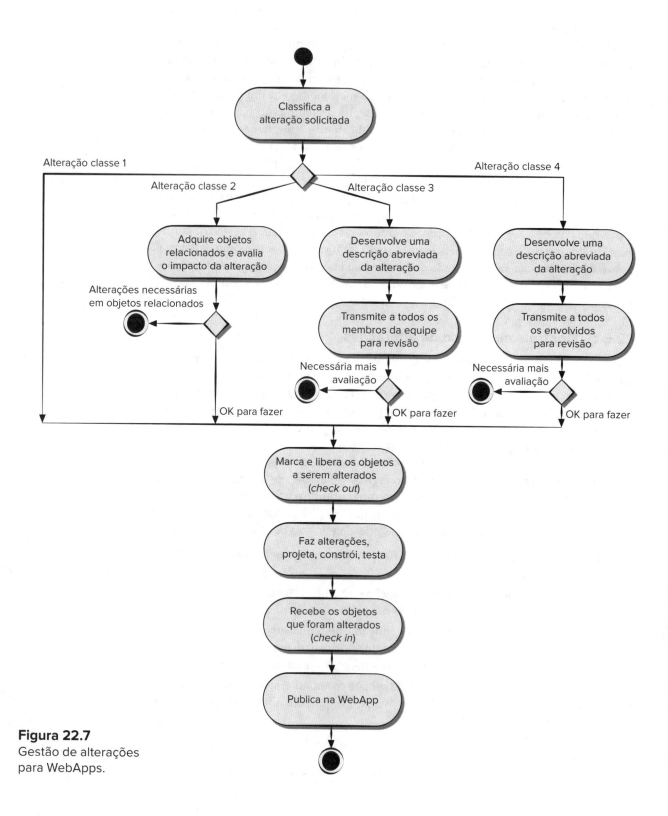

Figura 22.7
Gestão de alterações para WebApps.

Capítulo 22   Gestão de configuração de *software*   **455**

impacto da mudança, mas não é necessária nenhuma revisão externa ou documentação. À medida que a alteração é feita, os procedimentos-padrão de entrada (*check-in*) e saída (*check-out*) são apoiados por ferramentas de repositório de configuração. Para alterações classe 2, você deve revisar o impacto da alteração sobre objetos relacionados (ou pedir a outros desenvolvedores responsáveis por aqueles objetos que o façam). Se a alteração pode ser feita sem necessidade de alterações significativas em outros objetos, a modificação ocorre sem revisão ou documentação adicional. Se forem necessárias alterações substanciais, mais avaliação e planejamento serão exigidos.

Alterações classes 3 e 4 também são tratadas de forma ágil, mas é necessária alguma documentação descritiva e procedimentos de revisão mais formais. Para as alterações classe 3, é desenvolvida uma *descrição de alteração* – descrevendo a alteração e fornecendo uma breve avaliação do seu impacto. A descrição é distribuída a todos os membros da equipe que a examinam para melhor avaliar seu impacto. É desenvolvida também uma descrição de alteração para as alterações classe 4, mas, nesse caso, a revisão é conduzida por todos os envolvidos.

22.6.2   Gestão de conteúdo

A *gestão de conteúdo* está relacionada à gestão de configuração no sentido de que um sistema de gestão de conteúdo (CMS, do inglês *content management system*) estabelece um processo (suportado por ferramentas apropriadas) que adquire o conteúdo existente (de uma ampla variedade de objetos de configuração de jogos e/ou aplicativos), estrutura esse conteúdo de maneira que ele possa ser apresentado a um usuário e, então, fornece-o ao ambiente no lado do cliente para ser exibido.

O uso mais comum de um sistema de gestão de conteúdo ocorre quando é criada uma aplicação dinâmica. Aplicativos e jogos criam telas "dinamicamente". Isto é, o usuário tipicamente realiza uma ação, à qual o *software* responde alterando as informações apresentadas na tela. A ação do usuário pode fazer o aplicativo consultar um banco de dados no lado do servidor e depois formatar as informações corretamente, apresentando-as ao usuário.

Por exemplo, uma loja de músicas (p. ex., Apple iTunes) tem à venda centenas de milhares de faixas. Quando o usuário solicita uma faixa musical, um banco de dados é consultado, e uma variedade de informações sobre o artista – o CD (p. ex., sua imagem ou elementos gráficos), o conteúdo musical e uma amostra de áudio – é baixada e configurada em um modelo de conteúdo padrão. A página resultante é criada no lado do servidor e passada para o lado do cliente para ser examinada pelo usuário. Uma representação genérica para WebApps aparece na Figura 22.8.

22.6.3   Integração e publicação

Os sistemas de gestão de conteúdo são úteis para composição de serviços Web para criar aplicativos móveis sensíveis ao contexto e atualizar as cenas do nível do jogo no tempo de execução, assim como para a construção de páginas Web dinâmicas. No sentido mais geral, um CMS "configura" conteúdo para o usuário por meio da invocação de três subsistemas integrados: um subsistema de coleta, um subsistema de gestão e um subsistema de publicação [Boi04].

O subsistema de coleta. O conteúdo é extraído dos dados e de informações que devem ser criados ou adquiridos por um gerador de conteúdo. O *subsistema de coleta*

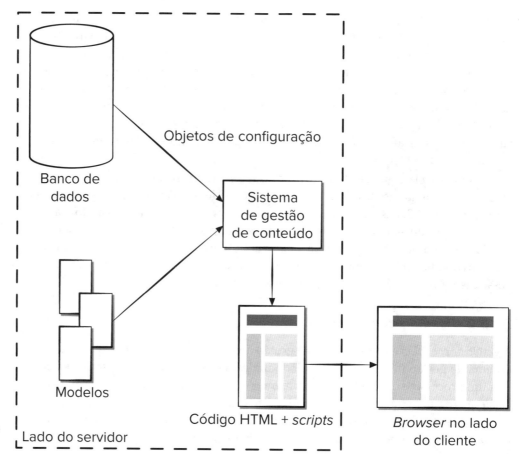

Figura 22.8 Sistema de gestão de conteúdo.

abrange todas as ações necessárias para criar e/ou adquirir conteúdo e as funções técnicas necessárias para (1) converter conteúdo de maneira que possa ser representado por uma linguagem de marcação (p. ex., HTML, XML) e (2) organizar o conteúdo em telas que podem ser mostradas eficientemente no lado do cliente.

Criação e aquisição de conteúdo (também chamada de *autoria* ou *level design* para jogos) ocorrem, muitas vezes, em paralelo com outras atividades de desenvolvimento e em geral são conduzidas por criadores de conteúdo não técnicos. Essa atividade combina elementos de criatividade e pesquisa e é suportada por ferramentas que permitem ao autor do conteúdo caracterizá-lo de modo que possa ser padronizado para uso dentro do aplicativo ou jogo.

Uma vez que o conteúdo exista, ele deve ser convertido para se adaptar aos requisitos de um CMS. Isso implica retirar do conteúdo bruto quaisquer informações desnecessárias (p. ex., representações gráficas redundantes), formatar o conteúdo para se adaptar aos requisitos do CMS e mapear os resultados em uma estrutura de informações que permita que seja gerenciado e publicado.

O subsistema de gestão. Uma vez que o conteúdo exista, ele deve ser armazenado em um repositório, catalogado para aquisição e uso subsequente e rotulado para definir (1) o *status* atual (p. ex., o objeto de conteúdo está completo ou em desenvolvimento?), (2) a versão apropriada do objeto de conteúdo e (3) os objetos de conteúdo relacionados. A gestão de configuração é executada nesse subsistema.

Portanto, o *subsistema de gestão* implementa um repositório que abrange os seguintes elementos:

- **Banco de dados de conteúdo.** A estrutura de informações estabelecida para armazenar todos os objetos de conteúdo.
- **Recursos de banco de dados.** Funções que permitem ao CMS pesquisar objetos de conteúdo específicos (ou categorias de objetos), armazenar e recuperar objetos e gerenciar a estrutura de arquivos estabelecida para o conteúdo.
- **Funções de gestão de configuração.** Os elementos funcionais e o fluxo de trabalho associado que suporta identificação do objeto de conteúdo, controle de versão, gestão de alterações, gestão de auditoria e relatos.

Além desses elementos, o subsistema de gestão implementa uma função de administração que abrange os metadados e as regras que controlam a estrutura global do conteúdo, e a maneira pela qual ele é suportado.

O subsistema de publicação. O conteúdo deve ser extraído de um repositório, convertido para uma forma conveniente para a publicação e formatado de maneira que possa ser transmitido às telas do lado do cliente. O subsistema de publicação executa essas tarefas usando uma série de modelos. Cada *modelo* é uma função que cria uma publicação por meio de um dentre três componentes diferentes [Boi04]:

- **Elementos estáticos.** Texto, gráficos, mídia e *scripts* que não exigem outros processamentos são transmitidos diretamente para o lado do cliente.
- **Serviços de publicação.** Chamadas de função para serviços específicos de acesso e formatação que personalizam o conteúdo (usando regras predefinidas), executam a conversão dos dados e criam *links* de navegação apropriados.
- **Serviços externos.** Fornecem acesso à infraestrutura de informação corporativa externa como, por exemplo, aplicações de dados ou de retaguarda da empresa.

Um subsistema de gestão de conteúdo que abrange cada um desses subsistemas é aplicável à maior parte dos projetos para Web ou móveis. No entanto, a filosofia e a funcionalidade básicas associadas a um CMS são aplicáveis a todas as aplicações dinâmicas.

22.6.4 Controle de versão

À medida que os aplicativos e jogos evoluem com uma série de incrementos, pode acontecer de várias versões diferentes existirem ao mesmo tempo. Uma versão (a aplicação operacional atual) está disponível na Internet para os usuários; outra versão (o próximo incremento da aplicação) pode estar nos estágios finais de teste antes da distribuição/instalação; uma terceira versão está em desenvolvimento e representa uma grande atualização em conteúdo, estética e funcionalidade. Objetos de configuração devem ser claramente definidos para que cada um possa ser associado à versão apropriada. Sem algum tipo de controle, os desenvolvedores e os criadores de conteúdo podem acabar sobrescrevendo as alterações uns dos outros.

É provável que você já tenha passado por uma situação semelhante. Para evitar isso, é necessário um processo de controle de versão.

1. **Um repositório central para o projeto de jogo ou aplicativo deve ser estabelecido.** O repositório terá as versões atuais de todos os objetos de configuração (conteúdo, componentes funcionais e outros).

458 Engenharia de *software*

2. **Cada desenvolvedor Web cria sua própria pasta de trabalho.** A pasta contém os objetos que estão sendo criados ou alterados em determinado instante.

3. **Os relógios das estações de trabalho de todos os desenvolvedores devem estar sincronizados.** Isso é feito para evitar conflitos de sobrescrita, quando dois desenvolvedores fazem alterações em horários muito próximos.

4. **À medida que novos objetos de configuração são desenvolvidos ou objetos existentes são alterados, são importados para o repositório central.** A ferramenta de controle de versão vai gerenciar todas as funções de entrada (*check-in*) e saída (*check-out*) das pastas de trabalho de cada desenvolvedor. A ferramenta também fornecerá atualizações automáticas de *e-mail* a todas as partes envolvidas quando forem feitas alterações no repositório.

5. **À medida que objetos são importados ou exportados do repositório, é gerada uma mensagem automática com data e hora.** Isso proporciona informações úteis para auditoria e pode se tornar parte de um esquema eficaz de relatórios.

A ferramenta de controle de versão mantém diferentes versões da aplicação e pode reverter para uma versão mais antiga, se necessário.

22.6.5 Auditoria e relatório

Para fins de agilidade, as funções de auditoria e de relatório não são enfatizadas durante o desenvolvimento de jogos ou aplicativos.[9] Contudo, não são completamente eliminadas. Todos os objetos que entram (*check-in*) ou saem (*check-out*) do repositório são registrados em um *log* (registro) que pode ser revisto quando desejado. Pode-se criar um relatório completo, de forma que todos os membros da equipe tenham uma cronologia das alterações durante um período definido. Além disso, uma notificação automática enviada por *e-mail* (e endereçada a todos os desenvolvedores e envolvidos que a desejem) pode ser enviada sempre que um objeto entra ou sai do repositório.

22.7 Resumo

O gerenciamento de configuração de *software* é uma atividade de apoio aplicada ao processo de *software* inteiro. Ele identifica, controla, faz auditoria e relata modificações que invariavelmente ocorrem enquanto o *software* está em desenvolvimento e depois que foi entregue ao cliente. Todos os artefatos criados como parte da engenharia de *software* tornam-se parte de uma configuração de *software*. A configuração é organizada de modo a permitir o controle ordenado das alterações.

A configuração de *software* é composta por objetos inter-relacionados, também chamados de itens de configuração de *software*, produzidos como resultado de alguma atividade de engenharia de *software*. Além dos artefatos de engenharia de *software*, o ambiente de desenvolvimento usado para criar *software* também pode ser colocado sob controle de configuração. Todos os SCIs são armazenados em um repositório que implementa vários mecanismos e estruturas de dados para garantir a integridade dos dados, proporcionar suporte de integração para outras ferramentas de *software*, suportar compartilhamento de informações entre todos os membros da equipe de *software* e implementar funções no suporte do controle de versão e alteração.

---

9 Isso está começando a mudar. Há uma ênfase cada vez maior no SCM como elemento de segurança da aplicação [Fug14]. Fornecendo um mecanismo para rastrear e relatar todas as alterações feitas em cada objeto da aplicação, uma ferramenta de gestão de alterações pode proporcionar uma valiosa proteção contra alterações mal-intencionadas.

Uma vez desenvolvido e revisado um objeto de configuração, ele se torna uma referência (*baseline*). Alterações em um objeto referencial resultam na criação de uma nova versão daquele objeto. A evolução de um programa pode ser acompanhada examinando-se o histórico de revisão de todos os objetos de configuração. O controle de versão é uma série de procedimentos e ferramentas para gerenciar o uso desses objetos.

O controle de alteração é uma atividade procedimental que garante qualidade e consistência quando são feitas alterações em um objeto de configuração. O processo de controle de alterações começa com uma solicitação de alteração, leva a uma decisão sobre fazer ou rejeitar a solicitação de alteração e culmina com uma atualização controlada do SCI que deve ser alterado.

A auditoria de configuração é uma atividade de SQA que ajuda a garantir que a qualidade seja mantida quando são feitas alterações. Os relatórios de *status* fornecem informações sobre cada alteração para aqueles que precisam ter conhecimento do assunto.

O gerenciamento de configuração para jogos e aplicativos é semelhante em muitos aspectos ao SCM para *software* convencional. No entanto, todas as tarefas centrais de SCM devem ser agilizadas para torná-lo o mais reduzido possível, e provisões especiais para gestão de conteúdo devem ser implementadas.

Problemas e pontos a ponderar

22.1. Por que a Primeira Lei da Engenharia de *Software* é verdadeira? Dê exemplos específicos para cada uma das quatro razões fundamentais para alterações.

22.2. Quais são os quatro elementos que existem quando é implementado um sistema de SCM eficaz? Discuta cada um sucintamente.

22.3. Suponha que você seja o gerente de um pequeno projeto. Quais referenciais você definiria para o projeto e como os controlaria?

22.4. Desenvolva um sistema de banco de dados de projeto (repositório) que permitiria a um engenheiro de *software* armazenar, estabelecer referências cruzadas, acompanhar, atualizar, alterar, etc. todos os itens importantes da configuração de *software*. Como o banco de dados trataria as diferentes versões do mesmo programa? O código-fonte seria tratado de forma diferente da documentação? Como dois desenvolvedores seriam impedidos de fazer alterações diferentes no mesmo SCI ao mesmo tempo?

22.5. Pesquise uma ferramenta de SCM existente e descreva como ela implementa o controle para versões, variantes e objetos de configuração em geral.

22.6. Pesquise uma ferramenta de SCM existente e descreva como ela implementa o mecanismo do controle de versão. Como alternativa, leia duas ou três publicações sobre SCM e descreva as diferentes estruturas de dados e mecanismos de referência usados para o controle de versão.

22.7. Desenvolva uma *checklist* para usar durante as auditorias de configuração.

22.8. Qual é a diferença entre uma auditoria de SCM e uma revisão técnica? Suas funções podem ser incluídas em uma revisão? Quais são os prós e os contras?

22.9. Descreva sucintamente as diferenças entre o SCM para *software* convencional e o SCM para WebApps e aplicativos móveis.

22.10. Descreva o valor das ferramentas de integração contínua para os desenvolvedores de *software* ágeis.

Elemento de design: Ícone de lupa da seção Panorama: © Roger Pressman

23

Métricas e análise de *software*

Conceitos-chave

ciência de dados 461
eficiência na remoção
de defeitos (DRE) 482
meta 485
indicador 462
medição 461
medida 462
métricas 461
  argumentos para 481
  atributos de 462
  métricas de projeto de . . 466
  estabelecimento de
  um programa 485
  orientadas a função . . . 481
  métricas baseadas
  em LOC 481
  privadas e públicas . . . 480
  processo 476
  produtividade 481
  projeto 476
  orientadas a tamanho . . 480
  qualidade de *software* . . 482
  código-fonte 473
  teste 474
análise de *software* 462

Um elemento-chave de qualquer processo de engenharia é a medição. Medições podem ser aplicadas ao processo de *software* com a intenção de melhorá-lo continuamente. Elas podem ser usadas durante um projeto de *software* para ajudar nas estimativas, no controle de qualidade, na produtividade e no controle de projeto. Você pode usar medidas para compreender melhor os atributos dos modelos criados e para avaliar a qualidade dos produtos ou sistemas construídos.

As medições podem ser usadas por engenheiros de *software* para avaliar a qualidade dos artefatos e auxiliar na tomada de decisões táticas à medida que o projeto

> ### Panorama
>
> **O que é?** As métricas de projeto e de processo de *software* são medidas quantitativas que permitem verificar a eficácia do processo de *software* e dos projetos que utilizam o processo como um *framework*. As métricas de produto ajudam os engenheiros de *software* a entender melhor o projeto e a construção do *software* que produziram.
>
> **Quem realiza?** Métricas de *software* são analisadas e avaliadas por gerentes de *software*. Os engenheiros de *software* usam métricas de produto como apoio para criar *software* de mais alta qualidade.
>
> **Por que é importante?** Se você não medir, sua avaliação será apenas subjetiva. É preciso ter critérios objetivos para ajudar a direcionar o projeto de dados, arquitetura, interfaces e componentes. Com a medição, tendências (tanto boas quanto ruins) podem ser detectadas, estimativas podem
>
> ser mais bem feitas e melhorias significativas podem ser obtidas ao longo do tempo.
>
> **Quais são as etapas envolvidas?** Derive as medidas de processo, projeto e produto que pretende usar. Colete as métricas e analise-as em relação aos dados históricos. Use os resultados da análise para entender o processo, projeto e produto.
>
> **Qual é o artefato?** Um conjunto de métricas de *software* que proporcionam uma visão sobre o processo e possibilitam entender o projeto.
>
> **Como garantir que o trabalho foi realizado corretamente?** Defina apenas algumas métricas e então as use para obter informações sobre a qualidade de um processo, projeto e artefato de *software*. Aplique um esquema de medições sólido e simples, que nunca deve ser usado para avaliar, recompensar ou punir indivíduos por seu desempenho pessoal.

progride. Entretanto, ao contrário de outras disciplinas de engenharia, a engenharia de *software* não é fundamentada nas leis quantitativas da física. Medidas diretas, como tensão elétrica, massa, velocidade ou temperatura, não são comuns no mundo do *software*. Como medidas e métricas de *software* são, muitas vezes, indiretas, elas estão abertas ao debate.

No contexto do processo de *software* e dos projetos feitos usando o processo, uma equipe de *software* se preocupa principalmente com as métricas de produtividade e qualidade – medidas da "saída" do desenvolvimento de *software* em função do esforço e do tempo aplicados e medidas da "adequação para uso" dos artefatos produzidos. Para fins de planejamento e estimativa, nosso interesse é histórico. Qual foi a produtividade do desenvolvimento de *software* em projetos passados? Qual foi a qualidade do *software* produzido? Como os dados de produtividade e qualidade do passado podem ser extrapolados para o presente? Como isso pode nos ajudar a fazer planos e estimativas mais precisos?

A medição é uma ferramenta técnica e de gerenciamento. Se for usada adequadamente, ela aumenta o conhecimento do gerente de projeto. E, consequentemente, ajuda o gerente de projeto e a equipe de *software* a tomarem decisões que levarão a um projeto bem-sucedido.

Neste capítulo, apresentamos medidas que podem ser usadas para avaliar a qualidade do produto enquanto ele está sendo projetado. Também apresentamos medidas que podem ser usadas para ajudar a gerenciar projetos de *software*. Essas medidas fornecem uma indicação em tempo real da eficácia dos seus processos de *software* (análise, projeto e testes) e da qualidade geral do *software* sendo criado.

23.1 Medição de *software*

A ciência de dados[1] se preocupa com a medição, o aprendizado de máquina e a previsão de eventos futuros com base nessas medidas. A medição especifica números ou símbolos a atributos de entidades do mundo real. Para tanto, é necessário um modelo de medição abrangendo um conjunto coerente de regras. Embora a teoria da medição (p. ex., [Kyb84]) e sua aplicação a programas de computadores (p. ex., [Zus97]) sejam tópicos que estão além dos objetivos deste livro, vale estabelecer uma estrutura fundamental e um conjunto de princípios básicos que orientem a definição de métricas para desenvolvimento de *software*.

23.1.1 Medidas, métricas e indicadores

Embora os termos *medida, medição* e *métricas* sejam, com frequência, usados indistintamente, é importante notar as diferenças sutis entre eles. Quando um único dado é coletado (p. ex., o número de erros descobertos em um componente de *software*), foi estabelecida uma *medida*. A *medição* ocorre como resultado da coleta de um ou mais pontos de dados (p. ex., um conjunto de revisões de componente e testes de unidade são investigados para coletar medidas do número de erros para cada um). Uma *métrica de software* relaciona as medidas individuais de alguma maneira (p. ex., o número

---

1   O Apêndice 2 deste livro contém uma introdução à ciência de dados direcionada para engenheiros de *software*.

médio de erros encontrados por revisão ou o número médio de erros encontrados por teste de unidade).

Um engenheiro de *software* coleta medidas e desenvolve métricas para obter indicadores. Um *indicador* é uma métrica ou combinação de métricas que fornecem informações sobre o processo de *software*, em um projeto de *software* ou no próprio produto.

23.1.2 Atributos de métricas de *software* eficazes

Centenas de métricas já foram propostas para programas de computadores, mas nem todas são práticas para o engenheiro de *software*. Algumas demandam medições muito complexas, outras são tão esotéricas que poucos profissionais do mundo real têm qualquer esperança de entendê-las, e outras ainda violam as noções intuitivas básicas do que é realmente um *software* de alta qualidade. A experiência indica que uma métrica será usada somente se ela for clara e fácil de calcular. Se forem necessárias dezenas de "contagens" e cálculos complexos, é pouco provável que seja amplamente adotada.

Ejiogu [Eji91] define um conjunto de atributos que devem ser abrangidos por métricas de *software* efetivas. Deve ser relativamente fácil aprender a derivar a métrica, e seu cálculo não deve exigir esforço ou tempo fora do normal. A métrica deve satisfazer as noções intuitivas do engenheiro sobre o atributo do produto considerado (p. ex., uma métrica que mede coesão de módulos deve crescer em valor à medida que o nível de coesão aumenta). A métrica deve sempre produzir resultados que não sejam ambíguos. O cálculo matemático da métrica deve usar medidas que não resultem em combinações bizarras de unidades. Por exemplo, multiplicar o número de pessoas nas equipes de projeto pelas variáveis da linguagem de programação no programa resulta em uma mistura duvidosa de unidades que não é claramente convincente. As métricas devem ser baseadas no modelo de requisitos, no modelo de projeto ou na própria estrutura do programa. Elas não devem ser dependentes dos caprichos da sintaxe ou semântica das linguagens de programação. Por último, a métrica deve fornecer informações que podem levar a um produto de melhor qualidade.

23.2 Análise de dados de *software*

Existe um certo nível de confusão sobre as diferenças entre as métricas de *software* e a análise de dados do *software*. As métricas são usadas para avaliar a qualidade ou o desempenho de um produto ou processo. Os *indicadores-chave de desempenho* (KPIs, do inglês *key performance indicators)* são métricas usadas para acompanhar o desempenho e ativar ações compensatórias quando seus valores ficam abaixo de uma faixa predeterminada. Mas como saber se as métricas são mesmo significativas?

A *análise de software* (*software analytics*) é a análise computacional sistemática de dados ou estatísticas de engenharia de *software* para fornecer aos gerentes e engenheiros de *software* ideias e observações significativas e capacitar suas equipes para a tomada de melhores decisões [Bus12]. É importante que as ideias produzam conselhos atuais que possam ser transformados pelos desenvolvedores em ações concretas. Por exemplo, saber o número de defeitos em um artefato de *software* hoje é menos relevante do que saber que o número de defeitos é 5% maior do que era no mês passado. A análise pode ajudar os desenvolvedores a prever o número esperado de defeitos, onde realizar testes para descobri-los e quanto tempo demorará para consertá-los. Isso permite que os gerentes e desenvolvedores criem cronogramas incrementais que usam previsões para determinar os tempos de conclusão esperados. O uso de ferramentas automatizadas, capazes de processar grandes conjuntos de dados dinâmicos de métricas e medidas de engenharia [Men13], é necessário para gerar *insights* em tempo real sobre grandes conjuntos de dados de projetos e produtos.

Buse e Zimmermann [Bus12] sugerem que a análise de dados do *software* pode ajudar os desenvolvedores a tomar decisões sobre:

- **Testes direcionados.** Para ajudar a focar os recursos de testes de regressão e de testes de integração.
- **Refatoração direcionada.** Para ajudar a tomar decisões estratégicas sobre como evitar grandes custos de dívida técnica.
- **Planejamento de versões.** Para ajudar a garantir que as necessidades de mercado e as características técnicas do produto de *software* serão levadas em conta.
- **Entendimento sobre os clientes.** Para ajudar os desenvolvedores a obter informações que levam a ações concretas sobre o uso do produto por parte dos clientes no campo durante a engenharia do produto.
- **Avaliação da estabilidade.** Para ajudar gerentes e desenvolvedores a monitorar o estado do protótipo em evolução e antecipar necessidades de manutenção futuras.
- **Inspeção direcionada.** Para ajudar as equipes a determinar o valor de atividades de inspeção individuais, a sua frequência e o seu escopo.

As técnicas estatísticas (mineração de dados, aprendizado de máquina, modelagem estatística) necessárias para o trabalho de análise de dados do *software* estão além do escopo deste livro. Algumas das técnicas são discutidas brevemente no Apêndice 2. No restante deste capítulo, nos concentraremos no uso de métricas de *software*.

23.3 Métricas de produto

Durante as últimas quatro décadas, muitos pesquisadores tentaram desenvolver uma métrica única que fornecesse uma medida abrangente da complexidade do *software*. Fenton [Fen94] caracteriza essa pesquisa como uma busca pelo "Santo Graal impossível". Embora tenham sido propostas dezenas de medidas de complexidade [Zus90], cada uma delas tem uma visão diferente do que é complexidade e quais são os atributos de um sistema que levam à complexidade. Por analogia, considere uma métrica para avaliar um carro de luxo. Alguns podem destacar o projeto do chassi; outros podem destacar as características mecânicas; outros ainda podem destacar o custo ou desempenho ou o uso de combustíveis alternativos ou a facilidade de reciclagem quando o carro já estiver inutilizável. Como cada uma dessas características pode "brigar" com as outras, é difícil derivar um valor único para "atraente". O mesmo problema ocorre com o *software*.

Ainda assim, a necessidade de medir e controlar a complexidade do *software* existe. E, se é difícil obter um valor único dessa métrica de qualidade, deve ser possível desenvolver medidas de diferentes atributos internos de programa (p. ex., modularidade efetiva, independência funcional e outros atributos discutidos no Capítulo 9). Essas medidas e métricas derivadas dos atributos podem ser usadas como indicadores, independentemente da qualidade dos modelos de requisitos e projeto. Mas aqui também temos problemas. Fenton [Fen94] observa isso quando diz: "O perigo de tentar encontrar medidas que caracterizem tantos atributos diferentes é que inevitavelmente as medidas têm de satisfazer interesses em conflito. Isso é contrário à teoria representacional da medição". Embora a afirmação de Fenton esteja correta, muitos argumentam que a medição de produto executada durante os primeiros estágios do processo de *software* fornece aos engenheiros um mecanismo consistente e objetivo para avaliar a qualidade.[2]

Casa Segura

Debate sobre métricas de produto

Cena: Sala do Vinod.

Atores: Vinod, Jamie e Ed – membros da equipe de engenharia de *software* do *CasaSegura* que continuam o trabalho de projeto em nível de componente e projeto de casos de teste.

Conversa:

Vinod: Doug (Doug Miller, gerente de engenharia de *software*) me disse que todos nós devemos usar métricas de produto, mas ele foi um pouco vago. Ele falou também que não vai "forçar a barra"... usar ou não, depende de nós.

Jamie: Ótimo, porque não tenho como arranjar tempo para começar a medir coisas. Estamos sofrendo para manter o cronograma.

Ed: Concordo com o Jamie. Somos contra, aqui... não temos tempo.

Vinod: Sim, eu sei, mas provavelmente deve haver algum mérito em usar essas métricas.

Jamie: Não estou discutindo isso, Vinod, é questão de tempo... e nenhum de nós tem tempo livre.

Vinod: Mas e se a medição ajudar a poupar tempo?

Ed: Errado, demanda horas livres e, como disse o Jamie...

Vinod: Não, espere... e se isso nos ajudar a poupar tempo?

Jamie: Como?

Vinod: Com retrabalho. Se uma medição nos ajudar a evitar um problema maior ou mesmo moderado, e se isso evitar o retrabalho em uma parte do sistema, poupará tempo. Não?

Ed: É possível, acho, mas você pode garantir que alguma métrica de produto nos ajudará a encontrar um problema?

Vinod: Você pode garantir que não?

Jamie: Então o que você propõe?

Vinod: Acho que poderíamos selecionar algumas métricas de projeto, provavelmente orientadas a classes, e usá-las como parte de nosso processo de revisão para qualquer componente que desenvolvermos.

Ed: Não conheço métricas orientadas a classes.

Vinod: Vou verificar tudo isso e fazer uma recomendação... ok por vocês, pessoal?

(Ed e Jamie balançam a cabeça sem muito entusiasmo.)

23.3.1 Métricas para o modelo de requisitos

Na engenharia de *software*, o trabalho técnico começa com a criação do modelo de requisitos. É nesse estágio que os requisitos são formulados e uma base para o projeto é estabelecida. Portanto, métricas de produto que proporcionem informações sobre a qualidade do modelo de análise são desejáveis.

Embora relativamente poucas métricas de análise e especificação tenham aparecido na literatura, é possível adaptar as métricas usadas frequentemente (p. ex., pontos de caso de uso ou pontos de função) nas estimativas de projetos (Seção 25.6) e aplicá-las nesse contexto. Essas métricas de estimativa examinam o modelo de requisitos com a intenção de prever o "tamanho" do sistema resultante. O tamanho

---

[2] Embora seja comum na literatura a crítica a métricas específicas, muitas críticas focam-se em aspectos herméticos e perdem o objetivo principal das métricas no mundo real: ajudar os engenheiros de *software* a estabelecer uma maneira sistemática e objetiva de visualizar seu trabalho e melhorar a qualidade do produto como resultado.

é, às vezes (mas nem sempre), um indicador da complexidade do projeto e quase sempre é um indicador do trabalho cada vez maior de codificação, integração e teste. Medindo as características do modelo de requisitos, podemos obter informações quantitativas sobre a sua peculiaridade e porte (complexidade).

Software convencional. Davis e seus colegas [Dav93] propõem uma lista de características que podem ser usadas para avaliar a qualidade do modelo de requisitos e as especificações de requisitos correspondentes: *especificável* (ausência de ambiguidade), *com completeza, com correteza, entendível, verificável, com consistência interna e externa, realizável, conciso, rastreável, modificável, com precisão* e *reutilizável*. Além disso, os autores observam que há especificações de alta qualidade armazenadas eletronicamente; executáveis ou pelo menos interpretáveis; comentadas de acordo com sua importância relativa; e estáveis, com controle de versões, organizadas, referenciadas e especificadas no nível correto de detalhamento.

Embora muitas dessas características pareçam ser qualitativas em sua natureza, cada uma delas pode ser representada usando uma ou mais métricas [Dav93]. Por exemplo, assumimos que há n_r requisitos em uma especificação, tal que

$$n_r = n_f + n_{nf}$$

em que n_f é o número de requisitos funcionais e n_{nf} é o número de requisitos não funcionais (p. ex., desempenho).

Para determinar a *peculiaridade* (ausência de ambiguidade) dos requisitos, Davis e colegas sugerem uma métrica baseada na consistência da interpretação de cada requisito por parte dos revisores:

$$Q_1 = \frac{n_{ui}}{n_r}$$

em que n_{ui} é o número de requisitos para os quais todos os revisores tiveram interpretações idênticas. Quanto mais próximo o valor Q estiver de 1, mais baixa será a ambiguidade da especificação. Outras características são calculadas de maneira semelhante.

Software móvel. O objetivo de todos os projetos de aplicativos móveis é fornecer uma combinação de conteúdo e funcionalidade para o usuário. Medidas e métricas usadas para projetos tradicionais de engenharia de *software* são difíceis de traduzir diretamente para aplicativos móveis. No entanto, é possível desenvolver medidas que podem ser determinadas durante as atividades de coleta de requisitos que podem servir de base para a criação de métricas para aplicativos móveis. As medidas que podemos coletar incluem:

Número de telas estáticas. Essas páginas representam baixa complexidade relativa e geralmente exigem menos esforços para ser criadas do que as páginas dinâmicas. Essa medida fornece uma indicação do tamanho global da aplicação e do esforço necessário para desenvolvê-la.

Número de telas dinâmicas. Essas páginas representam uma complexidade relativa maior e exigem mais esforço para ser construídas do que as páginas estáticas. Essa medida fornece uma indicação do tamanho global da aplicação e do esforço necessário para desenvolvê-la.

Número de objetos de dados persistentes. À medida que cresce o número de objetos de dados persistentes (p. ex., um banco de dados ou um arquivo de dados), a complexidade do aplicativo móvel também cresce, e o esforço para implementá-lo aumenta proporcionalmente.

Número de interfaces de sistemas externos. À medida que cresce o requisito para interfaces, a complexidade do sistema e o esforço de desenvolvimento também aumentam.

Número de objetos de conteúdo estático. Esses objetos representam baixa complexidade relativa e geralmente exigem menos esforço para ser criados do que as páginas dinâmicas.

Número de objetos de conteúdo dinâmico. Esses objetos representam uma complexidade relativa maior e exigem mais esforço para ser construídos do que as páginas estáticas.

Número de funções executáveis. À medida que o número de funções executáveis (p. ex., um *script* ou *applet*) aumenta, os esforços de modelagem e construção também aumentam.

Por exemplo, com essas medidas, você pode definir uma métrica que reflete o grau de personalização de usuário final exigida para o aplicativo móvel e correlacionar isso com o esforço gasto no projeto e/ou os erros descobertos à medida que são feitas as revisões e os testes. Para isso, você define

N_{sp} = número de telas estáticas
N_{dp} = número de telas dinâmicas

Então,

$$\text{Índice de personalização, } C = \frac{N_{dp}}{N_{dp} + N_{sp}}$$

O valor de C varia de 0 a 1. À medida que C se torna maior, o nível de personalização do aplicativo se torna um aspecto técnico significativo.

Métricas similares podem ser calculadas e correlacionadas com medidas de projeto, como esforço gasto, erros e defeitos descobertos e modelos ou páginas de documentação produzidos. Se os valores dessas métricas são armazenados em um banco de dados com medidas de projeto (após a conclusão de certo número de projetos), relações entre as medidas de requisitos de aplicativos e medidas de projeto proporcionarão indicadores que podem ajudar em tarefas de avaliação de projetos.

23.3.2 Métricas de projeto para *software* convencional

É inconcebível que o projeto de um novo avião, de um novo *chip* de computador ou de um novo edifício comercial seja conduzido sem definir medidas, sem determinar métricas para os vários aspectos de qualidade e sem usá-las como indicadores para orientar a maneira pela qual o projeto evoluirá. E, apesar disso, o projeto de sistemas complexos baseados em *software* muitas vezes é realizado praticamente sem nenhuma medição. A ironia disso tudo é que estão disponíveis métricas de projeto para *software*, mas a grande maioria dos engenheiros de *software* continua ignorando sua existência.

As *métricas de projeto de arquitetura* focalizam as características da arquitetura do programa (Capítulo 10) com ênfase na estrutura arquitetural e na eficácia dos módulos ou componentes dentro da arquitetura. Essas métricas são uma "caixa-preta", no sentido de que não exigem qualquer conhecimento do funcionamento interno de determinado componente de *software*. As métricas podem fornecer informações sobre dados estruturais e complexidade do sistema associadas ao projeto da arquitetura.

Card e Glass [Car90] definem três medidas de complexidade de projeto de *software*: complexidade estrutural, complexidade de dados e complexidade de sistema.

Para arquiteturas hierárquicas (p. ex., arquiteturas de chamada e retorno), a *complexidade estrutural* de um módulo *i* é definida da seguinte maneira:

$$S(i) = f_{out}^2(i)$$

em que $f_{out}(i)$ é o *fan-out*[3] do módulo *i*.

A *complexidade dos dados* (*data complexity*) proporciona uma indicação da complexidade na interface interna para um módulo *i* e é definida como

$$D(i) = \frac{v(i)}{f_{out}(i) + 1}$$

em que $v(i)$ é o número de variáveis de entrada e saída passadas para e do módulo *i*.

Por fim, a *complexidade do sistema* (*system complexity*) é definida como a soma da complexidade estrutural e de dados, especificada como

$$C(i) = S(i) + D(i)$$

À medida que esses valores de complexidade aumentam, a complexidade global da arquitetura do sistema também aumenta. Isso leva a uma maior probabilidade de que o trabalho de integração e teste também aumente.

Fenton [Fen91] sugere um conjunto de métricas de morfologia (i.e., forma) simples que permite comparar diferentes arquiteturas de programa usando uma série de dimensões diretas. Referindo-se à arquitetura de chamada e retorno na Figura 23.1, podem ser definidas as seguintes métricas:

$$\text{Tamanho} = n + a$$

em que *n* é o número de nós e *a* é o número de arcos. Para a arquitetura mostrada na Figura 23.1,

Tamanho = 17 + 18 = 35
Profundidade = caminho mais longo desde o nó raiz (topo) até o nó da folha. Para a arquitetura mostrada na Figura 23.1, profundidade = 4.
Largura = número máximo de nós em qualquer nível da arquitetura. Para a arquitetura mostrada na Figura 23.1, largura = 6.

A relação arco para nó, $r = a/n$, mede a densidade de conectividade da arquitetura e pode fornecer uma indicação simples do acoplamento da arquitetura. Para a arquitetura mostrada na Figura 23.1, $r = 18/17 = 1{,}06$.

A Força Aérea Americana (U.S. Air Force Systems Command) [USA87] desenvolveu um conjunto de indicadores de qualidade de *software* baseados nas características de projeto mensuráveis de um programa de computador. Usando conceitos similares àqueles propostos na norma IEEE Std. 982.1-2005 [IEE05], a Força Aérea usa informações obtidas do projeto de dados e de arquitetura para criar um *índice de qualidade de projeto de estrutura* (DSQI, do inglês *design structure quality index*) que varia de 0 a 1 (ver [USA87] e [Cha89] para mais detalhes).

---

3 *Fan-out* é definido como o número de módulos imediatamente subordinados ao módulo *I*; ou seja, o número de módulos chamados diretamente pelo módulo *i*.

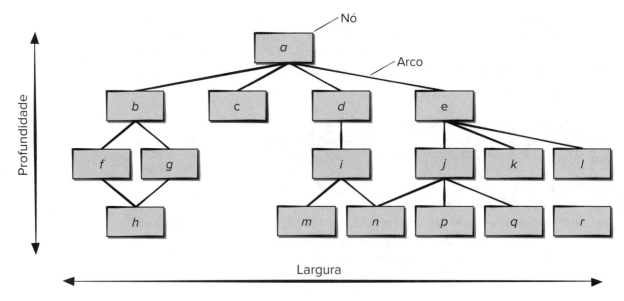

Figura 23.1
Métricas de morfologia.

23.3.3 Métricas de projeto para *software* orientado a objetos

Muita coisa é subjetiva no projeto orientado a objetos – um projetista experiente "sabe" como caracterizar um sistema orientado a objetos de modo que implemente os requisitos do cliente. Entretanto, à medida que um modelo de projeto orientado a objetos cresce em tamanho e complexidade, uma visão mais objetiva das características do projeto pode favorecer tanto o projetista experiente (que obtém uma visão adicional) quanto o novato (que obtém uma indicação da qualidade que, de outra forma, não estaria disponível).

Em um tratamento detalhado das métricas de *software* para sistemas orientados a objetos, Whitmire [Whi97] descreve nove características distintas e mensuráveis de um projeto orientado a objetos. O *tamanho* é definido tomando-se uma contagem estática das entidades orientadas a objetos, como classes ou operações, acopladas à profundidade de uma árvore de herança. A *complexidade* é definida pelas características estruturais, examinando-se como as classes de um projeto orientado a objetos se inter-relacionam. O *acoplamento* é medido pela contagem de conexões físicas entre elementos do projeto orientado a objetos (p. ex., o número de colaborações entre classes ou o número de mensagens passadas entre objetos). A *suficiência* é "o grau com o qual uma abstração (classe) possui as características exigidas dela..." [Whi97]. A *totalidade* determina se uma classe entrega o conjunto de propriedades que reflete totalmente as necessidades do domínio do problema. A *coesão* é determinada examinando-se se todas as operações trabalham em conjunto para atingir uma finalidade única e bem definida. A *originalidade* é o grau segundo o qual uma operação é atômica – isto é, a operação não pode ser construída por meio de uma sequência de outras operações contidas dentro de uma classe. A similaridade determina o grau segundo o qual duas ou mais classes são similares em termos de sua estrutura, função, comportamento ou finalidade. A volatilidade mede a probabilidade da ocorrência de uma alteração.

Na realidade, as métricas de produto para sistemas orientados a objetos podem ser aplicadas não só ao modelo de projeto, mas também ao modelo de requisitos.

No restante desta seção, discutiremos as métricas que indicam a qualidade em nível de classe orientada a objetos e em nível de operação. Além disso, serão exploradas também métricas aplicáveis a gerenciamento de projeto e teste.

Chidamber e Kemerer (CK) propuseram um dos conjuntos mais conhecidos de métricas de *software* orientado a objetos [Chi94].[4] Comumente chamado de *conjunto de métricas CK* (*CK metrics suite*), nele os autores propõem seis métricas de projeto baseadas em classe para sistemas orientados a objetos.[5]

Métodos ponderados por classe (WMC, do inglês *weighted methods per class*). Suponha que n métodos de complexidade $c_1, c_2,..., cn$ são definidos para uma classe **C**. A métrica específica de complexidade escolhida (p. ex., complexidade ciclomática) deve ser normalizada de maneira que a complexidade nominal para um método assuma o valor 1.0.

$$\text{WMC} = \Sigma c_i$$

para $i = 1$ a n. O número de métodos e sua complexidade são indicadores adequados do trabalho necessário para implementar e testar uma classe. Além disso, quanto maior for o número de métodos, mais complexa será a árvore de herança (todas as subclasses herdam os métodos de seus pais). Por fim, conforme o número de métodos cresce para uma dada classe, ela tende a se tornar cada vez mais específica da aplicação, limitando, assim, seu potencial de reutilização. Por todas essas razões, o WMC deverá ser mantido o mais baixo possível.

Extensão da árvore de herança (DIT, do inglês *depth of the inheritance tree*). Essa métrica é "o comprimento máximo do nó até a raiz da árvore" [Chi94]. De acordo com a Figura 23.2, o valor da DIT para a hierarquia de classes mostrada é 4. À medida que a DIT cresce, é possível que classes de nível inferior herdem muitos métodos. Isso causa dificuldades em potencial quando se tenta prever o comportamento de uma classe. Uma hierarquia de classes profunda (com DIT grande) também leva a uma complexidade maior no projeto. Pelo lado positivo, grandes valores de DIT implicam que muitos métodos podem ser reutilizados.

Número de filhas (NOC, do inglês *number of children*). As subclasses imediatamente subordinadas a uma classe na hierarquia de classes são chamadas de suas filhas. De acordo com a Figura 23.2, a classe $\mathbf{C}_2$ tem três filhas – as subclasses $\mathbf{C}_{21}$, $\mathbf{C}_{22}$ e $\mathbf{C}_{23}$. Conforme cresce o número de filhas, a reutilização aumenta, mas também a abstração representada pela classe pai pode ser diluída se algumas das filhas não forem membros apropriados da classe pai. À medida que o NOC aumenta, a quantidade de teste (necessário para exercitar cada filha em seu contexto operacional) também aumentará.

Acoplamento entre objetos de classes (CBO, do inglês *coupling between object classes*). O modelo CRC (Capítulo 8) pode ser usado para determinar o valor do CBO. Basicamente, CBO é o número de colaborações listadas para uma classe em seu cartão de indexação CRC.[6] À medida que o CBO aumenta, é possível que a

---

4 Harrison, Counsell e Nithi [Har98b] propuseram um conjunto alternativo de métricas orientadas a objetos. Sugerimos aos leitores interessados consultar a obra.

5 Chidamber e Kemerer usam o termo *métodos* em vez de *operações*. O uso desse termo é citado nesta seção.

6 Se os cartões de indexação CRC são desenvolvidos manualmente, a totalidade e a consistência devem ser avaliadas para que o CBO possa ser determinado de forma confiável.

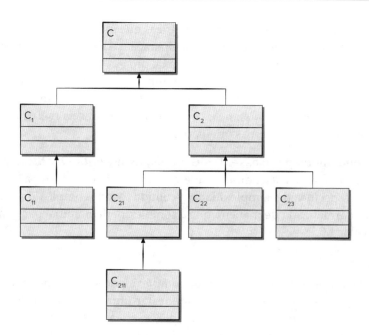

Figura 23.2
Uma hierarquia de classes.

reutilização de uma classe diminua. Altos valores de CBO também complicam modificações e o teste resultante dessas modificações. Em geral, os valores de CBO para cada classe devem ser mantidos o mais baixos possível. Isso está em consonância com a diretriz geral de reduzir o acoplamento em *software* convencional.

Resposta para uma classe (RFC, do inglês *response for a class*). O conjunto de respostas de uma classe é "um conjunto de métodos com potencial de serem executados em resposta a uma mensagem recebida por um objeto daquela classe" [Chi94]. RFC é o número de métodos no conjunto de respostas. Conforme a RFC aumenta, o trabalho necessário para o teste também aumenta, porque a sequência de testes (Capítulo 20) cresce. Além disso, à medida que a RFC aumenta, a complexidade geral de projeto da classe aumenta.

Falta de coesão em métodos (LCOM, do inglês *lack of cohesion in methods*). Cada método dentro de uma classe **C** acessa um ou mais atributos (também chamados de variáveis de instância). LCOM é o número de métodos que acessam um ou mais dos mesmos atributos.[7] Se nenhum método acessa os mesmos atributos, LCOM = 0. Para ilustrar o caso em que LCOM ≠ 0, considere uma classe com seis métodos. Quatro dos métodos têm um ou mais atributos em comum (i.e., eles acessam atributos comuns). Portanto, LCOM = 4. Se LCOM for alta, métodos podem ser acoplados uns aos outros via atributos. Isso aumenta a complexidade do projeto de classe. Embora haja casos em que um valor alto de LCOM seja justificável, é desejável manter a coesão alta; isto é, manter LCOM baixa.[8]

---

[7] A definição formal é um pouco mais complexa. Consulte os detalhes em [Chi94].
[8] A métrica LCOM fornece informações úteis em algumas situações, mas pode ser confusa em outras. Por exemplo, mantendo-se o acoplamento encapsulado (dentro de uma classe), aumenta-se a coesão do sistema como um todo. Portanto, pelo menos em um sentido importante, LCOM mais alta realmente sugere que uma classe possa ter coesão mais alta, não mais baixa.

Casa Segura

Aplicando métricas CK

Cena: Sala do Vinod.

Atores: Vinod, Jamie, Shakira e Ed – membros da equipe de engenharia de *software* do *CasaSegura* que continuam a trabalhar no projeto em nível de componente e projeto de caso de teste.

Conversa:

Vinod: Vocês conseguiram ler a descrição sobre o conjunto de métricas CK que eu enviei na quarta-feira e fazer aquelas medições?

Shakira: Não foi muito complicado. Utilizei minha classe de UML e diagramas de sequência, como você sugeriu, e fiz contagens aproximadas de DIT, RFC e LCOM. Não consegui encontrar o modelo CRC, então não fiz contagem de CBO.

Jamie (sorrindo): Você não conseguiu encontrar o modelo CRC porque ele estava comigo.

Shakira: É isso que eu adoro nesta equipe: uma excelente comunicação.

Vinod: Fiz minhas contagens... vocês desenvolveram valores para as métricas CK?

(Jamie e Ed acenam afirmativamente.)

Jamie: Como eu tinha os cartões CRC, dei uma olhada no CBO e ele parecia bastante uniforme na maioria das classes. Havia apenas uma exceção.

Ed: Há algumas classes em que a RFC é muito alta, comparado com as médias... talvez devêssemos dar um jeito de simplificá-las.

Jamie: Talvez sim, talvez não. Ainda estou preocupado com o prazo, e não quero corrigir coisas que não tenham realmente erros.

Vinod: Concordo. Talvez vocês devessem dar uma olhada nas classes que apresentam números ruins em pelo menos duas ou mais das métricas CK. Dois pontos contra e vai ser modificado.

Shakira (observando a lista de classes de Ed com alta RFC): Olhe, veja esta classe, com LCOM e RFC ambas altas. Dois pontos contra?

Vinod: Penso que sim... será difícil de implementar devido à complexidade e difícil de testar pela mesma razão. Provavelmente vale a pena projetar duas classes separadas para conseguir o mesmo comportamento.

Jamie: Você acha que modificando economizaremos tempo?

Vinod: Em longo prazo, sim.

23.3.4 Métricas de projeto de interface de usuário

Embora haja uma literatura significativa sobre o projeto de interface humanos/computadores (Capítulo 12), têm sido publicadas poucas informações sobre métricas que poderiam dar uma ideia da qualidade e da utilização da interface. Embora as métricas de interface de usuário possam ser úteis em alguns casos, o árbitro final deve ser a entrada do usuário baseada em protótipos de interface gráfica do usuário (GUI, do inglês *graphic user interface*). Nielsen e Levy [Nie94] relatam que "há uma chance razoavelmente grande de sucesso se alguém escolher entre interface (projetos) baseada unicamente nas opiniões dos usuários. O desempenho médio da tarefa do usuário e sua satisfação subjetiva com uma GUI estão altamente correlacionados".

A seguir, apresentamos uma amostra representativa das métricas de projeto com aplicações para *sites*, aplicativos voltados para navegadores e aplicativos móveis. Muitas dessas métricas se aplicam a todas as interfaces de usuário. É importante observar que muitas dessas métricas ainda não foram validadas e devem ser usadas com muito critério.

Engenharia de *software*

Métricas de interface. Para WebApps, podem ser consideradas as seguintes medidas de interface:

Métrica sugerida	Descrição
Adequação do *layout*	A posição relativa das entidades dentro da interface
Complexidade de *layout*	Número de regiões distintas[9] definidas para uma interface
Complexidade da região de *layout*	Número médio de *links* distintos por região
Complexidade de reconhecimento	Número médio de itens distintos que o usuário deve examinar antes de tomar uma decisão de navegação ou de entrada de dados
Tempo de reconhecimento	Tempo médio (em segundos) que o usuário gasta para selecionar a ação apropriada para uma tarefa
Trabalho de digitação	Número médio de toques necessários para uma função específica
Esforço de clique do *mouse*	Número médio de cliques do *mouse* por função
Complexidade de seleção	Número médio de *links* que podem ser selecionados por página
Tempo de aquisição de conteúdo	Número médio de palavras de texto por página da Web
Carga de memorização	Número médio de itens de dados distintos que o usuário deve lembrar para atingir um objetivo específico

Métricas de estética (*design* gráfico). Por sua natureza, o projeto estético depende da avaliação qualitativa e geralmente não é favorável à medição e às métricas. No entanto, Ivory e seus colegas [Ivo01] propõem um conjunto de medidas que podem ser úteis para avaliar o impacto do projeto estético:

Métrica sugerida	Descrição
Número de palavras	Número total de palavras que aparecem em uma página
Porcentagem de texto de corpo	Porcentagem de palavras que são texto de corpo *versus* texto de título (p. ex., cabeçalhos)
Porcentagem de texto de corpo destacado	Parte do texto de corpo que é destacado (p. ex., negrito, caixa-alta)
Contagem de posicionamento de texto	Mudanças na posição do texto a partir do alinhamento à esquerda
Contagem de grupos de texto	Áreas de texto destacadas com cores, regiões com bordas, réguas ou listas
Contagem de *links*	Total de *links* em uma página
Tamanho de página	Total de *bytes* na página, bem como elementos, gráficos e folhas de estilo
Porcentagem gráfica	Porcentagem de *bytes* da página que são usados para gráficos (figuras)
Contagem gráfica	Total de figuras na página (não incluindo figuras especificadas em *scripts*, *applets* e objetos)
Contagem de cores	Total de cores usadas
Contagem de fonte	Total de fontes empregadas (p. ex., tipo + tamanho + negrito + itálico)

---

9 Uma região distinta é uma área do *layout* de tela que executa um conjunto específico de funções relacionadas (p. ex., uma barra de menu, uma tela gráfica estática, uma área de conteúdo, uma tela animada).

Capítulo 23   Métricas e análise de *software*   **473**

Métricas de conteúdo. Métricas nessa categoria focalizam a complexidade de conteúdo e agrupamentos de objetos de conteúdo organizado em páginas [Men01].

Métrica sugerida	Descrição
Espera de página	Tempo médio necessário para que uma página seja baixada em diferentes velocidades de conexão
Complexidade da página	Número médio de diferentes tipos de mídia usada na página, não incluindo texto
Complexidade gráfica	Número médio de mídia gráfica por página
Complexidade de áudio	Número médio de mídia de áudio por página
Complexidade de vídeo	Número médio de mídia de vídeo por página
Complexidade de animação	Número médio de animações por página
Complexidade de imagem escaneada	Número médio de imagens escaneadas por página

Métricas de navegação. Métricas nessa categoria tratam da complexidade do fluxo de navegação [Men01]. Em geral, são direcionadas apenas para aplicações Web estáticas, que não incluem *links* e páginas gerados dinamicamente.

Métrica sugerida	Descrição
Complexidade de *link* de página	Número de *links* por página
Conectividade	Número total de *links* internos, não incluindo *links* gerados dinamicamente
Densidade de conectividade	Conectividade dividida por número de página

Com um subconjunto das métricas sugeridas, pode ser possível derivar relações empíricas que permitam a uma equipe de desenvolvimento de WebApp avaliar a qualidade técnica e prever o trabalho necessário com base nas estimativas projetadas da complexidade. Há ainda muito a ser feito nessa área.

23.3.5   Métricas para código-fonte

A teoria de Halstead da "ciência do *software*" [Hal77] propôs as primeiras "leis" analíticas para programas de computador.[10] Halstead atribuiu leis quantitativas ao desenvolvimento de *software* usando um conjunto de medidas primitivas que podem ser obtidas depois que o código é gerado – ou estimadas quando o projeto estiver completo. As medidas são:

n_1 = número de operadores distintos que aparecem em um programa

n_2 = número de operandos distintos que aparecem em um programa

N_1 = número total de ocorrências de operador

N_2 = número total de ocorrências de operando

Halstead usa essas medidas primitivas para desenvolver expressões para o tamanho global do programa, volume mínimo potencial para um algoritmo, o volume

---

10 Deve-se observar que as "leis" de Halstead geraram controvérsias substanciais, e muitos acreditam que a teoria na qual ele se baseia apresenta falhas. No entanto, executaram-se verificações experimentais para algumas linguagens de programação (p. ex., [Fel89]).

real (número de *bits* necessários para especificar um programa), nível do programa (medida da complexidade do *software*), nível de linguagem (constante para uma dada linguagem) e outras características, como esforço de desenvolvimento, tempo de desenvolvimento e até um número projetado de falhas no *software*.

Halstead mostra que o tamanho N pode ser estimado da seguinte maneira:

$$N = n_1 \log_2 n_1 + n_2 \log_2 n_2$$

e o volume do programa pode ser definido como:

$$V = N \log_2 (n_1 + n_2)$$

Devemos notar que V varia com a linguagem de programação e representa o volume de informações (em *bits*) necessário para especificar um programa.

Teoricamente, deve existir um volume mínimo para determinado algoritmo. Halstead define a razão de volume L como a razão entre o volume da forma mais compacta de um programa e o volume do programa real. Na realidade, L deve ser sempre menor do que 1. Em termos de medidas primitivas, a relação de volume pode ser expressa como

$$L = \frac{2}{n_1} \times \frac{n_2}{N_2}$$

O trabalho de Halstead é favorável à verificação experimental, e muitas pesquisas já foram feitas para investigar a ciência do *software*. Uma discussão desse trabalho está fora dos objetivos deste livro. Para mais informações, consulte [Zus90], [Fen91] e [Zus97].

23.4 Métricas para teste

As métricas de teste se classificam em duas grandes categorias: (1) métricas que tentam prever o número provável de testes necessários em vários níveis de teste; e (2) métricas que focalizam a abrangência do teste para determinado componente. A maioria das métricas propostas para teste se concentra no processo de teste e não nas características técnicas dos testes em si. Em geral, os testadores precisam se basear nas métricas de análise, projeto e código para guiá-los no projeto e na execução dos casos de teste.

As métricas de projeto da arquitetura fornecem informações sobre a facilidade ou dificuldade associada ao teste de integração e sobre a necessidade de *software* de teste especializado (p. ex., pseudocontroladores [*drivers*] e pseudocontrolados [*stubs*]). A complexidade ciclomática (uma métrica de projeto em nível de componente) depende do teste de caminho básico, um método de projeto de caso de teste apresentado no Capítulo 19. Além disso, a complexidade ciclomática pode ser usada para escolher módulos como candidatos para testes de unidade extensivos. Módulos com alta complexidade ciclomática são mais propensos a apresentar erro do que os de complexidade menor. Por essa razão, você deve despender esforços acima da média para descobrir erros nesses módulos antes de eles serem integrados em um sistema.

O trabalho de teste pode ser estimado por meio de métricas obtidas das medidas de Halstead (Seção 23.3.5). Usando as definições para volume V de programa e nível PL de programa, o trabalho Halstead e pode ser calculado como

$$PL = \frac{1}{(n_1/2)(N_2/n_2)}$$

$$e = \frac{V}{PL}$$

Capítulo 23   Métricas e análise de *software*   **475**

A porcentagem de trabalho de teste global a ser alocado a um módulo *k* pode ser estimada com a seguinte relação:

$$\text{Porcentagem de trabalho de teste } (k) = \frac{e(k)}{\Sigma\, e(i)}$$

em que *e*(*k*) é calculado para o módulo *k* e a somatória no denominador é a soma do trabalho Halstead por todos os módulos do sistema.

O teste orientado a objetos pode ser muito complexo. As métricas podem ajudá-lo a direcionar os recursos de teste para *threads*, cenários e pacotes de classes que são "suspeitos" com base nas características medidas. As métricas de projeto orientado a objetos apresentadas na Seção 23.3.3 fornecem uma indicação da qualidade do projeto. Elas também dão uma indicação geral do trabalho de teste necessário para testar um sistema orientado a objetos.

Binder [Bin94b] sugere um conjunto amplo de métricas de projeto que têm influência direta sobre a "testabilidade" de um sistema orientado a objetos. As métricas consideram aspectos do encapsulamento e herança.

Falta de coesão em métodos (LCOM, do inglês *lack of cohesion in methods)*.[11] Quanto mais alto é o valor de LCOM, mais estados precisam ser testados para garantir que os métodos não gerem efeitos colaterais.

Porcentagem pública e protegida (PAP, do inglês *percent public and protected)*. Atributos públicos são herdados de outras classes e, portanto, são visíveis àquelas classes. Atributos protegidos* são acessíveis a métodos em subclasses. Essa métrica indica a porcentagem de atributos de classe públicos ou protegidos. Altos valores para PAP aumentam a probabilidade de efeitos colaterais entre classes porque atributos públicos e protegidos levam a um alto potencial de acoplamento.[12] Os testes devem ser projetados para garantir que esses efeitos colaterais sejam descobertos.

Acesso público a membros de dados (PAD, do inglês *public access to data members)*. Essa métrica indica o número de classes (ou métodos) que podem acessar atributos de outra classe, uma violação do encapsulamento. Altos valores de PAD levam a efeitos colaterais em potencial entre classes. Os testes devem ser projetados para garantir que esses efeitos colaterais sejam descobertos.

Número de classes-raiz (NOR, do inglês *number of root classes)*. Essa métrica é uma contagem das hierarquias distintas de classe descritas no modelo de projeto. Devem ser desenvolvidos conjuntos de testes para cada classe-raiz e hierarquia de classe correspondente. À medida que o NOR aumenta, o trabalho de teste também aumenta.

Fan-in **(FIN).** Quando usado no contexto orientado a objeto, *fan-in* na hierarquia de herança é uma indicação de herança múltipla. FIN > 1 indica que uma classe herda seus atributos e operações de mais de uma classe-raiz. FIN > 1 deve ser evitado sempre que possível.

Número de filhas (NOC, do inglês *number of children)* **e extensão da árvore de herança (DIT, do inglês** *depth of the inheritance tree)*.[13] Conforme mencionamos no Capítulo 18, métodos de superclasse terão de ser novamente testados para cada subclasse.

---

11 Veja uma descrição de LCOM na Seção 23.3.3.

 * N. de RT.: atributo protegido equivale aos atributos privados, cuja sintaxe depende da linguagem de programação utilizada.

12 Algumas pessoas fazem projetos nos quais nenhum dos atributos é público ou privado, ou seja, PAP = 0. Isso implica que todos os atributos devem ser acessados em outras classes via métodos.

13 Veja uma descrição de NOC e DIT na Seção 23.3.3.

23.5 Métricas para manutenção

Todas as métricas de *software* introduzidas neste capítulo podem ser usadas para o desenvolvimento de novo *software* e para manutenção do *software* existente. No entanto, existem também métricas projetadas explicitamente para atividades de manutenção.

A norma IEEE Std. 982.1-2005 [IEE05] sugere um *índice de maturidade de software* (SMI, do inglês *software maturity index)* que fornece uma indicação da estabilidade de um produto (com base nas alterações que ocorrem para cada versão do produto). São determinadas as seguintes informações:

M_T = número de módulos na versão atual

F_c = número de módulos na versão atual que foram alterados

F_a = número de módulos na versão atual que foram acrescentados

F_d = número de módulos da versão anterior que foram excluídos na versão atual

O índice de maturidade de *software* é calculado da seguinte maneira:

$$SMI = \frac{M_T - (F_a + F_c + F_d)}{M_T}$$

À medida que o SMI se aproxima de 1,0, o produto começa a estabilizar. O SMI pode ser usado também como uma métrica para planejamento de atividades de manutenção de *software*. O tempo médio para produzir uma versão de um *software* pode ser correlacionado com o SMI, e podem ser desenvolvidos modelos empíricos para o trabalho de manutenção.

23.6 Métricas de processo e de projeto

Métricas de processo são coletadas em todos os projetos e no decorrer de longos períodos. Sua finalidade é proporcionar um conjunto de indicadores de processo que levam à melhoria do processo de *software* em longo prazo (Capítulo 28). *Métricas de projeto* permitem ao gerente de projeto de *software* (1) avaliar o estado de um projeto em andamento, (2) rastrear os riscos em potencial, (3) descobrir áreas problemáticas antes que se tornem "críticas", (4) ajustar o fluxo de trabalho ou tarefas e (5) avaliar a habilidade da equipe de projeto para controlar a qualidade dos artefatos de *software*.

Medidas coletadas por uma equipe de projeto e convertidas em métricas para uso durante um projeto também podem ser transmitidas para os responsáveis pelo aperfeiçoamento do processo de *software*. Por essa razão, muitas das mesmas métricas são usadas tanto no domínio do processo quanto no do projeto.

Ao contrário das métricas de processo de *software*, que são usadas para fins estratégicos, as medidas de projeto de *software* são táticas. Isto é, as métricas de projeto e os indicadores derivados delas são usados por um gerente de projeto e por uma equipe de *software* para adaptar o fluxo de trabalho do projeto e as atividades técnicas.

A única maneira lógica de melhorar qualquer processo é medir atributos específicos do processo, desenvolver um conjunto de métricas significativas com base nesses atributos e então usar as métricas para fornecer indicadores que levem a uma estratégia de aperfeiçoamento (Capítulo 28). Mas antes de discutirmos as métricas de *software* e seu impacto sobre a melhoria do processo de *software*, é importante notar que o processo é apenas um item dentre uma série de "fatores controláveis na melhoria da qualidade do *software* e do desempenho organizacional" [Pau94].

De acordo com a Figura 23.3, o processo está no centro do triângulo que conecta três fatores de profunda influência sobre a qualidade do *software* e do desempenho organizacional. Já foi demonstrado [Boe81] que a habilidade e a motivação das pessoas representam os fatores mais influentes na qualidade e no desempenho. A complexidade do produto pode ter um impacto significativo sobre a qualidade e o desempenho da equipe. A tecnologia (i.e., os métodos e ferramentas de engenharia de *software*) que preenche o processo também tem um impacto.

Além disso, o triângulo do processo encontra-se dentro de um círculo de condições ambientais que inclui o ambiente de desenvolvimento (p. ex., ferramentas de *software* integradas), as condições de negócios (p. ex., prazos de entrega, regras do negócio) e as características do cliente (p. ex., facilidade de comunicação e colaboração).

Só é possível medir a eficácia de um processo de *software* indiretamente. Isto é, você cria um conjunto de métricas baseadas nos resultados que podem ser obtidos do processo. Os resultados incluem medidas de erros descobertos antes da entrega do *software*, defeitos relatados pelos usuários finais, artefatos fornecidos (produtividade), esforço humano gasto, tempo usado, conformidade com o cronograma e outras medidas. Também é possível obter métricas de processo medindo-se as características de tarefas específicas de engenharia de *software*. Por exemplo, você pode medir o esforço e o tempo despendidos executando as atividades genéricas de engenharia de *software* descritas no Capítulo 1.

Na maioria dos projetos de *software*, a primeira aplicação das métricas de projeto ocorre durante as estimativas. Métricas coletadas de projetos passados são usadas como uma base a partir da qual são feitas as estimativas de esforços e tempo para o trabalho de *software* atual. À medida que um projeto progride, medidas de esforço

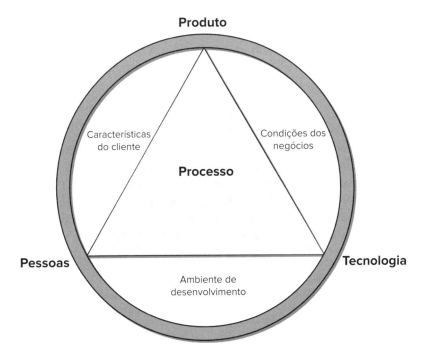

Figura 23.3
Determinantes para a qualidade do *software* e a eficácia organizacional.

e tempo despendidos são comparadas com as estimativas originais (e com o cronograma do projeto). O gerente de projeto usa esses dados para monitorar e controlar o progresso.

Quando o trabalho técnico inicia, outras métricas de projeto começam a ter importância. São medidas as taxas de produção, representadas em modelos criados, revisões, pontos de função e linhas de código-fonte fornecidas. Além disso, são rastreados os erros descobertos durante cada tarefa de engenharia de *software*. Com a evolução do *software* dos requisitos para o projeto, métricas técnicas são coletadas para avaliar a qualidade do projeto e fornecer indicadores que terão influência na estratégia adotada para a geração de código e teste.

O objetivo das métricas de projeto é duplo. Primeiro, as métricas são usadas para minimizar o cronograma de desenvolvimento, fazendo os ajustes necessários para evitar atrasos e mitigar problemas e riscos em potencial. Segundo, as métricas de projeto são usadas para avaliar a qualidade do produto de forma contínua e, quando necessário, modificar a abordagem técnica para melhorar a qualidade.

À medida que a qualidade melhora, os defeitos são minimizados, e, à medida que a contagem de defeitos diminui, a quantidade de retrabalho necessário durante o projeto também é reduzida. Isso leva a uma redução no custo total do projeto.

Métricas de processo de *software* podem produzir benefícios significativos quando uma organização trabalha para melhorar seu nível geral de maturidade de processo. No entanto, assim como todas as métricas, essas podem ser mal utilizadas, criando mais problemas do que podem resolver. Grady [Gra92] sugere uma "etiqueta de métricas de *software*" apropriada para os gerentes e para os profissionais quando instituem um programa de métricas de processo:

- Use bom senso e sensibilidade organizacional ao interpretar dados de métricas.
- Forneça *feedback* regularmente para os indivíduos e equipes que coletam medidas e métricas.
- Não use métricas para avaliar indivíduos.
- Trabalhe com profissionais e equipes para definir objetivos claros e as métricas que serão usadas para alcançá-los.
- Nunca use métricas para ameaçar indivíduos ou equipes.
- Dados de métricas que indicam uma área com problema não devem ser considerados "negativos". Esses dados são simplesmente um indicador para melhoria do processo.
- Não seja obsessivo sobre uma única métrica, excluindo outras métricas importantes.

Conforme uma organização se sente mais à vontade com a coleta e o uso de métricas de processo, a derivação de indicadores simples dá margem a uma abordagem mais rigorosa, chamada de *melhoria estatística de processo de software* (SSPI, do inglês *statistical software process improvement*). Basicamente, a SSPI usa a análise de falhas de *software* para coletar informações sobre todos os erros e defeitos[14] encontrados quando uma aplicação, sistema ou produto é desenvolvido e usado.

---

14 Neste livro, um *erro* é definido como alguma falha em um artefato descoberta *antes* que o *software* seja fornecido ao usuário final. Um *defeito* é uma falha descoberta *depois* que o *software* é fornecido ao usuário final. Devemos destacar que muitas pessoas não fazem essa distinção.

Casa Segura

Estabelecendo uma abordagem de métricas

Cena: Escritório de Doug Miller, quando o projeto de *software CasaSegura* está para começar.

Atores: Doug Miller (gerente da equipe de engenharia de *software* do *CasaSegura*), Vinod Raman e Jamie Lazar, membros da equipe de engenharia de artefatos de *software*.

Conversa:

Doug: Antes de começarmos a trabalhar neste projeto, eu gostaria que vocês definissem e coletassem um conjunto de métricas simples. Para começar, vocês terão de definir nossas metas.

Vinod (com cara de contrariado): Nós nunca fizemos isso antes e...

Jamie (interrompendo): E com base no cronograma que a gerência tem falado, nós nunca teremos tempo. Para que servem essas métricas, afinal?

Doug (erguendo a mão para interromper a discussão): Calma, respirem fundo. O fato de nunca termos feito isso antes é mais um motivo para começar a fazer agora, e o trabalho com as métricas não deve tomar muito tempo... na verdade, elas podem até nos poupar tempo.

Vinod: Como?

Doug: Olha, faremos muito mais trabalho interno de engenharia de *software* à medida que nossos produtos se tornarem mais inteligentes e sensíveis ao contexto, móveis, tudo isso... e precisaremos entender o processo que usamos para criar o *software*... e melhorá-lo para criar um *software* melhor. A única maneira de fazer isso é por meio de medições.

Jamie: Mas estamos sendo pressionados no prazo, Doug. Não sou a favor de gerar mais papel... precisamos de tempo para fazer nosso trabalho, não para coletar dados.

Doug (calmamente): Jamie, o trabalho de um engenheiro envolve coleta de dados, avaliação desses dados e o uso do resultado para melhorar o produto e o processo. Estou errado?

Jamie: Não, mas...

Doug: E que tal se mantivermos o número de medidas que coletarmos em não mais de cinco ou seis e focarmos na qualidade?

Vinod: Ninguém pode argumentar contra a alta qualidade...

Jamie: Certo... mas, não sei. Ainda acho que não é necessário.

Doug: Me deem uma chance neste ponto. O que vocês sabem sobre métricas?

Jamie (olhando para Vinod): Não muito.

Doug: Aqui estão algumas referências da Web... dediquem algumas horas para se informar.

Jamie (sorrindo): Eu achei que você tinha falado que isso não tomaria muito tempo.

Doug: O tempo que você gasta aprendendo nunca é perdido... façam isso e então estabeleceremos nossas metas, façam algumas perguntas e definam as métricas que precisamos coletar.

23.7 Medição de *software*

As medições no mundo físico podem ser classificadas de duas maneiras: medidas diretas (p. ex., o comprimento de um parafuso) e medidas indiretas (p. ex., a "qualidade" dos parafusos produzidos, medida contando os rejeitos). As métricas de *software* podem ser classificadas de maneira similar.

As *medidas diretas* do processo de *software* incluem custos e trabalho aplicado. As medidas diretas do produto incluem linhas de código (LOC, do inglês *lines of code*) produzidas, velocidade de execução, tamanho da memória e defeitos relatados durante determinado período. Medidas indiretas do produto incluem funcionalidade, qualidade, complexidade, eficiência, confiabilidade, manutenibilidade e muitas outras "ades" discutidas no Capítulo 15.

O custo e o trabalho exigidos para criar o *software*, o número de linhas de código produzidas e outras medidas diretas são relativamente fáceis de coletar, desde que antecipadamente sejam estabelecidas convenções para as medições. No entanto, a qualidade e a funcionalidade do *software* ou sua eficiência ou manutenibilidade são mais difíceis de avaliar e só podem ser medidas de forma indireta.

Dividimos o domínio das métricas de *software* em processo, projeto e métricas de produto e observamos que as métricas de produto privadas para um indivíduo muitas vezes são combinadas para desenvolver métricas de projeto públicas para a equipe de *software*. Métricas de projeto são, então, consolidadas para criar métricas de processo que são públicas à organização de *software* como um todo. Mas como uma organização combina métricas que vieram de diferentes indivíduos ou projetos?

A título de ilustração, considere um exemplo simples. Indivíduos em duas equipes de projeto diferentes registram e classificam todos os erros que encontram durante o processo de *software*. As medidas individuais são, então, combinadas para criar medidas de equipe. A Equipe A encontrou 342 erros durante o processo de *software* antes da entrega. A Equipe B encontrou 184 erros. Sendo iguais todas as outras coisas, qual equipe é mais eficaz na descoberta de erros em todo o processo? Como você não sabe qual é o tamanho ou complexidade dos projetos, não pode responder a essa pergunta. No entanto, se as medidas forem normalizadas, é possível criar métricas de *software* que possibilitem a comparação com médias organizacionais mais amplas.

Métricas de *software orientadas a tamanho* são criadas pela normalização das medidas de qualidade e/ou produtividade, levando-se em consideração o *tamanho* do *software* produzido. Se uma empresa de *software* mantém registros simples, pode ser criada uma tabela de medidas orientadas a tamanho, como a da Figura 23.4. A tabela lista todos os projetos de desenvolvimento de *software* concluídos durante os últimos anos e medidas correspondentes para aquele projeto. Olhando a linha da tabela (Figura 23.4) para o projeto *alfa*: 12.100 linhas de código foram criadas com 24 pessoas-mês de trabalho a um custo de US$ 168.000. É importante notar que todo o trabalho e custo registrados na tabela representam todas as atividades de engenharia de *software* (análise, projeto, código e teste), não apenas o desenvolvimento do código. Outras informações para o projeto *alfa* indicam que foram criadas 365 páginas de documentação, foram registrados 134 erros antes da entrega do *software* e foram encontrados 29 defeitos após a entrega para o cliente durante o primeiro ano de operação. Três pessoas trabalharam no desenvolvimento do *software* para o projeto alfa.

A fim de desenvolver métricas que possam ser assimiladas com métricas similares de outros projetos, você pode escolher o número de linhas de código como valor de

Figura 23.4
Métricas orientadas a tamanho.

Projeto	LOC	Esforço	US$(000)	Pág. doc.	Erros	Defeitos	Categoria
alfa	12.100	24	168	365	134	29	3
beta	27.200	62	440	1224	321	86	5
gama	20.200	43	314	1050	256	64	6
⋮	⋮	⋮	⋮	⋮	⋮		

Capítulo 23   Métricas e análise de *software*   **481**

normalização. A partir dos dados rudimentares contidos na tabela, pode ser desenvolvido um conjunto de métricas simples orientadas a tamanho para cada projeto:

- Erros por KLOC (mil linhas de código)
- Defeitos por KLOC
- US$ por KLOC
- Páginas de documentação por KLOC

Além disso, podem ser calculadas outras métricas interessantes:

- Erros por pessoa-mês
- KLOC por pessoa-mês
- US$ por página de documentação

Métricas orientadas a tamanho não são aceitas universalmente como a melhor maneira de medir os processos de *software*. A maior parte da controvérsia gira em torno do uso de linhas de código como medida principal. Os proponentes da medida LOC argumentam que LOC é um "artefato" de todos os projetos de desenvolvimento de *software* que pode ser facilmente contado, que muitos modelos de estimativa de *software* existentes usam LOC ou KLOC como dado de entrada principal, e que já existe uma grande quantidade de literatura e dados baseados em LOC. Por outro lado, os oponentes argumentam que as medidas LOC são dependentes da linguagem de programação; que, quando é considerada a produtividade, elas penalizam programas bem-projetados, mas menores; que elas não podem facilmente acomodar linguagens não procedurais; e que seu uso nas estimativas requer um nível de detalhe que pode ser difícil de alcançar (i.e., o planejador deve estimar a LOC a ser produzida bem antes que a análise e o projeto estejam concluídos).

Poderíamos apresentar argumentos semelhantes, prós e contras, em relação a métricas orientadas a função, como pontos de função (FP, do inglês *function points)* ou pontos de caso de uso (ambos discutidos no Capítulo 25). Métricas de *software* orientadas a função usam como valor de normalização uma medida da funcionalidade fornecida pela aplicação. O cálculo de uma métrica orientada a função se baseia nas características da complexidade e do domínio de informação do *software*.

O ponto de função, assim como a medida LOC, é controverso. Seus proponentes argumentam que essa função é independente da linguagem de programação, tornando-a ideal para aplicações que usam linguagens convencionais e não procedurais, e que é baseada em dados que têm maior probabilidade de serem conhecidos na evolução de um projeto, o que a torna mais atraente como estratégia de estimativa. Seus oponentes argumentam que o método requer um pouco de "jeitinho", porque o cálculo é baseado em dados subjetivos, em vez de objetivos, que as contagens do domínio de informações (e outras dimensões) podem ser difíceis de coletar após o fato e que o FP não tem um significado físico direto – é apenas um número.

Foi constatado que pontos de função e métricas baseadas em LOC são indicadores relativamente precisos do trabalho e do custo do desenvolvimento de *software*. No entanto, para usar LOC e FP para estimativas (Capítulo 25), deve ser estabelecida uma referência histórica de informações. São esses dados históricos que lhe permitem determinar o valor de uma métrica específica para projetos futuros.

Medidas orientadas a tamanho (p. ex., LOC) e medidas orientadas a função muitas vezes são usadas para derivar métricas de produtividade. Isso leva, invariavelmente, a um debate sobre o uso de tais dados. O valor LOC/pessoa-mês (ou FP/pessoa-mês) de um grupo deve ser comparado com dados similares de outro grupo?

Os gerentes devem avaliar o desempenho dos indivíduos usando essas métricas? A resposta a essas questões é um enfático "Não!". A razão para essa resposta é que muitos fatores influenciam a produtividade, gerando comparações do tipo "maçãs com laranjas", que podem facilmente ser mal interpretadas.

Dentro do contexto de métricas de processo e projeto, você deve se preocupar em primeiro lugar com a produtividade e a qualidade – medidas de "resultado" de desenvolvimento de *software* em função do esforço e tempo aplicados e as medidas da "adequação para uso" dos produtos criados.

Para fins de melhoria de processo e planejamento de projeto, seu interesse é histórico. Qual foi a produtividade do desenvolvimento de *software* nos projetos passados? Qual foi a qualidade do *software* produzido? Como os dados de produtividade e qualidade do passado podem ser extrapolados para o presente? Como isso pode nos ajudar a melhorar o processo e planejar novos projetos mais precisamente?

23.8 Métricas para qualidade de *software*

A qualidade de um sistema, de uma aplicação ou de um produto é apenas tão boa quanto os requisitos que descrevem o problema, o projeto que modela a solução, o código que leva ao programa executável e os testes que exercitam o *software* para descobrir os erros. *Software* é uma entidade complexa. Portanto, deve-se esperar que ocorram erros à medida que o produto é desenvolvido. As métricas de processo são destinadas a melhorar o processo de *software* para que os erros sejam descobertos da maneira mais eficiente.

Você pode usar medições para avaliar a qualidade dos requisitos e modelos de projeto, o código-fonte e os casos de teste criados enquanto o *software* é desenvolvido. Para conseguir essa avaliação em tempo real, aplica-se métricas de produto para avaliar a qualidade dos artefatos de *software* de maneira objetiva, e não subjetiva.

Um gerente de projeto deve também avaliar a qualidade enquanto o projeto avança. Métricas privadas coletadas por engenheiros de *software* individuais são combinadas para fornecer os resultados no nível de projeto. Embora muitas medidas de qualidade possam ser coletadas, a principal tendência no nível de projeto é medir erros e defeitos. Métricas derivadas dessas medidas proporcionam uma indicação da efetividade da garantia de qualidade de *software* individual e de grupo e das atividades de controle.

Métricas, como erros de artefato por ponto de função, erros descobertos por horas de revisão e erros descobertos por horas de teste, proporcionam informações sobre a eficácia de cada uma das atividades sugeridas pela métrica. Os dados sobre os erros também podem ser usados para calcular a *eficiência na remoção de defeitos* (DRE, do inglês *defect removal efficiency*) para cada atividade metodológica do processo. A DRE é discutida posteriormente nesta seção.

Embora existam muitas medidas de qualidade de *software*, a correção, a manutenibilidade, a integridade e a usabilidade fornecem indicadores úteis para a equipe de projeto. Gilb [Gil88] sugere definições e medidas para cada uma delas.

Correção. A correção é o grau com o qual o *software* executa sua função. Defeitos (falta de correção) são os problemas relatados por um usuário do programa depois que o programa foi liberado para uso geral. Para fins de avaliação de qualidade, os defeitos são contados durante um período padrão, em geral um ano. A medida mais comum da correção é o número de defeitos por KLOC, em que um defeito é definido como uma ocorrência de falta de conformidade com os requisitos.

Manutenibilidade. A manutenibilidade é a facilidade com a qual um programa pode ser corrigido se um erro for encontrado, adaptado se o ambiente mudar ou melhorado se o cliente desejar uma alteração nos requisitos. Não há uma maneira de medir a manutenibilidade diretamente; portanto, é preciso usar medidas indiretas. Uma métrica simples orientada por tempo é o *tempo médio para alterar* (MTTC, do inglês *mean time to change*), o tempo necessário para analisar a solicitação de alteração, projetar uma modificação apropriada, implementar a alteração, testá-la e distribuí-la para todos os usuários.

Integridade. Esse atributo mede a capacidade de um sistema de resistir aos ataques (tanto acidentais quanto intencionais) à sua segurança. Para medir a integridade, devem ser definidos dois atributos adicionais: ameaça e segurança. *Ameaça* é a probabilidade (que pode ser estimada ou derivada de evidência empírica) de que um ataque de um tipo específico ocorrerá em um dado intervalo de tempo. *Segurança* é a probabilidade (que pode ser estimada ou derivada de evidência empírica) de que um ataque de um tipo específico será repelido. A integridade de um sistema pode, então, ser definida como:

$$\text{Integridade} = \Sigma[1 - (\text{ameaça} \times (1 - \text{segurança}))]$$

Por exemplo, se a ameaça (probabilidade de que um ataque possa ocorrer) for 0,25 e a segurança (a possibilidade de repelir o ataque) for 0,95, a integridade do sistema será 0,99 (muito alta). Por outro lado, se a probabilidade de ameaça for 0,50 e a possibilidade de repelir um ataque for de apenas 0,25, a integridade do sistema será 0,63 (muito baixa e inaceitável).

Usabilidade. A usabilidade é uma tentativa de quantificar a facilidade de uso e pode ser medida em termos das características apresentadas no Capítulo 12.

Esses quatro fatores são apenas uma amostra dos que foram propostos como medidas para a qualidade do *software*.

Uma métrica de qualidade que traz vantagens tanto para o projeto quanto para o processo é a DRE. Em essência, a DRE é uma medida da capacidade de filtragem das ações de garantia de qualidade e controle quando são aplicadas em todas as atividades da estrutura de processo.

Quando considerada para um projeto como um todo, a DRE é definida da seguinte maneira:

$$\text{DRE} = \frac{E}{E + D}$$

em que E é o número de erros encontrados antes que o *software* seja fornecido ao usuário final e D é o número de defeitos depois que o *software* é entregue.

O valor ideal para DRE é 1. Isto é, nenhum defeito é encontrado no *software*. De modo realista, D será maior do que 0, mas o valor de DRE ainda pode se aproximar de 1. À medida que E aumenta (para um determinado valor de D), o valor global de DRE começa a se aproximar de 1. De fato, à medida que E aumenta, é provável que o valor final de D diminua (erros são removidos antes de se tornarem defeitos). Se for usada como uma métrica que fornece um indicador da capacidade de filtragem das atividades de controle de qualidade e segurança, a DRE estimulará a equipe de projeto de *software* a instituir técnicas para encontrar o maior número possível de erros antes da entrega do *software*.

A DRE também pode ser usada no projeto para avaliar a habilidade de uma equipe para encontrar erros antes que eles passem para a próxima atividade metodológica ou para a próxima tarefa de engenharia de *software*. Por exemplo, a análise de requisitos produz um modelo de requisitos que pode ser examinado para encontrar e corrigir erros. Os erros não detectados durante a revisão do modelo de requisitos passam adiante no projeto (onde podem ou não ser encontrados). Quando usada nesse contexto, redefinimos a DRE como

$$DRE_i = \frac{E_i}{E_i + E_{i+1}}$$

em que E_i é o número de erros encontrados durante a ação de engenharia de *software* i e E_i+1 é o número de erros encontrados durante a ação de engenharia de *software* $i + 1$, ligados a erros que não foram descobertos na ação de engenharia de *software i*.

Um objetivo de qualidade para uma equipe de *software* (ou um engenheiro de *software* individual) é conseguir uma DRE_i que se aproxime de 1. Isto é, os erros devem ser filtrados antes que passem para a próxima atividade ou ação. Se a DRE for baixa quando você fizer a análise e o projeto, dedique algum tempo melhorando a maneira de realizar as revisões técnicas formais.

Casa Segura

Uma abordagem de qualidade baseada em métricas

Cena: Escritório de Doug Miller, dois dias após a reunião inicial sobre métricas de *software*.

Atores: Doug Miller (gerente da equipe de engenharia de *software* do *CasaSegura*), Vinod Raman e Jamie Lazar, membros da equipe de engenharia de artefatos de *software*.

Conversa:

Doug: Vocês dois conseguiram aprender um pouco sobre métricas de processo e projeto?

Vinod e Jamie: (Ambos acenam a cabeça afirmativamente.)

Doug: É sempre uma boa ideia estabelecer metas quando você adota qualquer métrica. Quais são as suas?

Vinod: Nossas métricas devem focar na qualidade. Na verdade, nossa meta geral é manter em um valor mínimo absoluto o número de erros que passamos de uma atividade de engenharia de *software* para a próxima.

Doug: E ter certeza de manter o número de defeitos do produto liberado o mais próximo de zero possível.

Vinod (acenando afirmativamente): Naturalmente.

Jamie: Eu gosto da DRE como métrica e acho que podemos usá-la para o projeto inteiro, mas também quando passarmos de uma atividade estrutural para a próxima. Ela nos estimulará a encontrar erros em cada etapa.

Vinod: Também gostaria de coletar o número de horas que gastamos em revisões.

Jamie: E o esforço total gasto em cada tarefa de engenharia de *software*.

Doug: Você pode calcular uma relação entre a revisão e o desenvolvimento... pode ser interessante.

Jamie: Eu gostaria também de monitorar alguns dados de casos de uso. Como, por exemplo, o esforço necessário para desenvolver um caso de uso, o esforço necessário para criar *software* para implementar um caso de uso e...

Doug (sorrindo): Pensei que iríamos manter tudo simples.

Vinod: Deveríamos, mas, quando se entra nesse negócio de métricas, há muitas coisas interessantes para ver.

Doug: Eu concordo, mas vamos com calma e vamos manter nosso objetivo. Limitem os dados a serem coletados em cinco ou seis itens, e estaremos prontos para começar.

23.9 Estabelecimento de um programa de métricas de *software*

O Software Engineering Institute (SEI) desenvolveu um guia completo [Par96b] para estabelecer um programa de métricas de *software* "orientado a metas". O livro sugere as seguintes etapas: (1) identificar suas metas de negócio; (2) identificar o que você quer saber ou aprender; (3) identificar suas submetas; (4) identificar as entidades e os atributos relacionados às suas submetas; (5) formalizar suas metas de medição; (6) identificar questões quantificáveis e os indicadores relacionados que vão ser usados para ajudá-lo a atingir as suas metas de medição; (7) identificar os elementos de dados que vão ser coletados para construir os indicadores; (8) identificar as medidas a serem usadas e tornar essas definições operacionais; (9) identificar as ações que você tomará para implementar as medidas; e (10) preparar um plano para implementar as medidas. Uma discussão detalhada dessas etapas se encontra no guia do SEI. No entanto, o exemplo a seguir apresenta uma breve visão geral dos pontos principais.

Como o *software* suporta as funções de negócio, diferencia sistemas ou produtos baseados em computadores ou age como um produto por si mesmo, os objetivos definidos para os negócios quase sempre podem ser ligados a metas específicas em nível de engenharia de *software*. Por exemplo, considere o produto *CasaSegura*. Trabalhando como uma equipe, a engenharia de *software* e os gerentes de negócio desenvolvem uma lista de metas comerciais com prioridades:

1. Melhorar a satisfação de nossos clientes com nossos produtos.
2. Tornar os seus produtos mais fáceis de usar.
3. Reduzir o tempo necessário para ter um novo produto no mercado.
4. Tornar o suporte aos nossos produtos mais fácil.
5. Melhorar nossa lucratividade geral.

A empresa de *software* examina cada meta de negócio e pergunta: "Quais são as atividades que gerenciamos, executamos ou suportamos e o que queremos melhorar nessas atividades?". Para responder a essas perguntas, o SEI recomenda a criação de uma "lista entidade-questão" na qual são arroladas todas as coisas (entidades) dentro do processo de *software* que são gerenciadas ou influenciadas pela organização de *software*. Exemplos de entidades incluem recursos de desenvolvimento, artefatos, código-fonte, casos de teste, solicitações de alteração, tarefas de engenharia de *software* e cronogramas. Para cada entidade listada, os profissionais do *software* desenvolvem uma série de questões que investigam características quantitativas da entidade (p. ex., tamanho, custo, tempo para desenvolver). As questões originadas em consequência da criação de uma lista entidade-questão levam à criação de uma série de submetas diretamente relacionada às entidades criadas e às atividades executadas como parte do processo de *software*.

Considere a quarta meta: "Tornar o suporte aos nossos produtos mais fácil". Para essa meta, pode ser criada a seguinte lista de questões [Par96b]:

- As solicitações de alterações do cliente contêm as informações de que precisamos para avaliar adequadamente a alteração e então implementá-la dentro do prazo normal?
- Qual é o acúmulo de solicitações de alteração?

486 Engenharia de *software*

- Nosso tempo de resposta para corrigir os erros é aceitável com base nas necessidades do cliente?
- Nosso processo de controle de alterações (Capítulo 22) é seguido?
- As alterações de alta prioridade são implementadas dentro do prazo normal?

Com base nessas questões, a organização de *software* pode derivar a seguinte submeta: *Melhorar o desempenho do processo de gerenciamento de alterações.* As entidades e os atributos do processo de *software* relevantes à submeta são identificados, e são delineadas as metas de medição associadas a eles.

O SEI [Par96b] fornece instruções detalhadas para as etapas 6 a 10 de sua estratégia de medição motivada por meta. Basicamente, você refina as metas de medição, transformando-as em questões que são ainda mais refinadas, tornando-se entidades e atributos que, então, são refinados, tornando-se métricas.

A grande maioria das empresas de desenvolvimento de *software* tem menos de 20 profissionais de *software*. Não é sensato e, na maioria dos casos, não é viável esperar que essas empresas desenvolvam programas abrangentes de métricas de *software*. No entanto, faz sentido sugerir que organizações de *software*[15] de todos os tamanhos meçam e depois usem as métricas resultantes para ajudar a melhorar seu processo local de *software* e a qualidade e o prazo dos produtos que produzem.

Uma empresa pequena pode começar focando não na medição, mas sim nos resultados. O grupo de *software* é consultado para definir um objetivo único que exige melhorias. Por exemplo, "reduzir o tempo necessário para avaliar e implementar solicitações de alterações". Uma pequena organização pode escolher o seguinte conjunto de medidas, que podem ser obtidas facilmente:

- Tempo (horas ou dias) decorrido desde o instante em que é feita uma solicitação até que a avaliação esteja concluída, t_{fila}.
- Esforço (pessoa/hora) para executar a avaliação, $W_{avaliação}$.
- Tempo (horas ou dias) decorrido desde o término da avaliação até a atribuição da ordem de alteração para o pessoal, $t_{avaliação}$.
- Esforço (pessoa/hora) necessário para fazer a alteração, $W_{alteração}$.
- Tempo (horas ou dias) para fazer a alteração, $t_{alteração}$.
- Erros descobertos durante o trabalho para fazer a alteração, $E_{alteração}$.
- Defeitos descobertos depois que a alteração é liberada para o cliente, $D_{alteração}$.

Uma vez coletadas essas medidas para um conjunto de solicitações da alteração, é possível calcular o tempo total decorrido desde a solicitação da alteração até sua implementação e a porcentagem de tempo gasto na classificação inicial, avaliação e atribuição da mudança e implementação da alteração. De forma semelhante, pode ser determinada a porcentagem do trabalho necessário para a avaliação e implementação. Essas métricas podem ser analisadas no contexto de dados de qualidade, $E_{alteração}$ e $D_{alteração}$. A porcentagem permite visualizar onde o processo de solicitação de alteração se retarda e permite conduzir às etapas de melhoria de processo para reduzir t_{fila}, $W_{avaliação}$, $t_{avaliação}$, $W_{alteração}$ e/ou $E_{alteração}$. Além disso, a eficiência na remoção de defeitos pode ser calculada como

$$DRE = \frac{E_{alteração}}{E_{alteração} + D_{alteração}}$$

---

15 Essa discussão é igualmente relevante para equipes de *software* que tenham adotado um processo ágil de desenvolvimento de *software* (Capítulo 3).

Capítulo 23   Métricas e análise de *software*   **487**

A DRE pode ser comparada com o tempo decorrido e o trabalho total, para determinar o impacto das atividades de garantia de qualidade sobre o tempo e trabalho necessários para fazer uma alteração.

A maioria dos desenvolvedores de *software* ainda não faz medições e, infelizmente, muitos têm pouca vontade de começar. Conforme afirmamos anteriormente neste capítulo, o problema é cultural. Tentar coletar medidas onde nenhuma medida foi coletada no passado muitas vezes causa resistência. "Por que precisamos fazer isso?", pergunta o gerente de projeto apressado. "Não vejo razão para isso", concorda um programador muito atarefado. Por que é tão importante medir o processo de engenharia de *software* e o artefato que ele produz? A resposta é relativamente clara. Se você não medir, não haverá uma maneira real de determinar se está melhorando. E se você não estiver melhorando, está perdido*.

23.10   Resumo

Medições permitem que gerentes e profissionais melhorem o processo de *software*; ajudam no planejamento, acompanhamento e controle dos projetos de *software*; e avaliam a qualidade do artefato de *software* produzido. Medições de atributos específicos de processo, projeto e produto são usadas para calcular as métricas de *software*. Essas métricas podem ser analisadas para fornecer indicadores que guiam a gerência e as ações técnicas.

As métricas de processo permitem que a organização tenha uma visão estratégica, fornecendo informações sobre a eficiência de um processo de *software*. Métricas de projeto são táticas. Elas permitem que o gerente de projeto adapte o fluxo de trabalho do projeto e a abordagem técnica em tempo real.

Medições resultam em mudança cultural. Coleta de dados, cálculo das métricas e análise das métricas são as três etapas que devem ser implementadas para se começar um programa de métricas. Em geral, uma estratégia motivada por metas ajuda a empresa a focar nas métricas corretas para seus negócios.

Na indústria, são usadas métricas orientadas a tamanho e função. Métricas orientadas a tamanho usam a quantidade de linhas de código como fator de normalização para outras medidas, como pessoa-mês ou defeitos. Poucas métricas de produto foram propostas para uso direto em teste e manutenção de *software*. No entanto, muitas outras podem ser empregadas para orientar o processo de teste e como mecanismo para avaliar a manutenibilidade de um programa de computador.

As métricas de *software* permitem avaliar quantitativamente a qualidade dos atributos internos do produto, possibilitando que a qualidade seja avaliada antes que ele seja criado. As métricas fornecem as informações necessárias para criar requisitos e modelos de projeto eficazes, código sólido e testes completos.

Métricas de qualidade de *software*, como as métricas de produtividade, focam no processo, no projeto e no produto. Desenvolvendo e analisando um referencial de métricas para a qualidade, uma empresa pode corrigir as áreas do processo de *software* que são a causa dos defeitos de *software*.

Para ser útil na prática, uma métrica de *software* deve ser simples e calculável, persuasiva, consistente e objetiva. Ela deve ser independente da linguagem de programação e fornecer um retorno eficaz.

---

* N. de RT.: perdido no sentido de sem controle. As percepções de melhoras e pioras são perigosamente estabelecidas por "achismo".

488 Engenharia de *software*

Problemas e pontos a ponderar

23.1. O *software* para o Sistema X tem 24 requisitos funcionais e 14 requisitos não funcionais. Qual o grau de especificação dos requisitos? E sobre a completeza?

23.2. Um grande sistema de informações tem 1.140 módulos. Há 96 módulos que executam funções de controle e coordenação e 490 módulos cuja função depende de processamento anterior. O sistema processa aproximadamente 220 objetos de dados, tendo cada um deles em média três atributos. Há 140 itens distintos de banco de dados e 90 segmentos distintos de banco de dados. Por fim, 600 módulos têm pontos distintos de entrada e saída. Calcule o DSQI para esse sistema.

23.3. Uma classe **X** tem 12 operações. A complexidade ciclomática foi calculada para todas as operações no sistema orientado a objetos, e o valor médio da complexidade de módulo é 4. Para a classe **X**, a complexidade para as operações 1 a 12 é 5, 4, 3, 3, 6, 8, 2, 2, 5, 5, 4, 4, respectivamente. Calcule os métodos ponderados por classe.

23.4. Um sistema legado tem 940 módulos. A última versão exigia que 90 desses módulos fossem alterados. Além disso, 40 novos módulos foram acrescentados e 12 módulos antigos foram removidos. Calcule o índice de maturidade do *software* para o sistema.

23.5. Por que algumas métricas devem ser mantidas "privadas"? Dê exemplos de três métricas que devem ser privadas. Dê exemplos de três métricas que devem ser públicas.

23.6. A Equipe A encontrou 342 erros durante um processo de engenharia de *software* antes do lançamento. A Equipe B encontrou 184 erros. Quais medidas adicionais terão de ser feitas para os projetos A e B para determinar qual das equipes eliminou erros com mais eficiência? Quais métricas você poderia propor para ajudar nessa determinação? Quais dados históricos podem ser úteis?

23.7. Uma equipe de engenharia Web criou uma WebApp de *e-commerce* contendo 145 páginas individuais. Dessas páginas, 65 são dinâmicas, ou seja, são geradas internamente com base em entradas do usuário. Qual é o índice de personalização dessa aplicação?

23.8. Uma WebApp e seu ambiente de suporte não foram totalmente protegidos contra ataques. Os engenheiros Web estimam que a probabilidade de repelir um ataque é de apenas 30%. O sistema não contém informações sigilosas ou comprometedoras; portanto, a probabilidade de ataque é de 25%. Qual é a integridade da WebApp?

23.9. Na conclusão de um projeto foram encontrados 30 erros durante a fase de modelagem e 12 erros durante a fase de construção, ligados a erros que não foram descobertos na fase de modelagem. Qual é a DRE para essas duas fases?

23.10. Uma equipe de *software* fornece um incremento de *software* para usuários finais. Os usuários descobrem oito defeitos durante o primeiro mês de uso. Antes da entrega, a equipe de *software* encontrou 242 erros durante as revisões técnicas formais e em todas as tarefas de teste. Qual é a DRE geral do projeto após um mês de uso?

Elemento de design: Ícone de lupa da seção Panorama: © Roger Pressman

Parte

IV

Gerenciamento de projetos de *software*

Nesta parte do livro, você vai aprender as técnicas de gerenciamento necessárias para planejar, organizar, monitorar e controlar projetos de *software*. Estas questões são tratadas nos capítulos que seguem:

- Como as pessoas, os processos e os problemas devem ser gerenciados durante um projeto de *software*?
- Como as métricas de *software* podem ser usadas para gerenciar um projeto de *software* e o processo de *software*?
- Como uma equipe de *software* pode gerar estimativas confiáveis de trabalho, custo e duração do projeto?
- Quais técnicas podem ser usadas para avaliar sistematicamente os riscos que podem ter um impacto sobre o sucesso do projeto?
- Como um gerente de projeto de *software* seleciona o conjunto de tarefas de engenharia de *software*?
- Como é criado um cronograma de projeto?
- Por que a manutenção e o suporte são tão importantes para os gerentes de engenharia de *software* e para os profissionais?

Uma vez respondidas essas questões, você estará melhor preparado para gerenciar projetos de *software*, cumprindo seus prazos e entregando um produto de alta qualidade, limitado pelos recursos disponíveis.

24

Conceitos de gerenciamento de projeto

Conceitos-chave

equipes ágeis 495
coordenação e
comunicação 496
práticas vitais 502
pessoas 491
decomposição do
problema 497
produto 491
projeto 492
escopo do *software* 497
equipe de *software* 494
envolvidos 493
líderes de equipe 493
o princípio W^{5}HH 501

No prefácio de seu livro sobre gerenciamento de projetos de *software*, Meilir Page-Jones [Pag85] faz o seguinte comentário sobre projetos de *software* que não estão indo bem: "Testemunhei, horrorizado (…) gerentes dedicarem esforços em projetos que eram verdadeiros pesadelos, contorcendo-se em prazos impossíveis ou entregando sistemas que ultrajavam seus usuários e continuavam a devorar um bocado de tempo de manutenção".

Panorama

O que é? Embora muitos de nós (em momentos mais críticos) adotemos a visão de Dilbert[1] da "gerência", ainda resta uma atividade bastante útil quando sistemas e projetos computacionais são desenvolvidos. Gerenciamento de projeto envolve planejamento, monitoração e controle de pessoas, processos e eventos que ocorrem à medida que o *software* evolui desde os conceitos preliminares até sua disponibilização operacional e completa.

Quem realiza? Todo mundo "gerencia", até certo ponto, mas o escopo das atividades de gerenciamento varia entre os envolvidos em um projeto de *software*.

Por que é importante? Desenvolvimento de *software* é uma tarefa complexa, principalmente se envolver muitas pessoas trabalhando por um tempo longo. Por isso, os projetos de *software* precisam ser gerenciados.

Quais são as etapas envolvidas? Entenda os 4 Ps: pessoas, produto, processo e projeto. As pessoas devem ser organizadas para o trabalho de desenvolvimento de forma efetiva. O escopo e os requisitos do produto devem ser compreendidos. Deve ser selecionado um processo adequado para as pessoas e para o produto. O projeto deve ser planejado com base na estimativa do esforço e do prazo para a realização das tarefas. Isso vale até para o gerenciamento de projetos ágeis.

Qual é o artefato? Assim que as atividades de projeto iniciam, um plano de projeto é criado e evolui. O plano é um documento vivo que define o processo e as tarefas a serem conduzidas, as pessoas que realizarão o trabalho e os mecanismos de avaliação do risco, de controle de alterações e de avaliação da qualidade.

Como garantir que o trabalho foi realizado corretamente? Nunca se está completamente seguro de que o plano de projeto está correto até que se entregue um produto de alta qualidade, no prazo e dentro do orçamento. Entretanto, um líder de equipe age corretamente quando estimula o pessoal de desenvolvimento a trabalhar como uma verdadeira equipe, concentrando-se nas necessidades do cliente e na qualidade do produto.

---

1 Tente buscar o termo *management* ("gestão") no *site* da tirinha Dilbert: http://dilbert.com/.

Capítulo 24 Conceitos de gerenciamento de projeto **491**

O que Page-Jones descreve são sintomas que resultam em um leque de problemas técnicos e de gerenciamento. Entretanto, se um exame *post-mortem* fosse feito para todo projeto, um tema constante poderia ser identificado: o gerenciamento do projeto foi fraco.

Neste capítulo e nos Capítulos 25 a 27, serão apresentados conceitos que conduzem a um gerenciamento de projetos eficaz. Aqui, trataremos dos princípios e dos conceitos básicos do gerenciamento de projetos. No Capítulo 25, abordaremos as técnicas utilizadas para estimar custos e criar um cronograma realista (mas ainda flexível). O Capítulo 26 apresenta as atividades de gerenciamento que levam à gestão, monitoração e mitigação efetiva dos riscos. O Capítulo 27 considera questões sobre suporte de produtos e discute questões de gerenciamento encontradas quando se lida com a manutenção de sistemas já implantados. Por fim, o Capítulo 28 discute técnicas para estudar e melhorar os processos de engenharia de *software* de sua equipe.

24.1 O espectro de gerenciamento

O gerenciamento eficiente do desenvolvimento de *software* se concentra nos 4 Ps: pessoas, produto, processo e projeto. Essa ordem não é arbitrária. O gerente que se esquecer de que o trabalho do engenheiro de *software* consiste em esforço humano nunca terá sucesso no gerenciamento de projeto. Da mesma forma, um gerente que não estimula a ampla comunicação entre os envolvidos no início da evolução de um produto corre o risco de desenvolver uma solução elegante para o problema errado. O gerente que presta pouca atenção ao processo se arrisca a inserir métodos e ferramentas técnicas competentes em um vácuo. Aquele que embarca sem um plano de projeto sólido compromete o sucesso do projeto. O gerente que não está preparado para revisar o plano quando mudanças aparecem está fadado ao fracasso.

24.1.1 As pessoas

Desde os anos 1960, debate-se a valorização da cultura de ter pessoal de desenvolvimento motivado e de alto nível. Realmente, "recursos humanos" é um fator de tal importância que o Software Engineering Institute (SEI) desenvolveu um *Modelo de Maturidade de Capacitação de Pessoas* (People-CMM, do inglês *People Capability Maturity Model*) em reconhecimento ao fato de que: "Toda organização precisa aprimorar continuamente sua habilidade de atrair, desenvolver, motivar, organizar e reter a força de trabalho necessária para atingir os objetivos estratégicos de seus negócios" [Cur09].

O People-CMM define as seguintes práticas-chave para o pessoal de *software*: formação de equipe, comunicação, ambiente de trabalho, gerenciamento do desempenho, treinamento, compensação, análise de competência e de desenvolvimento, desenvolvimento de carreira, do grupo de trabalho, da cultura e da equipe e outras. Em organizações que conseguem altos níveis de maturidade e capacidade, o People-CMM tem maior probabilidade de implementar práticas de gerenciamento de *software* eficazes.

24.1.2 O produto

Antes de traçarmos um plano de projeto, devemos estabelecer os objetivos do produto e seu escopo, considerar as soluções alternativas e identificar as restrições técnicas e de gerenciamento. Sem essas informações, é impossível definir de modo razoável (e preciso) a estimativa de custo, a avaliação efetiva dos riscos, a análise realista das tarefas do projeto ou um cronograma gerenciável do projeto que forneça a indicação significativa de progresso das atividades.

Como desenvolvedores, devemos nos reunir com os envolvidos no *software* para definir os objetivos e o escopo do produto. Em muitos casos, tal atividade se inicia como parte da engenharia do sistema ou da engenharia do processo de negócio e continua como a primeira etapa da engenharia de requisitos do *software* (Capítulo 7). Os objetivos identificam as metas gerais do produto (do ponto de vista dos envolvidos) sem considerar como tais metas serão alcançadas, o que muitas vezes assume a forma de histórias de usuário e casos de uso formais. O escopo identifica os principais dados, funções e comportamentos que caracterizam o produto e, mais importante, tenta mostrar as fronteiras e limitações dessas características de maneira quantitativa.

Uma vez entendidos os objetivos e o escopo, consideram-se soluções alternativas. Apesar de se discutir muito pouco os detalhes, as alternativas capacitam os gerentes e desenvolvedores a selecionar a melhor estratégia, dadas as restrições impostas pelos prazos de entrega, restrições orçamentárias, disponibilidade de pessoal, interfaces técnicas e uma infinidade de outros fatores.

24.1.3 O processo

Um processo de *software* (Capítulos 2 a 4) fornece a metodologia por meio da qual pode ser estabelecido um plano de projeto abrangente para o desenvolvimento de *software*. Poucas atividades metodológicas são aplicáveis a todos os projetos de *software*, independentemente do seu tamanho e complexidade. Mesmo os desenvolvedores ágeis seguem um processo aberto a alterações (Capítulo 3) para impor alguma disciplina ao seu trabalho de engenharia de *software*. Diversos conjuntos de tarefas diferentes – tarefas, marcos, artefatos de *software* e pontos de garantia de qualidade – possibilitam que as atividades metodológicas sejam adaptadas às características do projeto de *software* e aos requisitos de equipe. Por fim, as atividades de apoio, como Garantia de Qualidade de *Software*, Gerenciamento de Configuração e de Medições, sobrepõem-se ao modelo do processo. Essas atividades são independentes de quaisquer atividades metodológicas e ocorrem ao longo de todo o processo.

24.1.4 O projeto

Conduzimos projetos planejados e controlados por uma única e principal razão: é a única maneira de administrar a complexidade. E, mesmo assim, as equipes de *software* têm de se esforçar. Em um estudo de 250 grandes projetos de *software* entre 1998 e 2004, Capers Jones [Jon04] constatou que "cerca de 25 obtiveram sucesso em cumprir cronograma, custos e objetivos quanto à qualidade. Em torno de 50 apresentaram atrasos ou retardamentos abaixo de 35%, enquanto 175 projetos tiveram atrasos e retardamentos sérios ou não foram concluídos". Apesar de que, atualmente, a taxa de sucesso nos projetos de *software* possa ter melhorado de algum modo, a taxa de falhas em projeto permanece mais alta do que deveria.[2]

Para evitar falha de projeto, o gerente e os engenheiros que desenvolvem o produto devem evitar uma série de sinais de alerta comuns, devem entender os fatores críticos de sucesso que conduzem ao bom gerenciamento e desenvolver uma estratégia de senso comum no que se refere a planejamento, monitoramento e controle de projeto [Gha14]. Cada um desses itens é discutido na Seção 24.5 e nos capítulos seguintes.

---

2 Dadas essas estatísticas, pode-se questionar como os impactos computacionais evoluem exponencialmente. Parte da resposta, achamos, é que um significativo número dos projetos que falham nas primeiras tentativas é preconcebido com falhas. Clientes perdem o interesse muito rapidamente (porque o que eles pediram não é tão importante quanto acharam que era em princípio), e os projetos são cancelados.

24.2 As pessoas

Pessoas constroem *software* de computador, e os projetos são bem-sucedidos porque pessoas bem treinadas e motivadas fazem o que deve ser feito. Todos nós, de vice-presidentes de engenharia a desenvolvedores mais simples, com frequência não damos o devido valor às pessoas. Os gerentes afirmam que pessoal é prioridade; entretanto, suas ações às vezes desmentem suas palavras. Na próxima seção, examinamos os envolvidos que participam do processo de *software* e a maneira pela qual são organizados para desempenhar ações de engenharia de *software*.

24.2.1 Os envolvidos

O processo de *software* (e todo projeto de *software*) é formado por envolvidos (*stakeholders*) que podem ser categorizados em um de cinco grupos:

1. **Gerentes seniores (*product owners*)** que definem os problemas do negócio que, com frequência, têm influência significativa no projeto.
2. **Gerentes de projeto (técnicos) (*Scrum masters* ou líderes de equipe)** que devem planejar, motivar, organizar e coordenar os programadores que executam o trabalho de *software*.
3. **Profissionais** que têm as habilidades técnicas necessárias para desenvolver a engenharia de um produto ou aplicação.
4. **Clientes** que especificam os requisitos para o *software* a serem submetidos ao processo de engenharia, e outros envolvidos que têm interesses periféricos no produto final.
5. **Usuários** que interagem com o *software* depois que ele é disponibilizado para uso operacional.

Todo projeto de *software* é composto por pessoas que se enquadram nessa taxonomia.[3] Para ser eficiente, a equipe do projeto deve estar organizada para maximizar cada capacidade e habilidade dos profissionais. E essa é a tarefa do líder da equipe.

24.2.2 Líderes de equipe

Gerenciamento de projeto é uma atividade que envolve muitas pessoas, e, por essa razão, programadores competentes em geral resultam em maus líderes de equipe. Eles simplesmente não possuem a mistura certa de habilidade com pessoas. Ainda assim, como Edgemon afirma: "Infelizmente e, com demasiada frequência, parece que os indivíduos só assumem o papel de gerente de projeto e se tornam gerentes de projetos por acidente" [Edg95]. Em geral, a liderança compartilhada ajuda a melhorar o desempenho das equipes, mas os líderes muitas vezes monopolizam a autoridade de tomada de decisões e não oferecem aos membros da equipe o nível de autonomia de que precisam para completar as suas tarefas [Hoe16].

James Kouzes escreve há muitos anos sobre a liderança eficaz em diversas áreas técnicas. Ele lista cinco práticas que observou em líderes exemplares na área da tecnologia [Kou14]:

Seja o modelo. Os líderes devem praticar o seu discurso. Eles demonstram o comprometimento com a equipe e com o projeto por meio do sacrifício compartilhado (p. ex., são os últimos a irem para casa à noite ou se dão ao trabalho de se tornarem especialistas no aplicativo de *software*).

---

3 Quando WebApps, aplicativos móveis ou jogos são desenvolvidos, outras pessoas não especialistas em *software* são envolvidas na criação de conteúdos.

Inspire e crie uma visão compartilhada. Os líderes reconhecem que não é possível liderar sem seguidores. É importante motivar os membros de equipe a ligarem os seus sonhos pessoais aos objetivos da equipe. Isso significa engajar os envolvidos desde o início com o processo de estabelecimento de metas.

Questione o processo. Os líderes devem tomar a iniciativa de procurar maneiras inovadoras de melhorar o seu próprio trabalho e o das suas equipes. Ajude os membros de equipe a gerar pequenos sucessos frequentes enquanto aprendem com os seus fracassos de modo a incentivá-los a experimentar e a correr riscos.

Capacite os outros a agir. Crie confiança e facilite relacionamentos para promover as habilidades de colaboração da equipe. Use o estabelecimento de metas e a tomada de decisões compartilhados para aumentar o senso de competência da equipe.

Incentive o espírito. Comemore as conquistas dos indivíduos. Comemore as metas e vitórias compartilhadas, dentro e fora da equipe, para fortalecer o espírito de comunidade (de equipe).

Outra maneira de pensar sobre líderes de projeto bem-sucedidos seria sugerir que adotem um estilo de gerenciamento de solução de problemas. Um gerente de projeto de *software* deve se concentrar em entender o problema a ser resolvido, coordenar o fluxo de ideias dos envolvidos e deixar claro para todos da equipe (por meio de palavras e, muito mais importante, de ações) que a qualidade começa com cada um deles e que as suas contribuições e colaborações são valorizadas.

24.2.3 A equipe de *software*

Há quase tantas estruturas organizacionais humanas para desenvolvimento de *software* quanto há organizações que desenvolvem *software*. Para melhor ou pior, a estrutura organizacional não pode ser facilmente modificada. Preocupações com os efeitos práticos e políticos da mudança organizacional não fazem parte do escopo da responsabilidade do gerente de projeto de *software*. Entretanto, a organização do pessoal diretamente envolvido em um novo projeto está ao alcance do gerente do projeto.

A "melhor" estrutura de equipe depende do estilo de gerenciamento das organizações, da quantidade de pessoas na equipe, de seus níveis de habilidade e do grau de dificuldade geral do problema. Mantei [Man81] descreve sete fatores que devem ser considerados ao planejarmos a estrutura da equipe de engenharia de *software*: (1) dificuldade do problema a ser resolvido; (2) "tamanho" do programa (ou programas) resultante, em linhas de código ou pontos de função; (3) tempo durante o qual a equipe vai permanecer reunida (vida da equipe); (4) até que ponto o problema pode ser modularizado; (5) qualidade e confiabilidade exigidas do sistema a ser construído; (6) flexibilidade da data de entrega; e (7) grau de sociabilidade (comunicação) exigida para o projeto.

Seja qual for a organização da equipe, o objetivo de todo gerente de projeto é ajudar a montar uma equipe coesa. Em seu livro *Peopleware*, DeMarco e Lister [DeM98] procuram equipes consistentes. Eles escrevem:

> Uma equipe consistente é um grupo de pessoas tão fortemente unidas que o todo é maior do que a soma das partes...
>
> Uma vez que uma equipe começa a ser consistente, a probabilidade de sucesso aumenta muito. A equipe pode se tornar imbatível, um rolo compressor de sucesso... Não é preciso gerenciá-la do modo tradicional e, com certeza, ela não precisará ser motivada. Ela adquire ímpeto.

DeMarco e Lister sustentam que os membros de equipes consistentes são significativamente mais produtivos e mais motivados do que a média. Compartilham um objetivo comum, uma cultura comum e, em muitos casos, um senso de pertencimento a uma equipe de elite que os torna únicos.

Entretanto, nem todas as equipes tornam-se consistentes. De fato, muitas sofrem do que Jackman [Jac98] chama de "toxicidade de equipe". Ela define cinco fatores que "promovem um ambiente em equipe potencialmente tóxico": (1) uma atmosfera de trabalho frenética; (2) alto grau de frustração que causa atrito entre os membros da equipe; (3) um processo de *software* "fragmentado ou coordenado de forma deficiente"; (4) uma definição nebulosa das funções dentro da equipe de *software*; e (5) a "contínua e repetida exposição a falhas".

Para evitar um ambiente de trabalho frenético, o gerente de projeto deve estar certo de que a equipe tem acesso a todas as informações necessárias para realizar o trabalho e de que as metas e os objetivos prioritários (papéis) não devem ser alterados uma vez estabelecidos, a não ser que absolutamente necessário. Uma equipe pode evitar frustrações se lhe for oferecida, tanto quanto possível, responsabilidade para tomada de decisão. Um processo inapropriado (p. ex., tarefas pesadas ou desnecessárias ou artefatos mal selecionados) pode ser evitado por meio da compreensão do produto a ser desenvolvido, das pessoas que realizam o trabalho e pela permissão para que a equipe selecione o modelo de processo. A própria equipe deve estabelecer seus mecanismos de responsabilidades (revisões técnicas[4] são excelentes meios para conseguir isso) e deve definir uma série de estratégias para correções quando um membro falhar em suas atribuições. E, por fim, a chave para evitar uma atmosfera de derrota consiste em estabelecer técnicas baseadas na equipe voltadas para retroalimentação (*feedback*) e solução de problemas.

Muitas empresas defendem o desenvolvimento de *software* ágil (Capítulo 3) como um antídoto para muitos problemas que se alastraram nas atividades de projeto de *software*. Relembrando, a filosofia ágil enfatiza a satisfação do cliente e a entrega prévia incremental de *software*, pequenas equipes de projetos altamente motivadas, métodos informais, mínimos artefatos de engenharia de *software* e total simplicidade de desenvolvimento.

A pequena e altamente motivada equipe de projeto, também denominada *equipe ágil*, adota muitas das características das equipes de *software* bem-sucedidas, discutidas na seção anterior, e evita muito das toxinas geradoras de problemas [Hoe16]. Entretanto, a filosofia ágil enfatiza a competência individual (membro da equipe) combinada com a colaboração em grupo como fatores críticos de sucesso para a equipe. Cockburn e Highsmith [Coc01a] observam isso ao escreverem:

> Se as pessoas do projeto forem boas o suficiente, podem usar quase qualquer processo e realizar a sua missão. Se elas não forem boas o suficiente, nenhum processo vai reparar a sua inadequação – "as pessoas importam mais que os processos" é uma forma de dizer isso. Entretanto, falta de suporte ao desenvolvedor e ao usuário pode matar um projeto – "a política importa mais que as pessoas". Suporte inadequado pode fazer com que mesmo os bons fracassem na realização de seus trabalhos...

Para uso das competências de cada membro da equipe, para fomentar colaboração efetiva ao longo do projeto, equipes ágeis são *auto-organizadas*.

Muitos modelos ágeis de processo (p. ex., *Scrum*) dão à equipe ágil autonomia para gerenciar o projeto e tomar as decisões técnicas necessárias à conclusão do trabalho. O planejamento é mantido em um nível mínimo, e a equipe tem a permissão para escolher sua própria abordagem (p. ex., processo, métodos, ferramentas), limitada somente pelos requisitos de negócio e pelos padrões organizacionais. Conforme o projeto prossegue, a equipe se auto-organiza, concentrando-se em competências individuais para maior benefício do projeto em um determinado ponto do cronograma.

---

4 Revisões técnicas são tratadas em detalhes no Capítulo 16.

Para tanto, uma equipe ágil pode fazer reuniões de equipe diariamente a fim de coordenar e sincronizar as atividades que devem ser realizadas naquele dia. Com base nas informações obtidas durante essas reuniões, a equipe adapta sua abordagem para incrementar o trabalho. A cada dia que passa, auto-organizações e colaborações contínuas conduzem a equipe em direção a um incremento de *software* completo.

24.2.4 Questões de comunicação e coordenação

Há muitas razões para que o projeto de *software* tenha problemas. A escala de muitos esforços de desenvolvimento é ampla, levando à complexidade, confusão e dificuldades significativas na coordenação dos membros da equipe. Incertezas são comuns, resultando em uma contínua cadeia de alterações que racham a equipe de projeto. Interoperabilidade torna-se um aspecto-chave para muitos sistemas. O novo *software* deve se comunicar com os *softwares* existentes e se ajustar às restrições predefinidas impostas pelo sistema ou pelo produto.

Essas características do *software* moderno – escala, incerteza e interoperabilidade – são fatos da vida. Para lidar efetivamente com elas, devem-se estabelecer métodos eficazes para coordenar as pessoas que realizam o trabalho. Para tanto, devem-se estabelecer mecanismos para comunicação formal e informal entre os membros da equipe. A comunicação formal é realizada por meio de "comunicação escrita, reuniões estruturadas e de outros canais de comunicação relativamente não interativos e impessoais" [Kra95]. A comunicação informal é mais pessoal. Os membros de uma equipe de *software* compartilham ideias de forma assistemática, solicitam ajuda conforme surgem os problemas e interagem uns com os outros diariamente.

Casa Segura

Estrutura da equipe

Cena: Escritório de Doug Miller antes do início do projeto do *software* CasaSegura.

Atores: Doug Miller (gerente da equipe de engenharia de *software* do CasaSegura), Vinod Raman, Jamie Lazar e outros membros da equipe.

Conversa:

Doug: Vocês deram uma olhada no informativo preliminar do *CasaSegura* que o departamento de *marketing* preparou?

Vinod (balançando afirmativamente a cabeça e olhando para seus companheiros de equipe): Sim, mas temos muitas dúvidas.

Doug: Vamos deixar isso de lado por um momento. Gostaria de conversar sobre como vamos estruturar a equipe, quem será responsável pelo quê...

Jamie: Estou totalmente de acordo com a filosofia ágil, Doug. Acho que devemos ser uma equipe auto-organizada.

Vinod: Concordo. Devido ao cronograma apertado e ao grau de incertezas e pelo fato de todos sermos realmente competentes (risos), parece ser o caminho certo a tomar.

Doug: Tudo bem por mim, mas vocês conhecem o procedimento.

Jamie (sorridente e falando ao mesmo tempo): Tomamos decisões táticas sobre quem faz o que e quando, mas é nossa responsabilidade ter o produto pronto sem atraso.

Vinod: E com qualidade.

Doug: Exatamente. Mas lembrem-se de que há restrições. O *marketing* define os incrementos de *software* a serem desenvolvidos – consultando-nos, é claro.

Jamie: E...?

Doug: E usaremos UML como estratégia de modelagem.

Vinod: Mas mantenham a documentação adicional em um mínimo absoluto.

Doug: Quem é meu contato?

Jamie: Decidimos que Vinod será o coordenador técnico – ele tem mais experiência; portanto, será o intermediário, mas sinta-se à vontade para conversar com qualquer um de nós.

Doug (rindo): Não se preocupe, farei isso.

Capítulo 24   Conceitos de gerenciamento de projeto   **497**

24.3   Produto

Um gerente de projeto de *software* confronta-se com um dilema sempre que inicia um projeto. É preciso ter estimativas quantitativas e um plano organizado, mas informações sólidas ainda não estão disponíveis. Uma análise detalhada dos requisitos de *software* fornece as informações necessárias para as estimativas, mas as análises frequentemente levam semanas ou até mesmo meses para estarem concluídas. Pior ainda, os requisitos podem ser fluidos, mudando regularmente conforme o projeto prossegue. Ainda assim, um planejamento é necessário agora!

De qualquer forma, deve-se examinar o produto e o problema que se pretende solucionar logo no início do projeto. No mínimo, o escopo do produto deve ser estabelecido e delimitado.

24.3.1   Escopo do *software*

A primeira atividade do gerenciamento do projeto de *software* consiste em determinar o *escopo do software*, que é definido respondendo-se às seguintes questões:

Contexto. Como o *software* a ser desenvolvido se ajusta a um sistema, produto ou contexto de negócio maior e quais são as restrições impostas como resultado do contexto?

Objetivos da informação. Quais objetos de dados visíveis ao cliente são produzidos como saída do *software*? Quais objetos de dados são necessários como entrada?

Função e desempenho. Qual função que o *software* executa para transformar os dados de entrada em dados de saída? Há quaisquer características especiais de desempenho a serem tratadas?

O escopo do projeto de *software* não deve ter ambiguidades e deve ser compreensível tanto no nível gerencial quanto no nível técnico. Deve-se estabelecer o escopo do *software*. Isto é, dados quantitativos (p. ex., número de usuários simultâneos, tamanho da mala direta, tempo máximo de resposta) são estabelecidos explicitamente, restrições e/ou limitações (p. ex., o custo do produto restringe o tamanho da memória) são determinadas, e fatores mitigadores (p. ex., algoritmos desejados são bem compreendidos e disponibilizados em Java) são descritos. Mesmo nas situações mais fluidas, o número de protótipos precisa ser considerado e o escopo do primeiro protótipo precisa ser estabelecido.

24.3.2   Decomposição do problema

A decomposição do problema, também chamada de *elaboração do problema* ou *particionamento*, consiste em uma atividade que ocupa o centro da análise de requisitos de *software* (Capítulos 7 a 8). Durante a atividade de escopo, não se busca decompor completamente o problema. Em vez disso, aplica-se a decomposição em duas áreas vitais: (1) na funcionalidade e no conteúdo (informação) que deve ser entregue; e (2) no processo que será utilizado para entregar o *software*. Para tanto, utiliza-se uma lista de funções ou casos de uso, ou então, para trabalho ágil, histórias de usuário.

As pessoas tendem a aplicar a estratégia de dividir para conquistar quando confrontadas por um problema complexo. Ao simplificarmos um problema complexo, ele é particionado em pequenas questões mais gerenciáveis. Essa é a estratégia aplicada no início do planejamento do projeto. Funções de *software*, descritas na definição de escopo, são avaliadas e refinadas para proporcionar mais prioridades de detalhes logo no início das estimativas (Capítulo 25). Como as estimativas de custo

498 Engenharia de *software*

e cronograma são ambas funcionalmente orientadas, muitas vezes é aconselhável certo grau de decomposição. Do mesmo modo, o conteúdo principal ou os objetos de dados são decompostos em suas partes constituintes, propiciando compreensão razoável da informação a ser gerada pelo *software*.

24.4 Processo

As atividades metodológicas (Capítulo 1) que caracterizam o processo de *software* são aplicáveis a todos os projetos de *software*. A dificuldade está em selecionar o modelo de processo adequado para o *software* a ser desenvolvido (pelo processo de engenharia) por sua equipe. O modelo de processo recomendado no Capítulo 4 pode ser um bom ponto de partida para as reflexões de muitas equipes de projeto.

A equipe deve decidir qual modelo de processo será mais apropriado para (1) os clientes que solicitaram o produto e os profissionais que realizarão o trabalho, (2) as próprias características do produto e (3) o ambiente de projeto no qual a equipe trabalhará. Quando um modelo de processo é selecionado, a equipe define o planejamento preliminar do projeto com base no conjunto de atividades metodológicas de processo. Uma vez definido o planejamento preliminar, inicia-se o particionamento (decomposição) do projeto. Ou seja, deve ser criado um planejamento completo que reflita as tarefas necessárias para preencher as atividades metodológicas. Essas atividades serão abordadas brevemente nas seções seguintes, e uma visão mais detalhada será apresentada no Capítulo 25.

24.4.1 Combinando o produto e o processo

O projeto começa com a junção do produto com o processo. Cada função a ser desenvolvida por engenharia deve passar pelas atividades metodológicas definidas pela organização responsável pelo *software*. A metodologia de processo estabelece um esquema para o planejamento do projeto. Ela é adaptada pela alocação de um conjunto adequado de tarefas para aquele projeto. Suponha que a organização tenha adotado as atividades metodológicas genéricas – comunicação, planejamento, modelagem, construção e entrega – discutidas no Capítulo 1.

Os membros da equipe que trabalham em uma funcionalidade do produto aplicarão cada uma das atividades de *framework* à função. Em essência, será criada uma matriz similar à mostrada na Figura 24.1. Cada função principal ou história de usuário do produto (a figura mostra as funções do aplicativo de *fitness* discutido no Capítulo 2) é listada na coluna da esquerda. As atividades metodológicas são relacionadas (indicadas) na parte superior das colunas. As tarefas de trabalho de engenharia de *software* (para cada atividade metodológica) são incluídas nas linhas seguintes.[5] O trabalho do gerente de projeto e de outros membros da equipe é estimar as necessidades de recursos para cada célula da matriz, datas de início e de fim para as tarefas associadas a cada célula e artefatos a serem produzidos como consequência de cada ação. Tais atividades são examinadas no Capítulo 25.

24.4.2 Decomposição do processo

A equipe de *software* deve ter um grau de flexibilidade ao escolher o modelo de processo de *software* mais adequado ao projeto e às tarefas de engenharia de *software*

---

5 Observe que as tarefas devem ser adaptadas às necessidades específicas do projeto, com base em diversos critérios de adaptação.

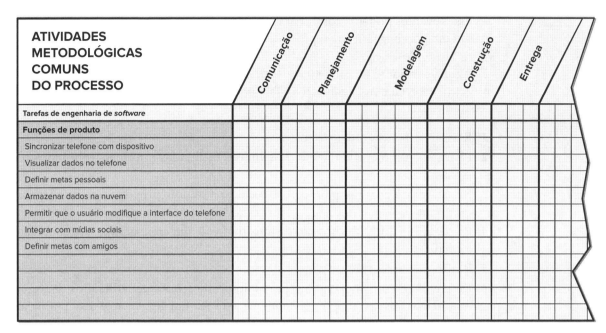

Figura 24.1
Integração do problema com o processo.

que fazem parte do modelo selecionado. Um projeto relativamente pequeno poderia ser mais bem realizado por meio de uma abordagem com um único *sprint*. Se o prazo final estiver bem apertado, a ponto de a funcionalidade completa não poder ser razoavelmente entregue, uma estratégia incremental poderá ser a melhor indicação. Similarmente, projetos com outras características (p. ex., requisitos indefinidos, tecnologias avançadas recentes, clientes difíceis, potencial de reutilização significativo) levarão à escolha de outros modelos de processo.[6]

Uma vez escolhido o processo, a metodologia é adaptada ao projeto. Em todo caso, a metodologia de processo genérica discutida anteriormente pode ser usada. Ela vai funcionar para modelos lineares, interativos e incrementais, para modelos evolucionários, e até mesmo para os modelos de montagem por componentes ou por paralelismo. A metodologia do processo é invariável e serve como base para todo o trabalho realizado por uma organização de *software*.

Entretanto, as tarefas concretas variam. A decomposição do processo se inicia quando o coordenador do projeto pergunta: "Como realizamos essa atividade metodológica?". Por exemplo, um projeto pequeno e relativamente simples pode exigir as seguintes tarefas para a atividade de comunicação:

1. Desenvolver uma lista de questões para esclarecimentos.
2. Reunir-se com envolvidos para esclarecer as questões pendentes.
3. Listar as histórias de usuário para desenvolver conjuntamente uma definição de escopo.
4. Revisar a definição de escopo considerando todos os envolvidos e determinar a importância de cada história de usuário para os envolvidos.
5. Alterar a definição de escopo conforme necessário.

---

6 Vale lembrar que características de projeto têm forte influência sobre a estrutura da equipe de *software* (Seção 24.2.3).

Esses eventos podem ocorrer em um período menor do que 48 horas. Eles representam uma decomposição do processo apropriada para projetos pequenos e relativamente simples.

Agora, considere um projeto mais complexo, com um escopo mais amplo e um impacto comercial mais significativo. Tal projeto pode exigir as seguintes tarefas para a **comunicação:**

1. Revisão da solicitação do cliente.
2. Planejamento e agendamento de reuniões facilitadas e formais com todos os envolvidos.
3. Realização de uma pesquisa para especificar a solução proposta e as abordagens existentes.
4. Preparação de um "documento de trabalho" e de um cronograma para a reunião formal.
5. Realização de reunião.
6. Desenvolvimento em conjunto de miniespecificações que reflitam os dados, a função e os fatores comportamentais do *software*. Em geral, isso é feito por meio do desenvolvimento de casos de uso que descrevam o *software* sob o ponto de vista do usuário.
7. Revisão de cada miniespecificação ou caso de uso quanto à exatidão, consistência e ausência de ambiguidades.
8. Reunião das miniespecificações em um documento de escopo.
9. Revisão do conjunto de casos de uso com todas as partes interessadas e determinação da sua importância relativa para todos os envolvidos.
10. Alteração do documento de escopo ou de casos de uso, conforme necessário.

Ambos os projetos realizam a atividade metodológica que denominamos **comunicação**, mas a primeira equipe executa metade das tarefas de trabalho de engenharia.

24.5 Projeto

Para gerenciar um projeto de *software* bem-sucedido, é preciso saber o que pode sair errado, de modo que os problemas possam ser evitados. Em um excelente artigo sobre projetos de *software*, John Reel [Ree99] define sinais indicadores de que um projeto de sistemas de informações está em perigo. Em alguns casos, o pessoal de *software* não entende as necessidades de seus clientes, o que leva a um projeto com escopo mal definido. Em outros projetos, as alterações são mal gerenciadas. Às vezes, a tecnologia escolhida ou as necessidades do negócio mudam e perde-se o apoio da direção. A gerência pode definir prazos finais não realistas ou os usuários podem se opor ao novo sistema. Há casos em que a equipe de projeto simplesmente não tem as habilidades necessárias. E, por último, existem desenvolvedores que parecem nunca aprender com seus erros.

Com frequência, profissionais da indústria experientes e desiludidos falam de uma "regra 90-90" ao debaterem sobre projetos particularmente difíceis. Os primeiros 90% de um sistema absorvem 90% dos esforços e tempos alocados. Os 10% restantes consomem outros 90% de esforço e tempo alocados [Zah94]. As situações que conduzem à regra 90-90 foram incluídas nos indicadores da lista anterior.

Mas chega de negatividade! Quais são as características dos projetos de *software* bem-sucedidos? Ghazi [Gha14] e seus colegas observam diversas características

Capítulo 24 Conceitos de gerenciamento de projeto **501**

presentes nos projetos de *software* bem-sucedidos e na maioria dos modelos de processo bem-elaborados.

1. Requisitos claros e fáceis de entender, aceitos por todos os envolvidos.
2. Participação ativa e contínua dos usuários durante todo o processo de desenvolvimento.
3. Um gerente de projeto com as habilidades de liderança necessárias, capaz de compartilhar a visão de projeto com a equipe.
4. Um plano de projeto e um cronograma desenvolvidos com a participação dos envolvidos para atingir os objetivos dos usuários.
5. Membros de equipe habilidosos e engajados.
6. Membros da equipe de desenvolvimento com personalidades compatíveis e que gostam de trabalhar em um ambiente colaborativo.
7. Estimativas orçamentárias e de cronograma realistas que são monitoradas e mantidas.
8. Necessidades dos clientes que são entendidas e satisfeitas.
9. Membros de equipe com altos níveis de satisfação no trabalho.
10. Um artefato operacional que reflete a qualidade e o escopo desejados.

24.6 O princípio W^{5}HH

Em um excelente artigo sobre projetos e processo de *software*, Barry Boehm [Boe96] afirma: "É preciso haver um princípio organizacional que facilite a obtenção de planejamentos simples para projetos simples". Boehm propõe uma abordagem voltada aos objetivos do projeto, marcos (pontos de referência) e cronogramas (agendas), responsabilidades, gerenciamento, abordagens técnicas e recursos necessários. Ele a chamou de *Princípio W^{5}HH*, em razão de uma série de perguntas (em inglês) que conduzem a uma definição das características-chave do projeto e do planejamento do projeto resultante:

(*Why*) **Por que o sistema está sendo desenvolvido?** Todos os envolvidos devem avaliar a validade das razões comerciais para o trabalho de *software*. O propósito justifica os gastos referentes a pessoal, tempo e dinheiro?

(*What*) **O que será feito?** Define-se o conjunto de tarefas necessárias para o projeto.

(*When*) **Quando será feito?** A equipe definirá o cronograma de projeto, identificando quando serão realizadas as tarefas e quando os pontos de referências (marcos) serão atingidos.

(*Who*) **Quem será o responsável por uma função?** Os papéis e responsabilidades de cada membro serão definidos.

(*Where*) **Onde se posicionam organizacionalmente?** Nem todas as situações e responsabilidades estão a cargo dos desenvolvedores de *software*. O cliente, os usuários e outros envolvidos também têm as suas responsabilidades.

(*How*) **Como será realizado o trabalho técnica e gerencialmente?** Uma vez estabelecido o escopo, deve-se definir uma estratégia técnica e gerencial.

(*How much*) **Quanto de cada recurso será necessário?** A resposta a essa pergunta vai ser derivada de estimativas desenvolvidas (Capítulo 25), baseando-se nas respostas das perguntas anteriores.

O princípio W⁵HH de Boehm é aplicável independentemente do tamanho ou da complexidade do projeto. As questões apontadas fornecem um excelente esquema de planejamento.

24.7 Práticas vitais

O Conselho Airlie[7] desenvolveu uma lista de "práticas de *software* vitais para o gerenciamento baseado no desempenho". Esses procedimentos são "usados de forma consistente e considerados críticos para projetos de *software* altamente bem-sucedidos e por organizações cujo desempenho financeiro é consistentemente melhor do que as médias da indústria" [Air99]. Essas práticas ainda se aplicam ao gerenciamento baseado em desempenho moderno de todos os projetos de *software* [All14].

Práticas vitais[8] incluem: gerenciamento de projeto baseado em métricas (Capítulo 23), custos empíricos e estimativas de cronogramas (Capítulo 25), acompanhamento de valorização (Capítulo 25), acompanhamento de defeitos em contrapartida com os objetivos de qualidade (Capítulos 19 a 21) e gestão orientada para as pessoas (Capítulo 24). Cada uma dessas práticas é mencionada ao longo da Parte IV deste livro.

24.8 Resumo

O gerenciamento de projeto de *software* é uma atividade de apoio da engenharia de *software*. Ele inicia antes de qualquer atividade técnica e prossegue ao longo da modelagem, construção e utilização do *software*.

Os quatro Ps (4 Ps – pessoas, produto, processo e projeto) têm grande influência sobre o gerenciamento do projeto de *software*. As pessoas devem ser organizadas em equipes eficientes, devem ser motivadas a realizar um trabalho de *software* de alta qualidade e devem ser coordenadas para uma comunicação eficaz. Requisitos de produto devem ser comunicados do cliente ao desenvolvedor, decompostos em partes e posicionados para a execução pela equipe de *software*. O processo deve ser adaptado às pessoas e ao problema. Uma metodologia de processo comum é selecionada, um paradigma de engenharia de *software* apropriado é aplicado e um conjunto de tarefas é escolhido para que o trabalho se realize. Por fim, o projeto deve ser organizado de modo a capacitar a equipe de *software* a ser bem-sucedida.

O elemento-chave de todos os projetos de *software* são os profissionais. Engenheiros de *software* podem ser organizados em diferentes estruturas de equipes que incluem desde hierarquias de controle tradicional até equipes de "paradigma aberto". Diversas técnicas de coordenação e comunicação podem ser aplicadas para dar suporte ao trabalho da equipe. Em geral, revisões técnicas e comunicação informal de pessoa a pessoa têm o maior valor para os desenvolvedores.

As atividades de gerenciamento de projeto englobam medições e métricas, estimativas e agendamento, análise de riscos, acompanhamento e controle. Cada um desses tópicos será considerado nos próximos capítulos.

---

7   O Conselho Airlie foi formado por uma equipe de especialistas em engenharia de *software* e registrado pelo Departamento de Defesa dos Estados Unidos para ajudar a desenvolver um guia de melhores práticas para o gerenciamento de projeto de *software* e para engenharia de *software*.

8   As práticas vitais adotadas aqui se referem apenas à "integridade do projeto".

Problemas e pontos a ponderar

24.1. Baseando-se nas informações deste capítulo e na sua experiência, elabore "dez mandamentos" para dar poder ao engenheiro de *software*. Ou seja, faça uma lista de dez princípios que guiarão os desenvolvedores a trabalhar com o máximo de potencial.

24.2. O People-CMM do Software Engineering Institute (SEI) adota uma visão organizada para as "áreas de processo-chave" (KPAs, do inglês *key practice areas*), cultivando o bom pessoal de *software*. O seu instrutor vai indicar uma KPA para análise e resumo.

24.3. Descreva três situações cotidianas nas quais o cliente e o usuário final são os mesmos. Descreva três situações nas quais eles são distintos.

24.4. As decisões tomadas pelo gerenciamento sênior podem ter impacto significativo na eficiência da equipe de engenharia de *software*. Forneça cinco exemplos ilustrativos em que isso seja verdadeiro.

24.5. Você foi nomeado gerente de projeto em uma organização de sistemas de informações. Sua tarefa é construir uma aplicação bastante similar a outras que sua equipe desenvolveu, embora essa seja maior e mais complexa. Os requisitos foram completamente documentados pelo cliente. Qual estrutura de equipe você escolheria e por quê? Qual modelo de processo de *software* você escolheria e por quê?

24.6. Você foi nomeado gerente de projeto em uma companhia de *software*. Sua tarefa é desenvolver algo inovador que combine *hardware* de realidade virtual com *software* moderno. Pelo fato de a competitividade pelo mercado de entretenimento doméstico ser intensa, há pressão significativa quanto à conclusão do trabalho. Qual estrutura de equipe você escolheria e por quê? Qual modelo de processo de *software* você escolheria e por quê?

24.7. Você foi nomeado gerente de projeto em uma grande empresa de *software*. Seu trabalho é gerenciar o desenvolvimento da versão da próxima geração do seu amplamente utilizado aplicativo móvel de *fitness*. Por haver intensa concorrência, prazos de entrega curtos foram estabelecidos e anunciados. Qual estrutura de equipe você escolheria e por quê? Qual modelo de processo de *software* você escolheria e por quê?

24.8. Você foi nomeado gerente de projeto de *software* em uma empresa que presta serviços para o setor de engenharia genética. Seu trabalho é administrar o desenvolvimento de um novo *software* que acelerará o ritmo de classificação de tipos de genes. O trabalho é de pesquisa e desenvolvimento, mas o objetivo é gerar um produto para o próximo ano. Qual estrutura de equipe você escolheria e por quê? Qual modelo de processo de *software* você escolheria e por quê?

24.9. Você foi convidado a desenvolver uma pequena aplicação para analisar cada curso oferecido por uma universidade e emitir relatórios sobre a média obtida no curso (para determinada turma). Faça uma definição de escopo que englobe esse problema.

24.10. Na sua opinião, qual é o aspecto mais importante do gerenciamento de pessoas para um projeto de *software*?

Elemento de design: Ícone de lupa da seção Panorama: © Roger Pressman

25

Criando um plano de *software* viável

Conceitos-chave

desenvolvimento ágil . . . 519
caminho crítico 520
esforço 509
estimativa,
   projetos ágeis 519
   técnicas de
   decomposição 510
   modelos empíricos . . . 510
   baseada em FP 514
   baseada em
   problema 512
   baseada em
   processo 515
   harmonização 518
   técnicas 511
   pontos de caso de
   uso (UCPs) 517
pessoas e esforço 522
princípios 521
planejamento
do projeto 504
recursos 507
escopo do *software* 507
dimensionamento
do *software* 511
rede de tarefas 525
caixa de tempo 528
gráfico de Gantt 526
acompanhamento 528
estrutura analítica
do projeto 526

O gerenciamento do projeto de *software* começa com um conjunto de atividades chamadas coletivamente de *planejamento de projeto*. Antes de iniciar o projeto, a equipe de *software* estima o trabalho a ser feito, os recursos que serão necessários e o tempo necessário para a sua conclusão. Uma vez cumpridas essas atividades, a equipe de projeto deve estabelecer um cronograma que defina as tarefas e as metas de engenharia de *software*, deve identificar os responsáveis pela execução de cada tarefa e deve especificar as dependências entre tarefas que podem ter forte influência no progresso do trabalho.

Era uma vez um jovem e entusiasmado engenheiro, selecionado para desenvolver código para uma aplicação de manufatura automatizada. O motivo de ter sido

> ### 🔍 Panorama
>
> **O que é?** O planejamento do projeto de *software* abrange cinco atividades importantes: estimativa, cronograma, análise de risco, planejamento da gestão da qualidade e planejamento do gerenciamento de alterações.
>
> **Quem realiza?** Gerentes de projeto de *software* e outros membros da equipe de *software*.
>
> **Por que é importante?** É preciso avaliar as tarefas a serem realizadas e o cronograma para a execução do trabalho. Muitas tarefas de engenharia de *software* ocorrem em paralelo, e o resultado do trabalho executado durante uma tarefa pode ter um profundo efeito sobre o trabalho a ser executado em outra tarefa. Essas interdependências são muito difíceis de entender sem um cronograma.
>
> **Quais são as etapas envolvidas?** As atividades e tarefas de engenharia de *software* são refinadas para acomodarem as funções e restrições impostas pelo escopo do projeto. O problema é decomposto, e ocorrem a estimativa, a análise de riscos e a criação do cronograma.
>
> **Qual é o artefato?** É gerado um plano adaptável que contém uma tabela simples descrevendo as tarefas a executar, as funções a implementar e o custo, esforço e tempo envolvidos para cada atividade. Também é criado um cronograma do projeto com base nessas informações.
>
> **Como garantir que o trabalho foi realizado corretamente?** Isso é difícil, porque não é possível saber até que o projeto seja finalizado. No entanto, se utilizar uma abordagem sistemática de planejamento, poderá confiar que deu o melhor de si.

Capítulo 25   Criando um plano de *software* viável   **505**

escolhido era simples: ele era a única pessoa em seu grupo que conhecia o controlador de manufatura por dentro e por fora, mas, na época, não sabia nada sobre engenharia de *software* e menos ainda sobre cronograma e acompanhamento de projeto.

O jovem engenheiro foi informado pelo seu chefe que o projeto precisaria ser completado em dois meses. Ele escolheu sua abordagem e começou a escrever o código. Duas semanas depois, o chefe o chamou ao escritório e perguntou como as coisas estavam andando.

Estão "excelentes", disse o jovem engenheiro com entusiasmo juvenil. "Era mais simples do que eu pensava. Já estou com quase 75% do trabalho pronto."

O chefe sorriu e incentivou o jovem engenheiro a continuar seu ótimo trabalho. Marcaram outra reunião para uma semana depois.

Uma semana depois, o chefe chamou o engenheiro ao escritório e perguntou: "Como estamos?"

"Tudo está indo muito bem", disse o jovem, "mas estou enfrentando alguns obstáculos. Vou resolver tudo isso e voltar logo à rotina normal."

"Como está o prazo de entrega?", perguntou o chefe.

"Sem problemas", respondeu o engenheiro. "Estou com quase 90% do trabalho pronto."

Se você trabalha no mundo do *software* há alguns anos, pode imaginar como acaba essa história. Não se surpreenderá em saber que o jovem engenheiro[1] ficou nos 90% do trabalho pronto durante toda a duração do projeto e terminou (com a ajuda de outros) com um mês de atraso.

Essa história tem se repetido centenas de milhares de vezes durante as últimas cinco décadas. A grande pergunta é: por quê?

25.1   Comentários sobre as estimativas

O planejamento exige que você assuma um compromisso inicial, mesmo que mais tarde ele venha se mostrar errado. Sempre que forem feitas estimativas, deve-se olhar o futuro e aceitar certo grau de incerteza.

A estimativa é muito mais arte do que ciência, e não deve ser conduzida de maneira aleatória. Por serem a base de todas as outras ações do planejamento de projeto, e pelo fato de o planejamento do projeto fornecer a direção para uma engenharia de *software* bem-sucedida, seria uma péssima ideia iniciar sem as estimativas.

As estimativas de recursos, custos e cronograma para desenvolvimento de *software* exigem experiência, acesso a boas informações históricas (p. ex., métricas de processos e produtos) e a coragem de se comprometer com as previsões quantitativas quando tudo o que existe são apenas informações qualitativas. A estimativa traz um risco inerente,[2] e esse risco leva à incerteza. A complexidade, o tamanho e o grau de incerteza estrutural do projeto afetam a confiabilidade das estimativas.

A *complexidade do projeto* tem um forte efeito sobre a incerteza inerente ao planejamento. No entanto, é uma medida relativa afetada pela familiaridade com esforços passados. Uma pessoa que desenvolve pela primeira vez uma aplicação sofisticada para comércio eletrônico pode considerá-la excessivamente complexa. No entanto,

---

1   Caso esteja se perguntando, sim, essa história é autobiográfica (RSP).

2   Técnicas sistemáticas para análise de riscos são apresentadas no Capítulo 26.

uma equipe de engenharia para Web desenvolvendo sua décima WebApp para comércio eletrônico consideraria isso um trabalho comum. Já foram propostas várias medidas de complexidade quantitativa de *software* [Zus97], mas elas raramente são utilizadas em projetos no mundo real. No entanto, outras avaliações mais subjetivas de complexidade (p. ex., fatores de ajuste de complexidade de pontos de função, descritos na Seção 25.6) podem ser estabelecidas no início do processo de planejamento.

O *tamanho do projeto* é outro fator importante que pode afetar a precisão e a eficácia das estimativas. À medida que o tamanho aumenta, a interdependência entre os vários elementos do *software* cresce rapidamente.[3] A decomposição do problema, uma estratégia importante para a estimativa, torna-se mais difícil, porque o refinamento dos elementos envolvidos pode ainda ser considerável. Parafraseando a lei de Murphy: "O que pode sair errado, sairá errado" – e, se houver mais coisas que podem falhar, mais coisas falharão.

O *grau de incerteza estrutural* também tem um efeito sobre o risco das estimativas. Nesse contexto, estrutura refere-se ao grau segundo o qual os requisitos foram solidificados, a facilidade com a qual as funções podem ser separadas e a natureza hierárquica das informações a serem processadas.

A disponibilidade de informações históricas tem uma forte influência sobre o risco das estimativas. Utilizar procedimentos que funcionaram pode melhorar as áreas problemáticas. Quando existem métricas de *software* abrangentes (Capítulo 23) disponíveis de projetos passados, as estimativas podem ser feitas com maior segurança, podem ser estabelecidos os cronogramas para evitar dificuldades passadas e o risco em geral é reduzido.

Se o escopo do projeto é mal entendido ou se os requisitos do projeto sofrem alterações, a incerteza e o risco das estimativas tornam-se perigosamente altos. Como planejador, você (e o cliente) deve reconhecer que variabilidade nos requisitos de *software* significa instabilidade nos custos e no cronograma.

No entanto, você não deve se tornar obsessivo em relação às estimativas. Estratégias modernas de engenharia de *software* (p. ex., modelos evolucionários de processo) presumem uma visão iterativa do desenvolvimento. Em tais estratégias, é possível voltar à estimativa (conforme mais informações são conhecidas) e revisá-la quando os envolvidos fizerem alterações aos requisitos ou ao cronograma.

25.2 O processo de planejamento do projeto

O objetivo do planejamento de *software* é proporcionar uma estrutura, um *framework* que permita ao gerente fazer estimativas adequadas de recursos, custo e cronograma. Além disso, as estimativas devem tentar definir cenários de melhor e pior caso para que os resultados do projeto possam ser delineados. Embora haja um grau de incerteza inerente, a equipe de *software* participa de um plano estabelecido como consequência de um conjunto de tarefas de planejamento de projeto. O plano deve ser adaptado e atualizado à medida que o projeto avança. Nas próximas seções, discutiremos cada uma das atividades associadas ao planejamento de projeto de *software*.

---

3 O tamanho muitas vezes aumenta devido ao "deslizamento do escopo" que ocorre quando os requisitos do problema mudam. O aumento no tamanho do projeto pode ter um impacto geométrico sobre o custo e o cronograma do projeto (Michael Mah, comunicação pessoal).

Conjuntos de tarefas

Conjunto de tarefas para planejamento de projeto

1. Estabeleça o escopo do projeto.
2. Determine a viabilidade.
3. Analise os riscos (Capítulo 26).
4. Defina os recursos necessários.
   a. Determine os recursos humanos necessários.
   b. Defina os recursos de *software* reutilizáveis.
   c. Identifique os recursos ambientais.
5. Estime o custo e a mão de obra.
   a. Decomponha o problema.
   b. Desenvolva duas ou mais estimativas usando tamanho, pontos de função, tarefas de processo ou casos de uso.
   c. Reconcilie as estimativas.
6. Desenvolva um cronograma de projeto inicial (Seção 25.11).
   a. Estabeleça um conjunto significativo de tarefas.
   b. Defina uma rede de tarefas.
   c. Use ferramentas de cronograma para desenvolver um gráfico de linha do tempo.
   d. Defina mecanismos para acompanhamento do cronograma.
7. Repita os passos 1 a 6 para criar um cronograma detalhado para cada protótipo à medida que o escopo de cada protótipo é definido.

25.3 Escopo e viabilidade do *software*

O *escopo do software* descreve as funções e características que devem ser fornecidas aos usuários; os dados que entram e saem; o "conteúdo" que é apresentado aos usuários como consequência do uso do *software*; e o desempenho, restrições, interfaces e confiabilidade que *limitam* o sistema. O escopo pode ser definido pelo desenvolvimento de um conjunto de casos de uso[4] junto com os usuários.

Funções descritas nos casos de uso são avaliadas – e, em algumas situações, refinadas – para fornecer mais detalhes, antes de iniciar as estimativas. Como as estimativas de custo e cronograma são ambas funcionalmente orientadas, muitas vezes é aconselhável certo grau de decomposição. As considerações de desempenho abrangem requisitos de processamento e tempo de resposta.

Uma vez identificado o escopo (com a participação do cliente), pergunte: "Podemos criar *software* que atenda a esse escopo? O projeto é viável?". Com muita frequência, os engenheiros de *software* passam rapidamente por essas questões (ou são empurrados por gerentes impacientes ou outras pessoas envolvidas), somente para se envolverem em um projeto que já está condenado desde o início. É preciso tentar determinar se o sistema pode ser criado usando a tecnologia, o dinheiro, o tempo e os outros recursos disponíveis. A viabilidade do projeto é importante, mas uma consideração das necessidades do negócio é ainda mais importante. Não é uma boa ideia criar um sistema ou produto de alta tecnologia que ninguém quer.

25.4 Recursos

Depois que o escopo é definido, precisamos estimar os recursos necessários para construir o *software* que implementará o conjunto de casos de uso que descrevem as características e funções do *software*. A Figura 25.1 mostra as três principais

---

4 Casos de uso foram discutidos em detalhe na Parte II deste livro. Um caso de uso é uma descrição baseada em cenário da interação do usuário com o *software* sob o ponto de vista do usuário.

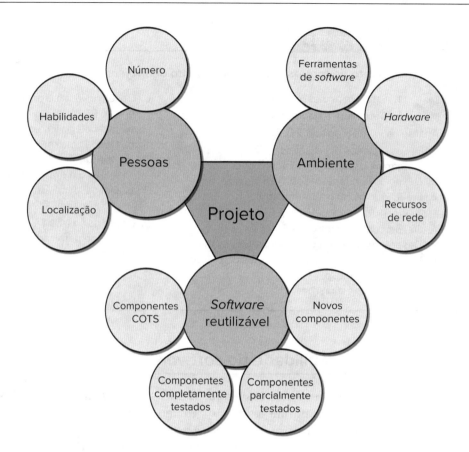

Figura 25.1
Recursos de projeto.

categorias de recursos de engenharia de *software* – pessoas, componentes de *software* reutilizáveis e ambiente de desenvolvimento (ferramentas de *software* e *hardware*). Cada recurso é especificado com quatro características: descrição do recurso, uma definição da disponibilidade, o momento em que o recurso será necessário e tempo durante o qual o recurso será exigido. As duas últimas podem ser vistas como uma *janela de tempo*. A disponibilidade do recurso para uma janela de tempo especificada deve ser estabelecida o mais cedo possível.

25.4.1 Recursos humanos

O planejador começa avaliando o escopo do *software* e selecionando as habilidades necessárias para concluir o desenvolvimento. São especificados o cargo (p. ex., gerente, engenheiro de *software* sênior) e a especialização (p. ex., telecomunicações, banco de dados, cliente-servidor). Para projetos relativamente pequenos (poucas pessoas-mês), um só profissional pode executar todas as tarefas de engenharia de *software*, consultando os especialistas quando necessário. Para projetos maiores, a equipe pode estar geograficamente dispersa em diferentes locais. Portanto, é especificada a localização de cada recurso humano.

O número de pessoas necessárias para um projeto de *software* pode ser determinado somente após uma estimativa do esforço de desenvolvimento (p. ex., pessoas-mês). As técnicas para estimar o esforço são discutidas mais adiante neste capítulo.

25.4.2 Recursos de *software* reutilizáveis

A *engenharia de software baseada em componentes* (CBSE, do inglês *component-based software engineering*)[5] enfatiza a capacidade de reutilização – isto é, a criação e reutilização de blocos básicos de *software*. Esses blocos básicos, chamados também de *componentes*, devem ser catalogados para facilitar a referência, padronizados para facilitar a aplicação e validados para facilitar a integração.

Ironicamente, os componentes de *software* reutilizáveis são muitas vezes negligenciados durante o planejamento, só para se tornarem uma preocupação suprema durante a fase de desenvolvimento do processo de *software*. É aconselhável especificar o quanto antes os requisitos de recursos do *software*. Dessa maneira, pode ser feita a avaliação técnica das alternativas; e a aquisição, realizada a tempo. Também é importante considerar se seria mais barato comprar um produto de *software* existente (supondo que satisfaça todas as necessidades dos envolvidos) do que construir um artefato de *software* customizado do zero.

25.4.3 Recursos ambientais

O ambiente que suporta um projeto de *software*, muitas vezes chamado de *ambiente de engenharia de software* (SEE, do inglês *software engineering environment)*, incorpora *hardware* e *software*. O *hardware* fornece uma plataforma que suporta as ferramentas (*software*) necessárias para produzir os artefatos resultantes de uma boa prática de engenharia de *software*.[6] Como a maioria das organizações de *software* tem vários envolvidos no acesso ao SEE, deve-se prescrever a janela de tempo necessária para *hardware* e *software* e verificar se esses recursos estarão disponíveis.

Quando um sistema baseado em computador (incorporando *hardware* e *software* especializados) precisa ser desenvolvido, a equipe pode necessitar de acesso a elementos de *hardware* que estão sendo desenvolvidos por outras equipes de engenharia. Por exemplo, o *software* para um dispositivo robótico usado em uma célula de manufatura pode necessitar de um robô específico (p. ex., um soldador robótico) como parte da etapa de teste de validação; um projeto avançado para *layout* de página pode necessitar de um sistema digital de impressão de alta velocidade em algum instante durante o desenvolvimento. Cada elemento de *hardware* precisa ser especificado como parte do planejamento.

25.5 Análise de dados e estimativa do projeto de *software*

As estimativas de custo e esforço nunca serão uma ciência exata. Muitas variáveis – fatores humanos, técnicos, ambientais e políticos – podem afetar o custo final do *software* e o esforço necessário para desenvolvê-lo. No entanto, as estimativas de projeto de *software* podem ser transformadas de algo sobrenatural para uma série de etapas sistemáticas que proporcionam estimativas com um risco aceitável. Para conseguir estimativas confiáveis de custo e esforço, surge uma série de opções:

1. Adiar a estimativa para mais adiante no projeto (obviamente, podemos conseguir uma estimativa com precisão de 100% depois que o projeto estiver concluído!).

---

5 CBSE foi tratada no Capítulo 11.

6 Outro *hardware* – o *ambiente-alvo* – é o computador no qual o *software* será executado quando liberado para o cliente.

510 Engenharia de *software*

2. Fundamentar suas estimativas em projetos similares que já foram concluídos.
3. Usar técnicas de decomposição relativamente simples para gerar estimativas de custo de projeto e esforço.
4. Usar um ou mais modelos empíricos para estimativa de custo e esforço do *software*.

Infelizmente, a primeira opção, embora atraente, não é prática. As estimativas de custo devem ser feitas no início. Entretanto, é preciso reconhecer que, quanto mais esperar, mais informações você terá da realidade – e menor será a probabilidade de que cometa erros graves nas suas estimativas.

A segunda opção pode funcionar razoavelmente bem se o projeto atual for muito parecido com trabalhos anteriores e outras influências de projeto (p. ex., o cliente, as condições comerciais, o ambiente de engenharia de *software*, prazos finais) forem quase equivalentes. Infelizmente, a experiência não tem sido sempre um bom indicador de resultados futuros.

As demais opções são estratégias viáveis para estimativa de projeto de *software*. Em condições ideais, as técnicas mencionadas para cada opção devem ser aplicadas em paralelo; cada uma sendo usada para verificar a outra. As técnicas de decomposição assumem uma estratégia do tipo "dividir para conquistar" para a estimativa do projeto de *software*. Decompondo-se um projeto em suas funções principais e atividades de engenharia de *software* relacionadas, as estimativas de custo e esforço podem ser feitas passo a passo.

Um *modelo de estimativa empírico* para *software* utiliza fórmulas derivadas de dados de projetos existentes para prever o esforço como uma função linha de código (LOC, do inglês *line of code*) ou ponto de função (FP, do inglês *function point*).[7] Valores para LOC ou FP são estimados usando-se a estratégia descrita nas Seções 25.6.3 e 25.6.4. Em vez de utilizarmos as tabelas descritas naquelas seções, os valores resultantes para LOC ou FP são inseridos no modelo de estimativa [Whi15].

Um modelo típico de estimativa empírica é obtido pela análise de regressão sobre dados coletados de projetos de *software* anteriores. A estrutura geral desses modelos assume a forma [Mat94]

$$E = A + B \times (e_v)^C \tag{25.1}$$

em que A, B e C são constantes obtidas empiricamente, E é o esforço em pessoas-mês e e_v é a variável de estimativa (LOC ou FP). Além da relação descrita na Equação (25.1), a maioria dos modelos de estimativa tem alguma forma de componente de ajuste de projeto que permite ajustar E por meio de outras características do projeto (p. ex., complexidade do problema, experiência da equipe, ambiente de desenvolvimento).

Podem ser usados modelos empíricos de estimativa para complementar as técnicas de decomposição e oferecer uma estratégia de estimativa potencialmente valiosa por si mesma. Um modelo é baseado na experiência (dados históricos) e assume a seguinte forma:

$$d = f(v_i)$$

em que d é um entre uma série de valores estimados (p. ex., esforço, custo, duração do projeto) e v_i são parâmetros independentes selecionados (p. ex., linhas de código estimadas). Os dados empíricos que suportam muitos modelos de estimativa são obtidos de

---

7 Um modelo empírico que utiliza casos de uso como variável independente é sugerido na Seção 25.6.6. No entanto, apenas alguns apareceram na literatura até agora.

Capítulo 25   Criando um plano de *software* viável   **511**

uma amostragem limitada de projetos.[8] Por essa razão, nenhum modelo de estimativa é apropriado para todas as classes de *software* e todos os ambientes de desenvolvimento.

Em um mundo ideal, todo modelo de estimativa deve ser calibrado para refletir condições locais. O modelo deve ser testado aplicando-se dados coletados de projetos completos, anexando-se os dados no modelo e comparando-se resultados reais com os previstos. Se a concordância for baixa, o modelo deve ser ajustado e novamente testado antes de ser usado.

Cada um dos métodos de estimativa de *software* é tão bom quanto os dados históricos usados para compor a estimativa. Se não existem dados históricos, os custos se baseiam em uma fundação muito precária. Portanto, você deve usar os resultados obtidos desses modelos com muito critério. No Capítulo 23, examinamos as características de algumas das métricas de *software* ou análises de dados que proporcionam a base para dados de estimativa histórica. Os conceitos de análise de dados de *software* são discutidos brevemente no Apêndice 2 deste livro.

25.6   Técnicas de estimativa e decomposição

A estimativa de projeto de *software* é um método de solução de problemas, e, na maioria dos casos, o problema a ser resolvido (desenvolver uma estimativa de custo e esforço para um projeto de *software*) é muito complexo para ser considerado como uma coisa só. Por essa razão, você deve decompor o problema, redefinindo-o como uma série de problemas menores (e, talvez, mais controláveis).

No Capítulo 24, a abordagem de decomposição foi discutida a partir de dois pontos de vista: decomposição do problema e decomposição do processo. As estimativas usam uma ou ambas as formas de divisão; mas, antes de fazer uma estimativa, entenda o escopo do *software* a ser criado e faça uma estimativa de seu "tamanho".

25.6.1   Dimensionamento do *software*

A precisão de uma estimativa de projeto de *software* é baseada em vários itens: (1) até que ponto o tamanho do produto a ser construído foi estimado corretamente; (2) a capacidade de transformar a estimativa de tamanho em trabalho humano, calendário e dinheiro (uma função da disponibilidade de métricas de *software* confiáveis de projetos passados); (3) até que ponto o plano de projeto reflete as habilidades da equipe de *software*; e (4) a estabilidade dos requisitos do produto e do ambiente que apoia o trabalho de engenharia de *software*.

Como a estimativa do projeto é apenas tão boa quanto a estimativa do trabalho a ser realizado, o *dimensionamento do software* representa seu primeiro grande desafio como planejador. No contexto do planejamento de projeto, tamanho refere-se a um resultado quantificável do projeto de *software*. Se for adotada uma abordagem direta, o tamanho pode ser medido em LOC. Se for escolhida uma abordagem indireta, o tamanho é representado como FP. O tamanho pode ser estimado considerando-se o tipo de projeto e seu domínio de aplicação, a funcionalidade entregue (i.e., o número de pontos de função), o número de componentes (ou casos de uso) a ser entregue e até que ponto um conjunto de componentes existentes deve ser modificado para o novo sistema.

---

8   Por exemplo, o Modelo de Custo Construtivo (COCOMO, do inglês *Constructive Cost Model*) foi desenvolvido originalmente em 1981, com as versões atualizadas COCOMO II e COCOMO III lançadas em anos posteriores. Uma apresentação sobre a gênese do modelo COCOMO está disponível para *download* em: http://www.psmsc.com/UG2016/Presentations/p10-Clark-COCOMO%20III%20Presentation%20v1.pdf.

25.6.2 Estimativa baseada em problema

No Capítulo 23, linhas de código e pontos de função foram descritos como medidas a partir das quais as métricas de produtividade podem ser calculadas. Dados de LOC e FP são usados de duas maneiras durante a estimativa do projeto de *software*: (1) como variáveis de estimativa para "dimensionar" cada elemento do *software* e (2) como métricas de referência coletadas de projetos anteriores e utilizadas em conjunto com variáveis de estimativa para desenvolver projeções de custo e esforço.

Estimativas LOC e FP são técnicas distintas, mas que têm muitas características em comum. Inicia-se com uma definição delimitada do escopo do *software* e então tenta-se decompor a definição em funções de problemas que podem ser estimados individualmente. LOC ou FP (a variável de estimativa) é então estimada para cada função. Como alternativa, pode-se escolher outro componente para dimensionamento, como classes ou objetos, alterações ou processos de negócio afetados.

Métricas de produtividade de referência (p. ex., LOC/pm ou FP/pm)[9] são aplicadas à variável de estimativa apropriada e, assim, obtém-se o custo ou esforço para a função. As estimativas de função são combinadas para produzir uma estimativa geral para todo o projeto. Ao coletar métricas de produtividade para projetos, estabeleça uma classificação de tipos de projeto. Isso permitirá o cálculo de médias específicas do domínio, tornando a estimativa mais precisa. Muitas aplicações modernas residem em uma rede ou fazem parte de uma arquitetura cliente-servidor. Portanto, certifique-se de que suas estimativas incluam a mão de obra exigida para desenvolver *software* de "infraestrutura".

25.6.3 Um exemplo de estimativa baseada em LOC

Como exemplo das técnicas de estimativa LOC, vamos considerar um pacote de *software* a ser desenvolvido para uma aplicação de projeto auxiliado por computador para componentes mecânicos. O *software* deve ser executado em um *notebook*. Pode ser formulada uma definição preliminar do escopo do *software*:

> O *software* CAD mecânico aceitará dados geométricos bidimensionais e tridimensionais fornecidos por um *designer*. O *designer* vai interagir e controlar o sistema CAD por meio de uma interface de usuário que vai exibir características de um bom *design* de interface homem-máquina. Todos os dados geométricos e outras informações de suporte serão mantidos em um banco de dados CAD. Serão desenvolvidos módulos de análise de projeto para produzir a saída exigida, a ser exibida em uma variedade de dispositivos. O *software* será projetado para controlar e interagir com dispositivos periféricos que incluem um *touchpad*, um *scanner*, uma impressora a *laser* e um *plotter* digital de impressão.

Essa definição de escopo é preliminar – não é delimitada. Cada frase deverá ser expandida para proporcionar o detalhe concreto e os limites quantitativos. Por exemplo, antes de iniciar a estimativa, o planejador deve determinar o que significa "bom projeto de interface homem-máquina" ou qual deverá ser o tamanho e a sofisticação do "banco de dados CAD".

Para os propósitos deste livro, suponha que ocorreu um refinamento adicional e que as principais funções do *software* listadas na Figura 25.2 estão identificadas. Seguindo a técnica de decomposição para LOC, é desenvolvida uma tabela de estimativas (Figura 25.2). Para cada função é desenvolvido um intervalo de estimativas LOC.

---

9 O acrônimo *pm* significa pessoa-mês de esforço.

Função	LOC estimadas
Interface de usuário e recurso de controle (UICF)	2.300
Análise geométrica bidimensional (2DGA)	5.300
Análise geométrica tridimensional (3DGA)	6.800
Gerenciamento de banco de dados (DBM)	3.350
Recursos de visualização da computação gráfica (GCDF)	4.950
Função de controle de periféricos (PCF)	2.100
Módulos de análise do projeto (DAM)	8.400
Linhas de código estimadas	33.200

Figura 25.2
Tabela de estimativas para os métodos LOC.

Por exemplo, o intervalo de estimativas LOC para a função de análise geométrica 3D é otimista, 4.600 LOC; mais provável, 6.900 LOC; e pessimista, 8.600 LOC. Aplicando a Equação (25.1), o valor esperado para a função de análise geométrica 3D é 6.800 LOC. Outras estimativas são obtidas de forma semelhante. Somando verticalmente na coluna de estimativa LOC, obtém-se uma estimativa de 33.200 linhas de código para o sistema CAD.

Um exame de dados históricos indica que a produtividade média organizacional para sistemas desse tipo é de 620 LOC/pm. Com base em um valor bruto da mão de obra de US$ 8 mil por mês, o custo por linha de código é de aproximadamente US$ 13. Com base na estimativa LOC e nos dados históricos de produtividade, o custo total estimado do projeto é de US$ 431 mil, e o esforço estimado é de 54 pessoas-mês.[10] Não ceda à tentação de usar esse resultado como sua estimativa de projeto. Você deve extrair outro resultado usando uma estratégia diferente.

Casa Segura

Estimativa

Cena: Escritório de Doug Miller no início do planejamento.

Atores: Doug Miller (gerente da equipe de engenharia de *software* do *CasaSegura*) e Vinod Raman, Jamie Lazar e outros membros da equipe.

Conversa:

Doug: Precisamos desenvolver uma estimativa de esforço para o projeto e depois definir um microcronograma para o primeiro incremento e um macrocronograma para os demais incrementos.

Vinod (acenando afirmativamente): Certo, mas não definimos nenhum incremento ainda.

Doug: Sim, mas é por isso que precisamos fazer estimativas.

Jamie (contrariado): Você quer saber quanto tempo vamos gastar para fazer isso?

Doug: Olha só o que eu preciso. Primeiro, temos que decompor o *software CasaSegura* do ponto de vista funcional... depois, temos de estimar o número de linhas de código que cada função terá... depois...

Jamie: Espera aí! Como você acha que vamos fazer isso?

Vinod: Já fizemos em projetos anteriores. Você começa com casos de uso, determina a funcionalidade exigida

---

10 As estimativas são arredondadas para o próximo US$ 1.000 e pessoa-mês. Não é necessário, nem realista, ter maior precisão, dadas as limitações da exatidão da estimativa.

514 Engenharia de *software*

---

para implementar cada um e então arrisca um palpite quanto ao número de LOC para cada parte da função. A melhor estratégia é todos fazerem isso de forma independente e depois comparamos os resultados.

Doug: Ou você pode fazer uma decomposição funcional do projeto inteiro.

Jamie: Mas isso vai demorar uma eternidade, e precisamos começar.

Vinod: Não... isso pode ser feito em algumas horas... na verdade, nesta manhã.

Doug: Concordo... não podemos esperar exatidão, apenas uma vaga ideia do tamanho que o *CasaSegura* terá.

Jamie: Acho que deveríamos apenas estimar o esforço... só isso.

Doug: Faremos isso também. Depois usaremos ambas as estimativas como verificação cruzada.

Vinod: Então vamos fazer...

25.6.4   Um exemplo de estimativa baseada em FP

A decomposição para estimativa baseada em FP concentra-se em valores do domínio da informação, em vez de em funções de *software*. De acordo com a Tabela 25.1, você estimaria entradas, saídas, consultas, arquivos e interfaces externas para o *software* CAD. Para calcular a *contagem total* necessária para a equação de FP:

$$FP_{estimado} = contagem\ total \times [0,65 + 0,01 \times \Sigma(F_i)]$$

Para os propósitos dessa estimativa, assume-se o fator de peso da complexidade como médio. A Tabela 25.1 apresenta os resultados dessa estimativa; a contagem total do FP é 320.

Para calcular um valor para $\Sigma(F_i)$, cada um dos 14 fatores de peso da complexidade listados na Tabela 25.2 recebe um valor de 0 (não importante) a 5 (muito importante).

A soma desses fatores de complexidade $\Sigma(F_i)$ é 52, então o valor do fator de ajuste é 1,17:

$$[0,65 + 0,01 \times \Sigma(F_i)] = 1,17$$

Por fim, é obtido o número estimado de FP:

$$FP_{estimado} = contagem\ total \times [0,65 + 0,01 \times \Sigma(F_i)] = 375$$

TABELA 25.1   Estimativa de valores do domínio de informações

Valor do domínio de informação	Otim.	Mais prov.	Pess.	Est. contagem	Peso	Contagem de FP
Número de entradas externas	20	24	30	24	4	96 (24 × 4 = 96)
Número de saídas externas	12	14	22	14	5	70 (14 × 5 = 70)
Número de consultas externas	16	20	28	20	5	100 (20 × 5 = 100)
Número de arquivos lógicos internos	4	4	5	4	10	40 (4 × 10 = 40)
Número de arquivos de interface externos	2	2	3	2	7	14 (2 × 7 = 14)
Contagem total						*320*

Capítulo 25   Criando um plano de *software* viável   **515**

TABELA 25.2   Estimativa de valores do domínio de informações

Fator de complexidade	Valor
Backup e recuperação	4
Comunicações de dados	2
Processamento distribuído	0
Desempenho crítico	4
Ambiente operacional existente	3
Entrada de dados *online*	4
Transações de entrada em várias telas	5
Arquivos mestres atualizados *online*	3
Complexidade dos valores dos domínios de informação	5
Complexidade do processamento interno	5
Código projetado para reutilização	4
Conversão/instalação no projeto	3
Instalações múltiplas	5
Aplicação projetada para alteração	5

A produtividade média organizacional para sistemas desse tipo é de 6,5 FP/pm.

Com base em um valor bruto de mão de obra de US$ 8 mil por mês, o custo por FP é de aproximadamente US$ 1.230. Com base na estimativa LOC e em dados históricos de produtividade, o custo total estimado do projeto é de US$ 461 mil, e o esforço estimado é de 58 pessoas-mês.

25.6.5   Um exemplo de estimativa baseada em processo

A técnica mais comum para estimar um projeto é basear a estimativa no processo a ser usado. Isto é, o processo é decomposto em um conjunto relativamente pequeno de atividades, ações e tarefas, e o trabalho necessário para executar cada uma delas é estimado.

Assim como as técnicas baseadas em problemas, a estimativa baseada em processo começa com um delineamento das funções de *software* obtidas do escopo do projeto. Para cada função, deve ser executada uma série de atividades estruturais. As funções e atividades estruturais relacionadas[11] podem ser representadas como parte de uma tabela similar à da Figura 25.3.

Uma vez combinadas as funções do problema e as atividades de processo, você pode estimar o esforço (p. ex., pessoas-mês) necessário para executar cada atividade do processo de *software* para cada função do *software*. Esses dados constituem a matriz central da tabela da Figura 25.3. São então aplicados os valores médios de preço de mão de obra (i.e., custo/unidade de esforço) ao esforço estimado para cada atividade do processo.

---

11 As atividades estruturais escolhidas para este projeto diferem um pouco das atividades genéricas discutidas no Capítulo 2. São elas: comunicação com o cliente (CC), planejamento, análise de risco, engenharia e construção/liberação das versões.

Atividade ➡	CC	Planeja-mento	Análise de risco	Engenharia		Versão da construção		CE	Totais
Tarefa ➡				Análise	Projeto	Código	Teste		
Função ↓									
UICF				0,50	2,50	0,40	5,00	n/d	8,40
2DGA				0,75	4,00	0,60	2,00	n/d	7,35
3DGA				0,50	4,00	1,00	3,00	n/d	8,50
CGDF				0,50	3,00	1,00	1,50	n/d	6,00
DBM				0,50	3,00	0,75	1,50	n/d	5,75
PCF				0,25	2,00	0,50	1,50	n/d	4,25
DAM				0,50	2,00	0,50	2,00	n/d	5,00
Totais	0,25	0,25	0,25	3,50	20,50	4,50	16,50		46,00
% de mão de obra	1%	1%	1%	8%	45%	10%	36%		

Figura 25.3
Tabela de estimativa baseada em processo.

Para ilustrar o uso de estimativas baseadas em processo, consideremos novamente o *software* CAD introduzido na Seção 25.6.3. A configuração do sistema e todas as funções de *software* permanecem inalteradas e são indicadas pelo escopo do projeto.

De acordo com a tabela baseada em processo mostrada na Figura 25.3, as estimativas de esforço (em pessoas-mês) para cada atividade de engenharia de *software* são feitas para cada função do *software* CAD (abreviado para maior simplicidade). As atividades de engenharia e construção subdividem-se nas principais tarefas de engenharia de *software* da tabela. São feitas estimativas aproximadas de esforço para comunicação com o cliente, planejamento e análise de riscos. Os totais são colocados na parte inferior da tabela. Os totais horizontais e verticais fornecem uma indicação do esforço estimado necessário para análise, projeto, codificação e teste. Devemos observar que 53% de todo o esforço são gastos nas tarefas iniciais de engenharia (análise de requisitos e projeto), indicando a importância relativa desse trabalho.

Com base na taxa média bruta de mão de obra de US$ 8 mil por mês, o custo total estimado do projeto é de US$ 368 mil, e o esforço estimado é de 46 pessoas-mês. Se você quiser, os valores de mão de obra podem ser associados a cada atividade estrutural ou a cada tarefa de engenharia de *software* e calculados separadamente.

25.6.6 Um exemplo de estimativa usando pontos de caso de uso

Como vimos na Parte II deste livro, os casos de uso fornecem informações sobre o escopo do *software* e os requisitos à equipe de *software*. Uma vez desenvolvidos os casos de uso, eles podem ser empregados na estimativa do "tamanho" planejado de um projeto de *software*. Os casos de uso não tratam da complexidade das funções e dos recursos descritos, e podem descrever comportamento complexo (p. ex., interações) que envolve muitas funções e recursos. Mesmo com essas restrições, é possível calcular os *pontos de caso de uso* (UCPs, do inglês *use case points*) de maneira parecida, com o cálculo de pontos de função (Seção 25.6).

Cohn [Coh05] aponta que o cálculo de pontos de caso de uso deve levar em consideração as seguintes características:

- O número e a complexidade dos casos de uso no sistema.
- O número e a complexidade dos atores no sistema.
- Vários requisitos não funcionais (como portabilidade, desempenho, facilidade de manutenção) que não são redigidos como casos de uso.
- O ambiente no qual o projeto vai ser desenvolvido (p. ex., a linguagem de programação, a motivação da equipe de *software*).

Para começar, cada caso de uso é avaliado para determinar sua complexidade relativa. Um caso de uso simples indica uma interface de usuário simples, um único banco de dados e três ou menos transações e cinco ou menos implementações de classe. Um caso de uso médio sinaliza uma interface de usuário mais complexa, dois ou três bancos de dados e de quatro a sete transações, com cinco a 10 classes. Por fim, um caso de uso complexo implica uma interface de usuário complexa, com vários bancos de dados, utilizando oito ou mais transações e 11 ou mais classes. Cada caso de uso é avaliado segundo esses critérios, e a contagem de cada tipo é ponderada por um fator de 5, 10 e 15, respectivamente. O *peso do caso de uso não ajustado* (UUCW, do inglês *unadjusted use case weight)* total é a soma de todas as contagens ponderadas [Nun11].

Em seguida, cada ator é avaliado. Atores simples são autômatos (outro sistema, uma máquina ou dispositivo) que se comunicam por meio de uma interface de programação de aplicação (API, do inglês *application programming interface*). Atores médios são autômatos que se comunicam por meio de um protocolo ou depósito de dados, e atores complexos são seres humanos que se comunicam por meio de uma interface gráfica do usuário (GUI, do inglês *graphic user interface*) ou outra interface humana. Cada ator é avaliado segundo esses critérios, e a contagem de cada tipo é ponderada por um fator de 1, 2 e 3, respectivamente. O *peso do ator não ajustado* (UAW, do inglês *unadjusted actor weight)* total é a soma de todas as contagens ponderadas.

Esses valores não ajustados são modificados pela consideração de fatores de complexidade técnica (TCFs, do inglês *technical complexity factors)* e fatores de complexidade ambiental (ECFs, do inglês *environment complexity factors)*. Treze fatores contribuem para uma avaliação do TCF final e oito contribuem para o cálculo do ECF final [Coh05]. Uma vez determinados esses valores, o valor do UCP final é calculado da seguinte maneira:

$$\text{UCP} = (\text{UUCW} + \text{UAW}) \times \text{TCF} \times \text{ECF} \tag{25.2}$$

O *software* CAD apresentado na Seção 25.6.3 é composto por três grupos de subsistemas: subsistema da interface do usuário (inclui UICF), grupo do subsistema de engenharia (inclui os subsistemas 2DGA, 3DGA e DAM) e grupo do subsistema de infraestrutura (inclui os subsistemas CGDF e PCF). Dezesseis casos de uso

Engenharia de *software*

complexos descrevem o subsistema de interface de usuário. O grupo do subsistema de engenharia é descrito por 14 casos de uso médio e oito simples, e o subsistema de infraestrutura é descrito com 10 casos de uso simples. Portanto,

$$UUCW = (16 \text{ casos de uso} \times 15) + [(14 \text{ casos de uso} \times 10)$$
$$+ (8 \text{ casos de uso} \times 5)] + (10 \text{ casos de uso} \times 5) = 470$$

A análise dos casos de uso indica que existem oito atores simples, 12 atores médios e quatro atores complexos. Portanto,

$$UAW = (8 \text{ atores} \times 1) + (12 \text{ atores} \times 2) + (4 \text{ atores} \times 3) = 44$$

Após a avaliação da tecnologia e do ambiente,

$$TCF = 1,04$$
$$ECF = 0,96$$

Usando a Equação (25.2),

$$UCP = (470 + 44) \times 1,04 \times 0,96 = 513$$

Usando-se dados de projetos passados como guia, o grupo de desenvolvimento produziu 85 LOC por UCP. Portanto, uma estimativa do tamanho global do projeto de CAD é de 43.600 LOC. Cálculos semelhantes podem ser feitos para o esforço aplicado ou para a duração do projeto.

Usando 620 LOC/pm como produtividade média para sistemas desse tipo e um custo bruto de mão de obra de US$ 8 mil por mês, o custo por linha de código é de aproximadamente US$ 13. Com base na estimativa de caso de uso e dados históricos de produtividade, o custo total estimado do projeto é de US$ 552 mil, e o esforço estimado é de aproximadamente 70 pessoas-mês.

25.6.7 Harmonizando estimativas

Qualquer técnica de estimativa, não importa o quanto seja sofisticada, deve ser verificada com o cálculo de, no mínimo, mais uma estimativa, usando uma abordagem diferente. Se criamos duas ou três estimativas independentes, temos agora duas ou três estimativas para custo e esforço que podem ser comparadas e harmonizadas. Se ambos os conjuntos de estimativas apresentarem concordância razoável, há boas razões para acreditar que as estimativas são confiáveis. Por outro lado, se os resultados dessas técnicas de decomposição mostrarem pouca concordância, deve ser realizada uma investigação e uma análise mais profunda.

Quando as estimativas ficam distantes uma da outra, é preciso reavaliar as informações usadas para fazer as estimativas. Estimativas que divergem muito podem ser atribuídas a uma de duas causas: (1) o escopo do projeto não é entendido adequadamente ou foi mal interpretado pelo planejador; ou (2) os dados de produtividade usados para as técnicas de estimativa baseada em problema são inadequados para a aplicação ou foram mal aplicados. Você deve determinar a causa da divergência e então recalcular as estimativas.

As técnicas de estimativa discutidas nas seções anteriores resultam em múltiplas estimativas que devem ser harmonizadas para produzirem uma estimativa única de esforço, duração de projeto ou custo. O esforço total estimado para o *software* CAD (Seção 25.6.3) varia desde um valor baixo de 46 pessoas-mês (derivado de uma estratégia de estimativa baseada em processo) até um valor alto de 68 pessoas-mês (derivado de uma estimativa de caso de uso). A estimativa média simples das quatro estratégias é de 56 pessoas-mês. Mas seria essa a melhor abordagem quando a diferença entre a estimativa mais alta e a mais baixa é de 21 pessoas-mês?

Uma abordagem seria calcular uma média ponderada, baseada na ideia da estimativa alta ser pessimista e a estimativa baixa ser otimista, enquanto um valor intermediário seria o mais provável. Um valor esperado ou de três pontos pode, então, ser calculado. O *valor esperado* para a variável de estimativa (tamanho) S pode ser calculado como uma média ponderada das estimativas otimista (s_{opt}), mais provável (s_m) e pessimista (s_{pess}). Por exemplo,

$$S = \frac{s_{opt} + 4s_m + s_{pes}}{6} \qquad (25.3)$$

oferece a maior credibilidade da estimativa "mais provável" e segue uma distribuição beta de probabilidade. Supomos que há uma probabilidade muito pequena de que o tamanho real fique fora dos valores otimista e pessimista.

Uma vez determinado o valor esperado para a variável de estimativa, examinam-se os dados de produtividade histórica. As estimativas parecem corretas? A única resposta razoável para essa pergunta é: não temos certeza. Mesmo assim, o bom senso e a experiência devem prevalecer.

25.6.8 Estimativa para desenvolvimento ágil

Como os requisitos para um projeto ágil (Capítulo 3) são definidos por um conjunto de histórias de usuário, é possível desenvolver uma estratégia de estimativa informal, razoavelmente disciplinada e significativa no contexto do planejamento de projeto para cada incremento de *software*. A estimativa para projetos ágeis usa uma estratégia de decomposição que abrange os seguintes passos:

1. Cada história de usuário (o equivalente a um minicaso de uso criado bem no início de um projeto por usuários ou outros envolvidos) é considerada separadamente para fins de estimativa.

2. A história de usuário é decomposta em uma série de tarefas de engenharia de *software* que serão necessárias para desenvolvê-la.

3a. Cada tarefa é estimada separadamente. Observação: a estimativa pode ser baseada em dados históricos, em um modelo empírico ou na "experiência" (p. ex., usando uma técnica como o "pôquer do planejamento", Seção 7.2.3).

3b. Como alternativa, o "volume" da história de usuário pode ser estimado em LOC, FP ou alguma outra medida orientada por volumes (p. ex., contagem de caso de uso).

4a. As estimativas de cada tarefa são somadas para criar uma estimativa para a história de usuário.

4b. Como alternativa, o volume estimado para a história de usuário é traduzido em esforço usando dados históricos.

5. As estimativas de esforço para todas as histórias de usuário implementadas para determinado incremento de *software* são somadas para desenvolver a estimativa de esforço para o incremento.

Como a duração do projeto exigida para o desenvolvimento de um incremento de *software* é muito curta (normalmente, de três a seis semanas), essa estratégia de estimativa tem dois propósitos: (1) garantir que o número de cenários a incluir no incremento esteja de acordo com os recursos disponíveis; e (2) estabelecer uma base para a alocação de esforço à medida que o incremento é desenvolvido.

25.7 Cronograma de projeto

Cronograma de projeto de software é uma ação que distribui o esforço estimado por toda a duração planejada do projeto, alocando esse esforço para tarefas específicas de engenharia de *software*. No entanto, é importante notar que o cronograma evolui com o tempo. Durante os primeiros estágios do planejamento do projeto, desenvolve-se um cronograma macroscópico. Este identifica as principais atividades do processo e as funções do produto para as quais se aplicam. Conforme o projeto caminha, cada item é refinado em um cronograma detalhado. Nesse momento, ações e tarefas de *software* específicas (necessárias para realizar uma atividade) são identificadas e dispostas em um cronograma.

Embora as razões para atrasos na entrega de *software* sejam inúmeras, muitas delas podem ser atribuídas a uma ou mais das seguintes causas básicas:

- Um prazo de entrega não realista estabelecido por alguém de fora da equipe de *software* e imposto sobre gerentes e profissionais do grupo.
- Alterações nos requisitos do cliente não refletidas em alterações no cronograma.
- Uma subestimação honesta do esforço e/ou quantidade de recursos que serão necessários para executar o serviço.
- Riscos previsíveis e/ou não previsíveis não considerados quando o projeto foi iniciado.
- Dificuldades técnicas que não puderam ser previstas com antecedência.
- Dificuldades humanas que não puderam ser previstas com antecedência.
- Falha de comunicação entre o pessoal de projeto que resulta em atrasos.
- Falha do gerente de projeto em não perceber o atraso do cronograma do projeto e, desse modo, não executar nenhuma ação para corrigir o problema.

Prazos de entrega agressivos (leia-se "não realistas") são fatos desagradáveis e inevitáveis no ramo de *software*. Às vezes eles são impostos por motivos legítimos, do ponto de vista daquele que define esses prazos. Mas o bom senso diz que a legitimidade deve ser entendida também pelas pessoas que estão executando o trabalho.

Os métodos de estimativa discutidos neste capítulo e as técnicas de cronograma discutidas nesta seção são muitas vezes implementados sob a pressão de um prazo de entrega definido. Se as melhores estimativas indicam que o prazo de entrega não é realista, um gerente de projeto competente deve informar a gerência e todos os envolvidos sobre os suas descobertas e sugerir alternativas para atenuar os prejuízos causados pelos prazos estourados.

A realidade de um projeto técnico (pode envolver a construção de um mundo virtual para um jogo de videogame ou o desenvolvimento de um sistema operacional) é que centenas de pequenas tarefas devem ocorrer para se atingir o objetivo maior. Algumas dessas tarefas estão fora da rotina principal e podem ser completadas sem muita preocupação quanto ao impacto na data de entrega do projeto. Outras tarefas estão no *caminho crítico*. Se essas tarefas "críticas" atrasarem, o prazo de entrega do projeto inteiro será ameaçado.

Como gerente de projetos, seu objetivo é definir todas as tarefas, criar uma rede que mostre suas interdependências, identificar as tarefas críticas dentro da rede e acompanhar o progresso para garantir que os atrasos sejam detectados "um dia de cada vez". Para tanto, deve-se ter um cronograma definido com um grau de resolução que permita monitorar o progresso e controlar o projeto. As tarefas necessárias para que o gerente de projetos atinja seus objetivos de montar um cronograma e

Capítulo 25   Criando um plano de *software* viável   **521**

acompanhar o progresso não devem ser executadas manualmente. Há muitas ferramentas excelentes para cronogramas. Utilize-as.

25.7.1   Princípios básicos

O cronograma para projetos de engenharia de *software* pode ser visto sob duas perspectivas bem diferentes. Na primeira, uma data final para entrega de um sistema computacional já foi definida (de maneira irreversível). A organização de *software* é forçada a distribuir o esforço no prazo prescrito. A segunda perspectiva considera que os limites cronológicos aproximados foram discutidos, mas a data final é definida pela organização de engenharia de *software*. O esforço é distribuído para fazer o melhor uso dos recursos, e uma data final é refinada após cuidadosa análise do *software*. Infelizmente, a primeira situação ocorre com muito mais frequência do que a segunda.

Assim como em todas as outras áreas da engenharia de *software*, existem princípios básicos que guiam os cronogramas de projeto de *software*:

Compartimentalização. O projeto deve ser dividido em uma série de atividades e tarefas gerenciáveis. Para tanto, o produto e o processo são decompostos.

Interdependência. Deve ser determinada a interdependência de cada atividade ou tarefa resultante da divisão. Algumas tarefas devem ocorrer em sequência, enquanto outras podem acontecer em paralelo. Certas atividades não podem começar enquanto o resultado de outra não estiver disponível. Outras atividades podem ocorrer de forma independente.

Alocação do tempo. Para cada tarefa a ser programada, deve ser alocado certo número de unidades de trabalho (p. ex., pessoas-dias de esforço). Além disso, para cada tarefa devem ser definidas uma data de início e uma data de término, que são uma função das interdependências, e se o trabalho será realizado em tempo integral ou parcial.

Validação do esforço. Cada projeto tem um número definido de pessoas na equipe de *software*. À medida que ocorre a alocação do tempo, você deve garantir que, em determinado momento, não seja programado mais do que o número alocado de profissionais. Por exemplo, considere um projeto para o qual são designados três engenheiros de *software* (três pessoas-dia estão disponíveis por dia de esforço atribuído).[12] Em determinado dia, sete tarefas concomitantes devem ser executadas. Cada tarefa requer 0,50 pessoas-dia de esforço. Foi alocado mais esforço do que pessoas disponíveis para fazer o trabalho.

Definição de responsabilidades. Cada tarefa disposta no cronograma deve ser atribuída a um membro específico da equipe.

Definição dos resultados. Cada tarefa disposta no cronograma deve ter um resultado definido. Para projetos de *software*, o resultado normalmente é um artefato (p. ex., o projeto de um componente) ou parte de um artefato. Artefatos muitas vezes são combinados em entregáveis.

Definição dos marcos. Cada tarefa ou grupo de tarefas deve estar associada a um marco no projeto. Um marco é atingido quando um ou mais artefatos teve sua qualidade examinada (Capítulo 15) e foi aprovado.

Cada um desses princípios é aplicado à medida que o projeto evolui.

---

12 Na realidade, há menos de 3 pessoas-dia disponíveis devido a reuniões, ausência por doença, férias e uma variedade de outras razões. Para nossos propósitos, no entanto, vamos considerar uma disponibilidade de 100%.

25.7.2 Relação entre pessoas e esforço

Há um mito conhecido e no qual muitos gerentes responsáveis por trabalhos de desenvolvimento de *software* ainda acreditam: "Se nos atrasarmos, podemos sempre acrescentar mais programadores e recuperar o tempo perdido mais tarde". Infelizmente, acrescentar pessoas nas últimas fases de um projeto muitas vezes tem um efeito prejudicial, fazendo o cronograma se arrastar ainda mais. Os profissionais incluídos precisam aprender sobre o sistema, e os encarregados de ensiná-los são os mesmos que estavam fazendo o trabalho. Enquanto explicam, nada é feito, e o projeto fica ainda mais atrasado.

Além do tempo necessário para conhecer o sistema, ter mais pessoas aumenta o número de caminhos de comunicação e a complexidade das comunicações em todo o projeto. Embora a comunicação seja essencial para o bom desenvolvimento do *software*, cada novo caminho requer esforço adicional e, portanto, tempo adicional. Se você tiver de acrescentar pessoas a um projeto atrasado, não se esqueça de atribuir-lhes trabalho que já esteja bastante dividido.

Ao longo dos anos, dados empíricos e análises teóricas demonstraram que os cronogramas de projeto são elásticos. Ou seja, até certo ponto, é possível comprimir uma data de conclusão desejada para um projeto (acrescentando recursos). Também é possível estender uma data de conclusão (reduzindo o número de recursos).

A *curva Putnam-Norden-Rayleigh (PNR)*[13] dá uma indicação da relação entre esforço aplicado e prazo de entrega para um projeto de *software*. Uma versão da curva, representando esforço de projeto em função do prazo de entrega, é apresentada na Figura 25.4. A curva indica um valor mínimo t_o, que representa o custo mínimo para a entrega (o prazo de entrega que resultará no trabalho mínimo despendido). Quando nos movemos para a esquerda de t_o (quando tentamos acelerar a entrega), a curva sobe não linearmente.

Como exemplo, suponhamos que uma equipe de projeto tenha estimado que um nível de esforço E_d será necessário para conseguir um prazo de entrega nominal t_d, que é ótimo em termos de cronograma e recursos disponíveis. Embora seja possível

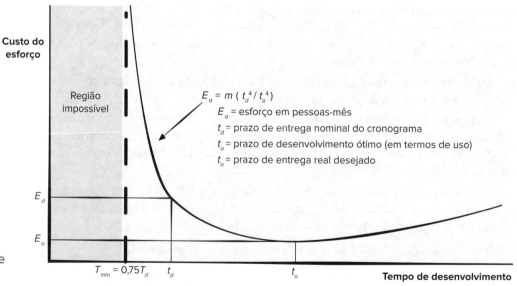

Figura 25.4
A relação entre esforço e prazo de entrega.

---

13 As pesquisas originais podem ser encontradas em [Nor70] e [Put78].

acelerar a entrega, a curva sobe de forma acentuada para a esquerda de t_d. A curva PNR indica, na verdade, que o prazo de entrega do projeto não pode ser comprimido além de $0,75t_d$. Se tentarmos uma compressão maior, o projeto passará para a "região impossível", e o risco de fracasso se tornará muito alto. A curva PNR indica também que, para a opção de prazo de entrega de custo mais baixo, $t_o = 2t_d$. A implicação aqui é que o atraso na entrega pode reduzir os custos significativamente. Naturalmente, isso deve ser considerado levando-se em conta as consequências comerciais associadas ao atraso.

A *equação do software* [Put92] introduzida é derivada da curva PNR e demonstra a relação altamente não linear entre o tempo cronológico para completar um projeto e o esforço humano aplicado ao projeto. O número de linhas de código produzidas, L, está relacionado ao esforço e ao tempo de desenvolvimento pela equação:

$$L = P \times E^{1/3} t^{4/3} \tag{25.4}$$

em que E é o esforço de desenvolvimento em pessoas-mês, P é um parâmetro de produtividade que reflete uma variedade de fatores que levam a uma alta qualidade do trabalho de engenharia de *software* (valores típicos para P variam entre 2.000 e 12.000), e t é a duração do projeto em meses corridos.

Rearranjando essa equação de *software*, podemos chegar a uma expressão para trabalho de desenvolvimento E:

$$E = \frac{L^3}{P^3 t^4} \tag{25.5}$$

em que E é o esforço despendido (em pessoas-ano) durante todo o ciclo de vida do desenvolvimento de *software* e manutenção, e t é o tempo de desenvolvimento em anos. A equação para o esforço de desenvolvimento pode ser relacionada ao custo do desenvolvimento pela inclusão de um fator inflacionado da taxa de trabalho (US$/pessoa-ano).

Isso leva a alguns resultados interessantes. Conforme o prazo de entrega se torna cada vez mais apertado, você chega a um ponto em que o trabalho não pode ser terminado no prazo, independentemente do número de pessoas que estejam trabalhando. Enfrente a realidade e defina uma nova data de entrega.

Considere um projeto de *software* complexo, de tempo real, estimado em 33.000 LOC, 12 pessoas-ano de esforço. Se forem atribuídas oito pessoas para a equipe de projeto, o projeto poderá ser feito em aproximadamente 1,3 ano. No entanto, se estendermos a data final para 1,75 ano, a natureza altamente não linear do modelo descrito na Equação (25.5) nos dará:

$$E = \frac{L^3}{P^3 t^4} \sim 3,8 \text{ pessoas-ano}$$

Isso implica que, estendendo em seis meses a data de entrega, podemos reduzir o número de pessoas de oito para quatro! A validade desses resultados está aberta ao debate, mas a consequência é clara: podem ser obtidos benefícios usando-se menos pessoas durante um período um pouco mais longo para atingir o mesmo objetivo.

25.8 Definição do conjunto de tarefas do projeto

Seja qual for o modelo de processo escolhido, o trabalho que uma equipe executa é obtido com um conjunto de tarefas que permitem definir, desenvolver e, por fim, suportar *software* de computador. Não há um conjunto único de tarefas que seja

524 Engenharia de *software*

adequado para todos os projetos. O conjunto de tarefas que seria apropriado para um sistema grande e complexo provavelmente seria considerado exagerado para um *software* pequeno e razoavelmente simples. Portanto, um processo de *software* eficaz definiria uma coleção de conjuntos de tarefas, cada uma projetada para atender às necessidades de diferentes tipos de projeto.

Conforme mencionamos no Capítulo 2, um conjunto de tarefas é uma coleção de tarefas de engenharia de *software*, marcos, artefatos e filtros de garantia de qualidade que precisam ser obtidos para completar um projeto em particular. O conjunto de tarefas deve proporcionar disciplina suficiente para se obter um *software* de alta qualidade, mas, ao mesmo tempo, não deve sobrecarregar a equipe com trabalho desnecessário.

Para desenvolver um cronograma de projeto, um conjunto de tarefas deve ser distribuído ao longo da duração do projeto. O conjunto vai variar dependendo do tipo de projeto e do grau de rigor com que a equipe decide fazer seu trabalho. Muitos fatores influenciam o conjunto de tarefas a ser selecionado. Esses fatores incluem [Pre05]: tamanho do projeto, número de usuários em potencial, importância da missão, longevidade da aplicação, estabilidade dos requisitos, facilidade de comunicação cliente/desenvolvedor, maturidade da tecnologia aplicável, restrições de desempenho, características internas e não internas, pessoal de projeto e fatores de reengenharia. Quando tomados de forma combinada, esses fatores fornecem uma indicação do *grau de rigor* com que o processo de *software* deve ser aplicado.

25.8.1 Um exemplo de conjunto de tarefas

Projetos de desenvolvimento de conceito ocorrem quando é preciso explorar o potencial de uma nova tecnologia. Não há certeza de que a tecnologia será aplicável, mas um cliente (p. ex., o *marketing*) acredita que existem vantagens em potencial. Projetos de desenvolvimento de conceito são abordados aplicando-se o seguinte conjunto de tarefas:

1.1 Definição do escopo do conceito determina o escopo geral do projeto.

1.2 Planejamento preliminar do conceito estabelece a capacidade da empresa de assumir o trabalho sugerido pelo escopo do projeto.

1.3 Avaliação do risco da tecnologia avalia o risco associado à tecnologia a ser implementada como parte do escopo do projeto.

1.4 Prova de conceito demonstra a viabilidade de uma nova tecnologia no contexto de *software*.

1.5 Implementação do conceito implementa a representação do conceito de maneira que possa ser examinada por um cliente e usada para finalidades de *"marketing"*, quando um conceito deve ser vendido para outros clientes ou gerentes.

1.6 Reação do cliente ao conceito solicita *feedback* sobre um novo conceito de tecnologia e foca-se nas aplicações especiais do cliente.

Um rápido exame dessas tarefas deve despertar algumas surpresas. Na verdade, o fluxo da engenharia de *software* para projetos de desenvolvimento de conceito (e para todos os outros tipos de projeto) nada mais é do que bom senso.

25.8.2 Refinamento das tarefas principais

As tarefas principais (i.e., as ações de engenharia de *software*) descritas na seção anterior podem ser usadas para definir um cronograma macroscópico para um projeto. No entanto, ele deve ser refinado para criar um cronograma de projeto detalhado.

O refinamento começa decompondo-se cada tarefa principal em uma série de tarefas (com os artefatos correspondentes e seus marcos).

Como exemplo de decomposição de tarefa, considere a Tarefa 1.1, Escopo do Conceito. O refinamento da tarefa pode ser obtido usando-se um formato de esboço, mas neste livro empregamos a abordagem de uma linguagem de projeto de processo para ilustrar o fluxo da atividade de escopo de conceito:

```
Definição de tarefa: Tarefa 1.1 Escopo do Conceito
1.1.1  Identificar as necessidades, benefícios e clientes em
       potencial;
1.1.2  Definir saída/controle desejado e eventos de entrada que
       orientam a aplicação;
       Início da Tarefa 1.1.2
       1.1.2.1  RT: Revisar a descrição da necessidade[14]
       1.1.2.2  Fazer uma lista de saídas/entradas visíveis ao
                cliente
       1.1.2.3  RT: Examinar saídas/entradas com o cliente e
                revisar conforme necessário;
       Fim da Tarefa 1.1.2
1.1.3  Definir a funcionalidade/comportamento para cada função
       principal;
       Início da Tarefa 1.1.3
       1.1.3.1  RT: Examinar os objetos de saída e entrada de
                dados produzidos na Tarefa 1.1.2;
       1.1.3.2  Criar um modelo de funções/comportamentos;
       1.1.3.3  RT: Examinar as funções/comportamentos com o
                cliente e revisar conforme necessário;
       Fim da Tarefa 1.1.3
1.1.4  Isolar os elementos da tecnologia a serem implementados
       em software;
1.1.5  Pesquisar a disponibilidade de software existente;
1.1.6  Definir a viabilidade técnica;
1.1.7  Fazer uma estimativa rápida do tamanho;
1.1.8  Criar definição do escopo
Fim da definição: Tarefa 1.1
```

As tarefas e subtarefas mencionadas no refinamento da linguagem de projeto de processo formam a base de um cronograma detalhado para a atividade de escopo de conceito.

25.9 Definição de uma rede de tarefas

As tarefas e subtarefas têm interdependências baseadas em sua sequência. Além disso, quando há mais de uma pessoa envolvida em um projeto de engenharia de *software*, é provável que as atividades e tarefas de desenvolvimento sejam executadas em paralelo. Quando isso ocorre, tarefas simultâneas devem ser coordenadas para que estejam prontas quando outras mais adiante necessitarem de seus artefatos.

Uma *rede de tarefas*, também chamada de *rede de atividades*, é uma representação gráfica do fluxo de tarefas de um projeto. A rede de tarefas é um mecanismo

---

14 RT indica que uma revisão técnica (Capítulo 16) deve ser feita.

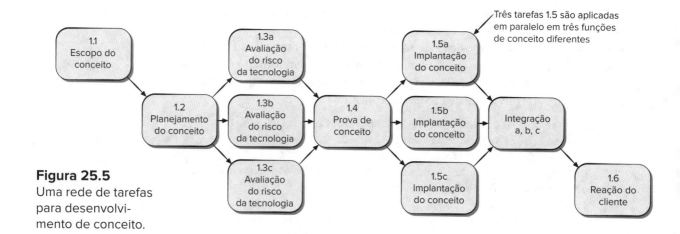

Figura 25.5
Uma rede de tarefas para desenvolvimento de conceito.

útil para mostrar as dependências entre elas e determinar o caminho crítico. Às vezes é usada como um mecanismo por meio do qual a sequência e as dependências de tarefa são colocadas em uma ferramenta automática de cronograma de projeto. Em sua forma mais simples (usada ao se criar um cronograma macroscópico), a rede de tarefas representa as principais tarefas da engenharia de *software*. A Figura 25.5 mostra uma rede de tarefas esquemática para um projeto de desenvolvimento de conceito.

A natureza simultânea das atividades de engenharia de *software* gera um número de requisitos importantes para a elaboração do cronograma. Como tarefas paralelas ocorrem de forma assíncrona, você deve determinar as dependências entre elas para garantir o progresso contínuo até o término do trabalho. Preste atenção, também, nas tarefas que ficam no *caminho crítico*. Isto é, tarefas que devem ser finalizadas no prazo para que o projeto como um todo possa terminar no prazo. Esses problemas serão discutidos com mais detalhes ainda neste capítulo.

É importante observar que a rede de tarefas da Figura 25.5 é macroscópica. Em uma rede de tarefas detalhada (precursora de um cronograma detalhado), cada atividade na figura seria expandida. Por exemplo, a Tarefa 1.1 seria expandida para mostrar todas as tarefas detalhadas no refinamento da Tarefa 1.1 mostrada na Seção 25.8.2.

25.10 Cronograma

O cronograma de um projeto de *software* não difere muito do cronograma de qualquer esforço de engenharia multitarefa. Portanto, ferramentas e técnicas generalizadas de cronogramas podem ser aplicadas com poucas modificações aos projetos de *software* [Fer14]. As interdependências entre as tarefas podem ser definidas por uma rede de tarefas. Também chamadas de *estruturas analíticas do projeto* (WBS, do inglês *work breakdown structures*), as tarefas são definidas para o produto como um todo ou para funções individuais.

As ferramentas de cronograma de projeto permitem (1) determinar o caminho crítico – a cadeia de tarefas que determinam a duração do projeto, (2) estabelecer estimativas de tempo "mais prováveis" para tarefas individuais aplicando modelos estatísticos e (3) calcular "tempos-limite" que definem uma "janela" de tempo para uma tarefa em particular [Ker17].

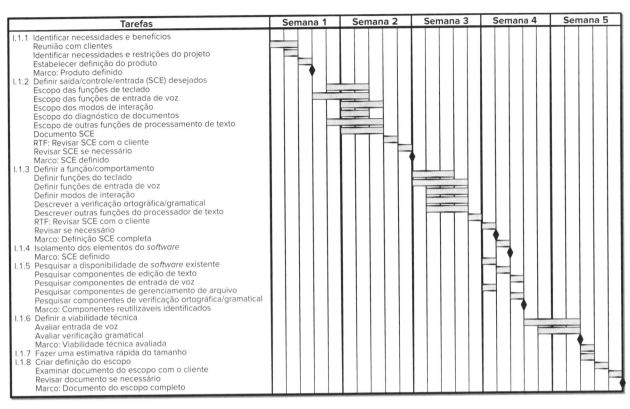

Figura 25.6
Exemplo de gráfico de Gantt.

25.10.1 Gráfico de Gantt

Para criar o cronograma de um projeto de *software*, você deve começar com um conjunto de tarefas (a estrutura analítica do projeto). Se forem usadas ferramentas automáticas, a estrutura analítica do projeto entra como uma rede de tarefas ou resumo de tarefas. Dados de esforço, duração e data de início são definidos para cada tarefa. Além disso, as tarefas podem ser atribuídas a indivíduos específicos.

Como resultado dessas informações, é gerado um *gráfico de Gantt*. O gráfico de Gantt pode ser desenvolvido para o projeto inteiro. Outra opção é desenvolver gráficos separados para cada função do projeto ou para cada pessoa que trabalha no projeto [Toc18].

A Figura 25.6 ilustra o formato de um gráfico de Gantt. Ela mostra parte de um cronograma de projeto de *software* que destaca a tarefa de **escopo do conceito** para um *software* processador de texto (WP, do inglês *word processor*). Todas as tarefas do projeto (para escopo do conceito) são listadas na coluna da esquerda. As barras horizontais indicam a duração de cada tarefa. Quando ocorrem várias barras ao mesmo tempo no calendário, é sinal de que há concomitância de tarefas. Os losangos indicam marcos.

Uma vez introduzidas as informações necessárias para a geração de uma linha de tempo, a maioria das ferramentas de cronograma de projeto de *software* produz *tabelas de projeto* – uma listagem tabular de todas as tarefas de projeto, suas datas de início e fim planejadas e atuais, e uma variedade de informações relacionadas (Figura 25.7). Usadas em conjunto com a linha de tempo, as tabelas de projeto permitem acompanhar o progresso.

528 Engenharia de software

Tarefas	Início planejado	Início real	Término planejado	Término real	Pessoa designada	Esforço alocado	Observações
I.1.1 Identificar necessidades e benefícios							O escopo necessitará mais esforço/tempo
Reunião com clientes	wk1, d1	wk1, d1	wk1, d2	wk1, d2	BLS	2 p-d	
Identificar necessidades e restrições do projeto	wk1, d2	wk1, d2	wk1, d2	wk1, d2	JPP	1 p-d	
Estabelecer definição do produto	wk1, d3	wk1, d3	wk1, d3	wk1, d3	BLS/	1 p-d	
Marco: Produto definido	wk1, d3	wk1, d3	wk1, d3	wk1, d3			
I.1.2 Definir saída/controle/entrada (SCE) desejados							
Escopo das funções de teclado	wk1, d4	wk1, d4	wk2, d2		BLS	1.5 p-d	
Escopo das funções de entrada de voz	wk1, d3	wk1, d3	wk2, d2		JPP	2 p-d	
Escopo dos modos de interação	wk2, d1		wk2, d3		MLL	1 p-d	
Escopo do diagnóstico de documentos	wk2, d1		wk2, d2		BLS	1.5 pd	
Escopo de outras funções de processamento de texto	wk1, d4	wk1, d4	wk2, d3		JPP	2 p-d	
Documento SCE	wk2, d1		wk2, d3		MLL	3 p-d	
RTF: Revisar SCE com o cliente	wk2, d3		wk2, d3		todas	3 p-d	
Revisar SCE se necessário	wk2, d4		wk2, d4	wk2, d4	todas	3 p-d	
Marco: SCE definido	wk2, d5		wk2, d5	wk2, d5			
I.1.3 Definir a função/comportamento							

Figura 25.7
Exemplo de tabela
de projeto.

25.10.2 Acompanhamento do cronograma

Se tiver sido bem desenvolvido, o cronograma de projeto torna-se um roteiro que define as tarefas e os marcos a serem acompanhados e controlados à medida que o projeto avança. O acompanhamento pode ser feito de várias maneiras:

- Fazendo reuniões periódicas sobre o estado do projeto nas quais cada membro da equipe relata o progresso e os problemas.
- Avaliando os resultados de todas as revisões feitas durante o processo de engenharia de software.
- Determinando se os marcos formais do projeto (os losangos da Figura 25.7) foram atingidos na data programada.
- Comparando a data de início real com a data de início programada para cada tarefa de projeto listada na tabela de recursos (Figura 25.8).
- Reunindo-se informalmente com os profissionais para obter sua avaliação subjetiva do progresso até o momento e os problemas previstos.
- Controlando a velocidade do projeto, que é uma maneira de ver a rapidez com a qual a equipe de desenvolvimento completa o backlog de histórias de usuário (Seção 3.5).

Na realidade, todas essas técnicas de acompanhamento são empregadas por gerentes de projeto experientes.

O controle é empregado por um gerente de projeto de software para administrar os recursos do projeto, enfrentar os problemas e dirigir a equipe. Se tudo estiver bem (i.e., o projeto dentro do prazo e do orçamento, as revisões indicando que há progresso real e os marcos estão sendo alcançados), o controle é fácil. Entretanto, se ocorrem problemas, você deve exercer o seu controle para conciliar todos os itens o mais rápido possível. Depois de diagnosticado um problema, recursos adicionais podem se concentrar na área problemática: o pessoal pode ser realocado, ou o cronograma do projeto, redefinido.

Quando enfrentam pressões severas de prazo de entrega, gerentes de projeto experientes às vezes usam uma técnica de cronograma e controle de projeto chamada caixa de tempo (time-boxing) [Jal04]. A estratégia caixa de tempo reconhece que o produto completo pode não estar pronto no prazo de entrega predefinido.

As tarefas associadas a cada incremento são limitadas no tempo. Isso significa que o cronograma de cada tarefa é ajustado retroativamente a partir da data de entrega para o incremento. Uma "caixa" é traçada ao redor de cada tarefa. Quando uma tarefa chega ao limite de sua caixa de tempo (mais ou menos 10%), o trabalho é interrompido e inicia-se a próxima tarefa.

Em geral, a técnica de caixa de tempo é associada com modelos de processo incrementais ágeis (Capítulo 4), e deriva-se um cronograma para cada entrega incremental. Essas tarefas se tornam parte do cronograma para o incremento e são alocadas no cronograma de desenvolvimento do incremento. Elas podem ser colocadas no *software* de cronograma (p. ex., Microsoft *Project*) e usadas para acompanhamento e controle.

A reação inicial à abordagem caixa de tempo quase sempre é negativa: "Se o trabalho não está pronto, como podemos prosseguir?". A resposta está na maneira como o trabalho é feito. Quando se atinge o limite da caixa de tempo, é provável que 90% da tarefa já tenha sido feita.[15] Os 10% restantes, embora importantes, podem (1) ser adiados até o próximo incremento ou (2) ser concluídos mais tarde, se for necessário. Em vez de ficar "preso" em uma tarefa, o projeto prossegue em direção à data de entrega.

Casa Segura

Acompanhamento do cronograma

Cena: Escritório de Doug Miller antes do início do projeto do *software* CasaSegura.

Atores: Doug Miller (gerente da equipe de engenharia de *software* do CasaSegura), Vinod Raman, Jamie Lazar e outros membros da equipe.

Conversa:

Doug (observando um *slide* no PowerPoint): O cronograma para o primeiro incremento do CasaSegura parece adequado, mas vamos ter problemas para acompanhar o andamento.

Vinod (com cara de preocupado): Por quê? Temos as tarefas dispostas no cronograma dia a dia, muitos artefatos, e temos certeza de que não estamos alocando recursos demais.

Doug: Tudo bem, mas como saberemos quando o modelo de requisitos para o primeiro incremento estará pronto?

Jamie: As coisas são iterativas; por isso, difíceis.

Doug: Compreendo, mas... bem, por exemplo, considere "classes de análise definidas". Você indicou isso como um marco.

Vinod: Sim.

Doug: Quem determina isso?

Jamie (sério): Elas estarão prontas quando estiverem prontas.

Doug: Isso não é suficiente, Jamie. Temos que agendar RTs (revisões técnicas, Capítulo 16), e você não fez isso. Uma revisão bem-sucedida do modelo de análise, por exemplo, é um marco razoável. Entendeu?

Jamie (contrariado): Ok, voltemos para a prancheta.

Doug: Não vai levar mais de uma hora para fazer as correções... todos os demais podem começar já.

---

15 Um cínico pode se recordar do ditado: "Os primeiros 90% do sistema tomam 90% do tempo; os 10% restantes tomam 90% do tempo".

25.11 Resumo

Um planejador de projeto de *software* deve estimar três itens antes de começar: quanto tempo levará, quanto esforço será necessário e quantas pessoas serão envolvidas. Além disso, o planejador deve prever os recursos (*hardware* e *software*) que serão necessários e o risco envolvido.

A definição de escopo ajuda o planejador a desenvolver estimativas usando uma ou mais técnicas que se dividem em duas grandes categorias: decomposição e modelagem empírica. As técnicas de decomposição exigem um delineamento das principais funções do *software*, seguido de estimativas de (1) número de LOC, (2) valores selecionados dentro do domínio de informações, (3) número de casos de uso, (4) número de pessoas-mês necessário para implementar cada função ou (5) número de pessoas-mês necessário para cada atividade de engenharia de *software*. Técnicas empíricas usam expressões derivadas empiricamente para esforço e tempo para prever esses valores de projeto. Podem ser utilizadas ferramentas automáticas para implementar um modelo empírico específico.

Estimativas precisas de projeto em geral usam pelo menos duas das três técnicas que acabamos de descrever. Comparando e harmonizando as estimativas desenvolvidas empregando diferentes técnicas, o planejador tem maior possibilidade de derivar uma estimativa precisa. A estimativa de projeto de *software* nunca será uma ciência exata, mas uma combinação de bons dados históricos e técnicas sistemáticas pode melhorar a precisão da estimativa.

O cronograma é o resultado da atividade de planejamento, que é um dos componentes principais do gerenciamento de projetos de *software*. Quando associado a métodos de estimativa e análise de riscos, o cronograma estabelece um mapa para o gerente de projeto.

O cronograma começa com a decomposição do processo. As características do projeto são empregadas para adaptar um conjunto de tarefas apropriado para o trabalho a ser feito. Uma rede de tarefas mostra cada tarefa de engenharia, sua dependência de outras tarefas e a duração projetada. A rede de tarefas é utilizada para calcular o caminho crítico, um gráfico de Gantt e uma variedade de informações de projeto. Usando o cronograma como guia, você pode acompanhar e controlar cada etapa no processo de *software*.

Problemas e pontos a ponderar

25.1. Suponha que você seja o gerente de projeto de uma empresa que cria *software* para robôs de uso doméstico. Você foi contratado para criar o *software* para um robô que corta a grama de uma residência. Apresente uma definição de escopo que descreva o *software*. Certifique-se de que a sua definição de escopo esteja delimitada. Se não estiver familiarizado com robôs, faça algumas pesquisas antes de começar a escrever. Além disso, formule suas hipóteses sobre o *hardware* necessário. Alternativa: troque o robô cortador de grama por outro problema de seu interesse.

25.2. Faça uma decomposição funcional do *software* do robô que você descreveu no Problema 25.1. Estime o tamanho de cada função em LOC. Supondo que a sua organização produza 450 LOC/pm com um valor bruto de mão de obra de US$ 7 mil por pessoa-mês, estime a mão de obra e o custo necessário para criar o *software* usando a técnica de estimativa baseada em LOC descrita neste capítulo.

Capítulo 25   Criando um plano de *software* viável   **531**

25.3. Desenvolva um modelo de planilha que implemente uma ou mais das técnicas de estimativa descritas neste capítulo. Como alternativa, use um ou mais modelos *online* para estimativa de fontes da Web.

25.4. Parece estranho que as estimativas de custo e de cronograma sejam feitas durante o planejamento do projeto de *software* – antes de fazer a análise detalhada dos requisitos de *software* ou projeto. Por que você acha que isso é feito? Há circunstâncias nas quais não deveria ser feito?

25.5. Qual a diferença entre cronograma macroscópico e cronograma detalhado? É possível gerenciar um projeto se houver apenas o cronograma macroscópico? Por quê?

25.6. A relação entre pessoas e tempo é altamente não linear. Usando a equação do *software* de Putnam (descrita na Seção 25.8.2), desenvolva uma tabela que relacione número de pessoas com duração de projeto para um projeto de *software* que exige 50.000 LOC e 15 pessoas-ano de esforço (o parâmetro de produtividade é 5.000 e $B = 0,37$). Considere que o *software* deve ser entregue em 24 meses somando-se ou subtraindo-se 12 meses.

25.7. Suponha que você foi contratado por uma universidade para desenvolver um sistema de registro de curso *online* (OLCRS, do inglês *online course registration system)*. Primeiro, aja como o cliente (se você é um estudante, isso é fácil) e especifique as características de um bom sistema. (Como alternativa, o professor lhe fornecerá uma série de requisitos preliminares para o sistema.) Usando os métodos de estimativa discutidos neste capítulo, desenvolva uma estimativa de esforço e duração para o OLCRS. Sugira como você faria para:

    a. Definir atividades paralelas durante o projeto do OLCRS.

    b. Distribuir o esforço ao longo do projeto.

    c. Estabelecer marcos para o projeto.

25.8. Selecione uma série de tarefas apropriadas para o projeto do OLCRS.

25.9. Defina uma rede de tarefas para o OLCRS descrito no Problema 25.8 ou, como alternativa, para outro projeto de *software* que lhe interesse. Não deixe de mostrar as tarefas e os marcos e faça estimativas de trabalho e duração para cada tarefa. Se possível, utilize uma ferramenta de cronograma automática para esse trabalho.

25.10. Usando uma ferramenta de cronograma (se estiver disponível) ou papel e lápis (se necessário), desenvolva uma linha de tempo para o projeto do OLCRS.

Elemento de design: Ícone de lupa da seção Panorama: © Roger Pressman

26

Gestão de riscos

Conceitos-chave

avaliação 545
lógica difusa 539
gamificação 544
identificação 535
estratégias proativas 533
previsão 538
estratégias reativas 533
refinamento 542
categorias de risco 534
exposição ao risco 540
lista de itens de risco 546
tabela de riscos 538
RMMM 546
segurança
e imprevistos 545
débito técnico 533

Em seu livro sobre análise e gestão de riscos, Robert Charette [Cha89] observa que "risco diz respeito a acontecimentos futuros", e lembra corretamente que o foco não deve estar em preocupações com hoje e ontem. Em vez disso, ele apresenta a questão fundamental quando escreve: "(...) mudando nossas ações hoje, podemos criar uma oportunidade para uma situação diferente e, esperamos, melhor para nós mesmos amanhã?". A consequência é que "o risco envolve mudanças" e introduz incerteza nas nossas ações.

Panorama

O que é? Um risco é um problema em potencial para um projeto de *software*, e que pode ou não acontecer. Independentemente do resultado, é aconselhável identificá-lo, avaliar sua probabilidade de ocorrência, estimar seu impacto e estabelecer um plano de contingência.

Quem realiza? Todos os envolvidos na gestão da qualidade – gerentes, engenheiros de *software* e outros – participam da análise e gestão de risco.

Por que é importante? Pense naquele lema dos escoteiros: "Sempre alerta". *Software* é uma empreitada difícil. Muitas coisas podem dar errado e, francamente, frequentemente dão. Entender os riscos e tomar medidas proativas para evitá-los ou administrá-los é um elemento-chave do bom gerenciamento de projeto de *software*. Um projeto sem um plano de gestão de riscos pode enfrentar problemas graves que teriam sido evitados caso a equipe tivesse trabalhado nos seus riscos de desenvolvimento de forma mais sistemática e seguido os seus planos.

Quais são as etapas envolvidas? Reconhecer o que pode dar errado é o primeiro passo, chamado de "identificação do risco". Em seguida, analisar o risco para determinar a probabilidade de que ele ocorra e o dano que causará se ocorrer. Levantadas essas informações, os riscos são classificados por probabilidade e por impacto. Por fim, é desenvolvido um plano para gerenciar os riscos de alta probabilidade e alto impacto.

Qual é o artefato? É produzido um plano de mitigação, monitoramento e gestão de risco (RMMM, do inglês *risk mitigation, monitoring and management*) ou um conjunto de formulários de informações sobre o risco.

Como garantir que o trabalho foi realizado corretamente? Os riscos analisados e gerenciados resultam de um estudo completo das pessoas, produto, processo e projeto. O RMMM deve ser sempre examinado à medida que o projeto avança, para garantir que os riscos se mantenham atualizados. Os planos de contingência para gestão de risco devem ser realistas.

Capítulo 26 Gestão de riscos **533**

Quando se considera risco no contexto da engenharia de *software*, os fundamentos conceituais de Charette estão sempre em evidência. O futuro é a sua preocupação – quais riscos podem fazer o projeto de *software* dar errado? A mudança é sua preocupação – como as alterações nos requisitos do cliente, nas tecnologias de desenvolvimento, nos ambientes-alvo e em todas as outras entidades conectadas ao projeto afetam a cadência e o sucesso geral? Por último, deve-se levar a sério as escolhas – quais métodos e ferramentas usar, quantas pessoas envolver, quanta ênfase na qualidade é "suficiente"?

Débito técnico é o termo usado para descrever os custos associados com o adiamento de atividades, como documentação de *software* e refatoração. O débito técnico não pago pode levar a um produto de *software* entregue com funcionalidades inadequadas, comportamentos erráticos, baixa qualidade, documentação insuficiente e complexidade desnecessária. O termo "débito técnico" sugere que os custos (esforço, tempo e recursos) de se lidar com questões técnicas podem ser reduzidos caso os problemas sejam resolvidos em fases anteriores, não posteriores, do desenvolvimento do projeto. Assim como os juros financeiros, o débito técnico aumenta com o tempo, pois os problemas não reconhecidos introduzidos no projeto são agravados antecipadamente. Acumular débito técnico significa hipotecar o futuro do projeto [Fai17].

Simplesmente adotar o desenvolvimento de *software* ágil não elimina a necessidade de praticar a gestão de riscos intencional. Elbanna e Sarker [Elb16] conduziram um levantamento de diversas organizações que seguem as práticas de desenvolvimento de *software* ágil e identificaram diversos riscos de desenvolvimento que pareciam não ser gerenciados nos projetos ágeis. O débito técnico tendia a se acumular, pois os desenvolvedores pediam cada vez mais código e, ao mesmo tempo, não dedicavam seu tempo a reduzir essa dívida. Além disso, equipes ágeis inexperientes tendem a produzir mais defeitos do que ocorreria se seguissem um modelo de desenvolvimento mais controlado. As equipes ágeis podem ter maior probabilidade de usar ferramentas não padronizadas de teste e de gerenciamento de projetos. Essas equipes autônomas podem não estar documentando adequadamente os seus processos de tomada de decisões, o que pode condenar os desenvolvedores a repetir os erros do passado em projetos futuros. Nenhum desses riscos é impossível de controlar, desde que os desenvolvedores de *software* estejam cientes deles e se planejem para gerenciá-los durante *sprints* com duração definida (*time-boxed*).

26.1 Estratégias de risco reativas *versus* proativas

Estratégias de risco *reativas* são chamadas pejorativamente de "Escola Indiana Jones de gestão de riscos" [Tho92]. Em seus filmes, Indiana Jones, ao enfrentar uma enorme dificuldade, invariavelmente diz: "Não se preocupe, vou pensar em alguma coisa!". Nunca se preocupando com os problemas até eles acontecerem, Indy reage de alguma forma heroica.

Infelizmente, o gerente de projeto de *software* médio não é o Indiana Jones, e os membros de sua equipe de projeto de *software* não são seus fiéis seguidores. Ainda assim, a maioria das equipes de *software* apoia-se apenas em estratégias de risco reativas. No melhor dos casos, uma estratégia reativa monitora o projeto à procura de riscos possíveis. São reservados recursos para enfrentar os riscos, caso se tornem problemas reais. Normalmente, a equipe de *software* não faz nada a respeito dos riscos até que alguma coisa dê errado. Desse modo, a equipe corre, na tentativa de corrigir o problema rapidamente. Isso costuma ser chamado de *modo de combate ao*

534 Engenharia de *software*

incêndio. Quando ele falha, os "gestores de crises" [Cha92] assumem, e o projeto fica realmente ameaçado.

Uma estratégia consideravelmente mais inteligente para a gestão de riscos é ser proativo. Uma estratégia de risco *proativa* começa muito antes do trabalho técnico. São identificados os riscos em potencial, avaliados a probabilidade e o impacto, e os riscos são classificados por ordem de importância. Então, a equipe de *software* estabelece um plano para gerenciar o risco. O objetivo primário é evitar o risco, mas, como nem todos os riscos podem ser evitados, o grupo trabalha para desenvolver um plano de contingência que lhe permita responder de maneira controlada e eficaz. A gestão de riscos proativa é uma das ferramentas de engenharia de *software* que pode ser usada para reduzir o débito técnico. Durante todo o restante deste capítulo, discutiremos uma estratégia proativa de gestão de risco.

26.2 Riscos de *software*

Embora haja muito debate sobre qual é a melhor definição para risco de *software*, há um consenso geral de que o risco sempre envolve duas características: *incerteza* – o risco pode ou não ocorrer; ou seja, não existem riscos com 100% de probabilidade[1] – e *perda* – se o risco se tornar realidade, consequências ou perdas indesejadas ocorrerão [Hig95]. Quando os riscos são analisados, é importante quantificar o nível de incerteza e o grau de perda associados a cada risco. Para tanto, consideram-se diferentes categorias de risco.

Riscos de projeto ameaçam o plano do projeto. Isto é, se os riscos do projeto se tornarem reais, é possível que o cronograma fique atrasado e os custos aumentem. Os riscos de projeto identificam problemas potenciais de orçamento, cronograma, pessoal (equipes e organização), recursos, envolvidos e requisitos e seu impacto sobre o projeto de *software*. No Capítulo 25, a complexidade do projeto, seu tamanho e grau de incerteza estrutural também foram definidos como fatores de risco de projeto (e de estimativa).

Riscos técnicos ameaçam a qualidade e a data de entrega do *software* a ser produzido. Se um risco técnico em potencial se torna realidade, a implementação pode se tornar difícil ou impossível. Os riscos técnicos identificam problemas em potencial de projeto, implementação, interface, verificação e manutenção. Além disso, a ambiguidade de especificações, a incerteza técnica, a obsolescência técnica e a tecnologia "de ponta" também podem ser fatores de risco. Riscos técnicos ocorrem porque o problema é mais difícil de resolver do que se pensava.

Riscos de negócio ameaçam a viabilidade do *software* a ser criado e muitas vezes ameaçam o projeto ou o produto. Candidatos aos cinco principais riscos de negócio são (1) criar um excelente produto ou sistema que ninguém realmente quer (risco de mercado), (2) criar um produto que não se encaixa mais na estratégia geral de negócios da empresa (risco estratégico), (3) criar um produto que a equipe de vendas não sabe como vender (risco de vendas), (4) perder o apoio da alta gerência devido à mudança no foco ou mudança de profissionais (risco gerencial) e (5) perder o orçamento ou o comprometimento dos profissionais (riscos de orçamento).

---

1   Um risco 100% provável é uma restrição no projeto de *software*.

É extremamente importante observar que uma simples classificação de risco nem sempre funcionará. Alguns riscos são impossíveis de prever.

Outra classificação geral dos riscos foi proposta por Charette [Cha89]. *Riscos conhecidos* são aqueles que podem ser descobertos após uma cuidadosa avaliação do plano do projeto, do ambiente comercial e técnico no qual o projeto está sendo desenvolvido e de outras fontes de informação confiáveis (p. ex., data de entrega irreal, falta de documentação dos requisitos ou do escopo do *software*, ambiente de desenvolvimento ruim). *Riscos previsíveis* são extrapolados da experiência de projetos anteriores (p. ex., rotatividade do pessoal, comunicação deficiente com o cliente, diluição do esforço da equipe conforme as solicitações de manutenção vão sendo atendidas). *Riscos imprevisíveis* são o curinga do baralho. Eles podem ocorrer e ocorrem, mas são extremamente difíceis de identificar com antecedência.

Informações

Sete princípios da gestão de riscos

O Software Engineering Institute (SEI) (**www.sei.cmu.edu**) identifica sete princípios que "oferecem um *framework* para uma gestão de risco eficaz". São eles:

Mantenha uma perspectiva global. Encare os riscos de *software* no contexto de um sistema no qual ele é um componente e o problema de negócio que se pretende resolver.

Tenha uma visão antecipada. Considere os riscos que podem surgir no futuro (p. ex., devido a mudanças no *software*); estabeleça planos de contingência para que os eventos futuros sejam controláveis.

Estimule a comunicação aberta. Se alguém apontar um risco em potencial, não o menospreze. Se um risco é proposto de uma maneira informal, considere-o. Estimule todos os envolvidos e usuários a sugerir riscos a qualquer momento.

Integre. Uma consideração do risco deve ser integrada na gestão de qualidade.

Enfatize um processo contínuo. A equipe deve estar vigilante em toda a gestão da qualidade, modificando os riscos identificados à medida que mais informações forem conhecidas e acrescentando novos quando uma visão melhor for obtida.

Desenvolva uma visão compartilhada do produto. Se todos os envolvidos compartilham da mesma visão do *software*, é provável que se tenha uma melhor identificação e avaliação do risco.

Estimule o trabalho de equipe. Os talentos, habilidades e conhecimento de todos os envolvidos devem ser examinados quando se executam atividades de gestão de risco.

26.3 Identificação do risco

A identificação do risco é uma tentativa sistemática de especificar ameaças ao plano do projeto (estimativas, cronograma, recursos, etc.). Ao identificar os riscos conhecidos e previsíveis, o gerente de projeto dá o primeiro passo para evitá-los quando possível e controlá-los quando necessário.

Há dois tipos de riscos para cada categoria apresentada na Seção 26.2. *Riscos genéricos* são ameaças em potencial a todo projeto de *software*. *Riscos específicos de produto* podem ser identificados somente por aqueles que têm uma visão clara da tecnologia, das pessoas e do ambiente específico para o qual o *software* está sendo desenvolvido. Embora seja importante considerar os riscos genéricos, são os riscos específicos do produto que causam os maiores problemas. Dedique tempo suficiente para identificar tantos riscos de produto quantos forem possíveis. Para identificar riscos específicos de produto, primeiro examine o plano do projeto e a definição de escopo do projeto e, então, desenvolva uma resposta para a seguinte pergunta: "Quais características especiais desse produto podem ameaçar o plano do nosso projeto?".

Um método para identificar riscos é criar uma *checklist* dos itens de risco. Ela pode ser usada para identificação do risco e concentra-se em alguns dos subconjuntos dos riscos conhecidos e previsíveis nas seguintes subcategorias genéricas:

- **Tamanho do produto.** Riscos associados ao tamanho geral do *software* a ser criado ou modificado.
- **Impacto do negócio.** Riscos associados às restrições impostas pela gerência ou pelo mercado.
- **Características do envolvido.** São riscos associados à sofisticação dos clientes e à habilidade do desenvolvedor em se comunicar com os envolvidos oportunamente.
- **Definição do processo.** Riscos associados ao grau em que a gestão de qualidade foi definida e é seguida pela organização de desenvolvimento.
- **Ambiente de desenvolvimento.** Riscos associados à disponibilidade e qualidade das ferramentas a serem usadas para criar o produto.
- **Tecnologia a ser criada.** Riscos associados à complexidade do sistema a ser criado e à "novidade" da tecnologia que está embutida no sistema.
- **Quantidade de pessoas e experiência.** Riscos associados à experiência técnica em geral e de projeto dos engenheiros de *software* que farão o trabalho.

A lista de itens de risco pode ser organizada de diversas maneiras. Questões relevantes a cada um dos tópicos podem ser respondidas para cada projeto de *software*. Com as respostas a essas questões, é possível estimar o impacto do risco. Outro formato de *checklist* de itens de risco simplesmente lista as características relevantes a cada subcategoria genérica. Por fim, um conjunto de "componentes e fatores de risco" [AFC88] é listado, com sua probabilidade de ocorrência. Fatores de desempenho, suporte, custo e cronograma são discutidos em resposta às últimas questões.

Existem muitas *checklists* abrangentes para riscos de projeto de *software* disponíveis na Web (p. ex., [Arn11], [NAS07]). Você pode usá-las para ter uma visão dos riscos genéricos para projetos de *software*. Além do uso de *checklists*, foram propostos *padrões de risco* ([Mil04], [San17]) como uma abordagem sistemática para identificação de riscos.

26.3.1 Avaliação do risco geral do projeto

Mas como determinamos se o projeto de *software* em que estamos trabalhando está em sério risco? As questões a seguir foram extraídas dos dados de risco obtidos a partir de entrevistas com gerentes de projeto de *software* experientes em diversas partes do mundo [Kei98]. As questões estão ordenadas por sua importância relativa ao sucesso de um projeto.

1. A alta gerência e o cliente estão formalmente comprometidos em apoiar o projeto?

2. Os usuários estão bastante comprometidos com o projeto e o sistema/produto a ser criado?

3. Os requisitos são amplamente entendidos pela equipe de engenharia de *software* e seus clientes?

4. Os clientes foram totalmente envolvidos na definição dos requisitos?

5. Os usuários têm expectativas realistas?

6. O escopo do projeto é estável?

7. A equipe de engenharia de *software* tem a combinação de aptidões adequada?

8. Os requisitos de projeto são estáveis?

9. A equipe de projeto tem experiência com a tecnologia a ser implementada?

10. O número de pessoas na equipe de projeto é adequado para o trabalho?

11. Todos os clientes e usuários concordam com a importância do projeto e com os requisitos do sistema/produto a ser criado?

Se alguma dessas questões for respondida negativamente, devem ser providenciados, imediatamente, processos de mitigação, monitoramento e gerenciamento. O grau de risco do projeto é diretamente proporcional ao número de respostas negativas a essas questões.

26.3.2 Componentes e fatores de risco

A Força Aérea Americana [AFC88] publicou um livreto contendo excelentes diretrizes para identificação e combate a riscos de *software*. A abordagem da Força Aérea exige que o gerente de projeto identifique os fatores de risco que afetam os componentes de risco de *software* – desempenho, custo, suporte e cronograma. No contexto dessa discussão, os componentes de risco são definidos da seguinte maneira:

* **Risco de desempenho.** É o grau de incerteza de que o produto atenderá aos seus requisitos e será adequado para o uso que se pretende.

* **Risco de custo.** É o grau de incerteza de que o orçamento do projeto será mantido.

* **Risco de suporte.** É o grau de incerteza de que o *software* resultante será fácil de corrigir, adaptar e melhorar.

* **Risco de cronograma.** É o grau de incerteza de que o cronograma do projeto será mantido e que o produto será entregue a tempo.

O impacto de cada elemento gerador de risco sobre o componente de risco é dividido em quatro categorias de impacto – negligenciável, marginal, crítico ou catastrófico. Boehm [Boe89] sugere que o impacto negligenciável produz apenas inconvenientes. O custo adicional necessário para atenuar o impacto é muito baixo. O impacto marginal poderia afetar requisitos ou objetivos de missão secundários, mas não impactaria o sucesso geral da missão. O custo seria um pouco mais elevado, mas factível. O impacto crítico afetaria diretamente o desempenho do sistema e parte ou todos os requisitos e colocaria o sucesso da missão em perigo. O custo para atenuá-lo seria alto. Por fim, o impacto catastrófico resultaria no fracasso da missão e o custo de mitigação seria inaceitável.

538 Engenharia de *software*

26.4 Previsão de risco

A *previsão de risco*, também chamada de *estimativa de risco*, tenta classificar cada risco de duas maneiras – (1) a possibilidade ou probabilidade de que o risco seja real e ocorrerá e (2) as consequências dos problemas associados ao risco, caso ele ocorra. Você trabalha com outros gerentes e pessoal técnico para executar quatro etapas de projeção de risco:

1. Estabelecer uma escala que reflita a possibilidade detectada de um risco.
2. Esboçar as consequências do risco.
3. Estimar o impacto do risco sobre o projeto e o produto.
4. Avaliar a exatidão geral da projeção de risco para que não haja mal-entendidos.

O objetivo dessas etapas é pensar os riscos de uma maneira que leve à definição de prioridades. Nenhuma equipe de *software* tem recursos para resolver todos os riscos possíveis com o mesmo grau de rigor. Priorizando os riscos, você pode alocar recursos onde eles terão maior impacto.

26.4.1 Desenvolvimento de uma tabela de riscos

Elaborar uma tabela de riscos é uma técnica simples para a projeção de riscos.[2] Um exemplo é apresentado na Figura 26.1.

Primeiro, são listados todos os riscos (não importa quão remotos sejam) na primeira coluna da tabela. As *checklists* de itens de risco mencionadas na Seção 26.3 podem ajudar com essa tarefa. Cada risco é caracterizado na segunda coluna (p. ex., PS significa risco de tamanho de projeto [*project size risk*], BU significa risco de negócio [*business risk*]). A probabilidade de cada risco é colocada na próxima coluna da tabela. O valor da probabilidade para cada risco pode ser estimado pelos

Figura 26.1
Exemplo de tabela de riscos antes da ordenação.

Risco	Categoria	Probabilidade	Impacto	RMMM
A estimativa de tamanho pode ser significativamente baixa	PS	60%	2	
Número de usuários maior do que o planejado	PS	30%	3	
Reutilização menor do que a planejada	PS	70%	2	
Os usuários resistem ao sistema	BU	40%	3	
O prazo de entrega será apertado	BU	50%	2	
Financiamento será perdido	CU	40%	1	
O cliente mudará os requisitos	PS	80%	2	
A tecnologia não atingirá as expectativas	TR	30%	1	
Falta de treinamento no uso das ferramentas	DE	80%	3	
Pessoal sem experiência	ST	30%	2	
A rotatividade do pessoal será alta	ST	60%	2	

Valores de impacto:
  1 – catastrófico
  2 – crítico
  3 – marginal
  4 – negligenciável

---

2 A tabela de risco pode ser implementada como um modelo de planilha. Isso permite fácil manipulação e ordenação dos valores.

membros da equipe individualmente. Para tanto, pode-se consultar os membros da equipe em ordem aleatória até que suas avaliações coletivas de risco comecem a convergir.

Outro ponto de partida possível seria usar a tabela de avaliação do risco de um projeto anterior e decidir quais riscos se aplicam ao seu projeto atual, quais não, e identificar quais riscos devem ser adicionados. A avaliação do risco nem sempre precisa ser recriada do zero. Os desenvolvedores ágeis trabalham muito em projetos parecidos e podem obter economias de custo se mantiverem listas de procedimentos de gestão de riscos compartilhadas com toda a organização.

Em seguida, avalia-se o impacto de cada risco. É investigado cada componente de risco usando a caracterização apresentada na Figura 26.1 e determina-se uma categoria de impacto. São tiradas as médias[3] das categorias de cada um dos quatro componentes de risco – desempenho, suporte, custo e cronograma – para determinar um valor de impacto global.

Uma vez preenchidas as quatro primeiras colunas da tabela, ela é ordenada por probabilidade e por impacto. Riscos de alta probabilidade e alto impacto se situam no topo da tabela, e riscos de baixa probabilidade posicionam-se no fim. Com isso, conclui-se a priorização de risco de primeira ordem.

O gerente de projetos pode então estabelecer uma linha de corte em uma linha específica da tabela (Figura 26.1). Todos os riscos que ficam acima da linha de corte devem ser gerenciados. A coluna com o título RMMM contém um ponteiro que aponta para um *plano de mitigação, monitoramento e gestão do risco* ou, como alternativa, um conjunto de formulários de informações desenvolvido para todos os riscos que se posicionam acima da linha de corte. O plano RMMM e os formulários de informações de risco são discutidos nas Seções 26.5 e 26.6.

A probabilidade do risco pode ser determinada com estimativas individuais e, depois, pelo desenvolvimento de um valor de consenso. Embora essa abordagem funcione, foram desenvolvidas técnicas mais sofisticadas para determinar a probabilidade do risco (p. ex., [McC09]). Trabalhos mais recentes usam *lógica difusa*[4] para determinar as características que aumentam os riscos de um projeto de *software* fracassar. Esses projetos costumam ter múltiplos fatores de risco inter-relacionados que são afetados pela imprecisão ou pela incerteza e precisam de conhecimento especializado e lógica difusa para entender melhor a natureza do seu impacto do risco combinado [Rod16].

Como mostra a Figura 26.2, o impacto e a probabilidade do risco influem de modos distintos na preocupação do gerente. Um fator de risco com alto impacto, mas uma probabilidade de ocorrência muito baixa, não deve tomar um tempo significativo da gerência. No entanto, riscos de alto impacto com probabilidade entre moderada e alta e riscos de baixo impacto com alta probabilidade devem ser encaminhados para as etapas de análise de risco a seguir.

---

3 Pode ser usada uma média ponderada se um componente de risco for mais significativo para um projeto.

4 Lógica difusa (*fuzzy logic*) é um tipo de lógica que reconhece mais do que simples valores de falso ou verdadeiro (ao contrário da lógica proposicional que você pode ter estudado em disciplinas de matemática discreta). Com a lógica difusa, as proposições podem ser representadas com graus de veracidade ou falsidade. Por exemplo, o enunciado "um animal qualquer com listras é um tigre" poderia ter apenas 50% de probabilidade de estar correto. A lógica difusa demonstrou sua utilidade especialmente em aplicações de inteligência artificial que envolvem a tomada de decisões sob condições de informações incompletas ou incertas.

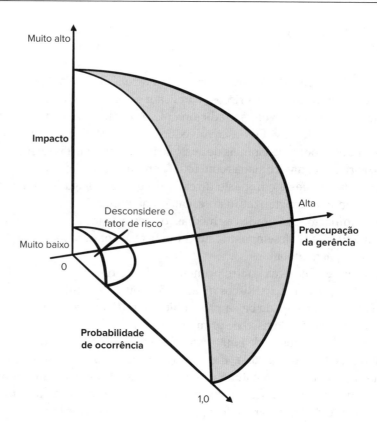

Figura 26.2
Riscos e preocupação da gerência.

26.4.2 Avaliação do impacto do risco

Três fatores afetam as prováveis consequências caso um risco ocorra: sua natureza, seu escopo e seu momento. A natureza do risco indica os problemas que podem surgir se ele ocorrer. Por exemplo, uma interface externa para o *hardware* do cliente mal definida (um risco técnico) logo atrapalhará o projeto e os testes, e provavelmente causará problemas na integração do sistema no fim do projeto. O escopo de um risco relaciona a gravidade (quão sério é ele?) com sua distribuição geral (quanto do projeto será afetado ou quantos clientes serão prejudicados?). Por fim, o momento do risco considera quando e por quanto tempo o impacto será sentido. Em muitos casos, você vai querer que as "más notícias" ocorram o mais cedo possível, mas em alguns, quanto mais tarde, melhor.

Retornando mais uma vez à abordagem de análise de risco proposta pela Força Aérea Americana [AFC88], podem-se aplicar os seguintes procedimentos para determinar as consequências gerais de um risco: (1) determinar o valor médio da probabilidade de ocorrência para cada componente de risco; (2) usando a discussão apresentada na Seção 26.3.2, determinar o impacto para cada componente com base no critério mostrado; e (3) completar a tabela de risco e analisar os resultados conforme descrito nas seções anteriores.

A *exposição ao risco* (RE, do inglês *risk exposure*) geral é determinada pela seguinte relação [Hal98]:

$$RE = P \times C$$

em que P é a probabilidade de ocorrência de um risco e C é o custo para o projeto, caso o risco ocorra.

Por exemplo, suponha que a equipe de *software* defina o risco de um projeto da seguinte maneira:

Identificação do risco. Somente 70% dos componentes de *software* programados para reutilização serão realmente integrados na aplicação. A funcionalidade restante terá de ser desenvolvida de maneira personalizada.

Probabilidade do risco. Oitenta porcento (provavelmente).

Impacto do risco. Foram planejados 60 componentes de *software* reutilizáveis. Se somente 70% puderem ser usados, 18 componentes terão de ser desenvolvidos do zero (além de outros *softwares* personalizados que foram planejados para serem desenvolvidos). Como cada componente tem, em média, 100 linhas de código (LOC, do inglês *lines of code*) e os dados locais indicam que o custo de engenharia de *software* para cada LOC é de US$ 14, o custo total (impacto) para desenvolver os componentes seria 18 × 100 × 14 = US$25.200.

Exposição ao risco. RE = 0,80 × 25.200 ~ US$20.200.

Feita a estimativa do custo do risco, a exposição ao risco pode ser calculada para cada risco na tabela de riscos. A exposição total para todos os riscos (acima da linha de corte na tabela de riscos) pode ser um meio de ajustar a estimativa de custo final para um projeto. Ela também pode ser usada para prever o aumento provável nos recursos de pessoal necessários em vários pontos durante o cronograma do projeto.

As técnicas de projeção e análise de risco descritas nas Seções 26.4.1 e 26.4.2 são aplicadas iterativamente à medida que o projeto de *software* avança.[5] A equipe deve rever a tabela de risco a intervalos regulares, reavaliando cada risco para determinar quando novas circunstâncias causam mudanças na probabilidade e no impacto. Após completar essa atividade, a equipe pode decidir acrescentar novos riscos à tabela, remover alguns que não são mais relevantes e mudar as posições relativas dos que restarem. A equipe deve comparar a RE de todos os riscos com a estimativa de custos para o projeto. Se a RE total for maior do que 50% do custo do projeto, a viabilidade do projeto deve ser questionada.

Casa Segura

Análise de risco

Cena: Escritório de Doug Miller antes do início do projeto do *software* CasaSegura.

Atores: Doug Miller (gerente da equipe de engenharia de *software* do CasaSegura), Vinod Raman, Jamie Lazar e outros membros da equipe.

Conversa:

Doug: Gostaria de dedicar um tempo para um *brainstorming* sobre os riscos do projeto CasaSegura.

Jamie: Do tipo "o que pode dar errado"?

Doug: Sim. Aqui estão algumas categorias em que as coisas podem dar errado.

(Ele mostra a todos as categorias listadas na introdução da Seção 26.3.)

Vinod: Humm... você quer apenas chamar a nossa atenção para elas ou...

Doug: Não, veja o que acho que devemos fazer. Cada um faz uma lista de riscos... agora mesmo...

(Dez minutos para todos escreverem.)

Doug: Ok, parem.

---

[5] Caso tenha interesse, um tratamento mais matemático do custo do risco é apresentado em [Ben10b].

542 Engenharia de *software*

> **Jamie:** Mas eu ainda não terminei!
>
> **Doug:** Tudo bem. Veremos a lista novamente. Agora, para cada item da sua lista, atribua uma porcentagem de probabilidade de que o risco venha a ocorrer. Depois, atribua um impacto ao projeto em uma escala de 1 (pequeno) a 5 (catastrófico).
>
> **Vinod:** Se achar que o risco é alto, especifico uma probabilidade de 50%, e se achar que ele tem um impacto moderado sobre o projeto, especifico um 3, certo?
>
> **Doug:** Exatamente.
>
> (Cinco minutos, todos escrevendo.)
>
> **Doug:** Ok, parem. Agora vamos fazer uma lista do grupo no quadro branco. Eu escrevo; vou pegar um item por vez de cada lista de vocês em uma sequência de rodadas.
>
> (Quinze minutos depois, a lista está criada.)
>
> **Jamie (apontando para o quadro e rindo):** Vinod, aquele risco (apontando para um item do quadro) é ridículo. É mais fácil sermos atingidos por um raio. Devemos removê-lo.
>
> **Doug:** Não, vamos deixar por enquanto. Consideraremos todos os riscos; não importa que sejam absurdos. Depois, vamos limpar a lista.
>
> **Jamie:** Mas já temos mais de 40 riscos... como poderemos controlar todos eles?
>
> **Doug:** Não podemos. É por esse motivo que definiremos um ponto de corte após ordenarmos todos os riscos. Farei isso depois, e iremos nos reunir amanhã novamente. Por ora, voltemos ao trabalho... e, nos intervalos de folga, pensem sobre qualquer outro risco que tenham esquecido.

26.5 Refinamento do risco

Durante os estágios iniciais do planejamento de projeto, um risco pode ser especificado de forma bem geral. À medida que o tempo passa e se conhece mais sobre o projeto e o risco, talvez seja possível refinar o risco em um conjunto de riscos mais detalhados, cada um deles mais fácil de mitigar, monitorar e gerenciar.

Uma maneira de fazer isso é representar o risco em um formato *condição-transição-consequência* (CTC) [Glu94]. O risco é definido da seguinte maneira:

> Considerando que <condição>, então há a preocupação de que (possivelmente) <consequência>.

Usando o formato CTC para o risco de reutilização descrito na Seção 26.4.2, podemos escrever:

> Considerando que todos os componentes de *software* reutilizáveis devem estar em conformidade com padrões específicos de projeto e que alguns deles não se enquadram nesses padrões, há uma preocupação de que (possivelmente) somente 70% dos módulos que se planejava reutilizar possam ser integrados na montagem do sistema, resultando na necessidade de criar de forma personalizada os 30% dos componentes restantes.

Essa condição geral pode ser refinada da seguinte maneira:

Subcondição 1. Certos componentes reutilizáveis foram desenvolvidos por uma equipe terceirizada que não conhecia os padrões internos de projeto.

Subcondição 2. O padrão de projeto para as interfaces do componente não foi completamente estabelecido e pode não estar em conformidade com certos componentes reutilizáveis existentes.

Capítulo 26   Gestão de riscos   **543**

Subcondição 3. Certos componentes reutilizáveis foram implementados em uma linguagem não suportada no ambiente em que serão usados.

As consequências associadas a essas subcondições refinadas permanecem as mesmas (i.e., 30% dos componentes de *software* devem ser criados de forma personalizada), mas o refinamento ajuda a isolar os riscos subjacentes e pode levar a uma análise e resposta mais fáceis.

26.6 Mitigação, monitoramento e gestão de riscos (RMMM)

Todas as atividades de análise de risco apresentadas até aqui têm um único objetivo: ajudar a equipe de projeto a desenvolver uma estratégia para lidar com o risco. Uma estratégia eficaz deve considerar três aspectos: como evitar o risco, como monitorar o risco e como gerenciar o risco e planejar a contingência.

Se a equipe de *software* adota uma abordagem proativa ao risco, evitar o risco é sempre a melhor estratégia. Para tanto, desenvolve-se um plano de *mitigação de risco*. Por exemplo, suponha que a alta rotatividade de pessoal seja o risco r_1 de um projeto. Com base no histórico passado e na intuição do gerente, a probabilidade l_1 de alta rotatividade é estimada em 0,70 (70%, um tanto alta), e o impacto x_1 é projetado como crítico. A alta rotatividade terá um impacto crítico sobre o custo e sobre o cronograma do projeto.

Para mitigar esse risco, é preciso desenvolver uma estratégia para reduzir a rotatividade. Entre as providências possíveis a serem tomadas, citamos:

- Reunir-se com o pessoal para determinar as causas da rotatividade (p. ex., más condições de trabalho, salário baixo, mercado de trabalho competitivo).
- Mitigar as causas que estão sob o seu controle antes do início do projeto.
- Uma vez iniciado o projeto, assumir que a rotatividade acontecerá e desenvolver técnicas para garantir a continuidade quando as pessoas saírem.
- Organizar equipes de projeto para que as informações sobre cada atividade de desenvolvimento sejam amplamente difundidas.
- Definir padrões para os produtos do projeto e estabelecer mecanismos para assegurar que todos os modelos e documentos sejam desenvolvidos a tempo.
- Realizar revisões em pares de todo o trabalho (para que mais de uma pessoa esteja "por dentro").
- Designar um substituto para cada profissional cujo trabalho seja crítico.

Com o avanço do projeto, começam as atividades de *monitoramento de risco*. O gerente de projeto monitora fatores que podem indicar se o risco está se tornando mais ou menos provável. No caso da alta rotatividade de pessoal, a atitude geral dos membros da equipe baseada nas pressões do projeto, o grau de coesão da equipe, as relações pessoais entre os membros da equipe, os problemas em potencial com remuneração e benefícios e a disponibilidade de empregos dentro e fora da empresa são monitorados.

Além de monitorar esses fatores, um gerente de projeto deve monitorar a efetividade das providências para a mitigação do risco. Por exemplo, uma providência citada recomendava a definição de padrões para o produto e mecanismos para

Engenharia de *software*

assegurar que os produtos sejam desenvolvidos a tempo. Esse é um mecanismo para garantir a continuidade se um elemento crítico deixar o projeto. O gerente de projeto deve monitorar os produtos cuidadosamente para garantir que cada um seja autossuficiente e forneça as informações necessárias se um novato precisar entrar na equipe de *software* no meio do projeto.

A *gestão de riscos e o plano de contingência* consideram que os esforços de mitigação do risco falharam e que o risco se tornou uma realidade. Continuando o exemplo, o projeto está em andamento, e um grupo de pessoas avisa que vai sair. Se a estratégia de mitigação foi utilizada, existe pessoal substituto disponível, as informações estão documentadas, e todo o conhecimento é compartilhado dentro da equipe. Além disso, pode-se mudar temporariamente o foco dos recursos (e reajustar o cronograma do projeto) para aquelas funções que estão com a equipe completa, permitindo que os novatos a serem acrescentados à equipe "entrem logo no ritmo". As pessoas que estão saindo devem interromper todo o trabalho e passar suas últimas semanas envolvidas em atividades de "transferência de conhecimentos". Isso pode incluir captação de conhecimento por meio de vídeo, desenvolvimento de "documentos de comentários ou Wikis" e/ou reuniões com outros membros da equipe que permanecerão no projeto.

É importante observar que as etapas de mitigação, monitoramento e gestão de risco acarretam custo adicional ao projeto. Por exemplo, o tempo gasto para criar *backups* para todas as tecnologias críticas custa dinheiro. Parte da gestão de risco é avaliar quando os benefícios acumulados pelas providências de RMMM são superados pelos custos associados à sua implementação. Executa-se uma análise de custo-benefício clássica. Se a exposição a um risco específico for menor do que seu custo de mitigação, não tente mitigar o risco, mas continue monitorando-o. Se as providências para evitar os riscos de alta rotatividade aumentarem o custo e a duração do projeto em uma estimativa de 15%, mas o fator de custo predominante for a "substituição do profissional", o gerente pode decidir não implementar essa etapa. Por outro lado, se houver uma projeção de que as providências para evitar o risco aumentarão os custos em 5% e a duração em apenas 3%, o gerente provavelmente vai tomar essas providências.

Para um grande projeto, 30 ou 40 riscos podem ser identificados. Se para cada um deles forem identificados de 3 a 7 passos de gestão de riscos, esta pode exigir recursos significativos para o seu controle. Por essa razão, deve-se adaptar a regra 80-20 de Pareto para o risco de *software*. A experiência indica que 80% do risco geral de projeto (80% do potencial de falha do projeto) podem ser responsáveis por apenas 20% dos riscos identificados. O trabalho executado durante as primeiras etapas de análise de risco o ajudará a determinar quais dos riscos estão incluídos nesses 20% (p. ex., riscos que levam à mais alta exposição ao risco). Desse modo, alguns dos riscos identificados, avaliados e projetados podem não entrar no plano RMMM – eles não estão incluídos nos 20% críticos (os riscos com prioridade mais alta no projeto).

A *gamificação*[6] foi sugerida como abordagem para incentivar os desenvolvedores de *software* a seguir procedimentos de conformidade com processos em áreas como a qualidade e a gestão de riscos [Ped14]. Uma abordagem de gamificação típi-

---

6 Deterding et al. definem "gamificação" como o uso de elementos de projeto de jogos em situações não lúdicas para aumentar a motivação e a atenção a uma tarefa [Det11]. É importante observar que essa definição não se refere a *jogar* jogos, e sim a usar elementos de projeto de jogos em outros contextos.

ca concederia pontos, medalhas ou outras recompensas não monetárias a cada desenvolvedor e usaria um quadro de liderança público com o *ranking* de cada indivíduo no grupo de desenvolvimento. Se puder ser implementada com base na coleta automática de dados (p. ex., registrando o número de comprometimentos com o repositório de *software*), essa abordagem pode ser uma maneira financeiramente eficiente de garantir que todos os membros de equipe estão monitorando as medidas de fatores de risco focadas em acionar os passos de mitigação necessários para impedir que o risco se transforme em desastre [Baj11]. Um aviso: é preciso garantir que os membros da equipe *não* são recompensados por ações como injetar problemas no processo, o que lhes permitiria conquistar medalhas por mitigar problemas que eles mesmos causaram [Bri13].

O risco não está limitado ao próprio projeto de *software*. Riscos podem ocorrer depois que o *software* foi desenvolvido com sucesso e entregue ao cliente. Esses riscos estão tipicamente associados às consequências da falha no *software* em campo.

Segurança do software e análise de imprevistos (p. ex., [Fir15], [Har12a], [Lev12]) são atividades de garantia da qualidade de *software* (Capítulo 17) que se concentram na identificação e avaliação de imprevistos em potencial que podem afetar negativamente o *software* e fazer o sistema inteiro falhar. Se imprevistos puderem ser identificados antecipadamente no processo de engenharia de *software*, poderão ser especificadas características do projeto do *software* que servirão para eliminar ou controlar os imprevistos em potencial.

Casa Segura

Gamificação e gestão de riscos

Cena: Escritório de Doug Miller antes do início do projeto do *software CasaSegura*.

Atores: Doug Miller (gerente da equipe de engenharia de *software* do *CasaSegura*), Vinod Raman, Jamie Lazar e outros membros da equipe.

Conversa:

Doug: Gostaria de dedicar um tempo para um *brainstorming* sobre como convencer todos os desenvolvedores a monitorar e mitigar os riscos que identificamos para o projeto *CasaSegura*.

Jamie: Achei que controlar o projeto era a sua função.

Doug: E é, mas os membros da equipe de desenvolvimento enxergam os problemas em potencial muito mais rápido do que eu conseguiria, pois estão trabalhando na linha de frente.

Vinod: "Trabalhando" é a palavra certa. Já estamos fazendo o bastante para esse projeto avançar...

Doug: Exato, não temos tempo para consertar problemas que poderiam ter sido prevenidos se os riscos fossem resolvidos antes.

Jamie: Certo... mas o que você está pensando, então?

Doug: Estou pensando que vocês gostam de jogar videogame, então talvez seria interessante deixar o monitoramento de risco mais parecido com um jogo do que com uma tarefa de projeto.

Jamie: Eu tenho um amigo em outra empresa que me contou sobre uma coisa chamada "gamificação". Acho que é disso que você está falando, Doug.

Doug: É, a gamificação está se popularizando como ferramenta de conformidade em áreas de processos de *software* como garantia da qualidade e gestão de riscos.

546 Engenharia de *software*

> **Vinod:** Como fazemos isso, então?
>
> **Doug:** Minha ideia era que a maioria dos disparadores para as nossas tarefas de mitigação de riscos se baseiam em métricas que já temos no painel de gerenciamento de projetos. Seria apenas uma questão de encorajar os desenvolvedores a conferir o painel regularmente.
>
> **Jamie:** E vamos usar *software* espião para registrar quantas vezes as pessoas olham o painel?
>
> **Doug:** Talvez não. Poderíamos recompensar a primeira pessoa que informa um valor que indica que algo está errado, quem sabe?
>
> **Jamie:** Meu amigo mencionou que usam quadros de liderança para incentivar a concorrência. Poderíamos criar um quadro simples em uma planilha do Google Docs.
>
> **Vinod:** Alguns jogos têm medalhas. Poderíamos criar medalhas para o quadro de liderança.
>
> **Doug:** E as pessoas trabalhariam por medalhas?
>
> **Jamie:** Talvez, se pudessem trocar as medalhas por recompensas.
>
> **Doug:** Que tipo de recompensa?
>
> **Jamie:** Não sei, talvez ser o primeiro a escolher uma história de usuário para desenvolver no *sprint* atual. Ou dinheiro, caso as ações da pessoa poupem bastante para a empresa em custos de retrabalho.
>
> **Doug:** Deixem-me pensar mais um pouco, depois conto as minhas ideias sobre as recompensas e o sistema de pontos para o quadro de liderança. Amanhã nos reunimos de novo. Por ora, pensem sobre os riscos mais importantes que deveríamos monitorar quando começarmos o nosso primeiro *sprint*.

26.7   O plano RMMM

Uma estratégia de gestão de risco pode ser incluída no plano de projeto de *software*, ou as etapas de gestão de risco podem ser organizadas em um *plano de mitigação, monitoramento e gestão* separado. O plano RMMM documenta todo o trabalho executado como parte da análise de risco e é usado pelo gerente de projeto como parte do plano geral de projeto.

Algumas equipes de *software* não desenvolvem um documento RMMM formal. Em vez disso, cada risco é documentado individualmente usando-se um *formulário de informações de risco* (RIS, do inglês *risk information sheet)* [Wil97]. Em muitos casos, o RIS é mantido por meio de um sistema de banco de dados na nuvem para que a criação e introdução de informações, ordem de prioridade, pesquisas e outras análises possam ser feitas facilmente. Essa abordagem se prestaria a apoiar a gamificação do processo de gestão de riscos e facilitaria o compartilhamento de formulários de informações de risco com todas as equipes de *software* da empresa. O formato do RIS está ilustrado na Figura 26.3.

Uma vez documentado o RMMM e começado o projeto, iniciam-se as etapas de mitigação e monitoramento de risco. Conforme já discutimos, mitigação de risco é uma atividade para evitar problemas. O monitoramento de risco é uma atividade de acompanhamento de projeto com três objetivos primários: (1) avaliar se os riscos previstos vão ocorrer de fato; (2) assegurar que as etapas de mitigação ao risco definidas para o risco estejam sendo aplicadas adequadamente; e (3) coletar informações que podem ser usadas para futuras análises de riscos. Em muitos casos, os problemas que ocorrem durante um projeto podem estar ligados a mais de um risco. Outra função do monitoramento de risco é tentar definir a origem (quais riscos causaram quais problemas durante o projeto).

Formulário de informações de risco			
ID do risco: P02-4-32	Data: 09/05/19	Prob: 80%	Impacto: alto

Descrição:

Somente 70% dos componentes de *software* programados para reutilização serão, de fato, integrados na aplicação. A funcionalidade restante terá de ser desenvolvida de maneira personalizada.

Refinamento/contexto:

Subcondição 1: Certos componentes reutilizáveis foram desenvolvidos por uma equipe terceirizada que não conhecia os padrões internos de projeto.

Subcondição 2: O padrão de projeto para as interfaces do componente não foi completamente estabelecido e pode não estar em conformidade com certos componentes reutilizáveis existentes.

Subcondição 3: Certos componentes reutilizáveis foram implementados em uma linguagem não suportada no ambiente em que serão usados.

Mitigação/monitoramento:

1. Contate a equipe terceirizada para determinar a conformidade com os padrões de projeto.
2. Pressione para que haja padronização da interface; considere a estrutura de componente ao decidir sobre o protocolo de interface.
3. Determine o número de componentes que estão na categoria da subcondição; determine se pode ser adquirido o suporte de linguagem.

Gerenciamento/plano de contingência/disparo:

Foi calculada a exposição ao risco: US$ 20.200. Reserve esse valor no custo de contingência do projeto. Desenvolva um cronograma revisado assumindo que 18 componentes adicionais terão de ser criados de forma personalizada; defina a equipe de maneira correspondente.

Disparador: as providências para mitigação improdutivas em 01/07/19.

Estado atual:

12/05/19: Providências para mitigação iniciadas.

Autor: D. Gagne	Designado: B. Laster

Figura 26.3
Formulário de informações de risco.

26.8 Resumo

Sempre que um projeto de *software* estiver em execução, o bom senso manda que se faça a análise de risco. No entanto, a maioria dos gerentes de projeto de *software* a faz informal e superficialmente, quando a faz. O tempo que se gasta identificando, analisando e controlando os riscos traz retornos de muitas maneiras – menos pressão durante o projeto, mais capacidade de acompanhar e controlar um projeto e a confiança que resulta do planejamento para os problemas antes que eles ocorram.

A análise de riscos pode absorver um grande esforço de planejamento do projeto. A identificação, projeção, avaliação, gestão e monitoramento, tudo toma tempo. Mas o esforço é recompensado. Citando Sun Tzu, general chinês que viveu há 2.500 anos: "Se você conhece o inimigo e conhece a si mesmo, não precisa temer o resultado de uma centena de batalhas". Para o gerente de projeto de *software*, o inimigo é o risco.

Problemas e pontos a ponderar

26.1. Dê cinco exemplos de outros campos que ilustram os problemas associados à estratégia reativa de riscos.

26.2. Descreva a diferença entre "riscos conhecidos" e "riscos previsíveis".

26.3. Você é o gerente de projeto de uma grande empresa de *software* e foi designado para liderar uma equipe que criará um produto revolucionário, combinando *hardware* de realidade virtual com *software* de ponta. Crie uma tabela de riscos para o projeto.

26.4. Desenvolva uma estratégia de mitigação de risco e especifique atividades específicas de mitigação de risco para três dos riscos descritos na Figura 26.1.

26.5. Desenvolva uma estratégia de monitoramento de risco e especifique as atividades de monitoramento de risco para três dos riscos descritos na Figura 26.1. Não se esqueça de identificar os fatores que você monitorará para determinar se o risco está se tornando mais ou menos possível.

26.6. Desenvolva uma estratégia de gestão de risco e especifique atividades de gestão para três dos riscos descritos na Figura 26.1.

26.7. Tente refinar três dos riscos descritos na Figura 26.1 e depois crie formulários de informações de risco para cada um deles.

26.8. Recalcule a exposição de risco discutida na Seção 26.4.2 quando o custo por LOC é de US$ 16 e a probabilidade é de 60%.

26.9. Você pode pensar em uma situação na qual um risco de alta probabilidade e alto impacto não seria considerado parte do seu plano RMMM?

26.10. Descreva cinco áreas de aplicação de *software* nas quais a análise de segurança e os imprevistos do *software* seriam uma preocupação importante.

Elemento de design: Ícone de lupa da seção Panorama: © Roger Pressman

27

Uma estratégia para suporte de *software*

Seja qual for seu domínio de aplicação, tamanho ou complexidade, o *software* continuará a evoluir com o tempo. As mudanças motivam esse processo. No âmbito do *software*, alterações ocorrem quando erros são corrigidos, quando há adaptação a um novo ambiente, quando os clientes solicitam novas características ou funções e quando a aplicação passa por um processo de reengenharia para se atualizar a um contexto moderno. O suporte de *software* começa quando os desenvolvedores convidam os envolvidos para participar do processo de coleta de requisitos e evolução do protótipo (Figura 27.1) e termina com a decisão de aposentar o sistema e retirá-lo do uso ativo.

Conceitos-chave

reestruturação dos
documentos. 564
engenharia direta 565
análise de inventário 563
manutenibilidade. 553
tarefas de manutenção. . . 554
refatoração. 560
    arquitetura 561
    código 561
    dados. 561
gerenciamento
de versões 550
engenharia reversa. 555
    dados. 555
    processamento 556
    interfaces
    de usuário. 557
evolução de *software*. 562
manutenção de *software*. . 552
reengenharia de *software*. . 562
suporte de *software* 550
suportabilidade 552

🔍 Panorama

O que é? O suporte de *software* engloba um conjunto de atividades que corrige *bugs*, adapta o *software* a mudanças no ambiente, faz melhorias com base nos pedidos dos envolvidos e faz reengenharia do *software* para melhorar a funcionalidade e o desempenho. Durante essas atividades, a qualidade deve ser garantida e as alterações, controladas.

Quem realiza? No nível organizacional, a equipe de apoio da organização de engenharia de *software* realiza todas as atividades de suporte. O treinamento dos usuários, gerenciamento de relatórios de erros, consertos durante o período de garantia e atividades contínuas de relacionamento com o cliente podem ser de responsabilidade de outras equipes especializadas.

Por que é importante? O *software* existe dentro de um ambiente de tecnologia e negócios que muda rapidamente. É por essa razão que o *software* deve ter manutenção contínua e, no momento apropriado, passar por reengenharia para acompanhar o ritmo.

Quais são as etapas envolvidas? O suporte de *software* incorpora uma função de manutenção que corrige defeitos, adapta o *software* para atender a um ambiente em mudança e melhora a funcionalidade para atender às necessidades dos clientes. Em um nível estratégico, a equipe de suporte trabalha para examinar os objetivos de negócios do produto de *software* e cria um produto revisado para atender aos objetivos revisados. A evolução do *software* por meio da reengenharia cria versões de programas que apresentam uma qualidade mais alta e melhor manutenibilidade.

Qual é o artefato? Uma variedade de produtos de manutenção e reengenharia (p. ex., casos de uso, modelos de análise e projeto, procedimentos de teste) é produzida. O resultado é um *software* atualizado mais fácil de manter e que melhor atende às necessidades dos usuários.

Como garantir que o trabalho foi realizado corretamente? Utilize as mesmas práticas de qualidade de *software* e gestão de alterações aplicadas em todos os processos de engenharia de *software*.

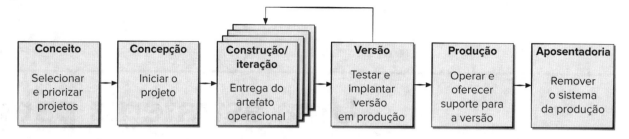

Figura 27.1
Modelo de processo de evolução do protótipo de *software*.

Nos últimos 40 anos, Manny Lehman (p. ex., [Leh97a]) e seus colegas fizeram análises detalhadas de *software* e sistemas industriais na tentativa de desenvolver uma *teoria unificada para a evolução do software* (*unified theory for software evolution*). Os detalhes desse trabalho estão além dos objetivos deste livro, mas vale apenas mencionar brevemente algumas dessas leis [Leh97b]:

A Lei da Mudança Contínua (1974). *Software* implementado em um contexto de computação real e que, portanto, vai evoluir com o tempo (chamado de *sistema tipo E*) deve ser adaptado continuamente ou se tornará cada vez menos satisfatório.

A Lei da Complexidade Crescente (1974). À medida que um sistema tipo E evolui, sua complexidade aumenta, a menos que seja feito um trabalho para mantê-la ou reduzi-la.

A Lei da Conservação da Familiaridade (1980). Conforme um sistema tipo E evolui, todos que estão associados a ele (p. ex., desenvolvedores, pessoal de vendas, usuários) devem manter conhecimento sobre o seu conteúdo e comportamento para uma evolução satisfatória. Um crescimento excessivo diminui esse conhecimento. Portanto, o crescimento incremental médio permanece invariante à medida que o sistema evolui.

A Lei do Crescimento Contínuo (1980). O conteúdo funcional dos sistemas tipo E deve ser continuamente ampliado durante toda a sua existência para manter a satisfação do usuário.

A Lei da Qualidade em Declínio (1996). A qualidade dos sistemas tipo E vai parecer diminuir a menos que eles sejam rigorosamente mantidos e adaptados às mudanças do ambiente operacional.

As leis que Lehman e seus colegas definiram fazem parte da realidade do engenheiro de *software*. Neste capítulo, discutiremos os desafios das atividades de suporte de *software*, incluindo as atividades de manutenção e evolução necessárias para ampliar a vida útil dos sistemas legados.

27.1 Suporte de *software*

O suporte de *software* pode ser considerado uma atividade de apoio que inclui muitas das atividades discutidas anteriormente neste livro: gestão de alterações (Capítulo 22), gestão de riscos proativa (Capítulo 26), gestão de processo (Capítulo 25), gestão de configuração (Capítulo 22), garantia da qualidade (Capítulo 17) e gerenciamento de versões (Capítulo 4). O *gerenciamento de versões* é o processo que leva

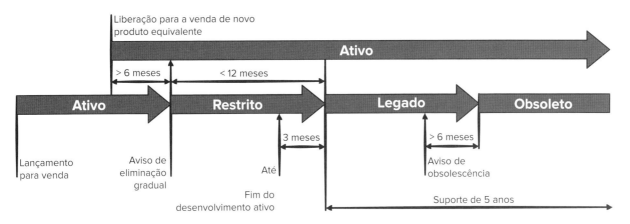

Figura 27.2
Exemplo de lançamento e aposentadoria do *software*.

alterações de código de alta qualidade do espaço de trabalho do desenvolvedor para o usuário, o que abrange integração das alterações de código, integração contínua, especificações de sistema da versão, infraestrutura como código e implementação e lançamento [Ada16]. Por fim, o *software* precisa ser aposentado. A Figura 27.2 apresenta um exemplo de linha do tempo que vai do lançamento à aposentadoria de um produto de *software*.

Para fornecer suporte eficaz ao *software* de classe industrial, a empresa (ou seus designados) deve ser capaz de fazer correções, adaptações e melhorias inerentes à atividade de manutenção. Além disso, a empresa deve desempenhar outras atividades importantes, que incluem suporte operacional continuado, suporte ao usuário e atividades de reengenharia durante toda a vida útil do *software*. A Figura 27.3 apresenta um modelo de suporte de *software* após o seu lançamento.

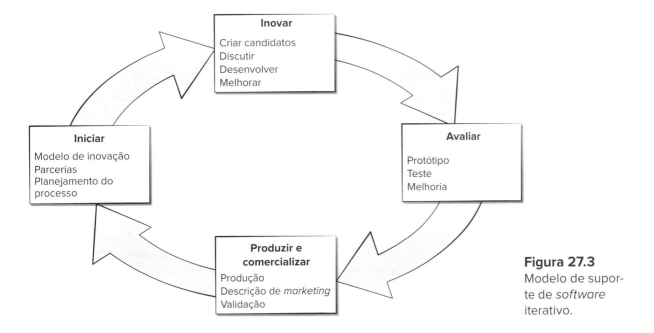

Figura 27.3
Modelo de suporte de *software* iterativo.

552 Engenharia de *software*

Uma boa definição da *suportabilidade do software* é esta:

... a capacidade de fornecer suporte a um sistema de *software* durante toda a vida útil do produto. Isso implica satisfazer qualquer necessidade ou requisito, mas também prover de equipamento, infraestrutura de suporte, *software* adicional, serviços de conveniências, mão de obra ou qualquer outro recurso necessário para manter o *software* operacional e capaz de satisfazer suas funções. [SSO08]

Em essência, a suportabilidade é um dos muitos fatores de qualidade que devem ser considerados durante as ações de análise e projeto que são parte do processo de *software*. Ela deve ser tratada como parte do modelo de requisitos (ou especificações) e considerada conforme o projeto evolui e a construção inicia. É preciso levar em conta quanto tempo durará a manutenção do *software* até ele ser substituído por um novo produto.

Por exemplo, a necessidade de *software* "antidefeito" em nível de componente e código foi discutida anteriormente neste livro. O *software* deve conter recursos para ajudar o pessoal de suporte quando for encontrado um defeito no ambiente operacional (e não se iluda, defeitos *serão* encontrados). Além disso, o pessoal de suporte deve ter acesso a um banco de dados que contenha os registros de todos os defeitos já detectados – suas características, causa e solução. Isso permitirá que o pessoal de suporte examine defeitos "similares" e possibilitará diagnóstico e correção mais rápidos.

Embora os erros encontrados em uma aplicação sejam um problema crítico de suporte, a suportabilidade também exige que sejam providenciados recursos para resolver os problemas diários dos usuários. A função do pessoal de suporte é responder às dúvidas dos usuários sobre instalação, operação e uso da aplicação.

27.2 Manutenção de *software*

A manutenção começa quase imediatamente. O *software* é liberado para os usuários e, em alguns dias, os relatos de erros começam a chegar à empresa de engenharia de *software*. Em algumas semanas, uma classe de usuários indica que o *software* deve ser mudado para se adaptar às necessidades especiais de seus ambientes. E, em alguns meses, outro grupo corporativo, que ainda não estava interessado no *software* quando ele foi lançado, reconhece que ele pode trazer vantagens. Eles precisarão de algumas melhorias para fazer o *software* funcionar em seu mundo.

O desafio da manutenção do *software* começou. Enfrentamos uma fila cada vez maior de correções de erros, solicitações de adaptação e melhorias que devem ser planejadas, programadas e, por fim, executadas. Logo, a fila já cresceu muito, e o trabalho ameaça devorar os recursos disponíveis. Com o passar do tempo, sua empresa descobre que está gastando mais tempo e dinheiro com a manutenção dos programas do que criando aplicações. Não é raro uma empresa de *software* despender de 60 a 70% de todos os recursos com manutenção de *software* para produtos que estão há muitos anos em uso ativo.

Conforme observamos no Capítulo 22, a natureza ubíqua das alterações permeia todo o trabalho de *software*. Mudanças são inevitáveis quando sistemas baseados em computador são criados; portanto, você deve desenvolver mecanismos para avaliar, controlar e fazer modificações.

Neste livro, destacamos a importância de entender o problema (análise) e desenvolver uma solução bem estruturada (projeto). A Parte II deste livro é dedicada aos mecanismos dessas ações de engenharia de *software*, e a Parte III concentra-se nas técnicas para garantir que você as tenha feito corretamente. Tanto a análise quanto o projeto levam a uma importante característica do *software* que chamamos de manutenibilidade. Em essência, *manutenibilidade* é um indicativo qualitativo[1] da facilidade de corrigir, adaptar ou melhorar o *software*. Grande parte das funções da engenharia de *software* é criar sistemas que apresentem alta manutenibilidade.

Mas o que é manutenibilidade? *Software* "manutenível" apresenta uma modularidade eficaz (Capítulo 9). Utiliza padrões de projeto (Capítulo 14) que permitem entendê-lo facilmente. Foi construído usando padrões e convenções de codificação bem definidos, levando a um código-fonte autodocumentado e inteligível. Passou por técnicas de garantia de qualidade (Parte III deste livro) que descobriram problemas de manutenção em potencial antes que o *software* fosse lançado. Foi criado por engenheiros de *software* que reconhecem que não estarão por perto quando as alterações tiverem de ser feitas. Portanto, o projeto e a implementação do *software* devem "ajudar" a pessoa que for fazer a alteração.

27.2.1 Tipos de manutenção

No Capítulo 4, discutimos os quatro tipos de manutenção mostrados na Figura 27.4. É evidente que as manutenções corretiva e adaptativa não adicionam novas funcionalidades. É provável que novas funcionalidades sejam adicionadas ao *software* durante a manutenção perfectiva e, possivelmente, durante a preventiva.

Neste capítulo, discutimos as três classes gerais de manutenção de *software* relevantes para o processo de suporte de *software*: engenharia reversa, refatoração de *software* e reengenharia ou evolução de *software*. A engenharia reversa é o processo de analisar um sistema de *software* para identificar os componentes do sistema e suas inter-relações e criar representações do sistema em outra forma ou em um nível mais elevado de abstração (Seção 27.2.2). Em geral, a engenharia reversa é usada para descobrir elementos de projeto do sistema e redocumentá-los antes de modificar o código-fonte do sistema. A refatoração é o processo de alterar um sistema de *software* sem alterar o seu comportamento externo, mas ainda melhorar a sua estrutura interna. A refatoração é muito usada para melhorar a qualidade de um produto de *software* e

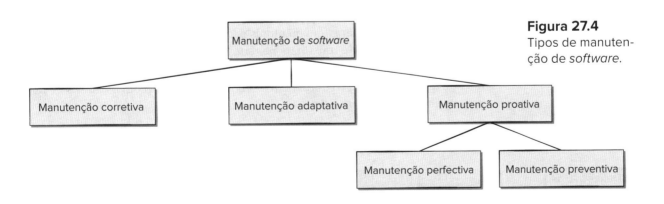

Figura 27.4
Tipos de manutenção de *software*.

---

1 Existem muitas medidas quantitativas que fornecem uma indicação indireta da manutenibilidade (p. ex., [Sch99], [SEI02]).

facilitar o seu entendimento e a sua manutenção (Seção 27.4). A reengenharia (evolução) de *software* é o processo de usar um sistema de *software* existente como base para gerar um novo sistema com a mesma qualidade que o *software* criado usando práticas modernas de engenharia de *software* [Osb90]. A reengenharia e a evolução de *software* são discutidas na Seção 27.5.

27.2.2 Tarefas de manutenção

O cenário é muito comum. Uma aplicação atendeu às necessidades de negócio de uma empresa por 10 ou 15 anos. Durante esse tempo, ela foi corrigida, adaptada e aperfeiçoada muitas vezes. Profissionais realizaram esse trabalho com as melhores intenções, mas as boas práticas de engenharia de *software* foram sempre deixadas de lado (devido à urgência de outros aspectos). Agora a aplicação está instável. Ainda funciona, mas sempre que se tenta fazer uma alteração, ocorrem efeitos colaterais sérios e inesperados. No entanto, a aplicação deve continuar evoluindo. O que fazer?

Software que não pode ser mantido não é um problema novo. Na verdade, a ênfase cada vez maior na evolução e reengenharia de *software* (Seção 27.5) foi gerada pelos problemas de manutenção de quase meio século. A Figura 27.5 mostra um conjunto de tarefas genéricas que devem ser completadas como parte de um processo controlado de manutenção de *software*.

Os modelos de processo ágil, como aqueles descritos no Capítulo 4, produzem protótipos incrementais em *sprints* de 4 semanas. Poderíamos argumentar que os desenvolvedores ágeis trabalham em um modo de suporte perpétuo, adicionando novas características solicitadas pelos envolvidos com cada incremento de *software*. Contudo, é importante entender que desenvolvimento de *software* não é manutenção. Aconselha-se que grupos de engenheiros independentes realizem as duas tarefas. Heeager e Rose [Hee15] sugerem nove heurísticas para ajudar a agilizar a manutenção.

1. Use *sprints* para organizar o trabalho de manutenção. Você deve buscar um equilíbrio entre o objetivo de manter os clientes contentes e as necessidades técnicas dos desenvolvedores.
2. Permita que solicitações urgentes dos clientes interrompam *sprints* de manutenção agendados. Para tanto, inclua tempo para elas durante o planejamento dos *sprints* de manutenção.
3. Facilite o aprendizado da equipe. Para isso, garanta que os desenvolvedores mais experientes possam atuar como mentores para os membros de equipe menos experientes mesmo quando trabalham nas suas próprias tarefas independentes.
4. Permita que múltiplos membros de equipe aceitem solicitações dos clientes à medida que elas surgem e coordenem o seu processamento com os outros membros da equipe de manutenção.

Figura 27.5
Tarefas de manutenção de *software*.

Capítulo 27   Uma estratégia para suporte de *software*   **555**

5. Equilibre o uso de documentação por escrito com comunicação presencial para garantir o bom uso do tempo das reuniões de planejamento.

6. Escreva casos de uso informais para complementar as outras documentações usadas nas comunicações com os envolvidos.

7. Peça para os desenvolvedores testarem o trabalho uns dos outros (tanto consertos de defeitos quanto implementações de novas características). Isso permite o aprendizado compartilhado e faz os membros da equipe se sentirem mais "donos" do produto.

8. Assegure-se que os desenvolvedores podem e conseguem compartilhar conhecimentos entre si. Isso pode motivar as pessoas a melhorarem suas habilidades e seus conhecimentos (os desenvolvedores aprendem coisas novas e melhoram suas habilidades profissionais, enquanto as tarefas são distribuídas de forma mais igualitária).

9. Mantenha as reuniões de planejamento curtas, frequentes e focadas.

27.2.3   Engenharia reversa

A primeira tarefa que os engenheiros de *software* precisam completar antes de responder a qualquer solicitação de manutenção é entender o sistema que precisa ser modificado. Infelizmente, o sistema que recebe manutenção muitas vezes é de baixa qualidade e não tem uma documentação razoável. Em última análise, é isso que é o débito técnico, muitas vezes causado por desenvolvedores que agregam recursos e características sem documentá-los ou sem considerar o seu impacto sobre o sistema de *software* como um todo.

A engenharia reversa pode extrair informações do projeto a partir do código-fonte, mas o nível de abstração, a completude da documentação e o conforto com o qual os analistas humanos trabalham com as ferramentas disponíveis são altamente variáveis. A engenharia reversa evoca uma imagem do "*slot* mágico". Você coloca no *slot* uma listagem de código não documentada, criada de qualquer jeito, e do outro lado sai uma descrição completa do projeto (e uma documentação completa) para o programa de computador. Infelizmente, o *slot* mágico não existe.

A engenharia reversa exige que os desenvolvedores avaliem o sistema de *software* antigo por meio de uma análise do código-fonte (muitas vezes não documentado) e do desenvolvimento de uma especificação significativa do processamento executado, da interface de usuário aplicada e das estruturas de dados de programa ou do banco de dados utilizadas.

Engenharia reversa para entender os dados. Ocorre em diferentes níveis de abstração; frequentemente, é a primeira tarefa da reengenharia. Em alguns casos, a primeira atividade de engenharia reversa tenta construir um diagrama de classe de linguagem de modelagem unificada (UML, do inglês *unified modeling language*). Em nível de programa, as estruturas internas de dados de programa devem muitas vezes passar por engenharia reversa como parte de um trabalho de reengenharia total. Em nível de sistema, estruturas de dados globais (p. ex., arquivos, bancos de dados) passam muitas vezes por reengenharia para acomodar novos paradigmas de gerenciamento de banco de dados (p. ex., a mudança de arquivos de texto para sistemas de bancos de dados relacionais ou orientados a objetos). A engenharia reversa das estruturas de dados globais atuais define o cenário para a introdução de um novo banco de dados para todo o sistema.

556 Engenharia de *software*

Estruturas de dados internas. As técnicas de engenharia reversa para dados internos de programa focam-se na definição de classes de objetos. Isso é feito examinando-se o código do programa para agrupar variáveis de programa relacionadas. Em muitos casos, a organização dos dados dentro do código sugere diversos tipos de dados abstratos. Por exemplo, estruturas de registro, arquivos, listas e outras estruturas de dados muitas vezes fornecem sugestões iniciais de classes possíveis.

Estrutura de banco de dados. Seja qual for sua organização lógica e estrutura física, um banco de dados permite a definição de objetos de dados e suporta algum método para estabelecer relações entre os objetos. Portanto, para fazer a reengenharia de um esquema de banco de dados para outro é necessário entender os objetos e suas relações.

Os passos a seguir [Pre94] podem ser usados para definir o modelo de dados existente, como um precursor para a reengenharia de um novo modelo de banco de dados: (1) criar um modelo do objeto inicial; (2) determinar chaves candidatas (são examinados os atributos para determinar se elas são usadas para apontar para outro registro ou tabela; aquelas que servem como ponteiros tornam-se chaves candidatas); (3) refinar as classes provisórias; (4) definir generalizações; e (5) descobrir associações usando técnicas análogas à abordagem CRC (classe-responsabilidade-colaborador). Uma vez conhecidas as informações definidas nos passos anteriores, pode ser aplicada uma série de transformações [Pre94] para mapear a estrutura de banco de dados antiga em uma nova estrutura de banco de dados.

A engenharia reversa para entender o processamento começa com um esforço de entender e extrair abstrações procedurais representadas pelo código-fonte. Para entender as abstrações procedurais, o código é analisado em vários níveis de abstração: sistema, programa, componente, padrão e instruções.

A funcionalidade global de toda a aplicação deve ser entendida antes do trabalho detalhado de engenharia reversa. Isso estabelece um contexto para análise posterior e dá uma ideia dos problemas de interoperabilidade entre as aplicações de um sistema maior. Cada um dos programas que formam o sistema representa uma abstração funcional em um alto nível de detalhe. É criado um diagrama de blocos, representando a interação entre essas abstrações funcionais. Cada componente executa alguma subfunção e representa uma abstração procedural definida. É desenvolvida uma narrativa de processamento para cada componente. Em algumas situações, já existem especificações de sistema, programa e componente. Quando esse é o caso, as especificações são revistas para verificar a conformidade com o código existente.[2]

A situação torna-se mais complexa quando o código é considerado dentro de um componente. Você deve procurar seções de código que representem padrões procedurais genéricos. Em quase todos os componentes, uma seção do código prepara dados para processamento (dentro do módulo), outra seção faz o processamento e outra prepara os resultados do processamento para exportação do componente. Em cada uma dessas seções, podem ser encontrados padrões menores; por exemplo, validação de dados e verificações de limites, que muitas vezes ocorrem na seção do código que prepara os dados para processamento.

Para sistemas grandes, a engenharia reversa em geral é feita usando-se uma abordagem semiautomática. Podem ser empregadas ferramentas automatizadas para ajudá-lo a entender a semântica do código existente. O resultado desse processo é, então, passado para as ferramentas de reestruturação e engenharia direta para completar o processo de reengenharia.

---

2 Frequentemente, especificações escritas no início da vida do programa não são atualizadas. À medida que são feitas as atualizações, o código não está mais em conformidade com a especificação.

A engenharia reversa para entender interfaces do usuário pode precisar ser executada como parte da tarefa de manutenção. Interfaces gráficas do usuário (GUIs, do inglês *graphic user interfaces*) sofisticadas tornaram-se itens obrigatórios para produtos e sistemas de todos os tipos baseados em computadores. Portanto, o desenvolvimento de interfaces do usuário tornou-se um dos tipos mais comuns de atividade de reengenharia. Antes de recriar uma interface de usuário, porém, a engenharia reversa deverá ser feita.

Para entender completamente uma interface de usuário, a estrutura e o comportamento da interface devem ser especificados. Merlo e seus colegas [Mer93] sugerem três questões básicas que devem ser respondidas quando se começa a engenharia reversa de uma interface do usuário (UI, do inglês *user interface*):

- Quais são as ações básicas (p. ex., teclas e cliques de *mouse*) que a interface deve processar?
- Qual é a descrição compacta da resposta comportamental do sistema para essas ações?
- O que significa "substituição" ou, mais precisamente, qual conceito de equivalência de interfaces é relevante aqui?

A notação de modelagem comportamental (Capítulo 9) pode proporcionar um meio para desenvolver respostas para as duas primeiras questões. Grande parte das informações necessárias para criar um modelo comportamental pode ser obtida observando-se a manifestação externa da interface. Mas as informações adicionais necessárias para criar o modelo comportamental devem ser extraídas do código.

É importante notar que uma GUI substituta pode não refletir exatamente a interface antiga (na verdade, pode ser radicalmente diferente). Muitas vezes compensa desenvolver uma nova metáfora de interação. Por exemplo, uma interface de usuário antiga exige que o usuário forneça um fator de escala (variando de 1 a 10) para reduzir ou ampliar uma imagem gráfica. Uma GUI que passou por reengenharia pode usar um gesto na tela sensível ao toque para executar a mesma função.

27.3 Suporte proativo de *software*

Descrevemos as diferenças entre gestão de riscos reativa e proativa no Capítulo 26. Também descrevemos a manutenção preventiva e a perfectiva como atividades de manutenção proativa (Seção 27.2.1). Se o objetivo da engenharia de *software* é criar produtos de alta qualidade que atendam às necessidades do cliente com boa relação custo-benefício e dentro do prazo, então o suporte de *software*, assim como outras atividades de engenharia de *software*, exige o uso de processos de fluxo de trabalho gerenciados para evitar retrabalho desnecessário.

O suporte de *software* significa mais do que adaptá-lo às demandas mutantes dos clientes e consertar defeitos informados pelos usuários. Esse trabalho pode ser exigido pela lei, por contratos ou pela garantia do produto. Consertar *software* pode ser um processo caro e demorado, e é importante antecipar problemas e programar o trabalho necessário para responder às preocupações dos clientes antes que estas se tornem emergências. O *suporte proativo de software* exige que os engenheiros de *software* criem ferramentas e processos para ajudá-los a identificar e resolver questões antes que estas se transformem em problemas. A Figura 27.6 mostra um processo genérico de manutenção e suporte proativo de *software*.

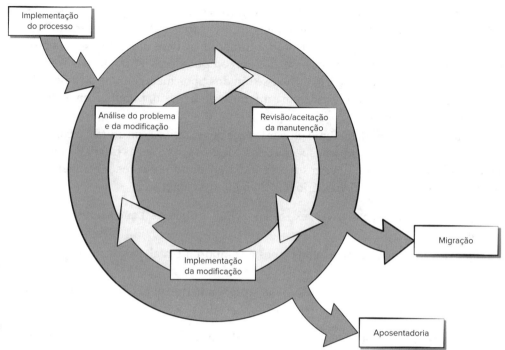

Figura 27.6
Processo de manutenção e suporte de *software*.

O processo de suporte proativo é semelhante ao monitoramento e à mitigação de riscos (Seção 26.6). Os desenvolvedores precisam buscar indicadores que sugiram que o seu produto de *software* pode ter problemas de qualidade. Às vezes, os problemas podem ser trabalhados com a evolução do produto e a migração para uma versão mais nova (Seção 27.5). Outras vezes, o *software* pode ser reestruturado ou refatorado (Seção 27.4) para melhorar a sua qualidade e facilitar a manutenção. Em alguns casos, os problemas são tão graves que o desenvolvedor precisa se planejar para aposentar o produto e começar a criar um substituto antes que os clientes o abandonem.

27.3.1 Uso de análise de *software*

Atualmente, há três usos dominantes de métodos de inteligência artificial (IA) na engenharia de *software* [Har12b]: raciocínio probabilístico, aprendizado de máquina e previsão e engenharia de *software* baseada em busca. As técnicas de raciocínio probabilístico podem ser utilizadas para modelar a confiabilidade do *software* (Seção 17.7.2). O aprendizado de máquina pode ser usado para automatizar o processo de descoberta das causas fundamentais das falhas de *software* antes que elas ocorram ao prever a presença de defeitos que provavelmente causarão tais falhas (Seção 15.4.3). A engenharia de *software* baseada em busca pode ser utilizada para ajudar os desenvolvedores a identificar casos de teste úteis e, assim, aumentar a eficácia dos testes de regressão (Seção 20.3). Todas essas aplicações de IA utilizam análise de *software*, semelhante ao que foi discutido no Capítulo 23.

Para que a análise seja útil, deve ser possível transformá-la em ações, o que significa se esforçar para determinar quais medidas têm valor preditivo a ponto de valer a pena coletá-las e quais não. Port e Tabor [Por18] sugerem que a análise de dados pode ser usada para estimar taxas de descoberta de defeitos baseadas em estimativas de defeitos ainda não descobertos presentes no produto, o tempo entre as descobertas de defeitos durante a operação e o esforço necessário para se consertar os defeitos. Um entendimento sobre esses fatores permite um melhor planejamento em termos de custos e tempo que devem ser alocados à manutenção do sistema após a sua disponibilização para uso ativo por parte dos usuários. É importante manter em mente que até mesmo as melhores estimativas contêm elementos probabilísticos, então ainda é possível que ocorram falhas inesperadas.

Zhang e seus colegas [Zha13] informam diversas lições aprendidas com o uso da análise de *software* para tarefas de manutenção proativa.

1. Assegure-se de usar análise de dados para identificar problemas de desenvolvimento significativos ou não obterá a aceitação dos engenheiros de *software*.
2. A análise deve utilizar o domínio de conhecimento da aplicação para ser útil para os desenvolvedores (o que sugere o uso de especialistas para validar a análise de dados).
3. Desenvolver a análise de dados exige *feedback* iterativo e rápido dos usuários-alvo.
4. Garanta que a análise possa ser ampliada para problemas maiores e adaptada para incorporar novas descobertas com o passar do tempo.
5. Os critérios de avaliação utilizados precisam estar correlacionados com práticas reais de engenharia de *software*.

A mineração de informações históricas armazenadas em repositórios de *software* é uma maneira popular de obter as informações de treinamento necessárias para as técnicas de IA mencionadas anteriormente [Sun15]. O uso desse conhecimento descoberto ajuda os desenvolvedores a direcionar suas ações de suporte de *software*. Para uma discussão adicional sobre o uso de análise de dados e ciência de dados, consulte o Apêndice 2 deste livro.

27.3.2   O papel das mídias sociais

Muitas lojas *online*, como a Google Play ou a Apple App Store, permitem que os usuários opinem sobre os aplicativos que adquirem e postem classificações ou comentários. O *feedback* nessas resenhas pode conter cenários de utilização, relatórios de erros ou solicitações de recursos. Analisar esses relatórios usando técnicas de processamento de linguagem natural e aprendizado de máquina pode ajudar os desenvolvedores a identificar tarefas de manutenção e evolução de *software* em potencial [Sun15]. Contudo, boa parte dessas informações não está estruturada, e sua quantidade é tanta que seria difícil interpretá-la sem o uso de ferramentas estatísticas automatizadas para reduzir o volume absurdo de informações e criar análises que podem ser transformadas em ações de modo a orientar as decisões sobre suporte.

Muitas empresas mantêm páginas no Facebook ou perfis no Twitter para apoiar suas comunidades de usuários. Algumas incentivam os usuários dos seus produtos de *software* a enviar informações sobre panes do programa para que sejam analisadas pelos membros da equipe de suporte. Outras preferem a prática questionável de controlar onde e como os clientes estão usando seus produtos, sem informá-los disso. É muito fácil coletar informações dos usuários automaticamente. Os engenheiros de *software* precisam resistir à tentação de usar essas informações de maneiras antiéticas.

27.3.3   Custo do suporte

Em um mundo perfeito, todo programa não manutenível seria aposentado imediatamente para ser substituído por aplicações de alta qualidade, desenvolvidas com modernas práticas de engenharia de *software*. Mas vivemos em um mundo de recursos

560 Engenharia de *software*

limitados; as tarefas de evolução e manutenção de *software* consomem recursos que podem ser utilizados para outras finalidades de negócio. Portanto, antes de pensar em modificar ou substituir uma aplicação existente, uma empresa deve fazer uma análise de custo-benefício.

Um modelo de análise de custo-benefício para reengenharia foi proposto por Sneed [Sne95]. São definidos nove parâmetros:

P_1 = Custo anual corrente de manutenção para uma aplicação
P_2 = Custo anual corrente das operações para uma aplicação
P_3 = Valor de negócio anual corrente de uma aplicação
P_4 = Custo de manutenção anual previsto após a reengenharia
P_5 = Custo anual previsto das operações após a reengenharia
P_6 = Valor de negócio anual previsto após a reengenharia
P_7 = Custos estimados da reengenharia
P_8 = Prazo estimado para fazer a reengenharia
P_9 = Fator de risco da reengenharia (P_9 = 1,0 é nominal)
L = Expectativa de vida do sistema

O custo associado à manutenção continuada de uma aplicação candidata à reengenharia (a reengenharia ainda não foi feita) pode ser definido como

$$C_{manut} = [P_3 - (P_1 + P_2)] \times L \tag{27.1}$$

Os custos associados à reengenharia são definidos usando a seguinte relação:

$$C_{reeng} = P_6 - (P_4 + P_5) \times (L - P_8) - (P_7 \times P_9) \tag{27.2}$$

Usando os custos apresentados nas Equações (27.1) e (27.2), o benefício total da reengenharia pode ser calculado como

$$\text{Custo-benefício} = C_{reeng} - C_{manut} \tag{27.3}$$

A análise de custo-benefício apresentada nessas equações pode ser feita para todas as aplicações de alta prioridade identificadas como candidatas para evolução ou aposentadoria (Seção 27.5). As aplicações que apresentam o custo-benefício mais alto podem ser identificadas para evolução ou manutenção proativa, enquanto o trabalho com as outras aplicações pode ser adiado até que os recursos estejam disponíveis.

27.4 Refatoração

A refatoração de *software* (também chamada de reestruturação) modifica o código-fonte e/ou os dados para torná-lo mais amigável para futuras alterações. Em geral, a refatoração não modifica a arquitetura geral do programa; ela tende a se concentrar nos detalhes de projeto dos módulos e nas estruturas de dados locais definidas nos módulos. Se a refatoração vai além dos limites dos módulos e abrange a arquitetura do *software*, ela passa a ser engenharia direta (Seção 27.5).

A refatoração ocorre quando a arquitetura básica de uma aplicação é sólida, mesmo que as partes técnicas internas necessitem de retrabalho. Ela ocorre quando partes importantes do *software* são reparáveis e somente um subconjunto de todos os módulos e dados necessita de uma modificação mais extensa.[3]

---

3 Às vezes, é difícil fazer a distinção entre refatoração extensiva e evolução. Ambos os casos são reengenharia.

27.4.1 Refatoração de dados

Antes de iniciar a refatoração de dados, deve ser feita uma atividade de engenharia reversa chamada de *análise do código-fonte*. São avaliadas todas as instruções da linguagem de programação que contenham definições de dados, descrições de arquivo, E/S (I/O) e descrições de interface. A finalidade é extrair itens de dados e objetos para obter informações sobre fluxo de dados e para entender as estruturas de dados existentes que precisam ser implementadas. Essa atividade às vezes é chamada de *análise de dados*.

Uma vez concluída a análise de dados, inicia-se o *reprojeto dos dados*. Em sua forma mais simples, uma etapa de *padronização de registro de dados* esclarece as definições de dados para obter consistência entre nomes de itens de dados ou formatos de registros físicos em uma estrutura de dados ou formato de arquivo existente. Outra forma de reprojeto, chamada de *racionalização de nomes de dados*, garante que todas as convenções de nomes de dados estejam de acordo com os padrões locais e que os pseudônimos (*aliases*) sejam eliminados à medida que os dados fluem pelo sistema.

Quando a refatoração vai além da padronização e da racionalização, são feitas modificações físicas nas estruturas de dados existentes para tornar o projeto de dados mais eficaz. Isso pode significar a transformação de um formato de arquivo em outro ou, em alguns casos, a transformação de um tipo de banco de dados em outro.

27.4.2 Refatoração de código

A *refatoração de código* é feita para gerar um projeto que produz a mesma função, mas com mais qualidade do que o programa original. O objetivo é pegar um código "emaranhado" e dele derivar um projeto que esteja em conformidade com os fatores de qualidade discutidos nos Capítulos 15 e 17.

Outras técnicas de reestruturação também foram propostas para uso com as ferramentas de refatoração. Uma abordagem seria utilizar antipadrões (Seção 14.5) para identificar más práticas de projeto de código e sugerir soluções possíveis para reduzir o acoplamento e melhorar a coesão [Bro98]. Embora a refatoração de código possa aliviar problemas imediatos associados à depuração ou a pequenas alterações, ela não é a reengenharia. O verdadeiro benefício é obtido somente quando os dados e a arquitetura também são refatorados.

27.4.3 Refatoração da arquitetura

No Capítulo 10, observamos que mudanças arquiteturais a um artefato de *software* em produção podem ser um processo caro e demorado. Contudo, quando um programa com um fluxo de controle que equivale graficamente a um prato de espaguete, com módulos de 2 mil instruções, algumas poucas linhas de comentários úteis em 290 mil instruções de código-fonte e nenhuma outra documentação, deve ser modificado para acomodar alterações e requisitos de usuário, pode ser desejável considerar a refatoração da arquitetura como um dos fatores de balanceamento do projeto. Em geral, para um programa caótico como esse, as opções são as seguintes:

1. Você pode trabalhar arduamente, fazendo modificação após modificação, enfrentando problemas de projeto improvisado e de código-fonte confuso para implementar as mudanças necessárias.
2. Você pode tentar entender os detalhes internos do programa em um esforço para tornar as modificações mais eficazes.
3. Você pode revisar (reprojetar, recodificar e testar) as partes do *software* que exigem modificação, aplicando uma abordagem de engenharia de *software* a todos os segmentos revisados.

562 Engenharia de *software*

4. Você pode refazer completamente (reprojetar, recodificar e testar) o programa usando ferramentas de reengenharia para nos ajudar a entender o projeto atual.

Não há uma opção "correta". As circunstâncias podem recomendar a primeira opção, mesmo que as outras sejam mais desejáveis.

Em vez de esperar até que a manutenção seja solicitada, a organização de desenvolvimento ou suporte usa os resultados da análise de inventário para selecionar um programa que (1) permanecerá em uso por certo número de anos, (2) está sendo utilizado no momento com sucesso e (3) pode passar por modificações importantes ou melhoramentos em futuro próximo. Então, é aplicada a opção 2, 3 ou 4. Discutiremos a evolução do *software* e a reengenharia na Seção 27.5.

27.5 Evolução de *software*

Em uma primeira impressão, a sugestão para que você redesenvolva um programa grande quando uma versão ainda funciona pode ser bastante extravagante. Reengenharia toma tempo, tem um custo financeiro alto e absorve recursos que poderiam ser usados em necessidades mais imediatas. Por essas razões, a reengenharia não é realizada em alguns meses ou mesmo anos.

A reengenharia dos sistemas de informação é uma atividade que absorverá recursos da tecnologia da informação por muitos anos. Todas as empresas precisam de uma estratégia pragmática para a reengenharia de *software*. Se o tempo e os recursos forem escassos, você pode aplicar o princípio de Pareto ao *software* que vai passar por reengenharia. Aplique o processo de reengenharia aos 20% do *software* responsáveis por 80% dos problemas.

Mas antes de julgar o trabalho, considere os seguintes argumentos: o custo para manter uma linha de código-fonte pode ser de 20 a 40 vezes o do desenvolvimento inicial daquela linha. Além disso, o reprojeto da arquitetura de *software* (programa e/ou estrutura de dados) usando conceitos modernos de projeto pode facilitar muito a manutenção futura. Ferramentas automatizadas de reengenharia ou evolução de *software* facilitarão algumas partes do trabalho. Como já existe um protótipo do *software*, a produtividade do desenvolvimento deverá ser muito mais alta do que a média. O usuário agora tem experiência com o *software*. Portanto, novos requisitos e a direção das mudanças podem ser definidos com maior facilidade. Ao fim dessa manutenção preventiva evolucionária, os desenvolvedores obtêm uma configuração de *software* completa (documentos, programas e dados).

A reengenharia é um trabalho de reforma. Para melhor entendê-la, considere uma atividade análoga: a reforma de uma casa. Imagine a seguinte situação. Você acaba de comprar uma casa em outro estado, mas nunca viu o imóvel. Comprou-o por um preço extremamente baixo, tendo sido alertado de que a casa poderia precisar de uma reforma completa. Como você agiria?

- Antes de iniciar a reforma, seria bom inspecionar a casa. Para determinar se ela precisa de reforma completa, você (ou um profissional de construção) criaria uma lista de critérios para que a inspeção fosse sistemática.
- Antes de colocar a casa abaixo, verifique se a estrutura está boa. Se a estrutura estiver em bom estado, talvez fosse possível "remodelar" sem reformar (a um custo bem mais baixo e em menos tempo).

- Antes de começar a reforma, procure entender como a casa foi construída. Dê uma olhada entre as paredes. Verifique a fiação elétrica, a tubulação hidráulica e as partes internas da estrutura. Mesmo que você resolvesse descartar tudo, as informações obtidas teriam utilidade quando iniciasse a reconstrução.
- Na reforma, use somente os materiais mais modernos e mais duráveis. Isso pode custar um pouco mais agora, mas ajudaria a evitar uma manutenção cara e demorada mais tarde.
- Se você decidir reformar, seja disciplinado. Use práticas que resultariam na mais alta qualidade – hoje e no futuro.

Embora esses princípios concentrem-se na reforma de uma casa, eles se aplicam igualmente bem aos sistemas e aplicações baseados em computador em evolução.

Para implementar esses princípios, você pode utilizar um modelo de processo cíclico para reengenharia, como aquele mostrado na Figura 27.7. O modelo define seis atividades. Como é cíclico, cada uma das atividades apresentadas pode ser revisitada sempre que necessário. Para um ciclo específico, o processo pode terminar após qualquer uma dessas atividades.

27.5.1 Análise de inventário

Toda organização de *software* deve ter um inventário de todas as aplicações. O inventário pode ser nada mais do que uma planilha com informações detalhadas (p. ex., tamanho, idade, criticalidade nos negócios) para cada aplicação ativa. Ordenando essas informações de acordo com a criticalidade de negócio, longevidade,

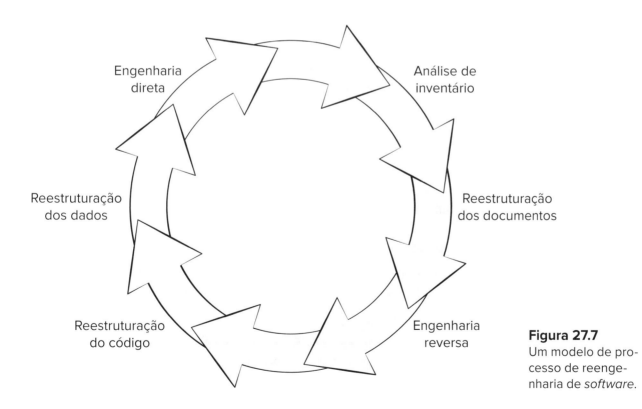

Figura 27.7
Um modelo de processo de reengenharia de *software*.

564 Engenharia de *software*

manutenibilidade atual e suportabilidade e outros critérios localmente importantes, surgem os candidatos à reengenharia. Recursos podem, então, ser alocados às aplicações candidatas ao trabalho de reengenharia.

É importante observar que o inventário deverá ser revisto regularmente. O *status* das aplicações (p. ex., criticalidade de negócio) pode mudar em função do tempo e, como resultado, as prioridades para a reengenharia também podem mudar.

27.5.2 Reestruturação dos documentos

Documentação deficiente é a marca registrada de muitos sistemas legados. O que se pode fazer quanto a isso? Quais são as suas opções? Em alguns casos, criar documentação quando não existe nenhuma é simplesmente dispendioso demais. Se o *software* funciona, não toque nele! Em outros casos, alguma documentação deve ser criada, mas somente quando forem feitas alterações. Se ocorrer uma modificação, documente-a. Por fim, existem situações nas quais um sistema fundamental deve ser totalmente documentado, mas, mesmo assim, os documentos devem atingir um mínimo essencial. Sua organização de *software* deve escolher a opção de documentação mais apropriada para cada caso.

27.5.3 Engenharia reversa

A engenharia reversa para *software* é o processo de analisar um programa na tentativa de criar uma representação dele em um nível mais alto de abstração do que o código-fonte. A engenharia reversa é um processo de *recuperação do projeto*. As ferramentas de engenharia reversa extraem informações do projeto de dados, da arquitetura e procedural com base em um programa existente.

27.5.4 Refatoração de código

O tipo mais comum de reengenharia (atualmente, o uso do termo *reengenharia* é questionável neste caso) é a *refatoração de código*. Alguns sistemas legados têm uma arquitetura de programa sólida, mas os módulos individuais foram codificados de uma maneira que dificulta entendê-los, testá-los e mantê-los. Nesses casos, o código dentro dos módulos suspeitos pode ser reestruturado.

Nessa atividade, o código-fonte é analisado com uma ferramenta de reestruturação. As violações das melhores práticas de projeto são registradas, e o código é, então, refatorado ou até mesmo reescrito em uma linguagem de programação mais moderna. O código refatorado resultante é revisado e testado para garantir que não tenham sido introduzidas anomalias. A documentação interna do código é atualizada.

27.5.5 Refatoração de dados

Um programa com uma arquitetura de dados fraca será difícil de adaptar e melhorar. Na verdade, para muitas aplicações, a arquitetura das informações tem mais a ver com a viabilidade de longo prazo de um programa do que o próprio código-fonte.

Diferentemente da reestruturação de código, que ocorre em um nível de abstração relativamente baixo, a reestruturação de dados é uma atividade de reengenharia completa. Em muitos casos, a reestruturação dos dados começa com uma atividade de engenharia reversa. A arquitetura de dados atual é dissecada, e os modelos de dados necessários são definidos. Identificam-se os objetos de dados e atributos, e a qualidade das estruturas de dados existentes é revisada.

Capítulo 27   Uma estratégia para suporte de *software*   **565**

Quando a estrutura de dados é fraca (p. ex., estão implementados arquivos de texto simples, quando uma abordagem relacional simplificaria muito o processamento), os dados passam por reengenharia.

Como a arquitetura de dados tem forte influência sobre a arquitetura do programa e os algoritmos que a constituem, mudanças nos dados resultarão, invariavelmente, em mudanças de arquitetura ou em nível de código.

27.5.6   Engenharia direta

Em um mundo ideal, as aplicações seriam recriadas por meio de um "motor de reengenharia" automatizado. O programa antigo seria colocado nesse motor, analisado, reestruturado e regenerado em uma forma que apresentasse os melhores aspectos da qualidade do *software*. Resumindo, é bastante improvável que tal "motor" apareça algum dia, mas os fabricantes de *software* introduziram ferramentas que fornecem um subconjunto limitado desses recursos que se destinam a domínios de aplicação específicos (p. ex., aplicações implementadas por meio de um sistema de banco de dados específico). Mais importante, essas ferramentas de reengenharia estão se tornando cada vez mais sofisticadas.

A engenharia direta não apenas recupera as informações do projeto do *software* existente, como também as utiliza para alterar ou reconstituir o sistema, em um esforço para melhorar sua qualidade geral. Geralmente, o *software* que passou pela reengenharia recria a função do sistema existente e acrescenta novas funções e/ou melhora o desempenho geral. Em muitos casos, a engenharia direta não cria só um equivalente moderno de um programa antigo. Em vez disso, novos requisitos de usuário e tecnologia são integrados ao trabalho de reengenharia. O programa redesenvolvido amplia a capacidade da aplicação antiga.

27.6   Resumo

O suporte de *software* é uma atividade contínua que ocorre ao longo de todo o ciclo de vida de uma aplicação. Durante o suporte, são iniciadas ações de manutenção, defeitos são corrigidos, aplicações são adaptadas a um ambiente operacional ou de negócio em mudança e melhorias são implementadas por solicitação dos envolvidos. Além disso, o suporte é fornecido aos usuários quando integram uma aplicação em seu fluxo de trabalho pessoal ou corporativo.

As atividades de manutenção e suporte de *software* precisam ser proativas. É melhor antecipar os problemas e eliminar suas causas fundamentais antes que os clientes as descubram e fiquem insatisfeitos com o produto de *software*. O uso da análise de *software* pode ajudar os desenvolvedores a identificar defeitos em potencial e necessidades de manutenção antes destes se tornarem problemáticos.

No nível do *software*, a reengenharia examina os sistemas de informação e as aplicações, com a finalidade de reestruturá-los para que tenham melhor qualidade. A reengenharia ou evolução de *software* engloba uma série de atividades que incluem análise de inventário, reestruturação da documentação, engenharia reversa, reestruturação de programas e dados e engenharia direta. A finalidade dessas atividades é criar versões dos programas existentes que tenham melhor qualidade e melhor manutenibilidade – programas que serão viáveis para o século XXI.

O custo-benefício da reengenharia pode ser determinado quantitativamente. O custo do estado atual, isto é, o custo associado ao suporte e à manutenção

566 Engenharia de *software*

continuados de uma aplicação existente, é comparado aos custos projetados da reengenharia e à redução resultante nos custos de manutenção e suporte. Em quase todos os casos nos quais um programa tem uma vida longa e em certo momento apresenta manutenibilidade ou suportabilidade ruim, a reengenharia representa uma estratégia de negócio eficiente em termos de custo.

Problemas e pontos a ponderar

27.1. Qual é a diferença entre suporte de *software* e manutenção de *software*?

27.2. Seu professor selecionará um dos programas que todos na classe tenham desenvolvido durante o curso. Troque o seu programa de forma aleatória com algum outro aluno na classe. Não explique nem dê detalhe sobre o programa. Agora, implemente uma melhoria (especificada por seu professor) no programa que você recebeu.

   a. Execute todas as tarefas de engenharia de *software*, incluindo um breve detalhamento (mas não com o autor do programa).
   b. Mantenha um controle preciso de todos os erros encontrados durante o teste.
   c. Discuta sua experiência em sala de aula.

27.3. Crie uma *checklist* da análise de inventário de reengenharia de *software* e proponha um sistema de classificação quantitativa de *software* que poderia ser aplicado a programas existentes, na tentativa de escolher programas candidatos para a reengenharia. O seu sistema deve se estender além da análise econômica apresentada na Seção 27.3.

27.4. Sugira alternativas em documentação impressa ou eletrônica que poderiam servir de base para a reestruturação da documentação. (Dica: pense em novas tecnologias descritivas que poderiam ser usadas para mostrar a finalidade do *software*.)

27.5. Algumas pessoas acreditam que a tecnologia de inteligência artificial aumentará o nível de abstração do processo de engenharia reversa. Pesquise sobre esse assunto, (i.e., o uso de inteligência artificial para a engenharia reversa), e escreva um pequeno artigo que destaque esse ponto.

27.6. Por que a completude é difícil de ser atingida à medida que o nível de abstração aumenta?

27.7. Por que o suporte proativo de *software* seria preferível ao conserto reativo de defeitos?

27.8. Usando informações obtidas na Web, apresente para a sua classe características de três ferramentas de engenharia reversa.

27.9. Há uma diferença sutil entre refatoração e engenharia direta. Qual é?

27.10. Como você determinaria P_4 até P_7 no modelo de custo-benefício apresentado na Seção 27.3.3?

Elemento de design: Ícone de lupa da seção Panorama: © Roger Pressman

Parte

V

Tópicos avançados

Nesta parte do livro, veremos vários tópicos avançados que ampliarão seu entendimento sobre a engenharia de *software*. Nos próximos capítulos, serão tratadas as seguintes questões:

- O que é a melhoria do processo de *software* e como ela pode ser usada para melhorar as práticas de engenharia de *software*?
- Quais são as tendências emergentes que podem ter uma influência significativa sobre as práticas de engenharia de *software* na próxima década?
- Qual é a expectativa para os engenheiros de *software*?

Uma vez respondidas essas perguntas, você entenderá de assuntos que podem ter um profundo impacto sobre a engenharia de *software* nos próximos anos.

28

Melhoria do processo de *software*

Conceitos-chave

avaliação	572
CMMI	576
educação e treinamento	573
avaliação	575
instalação/migração	574
justificação	573
modelos de maturidade	570
People-CMM	577
retorno sobre investimento	580
gerenciamento de risco	575
seleção	573
melhoria do processo de *software* (SPI)	
aplicabilidade	571
definição de	569
frameworks	569
processo	571

Muito antes de a expressão "melhoria do processo de *software*" ser amplamente usada, RSP trabalhou em grandes corporações para ajudá-las a melhorar a qualidade de suas práticas de engenharia de *software*. Com base nessas experiências, ele escreveu o livro *Making Software Engineering Happen* [Pre88]. O prefácio apresentava o seguinte comentário:

> Nos últimos 10 anos, tive a oportunidade de ajudar muitas grandes empresas a implementar práticas de engenharia de *software*. O trabalho é difícil e raramente ocorre tão tranquilamente quanto se gostaria – mas quando é bem-sucedido, os resultados são profundos (...)
>
> Mas nem tudo é um mar de rosas. Muitas empresas tentam implementar práticas de engenharia de *software* e, frustradas, desistem. Outras fazem tudo pela metade e nunca desfrutarão dos benefícios que acabamos de descrever. Há ainda outras que o fazem da forma linha-dura, impositiva, o que resulta em rebelião declarada entre o pessoal técnico e os gerentes e na subsequente perda de moral.

🔍 Panorama

O que é? A melhoria do processo de *software* (SPI, do inglês *software process improvement*) engloba um conjunto de atividades que levarão a um melhor processo de *software* e a uma maior qualidade do *software* fornecido, dentro do prazo de entrega.

Quem realiza? Gerentes técnicos, engenheiros de *software* e pessoas responsáveis pela garantia da qualidade.

Por que é importante? À medida que trabalha para melhorar suas práticas, a organização deve resolver os pontos fracos do processo e melhorar sua abordagem para o trabalho de *software*.

Quais são as etapas envolvidas? A SPI é iterativa e contínua, mas pode ser vista em cinco etapas: (1) avaliação; (2) educação e treinamento; (3) seleção e justificação do processo e da tecnologia; (4) implementação do plano da SPI; e (5) avaliação e ajuste dos resultados do plano.

Qual é o artefato? Um processo de *software* melhorado que leva a um *software* com melhor qualidade.

Como garantir que o trabalho foi realizado corretamente? O *software* que a sua empresa produz será fornecido com menos defeitos, o retrabalho em cada estágio do processo de *software* será reduzido e a entrega no prazo se tornará muito mais possível.

Capítulo 28   Melhoria do processo de *software*   **569**

Embora essas palavras tenham sido escritas há mais de três décadas, elas permanecem válidas atualmente.

Nos últimos anos, praticamente todas as grandes organizações têm tentado "fazer a engenharia de *software* acontecer". Algumas implementaram práticas isoladas que ajudaram a melhorar a qualidade do produto e o prazo de entrega. Outras estabeleceram um processo de *software* "consolidado" que orienta suas atividades técnicas e de gerenciamento de projeto. Mas há aquelas que continuam a enfrentar dificuldades. Suas práticas são às vezes boas e outras não, e o processo é improvisado. Ocasionalmente, o trabalho é espetacular, mas, na maior parte, cada projeto é uma aventura, e ninguém sabe se terminará bem ou mal.

Sendo assim, qual desses dois grupos precisa de melhoria do processo de *software*? A resposta (que pode surpreendê-lo) é *ambos*. Os que tiveram sucesso ao implementar a engenharia de *software* não podem se tornar complacentes; devem trabalhar continuamente para melhorar sua abordagem de engenharia de *software*. E os que enfrentam dificuldades devem começar a tomar seu rumo em direção à melhoria.

28.1   O que é SPI?

O termo *melhoria do processo de software* implica muitas coisas. Primeiro, implica que os elementos de um processo de *software* eficaz podem ser definidos de maneira eficaz; segundo, que uma abordagem organizacional existente para o desenvolvimento de *software* pode ser avaliada em relação aos elementos; e terceiro, que uma estratégia significativa pode ser definida para melhoria. A estratégia SPI transforma a abordagem existente para o desenvolvimento de *software* em algo mais focado, com melhor repetibilidade e mais confiável (em termos de qualidade de produto e prazo de entrega).

Como a SPI tem um custo, ela deve produzir um retorno sobre o investimento. O trabalho e o tempo necessários para implementar uma estratégia SPI devem compensar de alguma maneira mensurável. Para tanto, os resultados do processo e prática melhorados devem levar a uma redução nos "problemas" de *software* que custam tempo e dinheiro. Eles devem reduzir o número de defeitos que passam para os usuários, o volume de retrabalho causado por problemas de qualidade, os custos associados à manutenção e suporte do *software* (Capítulo 27) e os custos indiretos que ocorrem quando o *software* é entregue com atraso.

28.1.1   Abordagens para SPI

Embora a empresa possa escolher uma abordagem relativamente informal para SPI, a grande maioria escolhe um entre vários *frameworks* SPI. O *framework SPI* define (1) inúmeras características que devem estar presentes quando se deseja obter um processo de *software* eficaz, (2) um método para determinar se aquelas características estão presentes, (3) um mecanismo para resumir os resultados de qualquer avaliação e (4) uma estratégia para ajudar a organização na implementação das características de processo consideradas fracas ou ausentes.

Um *framework* SPI avalia a "maturidade" do processo de *software* de uma empresa e fornece uma indicação qualitativa do nível de maturidade. Na verdade, o termo *modelo de maturidade* (Seção 28.1.2) é bastante aplicado. O *framework* SPI abrange um modelo de maturidade que, por sua vez, incorpora uma série de indicadores de qualidade de processo que fornecem indicação geral da qualidade do processo que levará à qualidade do produto.

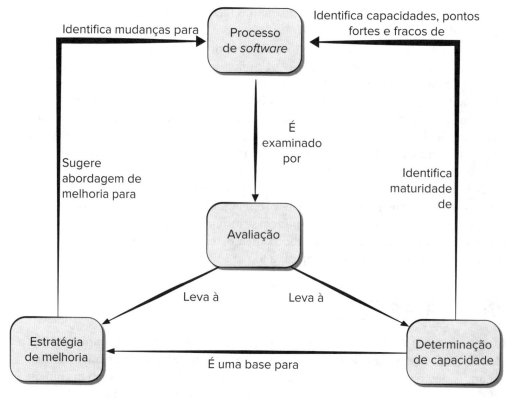

Figura 28.1
Elementos de um *framework* SPI.
Fonte: Adaptada de Rout, Terry, "Software Process Assessment – Part 1: Concepts and Introductory Guide," Spice, 2002.

A Figura 28.1 fornece uma visão geral de um *framework* SPI padrão. São mostrados os elementos-chave do *framework* e suas relações uns com os outros.

É importante observar que não há um *framework* SPI universal. Na verdade, o *framework* SPI escolhido por uma empresa reflete o grupo de pessoas que apoia o trabalho da SPI. Quando um *framework* SPI é aplicado, a organização deve estabelecer mecanismos para: (1) apoiar a transição de tecnologia; (2) determinar o grau segundo o qual uma organização está pronta para absorver as mudanças de processo propostas; e (3) medir o grau segundo o qual as mudanças foram adotadas.

28.1.2 Modelos de maturidade

Um *modelo de maturidade* é aplicado dentro do contexto de um *framework* SPI. Sua finalidade é dar uma indicação geral da "maturidade do processo" manifestada por uma empresa de *software*. Ou seja, a indicação da qualidade do processo de *software*, o grau segundo o qual os profissionais entendem e aplicam o processo e o estado geral da prática de engenharia de *software*. Para tanto, utiliza-se algum tipo de escala ordinal.

Por exemplo, o Modelo de Maturidade de Capacitação (CMM, do inglês *Capability Maturity Model*) (Seção 28.3) do Software Engineering Institute (SEI) sugere cinco níveis de maturidade, variando de *inicial* (processo de *software* rudimentar) a *otimizado* (um processo que leva às boas práticas).[1]

A questão fundamental é se as escalas de maturidade, como a proposta como parte da metodologia de processo *capability maturity model integration* (CMMI – modelo de maturidade em capacitação – integração), proporcionam qualquer benefício

---

1 O CMM original foi atualizado e é discutido na Seção 28.3.

Capítulo 28   Melhoria do processo de *software*   **571**

real. Pensamos que sim. A escala de maturidade proporciona uma visão clara da qualidade do processo que pode ser utilizado pelos profissionais e gerentes, como um *benchmark* a partir do qual podem ser planejadas as estratégias de melhoria.

28.1.3   A SPI é para todos?

Por muitos anos, a SPI foi vista como uma atividade "corporativa" – eufemismo para algo que apenas grandes empresas executam. Atualmente, porém, um porcentual significativo de todo o desenvolvimento de *software* é executado por empresas que empregam menos de 100 pessoas (ou, no caso das *startups,* menos de 24 pessoas). Uma empresa pequena pode implementar atividades de SPI e executá-las de maneira bem-sucedida?

Há diferenças culturais importantes entre empresas de desenvolvimento de *software* grandes e pequenas. Não surpreende o fato de que pequenas organizações são mais informais, aplicam menos práticas padronizadas e tendem a ser auto-organizadas. Elas também tendem a se vangloriar da "criatividade" de seus membros e encaram, inicialmente, um *framework* SPI como demasiadamente burocrático e de grande peso. No entanto, a melhoria do processo é tão importante para a empresa pequena quanto para a grande.

Em pequenas organizações, a implementação de um *framework* SPI exige recursos que podem ser escassos. Os gerentes precisam alocar pessoas e dinheiro para colocar a engenharia de *software* em ação. Portanto, independentemente do tamanho da empresa de *software*, é válido considerar a motivação comercial para a SPI. Sempre é preciso analisar as atividades de processo sendo propostas. Se um modelo de processo específico ou uma abordagem SPI parecem ser opressivos para sua organização, provavelmente são.

As análises quantitativas de diversos projetos demonstram que as metodologias ágeis, que conquistam a preferência das organizações menores, podem levar à maior eficiência nos processos e aumentar a satisfação dos clientes [Ser15]. Ainda é provável que a SPI seja aprovada e implementada somente depois que seus proponentes demonstrarem uma *alavancagem financeira* [Bir98]. A alavancagem financeira é demonstrada examinando-se as vantagens técnicas (p. ex., menos defeitos que surgem após a entrega, retrabalho reduzido, menores custos de manutenção ou chegada mais rápida ao mercado) e traduzindo-as em valores monetários. Você deve mostrar um retorno realista sobre o investimento (Seção 28.6) para justificar os custos da SPI.

28.2   O processo de SPI

A parte difícil da SPI não é definir as características que determinam um processo de *software* de alta qualidade ou criar um modelo de maturidade de processo. Isso é relativamente fácil. A parte difícil é estabelecer um consenso para iniciar a SPI e definir uma estratégia contínua para implementá-la em uma empresa de *software*.

O Software Engineering Institute desenvolveu a IDEAL – "modelo de melhoria organizacional que serve de roteiro para iniciar, planejar e implementar ações de melhoria" [SEI08]. A IDEAL representa os muitos modelos de processo para SPI, definindo cinco atividades distintas – iniciar, diagnosticar, estabelecer, agir e aprender – que orientam a empresa tendo como base as atividades de SPI.

Neste livro, apresentamos um roteiro um pouco diferente para a SPI, baseado no modelo de processo para SPI proposto originalmente em [Pre88]. Ele aplica uma

572 Engenharia de *software*

filosofia de bom senso que requer organização para que a empresa (1) se autoavalie, (2) se torne mais inteligente para que possa fazer escolhas inteligentes, (3) selecione o modelo de processo (e os elementos de tecnologia relacionados) que melhor satisfaça às suas necessidades, (4) crie uma instância do modelo em seu ambiente operacional e sua cultura e (5) avalie o que foi feito. Essas cinco atividades (discutidas nas próximas subseções[2]) são aplicadas de maneira iterativa (cíclica) para fortalecer a melhoria contínua do processo.

28.2.1 Avaliação e análise de lacunas

Qualquer tentativa de melhorar o processo de *software* atual sem antes avaliar a eficácia das atividades metodológicas e práticas de engenharia de *software* associadas seria o mesmo que iniciar uma longa jornada sem ter ideia do ponto de partida. Você iniciará com grande entusiasmo, tentará encontrar seu rumo, gastará muita energia e suportará grandes doses de frustração e, provavelmente, decidirá que realmente não quer ir a lugar algum. Resumindo, antes de começar sua jornada, é aconselhável saber precisamente onde você está.

A primeira atividade do roteiro, chamada de *avaliação*, permite que você se oriente. A finalidade da avaliação é revelar os pontos fortes e fracos na maneira como sua organização aplica processos de *software* existentes e as práticas de engenharia de *software* que compõem o processo.

A avaliação examina uma ampla variedade de ações e tarefas que levarão a um processo de alta qualidade. Por exemplo, seja qual for o modelo de processo escolhido, a organização deve estabelecer mecanismos genéricos como: abordagens definidas para comunicação com o cliente; métodos estabelecidos para representar os requisitos do usuário; um *framework* de gerenciamento de projeto que inclua definição de escopo, estimativa, cronograma e rastreamento de projeto; métodos de análise de risco; procedimentos de gerenciamento de alterações; garantia de qualidade e atividades de controle, incluindo revisões; e muitos outros. Cada um desses mecanismos é considerado no contexto das atividades metodológicas (Capítulo 2) estabelecidas e avaliado para determinar se todas as questões a seguir podem ser resolvidas:

- O objetivo da atividade está claramente definido?
- Os produtos exigidos como entrada e produzidos como saída estão identificados e descritos?
- As tarefas a serem realizadas estão claramente descritas?
- As pessoas que devem desempenhar a atividade estão identificadas de acordo com suas funções?
- Os critérios de entrada e saída foram estabelecidos?
- As métricas para a atividade foram estabelecidas?
- Há ferramentas disponíveis para suportar a atividade?
- Há um programa de treinamento explícito que trata da atividade?
- A atividade é executada uniformemente para todos os projetos?

Embora as questões apresentadas demandem respostas de *sim* ou *não*, o papel da avaliação é examinar a resposta para determinar se a atividade em questão está sendo executada conforme as boas práticas.

---

2 Parte do conteúdo dessas seções foi adaptada de [Pre88] com permissão.

Capítulo 28   Melhoria do processo de *software*   **573**

À medida que é conduzida a avaliação do processo, você (ou aqueles que foram contratados para fazer a avaliação) também deve se concentrar nas seguintes questões:

Consistência. As atividades, ações e tarefas importantes são aplicadas consistentemente em todos os projetos de *software* e por todas as equipes de *software*?

Sofisticação. As ações técnicas e de gerência são executadas com um nível de sofisticação que demanda total entendimento das boas práticas?

Aceitação. O processo de *software* e as práticas de engenharia de *software* são amplamente aceitos pela gerência e pelo pessoal técnico?

Comprometimento. A gerência forneceu os recursos necessários para obter consistência, sofisticação e aceitação?

A diferença entre aplicação local e melhor prática representa uma "lacuna" que oferece oportunidades para melhoria. O grau segundo o qual consistência, sofisticação, aceitação e compromisso são atingidos indica o nível de mudança cultural necessário para atingir uma melhora significativa.

28.2.2 Educação e treinamento

Embora poucos dos que trabalham com *software* questionem as vantagens de um processo de *software* ágil e organizado ou de práticas de engenharia de *software* sólidas, muitos profissionais e gerentes não sabem o bastante sobre ambos os assuntos.[3] Consequentemente, percepções incorretas de processos e práticas levam a decisões inadequadas quando um *framework* SPI é introduzido. Daí é possível concluir que os elementos-chave de qualquer estratégia SPI são a educação e o treinamento para os profissionais, gerentes técnicos e gerentes seniores que têm contato direto com a organização de *software*. Seria inteligente tentar oferecer treinamento "*just-in-time*" focado nas necessidades reais da equipe de *software*. Três tipos de educação e treinamento devem ser promovidos: conceitos e métodos genéricos de engenharia de *software*, tecnologias e ferramentas específicas e comunicação e tópicos relacionados à qualidade. No contexto moderno, a educação e o treinamento podem ser fornecidos de diversas maneiras diferentes. Tudo, desde *podcasts* e vídeos curtos no YouTube a treinamentos mais abrangentes baseados na Internet, como o Coursera[4] e livros eletrônicos, até cursos em sala de aula, pode ser oferecido como parte de uma estratégia SPI.

28.2.3 Seleção e justificação

Terminada a atividade de avaliação[5] e iniciada a de educação, a empresa de *software* deve começar a fazer suas escolhas. Essas escolhas ocorrem durante a *atividade de seleção e justificação*, na qual se optam por características de processo e métodos e ferramentas de engenharia de *software* específicos para preencher o processo de *software*.

Primeiro, você deve escolher o modelo de processo (Capítulos 2 a 4) que melhor se adapte à sua organização, aos seus envolvidos e ao *software* que você produz. Você deve decidir quais atividades do conjunto de atividades metodológicas vão ser aplicadas, os principais artefatos que serão produzidos e os pontos de verificação

---

3 Se você está lendo este livro, não será um deles!

4 Consulte https://www.coursera.org/.

5 Atualmente, a avaliação é uma atividade contínua. Ela é conduzida periodicamente para determinar se a estratégia SPI atingiu seus objetivos imediatos e para preparar o cenário para melhorias futuras.

Engenharia de *software*

de garantia de qualidade que permitirão à sua equipe acompanhar o progresso. Se a atividade de avaliação de SPI indicar que você tem uma deficiência específica (p. ex., não possui funções de garantia de qualidade de *software* [SQA, do inglês *software quality assurance*] formais), concentre-se nas características do processo que tratam diretamente dessas deficiências.

Em seguida, desenvolva uma estrutura analítica do projeto adaptável para cada atividade metodológica (p. ex., modelagem), definindo o conjunto de tarefas que seriam aplicadas a um projeto típico. Considere também os métodos de engenharia de *software* que podem ser aplicados para executar essas tarefas. Conforme as escolhas forem feitas, a educação e o treinamento deverão ser coordenados para que o entendimento seja reforçado.

Ao fazer suas escolhas, não deixe de considerar a cultura da sua organização e o nível de aceitação que cada escolha poderá atingir. De maneira ideal, todos trabalham juntos para selecionar vários elementos de processo de tecnologia e para poder direcionar-se para a atividade de instalação ou migração (Seção 28.2.4). Na realidade, a seleção pode ser um caminho complicado. Muitas vezes, é difícil obter consenso entre os diferentes grupos. Se os critérios de seleção forem estabelecidos por meio de discussões, participantes poderão argumentar indefinidamente sobre sua adequação e se determinada escolha realmente atende aos critérios estabelecidos.

É verdade que uma má escolha pode prejudicar mais do que ajudar, mas "paralisia por análise" indica que o progresso é nulo, ou quase, e que os problemas de processo permanecem. Contanto que a característica de processo ou o elemento de tecnologia tenha uma boa chance de atender às necessidades de uma organização, muitas vezes é melhor ser objetivo e fazer uma escolha do que esperar por uma solução perfeita.

28.2.4 Instalação/migração

Instalação é o primeiro ponto em que uma empresa de *software* sente os efeitos das mudanças provocadas pelo roteiro de SPI. Em alguns casos, é recomendado um processo inteiramente novo para a empresa. Atividades estruturais, ações de engenharia de *software* e tarefas de trabalho individual devem ser definidas e instaladas como parte de uma nova cultura de engenharia de *software*. Essas mudanças representam uma transição organizacional e tecnológica importante e devem ser administradas com muito cuidado.

Em outros casos, mudanças associadas à SPI são relativamente menos importantes, representando modificações pequenas, mas significativas, a um modelo de processo existente. Essas mudanças muitas vezes são chamadas de *migração de processo*. Hoje, muitas organizações de *software* têm um "processo" em andamento – o problema é que ele não funciona de maneira eficaz. Sendo assim, a *migração* incremental de um processo (que não funciona tão bem quanto se desejaria) para outro é uma estratégia mais eficaz.

A instalação e a migração são atividades de *redesenho de processo de software* (SPR, do inglês *software process redesign*). Scacchi [Sca00] afirma que o "SPR está ligado à identificação, aplicação e refinamento de novas maneiras de melhorar radicalmente e transformar o processo de *software*". Quando é iniciada uma abordagem formal ao SPR, consideram-se três diferentes modelos de processo: (1) o processo existente ("da forma como está"); (2) um processo de transição ("daqui para lá"); e (3) o processo-alvo ("o novo"). Se o processo-alvo for significativamente diferente do existente, a única abordagem racional para a instalação é uma estratégia incremental na qual o processo de transição é implementado em etapas. O processo de transição proporciona uma série de pontos intermediários que permitem à cultura da organização de *software* se adaptar a pequenas alterações ao longo do tempo.

28.2.5 Avaliação

Embora esteja listada como a última atividade no roteiro de SPI, a *avaliação* ocorre durante toda a SPI. A atividade de avaliação mede o grau segundo o qual as alterações foram criadas e adotadas, o grau segundo o qual essas alterações resultam em *software* de melhor qualidade ou outros benefícios de processo perceptíveis, e o estado geral do processo e a cultura da organização conforme a SPI progride.

Durante a atividade de avaliação, são considerados fatores qualitativos e métricas quantitativas. Do ponto de vista qualitativo, as atitudes da gerência e dos profissionais sobre o processo de *software* no passado podem ser comparadas com as escolhidas após instalação das mudanças de processo. Métricas quantitativas (Capítulo 23) são coletadas de projetos que usaram o processo de transição ou "o novo" e comparadas com métricas similares coletadas para projetos executados de acordo com o processo "da forma como está".

28.2.6 Gestão de riscos para SPI

A SPI é uma atividade de risco. Muitas vezes, a SPI fracassa, pois os riscos não foram considerados corretamente e não se formulou um plano de contingência. Na verdade, mais da metade de todos os empreendimentos de SPI terminam em fracasso. As razões do fracasso variam muito e são específicas de cada organização. Entre os riscos mais comuns estão: falta de suporte gerencial, resistência cultural por parte do pessoal técnico, estratégia de SPI mal planejada, abordagem excessivamente formal à SPI, escolha de um processo inadequado, falta de interesse por parte dos principais envolvidos, orçamento inadequado, falta de treinamento do pessoal, instabilidade organizacional e uma infinidade de outros fatores. O papel dos responsáveis pela SPI é analisar os possíveis riscos e desenvolver uma estratégia interna para controlá-los [Dut15].

Uma empresa de *software* deve administrar o risco em três pontos-chave no processo de SPI [Ive04]: antes de iniciar o roteiro da SPI, durante a execução das atividades de SPI (avaliação, educação, seleção, instalação) e durante a atividade de avaliação que se segue à ocorrência de alguma característica de processo. Em geral, as seguintes categorias podem ser identificadas [Ive04] para os fatores de risco da SPI: orçamento e custos, conteúdo e resultados práticos, cultura, manutenção de resultados práticos de SPI, missão e metas, gerenciamento organizacional, estabilidade organizacional, envolvidos no processo, cronograma para o desenvolvimento da SPI, ambiente de desenvolvimento da SPI, processo de desenvolvimento da SPI, gerenciamento de projeto da SPI e pessoal para a SPI.

Em cada categoria, há muitos fatores de risco genéricos. Por exemplo, a cultura organizacional tem forte influência sobre o risco. Podem ser identificados estes fatores[6] de risco genéricos para a categoria cultural [Ive04]:

- Atitude em relação à mudança, com base em esforços anteriores para mudar.
- Experiência com programas de qualidade, nível de sucesso.
- Orientação de ações para resolver os problemas *versus* debates políticos.
- Uso de fatos para administrar a organização e os negócios.

---

6 Fatores de risco para cada uma das categorias de risco descritas nesta seção podem ser encontrados em [Ive04].

- Paciência com as mudanças, habilidade em empregar o tempo para a socialização.
- Orientação para as ferramentas – a expectativa de que as ferramentas possam resolver os problemas.
- Nível de "totalidade de planejamento" – habilidade da organização em planejar.
- Habilidade dos membros da organização em participar abertamente nas reuniões com vários níveis da organização.
- Habilidade dos membros da organização em administrar as reuniões eficientemente.
- Nível de experiência em organização com processos definidos.

Usando-se os fatores de risco e atributos genéricos como guia, uma tabela de riscos (Capítulo 26) pode ser desenvolvida para isolar os riscos que merecem mais atenção.

28.3 O CMMI

O CMM original foi desenvolvido e atualizado pelo Software Engineering Institute na década de 1990 como um *framework* SPI completo. Hoje, evoluiu e se transformou no CMMI [CMM18], um metamodelo de processo abrangente, qualificado em uma série de capacidades de sistema e engenharia de *software* que devem estar presentes à medida que as organizações alcançam diferentes níveis de capacitação e maturidade de processo.

O CMMI representa um metamodelo de processo de duas maneiras diferentes: (1) como um modelo "contínuo" e (2) como um modelo "por estágio". O metamodelo CMMI contínuo descreve um processo em duas dimensões, conforme está ilustrado na Figura 28.2. Cada área de processo (p. ex., planejamento de projeto ou gerenciamento de requisitos) é formalmente avaliada em relação a metas e práticas específicas e classificada de acordo com os seguintes níveis de capacidade:

Nível 0: *Incompleto.* A área de processo (p. ex., gerenciamento de requisitos) não funciona ou não atinge todas as metas e objetivos definidos pelo CMMI para a capacidade nível 1 para a área de processo.

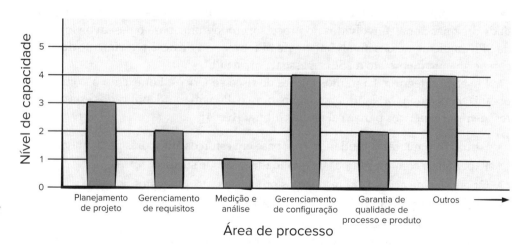

Figura 28.2
Perfil da capacidade da área de processo CMMI.

Fonte: Phillips, Mike, "CMMI V1.1 Tutorial," April 9, 2002.

Nível 1: *Executado*. Todas as metas específicas da área de processo (definidas pelo CMMI) foram satisfeitas. Estão sendo executadas as tarefas necessárias para produzir os artefatos definidos.

Nível 2: *Controlado*. Todos os critérios do nível de capacidade 1 foram satisfeitos. Além disso, todo o trabalho associado à área de processo está de acordo com uma política definida em termos de organização; todas as pessoas que estão fazendo o trabalho têm acesso a recursos adequados para executar o trabalho; os envolvidos agem ativamente na área de processo conforme necessário; todas as tarefas e produtos são "monitorados, controlados, revisados e avaliados quanto à conformidade com a descrição de processo" [CMM18].

Nível 3: *Definido*. Todos os critérios do nível de capacidade 2 foram satisfeitos. Além disso, o processo é "adaptado com base no conjunto de processos padronizados da organização, de acordo com as regras de adaptação da organização e dos produtos acabados, medidas e outras informações de melhoria de processo para agregar valores ao processo organizacional" [CMM18].

Nível 4: *Controlado quantitativamente*. Todos os critérios do nível de capacidade 3 foram satisfeitos. Além disso, a área de processo é controlada e melhorada usando medição e avaliação quantitativa. "São estabelecidos objetivos quantitativos para qualidade e desempenho de processo e utilizados como critérios no controle do processo" [CMM18].

Nível 5: *Otimizado*. Todos os critérios do nível de capacidade 4 foram satisfeitos. Além disso, a área de processo é adaptada e otimizada usando meios quantitativos (estatísticos) para atender à mudança de necessidades do cliente e melhorar continuamente a eficiência da área de processo em consideração.

O CMMI define cada área de processo em termos de "metas específicas" e as "práticas específicas" necessárias para atingir essas metas. As *metas específicas* estabelecem as características que devem existir para que as atividades envolvidas por uma área de processo sejam eficazes. *Práticas específicas* refinam uma meta, transformando-a em uma série de atividades relacionadas ao processo.

Além das metas e práticas específicas, o CMMI também define um conjunto de cinco metas genéricas e práticas relacionadas a cada área de processo. Cada meta corresponde a um dos cinco níveis de capacidade. Para atingir um nível de maturidade, as metas específicas e as práticas associadas a um conjunto de áreas de processo devem ser atingidas. A relação entre níveis de maturidade e áreas de processo é mostrada na Figura 28.3.

Não importa quão bem seja concebido, um processo de *software* não será bem-sucedido sem profissionais talentosos e motivados. O *Modelo de Maturidade de Capacitação de Pessoas* (People-CMM, do inglês *People Capability Maturity Model)* sugere práticas que melhoram a competência e a cultura da força de trabalho [CMM18a]. O objetivo do People-CMM é estimular a melhoria contínua do conhecimento genérico da força de trabalho (chamado de "competências fundamentais"), habilidades específicas de engenharia de *software* e gerenciamento de projeto (chamado de "competências da força de trabalho") e habilidades relacionadas ao processo. Assim como o CMMI, o People-CMM define um conjunto de cinco níveis de maturidade organizacional que proporcionam uma indicação da sofisticação relativa das práticas e processos da força de trabalho.

Nível	Foco	Área de processo
Otimizado	Melhoria contínua do processo	Análise causal e resolução Inovação organizacional e entrega
Controlado quantitativamente	Gerenciamento quantitativo	Gerenciamento quantitativo de projeto Desempenho de processo organizacional
Definido	Padronização de processo	Solução técnica Verificação Treinamento organizacional Gerenciamento de projeto integrado Equipe integrada Desenvolvimento de requisitos Validação Análise de decisão e resolução Ambiente organizacional para integração Integração de produto Definição de processo organizacional Gerenciamento de fornecimento integrado Gestão de riscos Foco no processo organizacional
Controlado	Gerenciamento básico de produto	Gerenciamento de acordo com fornecedor Garantia de qualidade de processo e produto Planejamento de projeto Gerenciamento de requisitos Gerenciamento de configuração Medição e análise Monitoração e controle de projeto
Executado		

Figura 28.3
Áreas de processo necessárias para atingir um nível de maturidade.

Informações

CMMI – Fazer ou não fazer?

CMMI é um metamodelo de processo. Ele define (em mais de 700 páginas) as características de processo que devem existir caso uma empresa de *software* queira estabelecer um processo de *software* completo. A questão debatida há quase duas décadas é: "O CMMI é opressivo?". Como muitas coisas na vida (e em *software*), a resposta não é um simples sim ou não.

O espírito do CMMI sempre deve ser adotado. Com o risco da simplificação, o desenvolvimento de *software* deve ser encarado com seriedade – deve ser planejado amplamente, controlado com uniformidade, acompanhado com precisão e conduzido profissionalmente. Deve concentrar-se nas necessidades dos patrocinadores/envolvidos no projeto, nas habilidades dos engenheiros de *software* e na qualidade do produto final. Essas ideias são indiscutíveis.

Os requisitos detalhados do CMMI devem ser considerados seriamente se uma empresa cria sistemas grandes e complexos que envolvem dezenas ou centenas de pessoas por muitos meses ou anos. Pode ser que o CMMI esteja "na medida certa" em tais situações, se a cultura organizacional for favorável a modelos de processo-padrão e a gerência estiver comprometida em torná-la um sucesso. No entanto, em outras situações, o CMMI pode ser demais para uma organização assimilá-lo. Isso significa que o CMMI é "ruim" ou "demasiadamente burocrático" ou "à moda antiga?". Não... não é. Significa que o que é certo para uma cultura organizacional pode não ser certo para outra.

> O CMMI é uma conquista importante na engenharia de *software*. Proporciona uma discussão abrangente das atividades e ações que devem existir quando uma organização cria *software* de computador. Mesmo que a empresa prefira não adotar seus detalhes, toda equipe de *software* deveria aderir a esse espírito e aprender com a discussão de processo e prática de engenharia de *software*.

28.4 Outros *frameworks* SPI

Embora o CMM e o CMMI do Software Engineering Institute (SEI) sejam os *frameworks* SPI mais amplamente aplicados, muitas alternativas foram propostas e estão em uso.[7] Fornecemos uma breve visão geral desses *frameworks* a seguir.[8]

28.4.1 SPICE

O modelo SPICE (*Software Process Improvement and Capability dEtermination* – Melhoria de Processo de *Software* e Determinação de Capacitação) [SPI99] proporciona um *framework* de avaliação SPI compatível com a ISO 15504-5:2015 e a ISO 12207:2017. O propósito do SPICE era criar um *framework* para avaliar um processo e obter informações sobre capacidades, pontos fortes e pontos fracos de modo a ajudar a organização a atingir seus objetivos. [Kar12] apresenta um resumo do *framework* SPI, incluindo um modelo para gerenciamento de processo, diretrizes para conduzir uma avaliação e classificação do processo em consideração.

28.4.2 TickIT Plus

O método de auditoria TickIT [Tic18] assegura a conformidade com a norma *ISO 9001:2015 para Software* – uma norma genérica que se aplica a qualquer organização que queira melhorar a qualidade geral dos produtos, sistemas ou serviços que fornece. Portanto, a norma é diretamente aplicável a organizações e empresas de *software*.

A norma ISO 9001:2015 adotou um ciclo "planejar-fazer-verificar-agir" aplicado aos elementos de gerenciamento de qualidade de um projeto de *software*. Em um contexto de *software*, o "planejar" estabelece os objetivos do processo, as atividades e tarefas necessárias para obter *software* de alta qualidade e, como resultado, a satisfação do cliente. "Fazer" implementa o processo de *software* (incluindo tanto atividades de estrutura quanto de apoio). "Agir" inicia as atividades de melhoria do processo de *software* que contribuem continuamente para aprimorar o processo. O TickIT pode ser usado em todo o ciclo "planejar-fazer-verificar-agir" para assegurar que o progresso SPI esteja ocorrendo. Os auditores TickIT avaliam a aplicação do ciclo como um precursor da certificação ISO 9001:2015. Para uma discussão detalhada sobre a ISO 9001:2015 e TickIT, consulte [Tic18] e [ISO15].

---

7 Alguns desses *frameworks* não são exatamente "alternativas", já que são abordagens complementares à SPI. Uma tabela abrangente com muito mais *frameworks* SPI pode ser encontrada em http://citeseerx. ist.psu.edu/viewdoc/download?doi=10.1.1.13.4787&rep=rep1&type=pdf.

8 Se houver interesse, para cada uma delas há uma grande variedade de material impresso e baseado na Web.

580 Engenharia de *software*

28.5 Retorno sobre investimento em SPI

A SPI é um trabalho pesado e requer investimento substancial em dinheiro e profissionais. Os administradores que aprovam o orçamento e os recursos destinados à SPI invariavelmente farão a seguinte pergunta: "Como posso saber se obtivemos um retorno razoável do dinheiro que gastamos?".

Em nível qualitativo, os proponentes da SPI argumentam que um processo de *software* melhorado levará a uma qualidade superior. Eles sustentam que um processo melhorado resultará na implementação de filtros de qualidade superiores (resultando em menor propagação de defeitos), melhor controle das alterações (resultando em menor caos no projeto) e menos retrabalho técnico (resultando em menor custo e melhor prazo de entrega para o mercado). Mas esses benefícios qualitativos podem ser traduzidos em resultados quantitativos? A equação clássica do retorno sobre investimento (ROI, do inglês *return on investment*) é:

$$ROI = \frac{\Sigma(\text{benefícios}) - \Sigma(\text{custos})}{\Sigma(\text{custos})} \times 100\%$$

em que

benefícios incluem as economias em custos associadas à melhor qualidade do produto (menos defeitos), menos retrabalho, redução do trabalho associado a alterações e lucro proveniente de uma entrega mais rápida ao mercado;

custos incluem custos SPI diretos (p. ex., treinamento, medição) e custos indiretos associados à maior ênfase no controle de qualidade e atividades de gerenciamento de mudanças e uma aplicação mais rigorosa dos métodos de engenharia de *software* (p. ex., a criação de um modelo de projeto).

Na prática, esses benefícios quantitativos e custos são muitas vezes difíceis de medir com precisão, e todos dependem de uma interpretação. Mas isso não significa que uma organização de *software* deve executar um programa SPI sem cuidadosa análise dos custos e benefícios que se acumulam. Até mesmo organizações de *software* muito pequenas se beneficiam com as melhorias de processo, mas examinam o ROI das atividades de SPI que escolhem adotar [Lar16]. Um tratamento abrangente do retorno sobre investimento para a SPI pode ser encontrado em um livro especial de David Rico [Ric04].

28.6 Tendências da SPI

Nos últimos 35 anos, muitas empresas tentaram melhorar suas práticas de engenharia de *software* aplicando um *framework* SPI para promover mudança organizacional e transição de tecnologia. Conforme observamos antes neste capítulo, mais da metade fracassou nessa tentativa. Independentemente do sucesso ou falha, tudo custa muito. David Rico [Ric04] relata que uma aplicação típica de um *framework* SPI como o SEI CMMI pode custar entre US$ 25 mil e US$ 70 mil por pessoa e levar anos para se completar! Não é surpresa o fato de que o futuro da SPI deve dar ênfase a uma abordagem menos dispendiosa e menos demorada.

Para serem eficazes no mundo do desenvolvimento de *software* do século XXI, os futuros *frameworks* SPI devem se tornar significativamente mais ágeis [Bjø16]. Em vez de um foco organizacional (que pode levar anos para se completar com

Capítulo 28   Melhoria do processo de *software*   **581**

sucesso), os esforços de SPI contemporâneos devem se concentrar no nível de projeto, trabalhando para melhorar um processo de equipe em semanas, não em meses ou anos [Bjø16]. Para obter resultados significativos (mesmo em nível de projeto) em curto prazo, modelos complexos de *framework* podem ser substituídos por modelos mais simples [Lar16]. Em lugar de dezenas de práticas-chave e centenas de práticas suplementares, um *framework* SPI ágil deve dar ênfase apenas a poucas práticas críticas (p. ex., análogas às atividades de *framework* discutidas neste livro) [Din16].

Qualquer tentativa em SPI demanda uma força de trabalho com conhecimento, mas as despesas com educação e treinamento podem ser altas e devem ser minimizadas (e enxugadas). Em vez de cursos em salas de aula (caros e demorados), trabalhos de SPI futuros deverão utilizar treinamento baseado na Web, destinado a práticas críticas. Ao contrário de tentativas avançadas para mudar a cultura organizacional (com todos os perigos políticos que surgem), a mudança cultural deverá ocorrer com um pequeno grupo de cada vez até se alcançar o ponto crucial. Jovanovic e seus colegas sugerem usar uma técnica chamada *retrospective gaming* ("jogo retrospectivo"), integrada à retrospectiva Scrum, como forma de ensinar e engajar os membros da equipe de desenvolvimento ágil com a melhoria de processos [Jov15].

O trabalho de SPI das três últimas décadas tem um mérito significativo. Os *frameworks* e modelos desenvolvidos representam valores intelectuais importantes para a comunidade de engenharia de *software*. Mas esses valores direcionam futuras tentativas em SPI, não se tornando dogma recorrente, mas servindo como base para modelos SPI melhores, mais simples e mais ágeis.

28.7   Resumo

Um *framework* de melhoria do processo de *software* define as características que devem estar presentes quando se quer atingir um processo de *software* eficaz, um método de avaliação que ajude a determinar se essas características estão presentes e uma estratégia para ajudar a empresa de *software* a modificar as características de processo consideradas fracas ou ausentes. Independentemente de quem na organização apoia a SPI, o objetivo é melhorar a qualidade do processo e melhorar a qualidade do *software* e os prazos.

O modelo de maturidade de processo dá uma indicação geral da "maturidade de processo" exibida por uma empresa de *software*. Ele proporciona um senso de qualidade sobre a eficiência relativa do processo de *software* que está em uso no momento.

O roteiro da SPI começa com a avaliação – uma série de atividades que revelam os pontos fracos e fortes da aplicação do processo de *software* e das práticas de engenharia de *software* que fazem parte do processo. A avaliação é a ferramenta que permite que a organização de *software* desenvolva um plano geral de SPI.

Um dos elementos-chave de qualquer plano SPI é educação e treinamento, uma atividade que se concentra na melhoria do nível de conhecimento dos gerentes e profissionais. Depois que o pessoal se torna experiente nas tecnologias de *software* atuais, começa a seleção e a justificação. Essas tarefas levam a escolhas sobre a arquitetura do processo de *software*, os métodos que fazem parte dela e as ferramentas que a suportam. Instalação e avaliação são atividades de SPI que causam mudanças no processo e examinam sua eficácia e seu impacto.

Para melhorar o processo de *software*, a empresa deve ter as seguintes características: comprometimento e suporte da gerência para com a SPI, envolvimento do pessoal durante todo o processo de SPI, integração do processo na cultura

Engenharia de *software*

organizacional geral, uma estratégia SPI personalizada para as necessidades locais e uma administração sólida do projeto de SPI.

Hoje, há uma série de *frameworks* SPI em uso: CMM e CMMI do SEI são amplamente utilizados. O People-CMM foi personalizado para avaliar a qualidade da cultura organizacional e os profissionais envolvidos. SPICE e TickIT são *frameworks* adicionais que podem levar a uma SPI eficaz.

SPI é trabalho sério e requer investimento substancial em dinheiro e pessoas. Para garantir a obtenção de um retorno sobre o investimento razoável, a organização deve medir os custos associados à SPI e os benefícios que podem ser atribuídos diretamente a ela.

Problemas e pontos a ponderar

28.1. Por que as organizações de *software* muitas vezes têm dificuldades quando aderem a um esforço para melhorar o processo local de *software*?

28.2. Descreva o conceito de "maturidade de processo" com suas próprias palavras.

28.3. Faça uma pesquisa (verifique no *site* do SEI) e determine a distribuição da maturidade de processo para organizações de *software* nos Estados Unidos e no mundo todo.

28.4. Você trabalha para uma pequena organização de *software* – apenas 11 pessoas estão envolvidas no desenvolvimento de *software*. A SPI é adequada para sua empresa? Justifique sua resposta.

28.5. Avaliação é semelhante a um exame anual de saúde. Usando essa metáfora, descreva a atividade de avaliação SPI.

28.6. Qual a diferença entre um processo "da forma como está", um processo "daqui para lá" e um processo "novo"?

28.7. Como é aplicada a gestão de risco no contexto da SPI?

28.8. Pesquise os fatores críticos para prever o sucesso de esforços de melhoria do processo de *software*. Escolhe um deles e escreva um artigo descrevendo como ele seria produzido em uma pequena organização de desenvolvimento de *software*.

28.9. Faça uma pesquisa e tente determinar como o CMMI pode ser utilizado junto a *frameworks* de processos ágeis.

28.10. Escolha um dos *frameworks* SPI discutidos na Seção 28.5 e redija um pequeno artigo descrevendo-o em mais detalhes.

Elemento de design: Ícone de lupa da seção Panorama: © Roger Pressman

29

Tendências emergentes na engenharia de *software*

Ao longo da história relativamente breve da engenharia de *software*, profissionais e pesquisadores desenvolveram inúmeros modelos de processo, métodos técnicos e ferramentas automatizadas em um esforço de apoiar a mudança na maneira como criamos *software* para computador. Apesar de a experiência indicar o contrário, há um desejo implícito de se encontrar a "solução mágica" – o processo mágico ou a tecnologia transcendente que nos permitirá criar facilmente sistemas grandes e complexos, sem confusão, enganos e atrasos – sem os vários problemas que continuam a povoar o trabalho de *software*.

Conceitos-chave

blocos básicos 591
desenvolvimento
colaborativo. 595
complexidade 588
colaboração em massa
(*crowd sourcing*) 596
requisitos emergentes . . . 590
ciclo de *hype*. 586
ciclo de vida
de inovação 584
desenvolvimento de
software dirigido por
modelo. 596
código aberto 592
software aberto. 589
projeto pós-moderno 601
engenharia
de requisitos 596
engenharia de *software*
baseada em busca. 597
tendências leves 587
direções da tecnologia . . . 593
evolução da tecnologia . . 584
desenvolvimento
guiado por teste 598
ferramentas 599
sistemas de alta
variabilidade. 590

Panorama

O que é? Ninguém pode prever o futuro com certeza, mas é possível avaliar tendências na área de engenharia de *software* e, a partir delas, sugerir direções possíveis para a tecnologia. É isso que tentamos fazer neste capítulo.

Quem realiza? Qualquer um que deseje dedicar seu tempo para se manter atualizado sobre os problemas da engenharia de *software* pode tentar prever a direção futura da tecnologia.

Por que é importante? Por que os reis na antiguidade consultavam os adivinhos? Por que grandes corporações multinacionais contratam firmas de consultoria e se esforçam para fazer previsões? Por que uma grande parte do público lê horóscopos? Queremos sempre saber o que vai acontecer para nos prepararmos.

Quais são as etapas envolvidas? Não há uma fórmula para prever o caminho à frente. Tentamos fazer isso coletando dados, organizando esses dados para que nos forneçam informações úteis, examinando associações sutis para extrair conhecimento e, a partir deste conhecimento, sugerir prováveis tendências que prevejam como as coisas serão em algum tempo futuro.

Qual é o artefato? Uma visão do futuro próximo que pode ser ou não correta.

Como garantir que o trabalho foi realizado corretamente? Prever o caminho à frente é uma arte, não uma ciência. De fato, é muito raro que uma previsão séria sobre o futuro esteja absolutamente certa ou completamente errada (com exceção, felizmente, das previsões do fim do mundo). Procuramos tendências e tentamos extrapolá-las. Podemos avaliar a precisão dessa extrapolação somente com o passar do tempo.

A história, no entanto, indica que nossa busca pela solução mágica parece estar fadada ao fracasso. Novas tecnologias são introduzidas regularmente, apresentadas como "soluções" para muitos dos problemas que os engenheiros de *software* enfrentam e incorporadas a projetos grandes e pequenos. Críticos do setor exageram a importância dessas "novas" tecnologias de *software*, os especialistas da comunidade de *software* as adotam com entusiasmo e, por fim, elas desempenham um papel no mundo da engenharia de *software*. Mas tendem a não produzir o resultado esperado e, como consequência, a busca continua.

Em edições anteriores deste livro (quase quatro décadas), discutimos tecnologias emergentes e seu impacto sobre a engenharia de *software*. Algumas foram amplamente adotadas, outras nunca alcançaram seu potencial. Nossa conclusão: as tecnologias vêm e vão; as tendências que devemos explorar são mais flexíveis. Em outras palavras, o progresso na engenharia de *software* será orientado pelas tendências nos negócios, organizações, mercado e tendências culturais. Todas elas levam à inovação tecnológica.

Neste capítulo, examinaremos algumas tendências tecnológicas na engenharia de *software*, mas nossa ênfase será sobre algumas tendências nos negócios, nas organizações, no mercado e culturais que podem ter influência importante sobre a tecnologia de engenharia de *software* nos próximos 10 ou 20 anos.

29.1 Evolução da tecnologia

Em um livro fascinante que traz uma visão atraente sobre como as tecnologias de computação (e outras tecnologias relacionadas) vão evoluir, Ray Kurzweil [Kur05] afirma que a evolução tecnológica é similar à biológica, mas ocorre a uma velocidade de magnitude muitas vezes maior. A evolução (seja ela biológica, seja tecnológica) ocorre como resultado de uma realimentação positiva – "os métodos mais capacitados resultantes de um estágio do progresso evolucionário são usados para criar o próximo estágio" [Kur05].

As grandes questões para o século XXI são: (1) Quão rápido uma tecnologia evolui? (2) Quão significativos são os efeitos da realimentação positiva? (3) Quão profundas serão as mudanças resultantes?

Quando uma tecnologia bem-sucedida é introduzida, o conceito inicial transforma-se em um "ciclo de vida da inovação" razoavelmente previsível [Gai95], ilustrado na Figura 29.1. Na fase de *avanço*, um problema é identificado e tentativas

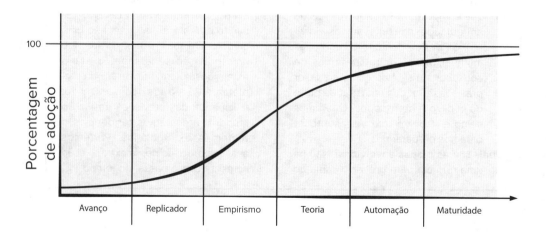

Figura 29.1 Um ciclo da evolução tecnológica.

repetidas em busca de uma solução viável são realizadas. Em algum ponto, aparece uma solução promissora. O trabalho de avanço inicial é reproduzido na fase *replicador* e ganha um uso mais amplo. O *empirismo* leva à criação de regras que regem o uso da tecnologia, e o sucesso repetido leva a uma *teoria* de uso mais amplo, seguida pela criação de ferramentas automatizadas durante a fase da *automação*. Por fim, a tecnologia amadurece e passa a ser amplamente utilizada.

É importante notar que muitas pesquisas e tendências tecnológicas nunca atingem a maturidade. Na verdade, a grande maioria das tecnologias "promissoras" no domínio da engenharia de *software* suscita um amplo interesse por alguns anos e depois passa a ser usada por um grupo específico de usuários. Isso não significa que elas não tenham mérito, mas que o caminho da inovação é longo e difícil.

A tecnologia da computação está evoluindo a uma taxa exponencial, e seu crescimento pode logo se tornar explosivo. Kurzweil [Kur05] concorda que as tecnologias de computação evoluem em uma "curva-S", que apresenta um crescimento relativamente lento durante os anos de formação da tecnologia, uma rápida aceleração durante a fase de crescimento e depois um período de nivelamento, quando atinge seus limites. Hoje, estamos no joelho da curva-S das modernas tecnologias de computação – na transição entre o crescimento inicial e o crescimento explosivo que deve se seguir. A implicação é que, durante os próximos 20 a 40 anos, veremos mudanças significativas (até mesmo impressionantes) na capacidade de computação. Kurzweil sugere que, em 20 anos, a evolução tecnológica vai acelerar a um ritmo cada vez mais rápido, chegando finalmente à era da inteligência não biológica que se combinará com a inteligência humana e a ampliará de maneira fascinante.

E tudo isso, não importa como evolua, precisará de *software* e sistemas que fazem nossos esforços atuais parecerem infantis. Por volta de 2040, uma combinação de computação extrema, inteligência artificial e aprendizado de máquina, nanotecnologia, redes onipresentes com larguras de banda extremamente altas e robótica nos levará a um mundo diferente.[1] O *software*, possivelmente de formas que ainda não podemos compreender, continuará existindo no centro desse mundo novo. A engenharia de *software* não vai acabar.

29.2   A engenharia de *software* como disciplina

Por quase 50 anos, muitos pesquisadores acadêmicos e profissionais do setor têm clamado por uma verdadeira disciplina de engenharia para *software*. Em um importante seguimento de seu artigo clássico de 1990 sobre o tema, Mary Shaw [Sha09] comenta sobre essa busca contínua:

> As disciplinas de engenharia normalmente evoluem de exercícios práticos de uma tecnologia, suficientes para uso local ou improvisado. Quando a tecnologia se torna economicamente importante, ela exige técnicas de produção estáveis e controle gerenciado. O mercado comercial resultante se baseia na experiência e não em um entendimento aprofundado da tecnologia… uma profissão de engenharia surge quando… a ciência se torna suficientemente madura para suportar prática intencional e evolução de projeto, com resultados previsíveis.

---

1   Kurzweil [Kur05] apresenta um argumento técnico que prevê forte inteligência artificial (que passará pelo teste de Turing) em 2029, e sugere que a evolução de humanos e máquinas começará a se combinar em 2045. A grande maioria dos leitores deste livro viverá para ver se isso de fato ocorrerá.

Diríamos que a indústria atingiu a "prática intencional", mas que os "resultados previsíveis" permaneceram fora do nosso alcance.

À medida que aplicativos móveis começam a dominar o cenário do *software*, Shaw identifica desafios que "surgem das profundas interdependências entre sistemas muito complexos e seus usuários" [Sha09]. Ela argumenta que a base de conhecimento que leva à "prática intencional" foi democratizada pelas redes sociais especializadas que agora povoam a Web. Por exemplo, em vez de consultar um manual de engenharia de *software* controlado de forma centralizada, um desenvolvedor de *software* pode apresentar um problema em um fórum apropriado e obter uma solução com contribuições de todo o mundo, extraída da experiência de muitos outros desenvolvedores. A solução proposta é frequentemente criticada em tempo real, com alternativas e adaptações oferecidas como opções.

Mas esse não é o nível de disciplina que muitos exigem. Conforme diz Shaw: "[Os] problemas enfrentados pelos engenheiros de *software* estão cada vez mais situados em contextos sociais complexos e é cada vez mais difícil delinear os limites do problema" [Sha09]. Como resultado, isolar os fundamentos científicos de uma disciplina continua a ser um desafio. Neste ponto da história de nossa área, é razoável dizer que "a descoberta de novas ideias de engenharia de *software* é, a esta altura, naturalmente incremental e evolucionária" [Erd10].

29.3 Observação de tendências na engenharia de *software*

Barry Boehm [Boe08] sugere que "os engenheiros de *software* enfrentarão os desafios enormes de lidar com rápidas mudanças, incerteza e emergência, confiabilidade, diversidade e interdependência, mas também terão oportunidades de fazer contribuições significativas". Mas quais são as tendências que vão permitir enfrentar esses desafios nos próximos anos?

Na introdução deste capítulo, afirmamos que "as tendências leves" têm um impacto significativo sobre a direção geral da engenharia de *software*. Mas outras tendências ("mais pesadas") orientadas para a tecnologia e pesquisa permanecem importantes. As tendências nas pesquisas "são motivadas por percepções gerais do estado da arte e da prática, por percepções do pesquisador sobre as necessidades dos profissionais, por programas de fundos nacionais que buscam estratégias específicas e por puro interesse técnico" [Mil00b]. Tendências tecnológicas ocorrem quando pesquisas são extrapoladas para atender às necessidades da indústria e demandas do *marketing*.

Na Seção 29.1, discutimos o modelo da curva-S para a evolução da tecnologia. A curva-S é apropriada para considerar os efeitos de longo prazo das tecnologias básicas, à medida que evoluem. Mas o que ocorre com as inovações, ferramentas e métodos mais modestos e de curto prazo? O Gartner Group [Gar08] – uma consultoria que estuda tendências da tecnologia em muitos ramos de atividade – desenvolveu um *ciclo de hype para tecnologias emergentes*, representado na Figura 29.2. O "ciclo de *hype*" apresenta uma visão realista da integração da tecnologia em curto prazo. No entanto, a tendência em longo prazo é exponencial. Nem toda tecnologia de engenharia de *software* segue esse caminho ao longo do ciclo da excelência. Em alguns casos, a decepção é justificada e a tecnologia fica relegada à obscuridade.

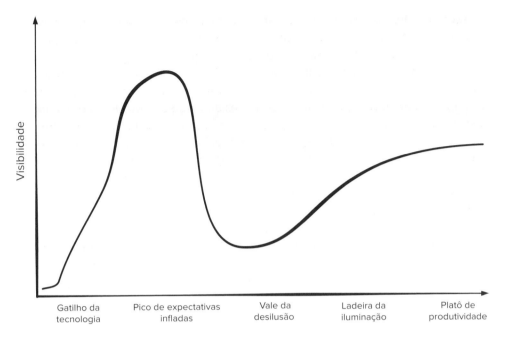

Figura 29.2
O ciclo de *hype* para tecnologias emergentes do Gartner Group.

Fonte: Linden, Alexander, Fenn, Jackie, "Understanding Gartner's Hype Cycles," Strategic Analysis Report, Gartner, Inc., May 30, 2003, 5.

29.4 Identificação das "tendências leves"

Todo país com uma indústria de TI considerável tem um conjunto único de características que definem o modo como os negócios são conduzidos, as dinâmicas organizacionais que surgem dentro de uma empresa, os aspectos de *marketing* que se aplicam aos clientes locais e a cultura dominante que governa toda a interação humana. No entanto, algumas tendências em cada uma dessas áreas são universais e têm tanto a ver com sociologia, antropologia e psicologia de grupo (muitas vezes chamadas de "ciências leves") quanto com pesquisa acadêmica ou industrial.

Conectividade e colaboração (possibilitadas pelas comunicações em banda larga) já permitem a existência de equipes de *software* que não ocupam o mesmo espaço físico (trabalho a distância e emprego de meio turno em um contexto local). Uma equipe colabora com outras que estão separadas por fuso horário, linguagem e cultura. A engenharia de *software* deve responder com um modelo de processo abrangente para "equipes de engenharia globais distribuídas" que seja ágil o bastante para atender às demandas de urgência, mas disciplinado o suficiente para coordenar diferentes grupos.

A *globalização* resulta em uma força de trabalho diversificada (em termos de idioma, cultura, solução de problemas, filosofia de administração, prioridades de comunicação e interação entre as pessoas). Isso, por sua vez, exige uma estrutura organizacional flexível. Equipes diferentes (em países diferentes) devem responder a problemas de engenharia da maneira que melhor atenda às suas necessidades especiais, enquanto proporciona uniformidade para a execução geral de um projeto global. Esse tipo de organização sugere menos níveis de administração e mais ênfase na tomada de decisões em equipe. Ele pode levar a uma maior agilidade, mas apenas se mecanismos de comunicação forem estabelecidos para que cada equipe possa entender o projeto e o *status* técnico (via conexão em rede) a qualquer momento. Métodos e ferramentas da engenharia de *software* podem contribuir para a obtenção de algum nível de uniformidade (equipes falam a mesma "língua" implementada por métodos e ferramentas específicos). O processo de *software* pode proporcionar o *framework* para a existência desses métodos e ferramentas.

Em algumas regiões (p. ex., nos Estados Unidos e na Europa), a população está envelhecendo. Essa inegável tendência demográfica (e cultural) indica que muitos engenheiros de *software* e gerentes experientes deixarão o mercado de trabalho durante a próxima década. A comunidade de engenharia de *software* deve responder com mecanismos viáveis que capturem o conhecimento desses gerentes e técnicos – por exemplo, o uso de *padrões* (Capítulo 14) é um passo na direção certa – para que eles fiquem à disposição das gerações futuras de profissionais. Em outras regiões do mundo, o número de jovens disponíveis para a indústria de *software* está explodindo. É a oportunidade de moldar uma cultura de engenharia de *software* sem o ônus de 50 anos de prejuízos da "velha guarda".

Estima-se que mais de 1 bilhão de novos consumidores entrarão no mercado mundial na próxima década. Projeta-se que os gastos dos consumidores nas economias emergentes passarão para cerca de US$ 8 trilhões até 2022 [Jai18]. O componente influenciado por fatores digitais desse gasto será superior a US$ 4 trilhões. A consequência é uma demanda crescente por novos *softwares*. Mas novas tecnologias de engenharia de *software* podem ser desenvolvidas para atender a essa demanda mundial? As tendências do mercado moderno muitas vezes são controladas pela oferta.[2] Em outros casos, requisitos da demanda controlam o mercado. Em qualquer caso, um ciclo de inovação e demanda ocorre de maneira que muitas vezes dificulta determinar quem vem primeiro!

Por fim, a própria cultura humana terá impacto na direção da engenharia de *software*. Toda geração deixa sua própria marca na cultura local, e a nossa não será diferente. Faith Popcorn [Pop08], conhecida consultora especializada em tendências culturais, caracteriza-as da seguinte maneira: "Nossas tendências não são modismos. Nossas tendências permanecem. Nossas tendências evoluem. Elas representam forças subjacentes, causas principais, necessidades humanas básicas, atitudes, aspirações. Elas nos ajudam a navegar pelo mundo, entender o que está acontecendo e por quê, e a nos prepararmos para aquilo que ainda virá". Uma discussão detalhada sobre como as tendências culturais modernas terão impacto sobre a engenharia de *software* é mais bem apresentada por aqueles que se especializaram nas "ciências leves".

29.4.1 Gestão da complexidade

Quando a 1ª edição deste livro foi escrita (em 1982), produtos digitais da forma como conhecemos hoje não existiam, e os sistemas baseados em *mainframe* contendo um milhão de linhas de código-fonte (LOC, *lines of source code)* eram considerados muito grandes. Hoje, não é raro encontrar pequenos dispositivos digitais com 60 mil a 200 mil linhas de código-fonte de *software* personalizado, com alguns milhões de linhas de código para recursos do sistema operacional. Sistemas modernos baseados em computador contendo de 10 a 50 milhões de linhas de código são comuns.[3] Em um

---

2   O lado do fornecedor adota nos mercados uma abordagem do tipo "faça e eles comprarão". Tecnologias especiais são criadas, e os consumidores se aglomeram para adotá-las – às vezes!

3   Os sistemas operacionais modernos dos *laptops* (p. ex., Linux, macOS e Windows) têm de 30 a 60 milhões de LOC. Sistemas operacionais de dispositivos móveis podem ter mais de 2 milhões de LOC.

Capítulo 29   Tendências emergentes na engenharia de *software*   **589**

futuro relativamente próximo, começarão a surgir sistemas[4] que exigirão mais de 1 bilhão de linhas de código.[5]

Pense nisso por um instante!

Considere as interfaces para um sistema de 1 bilhão de linhas de código, para o mundo exterior, para outros sistemas interoperáveis, para a Internet (ou seu sucessor) e para os milhões de componentes internos que devem funcionar todos juntos para fazer esse monstro da computação operar corretamente. Há uma maneira confiável de garantir que todas essas conexões permitam que as informações fluam adequadamente?

Considere o próprio projeto. Como gerenciamos o fluxo do trabalho e acompanhamos o progresso? As estratégias convencionais poderão ser escaladas muitas vezes em ordem de grandeza?

Considere o número de pessoas (e sua localização) que fará o trabalho, a coordenação dos profissionais e da tecnologia, o fluxo ininterrupto de alterações, a possibilidade de ambiente de sistema multiplataforma, multioperacional. Há uma maneira de gerenciar e coordenar indivíduos que estão trabalhando em um projeto enorme?

Considere o desafio da engenharia. Como podemos analisar dezenas de milhares de requisitos, limitações e restrições de uma forma que garanta que as inconsistências e ambiguidades, omissões e erros sejam imediatamente descobertos e corrigidos? Como podemos criar uma arquitetura de projeto que seja robusta o bastante para lidar com um sistema desse tamanho? Como os engenheiros de *software* poderão estabelecer um sistema de controle de alterações que terá de manipular centenas de milhares de alterações?

Considere o desafio da garantia da qualidade. Como podemos realizar verificação e validação de modo significativo? Como você testa um sistema de 1 bilhão de LOC?

Nos primórdios da engenharia de *software*, as tentativas de gerenciar a complexidade só poderiam ser descritas como *ad-hoc*. Hoje, usamos processos, métodos e ferramentas para manter a complexidade sob controle. Mas o que acontecerá no futuro? Nossa abordagem atual estará à altura da tarefa a ser realizada?

No futuro, provavelmente observaremos o uso mais amplo de técnicas de inteligência artificial para ajudar os engenheiros de *software* a gerenciar esses níveis de complexidade [Har12b], [Xie18]. O aprendizado de máquina é uma dessas técnicas que pode ajudar com os testes e a correção de erros [Mei18]. As técnicas da ciência de dados podem ser aplicadas para ajudar a interpretar a vasta quantidade de dados de engenharia de *software* gerados por esses projetos de grande porte [Kim16b]. A mineração desses repositórios de dados está se tornando uma técnica de pesquisa com forte aceitação nas comunidades de engenharia de *software* [Dye15].

29.4.2   *Software* aberto

Conceitos como inteligência ambiental,[6] aplicações sensíveis ao contexto e computação pervasiva/ubíqua focam a integração de sistemas baseados em *software* em um ambiente mais amplo do que um PC, um dispositivo de computação móvel ou

---

4 Na realidade, esse "sistema" será um sistema de sistemas – centenas de aplicativos interoperáveis trabalhando juntos para atingir algum objetivo comum.

5 Nem todos os sistemas complexos são grandes. Um aplicativo relativamente pequeno (digamos, menos de 100 mil LOC) pode ainda ser bastante complexo.

6 Uma introdução muito boa e detalhada sobre *inteligência ambiente* pode ser encontrada em https://www.researchgate.net/publication/220737998_Ambient_Intelligence_Basic_Concepts_and_Applications.

590 Engenharia de *software*

qualquer outro dispositivo digital. Essas visões separadas do futuro próximo da computação sugerem coletivamente o *"software* aberto" – *software* projetado para se adaptar a um ambiente em contínua mudança "auto-organizando sua estrutura e autoadaptando seu comportamento" [Bar06b].

Para ajudar a ilustrar os desafios que os engenheiros de *software* enfrentarão em breve, considere a noção de *inteligência ambiental* (amI, do inglês *ambient intelligence)*. Ducatel [Duc01] define a amI da seguinte maneira: "Pessoas estão rodeadas por interfaces inteligentes e intuitivas que estão embarcadas em todos os tipos de objetos. O espaço da inteligência ambiental é capaz de reconhecer e responder à presença de diferentes indivíduos (enquanto trabalham) de uma maneira contínua e sem obstrução".

Com o uso difundido de *smartphones* de baixo custo, e, ainda assim, cada vez mais poderosos, estamos a caminho dos sistemas amI onipresentes. O desafio para os engenheiros de *software* é desenvolver aplicativos que forneçam funcionalidade cada vez maior em produtos de todos os tipos – funcionalidade que se adapte às necessidades do usuário e, ao mesmo tempo, proteja a privacidade e ofereça segurança. O crescimento dos assistentes digitais e *chat bots* inteligentes nos dá dicas sobre os tipos de aplicativos que veremos no futuro.

A engenharia de *sistemas de alta variabilidade* enfoca *software* que precisa acomodar diversos cenários de utilização e implementação, além da variabilidade intencional e não intencional em atributos de qualidade ou funcionalidade (p. ex., o desempenho). Isso inclui superar os desafios representados pelos aplicativos sensíveis ao contexto, agentes autônomos e computação ubíqua, além da criação de *software* para linha de produtos.[7] Esses sistemas podem ter alta variabilidade durante todas as atividades de engenharia de *software* (p. ex., condições de tempo de execução dinâmicas, requisitos em mudança constante, gestão de configuração), e precisamos melhorar o nosso entendimento de como projetá-los e melhorá-los de formas que respeitem a relação custo-benefício [Gal17].

29.4.3 Requisitos emergentes

No início de um projeto de *software*, há um clichê que se aplica igualmente a todos os envolvidos: "Você não sabe o que não sabe". Isso significa que os clientes raramente definem requisitos "estáveis". Indica também que os engenheiros de *software* não podem prever onde ocorrerão as ambiguidades e inconsistências. Os requisitos mudam – mas isso não é novidade.

À medida que os sistemas se tornam mais complexos, até mesmo uma tentativa rudimentar de definir requisitos abrangentes está destinada ao fracasso. Uma definição de objetivos globais pode ser possível, um esboço dos objetivos intermediários pode ser alcançado, mas requisitos estáveis... sem chance! Os requisitos surgirão conforme todos os envolvidos na engenharia e construção de um sistema complexo aprenderem mais sobre esse sistema, sobre o ambiente no qual ele reside e sobre os usuários que vão interagir.

Essa realidade implica uma série de tendências de engenharia de *software*. Primeiro, devem ser projetados modelos de processo para aderirem à mudança e adotarem os princípios básicos da filosofia ágil (Capítulo 3). Em seguida, métodos que resultem em modelos elaborados (p. ex., modelos de requisito e de projeto) devem ser usados

---

7   O *software* para linha de produtos é um conjunto de programas construídos a partir de um conjunto comum de módulos de *software* reutilizáveis, projetados para serem adaptados facilmente durante a criação de novos produtos de *software*.

criteriosamente, porque esses modelos mudarão repetidamente à medida que mais conhecimento sobre o sistema for adquirido. Por fim, ferramentas que suportem tanto os processos quanto os métodos devem facilitar a adaptação e a mudança.

Há outro aspecto dos requisitos emergentes, no entanto. Para a grande maioria do *software* desenvolvido até hoje, a fronteira entre o sistema baseado em *software* e seu ambiente externo é estável. A fronteira pode mudar, mas isso ocorrerá de maneira controlada, permitindo que o *software* seja adaptado como parte de um ciclo de manutenção. Esse pressuposto está começando a mudar. O crescimento dos sistemas de alta variabilidade (Seção 29.4.2) exige que o *software* "se adapte e reaja dinamicamente às mudanças, mesmo que estas sejam imprevistas" [Bar06b].

Por sua natureza, os requisitos emergentes levam à mudança. Como controlamos a evolução de um aplicativo ou sistema amplamente usado durante toda a sua vida útil, e que efeito isso tem sobre a maneira como projetamos *software*?

Conforme o número de alterações aumenta, a probabilidade de efeitos colaterais não desejados também aumenta. Isso deverá ser motivo de preocupação quando sistemas complexos com requisitos emergentes se tornarem comuns. A comunidade de engenharia de *software* deve desenvolver métodos que ajudem as equipes a prever o impacto das mudanças no sistema inteiro, moderando, assim, efeitos colaterais indesejados. Hoje, nossa habilidade para tanto é seriamente limitada.

29.4.4   O mix de talentos

A natureza de uma equipe de engenharia de *software* pode mudar à medida que os sistemas baseados em *software* ficarem mais complexos, as comunicações e a colaboração entre equipes globais tornarem-se lugar-comum e os requisitos emergentes (com o fluxo de mudanças resultantes) se tornarem a norma. Cada equipe de *software* deve contribuir com talento criativo e habilidades técnicas para sua parte de um sistema complexo, e o processo como um todo deve permitir que o resultado dessas ilhas de talento se combine de modo eficiente. O uso da mineração de dados para a descoberta de conhecimento sobre os aspectos humanos da engenharia de *software* pode ajudar os gestores a selecionar a equipe de desenvolvimento certa antes de iniciar um projeto [Gup15].

Alexandra Weber-Morales [Mor05] sugere o mix de talentos de uma "equipe de *software* dos sonhos". *Brain* é o arquiteto-chefe, capaz de lidar com as demandas dos envolvidos e mapeá-las em um *framework* tecnológico extensível e implementável. *Data Grrl* é a guru do banco de dados e da estrutura de dados que "ataca vigorosamente as linhas e colunas, com profundo conhecimento da lógica de predicados e da teoria dos conjuntos no que se refere ao modelo relacional". *Blocker* é um líder técnico (gerente) que permite que a equipe trabalhe sem interferências e, ao mesmo tempo, garante que a colaboração esteja ocorrendo. *Hacker* é o programador perfeito que conhece padrões e linguagens e pode usar ambas de modo eficaz. O *Gatherer* "descobre habilmente requisitos de sistema com... visão antropológica" e os expressa com clareza.

29.4.5   Blocos básicos de *software*

Todos nós que adotamos uma filosofia de engenharia de *software* já enfatizamos a necessidade de reutilização – de código-fonte, classes orientadas a objetos, componentes, padrões e bibliotecas. Embora a comunidade de engenharia tenha feito progresso em sua tentativa de capturar conhecimento e reutilizar soluções comprovadas, uma parcela significativa do *software* continua a ser criada "do zero". Parte da razão para isso é um contínuo desejo (por parte dos envolvidos e dos profissionais de engenharia de *software*) por "soluções únicas".

No mundo do *hardware*, os fabricantes de equipamento originais (OEMs, do inglês *original equipment manufacturers*) dos dispositivos digitais usam quase que exclusivamente produtos-padrão específicos de aplicativo (ASSPs, do inglês *application-specific standard products*), produzidos por fabricantes de circuitos integrados. Esse "*hardware* comercial" fornece os blocos básicos necessários para implementar tudo, desde um *smartphone* até um dispositivo de computação vestível. Cada vez mais, os mesmos OEMs usam o "*software* comercial" – blocos básicos de *software* projetados especificamente para um domínio de aplicação único (p. ex., dispositivos de Voz sobre IP [VoIP, *Voice over Internet Protocol*]). Michael Ward [War07] comenta:

> Uma vantagem do uso de componentes de *software* é que o OEM pode alavancar a funcionalidade proporcionada pelo *software* sem ter de desenvolver especialidades internas nas funções específicas ou investir tempo de desenvolvedor no trabalho de implementação e validação dos componentes. Outras vantagens incluem a capacidade de adquirir e fornecer apenas o conjunto específico de funcionalidades necessárias ao sistema, bem como de integrar esses componentes em uma arquitetura já existente.

Além dos componentes empacotados como *software* comercial, há uma tendência crescente em adotar *soluções de plataforma de software* que "incorporam conjuntos de funcionalidades relacionadas, fornecidas tipicamente em um *framework* de *software* integrado" [War07]. Uma plataforma de *software* isenta um OEM do trabalho associado ao desenvolvimento de funcionalidade básica e, em vez disso, permite que ele dedique trabalho de *software* para as características que diferenciam seu produto.

29.4.6 Mudança na percepção de "valor"

Nos últimos 25 anos do século XX, a pergunta importante que os homens de negócio faziam ao discutirem *software* era: "Por que custa tão caro?". Essa pergunta raramente é feita hoje, e foi substituída por outra: "Por que não podemos obtê-lo (*software* e/ou produto baseado em *software*) mais rapidamente?".

Considerando *software* para computador, nota-se que a percepção moderna está mudando do valor nos negócios (custo e lucratividade) para os valores de clientes, que incluem: agilidade na entrega, riqueza de funcionalidade e qualidade geral do produto.

29.4.7 Código aberto

Quem é o proprietário do *software* que você ou sua organização utiliza? Cada vez mais, a resposta é "todos". O movimento "código aberto" (*open source*) tem sido descrito da seguinte maneira [OSO12]: "Código aberto é um método de desenvolvimento de *software* que utiliza o poder da revisão em pares distribuída e a transparência do processo. A premissa do código aberto é melhor qualidade, maior confiabilidade, maior flexibilidade, menor custo e o fim do aprisionamento tecnológico predatório". O termo *código aberto*, quando aplicado a *software* de computador, implica que os produtos de engenharia de *software* (modelos, código-fonte, conjuntos de teste) são abertos ao público e podem ser revistos e ampliados (com controles) por qualquer um com interesse e permissão.

Se você tiver mais interesse, Weber [Web05] fornece uma introdução valiosa, Feller e seus colegas [Fel07] editaram uma antologia abrangente e objetiva que considera os benefícios e problemas associados a código aberto, e Brown [Bro12] oferece uma discussão mais técnica.

Capítulo 29 Tendências emergentes na engenharia de *software* **593**

29.5 Rumos da tecnologia

Parece que sempre pensamos que a engenharia de *software* mudará mais rapidamente do que de fato muda. Uma nova tecnologia "da moda" (poderia ser um novo processo, um método especial ou uma ferramenta interessante) é introduzida, e os especialistas sugerem que "tudo" mudará. Mas a engenharia de *software* é muito mais do que tecnologia – ela envolve pessoas e suas habilidades em comunicar necessidades e inovar para tornar aquelas necessidades uma realidade. Sempre que há pessoas envolvidas, as mudanças ocorrem lentamente, aos trancos e barrancos. Apenas quando se atinge um "ponto de virada" [Gla02] é que uma tecnologia se propaga pela comunidade de engenharia de *software* e realmente ocorre uma ampla mudança.

Nesta seção, examinaremos algumas tendências em processos, métodos e ferramentas que podem ter alguma influência sobre a engenharia de *software* durante a próxima década. Elas conduzirão a um ponto de virada? Temos de esperar para ver.

29.5.1 Tendências de processo

Podemos dizer que todas as tendências de negócios, organizacionais e culturais discutidas na Seção 29.4 reforçam a necessidade de processo. Mas os *frameworks* abordados no Capítulo 28 fornecem um roteiro para o futuro? As metodologias de processo vão evoluir para buscar um melhor equilíbrio entre a disciplina e a criatividade? Os processos de *software* se adaptarão às diferentes necessidades dos envolvidos que solicitam o *software*, aqueles que o criam e aqueles que o utilizam? O *software* pode proporcionar um meio de reduzir o risco dos três componentes ao mesmo tempo?

Essas e outras questões permanecem pendentes. Nos próximos parágrafos, adaptaremos seis ideias propostas por Conradi e Fuggetta [Con02] para sugerir possíveis tendências de processo.

1. **À medida que os *frameworks* da melhoria do processo de *software* (SPI, do inglês *software process improvement*) evoluírem, darão ênfase a "estratégias que focalizam a orientação e inovação de produto"** [Con02]. Em um mundo de rápidas mudanças no desenvolvimento de *software*, estratégias SPI de longo prazo raramente sobrevivem em um ambiente de negócios dinâmicos. Há muitas mudanças ocorrendo rapidamente. Isso significa que um roteiro estável, passo a passo, para SPI talvez precise ser substituído por um *framework* que enfatize os objetivos de curto prazo com uma orientação para produto.

2. **Como os engenheiros de *software* têm uma boa noção do ponto frágil do processo, as mudanças em geral deverão ser motivadas por suas necessidades, e deverão começar de baixo para cima.** Conradi e Fuggetta [Con02] sugerem que as atividades de SPI no futuro deverão "usar critérios de avaliação simples e focalizados para começar, e não uma ampla avaliação". Concentrando-se nos esforços de SPI de forma restrita e trabalhando de baixo para cima, os profissionais começarão logo a ver mudanças substanciais em como é conduzido o trabalho de engenharia de *software*.

3. **A tecnologia de processo automatizado de *software* (SPT, do inglês *automated software process technology)* se distanciará do gerenciamento global de processo (suporte com base ampla de todo o processo de *software*) para concentrar-se nos aspectos que podem se beneficiar mais da automação.** Ninguém é contra ferramentas e automação, mas, em muitas situações, a SPT não atingiu seu objetivo (ver Seção 29.3). Para maior eficácia, ela deverá focalizar atividades de apoio (Capítulo 1) – os elementos mais estáveis do processo de *software*.

4. Haverá mais ênfase ao retorno sobre o investimento das atividades de SPI. No Capítulo 28, você aprendeu que o retorno sobre investimento (ROI, do inglês *return on investment*) pode ser definido como:

$$ROI = \frac{\Sigma(\text{benefícios}) - \Sigma(\text{custos})}{\Sigma(\text{custos})} \times 100\%$$

Até hoje, as organizações de *software* têm se empenhado para delinear claramente os "benefícios" de maneira quantitativa. Pode-se afirmar [Con02] que "precisamos, portanto, de um modelo padronizado de valor de mercado... para levar em conta as iniciativas de melhorias de *software*".

5. À medida que o tempo passa, a comunidade do *software* pode vir a entender que a especialização em sociologia e antropologia pode ter tanto ou muito mais a ver com uma SPI bem-sucedida quanto outras disciplinas mais técnicas. Acima de tudo, a SPI muda a cultura organizacional, e a mudança cultural envolve indivíduos e grupos de profissionais. Conradi e Fuggetta [Con02] observam corretamente que "os desenvolvedores de *software* são trabalhadores de conhecimento. Tendem a responder negativamente a ordem de cima sobre como fazer o trabalho ou como mudar processos". Pode-se aprender muito examinando a sociologia de grupos para melhor entender as maneiras eficazes de introduzir uma mudança.

6. Novos modos de aprender podem facilitar a transição para um processo de *software* mais eficaz. Nesse contexto, "aprender" implica aprender com sucessos e erros. Uma organização de *software* que coleta métricas (Capítulo 23) permite a si mesma entender como os elementos de um processo afetam a qualidade do produto final.

29.5.2 O grande desafio

Existe uma tendência que é inegável: os sistemas baseados em *software* se tornarão maiores e mais complexos com o passar do tempo. É a engenharia desses sistemas grandes e complexos, independentemente da plataforma ou do domínio de aplicação, que apresenta o "grande desafio" [Bro06] para os engenheiros de *software*. Manfred Broy [Bro06] afirma que os engenheiros de *software* podem enfrentar "o desafio assustador do desenvolvimento de complexos sistemas de *software*", criando novas abordagens para entender modelos de sistema e usando esses modelos como base para a construção de *software* de alta qualidade da nova geração. As técnicas que estão sendo estudadas para sistemas de alta variabilidade (entrega contínua, *software* autoadaptativo, engenharia de *software* baseada em valor, computação sensível ao conteúdo) podem beneficiar os desenvolvedores de todos os tipos de produtos de *software* [Gal17].

Conforme a comunidade de engenharia de *software* desenvolve novas abordagens motivadas por modelo (assunto discutido brevemente mais adiante nesta seção) para a representação de requisitos de sistema e projeto, as seguintes características devem ser tratadas [Bro06]:

- **Multifuncionalidade.** À medida que os dispositivos digitais evoluíram, começaram a apresentar um amplo conjunto de funções às vezes não relacionadas. O telefone celular, antes considerado um aparelho de comunicação simples, tornou-se um poderoso computador de bolso que executa um amplo espectro de funções mais importantes do que fazer uma ligação telefônica. Conforme observa Broy [Bro06], "[os] engenheiros devem descrever o contexto detalhado no qual as funções serão fornecidas e, mais importante, devem identificar as intera-ções potencialmente perigosas entre diferentes características do sistema".

- **Reatividade e temporização (*timeliness*).** Os dispositivos digitais interagem cada vez mais com o mundo real e devem reagir aos estímulos externos de ma-neira pontual. Eles devem estabelecer interface com um amplo conjunto de sen-sores e devem responder em um intervalo de tempo apropriado para a tarefa em questão. Devem ser desenvolvidos novos métodos que (1) ajudem os enge-nheiros de *software* a prever a cadência das várias características reativas e (2) implementem características menos dependentes da máquina e mais portáteis.

- **Novos modos de interação do usuário.** As tendências abertas para *software* sig-nificam que novos modos de interação devem ser modelados e implementados. Independentemente do fato de essas novas abordagens usarem interfaces mul-titoque, reconhecimento de voz ou interfaces mentais diretas, as novas gerações de *software* para dispositivos digitais devem acomodá-las.

- **Arquiteturas complexas.** Um automóvel de luxo tem mais de 2 mil funções con-troladas por *software* residente em uma arquitetura de *hardware* complexa, in-cluindo múltiplos processadores, estrutura de barramento sofisticada, atuadores, sensores e interfaces humanas cada vez mais sofisticados e muitos componentes relacionados à segurança. Sistemas ainda mais complexos estão no horizonte pró-ximo, apresentando desafios significativos para os projetistas de *software*.

- **Sistemas heterogêneos distribuídos.** Os componentes de tempo real de qual-quer sistema embarcado moderno podem ser conectados por meio de um barra-mento interno, de uma rede sem fio ou da Internet (ou pelas três coisas).

- **Criticidade.** O *software* tornou-se o componente central em todos os sistemas críticos nos negócios e em muitos sistemas em termos de segurança. Contudo, a comunidade de engenharia de *software* apenas começou a aplicar os princípios mais básicos de segurança de *software*.

- **Variabilidade de manutenção.** A vida do *software* em um dispositivo digital ra-ramente dura além de 3 a 5 anos, mas os sistemas complexos de aviônica ins-talados em uma aeronave têm uma vida útil de pelo menos 20 anos. O *software* dos automóveis fica em algum ponto intermediário. Isso deverá ter um impacto sobre o projeto?

Broy [Bro06] afirma que essas e outras características do *software* podem ser ge-renciadas somente se a comunidade desenvolver uma filosofia de engenharia de *software* distribuída e colaborativa mais eficaz, melhores abordagens de requisitos de engenharia, uma abordagem mais robusta do desenvolvimento motivado por mo-delo e melhores ferramentas de *software*. Nas próximas seções, exploraremos rapida-mente cada uma dessas áreas.

29.5.3 Desenvolvimento colaborativo

Parece óbvio, mas diremos mesmo assim: a engenharia de *software* é uma tecnologia de informação. Desde o início de qualquer projeto de *software*, todos os envolvidos devem compartilhar informações – sobre metas e objetivos básicos, sobre requisitos básicos de sistema, sobre problemas de projeto de arquitetura, sobre quase todos os aspectos do *software* a ser criado. A colaboração envolve a disseminação tempestiva de informações e um processo eficaz para comunicação e tomada de decisões.

Hoje, os engenheiros de *software* colaboram em diferentes fusos horários e di-ferentes países. Todos devem compartilhar informações. Isso vale para projetos abertos, nos quais centenas ou milhares de desenvolvedores de *software* trabalham para criar uma aplicação aberta. A colaboração em massa (*crowd sourcing*) foi sugerida como forma de melhorar os casos de teste de cobertura gerados por ferramentas de teste automatizadas [Mao17]. A coordenação de comunidades de teste dessa dimensão será um grande desafio. As informações devem ser disseminadas para que possa ocorrer a colaboração aberta.

29.5.4 Engenharia de requisitos

As ações básicas de engenharia de requisitos (RE, do inglês *requirements engineering*) – levantamento, elaboração, negociação, especificação e validação – foram apresentadas nos Capítulos 7 e 8. O sucesso ou fracasso dessas ações têm forte influência sobre o sucesso ou fracasso de todo o processo de engenharia de *software*. Contudo, a RE tem sido comparada a "tentar colocar uma braçadeira de mangueira em gelatina" [Gon04]. Conforme já mencionamos em várias partes deste livro, os requisitos de *software* tendem a continuar mudando, e, com o surgimento dos sistemas abertos, requisitos emergentes (e mudanças quase contínuas) podem se tornar algo comum.

Hoje, muitas abordagens "informais" de RE começam com a criação de cenários de usuário (p. ex., casos de uso). Abordagens mais informais criam um ou mais modelos de requisitos e os utilizam como base para o projeto. Métodos formais permitem que o engenheiro de *software* represente requisitos usando uma notação matemática que pode ser verificada. Tudo pode funcionar razoavelmente bem quando os requisitos são estáveis, mas não resolve imediatamente o problema dos requisitos dinâmicos ou emergentes.

Existem várias e distintas direções de pesquisa de engenharia de requisitos, incluindo processamento de linguagem natural com base em descrições textuais traduzidas para representações mais estruturadas; maior confiabilidade em bancos de dados para estruturação e entendimento de requisitos de *software*; uso de padrões de RE para descrever problemas típicos e soluções quando são executadas as tarefas de engenharia de requisitos; e engenharia de requisitos orientada para metas. No entanto, no nível industrial, ações de RE permanecem relativamente informais e surpreendentemente básicas. Para melhorar a maneira como os requisitos são definidos, a comunidade de engenharia de *software* provavelmente implementará três subprocessos enquanto a RE é executada [Gli07]: (1) melhoria da aquisição de conhecimentos e compartilhamento de conhecimentos que possibilite o entendimento mais completo das restrições do domínio de aplicação e necessidades dos envolvidos; (2) maior ênfase na iteração quando os requisitos são definidos; e (3) ferramentas mais eficazes de comunicação e coordenação que permitam a todos os envolvidos colaborar eficazmente.

Os subprocessos de RE descritos no parágrafo anterior só terão sucesso se forem integrados adequadamente a uma estratégia evolutiva da engenharia de *software*. Como a solução de problemas baseada em padrões e as soluções baseadas em componentes começam a conquistar muitos domínios de aplicação, a RE deve conciliar o desejo de agilidade (entrega incremental rápida) e os requisitos emergentes inerentes resultantes. A noção de uma "especificação de *software*" estática está começando a desaparecer, para ser substituída por "requisitos motivados por valor" [Som05] derivados quando os envolvidos respondem às características e funções fornecidas nos primeiros incrementos de *software*.

29.5.5 Desenvolvimento de *software* dirigido por modelo

Os engenheiros de *software* lidam com abstração em quase todas as etapas no processo de engenharia de *software*. Quando o projeto começa, as abstrações em nível de arquitetura e de componente são representadas e julgadas. Elas devem então ser traduzidas para uma representação de linguagem de programação que transforma o projeto (uma abstração de nível relativamente alto) em um sistema operável com um ambiente de computação específico (baixo nível de abstração). O *desenvolvimento de software dirigido por modelo*[8] acopla linguagens de modelagem específicas de domínio com mecanismos de transformação e geradores para facilitar a representação da abstração em altos níveis e, então, transforma-as em níveis mais baixos [Sch06]. Abordagens dirigidas por modelo tratam de um desafio contínuo para todos os desenvolvedores de *software* – como representar o *software* em um nível de abstração mais alto do que o código.

Linguagens de modelagem específicas de domínio (DSMLs, do inglês *domain-specific modeling languages*) representam "estrutura de aplicativo, comportamento e requisitos dentro de domínios de aplicação particulares" e são descritas com metamodelos que "definem as relações entre conceitos no domínio e especificam precisamente a semântica fundamental e as restrições associadas a esses conceitos de domínio" [Sch06]. A principal diferença entre uma DSML e uma linguagem de modelagem de uso geral, como a UML (Apêndice 1), é que a DSML está ajustada aos conceitos de projeto inerentes ao domínio de aplicação e pode, portanto, representar relações e restrições entre elementos de projeto de modo eficiente.

29.5.6 Engenharia de *software* baseada em busca

Na engenharia de *software*, muitas atividades podem ser enunciadas como problemas de otimização. A *engenharia de software baseada em busca* (SBSE, do inglês *search-based software engineering*) aplica técnicas de busca meta-heurísticas, como os algoritmos genéticos,[9] a problemas de engenharia de *software*. Lionel Briand [Bri09] acredita que é mais fácil ampliar a escala de técnicas evolucionárias e outras técnicas de busca para problemas de dimensões industriais do que ampliar técnicas controladas por modelos, e que há oportunidades para sinergia entre as duas. A engenharia de *software* baseada em busca foi formulada com base na premissa de que quase sempre é mais fácil confirmar que uma solução candidata resolve um problema em vez de construir uma solução "do zero" [Kul13].

As técnicas de engenharia de *software* baseada em busca podem ser utilizadas como base para a melhoria genética para expandir produtos de *software* pelo enxerto de novas características funcionais e não funcionais a uma linha de produto de *software* já existente [Har14]. A melhoria genética de *software* já produziu melhorias drásticas de desempenho (p. ex., tempo de execução, consumo de energia e consumo de memória) em produtos de *software* existentes [Pet18]. Os produtos de *software* bem-sucedidos evoluem continuamente; contudo, a evolução, se não for gerenciada adequadamente, pode prejudicar a qualidade do *software* e pode exigir refatoração para permanecer viável.

As técnicas de engenharia de *software* baseada em busca foram usadas para gerar e reparar sequências de recomendações de refatoração. Seria demorado criar as recomendações de refatoração manualmente. Com uma abordagem interativa e dinâmica para gerar recomendações de refatoração, melhoramos a qualidade do *software* ao mesmo tempo que minimizamos os desvios em relação ao projeto original [Ali18]. As técnicas de engenharia de *software* baseada em busca foram utilizadas para projetar casos de teste de modo a avaliar soluções criadas por desenvolvedores para

---

8 O termo *model-driven engineering* (MDE) também é usado.

9 Os algoritmos genéticos podem ser utilizados para gerar soluções de alta qualidade para problemas de otimização e busca, utilizando operadores de inspiração biológica como mutação, cruzamento e seleção para acionar a evolução de soluções em potencial a partir de uma população de tais soluções.

produtos de *software* após panes [Als18]. É possível que essas técnicas levem a sistemas de *software* capazes de se consertarem sozinhos.

29.5.7 Desenvolvimento guiado por teste

Os requisitos controlam o projeto, e o projeto estabelece uma base para a construção. Essa simples realidade da engenharia de *software* funciona razoavelmente bem e é essencial na criação de uma arquitetura de *software*. No entanto, uma mudança sutil pode trazer vantagens significativas quando são considerados projeto e construção em nível de componente.

No *desenvolvimento guiado por teste* (TDD, do inglês *test-driven development*), requisitos para um componente de *software* servem de base para a criação de uma série de casos de teste que exercitam a interface e tentam encontrar erros nas estruturas de dados e na funcionalidade fornecida pelo componente. O TDD não é realmente uma nova tecnologia, mas sim uma tendência que enfatiza o projeto de casos de teste *antes* da criação do código-fonte.[10]

O processo TDD segue o fluxo procedural simples ilustrado na Figura 29.3. Antes de ser criado o primeiro segmento de código, um engenheiro de *software* cria um teste para exercitar o código (tentando fazer o código falhar). O código é então escrito para satisfazer ao teste. Se passar, um novo teste é criado para o próximo segmento de código a ser desenvolvido. O processo continua até que o componente esteja completamente codificado e todos os testes executem sem erro. No entanto, se algum teste consegue descobrir um erro, o código existente é refeito (corrigido), e todos os testes criados até aquele ponto são executados novamente. Esse fluxo iterativo continua até que não haja mais teste a ser criado, implicando que o componente satisfaz a todos os requisitos definidos para ele.

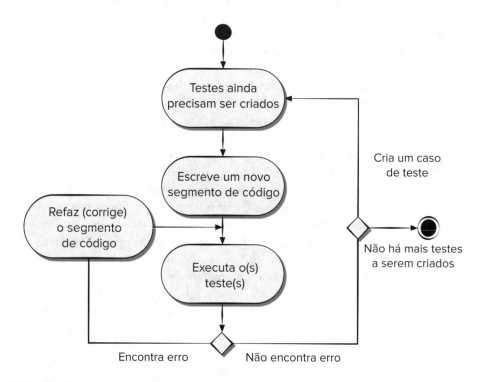

Figura 29.3
O fluxo de desenvolvimento guiado por teste.

---

10 Lembre-se de que a Extreme Programming (Capítulo 3) enfatiza essa abordagem como parte de seu modelo de processo ágil.

Durante o TDD, o código é desenvolvido em incrementos muito pequenos (uma subfunção de cada vez), e nenhum código é escrito enquanto não houver um teste para experimentá-lo. Cada iteração resulta em um ou mais novos testes, os quais são acrescentados a um conjunto de testes de regressão que é executado a cada mudança. Isso é feito para garantir que o novo código não tenha gerado efeitos colaterais que causem erros no código anterior. Se tiver mais interesse em TDD, consulte [Bec04b], [Ste10] ou [Whi12].

29.6 Tendências relacionadas a ferramentas

Centenas de ferramentas de engenharia de *software* de nível industrial são introduzidas no mercado todos os anos. A maioria é fornecida por empresas que afirmam que aquela ferramenta vai melhorar o gerenciamento de projeto, ou a análise de requisitos, ou a modelagem do projeto, ou a geração de código, ou o teste, ou o gerenciamento de mudanças, ou qualquer uma das muitas atividades, ações e tarefas de engenharia de *software* discutidas neste livro. Outras foram desenvolvidas como ofertas de código aberto. A maioria das ferramentas de código aberto concentra-se nas atividades de "programação", com ênfase específica na construção (particularmente a geração de código). Há ainda outras que resultam de esforços de pesquisas em laboratórios de universidades ou do governo. Embora tenham apelo para aplicações bastante limitadas, grande parte não está pronta para a aplicação mais ampla da indústria.

Em nível industrial, os pacotes mais abrangentes formam os *ambientes de engenharia de software* (SEEs, do inglês *software engineering environments*)[11] que integram um conjunto de ferramentas ao redor de um banco de dados central (repositório). Quando considerado como um todo, um SEE integra informações por meio do processo de *software* e auxilia na colaboração necessária para muitos sistemas grandes e complexos baseados em *software*. Mas os ambientes atuais não são facilmente extensíveis (é difícil integrar uma ferramenta comercial de prateleira [COTS, do inglês *commercial off-the-shelf*] que não faz parte do pacote) e tendem a ser de uso geral (não são específicos do domínio de aplicação). Há também um retardo de tempo significativo entre a introdução de novas soluções de tecnologia (p. ex., desenvolvimento de *software* controlado por modelo) e a disponibilidade de SEEs viáveis que suportam a nova tecnologia.

No passado, as ferramentas de *software* seguiram dois caminhos: um *caminho focado no homem*, que responde a algumas das "tendências leves" discutidas na Seção 29.4, e um caminho centrado na tecnologia, que trata de novas tecnologias (Seção 25.5) à medida que elas são introduzidas e adotadas. Hoje, os engenheiros de *software* estão começando a produzir ferramentas focadas na interação entre os seres humanos e a tecnologia. As soluções geradas pelas máquinas nem sempre se aplicam a todos os problemas. Os seres humanos ainda são necessários para a decisão sobre aceitar ou não a recomendação da máquina.

As tendências leves discutidas na Seção 29.4 – a necessidade de gerenciar a complexidade, acomodar requisitos emergentes, estabelecer modelos de processo que aceitam mudanças, coordenar equipes globais com um mix de talentos variável, entre outras coisas – sugerem uma nova era em que suporte de ferramentas para colaboração de envolvidos se tornará tão importante quanto o suporte de ferramentas para tecnologia.

---

11 É usado também o termo *ambiente de desenvolvimento integrado* (IDE, do inglês *integrated development environment*).

Engenharia de *software*

A agilidade na engenharia de *software* (Capítulo 3) é obtida quando os envolvidos trabalham em equipe. Portanto, a tendência para os SEEs colaborativos produzirá benefícios mesmo quando o *software* for desenvolvido localmente. Mas qual das ferramentas de tecnologia que complementa o sistema e os componentes que favorecem uma melhor colaboração?

Uma das tendências dominantes é a criação de um conjunto de ferramentas que suporta desenvolvimento dirigido pelo modelo (Seção 29.5.5), com ênfase no projeto controlado por arquitetura. Oren Novotny [Nov04] sugere que o modelo, e não o código-fonte, se torne o foco da engenharia de *software*:

> Modelos independentes de plataforma são criados em UML e então passam por vários níveis de transformação para se transformarem em código-fonte para uma plataforma específica. Faz sentido, então, que o modelo, não o arquivo, deverá se tornar a nova unidade de saída. Um modelo tem muitas visões diferentes em diferentes níveis de abstração. No nível mais alto, componentes independentes de plataforma podem ser especificados na análise; no nível mais baixo, há uma implementação específica de plataforma que se reduz a um conjunto de classes no código.

Novotny afirma que uma nova geração de ferramentas funcionará com um repositório para criar modelos em todos os níveis de abstração necessários para estabelecer relações entre os diversos modelos, transformar modelos de um nível de abstração em outro (p. ex., transformar um modelo de projeto em código-fonte), gerenciar alterações e versões e coordenar ações de controle e garantia de qualidade nos modelos de *software*. Marouane Kessentini implementou ferramentas de nível industrial em empresas como eBay e SEMA, criadas para reduzir os problemas de débito técnico por meio da detecção automática de defeitos de *software* [Man17] e a recomendação de soluções de refatoração para resolvê-los [Ali18]. Esses trabalhos parecem promissores.

Além dos ambientes completos de engenharia de *software*, as ferramentas de solução pontual que resolvem tudo, desde reunião de requisitos até refatoração de projeto/código e teste, continuarão a evoluir e terão mais funcionalidades. Em algumas situações, ferramentas de modelagem e teste voltadas para um domínio de aplicação específico proporcionarão um melhor benefício quando comparadas com seus equivalentes genéricos. O grupo de Mark Harman no Facebook anunciou a implantação de uma ferramenta que automaticamente projeta casos de teste e testa as soluções dos desenvolvedores após panes de *software* [Als18]. A esperança é que, um dia, *software* de produção consiga se consertar sozinho.

29.7 Resumo

As tendências que têm efeito sobre a tecnologia de engenharia de *software* muitas vezes se originam de cenários de negócios, organizacionais, mercadológicos e culturais. Essas "tendências leves" podem influir na direção da pesquisa e da tecnologia derivada como consequência da pesquisa. É provável que os métodos da ciência de dados e da inteligência artificial continuem a impactar todos os aspectos da engenharia de *software*.

Quando uma nova tecnologia é introduzida, ela passa por um ciclo de vida que nem sempre leva a uma aceitação ampla, apesar de as expectativas originais serem elevadas. O grau segundo o qual qualquer tecnologia de engenharia de *software* ganha aceitação ampla está ligado à sua capacidade de resolver os problemas apresentados pelas tendências, tanto as leves quanto as pesadas. Os assistentes pessoais digitais e as mídias sociais parecem influenciar as atividades dos indivíduos em diversos aspectos da vida cotidiana. A sua ascensão veio acompanhada de preocupações sobre a importância da segurança e da privacidade no desenvolvimento de produtos de *software*.

Tendências leves – a necessidade cada vez maior de conectividade e colaboração, projetos globais, transferência de conhecimento, o impacto das economias emergentes e a influência da própria cultura humana – levam a uma série de desafios que abrangem desde o gerenciamento de complexidade e requisitos emergentes até a manipulação de um mix de talentos sempre em mudanças entre equipes de *software* geograficamente dispersas. A engenharia global provavelmente chegou para ficar.

Tendências pesadas – o ritmo sempre acelerado da mudança da tecnologia – surgem do âmbito das tendências leves e afetam a estrutura do *software* e o escopo dos processos, e a maneira pela qual uma metodologia de processo é caracterizada. Desenvolvimento colaborativo, novas formas de engenharia de requisitos, desenvolvimento baseado em modelo e controlado por teste e projeto pós-moderno mudarão o cenário dos métodos. Os ambientes de ferramentas responderão a uma necessidade cada vez maior de comunicação e colaboração e, ao mesmo tempo, integrarão soluções pontuais, específicas do domínio, que poderão mudar a natureza atual das tarefas de engenharia de *software*. O aprendizado de máquina provavelmente será uma das abordagens à automatização de diversas tarefas importantes na engenharia de *software*.

Problemas e pontos a ponderar

29.1. Obtenha uma cópia do best-seller *O Ponto De Desequilíbrio*, de Malcolm Gladwell (disponível via Google Book Search), e discuta como suas teorias se aplicam à adoção de novas tecnologias de engenharia de *software*.

29.2. Por que o *software* aberto apresenta um desafio às abordagens convencionais de engenharia de *software*?

29.3. Analise o *ciclo de hype para tecnologias emergentes* do Gartner Group. Selecione um produto de tecnologia bem conhecido e apresente um breve histórico que ilustre como ele se comportou ao longo da curva. Selecione outro produto de tecnologia bem conhecido que não seguiu o caminho sugerido pela curva de *hype*.

29.4. O que é uma "tendência leve"?

29.5. Você enfrenta um problema extremamente complexo que vai exigir uma solução demorada. Como trata a complexidade desse problema e como propõe uma solução?

29.6. O que são "requisitos emergentes" e por que eles representam um desafio para os engenheiros de *software*?

29.7. Selecione um trabalho de desenvolvimento de código aberto (que não seja o Linux) e apresente um breve histórico de sua evolução e sucesso relativo.

29.8. Descreva como o processo de *software* mudará durante a próxima década.

29.9. Você trabalha em Los Angeles e participa de uma equipe global de engenharia de *software*. Você e seus colegas em Londres, Mumbai, Hong Kong e Sydney devem editar uma especificação de requisitos de 245 páginas para um grande sistema. A primeira edição deve ser feita em três dias. Descreva o conjunto ideal de ferramentas *online* que lhe possibilitaria colaborar eficazmente.

29.10. Descreva o desenvolvimento de *software* dirigido por modelo. Faça o mesmo para o desenvolvimento guiado por teste.

Elemento de design: Ícone de lupa da seção Panorama: © Roger Pressman

30

Comentários finais

Conceitos-chave

inteligência artificial. 606
mudança 603
comunicação 604
ética 607
futuro 606
algoritmos genéticos 606
espectro
de informações 605
conhecimento 605
descoberta de
conhecimento 605
aprendizado
de máquina 606
pessoas 603
responsabilidade 607
software revisitado 603

Nos 29 capítulos que precedem este, exploramos um processo para engenharia de *software* que abrange procedimentos de gestão, métodos técnicos, conceitos e princípios básicos, técnicas especializadas, atividades orientadas a pessoas e tarefas passíveis de automação, anotações com lápis e papel e ferramentas de *software*. Argumentamos que medições, disciplina e um foco na agilidade e qualidade resultarão em *software* que atende às necessidades do cliente, é confiável, para o qual se pode dar suporte – ou seja, é um *software* melhor. Contudo, nunca foi dito que a engenharia de *software* é um remédio para todas as dificuldades.

As tecnologias de *software* e de sistemas continuam a ser um desafio para todo profissional de *software* e toda empresa que constrói sistemas de computador. Embora tenhamos escrito essas palavras com a visão do século XX, Max Hopper [Hop90] descreve com precisão o estado atual das coisas:

> Porque as mudanças na tecnologia da informação estão se tornando tão rápidas e implacáveis e as consequências de ficar para trás são tão irreversíveis, ou as empresas dominam a tecnologia ou morrem… Pense nisso como uma escravidão tecnológica. As empresas terão de lutar cada vez mais para manter sua posição.

Panorama

O que é? Ao chegarmos ao fim de uma jornada relativamente longa pela engenharia de *software*, é hora de colocarmos os fatos em perspectiva e tecer alguns comentários finais.

Quem realiza? Autores como nós. Quando você chega ao fim de um livro longo e desafiador, é ótimo poder reunir os fatos de maneira clara.

Por que é importante? É sempre bom lembrar onde estivemos e pensar para onde vamos.

Quais são as etapas envolvidas? Faremos considerações sobre o que vimos e trataremos de alguns dos assuntos importantes e algumas direções para o futuro.

Qual é o artefato? Uma discussão que o ajudará a entender o contexto real de desenvolvimento de *software*.

Como garantir que o trabalho foi realizado corretamente? Isso é difícil de conseguir em tempo real. Somente daqui a alguns anos é que algum de nós poderá dizer se os conceitos, princípios, métodos e técnicas de engenharia de *software* discutidos neste livro o ajudaram a tornar-se um engenheiro de *software* melhor.

As mudanças na tecnologia de engenharia de *software* sem dúvida são "rápidas e implacáveis", ao mesmo tempo que o progresso real é, com frequência, bastante lento. Até que seja tomada a decisão de adotar um novo processo, método ou ferramenta, que seja realizado o treinamento necessário para entender sua aplicação e seja introduzida a tecnologia na cultura de desenvolvimento de *software*, algo mais novo (e até melhor) surge, e o processo todo começa novamente.

Uma coisa que aprendemos durante muitos anos nesse campo é que os profissionais de engenharia de *software* são "atentos à moda". O caminho à frente estará entulhado de carcaças de novas e excitantes tecnologias (a última moda) que nunca tiveram sucesso (apesar do alvoroço). O futuro será formado por tecnologias mais modestas que, de certa forma, modificam a direção e a amplitude do caminho. Abordamos algumas dessas tecnologias no Capítulo 29.

Neste capítulo de conclusão, vamos adotar uma visão mais ampla e considerar onde estivemos e para onde estamos indo a partir de uma perspectiva mais filosófica.

30.1 A importância do *software* – revisitada

A importância do *software* pode ser definida de várias maneiras. No Capítulo 1, o *software* foi caracterizado como um diferenciador. A função proporcionada pelo *software* diferencia produtos, sistemas e serviços e traz uma vantagem competitiva no mercado. Entretanto, o *software* é mais do que um diferenciador. Quando considerados como um todo, os produtos de engenharia de *software* geram o bem de consumo mais importante que qualquer indivíduo, negócio ou governo pode adquirir: a informação.

No Capítulo 29, abordamos rapidamente a computação aberta – uma tecnologia que está mudando fundamentalmente nossa percepção dos computadores, das coisas que fazemos com eles (e que eles fazem para nós) e nossa percepção das informações como um guia, um bem e uma necessidade. Destacamos também que o *software* necessário para dar suporte à computação aberta apresentará novos desafios para os engenheiros de *software*. Porém, mais importante ainda, a crescente invasão do *software* de computador apresentará desafios ainda mais significativos para a sociedade como um todo. Sempre que uma tecnologia tem um amplo impacto – que pode salvar vidas ou colocá-las em perigo, criar negócios ou destruí-los, informar os líderes dos governos ou confundi-los –, ela deve ser "manuseada com cuidado".

30.2 Pessoas e a maneira como constroem sistemas

O *software* necessário para os sistemas de alta tecnologia torna-se cada vez mais complexo a cada ano que passa, e o tamanho dos programas resultantes aumenta proporcionalmente. O rápido crescimento do tamanho dos programas "médios" não causaria problemas se não fosse por um simples fato: à medida que aumenta o tamanho do programa, o número de pessoas envolvidas com o trabalho também aumenta.

A experiência mostra que, quando o número de profissionais em uma equipe de projeto de *software* aumenta, a produtividade geral do grupo pode ficar prejudicada. Uma maneira de contornar o problema é criar várias equipes de engenharia de *software*, dividindo as pessoas em grupos de trabalho. No entanto, à medida que o número de equipes de engenharia de *software* cresce, a comunicação entre elas se torna difícil e morosa. Pior ainda, a comunicação (entre pessoas ou equipes) tende a ser ineficiente – muito tempo é gasto transferindo-se pouco conteúdo e, com frequência, informações importantes "caem no vazio".

Já que a comunidade de engenharia de *software* tem de enfrentar o dilema da comunicação, o caminho para os engenheiros de *software* deve incluir mudanças radicais na maneira como os profissionais e as equipes se comunicam uns com os outros. No Capítulo 27, abordamos o uso de mídias sociais para apoiar o gerenciamento de versões que pode proporcionar melhorias significativas na maneira como desenvolvedores e clientes se comunicam.

Por fim, a comunicação é a transferência de conhecimento, e a aquisição (e transferência) de conhecimento está mudando profundamente. À medida que os mecanismos de busca se tornarem cada vez mais sofisticados, as redes sociais e a colaboração em massa (*crowd sourcing*) se transformarem em ferramentas de desenvolvimento e os aplicativos móveis fornecerem melhor sinergia, a velocidade e a qualidade de transferência de conhecimento aumentará exponencialmente.

Se a história pode servir de referência, podemos afirmar que as pessoas em si não mudarão. No entanto, a maneira como elas se comunicam, o ambiente no qual trabalham, o modo como adquirem conhecimento, os métodos e ferramentas que utilizam, a disciplina que aplicam e, portanto, a cultura geral para o desenvolvimento futuro mudarão de forma significativa e ainda mais profunda.

Casa Segura

Conclusão?

Cena: Escritório de Doug Miller.

Atores: Doug Miller, gerente do grupo de engenharia de *software* do *CasaSegura*, e Vinod Raman, membro da equipe de engenharia de *software* do produto.

Conversa:

Doug: Estou muito contente por termos concluído isso sem muito drama.

Vinod (suspirando e inclinando-se na cadeira): É, mas o projeto cresceu, não foi?

Doug: E você está surpreso? Quando iniciamos o *CasaSegura*, o *marketing* achava que um aplicativo de área de trabalho resolveria e, então...

Vinod (sorrindo): E então a mobilidade sensível ao contexto assumiu o controle e nós nos metemos com RV.

Doug: Mas todos nós aprendemos muito.

Vinod: Aprendemos. O material técnico era interessante, mas provavelmente foi o de engenharia de *software* que nos permitiu concluir no prazo.

Doug: Sim, isso e o esforço de todos vocês. O que você está recebendo do suporte ao cliente? Como está a qualidade no campo?

Vinod: Existem alguns problemas, mas nada realmente sério. Estou vendo isso. Na verdade, daqui a cinco minutos vou me reunir com Jamie para falar a respeito de um deles.

Doug: Antes de você ir...

Vinod (a caminho da porta): Já sei... mais trabalho, certo?

Doug: A engenharia desenvolveu um novo sensor... de alta tecnologia... precisamos integrá-lo ao *CasaSegura II*.

Vinod: *CasaSegura II*?

Doug: É, *CasaSegura II*. Vamos iniciar o planejamento na semana que vem.

30.3 Descoberta de conhecimento

Na história da computação, houve uma mudança sutil na terminologia usada para descrever o trabalho de desenvolvimento de *software* para a comunidade dos negócios. Há 50 anos, o termo *processamento de dados* era a expressão técnica para descrever o uso dos computadores em um contexto comercial. Hoje, processamento de dados deu lugar a outra expressão, *tecnologia da informação*, que significa a mesma coisa, mas apresenta uma mudança sutil no foco. A ênfase não está apenas no processamento de grandes quantidades de dados, e sim na extração de informações importantes desses dados. Obviamente, essa sempre foi a intenção, mas a transformação na terminologia reflete uma alteração muito mais importante na filosofia de gerenciamento.

Quando as aplicações de *software* são discutidas hoje, as palavras *dados, informações* e *conteúdo* vêm à tona repetidamente. Encontramos a palavra *conhecimento* em muitas aplicações de inteligência artificial. Praticamente ninguém discute *sabedoria* no contexto de aplicações de *software*.

Dados são informações em estado bruto – conjuntos de fatos que devem ser processados para ter um significado. As informações surgem associando-se fatos em determinado contexto. Conhecimento associa informações obtidas em um contexto às informações obtidas em outro. Por fim, a sabedoria ocorre quando princípios generalizados são derivados de conhecimentos dispersos.

Até hoje, grande parte do *software* tem sido criada para processar dados ou informações. Engenheiros de *software* estão agora igualmente preocupados com sistemas que processam conhecimento.[1] Informações coletadas sobre uma variedade de tópicos relacionados e não relacionados são conectadas para formar um conjunto de fatos que chamamos de *conhecimento*. O elemento crítico é a nossa habilidade de associar informações de diversas origens que podem não ter qualquer conexão óbvia e combiná-las de maneira que nos proporcione um benefício distinto.[2]

Para ilustrar a progressão dos dados para o conhecimento, considere os dados do censo indicando que o número de nascimentos em 1996 nos Estados Unidos foi de 4,9 milhões. Esse número representa o valor de um dado. Relacionando esse dado com os números de nascimentos nos 40 anos anteriores, podemos gerar uma informação útil – os *baby boomers* dos anos 1950 e início dos anos 1960, que agora estão envelhecendo, fizeram um último esforço para ter seus filhos antes do fim da idade fértil. Além disso, a geração X entrou em sua idade fértil. Os dados do censo podem então ser ligados a outras informações aparentemente não relacionadas. Por exemplo, o número atual de professores da escola primária que se aposentarão durante a próxima década, o número de estudantes que se formarão no primário e secundário, a pressão sobre os políticos para baixar os impostos e, portanto, limitar os aumentos de salários dos professores.

Todas essas informações podem ser combinadas para formular uma representação do conhecimento – haverá uma pressão significativa sobre o sistema educacional nos Estados Unidos no início do século XXI, e essa pressão continuará por muitas décadas. Usando esse conhecimento, pode surgir uma oportunidade de negócios. Pode haver uma oportunidade significativa de desenvolver novos modos de aprendizado mais eficazes e menos dispendiosos do que a forma atual.

---

1   O rápido crescimento das tecnologias de mineração de dados e tratamento de dados reflete essa tendência em crescimento.

2   A Web semântica (Web 2.0) permite a criação de *"mashups"* que podem proporcionar um mecanismo fácil para conseguir isso.

606 Engenharia de *software*

O futuro do *software* leva a sistemas que processam conhecimento. Estivemos processando dados com computadores por mais de 70 anos e extraindo informações por mais de três décadas. Um dos desafios mais importantes para a comunidade de engenharia de *software* é criar sistemas que possibilitem o próximo passo ao longo do espectro – sistemas que extraem conhecimento dos dados e informações de maneira prática e benéfica. A *descoberta de conhecimento* é uma área interdisciplinar focada em metodologias de extração de relações úteis dos dados.

Mark Harman (atual gerente de pesquisa em engenharia de *software* da Facebook) foi um dos primeiros a reconhecer o valor do uso de mineração de dados e aprendizado de máquina para resolver problemas difíceis em engenharia de *software* [Har12b]. A disponibilidade de diversos repositórios públicos de dados de engenharia de *software* (p. ex., *Bugzilla, GitHub, SourceForge*) possibilita o uso de técnicas de engenharia de *software* baseadas em busca para descobrir ideias sobre processos e artefatos de desenvolvimento de *software* [Dye15] [Gup15]. Essa não é uma tarefa fácil, e sugere que você pode querer incluir cientistas de dados nas equipes de grandes projetos de engenharia de *software* [Kim16b]. O conhecimento descoberto por meio da mineração de repositórios públicos pode sugerir melhorias para as práticas dos engenheiros de *software* que trabalham em projetos proprietários menores ou produzir técnicas que seriam aplicadas aos seus próprios repositórios de dados de engenharia de *software*.

O aprendizado de máquina é usado em muitas áreas diferentes da engenharia de *software*, incluindo extração de comportamentos, reconhecimento de padrões de projeto, geração de programas, geração de caso de teste e detecção de defeitos [Mei18]. O trabalho não pode ser realizado sem acesso a grandes bancos de dados de engenharia de *software* e a especialistas na área para ajudar a moldar os conceitos a serem aprendidos pelas máquinas. Os *algoritmos genéticos*[3] utilizam buscas automatizadas e podem ser usados para expandir um produto ou processo de *software* ao combinar heuristicamente os elementos dos produtos e processos de *software* existentes. A genética foi utilizada para melhorar o desempenho de *software* em relação a um conjunto diverso de propriedades, como tempo de execução, consumo de memória, reparo de defeitos e extensões de funcionalidades de sistema existentes [Pet18].

A engenharia de *software* inteligente está emergindo enquanto campo acadêmico que combina inteligência artificial (IA) e engenharia de *software*. As técnicas de engenharia de *software* inteligente exploram soluções de engenharia de *software* para melhorar a produtividade do desenvolvimento e a confiabilidade de *software* de IA. Elas também buscam trabalhar alguns dos problemas encontrados quando tentamos automatizar processos de engenharia de *software* [Xie18]. À medida que se tornam mais poderosas e mais fáceis de usar, as técnicas de IA são cada vez mais aplicadas como componentes importantes de sistemas de *software* modernos. Apesar de permitir a criação de produtos mais capazes de se adaptar às necessidades do usuário, isso cria problemas adicionais para os engenheiros de *software* e expõe as empresas a novos riscos [Fel18].

30.4 A visão em longo prazo

Na Seção 30.3, sugerimos que o futuro leva a sistemas que "descobrem conhecimento". No entanto, o futuro da computação em geral e dos sistemas baseados em *software* em particular pode levar a eventos consideravelmente mais profundos.

---

3 Os algoritmos genéticos são usados para buscar uma população gerada por computadores de soluções em potencial para um problema com a intenção de identificar a melhor solução, ao mesmo tempo que se mantém a diversidade do conjunto de soluções candidatas.

Em um fascinante livro – leitura obrigatória para todo profissional envolvido em tecnologias da computação –, Ray Kurzweil [Kur05] indica que já chegamos a uma época em que "o ritmo das mudanças tecnológicas será tão rápido, seu impacto será tão profundo, que a vida humana será transformada irreversivelmente". Kurzweil[4] apresenta um argumento convincente de que estamos atualmente no "joelho" de uma curva de crescimento exponencial que nos levará a enormes avanços na capacidade de computação durante as próximas décadas. Se combinados com avanços equivalentes em nanotecnologia, genética e robótica, podemos chegar a uma época, em meados deste século, em que a distinção entre seres humanos (como conhecemos hoje) e máquinas começará a se confundir – época na qual a evolução humana se acelerará de modo assustador (para alguns) e espetacular (para outros).

Kurzweil afirma que, em algum momento na próxima década, a capacidade de computação e os requisitos de *software* serão suficientes para modelar todos os aspectos do cérebro humano – incluindo todas as conexões físicas, processos analógicos e camadas químicas [Kur13]. Quando isso ocorrer, os seres humanos darão o primeiro passo para obter "IA (inteligência artificial) forte" e, em consequência disso, máquinas que realmente pensam (usando os termos convencionais de hoje). Mas haverá uma diferença fundamental. Os processos do cérebro humano são excessivamente complexos e fracamente ligados às fontes externas de informação. Eles também são lentos em computação, mesmo em comparação com a tecnologia atual. Se ocorrer a emulação completa do cérebro humano, o "pensamento" ocorrerá a velocidades milhares de vezes maiores do que seu correspondente humano, com conexões íntimas a um mar de informações (pense na Web de hoje como um exemplo primitivo). O resultado é… bem… tão fantástico, que é melhor deixar que o próprio Kurzweil descreva.

É importante notar que nem todos acreditam que o futuro que Kurzweil descreve é uma coisa boa. Em um ensaio famoso intitulado "O futuro não precisa de nós" (*The Future Doesn't Need Us*), Bill Joy [Joy00], um dos fundadores da Sun Microsystems, diz que a "robótica, a engenharia genética e a nanotecnologia estão fazendo dos humanos uma espécie ameaçada". Seus argumentos, combinados com observações de figuras proeminentes como Bill Gates, Elon Musk e o falecido Stephen Hawking, prevendo uma distopia tecnológica, representam um contra-argumento ao futuro utópico previsto por Kurzweil. Ambos devem ser considerados seriamente quando os engenheiros de *software* assumem um dos papéis importantes que definem o futuro da raça humana.

30.5 A responsabilidade do engenheiro de *software*

A engenharia de *software* evoluiu, tornando-se uma profissão mundialmente respeitada. Como profissionais, os engenheiros de *software* devem se orientar por um código de ética que rege o trabalho que fazem e os produtos que criam. Uma força-tarefa da ACM/IEEE-CS (ACM/IEEE-CS Joint Task Force) produziu um código de ética e

---

4 É importante notar que Kurzweil não é um escritor de ficção científica qualquer ou um futurista sem portfólio. Ele é um tecnologista sério que (segundo a Wikipedia) "tem sido pioneiro nos campos do reconhecimento ótico de caracteres (OCR), síntese texto-para-fala, tecnologia de reconhecimento de voz e instrumentos de teclado eletrônicos".

608 Engenharia de *software*

práticas profissionais para engenharia de *software* (*Software Engineering Code of Ethics and Professional Practices*) (Versão 5.1). O código [ACM12] declara:

> Engenheiros de *software* deverão se comprometer a fazer da análise, especificação, projeto, desenvolvimento, teste e manutenção de *software* uma profissão benéfica e respeitada. De acordo com seu compromisso com a saúde, segurança e bem-estar do público, os engenheiros de *software* deverão adotar os oito princípios a seguir:
>
> 1. PÚBLICO – Os engenheiros de *software* deverão agir em consonância com o interesse público.
> 2. CLIENTE E EMPREGADOR – Os engenheiros de *software* deverão agir de acordo com o melhor interesse de seu cliente e empregador em consonância com o interesse público.
> 3. PRODUTO – Os engenheiros de *software* deverão garantir que seus produtos e modificações relacionadas atinjam os mais altos padrões profissionais possíveis.
> 4. JULGAMENTO – Os engenheiros de *software* deverão manter a integridade e independência de seu julgamento profissional.
> 5. GESTÃO – Os gerentes de engenharia de *software* e líderes deverão aderir e promover uma abordagem ética para a gestão do desenvolvimento e manutenção de *software*.
> 6. PROFISSÃO – Os engenheiros de *software* deverão prestigiar a integridade e a reputação da profissão em consonância com o interesse público.
> 7. COLEGAS – Os engenheiros de *software* deverão ser justos e solidários com seus colegas.
> 8. INDIVIDUALMENTE – Os engenheiros de *software* deverão participar do contínuo aprendizado referente à prática de sua profissão e promover uma abordagem ética à prática da profissão.

Embora cada um desses oito princípios seja igualmente importante, surge um tema essencial: um engenheiro de *software* deve trabalhar no interesse público. Em nível pessoal, um engenheiro de *software* deve se guiar pelas seguintes regras:

- Nunca roubar dados para obter vantagens pessoais.
- Nunca distribuir ou vender informações proprietárias obtidas como parte de seu trabalho em um projeto de *software*.
- Nunca destruir ou modificar de forma mal-intencionada os programas, arquivos ou dados de outra pessoa.
- Nunca violar a privacidade de um indivíduo, grupo ou organização.
- Nunca invadir um sistema por esporte ou lucro.
- Nunca criar ou promover um vírus ou verme (*worm*) de computador.
- Nunca usar a tecnologia de computação para facilitar a discriminação ou assédio.

Durante a última década, certos membros da indústria de *software* formaram um *lobby* por uma legislação de proteção que: (1) permite às empresas liberar *software* sem revelar os defeitos conhecidos; (2) isenta os desenvolvedores da responsabilidade por quaisquer danos resultantes desses defeitos conhecidos; (3) impede que outros descubram defeitos sem permissão do desenvolvedor original; (4) permite a incorporação de *software* "autoajuda" dentro do produto que pode desabilitar (via comando remoto) a operação do produto; e (5) isenta os desenvolvedores do *software* com "autoajuda" de danos se o *software* for desabilitado por um terceiro.

Como toda legislação, o debate em geral concentra-se em aspectos políticos, não tecnológicos. No entanto, muitas pessoas (até mesmo nós) pensam que a legislação protetora, se formulada incorretamente, entra em conflito com o código de ética da engenharia de *software* ao isentar indiretamente os engenheiros de sua responsabilidade de produzir *software* de alta qualidade. De acordo com as violações de dados de mídias sociais consideráveis ocorridas em 2018, aumentará a demanda por mais proteções de segurança por parte das empresas que armazenam grandes quantidades de dados dos clientes confidenciais.

As capacidades crescentes de tomada de decisões dos sistemas autônomos e a influência da IA nos nossos cotidianos nos leva a considerar os valores integrados a esses sistemas [Vak18]. A profissão de engenharia de *software* precisa analisar modos de medir os vieses em algoritmos de busca e redes sociais [Pit18]. A versão revisada do Código de Ética e Práticas Profissionais da ACM [ACM18] adota diversos novos princípios que trabalham questões em tecnologias de computação específicas, como IA, aprendizado de máquina e máquinas autônomas que tomam decisões eticamente significativas [Got18]. É provável que a ACM e a IEEE considerem revisões ao seu código de ética para engenharia de *software* para que este também reflita essas novas áreas.

30.6   Comentário final de RSP

Já faz quase quatro décadas que o trabalho na 1ª edição deste livro começou. Ainda me lembro de quando estava sentado à minha mesa como jovem professor, escrevendo o manuscrito de um livro sobre um assunto com o qual poucas pessoas se importavam e ainda menos realmente entendiam. Lembro-me das cartas de rejeição dos editores, que argumentavam (educadamente, mas com firmeza) que nunca haveria um mercado para um livro sobre "engenharia de *software*". Felizmente, a McGraw--Hill decidiu tentar,[5] e o resto, como se costuma dizer, é história.

Desde a 1ª edição, este livro mudou significativamente – em escopo, tamanho, estilo e conteúdo. Assim como a engenharia de *software*, ele cresceu e amadureceu com o passar dos anos.

Uma abordagem de engenharia para o desenvolvimento de *software* de computador é hoje senso comum. O debate sobre o "paradigma certo", a importância da agilidade, o grau de automação e os métodos mais eficazes ainda continua, mas os princípios básicos da engenharia de *software* são agora aceitos em toda a indústria. Por que, então, só recentemente temos visto uma adoção mais ampla?

A resposta, penso, está na dificuldade da transição tecnológica e na mudança cultural que a acompanha. Apesar de muitos de nós apreciarmos a necessidade de uma disciplina de engenharia para *software*, lutamos contra a inércia da prática anterior e nos defrontamos com novos domínios de aplicação (e os desenvolvedores que trabalham nelas) que parecem prontos para repetir os mesmos erros do passado. Para facilitarmos a transição, precisamos de muitas coisas – um processo de *software* ágil, adaptável e sensato; métodos mais eficazes; ferramentas mais poderosas; melhor aceitação pelos profissionais e apoio dos gerentes; e uma boa dose de educação.

Você pode não concordar com todas as abordagens descritas neste livro. Algumas das técnicas e opiniões são controversas; outras devem ser ajustadas para funcionar bem em diferentes ambientes de desenvolvimento de *software*. No entanto, espero sinceramente que *Engenharia de software: uma abordagem profissional* tenha

---

5   Na realidade, o mérito vai para Peter Freeman e Eric Munson, que convenceram a McGraw-Hill de que valia a pena tentar. Após 3 milhões de exemplares, é justo dizer que tomaram uma boa decisão.

delineado os problemas que enfrentamos, demonstrado o poder dos conceitos de engenharia de *software* e proporcionado um *framework* de métodos e ferramentas.

À medida que avançamos no século XXI, o *software* continua a ser o produto e a indústria mais importantes no cenário mundial. Seu impacto e importância têm amplo alcance. Contudo, uma nova geração de desenvolvedores de *software* deve enfrentar muitos dos mesmos desafios que as gerações anteriores enfrentaram. Esperemos que as pessoas que enfrentam esse desafio – os engenheiros de *software* – tenham a sabedoria para desenvolver sistemas que melhorem a condição humana.

Elemento de design: Ícone de lupa da seção Panorama: © Roger Pressman

Apêndice 1

Introdução à UML[1]

A *linguagem de modelagem unificada* (UML, do inglês *unified modeling language*) é "uma linguagem-padrão para descrever/documentar projeto de *software*. A UML pode ser usada para visualizar, especificar, construir e documentar os artefatos de um sistema de *software* intensivo" [Boo05]. Em outras palavras, assim como os arquitetos criam plantas e projetos para serem usados por uma empresa de construção, os arquitetos de *software* criam diagramas UML para ajudar os desenvolvedores de *software* a construir o *software*. Se você entender o vocabulário da UML (os elementos visuais do diagrama e seus significados), poderá facilmente entender e especificar um sistema e explicar o projeto desse sistema para outros interessados.

Grady Booch, Jim Rumbaugh e Ivar Jacobson desenvolveram a UML na década de 1990, com muitas opiniões da comunidade de desenvolvimento de *software*. A UML combinou um grupo de notações de modelagem concorrentes usadas pela indústria do *software* na época. Em 1997, a UML 1.0 foi apresentada ao OMG (Object Management Group), uma associação sem fins lucrativos dedicada a manter especificações para serem usadas pela indústria de computadores. A UML 1.0 foi revisada, tornando-se a UML 1.1 e adotada mais tarde naquele ano. O padrão atual é a UML 2.5.1[2] e agora é um padrão ISO. Como esse padrão é novo, muitas referências mais antigas, como [Gam95], não usam a notação UML.

A UML 2.5.1 fornece 13 diagramas diferentes para uso na modelagem de *software*. Neste apêndice, discutiremos apenas os *diagramas de classe, implantação, caso de uso, sequência, comunicação, atividade* e *estado*. Esses diagramas são usados nesta edição do livro.

Você notará que há muitas características opcionais em diagramas UML. A linguagem UML proporciona essas opções (às vezes ocultas) para que você possa expressar todos os aspectos importantes de um sistema. Ao mesmo tempo, é possível suprimir partes não relevantes ao aspecto que está sendo modelado para não congestionar o diagrama com detalhes irrelevantes. Portanto, a omissão de uma característica não significa que ela esteja ausente, mas sim que ela foi suprimida. Neste apêndice, não apresentaremos uma discussão exaustiva de todas

Conceitos-chave

diagrama de atividade... 622
diagrama de classe...... 612
diagrama de comunicação........... 621
dependência 614
diagrama de implantação......... 615
generalização 613
frames de interação...... 620
multiplicidade.......... 614
diagrama de sequência .. 618
diagrama de estado 625
estereótipo............. 613
raias 624
diagrama de caso de uso................ 616

---

1 Este apêndice teve a contribuição de Dale Skrien e foi adaptado de seu livro, *An Introduction to Object-Oriented Design and Design Patterns in Java* (McGraw-Hill, 2008). Todo o conteúdo é usado com permissão.

2 Consulte https://www.omg.org/spec/UML/2.5.1/. O documento contém a especificação atual da UML 2.5.1.

612 Engenharia de *software*

as características dos diagramas UML. Em vez disso, nos concentraremos nas opções-padrão, especialmente as usadas neste livro.

Diagramas de classe

Para modelar classes, incluindo seus atributos, operações e relações e associações com outras classes, a UML tem um *diagrama de classe*. Um diagrama de classe fornece uma visão estática ou estrutural do sistema. Ele não mostra a natureza dinâmica das comunicações entre os objetos das classes no diagrama.

Os elementos principais são caixas, ou seja, ícones usados para representar classes e interfaces. Cada caixa é dividida em partes horizontais. A parte superior contém o nome da classe. A seção do meio lista os atributos da classe. Os atributos podem ser valores que a classe calcula a partir de suas variáveis de instância ou valores que a classe pode obter de outros objetos pelos quais é composta. Por exemplo, um objeto sempre pode saber a hora atual e ser capaz de retorná-la quando for solicitado, no caso em que seria apropriado listar a hora atual como um atributo daquela classe de objetos. No entanto, o objeto muito provavelmente não teria a hora armazenada em uma de suas variáveis de instância, porque precisaria continuamente atualizar aquele campo. Em vez disso, o objeto poderia calcular a hora atual (p. ex., por meio da consulta a objetos de outras classes) quando a hora fosse requisitada. A terceira seção do diagrama de classes contém as operações ou comportamentos da classe. Uma *operação* refere-se ao que os objetos da classe podem fazer. Usualmente é implementada como um *método* da classe.

A Figura A1.1 apresenta um exemplo simples de uma classe **Thoroughbred**, que modela cavalos puro-sangue. Ela mostra três atributos – `mother`, `father` e `birthyear`. Os diagramas também mostram três operações: *getCurrentAge()*, *getFather()* e *getMother()*. Pode haver outros atributos e operações suprimidos, não mostrados no diagrama.

Cada atributo pode ter um nome, um tipo e um nível de visibilidade. O tipo e a visibilidade são opcionais. O tipo vem após o nome e é separado por dois-pontos. A visibilidade é indicada pelos sinais –, #, ~ ou +, que indicam, respectivamente, visibilidade *private, protected, package* ou *public*. Na Figura A1.1, todos os atributos têm visibilidade *private*, conforme indica o sinal de menos (–). Você pode também especificar que um atributo é estático ou de classe, usando um sublinhado. Cada operação também pode ser mostrada com um nível de visibilidade, parâmetros com nomes e tipos e um tipo de retorno.

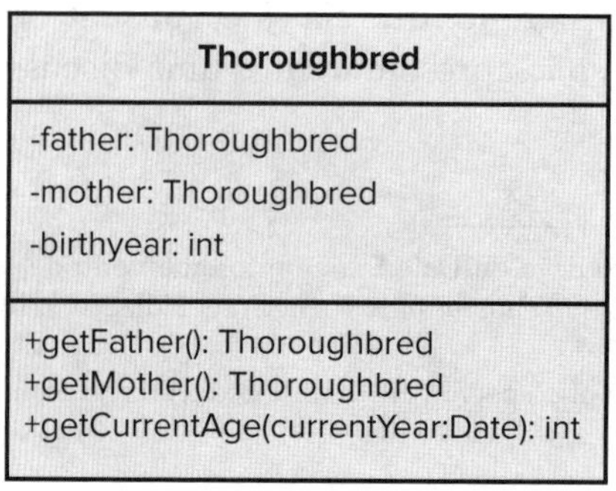

Figura A1.1
Um diagrama para a classe Thoroughbred.

Thoroughbred
-father: Thoroughbred -mother: Thoroughbred -birthyear: int
+getFather(): Thoroughbred +getMother(): Thoroughbred +getCurrentAge(currentYear:Date): int

Uma classe abstrata ou método abstrato é indicado pelo uso de itálico no nome da classe no diagrama de classes. Como exemplo, veja a classe **Horse** na Figura A1.2. Uma interface é indicada acrescentando-se a expressão "<<interface>>" (chamada de *stereotype*) acima do nome. Veja a interface **OwnedObject** na Figura A1.2. Uma interface também pode ser representada graficamente por um círculo vazio.

Vale mencionar que o ícone que representa uma classe pode ter outras partes opcionais. Por exemplo, uma quarta seção na parte inferior da caixa de classe pode ser usada para listar as responsabilidades da classe. Essa seção é particularmente útil quando se faz a transição dos cartões CRC (classe-responsabilidade-colaborador) (Capítulo 8) para diagramas de classe, pois as responsabilidades listadas nos cartões CRC podem ser acrescentadas à quarta seção na caixa da classe no diagrama UML antes que os atributos e operações que executam essas responsabilidades sejam criados. Essa quarta seção não é mostrada em nenhuma das figuras neste apêndice.

Os diagramas de classe também podem exibir relações entre classes. Uma classe que seja subclasse de outra classe é conectada a ela por uma seta com uma linha sólida como eixo e com uma ponta triangular vazia. A seta aponta da subclasse para a superclasse. Em UML, uma relação como essa é chamada de *generalização*. Por exemplo, na Figura A1.2, as classes **Thoroughbred** e **QuarterHorse** são exibidas como subclasses da classe abstrata **Horse**. Uma seta tendo como eixo uma linha tracejada indica implementação de interface. Em UML, tal relação é chamada de *realização*. Por exemplo, na Figura A1.2, a classe **Horse** implementa ou realiza a interface **OwnedObject**.

A *associação* entre duas classes indica que há uma relação estrutural entre elas. Associações são representadas por linhas sólidas. Uma associação tem muitas partes opcionais. Ela pode ser rotulada, assim como cada uma de suas extremidades, para indicar o papel de cada classe na associação. Por exemplo, na Figura A1.2, há uma associação entre **OwnedObject** e **Person**, na qual **Person** desempenha o papel de proprietário (*owner*). Setas em qualquer uma ou em ambas as extremidades de uma linha de associação indicam navegabilidade. Além disso, cada extremidade da linha de associação pode ter um valor de multiplicidade. Navegabilidade e multiplicidade são explicadas em detalhes mais à frente nesta seção. Uma associação pode também conectar uma classe com ela própria, usando um laço. Desse modo, uma associação indica a conexão de um objeto da classe com outros objetos da mesma classe.

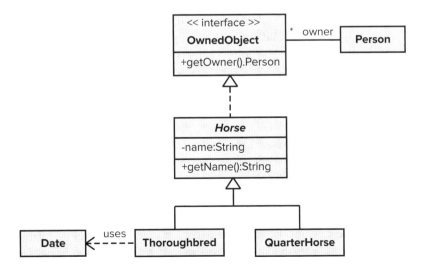

Figura A1.2
Um diagrama de classe referente a cavalos.

614 Engenharia de *software*

A associação com uma seta em uma extremidade indica navegabilidade unidirecional. A seta significa que de uma classe pode-se facilmente acessar a segunda classe associada para a qual a associação aponta. A partir da segunda classe, não se pode necessariamente acessar com facilidade a primeira classe. Outra maneira de pensar sobre isso é que a primeira classe tem conhecimento da segunda classe, enquanto a segunda classe não conhece necessariamente a primeira classe. Uma associação sem setas em geral indica uma associação bidirecional, que é o que se pretendia na Figura A1.2, mas poderia também significar apenas que a navegabilidade não é importante e foi deixada de lado.

Deve-se notar que um atributo de uma classe é muito parecido com uma associação da classe com o tipo de classe do atributo. Isto é, para indicar que uma classe tem uma propriedade chamada "nome" do tipo String, poderíamos mostrar aquela propriedade como um atributo, como na classe **Horse** da Figura A1.2. Como alternativa, poderíamos criar uma associação unidirecional da classe **Horse** para a classe **String**, sendo "nome" o papel da classe **String**. A abordagem de atributo é melhor para tipos de dados primitivos, enquanto a abordagem de associação muitas vezes é melhor se a classe da propriedade desempenha um papel importante no projeto, caso em que é muito bom ter uma classe para aquele tipo.

Uma relação de *dependência* representa outra conexão entre classes e é indicada por uma linha tracejada (com setas opcionais nas extremidades e com rótulos opcionais). Uma classe depende de outra se alterações na segunda classe podem exigir alterações na primeira classe. Uma associação de uma classe para outra indica automaticamente uma dependência. Não é necessária uma linha pontilhada entre classes se já houver uma associação entre elas. No entanto, para uma relação transiente (uma classe que não mantém relação de longo prazo com outra classe, mas usa aquela classe ocasionalmente), podemos colocar uma linha tracejada da primeira classe para a segunda. Por exemplo, na Figura A1.2, a classe **Thoroughbred** usa a classe **Date** sempre que é invocado o método *getCurrentAge()* e, assim, a dependência é chamada de "uses".

A *multiplicidade* de uma extremidade de uma associação indica o número de objetos daquela classe associados à outra classe. Uma multiplicidade é especificada por um valor inteiro não negativo ou por um intervalo de valores inteiros. Uma multiplicidade especificada como "0..1" significa que há 0 ou 1 objeto na extremidade da associação. Por exemplo, cada pessoa no mundo tem um número de Seguro Social ou não tem tal número (especialmente se não forem cidadãos norte-americanos) e, assim, uma multiplicidade de 0..1 poderia ser usada em uma associação entre uma classe **Person** e uma classe **SocialSecurityNumber** no diagrama de classes. A multiplicidade especificada por "1..*" significa um ou mais, e a multiplicidade especificada por "0..*", ou apenas "*", significa zero ou mais. Usou-se um * como multiplicidade na extremidade **OwnedObject** da associação com a classe **Person** na Figura A1.2 porque uma **Person** pode possuir zero ou mais objetos.

Se uma extremidade de uma associação apresenta multiplicidade maior do que 1, os objetos da classe aos quais se faz referência na extremidade da associação provavelmente estão armazenados em uma coleção, como um conjunto ou uma lista ordenada. Poderíamos também incluir a própria classe de coleção no diagrama UML, mas uma classe desse tipo usualmente é desconsiderada e assume-se, implicitamente, que esteja lá devido à multiplicidade da associação.

Uma *agregação* é um tipo especial de associação representada por um losango vazio em uma extremidade do ícone. Ela indica uma relação "todo/parte", em que a

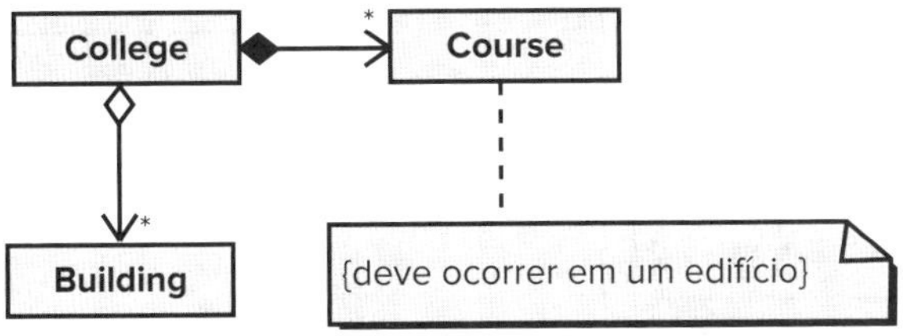

Apêndice 1   Introdução à UML   **615**

Figura A1.3
A relação entre College, Course e Building.

classe para a qual a seta aponta é considerada uma "parte" da classe na extremidade do losango da associação. Uma *composição* é uma agregação indicando forte relação de propriedade entre as partes. Em uma composição, as partes vivem e morrem com o proprietário porque não têm um papel a desempenhar no sistema de *software* independente do proprietário. Veja na Figura A1.3 exemplos de agregação e composição.

Uma classe **College** tem uma agregação de objetos **Building** que representam os edifícios que formam o campus. A universidade (College) tem também uma coleção de cursos. Mesmo que a universidade fechasse, os edifícios ainda continuariam a existir (supondo que a universidade não fosse fisicamente destruída) e poderiam ser usados para outros propósitos, mas um objeto **Course** não tem utilidade fora da universidade na qual está sendo oferecido. Se a universidade deixasse de existir como uma entidade de negócios, o objeto **Course** não teria mais utilidade e, portanto, também deixaria de existir.

Outro elemento comum em diagramas de classes é uma *anotação* (*note*), representada por uma caixa com um canto dobrado e conectada a outros ícones por uma linha pontilhada. Ela pode ter conteúdo arbitrário (texto e gráficos) e é similar a um comentário de linguagem de programação. Pode ter informações sobre o papel de uma classe ou restrições que todos os objetos daquela classe devem satisfazer. Se o conteúdo for uma restrição, estará entre chaves. Observe a restrição anexada à classe **Course** na Figura A1.3.

Diagramas de implantação

Diagramas de implantação focalizam a estrutura do sistema de *software* e são úteis para mostrar a distribuição física de um sistema de *software* entre plataformas de *hardware* e ambientes de execução. Por exemplo, suponha que você esteja desenvolvendo um pacote de renderização gráfica baseado na Web. Os usuários do seu pacote de *software* usarão o navegador Web para acessar o seu *site* e introduzir as informações de renderização. O seu *site* vai renderizar uma imagem gráfica de acordo com as especificações do usuário e a enviará de volta ao usuário. Como a renderização gráfica pode ser cara em termos de computação, você decide tirar a renderização do servidor Web, colocando-a em uma plataforma separada. Portanto, haverá três dispositivos de *hardware* envolvidos no seu sistema: o cliente Web (o computador do usuário executando um navegador), o computador que está hospedando o servidor Web e o computador que está hospedando o dispositivo de renderização.

A Figura A1.4 mostra o diagrama de implantação para um pacote de *software* como esse. Nesse diagrama, os componentes de *hardware* são desenhados como caixas com o título "«device»". Os caminhos de comunicação entre os componentes de *hardware* são traçados com linhas com títulos opcionais. Na Figura A1.4, os caminhos são identificados com o protocolo de comunicação e o tipo de rede usada para conectar os dispositivos.

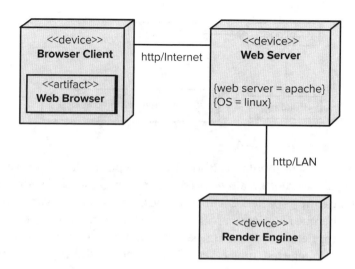

Figura A1.4
Um diagrama de implantação.

Cada nó em um diagrama de implantação pode também ser anotado com detalhes sobre o dispositivo. Por exemplo, na Figura A1.4, é desenhado o navegador cliente para mostrar que contém um artefato, que é o *software* do navegador Web. Artefato é tipicamente um arquivo que contém *software* executando em um dispositivo. Você pode também especificar valores rotulados, como mostra a Figura A1.4, no nó do servidor Web. Esses valores definem o fornecedor do servidor Web e o sistema operacional usado pelo servidor.

Diagramas de implantação também podem mostrar os nós do ambiente de execução, desenhados em caixas contendo o rótulo "«execution environment»". Esses nós representam sistemas, como os sistemas operacionais, que podem hospedar outros programas de *software*.

Diagramas de caso de uso

Casos de uso (Capítulos 7 e 8) e o *diagrama de caso de uso* ajudam a determinar a funcionalidade e as características do *software* sob o ponto de vista do usuário. Para dar uma ideia de como os casos de uso e os diagramas de caso de uso funcionam, vamos criar alguns deles para uma aplicação de *software* de gerenciamento para uma loja de música digital *online*. Algumas das coisas que o *software* pode fazer são:

- Baixar um arquivo de música MP3 e armazená-lo na biblioteca da aplicação.
- Capturar a música e armazená-la na biblioteca da aplicação.
- Gerenciar a biblioteca da aplicação (p. ex., excluir músicas ou organizá-las em listas de execução).
- Gravar em um CD uma lista de músicas da biblioteca.
- Carregar uma lista de músicas da biblioteca para um iPod ou MP3 *player*.
- Converter uma música do formato MP3 para o formato AAC e vice-versa.

Essa não é uma lista completa, mas suficiente para entendermos a função dos casos de uso e diagramas de caso de uso.

Um *caso de uso* descreve como um usuário interage com o sistema, definindo os passos necessários para atingir um objetivo específico (p. ex., gravar uma lista de músicas em um CD). Variações na sequência de passos descrevem vários cenários (p. ex., o que acontece se as músicas da lista não couberem em um CD?).

Um diagrama UML de caso de uso é uma visão geral de todos os casos de uso e de como eles estão relacionados. Fornece uma visão geral da funcionalidade do sistema. Um diagrama de caso de uso para a aplicação de música digital é mostrado na Figura A1.5.

Nesse diagrama, a figura do usuário representa um *ator* (Capítulo 8) que está associado a uma categoria de usuário (ou outro elemento de interação). Sistemas complexos normalmente possuem mais de um ator. Por exemplo, uma aplicação "máquina de venda automática" pode ter três atores representando clientes, pessoal de manutenção e os fornecedores que abastecem a máquina.

No diagrama de caso de uso, os casos de uso são mostrados como elipses. Os atores são conectados por linhas aos casos de uso que eles executam. Note que nenhum dos detalhes dos casos de uso é incluído no diagrama e precisa ser armazenado separadamente. Observe também que os casos de uso são colocados em um retângulo, mas os atores não. Esse retângulo serve para lembrar visualmente as fronteiras do sistema e que os atores estão fora do sistema.

Alguns casos de uso em um sistema podem estar relacionados uns com os outros. Por exemplo, há passos similares para gravar uma lista de músicas em um CD e para carregar uma lista de músicas em um iPod ou *smartphone*. Em ambos os casos, o usuário primeiro cria uma lista vazia e, em seguida, acrescenta as músicas da biblioteca na lista. Para evitar duplicação, normalmente é melhor criar um novo caso de

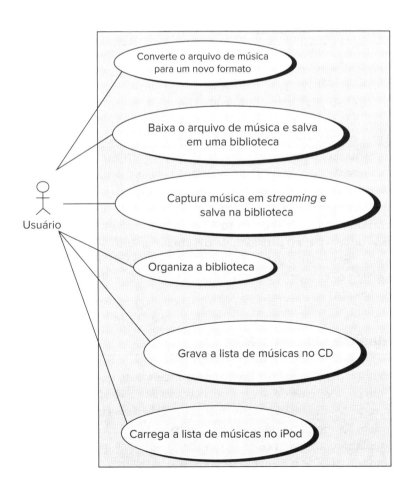

Figura A1.5
Um diagrama de caso de uso para o sistema de música.

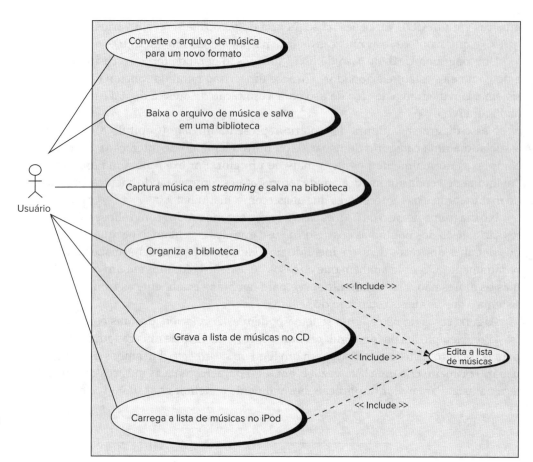

Figura A1.6
Um diagrama de caso de uso com casos de uso incluídos.

uso representando a atividade duplicada e depois deixar que outros casos incluam esse novo caso de uso como um de seus passos. A inclusão é indicada nos diagramas de caso de uso, como mostra a Figura A1.6, por meio de uma seta tracejada identificada como «include», conectando um caso de uso a outro.

Um diagrama de caso de uso, por mostrar todos os casos, é um bom auxílio para assegurar a inclusão de toda a funcionalidade do sistema. Em nosso organizador de música digital, certamente desejaríamos ter mais casos de uso, como, por exemplo, um para tocar uma música da biblioteca. Mas tenha em mente que a maior contribuição dos casos de uso para o processo de desenvolvimento de *software* é a descrição textual de cada caso, e não o diagrama geral de casos de uso [Fow04]. É por meio das descrições que você consegue formar uma ideia clara dos objetivos do sistema que está desenvolvendo.

Diagramas de sequência

Ao contrário dos diagramas de classe e de implantação, que mostram a estrutura estática de um componente de *software*, o *diagrama de sequência* é utilizado para indicar as comunicações dinâmicas entre objetos durante a execução de uma tarefa. Ele mostra a ordem temporal na qual as mensagens são enviadas entre os objetos para executar aquela tarefa. Podemos usar um diagrama de sequência para mostrar as interações em um caso de uso ou em um cenário do sistema de *software*.

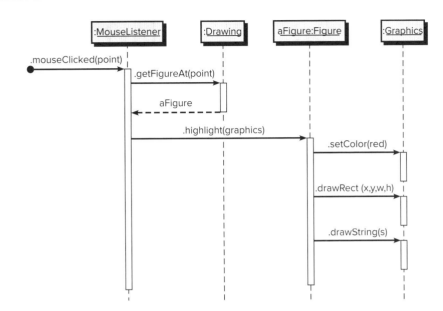

Figura A1.7
Exemplo de diagrama de sequência.

Na Figura A1.7, há um diagrama de sequência para um programa de desenho. O diagrama mostra os passos envolvidos para destacar uma figura no desenho quando ela é clicada. Cada caixa na linha do topo do diagrama em geral corresponde a um objeto, embora seja possível fazer as caixas modelarem outras coisas, como classes, por exemplo. Se a caixa representa um objeto (como é o caso em todos os nossos exemplos), dentro da caixa pode-se opcionalmente declarar o tipo do objeto, precedido de dois-pontos. Você pode também colocar antes dos dois-pontos e do tipo o nome do objeto, conforme mostra a terceira caixa na Figura A1.7. Abaixo de cada caixa há uma linha tracejada chamada de *linha de vida* do objeto. O eixo vertical no diagrama de sequência corresponde ao tempo, e o tempo aumenta à medida que se caminha para baixo.

Um diagrama de sequência mostra chamadas de método usando setas horizontais do *chamador* para o *chamado*, identificadas com o nome do método e, opcionalmente, incluindo seus parâmetros, seus tipos e o tipo de retorno. Por exemplo, na Figura A1.7, **MouseListener** chama o método *getFigureAt()* de **Drawing**. Quando um objeto está executando um método (quando tem uma ativação de um método na pilha), você pode, opcionalmente, mostrar uma barra branca, conhecida como *barra de ativação*, ao longo da linha de vida do objeto. Na Figura A1.7, há barras de ativação para todas as chamadas de método. O diagrama também pode mostrar, opcionalmente, o retorno de uma chamada de método, com uma seta pontilhada e um rótulo opcional. Na Figura A1.7, o retorno da chamada do método *getFigureAt()* é identificado com o nome do objeto retornado. Uma prática comum, como fizemos na Figura A1.7, é omitir a seta de retorno quando um método não retorna nada (*void*), porque isso complicaria o diagrama, fornecendo informações de pouca importância. Um círculo preto com uma seta indica uma *mensagem encontrada* cuja origem é desconhecida ou irrelevante.

Agora você será capaz de entender a tarefa que a Figura A1.7 está mostrando. Uma origem desconhecida chama o método *mouseClicked()* de um **MouseListener**, passando como argumento o ponto onde o clique ocorreu. O **MouseListener**, por sua vez, chama o método *getFigureAt()* de um **Drawing**, que retorna um **Figure**. Então, **MouseListener** chama o método destacado de **Figure**, passando um objeto **Graphics** como argumento. Em resposta, **Figure** chama três métodos do objeto **Graphics** para traçar a figura em vermelho.

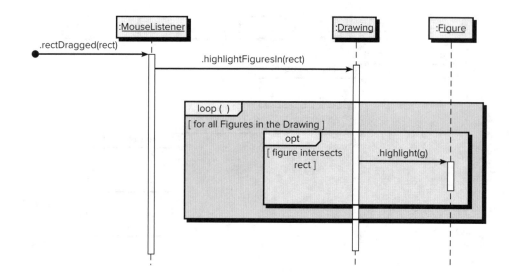

Figura A1.8
Um diagrama de sequência com dois *frames* de interação.

O diagrama na Figura A1.7 é muito claro e não contém condicionais ou laços. Se forem necessárias estruturas lógicas de controle, provavelmente será melhor traçar um diagrama de sequência separado para cada caso. Isto é, se o fluxo de mensagem puder tomar dois caminhos diferentes, dependendo de uma condição, trace dois diagramas de sequência separados, um para cada possibilidade.

Se você ainda quer incluir laços, condicionais e outras estruturas de controle em um diagrama de sequência, use *frames de interação* (*interaction frames*), que são retângulos que envolvem as partes do diagrama e são identificados com o tipo de estrutura de controle que representam. A Figura A1.8 ilustra isso, mostrando o processo envolvido para destacar todas as figuras em um retângulo. Para **MouseListener**, é enviada a mensagem `rectDragged`. O **MouseListener** então manda o desenho destacar todas as figuras no retângulo, chamando o método *highlightFiguresIn()*, passando o retângulo como argumento. O método passa em laço por todos os objetos **Figure** no objeto **Drawing** e, se o objeto **Figure** intercepta o retângulo, é solicitado a **Figure** que se destaque. As frases entre colchetes são chamadas de *guardas*, que são condições booleanas que devem ser verdadeiras se a ação dentro do *frame* de interação deve continuar.

Há muitas outras características que podem ser incluídas em um diagrama de sequência. Por exemplo:

1. Você pode distinguir entre mensagens síncronas e assíncronas. Mensagens síncronas são exibidas com pontas de setas cheias, enquanto mensagens assíncronas são mostradas com pontas de setas em traço.
2. Você pode mostrar um objeto fazendo-o enviar a si próprio uma mensagem, com uma seta saindo do objeto, virando para baixo e, em seguida, apontando de volta para o mesmo objeto.
3. Você pode mostrar a criação do objeto traçando uma seta identificada de forma apropriada (p. ex., com um rótulo «create») para a caixa de um objeto. Nesse caso, a caixa aparecerá no diagrama abaixo das caixas que correspondem a objetos que já existiam quando a ação começa.

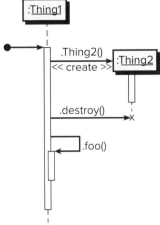

Figura A1.9
Criação, destruição e laços em diagramas de sequência.

4. Você pode representar a destruição de um objeto com um X grande no fim da sua linha de vida. Outros objetos podem destruir um objeto e, nesse caso, uma seta aponta do outro objeto para o X. Um X é útil também para indicar que um objeto não é mais utilizável e está pronto para ser enviado à coleta de lixo.

As três últimas características são mostradas no diagrama de sequência da Figura A1.9.

Diagramas de comunicação

O *diagrama de comunicação* UML (conhecido como "diagrama de colaboração" na UML 1.X) fornece outra indicação da ordem temporal das comunicações, mas dá ênfase às relações entre os objetos e classes em vez da ordem temporal. O diagrama de comunicação está ilustrado na Figura A1.10, a qual mostra as mesmas ações do diagrama de sequência da Figura A1.7.

Em um diagrama de comunicação, os objetos que interagem são representados por retângulos. Associações entre objetos são representadas por linhas ligando os retângulos. Normalmente, há uma seta apontando para um objeto no diagrama, que inicia a sequência de passagem de mensagens. A seta é identificada com um número e um nome de mensagem. Se a mensagem que chega for identificada com o número 1 e se ela faz o objeto receptor invocar outras mensagens em outros objetos, aquelas mensagens são representadas por setas do emissor para o receptor com uma linha de associação e recebem números 1.1, 1.2 e assim por diante, na ordem em que são chamadas. Se aquelas mensagens invocam outras, é acrescentado outro ponto e outro número ao número que as identifica, para indicar novo aninhamento da mensagem passada.

Na Figura A1.10, você vê que a mensagem **mouseClicked** chama o método *getFigureAt()* e depois *highlight()*. A mensagem *highlight()* chama três outras mensagens: *setColor()*, *drawRect()* e *drawString()*. A numeração em cada rótulo mostra os aninhamentos, bem como a natureza sequencial de cada mensagem.

Há muitas características opcionais que podem ser acrescentadas aos rótulos das setas. Por exemplo, você pode colocar uma letra na frente do número. Uma seta chegando poderia ser marcada como `A1: mouseClicked(point).,` indicando

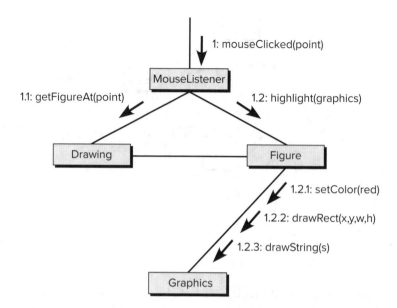

Figura A1.10
Um diagrama de comunicação UML.

a execução de uma sequência de comandos (*thread*), A. Se outras mensagens são executadas em outras *threads*, o rótulo seria precedido por uma letra diferente. Por exemplo, se o método *mouseClicked()* é executado na *thread* A, mas cria uma nova *thread* B e chama *highlight()* naquela *thread*, então a seta de **MouseListener** para **Figure** seria rotulada como 1.B2: highlight(graphics).

Se você estiver interessado em mostrar as relações entre os objetos, além das mensagens que estão sendo enviadas entre eles, o diagrama de comunicação provavelmente é uma opção melhor do que o diagrama de sequência. Se estiver mais interessado na ordem temporal da mensagem enviada, o diagrama de sequência provavelmente será melhor.

Diagramas de atividade

O *diagrama de atividade* mostra o comportamento dinâmico de um sistema ou de parte de um sistema por meio do fluxo de controle entre ações que o sistema executa. Ele é similar a um fluxograma, exceto que pode mostrar fluxos concorrentes.

O componente principal de um diagrama de atividade é um nó *ação*, representado por um retângulo arredondado, que corresponde a uma tarefa executada por um sistema de *software*. Setas que vão de um nó ação para outro indicam o fluxo de controle. Isto é, uma seta entre dois nós ação significa que, depois que a primeira ação é completada, a segunda ação começa. Um ponto preto cheio forma o *nó inicial* que representa o ponto inicial da atividade. Um ponto preto envolvido por um círculo preto é o *nó final*, indicando o fim da atividade.

Um *fork* representa a separação de atividades em duas ou mais atividades concorrentes. Ele é desenhado como uma barra preta horizontal com uma seta apontando para ela e duas ou mais setas apontando para fora dela. Cada seta de saída representa um fluxo de controle que pode ser executado concorrentemente com os fluxos que correspondem às outras setas que saem. Essas atividades concorrentes podem ser executadas em um computador por meio de diferentes *threads* ou até mesmo usando diferentes computadores.

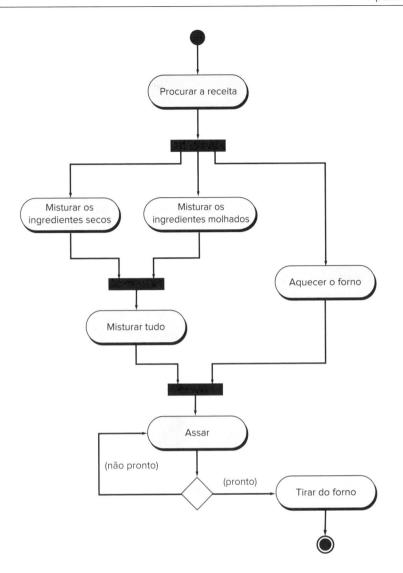

Figura A1.11
Um diagrama de atividade UML demonstrando como fazer um bolo.

A Figura A1.11 mostra um exemplo de um diagrama de atividade envolvendo a confecção de um bolo. O primeiro passo é procurar a receita. Uma vez encontrada, os ingredientes secos e molhados podem ser medidos e misturados e o forno pode ser pré-aquecido. A mistura dos ingredientes secos pode ser feita em paralelo com a mistura dos ingredientes molhados e com o preaquecimento do forno.

Uma *junção* (*join*) é uma maneira de sincronizar fluxos de controle concorrentes. Ela é representada por uma barra preta horizontal com duas ou mais setas chegando e uma seta saindo. O fluxo de controle representado pela seta que sai não pode iniciar a execução até que todos os outros fluxos representados pelas setas que chegam tenham sido completados. Na Figura A1.11, temos uma junção antes da ação de mistura dos ingredientes secos e molhados. Ela indica que todos os ingredientes secos e todos os ingredientes molhados devem ser misturados antes que as duas misturas possam ser combinadas. A segunda junção na figura informa que, antes de começar a assar o bolo, todos os ingredientes devem estar misturados, e o forno deve estar na temperatura correta.

Um nó *decisão* corresponde a uma ramificação no fluxo de controle baseada em uma condição. Um nó desse tipo é mostrado como um triângulo branco com uma seta chegando e duas ou mais saindo. Cada seta que sai é identificada com uma condição entre colchetes (*guard*). O fluxo de controle segue a seta que sai cuja condição é verdadeira (*true*). É bom certificar-se de que as condições abrangem todas as possibilidades, de forma que exatamente uma delas seja verdadeira sempre que um nó de decisão for encontrado. A Figura A1.11 apresenta um nó de decisão após assar o bolo. Se o bolo está pronto, ele é retirado do forno. Caso contrário, permanece no forno por mais um tempo.

Uma das coisas que o diagrama de atividades da Figura A1.11 não mostra é quem executa cada uma das ações. Muitas vezes, a divisão exata do trabalho não importa. Mas se você quiser indicar como as ações são divididas entre os participantes, decore o diagrama de atividades com raias (*swimlanes*), como mostra a Figura A1.12. As *raias*, como o nome diz, são formadas dividindo-se o diagrama em tiras ou "faixas", e cada uma dessas faixas corresponde a um dos participantes. Todas as ações em uma faixa são executadas pelo participante correspondente. Na Figura A1.12,

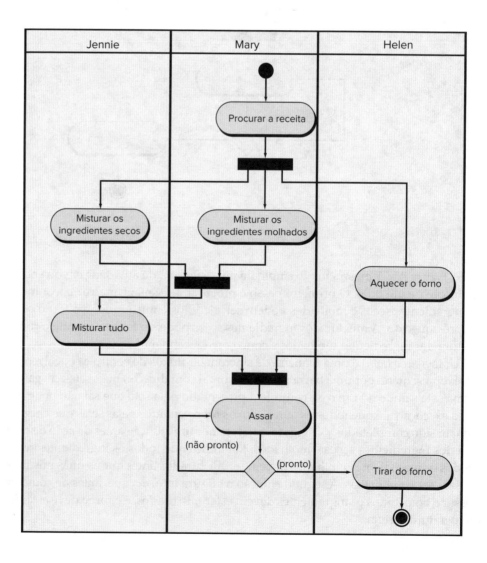

Figura A1.12
O diagrama de atividades da confecção do bolo com a inclusão de raias.

Jennie é responsável pela mistura dos ingredientes secos e depois pela mistura dos ingredientes secos e molhados juntos, Helen é responsável por aquecer o forno e tirar o bolo, e Mary, por todo o restante.

Diagramas de estado

O comportamento de um objeto em determinado instante frequentemente depende do seu estado, ou seja, dos valores de suas variáveis naquele instante. Como um exemplo trivial, considere um objeto com uma variável de instância booleana. Quando solicitado a executar uma operação, o objeto pode realizar algo se a variável for *verdadeira (true)* e realizar outra coisa se for *falsa (false).*

Um *diagrama de estado* modela os estados de um objeto, as ações executadas dependendo daqueles estados e as transições entre os estados do objeto.

Como exemplo, considere o diagrama de estado para uma parte de um compilador Java. A entrada do compilador é um arquivo de texto, que pode ser considerado uma longa sequência (*string*) de caracteres. O compilador lê os caracteres, um de cada vez, e a partir deles determina a estrutura do programa. Uma pequena parte desse processo consiste em ignorar caracteres "espaço em branco" (p. ex., os caracteres *espaço, tabulação, nova linha* e *return*) e caracteres dentro de um comentário.

Suponha que o compilador delegue ao objeto **WhiteSpaceAndCommentEliminator** a tarefa de avançar sobre os caracteres espaço em branco e caracteres dentro de comentários. A tarefa desse objeto é ler os caracteres de entrada até que todos os espaços em branco e os caracteres entre comentários tenham sido lidos. Nesse ponto, ele retorna o controle para o compilador para ler e processar caracteres que não são espaços em branco e não são caracteres de comentários. Pense em como o objeto **WhiteSpaceAndCommentEliminator** lê os caracteres e determina se o próximo caractere é um espaço em branco ou se é parte de um comentário. O objeto pode verificar espaços em branco testando o próximo caractere para saber se é " ", "\t", "\n" e "\r". Mas como ele determina se o próximo caractere faz parte de um comentário? Por exemplo, quando vê uma "/" pela primeira vez, ele ainda não sabe se aquele caractere representa um operador de divisão, parte do operador /= ou o início de uma linha ou comentário de bloco. Para determinar isso, **WhiteSpaceAndCommentEliminator** precisa registrar o fato de que viu uma "/" e então passar para o próximo caractere. Se o caractere que vem depois da "/" for outra "/" ou um "*", então **WhiteSpaceAndCommentEliminator** saberá que está agora lendo um comentário e pode avançar até o fim sem processar ou salvar qualquer caractere. Se o caractere que vem em seguida à primeira "/" for alguma coisa diferente de uma "/" ou um "*", o objeto **WhiteSpaceAndCommentEliminator** saberá que a "/" representa o operador divisão ou parte do operador /= e, assim, para de avançar sobre os caracteres.

Resumindo, à medida que o objeto **WhiteSpaceAndCommentEliminator** lê os caracteres, ele precisa controlar vários aspectos, incluindo se o caractere atual é um espaço em branco, se o caractere anterior que ele leu era uma "/", se está no momento lendo caracteres de um comentário, se chegou ao fim de um comentário e assim por diante. Tudo isso corresponde a diferentes estados do objeto **WhiteSpaceAndCommentEliminator**. Em cada um desses estados, **WhiteSpaceAndCommentEliminator** se comporta de modo diferente com relação ao próximo caractere a ser lido.

Para ajudar a visualizar todos os estados desse objeto e como ele muda o estado, você pode usar um diagrama de estado, conforme indica a Figura A1.13. Um diagrama

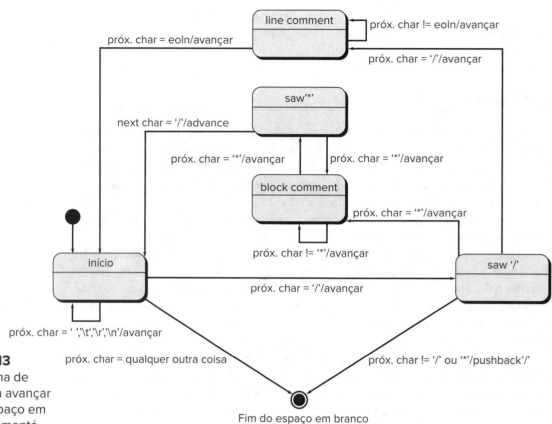

Figura A1.13
Um diagrama de estado para avançar além do espaço em branco e comentários em Java.

de estado mostra os estados por meio de retângulos arredondados, cada um dos quais com um nome em sua metade superior. Há também um círculo preto, chamado de "pseudoestado inicial", que não é realmente um estado, mas apenas um ponto para o estado inicial. Na Figura A1.13, o estado **start** é o estado inicial. Setas de um estado para outro representam transições ou mudanças no estado do objeto. Cada transição é identificada com um evento disparo, uma barra (/) e uma atividade. Todas as partes dos rótulos de transição são opcionais nos diagramas de estado. Se o objeto está em um estado e ocorre o disparo de evento para uma de suas transições, a atividade daquela transição é executada, e o objeto assume o novo estado indicado pela transição. Por exemplo, na Figura A1.13, se o objeto **WhiteSpaceAndCommentEliminator** está no estado **start** e o próximo caractere é "/", **WhiteSpaceAndCommentEliminator** avança além daquele caractere e muda para o estado **saw '/'**. Se o caractere depois de "/" é outra "/", o objeto avança para o estado **line comment** e permanece lá até ler um caractere fim de linha (eoln, *end-of-line*). Se, por outro lado, o próximo caractere após a "/" é um "*", o objeto avança para o estado **block comment** e permanece lá até encontrar outro "*" seguido de uma "/", que indica o fim de um comentário de bloco. Estude o diagrama para ter certeza de que o entendeu. Note que, após avançar além do espaço em branco ou de um comentário, o objeto **WhiteSpaceAndCommentEliminator** volta para o estado **start** e começa tudo novamente. Esse comportamento é necessário, já que pode haver vários comentários ou caracteres de espaço em branco sucessivos antes de encontrar quaisquer outros caracteres do código-fonte Java.

Um objeto pode fazer uma transição para um estado final, indicado por um círculo preto com um círculo branco ao redor dele, que informa que não há mais transições. Na Figura A1.13, o objeto **WhiteSpaceAndCommentEliminator** é encerrado quando o próximo caractere não é um espaço em branco nem parte de um comentário. Note que todas as transições, exceto as duas que levam ao estado final, têm atividades que consistem em avançar para o próximo caractere. As duas transições para o estado final não avançam sobre o próximo caractere porque o próximo faz parte de uma palavra ou símbolo de interesse para o compilador. Note que se o objeto está no estado **saw '/'**, mas o próximo caractere não é uma "/" ou "*", então o caractere "/" é um operador de divisão ou parte do operador /= e, portanto, não queremos avançar. Na verdade, queremos retroceder um caractere para tornar a "/" o próximo caractere, para que assim o caractere "/" possa ser usado pelo compilador. Na Figura A1.13, essa atividade de retrocesso é chamada de pushback '/'.

Um diagrama de estado o ajudará a descobrir situações perdidas ou inesperadas. Com um diagrama de estado, é relativamente fácil garantir que todos os eventos possíveis para todos os estados possíveis foram levados em conta. Na Figura A1.13, você pode facilmente verificar que cada estado incluiu transições para todos os caracteres possíveis.

Os diagramas de estado UML podem conter muitas outras características não incluídas na Figura A1.13. Por exemplo, quando um objeto está em um estado, ele usualmente não faz nada e espera até que ocorra um evento. No entanto, há um tipo especial de estado, denominado *estado de atividade*, no qual o objeto executa alguma atividade, chamada de *do-activity*, enquanto está naquele estado. Para indicarmos no diagrama que um estado é um estado de atividade, incluímos na metade inferior do retângulo arredondado de estado a palavra "do/", seguida da atividade que deve ser executada enquanto estiver naquele estado. A do-activity pode terminar antes que ocorram quaisquer transições de estado, após as quais o estado de atividade se comporta como um estado de espera normal. Se ocorrer uma transição fora do estado de atividade, antes que a do-activity tenha terminado, a do-activity será interrompida.

Como um evento é opcional quando ocorre uma transição, é possível que nenhum evento possa estar listado como parte do rótulo de uma transição. Em casos assim para estados de espera normais, o objeto fará imediatamente uma transição daquele estado para o novo estado. Para estados de atividade, uma transição dessas ocorre logo que do-activity termina.

A Figura A1.14 ilustra essa situação usando estados para um telefone comercial. Quando uma chamada é colocada em espera, vai para o estado **Em espera com**

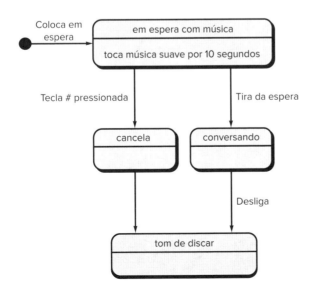

Figura A1.14
Um diagrama de estado com um estado de atividade e uma transição sem evento.

música (toca música suave por 10 segundos). Após 10 segundos, a do-activity do estado é completada, e o estado se comporta como um estado normal de não atividade. Se a pessoa que está chamando pressiona a tecla # quando a chamada está no estado **Em espera com música**, a chamada faz uma transição para o estado **Cancela**, e o telefone passa imediatamente para o estado **tom de discar**. Se a tecla # é pressionada antes de completar os 10 segundos de música de espera, a do-activity é interrompida, e a música para imediatamente.

Apêndice 2

Ciência de dados para engenheiros de *software*

Contribuição de: William Grosky e Terry Ruas[1]

Ciência de dados – a visão global

A ciência de dados incorpora o trabalho de diversas disciplinas para transformar dados brutos em informações, conhecimento e, espera-se, sabedoria. A ciência de dados tem um longo histórico e incorpora conceitos da ciência da computação, matemática, estatística e visualização de dados, além dos algoritmos e das suas implementações. Estaria além do escopo deste apêndice detalhar exaustivamente todos os conceitos sob a rubrica de "ciência de dados". Em vez disso, esperamos oferecer um resumo conciso dos tópicos mais importantes e ligá-los à engenharia de *software*.

A Figura A2.1 indica que a ciência de dados é a intersecção de três áreas principais: ciência da computação, matemática e estatística, junto com o conhecimento do domínio [Con10].

O cientista de dados deve se interessar por mais do que apenas os dados em si. Usando conhecimento da matemática e da estatística, junto com conhecimento específico ao domínio, o cientista de dados desenvolve as habilidades necessárias para avaliar se os dados, os experimentos e as avaliações foram projetados adequadamente para um determinado problema. Contudo, aplicar essas capacidades a diferentes cenários exige uma certa flexibilidade, e as habilidades de computação podem ser a maneira certa de realizar essa tarefa.

Linguagens populares, APIs e ferramentas

Um dos melhores aspectos da ciência de dados é que podemos usá-la em praticamente qualquer ambiente que permita a manipulação de dados. Para tanto, é preciso ter linguagens de programação, interfaces de programação de aplicação (APIs, do inglês *application programming interfaces*) e ferramentas que facilitem nossas vidas. Nas próximas seções, apresentamos um resumo destas.

Linguagens Em relação a linguagens de programação, todos temos nossas preferências, e os praticantes da ciência não são diferentes. Contudo, é preciso manter em mente que não existe uma opção melhor para todas as ocasiões, então a abordagem certa para a seleção da linguagem em aplicações de ciência de dados é escolher a ferramenta certa para o serviço certo, dadas as restrições, os contextos e os objetivos.

Conceitos-chave

problemas de classificação............634
inteligência computacional..........638
ciência de dados........629
redução dimensional....637
aprendizado de máquina.............631
problemas de regressão.............634
engenharia de *software* baseada em busca........638
modelos estatísticos.....633

---

1 Departamento de Ciências da Informática e da Computação, Universidade de Michigan, Dearborn.

Figura A2.1
Diagrama de Venn da ciência de dados.

Para aplicações da ciência de dados, a prototipagem rápida é uma característica bastante desejada, permitindo a produção de projetos interessantes com uma sintaxe simplificada e intuitiva. Os recursos disponíveis com relação ao propósito e ao desempenho também têm um papel crucial na adoção de uma linguagem de programação. Assim, quanto menos usada é uma linguagem, menos atraente ela é para as nossas tarefas diárias. A ciência de dados tem relação próxima com a *preparação de dados* (também chamada de *data munging* e *data wrangling*),[2] que é "o processo de transformar e mapear dados de uma forma de dados 'bruta' para outro formato, com a intenção de torná-los mais apropriados e valiosos para diversas finalidades subsequentes, tais como a análise". A preparação de dados é uma atividade demorada, e o apoio da comunidade por meio de APIs e bibliotecas bem-documentadas pode fazer uma grande diferença, especialmente na busca por exemplos de uso, detalhes sobre métodos específicos, restrições e outros aspectos técnicos. Assim, a linguagem de programação usada em aplicações de ciência de dados deve ser adotada, suportada e documentada.

Logo, não deve surpreender que a Python seja amplamente utilizada na comunidade de ciência de dados. Outras linguagens de programação promissoras em ascensão entre os cientistas de dados são a Scala e a Julia, ambas mais relacionadas a alto desempenho e escalabilidade. A R é outra opção interessante para a manipulação de dados, especializada em funções estatísticas e bibliotecas de visualização de dados. Já que sua arquitetura é focada principalmente na análise estatística, limpeza de dados e visualização de dados, a R não deve ser a sua primeira opção para a programação de propósito geral. Em outras palavras, a R é altamente eficaz apenas se usada para resolver os problemas certos.

A popularidade da Java é indiscutível na ciência de dados e em muitas outras áreas do desenvolvimento de *software*. Seguindo tendências recentes na ciência de dados e de *big data*, a Java também tem *frameworks* exclusivos, como Hive,[3] Spark[4] e

---

2 Consulte https://en.wikipedia.org/wiki/Data_wrangling.
3 https://hive.apache.org/.
4 https://spark.apache.org/.

Hadoop.[5] Considerando a sua verbosidade e arquitetura não específica, a Java não deve ser a primeira opção para a análise estatística avançada ou para a preparação de dados, especialmente para algoritmos de aprendizado de máquina. Nesses casos, a Python e a R oferecem *script* dinâmico e bibliotecas exclusivas gigantes que podem ser mais interessantes. Outras linguagens de programação fortes, mas menos populares entre os cientistas de dados, são C/C++, F# e SQL.

Bibliotecas e ferramentas

É impossível falar de ciência de dados sem mencionar os artefatos que ajudam no processo de extrair conhecimento dos dados. Nesta seção, observamos alguns dos mais populares oferecidos em Python [Van16].

O NumPy foi projetado especialmente para a manipulação eficiente de matrizes n-dimensionais e execução de tarefas científicas. É possível remoldar o número de linhas e colunas, cortar matrizes, realizar operações de álgebra linear, ordenar, buscar e executar diversas outras tarefas úteis. O NumPy é usado por inúmeras outras bibliotecas e é parte do pacote SciPy.

Existem dois tipos de SciPy, a biblioteca em si e o pacote científico, composto por diversos ecossistemas de código aberto, incluindo o primeiro. As sub-bibliotecas que formam o pacote científico são: NumPy, SciPy, Matplotlib, IPython, Sympy e Pandas. A biblioteca, construída sobre o NumPy, foi projetada para fornecer métodos eficientes para trabalhar otimização, integração e diversas outras operações úteis [Nun17], [Sci18].

Como parte do ecossistema científico, a Pandas ajuda com as estruturas e análise de dados devido à facilidade de manipulação. Ela permite que os dados sejam moldados intuitivamente e oferece adaptabilidade desde dados não estruturados até *DataFrames* estruturados. Algumas das funções úteis da Pandas incluem: indexação, rotulação, solução para registros de dados ausentes e integração fácil com diferentes estruturas de dados [McK17], [Num18].

A Python também possui um forte portfólio de bibliotecas de aprendizado de máquina, o que é especialmente importante para a ciência de dados, com destaque especial para Scikit-learn, TensorFlow e Keras. A Scikit-learn provavelmente é a biblioteca de aprendizado de máquina mais conhecida no Python, incluindo diversos tipos de algoritmos, como agrupamento, regressão, classificação e redução de dimensionalidade [Ger17]. A TensorFlow, desenvolvida originalmente pela equipe Google Brain (parte da divisão de IA da Google), propõe um *framework* de aprendizagem profunda e aprendizado de máquina de código aberto para todos.

Além das bibliotecas apresentadas, a Python também tem diversas outras ferramentas especializadas que são utilizadas na ciência de dados. Os exemplos de ferramentas de visualização são Matplotlib, Seaborn, Bokeh e Plotly; os exemplos de ferramentas de processamento de linguagem natural (NLP, do inglês *natural language processing)* são Natural Language Toolkit (NLTK), Gensim, spaCy e Scrapy [Act18].

Ciência de dados e aprendizado de máquina

Ciência de dados é o termo geral que se refere a uma série de abordagens baseadas em dados para a obtenção de soluções aproximadas para problemas muito difíceis. A principal tecnologia por trás da ciência de dados é o *aprendizado de máquina*, um conjunto de técnicas estatísticas que usam uma abordagem indutiva que tenta criar

---

5 https://hadoop.apache.org/.

generalizações a partir de um conjunto de exemplos conhecidos e aplicá-las a exemplos desconhecidos.

Por exemplo, nosso ambiente pode ser composto por um conjunto de múltiplas leituras de diversas condições meteorológicas, como temperatura máxima, temperatura mínima, umidade e diversos outros valores. Temos então um subconjunto pequeno desses exemplos (nossos exemplos conhecidos) que são rotulados; e para cada exemplo nesse pequeno conjunto, o sistema é informado se choveu no dia seguinte ou não. A partir desse *conjunto de treinamento* de exemplos conhecidos, o sistema constrói um modelo matemático para categorizar um exemplo diário desconhecido e tenta prever se choverá no dia seguinte ou não. Outro exemplo da engenharia de *software* seria prever se um determinado elemento de código possui ou não uma falha, com base em um conjunto de treinamento de programas com e sem falhas. Também poderíamos tentar prever o custo de desenvolver uma nova versão de um programa com base no histórico dos custos das versões anteriores do mesmo programa.

Na modelagem, há uma tensão inerente entre tentar construir um modelo que generaliza os dados de treinamento e seguir o princípio geralmente aceito da navalha de Occam, que declara que o modelo deve ser o mais simples possível para explicar o conjunto de dados de treinamento atual. A Figura A2.2 ilustra esse dilema. Se o conjunto de treinamento fosse composto apenas por círculos, a navalha de Occam escolheria o modelo linear, mas com a adição do triângulo ao conjunto, talvez a navalha de Occam escolhesse a senoide. Mas então qual seria o modelo apropriado: a linha reta, a senoide ou uma outra curva desconhecida?

No exemplo meteorológico, o sistema tenta descobrir pontos em comum e, ao mesmo tempo, diferenças entre as leituras meteorológicas, tanto o conjunto de treinamento para os dias em que choveu no dia seguinte quanto para aqueles nos quais não choveu no dia seguinte. A seguir, ele usa esses metadados para determinar se choverá ou não amanhã. Da mesma forma, no primeiro exemplo de engenharia de *software*, o sistema analisa o conjunto de treinamento para tentar descobrir pontos em comum entre os programas com defeitos e os sem, assim como as diferenças entre os dois tipos de programas, capacitando-se para determinar se um programa desconhecido tem ou não defeitos. No segundo exemplo de engenharia de *software*, o sistema tenta descobrir uma regra geral que liga os custos de versões sucessoras dos programas no conjunto de treinamento, usando essa regra para prever os custos de versões sucessoras que não estão no conjunto de treinamento.

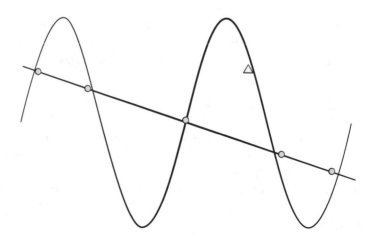

Figura A2.2
Modelo linear *versus* não linear *versus* não linear.

O processo seguido durante um projeto de análise de dados é composto pela (1) *coleta* dos dados apropriados, (2) *limpeza* dos dados, (3) *transformação* dos dados, (4) *análise* dos dados e então (5) *fabricação* de um conjunto de treinamento.

1. **Coleta dos dados.** Refletir sobre quais dados coletar é muito importante, pois depende do objetivo do projeto. As perguntas a serem respondidas incluem quais tipos de dados são necessários e quantos dados devem ser coletados. Por exemplo, para a coleta de dados na engenharia de *software*, quais tipos de artefatos são necessários? Precisamos de código-fonte, código-objeto, relatórios de erros? Quais volumes de dados precisamos para uma análise apropriada?

2. **Limpeza dos dados.** Após a coleta, os dados precisam ser limpos. O processo consiste em eliminar problemas nos dados que causariam mais problemas no processamento. Por exemplo, dados ausentes devem ser preenchidos, e dados corrompidos devem ser identificados e corrigidos.

3. **Transformação dos dados.** Após a limpeza, os dados devem ser transformados para que sejam mais adequados para tarefas de análise posteriores. O processo é chamado de *preparação de dados* (*data munging* ou *data wrangling*). Um exemplo dessa atividade seria alterar o formato no qual os dados aparecem, eliminar a pontuação em um arquivo de dados em texto e executar uma análise sintática de dados textuais.

4. **Análise dos dados.** Após tudo isso, os dados estão prontos para serem analisados e processados por diversas ferramentas analíticas. Antes que isso possa acontecer, no entanto, geralmente usamos ferramentas de visualização para uma série de tarefas. Por exemplo, essas ferramentas podem nos ajudar a determinar quais características usar para prever o valor de outras características. É apenas após essa etapa que podemos determinar a melhor abordagem analítica para fins preditivos ou inferenciais.

5. **Fabricação de um conjunto de treinamento.** Escolher um conjunto de treinamento apropriado é importante. As generalizações produzidas por diversos conjuntos de treinamento podem diferir entre si, mas a esperança é que as respostas produzidas posteriormente ainda sejam corretas. É importante evitar o *sobreajuste* do conjunto de treinamento, o que significa que a abordagem prevê os itens no conjunto com 100% de precisão, mas basicamente não consegue prever resultados corretos para itens desconhecidos. Isso é um problema frequente quando não se toma cuidado nesse sentido. Tudo isso é determinado pelo teste do modelo estatístico derivado em um *conjunto de teste* para determinar a sua taxa de erros.

Para que o processo acima funcione, os objetos devem ser representados por uma estrutura matemática que pode ser manipulada facilmente e comparados entre si. Uma forma comum de associar uma estrutura matemática a um objeto individual é usar *vetores de recursos*. Um *recurso* (*feature*) é uma determinada propriedade de um objeto. Um vetor de recursos é um vetor de valores para múltiplos recursos de uma classe de objeto, de modo que os vetores de recursos para objetos na mesma classe de objetos têm o mesmo ordenamento de recursos. Por exemplo, os recursos meteorológicos de um dia podem ter a seguinte estrutura: temperatura mínima, temperatura máxima, umidade mínima, umidade máxima, tipo de nuvem dominante, intensidade do vento. As variáveis temperatura mínima, temperatura máxima, umidade mínima e umidade máxima são *contínuas*, enquanto tipo de nuvem dominante é uma *variável categórica não ordenada*, e intensidade do vento é uma *variável categórica ordenada* (supondo que os valores possíveis são fraca, média e forte).

No ambiente de engenharia de *software*, um vetor de recursos correspondente a um elemento de código seria um vetor dos valores de diversas métricas de *software*,

634 Engenharia de *software*

como número de linhas de código, tempo médio de execução do programa, coesão e acoplamento. Escolher o vetor de recursos apropriado muitas vezes é um grande desafio, e uma nova área de estudos, chamada de *engenharia de recursos (feature engineering)*, evoluiu para ajudar a orientar o processo.

Abordagens de aprendizado de máquina

O aprendizado de máquina é parte essencial da ciência de dados. O processo discutido anteriormente nesta seção estabelece o conjunto de dados usado para promover o aprendizado. O *aprendizado supervisionado* consiste em abordagens nas quais o usuário está envolvido e interage com o sistema de aprendizado, especialmente com o fornecimento de determinados tipos de metainformação, como dados rotulados para fornecer informações categóricas. O *aprendizado não supervisionado* não envolve o usuário no fornecimento de informações categóricas. Essas técnicas são totalmente orientadas por dados e encontram maneiras de rotular os dados a partir dos próprios dados.

Nas abordagens de aprendizado supervisionado, existem dois tipos principais de problema: problemas de *classificação* e problemas de *regressão*.

Problemas de classificação são aqueles cujo objetivo é determinar a qual de diversas classes uma entidade pertence; em outras palavras, de prever um rótulo de classe. Um problema com dois rótulos possíveis é chamado de problema de classificação *binária*, enquanto um problema com mais de duas classes é chamado de problema de classificação *multiclasse*. Se uma entidade pode ser colocada em diversas classes, temos um problema de classificação *multirrótulo*. Nesse caso, muitas vezes o fato de uma entidade pertencer a uma classe individual é associado a um número entre 0 e 1. O número pode ser interpretado como a intensidade de pertencimento ou como a probabilidade de pertencer ou não. Nesse caso, para uma determinada entidade, a soma de todas as suas intensidades ou probabilidades de pertencimento é igual a 1. Um exemplo clássico de problema de classificação binária é o de classificar um *e-mail* como *spam* ou *não spam*. Um exemplo de problema de classificação multiclasse seria classificar o conteúdo de um *e-mail* entre diversas classes de tópicos.

Os problemas de regressão são aqueles cujo objetivo é prever o valor de uma variável de saída de acordo com os valores de diversas variáveis de entrada. O valor previsto pode assumir valores reais ou discretos. Suponha que tenhamos muitos vetores de recursos compostos por informações referentes ao currículo para um candidato a um emprego. Um exemplo de problema de regressão seria prever quanto tempo a pessoa ficaria na empresa antes de buscar um novo emprego.

O limite entre os problemas de classificação e os de regressão não é exato. Um problema de regressão no qual os valores previstos são extraídos de um conjunto finito pode ser definido como um problema de classificação no qual cada classe corresponde a um determinado valor no conjunto finito de valores previstos. Da mesma forma, um problema de classificação pode ser definido como um problema de regressão no qual os valores de saída previstos correspondem ao conjunto de rótulos de classe.

Técnicas populares usadas no aprendizado supervisionado incluem *regressão linear, regressão logística, análise discriminante linear, árvores de decisão, k-ésimo vizinho mais próximo* KNN, do inglês *k-nearest neighbor* e *redes neurais*. Técnicas populares para abordagens de aprendizado não supervisionado incluem *redes neurais, agrupamento* e *redução dimensional*. Consideraremos apenas um pequeno subconjunto dessas técnicas neste apêndice.

Árvores de decisão O aprendizado por árvores de decisão é uma técnica preditiva que usa observações derivadas de dados contidas nos ramos da árvore para desenvolver conclusões sobre um valor-alvo contido nas folhas da árvore. Com base nos valores das variáveis de entrada, toma-se um conjunto de decisões hierárquicas.

Apêndice 2   Ciência de dados para engenheiros de *software*   **635**

O valor da variável de saída é identificado seguindo a árvore das raízes até a folha, com base nas respostas às perguntas feitas pelo caminho.

Em geral, as árvores de decisão podem ser binárias ou não binárias e as perguntas podem ser arbitrárias, desde que se conformem ao número de filhos em um código individual. Para este apêndice, consideramos apenas árvores binárias com perguntas booleanas com a forma $x < a$ ou $x \leq b$ para uma variável de entrada x e constantes a e b. Se a resposta para uma pergunta é VERDADEIRO, escolhemos o filho da esquerda para continuar a avançar pela árvore, mas se a resposta é FALSO, escolhemos o filho da direita.

Dado um conjunto de treinamento de valores de variáveis de entrada e saída, construímos uma árvore escolhendo o tipo de pergunta booleana a ser feita em cada nó interno. Em geral, usamos uma abordagem de guloso* e simplesmente perguntamos, em cada nó, qual decisão minimiza a soma do quadrado dos erros. Para fins de visualização, vamos supor que temos duas variáveis de entrada, x_1 e x_2, ambas contínuas. Suponha que o conjunto de treinamento tenha a forma (y, x_1, x_2) e é é $t_1 = (5{,}7, 2{,}3, 9{,}6)$, $t_2 = (3{,}5, 1{,}1, 10)$, $t_3 = (0{,}55, 3{,}6, 17{,}5)$. Primeiro, é preciso decidir se a primeira divisão ocorrerá em x_1 ou x_2. Escolhemos a variável de entrada que nos dá o menor erro.

Agora, cada nó da árvore está associado com um subconjunto do conjunto de treinamento. Por exemplo, a raiz está associada com todo o conjunto de treinamento. Se a pergunta na raiz é $x_1 < 1$, então o filho da esquerda da raiz está associado com o conjunto vazio, e o filho da direita da raiz está associado com o conjunto de treinamento inteiro. Contudo, se a pergunta na raiz é $x_1 < 1{,}8$, o filho da esquerda está associado com t_2 e o filho da direita está associado com as tuplas de treinamento t_1 e t_3. Observe que se alterássemos 1,8 para 2,2, teríamos a mesma associação. Contudo, mesmo que a árvore seja a mesma, a escolha do ponto de divisão afetaria os resultados para os pares de valores de entrada que não estão no conjunto de treinamento.

Então, qual é o erro produzido pela divisão $x_1 < 1{,}8$? Se parássemos nesse ponto, a árvore seria usada da maneira a seguir. Para um par de valores de entrada (c, d), se $c < 1{,}8$, a previsão seria de um valor de saída igual a 3,5, enquanto se $c \geq 1{,}8$, a previsão seria de um valor de saída igual a 3,125, a média de 5,7 e 0,55. Para esse exemplo, o quadrado do erro produzido pelo filho da esquerda é 0, enquanto o quadrado do erro produzido pelo filho da esquerda é $(3{,}125 - 5{,}7)^2 + (3{,}125 - 0{,}55)^2 \cong 13{,}26$. Poderíamos parar aqui ou refinar ainda mais o lado direito, produzindo uma divisão do plano em três regiões, cada uma das quais associada com uma única tupla do conjunto de treinamento. A Figura A2.3 apresenta uma ilustração das árvores, regiões associadas e erros para duas divisões diferentes.

Existem muitas abordagens eficientes para se encontrar a melhor árvore, que incluem quando e como uma região deve ser dividida e quando parar de dividir uma região que contém mais de uma tupla do conjunto de treinamento. Algumas dessas abordagens podem ser encontradas em [Jam13].

Em Young et al. [You18], o uso de árvores de decisão na pesquisa em engenharia de *software* é ilustrado para o problema da previsão de defeitos *just-in-time*. A técnica prevê defeitos em granularidades pequenas. São previstas alterações de código com maior probabilidade de introduzir defeitos. Nesse artigo, demonstra-se que a metodologia de árvores de decisão é melhor do que muitas outras técnicas de aprendizado para o problema. As árvores de decisão são usadas em um ambiente de *aprendizado por agrupamento*. Esse tipo de aprendizado combina muitos aprendizes paralelos de forma a melhorar significativamente os resultados.

---

* N. de RT.: Na ciência de computação, essa abordagem é chamada de "algoritmos gulosos", para resolver rápido.

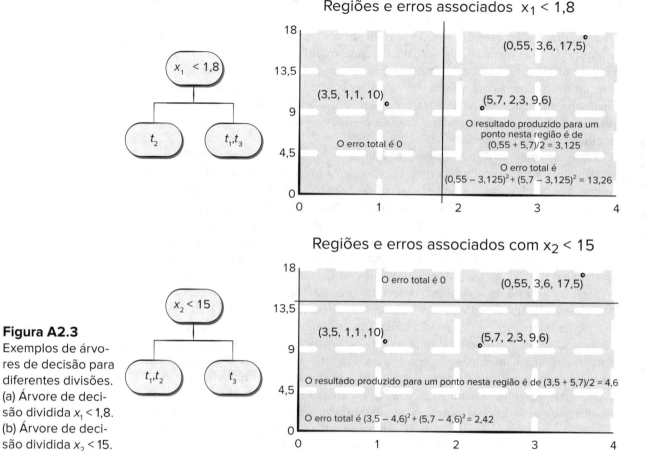

Figura A2.3 Exemplos de árvores de decisão para diferentes divisões. (a) Árvore de decisão dividida $x_1 < 1{,}8$. (b) Árvore de decisão dividida $x_2 < 15$.

Vizinho mais próximo A técnica KNN é uma abordagem à estimativa da probabilidade de uma tupla de um conjunto de variáveis de entrada não classificada, v, pertencer a um conjunto finito de classes. É uma ideia conceitualmente bastante simples, mas que pode ser poderosíssima. Identifica-se os k pontos mais próximos do ponto v no conjunto de treinamento. Para uma determinada classe, c, suponha que há n pontos entre os k pontos mais próximos do conjunto de treinamento que pertencem à classe c. Então, a probabilidade de v pertencer a c seria n/k. Se tivéssemos que rotular v com uma única classe, seria a classe com a maior probabilidade. O valor de k com certeza afetaria os resultados. Sabe-se que os valores de k pequenos demais ou grandes demais não têm bom desempenho. À medida que k aumenta até atingir o ponto de equilíbrio, o erro diminui, mas enquanto k aumenta ainda mais, o erro cresce. A Figura A2.4 mostra um exemplo: com o primeiro vizinho mais próximo, o ponto cinza é classificado como preto; com os 3 vizinhos mais próximos, é classificado como branco; e com os 5 vizinhos mais próximos, é classificado como branco.

Em Huang et al. [Hua17], o KNN é usado para desenvolver uma abordagem melhorada para os dados ausentes na área de qualidade de *software*. Os dados ausentes causam muitos problemas para o aprendizado de máquina. Há muitas abordagens para a estimativa inteligente de valores para tais dados.

Redes neurais As redes neurais representam o *conexionismo*, uma arquitetura composta por conexões de múltiplos processadores simples (i.e., neurônios) em um ambiente massivamente paralelo, apoiando muitos processos simultâneos, que pode ser

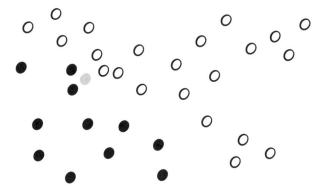

Figura A2.4
Exemplo de *k*-ésimo vizinho mais próximo para *k* = 1,3,5.

usada para resolver muitos problemas. O poder das redes neurais é o resultado do fato de essa abordagem modelar a variável de saída como uma função não linear de várias combinações lineares de variáveis de entrada. As redes neurais mais poderosas têm alguma forma de retroalimentação. Para especificar uma rede neural, precisamos especificar a conectividade dos nós, o modo como um determinado nó transforma todas as suas entradas em uma saída e como a saída final é gerada. Em geral, uma rede neural usa a retroalimentação por meio da chamada técnica de retropropagação (*backpropagation*) (maior inclinação negativa ou seguir na direção do gradiente) para treinar a rede (estimar os parâmetros necessários para executar a regressão). Um ponto fraco das redes neurais é que é difícil determinar qual a correlação de cada parâmetro com os parâmetros do problema, o que enfraquece a sua capacidade explanatória em relação a por que uma rede neural tomou uma determinada decisão.

Agrupamento (*Clustering*) O agrupamento (ou clusterização) é uma abordagem geral orientada por dados para encontrar grupos de quaisquer entidades semelhantes em algum aspecto. Um grupo de *agregados* (*clusters*) é identificado, com cada agregado contendo um conjunto de entidades. A ideia é que duas entidades no mesmo agregado são altamente semelhantes, enquanto duas outras entidades, cada uma em um agregado diferente, não são tão semelhantes. Em geral, o investigador é responsável por determinar exatamente o que queremos dizer por "semelhança". No contexto deste apêndice, as entidades serão vetores de recursos, e a semelhança é definida usando uma função de distância entre os vetores. Os vetores com menor distância entre si serão mais semelhantes. Há centenas de algoritmos de agrupamento e não há nenhuma garantia de que todos produzirão o mesmo agrupamento. Os agregados podem ter formas diferentes, e alguns algoritmos funcionam melhor com formas convexas, enquanto outros podem relaxar essa condição. Alguns algoritmos são projetados especialmente para espaços em altas dimensões, mas outros, não.

Redução dimensional Por dimensão reducional, nos referimos a reduzir o comprimento dos vetores de recursos de entrada. Em muitos ambientes importantes, o tamanho desses vetores pode ser enorme. No processamento de linguagem natural, por exemplo, cada palavra do vocabulário tem a sua própria posição no vetor. Assim, é muito comum que esses vetores tenham de 5.000 a 50.000 elementos. Nesse caso, reduzir a dimensionalidade ajuda a acelerar o processo de aprendizado. Inicialmente, em diversas disciplinas da ciência da computação, esse era o único motivo para a redução dimensional. Contudo, logo foi descoberto que reduzir a dimensionalidade dos vetores de recursos de entrada também melhora o desempenho de muitos dos algoritmos fundamentais usados em aplicações posteriores.

Inteligência computacional e engenharia de *software* baseada em busca

Em geral, inteligência computacional se refere à capacidade de um sistema (*hardware* e *software*) de aprender uma tarefa específica a partir de um conjunto de dados coletados sobre tal tarefa. Há quem classifique a computação computacional como uma combinação de computação granular (conjuntos difusos, conjuntos aproximados, racionais probabilísticos), computação neural (redes neurais), computação evolucionária (algoritmos genéticos, programação genética e inteligência de enxame) e vida artificial (sistemas artificiais imunes). Essas abordagens podem ser usadas para fins de otimização, classificação, busca e regressão.

Na engenharia de *software* baseada em busca, as técnicas baseadas em inteligência computacional foram usadas em diversos tipos de otimização. Por exemplo, em alguns artigos [Oun17], algoritmos genéticos são usados para uma otimização com múltiplos objetivos que busca rapidamente todas as refatorações de código possíveis e recomenda as melhores opções, com cada opção ilustrando determinadas vantagens e desvantagens entre as variáveis de entrada, mas ainda localmente ótimas. Foi demonstrado que essas abordagens também podem ser usadas para se construir modelos preditivos [Mal17].

A fusão entre ciência de dados, aprendizado de máquina e engenharia de *software* baseada em busca poderá levar a avanços revolucionários no modo como *software* é especificado, projetado, codificado e testado. Só o tempo dirá.

Referências

[Abb83]   Abbott, R., "Program Design by Informal English Descriptions", *CACM*, vol. 26, n° 11, November 1983, pp. 892–894.

[Abd16]   Abdessalem, R., et al., "Testing Advanced Driver Assistance Systems Using Multi-Objective Search and Neural Networks", *Proceedings of the 31st IEEE/ACM International Conference on Automated Software Engineering*, ACM, 2016, pp. 63–74.

[Abr17]   Abreu, L., "UX Design Patterns for Mobile Apps: Which and Why", 2017, disponível em https://www.raywenderlich.com/167174/design-patterns-mobile-apps-which-why.

[ACM12]   ACM/IEEE-CS Joint Task Force, *Software Engineering Code of Ethics and Professional Practice*, 2012, disponível em https://ethics.acm.org/code-of-ethics/software-engineering-code.

[ACM18]   *ACM Code of Ethics and Professional Conduct*, 2018, disponível em https://ethics.acm.org/.

[Act18]   ActiveWizards, "Top 20 Python Libraries for Data Science in 2018", February 13, 2018. Acessado em outubro de 2018, de ActiveWizards: https://activewizards.com/blog/top-20-python-libraries-for-data-science-in-2018/.

[Ada16]   Adams, B., and S. McIntosh, "Modern Release Engineering in a Nutshell – Why Researchers Should Care", *2016 IEEE 23rd International Conference on Software Analysis, Evolution, and Reengineering (SANER)*, March 2016, pp. 78–90.

[AFC88]   Software Risk Abatement, AFCS/AFLC Pamphlet 800-45, U.S. Air Force, September 30, 1988.

[Agi17]   Agile Alliance home page, disponível em https://www.agilealliance.org.

[Air99]   Airlie Council, "Performance Based Management: The Program Manager's Guide Based on the 16-Point Plan and Related Metrics", Draft Report, March 8, 1999.

[Alb10]   Alberts, C., et al., "Integrated Measurement and Analysis Framework for Software Security", CMU/SEI-2010-TN-025. Software Engineering Institute, Carnegie Mellon University, 2010, disponível em http://resources.sei.cmu.edu/library/asset-view.cfm?AssetID=9369.

[Ale02]   Alexander, I., "Misuse Cases Help to Elicit Non-Functional Requirements", 2002, disponível em http://citeseerx.ist.psu.edu/viewdoc/download?doi=10.1.1.88.9670&rep=rep1&type=pdf.

[Ale03]   Alexander, I., "Misuse Cases: Use Cases with Hostile Intent", *IEEE Software*, vol. 20, n° 1, 2003, pp. 58–66.

[Ale11]   Alexander, I., "Gore, Sore, or What?" *IEEE Software*, vol. 28, n° 1, January–February 2011, pp. 8–10.

[Ale17]   Alebrahim, A., "Phase 1: Context Elicitation & Problem Analysis", *Bridging the Gap between Requirements Engineering and Software Architecture*, Springer Vieweg, Wiesbaden, 2017, disponível em https://doi.org/10.1007/978-3-658-17694-5_4.

[Ale77]   Alexander, C., *A Pattern Language*, Oxford University Press, 1977.

[Ale79]   Alexander, C., *The Timeless Way of Building*, Oxford University Press, 1979.

[Alh13]   Alhusain, S., "Towards Machine Learning Based Design Pattern Recognition", *Proceedings of 13th UK Workshop on Computational Intelligence*, September 2013, pp. 244–251.

[Ali14]   Alice, G., and Mead, N., "Using Malware Analysis to Tailor SQUARE for Mobile Platforms", CMU/SEI-2014-TN-018. Software Engineering Institute, Carnegie Mellon University, 2014, disponível em http://resources.sei.cmu.edu/library/asset-view.cfm?assetID=425994.

[Ali18]   Alizadeh, V., M. Kessentini, W. Mkaouer, M. Ocinneide, A. Ouni, and Y. Cai, "An Interactive and Dynamic Search-Based Approach to Software Refactoring Recommendations", *IEEE Transactions on Software Engineering*, 2018, disponível em https://ieeexplore.ieee.org/document/8477161.

[All08]   Allen, J. H., et al., *Software Security Engineering: A Guide for Project Managers*, Addison-Wesley Professional, 2008.

[All14]   Alleman, G., *Performance-Based Project Management: Increasing the Probability of Project Success*, AMACOM, 2014.

[Als18]	Alshahwan, N., et al., "Deploying Search Based Software Engineering with Sapienz at Facebook", *Search-Based Software Engineering SSBSE 2018*. Lecture Notes in Computer Science, T. Colanzi and P. McMinn (eds.), vol. 11036, Springer, 2018.
[Amb02]	Ambler, S., and R. Jeffries, *Agile Modeling*, Wiley, 2002.
[Amb04]	Ambler, S., "Examining the Cost of Change Curve", in *The Object Primer*, 3rd ed., Cambridge University Press, 2004.
[Amb95]	Ambler, S., "Using Use-Cases", *Software Development*, July 1995, pp. 53–61.
[Amb98]	Ambler, S., *Process Patterns: Building Large-Scale Systems Using Object Technology*, Cambridge University Press/SIGS Books, 1998.
[Amp13]	Ampatzoglou, A., et al., "Building and Mining a Repository of Design Pattern Instances: Practical and Research Benefits", *Entertainment Computing*, vol. 4, April 2013, pp. 131–142.
[And05]	Andreou, A., et al., "Key Issues for the Design and Development of Mobile Commerce Services and Applications", *International Journal of Mobile Communications*, vol. 3, nº 3, March 2005, pp. 303–323.
[And06]	Andrews, M., and J. Whittaker, *How to Break Web Software: Functional and Security Testing of Web Applications and Web Services*, Addison-Wesley, 2006.
[And16]	Anderson, D., and A. Carmichael, *Essential Kanban Condensed*, Lean Kanban University Press, 2016, disponível em leankanban.com/guide.
[ANS87]	ANSI/ASQC A3-1987, *Quality Systems Terminology*, 1987.
[App00]	Appleton, B., "Patterns and Software: Essential Concepts and Terminology", February 2000, disponível em www.cmcrossroads.com/bradapp/docs/patterns-intro.html.
[App13]	Apple Computer, *Accessibility*, 2013, disponível em www.apple.com/accessibility/.
[Arl02]	Arlow, J., and I. Neustadt, *UML and the Unified Process*, Addison-Wesley, 2002.
[Arn11]	Arnuphaptrairong, T., "Top Ten Lists of Software Project Risks: Evidence from the Literature Survey", *Proceedings International Multi-Conference of Engineers and Computer Scientists*, vol. I, IMECS 2011, March 2011.
[ISO17]	ISO/IEC/IEEE 24765:2017(E), ISO/IEC/IEEE International Standard: Systems and Software Engineering – Vocabulary, disponível em https://standards.ieee.org/findstds/standard/24765-2017.html.
[Ast04]	Astels, D., *Test Driven Development: A Practical Guide*, Prentice Hall, 2004.
[Baa10]	Baaz, A., et al., "Appreciating Lessons Learned", *IEEE Software*, vol. 27, nº 4, July–August, 2010, pp. 72–79.
[Bab09]	Babar, M., and I. Groton, "Software Architecture Review: The State of Practice", *IEEE Computer*, vol. 42, nº 6, June 2009, pp. 1–8.
[Bab86]	Babich, W. A., *Software Configuration Management*, Addison-Wesley, 1986.
[Bae98]	Baetjer, Jr., H., *Software as Capital*, IEEE Computer Society Press, 1998, p. 85.
[Baj11]	Bajdor, P., and L. Dragolea, "The Gamification as a Tool to Improve Risk Management in the Enterprise", *Annales Universitatis Apulensis Series Oeconomica*, vol. 2, nº 13, 2011, disponível em http://www.oeconomica.uab.ro/upload/lucrari/1320112/38.pdf.
[Bar06]	Baresi, L., E. DiNitto, and C. Ghezzi, "Toward Open-World Software: Issues and Challenges", *IEEE Computer*, vol. 39, nº 10, October 2006, pp. 36–43.
[Bas12]	Bass, L., P. Clements, and R. Kazman, *Software Architecture in Practice*, 3rd ed., Addison-Wesley, 2012.
[Bat18]	Batarseh, F., and A. Gonzalez, "Predicting Failures in Agile Software Development through Data Analytics", *A Software Quality Journal*, vol. 26, nº 1, March 2018, pp. 49–66.
[Bec99]	Beck, K., *Extreme Programming Explained: Embrace Change*, Addison-Wesley, 1999.
[Bec01]	Beck, K., et al., "Manifesto for Agile Software Development", 2001, disponível em www.agilemanifesto.org/.
[Bec04a]	Beck, K., *Extreme Programming Explained: Embrace Change*, 2nd ed., Addison-Wesley, 2004.
[Bec04b]	Beck, K., *Test-Driven Development: By Example*, 2nd ed., Addison-Wesley, 2004.
[Bee99]	Beedle, M., et al., "SCRUM: An Extension Pattern Language for Hyperproductive Software Development", included in *Pattern Languages of Program Design 4*, Addison-Wesley Longman, 1999, disponível em http://jeffsutherland.com/scrum/scrum_plop.pdf.
[Beg10]	Begel, A., R. DeLine, and T. Zimmermann, "Social Media for Software Engineering", *Proceedings FoSER 2010*, ACM, November 2010.
[Bei90]	Beizer, B., *Software Testing Techniques*, 2nd ed., Van Nostrand-Reinhold, 1990.
[Bei95]	Beizer, B., *Black-Box Testing*, Wiley, 1995.
[Bel17]	Bell, L., et al., *Agile Application Security*, O'Reilly Media, 2017.

Referências **641**

[Bel14]	Bellomo, S., P. Krutchen, R. Nord, and I. Ozkaya, "How to Agilely Architect an Agile Architecture", *Cutter IT Journal*, February 2014, pp. 10–15.
[Ben10a]	Bennett, S., S. McRobb, and R. Farmer, *Object-Oriented Analysis and Design Using UML*, 4th ed., McGraw-Hill, 2010.
[Ben10b]	Benaroch, M., and A. Appari, "Financial Pricing of Software Development Risk Factors", *IEEE Software*, vol. 27, n° 3, September–October 2010, pp. 65–73.
[Ber80]	Bersoff, E., V. Henderson, and S. Siegel, *Software Configuration Management*, Prentice Hall, 1980.
[Ber93]	Berard, E., *Essays on Object-Oriented Software Engineering*, vol. 1, Addison-Wesley, 1993.
[Bin94]	Binder, R., "Testing Object-Oriented Systems: A Status Report", *American Programmer*, vol. 7, n° 4, April 1994, pp. 23–28.
[Bin99]	Binder, R., *Testing Object-Oriented Systems: Models, Patterns, and Tools*, Addison-Wesley, 1999.
[Bir98]	Biró, M., and T. Remzsö, "Business Motivations for Software Process Improvement", *ERCIM News*, n° 32, January 1998, disponível em www.ercim.org/publication/Ercim_News/enw32/biro.html.
[Bis02]	Bishop, M., *Computer Security: Art and Science*, Addison-Wesley Professional, 2002.
[Bjø16]	Bjørnson, F., and K. Vestues, "Knowledge Sharing and Process Improvement in Large-Scale Agile Development", *Proceedings Scientific Workshop of XP2016 (XP '16 Workshops)*. ACM, New York, NY, 2016, Article 7.
[Bla10]	Blair, S., et al., "Responsibility-Driven Architecture", *IEEE Software*, vol. 27, n° 3, March–April 2010, pp. 26–32.
[Boe01a]	Boehm, B., "The Spiral Model as a Tool for Evolutionary Software Acquisition", *CrossTalk*, May 2001, disponível em http://citeseerx.ist.psu.edu/viewdoc/download?doi=10.1.1.642.8250&rep=rep1&type=pdf.
[Boe01b]	Boehm, B., and V. Basili, "Software Defect Reduction Top 10 List", *IEEE Computer*, vol. 34, n° 1, January 2001, pp. 135–137.
[Boe08]	Boehm, B., "Making a Difference in the Software Century", *IEEE Computer*, vol. 41, n° 3, March 2008, pp. 32–38.
[Boe81]	Boehm, B., *Software Engineering Economics*, Prentice Hall, 1981.
[Boe88]	Boehm, B., "A Spiral Model for Software Development and Enhancement", *Computer*, vol. 21, n° 5, May 1988, pp. 61–72.
[Boe89]	Boehm, B. W., *Software Risk Management*, IEEE Computer Society Press, 1989.
[Boe96]	Boehm, B., "Anchoring the Software Process", *IEEE Software*, vol. 13, n° 4, July 1996, pp. 73–82.
[Boe98]	Boehm, B., "Using the WINWIN Spiral Model: A Case Study", *Computer*, vol. 31, n° 7, July 1998, pp. 33–44.
[Boh00]	Bohl, M., and M. Rynn, *Tools for Structured Design: An Introduction to Programming Logic*, 5th ed., Prentice Hall, 2000.
[Boh66]	Bohm, C., and G. Jacopini, "Flow Diagrams, Turing Machines and Languages with Only Two Formation Rules", *CACM*, vol. 9, n° 5, May 1966, pp. 366–371.
[Boi04]	Boiko, B., *Content Management Bible*, 2nd ed., Wiley, 2004.
[Boo05]	Booch, G., J. Rumbaugh, and I. Jacobsen, *The Unified Modeling Language User Guide*, 2nd ed., Addison-Wesley, 2005.
[Boo11a]	Booch, G., "Dominant Design", *IEEE Software*, vol. 28, n° 2, January–February 2011, pp. 8–9.
[Boo11b]	Booch, G., "Draw Me a Picture", *IEEE Software*, vol. 28, n° 1, January–February 2011, pp. 6–7.
[Bos00]	Bosch, J., *Design & Use of Software Architectures*, Addison-Wesley, 2000.
[Bos11]	Bose, B., et al., "Morphing Smartphones into Automotive Application Platforms", *IEEE Computer*, vol. 44, n° 5, May 2011, pp. 28–29.
[Bre02]	Breen, P., "Exposing the Fallacy of 'Good Enough' Software", informit.com, February 1, 2002, disponível em http://www.informit.com/articles/article.aspx?p=25141&seqNum=3.
[Bri09]	Briand, L., "Model-Driven Development and Search-Based Software Engineering: An Opportunity for Research Synergy", *2009 1st International Symposium on Search Based Software Engineering*, Windsor, 2009.
[Bri13]	Briers, B., "The Gamification of Project Management." PMI® Global Congress 2013 – North America, New Orleans, LA. Newtown Square, PA: Project Management Institute, 2013, disponível em https://www.pmi.org/learning/library/gamification-project-management-5949.

[Bro06]	Broy, M., "The 'Grand Challenge' in Informatics: Engineering Software Intensive Systems", *IEEE Computer,* vol. 39, n° 10, October 2006, pp. 72–80.
[Bro10a]	Brown, N., R. Nord, and I. Ozkaya, "Enabling Agility through Architecture", *Crosstalk,* November–December 2010, disponível em https://apps.dtic.mil/dtic/tr/fulltext/u2/a552111.pdf.
[Bro10b]	Broy, M., and R. Reussner, "Software Architecture Review: The State of Practice", *IEEE Computer,* vol. 43, n° 10, June 2010, pp. 88–91.
[Bro12]	Brown, A., *The Architecture of Open Source Applications,* lulu.com, 2012.
[Bro98]	Brown, W. J., et al., *AntiPatterns – Refactoring Software, Architectures, and Projects in Crisis,* Wiley, 1998.
[Bud96]	Budd, T., *An Introduction to Object-Oriented Programming,* 2nd ed., Addison-Wesley, 1996.
[Bur16]	Burns, A., B. Umbaugh, and C. Dunn, "Introduction to the Mobile Software Development Lifecycle", 2016, disponível em https://docs.microsoft.com/en-us/xamarin/cross-platform/get-started/introduction-to-mobile-sdlc.
[Bus07]	Buschmann, F., et al., *Pattern-Oriented Software Architecture, A System of Patterns,* Wiley, 2007.
[Bus10b]	Buschmann, F., and K. Henley, "Five Considerations for Software Architecture, Part 1", *IEEE Software,* vol. 27, n° 3, May–June 2010, pp. 63–65.
[Bus10c]	Buschmann, F., and K. Henley, "Five Considerations for Software Architecture, Part 2", *IEEE Software,* vol. 27, n° 4, July–August 2010, pp. 12–14.
[Cac02]	Cachero, C., et al., "Conceptual Navigation Analysis: A Device and Platform Independent Navigation Specification", *Proceedings of the 2nd International Workshop on Web-Oriented Technology,* June 2002, disponível em http://gplsi.dlsi.ua.es/iwad/ooh_project/papers/iwwost02.pdf.
[Car08]	Carrasco, M., "7 Key Attributes of High Performance Software Development Teams", June 30, 2008, disponível em http://www.realsoftwaredevelopment.com/7-key-attributes-of-high-performance-software-development-teams/.
[Car90]	Card, D., and R. Glass, *Measuring Software Design Quality,* Prentice Hall, 1990.
[Cav78]	Cavano, J., and J. McCall, "A Framework for the Measurement of Software Quality", *Proceedings ACM Software Quality Assurance Workshop,* November 1978, pp. 133–139.
[CMM18a]	*Capability Maturity Model Integration (CMMI),* Software Engineering Institute, 2018, disponível em https://cmmiinstitute.com/cmmi.
[CMM18b]	*People Capability Maturity Model Integration (People CMM),* Software Engineering Institute, 2018, disponível em https://cmmiinstitute.com/cmmi/pm.
[Cha89]	Charette, R., *Software Engineering Risk Analysis and Management,* McGraw-Hill/Intertext, 1989.
[Cha92]	Charette, R., "Building Bridges over Intelligent Rivers", *American Programmer,* vol. 5, n° 7, September 1992, pp. 2–9.
[Cha93]	de Champeaux, D., D. Lea, and P. Faure, *Object-Oriented System Development,* Addison-Wesley, 1993.
[Chi94]	Chidamber, S., and C. Kemerer, "A Metrics Suite for Object-Oriented Design", *IEEE Transactions on Software Engineering,* vol. SE-20, n° 6, June 1994, pp. 476–493.
[Cho16]	Choma, J., et al., "Interaction Patterns for User Interface Design of Large Web Applications", *Proceedings 11th Latin-American Conference on Pattern Languages of Programming (SugarLoafPLoP '16),* 2016, The Hillside Group, Article 8, 11 pages.
[Chr17]	Christensen, E., "How to Create a Customer Journey Map", 2017, disponível em https://www.lucidchart.com/blog/how-to-build-customer-journey-maps.
[Chu09]	Chung, L., and J. Leite, "On Non-Functional Requirements in Software Engineering", in A. T. Borgida et al. (eds.), *Conceptual Modeling: Foundations and Applications,* Springer-Verlag, 2009.
[Cig07]	Cigital, Inc., "Case Study: Finding Defects Earlier Yields Enormous Savings", 2007.
[Cla05]	Clark, S., and E. Baniasaad, *Aspect-Oriented Analysis and Design,* Addison-Wesley, 2005.
[Cle03]	Clements, P., R. Kazman, and M. Klein, *Evaluating Software Architectures: Methods and Case Studies,* Addison-Wesley, 2003.
[Cle10]	Clements, P., and L. Bass, "The Business Goals Viewpoint", *IEEE Software,* vol. 27, n° 6, November–December 2010, pp. 38–45.
[CMM07]	*Capability Maturity Model Integration (CMMI),* Software Engineering Institute, 2007, disponível em www.sei.cmu.edu/cmmi/.
[Coa91]	Coad, P., and E. Yourdon, *Object-Oriented Analysis,* 2nd ed., Prentice Hall, 1991.

[Coc01a]	Cockburn, A., and J. Highsmith, "Agile Software Development: The People Factor", *IEEE Computer*, vol. 34, n° 11, November 2001, pp. 131–133.
[Coc01b]	Cockburn, A., *Writing Effective Use-Cases*, Addison-Wesley, 2001.
[Coc02]	Cockburn, A., *Agile Software Development*, Addison-Wesley, 2002.
[Coh05]	Cohn, M., "Estimating with Use Case Points", *Methods & Tools*, Fall 2005, disponível em http://www.mountaingoatsoftware.com/articles/estimating-with-use-case-points.
[Con02]	Conradi, R., and A. Fuggetta, "Improving Software Process Improvement", *IEEE Software*, July–August 2002, pp. 2–9, disponível em http://citeseer.ist.psu.edu/conradi02improving.html.
[Con10]	Conway, D., *The Data Science Venn Diagram*, 2010, disponível em http://drewconway.com/zia/2013/3/26/the-data-science-venn-diagram.
[Con95]	Constantine, L., "What DO Users Want? Engineering Usability in Software", *Windows Tech Journal*, December 1995, disponível em http://www.wytsg.org:88/reslib/400/180/110/020/030/ 050/060/L000000000240585.pdf.
[Cro79]	Crosby, P., *Quality Is Free*, McGraw-Hill, 1979.
[Cro07]	Cross, M., *Developer's Guide to Web Application Security*, Syngress, 2007.
[Cur09]	Curtis, B., and W. Heflley, *The People CMM: A Framework for Human Capital Management*, 2nd ed., Addison-Wesley, 2009.
[Cur90]	Curtis, B., and D. Walz, "The Psychology of Programming in the Large: Team and Organizational Behavior", *Psychology of Programming*, Academic Press, 1990.
[DAC03]	"An Overview of Model-Based Testing for Software", Data and Analysis Center for Software, CR/TA 12, June 2003.
[Dah72]	Dahl, O., E. Dijkstra, and C. Hoare, *Structured Programming*, Academic Press, 1972.
[Dak14]	Daka, E., and G. Fraser, "A Survey on Unit Testing Practices and Problems", *2014 IEEE 25th International Symposium on Software Reliability Engineering*, Naples, 2014, pp. 201–211.
[Dam17]	Dam, R., and T. Siang, "Test Your Prototype: How to Gather Feedback and Maximize Learning", October 2017, disponível em https://www.interaction-design.org/literature/article/test-your-prototypes-how-to-gather-feedback-and-maximise-learning.
[Dar01]	Dart, S., *Spectrum of Functionality in Configuration Management Systems*, Software Engineering Institute, 2001, disponível em www.sei.cmu.edu/legacy/scm/tech_rep/TR11_90/TOC_TR11_90.html.
[Dar91]	Dart, S., "Concepts in Configuration Management Systems", *Proceedings Third International Workshop on Software Configuration Management*, ACM SIGSOFT, 1991, disponível em https://dl.acm.org/citation.cfm?id=111063.
[Das15]	Dasanayake, S., et al., "Software Architecture Decision-Making Practices and Challenges: An Industrial Case Study", *Proceedings of the 24th Australasian Software Engineering Conference*, SA, Australia, 2015. pp. 88–97.
[Dav93]	Davis, A., et al., "Identifying and Measuring Quality in a Software Requirements Specification", *Proceedings of the First International Software Metrics Symposium*, IEEE, Baltimore, MD, May 1993, pp. 141–152.
[Dav95a]	Davis, M., "Process and Product: Dichotomy or Duality", *Software Engineering Notes*, ACM Press, vol. 20, n° 2, April 1995, pp. 17–18.
[Dav95b]	Davis, A., *201 Principles of Software Development*, McGraw-Hill, 1995.
[Day99]	Dayani-Fard, H., et al., "Legacy Software Systems: Issues, Progress, and Challenges", IBM Technical Report: TR-74.165-k, April 1999.
[Dem86]	Deming, W., *Out of the Crisis*, MIT Press, 1986.
[DeM95]	DeMarco, T., *Why Does Software Cost So Much?* Dorset House, 1995.
[DeM98]	DeMarco, T., and T. Lister, *Peopleware*, 2nd ed., Dorset House, 1998.
[Den73]	Dennis, J., "Modularity", in *Advanced Course on Software Engineering*, F. L. Bauer (ed.), Springer-Verlag, 1973, pp. 128–182.
[Des08]	de Sáa, M., and L. Carriocço, "Lessons from Early Stages Design of Mobile Applications", *Proceedings of 10th International Conference on Human Computer Human with Mobile Services and Devices*, 2008, pp. 127–136.
[Des09]	de Souza, C., H. Sharp, G. Venolia, and L. Cheng, "Guest Editors' Introduction: Cooperative and Human Aspects of Software Engineering", *IEEE Software*, vol. 26, n° 6, 2009, pp. 17–19.
[Det11]	Deterding, S., et al., "From Game Design Elements to Gamefulness: Defining Gamification", *Proceedings of the 2011 Annual Conference Extended Abstracts on Human Factors in Computing Systems – CHI EA '11*, 2011, p. 2425.

644 Referências

[Dia14]	Díaz-Bossini, J., and L. Moreno, "Accessibility to Mobile Interfaces for Older People", *Procedia Computer Science,* vol. 27, 2014, pp. 57–66.
[Dij65]	Dijkstra, E., "Programming Considered as a Human Activity", *Proceedings 1965 IFIP Congress,* North-Holland Publishing Co., 1965.
[Dij72]	Dijkstra, E., "The Humble Programmer", 1972 ACM Turing Award Lecture, *CACM,* vol. 15, n° 10, October 1972, pp. 859–866.
[Dij76a]	Dijkstra, E., "Structured Programming", in *Software Engineering, Concepts and Techniques,* J. Buxton et al. (eds.), Van Nostrand-Reinhold, 1976.
[Dij76b]	Dijkstra, E., *A Discipline of Programming,* Prentice Hall, 1976.
[Dij82]	Dijksta, E., "On the Role of Scientific Thought", in *Selected Writings on Computing: A Personal Perspective,* Springer-Verlag, 1982.
[Din16]	Dingsøyr, T., and C. Lassenius, "Emerging Themes in Agile Software Development: Introduction to the Special Section on Continuous Value Delivery", *Information and Software Technology,* vol. 77, 2016, pp. 56–60.
[Dix99]	Dix, A., "Design of User Interfaces for the Web", *Proceedings User Interfaces to Data Systems Conference,* September 1999, disponível em www.comp.lancs.ac.uk/computing/users/dixa/topics/webarch/.
[Don99]	Donahue, G., S. Weinschenck, and J. Nowicki, "Usability Is Good Business", Compuware Corp., July 1999, disponível em www.compuware.com.
[Duc01]	Ducatel, K., et al., Scenarios for Ambient Intelligence in 2010, ISTAG-European Commission, 2001, disponível em https://www.researchgate.net/publication/262007900_Scenarios_for_ambient_intelligence_in_2010.
[Dun82]	Dunn, R., and R. Ullman, *Quality Assurance for Computer Software,* McGraw-Hill, 1982.
[Dut15]	Dutra, E., and G. Santos, "Software Process Improvement Implementation Risks: A Qualitative Study Based on Software Development Maturity Models Implementations in Brazil", in *Product-Focused Software Process Improvement,* PROFES 2015 Lecture Notes in Computer Science, P. Abrahamsson et al. (eds.), vol. 9459, Springer, 2015.
[DXL18]	DX Lab Design Sprint, "Make Your UX Design Process Agile Using Google's Methodology", disponível em https://www.interaction-design.org/literature/article/make-your-ux-design-process-agile-using-google-s-methodology, 2018.
[Dye15]	Dyer, R., et al., "Boa: Ultra-Large-Scale Software Repository and Source-Code Mining", *ACM Transactions on Software Engineering Methodology,* vol. 25, n° 1, Article 7, December 2015.
[Ebe14]	Ebert, C. "Software Product Management", *IEEE Software,* vol. 31, n° 3, May–June 2014, pp. 21–24.
[Edg95]	Edgemon, J., "Right Stuff: How to Recognize It When Selecting a Project Manager", *Application Development Trends,* vol. 2, n° 5, May 1995, pp. 37–42.
[Eis01]	Eisenstein, J., et al., "Applying Model-Based Techniques to the Development of UIs for Mobile Computers", *Proceedings of Intelligent User Interfaces,* January 2001.
[Eji91]	Ejiogu, L., *Software Engineering with Formal Metrics,* QED Publishing, 1991.
[Elb16]	Elbanna, A., and S. Sarker, "The Risks of Agile Development: Learning from Adopters", *IEEE Software,* vol. 33, n° 5, September–October 2016, pp. 72–79.
[Era09]	Erasmus, H., "The Seven Traits of Superprofessionals", *IEEE Software,* vol. 26, n° 4, July–August 2009, pp. 4–6.
[Erd10]	Erdogmus, H., "Déjà vu: The Life of Software Engineering Ideas", *IEEE Software,* vol. 27, n° 1, January–February 2010, pp. 2–3.
[Eri15]	Ericson, C., *Hazard Analysis Techniques for System Safety,* 2nd ed., Wiley, 2015.
[Eve09]	Everett, G., and B. Meyer, "Point/Counterpoint", *IEEE Software,* vol. 26, n° 4, July–August 2009, pp. 62–65.
[Fag86]	Fagan, M., "Advances in Software Inspections", *IEEE Transactions on Software Engineering,* vol. 12, n° 6, July 1986.
[Fai17]	Fairley, R., and M. J. Willshire, "Better Now Than Later: Managing Technical Debt in Systems Development", *Computer,* vol. 50, n° 5, May 2017, pp. 80–87.
[Fal10]	Falessi, D., et al., "Peaceful Coexistence: Agile Developer Perspectives on Software Architecture", *IEEE Software,* vol. 27, n° 3, March–April 2010, pp. 23–25.
[Fel07]	Feller, J., et al. (eds.), *Perspectives on Free and Open Source Software,* The MIT Press, 2007.
[Fel18]	Feldt, R., et al., "Ways of Applying Artificial Intelligence in Software Engineering", In *Proceedings of the 6th International Workshop on Realizing Artificial Intelligence Synergies in Software Engineering (RAISE '18).* ACM, New York, NY, 2018, pp. 35–41.

Referências **645**

[Fel89]	Felican, L., and G. Zalateu, "Validating Halstead's Theory for Pascal Programs", *IEEE Transactions on Software Engineering*, vol. SE-15, n° 2, December 1989, pp. 1630–1632.
[Fen91]	Fenton, N., *Software Metrics*, Chapman and Hall, 1991.
[Fen94]	Fenton, N., "Software Measurement: A Necessary Scientific Basis", *IEEE Transactions on Software Engineering*, vol. SE-20, n° 3, March 1994, pp. 199–206.
[Fer14]	Ferrucci F., M. Harman, and F. Sarro, "Search-Based Software Project Management", in *Software Project Management in a Changing World*, G. Ruhe and C. Wohlin (eds.), Springer, 2014.
[Fir13]	Firesmith, D., *Security and Safety Requirements for Software-Intensive Systems*, Auerbach, 2013.
[Fow00]	Fowler, M., et al., *Refactoring: Improving the Design of Existing Code*, Addison-Wesley, 2000.
[Fow01]	Fowler, M., and J. Highsmith, "The Agile Manifesto", *Software Development Magazine*, August 2001.
[Fow02]	Fowler, M., "The New Methodology", disponível em www.martinfowler.com/articles/ newMethodology.html#N8B, June 2002.
[Fow03]	Fowler, M., et al., *Patterns of Enterprise Application Architecture*, Addison-Wesley, 2003.
[Fow04]	Fowler, M., *UML Distilled*, 3rd ed., Addison-Wesley, 2004.
[Fow16]	Fowler, M., and Sutherland, J., *The Scrum Guide*, 2016, disponível em http://www. scrumguides.org/.
[Fow97]	Fowler, M., *Analysis Patterns: Reusable Object Models*, Addison-Wesley, 1997.
[Fra93]	Frankl, P., and S. Weiss, "An Experimental Comparison of the Effectiveness of Branch Testing and Data Flow", *IEEE Transactions on Software Engineering*, vol. 19, n° 8, August 1993, pp. 770–787.
[Fre90]	Freedman, D., and G. Weinberg, *Handbook of Walkthroughs, Inspections and Technical Reviews*, 3rd ed., Dorset House, 1990.
[Fri10]	Fricker, S., "Handshaking with Implementation Proposals: Negotiating Requirements Understanding", *IEEE Software*, vol. 27, n° 2, March–April 2010, pp. 72–80.
[Fug14]	Fuggetta, A., and E. Di Nitto, "Software Process", in *Proceedings of the on Future of Software Engineering (FOSE 2014)*, ACM, New York, NY, 2014, pp. 1–12.
[Gag04]	Gage, D., and J. McCormick, "We Did Nothing Wrong", *Baseline Magazine*, March 4, 2004, disponível em http://www.baselinemag.com/c/a/Projects-Processes/ We-Did-Nothing-Wrong.
[Gai95]	Gaines, B., "Modeling and Forecasting the Information Sciences", Technical Report, University of Calgary, September 1995, disponível em https://www.lri.fr/~mbl/ENS/ FundHCI/2017/papers/Gaines-BRETAM99.pdf.
[Gal16]	Galster, M., et al., "Variability and Complexity in Software Design", ACM SIGSOFT Software Engineering Notes, vol. 41, n° 6, November 2016, pp. 27–30.
[Gal17]	Galster, M., et al., "Variability and Complexity in Software Design: Towards a Research Agenda", SIGSOFT Software Engineering Notes, vol. 41, n° 6, January 2017, pp. 27–30.
[Gam95]	Gamma, E., et al., *Design Patterns: Elements of Reusable Object-Oriented Software*, Addison-Wesley, 1995.
[Gar08]	GartnerGroup, "Understanding Hype Cycles", 2008, disponível em https://www.gartner. com/en/documents/3887767.
[Gar09a]	Garlan, D., et al., "Architectural Mismatch: Way Reuse Is Still So Hard", *IEEE Software*, vol. 26, n° 4, July–August 2009, pp. 66–69.
[Gar10a]	Garcia-Crespo, A., et al., "A Qualitative Study of Hard Decision Making in Managing Global Software Development Teams", *Journal of Management Information Systems*, vol. 27, n° 3, June 2010, pp. 247–252.
[Gar10b]	Garrett, J. J., *The Elements of User Experience: User-Centered Design for the Web and Beyond*, 2nd ed., New Riders Publishing, 2010.
[Gar84]	Garvin, D., "What Does 'Product Quality' Really Mean?" *Sloan Management Review*, Fall 1984, pp. 25–45.
[Gar95]	Garlan, D., and M. Shaw, "An Introduction to Software Architecture", *Advances in Software Engineering and Knowledge Engineering*, vol. I, V. Ambriola and G. Tortora (eds.), World Scientific Publishing Company, 1995.
[Gas17]	Gasparic, M., et al., "GUI Design for IDE Command Recommendations", *Proceedings of the 22nd International Conference on Intelligent User Interfaces (IUI '17)*, 2017, ACM, New York, NY, pp. 595–599.

646 Referências

[Gau89]	Gause, D., and G. Weinberg, *Exploring Requirements: Quality Before Design,* Dorset House, 1989.
[Ger17]	Géron, A., *Hands-On Machine Learning with Scikit-Learn and TensorFlow,* O'Reilly Media, 2017.
[Gey01]	Geyer-Schulz, A., and M. Hahsler, "Software Engineering with Analysis Patterns", Technical Report 01/2001, Institut für Informationsverarbeitung undwirtschaft, Wirschaftsuniversität Wien, November 2001, disponível em https://www.researchgate.net/publication/250241449_ Software_Engineering_with_Analysis_Patterns.
[Gha14]	Ghazi, P., A. M. Moreno, and L. Peters, "Looking for the Holy Grail of Software Development", *IEEE Software,* vol. 31, nº 1, January–February 2014, pp. 96.
[Gil06]	Gillis, D., "Pattern-Based Design", tehan + lax blog, September 14, 2006.
[Gil88]	Gilb, T., *Principles of Software Project Management,* Addison-Wesley, 1988.
[Gil95]	Gilb, T., "What We Fail to Do in Our Current Testing Culture", *Testing Techniques Newsletter* (online edition, ttn@soft.com), Software Research, January 1995.
[Gla02]	Gladwell, M., *The Tipping Point,* Back Bay Books, 2002.
[Gla98]	Glass, R., "Defining Quality Intuitively", *IEEE Software,* May–June 1998, pp. 103–104, 107.
[Gli07]	Glinz, M., and R. Wieringa, "Stakeholders in Requirements Engineering", *IEEE Software,* vol. 24, nº 2, March–April 2007, pp. 18–20.
[Glu94]	Gluch, D., "A Construct for Describing Software Development Risks", CMU/SEI-94-TR-14, Software Engineering Institute, 1994.
[Gna99]	Gnaho, C., and F. Larcher, "A User-Centered Methodology for Complex and Customizable Web Engineering", *Proceedings of the First ICSE Workshop on Web Engineering,* ACM, Los Angeles, May 1999.
[Goa14]	Gao, J., et al., "Mobile Application Testing: A Tutorial", *Computer,* vol. 47, nº 2, 2014, pp. 46–55.
[Gon04]	Gonzales, R., "Requirements Engineering", Sandia National Laboratories, 2004, a slide presentation.
[Gon17]	Gonzalez, D., et al., "A Large-Scale Study on the Usage of Testing Patterns That Address Maintainability Attributes: Patterns for Ease of Modification, Diagnoses, and Comprehension", *Proceedings of the 14th International Conference on Mining Software Repositories (MSR '17).* IEEE Press, Piscataway, NJ, 2017, pp. 391–401.
[Goo18]	Google, Design Sprint Kit, 2018, disponível em https://designsprintkit.withgoogle.com/.
[Gor06]	Gorton, I., *Essential Software Architecture,* Springer, 2006.
[Got11]	Gotel, O., and S. Morris, "Requirements Tracery", *IEEE Software,* vol. 28, nº 5, September–October 2011, pp. 92–94.
[Got18]	Gotterbarn, D., et al., "Thinking Professionally: The Continual Evolution of Interest in Computing Ethics", *ACM Inroads,* vol. 9, nº 2, April 2018, pp. 10–12.
[Gra18]	Gray, C., et al., "The Dark (Patterns) Side of UX Design", *Proceedings 2018 CHI Conference on Human Factors in Computing Systems (CHI '18).* ACM, New York, NY, Paper 534, 2018.
[Gra92]	Grady, R. G., *Practical Software Metrics for Project Management and Process Improvement,* Prentice Hall, 1992.
[Gru00]	Gruia-Catalin, R., et al., "Software Engineering for Mobility: A Roadmap", *Proceedings of the 22nd International Conference on the Future of Software Engineering,* 2000.
[Gup15]	Gupta, S., and V. Suma, "Data Mining: A Tool for Knowledge Discovery in Human Aspect of Software Engineering", *2015 2nd International Conference on Electronics and Communication Systems (ICECS),* Coimbatore, 2015, pp. 1289–1293.
[Gut15]	Gutiérrez, J., M. Escalona, and M. Mejías, "A Model-Driven Approach for Functional Test Case Generation", *Journal of Systems and Software,* vol. 109, 2015, pp. 214–228.
[Hac98]	Hackos, J., and J. Redish, *User and Task Analysis for Interface Design,* Wiley, 1998.
[Hal77]	Halstead, M., *Elements of Software Science,* North-Holland, 1977.
[Hal98]	Hall, E. M., *Managing Risk: Methods for Software Systems Development,* Addison-Wesley, 1998.
[Har11]	Harris, N., and P. Avgeriou, "Pattern-Based Architecture Reviews", *IEEE Software,* vol. 28, nº 6, November–December 2011, pp. 66–71.
[Har12a]	Hardy, T., *Software and System Safety,* Authorhouse, 2012.
[Har12b]	Harman, M., "The Role of Artificial Intelligence in Software Engineering", *Proceedings First International Workshop on Realizing AI Synergies in Software Engineering (RAISE '12).* IEEE Press, Piscataway, NJ, 2012, pp. 1–6.

[Har14]	Harman, M., et al., "Search Based Software Engineering for Product Line Engineering: A Survey and Directions for Future Work", *Proceedings 18th International Software Product Line Conference*, SPL14, Florence, Italy, vol. 1, September 2014, pp. 5–18.
[Har98]	Harrison, R., S. Counsell, and R. Nithi, "An Evaluation of the MOOD Set of Object-Oriented Software Metrics", *IEEE Transactions on Software Engineering*, vol. SE-24, nº 6, June 1998, pp. 491–496.
[Hee15]	Heeager, L., and J. Rose, "Optimising Agile Development Practices for the Maintenance Operation: Nine Heuristics", *Journal of Empirical Software Engineering*, vol. 20, nº 6, 2015, pp. 1762–1784.
[Hei02]	Heitmeyer, C., "Software Cost Reduction", in *Encyclopedia of Software Engineering*, J. J. Marciniak (ed.), 2 vols., John Wiley & Sons, 2002, pp. 1374–1380.
[Hel18]	Helfrich, J., *Security for Software Engineers*, Chapman and Hall/CRC, 2018.
[Her06]	Hernan, S., et al., "Uncover Security Design Flaws Using the STRIDE Approach", *MSDN Magazine*, November 2006.
[Het84]	Hetzel, W., *The Complete Guide to Software Testing*, QED Information Sciences, 1984.
[Hig02a]	Highsmith, J. (ed.), "The Great Methodologies Debate: Part 2", *Cutter IT Journal*, vol. 15, nº 1, January 2002.
[Hig95]	Higuera, R., "Team Risk Management", *CrossTalk*, U.S. Dept. of Defense, January 1995, pp. 2–4.
[Hil17]	Hill, C., et al., "Gender-Inclusiveness Personas vs. Stereotyping: Can We Have It Both Ways?" *Proceedings 2017 CHI Conference on Human Factors in Computing Systems (CHI '17).* ACM, New York, NY, 2017, pp. 6658–6671.
[Hne11]	Hneif, M., and S. Lee, "Using Guidelines to Improve Quality in Software Nonfunctional Attributes", *IEEE Software*, vol. 28, nº 5, November–December 2011, pp. 72–73.
[Hoe16]	Hoegl, M., and M. Muethel, "Enabling Shared Leadership in Virtual Project Teams: A Practitioners' Guide", *Project Management Journal*, vol. 47, nº 1, February/March 2016, pp. 7–12.
[Hog04]	Hoglund, G., and G. McGraw, *Exploiting Software: How to Break Code*, Addison-Wesley Professional, 2004.
[Hol06]	Holzner, S., *Design Patterns for Dummies*, For Dummies Publishers, 2006.
[Hoo12]	Hoober, S., and E. Berkman, *Designing Mobile Interfaces*, O'Reilly Media, 2012.
[Hoo96]	Hooker, D., "Seven Principles of Software Development", September 1996. Um resumo desses princípios está disponível em https://lingualeo.com/pt/jungle/seven-principles-of-software-development-by-david-hooker-48432#/page/1.
[Hop90]	Hopper, M., "Rattling SABRE, New Ways to Compete on Information", *Harvard Business Review*, May–June 1990.
[Hor03]	Horch, J., *Practical Guide to Software Quality Management*, 2nd ed., Artech House, 2003.
[Hua17]	Huang, J., et al., "Cross-Validation Based K Nearest Neighbor Imputation for Software Quality Datasets: An Empirical Study", *Journal of Systems and Software*, 2017, pp. 226–252.
[Hub99]	Hubbard, R., "Design, Implementation, and Evaluation of a Process to Structure the Collection of Software Project Requirements", PhD dissertation, Colorado Technical University, 1999.
[Hus15]	Hussain, A., et al., "Usability Evaluation of Mobile Game Applications: A Systematic Review", *International Journal of Computer and Information Technology*, vol. 4, nº 3, May 2015, pp. 547–551.
[Hya96]	Hyatt, L., and L. Rosenberg, "A Software Quality Model and Metrics for Identifying Project Risks and Assessing Software Quality", NASA SATC, 1996, disponível em http://articles.adsabs.harvard.edu/cgi-bin/nph-iarticle_query?1996ESASP.377..209H&data_type=PDF_HIGH&whole_paper=YES&type=PRINTER&filetype=.pdf.
[IBM13]	IBM, Web Services Globalization Model, 2013, disponível em ftp://public.dhe.ibm.com/software/globalization/…/webservicesglobalizationmodel.pdf.
[IBM81]	"Implementing Software Inspections", course notes, IBM Systems Sciences Institute, IBM Corporation, 1981.
[IEE05]	IEEE Std. 982.1-2005, *IEEE Standard Dictionary of Measures of the Software Aspects of Dependability*, 2005.
[IEE11]	IEEE-Std-42010:2011(E), *Systems and Software Engineering-Architectural Description*, 2011, disponível em https://ieeexplore.ieee.org/document/6129467.

648 Referências

[IEE17] ISO/IEC/IEEE 24765:2017(E), *ISO/IEC/IEEE International Standard: Systems and Software Engineering – Vocabulary,* disponível em https://standards.ieee.org/findstds/standard/24765-2017.html.

[ISO08] ISO SPICE 2008, uma descrição anterior está disponível em https://www.cs.helsinki.fi/u/paakki/Pyhajarvi.pdf.

[ISO14] ISO/IEC 90003:2014, Second Edition: *Software Engineering – Guidelines for the Application of ISO 9001:2008 to Computer Software,* International Organization for Standardization, 2014.

[ISO18] ISO/IEC/IEEE 90003:2018, *Software Engineering – Guidelines for the Application of ISO 9001:2015 to Computer Software,* International Organization for Standardization, 2018.

[ISO15] *Plain English Summary of ISO 9001: 2015,* 2015, disponível em http://praxiom.com/iso-9001.htm.

[ISO11] ISO/IEC 25010:2011, *Systems and Software Engineering: Systems and Software Quality Requirements and Evaluation (SQuaRE) – System and Software Quality Models,* 2011, disponível em https://www.iso.org/standard/35733.html.

[Ive04] Iversen, J., L. Mathiassen, and P. Nielsen, "Managing Risk in Software Process Improvement: An Action Research Approach", *MIS Quarterly,* vol. 28, nº 3, September 2004, pp. 395–433.

[Ivo01] Ivory, M., R. Sinha, and M. Hearst, "Empirically Validated Web Page Design Metrics", ACM SIGCHI'01, March 31–April 4, 2001, disponível em http://webtango.berkeley.edu/papers/chi2001/.

[Jac02a] Jacobson, I., "A Resounding 'Yes' to Agile Processes – But Also More", *Cutter IT Journal,* vol. 15, nº 1, January 2002, pp. 18–24.

[Jac02b] Jacyntho, D., D. Schwabe, and G. Rossi, "An Architecture for Structuring Complex Web Applications", 2002, disponível em https://www.semanticscholar.org/paper/A-Software-Architecture-for-Structuring-Complex-Web-Jacyntho-Schwabe/2809668ede5034ed8d65e7669c6b0b463e9ee464.

[Jac04] Jacobson, I., and P. Ng, *Aspect-Oriented Software Development,* Addison-Wesley, 2004.

[Jac92] Jacobson, I., *Object-Oriented Software Engineering,* Addison-Wesley, 1992.

[Jac98] Jackman, M., "Homeopathic Remedies for Team Toxicity", *IEEE Software,* July 1998, pp. 43–45.

[Jac99] Jacobson, I., G. Booch, and J. Rumbaugh, *The Unified Software Development Process,* Addison-Wesley, 1999.

[Jai18] Jain, N., et al., "Digital Consumers, Emerging Markets, and the $4 Trillion Future", September 18, 2018, disponível em https://www.bcg.com/en-us/publications/2018/digital-consumers-emerging-markets-4-trillion-dollar-future.aspx.

[Jal04] Jalote, P., et al., "Timeboxing: A Process Model for Iterative Software Development", *Journal of Systems and Software,* vol. 70, nº 2, 2004, pp. 117–127.

[Jam13] James, G., et al., *An Introduction to Statistical Learning with Applications in R,* Springer, 2013.

[Jan16] Jan, S., et al., "An Innovative Approach to Investigate Various Software Testing Techniques and Strategies", *International Journal of Scientific Research in Science, Engineering and Technology (IJSRSET),* vol. 2, nº 2, March–April 2016, pp. 682–689.

[Jon04] Jones, C., "Software Project Management Practices: Failure Versus Success", *CrossTalk,* October 2004, disponível em http://www.pauldee.org/se-must-have/jones-failure-success.pdf.

[Jon86] Jones, C., *Programming Productivity,* McGraw-Hill, 1986.

[Jon91] Jones, C., *Systematic Software Development Using VDM,* 2nd ed., Prentice Hall, 1991.

[Jov15] Jovanovic M., A. Mesquida, and A. Mas, "Process Improvement with Retrospective Gaming in Agile Software Development", *Systems, Software and Services Process Improvement,* EuroSPI 2015 Communications in Computer and Information Science, R. O'Connor, et al. (eds.), vol. 543, Springer, 2015.

[Joy00] Joy, B., "The Future Doesn't Need Us", *Wired,* vol. 8, nº 4, April 2000.

[Kan01] Kaner, C., "Pattern: Scenario Testing" (draft), 2001, disponível em http://www.exampler.com/testing-com/test-patterns/patterns/pattern-scenario-testing-kaner.html.

[Kan93] Kaner, C., J. Falk, and H. Q. Nguyen, *Testing Computer Software,* 2nd ed., Van Nostrand-Reinhold, 1993.

[Kan95] Kaner, C., "Lawyers, Lawsuits, and Quality Related Costs", 1995, disponível em www.badsoftware.com/plaintif.htm.

[Kap15]	Kapyaho, M., and M. Kauppinen, "Agile Requirements Engineering with Prototyping: A Case Study", *Proceedings IEEE 23rd International Requirements Engineering Conference*, August 2015, ON, Canada, pp. 334–343.
[Kar12]	Kar S., S. Das, A. Kumar Rath, and S. K. Kar, "Self-assessment Model and Review Technique for SPICE: SMART SPICE", in *Software Process Improvement and Capability Determination*, A. Mas et al. (eds.), SPICE 2012, Communications in Computer and Information Science, vol. 290, 2012, Springer, Berlin, Heidelberg.
[Kar94]	Karten, N., *Managing Expectations*, Dorset House, 1994.
[Kau11]	Kaur, A., and S. Goel, "COTS Components Usage Risks in Component Based Software Development." *International Journal of Information Technology and Knowledge Management*, vol. 4, nº 2, July–December 2011, pp. 573–575.
[Kaz98]	Kazman, R., et al., *The Architectural Tradeoff Analysis Method*, Software Engineering Institute, CMU/SEI-98-TR-008, July 1998, resumido em http://www.sei.cmu.edu/architecture/tools/evaluate/atam.cfm.
[Kea07]	Keane, "Testing Mobile Business Applications", a white paper, 2007. Uma *checklist* de 40 itens que complementa este *white paper* está disponível em https://softcrylic.com/blogs/40-point-checklist-testing-mobile-applications/.
[Kei18]	Keith, J., "10 Great Sites for UI Design Patterns", 2018, disponível em https://www.interaction-design.org/literature/article/10-great-sites-for-ui-design-patterns.
[Kei98]	Keil, M., et al., "A Framework for Identifying Software Project Risks", *CACM*, vol. 41, nº 11, November 1998, pp. 76–83.
[Ker17]	Kerzner, H., *Project Management: A Systems Approach to Planning, Scheduling, and Controlling*, 12th ed., Wiley, 2017.
[Kho12]	Khode, A., "Getting Started with Mobile Apps Testing", 2012, disponível em http://www.mobileappstesting.com/getting-started-with-mobile-apps-testing/.
[Kim16a]	Kim, G., et al., *The DevOps Handbook: How to Create World-Class Agility, Reliability, and Security in Technology Organizations*, Revolution Press, 2016.
[Kim16b]	Kim, M., et al., "The Emerging Role of Data Scientists on Software Development Teams", *Proceedings 38th International Conference on Software Engineering (ICSE '16)*. ACM, New York, NY, 2016, pp. 96–107.
[Kir94]	Kirani, S., and W. Tsai, "Specification and Verification of Object-Oriented Programs", Technical Report TR 94-64, Computer Science Department, University of Minnesota, December 1994.
[Kiz05]	Kizza, J., *Computer Network Security*, Springer, 2005.
[Kna16]	Knapp, J., J. Zeratsky, and B. Kowitz, *Sprint: How to Solve Big Problems and Test New Ideas in Just Five Days*, Simon and Schuster, 2016.
[Koe12]	Koester, J., "The Seven Deadly Sins of MobileApp Design", *Venture Beat/ Mobile*, May 31, 2012, disponível em http://venturebeat.com/2012/05/31/the-7-deadly-sins-of-mobile-app-design/.
[Kor03]	Korpipaa, P., et al., "Managing Context Information in Mobile Devices", *IEEE Pervasive Computing*, vol. 2, nº 3, July–September 2003, pp. 42–51.
[Kou14]	Kouzes, J., *Five Practices of Exemplary Leadership – Technology*, Wiley, 2014.
[Kra88]	Krasner, G., and S. Pope, "A Cookbook for Using the Model-View Controller User Interface Paradigm in Smalltalk-80", *Journal of Object-Oriented Programming*, vol. 1, nº 3, August–September 1988, pp. 26–49.
[Kra95]	Kraul, R., and L. Streeter, "Coordination in Software Development", *CACM*, vol. 38, nº 3, March 1995, pp. 69–81.
[Kru05]	Krutchen, P., "Software Design in a Postmodern Era", *IEEE Software*, vol. 22, nº 2, March–April 2005, pp. 16–18.
[Kru06]	Kruchten, P., H. Obbink, and J. Stafford (eds.), "Software Architectural" (special issue), *IEEE Software*, vol. 23, nº 2, March–April 2006.
[Kru09]	Kruchten, P., et al., "The Decision View's Role in Software Architecture Practice", *IEEE Software*, vol. 26, nº 2, March–April 2009, pp. 70–72.
[Kub17]	Kubat, M., *An Introduction to Machine Leaning*, 2nd ed., Springer, 2017.
[Kul13]	Kulkarni, V., "Model Driven Software Development", *Modelling Foundations and Applications*, ECMFA 2013. Lecture Notes in Computer Science, Van Gorp, et al. (eds.), vol. 7949, Springer, 2013.
[Kur05]	Kurzweil, R., *The Singularity Is Near*, Penguin Books, 2005.

[Kur13]	Kurzweil, R., *How to Create a Mind*, Viking, 2013.
[Kyb84]	Kyburg, H., *Theory and Measurement*, Cambridge University Press, 1984.
[Laa00]	Laakso, S., et al., "Improved Scroll Bars", In *CHI '00 Extended Abstracts on Human Factors in Computing Systems (CHI EA '00)*. ACM, New York, NY, 2000, pp. 97–98.
[Lag10]	Lago, P., et al., "Software Architecture: Framing Stakeholders' Concerns", *IEEE Software*, vol. 27, n° 6, November–December 2010, pp. 20–24.
[Lai02]	Laitenberger, A., "A Survey of Software Inspection Technologies", in *Handbook on Software Engineering and Knowledge Engineering*, World Scientific Publishing Company, 2002.
[Lam09]	Lamsweerde, A., "Goal-Oriented Requirements Engineering: A Guided Tour", *Proceedings of 5th IEEE International Symposium on Requirements Engineering*, Toronto, August 2009, pp. 249–263.
[Lan01]	Lange, M., "It's Testing Time! Patterns for Testing Software", June 2001, disponível em http://citeseerx.ist.psu.edu/viewdoc/download?doi=10.1.1.116.5064&rep=rep1&type=pdf.
[Lar16]	Larrucea, X., et al., "Software Process Improvement in Very Small Organizations", *IEEE Software*, vol. 33, n° 2, March–April 2016, pp. 85–89.
[Laz11]	Lazzaroni, M., et al., *Reliability Engineering*, Springer, 2011.
[Leh97a]	Lehman, M., and L. Belady, *Program Evolution: Processes of Software Change*, Academic Press, 1997.
[Leh97b]	Lehman, M., et al., "Metrics and Laws of Software Evolution – The Nineties View", *Proceedings 4th International Software Metrics Symposium (METRICS '97)*, IEEE, 1997, disponível em www.ece.utexas.edu/~perry/work/papers/feast1.pdf.
[Let04]	Lethbridge, T., and R. Lagraniere, *Object-Oriented Software Engineering; Practical Software Development Using UML and Java*, 2nd ed., McGraw-Hill, 2004.
[Lev01]	Levinson, M., "Let's Stop Wasting $78 billion a Year", *CIO Magazine*, October 15, 2001, disponível em https://www.cio.com/article/2441228/software-development---let-s-stop-wasting--78-billion-a-year.html.
[Lev12]	Leveson, N., *Engineering a Safer World: Systems Thinking Applied to Safety* (Engineering Systems), MIT Press, 2012.
[Li16]	Li, W., Z. Huang, and Q. Li, "Three-Way Decisions Based Software Defect Prediction", *Knowledge-Based Systems*, vol. 91, 2016, pp. 263–274.
[Lin16]	Lin, Y., et al., "Interactive and Guided Architectural Refactoring with Search-Based Recommendation", *Proceedings 24th ACM SIGSOFT International Symposium on Foundations of Software Engineering*, November 2016, pp. 535–546.
[Lin79]	Linger, R., H. Mills, and B. Witt, *Structured Programming*, Addison-Wesley, 1979.
[Lis88]	Liskov, B., "Data Abstraction and Hierarchy", *SIGPLAN Notices*, vol. 23, n° 5, May 1988.
[Maa07]	Maassen, O., and S. Stelting, "Creational Patterns: Creating Objects in an OO System", 2007, disponível em www.informit.com/articles/article.asp?p=26452&rl=1.
[Mac10]	Maciel, C., et al., "An Integration Testing Approach Based on Test Patterns and MDA Techniques", *Proceedings 8th Latin American Conference on Pattern Languages of Programs (SugarLoafPLoP '10)*, ACM, New York, NY, Article 14, 2010.
[Mal16]	Malhotra, R., "An Empirical Framework for Defect Prediction Using Machine Learning Techniques with Android Software", *Applied Software Computing*, vol. 49, December 2016, pp. 1034–1050.
[Mal17]	Malhotra, R., M. Khanna, and R. Raje, "On the Application of Search-Based Techniques for Software Engineering Predictive Modeling: A Systematic Review and Future Directions", *Swarm and Evolutionary Computation*, vol. 32, February 2017, pp. 85–109.
[Man17]	Mansoor, U., et al., "Multi-view Refactoring of Class and Activity Diagrams Using a Multi-Objective Evolutionary Algorithm", *Software Quality Journal*, vol. 25, n° 2, 2017, pp. 529–552.
[Man81]	Mantai, M., "The Effect of Programming Team Structures on Programming Tasks", *CACM*, vol. 24, n° 3, March 1981, pp. 106–113.
[Man97]	Mandel, T., *The Elements of User Interface Design*, Wiley, 1997.
[Mao17]	Mao, K., M. Harman, and Y. Jia, "Crowd Intelligence Enhances Automated Mobile Testing", *Proceedings 32nd IEEE/ACM International Conference on Automated Software Engineering (ASE 2017)*, IEEE Press, Piscataway, NJ, 2017, pp. 16–26.
[Mar00]	Martin, R., "Design Principles and Design Patterns", 2000, disponível em https://fi.ort.edu.uy/innovaportal/file/2032/1/design_principles.pdf.
[Mar02]	Marick, B., "Software Testing Patterns", 2002.

[Mar94]	Marick, B., *The Craft of Software Testing*, Prentice Hall, 1994.
[Mat94]	Matson, J., et al., "Software Cost Estimation Using Function Points", *IEEE Transactions on Software Engineering*, vol. 20, nº 4, April 1994, pp. 275–287.
[Max16]	Maxim, B. R., and M. Kessentini, "An Introduction to Modern Software Quality Assurance", in *Software Quality Assurance*, I. Mistrik et al. (eds.), Morgan Kaufman, 2016, pp. 19–46.
[McC09]	McCaffrey, J., "Analyzing Risk Exposure and Risk Using PERIL", *MSDN Magazine*, January 2009, disponível em http://msdn.microsoft.com/en-us/magazine/dd315417.aspx.
[McC76]	McCabe, T., "A Software Complexity Measure", *IEEE Transactions on Software Engineering*, vol. SE-2, December 1976, pp. 308–320.
[McC77]	McCall, J., P. Richards, and G. Walters, "Factors in Software Quality", three volumes, NTIS AD-A049-014, 015, 055, November 1977.
[McC96]	McConnell, S., "Best Practices: Daily Build and Smoke Test", *IEEE Software*, vol. 13, nº 4, July 1996, pp. 143–144.
[McG06]	McGraw, G., *Software Security: Building Security In*, Addison-Wesley Professional, 2006.
[McG91]	McGlaughlin, R., "Some Notes on Program Design", *Software Engineering Notes*, vol. 16, nº 4, October 1991, pp. 53–54.
[McG94]	McGregor, J., and T. Korson, "Integrated Object-Oriented Testing and Development Processes", *CACM*, vol. 37, nº 9, September, 1994, pp. 59–77.
[McK17]	McKinney, W., *Python for Data Analysis Data Wrangling with Pandas, NumPy, and IPython*, O'Reilly Media, 2017.
[McT16]	McTear, M., Z. Callejas, and D. Griol, *The Conversational Interface: Talking to Smart Devices*, Springer, 2016.
[Mea05]	Mead, N., E. Hough, and T. Stehney, "Security Quality Requirements Engineering (SQUARE) Methodology" (CMU/SEI-2005-TR-009, ADA452453), Pittsburgh, PA: Software Engineering Institute, Carnegie Mellon University, 2005, disponível em http://www.sei.cmu.edu/publications/documents/05.reports/05tr009.html.
[Mea16]	Mead, N., and C. Woody, *Cyber Security Engineering: A Practical Approach for Systems and Software Assurance*, Addison-Wesley, 2016.
[Mea18]	Mead, N., et al., "A Hybrid Threat Modeling Method", Software Engineering Institute CMU/SEI Report Number: CMU/SEI-2018-TN-002, March 2018, disponível em https://resources.sei.cmu.edu/asset_files/TechnicalNote/2018_004_001_516627.pdf.
[Mei09]	Meier, J., et al., *Microsoft Application Architecture Guide*, 2nd ed., Microsoft Press, 2009, disponível em http://msdn.microsoft.com/en-us/library/ff650706.
[Mei12]	Meier, J., et al., "Chapter 19: Mobile Applications", *Application Architecture Guide, 2.0,* 2012, disponível em https://guidanceshare.com/wiki/Application_Architecture_Guide_-_Chapter_19_-_Mobile_Applications.
[Mei18]	Meinke, K., and A. Bennaceur, "Machine Learning for Software Engineering: Models, Methods, and Applications", *Proceedings of the 40th International Conference on Software Engineering: Companion Proceeding (ICSE '18)*. ACM, 2018.
[Mel06]	Mellado, D., et al., *Applying a Security Requirements Engineering Process*, Springer, 2006, disponível em https://pdfs.semanticscholar.org/379f/941eaf2878341948fbc30f6da246d90702ab.pdf.
[Men01]	Mendes, E., N. Mosley, and S. Counsell, "Estimating Design and Authoring Effort", *IEEE Multimedia*, vol. 8, nº 1, January–March 2001, pp. 50–57.
[Men13]	Menzies, T., and T. Zimmermann, "Software Analytics: So What?" *IEEE Software*, vol. 30, nº 4, July 2013, pp. 31–37.
[Mer93]	Merlo, E., et al., "Reengineering User Interfaces", *IEEE Software*, January 1993, pp. 64–73.
[Mic04]	Microsoft, "Prescriptive Architecture: Integration and Patterns", *MSDN*, May 2004, disponível em http://msdn2.microsoft.com/en-us/library/ms978700.aspx.
[Mic09]	Microsoft Patterns & Practices Team, *Microsoft Application Architecture Guide*, 2nd ed., Microsoft Press, 2009.
[Mic10]	Microsoft Security Development Lifecycle Version 5.0, 2010, disponível em http://download.microsoft.com/download/F/2/0/F205C451-C59C-4DC7-8377-9535D0A208EC/Microsoft%20SDL_Version%205.0.docx.
[Mic13a]	Microsoft Accessibility Technology for Everyone, 2013, disponível em www.microsoft.com/enable/.
[Mic13b]	Microsoft, "Patterns and Practices", *MSDN*, 2013, disponível em http://msdn.microsoft.com/en-us/library/ff647589.aspx.

652 Referências

[Mic17] Microsoft Corporation, "SDL Threat Modeling Tool", *Security Development Lifecycle*, November 10, 2017, disponível em https://www.microsoft.com/en-us/sdl/adopt/threatmodeling.aspx.

[Mic18] *The Microsoft Security Development Lifecycle (SDL)*, disponível em https://www.microsoft.com/en-us/securityengineering/sdl/, Microsoft, 2018.

[Mil00] Mili, A., and R. Cowan, "Software Engineering Technology Watch", April 6, 2000, disponível em https://www.researchgate.net/publication/222828018_Software_engineering_technology_watch.

[Mil04] Miler, J., and J. Gorski, "Risk Identification Patterns for Software Projects", *Foundations of Computing and Decision Sciences*, vol. 29, nº 1, 2004, pp. 115–131, disponível em http://iag.pg.gda.pl/RiskGuide/papers/Miler-Gorski_Risk_Identification_Patterns.pdf.

[Mil72] Mills, H., "Mathematical Foundations for Structured Programming", Technical Report FSC 71-6012, IBM Corp., Federal Systems Division, Gaithersburg, MD, 1972.

[Mit14] Mitre Corp., "Common Weakness Ennumeration: A Community-Developed Dictionary of Software Weakness Types", 2014, disponível em http://cwe.mitre.org.

[Mob12] "Mobile UI Patterns", 2012, disponível em http://mobile-patterns.com/.

[Mof04] Moffett, J., et al., "Core Security Requirements Artefacts", Technical Report 2004/23. Milton Keynes, UK: Department of Computing, The Open University, June 2004, disponível em http://computing.open.ac.uk.

[Mol12] Molitor, M., "Software Configuration Management and Continuous Integration", 2012, disponível em https://sewiki.iai.uni-bonn.de/_media/teaching/labs/xp/2012b/seminar/6-scm.pdf.

[Mor05] Morales, A., "The Dream Team", Dr. Dobbs Portal, March 3, 2005, disponível em www.ddj.com/dept/global/184415303.

[Mor81] Moran, T., "The Command Language Grammar: A Representation for the User Interface of Interactive Computer Systems", *International Journal of Man-Machine Studies*, vol. 15, 1981, pp. 3–50.

[Mun17] Munaiah, N., et al., "Do Bugs Foreshadow Vulnerabilities? An In-depth Study of the Chromium Project", *Empirical Software Engineering*, vol. 22, 2017, pp. 1305–1347.

[Mus87] Musa, J., A. Iannino, and K. Okumoto, *Engineering and Managing Software with Reliability Measures*, McGraw-Hill, 1987.

[Mye78] Myers, G., *Composite Structured Design*, Van Nostrand, 1978.

[Mye79] Myers, G., *The Art of Software Testing*, Wiley, 1979.

[Nan14] Ramanathan, N., A. Lal, and R. Parmar, "State of the Art in Software Quality Assurance", *ACM SIGSOFT Software Engineering Notes*, vol. 39, 2014, pp. 1–6.

[NAS07] NASA, "Software Risk Checklist, Form LeR-F0510.051", March 2007, disponível em https://www.scribd.com/document/250436/Software-Risk-Checklist-Department-of-Defense-NASA-USA.

[Nat15] National Instruments, "7 Steps in Creating a Functional Prototype", November 2015, disponível em http://www.ni.com/white-paper/10590/en/.

[Nei14] Neil, T., *Mobile Design Pattern Gallery: UI Patterns for Smartphone Apps*, 2nd ed., O'Reilly Media, 2014.

[Nei93] Nielsen, J., *Usability Engineering*. Morgan Kaufmann Publishers Inc., 1993.

[Net18] Neto, F., et al., "Improving Continuous Integration with Similarity-Based Test Case Selection", *Proceedings 13th International Workshop on Automation of Software Test (AST '18)*, ACM, New York, NY, 2018, pp. 39–45.

[Nie00] Nielsen, J., *Designing Web Usability*, New Riders Publishing, 2000.

[Nie10] Nielsen, D., "Successfully Building a Software Prototype", July 2010, http://www.nuwavetech.com/it-project-blog/bid/43839/successfully-building-a-software-prototype (acessado em 16 de janeiro de 2018).

[Nie13] Nielsen, L., "Personas", in *The Encyclopedia of Human-Computer Interaction*, 2nd ed., M. Soegaard (ed.), The Interaction Design Foundation, 2013.

[Nie94] Nielsen, J., and J. Levy, "Measuring Usability: Preference vs. Performance", *CACM*, vol. 37, nº 4, April 1994, pp. 65–75.

[Nie96] Nielsen, J., and A. Wagner, "User Interface Design for the WWW", *Proceedings CHI '96 Conf. on Human Factors in Computing Systems*, ACM Press, 1996, pp. 330–331.

[Nor13] Norman, D. A., *The Design of Everyday Things*, Revised Expanded Edition, Basic Books, Inc., 2013.

Referências **653**

[Nor70]   Norden, P., "Useful Tools for Project Management", in *Management of Production*, M. K. Starr (ed.), Penguin Books, 1970.

[Nor88]   Norman, D., *The Design of Everyday Things*, Doubleday, 1988.

[Nov05]   Novotny, O., "Next Generation Tools for Object-Oriented Development", *The Architecture Journal*, January 2005, disponível em http://msdn2.microsoft.com/en-us/library/aa480062.aspx.

[Num18]   NumFOCUS, "Python Data Analysis Library", 2018. Acessado de pandas: http://pandas.pydata.org/.

[Nun11]   Nunes, N., L. Constantine, and R. Kazman, "iUCP: Estimating Interactive Software Project Size with Enhanced Use Case Points", *IEEE Software*, vol. 28, nº 4, July–August 2011, pp. 64–73.

[Nun17]   Nunez-Iglesias, J., S. Walt, and H. Dashnow, *Elegant SciPy*, O'Reilly Media, 2017.

[Nyg11]   Nygard, M., "Documenting Architecture Decisions", 2011, disponível em http://thinkrelevance.com/blog/2011/11/15/documenting-architecture-decisions.

[Off02]   Offutt, J., "Quality Attributes of Web Software Applications", *IEEE Software*, March–April 2002, pp. 25–32.

[Ols99]   Olsina, L., et al., "Specifying Quality Characteristics and Attributes for Web Sites", *Proceedings 1st ICSE Workshop on Web Engineering*, ACM, Los Angeles, May 1999.

[OMG03]   Object Management Group, *OMG Unified Modeling Language Specification*, version 1.5, March 2003, disponível em www.rational.com/uml/resources/documentation/.

[Oth17]   Othmane, B. L., et al., "Time for Addressing Software Security Issues: Prediction Models and Impacting Factors", *Data Science Engineering*, vol. 2, nº 2, 2017, pp. 107–124.

[Osb90]   Osborne, W. M., and E. J. Chikofsky, "Fitting Pieces to the Maintenance Puzzle", *IEEE Software*, January 1990, pp. 10–11.

[OSO12]   OpenSource.org, 2012, disponível em www.opensource.org/.

[Oun17]   Ouni, A., M. Kessentini, and M. Cinneide, "MORE: A Multi-Objective Refactoring Recommendation Approach to Introducing Design Patterns and Fixing Code Smells", *Journal of Software: Evolution and Process*, 2017, disponível em https://doi.org/10.1002/smr.1843.

[OWA16]   "Open Web Application Security Project – Buffer Overflow", 2016, disponível em https://www.owasp.org/index.php/Buffer_Overflow.

[OWA18]   "Open Web Application Security Project – Attack Surface Cheat Sheet", 2018, disponível em https://github.com/OWASP/CheatSheetSeries/blob/master/cheatsheets/Attack_Surface_Analysis_Cheat_Sheet.md.

[Pad18]   Padhy, N., et al., "Software Reusability Metrics Estimation: Algorithms, Models and Optimization Techniques", *Computers and Electrical Engineering*, vol. 69, July 2018, pp. 653–668.

[Pag85]   Page-Jones, M., *Practical Project Management*, Dorset House, 1985.

[Par11]   Pardo, C., et al., "Harmonizing Quality Assurance Processes and Product Characteristics", *IEEE Computer*, June 2011, pp. 94–96.

[Par15]   Parunak, H., and S. Brueckner, "Software Engineering for Self-Organizing Systems", *The Knowledge Engineering Review*, vol. 30, nº 4, September 2015, pp. 419–434.

[Par72]   Parnas, D., "On Criteria to Be Used in Decomposing Systems into Modules", *CACM*, vol. 14, nº 1, April 1972, pp. 221–227.

[Par96b]   Park, R. E., W. B. Goethert, and W. A. Florac, *Goal Driven Software Measurement – A Guidebook*, CMU/SEI-96-BH-002, Software Engineering Institute, Carnegie Mellon University, August 1996.

[Pas10]   Passos, L., et al., "Static Architecture-Conformance Checking: An Illustrative Overview", *IEEE Software*, vol. 27, nº 5, September–October 2010, pp. 82–89.

[Pau94]   Paulish, D., and A. Carleton, "Case Studies of Software Process Improvement Measurement", *Computer*, vol. 27, nº 9, September 1994, pp. 50–57.

[Ped15]   Pedreira, O., et al., "Gamification in Software Engineering – A Systematic Mapping", *Information and Software Technology*, vol. 57, 2015, pp. 157–168.

[Pir74]   Pirsig, R., *Zen and the Art of Motorcycle Maintenance*, Bantam Books, 1974.

[Pet18]   Petke, J., et al., "Genetic Improvement of Software: A Comprehensive Survey", in *IEEE Transactions on Evolutionary Computation*, vol. 22, nº 3, June 2018, pp. 415–432.

[Pew18]   PEW Research Center, "Mobile Fact Sheet", 2018, disponível em http://www.pewinternet.org/fact-sheet/mobile/.

654 Referências

[Phi02]	Phillips, M., "CMMI V1.1 Tutorial", April 2002, disponível em www.sei.cmu.edu/cmmi/.
[Pit18]	Pitoura, E., et al., "On Measuring Bias in Online Information", *SIGMOD*, vol. 46, n° 4, February 2018, pp. 16–21.
[Pol45]	Polya, G., *How to Solve It*, Princeton University Press, 1945.
[Pop08]	Popcorn, F., *Faith Popcorn's Brain Reserve*, 2008, disponível em www.faithpopcorn.com/.
[Por18]	Port, D., and B. Taber, "Actionable Analytics for Strategic Maintenance of Critical Software: An Industry Experience Report", *IEEE Software*, vol. 35, n° 1, January–February 2018, pp. 58–63.
[Pre05]	Pressman, R., "Adaptable Process Model, Version 2.0", R. S. Pressman & Associates, 2005, disponível em www.rspa.com/apm/index.html.
[Pre08]	Pressman, R., and D. Lowe, *Web Engineering: A Practitioner's Approach*, McGraw-Hill, 2008.
[Pre88]	Pressman, R., *Making Software Engineering Happen*, Prentice Hall, 1988.
[Pre94]	Premerlani, W., and M. Blaha, "An Approach for Reverse Engineering of Relational Databases", *CACM*, vol. 37, n° 5, May 1994, pp. 42–49.
[Pri10]	Prince, B., "10 Most Dangerous Web App Security Flaws", *eWeek.com*, April 19, 2010, disponível em https://www.eweek.com/security/10-most-dangerous-web-app-security-risks.
[Pun17]	Punchoojit, L., and N. Hongwarittorrn, "Usability Studies on Mobile User Interface Design Patterns: A Systematic Literature Review", *Advances in Human-Computer Interaction*, disponível em https://www.hindawi.com/journals/ahci/2017/6787504/.
[Put78]	Putnam, L., "A General Empirical Solution to the Macro Software Sizing and Estimation Problem", *IEEE Transactions on Software Engineering*, vol. SE-4, n° 4, July 1978, pp. 345–361.
[Put92]	Putnam, L., and W. Myers, *Measures for Excellence*, Yourdon Press, 1992.
[Pyz14]	Pyzdek, T., and P. Keller, *The Six Sigma Handbook*, 4th ed., McGraw-Hill, 2014.
[Rad02]	Radice, R., *High-Quality Low Cost Software Inspections*, Paradoxicon Publishing, 2002.
[Raj14]	Rajagoplan, S., "Review of the Myths on Original Development Model", *International Journal of Software Engineering and Applications*, vol. 5, n° 6, November 2014, pp. 103–111.
[Ray12]	Raymond P., L. Buse, and T. Zimmermann. "Information Needs for Software Development Analytics", *Proceedings 34th International Conference on Software Engineering (ICSE '12)*, IEEE Press, Piscataway, NJ, 2012, pp. 987–996.
[Ree99]	Reel, J., "Critical Success Factors in Software Projects", *IEEE Software*, May 1999, pp. 18–23.
[Rem14]	Rempel, P., et al., "Mind the Gap: Assessing the Conformance of Software Traceability to Relevant Guidelines", *Proceedings of the 36th International Conference on Software Engineering (ICSE 2014)*. ACM, New York, NY, 2014, pp. 943–954.
[Reu12]	Reuveni, D., "Crowdsourcing Provides Answer to App Testing Dilemma", 2012, disponível em https://www.ecnmag.com/article/2010/02/crowdsourcing-provides-answer-app-testing-dilemma.
[Ric04]	Rico, D., *ROI of Software Process Improvement*, J. Ross Publishing, 2004, disponível em http://davidfrico.com/rico03a.pdf.
[Rob10]	Robinson, W., "A Roadmap for Comprehensive Requirements Monitoring", *IEEE Computer*, vol. 43, n° 5, May 2010, pp. 64–72.
[Rod16]	Rodríguez, A., F. Ortega, and R. Concepción, "A Method for the Evaluation of Risk in IT Projects", *Expert Systems with Applications*, vol. 45, 2016, pp. 273–285.
[Rod17]	Rodríguez, P., et al., "Continuous Deployment of Software Intensive Products and Services: A Systematic Mapping Study", *Journal of Systems and Software*, vol. 123, 2017, pp. 263–291.
[Rod98]	Rodden, T., et al., "Exploiting Context in HCI Design for Mobile Systems", *Proceedings of Workshop on Human Computer Interaction with Mobile Devices*, 1998.
[Roo09]	Rooksby, J., et al., "Testing in the Wild: The Social and Organizational Dimensions of Real World Practice", *Journal of Computer Supported Work*, vol. 18, n° 5–6, December 2009, pp. 559–580.
[Ros17]	Rosa, W., and C. Wallshein, "Software Effort Estimation Models for Contract Cost Proposal Evaluation", *Proceedings 2017 ICEAA Professional Development & Training Workshop*, June 2017, pp. 1–8.
[Ros75]	Ross, D., J. Goodenough, and C. Irvine, "Software Engineering: Process, Principles and Goals", *IEEE Computer*, vol. 8, n° 5, May 1975.
[Rot02]	Roth, J., "Seven Challenges for Developers of Mobile Groupware", *Proceedings of Computer Human Interaction Workshop on Mobile Ad Hoc Collaboration*, 2002.
[Rou02]	Rout, T. (project manager), *SPICE: Software Process Assessment – Part 1: Concepts and Introductory Guide*, 2002, disponível em http://www.noginfo.com.br/arquivos/SPICE.pdf.

[Roy70]	Royce, W., "Managing the Development of Large Software Systems: Concepts and Techniques", *Proceedings WESCON*, August 1970.
[Roz11]	Rozanski, N., and E. Woods, *Software Systems Architecture*, 2nd ed., Addison-Wesley, 2011.
[Rya11]	Ryan, T., *Statistical Methods for Quality Improvement*, Wiley, 2011.
[San17]	Sancetta, G., et al., "Risk Patterns, Structural Characteristics, and Organizational Configurations", *Strategic Change*, 2017, disponível em https://doi.org/10.1002/jsc.2138.
[Sce02]	Sceppa, D., *Microsoft ADO.NET*, Microsoft Press, 2002.
[Sca15]	Scandariato, R., K. Wuyts, and W. Joosen, "A Descriptive Study of Microsoft's Threat Modeling Technique", *Requirements Engineering*, vol. 20, nº 2, June 2015, pp. 163–180.
[Sch01a]	Schneider, G., and J. Winters, *Applying Use Cases*, 2nd ed., Que, 2001.
[Sch01b]	Schwaber, K., and M. Beedle, *Agile Software Development with SCRUM*, Prentice Hall, 2001.
[Sch06]	Schmidt, D., "Model-Driven Engineering", *IEEE Computer*, vol. 39, nº 2, February 2006, pp. 25–31.
[Sch09]	Schumacher, R. (ed.), *Handbook of Global User Research*, Morgan-Kaufmann, 2009.
[Sch11]	Schilit, B., "Mobile Computing: Looking to the Future", *IEEE Computer*, vol. 44, nº 5, May 2011, pp. 28–29.
[Sch15]	Schell, M., and J. O'Brien, *Communicating the UX Vision: 13 Anti-Patterns That Block Ideas*, Morgan Kaufman, 2015.
[Sch98]	Schneider, G., and J. Winters, *Applying Use Cases*, Addison-Wesley, 1998.
[Sch99]	Schneidewind, N., "Measuring and Evaluating Maintenance Process Using Reliability, Risk, and Test Metrics", *IEEE Transactions*, SE, vol. 25, nº 6, November–December 1999, pp. 768–781.
[Sci18]	SciPy Developers, *SciPy Library*, 2018, disponível em https://scipy.org/scipylib/index.html.
[SEI02]	SEI, "Maintainability Index Technique for Measuring Program Maintainability", 2002.
[SEI08]	Software Engineering Institute, "The Ideal Model", 2008, disponível em https://resources.sei.cmu.edu/library/asset-view.cfm?assetid=20208.
[Ser15]	Serrador, P., and J. Pinto, "Does Agile Work? – A Quantitative Analysis of Agile Project Success", *International Journal of Project Management*, vol. 33, nº 5, 2015, pp. 1040–1051.
[Sha05]	Shalloway, A., and J. Trott, *Design Patterns Explained*, 2nd ed., Addison-Wesley, 2005.
[Sha09]	Shaw, M., "Continuing Prospects for an Engineering Discipline of Software", *IEEE Software*, vol. 26, nº 8, November–December 2009, pp. 64–67.
[Sha15]	Shaw, M., and D. Garla, *Software Architecture: Perspectives on an Emerging Discipline*, Pearson, 2015.
[Sha17]	Sharma, S., and B. Coyne, *DevOps for Dummies*, 3rd ed., Wiley, 2017.
[Shn09]	Shneiderman, B., et al., *Designing the User Interface*, 5th ed., Addison-Wesley, 2009.
[Shn16]	Shneiderman, B., et al., *Designing the User Interface: Strategies for Effective Human-Computer Interaction*, 6th ed., Pearson, 2016.
[Sho14]	Shostack, A., *Threat Modeling: Designing for Security*. John Wiley & Sons, 2014.
[Shu12]	Shull, F., "Designing a World at Your Fingertips: A Look at Mobile User Interfaces", *IEEE Software*, vol. 29, nº 4, July–August 2012, pp. 4–7.
[Shu13]	Shunn, A., et al., *Strengths in Security Solutions, Software Engineering Institute*, Carnegie Mellon University, 2013, disponível em http://resources.sei.cmu.edu/library/asset-view.cfm?assetid=77878.
[Shu16]	Shull, F., *Evaluation of Threat Modeling Methodologies*, Software Engineering Institute, Carnegie Mellon University, 2016, disponível em http://resources.sei.cmu.edu/library/asset-view.cfm?assetID=474197.
[Sin00]	Sindre, G., and A. Opdahl, "Eliciting Security Requirements by Misuse Cases", *Proceedings 37th International Conference on Technology of Object-Oriented Languages and Systems (TOOLS-37'00)*, New York, NY: IEEE Press, 2000, pp. 120–131.
[Sin01]	Sindre, G., and A. Opdahl, "Templates for Misuse Case Description", *Seventh International Workshop on Requirements Engineering: Foundation for Software Quality*, 2001, disponível em http://citeseerx.ist.psu.edu/viewdoc/summary?doi=10.1.1.9.8190.
[Sla12]	Slattery, K., "Study Shows the Importance of Localization Testing", 2012. Um artigo relacionado se encontra em https://www.welocalize.com/6-reasons-localization-qa-testing-important/.
[Smo08]	Smolander, K., et al., "Software Architectures: Blueprint, Literature, Language, or Decision?" *European Journal of Information Systems*, vol. 17, 2008, pp. 575–588.
[Sne18]	Snee, R., and R. Hoerl, *Leading Six Sigma*, 2nd ed., Pearson, 2018.

[Sne95]	Sneed, H., "Planning the Reengineering of Legacy Systems", *IEEE Software,* January 1995, pp. 24–25.
[Soa10]	Soares, G., et al., "Making Program Refactoring Safer", *IEEE Software,* vol. 37, n° 4, July–August 2010, pp. 52–57.
[Soa11]	SOASTA, White Paper: "Five Strategies for Performance Testing Mobile Applications", 2011, disponível em http://hosteddocs.ittoolbox.com/whitepapersoastamobile.pdf.
[Som97]	Somerville, I., and P. Sawyer, *Requirements Engineering,* Wiley, 1997.
[Som05]	Somerville, I., "Integrating Requirements Engineering: A Tutorial", *IEEE Software,* vol. 22, n° 1, January–February 2005, pp. 16–23.
[Sou08]	de Sousa, C., and D. Redmiles, "An Empirical Study of Software Developer's Management of Dependencies and Changes", *ICSE Proceedings,* May 2008, disponível em www.ics.uci.edu/~redmiles/publications/C078-deSR08.pdf.
[Spa11]	Spagnolli, B., et al., "Eco-Feedback on the Go: Motivating Energy Awareness", *IEEE Computer,* vol. 44, n° 5, May 2011, pp. 38–45.
[SPI99]	"SPICE: Software Process Assessment, Part 1: Concepts and Introduction", Version 1.0, ISO/IEC JTC1, 1999.
[SSO08]	Software-Supportability.org, 2008, disponível em www.software-supportability.org/.
[Ste10]	Stephens, M., and D. Rosenberg, *Design Driven Testing,* Apress, 2010.
[Ste16]	Steed, S., et al., "An 'In the Wild' Experiment on Presence and Embodiment Using Consumer Virtual Reality Equipment", *IEEE Transactions on Visualization and Computer Graphics,* vol. 22, n° 4, April 2016, pp. 1406–1414.
[Ste18]	Steffens, A., H. Lichter, and J. Döring, "Designing a Next-Generation Continuous Software Delivery System: Concepts and Architecture", *Proceedings 4th International Workshop on Rapid Continuous Software Engineering (RCoSE '18),* ACM, New York, NY, 2018, pp. 1–7.
[Ste74]	Stevens, W., G. Myers, and L. Constantine, "Structured Design", *IBM Systems Journal,* vol. 13, n° 2, 1974, pp. 115–139.
[Sto05]	Stone, D., et al., *User Interface Design and Evaluation,* Morgan Kaufman, 2005.
[Sul11]	Sullivam, B., and V. Liu, *Web Application Security, A Beginner's Guide,* McGraw-Hill, 2011.
[Sun15]	Sun X., et al., "What Information in Software Historical Repositories Do We Need to Support Software Maintenance Tasks? An Approach Based on Topic Model", in *Computer and Information Science,* Studies in Computational Intelligence, R. Lee (ed.), vol. 566, Springer, 2015.
[SWE14]	*Software Engineering Body of Knowledge,* version 3, 2014, disponível em https://www.computer.org/web/swebok (acessado em 9 de dezembro de 2018).
[Tai12]	Taivalsaari, A., and K. Systa, "Mobile Content as a Service: A Blueprint for a Vendor-Neutral Cloud of Mobile Devices", *IEEE Software,* vol. 29, n° 4, July–August 2012, pp. 28–33.
[Tai89]	Tai, K., "What to Do Beyond Branch Testing", *ACM Software Engineering Notes,* vol. 14, n° 2, April 1989, pp. 58–61.
[Tan01]	Tandler, P., "Aspect-Oriented Model-Driven Development for Mobile Context-Aware Computing", *Proceedings of UbiComp 2001: Ubiquitous Computing,* 2001.
[Tao17]	Tao, H., and J. Gao, "On Building a Cloud-Based Mobile Testing Infrastructure Service System", *Journal of Systems and Software,* vol. 124, 2017, pp. 39–55.
[Tay09]	Taylor, R., N. Medvidovic, and E. Dashofy, *Software Architecture,* Wiley, 2009.
[Tho04]	Thomas, J., et al., *Java Testing Patterns,* Wiley, 2004.
[Tho92]	Thomsett, R., "The Indiana Jones School of Risk Management", *American Programmer,* vol. 5, n° 7, September 1992, pp. 10–18.
[Tic18]	*TickIT plus,* 2018, disponível em http://www.tickitplus.org/.
[Tid11]	Tidwell, J., *Designing Interfaces: Patterns for Effective Interaction Design,* 2nd ed., O'Reilly, 2011.
[Til00]	Tillman, H., "Evaluating Quality on the Net", Babson College, May 30, 2000, disponível em http://www.dronet.org/lineeguida/ligu_pdf/evelqual.pdf.
[Toc18]	Tonchia, S., "Project Time Management", in *Industrial Project Management. Management for Professionals,* Springer, 2018.
[Tog01]	Tognozzi, B., "First Principles", askTOG, 2001, disponível em www.asktog.com/basics/firstPrinciples.html.
[Tos17]	Tosun, A., A. Bener, and S. Akbarinasaji, "A Systematic Literature Review on the Applications of Bayesian Networks to Predict Software Quality", *Software Quality Journal,* vol. 25, n° 1, March 2017, pp. 273–305.
[Tri03]	Trivedi, R., *Professional Web Services Security,* Wrox Press, 2003.

[Tyr05]	Tyree, J., and A. Akerman, "Architectural Decisions: Demystifying Architecture", *IEEE Software*, vol. 22, nº 2, March–April 2005.
[Uni03]	Unicode, Inc., *The Unicode Home Page*, 2003, disponível em www.unicode.org/.
[USA87]	U.S. Air Force, "Management Quality Insight", AFCSP 800-14, January 20, 1987.
[Ute12]	UTest, E-book: *Essential Guide to Mobile App Testing*, 2012, disponível em http://go.applause.com/rs/539-CKP-074/images/The-Essential-Guide-to-Mobile-App-Testing.pdf.
[Vac06]	Vacca, J., *Practical Internet Security*, Springer, 2006.
[Vak18]	Vakkuri, V., and P. Abrahamsson, "The Key Concepts of Ethics of Artificial Intelligence", *2018 IEEE International Conference on Engineering, Technology and Innovation (ICE/ITMC)*, Stuttgart, 2018, pp. 1–6, doi:10.1109/ICE.2018.8436265.
[Van16]	VanderPlas, J., *Python Data Science Handbook Essential Tools for Working with Data*, O'Reilly Media, 2016.
[Vel16]	Veloso, A., and L. Costa, "Heuristics for Designing Digital Games in Assistive Environments: Applying the Guidelines to an Ageing Society", *2016 1st International Conference on Technology and Innovation in Sports, Health and Wellbeing (TISHW)*, Vila Real, 2016, pp. 1–8.
[Ven03]	Venners, B., "Design by Contract: A Conversation with Bertrand Meyer", *Artima Developer*, December 8, 2003, disponível em www.artima.com/intv/contracts.html.
[Vit03]	Vitharana, P., "Risks and Challenges of Component-Based Software Development", *CACM*, vol. 46, nº 8, August 2003, pp. 67–72.
[Vit17]	Vitharana, P., "Defect Propagation at the Project-Level: Results and a Post-Hoc Analysis on Inspection Efficiency", *Empirical Software Engineering*, vol. 22, nº 1, February 2017, pp. 57–79.
[Voa12]	Voas, J., et al., "Mobile Software App Takeover", *IEEE Software*, vol. 29, nº 4, July–August 2012, pp. 25–27.
[Voe14]	Voehl, F., H. Harrington, C. Mignosa, and R. Charron, *The Lean Six Sigma Black Belt Handbook*, Productivity Press, 2014, https://doi.org/10.1201/b15163.
[W3C18]	*W3C Web Content Accessibility Guidelines (WCAG 2.1)*, 2018, disponível em https://www.w3.org/TR/WCAG21/.
[Wal12]	Walker, J., "Computer Programmers Learn Tough Lesson in Sharing", *The Wall Street Journal*, vol. 260, nº 48, August 27, 2012, p. 1.
[War07]	Ward, M., "Using VoIP Software Building zBlocks – A Look at the Choices", TMNNet, 2007, disponível em www.tmcnet.com/voip/0605/featurearticle-using-voip-software-building-blocks.htm.
[Was10]	Wasserman, A., "Software Engineering Issues for Mobile Application Development", *Proceedings of the FSE/SDP Workshop on Future of Software Engineering Research*, 2010.
[Web05]	Weber, S., *The Success of Open Source*, Harvard University Press, 2005.
[Web13]	Web Application Security Consortium, 2013, disponível em http://www.webappsec.org/.
[Wee11]	Weevers, I., "Seven Guidelines for Designing High Performance Mobile User Experiences", *Smashing Magazine*, July 18, 2011, disponível em http://uxdesign.smashingmagazine.com/2011/07/18/seven-guidelines-for-designing-high-performance-mobile-user-experiences/.
[Wel01]	vanWelie, M., "Interaction Design Patterns", 2001. Um artigo relacionado se encontra em https://www.interaction-design.org/literature/article/10-great-sites-for-ui-design-patterns.
[Whi08]	White, J., "Start Your Engines: Mobile Application Development", April 22, 2008, disponível em http://www.devx.com/SpecialReports/Article/37693.
[Whi12]	Whittaker, J., et al., *How Google Tests Software*, Addison-Wesley, 2012.
[Whi15]	Whigham, P. A., C. A. Owen, and S. G. MacDonell, "A Baseline Model for Software Effort Estimation", *ACM Transactions on Software Engineering and Methodology*, vol. 24, nº 3, 2015, pp. 1–11.
[Whi97]	Whitmire, S., *Object-Oriented Design Measurement*, Wiley, 1997.
[Wie02]	Wiegers, K., *Peer Reviews in Software*, Addison-Wesley, 2002.
[Wil05]	Willoughby, M., "Q&A: Quality Software Means More Secure Software", *Computerworld*, March 21, 2005, disponível em https://www.computerworld.com/article/2563708/q-a--quality-software-means-more-secure-software.html.
[Wil97]	Williams, R., J. Walker, and A. Dorofee, "Putting Risk Management into Practice", *IEEE Software*, May 1997, pp. 75–81.
[Wir71]	Wirth, N., "Program Development by Stepwise Refinement", *CACM*, vol. 14, nº 4, 1971, pp. 221–227.

[Wir90]	Wirfs-Brock, R., B. Wilkerson, and L. Weiner, *Designing Object-Oriented Software*, Prentice Hall, 1990.
[WMT02]	*Web Mapping Testbed Tutorial*, 2002. Uma apresentação relacionada se encontra em http://proceedings.esri.com/library/userconf/devsummit17/papers/dev_int_114.pdf.
[Woo04]	Woody, C., *Eliciting and Analyzing Quality Requirements: Management Influences on Software Quality Requirements* (CMU/SEI-2005-TN-010, ADA441310). Pittsburgh, PA: Software Engineering Institute, Carnegie Mellon University, 2004, disponível em http://www.sei.cmu.edu/publications/documents/05.reports/05tn010.html.
[Woo14]	Woody, C., R. Ellison, and W. Nichols, *Predicting Software Assurance Using Quality and Reliability Measures*, CMU/SEI-2014-TN-026, Software Engineering Institute, Carnegie Mellon University, 2014, http://resources.sei.cmu.edu/library/asset-view.cfm?AssetID=428589.
[Woo89]	Wood, J., and D. Silver, *Joint Application Design: How to Design Quality Systems in 40% Less Time,* John Wiley & Sons, 1989.
[Wri11]	Wright, A., "Lessons Learned: Architects Are Facilitators, Too!" *IEEE Software*, vol. 28, n° 2, January–February 2011, pp. 70–72.
[Xia16]	Xiao, L., et al., "Identifying and Quantifying Architectural Debt", *Proceedings of 38th ACM International Conference on Software Engineering,* May 2016, pp. 488–498.
[Xie18]	Xie, T., "Intelligent Software Engineering: Synergy between AI and Software Engineering", *Proceedings of the 11th Innovations in Software Engineering Conference (ISEC '18).* ACM, New York, NY, Article 1, 2018.
[Yad17]	Yadav, H., and D. Yadav, "Early Software Reliability Analysis Using Reliability Relevant Software Metrics", *International Journal of System Assurance Engineering and Management*, vol. 8, suppl., December 2017, pp. 2097–2108.
[Yau11]	Yau, S., and H. An, "Software Engineering Meets Services and Cloud Computing", *IEEE Computer,* vol. 44, n° 10, October 2011, pp. 47–53.
[Yoo13]	Yoo, S., and M. Harman, "Regression Testing Minimization, Selection and Prioritization: A Survey", *Journal of Software: Testing, Verification, and Reliability,* vol. 22, n° 2, 2013, pp. 67–120.
[You01]	Young, R., *Effective Requirements Practices*, Addison-Wesley, 2001.
[You18]	Young, S., T. Abdou, and A. Bener, "A Replication Study: Just-in-Time Defect Prediction with Ensemble Learning", *Proceedings of the ACM/IEEE Sixth International Workshop on Realizing Artificial Intelligence Synergies in Software Engineering,* ACM, 2018, pp. 42–47.
[You75]	Yourdon, E., *Techniques of Program Structure and Design,* Prentice Hall, 1975.
[Zah90]	Zahniser, R., "Building Software in Groups", *American Programmer,* vol. 3, n° 7–8, July–August 1990.
[Zah94]	Zahniser, R., "Timeboxing for Top Team Performance", *Software Development,* March 1994, pp. 35–38.
[Zan15]	Zanoni, M., Fontana, F., and Stella, F. "On Applying Machine Learning Techniques for Pattern Detection", *Journal of Systems and Software,* vol. 103, May 2015, pp. 102–117.
[Zan18]	Zancan, B. A. G., et al., "Accessibility Guidelines for Virtual Environments", in M. Antona and C. Stephanidis (eds.), *Universal Access in Human-Computer Interaction. Virtual, Augmented, and Intelligent Environments,* UAHCI 2018. Lecture Notes in Computer Science, vol. 10908, 2018.
[Zha13]	Zhang, D., et al., "Software Analytics in Practice", *IEEE Software,* September–October 2013, vol. 30, n° 5, pp. 30–37.
[Zim11]	Zimmermann, O., "Architectural Decisions as Reusable Design Assets", *IEEE Software,* vol. 28, n° 1, January–February 2011, pp. 64–69.
[Zus90]	Zuse, H., *Software Complexity: Measures and Methods,* DeGruyter, 1990.
[Zus97]	Zuse, H., *A Framework of Software Measurement,* DeGruyter, 1997.

Índice

Abstração, 87, 163, 168
Abstração de dados, 163
Abstração, dimensão de, 171-172
Abstração procedural, 163
Abuso, casos de, 363-364
Ação, definição, 10
Acessibilidade, 233, 237, 259-261, 432-433
Acesso, controle de, 450
Acesso público a membros de dados (PAD), 475
Acompanhamento
  como atividade de apoio, 11
  cronogramas, 528-529
  dependências, 445
  estado do usuário, 258
  problemas, 69, 446
  progresso, 92
Acoplamento, 167, 170, 174, 218-219, 468
Acoplamento de classes, 218
Acoplamento de conteúdo, 218
Acoplamento de controle, 218
Acoplamento do sistema, 129
Acoplamento entre objetos de classes (CBO), 469-470
Acoplamento externo, 218
Adaptação do processo, 11-12
Adaptadores, 230
Adaptativa, manutenção, 70, 553
Ágeis, equipes, 40, 41, 78, 495
Ágil, manifesto, 37, 38, 42
Agile Alliance, 40-41
Agilidade
  abordagem DevOps para, 50-51
  aplicação da, 38-39
  características da, 38, 40
  comparação de técnicas para, 52
  custo da alteração e, 39-40
  desenvolvimento da, 38, 41
  em revisões, 336
  estimativa e, 519
  framework XP para, 46-48
  método Kanban para, 48-50, 56
  metodologia Scrum para, 42-45, 56
  modelos de processo para, 42-51, 56, 57
  na engenharia de requisitos, 58, 104
  na gestão de alterações, 453-458
  no projeto, 60, 174, 185-186

  princípios, 40-41
  testes e, 95
Agregação, 614-615
Agrupamento, 227-228
Agrupamento, técnica de, 637
Ajuda, recursos de, 260, 434
Alavancagem financeira, 571
Alfa, testes, 430
Algoritmos, 62-63, 352, 606
Algoritmos genéticos, 352, 606
Alocação do tempo, 521
Alterações, fontes de, 439
Alto grau de granularidade, planos com, 92
Ambientais, recursos, 509
Ambiente de engenharia de *software* (SEE), 509, 599-600
Ambiente de trabalho, análise do, 248-249
Ambiente-alvo, 509
Ambientes virtuais, 430-434
Ameaças
  análise de, 363
  mitigação de, 357, 358
  modelagem de, 357, 365-366
  na medição da integridade, 483
Análise
  ambiente de trabalho, 248-249
  dados, 633
  de ameaças, 363
  de erros/defeitos, 342
  de impacto, 443
  de imprevistos, 545
  de inventário, 563-564
  de lacunas, 573
  de tarefas, 243, 247-248
  de valor limite, 389-390
  do código-fonte, 561
  estática, 368
  interface do usuário, 243-249
  superfície de ataque, 367
Análise, 462-463, 509-511, 558-559
Análise de dados, 509-511, 633
Análise de interfaces, 243
Análise de lacunas, 573
Análise de *software*, 462-463, 558-559
Análise do valor limite (BVA), 389-390
Análise dos prós e contras de uma arquitetura (ATAM), método, 201-202

Análise estática da conformidade da arquitetura (SACA), 204
Análise estática, ferramentas de, 368
Aninhados, ciclos, 387
Anotações, 615
Anotações do desenvolvedor, 195
Antidefeito, 382
Antipadrões, 302-304
Antirrequisitos, 383
Aplicação, objetos de, 251
Aplicativos móveis
  alertas e condições extraordinárias, 417
  aplicações em tempo real, 426-428
  arquitetura para, 273-274
  considerações sobre desenvolvimento, 265
  considerações técnicas, 266-268
  desafios relacionados a, 265-268
  desempenho de, 424-426
  diretrizes para projeto, 271-272
  entrada e reconhecimento de voz, 416-417
  entrada por teclado virtual e, 416
  erros no projeto de, 272
  etapas de desenvolvimento de, 268-272
  ferramentas para, 265, 267
  gestão de alterações ágil para, 453-458
  gestos e, 415-416
  internacionalização de, 423
  melhores práticas para projeto, 285-287
  métricas para, 465-466
  padrões para, 292, 305-306
  prevalência de, 264
  projeto de interfaces para, 261, 270-271
  projeto em nível de componentes para, 226-227
  qualidade de, 282-285
  segurança de, 424
  sensíveis ao contexto, 274-275
  teste, 413-417, 424-428
  tipos de, 7
  usabilidade de, 257, 258, 415-417
Aprendizado de máquina, 294-295, 322, 558, 606, 631-637

660 Índice

Aprendizado por agrupamento, ambiente de, 635
Aprendizagem, facilidade de, 258
Apresentação, modelo de, 270
Arquétipos, 196-198
Arquitetura
  centralizada em dados, 187-188
  chamada e retorno, 189
  da informação, 235, 279
  de conteúdo, 279
  de fluxo de dados, 188
  definição, 163-164, 173, 182
  em camadas, 189-192
  erosão da, 204
  funcional, 226
  importância da, 183
  móvel, 273-274
  MVC, 189, 191-192, 279-280
  orientada a objetos, 189
  orientada a responsabilidades, 186
  refatoração, 561-562
  teste, 375, 376
  verificação de conformidade, 204
Arquitetura da informação, 235, 279
Arquitetura em camadas, 189-192
Artefato, relação com o processo, 34-35
Artefatos, 11, 86, 114, 402
Árvore de decisão, 634-635
Árvore de requisitos de qualidade, 283
Associações, 144, 154, 613-615
Ataque, padrões de, 363-364
Ataques de homem do meio (MITM), 267
Atividade, definição, 9-10
Atividade, diagramas de, 146-148, 151-154, 223, 622-625
Atividade, estado de, 627
Atividades de apoio, 10, 11, 21-22
Atividades, redes de, 525-526
Ativo, estado, 150
Atômicos, módulos, 399
Atores, 114-115, 131
Atores primários, 115
Atores secundários, 115
Atribuição de nomes a menus, 260
Atributos
  de métricas, 462
  definição, 140-141
  na garantia da qualidade de *software*, 346
Auditorias, 342, 452, 458, 579
Auditorias de configuração, 452
Auditorias de configuração de *software*, 452
Automação, fase de, da inovação tecnológica, 585
Automatizadas, ferramentas de teste, 50, 413, 415, 422, 430

Auto-organizadas, equipes, 41, 45, 78, 86, 495
Autoria, 456
Autoridade de controle de alterações (CCA), 448, 450
Avaliação. *Ver também* Mensuração; Avaliação do risco
  da qualidade, 314-315
  de arquiteturas, 202
  do processo de *software*, 24-25
  no processo de melhoria de *software*, 572-573
Avaliação, custos de, 317
Avaliação do risco
  coletiva, 539
  de segurança, 362, 364-365
  no desenvolvimento de protótipos, 66
  no modelo espiral, 30, 56, 57
  planos de contingência e, 86
Avaliação, esforço de, 328
Avaliações *post-mortem* (PMEs), 336
Avanço, fase de, da inovação tecnológica, 585

Backlog, 43-45
Backlog do produto, 43-45
Baixo grau de granularidade, planos com, 92
Banco de dados de projeto, 441, 442, 445-446
Baseada em valor, visão, da qualidade, 311
Beta, testes, 430
Bibliotecas, 631
Big bang, método, ao teste de integração, 398
Binária, problemas de classificação, 634
Blocos básicos, 591-592
"Bom o suficiente", *software*, 316
Bugs, 326. *Ver também* Defeitos
Building Security in Maturity Model (BSIMM), 370

Caixa-branca, teste, 383-387, 397
Caixa-de-vidro, teste da, 383-387, 397
Caixa-preta, métricas, 466
Caixa-preta, teste, 388-390, 397
Camadas, modelo comportamental em, 75-76
Caminho básico, teste do, 384-386
Caminho crítico, 520, 526
Caminhos independentes, 384-385
Capability Maturity Model Integration (CMMI), 370, 576-579
Capital de *software*, 20
Captura/reexecução, ferramentas de, 403
Carga, teste de, 425-426

CasaSegura
  abordagem de métricas à qualidade, 484
  acompanhamento do cronograma, 529
  acoplamento em ação, 219
  análise de risco, 541-542
  análise sintática, 138
  aplicação de padrões, 301-302
  aplicando métricas CK, 471
  arquétipos, 197-198
  avaliação de arquiteturas, 202
  avaliação de decisões sobre a arquitetura, 194-195
  avaliando o primeiro protótipo, 65
  casos de uso para o projeto de interfaces do usuário, 247
  cenário de usuário, 113-114, 132-133
  classes de projeto, 171
  coesão em ação, 217-218
  conceitos de projeto, 168-169
  conclusão, 604
  considerando o desenvolvimento de *software* ágil, 43
  considerando o primeiro protótipo, 63
  debate sobre métricas de produto, 464
  design gráfico, 237
  diagrama de atividade, 147, 152
  diagrama de caso de uso, 118, 119, 137
  diagrama de contexto arquitetural, 197
  diagrama de estado, 151
  diagrama de raias, 153
  diagrama de sequência, 148
  erros de comunicação, 90
  escolha de um estilo de arquitetura, 192
  estabelecendo uma abordagem de métricas, 479
  estimativa, 513-514
  estrutura arquitetural global, 199-200
  estrutura da equipe, 79, 496
  formulando requisitos de dispositivos móveis, 269-270
  gamificação e gestão de riscos, 545-546
  garantia da qualidade, 345
  início de projetos, 16
  instâncias do, 200
  miniespecificações, 112
  modelagem comportamental, 121
  modelo de caso de uso, 135-136
  modelos CRC, 145-146
  modelos de classe, 142
  negociação, 122-123
  padrões de projeto, 292-293
  painel de controle, 115-117

Índice **661**

pedido de produto, 111
preparando-se para a validação, 408
preparando-se para o teste, 377
princípio do aberto-fechado em ação, 213
problemas de SCM, 451
projetando testes únicos, 382
projeto *versus* codificação, 159
questões de qualidade, 319, 335
reunião de levantamento de requisitos, 112
revisão de projeto de interfaces, 254-255
seleção de um modelo de processo, 28, 31
teste de classe, 391
teste de regressão, 403-404
teste de WebApp, 419-420
usando a complexidade ciclomática, 386
violação de uma regra de ouro de uma interface, 240
Cascata, modelo, 25-26, 55
Caso de uso, diagramas de, 118, 119, 136, 137, 616-618
Casos de uso
criação, 131-135
definição, 31, 616
desenvolvimento de, 114-118
documentação, 135-137
escopo dos, 135
estimativa e, 517-518
exceções, 134-135
formais, 127, 135
identificação de eventos com, 149-150
no levantamento de requisitos, 113
no Processo Unificado, 31-33
para projeto de interface de usuário, 247
para requisitos de testes, 382-383
perguntas respondidas por, 115
refinamento dos, 135
Casos de uso formais, 127, 135
Categóricas, variáveis, 633
Cenários de uso, 113-114, 271
Cenários, elementos baseados em, 119
Cenários, teste baseado em, 407
Centralizada em dados, arquitetura, 187-188
Certificação, teste de, 414
Chamadas e retornos, arquiteturas de, 189
Ciclo de vida da segurança, modelos do, 357-359
Ciclo, teste de, 387
Ciência de dados
análise de dados na, 633
aprendizado de máquina e, 631-637

árvores de decisão na, 634-635
bibliotecas e ferramentas para, 631
características da, 461, 629
coleta de dados na, 633
engenharia de *software* baseada em busca e, 638
fabricação do conjunto de treinamento na, 633
inteligência computacional e, 638
limpeza de dados na, 633
redes neurais na, 636-637
redução dimensional na, 637
seleção de linguagem para, 629-631
técnica de agrupamento na, 637
técnica do vizinho mais próximo na, 635-637
transformação de dados na, 633
Científico, *software*, 7
CK, conjunto de métricas, 469-471
Classe, métricas de projeto baseadas em, 469-470
Classe, teste de, 390-391
Classe-responsabilidade-colaborador (CRC), modelo, 47, 144-146
Classes de análise
atributos para, 140
características de seleção para, 139-140
definição, 104-105
diagramas de estados para, 150-151
identificação, 137-140
manifestações de, 138
Classes, diagramas de, 120, 141, 143, 612-615
Classes, elementos baseados em, 120
Classes. *Ver também* Classes de análise
atributos, 140
colaborativas, 207
de equivalência, 389
de projeto, 169-171
definição, 120
dependentes, 404
hierarquias de, 469, 470
independentes, 404
operações de, 141
servidoras, 404
Classificação, problemas de, 634
Clientes, definição de, 88
CMMI-DEV, 24
Codificação, atividade de, 48, 95, 96, 367-368
Codificação segura, 367
Código aberto, movimento, 592
Código-fonte, análise do, 561
Código-fonte, métricas do, 473-474
Coesão, 167, 170, 216-218, 468
Coesão de camadas, 216, 217
Coesão de comunicação, 216

Cognitiva, revisão, 246, 253
Colaboração
benefícios da, 89
entre envolvidos, 108
equipes e, 587
no desenvolvimento, 595-596
no levantamento de requisitos, 110-113
Colaboração, diagramas de, 220, 406, 621
Colaboração em massa (*crowdsourcing*), 423
Colaboradores, na modelagem CRC, 144
Coleta de dados, 633
Comandos, atribuição de nomes a, 260
Combate ao incêndio, modo de, 533
Combinando produto e processo, 498, 499
Compartimentalização, 521, 604
Compatibilidade de dispositivo, teste de, 414
Compatibilidade, teste de, 414
Complexidade, 468, 588-589
Complexidade ciclomática, 385-386
Complexidade de dados, 467
Complexidade do projeto, 505-506
Complexidade do sistema, 467
Complexidade estrutural, 467
Componentes
baseados em classe, 212-219
definição, 207
elaboração de, 207-209
nomes de, 215-216
refatoração, 230-231
reutilização de, 214-215, 228, 229
visão orientada a objetos de, 207-209
visão relacionada a processos de, 211-212
visão tradicional de, 209-211
Componentes, diagramas de, 177
Comportamentais, elementos, 120-121
Comportamentais, padrões, 292-293
Comportamental, teste, 388-390, 392-393
Composição, 615
Computação em nuvem, 7, 273-274
Comunicação
conjunto de tarefas para, 23, 24, 500
eficácia dos modos de, 89
em equipes, 496, 604
na metodologia do processo, 10
no paradigma da prototipação, 27
por interfaces, 257
princípios da, 88-90
Comunicação, diagramas de, 189, 190, 621-622
Conceitos de projeto
abstração, 163, 168

662 Índice

arquitetura, 163-164
classes, 169-171
encapsulamento de informações, 166
importância de, 156
independência funcional, 167
modularidade, 165-166
padrões, 164-165
refatoração, 48, 168, 225
refinamento gradual, 167-168
separação por interesses, 165
Concepção
como fase do Processo Unificado, 32
na atividade de comunicação, 23
na engenharia de requisitos, 104
no ciclo de vida do desenvolvimento
de aplicativos móveis, 268
Condição, teste de, 386
Condição-transição-consequência
(CTC), formato, 542
Condições naturais, teste em, 414,
426-427
Conectividade e colaboração, teste de,
414, 587
Conexão, pontos de, 293
Conexionismo, 636-637
Confiabilidade, 350-353
Configuração de *software*, definição, 438
Configuração, revisões de, 408
Conhecidos, riscos, 535
Conjunto, teste de, 404
Conjuntos de modificações, 446
Conjuntos de tarefas
comunicação, 23, 24, 500
de projeto, 162
definição, 21
planejamento do projeto, 507, 523-525
projetos de desenvolvimento de con-
ceitos, 524
refinamento de, 524-525
Conjuntos de teste, 633
Consistência, 87, 240-241, 257
Construção
como fase do Processo Unificado, 33
de interfaces, 243
na metodologia do processo, 10
princípios, 95-98
Construção da interface, 243
Constructive Cost Model (COCOMO –
Modelo de Custo Construtivo), 511
Conteúdo, arquitetura de, 279
Conteúdo, gestão de, 455, 456
Conteúdo, métricas do, 473
Conteúdo, objetos de, 277-278
Conteúdo, projeto de, 277-278
Conteúdo, teste de, 420-421
Contexto, aplicativos sensíveis ao,
274-275
Contexto, variáveis de, 427

Contingência, planejamento de, 86, 92,
544
Contínuas, variáveis, 633
Controle de alterações, 441, 446,
448-450, 453-455
Controle de alterações em nível de pro-
jeto, 450
Controle de falhas, 69, 446
Controle de qualidade, 322-323, 346
Controle de versão, 445-446, 457-458
Controle formal de alterações, 450
Controle informal de alterações, 450
Convergência, 157
Coordenação de equipes, 496
Corretiva, manutenção, 69-70, 553
Credibilidade, 431
Criacionais, padrões, 292
Cronograma, 321, 520-523, 526-529
Curvas de defeitos, 5-6
Custo da alteração, 39-40
Custo da qualidade, 317-318
Custos de alterações, 39-40
Custos de falhas, 317

Dados, modelos de, 127
Dados, padrões de, 291
Débito técnico, 157, 230, 327, 533
Decisão, metáfora da, 184
Decisão, visão da, 195
Decisões de arquitetura, 184-185,
194-196
Decomposição, 497-500, 511-519
Decomposição do problema, 497-498
Defeitos
acompanhamento de, 446
amplificação de, 327
coleta e análise de, 342
definição, 478
impacto nos custos, 326-327
previsão de, 322
propagação de, 327
Deficiências, lista de, 408
Demeter, lei de, 170
Dependências, 154, 216, 442-443, 445,
614
Dependentes, classes, 404
Depuração, 123
Descoberta de conhecimento, 605-606
Descrição arquitetural (DA), 183-185
Descrições de alterações, 455
Descritores, forma de, de diagramas de
implantação, 178
Desempenho, teste de, 414, 424-426
Desenvolvimento de *software* global
(GSD), equipes de, 80-81
Desenvolvimento, equipes de, 43-45, 67
Desenvolvimento guiado por teste
(TDD), 598-599

Desenvolvimento incremental, estratégias de, 40
Design gráfico, 237, 277
Design gráfico, métricas de, 472
Destino, objetos de, 251
Determinado, *software*, 7
DevOps, abordagem, 50-51
Diagrama de contexto arquitetural
(ACD), 196
Diagramas
de atividade, 146-148, 151-154, 223,
622-625
de caso de uso, 118, 119, 136, 137,
616-618
de classe, 120, 141, 143, 612-615
de colaboração, 220, 406, 621
de componentes, 177
de comunicação, 189, 190, 621-622
de contexto arquitetural, 196
de estado, 120-121, 150-151, 392,
625-628
de fluxo de dados, 365, 366
de implantação, 177, 178, 225, 615-616
de raias, 151, 153-154
de sequência, 148-149, 618-621
Diagramas de fluxo de dados (DFDs),
365, 366
Difusa, lógica, 539
Dilema da qualidade, 315-321
Dimensão de processo, 171-172
Dimensional, redução, 637
Dimensionamento do *software*, 511
Dinâmico, teste, 429
Dinâmicos, modelos, 164
Diretas, medidas, 479-480
Disparador, 135, 150
Disponibilidade, 351
Distribuída, depuração, 123
Divergência arquitetural, 229-230
Diversificação, 157
Do-activity, 627
Documentação, teste de, 434
Documento de decisão de arquitetura
(ADR), 184
Dominante, projeto, 184
Domínio de informação, 129
Domínios de aplicação, 7

Educação e treinamento, 342, 573
Eficiência, 257
Eficiência na remoção de defeitos
(DRE), 482-484, 486
Elaboração
como fase do Processo Unificado, 33
de componentes, 207-209
do problema, 497-498
na atividade de comunicação, 23
na engenharia de requisitos, 104-105

Índice **663**

refinamento como processo de, 167-168, 248
Elaboração do problema, 497-498
Elementos de componente do SCM, 440
Elementos de construção do SCM, 440
Elementos de processo do SCM, 440
Elementos humanos do SCM, 440
Embarcado, *software*, 7
Empíricos, modelos, de estimativa, 510-511
Empirismo, fase de, da inovação tecnológica, 585
Encaixes, 293
Encapsulamento, 475
Encapsulamento de informações, 166
Encomenda, *software* sob, 342
Engenharia. *Ver também* Engenharia de *software*
  algoritmos, 62-63
  de recursos, 634
  de segurança, 357, 360-363
  direta, 565
  reengenharia, 554, 562-565
  reversa, 553-557, 564
Engenharia de requisitos
  ágil, 58, 104
  definição, 57, 103
  especificações na, 105, 407
  orientada a metas, 104
  para segurança, 360-363
  para tecnologia, 596
  questões iniciais na, 108-109
  rastreabilidade na, 109-110
  tarefas na, 104-106
Engenharia de *Software* Baseada em Busca (SBSE), 161, 558, 597, 638
Engenharia de *software* baseada em componentes (CBSE), 228-230, 509
Engenharia de *software* com o auxílio do computador, 9
Engenharia de *software*. *Ver também* Tendências na engenharia de *software*
  baseada em busca, 161, 558, 597, 638
  baseada em componentes, 228-230, 509
  camadas de, 9
  com o auxílio do computador, 9
  como disciplina, 585-586
  definição, 8
  ética e, 607-609
  grande desafio para, 594-595
  início de projetos, 15-16
  inteligente, 606
  mídias sociais e, 79-80
  objetivos da, 438
  prática da, 12-15, 85-88
  princípios, 14-15, 85-100
  psicologia, 75-76

videogames, 1-2
  visão em longo prazo da, 606-607
Engenharia direta, 565
Engenharia reversa, 553-557, 564
Engenharia, *software* de, 7
Engenheiros de *software*, 75, 84
Entrada de voz, 416-417
Entrada por teclado virtual, 416
Entrega
  na abordagem DevOps, 50
  na metodologia do processo, 11
  no ciclo de vida do desenvolvimento de aplicativos móveis, 269
  princípios, 98-100
  prototipação e, 63
Envolvidos
  colaboração entre, 108
  comunicação com, 23, 24
  definição, 10, 107
  feedback dos, 27, 45, 55
  identificação, 107
  negociação com, 122
  no desenvolvimento de protótipos, 58-59, 61-62
  no gerenciamento de projetos, 493
  no planejamento, 91
Equipes
  ágeis, 40, 41, 78, 495
  auto-organizadas, 41, 45, 78, 86, 495
  colaboração e, 587
  consistentes, 76-77, 494
  coordenação e comunicação, 496, 604
  desenvolvimento, 43-45, 67
  estrutura de, 78-79, 496
  globais, 80-81
  Kanban, 48-50
  líderes de, 493-494
  mix de talentos e, 591
  no gerenciamento de projetos, 494-496
  Scrum, 43, 44
  toxicidade de, 77, 495
Equipes consistentes, 76-77, 494
Equivalência, classes de, 389
Erros
  coleta e análise de, 342
  custo da, 317-318
  definição, 326, 478
  densidade de, 328, 329
  sistemas de tratamento de, 260
Escopo
  de casos de uso, 135
  de produtos, 491-492, 497
  de projetos, 91, 114
  do projeto da experiência do usuário, 234
  do *software*, 497, 507
  no desenvolvimento de protótipos, 67

Escopo do produto, 491-492, 497
Escopo do *software*, 497, 507
Escuta, 46, 89
Esforço (*stress*), teste de, 425-426
Esforço, validação do, 521
Espaçamento, 194
Especificações
  de teste, 402
  miniespecificações, 112
  modelo para, 105
  na atividade de comunicação, 23
  na engenharia de requisitos, 105, 407
Especificações de teste, 402
Espiral, modelo, 29-30, 56-57
Espírito ágil, 41
Esqueleto móvel, 203
Esquema com a visão geral, metáfora do, 183
Estado, definição de, 120
Estados, diagramas de, 120-121, 150-151, 224, 392, 625-628
Estáticos, testes, 429
Estatística da garantia da qualidade, 347-349, 378
Estereótipos, 613
Estéticas, métricas, 472
Estético, projeto, 237, 277
Estimativa. *Ver também* Planejamento de projeto
  análise de dados e, 509-511
  baseada em FP, 514-515
  baseada em LOC, 512-513
  baseada em problema, 512
  baseada em processo, 515-516
  caso de uso, 517-518
  complexidade de projetos e, 505-506
  de recursos, 60-61, 505
  dimensionamento do *software*, 511
  do risco, 538-541
  harmonizando estimativas, 518-519
  modelos empíricos para, 510-511
  objetivos de, 92
  para desenvolvimento ágil, 519
  qualidade e, 321
  tamanho de projetos e, 506
  técnicas de decomposição, 511-519
Estimativa baseada em LOC, 512-513
Estoque em processo (WIP), 49
Estrutura analítica do projeto (WBS), 526
Estrutura de controle, teste de, 386-387
Estruturada, análise, 128
Estruturais, modelos, 164
Estruturais, padrões, 292
Estruturais, propriedades, 164
Estrutural, teste, 97, 383-387, 397
Estruturas, diagramas de, 210
Ética, 607-609

664 Índice

Etnográfica, observação, 272
Evolução de *software*, 550, 562-565
Exceções, 134-135
Experiência do usuário, teste da, 414-417
Exposição ao risco, 540-541
Extensão da árvore de herança (DIT), 469, 475
Extensible Markup Language (XML), 273
Externas, custos de falhas, 317
Extrafuncionais, propriedades, 164
Extreme Programming (XP - Programação Extrema), 46-48, 67

Fabricante, visão do, da qualidade, 311
Facilidades de construir, 446
Falhas, 326. *Ver também* Defeitos
Falhas ao longo do tempo (FIT), 351
Falhas, teste baseado em, 405-406
Falta de coesão em métodos (LCOM), 470, 475
Famílias de sistemas relacionados, 164
Fan-in (FIN), 475
Ferramentas
    análise estática, 368
    controle de versão, 445
    de captura/reexecução, 403
    de ciência de dados, 631
    de cronograma, 521
    de reengenharia, 562
    engenharia reversa, 555, 564
    função de, 9
    para aplicativos móveis, 265, 267
    para segurança, 358, 365
    projeto de interfaces, 261
    redes sociais, 79
    reestruturação, 564
    refatoração, 230, 561
    tendências da, 599-600
    testes, 50, 413, 415, 422, 430
Filtros, 188
Flexibilidade, 258
Fluxo de dados, arquitetura de, 188
Fluxo de dados, teste de, 381, 386
Fluxo de processo, 22-23, 25, 31
Fluxo de processo evolucionário, 22, 23
Fluxo de processo interativo, 22, 23
Fluxo de processo linear, 22, 23
Fluxo de processo paralelo, 22, 23
Fluxo de trabalho. *Ver* Fluxo de processo
Fluxo, diagramas orientados a, 127
Forças, sistema de, 290
Formulário de informações de risco (RIS), 546, 547
Fornecedores, gerência dos, 342
FP, estimativa baseada em, 514-515
Frames de interação, 620

Frames de teste, 62
Frameworks
    gestão de riscos, 364-365
    melhoria do processo de *software*, 569-570
    modelos, 164
    processo de *software*, 10-11, 21, 23
    projeto baseado em padrões, 293
    Scrum, 42-45, 56, 66-67
Fronteira, teste de, 381-382
Função, métricas orientadas a, 481
Funcional, arquitetura, 226
Funcional, coesão, 216
Funcional, modelagem, 146-149, 164
Funcional, teste, 97, 388-390, 397

Gamificação, 544-545
Ganchos, 293
Gantt, gráficos de, 527
Garantia da qualidade, 11, 323, 353. *Ver também* Garantia da qualidade de *software*
Garantia da qualidade de *software* (SQA)
    abordagens formais à, 347
    atributos na, 346
    confiabilidade, 350-353
    elementos da, 340-343
    estatística, 347-349, 378
    métricas para, 346
    objetivos da, 345-346
    planos para, 343-344, 354
    processos e características do produto, 343
    questões de plano de fundo relativas a, 341
    segurança, 342, 352-353
    Seis Sigma para, 9, 349
    tarefas da, 343-344
Generalizações, 613
Generativos, padrões, 291
Genéricos, riscos, 535
Gerenciamento da configuração, 11, 437, 445. *Ver também* Gerenciamento de configuração de *software*
Gerenciamento de configuração de *software* (SCM)
    cenário para, 439-440
    de dependências e alterações, 442-443
    elementos do, 440
    fluxo de trabalho para, 438
    integração contínua e, 446-447
    referenciais em, 441, 442, 450
    repositório para, 441, 443-446
    sistemas de controle de versão, 445-446
    tarefas envolvidas em, 447-448
Gerenciamento de projetos
    características para o sucesso, 500-501

espectro de, 491-492
itens do produto e, 491-492, 497-498
para qualidade, 322
pessoas no, 491, 493-496
práticas vitais para, 502
princípio W^5HH para, 501
processo e, 492, 498-500
Gestão da qualidade, 9, 340, 349. *Ver também* Garantia da qualidade de *software*
Gestão da qualidade total (TQM), 9, 349
Gestão de alterações
    ágil, 453-458
    na SQA, 342
    no SCM, 445
    processo para, 447-452
Gestão de impacto adiante (*forward impact management*), 451
Gestão de impacto retroativo (*backward impact management*), 451
Gestão de riscos
    como atividade de apoio, 11
    estratégias proativas, 534
    estratégias reativas, 533
    framework para, 364-365
    gamificação e, 544-545
    intencional, 533
    na garantia da qualidade de *software*, 342
    para a melhoria do processo de *software*, 575-576
    plano RMMM para, 546
    princípios da, 535
Gestão (gerenciamento). *Ver também* Gerenciamento de projetos; Gestão de riscos; Gerenciamento de configuração de *software*
    configuração, 11, 437, 445
    conteúdo, 455, 456
    da complexidade, 588-589
    da qualidade, 9, 340
    da segurança, 342
    de alterações, 342, 445, 447-452
    de impacto, 443, 451
    de versão, 446
    de versão, 550-551
    dos fornecedores, 342
    na engenharia de requisitos, 106
    reusabilidade, 11
Gestos, teste de, 415-416
Globalização, 587-588
Go/no-go, decisões, 65-67
Gradual, refinamento, 167-168, 248
Grafos de fluxo, 384
Granularidade, 92
Grupos independentes de teste (ITGs), 375

Índice **665**

Handshaking, 122
Hardware, curva de defeitos para, 5-6
Harmonização de estimativas, 518-519
Herança, 216, 475
Heurística, 7, 157, 162, 554
Heurísticas, avaliações, 253
Histórias de usuário, 46, 48, 56, 58, 61-63, 67-68
Históricos, dados, 481
Homem, caminho focado no, 599
Humana, objetos de interface, 258
Hype, ciclo de, para tecnologias emergentes, 586-587

Ícones gráficos, 276
Identificação
    de classes de análise, 137-140
    de envolvidos, 107
    de eventos com casos de uso, 149-150
    de riscos, 535-537
Idiomas, 292
Imagens gráficas, 276
Impacto, análise de, 443
Impacto do risco, 540-541
Impacto, gestão de, 443, 451
Implantação, diagramas de, 177, 178, 225, 615-616
Implantação, projeto de, 177-178
Implementação, modelo de, 242
Imprevisíveis, riscos, 535
Imprevistos, 352-353, 545
Incerteza, 534
Incerteza estrutural, 506
Incerteza estrutural, grau de, 506
Incremental, modelos de processo, 55-56
Incrementos de *software*, 11, 32, 40, 58
Incrementos. *Ver* Incrementos de *software*
Independência funcional, 167, 173
Independentes, classes, 404
Indeterminado, *software*, 7
Indicadores, definição, 462
Indicadores-chave de desempenho (KPIs), 462
Índice de maturidade de *software* (SMI), 476
Índice de qualidade de projeto de estrutura (DSQI), 468
Inferência bayesiana, 351-352
Informação, objetivos da, 497
Informações, entrega de, 4
Informais, reuniões, 331
Informais, revisões, 326, 331
Inspeções, 326, 332
Instalação, 574-575
Instância, forma de, de diagramas de implantação, 178
Integrabilidade, 187

Integração
    ascendente, 399-400
    contínua, 400-402, 446-447
    descendente, 398-399
    em profundidade, 398
    na abordagem DevOps, 50
    primeiro-em-largura, 398
Integração ascendente, 399-400
Integração contínua (CI), 400-402, 446-447
Integração descendente, 398-399
Integridade, 483
Inteligência ambiental, 590
Inteligência artificial (IA)
    aplicações envolvendo, 7
    aprendizado de máquina e, 294-295, 322
    engenharia de *software* e, 589, 606
    para modelagem da confiabilidade, 351-352
    para tomada de decisões, 229
    suporte de *software* e, 558
    teste no nível de integração e, 403
    testes, 428-429
Inteligência computacional, 638
Inteligente, engenharia de *software*, 606
Interação do usuário, projeto de, 236
Interação, mecanismos de, 234
Interação, projeto de, 236
Interdependência, 521
Interesses, 165. *Ver também* Separação por interesses
Interface do usuário. *Ver também* Projeto de interfaces
    acessibilidade de, 233, 237, 259-261
    análise da, 243-249
    consistência da, 240-241, 257
    construção da, 243
    mecanismos de interação na, 234
    protótipo da, 62
    usabilidade da, 233, 236-237, 256-259
    validação da, 243
Interface, teste de, 388, 421
Interface, validação da, 243
Internacionalização, 260-261, 423
Internas, custos de falhas, 317
Inventário, análise de, 563-564
ISO 9001:2015, 353-354
Itens de configuração de *software* (SCIs), 438, 441-442

Janela de tempo, 508
Jogabilidade, teste de, 433-434
Justificação, atividade de, 573-574

Kanban, método, 48-50, 56, 67

Latência, redução da, 258
Layout, 277, 431
Legibilidade, 258, 431

Levantamento. *Ver também* Levantamento de requisitos
    ágil, 104
    artefatos produzidos durante, 114
    de necessidades de segurança, 362
    na atividade de comunicação, 23, 24
    na engenharia de requisitos, 104, 109
Levantamento de requisitos, 24, 110-114. *Ver também* Levantamento
Level design, 456
Liderança, 493-494
Líderes da revisão, 161, 333
Limpeza de dados, 633
Linguagem, metáfora da, 183
Linguagens
    de modelagem específicas de domínio, 597
    de padrões, 297
    descrição de arquitetura, 164
    para ciência de dados, 629-631
    UML (*ver Unified Modeling Language* [UML - Linguagem de Modelagem Unificada])
Linguagens de descrição de arquitetura (ADLs), 164
Linguagens de modelagem específicas de domínio (DSMLs), 597
Linguagens de padrões, 297
Linhas de produtos de *software*, 7, 164
Links de semântica de navegação (NSLs), 281
Lista de problemas de revisão, 333-334
Listas de itens de risco, 536
Listas de problemas, 112
Listas de verificação (*checklists*)
    de itens de risco, 536
    para revisões, 331
    qualidade de um produto móvel, 285
    validação de requisitos, 106
Literatura, metáfora da, 184
LOC, métricas baseadas em, 481
Localização, 260, 423

Manutenção
    adaptativa, 70, 553
    corretiva, 69-70, 553
    definição, 69
    desafios de, 552
    importância da, 3, 71
    métricas para, 476
    perfectiva, 70, 553
    preventiva, 70, 553
    princípios de prática e, 88
    tarefas relacionadas a, 554-555
Manutenção de *software. Ver* Manutenção
Manutenibilidade, 483, 553
Mapas da jornada do cliente, 244-245
Marcos, 521

666 Índice

Matriz de plataformas de dispositivo com valores ponderados (WDPM), 427
Maturidade do processo, 570
Maturidade, fase de, da inovação tecnológica, 585
Mau uso, casos de, 363-364
Medida. *Ver também* Métricas
  como atividade de apoio, 11
  como ferramenta de gestão, 461
  da confiabilidade, 350-351
  da produtividade, 480, 482
  da segurança, 368-369
  de disponibilidade, 351
  definição, 461-462
  direta, 479-480
  utilidade de, 460, 461
Medidas, definição de, 461
Melhoria contínua do processo, 341
Melhoria do processo de *software* (SPI)
  avaliação e análise de lacunas na, 572-573
  contínua, 341
  educação e treinamento na, 573
  etapas para, 571-576
  frameworks para, 569-570, 576-579
  gestão de riscos para, 575-576
  instalação/migração na, 574-575
  mensuração na, 575
  modelos de maturidade para, 570-571
  para pequenas organizações, 571
  retorno sobre investimento, 580
  segurança e, 370
  seleção e justificação na, 573-574
  tendências na, 580-581
Melhoria do processo. *Ver* Melhoria do processo de *software*
Melhoria estatística de processo de *software* (SSPI), 478
Mensuração. *Ver também* Avaliação
  de projetos, 160, 161, 253-256
  do projeto de interfaces, 253-256
  na melhoria do processo de *software*, 575
  no desenvolvimento de protótipos, 64-65, 68-69, 253-254
  post-mortem, 336
Mesa, testes de, 331-332
Meta no contexto, 135
Metáforas, 258, 276
Metamodelo, 443-444
Metaperguntas, 109
Metodologia do processo, 10-11, 21, 23
Métodos, 9
Métodos ponderados por classe (WMC), 469
Métricas
  atributos de, 462
  baseadas em classe, 469-470

baseadas em LOC, 481
caixa-preta, 466
de conteúdo, 473
de navegação, 473
de processo, 476-478
de produtividade, 481
de produtos, 461, 463-464, 469, 480, 482
de projeto, 466-473, 475
de projeto, 476-478
de qualidade, 482-484
definição, 462
estabelecimento de programa de, 485-487
estéticas, 472
indicadores-chave de desempenho, 462
morfologia, 467, 468
orientadas a função, 481
orientadas a tamanho, 480-481
para aplicativos móveis, 465-466
para código-fonte, 473-474
para garantia da qualidade de *software*, 346
para manutenção, 476
para o modelo de requisitos, 464-466
para o projeto de interfaces, 471-473
para pequenas organizações, 486
para revisões, 327-330
para *software* convencional, 465-468
para *software* orientado a objetos, 468-470
para testes, 474-475
para WebApps, 472, 473
privadas, 480, 482
públicas, 480
utilidade de, 461
Métricas de produto, 461, 463-464, 469, 480, 482
Métricas de projeto, 476-478
Métricas orientadas a tamanho, 480-481
Middleware, 266
Mídias sociais, 79-80, 559, 604
Migração, 574-575
Migração de processo, 574
Miniespecificações, 112
Mitigação, monitoramento e gestão de risco (RMMM), 539, 543-547
Mix de talentos, 591
Modelagem baseada em cenários
  atores e perfis de usuário na, 131
  características da, 127
  casos de uso em, 131-137
  popularidade da, 128
  resumo, 130
Modelagem baseada em classes
  características da, 127
  definição de atributos e operações na, 140-141

identificação de classes de análise na, 137-140
  UML, 141-144
Modelagem comportamental
  características da, 127
  diagramas de atividade em, 151-154
  diagramas de estados na, 150-151
  etapas para a criação de, 149
  identificação de eventos com o caso de uso na, 149-150
Modelagem da decisão de arquitetura orientada a serviços (SOAD), 195-196
Modelagem de sistema, 446
Modelagem de usuários, 241, 245-246
Modelo de processo genérico, 21-23
Modelo de qualidade de produto, 313-314
Modelo, desenvolvimento de *software* controlado por, 596-597
Modelo mental, 241-242
Modelo sequencial linear. *Ver* Cascata, modelo
Modelos
  de caso de uso, 135-136
  para especificações, 105
  para modelagem de sistema, 446
  para projeto baseado em padrões, 293-294
  para publicação, 457
  para teste de *software*, 373
Modelos de análise e modelagem. *Ver também* Modelos de requisitos
  construção, 118-122
  domínios de, 93
  elementos de, 119-121
  finalidade de, 118
  padrões em, 122
  princípios de, 129-130
  regras práticas para, 128-129
  terminologia para, 126
Modelos de maturidade, 570-571
Modelos de processo
  ágeis, 42-51, 56, 57
  cascata, 25-26, 55
  comparação entre, 33-34
  críticas de, 38
  diretrizes para o uso de, 55
  espiral, 29-30, 56-57
  evolucionário, 29-31, 56-57, 67
  genérico, 21-23
  incrementais, 55-56
  no projeto, 164
  prescritivos, 25-33
  prototipação, 26-29
  reengenharia, 563
  seleção de, 28, 31
  unificado, 31-33

Modelos de processo evolucionário, 29-31, 56-57, 67

Modelos de processo prescritivo, 25-33

Modelos de projeto
características representadas por, 93
de arquitetura, 175
de componentes, 176-177
de implantação, 177-178
dimensões de, 171-172
para dados, 174
para interfaces, 175-176
princípios para, 173-174
tradução de modelos de requisitos, 158

Modelos de requisitos e modelagem. *Ver também* Modelos de análise e modelagem
baseados em cenários, 127, 128, 130-137
baseados em classe, 127, 137-146
comportamentais, 127, 149-154
domínios de, 93
filosofia e objetivos de, 128
funcionais, 146-149
métricas para, 464-466
princípios dos, 129-130
qualidade de, 345
regras práticas para, 128-129
terminologia para, 126
tipos de, 127
tradução em modelo de projeto, 158

Modelos e modelagem. *Ver também* Modelos de análise e modelagem; Modelos de requisitos e modelagem
abordagem sistêmica, 446
ameaças, 357, 365-366
baseados em cenários, 127, 128, 130-137
baseados em classe, 127, 137-146
comportamentais, 127, 149-154
CRC, 47, 144-146
custo construtivo, 511
de dados, 127
de maturidade, 570-571
de processo (*ver* Modelos de processo)
de projeto, 93, 158, 171-178
de segurança, 357-359
de usuário, 241, 245-246
dinâmicos, 164
empíricos de estimativa, 510-511
estruturais, 164
funcionais, 146-149, 164
metodologia, 164
na metodologia do processo, 10
orientados a fluxo, 127
para o projeto de interfaces, 241-242, 270-271

princípios, 92-94
qualidade de produto, 313-314
qualidade em uso, 313

Modelo-visão-controlador (MVC), arquitetura, 189, 191-192, 279-280

Modos de navegação (WoN), 280-282

Modularidade, 87, 90, 165-166

Módulos, 165, 209. *Ver também* Componentes

Monitoramento da atividade comercial, 123

Morfologia, métricas de, 467, 468

Mudanças em sistemas legados, 8

Multiclasse, problemas de classificação, 634

Multiplicidade, 614

Multirrótulo, problemas de classificação, 634

Não funcionais, requisitos, 109

Não generativos, padrões, 291

Não ordenadas, variáveis categóricas, 633

Não supervisionado, aprendizado, 634

Navegação
menus para, 276
projeto de, 280-282
sintaxe de, 280
visível, 258

Navegação, métricas de, 473

Navegação, teste de, 421-423

Negativos, casos de teste, 383

Negligência, 320

Negociação, 23, 90, 105, 122-123

Negócio, riscos de, 534

Neurais, redes, 636-637

Níveis de maturidade, 577, 578

Nômades, redes, 266

Nós de navegação (NN), 280

Notação UML
arquétipos, 198
diagramas de atividade, 146-148, 151-154, 223, 622-625
diagramas de caso de uso, 119, 616-618
diagramas de classes, 120, 612-615
diagramas de componentes, 177
diagramas de comunicação, 189, 190, 621-622
diagramas de estados, 121, 150-151, 625-628
diagramas de implantação, 177, 178, 615-616
diagramas de raias, 151, 153-154
diagramas de sequência, 148-149, 618-621
90-90, regra, 500

Número de classes-raiz (NOR), 475

Número de filhas (NOC), 469, 475

Nuvem, teste baseado na, 428

Objetivos
da garantia da qualidade de *software*, 345-346
de negócio, 485
definição, 104
do levantamento de requisitos, 24
do projeto de interfaces, 243
segurança, 362

Objetivos de negócio, 485

Objetos de configuração, 441-443, 445-446, 450, 452, 457-458

Observável pelo usuário, funcionalidade, 146

Operações, 141

Ordem de alteração de engenharia (ECO), 448, 450, 452

Ordenadas, variáveis categóricas, 633

Orientada a responsabilidades (RDA), arquitetura, 186

Orientadas a objetos, arquiteturas, 189

Orientado a objetos, métricas de projeto, 469-470, 475

Orientado a objetos, teste, 390-393, 404-407

Origem, objetos de, 251

Originalidade, 468

Pacotes comerciais prontos, 342

Padrões. *Ver também* Projeto baseado em padrões
análise de, 122
antipadrões, 302-304
comportamentais, 292-293
criacionais, 292
de arquitetura, 187, 192-193, 203-204, 291, 299-300
de ataque, 363-364
de dados, 291
de defeitos, 98
em nível de componentes, 300-301
estruturais, 292
generativos, 291
móveis, 292
não generativos, 291
para aplicativos móveis, 292, 305-306
para WebApps, 291-292
processo, 24
projeto de interfaces, 252-253, 291, 304-305
risco, 536
teste, 409
tubos-e-filtros, 188

Padrões de análise, 122

Padrões de arquitetura, 187, 192-193, 203-204, 291, 299-300

Padrões de processo, 24

668 Índice

Padrões de projeto. *ver* Projeto baseado em padrões

Padrões para a garantia da qualidade, 313-314, 341, 353-354

Padronização de registro de dados, 561

Papel, protótipos de, 62, 272

Pareto, princípio de, 97-98

Paritárias, revisões, 326

Particionamento, 130, 389, 497-498

Particionamento de equivalência, 389

Passivo, estado, 150

Pedidos de produto, 110-111

People Capability Maturity Model, 577

People Capability Maturity Model (People-CMM), 491

Perfectiva, manutenção, 70, 553

Perfis de usuário, 131

Perguntas e respostas, sessões de, 109

Perguntas livres de contexto, 108

Personas de usuário, 245-246

Peso do ator não ajustado (UAW), 517, 518

Peso do caso de uso não ajustado (UUCW), 517, 518

Pesquisa de usuário, 244-245

Pistas de auditoria, 445

Planejamento. *Ver também* Planejamento de projeto

   contingência, 86, 92, 544

   iterativo, 91, 92

   na metodologia do processo, 10

   no *framework* XP, 46-47

   para garantia da qualidade de *software*, 343-344, 354

   para testes, 378-380

   princípios, 91-92

Planejamento de projeto. *Ver também* Estimativa

   análise de dados no, 509-511

   conjuntos de tarefas no, 507, 523-525

   cronograma no, 520-523, 526-529

   escopo e viabilidade no, 507

   na metodologia do processo, 10

   objetivos de, 506

   recursos no, 507-509

   redes de tarefas no, 525-526

   resumo, 504

Planejamento iterativo, 91, 92

Planos de projeto de *software*. *Ver* Planejamento de projeto

Plataforma, modelo de, 270

Ponto de função (FP), 481, 514-515

Pontos de caso de uso (UCPs), 517

Pontos de contato para segurança, 359

Pontos de vista, diversos, 87-88, 107-108

Pontos-âncora, marcos de, 29

Porcentagem pública e protegida (PAP), 475

Pós-condições, 214

Prática (engenharia de *software*), 12-15, 85-88

Práticas vitais para gerenciamento de projeto, 502

Precondições, 135, 214

Preditivas, tecnologias, 416

Preparação de dados, 630, 633

Preparação, esforço de, 328

Prevenção, custos de, 317

Preventiva, manutenção, 70, 553

Previsão de risco, 538-541

Previsíveis, riscos, 535

Primários, cenários, 134

Primeira Lei da Engenharia de Sistemas, 438-439

Primeiro-em-largura, integração, 398

Princípio comum da reutilização (CRP), 215

Princípio da equivalência de reutilização de versões (REP), 214-215

Princípio da inversão da dependência (DIP), 214

Princípio da segregação de interfaces (ISP), 214

Princípio da substituição de Liskov (LSP), 214

Princípio do aberto-fechado (OCP), 212-213

Princípio do fechamento comum (CCP), 215

Prioridade, pontos de, 108

Privadas, métricas, 480, 482

Proativas, estratégias de risco, 534

Proativo, suporte, de *software*, 557-560

Probabilístico, raciocínio, 558

Problema, estimativa baseada em, 512

Procedimentos remotos, arquiteturas de chamadas a, 189

Processamento de dados, 605

Processamento, narrativas de, 138, 141

Processo de *software*

   agilidade e (*ver* Agilidade)

   avaliação e aperfeiçoamento de, 24-25

   decomposição de, 498-500

   fluxo de, 22-23, 25, 31

   modelos para (*ver* Modelos de processo)

   princípios que orientam, 85-86

   gerenciamento de projetos e, 492, 498-500

   etapas recomendadas, 71

   relação com o artefato, 34-35

   representação esquemática de, 21

   tendências relacionadas a, 593-594

   componentes do, 9-10

   adaptação de, 11-12

   definição, 9, 20, 21

   metodologia para, 10-11, 21, 23

Processo, estimativa baseada em, 515-516

Processo, métricas de, 476-478

Processo Unificado (PU), 31-33

Processo. *Ver* Processo de *software*

Produção, fase de, do Processo Unificado, 33

Produtividade, medidas de, 480, 482

Produtividade, métricas de, 481

Produto, riscos específicos de, 535-536

Produto, visão do, da qualidade, 311

Produtores, 161, 333

Profundidade, integração em, 398

Programa principal/subprograma, arquitetura de, 189

Programação em pares, 48, 332

Progressiva, aprovação, 186

Projeto

   abordagem orientada a objetos ao, 161, 173

   agilidade no, 60, 174, 185-186

   baseado em padrões (*ver* Projeto baseado em padrões)

   caso de teste, 381-383, 405-407

   conceitos de (*ver* Conceitos de projeto)

   conjunto de tarefas para, 162

   convergência em, 157

   de arquitetura (*ver* Projeto de arquitetura)

   de componentes (*ver* Projeto em nível de componentes)

   de conteúdo, 277-278

   de dados, 173, 174

   de implantação, 177-178

   de navegação, 280-282

   definição, 181

   diversificação em, 157

   dominante, 184

   evolução de, 161-162

   importância do, 3, 159

   interação de usuário, 236

   interface (*ver* Projeto de interface)

   mensuração de, 160, 161, 253-256

   métricas para, 466-473, 475

   modelos (*ver* Modelos de projeto)

   móveis (*ver* Aplicativos móveis)

   nível, 456

   no ciclo de vida do desenvolvimento de aplicativos móveis, 268

   no contexto da engenharia de *software*, 157-159

   no *framework* XP, 47-48

   prática, 156

   princípios, 156

   processo para, 159-162

Índice **669**

qualidade de, 159-161, 282-285, 311, 345
refatoração, 48, 168, 225
refinamento de, 167-168
visual, 237, 277
Projeto baseado em padrões
aprendizado de máquina no, 294-295
definição, 164, 290
descrição de, 293-294
erros comuns em, 298-299
framework para, 293
modelo para, 293-294
no contexto, 290, 295-296
objetivos do, 165
para interfaces do usuário, 252-253
pensar em termos de, 296-297
repositório para, 295
tabela para organização de, em, 298, 299
tarefas em, 297-298
tipos de, 291-293
uso de, 87
Projeto, classes de, 169-171
Projeto da arquitetura
agilidade e, 60, 185-186
alternativas em, 201-204
arquétipos em, 196-198
de WebApps, 278-280
economia de, 193
elementos do, 175
emergência em, 194
espaçamento em, 194
estilos de, 186-193
funções do, 158, 182
instâncias do sistema em, 200
métricas para, 466-467
organização e refinamento de, 193
padrões, 187, 192-193, 203-204, 291, 299-300
preliminar, 59-60
propriedades do, 164
refinamento em componentes, 198-200
representação do sistema no contexto, 196-197
simetria em, 194
visibilidade em, 194
Projeto de caso de teste, 381-383, 405-407
Projeto de dados, 173, 174
Projeto de experiência do usuário (UX).
Ver também Projeto de interfaces
arquitetura da informação no, 235
definição, 234
elementos do, 175, 234-237
engenharia de usabilidade no, 236-237
escopo do, 234

etapas para, 249-250
projeto de interação no, 236
projeto visual no, 237
Projeto de interfaces. *Ver também* Projeto
da experiência do usuário
diretrizes para, 216, 259
elementos do, 175-176
etapas para, 251-252
funções do, 158
mensuração do, 253-256
metas do, 243
métricas para, 471-473
modelos para, 241-242, 270-271
padrões em, 252-253, 291, 304-305
para aplicativos móveis, 261, 270-271
para colocar o usuário no controle, 238-239
para reduzir a carga de memória do usuário, 239-240
para WebApps, 275-276
princípios, 173
processo para, 242-243
regras de ouro do, 234, 238-241
Projeto em nível de componentes
acoplamento no, 218-219
coesão no, 216-218
diretrizes para, 215-216
elementos do, 176-177
especializado, 225-230
etapas para, 219-225
exemplo de, 210-211
funções do, 158, 206
padrões em, 300-301
para aplicativos móveis, 226-227
para componentes tradicionais, 227-228
para WebApps, 226, 282
princípios do, 173, 212-215
Projeto orientado a objetos, métricas de, 468-470
Projetos de desenvolvimento de conceitos, 524-526
Prototipação, paradigma da, 26-29
Protótipo da interface do usuário, 62
Protótipos, desenvolvimento de
construção do primeiro protótipo, 61-63
determinação do escopo em, 67
em modelos de processos ágeis, 56
envolvidos em, 58-59, 61-62
etapa de lançamento de, 68-69
evolução de, 64-65, 68-69, 253-254
go/no-go, decisões, em, 65-67
modelo espiral para, 56-57
modelo evolucionário de, 67-68
modelo incremental para, 55-56
no projeto da experiência do usuário, 250

para dispositivos móveis, 272
projeto de arquitetura para, 59-60
Pseudocontroladores, 379, 399
Pseudocontrolados, 379
Públicas, métricas, 480
Putnam-Norden-Rayleigh (PNR), curva, 522-523

Qualidade
ações administrativas e impacto sobre, 321
avaliação qualitativa da, 314-315
avaliação quantitativa da, 315
checklist de, 285
custo da, 317-318
da conformidade, 311
de aplicativos móveis, 282-285
de código, 345
de *software* "bom o suficiente", 316
de WebApps, 282-285
definições de, 311, 312
dilemas relacionados a, 315-321
dimensões de, de Garvin, 311
diretrizes para produção de, 321-323
do modelo de requisitos, 345
do projeto, 159-161, 282-285, 311, 345
do *software* legado, 8
fatores para, de McCall, 313
importância da, 3
métricas para, 482-484
padrões para, 313-314, 341, 353-354
planejamento para, 92
revisões para, 341-342
risco e, 319-320
segurança e, 320
Qualidade do código, 345
Qualidade dos requisitos, 345
Qualidade em uso, modelo da, 313

Racionalização de nomes de dados, 561
Raias, diagramas de, 151, 153-154
Rastreabilidade, 109-110, 383, 442
Rastreabilidade, matriz de, 109-110, 442
Reativas, estratégias de risco, 533
Reconhecimento de voz, 416-417
Recuperação do projeto, 564
Recuperação, teste de, 417
Recursos
ambientais, 509
estimativa de, 60-61, 505
humanos, 508
no planejamento do projeto, 507-509
reutilizáveis, 509
Recursos, engenharia de, 634
Recursos humanos, 508
Redes de tarefas, 525-526
Redes sociais, ferramentas de, 79
Redesenho de processo de *software* (SPR), 574

670 Índice

Reengenharia, 554, 562-565
Reengenharia de *software*, 554, 562-565
Reestruturação, 564
Reestruturação dos documentos, 564
Refatoração
  da arquitetura, 561-562
  de componentes, 230-231
  de dados, 561, 564-565
  de interfaces, 221
  de projeto, 48, 168, 225
  definição, 48, 554, 560
  do código, 561, 564
  ferramentas para, 230, 561
Refatoração de código, 561, 564
Refatoração de dados, 561, 564-565
Referenciais, 441, 442, 450, 481
Refinamento
  de conjuntos de tarefas, 524-525
  do risco, 542-543
  gradual, 167-168, 248
Reformulação, esforço de, 328
Registradores, 161, 333
Registros, manutenção de, 333-334, 378-380
Regressão, problemas de, 634
Regressão, teste de, 68, 403-404
Relatório de *status*, 452
Relatório de *status* de configuração, 452
Relatórios de alteração, 448
Relatórios de teste, 402
Relatos, 333-334, 402, 448, 452, 458
Replicador, fase de, da inovação tecnológica, 585
Repositório de conteúdo, 444
Repositórios, 295, 441, 443-446
Representation State Transfer (REST), 273
Reprojeto dos dados, 561
Requisitos
  análise de, 127-130
  casos de teste para, 382-383
  colaboração em, 108
  compreensão, 102-103
  controle de, 445
  diversos pontos de vista sobre, 107-108
  emergentes, 590-591
  monitoramento, 123
  não funcionais, 109
  negociação, 122-123
  projeto de arquitetura e, 59-60
  validação de, 123-124
Responsabilidade civil, 320
Responsabilidades, na modelagem CRC, 144
Resposta para uma classe (RFC), 470
Retorno sobre investimento (ROI), 580

Reuniões
  de revisão, 332-333
  formato perguntas e respostas para, 109
  informais, 331
  Kanban, 50
  levantamento de requisitos, 112
  Scrum, 44-45, 56, 66-67
  sprint, 44, 45
Reutilização, 214-215, 228, 229
Reutilização, gerenciamento da capacidade de, 11
Reutilizáveis, recursos de *software*, 509
Revisão de arquitetura baseada em padrões (PBAR), 203-204
Revisão, esforço de, 328
Revisão, reuniões de, 332-333
Revisões da arquitetura, 202-204
Revisões de *software*. *Ver* Revisões
Revisões técnicas formais (RTFs), 327, 332-335
Revisões técnicas (RTs)
  como atividade de apoio, 11
  critérios para, 330-331
  da qualidade do projeto, 160, 161
  eficácia dos custos de, 329
  finalidade de, 326
  formais, 327, 332-335
  informais, 331-332
  modelo de referência para, 330
  para qualidade, 341-342
  para validação de requisitos, 105-106
Revisões. *Ver também* Revisões técnicas (RTs)
  ágeis, 336
  da arquitetura, 202-204
  diretrizes para, 334-335
  finalidade de, 325
  formais, 327, 332-335
  informais, 331-332
  inspeções, 326, 332
  listas de verificação para, 331
  métricas para, 327-330
  para qualidade, 341-342
  paritárias, 326
  relatos e manutenção de registros para, 333-334
  testes de mesa, 331-332
  walkthroughs, 326, 332
Rigor, grau de, 524
Risco. *Ver também* Avaliação do risco; Gestão de riscos
  características do, 534
  categorização do, 534-535
  componentes do, 537
  conhecido, 535
  de negócio, 534
  de projeto, 534, 536-537

específico de produto, 535-536
estimativa do, 538-541
exposição ao, 540-541
fatores de, 537
genérico, 535
identificação do, 535-537
impacto do, 540-541
imprevisível, 535
na engenharia de *software* baseada em componentes, 229
padrões de, 536
previsível, 535
refinamento de, 542-543
software de baixa qualidade e, 319-320
técnico, 534
Riscos de projeto, 534, 536-537
Riscos, decisões orientadas a, 321

Satisfação do cliente, 40-41
Scaffolding, 64, 379
Scrum, metodologia, 42-45, 56, 66-67
Secundários, cenários, 134
Security Development Lifecycle (SDL, ou "ciclo de vida do desenvolvimento da segurança"), 357-359, 365
Segurança
  administração da, 342
  avaliação do risco, 362, 364-365
  casos de mau uso e abuso, 363-364
  codificação e, 367-368
  de aplicativos móveis, 424
  de WebApps, 424
  engenharia de requisitos para, 360-363
  ferramentas para, 358, 365
  importância da, 356, 357
  medida da, 368-369
  métodos de modelagem de ameaças, 365-366
  modelos de maturidade e melhoria do processo, 370
  modelos do ciclo de vida da, 357-359
  na medição da integridade, 483
  padrões de ataque e, 363-364
  pontos de contato para, 359
  qualidade e, 320
  superfície de ataque e, 366-367
  teste, 414, 423-424
Segurança, considerações de, 342, 352-353, 545
Seis Sigma, 9, 349
Seleção e justificação, atividade de, 573-574
Seletivo, teste, 381
Sem ego (*egoless programming*), programação, 64-65
Semântico, teste, 420-421
Sensibilidade, pontos de, 201

Separação por interesses, 87, 130, 165, 194

Sequência, diagramas de, 148-149, 618-621

Sequências de execução, teste baseado em, 404

Serviço, computação de, 273

Servidoras, classes, 404

Shell personalizado, 342

Simetria, 194

Simple Object Access Protocol (SOAP), 273

Sincronização, controle de, 450

Sintática, análise, 137, 138, 141

Sistema, teste de, 376, 377, 396

Software
   aberto, 589-590
   blocos básicos para, 591-592
   "bom o suficiente", 316
   confiabilidade do, 350-353
   curvas de defeitos para, 6
   definição, 5
   desenvolvimento dirigido pelo modelo de, 596-597
   domínios de aplicação, 7
   importância do, 2-3, 603
   legado, 8
   natureza do, 4-8, 74
   perguntas-chave sobre, 4
   realidades relativas a, 3
   segurança do, 342, 352-353, 545
   sob encomenda, 342
   software para linha de produtos, 7, 164, 590

Software aberto, 589-590

Software, arquitetura de. *Ver* Arquitetura

Software Assurance Maturity Model (SAMM), 370

Software, componentes de. *Ver* Componentes

Software de aplicação, 7

Software de sistema, 7

Software, defeitos de. *Ver* Defeitos

Software, equação do, 523

Software, equipes de. *Ver* Equipes

Software legado, 8

Software, medida de. *Ver* Medida

Software para linha de produtos, 7, 164, 590

Software, projeto de. *Ver* Projeto

Software, segurança de. *Ver* Segurança

Solicitações de alteração, 448

Solução de problemas, 12-13

Soluções de plataforma de *software*, 592

SPICE, modelo, 579

Sprints, 42-45, 61, 186

SQA, grupos de, 341, 343-344

SQUARE, processo, 360-363

Storyboarding, 186

STRIDE, modelo, 365, 366

Subsistema de coleta, 455-456

Subsistema de gestão, 456-457

Subsistema de publicação, 457

Suficiência, 468

Superfície de ataque, 366-367

Supervisionado, aprendizado, 634

Suportabilidade, 552. *Ver também* Suporte de *software*

Suporte de *software*. *Ver* Manutenção
   análise de dados no, 558-559
   custo do, 559-560
   elementos do, 549, 550
   mídias sociais e, 559
   modelo iterativo do, 551
   proativo, 557-560

Tabelas de projeto, 527-528

Tabelas de riscos, 538-539

Tabelas para organização de padrões, 298, 299

Tamanho do artefato de *software* (TAS), 328

Tamanho do projeto, 506

Tarefa, definição, 10

Tarefa, modelo de, 270

Tarefas, análise de, 243, 247-248

Tarefas de requisitos
   concepção, 104
   elaboração, 104-105
   especificação, 105
   gestão de, 106
   levantamento, 104, 109
   negociação, 105, 122-123
   validação, 105-106, 123-124

Tarefas. *Ver* Conjuntos de tarefas

Técnicos, riscos, 534

Tecnologia
   desenvolvimento colaborativo de, 595-596
   engenharia de requisitos para, 596
   inovações em, 584-585
   preditiva, 416
   tendências de processo, 593-594

Tecnologia da informação, 605

Tempo de resposta, 259

Tempo médio entre falhas (MTBF), 350-351

Tempo médio para alterar (MTTC), 483

Tempo real, teste em, 426-428

Tendências na engenharia de *software*
   blocos básicos de *software*, 591-592
   conectividade e colaboração, 587
   gestão da complexidade, 588-589
   globalização, 587-588
   mix de talentos, 591
   movimento código aberto, 592
   mudança na percepção de valor, 592

observação de, 586-587

relacionadas a ferramentas, 599-600

requisitos emergentes, 590-591

software aberto, 589-590

tecnológicas, 584-585, 593-599

tendências leves, 587-592

Teoria, fase de, da inovação tecnológica, 585

Teoria unificada para a evolução do *software*, 550

Teste baseado em modelo (MBT), 429-430

Teste baseado em uso, 404

Teste com o cliente. *Ver* Teste de aceitação

Teste de aceitação, 48, 68-69, 95, 430

Teste de ordem superior, 377

Teste de unidade, 48, 95, 376, 378-381

Teste exaustivo, 380

Teste fumaça, 400-401

Teste no nível de componente
   abordagem estratégica ao, 373-378
   caixa-branca, 383-387
   caixa-preta, 388-390
   elementos do, 372
   orientado a objetos, 390-393
   planejamento e manutenção de registros no, 378-380
   projeto de caso de teste no, 381-383

Teste no nível de integração
   artefatos, 402
   ascendente, 399-400
   caixa-branca, 397
   caixa-preta, 397
   da arquitetura, 375, 376
   de regressão, 403-404
   de validação, 407-408
   desafios de, 395
   descendente, 398-399
   fundamentos do, 396-397
   inteligência artificial e, 403
   na atividade de construção, 95
   objetivos do, 398
   orientado a objetos, 404-407
   padrões de, 409

Teste(s). *Ver também* Teste no nível de componente; Teste no nível de integração
   alertas e condições extraordinárias, 417
   alfa, 430
   ambientes virtuais, 430-434
   aplicativos móveis, 413-417, 424-428
   arquitetura, 375, 376
   baseado em falhas, 405-406
   baseado em modelo, 429-430
   baseado em sequências de execução, 404

672 Índice

baseado em uso, 404
baseado na nuvem, 428
baseados em cenários, 407
beta, 430
caixa-branca, 383-387, 397
caixa-de-vidro, 383-387, 397
caixa-preta, 388-390, 397
caminho básico, 384-386
comportamentais, 388-390, 392-393
critérios de "pronto", 377-378
da experiência do usuário, 414-417
de aceitação, 48, 68-69, 95, 430
de acessibilidade, 432-433
de certificação, 414
de ciclo, 387
de classe, 390-391
de condição, 386
de conectividade, 414
de conjunto, 404
de conteúdo, 420-421
de desempenho, 414, 424-426
de documentação, 434
de estrutura de controle, 386-387
de fluxo de dados, 381, 386
de fronteira, 381-382
de gestos, 415-416
de interface, 388, 421
de navegação, 421-423
de ordem superior, 377
de recuperação, 417
de recursos de ajuda, 434
de regressão, 68, 403-404
de segurança, 414, 423-424
de sistema, 376, 377, 396
de unidade, 48, 95, 376, 378-381
de usuário, 255-256
dinâmicos, 429
eficácia dos custos, 379-380
em processos ágeis, 95
em tempo real, 426-428
entrada e reconhecimento de voz, 416-417
entrada por teclado virtual, 416
estático, 429
estrutural, 97, 383-387, 397
etapas para, 376-377
exaustivo, 380
ferramentas para, 50, 413, 415, 422, 430
fumaça, 400-401
funcional, 97, 388-390, 397
ilustração espiral de, 375-376

jogabilidade, 433-434
métricas para, 474-475
organização para, 374-375
orientado a objetos, 390-393, 404-407
padrões de, 409
para qualidade, 342
preparação para, 377
princípios, 96-98
protótipos, 63-65, 68-69
seletivo, 381
semântico, 420-421
sistemas de inteligência artificial, 428-429
usabilidade, 415-417, 430-432
validação, 95, 373-377, 407-408
verificação em, 373-374
WebApps, 418-426
Testes de usuário, 255-256
TickIT, método de auditoria, 579
Time-boxes (janelas de tempo), 42, 44, 45, 528-529
Totalidade, 468
Tóxico, ambiente em equipe, 77, 495
Transbordamento de dados, 367
Transcendental, visão, da qualidade, 311
Transformação de dados, 633
Transição, fase de, do Processo Unificado, 33
Treinamento, conjunto de, 632, 633
Treinamento e educação, 342, 573
Tubos-e-filtro, padrão, 188

Unidades semânticas de navegação (NSUs), 280-282
Unified Modeling Language (UML - Linguagem de Modelagem Unificada)
associações na, 144, 154
atores na, 131
de diversos pontos de vista, 88
dependências na, 154
desenvolvimento de, 32, 611
modelos de classe, 141-144
notação (*ver* Notação UML)
perfis na, 131
Usabilidade
definições de, 233, 256
diretrizes para, 257-259
engenharia de, 236-237
métricas de qualidade de *software*, 483
testes de, 415-417, 430-432
Usuário, visão do, da qualidade, 311
Usuários, definição de, 88

Validação
de interfaces, 243
do esforço, 521
em tempo de execução, 123
na atividade de comunicação, 23
na engenharia de requisitos, 105-106, 123-124
no projeto da experiência do usuário, 250
Validação em tempo de execução, 123
Validação, teste de, 95, 373-377, 407-408
Valor, mudança na percepção de, 592
Variabilidade, sistemas de alta, 162, 590
Velocidade de projeto, 47
Verificação, 123, 373-374
Verificação em tempo de execução, 123
Versão, gestão de, 446
Versões, 445
Versões, gerenciamento de, 550-551
Vetores de recursos, 633
Viabilidade do projeto, 507
Visual, projeto, 237, 277
Vizinho mais próximo, técnica do, 635-637
Volatilidade, 118, 468

W^5HH, princípio, 501
Walkthroughs, 326, 332
Web Services Description Language (WSDL), 273
WebApps (aplicações Web)
acessibilidade de, 259
desempenho de, 424-426
design gráfico de, 237
gestão de alterações ágil para, 453-458
métricas para, 472, 473
padrões para, 291-292
pirâmide de projeto para, 275-282
projeto de arquitetura de, 192, 278-280
projeto de conteúdo de, 277-278
projeto de interfaces para, 275-276
projeto de navegação de, 280-282
projeto em nível de componentes para, 226, 282
projeto estético de, 277
qualidade de, 282-285
segurança de, 424
teste de, 418-426
tipos de, 7
usabilidade de, 257-259